河北工业大学校史丛书

报刊中的河北工大

上

（1903—1948）

河北工业大学校史丛书编纂组　编

天津社会科学院出版社

图书在版编目（CIP）数据

报刊中的河北工大 ：上、中、下 / 河北工业大学校史丛书编纂组编. -- 天津 ： 天津社会科学院出版社，2023.9

（河北工业大学校史丛书）

ISBN 978-7-5563-0918-4

Ⅰ．①报… Ⅱ．①河… Ⅲ．①河北工业大学－校史 Ⅳ．①G649.282.1

中国国家版本馆 CIP 数据核字 (2023) 第 181681 号

报刊中的河北工大 ： 上、中、下
BAOKAN ZHONG DE HEBEI GONGDA ： SHANG、ZHONG、XIA
选题策划：韩　鹏
责任编辑：吴　琼
责任校对：刘美麟　李思文
装帧设计：高馨月
出版发行：天津社会科学院出版社
地　　址：天津市南开区迎水道 7 号
邮　　编：300191
电　　话：（022）23360165
印　　刷：高教社(天津)印务有限公司
开　　本：787×1092　　1/16
印　　张：78.75
字　　数：1416 千字
版　　次：2023 年 9 月第 1 版　　2023 年 9 月第 1 次印刷
全套定价：240.00 元

前　言

从 1903 年到 2023 年,从北洋工艺学堂到河北工业大学——春秋迭易,百廿沧桑,学校矢志坚守办学初心、努力探寻大学之道,始终坚持与国家、民族和人民同呼吸、共命运,熔铸成学校"兴工报国"的办学传统、"勤慎公忠"的校训精神和"工学并举"的办学特色,培养了一大批德才兼备的优秀人才,为经济社会发展作出了重要贡献。

2023 年,适值河北工业大学双甲子华诞,学校成立校史丛书编纂小组,编辑出版《河北工业大学校史》《河北工业大学志》《报刊中的河北工大》和《河北工业大学图册》等校史系列丛书。这套丛书全景式记录学校 120 年砥砺奋进的足迹,多维度多视角展示学校百余年来的办学成就和经验,同时也力图全面深入地总结和提炼学校永续发展的精神内核和基业长青的优良文化基因。它承载着全校师生和广大校友共同的文化记忆,是学校不断探索高等工程教育规律的生动实践,更是一代代河工人对"培养什么人、怎样培养人、为谁培养人"这个历史之问给出的河工答案。

校史承载着学校发展过程中积淀的精神和文化,是学校独特的文化标签。河北工业大学 120 年的办学历程,始终与近现代民族工业发展息息相关,与国家高等工程教育紧密相连。挖掘和弘扬学校历经百廿积淀传承的精神谱系,既为学校"双一流"建设提供强力的软实力支撑,又为学校高质量发展提供不竭的文化内能。这套丛书的出版,有助于学校全体师生和广大校友对学校发展历史及大学精神形成鲜活的认知,并转化为自觉传承大学精神、丰富大学精神的内在追求,从而激发出强烈的爱校、爱国热情,激励河工人以更加饱满的热情和更加昂扬的状态,积极投身于中华民族伟大复兴和社会主义现代化强国建设的伟大实践中。

校史系列丛书的编写工作,得到了学校党委和各部门、单位的大力支持。全体编纂人员本着严谨的史学精神,秉持对历史负责、对社会负责、对学校负责的态度,遵循现实性和历史性相统一、全面性和侧重性相统一、科学性和人文性相统一等原则,准确把握学校的历史发展脉络,认真开展档案查询、史料征集、资料整理、撰写编研、细心校对等工作,将校史融入中国高等工程教育史,融入党史、国史的恢宏背景中,用荣校爱校的情怀完成了一项重大文化工程。但由于学校办学时间跨度大,经历曲折复杂,加上编者水平有限,疏漏和错误在所难免,敬请各位读者批评指正。

盛世修史,在回眸中照鉴未来;伟业励志,在瞻望中鞭策后人。这套校史系列丛书的出版不是结束,而是校史研究和利用工作的新起点。我们将继续秉持"以文载道、以文传声、以文化人"的宗旨,乘百廿长风,再扬征帆。希望全体师生和广大校友胸怀报国初心,传承河工精神,踔厉奋发,勇毅前行,以主人翁的责任和开拓者的担当,继续书写河北工业大学新时代的辉煌篇章。

河北工业大学校史丛书编纂组

2023 年 6 月

目　录

报刊中的河北工大

报刊中的河北工大

工艺招考

天津府凌太守现奉直督谕饬设立工艺学堂,延聘教习,招选聪颖子弟三十名,入堂试习各种专门艺业等。因凌太守定于本月二十二日以前招考,专收年在十五岁之二十二岁文理通顺曾习英文者,务须取具妥保。拟在教养局内定期肩试云。

(《大公报》天津版,1903 年 1 月 17 日)

考试学生

凌太守招考工艺学堂学生,定于本日黎明亲诣北洋校士馆扃试。该生等均行齐集听后点名考试云。

(《大公报》天津版,1903 年 2 月 5 日)

赶修学堂

工艺学堂度定城内草场庵,房屋改修限本月底报竣,故现在学堂事宜假教养局旁暂行办公云。

(《大公报》天津版,1903 年 2 月 8 日)

工艺学堂考事

凌太守、丁总教习会同招考工艺学生已纪本报。兹闻是日应考者约二三百人，点名时凡年貌不符者均不收考。汉文限一点钟时交卷，交卷后出汉文译英文题，各发给洋纸一分，限三点钟时交卷，不能作者放出。三点钟交卷后出英文论题，闻凡考英文者将于三四日内在灯牌公所前单发一榜。所有试题照录于后。

汉文策题：化学为制造之本，能略举其说与。

汉文翻译英文题：黄金其色纯黄，触空气不生锈，其纯粹者质颇柔软，展引为细线、为金箔，并可如制货币，则和少许铜以坚致之，银货亦然。濠斯多利出金尤多，甲儿荷尼次之。银色纯白易硫化，触空气或变色，墨西哥白露等出银甚多。白金质至坚，遭剧药强热曾无变化，出于乌拉、甲儿荷尼、濠斯多里等。

英文、格致、化学问题共七条不及备录。

闻英文题至少须答三问为完卷。

(《大公报》天津版，1903 年 2 月 8 日)

体恤僧人

城内草场庵改建工艺学堂曾纪本报。其庙内僧人蒙凌太守体恤,赏给迁移费银三百两,饬令赴府照领。

(《大公报》天津版,1903 年 2 月 16 日)

覆取学生

工艺学生录取四十名,于二十日招覆挑选三十名入堂肄业一则已纪本报。闻凌太守是日点试,当场由英文教习面试英语,以定去取云。

(《大公报》天津版,1903 年 2 月 19 日)

验看学堂

　　工艺学堂于二月初一日开堂入学一则曾纪本报。兹闻直督袁宫保于昨午十一点钟出门赴该学堂验看云。

（《大公报》天津版，1903 年 2 月 28 日）

学堂开工

　　草场庵前建造学堂业经勘丈绘图,兹悉已于昨日开工运卸材料,委日本人监理,各工人等颇形忙碌云。

　　　　　　　　　　　　　　　　（《大公报》天津,1903 年 3 月 19 日）

公文照录

周观察学熙禀工艺总局附设学堂工厂请派员办理并自请专办教养局由：

批，据禀，已悉该道所陈设立工艺总局附设学堂暨考工厂，各节条理精详，确有见地，自须次第推行以扩商业。应即委该道总办工艺局，务迅将工艺学堂考工厂章程重加商订，先行开办。本大臣为振兴商务，必先讲求工艺起见事关创始，得人颇难，该道务当勉副倚任，毋得一再固辞。仍派张道凌守会同办理教养局，专为收养本地贫民，教以粗浅手艺而设，应责成天津府妥筹办理，毋庸由该道总办仰候分行知照缴。

(《大公报》天津版，1903 年 8 月 13 日)

本埠　研究体育

　　本月初八日即礼拜日早九钟，于天津民立第一小学堂正斋公议体育之事，定名为体操研究所。创办者北京工艺局华君石父、北洋工艺学堂英文教习孙君子文、北洋工艺学堂学生十余人，以上人等已由日本大阪购来体操器具若干。当时赞成者某君、演说者张伯苓先生、持笔决定者陈柘父先生，尚有英文日文两科亦附于其中，每人每月出资多寡尚未议定。又于是日下午二点起至五点止，假文朝廷中已开试体育，游戏、打球、踢球、超距、哑铃等以外，尚有许多器具渐渐添补。此次入所者五十余人，尚有完备详细章程，俟下星期再议云。

　　　　　　　　　　　　　　　　　　　　（《大公报》天津版，1903 年 9 月 3 日）

专件　直隶工艺总局实习工场试办章程

办法大旨：

一本场谨遵钦定学堂章程，名为实习工场，以"提倡制造培养民生，储各项公司工匠之才，成本局学堂学生之艺"为宗旨。

一本场就教养局移交房屋修理改造先行试办，与工业学堂联络一气，兼以工场为工业学生试验制造之所，而学堂各科教习即可为工场工徒讲课之师，相辅而行收效较速。

一本场工艺拟分染色、织布、木工、金工、化学小制造、电镀等事，以承造军装及学堂用品为先务，其余商品亦可酌量带造样。细章程随时另禀。

一本场开办之初，分科酌雇工匠或募订工师教授工徒，应量其艺之高下事之难易酌定，工食薪水另案办理。

一本场备讲堂一处，工徒每日须分班讲习书课一点钟，其聪颖者就工业学堂所有之各项科学量才施教，其次者仅令习书算，其功课均由工业学堂各教习兼理。

一本场拟联合绅商开办各项公司，如染织、缝纫、木器、铁器、洋皂、洋烛之类，各公司所需工匠工徒准由本场调派，至该公司集股用人一切事权均由商家自主，本场概不扰越。

一各项公司之联合本场者，其股票每号银数以愈少愈妙，每股或一元二元五元至多不过十元，俾司事工匠人等皆可附股，庶几彼此休戚相关，且使贫户亦可附股。

此为本场提倡工业之要旨。

一凡与本场联合之公司每年应在余利项下提二十分之一捐助本场经费。

工徒资格：

一官费工徒应有定额，开办之初拟先招选工徒二百名，选取之后因材施教分习各艺，如报名人数众多可于额外备取若干名，候本场陆续次第传补，至投选工徒须取具亲族甘结并实。

铺户保结:

一工徒除每年定期招选外,有由各州县申送或由地方绅士保送者如查与本场定章无碍可随时酌量挑收,惟须归入自费不得占官费额数。

一招选工徒分甲班、乙班。甲班试以书算,乙班试以膂力。

一工徒年龄分二级,十二岁至十五岁为幼童,十六岁至二十二岁为及岁。各量其性质分习各科,其应习何科官费者由本场酌定,自费者可由该徒原保送人呈请。惟自派定后非由本场酌调不得擅请改习他科。

一官费工徒初选入厂一月内离时甄别不给津贴,满一月后甄别留场。及岁者每名月由本场给洋三元,幼童每名月给洋二元,以资贴补该徒衣食,其应用书籍、纸笔、器具均由本场发给。

一自费工徒及岁者每名每月应缴学费洋一元,幼童每名每月应缴学费洋五角,均按三个月一次预先缴足,其应用书籍、纸笔、器具均由本人出资自备。未完。

(《大公报》天津版,1904 年 10 月 30 日)

专件　直隶工艺总局实习工场试办章程(续昨稿)

一工徒无论官费自费均在外宿食,每日按照所定时刻上工下工,本场概不预备宿舍,如有外乡工徒无处宿食者,在本场寄宿并每日三餐者,每月每名应缴银洋四元或仅寄午餐每月每名应缴洋一元五角。

一自费工徒其学费及宿食费须有妥实铺保担任,凡由各州县申送者其学费及宿食费由各州县官备缴;由绅士保送者其学费及宿食费由绅士筹缴,均须在该工徒入场时先缴三个月资费,以后仍按三个月预缴一次。

一工徒毕业年限应视所习何科,量其技艺之难易,随后分别酌拟另定专章。

一自费工徒毕业后去留听其自酌,官费工徒毕业后须在本场效力三年期满方准自赴他处作工,若由本场派往公司者不在此例。

一工徒按照另章年限毕业后,凡官费者在供差年限内先升为副工匠,每月除津贴外加给犒赏洋一元,再升为正工匠每月加给辛工洋二元。其有技艺超格异常勤奋者可渐升副匠目、正匠目,以至副工师、正工师等名目,应俟随时察看功效酌量加给辛资,凡自费工徒毕业后有愿留本场效力者亦照此一律。

一凡工徒有不遵本场条规或性情懒惰实在不堪造就者,当随时革退。其官费工徒未经毕业或已毕业未满效力年限而私往他处作工或故意犯规被事者,均须追回历年所给之津帖,及书器等费向原保人追缴。

一由本场工徒出身之工匠,其宿食章程与工徒一律,其非由本场工徒出身之工匠概不在本场宿食。

酌用人数:

一工艺总局总会办,统理本场一切事务。(不由本场支领薪水)

一本场为工业学堂附设其工业学堂庶务长,有经理之责。(不由本场支领薪水)

一稽查兼收支司事一人。(稽查工徒并约束差弁、听差人等;综核收支各款,按

月造册由庶务长呈报总局）

　　一庶务司事一人。（经理各项杂物兼购买各原料及收发制出工品）

　　一监工司事一人。（监管场中工作）

　　一书手一人。（钞写各项文件）

　　一医士一人。（凡本场员司弁役及工师、匠目、工徒人等有疾病者归其诊治）

　　一化学小制造正工师一人（暂由总局考察工业委员兼充）

　　一染色科正副匠目各一人、工匠十人。

　　一织机科正副匠目各一人、工匠十人。

　　一木工匠目一人、工匠四人。

　　一金工匠目一人、工匠十人。

　　一化学制造匠目、工匠随后另拟。

　　一官费工徒定额二百名。

　　一巡查差弁一名。（专管约束工徒出入及听差人等）

　　一听差二名。（专司搬运器具工品、打扫、送信等事）

　　一更夫一名。（专司入夜支更，日间午后兼应杂差）

　　以上用人先从极简拟设，以后如果事繁随时以後如果事繁随时体查情形再行禀添。仍未完。

（《大公报》天津版，1904 年 10 月 31 日）

专件　直隶工艺总局大致办法七条

一工艺总局总理工艺学堂及考工厂两事,所有两处公牍文件归工艺局汇总核办,其有关两处专责之事应分别转行各该管提调或监督处存案,以便随时遵照办理。

一学堂及考工厂经费俟禀定的款按月由工艺局请领转发,各该提调或监督照章开支仍按月造报转详督宪察核。

一工艺总局为振兴直隶全省实业之枢纽,除总理工艺学堂及考工厂两事外,有考察直隶全省土产及所销洋货情形,设法讲求劝谕地方工作之责,遇有行查各州县物产及各州县有访询工艺之事,应准随时以公牍往来办理。

一工艺局为鼓励工作起见如有商家能自出新法制造土货或变通改良或仿照成法以敌洋货而利民用者,无论天津及各属均准开具说帖,及器具货样随时呈报本局查验,属实拟即转详,督宪给予奖励并酌定专利章程以保商利。如有未尽妥善之处亦即详为指出以期尽利其专利,奖励章程容俟另拟禀办。

一如商家呈报新理新法由本局验明确有把握而无力举办或资本过本过巨而成迹未著难于招股者,拟酌定补助之法以开风气而励实业。

一工艺局暂拟设工艺学堂内,将来学堂人满再另择地迁移,现在初设事尚无多,应以筹办考工厂为先务。开办之后公牍较烦,拟设文案一员、书识二名、听差四名,其余收支等员司及夫役人等均就学堂考工厂两处原有人数内兼摄,不另请派亦不加薪费,俟将来扩充事烦再行专设人位。

一工艺局拟请颁发木质关防一颗,其工艺学堂监督及考工厂提调拟请各发木质钤记一颗,以专责成而昭信守。

以上七条为大致办法,其有未尽事宜随时再行禀办,合并陈明。

(《大公报》天津版,1904 年 12 月 7 日)

直督袁委周道接充工艺局兼学堂考工厂总办札

为札委事照得总办工艺局兼学堂考工厂毛道现已委署永定河道篆务所遣工艺局兼学堂考工厂总办应委周道学熙接充务须妥为经理。期收实效,除分行外,合行札、委札到该道即便查照遵办毋负委任切切此札。

札候补道周学熙并分行天津工艺局赈抚局

(《北洋官报》,1904 年第 356 期)

畿府近事:实习工场开课

  津郡工艺总局附设实习工场其试办章程已登本报。先经挑选学徒四十人照章以半日学工,半日肄习。英文、东文分作二班,已于二十六日开课。

(《北洋官报》,1904 年第 459 期)

详记天津筹办工艺各事情形　天津

　　直督袁宫保自辛丑收回天津，即创设工艺总局选派员司，提倡工业，调查本省及各省物产兼及进出口货情形，岁拨银一万二千两为经费。三年以来，由该局经营建立者四事：一曰工业学堂，以培养人才为宗旨，额设学生一百二十名，分为四科：曰应用化学科曰，机器学科曰，制造化学科曰，意匠绘图科，延英日各教员授课。计开办经费、房舍、书籍、仪器用银四万六千两。常年经费需银两万四千两，续备各项机器需银三万五千两。一曰考工厂以启发工商智识为宗旨，搜采本省、外省、外国各货依类陈列纵人观览。分设会计庶务、庹设考察图绘各司以主其事。每月则演说工商各要理，试验理化各用法，以广人见闻。每年则访求各处工业制品，比赛优劣以鼓舞奖励之。计开办经费、楼房、货品各项用银二万八千两，常年经费需银二万四千两，派员调查及续购品物需银一万两，尚需添建房舍、增置图书，需银三万两。一曰教育品陈列馆，以瀹发学识、教育实验为宗旨。罗列中外各种教科书籍、仪器、标本、模型、图表，分科陈设，标签贴说以备各学校管理者考览咨询其应用。教育品即令渐仿制，并派员分驻外洋查考最新品物随时购运馆中。附设藏书室及讲堂俾各学堂教习学生休息其内。来馆讲习计开办经费用银二万两，常年经费需银八千两，此后每年添购品物增广房舍需银五千两。一曰实习工场以传习手艺、提倡各项公司为宗旨，备高等工业学生之试验场兼参仿艺徒学堂章程为各公司取才之地，额设工徒二百名，分染色、织布、木金、缝纫、化学制造各科，每一科艺成，即劝谕绅商集股设立公司。现天津织染缝纫公司业经集股开办。外间各州县领机试办并送徒来津学习，以后公司愈多商力日厚，当有成效可观。计开办经费用银一万五千两，常年经费需银三万六千两，此后续增厂舍、添置机器需银三万两以上。各事均附属于工艺总局，统由候补道周学熙分投筹办，共计开办经费用银十万九千两，常年经费需银十一万九千两，预备扩充经费需银九万五千两，皆由袁督饬铜圆局余款项下筹拨刻已由袁督将历年筹办情形具折奏明矣。

（《申报》，1905 年 4 月 2 日）

直隶总督袁
奏筹办工艺各事渐著成效分别胪陈折

太子少保北洋大直隶总督臣袁世凯跪奏为筹办工艺各事显著成效分别胪陈，仰祈圣鉴事。

窃臣于上年夏间准商部咨开本部，具奏津埠银根较紧，请多铸铜圆一折，奉旨依议钦此钦遵。经臣于五月二十日奏覆推广铸情形，在案伏查。商部原奏内称多购铜斤加工鼓铸，既可流通市面，而所得赢余，以之推广，津埠工艺局厂收养贫民，尤于地方大有裨益等。因臣默揣各国致富之源，胥由商务，而非讲求工艺，无以为商务之先驱。况迭奉论谕旨殷殷以整顿工艺为急。朝廷于厚生利用轸念至深，但先此事非可空言，贵有实力。各省帑项支绌筹措为难。惟铜元余利一端尚堪挹注，以公家固有之利，权开小民无穷之生计，于事至便，于理至公。臣自收回天津，即创设工艺总局，选派员司，提倡工业，调查本及各省物产兼及进出口货情形。岁拨银一万一千两为经费，三年以来由该局经营建立者四事：一曰工业学堂，以培养工业人才为宗旨，额设学生一百二十名。学分为四科：曰应用化学科、曰机器学科、曰造化学科、曰意匠图绘科。分延英日各教员设课计开办经费房舍、书籍、仪器用银四万六千两。常年经费需银二万四千两。续备各项机器需银三万五千两。一曰考工厂，以启发工商智识为宗旨。蒐采本省、外省、外国各货品依类列陈，纵人观览。分设会计庶务庋考察图绘各司，主其事。每月则演说工商各要理，试验理化各用法，以广人见闻。每年则访求各处工业制品，比赛优劣以鼓舞奖励之，计开（办）经费：楼房货品各项用银二万八千两，常年经费需银二万四千两。派员调查及续购品物需银一万两，尚需添建房舍，增留图书，需银三万两。一曰教育品陈列馆以发奖学识教育实验为宗旨。罗列中外各种教科书籍、仪器、标本模型。

（《申报》，1905 年 5 月 1 日）

公文录要 商务议员周观察学熙申报商部文

　　商务议员总办直隶工艺总局存记候补道周学熙为申报事,窃照职道前奉钧札,委充商务,议员悉心考究,将应办之事随时禀报大部核办等因。仰见宪台轸念民生、提倡实业之至意,闻命之下,钦服莫名。遵查直隶自上年创设工艺总局,为倡兴全省工艺之枢纽,专司考察本省土产及进出口货情形,有讲求劝谕地方工业之责。凡民间有自出新法制造土货,或变通改良,或仿照成法,以敌洋货而利民用者,随时延访查验,详请奖励;如有制造未精之处,亦详如考究,多方指示,以期尽利。倘呈报货物新理、新法,经局中验明,确有把握而无力举办,或赀本过钜而成绩未著难于集股者,随时相机酌拟补助之法以资鼓励。开办以来与各州县函牍交驰,并选派义绅分赴各属访察,与地方官绅联络劝导,近日民间渐知工业为要图,纷纷呈送土产,筹办工厂,颇形□□。

　　此外,由总局次第筹办者,四事。一高等工艺学堂,以培植工艺高等人才为宗旨,分四学科:曰化学、曰机器学,为正学科二,以英文传习;曰制造化学、曰意匠图绘学,为速成科二,以日文传习;延聘华、洋教习,分授学生。官费者以一百二十名为额,其自费附学者,取程度合格随时甄收,无论额数。上年京旗选派官兵学生四十名亦附焉。

　　现在各科程度,化学科生为头班,其汉文现习策论并讲理修身;英文至《国学文编》第四集;物理解重学、水学、热学、光学;化学至普通化学;地理至商工地理学;几何至平面几何;几何画解平面几何;试验解分析法;体操解兵式、步法及柔软法。机器科生为二班,其汉文与化学科同,英文至《国学文编》第三集,算学至开方法,几何至平面几何,物理与化学同,力学解普通力学,机器学解普通机器学,图画解分体法,体操与化学科同。制造化学科生为三班,其汉文与上两班同,日文读过《和文释例》《东语初阶》《日语教程》《东语正规》等书,算学解开方法,理化学至《理化提纲》,图画至《试验图画》第四卷,染色实验至染羊毛,体操与上两班同。意匠图绘科五系末班,初入预备功课,其汉文与上三班同,日文译汉文得六七,日语与制造化学科同,算学至诸等法,物理至《格致教科书》,地理至商工地理学,图画体操均与上三班同。拟明年再招化学机器科预备新生一班,以宏造就。此工业学堂现办之情形也。未完。

(《大公报》天津版,1905 年 5 月 23 日)

公文录要　商务议员周观察学熙申报商部文
（续昨稿）

一考工厂，广设工商品以比赛奖励为宗旨，所陈列皆先取手工制造，其注意在考验土产之可以制造者，不使之弃于地，进中国因袭之手工而使之变为新联络市商，鼓舞艺匠。陈设本省、外省及外洋制品，任人游观模仿，以开通智识，兼延议绅数人赞助演讲工商各要理每月两次，并演试理化器用法，使听者得扩见闻、增智慧。每年两次招考本省各工业制品，审查优劣而奖励之，以提倡工商家兴致。自甲辰年八月间开厂以来，每月游览者千数百人，每天演说工商至者数千人，民情大为发达，工业可期进步，此考工厂现办之情形也。

一教育品陈列所搜集大中小学堂及各专门学堂教授用品，俾教习学生藉资启发，而冀教育普及为宗旨，并使本局工厂仿制各种教育品以免利源外溢。陈列各种教育科书及仪器标本模型，分科陈列标以签系说，任人阅览，备人咨询。馆中附设藏书室储古今有用各书为参考之用，又设讲堂一所备附近各学堂师生休息之期到馆讲说试验以补平日教授之所不逮。现计已得品二千余种，以后常川派员在外洋调查，随时购入陈列，以期精备，此陈列馆现办之情形也。

一实习工厂，以传习浅近手艺，提倡各项公司推广民间生计为宗旨。本奏定学堂章为高等工业学堂附设以备学生试验之场，又兼附外洋徒弟，学校备各项公司取才之地擢选官费工徒以二百名为额，给以津贴，使之习艺。现染色科、织机科、木科、缝纫及化学制造科，如洋烛、洋皂、洋火、电镀之类，并随时相机添设一切利用之工业，官费学徒之外无论官绅，不分远近有愿兴工艺者，均可送往来场作为自费学徒，一律附学以冀广开生计。每一艺练习娴熟后试验确有把握即劝令绅董集股，设立公司，现织染缝纫已经试行集股创设公司，将来逐事推广。公司日多，游民日少，于地方生计大有裨益。近日各州县官绅亦多送往来学，并报开公司之举风气日渐开通，此实习工场现办之情形也。

以上数者皆职道竭厥经营，所需开办及常年各经费均由铜元余利项下筹拨。

现在规模虽已粗具,而时艰力绌,缺憾尤多,自顾迂庸时深惶悚,惟有殚竭愚忱,力求精进,以冀仰纾宪廑。所有职道办理直隶工艺总局及附设各事情形缘由,理合具文,申请宪台查核,为此备申具申,伏乞照验施行须至申者。已完。

(《大公报》天津版,1905 年 5 月 24 日)

慎选工徒

实习工场于十一日在工艺总局内考试,已于十二日揭晓取录,正取工徒三百六十名,备取七十七名。自费工徒三名,并饬于十三日仍赴工艺总局面谕,再行定期入实习工场云。

(《大公报》天津版,1906 年 1 月 7 日)

直隶高等工业学堂榜示

照得本学堂于本年十一月十三日面试初等工业学堂及各两等小学堂保送学生。所试汉文、地理、历史、英文、日文、算学各卷均呈经监督阅定在案,兹择其各种科学分数匀称者取录三十六名,准于明年正月初九日仰各该学生父兄带领取录各生亲到本学堂写具甘结、保结,以便本堂开学日一律遵章入堂肄业。

取录预备科学生三十六名:

计 开	何雅群	刘伟勋	杨 鲲	汪恩荣	丁惟滋	阎玉麟	郭宗汉
张信元	马守正	程 度	王广忠	张学论	王秉权	魏景文	施鸿年
何凤麟	朱敬贞	郭增厚	李锦城	刘 堁	朱英如	胡彭年	李树池
单玉书	张沛霖	王恒文	马宗吉	张 渤	张恩第	阎士华	章文瑞
邹文魁	马士明	杨孔蕃	沈文翰	薛广镕			

(《大公报》天津版,1906 年 1 月 13 日)

直隶高等工业学堂榜示补登

机器速成科二十二名：

赵 冀　刘 珉　王 铭　程明发　王连第　赵秉桢　王金梁　赵文锦

郑绍皋　张麟书　冯道桢　王仲英　陈锡铭　陈中华　聂仍丰　张鸿钧

张兰瑞　郭玉堂　谭燮恩　陈允熙　杨荃荫　郭绪昌

预备科学生二十八名：

刘家骏　倪长龄　张毓蕙　陈 璹　缪连元　孟广怀　王淳漳　张增珍

张恒九　高文麟　李春林　张滋庆　王国弼　刘恩彤　张恩湍　云成麟

朱寿钧　刘国璋　王宝田　伉文翰　王家驹　华汉年　陶登科　程瑞年

邱映宸　梁全衡　谢 超　陈 恕

欠考学生二名(应于正月内补考)：张绍曾(现在丁忧)　朱树萱(现在患病)

照章应退学生五名：(机器科三名)毛德蓉(有失血旧症难期力学)李德沛(久病不痊旷课难补)王家骧(久假不归功课荒废)(预备科二名)杨映桂(性情浮动难期深造)刘书元(性情懒惰难求进步)已完。

(《大公报》天津版,1906年1月31日)

实习工场第一次纵览会广告

启者

本场为提倡民间工业起见,兹订于八月二十至二十四,此五日间特开第一次纵览会。切望官绅士庶工商诸位届期惠临随意观览,本场事寓创办诸多缺憾,尚祈诸公赐教,不胜祷幸谨拟。纵览简章列左,计开:

一、本场处所在天津河北窑洼(老洋钱厂后孙家花园旁)。

二、纵览期限由八月二十日起至二十四日止,共计五日。

三、每日时限:午刻十二点开始纵览至下午五点停止入览,六点闭门。

四、前三日计二十至二十二,系男客入览。后二日计二十三至二十四,系女客入览。

五、凡入览人概不收取分文。

六、洋人入览必须有特别介绍,总预先知会始便招待。

七、有优待票者延入内厅茶烟接待:官入客厅、绅入会议厅。

八、场内路线及各工科均有一定次序,入览人宜备序观览,不得绕越浚乱,以免纷挤。

九、凡场中物品,入览人如欲询向,应由各科监工人指说,切勿自行触手,恐防误伤。

十、如欲购本场货品者可在本场售品处指明花色,即开具凭条交本人自赴大胡同工业售品所按条收买,发货不误。

十一、有欲仿办本场各科工艺者或有欲指教本场各科之善法者,均可请至公务厅面告本场管理员,另订日期细谈。

十二、开会纵览来宾众多,本场员司势难分身导引,应请循照路线顺走各科观览,特于入门时每位附送本场全图一张指明路线,一目了然。

光绪三十二年八月

工艺总局谨启

(《大公报》天津版,1906 年 10 月 3 日)

派定展览会执事员　天津

　　天津公园内举行劝工展览会已于初五日陈列齐整,工艺局总办将所属之工业学堂考工厂实习工场陈列馆等处员司均全行派为执事员。(为)

(《申报》,1906 年 12 月 5 日)

实习工场添招工徒

天津实习工场现添设纸科拟招工徒六十名,以十二岁以上二十岁以下粗识文字,无嗜好者为合格。现已于上月杪招斋定于本月初二即行考验云。

(《北洋官报》,1906 年第 1191 期)

实习工场木科发榜

　　津埠实习工场前招木科自本月初二日挑取后已于前日发榜,计正取十四名副取二十六明饬即取保结入场学习。

(《北洋官报》,1906 年第 1227 期)

实习工场第二次纵览会纪盛

天津实习工场于上年秋间开办第一次纵览会,布画齐整,声誉隆然,识者谓工业优美此为嚆矢。今年四月二十至二十四又开第二次纵览会五日。发达进步倏若电芒,观者莫不交口称赞,以为我祖国颂幸福也。

开会之第一日,总办周都转以次凡属工艺局中各员,可均集于场中优待室前行开会仪式,首由周都转进全场工师匠徒而语之曰"今为本场二次纵览之期,距第一次已经半年,工业之进退,程度之高低,局中或不能深查,端赖旁观者指摘而开导之,则为益匪浅。尔等须知此次开会较比前次外人之责望愈深,我辈之担任愈重。有赞我美者勿喜也,有指我疵者勿拂也,广谘博访、虚心讲求,开一次会须获一次之益,非仅侈然夸耀聊为观美已也。"反复申明,殷勤恳挚,闻者莫不感动。演说既毕,旋由工商研究总会长宋则久、李子鹤两先生致祝词,宋先生于庆幸之中寓戒勉之意,语语破的、耸人听闻,盖不欲以世俗颂祷之词漫作揄扬通例也。李先生盛道各科工业进步之速而亦以勿满勿足为目的,词意优美不落恒蹊,一时来宾员司及全场匠徒俱齐静无哗。礼成。

自总办以次周历各科随加评判,分班执业,秩如烂如,其文明气象一洗工作旧俗。计全场科目由线路以递览之。首为机织科东厂,次为织巾科,又次彩印科、染色科、窑业科、木工科、木工模型科,又刺绣科、图画科、制燧科、提花科、烛皂科,末为机织科西厂。而陈列室、售品处则在各科之外。观者周历一次如入五都之市,目迷心醉。窃尝谓环球工战竞争日烈,我国以故步自封、瞠目桥舌、退焉居后,识者方引为大剧,乃北洋工艺兴办未及数载,而实习工场各科制造竟月异而岁不同。如机织,如刺绣,如图画,如木工模型,或以坚致胜,或以细润胜,或以清奇新颖胜。较诸上年开会之成绩有一往无前之概,苟非提倡之得人,维持保护训迪督率之有法,曷克臻此!于以知当事者之艰苦卓绝,有逾于寻常者。

闻场中开会五日,前三日男客纵览,后二日女客纵览,其入览都数至五万人,懿欤盛哉!虽然世界新机原无止境,以第二次与第一次较觉今是而昨非,吾更愿后之视今亦犹今之视昔,则我国工届其有豸乎?爰沘聿而纪其概略,于此以为后次之征也。

(《大公报》天津版,1907 年 6 月 14 日)

实业:实习工场开纵览会

　　天津河北窑洼实习工场开第二次纵览会,由二十至二十四日计共五日。前三日为男客入览期,后二日为女客入览期。均由上午十二钟开会,下午六钟闭会,任人入览,不取分文。刻正预备一切矣。

(《北洋官报》,1907 年第 1372 期)

要件:天津实习工场织染监工传习所章程

一、本场为直隶全省推广织布染色两科起见,深恐各府州县骤兴此业,一时监工难应其选,因筹一储才之地设法传习,名曰织染监工传习所。

二、本所附设在天津实习工场,开课凡织染各事应如何监管,既令来学者得所见习,又特选本场中洞明织染利弊者一人,充作本所传习教员,每逢二、四、六晚间指授织染两科一应事理。(教员指授以二小时为限,以外再申展一小时作为学习监工研究问答)俾资启迪而广流传。

三、各学习监工其食宿两项皆由本所筹备,以外概无津贴,其不愿在所食宿者听惟不能领费。

四、学习此项监工非经考取,不能收入。以籍隶本省,年在二十以上四十以下,书算精通、文理明白、身健品端且无家事之累者为合格。

(按此项招考自本月初五日报名起至二十日截止,准于二十六日上午八点钟在本场考验,分别去留。)

五、学习定额暂以三十人为限,录取入所后仍随时察看,如有不堪造就者,仍即知照退学。其留所学习者,概不准任意告退,违则议罚。

六、既经录取后必觅有切实铺保或殷实绅保方能入所学习,倘有违章、旷课等情,皆着落保人担任。

七、传习卒业以三个月为限,届期经本所考验,确系造就有成,深明织染事理者,予以毕业凭单,禀候总局宪。挨次酌量派事。(其考不及格者不给文凭)

八、学习监工每月除初一十五两日依例放假休息外,余日概随本场织染两科监工分班轮流入科办事以资历练,不准托故请假及任意不到等情。至卒业期满仍应将每月休息及小建日补足。(每月以满三十天计算,其他遇有放假日期亦应一例补足)方能举行卒业考验。

九、本所一应事体均应遵守场章并听受场员节制。

十、本所传习监工系属创办所定章程作为试行,如有未尽事宜随时考核,酌量增改。

(《北洋官报》,1907 年第 1420 期)

实习工场售品广告

　　本场原以发达工商、推广民间生计为目的,聘请外洋工师传习各科工艺,不惜重资购求原料。现造有外洋各式布匹优美坚固,所染之色经久不落,已为世界所公认。如各式袍料、袄料、褥面、被面、床巾、桌巾、花案手巾、柳条等布,又有花素、宁绸、库缎各色提花等布,并有双龙保险火柴,各种磁器,各种胰皂,各种画片绣件,各式木器以及新式大小铁轮机并铁铁轮机附属品,一概俱全。或零购或整批,无一不物美价廉。并且招待商客亦格外周妥,以期达振兴工商之目的。如蒙官绅商庶惠顾者请到天津北马路售品总所或河北大胡同售品分所与本场售品处面议均可。

天津河北窑洼实习工场谨白

(《大公报》天津版,1908 年 1 月 10 日)

详纪工商演说事

　　十八日晚东马路宣讲所为工商演说之期。首由李子鹤君演说商业道德、辅助坚忍两要义，分别推阐以针对我国普通习惯之性质，并举美国探险家之哥伦布，日本之新井国、石沙却日轩等以资佐证。次由宋则久君演说珠算歌决。继有来宾英国工部局头等机器师、直隶高等工业学堂机器科正教员某君演说机器学，并演电映各种机器图，并携有白布一方，在讲台前相地悬挂用水月电灯为之辉映。将各项机器图计得五十余页，凡由发明而创造而改良而进步各窆要均按图讲演，当由高等工业学堂机器科教员何子琴先生代为翻译，语语精详。末由教育品制造所总技师韩镜湖君演说话匣出入音之理，先将留音机器放置讲台，择有数龋，当场各予拨弄以示起例，旋称此项机器内容及受用处无非由动荡而成，实地讲解曲尽其妙。复将新出电气话匣系以图说列表悬挂，如大电力弧光灯、阻电箱、导电圈、发话机并小电池、电线等名称及处所一一指演示。晚计听演者七百余人，至十二钟演毕分散。

　　　　　　　　　　　　　　　　　（《大公报》天津版,1908 年 4 月 21 日）

实习工场售品特别减价广告

　　本场所制各种布匹绸缎、洋式木器、瓷器、火柴、绣件、画片、黄白条皂、加料香皂以及各样染色,大小铁轮机既该机附属品,一概俱全,无不工精料实,定价且格外从廉,以利疏销而资提倡。去岁商情疲敝,销项似形滞塞,现在出品日益增多,力求精美。拟自二月初一日起所有各品一律按照旧价特别核减,尽力畅销,以期推陈出新开拓无穷利益。官绅商庶赐顾者,无论整批零购尽可轸此时机早来购买。一俟货无余储,赶制不及,自当仍按相当时价估计,不再核减分厘。此系为广招徕、拓销路起见,用特广行布告。如有欲买便宜货者,请到天津北马路售品总所或河北大胡同售品分所西头太平街售品分所,本场售品处面议均可。

　　此布。

(《大公报》天津版,1908 年 4 月 29 日)

选派工业学生出洋之预闻

　　直隶高等工业学堂化学、机器两科迭次考试毕业前曾有派赴日本留学者，闻该堂近期拟复行选派出洋留学以宏造就。

（《大公报》天津版，1908 年 5 月 8 日）

工艺学堂季考揭晓

直隶高等工业学堂本年伏假大考各生功课即评定甲乙,日昨已揭晓,兹将其前十名学生姓名照纪如左:

化学科前十名学生:

伉文翰　刘家骏　张增鋆　张滋庆　倪长龄　陈　璹　朱英和　云成麟
张恩桂　孟广怀

机器科前十名学生:

刘　爽　张信元　李春林　章文瑞　何　巩　程　度　马士明　沈文翰
王广忠　张绪曾

化学专科前十名学生:

王振东　孟庆荣　刘文祥　刘炳霖　孙振堂　石聚星　王文斗　连　仲
张遇春　秦家琦

图绘科前十名学生

张乃弓　李世恩　李钟网　温继峤　王金鳌　李树池　马树荣　赵宝祥
王恩溥　张恩华

预备科前十名学生:

陈泽溥　王恒文　胡彭年　丁惟滋　马宗吉　汪恩荣　张沛霖　安荣寿
施鸿年　王瑞刚

(《大公报》天津版,1908 年 6 月 27 日)

直隶工艺总局续定实习工场章程

第一章　办理纲要

第一条　名称:本场谨遵奏定学堂章程,定名为直隶实习工场。

第二条　地址:本场在天津河北窑洼地方,按照学科种类建筑工场及应用各室如制。

第三条　宗旨:本场以更番传习,养成各项工师之人格,振兴实业补救漏卮为宗旨。

第四条　办法:本场以就地取材为民生日用所必需,销路较多集资较易者逐渐试办以为模范。

第二章　学科杂组

第五条　科目:(一)机织科(二)提花科(三)织巾科(四)刺绣科(五)染色科(六)劬工科(七)图绘科(八)窑业科(九)胰皂科(十)制燧科(十一)木工科(十二)纸工科(现时造纸另设专厂)

第六条　课程:本场官费工徒每日分班讲习书算一小时,其工作时限无论官费、自费,均于立春至立夏上午七钟上工,十二钟放工;下午一钟上工,六钟放工。立夏至立秋上午六钟上工,十二钟放工;下午一钟上工,七钟放工。立秋至立冬上午七钟上工,十二钟放工;下午一钟上工,六钟放工。立冬至立春上午八钟上工,十二钟放工;下午一钟上工,五钟放工。

第七条　资格:官费缺额先期一月出示,汇行招考年龄以十六岁至二十五岁,体壮性纯,粗知书算者为合格。入场试看一月,量其性质,由场派习各科,不得指定。自费者可由原报送人呈请先行试看五日,试看期内如该徒愿习他科或工师见其人地未宜,亦可改派,逾期非本场酌调不得擅请,以杜纷更。

第八条 额度:本场工徒现订官费一百名,自费三百名,毕业留场者一百名,分科支配,视需出品之多寡以定人数之伸缩。

第九条 学费:官费工徒试看期满留场,月给工食三元,毕业留场月给四元,应用书籍均由场发。自费工徒每名每月学费一元,按三个月预缴,书籍、纸笔、器具由本人自置。至宿食二项无论官费自费本场盖不预备,如有外乡工徒愿寄宿并每日三餐者,每名月缴四元。凡由各州县申送或绅士报送者学宿食费即由该处州县官与绅士担任,入场实须按三个月先缴,以后仍按三个月预缴一次。其拟入图绘科者另增学费一元,弥补纸笔颜料之用。工匠系本场工徒出身者宿食章程与工徒同,否则不在本场宿食。

第十条 考验:本场考验分月考、季考、大考三项。月考照考工簿一月功过计算;季考照三个月功过计算;夏冬两季大考又统计连次功过分数。以为等差,百分为满格,八十分以上为最优等,六十分以上为优等,五十分以上为中等,四十分以上为合格。

第十一条 学期:本场毕业限期织染、胰皂、织巾四科须满六个月,他科皆以一年为限,所有假期小建一律补足,考验十日禀局给发文凭,如不合格仍应降班待考,官费毕业挨补毕业留场之额,作尽义务三年;自费毕业出场听其自便。

第三章 通守规则

第十二条 假期:本场假期无论官费自费毕业与否分为二项如左:

一循例假期:国庆日、上元日、端阳日、中秋日、长至日、朔望日均一日,年假腊月二十日起来年正月八日开工,以上概不扣工食,员司每逢例假须轮派二人留场承办各事。

二特别假期:婚丧给假五日,远地酌定,不扣工食;至亲疾病给假三日,工食按日扣发;己身患病,痊时销假,轻者本场官医临诊,重者送医院调治,医药饮食由场开支,或遣令回家,或愿自就医者听若,病难骤痊亦可续假。以上如在远地,皆由稽查处查明报,知管理员,量事立限,禀局核定,若因事因病久假不到,本埠传诘铺保,外县行文,地方官访查,酌定限期,倘再逾限,即将到场日起所得工食津贴一律追缴,倘因病成废以及亡故,经家属报名者,免员司事假、病假,临时由管理员酌定禀局。

第十三条　禁令:本场禁令如下。

一、上工时不准携带违禁器具,下工时不准携带丝毫料件。

二、工徒入场时不应携带银钱要件,如系寄宿工徒应将此项要件随时报明稽查,转交本场收支处代存。

三、工徒无故不准擅出大门,如有事外出监工允后发给公出小牌至稽查处挂号,限时回场缴牌,上工时因事出科亦持有牌,大小便则领恭签以便稽查。

四、各工徒亲友来场,在作工时限不得会晤,俟下工后号房引至接晤室相见,二刻为度。不得擅入宿舍,如关特别要故,立由号房禀知稽查处转告监工饬令出科,亦在接晤室相见。

五、凡在本场食宿者,起时应在上工时限二刻之前,睡不得过十钟,一律熄灯,餐饭时不准扰攘争论。

六、作工时不准闲谈嬉谑,下工时不得紊乱步伐,归舍不准群聚喧哗。

七、无论何地不得任意唾溺抛置器具。

八、无论何时不准歌曲猜拳饮博嗜烟。

（未完）

（《北洋官报》,1908 年第 1730 期）

实业：实习工场纵览会简章

　　天津河北实习工场于二十一日起至二十五日止特开第三次纵览会，无论官绅士庶届期均可随时入览，以便开通风气，兹录其简章十二条如下：

　　一、本场处所在天津河北窑洼黄纬路。

　　二、纵览期限由八月二十一日起之二十五日止共计五日。

　　三、每日时限上午十二钟开会，纵览至下午五钟停止，入览六钟闭门。

　　四、前三日计二十一至二十三系男客入览，后二日计二十四至二十五系女客入览。

　　五、凡入览人概不收取分文。

　　六、洋人入览必须有特别介绍，预先知会始得招待。

　　七、有优待票者延入内厅茶烟接待，官入客厅、绅入会议厅。

　　八、场内路线及各工科均有一定次序，入览人宜循序观览，不得绕越凌乱以免纷挤。

　　九、凡场中物品入览人如欲询问，应由各科监工人指说，切勿自行触手，恐防误伤。

　　十、如有欲购本场货品者，可在本场售品处指明花色，即开具凭条交本人自赴北马路工业售品总所按条收买，发货不误。

　　十一、有欲仿办本场各科工艺者或有欲指教本场各科之善法者均可请志公务厅面告管理员，另订日期细谈。

　　十二、开会纵览来宾众多，本场员司势难分身导引，应请循照路线顺走以期周遍而便观览。

　　　　　　　　　　　　　　　　（《北洋官报》,1908 年第 1843 期）

毕业纪闻

直隶高等工业学堂定于今日午后一钟举行毕业礼式,所有应行礼节探录于下:

(一)接待来宾

(二)振一次铃学生入礼室

(三)振二次铃本堂职员入礼堂

(四)振三次铃来宾入礼堂

(五)开会监督述开会辞报告本堂事物

(六)学台监督颁发文凭(由各科第一名毕业生具领)

(七)监督颁发奖品

(八)学台训词

(九)监督训词

(十)教员演说

(十一)来宾演说

(十二)毕业生谢词

(十三)闭会

(十四)拍照

(十五)来宾参观成绩

(十六)茶话

(《大公报》天津版,1910 年 1 月 28 日)

学生赴会

闻督宪曾于日前札委商会总理王竹林观察赴南洋劝业会参观,又高等工业学堂亦有拟派该堂学生于暑假期内组织游团前往南洋劝业会观览之说,未悉确否。

(《大公报》天津版,1910 年 7 月 11 日)

美实业团来津游览记

　　美实业团于初八日由京乘车来津,十二点二十分时到新车站下车,迎接者绅商学工及咨议局员为多,约计有数百人。一时站地甚形拥挤,接待员以胸前纪章相辨别,纪章红心黄地作菊花式,垂带蓝白色。其赠与来宾纪章则中缀银星而外叠蓝白红三色,亦作菊花式。来宾下车后到官厅少憩,交换名刺,行握手礼,毕。由孙仲英君、王竹林君、郭仰宗君、张伯苓君、朱兰圃君等陪同至利顺德旅馆午餐,毕。二点半钟分乘马车二十余辆,本期同观实习工场、高等工业学堂。因张君伯苓约观其私立中学堂,是日,适该堂六周年纪念日,有学生共演新剧足助游兴,故美团遂分作二起焉。其至实习工场纵览也,工场有绘画漆器相赠凡四十九件。出场已五点,即至对面高等工业学堂,该堂亦以美术画镜四架,上题美国实业团纪念字样为赠品。观毕七点三十分,同赴督署晚宴,主宾共一百三十余位。天津商会代表王竹林;上海商会代表朱礼祺、唐善斋;汉口商会代表颜仲山、朱成章;北京商会代表梁惠吾、郑叔荫;农工商部派员纪昆侯、曾筠圃;外务部派员关竹朋、柏骏山,诸君与焉。菜用西式,酒数巡,陈制军赠祝词,布司团长答之,可谓主宾尽欢。此初八日事也。

　　初九日早九点钟观西沽大学堂,深为称赞。十一点钟赴李公祠,应司道公宴,主宾一百十余人,王交涉使赠祝词,布司团长签之,毕。二点钟时分道游观各处间,有愿赴商会畅谈者,孙、王诸君陪座,所谈进出口情形及如何使两国商务日后益形发达,大致如此。其赴罪犯习艺所纵览者,则由张伯苓君导引,时已三句钟矣,当由该所总办津道洪翰香观察,坐办孙叔平观察,招待员邵芳洲、晏捷余两大令,延入总务所客厅飨以茶点。少坐即起,先至游民所,由该所林提调绍先导入陈列室,小学堂缝纫科、毯科、木科、竹科,继至女犯所,由该所蔡提调梦箭引导入内,过讲堂至缝纫科、纺织科见女犯缝纫衣件,伫立稍久。出女犯所再至男犯所,由该所范提调筱岩导入,由东而西遍阅毯厂、冶金厂、染厂、木厂、幼年罪犯小学堂。适过操场有罪犯数十人正习体操,美团携有手提照相镜即撮一影。于是过暗室、屏禁室二处,为科罚罪犯过失之处。循西至皮厂、布厂、缝纫厂、刺绣科、图画科、刷印科、沐浴室、会议室、教诲堂,他如知过必改得能莫忘教养兼施。十二号监所亦游历一周,经过之处美团必殷殷详询,即起、居、食、息亦审及焉,张伯苓君代为译述,游览毕,重入客厅少坐,赠以纺织品数事,美团起立道谢。时已四点余,告辞出所,至估衣街敦庆隆绸庄遍阅一周,至二层楼少坐,品评绸缎,选购白纺绸手帕一打,五彩绣片四方,并其余种种顾绣。后至三层楼茶话少顷,时已晚,与主人告别,将近八钟,到河北孙家花园应各界代表公宴。是晚,孙家花园正门及东西门大书欢迎字样,园内轩头树梢遍系清美国旗,电灯蜿蜒夹路,极精美之观。席设西厅,凡十八座,主宾共一百六十余人,用中国菜,西国食法,定席后及出翅菜。王竹林君赠祝词,张伯苓君译述之,奏美国国乐,大众起立,既而布司君述答词,又有美宾演说,毕,奏中国国乐,大众再起立,继又有蔡耀堂君演说,孙仲英君演说。一堂和气宾主尽欢,又各赠以纪念品,女宾则赠以景泰蓝带扣凡十四品,男宾则赠以景泰蓝烟匣凡二十二品,皆嵌有两国国旗,作交叉形。迨散席时已钟鸣十一下矣。

又闻美团此次在督署答说中极言报届,到处先为誉扬之可感。又对天津代表云蒙到处欢迎感谢,无似如在北京,则外务部、农工商部、邮传部、商界、报界各相招待至无余暇可作清谈殊为憾事,此次特至商会茶话者,津中代表之遂其愿也。

（《大公报》天津版,1910 年 10 月 14 日）

工业学生部试揭晓

　　直隶高等工业学堂毕业生现已由部□试于日昨揭晓,计取最优等仉文翰一名;优等刘家骏等八名;中等刘恩彬等三名,日内即行分别奏予奖励。

(《大公报》天津版,1910 年 11 月 6 日)

要折　直隶总督陈夔龙奏高等工业学堂在事出力各员请奖折并单

奏为直隶高等工业学堂开办已届七年,请将在事出力各员司照章分别给奖,恭折具陈仰祈圣鉴事。窃查直隶高等工业学堂自光绪二十八年开办,分设化学科、机器科、图绘科、化学制造速成科、机器速成科,招集学生分门肄习。自开办至今已届七年,各科学生先后毕业共七十余名,考验成绩尚属优长,业经分别录用。其在事各员司训迪有方,管理合法,不无微劳。足录查学部奏案,办学人员五年以上准照异常劳绩请奖,三年以上准照寻常劳绩请奖。又政务处奏准以成就学生六七十人以上为衡等,诒今该堂开办既逾七年,各班学生毕业共七十余名,自应照章分别奖励。据提学司傅增湘详请奏奖前来,臣覆核无异,合无仰恳天恩,俯准照拟给奖以昭激劝,出自鸿施。除将该员等履历咨部外理合,恭折具陈伏乞皇上圣鉴训示。谨奏。

宣统二年九月十九日奉

朱批该部议奏单并发钦此。

谨将直隶高等工业学堂在事出力各员司分别异常、寻常劳绩拟请奖叙缮具清单恭呈　御览　计开

分省补用知县赵元礼请免补本班以直隶州知州仍分省补用;分省试用州同孙凤藻请免补本班以知州分省补用;分省试用县丞徐由请免补本班以知县分省补用,以上三员系照异常劳绩请奖。改选知县王映庚请俟得缺后以直隶州知州用;双月选用县丞何贤梁请俟得缺后以知县用;附生李鹤鸣请以府经历县丞不论双单月尽先选用;盐大使衔俞象颐请以盐大使不论双单月尽先选用;廪生张斌府经历衔李开瑾沉绍瀛等三员均请以府经历不论双单月尽先选用;监生郭春泽请以从九品指项典中选用,以上八员系照寻常劳绩请奖。宣统二年九月十九日奉　朱批览钦此。

又奏庶吉士顾琅留充工业学堂教务长免扣资俸片　再直隶高等工业学堂教务长格致科进士顾琅于宣统元年恭应　廷试奉　旨改为翰林院庶吉士例应赴京供职

惟该员前于光绪三十四年到堂供差以来深资得力,查奏定章程:凡京官在外办理学务者准其奏请免扣资俸。拟恳 天恩准将该员留堂充当教务长,并免扣资俸不停升转,实于学务不无裨益。据提学司传增湘具详前来谨附片具陈伏乞 圣鉴训示

谨 奏宣统二年九月十九日奉 朱批著照所请该衙门知道,钦此。

(《大公报》天津版,1910 年 11 月 8 日)

大公報 第二千九百七十八號 第三張 一

要摺

直隸總督陳夔龍奏高等工業學堂開辦已屆七年請將在事出力各員請獎摺并單

查直隸高等工業學堂自光緒二十八年開辦分設化學科機器科圖繪科化學製造速成科機器速成科招集學生分門肄習自前辦至今已屆七年各科學生先後畢業共七十餘名考驗成績尚屬優長業經分別錄用其在事各員司調迪有力管理合法不無微勞足錄查學部奏案辦學人員五年以上准照異常勞績請獎三年以上准照尋常勞績請獎又政務處奏准以成就學生六七十人以上為衡等語今該堂開辦勘逾七年各班學生畢業共七十餘名自應照章分別獎勵據提學司傅增湘詳請奏獎前來臣覆核無異合仰懇 天恩俯准將該員等履歷考績部外理合恭摺具陳伏乞 皇上聖鑒訓示謹

奏宣統二年九月十九日奉 硃批該部議奏單併發欽此

謹將直隸高等工業學堂在事出力各員司分別異常尋常勞績繕具清單恭呈 御覽 計開

分省補用知縣趙元禮請免補本班以直隸州知州仍分省補用

分省試用縣丞徐田請免補本班以知縣分省補用

雙月選用縣丞何賢樑請俟得缺後以直隸州知州用

知縣王映唐請俟得缺後以府經歷不論雙單月儘先選用

鹽大使銜金象頤請以鹽大使不論雙單月儘先選用

監生郭春澤請以從九品指項

附生李鶴鳴廩生張

試府經歷衡李開瑾沈紹瀛等三員均請以府經歷不論雙單月儘先選用

以上八員係照尋常勞績請獎 宣統二年九月十九日奉 硃批著照所請該衙門知道欽此

又奏庶吉士顧琅留充工業學堂教務長免扣資俸片

再直隸高等工業學堂教務長格致科進士顧琅於宣統元年恭應 延試奉 旨改為翰林院庶吉士例應赴京供職惟該員前於光緒三十四年到堂供差以來深資得力查奏定章程凡京官在外辦理學務者准其奏請免扣資俸擬懇 天恩准將該員留堂充當教務長並免扣資俸據提學司傅增湘具詳前來謹附片具陳伏乞 聖鑒訓示

謹 奏宣統二年九月十九日奉 硃批著照所請該衙門知道欽此

实习工场最新出品

机织科 各样条布、袍面、被面、褥面、帆布、台布、哈其布、夏日合用之方格布、漂白市布

窑业科 堆釉、雕釉、细彩写意工笔各式瓷件

提花科 各样宁绸、库缎、丝花绸缎、新注绸纱、闪花缎、提花袍料

图画科 传□放大像、毛笔、水彩、铅笔、油画各种画片

织巾科 大小洗面毛巾,医院用裹伤纱布等

刺绣科 东西各景山水翎毛花卉,大小屏镜、团扇、帐沿等

染色科 专染各色纱线、丝绢、毛绒、布匹

画漆科 □建各式漆件、名片匣、纸烟盒、眼镜盒、大小挂屏等

木工科 西式花梨油木桌椅、台柜、织布机件、新式马车洋车

编器科 东西各式草帽、学界军界操帽并团扇等

竹工科 西式□竹、花竹桌椅儿架、镜框、床凳

制燧科 大盒小盒保安火柴

造纸科 各种图案纸、洋元票纸、油杉纸、毛边纸、账簿纸、信纸等

临顾者请移玉至天津北马路工业售品总所、河北黄纬路木厂售品处、河北公园陈列所内寄售处、东马路窑业试销处。

售卖较前大减。

（《大公报》天津版,1911 年 4 月 1 日）

实习工场纵览会纪盛

天津实习工场于初八日开第一次纵览会,该场门首□适宜□彩绸层□,入门赠予一单,系劝用中民货者。由东转向各科,陈列无不精美,唯编然料仿日本制造之柳条、行李箱及各种器皿朴实坚固,不尚繁萃,其画漆科刚光明若镜、润滑如脂,已改前时之留观所,聘南闽技师尤为特色,又西行又棚四处:一曰提倡土货演说会,二曰本场卖货处,三曰工业售品总所卖货处,四曰存货减价发售处。旁有天足会分送□不缠足传单,出门一览西有天津造胰公司,东有麟记烟卷公司,对门有铭利成民立第三工厂出售军乐各件。河北大街同升德竹器均皆映带生辉,开是日售出货值三四百元,纵览者约一万四千余人,送纪念品一千余份,车马塞途盛器也。

(《申报》,1911 年 10 月 8 日)

直隶高等工业学校招收高等科学生广告

　　资格　曾习得有毕业文凭考验合格者

　　学费　免费

　　膳费　住堂食宿者每月银四两,通学一餐者每月银一两五钱,均须预交一学期始准入学。

　　籍书操衣　一律自备

　　学科　本□□随高等或中学五年级班补习三月,以便暑假后并入应用化学机器科肄业。

　　报名　应携毕业文凭到天津河北黄纬路本校报名,填写证书。

　　　　　　　　　　　　　　　　　　　(《大公报》天津版,1912 年 4 月 7 日)

直隶高等工业学校同校诸君鉴

本校现照章改为直隶公立工业专门学校,适三月十九日为本校第十周年纪念日,拟借是日开校友会并组织各项运动以助兴味,届时务请诸君来校襄助,不胜盼切。

本校同人公启

(《大公报》天津版,1913 年 3 月 14 日)

直隶公立工业专门学校内容之披露

简章

第一章　宗旨

本校以教授高等工业学术、养成工业人才又附设中学以造就升入专门合格学生为宗旨。

第二章　学则

一、学科　专门本科现分应用化学科、机器科及预科、研究科及附设中学科。

二、修业年限本科以三年为限,预科以一年为限,研究科以一年为限,附设中学以四年为限。

三、本校各专门之课程及每星期授课时间订定如下:

应用化学科课程

学年 学科	第一年			第二年			第三年				时间数
	第一学期每周时数量	第二学期每周时数量	第三学期每周时数量	第一学期每周时数量	第二学期每周时数量	第三学期每周时数量	第一学期每周时数量	第二学期每周时数量	第三学期每周时数量		
伦理	1	1	1	1	1	1	1	1	1	3	12
国文											
数学	解析几何 2	解析几何 2 微积大意 1	微积大意 3							2.7	100
物理及实习	4	4	4							4	148
化学	6	6	6							6	222

学年\学科	第一年			第二年			第三年				时间数
	第一学期每周时数量	第二学期每周时数量	第三学期每周时数量	第一学期每周时数量	第二学期每周时数量	第三学期每周时数量	第一学期每周时数量	第二学期每周时数量	第三学期每周时数量		
英文	4	4	4	3	3	3	1	1	1	8	296
矿物学	2	1	1							1.3	48
冶金学				2	2	2				2	74
机器工学大意				2	2	2				2	74
物理化学					1	1				0.7	26
应用化学				10	12	12	12	12	12	23.3	862
化学制造用机器				2	1	1				1.3	48
燃料及筑炉法				2						0.7	26
电器化学				2	2	2				2	74
电器工学大意				1	1	1				1	37
工业经济							1	1	1	1	37
工场管理法							1	1	1	1	37
工厂建筑法							1	1	1	1	37
工业簿记							1	1	1	1	37
化学工业分析及实习	14	14	14	12	12	12				26	962
计划及制图	5	5	5	4	4	4				9	333
实习							20	20	20	20	740
体操	1	1	1	1	1	1	1	1	1	3	111
合计	39	39	39	42	42	42	39	39	39	120	4440
文德随意科	2	2	2	2	2	2	2	2	2	6	222

机器科课程

学年学科	第一年			第二年			第三年				时间数
	第一学期每周时数量	第二学期每周时数量	第三学期每周时数量	第一学期每周时数量	第二学期每周时数量	第三学期每周时数量	第一学期每周时数量	第二学期每周时数量	第三学期每周时数量		
伦理	1	1	1	1	1	1	1	1	1	3	12
数学	6	6	6	2	2	2				8	296
制造法	3	3	3							3	12
物理		4	4	4						4	148
无机化学		3	3							2	74
应用力学		4	4	4	2	2				5.5	202
水力学					1	1				1.5	635
机构				2	2	2				2	74
蒸汽机关		2	2	4	3	1	1	1	2		
舶用机关				1	1						
内燃机关					2	2				8	296
汽车							1	1			
航空机关									2		
制造用诸机器				4	4	4				4	148
电器工学							2	2	2	2	74
铁冶金				2	1	2				2	74
制图		12	12	16	17	17	21			31	1174
实修	32							33	33	33	1221
英语		2	2	2	1	1	1			3	111
经济							1	1	1	1	37
工厂管理法							1	1	1	1	37
建筑							1	1	1	3	37
簿记							1	1	1	1	37
体操		2	2	2	2	2	2			4	148
合计	42	39	39	39	37	38	39	42	44	122	4847

预科课程

学年学科	第一学期每周时数量	第二学期每周时数量	第三学期每周时数量
伦理	1	1	1
国文	3	3	3
数学	8	8	8
物理	5	5	5
化学	5	5	5
英文	8	8	8
制图	4	4	4
体操	2	2	2
合计	36	36	36

附设中学课程

学年学科	第一学年	第二学年	第三学年	第四学年
修身	1	1	1	1
国文	7	7	5	5
外国语	7	8	8	8
历史	2	2	2	2
地理	2	2	2	2
数学	5	5	5	4
博物	3	3	2	
物理化学		4		4
法治经济				2
画图	1	1	1	2
手工	1	1	1	1
乐歌	1	1	1	1
体操	3	3	3	3
总计	33	38	31	35

四、入学资格本科须由中学毕业或有同等学力者经试验成绩分别取入。

五、学年八月一日为学年之始,翌年7月三十一日为学年之终,但本校旧有学级仍以入学之日为学年之始,满一周岁为学年之终。

六、学期八月一日起至十二月三十一日为第一学期,元月一日起至三月三十一日为第二学期,四月一日起至七月三十一日为第三学期。

七、休业日暑假休业自七月一日起至九月十日止,年假休业自十二月二十五日起至翌年元月七日止,春假休业自四月一日起至七日止。

八、日曜日及下列纪念日均休业一日:

本校纪念日:三月十九日

孔子诞日:十月七日

国庆日:十月十日

民国纪念日:元月一日、二月十二日

以上自第六至九条附设中学规程均同。

九、入学期每学年第一学期开学时招考学生为入学期但须经入学试验,视成绩合格者录并须先具志愿保证书呈验,经本校许可方能入学。

十、退学因疾病或不得已之事故由保证人或父兄具书陈明退学,及犯下列各条之一者应命退学:1、无正当之理由连续缺席在三十日以上者;2、屡经告诫记过不知悔改者;3、不守学规违背命令者;4、生命不良有累本校名誉者;5、学业成绩过差难望成业者;6、连续学级两次者。

十一、升级毕业按照部令十九号第七条办理,附设中学按照部令二十七号第四十五、六条办理。

十二、学生于每一学年内学业成绩列甲等而操行无亏者,给以褒奖状并奖品,迨肄业期满考试后授以毕业书。

十三、学生于第一学年内无迟到早退缺席等事操行优长者授以铜牌,连续二年者授以银牌,连续三年者授以金牌。

十四、学费年二十元,附设中学年十二元,分二次交纳,于春季开学时交纳一次,于秋季开学时交纳一次。

十五、学生定额专门每班限定四十人,附设中学每班限定五十人。

十六、本校规则大纲悉遵照部令二十四号规定,俟后如有添改应按照以后临时法令办理。

(《直隶教育界》,1913 年第 3 期)

直隶公立工业专门学校招生广告

一、学科

应用化学科　化学预科　染色预科　附设甲种染科　附设甲种织科

二、学额

化学科插班三十名,预科染科织科各五十名。

三、资格

本科、预科以中学毕业及相当学力具有原校证明书为合格;甲种染科织科以高小毕业,年在十四岁以上二十岁以下为合格。

四、学费

本科预科年纳二十五元,甲种染科织科年纳十元,均分两期于开学入校时缴纳。书籍、操衣自备。

五、宿费

宿费年纳五元,分两期交纳,膳费自理。

六、考试科目

本科预科为国文、算数、代数、几何、三角、物理、化学、英文、图画,甲种染科织科为国文、英文、数学、理科、图画。

七、考期

分两次:第一次七月八日,第二次八月二十五日。

▲直隶公立工业专门学校招生广告▼

一 学科

应用化学预科

化学预科　附设甲种染色科

染色预科　附设甲种绘科

二 学额

化学科　染科绘科插班三十名

预科甲种染科绘科各五十名

三 资格

本科　预科　入校时须有原校证明书合格为合格，以中学毕业及相当学力具有证明书者合格，甲种染绘科年纳二十元，均分两期；本科预科年纳二十五元甲种染绘科十元均分两期

四 学费

本科　预科　国文算数代数几何三角图画电图染色

五 宿费

宿费年纳五元分两次交纳，学籍衣食自理

六 考试科目

物理化学英文国文算数代数几何三角图画

七 考期

分两次：第一次七月八日；第二次八月二十五日

八 报名

自六月一日起至考期前三日截止，如第一次未及与考，准于第二次一律试验，再逾期概不补考

九 报名费

报名时交纳一元，取录者抵作学费，不录者缴还，不投考者概不退还

十 照片

最近四寸半身一张，连同毕业证书或证明书于报名时一并交清

十一 报名及考试地点

天津河北黄纬路本校

八、报名

自六月一日起至考期前三日截止，如第一次未及与考，准于第二次一律试验，再逾期概不补考。

九、报名费

报名时交纳一元，取录者抵作学费，不录者缴还，不投考者概不退还。

十、照片

最近四寸半身一张，连同毕业证书或证明书于报名时一并交清。

十一、报名及考试地点

天津河北黄纬路本校

（《大公报》天津版，1915 年 7 月 3 日）

直隶公立工业专门学校
原直隶高等工业学校招收本科、预科、
新插班生广告

学科：应用化学科、机械科、应用化学预科、机械预科、甲种染科、甲种织科（即中等染科织科）、染织预科。

修业：本科及染织本科三年，预科及染织预科一年。

资格：本科须中学毕业者，预科中学毕业或在中学肄业三年以上者，染织本科高小学业以上及程度相当者（曾学初步之物理化学者），染织预科须高校毕业及程度相当者。

费用：全年备课学费二十五元、预科二十元、染织本科十元、染织预科六元，均分两期于开学始缴纳。宿费两元，书籍发讲义，操衣帽自备，膳费每月三元五角至五元，概归自理。

考试：本科预科——国文、算数、代数、几何、三角、英文、物理、化学、图画，染织本科预科——国文、数学、图画（染织本科添试初步物理化学）。

报名：自广告日起至考期前止，报名时呈验证书及履历书，四寸半身相片并交试验费一元，取者抵作学费，不录者退还，不投考或未试竣者不还。

地点：本校在天津河北黄纬路西首。上海报名处及考试处在上海西门外大药厂西首江苏省教育会。

考期：阳历八月一日起一次，又八月十五日起一次。

附告：本校章程及关于建药设备等影片二十六枚存报名处可以取阅。

（《申报》，1916 年 7 月 10 日）

直隶公立工业专门学校预本科招新插班生广告

学科　化学科,机械科,化学预科,机械预科,甲种染科、甲种织科(即中等染科、织科)染织预科。

修业　本科及染织本科三年,预科及染织预科一年。

资格　本科需中学毕业者,预科中学毕业或在中学肄业三年半以上者,染织本科高小毕业以上及程度相当者(曾学初步物理化学者),染织预科需高小毕业之程度相当者。

费用　本科学费全年二十五元,预科学费全年二十元,染织本科学费全年十元,染织预科学费全年六元,均分两期于开学始缴纳。宿费暂免,书籍发讲义,操衣帽靴自备。膳费每月三元五角至五元概归自理。

考试　本科预科:国文、算数、代数、几何、三角、英文、物理、化学、图画;染织本科及染织预科:国文、数学、图画(染织本科添试初步物理化学)。

报名　自通告日起至考期前止报名时呈验证书、履历书、四寸半身相片并交试验费一元,取者抵做学费,不录者退还,不投考或未试竣者概不发还。

考期　阴历七月廿五日一次;八月廿七日一次。

地点　天津河北黄纬路西首本校。

(《大公报》天津版,1916 年 8 月 25 日)

直隶公立工业专门学校应用化学科机械科学生毕业名单

核准毕业案见本期公牍门咨第一千八百八十九号

沈祖堃浙江海监　　杨文煊直隶文安　　杜守文直隶清丰　　张履恒热河建平

刘光矩直隶沧县　　李镕京兆昌平　　曹振瀛江苏江都　　汪季材江苏吴县

以上应用化学科

王若侃江苏溧阳　　王宗潘直隶束鹿　　韩景堂奉天奉化　　石晋昌奉天海城

任作骧京兆武清　　卢之垲直隶定县　　孙彤年直隶天津　　田志逊直隶昌黎

高捷程直隶滦县　　赵汝昌直隶束鹿　　魏振铎直隶安平　　翟赓锜直隶邢台

（《教育公报》，1916 年第 3 卷第 9 期）

直隶公立工业专门学校
原名高等工业学校续招学生广告

本校前于八月二十六日招考一生,设考旨为□直隶□以战事甫毕,又继河伯为灾外埠报致诸生暨育志愿投考名难免中途阻梗,以致未继如期赶到。兹定于九月二十日会考一次,有志愿投考者务望先期来津本校报名报到可也,特此通告。简章列后:

学科:应用化学、机械、甲种染织。

预科、修业:预科一年,本科三年。

资格:专门预科须中学毕业与中学肄业三年半以上者,甲种预科须高校毕业或有同等学力者。

考试科目:专门预科及本科考试——国文、算数、代数、几何、三角、物理、化学、英文、图画。甲种预科考试——国文、数学、图画。本科考试——理化英文。

费用:专门预科全年学费二十元,本科全学费二十五元,甲种预科全年学费六元,本科全年学费十元。校友会全年会费三元。均分两期于开学始缴。住宿费暂免。正场展费,三元不足,照缴有余退□余归自理。

报名:自通告日起至考期一日止报名时呈验证书及四寸相片并缴纳报名费一元,录取者抵作学费,不录者退还不投考或未试验及录取不到者概不发还。

考期:九月二十日。

地点:天津河北黄纬路西首本校。

(《申报》,1917 年 8 月 31 日)

学生联合会开正式成立大会

月之十四日下午五时，天津学生联合会假直隶水产学校内举开成立大会，其开会秩序如下：一、开会；二、主席致开会词；三、选举职员；四、临时会长报告十五结束；五、正式会长宣言就职；六、闭会。到会者为新学书院、北洋大学、高等工业、育才中学、甲种工业、私立法政、成美中学、直隶第一师范、公立法政、南开中学、官立中学、孔德中学、水产学校、唐山工业专门学校等。当场公推马骏为临时主席登台报告开会宗旨，复检查到会之各代表（每校代表六人）毕，略云："今日开会所筹备各事及所应预备各事，系由各方面所促成，实系最可庆幸之会，今日之会就是我中华民国纪念日也。查本会之组织，实由我们良心上之所集合而成者，惟希望一致进行，永久不懈。且同人等一切进行难免有不完备之处，请诸原谅。"是幸，复关于意见之解释，当介绍水产学校校长孙子文演说略云："诸君为国事远路来此，敝校得此光荣感甚，鄙人本无与会资格，盖因地主关系，当然示欢迎。此次学生之举动纯为爱国，是以鄙人最表同情，视诸君筹备务之纲要甚为正大，鄙人今日贡献数端，务请注意：一忍耐、一和霭、一宽恕、一牺牲私见、一勿矜能、一勿志短、一勿躁进。"并逐细详释，全体鼓掌。

主席报告唐山学生代表李中襄、刘金声、吕季方、吴国柄四君到会，全体鼓掌欢迎。该代表登台报告唐山之学生团进行之情形，并报告所拟办法之十二条如下：一、以死争回青岛；二、留日学生被抓事，果彼不放，即行电召所有留日学生一律回国；三、致电政府中国各机关之日本顾问一律裁撤；四、抵制日货；五、抵制之法；六、筹还日债；七、严惩卖国贼，将其财产一律充公，除却中国籍；八、北京学生因被殴身死，我同人当代表起诉于法庭；九、全国各校均添兵操班（全体鼓掌）；十、学生团应组织统一言论机关；十一、学生讲演队；十二、组织全国学生联合会，以谋永久之团体。并宣言唐山之学生与天津之学生一行动逐牺牲生命亦当表示同情（全体鼓掌）。

主席又报告遵照秩序举行选举职员，每校一票，用记名投票法选举之。谌志笃

（高工）当选为正会长,马骏（南开）当选为副会长,李之常当选文事科主任,韩嘉朴当选调查科主任,卢致德当选交际科主任,易守康当选讲演科主任,贾玉麟当选会计科主任,刘泽霖当选庶务科主任。主席宣布评议员各校一人,明日（即今日）一律推出函告。本会临时会长报告以前经过之情形,正副会长先后就职,全体鼓掌。略为演说其大旨,系本良心之主张谋永久进行,持和平态度。本会应进行之件甚多俟,明日（即今日）由职员会公决时。至九时闭会。

（《大公报》天津版,1919 年 5 月 16 日）

天津学生已罢课

昨日(二十三日),上午八时,天津学校联合会全体罢课并散布宣言书。其罢课之学校为北洋大学校、直隶法政学校、直隶第一师范学校、高等工业学校、南开中学、国立中学、孔德中学、成美中学、大营门中学、直隶水产学校、育才中学、私立法政学校、新学书院、甲种商业学校以上共15所学校学生共万余人,兹将其宣言书及拍致政府电照录如下。

(天津学生联合会罢课宣言)

呜呼!吾国已不国矣,吾民已不民矣,卖国贼献媚日本,不惜断送我吉林森林金矿、南京铁矿、安徽铜矿、大沽造船厂、汉冶萍公司均拱手奉之日人,只顾私肥,不愿我祖宗缔造之宝藏矣。近青岛变作,固是日人侮我,实亦卖国贼等,专逞武力对内有以致之。又高徐顺济二路足制山东、直隶死命,而吉会路线、南沈路线之延长尚在其外,今则大借款四万万交以田赋作抵见告矣。以故日本留学生爱国心切,群谒代理公使庄景珂,庄拒不见,且勾引日本兵警密布于使馆内外,如临大敌(馆内则名伶梅兰芳演唱《天女散花》,大开欢宴也)且兵警举刀乱斫以马队冲踏留学生,伤害者三十余人,重伤垂危者十余人,并将留学生手执国旗夺去。拘捕留学生入监狱共五十余人,至今犹在监狱中受无穷之痛苦者十余人。诚吾国莫大之耻辱也。京师学子深恐国亡无日、万劫不复、义愤填胸、忍无可忍、群起与卖国贼拼命,志在除害救国。乃卖国贼等竟令巡警拘捕学生并将郭钦光打死,是可忍,孰不可忍!以是北京二十七校学生已一律停课,上海又已继之,况湘鄂等诸学界爱国热度均极高亦见报。

吾天津学生自应当仁不让,举起以继京沪后亦联合全国学生毅然抵制日本且尽去卖国贼以自救亡。此吾青年之天职也。愿吾四万万同胞速醒、猛醒,以挽外交之失败以图内政之改良,吾民幸其吾国幸甚。(又致政府电)大总统国务院钧鉴,溯自外交失败,奸邪盈庭,北京学生迫于公义,一致罢课,恳请外挽主权,内锄奸邪,未邀俯允,时机紧促、稍纵即逝,学生等不得不与全国学生取一致行动全体罢课,再申前请,惟我大总统、国务总理留意焉:(一)请政府明白宣布青岛由日本处置一条决不签字。(二)请将中日二十一条协约提出巴黎和会请求废止。(三)请设法取消民国七年参战军密约。(四)曹汝霖、章宗祥卖国,国人共知,请斥罢,交法庭严惩。(五)传总长蔡校长教育界泰斗,请收回同准免命令,挽留回任。(六)日政府拘殴留学生并侮辱国旗,请严重交涉。以上六条,如蒙允准,学生等即日上课待罪。否则全国义愤所在,未能轻已也。天津中学以上学生联合会叩。

又天津学生联合会会长谌志笃召来各校代表前日(二十日)下午四点在河北高等工业开会研究进行办法,其最后之决议除一律实行罢课外,所有全都学生分作两起负担责任,一起专任出外演说,一起专任编辑有益于爱国之小说、杂志等印刷品以利进行而免非废弃。此罢课之时间,又能罢课后,无论何校有受压力或被取缔者,各学校当全体一律对抗以抵制之。此次各校之举动自外表观之似属纷纭复杂,而内部秩序却极整齐。闻分起演说之各学生已于今日出发在东北城角圜城马路及河北大胡同各地方到处演说,观者摩肩擦背,颇形拥挤。

(《申报》,1919 年 5 月 26 日)

纪八日之津学界

——出奇制胜　游行演讲

　　天津各校学生自被警厅派队监视后,行动不得自由,于七号晚秘密集会于新学书院筹商出发方法。其结果决定晨次不动声色由各学生个人独资前往圜城马路一带随意游行不整队伍而设司令部(即干事部)。于东马路基督青年会中在马路各学生如见自行车队持五色国旗者经过时即各就所立地点同时演说,布置既定。至昨午(八日),动令一下,各学生即如所议决四面八方齐声演讲,令站岗警察防不胜防,凡东西南北四马路大街无不有学生之踪迹。如千军万马、如怒浪淘涛,大有草木皆兵之概,听者拨寨于途欢呼鼓掌之声不绝于耳,其站岗警察皆望望然不知所措无从加以干涉,而学生界第一策即已达到目的矣,然出发之初固未尝不预备根本失败也,如当道果调动军警以压制学生之爱国举动亦惟俯首就缚,任其处置,以偿政府摧残学界之心理且亦必不反抗或发生何种激烈举动,同时被禁在南开学校之学生亦以调虎离山之计混警察耳目,不动声色逐个遛出大门。监视警察初尚不甚注意,继见出门者断断续续已不一其人,不得不略加诘问,被诘者即瞠目以对答,以不知一若外间毫无动作者,警察回顾校内尚见有多数学生戏球,问话以为尚有大多数在内。若停止此辈外出,当毫无意外之变诅,意此为最新式之空城计,其留在校内者虽逐之去,亦不去尚何须阻止哉。第一策既达目的,第二策即乘势进行,无何第二次之号令讲演者即停止演讲相将望东而行迨,下午三时均已齐集于东马路结成一大队前往天津商会谒见会长,由代表谌志笃、马骏两君到商会内声明来意,文牍长夏芹西接洽告以会长等均在各界联合会开会,该代表要求非见不可,于是电知叶、卞两会长到会与谌、马两代表接洽。该代表云:“上海等埠,因此此次外交失败相继罢市者已有数省矣,要求贵会长即可着急开会宣布罢市,否则我学生等不肯散去。”叶会长允为明日(即今日)召集各行商董开会磋商并代转诸君之来意。至三点三刻,该代表始辞去学生复全体仍结队高呼“民国万岁,商界万岁”。直赴省长公署谒见曹省长,至东邱凤□魏廷瀋、谌志笃、陶开太、韩考孙、张绍曾、安毓文、沙主培、吕其昌、刘家麟等随同进署,该学生团等(约千余人)皆在辕门前席地坐等候,稽查长刘庆昌率领稽查四名照料并备以茶水。该生并相继在该处就地讲演至七时一刻,该代表始出署对学生全体报告我等所要求的之件均已达到目的,全体欢呼鼓掌如雷,复三呼"省长万岁",马骏复报告我众目的既达,即刻同到高等工业学校详细讨论进行至七日半全体赴高工闻该代表向省长所要求者如下:一、将各校驻守之警察一律撤离;二、设立宣讲所自由演说;三、不用警察保护;四、明日在公园开国民大会以挽时局。兹将天津总商会通知各商董原函录下:"还启者,兹因关系全埠市面紧急重要事件必须公同讨论,拟于明日即六月九日下午然暑准四钟在本会开全体行商董事会,届时务希赏临幸勿吝步,至所切盼。"

(《申报》,1919 年 6 月 12 日)

学生流血之惨剧

本日(十九日)下午一时,天津学生联合会假南开中学礼堂开全体会议,到会者千余人,由会长谌志笃登台报告。近来外间对于学生有许多误会,有云向商会筹款肥己,或云商界开市系被商会运动者,其种种谣言实诬我辈太甚。查学生此次举动纯本良心救国,绝无希图,但世人多不原谅,虽有宣言表明心迹亦终恐难释疑团。故不得不用惨烈之牺牲冀求众人之觉悟,言至此,即用刀将左手中连伤三刃,鲜血淋漓指连无几。当场用血墨对于学生全体书曰"振作精神化除意见"下书"谌志笃泣悲"。又对于众人书曰"学生作事纯本天良,不为势迫,不为利诱。"下书"谌志笃代表天津全体学生宣言"云云,以资表明学生心迹而便警醒同胞群起救国。后经学生等将谌君送往海军医院医治,是以各界均举代表前往慰问云云。

(《大公报》天津版,1919年6月20日)

联合会进行种种

总部开会

天津各界联合会总务部于二十八日上午十时并召集各科科长开讨论。会议谌志笃主席表示就职总务部长之意见，并云深望诸君竭力帮助以利进行云云，又提议所有各科均组织完备各科办事细则，由各科按照大纲自拟，以资实力进行。又提出应讨论之项如下：一各科应办事宜；一各科办事时间；一办公人数。讨论结果：总务部除部长每日到会外，干事六人每日一人值日，按日轮流各科，每日值日一人以资办公，星期日休息，每日午后六点至七点为办公时间。

文牍科长戴练江报告因事明日赴京，所有文牍事件概托由夏君琴西代行职权，无异议。夏琴西提议总务部长及各科科长每日须列席评议会，惟无表决权，如遇有缺席时自推本部科一人代表之，众赞成。

又研究许久，至十二时一刻闭会。

致沪会电

栋折榱崩，殃及池鱼，噩耗惊传，憬然可惕。是以津地已成立各界联合会纯系民意，机关实与贵会有同一趣旨，敬日曾电北京政府拒绝签字，词旨激昂，业分电沪上时报转各机关谅查照矣。时机已迫危亡在即，国民应通力合作急组民意团体，以图实力抵抗。载胥及溺，大难相同，应请贵会急行分电各省，组织民意团体，必期共同挽救。除由本会推定代表十人，加入山东代表同泣北庭外，用特电达即。希分电不胜涕泣，待覆通信处天津总商会。天津各界联合会。

组织分会

又一函云,天津学生联合会业经推举学界代表七十余名晋京谒见大总统,要求关于青岛问题向该会分电保定、山西各大学校组织联合分会,以谋统一而策进行云。

请愿呼吁

天津各界联合会昨接山东各界请愿团由京函告云:本日午前学生会吕、沈两代表来京陈述贵会关怀,盛意感佩曷极。此次山东问题关系吾国存亡,东人痛深切肤,尤日抱隐忧,敝团到京所有请愿目的,三条已见报端,想邀台览。数日以来迭向当道要求照办,乃政府一味含糊,终无确实答覆。敝团人等识力浅薄,进行维艰,尚祈贵会集合群力共挽危局,不胜感盼之至云云。

代表愿书

为请愿事窃以欧战终结协约胜利,我国参战,同跻和平,义务权利。理应持平,及遣派专使同与和议,不顾战胜,权利丝毫未得而青岛未能取还,密约未能取销高徐顺济之路,约二十一条件之苛求,皆关系吾国之存亡,迄未能根本推翻。可见和会议决并不公允,国人风从云集群起力争,主张拒绝签字,并请求惩办卖国诸人,乃政府持一面之说,密令专使签字。山东代表团业已晋京叩谒请命,蒙大总统俯允磋商,薄海闻之莫不欢腾。乃国务院之批示反严词拒绝敝会,鉴于时局之阽危,痛政府之不悟,当于敬日电请兹复公推代表等匍匐到京,泣请伏乞大总统国务院垂鉴舆情,俯从民意,速电吾国专使对于和议万勿签字,并行惩办卖国诸贼以谢国人民。国幸甚,大局幸甚。

(《大公报》天津版,1919 年 6 月 29 日)

学生联合会开会记

　　天津学生联合会,于前日(五日)下午二时,假青年会二十九号室开评议会。到会者南开学校邢寿山、路荫芝;高等工业路荫柽;水产学校鲍长义;服务学校回光声;法政学校杨昌第;女子师范李少候;甲种商业徐维谨等,七学校约十余人。

　　由水产鲍长义主席首由主席报告追悼黄爱先生,借用地点一事,尚未惜妥。鄙意拟改定下星期日,再行讨论追悼办法(众赞成)。主席又报告本会职员,因自寒暇回藉后,尚有回津者,又有许多辞职者,以致各股职员,不能分配,每届开会时,缺席者实居多数,鄙意改选职员一次,不知诸君赞成否(众赞成)。

　　讨论结果:准于下星期六(十二日),开改选职员大会,务请届时到会。又提议凡未加入学主联合会之各学校,派员经该校按洽,从速加入,以期共同进行(众赞成)。各案讨论毕,即宣布闭会云。

（《大公报》天津版,1922 年 3 月 7 日）

学生会开追悼会

天津学生联合会,因天津高等工业学生黄爱(即正品),及庞人铨二人,在长沙第一纱厂,被资本家贿通赵恒惕惨杀,高工与各校学生,皆痛惜黄、庞之惨遭杀害。故于前日(十二)下午二时,在高等工商学校大讲堂,开追悼会。其各种布置,极为完备,讲台上有横幅,文曰"劳工神圣"。又悬黄、庞二君肖像,左右绣黄、庞二君被杀时惨状,观者无不落泪。室之四周,悬挂各校之挽联,中间高悬万国旗帜,及各色纸花,门首高悬国旗两方。男女来宾,皆配黄花,颇极一时之盛。兹将各界挽联志下:"抱改造志以应时,非为个人奋斗。遭莫须有而丧命,是因群众牺牲"(高工);"虽死犹生"(水产鲍长义);"阿堵物具万能,奴性难医。何竟苦心成惨剧,好男儿拼一死,灵魂如在,常依苦海救同胞"(鲍长义);"孽海茫茫,独服劳工为神圣。混尘暗暗,惟依流血作明灯"(刘福同)(高工);"军阀派伤天害理,劳动家杀身成仁"(高工);"劳工神圣"(天津学生联合会);"爱国热忱,一旦被祸,劳工志士,千古流芳"(高工染料同人);"同声一哭"(甲商徐维谨)。

(《大公报》天津版,1922年3月14日)

report报刊中的河北工大 上

高工毕业生在海外之新待遇

本埠河北工业专门学校，校长杨育平，近接该校毕业生魏元光来函云，"元光自前年负笈来美，入纽约大学院肄业。"初入院时，颇受挫折，其后未及一载，因生之成绩关系，顿蒙优待，并行文纽约省教育厅，嗣后如有直隶工业专门毕业学生，来美留学者，均与北洋大学及北京大学受同等待遇，不再另加一番限制矣"云云。现该校已考完毕业，魏君元光成绩在九十分以上，得有硕士学位。近又入纽约施慈丹纸厂，实习造纸工业，闻北洋造纸厂，拟俟魏君归国后，聘为该厂总工程师云。

（《大公报》天津版，1922 年 9 月 8 日）

厅令:训令第一八八二号

令省立第一、二工业学院校长

案奉　省长公署训令第六零七六号内开案准　直隶省长咨开案据直隶教育厅转,据直隶公立工业专门学校呈称为本届毕业学生请,予转请分咨各省区及令行本省教育实业各机关量为聘用,以资服务,事窃本校应用化学科、机械科及附设甲种染科、织科各三年级,学生已于本年暑假肄业期满,举行毕业试验呈报在案,查该生等肄业三年成绩尚属客观,若再加以经验,庶可扩其学识,藉图深造伏念各省区中甲乙种实业学校以及工业试验场,各工厂各矿局各铁路局等,对于此项学生不无需用之处,本校仍遵照民国七年教育部令处置毕业生办法造具该毕业生等名单一份,伏乞钧厅转呈省长分别咨请农商交通部,各省区公署分别令行教育实业各机关酌量任用,俾资服务理合备文呈请鉴察施行,实为公便等情。据此,经职厅复核无异除分别咨行外,理合检同原单呈请鉴核准予分别咨行等情,据此除指令并分咨外,相应照抄履历表,咨请查照核办并希见复施行等因并附表到署,准此除咨复并分令实业厅查照办理,外合行令仰该厅长查照办理,原表抄发此令等因奉此合行抄表令仰该校长酌量延用此令。

计发抄表一纸

应用化学科毕业生姓名:童致骞

机械科毕业生姓名:卫竹生　陆　琛　吴傅悌　彭东孙　吴奎庚

(《江苏教育公报》,1922 年第 5 卷第 9 期)

工专欢迎新校长

本埠河北黄纬路工业专门学校，前校长杨育平，升任察哈尔教育厅厅长，所遣校长一缺，早由教育厅委任该校教员魏元光君代理等情，已志本报。魏君于民国七年毕业该校，自费留学美国，入西拉邱斯大学研究科肄业，在校成绩斐然，殊能为中国留学界增光，毕业后复入美国各大工场实习。客岁归来，担任母校化学教员，学问渊博，经验深富，极得该校学生之欢迎，现魏君既接任校长，追念母校数年来之颓弊形色，与夫将来之发展，故到校以来，锐意整顿，以冀振刷。近闻该校学生已定于本月二十三日（星期六）开会欢迎魏校长，午后并备有各种游艺，用助余兴云。

（《大公报》天津版，1926年10月22日）

工业学校电请第四集团军腾让校舍

河北省立工业专门学校定于十月一日开学,已志昨报,兹悉该校全体师生昨曾电呈白总指挥,请令四集团军留守部另觅地址,腾让校舍,俾得如期开学。其原电云:白总指挥钧鉴,窃敝校前在军阀积威之下,恒被蹂躏,方幸革命成功,重见天日,凡我师生,莫不以为从此永庆昭苏,弦歌弗辍。嗣以贵军担任东征,仓卒到津,一时难觅相当地点,不得已暂住敝校,敝校亦深谅此意,忍痛一时。照例应于九月一日开学,一展至十七日,再展至二十四日,迄今二十余日之久,贵军仍未迁出,师生等无任疑虑,以为贵军将不久迁移耶。何不俯念下情,早行办理,将永驻敝校耶,实与军誉校务两有未便。总指挥宣劳党国,功在教育。此次对于北平九校不能开学,莘莘学子,茫无所归,教育前途,频于破产,曾有庚电转请中央迅筹救济之方,以维天下清议。则对于能以开学急望开学而不能开学之敝校,应有以维持,不至使吾数百师生常此飘流徬徨,永无归宿。除敝校定于十月一日开学外,恳祈迅令在校贵军另觅地点,腾出校舍,俾得早日开学。而维教育,不胜迫切待命之至。河北省立工业专门学校全体师生仝叩。

(《大公报》天津版,1928 年 9 月 26 日)

报刊中的河北工大

教育界　工业专门学校改称省立工业学院

院长仍为魏元光，暑假后实行改组。

本市工业专门学校，改大问题，已历半载之久，前日该校始奉到北平大学区明令，实行改组，全校师生闻之，莫不欢欣万状，即将筹备盛大之庆祝会，以表庆祝。院长一职，仍由前工业专门校长魏元光充任。据魏元光云，刻下不过校名改为"工业学院"，内部改组扩大事宜，当自暑假后实行。因省府已议决自七月一日拨款，嗣后本省又多一工业最高学府，实堪为中国工业前途贺。兹觅得该校昨日牌示原文，抄录于后，为公布事。

案奉北平大学区训令第一零九二号，内开为训令事，关于改进河北省高等教育计划，曾由本大学区提出草案，交省政府会议，当经第七十五次会议决，交付审查，嗣据审查报告，业将原案改进计划，略为修正，复于四月二十三日提交省政府委员会第八十五次会议议决，照审查案修正通过。兹将原计划草案及审查报告，随令抄发。根据该项议决案，该学校应改称为"北平大学区河北省立工业学院"至院长一职，仍由魏元光充任。除致魏院长聘书，及另文颁给院印，并院长印章外，仰即遵照此令等。因事关本校改制问题，兹特公布，忘各知照，此布。

繳任工业學業院長之

魏　元　光

（继任工业学院长之魏元光）

（《大公报》天津版，1929 年 5 月 20 日）

河北工业学院院长魏元光呈

呈为呈报《工业学院学级改组办法》恳请批示祗遵，以便进行招生事。窃职院前奉钧院第一零九二号训令附发《改进河北省高等教育计划》原案内开，拟改河北省立工业专门学校为北平大学区河北省立劳工学校，专造就河北省实用人才，就原有应用化学科改为化学制造学系，原有机械科改为机电工程学系，增设市政水利工程学系。又审查报告内开天津河北省立工业专门学校名称拟改为北平大学区河北省立工业学院，所设各系应先就原有各科扩充整理，其他各系应否增设由北平大学区教育行政院酌定，各等因奉此遵将学籍改组办法分别列举。

（一）学系将原有应用化学科改为化学制造学系，原有机械科改为机电工程学系，增设市政水利工程学系。

（二）年级原有专门部至现有之化学机械两本科学生毕业为止，学院预科第一班于假后升为第二年级，至明年暑假分升化学制造及机电工程两学系各一班。今年暑假再招收预科两班为学院预科第二、第三班预科，于二十年暑假后分升化学制造、机电工程及市政水利工程各学系各一班，此项学级改组办法是否可行理合备文，呈报赴乞（鉴核批示俾便定期招生。至经费预算，一俟编制竣事，再行呈报。谨呈）。

北平大学区教育行政院　校长李　副校长李
北平大学区河北省立工业学院院长魏元光谨呈
中华民国十八年五月二十五日
（《北平大学区教育旬刊》，1929 年）

报刊中的河北工大

教育界 工业学院新建设

院长魏元光赴平请拨修理费
昨晨魏对学生报告进行计划

本市工业学院，改组已历两周，不过院长因公去平，故少与学生接洽。待前数日院长返津，学生方面，多以改大后之设施方针请问之，而院长卒以公务太忙，未暇尽量报告。今（二十五日）下午又以请求修补费必须赴平，恐数日难返，故上午十一时召全体学生训话，详为报告学院改组经过情形。及今后之设施方针，并一职学校（前附属工专之甲种工业学校，现仍未分居）之应改革者，亦同时报告之。今将训话分两部纪述于后。

一、工业学院

改组问题，经半年周旋，今已实现，增加经费，省府同大学区协定自十八年度七月份起每月增加五千元（前工专五千余元合此万余）。而建筑费设备费等，因省库支拙，即少数款项亦难拨发，故只得由每月经费项下节省作建筑设备。按大学区之计划，"此后每月经费万元，以添设之市政水利两系，现无正科，故该两系之建筑设备，自不急需。至实行改组，自现在之专门预科起，按学院规定，得延长二年（前工专时预一正三，改大后为预二正四）。暑假后升为预科二年级，明年暑假升正科，同时于今年暑假招两班预科，后年始得分为四系。在此期间，月可省两千元，年则两万余元，二年所省者足够市政水利两系之建筑设备云。"官方虽如此打算，而本校房舍之破烂不堪，极应修补，设备之欠完善，更当添置周详，恐难余此大款也。破楼修复（该校西北角楼，自前岁驻军焚烧后，迄未修复）乃当务之急，因暑假招添两班预科，宿舍实不敷用，故修补费之请求，迄已多日，无不盼省府早日发下。按本省历经兵灾，此次大学区高等教育处，曾议定筹措"学校兵灾善后修补费十四万元，以便分发受灾各校。"其中尤以本校为甚，故前此赴平交涉修补费时，大学区曾派专员来本校据实调查房舍之破坏,用款若干,以便检发,刻已有眉目,不过仍需急于撺发也。重修角楼,已计划三层,图样早经本校机械科教授谭先生绘妥,楼之下层,为物理试验室,上两层为四预科教室,费用连物理试验室之设备,不过四万元之谱,想省府当能照拨也。今后之扩充,拟暑假后将原有之机械科加电气工程改为"机电工程系",另设电厂(即原动部)。化学科则改为"化学制造工程系",就本校之化学储备室,大加扩充,作化学制造工厂。至市政工程及水利工程两系,当徐图善为设备。

在此改大伊始,院长本人仍抱开诚布公之初旨,不使学校学生隔膜,且极欢迎同学有改善学校之意见发表,本人无不容纳照办。至用人问题,已极审慎,但终难得才学极优者,此种困难,非本校如此,凡工业学校均感不得人。其中原因,不外现值建设伊始,需要建设人才极多,有才学者,深感刻下教员生活为艰,且学生较往昔难应付,不若作事之俸厚舒适也。虽如此,亦要本"合则留,不合则去"之主旨,延聘最优者担任一切云。

最后谈及庆祝会,颇表同情,但托训育主任易正静主持,不宜使学生过于铺张云。

(《大公报》天津版,1929 年 5 月 26 日)

工业学院新建设(续)

院长魏元光赴平请拨修理费
昨晨魏对学生报告进行计划

二、第一职业学校

至暑假后,班次将有变更(该校亦中等程度,分机织、色染两科)前预科一年,正科三年,后因教厅有指令将预科取消,故改为一、二、三、四,四年级。且织、染两科自去岁合并后,学生多重织而轻染,今为免除此弊计,暑假后仍分班教授,招两班正科一年级生,亦得大学区允许。且经大学区中等教育处议决提高中等教育待遇案,一职学校增加七百元,三百元为扩充班次,四百元为工厂实习费,款项尚待交涉。再者,现在请示营业费,因职校年限最短,且毕业后,即与社会发生直接关系,如往各工厂任职是也。以此不得不在校有充分之预备,预备之法,莫善于营业。前次去平交涉,已得大学区允许,由省府财厅拨给一万元作营业费,因大学区校长未在平,故仍待交涉,一时难发下。至织染工厂之塌露,经多次之请求省府发修补费,今于万难中已领到三千元,幸得此款,自要急加修补,不使大雨时,发生意外的危险。一职要求将"校友会"分开,本人亦感到有分开之必要,因前者一职附属于专门时,校友会可合并。今者,一职为独立之学校,而专门又改为工业学院,自当分开为两个整个的。现已进行办理,想不日即可实现也。

(已完)

(《大公报》天津版,1929年5月27日)

河北省立第一职业学校校长魏元光呈

呈为呈报事案奉

钧院第一二四七号令内开第一职业学校前为工业专门学校附属染织学校，现工业专门改为工业学院。第一职业学校在未有相当校址以前仍暂附设于工业学院，并为统辖便利计仍由工业学院院长暂兼第一职业学校校长，以免分歧。除令委托外，合即令仰该校遵照此令等因奉此遵即暂兼一职校长以策进行。除另行呈请，迅觅相当校址外理合具文呈请。

钧鉴谨呈

北平大学区教育行政院校长、副校长　李

中华民国十八年六月二十日

河北省立第一职业学校校长魏元光呈

（《北平大学区教育旬刊》，1929 年）

工业学院消息

魏元光忙作预算书

本市工业学院自改组后，院长魏元光氏即怕于各部进行计划，兹闻魏氏近日赶制改大后之预算书，以便早日呈报，批示照办云。

补习学校五日上课

该院机、化两科学生创办之暑期补习学校，原定七月一日开学授课，嗣因各中小学放假较晚，报名者不多，故已改期五日上课。近日报名选科班中学班者甚属踊跃，截至昨日止，已有四十余名，刻仍继续招收云。

纱厂实习分头出发

该院附设之第一职业学校，分织染两科，为练习作事，藉求实学计，故每遇假期，即以高年级者分送各工厂实习。今接洽妥协者，有本埠裕元纺织工厂，北洋纱厂及华新纱厂三处，因欲前往实习者过多，故该院以抽签法办理，计裕元四名、北洋四名、华新二名，闻日内即离校前往云。

（《大公报》天津版，1929 年 7 月 3 日）

工业学院将建物理大楼

建筑费可望发下　　刻正筹备建筑中

　　本市工业学院,于民国十四年十月直奉之役,校舍曾作为后防医院,驻兵不慎,致将西北角楼焚烧,嗣因经费奇绌,卒未修复。自魏元光长校以来,时思修理,当请该院机械科教授谭全甫测量绘图,另建三层楼房,名为"物理大楼",下层为物理试验室,上为两预科教室。计用费须三万余元,遂呈请省府请予拨款,迄今多日,尚未批示。现该院暑后将添预科新生百二十名,设不积极筹备建筑,暑后开学恐有人满之患前,魏为此事,曾赴平面谒商主席催询,商本实业救国之素旨,当即允许,不日将款筹妥发下。魏返校后,刻已着手筹备建筑云。

　　　　　　　　　　　　　　　(《大公报》天津版,1929 年 7 月 25 日)

河北工学院在平招生

　　天津河北省立工业学院，原系由工业专门学校改组，该校成立垂二十年，学生毕业者数百人，多在实业界服务，成绩颇佳，近自改大以来，经费月增数千元，内部大加扩充，本届招考新生，名额定为一百二十名，除在天津本校试验外，并订于本月十三、十四、十五三日在本市师大报名，十六、十七两日考试，该校附设之第一职业学校，闻亦于同时在同地招考新生云。

（《益世报》北京版，1929 年 8 月 14 日）

工业学院杂讯

周报社改组

本市工业学院，上学期由学生会创办之《工业周报》，暑假期中，以无人负责，当即停顿。兹开学后，经该院出版委员会议决，改为《河北省立工业学院周刊》（简称《工业周刊》）。

重刊校友录

该院校友录，已经年未刊，兹当开学伊始，爰拟重行刊印，由秘书处委托刘骥夫先生负责筹备，现除向毕业各同学发函调查外，在院同学及教职员亦正在调查中，预料不久即可付梓出版。

（《大公报》天津版，1929 年 9 月 26 日）

工业学院校友会

东省校友分会将组织本市工业学院所出版之《工业周刊》，因关心出校校友，特作通讯机关，对于改组后各项设施，亦多所登载，是散居各处之校友接读后，莫不深表钦佩。兹有该院前教务长顾石臣氏，致函院长，大意谓该院毕业校友，服务东省各学校工厂路局厅署，颇不乏人，拟会同魏氏发起组织校友会东三省分会，广事联络，共商发展。闻魏氏对此美举表示十分同意，已分函辽宁农矿厅第二科科长温执精、沟帮子车站段长郭东潮、营口车站段长何剑霜及皇姑屯站长张述三诸君。毕业校友，请其就近各引分会，想不久当可见诸事实云。

（《大公报》天津版，1929 年 10 月 31 日）

河北省立工业学院招考新生

学额

工科高中一年级生一百二十名；

化学制造学系、机电工程学系本科一年级编级生各十名。

资格

工科高中须四二制初中毕业或三三制初中毕业，高中修业一年期满；

本科须大学预科修业期满或高中毕业。

报名

天津自登报之日起至考前二日止在本院报名；

北平八月一日起至考前二日止，在北平师范大学注册课报名。

考期

天津七月十五、十六、十七日，八月十九、二十、廿一日；

北平八月十一、十二、十三日。

院址：天津河北黄纬路

招生简章函索即寄

（《大公报》天津版，1930 年 8 月 1 日）

报刊中的河北工大

函河北省立工业学院

为函达合办水工试验所储存经费及保管办法由径启者查

关于敝会与贵院合办水工试验场一案,前曾商定各担负开办设备费之一半,除由贵院拨给场址并担任现款一万五千元外,敝会业于本年一月九日第六十七次常会决议嗣后于每次领到经费中储存十分之一,至少亦必陆续凑足一万五千元作为开办水工试验场专款,并连同贵院所担任之现款交由双方合租之保管委员会负责保管,以作将来建筑设备之用,相应函达,即希查照为荷,此致。

河北省立工业学院

中华民国二十年一月十六日

(《华北水利月刊》,1931 年 1 月)

呈报与河北省立工业学院合办水功试验场暨分担经费会同组织保管委员会办法文

一、要旨

呈报于河北省立工业学院合办水功试验场暨分摊经费会同组织保管委员会办法仰祈,鉴核备案。

二、事实

查职会前拟设立临时水功试验场暨经第八次委员会议决议,从速筹办并向学术机关接洽合作一案,曾于十九年十一月十五日呈请钧会,恳于核准并祈拨发建筑费五千元在案,惟旋准河北省立工业学院一再来函商请合办,当经双方议定各负担开办设备费之一半,除由该学院拨给场址一处及挪出现款一万五千为度,连同该学院现款交由双方合组之保管委员会负责保管,以作为将来建筑及设备之用。关于该项议定办法业经职会于本年一月第六十七次常会决议通过。至于嗣后进行状况自当随时陆续呈报合并陈明。

三、办法

理合具交呈报仰祈。

鉴核备案

中华民国二十年二月十七日

(《华北水利月刊》,1931 年 2 月)

工业学院开学　　添聘教授助教

　　本市工业学院,于二日开学,新生二百余人,已全体到校。该校房舍,本不敷用,今更异常拥挤,所有机械工厂,(即前北洋铁工厂旧址)与制革工厂,不日即可设备完竣,规模当更宏大。该校以学员增加,更添聘教授助教数人,计有何君超为化学科主任、李赋都为水利科主任、韩举贤为制革主任、张简斋为染织主任、刘润身为机工主任、徐泽崑为化学讲师、李吟秋为机电讲师、张襄国为审计学讲师、王镜明为社会学主任、栗星轩为化学助教、赵桂山为机电助教云。

（《大公报》天津版,1931 年 9 月 4 日）

河北省立工业学院电气试验室的初步设备

一、机电工程学系成立的经过

民十八本院由工业专门学校改为工业学院,在工业专门时代设有化学机械两科及附设初职——织染两科。改院后,化学科改为化学制造工程学系,机械科改为机电工程学系,另添设市政水利工程学系。

机电原来是两种不同性质的工程,而且内容均包括着极复杂的工程学问及高深原理。按理论来说学生能从事机或电其中的一种学问,已竟能使他终身研究而无止境的,再严格的说来,研究机或电的学问中之一部分,尚须以全副以全部精神去钻求,或可以得到较好的结果。例如:某学者专研究蒸汽机(Steam Engine)或是发电机(Generator),他用尽平生数十年精力,将来可以成一个专家,而只是蒸汽机专家或发电机专家。

机电这两种学问如果仅为学理的研究就是看作纯科学的,那么机与电完全不可合起来一块儿讲的。然而若讲到应用上此两种实有相依为命的关系,例如一个发电机他是应用电的原理来发电而发电本身确是一种机器,这件机器的架子(Frame)、磁极(Poies)、线包(Coils)、轴承(Beaings)等等,有的要机械工程师来设计,有的要电气工程师来设计,而有的还要请冶金工程师来帮忙,又有的需要电气工程师及机械工程师合起来商量着来设计的。发电的构成至少需两种工程师来设计,至于发电的应用,仍然要两种以上的工程师。电机自己不能发电必须有原动机来拖动的,由他动能力来发电能力,以热能力作原动的如汽机(Steam Engine)、汽轮(Turbine)、内燃机(Internal Combustion Engine)以水力作原动的。如水轮(Water-Turbine)以风力作原动的有风轮还有最近的两种发明而正在研究中的是:(一)以太阳的辐射热能力;(二)以海水的潜热能力。所以说发电机到了应用起来是至少需要两种工程师来管理。

在中国工业社会中需要的工程师,与生产发达的国家是不同的。外国较大的工厂可以请几个机械工程师还可以请几个电学工程师。中国的工业落后,许多的工厂是不能去学外国那样的做法,只能请一位机械工程师,已经是进步的工厂了,怎样还请两种呢?

机与电在工程上既有不可分性,又因中国的需要事实上要工程师有兼长的学问,所以我们在改院的时候,就完全以需要的事实作出发点,决计将机与电来合并。还有一点为事实的困难。即校□的实力只能避重就轻,若机械工程学系以外再设一个电气工程学系,是做不到的。自十九年秋季分科后机电工程学系有了一年级,至二十年已有了两班。

二、机电试验的需要

一种实用学问,学工程的学者,必定能做实地的工作。这种实地工作的能力,必须在学校里就养成,试验是能养成实用能力的惟一工具试验的功用颇广大分述如下:

对于学理易明了——机电学理复杂深难,仅以理想绝不能明了。因机电的进步,由于学问的进步,而学问的进步又全赖实用的需要及解决困难所得来的。要想明了机电学理必需有应用机电机件,罗列目前,分别使用考查其长短,学理上的可能与不可能才能兼以证明。始能使相信其为正确的学理,否则如做梦一样半信半疑。不得真知怎去实用。常见有学机电的学生,在学校里成绩是优等,而到了工厂里边见了电机反怕起来不敢开动,或开起来忙手忙脚的弄错了手续,这总是不常做试验的毛病。

试验可以增高研究的兴趣——由于机电这种学问的书籍理论高深,仅用文字解释是不可能的,故多用高深文字来解释。无论文字或学理难能明了,而对于他的应用尚不敢相信能成功,故必有试验为之证明。

(《新电界》,1931 年第 13 期)

函复河北省立工业学院为改建河北元纬路西端明沟各沟尚属可行除饬本局第四段监修外即查照文

巡复者,节准。

函开,拟请改建河北元纬路西端明沟各沟,以便出入,绘具略图,由贵院高主任韶亭持函前来商洽,等因准此,当经派员接洽,据查核该处明沟各沟,如照图改,兴宣泄积水,尚属无碍,除拆用原沟砖石各料,其余一切工料,均允由贵院担任,等情据此,除饬本局第四段,派员前往监修外,想应函复,希即。

查照为荷,此致。

河北省立工业学院

(《天津市工务月刊》,1932 年 5 月 14 日)

工学院学生参观海河视察海口工作

　　河北工学院(即北洋大学)专科学生三十余人,以海河为华北繁荣所系,年来淤塞不堪,吃水十二尺以上商轮不能进口,海河工程局之挖河等工作如何,有加以参观之必要,乃公函该局。于昨日(3日)上午九时,同赴该局,该局派遣王尧菴领导,分别参观该局挖河、吹泥、撞凌等船,及视察海口快利拉泥轮等,以资研究云。

　　　　　　　　　　　　　　　　　　(《益世报》天津版,1932年6月4日)

工学院一瞥　成立经过暨内部组织

设备完善,月需经费万余元,校风淳朴,现有学生四百名。

本市省立工业学院,自民十八年改升学院制后,课程提高,学生增多,更因学校当局努力发展,曾于夫岁向当局要求拨给北洋铁工厂旧址,遂成立第二分院,建筑电机试验室及教职员宿舍一座,并在校内增建新式图书馆及大批中外书籍,各学习实验室,诸多改良,且于旧有机械场内添设水利工程试验室。刻又准备建筑学生宿舍及校友楼等,故该院情形,颇呈一种新气象,其关于我国工业建设前途,不可谓不重要,兹将该院成立经过及现状特为介绍如后。高等工业学院"北洋工艺学堂"其校址设于城南草场庵贡院内,当时校内情形,异常简陋,课程亦极浅近。至光绪三十年,改称"直隶高等工业学堂"略加改善,学生逐渐增多,三十四年迁往现在校址内,校舍颇为宏大,设备较前充实,已成为一完全近代式之学校。及至民国二年,改称"直隶公立工业专门学校",后于民国十七年再改称"河北省立工业专门学校"至民十八年,遂得今日之校称。现院长为魏明初君,对于校务异常热心。现有学生四百余名,毕业者,已达千余名之多,均能在社会有所贡献。该学院共分三系:一化学制造系,二机电工程学系,三市政水利工程学习,并附有高中部,内分甲高中职业部,设有制革科,机工科及染织科;乙高中工科,此外附设各科各系之实验室,及各种工厂,以备学生实际研究。该院每月经费约需一万五千元,由本省财厅支给,尚称充足。现该院共设有五厂:

一、化学厂,内分化学实验室、洋灰试验及油类试验室,其关于化学试验,则有无机实验、有机实验、定性分析、定量分析及工业分析等。洋灰试验,分为制造部,凡小规模制造洋灰及其,均甚完备,其出品与唐山工厂制造者并无差别,另有试验部,备有试验洋灰品质及力量之机械。

二、制革厂,原属于化学厂之一部,因为扩充其间,于去岁暑期,另在该校西南方建一新厂,其中分为□□室,锅炉室及干燥室,出品颇精良。凡鹿革、马具革、面革均能制造,现由该厂自制之皮鞋皮包及其它皮件物种类甚多,唯只销售于校内人员及学生,若能推广,对于提倡国货及国民经济上,不无补助。

三、机电工厂,该厂成立之初,原属机械科,故偏重于机械之设备,而电机热机之设备,多为附属品,更因教址狭小,遂于去岁将厂址移设"北洋铁工厂"内,即第二分院改为机电工厂,其中分为木工厂、翻砂厂、钳工厂、锉工厂、机械厂及电机试验室,刻正在积极装置中。

四、色染工厂,其中设有捺染部、浸染部、精练部、整理部及锅炉房等。

五、机械工厂,内容宏大,除办公室及主任室,并附设营业部,故该厂出品,尚可销售于外,机械设备,亦甚充实,内有大小提花机二十五架,宽窄铁轮机十一架,各式人力织机七架,新式合线机一架,各种整经机五架,出品□□□□□□□□并于平素偏用工徒织各种物品,此外于本年度完成水利工程试验厂,现正改修旧机械厂,并装置各种设备,暑假后即可竣工。该厂完成后,有益于本市水利工程,实非浅鲜,该校学生之多属农家子弟,故平素生活,异常朴素,毫无近现代学生之恶习。每日清晨,均有一次早操,先前该校运动成绩较比其他校稍差,自最近二三年来,亦多喜运动,成绩较前进步,学生每日除正式读书及实验外,或练习田径赛及球类运动,或赴游艺室作棋、打乒乓球及讲述故事,或于校园草亭池旁及树下相聚畅谈,或讨论各项问题,其团体生活,则有学生自治会、化学工业研究会、机电工程学会、染织研究会、国术练习会、工业经济学会、英文研究会、日文研究会、音乐会及国货消费合作社,该社成立于九一八事变,除该院大宗出品□□□□□□□。

(《益世报》天津版,1932 年 7 月 24 日)

河北省立工业学院视察报告及改进方案

一、绪言

二十年十二月底,河北省政府教育厅陈厅长小庄,聘组高等教育委员会,并召开会议,当经决议,推请各专门委员分别视察省立各学院,以为计划改进之根据,旋推定智怡及书田视察工业学院,嗣由智怡、书田请教厅加聘本省机械工程专家张建堂及化学工程专家姚君南枝协同视察,藉求详尽,书田与姚君南枝于三月二十五日前往视察,调阅有关表册,并与各负责人员讨论,智怡与张君建堂复于六月二十九日协往视察。据两次视察所得,悉该院办事人员尚称努力,学生管理亦属得法,惟院名、系名、组织、课程、设备等,实有应行改进之必要,兹分别缕陈于后。

二、院名及系名亟应更改

该院现名为河北省立工业学院,内设三系,一曰化学制造学系,一曰机电工程学习,一曰市政水利工程学系。

(一)国内前有之工业大学或工业专门,已均先后改成工学院。

(二)工业是以资本技术原料工人而为生产之代名词,该院各系所教学者,不过工业中之技术问题,即所谓工学或工程学,而并非工业学,且市政水利更非工业之一。

(三)欧美亦皆均称工学院,而不成工业学院,即该院之英文译名,亦是工学院之译名,而非工业学院之译名。

准此以上三种理由,拟请教厅正式令行该院,改称为河北省立工学院,至系名则化学制造学系,应即改称为化学工程学系。因中外现时通用者,仅有化学工程与应用化学两名,而该院课程所表示者,实是化学工程学系。机电工程学系,在该院经济能力未克分设机械电机两工程学系以前,仍可继续沿用。至市政水利工程学系,课程因与土木工程学系几相同,拟请令改为土木工程学系,倘该院拟应本省需用起见,对于市政工程、水利工程、道路工程,特别注意,只在课程内容上如是侧重足矣。

（未完）

姚文林、严智怡、李书田、张建堂(《大公报》天津版,1932 年 8 月 21 日)

河北省立工业学院视察报告及改进方案（续）

三、组织之应改善及事务人员之应少用

查该院组织、庶务会计两部分统归一事务课办理,殊非得计,庶务会计,应分别独立,以杜流弊,已为研究组织与行政系统者所公认,已为研究组织与行政系统者所公认。即庶务与会计分开以后,会计部分人员,尚应以一人专负会计之责,以另一人负出纳之责,以期出纳会计庶务由三人分负其专责,而免一切弊端。又查该院现有职员三十八人,殊嫌过多,独立学院如该院者,二十职员已足矣,至多亦不应过二十五人。应请教厅令饬该院院长酌减,以增加工作效能,而减少行政经费。复查该院工厂、试验室等管理员颇有数人,而助教竟无一人。拟请令饬该院酌减管理员,添聘助教,以期教授工作得由助教之襄助而减轻,藉便充分预备讲授,或研究问题,助教同时可令兼管工厂、试验室等。且以专门之助教管理工厂试验室等,定较普通管理员可事半而功倍也。

四、教授应多聘专任者助教亟宜添设

查该院现有教员二十二人,非专任者竟达十一人之多,即百分之五十,似宜严令增聘专任教授,以期增进教导效能。近代大学教务上最经济办法,是聘请特别有成就之专任教授,负讲授指导之责,另以有为之青年助教襄助之。果如是办理,二十二教员之职务,可由十三四教授分任之,另由助教七八人襄助之。结果教授助教薪俸总数,不比从前提高,而教授待遇可增高,教授效能可增加,学院声誉可增长,而四方向学之士,可增多也。至助教尚可令其兼管工厂、试验室等,以减少该院之所谓管理员者,以备述前节,兹不再赘。又查该院现制,教授每人每周须担任十八小时之多,该院宜确定方针,提高教授待遇,减少授课钟点,并设法免聘兼任教员。

五、课程应加改善

查该院三系课程,有前后次序失当者、有学分轻重未合者、有应删去者、有应增

添者,且所列学程如自表面观之,或按所列学分计之,似甚繁重,易蹈名不符实之弊。该院学生程度,并不比其他国内著名工学院学生程度较高,何堪生吞过多之课程。因此拟请将该院四年应习学分,由二百二十余减至百九十至百九十五六之间,藉期各门课程可以认真教授,兹就三系分别述之如下。

(甲)化学工程学系(原名化学制造学系)课程

第一学年学程规定过重,所习学分过多,应将普通学科之经济学,移至第二学年普通学科,如是变更。第一学年第一学期,尚有二十六学分之多;第二学期尚有二十六又半学分之多,又普通化学与定性分析,均应改用较新出版之书。

(未完)

姚文林、严智怡、李书田、张建堂(《大公报》天津版,1932 年 8 月 22 日)

河北省立工业学院视察报告及改进方案(续)

第二学年第一学期之应用力学只三小时,难期学好,应增至五小时。材料力学亦为习化学工程者所应习,应于学期习四小时。第二学年普通学科改习由第一学年移来之经济学。化学功课只定量分析一种,按种类与学分讲,均嫌太少,应将第三学年之有机化学,提前与第二学年第二学期起授,照原规定仍为七学分。如斯则第二学期学分总数自嫌太多,可将全年之党义及第二学期之物理测量与英文删去,按党义已习过一年,物理英文已授过一年半,测量学习应用化学者用处甚少,一又半学分足用矣。如此变更,则第二学年上下学期,均仍限二十五又半学分之多。

第三学年第一学期学程尚适用,惟以学分过多,应将普通学科删去,第二学期之有机化学既于第一学期授完,可将化学刊物提前加入,每星期二小时。一学期授竣工页分析,可提前每学期讲授一小时,实习三小时,计二学分。又第三学年第二学期之普通学科,因习化学工程者,亦应知合同及商业律例应限习此课,如此则第三学年上下学期,均尚有二十三又半学分。

第四学年第一学期学程内之化学刊物,既已提前于第三学年授完,工业分析又已在第三学年授过一部,则第四学年第一学期功课,应重新改定如下:化工计算四学分一学期授完;工业分析继续第三学年第二学期讲授一小时,实习六小时,计四学分;电工改为四学分;制革四学分;油类三学分,改为一学期授完;化学工程三学分,再加入论文二学分。总计二十学分。原订之选科三学分,因课程过重,应行删去。

第四学期第一学年学程,既经改定,则第二学期学程自亦随之变更,计有电工实习二学分,化学工程三学分,工化实习四学分,选科四学分,论文九学分,总计二十二学分。

论文第一学期二学分,由教授指定题目,或学生自选题目,经教授许可后,即开始搜集材料,为第二学期实验室研究之预备。论文第二学期九学分,平均每周需在实验室研究十二小时左右,此种研究,论文须于举行毕业式两星期前交本系系务

报刊中的河北工大

会议。

按该院原有规定,化学制造学系四年,共学二百二十一又半学分,照现在改定为一百九十六又半学分,尚不为轻。

(乙)机电工程学系课程

课程贵在内容之充实,而不贵在学程表内之多列,美国最著名之大学,常限每学期以习十八学分为度。今观该院机电工程学系第一学年课程,上下两学期均列应习二十九学分,殊属过多,过多则每门实质上下不能有充分之习练,结果反不如少习认真之为愈也。故第一学年之普通学科,经济学应移至第二学年,德文应由每周三小时改为二小时,如是本一上下学期,均尚有二十六学分,已属甚多。

第二学年之党义应即删去,而将经济学补入,第二学年工程材料下学期习三小时已足,上学期之三小时可省去,又下学期之英文三小时及物理六小时,均可省去,另于下学期添图法几何六小时,作为四学分。如是则上学期尚有二十四又半学分,下学期尚有二十四学分也。大学机电系课程表内,竟无图法几何,殊属非是。该院或已在高中工科习过,但该院亦招收本科一年级生,本科课程表须与省内高中课程衔接,而不宜仅于自办之高中衔接为已足也,且图法几何一课,绝非高中生所能尽行领略者也。

第三学年上学期之水力学,应改为四小时,半年毕业。上学期之普通学科取消,下学期之水力学改为水力实验,下学期之普通学科限合同与商业律例。如是,则上学期尚有二十三又半学分,下学期仍有二十四又半学分。

第四学年之工程化学可取消,选科可由每学期九学分,改为每学期八学分,上学期选科八小时一部分之时间,及下学期选科八小时大部分之时间,尚可改为自著论文。如是修正,上下两学期均尚有二十四学分也。

按该院原有规定机电工程学系四年,共学二百一十六学分,照现在改定,为一百九十六又半学分,尚不为轻。

(丙)土木工程学系(原名市政水利工程学系)课程

委员等所搜集之材料内,因无该院市政水利工程学系课程表,无从代为修订,兹暂缺,上述化学工程及机电工程两系课程表之修订,均先就其大不合处,加以修订。将来精审详订时,尚可稍有出入也。

六、设备亟宜增置

查该院现时设备,极形简陋欠缺,吾河北省只此工学院一处,对于该院应置设备,宜竭力多发经费购办,兹就该院现有三系必不可少之设备,及应增添或改善者,缕陈于后。

(甲)化学工程学系设备

据该学院本年一月二十五日,提出于河北省教育设计委员会,《切要建筑设备之概况及计划书》内有云:"两系(按指化学制造与机电两系)之设备,均是二十五年以前之物,非属破旧,即属欠缺,实不敷现时教学需要,亟应整理及添置……"等语,经委员等前去调查,确是事实。现在化学制造系,虽只有一二年级两班,然转瞬暑假以后,当有一二三年级三班,按照学程表规定。

(未完)

姚文林、严智怡、李书田、张建堂(《大公报》天津版,1932 年 8 月 23 日)

河北省立工业学院视察报告及改进方案（续）

　　二十一年度须有普通化学定性分析、定量分析、有机化学、物理化学，及工业分析实验室各一个，以及各该实验室内之设备，目下该系实际上只有实验室两个（参看该院一览内校舍平面图九十二、九十三，洋灰实验室、油类实验室不在内），九十三面积颇大，将来人数加多，或可用作普通化学及定性分析室。目下因系内学生较少，可将该室九十三暂在中间隔开，以西部作定量分析室，东部作有机实验；九十二作普通化学与定性分析，如此则二十一年度尚缺物理化学及工业分析室一个。倘该院能于二十一年度内另建化学馆，当然不成问题，否则只有暂时权将九十三之西部作物理化学实验室（与定量分析时间错开），九十二作工业分析室（与定量分析时间错开）。此种办法极属勉强，且只能维持至二十一年度终，二十二年度级数加多，人数加多，欲求此勉强办法亦不能矣。尚望省府能于本年内发款建筑化学馆，及添购设备，则该系内一切问题均能解决矣。就现在实验室内设备，讲桌柜厨架等等，既旧且脏，无论如何，在本暑假前必须分别清理、扫除、洗刷、油漆，但皆多年旧物，积锈不堪应用（天秤室及实验室皆砖地颇潮湿），必须于本暑假内筹置分析天秤五架，工业分析及物理化学实验应用仪器，亦应于本年九月开学前购妥，免致贻误秋季上课。

　　（乙）机电工程与土木工程（原名市政卫生工程）两系设备

　　此两系应行亟于设置之试验室，有热机试验室、电机试验室、材料试验室、水力试验室等，此等试验室，不仅亦为土木工程学系之所必须，机电工程学系更不可或缺，而该院成立已达二十六七年，开办之始，即有机械科，而迄今日视察，尚无热机电机材料、水力等实验室，从该院已往经费不甚敷用，而历任校院长，在改学院以前，从未计及设法购办，宁不慨然。倘自始计及，无设备费，亦可樽节而稍为购置，绝不至如今日，竟与此基本试验室而毫无设备也。水力实验室，既与华北水利委员会协定合办，甚盼其早日观成，测量仪器，该院现有者甚少，应再多为购置，以期敷用为度，应再多为购置，以期敷用度，地质矿物标本，为土木学生起见，酌量稍备若干即可,他如材料标本室,市政、水利、铁路、桥梁、营造、砖石工、洋灰工、模型、图张、影片、陈列室等,该院现拟置备,但有之固好,无亦无妨。以该院之财力,应列为次要设备内,但道路材料实验室、微生物实验室等,则应于各基本试验室,如材料水力等试验室,已设备完妥后,即应着手,或同时置备。此外关于该院机械部分之设备,因蒸汽是原动力之根源,应加重视,除旧有者应加修理外,尚须添购。至检验工作、热力、滑料等精细器具,亦应添备,该院自称各部用电均是购用电灯公司之电,极不经济,应自行发电,以资节省一节,尚有研讨之必要。昔年北洋工学院唐山工学院均自己发电,近皆因自己发电不经济而购用商电,良以小规模电厂,难期经济,不如协订合同,优待教育机关之商电为廉也。

查该系内似尚缺一收发室,为学生签借仪器之用,可暂将校舍图内第九十七室门内加设柜台,以便应用。

查该院切要设备概况内载,有工业化学试验室,复载有洋灰试验室、油类试验室、造纸试验室等,后三者均可包括于完备之工业化学试验室内,勿须另设,又该院为造就化学工程人才之学府,非造就工业化学职业士子之所,非徒拟设之肥料制造室及酸类制造室绝不急需,即其已设之制革厂,对于其学院本科已属缓急倒置,大学化学工程学系,应注重各种化学工程学系,应注重各种化学工程基本法则之实修与精研,以求研究改进化学工业,而不宜注重各制造厂也,化学工业制造厂如一一遍设始臻完备,但总共有数十百种,非只如该院者不必舍本逐末,即欧美最完备之大学化工系亦不注意于设备各制造厂也。

（未完）

姚文林、严智怡、李书田、张建堂（《大公报》天津版,1932 年 8 月 24 日）

河北省立工业学院视察报告及改进方案(续)

七、招生办法亟应改善

该院招考本一学生时,除其他科目外,尚考图法几何及微积分,此两门均应于大学本科学习,且肤浅之微积分考试,不如较难之解析几何及大代数考试,可收得较好根底之新生。从前大学本科三年,预科三年时候,本科入学考试要微积分。本科改四年后,入学考试不应考微积分,至图法几何,应于本科一年或二年时学习,更勿预考试也。

该院每年在平津招生,俱不同时,且一次不足,尚有二次,结果即分四次揭晓,试问命题四次,开卷四次,任何人均不能依一定之标准收取学生。应请教厅令行该院,且只一次,不要招二次生,同时举行,以便同时考试,同时阅卷,一起揭晓,以便划一标准,而免一切流弊。倘该院严格招收,即所收人数过少,我河北人当敬佩之不暇,绝无訾议也。将来程度提高,设备充实,社会服务之毕业生,外间有信仰后,投考学生自多。今固不必亟亟也。又查该院招生统计,十八年度录取报考人数百分之四十三,十九年度录取报考人数百分之三十一,二十年度录取报考人数百分之二十二。虽似逐年加紧,然因中学程度日低,实际上亦未见加紧也。据书田个人招生经验,以现时中学毕业生之程度,录取超过报考人数百分之十五以上,即难得适当之一年级生。故该院招生仍应比从前更较认真严格也。寄语办大学之校院长,学校之声誉好坏,与学生人数不相干,虽学生人数众多,较比经济,亦绝不可故事多取。虽中学程度过低,亦不可勉强迁就,标准定低,按标准取舍可也。吾河北省立工学院学生众多,办的最好固然好,倘能唐山北洋南洋更好,而学生人数即半余现在,吾将谓办的比现在更好也。

八、校舍之安排及增筑计划亟宜制定

该院切要建筑概况内载,需继续增添者有宿舍、饭厅、厨房、浴洗室、工友室、厕

所等,又教室实验室、制图室等,尚须添建二十所,礼堂须改大,体育馆及会社办公室亦须建筑。委员等认为该院之礼堂可足敷用,体育馆须另添筑,宿舍、厕所现可就现有房屋修改应用。缘该院本年暑假后,不过有本科学生一百七八十人,房屋何得谓不敷用,其所以不敷用者,因该院办有高中也,教厅既已令该院办有高中也,则该院房屋,现时自毫无困难,惟该院试验室等,均不适用。自是实情,亟应改建,即宿舍每室住学生六人,用功不便,亦宜改良。但该院第一步应以全部经济能力,添置试验实习用之仪器设备,及图书馆书籍,俟此层有成效后,再进行改建房屋,即该院现将完成之教职员宿舍大楼,以视各试验室内设备,亦属急其应缓,而缓其所急矣,然往者虽不可谏,来者犹可追也。该院本院应扩充为教学及办公与运动场所之区,应以分院建为教职员学生寄宿之所,工厂及电机实验室等,将来仍应移向本院,并应将本院逐年改建之大计划,于半年内邀请工程及建筑专家规定妥协,而后随时因需要之添建。各有当所,以期二三十年后即成一可观而有系统之新院舍,否则今年盖一图书馆,明年建一水工试验所,设置于现时之空地,而不对于该院二三十年后校舍应建设成一何种局面,预为计划,其结果尚堪逆料耶。

九、经费之应即增加及学系之将来扩充

该院经费现时过少,欲期充分整理扩充当非易事,应请省府于二十二年度增至每月二万元,二十三年度增至每月二万五千元,二十四年度增至每月三万元,并于二十四年度暑假将机电工程学系分为机械工程学习及电机工程学系,更添设建筑工程学系。如是至二十四年秋季即有土木、建筑、机械、电机、化工五系,至该五系年级俱全时,每月经常费三万元,亦可敷用,在年级未全时,应有节余,即以节余陆续购置设备,不另请临时费,但将来改建院舍工款,必须随时另请省府拨发也。

十、附设之高中亟应停办

该院经费有限,办学院尚虞力有不足,何必再办高中。查有月薪四百元之教授,一半时间担任高中课程,殊不经济。现时省内高中程度欠缺,惟有大学严格入学考试之一道,可以促进办高中者积极改进。如因省内高中过少,或办理未善,由大学代办之,非所以促进中等教育之道也,且即高中不多,招生尚不至发生若何困难。每年唐山工学院均有五六百高中毕业生报考,天津地点更较适宜,自易招收,倘来考者少,惟有整顿学院,提高程度,添置设备之途,以吸引之,若自设高中,加授图形几何微积分等,而招本科一年级生时,并此亦试验,是不啻故给其他高中毕业

生以难关也。入学考试宜严,但严格考试国文、英文、物理、化学、大代数、解析几何均不考微积分、图形几何。难道河北工院强于彼三校耶。该院如此后停招高中生,校舍可暂敷用,经费可较充裕,一切一切均较得当,殷望教厅令行该院即为实行,勿再藉词续办高中。

十一、杂项问题

上述问题外,尚有数种零星问题,亦宜提出请教厅令饬该院注意改善者,兹分陈如左。(甲)查该院规程内学生无交纳仪器及药品费之规定,(见该院一览内各级学生每年费用预算表)将来学生人数加多,每年学院内关于此层损失,恐将变为一巨大项目,切勿因目下损失有限,不加规定,将来一方面既增加学院之负担,一方面且不能养成学生慎俭之习惯。(乙)经常费除一切普通开支外,他如仪器图书,均应有预算之规定,切实按照实行,不得挹此注彼。(丙)高中职业部应立单独账目,营业上即令不能获利,亦应出入相抵,总期不用院款相助。(丁)查该院聘请教授时,皆订明每星期须授课若干小时,此种规定,极不逻辑,亦惟有中国之大学行之,应由该院提倡废除,只规定至少不得逾若干小时,至多不得逾若干小时已足矣。(戊)该角是否已有消防设备,未曾查知,如尚未备,亟宜设置,以防不虞,又该院房屋图书仪器均宜在可靠保险公司保险,以备万一。

（完）

姚文林、严智怡、李书田、张建堂(《大公报》天津版,1932 年 8 月 25 日)

函河北省立工业学院

为现拟改订水工试验所建筑地段附图
函征同意希查核见复由径启者查

　　贵院前以重建图书馆地址不敷商请变更水功试验所建筑地段,经函复如不妨碍水功试验所应需地段,当可赞同在案,兹经详加查勘,原定沿元纬路之基地因贵院建筑图书馆将来扩充长度不足,甚感困难,现拟改沿五马路建筑其地界及尺寸。此地虽经划出,若贵院将东南方之旧屋拆除,仍可有宽五十公尺之足球场(长度不变),于体育亦可兼顾。如承贵院同意,拟即照此进行。相应附图函商希即查核见复,为荷此致。

中华民国二十二年一月二十五日

(《华北水利月刊》,1933 年 1 月 25 日)

函河北省立工业学院
函达拟派本会正工程师李赋都为华北水工试验所筹备专员特先征求同意希查照见复由径启者查
　　本会与贵院合建华北水工试验所一案拟即着手进行，惟以指定之建筑基地，前经贵院占用一部分略有变更，致原计划亦须连同修改，且在施工以前应行筹备之事颇多，故兹拟派本会正工程师李赋都为华北水工试验所筹备专员。盖以水工试验所计划本为该员所设计驾轻就熟，必能事半功倍，但以合作事业应先征求贵院之同意，相应备函奉商即希查照见复，为荷此致。
河北省立工业学院
中华民国二十二年三月二十四日
（《华北水利月刊》，1933 年 3 月 24 日）

华北水工试验所

经费筹有十万余元　明春即可开始工作

华北水利委员会,为研究水政,俾便改善起见,特联合全国水利机关,设立华北水利工试验所。经今春华北水委员会大会通过,组织董事会,推定李仪祉担任董事长。计各地加入者为华北水利委员会、黄河水利委员会、导淮委员会、河北工业学院等,共收到各方所担任之会费达十万余元左右。现已由总工程师李赋都积极筹划,觅定地址,可即开工。该会秘书长李书田,月前赴汴与李仪祉讨论合作范围及进行方案,于前日业已返津,预计明春工作即可开始云。

(《大公报》天津版,1933 年 11 月 24 日)

全国水利学术机关之创举

——建筑水工试验所

地点在本市黄纬路下月开工　工款三十万基金系募款集成

　　中国第一水工试验所，为黄河水利委员会、导淮委员会、华北水利委员会、太湖流域水利委员会、河北省立工业学院、国立北洋工学院及其他建设学术机关，共同合作之事业。于去岁合组董事会，共同进行。按水工试验系为辅助，研求水工设计最经济最确实之方法，专以模型试验各项水利工程计划，以免实施后，效用未如所期，有虚耗工款之虞。此在我国尚属首创，其详细计划，早经拟定，并经德国专家恩格尔教授、方修斯教授等，审查认为允当，现正由董事会登报招商承包建筑初步工程，地点在本市黄纬路河北省立工业学院西北部。工程范围，包括实验厂房屋，长二百三十英尺，宽六十五英尺，高四十五英尺，用钢屋架、钢窗、钢门，甚为坚固，内建钢筋混凝土水池、水箱、水渠、钢铁水箱、水管，及其一切附属设备等，定于本月二十日，在该董事会（附设在华北水利委员会内）当众开标。闻将于六月一日行奠基礼，即由得标人承包开始建筑云。

（《大公报》天津版，1934 年 5 月 4 日）

第一水工试验所 昨晨行奠基礼

李书田主席 李赋都报告

（时值风雨淅沥仪式只得从简）

全国水利学术机关发起之中国第一水工试验所，昨晨八时三十分在河北黄纬路工业学院行奠基典礼。因天雨关系，参加来宾较少，仪式亦从简，计与会者：该会董事李书田、李赋郚、魏明初等，来宾为省建设厅长林成秀、实业厅长史靖寰、市党部委员刘宸章、省主席于学忠表王秘书，共计二十余人。因雨势过大，不能在工地举行，临时改在工院延宾室。首由副董事长李书田主席致辞，述比年来国内水灾之损失，及水利工程学术之落后，故急待深加研究，盖因水利之不振，关系国计民生颇巨，今水工试验所之创立，对于今后全国水利自有良好之辅助云。次由筹备专员李赋都报告筹备之经过，谓本所系经华北水利委员会之发起，获导淮、黄河、太湖等水委会及北洋工学院、河北省立工业学院之赞助，得以成立，全部工款三十余万，今已募得半数，现在开始建筑。仍望各水利学术界，以及政府予以扶助，将来完成后，裨益于国家，自不待言云云。来宾由党委刘宸章演说，对各水利家深加赞扬，谓仍应本此精神努力云云。至十时许，雨仍未止，遂未至工地奠基及摄影，宾主略用茶点，宣告礼成。又如今日天晴，即开始动土工作，俾于早日完成工事云。

（《大公报》天津版，1934 年 6 月 2 日）

工学院暑假后设纺织班

棉业统制会助经常费

本市消息　全国经济委员会棉业统制委员会,鉴于全国纱业,危机四伏,遂分别派棉业专家,赴各处调查实际状况,设法整顿,以求棉业之出路,上月间曾一度来津调查,对华北各纱厂之日趋衰落,尤为注意,近特函本市省立工业学院,请于高职染料科内,附设纺织特别班一班,计三十名。该院当局刻已起始筹备,定于本年暑假后开始招生。其投考资格,凡高职染织科毕业,或四二制初职纺染织科毕业,均可投考,修业期间为一年。北外并由棉统会赠购新式棉纺织机器多架,约价值四万元,并拨助经常费洋五千元,至于纺织工厂之建筑,不日即可竣工云。

(《益世报》天津版,1934 年 6 月 14 日)

工学院水利工程系将赴平西测量

本市消息　河北省立工业学院,市政水利工程学系三二年级学生,利用暑假实践,作测量实习,定于六月二十八日出发,赴北平西三角淀,作大地、水文、地形各种测量,而实技术由该系主任田鸿滨、测量教授赵金声、助教李尚杉率领前往,指导一切,计共分六队,每队五人。各队备有水准仪、经纬仪及平板仪各一架,仪器新颖齐全、应用便利准确,为华北其他工程大学所不及云。

(《益世报》天津版,1934 年 6 月 16 日)

华北水利建设概况（节选）

（八）水工试验所工程

近百年来，欧西各国，对于水工设计，莫不先以模型加以试验，以免理想未周，实施以后，效果未如所期，工款虚耗，有乖经济之原则。争相设立水工试验所，本会有鉴及此，爰联合黄河、导淮、太湖各委员会，建设委员会模范灌溉管理局，暨国立北洋工学院，河北省立工业学院等七机关，建筑中国第一水工试验所于津市河北黄纬路西口。所有计划，由本会正工程师李赋都拟具完成，经德国水工专家恩格尔教授及方修斯教授等审查，认为允当。于二十二年十月，合组董事会，主持进行，旋决定先以所筹工款十一万元，建筑初步工程，已于二十三年六月一日奠基开工，将于同年十月竣工。完成后，除以之试验各项水利工程外，并兼为研究水利工程学子教学实习之资。我国之有水工试验设备，尚以此为首创。惟其全部计划，需工款四十余万元，现正继续征求合作机关，筹款元成。

五、筹备工程

（一）永定河官厅水库工程

永定河治本计划，全部工程，需款二千余万元。非现时之国家财力，所能举办。是以久有择其最关重要者，先行筹款办理之拟议。二十三年春，经内政部与河北省政府会同呈准行政院，以延长津海关附加税六年，办理海河永定河工程，并规定官厅水库工程，为应办之一项。盖其减洪效果，在最高洪水，可以减少流量百分之七十以上，关系永定河之安全，至为重大，现正一面进行以附税向银行界抵借工款，一面筹备关于施工手续。本项工程工款总额，约需二百五十万元，预计三年可以完成。

（二）永定河中游工程

永定河中游工程，分金门闸南岸放淤工程，及增固永定河堵口工程两项，亦为延长津海关附加税案内规定应行举办者。金门闸南岸放淤工程，可以减少永定河泥沙之输入海河,估计工款约十五万元。增固永定河堵口工程,可免永定河之决堤改道,并可保持海河治标工程之效用,估计工款约四十余万元,现均在筹办之中。

(三)开辟青龙湾河七里海南新引河工程

本会因华北战区救济委员会急振组,办理工振,变更修筑平唐路计划。尚有余款二十二万元。乃将本会整治箭杆河蓟运河计划中之"开辟青龙湾河七里海南新引河工程计划",备函送请该会急振组,即将停修平唐路余款,拨充为开河之用,嗣经急振组组务会议,议决采取,随提请该会大会通过。该计画可以救济箭杆河蓟运河一部份之泛滥,且完全为土工,极适合于救济战区,以工代振之旨。所需工款,因开河占用地亩,早经购定,故只需二十二万元之谱,停修平唐路余款,洽敷应用,现华北战区救济委员会已告结束,该款已拨交河北省政府,本会正与河北省建设厅筹备一切施工事宜。

(四)金钟河新开河间洼地排水及灌溉工程

津市近郊,金钟河新开河之间,有洼地一段,面积约占5.7平方公里,每年夏秋之间,雨水汇聚,无处宣泄,耕地尽废,损失至巨。本会前徇当地农民之请,代为拟具排水及灌溉计划,开渠导引,并用抽水机排入新开河,同时引用新开河水施以灌溉,约需工款三万一千元。已由本会商请河北省农田水利委员会垫款办理,将来可按亩抽还。

(《大公报》天津版,1934年9月30日)

工业学院
建筑水利工程实验馆,新式纺织机即将运津

　　本市消息　省立工业学院,为发展重工业起见,拟在该院中心,赶筑市政水利工程实验馆,试验水力发电及利用水压办理一般建设,估需公款二万余元,经呈奉省府令准,招标建筑,经费由省府临时费项下动支,又据该院秘书路秀山对平民社记者谈,本院与中央棉业统制会合作,成立纺织工厂,由会捐助英国普拉提公司出品最新纺织机一部,值洋四万元,为北方各纱厂所无,日内起运来津,至纺织厂现已招标兴建云。

（《大公报》天津版,1934 年 10 月 24 日）

河北省立工业学院建筑水利工程实验馆

天津黄纬路河北省立工业学院，仅在该院中心，招标建筑市政水利工程试验馆，试验水力发电及利用水压办理一般建设。估需工款二万余元，已由省府批准进行。又该院与全国经济委员会棉业统制委员会合作，成立纺织工厂，又会捐助英国普拉提公司出品最新纺织机一部，值洋四万元，为北方各纱厂所无，日内超运来津，至纺织厂已招标与建云。

（《时事月报》,1934 年）

函复河北省立工业学院为业
将沥青臭油两种分别照送文

案准

贵院来函略开：

"现因筹设道路材料试验室,嘱将沥青、臭油两种,各捐赠一桶,以备研究,嗣后关于市政材料问题,亦可代为试验,如有意见,并请随时指示"。等因,准此,查前准贵院电知,业将沥青、臭油各检取二十斤,分别装桶,送请查收,准函前因,除嗣后如有应须试验材料,及关于市政意见,随时函达外,相应函复查照。

此致

河北省立工业学院

中华民国二十三年二月二十一日

（《天津市工务月刊》,1934 年第 38 期）

河北省立工业学院

　　该校力能注重设备及建筑事项,搏节扩充,年有增进。教职员既多专任,尤勇于负责。在课程方面,亦能注重实际问题及实习工作。而学生勤勉刻苦,尚能造成良好学风,凡此成绩良用嘉慰,惟重要图书及专门工程杂志,应筹定专款,设法购置,实验设备,应依照原定计划力图补充,对于课程编配应照原报告所陈意见,参酌改进,专任教授授课钟点,应酌量减少,俾以余力从事指导及研究事业,益求改进,用副属望。

(《中央周刊》,1934 年)

工学院庆祝卅二周纪念
定十九日午举行，新造大批实习机

　　本市消息　本月十九日为河北工学院三十二周年纪念，该院校友会，日昨特开执行委员会，议决于是日上午举行校友年会，下午延请该院校友张市长等讲演，并拟于晚间上演新剧《虎去狼来》，及各项国剧，借资助兴云。

　　又该院校友会为整顿是日之秩序起见，特聘该院学生军担任是日一切警备事宜，闻现已得该院当局之许可云。

　　又讯　本市河北工学院，对于学生实习，向甚重视，兹为应付该院学生之实习便利起见，特令该院机械厂赶造大批机器，计热机试验机一件、市政水利试验机一件、镟床十架。此外尚有一巨型刨床一架，闻该刨床之大，在津市实属仅见，现均已次第完成，不日即可供该院学生实习之用云。

　　　　　　　　　　　（《益世报》天津版，1935 年 3 月 12 日）

中国第一水工试验所建筑工程完竣

订购仪器下月可启运来华,董事会将商落成典礼日期

本市消息　中国第一水工试验所建筑工程自去年六月一日奠基,迄今历十阅月,现已落成,正油饰门窗,装设电灯,俟试验仪器运津装设后,即可开始作各种河流试验,记者昨往参观,并晤及筹备专员李赋都氏,兹分志各情如次。

设备一斑

该所因限于经费,初步工程只能完成一部,先着手于最重要之部份,能使立即从事于试验工作,计初步工程范围分:

(一)大试验厅,长七十公尺,宽二十公尺。

(二)钢筋混凝土大储水池。

(三)钢筋混凝土低水箱。

(四)安置高水箱及低水箱之混凝土架。

(五)钢制高水箱,箱内溢水槽、溢水管等。

(六)低水箱及储水池开口处之钢制结合部分。

(七)通入储水池与厅内之引水管,与泄水管及其附属设备。

(八)钢筋混凝土大试验渠:①大试验渠钢筋混凝土观察处;②大试验渠引水铁管;③清水试验钢筋混凝土回水渠二道;④黄土试验回水渠;⑤厅内混凝土方块地方;⑥试验厅外运料路面等。至抽水机共设三架,其抽水量为①每秒三百公升;②每秒一百公升;③每秒五十公升,共计每秒抽水量为四百五十公升云。

李赋都谈

另据李氏谈称,此项试验所系由全国各水利机关及国立北洋工学院、河北省立工业学院联合举办。工程设计由本人主持,本人先拟就设计方纲一册,二十二年时

本人曾赴德国一行,参观各处水工试验所,并在哈诺惟水工试验所实习,所得颇多,对原计划有不少改善处。归国后,经详密估计,全部工程需款五十余万元,统由各机关捐助,以十二万余元充建筑费,其余作购置仪器之用。建筑部分由施克孚公司承包,现已落成,仅余零星修缮工作,约一周后可完全修俟。至试验仪器如抽水机等于去年分向德美两国订购,已定在本年五月间分别起运来华,但为应付现在需要起见,拟在国内工厂购一小型抽水机,本月内或可运津装设,先行试验,俟订购之机运到,再行换装。又原设计在本所东部亦有大部工程,如黄土试验沉淀池等,旋因经费支绌,暂行缓办。水工试验,各国早已风行,惟在中国尚属创举,本所董事会最近将开会,以便决定落成典礼举行日期云。

（《大公报》天津版,1935 年 4 月 3 日）

棉统会工学院合办纺织实验馆

本月底即可落成　纺织机刻已运津

　　本市消息　经委会棉业统制委员会,为造就纺织人才起见,特于本市省立工业学院合作,创办纺织班,并在该院南部空地,建筑大规模纺织实验馆,现已鸠工兴建,本月底即可落成,至内部之纺纱机器。原系尚英国名厂定购,惟交货期须在五月间,刻尚未起运来华。该院顷委托棉业统制会在沪代购,一日本丰田织布机,现已运津,尚在三井码头堆存,俟实验馆建筑落成,即入手装按。据该院路秘书语记者,此项纺织班,五六月间可准备完成,暑假后始业,已聘请专家,担任教授云。

(《益世报》天津版,1935 年 4 月 8 日)

工学院职业部学生将蠲免学费

农村破产经济困难该院拟呈当局核示

　　本市消息　本市河北工学院附设职业部之学生,率多来自农村,而近年农村破产已成普遍事实,故学生之经济来源多感困难,该院为体恤学生起见,日昨特于职业部教务会议议决,拟呈请当局准于免收学费,或酌予津贴,以便寒苦优秀之学生,多一求学之机会云。

（《益世报》天津版,1935 年 4 月 13 日）

工学院西北参观团由包去绥远

在包曾参观各工厂

　　包头通讯　天津工业学院制革科毕业班学生出发赴西北参观,业于五日下午四时十五分抵包头。该团六七两日即行参观包市各工厂及名胜,计六日参观德和公水胶厂、源记皮庄、万聚合制革厂、玉合奎毛皮厂、新型毛织工厂,名胜则有包头城东门外之"转龙藏",该处为泉水喷出口,民间用水大部取之于此;七日参观江北移民主办之河北新村、南海子、黄河;八日上午八时许乘平包特快车转返绥远参观。

(《益世报》天津版,1935 年 4 月 15 日)

工学院西北参观团由平返津

对西北之制革原料考查所得论列颇详

本市消息　本市工业学院各系科出外参观团均已陆续返校。制革科西北参观团，于十四日由张垣抵平参观四日，该团已在平参观完毕，于十八日晚由平返津，十时许到校，据该团谈称此次该团参观西北全体皆为学制革者，对制革原料方面，考查甚详，兹仅就考查所得，略述梗概如下：

一、西北为天然牧场，人民尤为牧畜时代，故各方面适于牧畜事业之发展。

二、西北所产之皮为北皮，为各制革厂所唾弃者，其所以遭唾弃者，即因牧畜者对牲畜饲养不得法，保护不周到，兽皮正背（制革最重要部分）盲眼甚多，影响成品至深且巨。用北皮各厂视为长途，此点为急需加以改良者。

三、西北深山中有一种野生黄羊，自营生活于郊野，为数甚众，此种羊皮可为各种皮制物之原料，惜西北人民捕获黄羊时所用方法甚不讲求（多用土枪装大砂射击），以致皮面小孔甚多，不能制造贵重物品，如能将捕擒方法加以改良，定能增加黄羊皮价。

四、此次该团参观西北，考查西北制革原料，普通原料如牛羊皮、马皮等，只是注意其每年产量价格，成品价值极高之野兔皮、家兔皮等，急需吾人以最便宜之人工，最简单之手续，改良者尤多。

关于西北人民习俗方面，该团谈称，西北人民性质和善诚朴，实非都市人民所可比拟者，西北荒山泰半皆可种树，一望无际之旷野，野草丛生，既适于牧畜且宜为农，虽无东北森林之多农产之富，但亦足够吾人数十年之开发者。（荫）

（《益世报》天津版，1935 年 4 月 21 日）

工学院纺织班拟改专科

修业期定为四年,应用仪器已运到。

本市消息　河北省立工业学院,前兴棉统制委员会计划改良华北纺织业,设立特别班培养人才,所应用之实习机器,由棉统会代办,兹悉,近经该院方面核议,决定将特别班名称,改为专科,修业期定为四年,以资多得实习机会。据该院院长魏明初昨日谈称,织染专科暑期即开课,棉统会所购之机器,刻已有一批到津,本院所修建之房舍六月即可竣工,不误开课云。

(《益世报》天津版,1935 年 5 月 29 日)

几个工学院的调查　三

河北省立工业学院（一）
分机电化学市政水利三系　课程注重制造技术及实习

沿革略历

该校成立自清光绪二十八年，初名北洋工艺学堂，旧址在草场庵贡院；三十年改称直隶高等工业学堂；三十四年夏迁至河北黄纬路新校舍。民国二年，改称直隶公立工业专门学校；十七年改称河北省立工业专门学校；十八年五月，改升为工业学院。

组织概况

属河北省教育厅直辖，院长之下，分设秘书处及教务、事务、齐务三课，及图书馆与体育部。系科方面，分学院及附设高职两部，学院部设机电工程、化学制造、市政水利三系；高职部设机工、制革、染织三科。

经费数目

经常费岁入为二零七点三零六元（月合一万七千余元），高职部另有四八点六零零元。教职员现共有一一零人，内计教员六十六人（均系授课者），职员四十四人。在校学生数，学院部现共有二百四十七人，高职部一百四十九人。学院部以机电系人数最多，占百分之四十三。市政水利系次之，占百分之三十三。化学系又次之，占百分之二十四。以往毕业人数，专门部及学院部共约六百九十人，中学实科，绘画科共一百七十人,职业部,初高两级共三百三十七人。毕业学生职业方面之统计,在工业及交通界者,占百分之三十六,教育界者占百分之三十,其他各界共占百分之三十四。

课程内容

机化两系,成立自光绪二十八年;惟当时之设备,颇欠完善。近年来因极力充实,已甚可观。市政水利系成立自民二十,其设备正陆续在增置中。课程则多注重于实习及制造技术。计授课时间为百分之六十五,实习时数为百分之三十五。且各工厂及实验室,于规定实习时数之外,均可极度延长,是与对于鼓动学生实习性趣及予以便利颇多。化学系对于有机制造,工业分析,及化学工程,均甚注重,工场方面则较重于制革,油类及洋灰。机电系多注重机器之设计及制造与各种电机之应用。市政水利系,注意于水利试验,道路材料试验及实地测量。

设备概况

兹所报告之设备,属于机电系者,计有电机实验室,热机实验室,及机械工厂。属于化学系者,计有化学馆,化学工厂及制革工场。属于市政水利系者,计有材料试验室及道路工程试验室。

机电工程系

甲、电机实验室设备

十八班直流分路并卷(D. C. Shunt)发电机一;六班直流分路并卷电机一;2.8Kw. 直流电动发电机一;7Kw. 电动发电机一;9K. V. A. 直流发电机一;十五马力感应电动机(Induetion Motor)一;五马力者一;五马直流马达机一;单相交流马达一;直流分路平卷马达二;3K. V. A. 变压器四;各种电表四十;水流 Kw. Hr. 电表一;精细电流表二;周波振动计一。

乙、热机实验室设备

该室设备分蒸汽机关,内燃机关辅助机械及仪器四种。蒸蒸汽机关计有十二马力单缸汽机二;二十马力复涨蒸汽机(Tendam Compound)一;三十马力考利斯蒸汽机一;十五马力汽轮一;凝汽器一;三十马力火管锅炉一;考利斯凝汽器均为该院自造。内燃机关计有福特四缸汽车发动机一;六缸汽车发动机一;四缸汽车发动机断面模型一,五马力火油机一;十二马力柴油机一。辅助试验机械计有十启罗瓦特直流电动机一;七点五 Kw. 交流电动机一;五马力风泵一;一点五及三马力涡轮水泵各一。仪器计有蒸汽机指示器三;油机指示器一;煤气分析器一;弹簧指示器一;蒸汽湿度定量仪装置一;蒸汽流量计一;汽表试验器一。

丙、机械工厂之设备

其机械工厂内分木工、翻砂、锻工、钳工(即轻工)及机械五部。各部设备,俱甚充实,在各校中,诚居首位。两年来关于机器之制造,出品颇多,计凡二十余种,约六十架。木工部之设备,有八呎木镟床一;六呎木镟床八(内七架系自制者),带锯机二(一架自造),石磨机二,木刨床一(自造),木钻床一(自造),圆锯机二,锯条机一,其他各种工具约九百余件。动力为十马力之电一架。

翻砂部 有五马力电动机三;一吨化铁炉一座;两吨化铁炉一;二千磅化铁炉二;一千磅化铁炉一;电风扇机二;蒸汽风扇机一;渗炭炉一;烤模炉一;化铜炉二;起重机一;其他各种工具约八百余件。

锻工部 有五马力电机一;风扇机一;汽锤一;煅炉十六盘;沾火炉一座。熟铁砧二十个;花砧八个;他种工具五百余件。

轻工部 轻工虎钳五十个,大平版三架(二架自制);小平版六(自制);管压钳四;他种工具一千九百余件。

机械部 二十马力电动机一;十五马力电动机一。十二一呎镟床二;八呎镟床三;六呎镟床十八;五呎镟床八。八呎六吋刨床一;八呎刨床一;六呎刨床一;十二吋牛头刨床四;十八吋牛头刨床一;八吋小刨床一;立削床二;钻床五。电动万能大洗床一;小洗床一;牙轮洗床一;压力机一;砂轮三;金属锯机一;磨钻头机一;镟面大镟床一,其他各种工具六百八十余件。

(未完)

(《大公报》天津版,1935 年 6 月 12 日)

几个工学院的调查 三

河北省立工业学院（二）
分机电化学市政水利三系　课程注重制造技术及实习

化学制造系

甲、化学馆之设备

此馆内除办公室、药品室、仪器室外,有定性分析室、定量分析室、有机分析室、工业化学分析室、高温燃烧室、物理化学实验室、微生物试验室等。属于工业化学分析室者,另辟有燃料气体分析室,及钢铁油类分析室。燃料气体分析室之设备,有精确气压表一、电炉二,其整套仪器,有气体分析仪器、全炭量测定器、气体测温器、气体比重天秤、封筒测温器等。钢铁油类分析室之整套仪器有钢中炭成分测定仪器,汽油蒸馏仪器,焖点仪器,燃火点仪器,黏化计,乳化试验器,汕类云态及倾出试验器,炭残物试验器,硫质测验计等。

乙、化学工厂之设备

该校化学工厂现有之设备,计分制革、油类、洋灰三场。制革场系与附设高职部所共建,且以地址关系,故分别记述。

油类工场之设备,分精制油、造胰、油漆三部。计有精制油釜全具,压滤器一,空气压缩机一。碱化釜、切片机、混合机、三辗石磨、压条机、打印机、锅炉。熬油锅、重搅拌机一,三辗钢磨一,平石磨一,磁球磨一。

洋灰工场之设备,分制造、试验两部。制造部有压碎机一,磁球磨、钢球磨、粉碎机、立窑、旋转窑等。试厅部有标准铜筛、凝结时间计、拉力试验机、卜母式击锤、灰锭模、健全性试厅计等。

丙、制革厂之设备

该校制革厂设备之完善,为国内学校所仅有。厂中除办公室、研究室、皮件缝制室外,有预备工程室、铬鞣室、单宁鞣室、干燥室、喷染室、整理室、锅炉室及分析室八部。兹分述其设备如下:

①预备工程室　有浸软糟一,洗皮转鼓(Drum)一,灰消化器一,石灰池八,及脱毛案与里案等。

②铬鞣室　有脱灰转鼓一,浸酸转鼓一,鞣皮转鼓一,半圆糟一,小转鼓六,铬液悬鞣槽四,漂白槽四,加脂转鼓一,压水机一。

③单宁鞣室　有单宁浸出桶三,溶化桶一,混合槽一,单宁回用泵(Pump for Tanning Liquor Circulation)一,悬鞣槽四,平鞣槽四,再鞣槽(Retan Pit)四。

④干燥室　有悬皮架一组,缓汽管一组,及温度计,湿度计,通风装置等。

⑤喷染室　有马达带动空气压缩机一,存气桶一,及 Milburn 喷枪一组。

⑥整理室　有刮里机一,磨里机一,轧光机一,印纹机一,辗皮机一,轧皮机一。

⑦锅炉室　有卧式锅炉一具,附进水器,耐酸重温锅一,脱脂装置一套。

⑧分析室　有试验台六,试药架二,及皮革物理性试验机等。

(未完)

(《大公报》天津版,1935 年 6 月 13 日)

几个工学院的调查　三

河北省立工业学院（三）
分机电化学市政水利三系　课程注重制造技术及实习

市政水利系

甲、材料试验室

此室之机械，系为钢铁、木材、洋灰、三合土、砖等试验所用。计有十万磅雷利式全能材料试验机一，一万磅吋扭力试验机一，六百磅弹簧试验机一，手摇筛机一，八吋长应变测微器一，钢铁湾度测微器二，水泥凝结点测定计四，标准筛一，水汽箱一，干燥炉一。上述各机，除标准筛外，均为该校机械工厂所造。

乙、道路工程试验室

此室试验机械，分沥青材料及石料两类。属于沥青材料者，有软度测定器一套，蒸溜器一，溶点测定计一，比重瓶三，环及球试验计一，浮标试验计一，剩余物试验计一，干燥炉一，离心力分析器一，纽约式分析器一，抽汽机一，去水仪一，温度计四，天秤三。属于石料试验者，有金钢石钻机一，磨耗机一，硬度机一，金钢锯磨机一，球磨一，粘力成形机一。石料试验之各种机械，亦均为该校机械厂所造。

除上述试验机器之外，尚有水平仪、经纬仪、平面仪、罗盘仪等多架，从略。

委托合作

该校近来承各机关合作，对于设备方面尤多进益。水利会及北洋工学院等机关合建之"第一水工试验所",即建于该校院内。去岁起与棉业统制委员会合作,共同成立纺绩班。纺绩工场,正在建筑中。据谓在暑假前,当可竣工。纺织机械,将该院附设高职部染线科旧有者外,棉业统委会复捐与纺机全部。今春,复承建设厅合作,将农具改良制造所之机器,全部迁于该校,以为委托制造改良农具之用。

建筑工程

该校经费虽属十分拮据,但近年来关于设备及建筑,仍能在尽力樽节中年有增设。计二年来之新建筑,除制革厂、图书馆、教职员宿舍、学生宿舍、化学馆、化学厂已先后竣工外,现正在建造中者,尚有纺织工厂及水利实验室。谓此两处工竣后,将继续建造办公楼、理化讲室,及煤气厂等云。

（未完）

（《大公报》天津版,1935 年 6 月 14 日）

几个工学院的调查　三

河北省立工业学院（四）
分机电化学市政水利三系　课程注重制造技术及实习

工厂出品

其所设各种工厂，除为学生实习用外，并均制出品。制革厂则有底革、面革、马具革等，并附有皮件部，缝制皮鞋、皮箱、皮球等出售。染织厂则有毛巾，线袜及各种布匹。其机器厂对于工作机及试验机之制造，尤称努力，出品计有车床、钻床、带锯、万能料材试验机、洋灰试验机、皮带伸涨试验机、考利斯引擎、石子各种试验机等，除供自用外，并为出售。

制造意旨

当记者参观其机械工厂时，与管理某君谈及关于制造问题。谓该厂近来致力于机器制造之原因，一为学生实习课程之规定时间，甚为有限，对于课外工作，除参观与假期实习外，甚少与实际制造者接近之机会，故厂中利用课余之暇，从事制造应用机器，以便予学生以学作兼收之效；二为我国所用之各种机械，向来仰给外货，不特漏卮颇巨，且足影响于工业之独立，而国货机器之劣点安在，诚有实际考查纠正之必要；三为该校自改院增系以来，各厂室应添之机器甚多，在可能范围内，一切应用机器，概行自造，是不但在经济方面不无小补，且可增加学生实习之性趣也云。

扩充计划

一俟设备充实，拟将各系之第四学年，概行分组授课，以期学有专成，机电系之第四年拟分为机械组及电机组。市政水利系拟分为市政组及水利组。化学制造系则就工业化学之门类而分组。关于设备方面,化学系拟增制革用之片皮机、揉软机,及油漆,油类应用之机器;市政水利系拟设材料陈列室,建筑模型室及新建水利实验室之各种设备。机电系则先从内燃机及电力设备渐次增设,机械厂将购 Grinding 机一架。关于制造方面,将设计制造打浆机,造纸机及化学工程应用之各种机件。于农具方面,则从普通农具,水力机器等入手研究,制出之物品务使合于现时农村之急需及经济条件云。

（完）

（《大公报》天津版,1935 年 6 月 15 日）

河北省立工业学院
毕业学生七十余人　昨日举行毕业典礼

本市消息　河北省立工业学院本届毕业学生计学院部化学制造学系、机电工程学系、市政水利工程学系及附设职业部高职制革科、机工科、染织科各一班,共七十余人。毕业考试业经竣事,试卷亦经阅毕,特于昨日上午八时,在该院中山堂举行毕业典礼。除该院师生外,计到有教育厅郑厅长代表曲直生,前天津市长张直卿及各界来宾,由该院魏院长主席,行礼如仪后,主席致开会词,宣读毕业生姓名,来宾及师生代表,均分别致词。秩序整齐,精神振奋。至十时摄影,礼成散会。

(《大公报》天津版,1935 年 6 月 28 日)

工学院高职部织染班延长学习改为四年

纺织工厂建筑竣事。

本市特讯　河北省立工业学院院长魏明初,昨对记者谈云,该院前与全国棉业统制委员会合作,拟组纺织班,招收高职科毕业生活工厂技师,以资深造,乃去岁因机械未到,未能开班,刻纺织机已于今春运到,工厂建筑亦已竣事,本年招生,决定将高级职业部然值班,延长一年,原定三年改为四年,学习关于纺织机械应用之学科,以期深造,刻已开始招生云。

(《益世报》天津版,1935 年 7 月 5 日)

工学院及附设职业部招考新生揭晓

学院部取八三名,职部五一名,制革织染两科下月续招一次。

    本市消息　河北省立工业学院本科各系及职业部各科,在平津两处招考新生,各科试卷业经评判完竣,于昨榜示揭晓,计学院部正取八十三名,高职部正取五十一名,惟制革与染织两科,因成绩过差,未能录取足额,拟于九月二、三两日续招一次,以补空额,兹将录取名单志后:

录取名单

计开

化学制造系正取二十三名

朱玉瑗	王燕冀	孔令秌	杜维礼	缪俊琦	崔彤祺	张　铭	王绂昌
刘志广	李尚林	董好文	赵谨权	李汝珍	步恒毅	李克裕	赵中山
刘范曾	陈树铭	白焕瑜	程连珐	尚锡侯	王学礼	李崇岭	

备取三名

马秀卿　蒋蕴瑜　李永汉

机电工程系正取三十名

孙　洞	邵维屏	张世恩	潘健恒	朱玉瓒	熊锦源	王蕴轩	卢鹤绅
郝家珍	王建修	于　奇	李铭阁	陈尚文	嵇同棣	吴恒谦	康升龙
王聚岳	胡茂陵	陈庆波	王瑞珍	宋玉平	杨惠春	李士琦	朱傅钧
赵德全	杨广存	张连昌	兰国强	李永序	田金枢		

备取九名

赵同鼎　赵敬业　胡学光　冯克强　董　诚　吴钟岭　赵泽宏　单德正
刘镇江

市政水利工程系正取三十名

吕铠	马樾荫	郝赐盛	赵天睿	丁延祝	冯秉谦	王振声	褚兴璠
刘士廉	冯建章	王克瑾	孟国耀	李忠显	张万寿	贾彭起	王维宏
张家兴	李怀忠	李宝龄	李荣阳	马榕	傅永通	吴玉书	王鉴三
国毅	宋瑞堂	龙儒林	穆成明	党七英	王鸿寿		

备取十名：

胡泰成	王鉴尧	任善武	贾葆民	王家璧	雷庆恒	李奉先	向子刚
刘桐韶	崔宏昌						

高级制革科正取八名

郑建安	吴春帆	吴系曾	司可勖	陈德业	张锡芝	葛继恩	黄震亚

高级机工科科正取三十名

穆克恭	钟维明	李书春	韩天伦	张蔚青	吴永江	程玉璞	顾兆孚
王从政	马文江	赵俊英	侯恩	李寿章	邬赞业	李鸿书	苏景畴
齐沛林	唐友直	盛盘铭	刘仁芝	刘彭年	金家杰	李汉鑫	阮智文
龙运仪	张兴铃	王锦章	戚汝汉	李逵丰	邵金柏		

备取二名

黄崇善	王志恭

高职纺织染科正取十三名

任鹤春	李景昌	陈希舜	赵□厚	张鸿运	安浚明	龚寿臻	王谊
张堃峆	董鸿杰	高文铨	黄秩东	陈厚德			

（《益世报》天津版,1935 年 8 月 15 日）

河北工学院在陕招生

教厅今举行新生试验,河北工学院染织科。为造就西北工艺人才以期促进西北生产物品效率提高起见,特请本省教育厅代为招收新生,闻连日以来前往报名者颇为踊跃,教厅已正在办理新生入学试验应办之事项,并定于今日即在该厅举行试验云。

(《西京日报》,1935 年 9 月 4 日)

工学院职业部新生评定完竣

昨发榜两科取二十八名

本市消息　省立工业学院,此次续招高级职业部制革及纺织染两科学生,试卷已评定完竣,两科共取录二十八名,纺织染科并取女生两名,足见女性努力职业之趋向,兹将揭晓名单录下:

李建藩、郑文清、叶国桢、王承绪、刘学汉、费秉义、黄树基、皮章德、吕树滋、郝新铨。

纺织染科十八名:王锐、孟昭瞳、沈元仪、黄崇善、陈自存、谷天耀、盖魁章、徐仁秾、边定寰、王世贤、王宗汉、沈樟、郑启明、刘志书、王希颜、王薇意、李洁贞(女)、朱梦荪(女)。

(《益世报》天津版,1935 年 9 月 5 日)

中国第一水工试验所进行实况

中国第一水工试验所

一、引言

水工试验,发明迄今,为时仅四十余年。其在我国,正为唯一急起直追之科学设备。西历 1887 年,我国逊清光绪 13 年,英国欧斯伯恩瑞因诺斯教授,始发明制造河海模型,连同潮流动作。虽发明为期不久,而水利工程上之贡献,乃极惊人。盖过去一切水工设计,率只依据学理,与夫实际经验。是诚无异以若干工程,作为试验资料!劳民伤财,殆无逾此!!水工试验之发明,似专为解决此种严重缺憾而来。其运用,一以模型为依据。先求得水势冲刷沉淀之原因,河身曲屈坡度之关系,然后凭以规划理想中堤防埽坝之设置。此种试验,于德国首获成功,即为患最烈之莱茵河,现已有具体治理之方案。近更经恩格尔、瑞勃克、方休斯诸教授之发扬光大,乃成为举世水利工程上不可或少之设备。距今十年前,美国密西西比河大水灾发生以后,美国土木工程师学会,机械工程师学会及波斯顿土木工程师学会,特资遣学生六名,由曾在我国任治理南运河、黄河、淮河等顾问工程师之名水利工程专家费礼门氏领导赴欧,作水工试验之参观与学习。频年以来,我国赴德专功水利试验者,亦大有人在。国内关于水工试验之设备,亦有国立清华大学之水工试验室与经济委员会之中央水工试验所。前者,乃偏重于教学参考资;后者仍在进行建设中。至中国第一水工试验所之使命:一方为应各合作之水利机关,求解决各种水工建筑物设计之是否极度适宜,以免工事费之虚掷;一方复应各合作之工程学府,求水利工程各科学子之便于研究实习。兹将其过去及现在进行实况,概述于后,藉为国内关心水工试验者一参证焉。

二、组织概况

中国第一水工试验所,为导淮委员会、黄河水利委员会、华北水利委员会、太湖流域水利委员会(现已归并于扬子江水利委员会)、扬子江水利委员会、建设委员会模范灌溉管理局、陕西省水利局、国立北洋工学院、河北省立工业学院等九机关合作创办。肇始于民十七,而观成于民念四年。兹将其组织之缘起及其沿革及最近内部概况,分述于次。

(一)缘起及沿革

民国十七年九月,华北水利委员会甫告成立,李主席仪祉及李常务委员耕砚,因昔时均曾亲历欧美各大水工试验所,深信为解决各项水工建筑物之如何方克极度适宜,我国确有筹设水工试验所之必要。受于华北水利委员会举行第一次大会时,即提出讨论,经决议呈请建设委员会,建议以荷兰退还庚子赔款,筹设河工试验场,嗣于十八年更由徐委员行健拟具创设规模较巨之水工试验所计划,原拟与国立北平研究院及国立北洋工学院等学术机构机关合作办理。嗣以请款未能拨发,又因军事关系,国家财政支绌,以至未克实现。惟华北水利委员会仍导派对于工试验夙具经验之旅李正程师赋都兼司进行水工试验所之详细计划。迨二十年春,该会复与河北省立工业学院筹备合办华北水工试验所,分任工款,组织保管委员会,推定华北水利委员会彭委员长志云,李常务委员耕砚,河北省立工业学院魏院长明初等负责保管。二十三年李赋都君代表冀鲁豫三省赴德国参加黄河试验,当嘱将所拟水工试验计划,请德国水工试验专家恩格尔、方修思两教授审查研究,结果认为尤当。李君归国后,即将该项计划交付华北水利委员会大会讨论通过。同时因仍须征求各水利建设机关及各工程学府之合作,爰更名为中国第一水工试验所,组织董事会负责筹划进行。计至最近,已有前述九机关先后加入合作。

大试验厅之内部

(二)现行之组织

现行组织,可就董事委员会与试验所分别言之:

(甲)董事会:董事会现在组织,除以各合作机关之最高领袖或其机关之代表为当然董事外;并就国内各水利专家中选聘董事九人,均为名誉职,任期三年,每年改选三分之一。复就各董事中,选任董事长、副董事长、会计、秘书各一人,亦均属义务职,任期一年,连选得连任。此外设总务干事一人,办理董事会及试验所各项事务,在董事会方面,亦仅系予以名义;而由试验所支给最低奉薪。董事会掌理之事项如左:(子)保管试验所之一切房地及设备;(丑)审定试验所之试验计划;(寅)审定试验所之扩充计划及设置试验段计划;(卯)任免试验所之重要职员;(辰)审核试验所之预决算;(巳)保管与经理试验所之基金;(午)审定并刊行试验所结果。

(乙)试验所:试验所现仅设所长一人,并兼主任工程师。此外设工程师一人,助理工程师二人,总务事项,则由董事会之总务干事兼任之,惟一俟开始试验,人员仍须增加。

厅外大试验场及试验大渠之一角

三、经济情形

现在经济情形约可分经常费、临时费与试验费三部。兹分述如下:

(一)经常费

经常费现由四合作机关担任,按月划拨,其分配数如下:(子)黄河水利委员会月拨 350 元;(丑)华北水利委员会月拨 350 元;(寅)河北省立工业学院月拨 200元;(卯)国立北洋工学院月拨 100 元。以上按月共拨 1000 元,仅敷目前开支,实施试验后,仍需增加,方足应用。

（二）临时费

临时费包括工程建筑费与仪器设备费两项,截至现在,各方辅助及任认拨之工款如左:(子)全国经济委员会补助5000元;(丑)华北水利委员会拨4,291,542元;(寅)黄河水利委员会拨3000元;(卯)导淮委员会拨购料英庚款20,000元(专用以由英国购买抽水机等);(辰)太湖流域水利委员会拨2000元;(巳)扬子江水利委员会拨2000元;(午)建设委员会模范灌溉管理局拨2000元;(未)陕西省水利局拨2000元;(申)河北省立工业学院拨25,000元;(酉)国立北洋工学院拨5000元。

以上各机关辅助及认拨之工款共计13,591,542元。已付工款与仪器设备费,计公约157,000元。除以利息及其他零星收入抵补16,000余元;尚不敷约5400元。仍需由各合作机关筹措或向各方请求辅助之。

（未完）

（《大公报》天津版,1935年10月3日）

中国第一水工试验所进行实况

（续三日本报第四版）

中国第一水工试验所

（三）试验费

现已有之试验费如左：（子）黄土河流预备试验费 1300 元；（丑）黄土沉淀试验费 2730 元；（寅）官厅坝消力试验费 940 元。

前项试验费，一、二两项，已商准由黄河水利委员会及华北水利委员会各任半数，第三项则已商准由永定河中上游工程处担任之。将来经费确定，除普通试验自行举办外，特别试验费，仍须由委托试验之机关或团体担任之。

四、试验计划

关于中国第一次水工试验所初步试验计划，业经李所长赋都拟具大纲，因我国河流之大部，流经黄土区域，其所含重质及槽岸结构多为黄土结构，多为黄土成分，造成世界河流之特殊情形，其关系防灾兴利者，至深且钜。是故初步试验计划，即定为黄土河流试验。并分为预备及正式试验二部：

（一）预备试验

预备试验，共分二项如下：（子）黄土河流预备试验；（丑）黄土沉淀试验。以上两项试验之目的如次：第一试验：为研究利用黄土做试验之可能与否；第二试验：为用以规划黄土试验之基本设备。

右列两项试验应需费用，如前述试验费第一、二两项所示。业由华北水利委员会及黄河水利委员会共同担任之。现正着手筹备，即将开始分别试验。

（二）正式试验

正式试验，共分五项如下：（子）含泥流水试验；（丑）水库沉淀试验；（寅）黄土河流治本方针试验；（卯）黄土河流局部工程试验；（辰）官厅坝消力试验。

厅外小实验厂

以上五项试验之目的如次:第一试验,为研究含泥流水之情形;第二试验,为研究水库内黄土沉淀之情形;第三试验,为研究黄河已有之治本计划对于采用方针作一最后解决;第四试验,为分别研究各种河防工程;第五试验,为研究官厅拦水坝下部关于消减水浪防止河底冲刷最适宜之方法。

右列五项试验,除官厅坝消力试验,因近受永定河中上游工程处之委托,并已将试验费940元划拨,拟即提前试验外,其余各项试验,均须伺预备试验获有相当结果后,方克逐步实施。详细预算,犹待审慎估计之。

五、结论

中国第一水工试验所组织概况,经济情形,与天试验计划,已如以上各章所述,虽极其简略,然读斯文者,对其过去与现在之进行实况,或亦可获一较比系统之认识。然则读者于斯,其亦有所感乎?

夫中国第一水工试验所之实现,肇始于民十七,观成于民二十四,几易寒暑,煞费周章,无工款也:奔走呼号于国内各关系机关、团体、学校之所,以集成之。然而国库空虚,经济支绌,百求之不一应者,盖比比也。无经费也:分请各合作机关之距离较近者,勉力以负担之。无地址也:商由河北省立工业学院,划让校址之一部,以促成之。且首经议定:董其事者,自会计秘书而上,纯尽义务。以多人之余力,耗数

156

厅内储水池及抽水机之一部

载之光阴,所以乐观厥成者:迩过之为求各水利工程学子之便于实验研究,与夫各项水工设计之有所依据;远之实为我国在世界科学竞进中,冀得微末之实际贡献也。质之国人,其亦有不以吾济为多事者乎?

今者,此最新科学之设备,已落成于华北素著繁盛之市区,其形势较之东亚其他水工试验场,要无逊色;殆尚过之!谓为东亚第一大规模之水工试验所,固可当之而无愧也。然而此后试验计划将如何始可以循序以迈进?内部设备必如何始可以逐渐以充实?盖犹待于国内各水利建设机关及各学术团体之共同赞助焉,来日方长,跂予望之矣!

（完）

（《大公报》天津版,1935 年 10 月 5 日）

水工试验所　今日行开幕礼

两工程学会昨宣读论文　明日全体参观海河放淤

　　本市消息　昨日为中国水利工程学会与河北省工程师协会联合年会之第二日，上午九时，两会会员在河北黄纬路河北省工业学院分组宣读论文，计分水利工程、普通工程两组。关于水利工程组论文计八篇：①《兜缆软厢法》，著者杨保璞；②《各河流洪水峰报告》，著者张含英；③《黄河之洪水峰》，著者吴明愿；④《灌溉需水量报告》，著者孙辅世；⑤《二十四年伏汛海河放淤经过》，著者高镜莹；⑥《柳棍截流坝之设计》；⑦《玲会坝今说》，著者汪胡桢；⑧《水利建筑设计标准报告》，著者李书田。普通工程组论文计六篇：①《精研格致以启发明与应用》，著者云成麟；②《护岸板椿之简明设计》，著者李尚彬；③《自来水之卫生标准》④《加固拱桥之设计原则》，著者李吟秋；⑤《工程学者所应树立标准》；⑥《中国工程教育之纵横观》，著者李书田。正午十二时，华北水利委员会在宁园欢宴两会会员。下午二时至五时，即在宁园分别举行中国水利工程学会董事会会议及河北省工程师协会执行委员会会议，分别讨论各该会会务事宜。五时，彭志云氏在河北省立工业学院作公开演讲，讲题为"民族复兴运动中工程师应负之责任"，适应需要，极为透澈，演讲毕复映演华北水利委员会经办之滹沱河灌溉工程、龙凤河节制闸工程等各项幻灯影片。六时半，国立北洋工学院及河北省立工业学院在法租界六国饭店联合欢宴。今日上午十时，中国第一水工试验所开幕典礼，两会会员将会体参加。十二时，水工试验所在工业学院校友楼设宴欢迎，下午参观天津自来水工程。晚七时，联合年会在法租界丰泽园公宴。明日全体参观海河放淤工程后，即行闭幕云。

（《大公报》天津版，1935 年 11 月 12 日）

中国第一水工试验所

　　水工试验，发明迄今，为时仅四十余年。其在我国，正为唯一急起直追之科学设备。

　　中国第一水工试验所，为导淮委员会、黄河水利委员会、华北水利委员会、太湖流域水利委员会、(现已归并于扬子江水利委员会)扬子江水利委员会、建设委员会模范灌溉管理局、陕西省水利局、国立北洋工学院、河北省立工业学院等九机关合作创办。肇始于民十七，而观成于民廿四。已付工款及设备费共约十五万七千元。

厅外大试验场及试验大渠之一角

　　关于中国第一次水功试验所初步试验计划，业经所长李赋都氏拟具大纲，因我国河流之大部，流经黄土区域，其所含重质及槽岸结构，多为黄土成分，造成世界河流之特殊情形，其关系防灾兴利者，至深且巨。是故初步试验计划，即定为黄土河流试验。并分为预备及正式实验二部：

（一）预备试验

预备试验,共分二项如下:(子)黄土河流预备试验;(丑)黄土沉淀试验。以上两项试验之目的如次:第一试验:为研究利用黄土作(做)试验之可能与否;第二试验:为用以规划黄土试验之基本设备。

两项试验应需费用,如前述试验费第一、二两项所示。业由华北水利委员会及黄河水利委员会共同担任之。现正着手筹备,即将开始分别试验。

（二）正式试验

正式试验,共分五项如下:(子)含泥流水试验;(丑)水库沉淀试验;(寅)黄土河流治本方针试验;(卯)黄土河流局部工程试验;(辰)官厅坝消力试验。

以上五项试验之目的如次:第一试验,为研究含泥流水之情形;第二试验,为研究水库内黄土沉淀之情形;第三试验,为研究黄河已有之治本计划对于采用方针作一最后解决;第四试验,为分别研究各种河防工程;第五试验,为研究官厅拦水坝下部关于消灭水浪防止河底冲刷最适宜之方法。

厅内储水池及抽水机之一部

（《科学的中国》,第6卷10期）

河北省立工业学院　庆祝成立卅三周年

津工商界领袖昨往参观

本市消息　今日为河北省立工业学院成立卅三周年纪念日。该院除于上午开校友会,下午开庆祝会,约请校友作学术讲演外,并于昨日正午十二时,在该院校友楼欢宴工商界领袖聚餐。约到六十余人,该院院长魏元光暨各系主任等分任招待,魏并即席致词。饭后领导参观该院各部分,至四时许尽欢而散。兹志经过情形如次:

参加来宾

计有市商会主席纪华,津电报局长王若僖,青年会总干事陈锡三,恒源纱厂曾祥熙,东亚纺毛厂宋斐卿,利中酸厂蒋东斗,寿丰面粉公司杨西园,启新洋灰公司刘俊卿,巴斯德试验室朱铁臣,渤海公司聂汤谷,丹华火柴公司赵廓如,永明油漆厂陈调甫,华北制革厂王晋生,宏中酱油公司李惠南,英工部局自来水厂董干丞,华北第一搪瓷厂薛兰亭等共七十余人。

院长致词

酒过三巡,魏元光氏起立致词,略谓:"今日招待诸位,有几点意义。一、鄙人任职十余年来,本院化学制造、机电工程、市政水利工程三系,高职制革、机工、染织三科等六部分,每年毕业学生,因平素研究关系,时到各实业机关参观,承诸先进招待指示,实深感谢。二、本院不愿闭门造车,出门不能合辙,深愿与工业界联络合作。去年日本工政会代表团来津时,大连满铁会社中央试验所有机化学科长佐藤正典氏,即主张工业界,应与学术机关合作。工业界如有问题,由学术机关为之研究解决,工业自易进展,学术机关将工业界实际问题来研究,亦可增加研究兴趣与效用,实有深切联合之必要,而工业界尤应尽量利用学校之设备云。"

参观情形

宴毕,由该院各主任陪同来宾依照预定路线出发参观,先赴该院与全国各水利机关合建之中国第一水工试验所,参观官厅坝模型消力试验、小河流模型等,来宾参观抽水至模型情形,至感兴味。次赴仪器室、物理实验室、市政水利工程实验馆、材料试验室、化学厂、分析室、制革厂、丝织实验馆、色染厂、机织厂、图书馆、售品处等地参观后,又赴该院分院,参观翻砂、锻工、木型、机械等厂、及电机实验室、热机实验室等处。就中除机械工厂雇用工人二十余人,与学生合力工作外,其余各处多由学生担任工作。售品处自去岁筹备,昨已全部告成开始售货,定今日正式开幕,所有货品约分皮件、染织、机织三类。

魏元光谈

据魏元光氏谈称,本院材料试验室,陈列各物,多系本院自造,虽属仿制,但改良之处甚多,且比外货价值约低三分之二,近三年来本院自造物品卖出者,约达一万余元,去年在铁展会所陈列者,皆已售出。尤以自造之万能材料试验机,能试验一切材料之拉力、压力、剪力等,价值约四千元。本院为提倡机械制造,凡机电系学生毕业者,必须作成一机器。总计本院自造之机械,约达三四十种,此后仍将依此努力,以冀杜塞漏卮。组织实验馆,系与棉业统制委员会合办,房屋系本院建筑,因防火险关系,全部用洋灰造成,毫无木料,建筑经费共二万余元。所有机器,均系棉业统制委员会自英国新购,皆为一九三五年新式出品,购价共四万元,大部已购到装好,俟电力设备完成后,即可开工,预计在暑假前可以实现。因便学生试验研究起见,除少数专门人员外,不拟雇用许多工人。但将来出品仍拟出售云云。

又该院毕业同学会,于昨日下午四时在校友楼开年会,并参观各部,七时聚餐,到本市同学七八十人,颇称欢畅云。

(《大公报》天津版,1936年3月19日)

天津河北省立工学院图书馆近况

天津河北省立工学院图书馆现有书籍共约二万零七百余册,内计中文一万四千一百余册,西文五千六百余册,日文九百余册,价值六万余元。图书虽未甚丰,然勉强应用,至于目下主要工作关于编目方面者,该馆西文书籍,用杜威十进法;中文书籍,现采用分类法系仿照十进法自行编制,其著者号码亦系自行创编注音字母拼音法。关于陈列方面,因该馆地势狭小,不但阅览方面不敷应用,即书库亦甚为堆积,去年由省政府领到临时费只得二千九百元,建筑书库两层,书之储藏,暂时尚为敷用,然为来日计图书馆楼房及书库展长,应为急须者。关于出纳方面,为节省时间计,亦将有所改革,废除以前烦琐手续,仅在书卡空格上签名即可借出,较诸填写借书单办法,简便实多云。

(《学觚》,1936 年第 1 卷 10 期)

科学小新闻

中国第一水工试验所试验永定河工即可完成

中国第一水工试验所,于去冬开幕后,即开始永定河官厅坝消力试验。截至现在,业已试验二十八次,结果尚称良好。对于该项工程各点之改善,已获得相当方针,约于一个月内,即可将此项试验全部完成。现正由该所所长李赋都氏着手编拟试验报告,将来交由永定河中上游工程处,即可依据实施,又该所近在英国订购之抽水机数架,已定于三月初旬运到,另由礼和洋行订购之水工试验仪器多种,亦拟于最短期间,筹款提取云。

(《导光》,1936 年第 4 卷 6 期)

冀工业学院院长魏元光先生

他主张用人行政不分党派　工学生生活要合工厂条件

（一）魏元光字明初，河北省南乐县人。在记者未见面之先，便有好些熟悉的朋友，问道为什么没有介绍他，魏氏当然有相当令人佩服的地方，在记者未见之先，已经有了很深的这种印象。

他在见记者的一刹那，已经把他做事的朝气，和那奕奕的精神显露出来，虽然是四十一岁的中年人，他是该学院前身工业专门学校的毕业生，民七毕业以后，便在工业试验所当了两年技师，后来才到美国赛瑞库斯大学研究造纸，得到硕士学位以后便开始了实习生活。

经怡大皮革公司的催促，才决定回国。回来以后，该公司已经因不能支持而倒闭了。

（二）在回国以后，便在学校担任功课，在民十五年因杨校长辞职，便着手办学。在那时候，正是"北京国立大学教授拉洋车"的时候，省立学校的经费更加可怜。他说他们现在的校址，曾经做过司令部，也曾做过后方医院，满院的马粪骡尿，破坏的情形真是不可言喻。

民国十八年划分大学，经过相当的努力，与女院法商同时改升为学院，设备方面仍然是不完善。

现在的学院，有化学制造学系、机电工程学系、市政水利工程学系，高职部有制革科、机工科，及纺织染科，最近期内还计划着一座造币工厂，现正在进行筹备。

他们的学校现在与棉业统制会及水工试验所等机关合作，棉业统制会曾捐助该院四万元，作实验华北所产研以在究所，现他们盛把纺织染科延长一年改为四年。中国水利工程试验所，现在由华北水利会、黄河水利会、北洋工学院和工业学院四机关维持。

"办学校与社会事业发生关系，闭门造车的办教育，是不适合于时代性的。"这是他的感想。

（三）他的出生地是河北省南部的乡村，在他幼年时代农产物的耕植，给予他以深刻的印象，在现在高唱复兴农村之际，怎样才能使工业教育帮助农村生产呢？

他说现在的一般科学智识不能灌输到农村去，这是最大的缺点，工业学生受过相当的教育后，因环境习惯，都不能回到农村去，一般的农民对科学不能发生信仰。

他主张在中国的偏僻地方，应该多设些机械工厂，一方面直接帮助农民生活用具之改良，一方引起对新式机械科学之接收。

在本院的机械科里，计划着设一农具制造厂，把中国的旧式和西洋的新式农具搜集起来，做个比较，再徐图研究改良办法。

在中国的农村和西洋的又不同，中国的土地大都是小耕，没有西洋那几百顷一块的土地，整个把西洋的办法拿过来，事实上有多困难，我们必须要取人之长补己之短才行，在那里我们又看出中国教育的缺点出来，对于实用人才的训练，实在太少。

改良农具的愿望，虽然花费了不少的钱还没有相当成绩，可是仍在那里努力进行。

（未完）

冀工业学院院长魏元光先生（续）

他主张用人行政不分党派　工学生生活要合工厂条件

（四）关于用人行政，他说他主张是"分工合作"，现在好些事情都是以党派来相互标榜，分门别类，各不相容。拿留学生来说吧，有英美派、德日派、留俄派，界限划得非常清楚，要知道留学的目的，是取人所长，补己之短，在党派之外，最好不要忘了中国！

他说："工业学院一向是只讲求做事，而不分派别的，在这里不分留学生的党派，更没有私人的派别，进来的教职员，完全是为发展学校，可以用全部精神来做事，不必另分一部分精神，去应付人。"

（五）谈到工业教育，他有不少的卓见发表，他说过去好些办工业教育的人，只是在"闭门办学"，与社会及工厂，无分毫联络。

学生在校期间，养成安逸的恶劣习惯，毕业后不能真正到工厂去。所以本校切实训练学生守秩序，勤朴耐劳。

本校每天六时半即举行晨操，此举在大学院尚属罕见，并且教职员和工友亦均分别举行，学生的服装，亦均一律穿着制服；学生的伙食，也要他们力求简朴，由他们自己管理的膳团承包，可是每月不得超过五元五角，虽然面粉是这样的昂贵。

对于学生的衣食住行，都要他能适合于工厂条件，纠正现在社会这种只要钱不做事的习惯，现在的社会不需要"穿洋服"的大学生，而需要能实际做事的大学生。过去本校的毕业生，能做他校毕业生所不屑做的事情，这并是学生的出路匮乏，相反的这样方能使工厂对本校学生的信仰增加，最近还有工厂来信要人，而现在我们没有闲人应征。

过去学校对于学生整个智识的灌溉，没有完全注意到：学生逐年的死读课本智识，就好像"障碍物赛跑"，过去就完。现在本校注意使他们融会贯通，前三年授以基本智识，第四年令他们自己把所学的应用起来，自行设计制图，一方面还可以制造东西，充实自己的设备。

过去在教育意义上,铸成很大的错误,就是说无论什么东西,非外国的不行,我们现在要竭力鼓动学生的"创造性"的发展。

(六)谈到西洋工业教育的发达,和日本的情形,他已阐明了自己的意见:

工业教育,现在已经是大家所认为极端需要。在日本、欧洲的情形完全与中国不同,在工业发达的社会里,需要学校来替造人才,学生离开学校便到工厂去实习,在学校里受的是学理智识,在工厂里受的是实际经验。

日本维新的时候,是因为政治的统一,施用一种政策,首先设立工业教育的学校,造就出人才来,再来发展工业,他们结果都是取得了实效。

在中国从前根本就没有工业,所以使英雄无用武之地,再说用供不合,闹得没有一点办法,现在把整个的外国东西,移植倒中国来,是件顶危险的事情,要视中国的需要,而来改良中国的工业教育。

现在的工业学校的学生,毕业以后,一方面物质的欲望太高,一方面经验缺乏,社会一般人士对他们的估价又过高。

认为万能的技术人才,可以容易发生失望的现象,现在中国的工业教育,一方面固然要注意到学理的研究,同时对技术的训练,也是不可忽略的,对于一般工厂的需要那样人才,和他们的意见,都得要尽量接收。

(七)谈到生产教育,魏氏又说,现在国家已经注意到经济建设的重要,各项生产事业,都在那力谋发展,这是很可喜的现象,过去所提倡生产教育,只可以说是种资格问题,对使用方面,可以说是完全没有注意到。

谈到职业教育,过去为一般士大夫所鄙视,现在大家都有彻底的觉悟,埋头苦干下去,现在从外国回来的工科研究生,已经不少,他们大部分可以说是未来的工程师,所是中国的工人,过去所受的训练,大部是接收洋人的,在技术方面,虽然有相当的熟练,可是改良技术方面,现在已经落伍了。

中国的职业,就是要造就这种人才,一方面能接收工程师新的技术和计划,一方又能指导工人去接受,假如这种生产组织不健全,工业很难得合理化的进步。

现在的中国职业教育,在学校要给以基本科学智识,在工厂要予以技术训练,要有实际的训练,担任劳苦的工作,才能指使着工人的进步。

最后魏氏说他办学校,要本着这种宗旨,并且领着记者对河北省工业学院的全面的视察,在归来的途上感觉着果然是"名不虚传"。

（完）

（《益世报》天津版,1937 年 3 月 17 日）

工业学院　增招新生

学院部及高职部　共计二百二十名

　　河北省立工业学院,本年招考新生。原拟每班各招考三十名,兹因我国建设事业日渐发达,社会需要工业人材之处较多,历年毕业生,供不应求,教育部有鉴于此,特电令该院,于本年暑假,将新生名额酌予增加,以宏造就。据该院负责人昨语记者,谓现已遵照部令,将学院部机电工程、市政水利工程两系及附设高职部机工、纺织染两科,各增招新生十名,共增四十名。连同其他各系科学额,共计招生二百二十名,并已电呈教育部备案云云。

（《大公报》天津版,1937 年 7 月 10 日）

河北工学院接建图书馆楼房

天津河北省立工学院,以近年所藏各项图书杂志,日渐增多,原有图书馆房舍,不敷分配。拟再接建楼房一层,以便扩充,预计约需临时费九千余元,除省府已拨发二千九百余元,外仍不敷六千余元,当经备文呈请省府设法筹措。现悉此案业经省府会议通过,不久当发到院云。

(《中华图书馆协会会报》,1937 年第 12 卷第 5 期)

土木工程系向天津河北工学院订购
道路材料试验仪器

总值计达三千三百余元,将于六月内分批到校

本校理学院附设之土木工程系,本年暑假即有第一届学生毕业,全系计有学生百余人。该系应有各种设备,经数年来之努力,已渐具备。兹悉该系最近又向天津省立河北工学院订购各种道路材料试验仪器,为件凡九,价值总数为三千三百二十三元,将于六月内分批由津南运,各仪器之名称及件数如下:

(一)道路材料磨损试验机　　　1 件

(二)道路材料黏力冲击试验机　1 件

(三)道路材料黏力成型机　　　1 件

(四)道路材料韧力冲击试验机　1 件

(五)道路材料硬度试验机　　　1 件

(六)道路材料球磨机　　　　　1 件

(七)手摇筛砂机　　　　　　　1 件

(八)宝石锯与磨光机　　　　　2 件

(九)宝石钻机　　　　　　　　1 件

(《大夏周报》,1937 年第 13 卷)

河北省立工业学院附设工业职业补习班章程

一、本院依照部颁职业补习学校规程及各省市推行职业补习教育办法大纲,附设工业职业补习班。

二、补习班定名为河北省立工业学院附设工业职业补习班

三、本补习班为实施补充生产教育之场所,其主要目的如下:

1. 对于已从事职业者,补充其在职业上应具之知识技能,并予以公民之训练。

2. 对于愿从事职业者,授以职业之知识技能,并予以公民之训练。

4. 本补习班暂设机工,制图,纺、织、染、制革及测绘七组。

5. 本补习班所授学科,暂分普通与职业两种。

6. 本补习班职业学科及实习,应占全数百分之七十,普通学科占百分之三十。

7. 本补习班各组详细办法另定之。

8. 本补习班学生修业期满,考试及格者,得给予学业成绩证明书。

9. 本补习班设主任一人,综理班务,各组各设组长一人,主持各组教务,其人选均由院长与本院职教员中聘任之。

10. 本补习班教学所需设备,以利用本院原有设备为原则。

11. 本章程经本院院务会议通过后,呈请上级教育行政机关核准后施行。

(《工业周刊》,1937 年)

追悼杨十三

明日假南开礼堂开会

本市消息　杨十三先生,别名裕民,美国梅茵大学毕业,回国后,历在教育界服务。七七变起,先生奋起参加抗战,发动冀东抗日联军,不一月间,号召十二万武装,恢复十五县地区,嗣转战各线,不幸辛劳过甚,于七月二十一日在晋东南,因心脏麻痹病逝世。杨氏生前友好弟子,特定明日上午十时假南开中学礼堂举行追悼会云。

(《大公报》重庆版,1939 年 9 月 17 日)

冀东抗日英雄 杨十三先生追悼会

本报特写 循着招待员所指的路走去,转一个弯,便是追悼会的会场。

清早下过一阵雨,路上的积水虽然消失了,然而依旧是泥泞满途。天空也阴晦着,人的面上都现出凄苦的颜色,仿佛心上挂着沉甸甸的铅块。

会场是一间不太大的客厅布置成的,装饰得很为朴素。大约是九点半钟左右,主祭人河北工业学院院长魏明初先生已经到会,巨大数量的挽联和花圈,四壁挂满之后,场外的壁上已安张挂许多,其中有国民参政会副议长张伯苓的挽联:"精蔡伦术,有烈士声,即知即行,一代英贤风械朴,奋张良椎,湔儒生耻,允文允武,千秋忠义炳枌榆。"①中共中央的挽帐:"北方之强"。第十八集团军全体将士的挽帐"河岳日星"。中共领导人毛泽东、陈绍禹、秦邦宪、林祖涵、吴玉章、董必武、第八路军朱德总司令、彭德怀副司令也送有挽联。毛泽东同志的是:"国家在风雨飘摇之中,对我辈特增担荷;燕赵多慷慨悲歌之士,于先生犹见典型。"南开中学、河北工业学院魏院长、工业学院校友、中国化学会的挽联则分挂在室内的壁上,其中,本报也送了一付挽联。

约莫十点钟的样子,来宾陆续到了,于是宣布开会。

大家虔诚而悲哀地对杨先生遗体行礼之后,开始朗读祭文(见后)。主祭者魏明初先生,是杨先生的故友,数载的同窗,而且是多年以来的老同事。魏先生说,杨十三先生曾在教育界服务多年,民国十七年时,任河北工业学院制纸学教授,兼斋务课主任,我全国抗战爆发时,杨先生献身革命解放事业,组织民众,任华北人民抗日联军第 X 区政治部主任,收复冀东失地凡十五县城,之后转战各地,备尝艰苦,因工作过度,心脏症复发,竟于本年七月二十一日下午六时逝故于晋东南,是文人故身抗战模范,而杨先生"鞠躬尽瘁死而后已"的精神,更其值得千百万后死者的效法。

---

① 上下联末三字分别为"风械朴"和"炳枌榆"。上联第六字"烈"后脱"士"字。据《化学通讯》1939 年 11 月 20 日《杨十三先生生平事迹纪略》文件末"荣哀节录"校正。

魏先生辞毕之后，王仙槎先生即来报告死者的略历。选一段富有趣味的叙述，听过之后，不单使人感想、钦慕，而且还使人奋发、痛惜。要叙述这些感人的故事，需要著述一整本书。

杨裕民先生排行十三，故取十三为名，他是河北迁安县一个农民的子弟，幼年的时候，曾为天津某工厂的学徒。留美归国后，即入工业学院服务，他是习性勤朴的人，留学生而着西装，也许正是这类特性的一点说明。杨先生是"自力更生"这句话的彻底的实践者，譬如，他从不主张托庇外力。过去北洋军阀混战时，天津市民纷纷避入租界，他则坚决反对这类举动。以他对于子侄辈的教育一项来说，他主张他们应学习实用技术的教育。结果，他使他的侄杨秀林先生获得出洋机会，而把自己的儿子却在中学毕业之后去学作木匠，女儿进的则是助产学校。现在，杨先生虽遗有子侄七人，然而他们之中的三个却都参加神圣的统战，担负三种不同的工作与任务。杨秀林先生是领导河北人民反抗日寇进犯的重要人物之一，该是大家都熟知的。杨先生真真称得起是"一门忠义"了。

追悼会筹备处还有两位先生起来致辞，一个是董必武同志，一个是刘清扬先生。

董必武同志说得好："杨十三先生是我们党、十八集团军的忠诚而亲切的朋友，杨十三先生在抗战中担负过长期艰难的工作，在抗战中尽过最大的努力，而凡是像杨十三先生一样的人，都是我们的忠实而亲切的朋友。"

刘清扬先生也说得好："杨十三先生是中华民族的真正的子孙。"

雨住了。人们从会场走出来，"忠实的朋友"和"民族的子孙"这两句话在他们心上萦绕着。一想到死去的这位英雄的面影，不禁有无限的悲哀，然而悲哀之中也有安慰。中华民族有了这样的子孙，前途是不愁而有希望的。（江）

祭文

维中华民国二十八年九月十八日，张伯苓、张申府、董必武、魏明初、叶剑英、韩举贤、刘清扬、高韵亭、王仙槎等，敬以时羞之奠，致祭于杨君十三之灵曰：呜呼何天道之无知。竟戕贼吾大贤。念君才之卓荦！固众口之所传。秉忠义于天性。惟卫国以身先。愤国难之日迫。思涤荡夫腥膻，匪病躯之顾恤。奋孤拳而无前。入狐鼠之窟穴。导义民而张卷。扫丑虏如落叶，扬国威于幽燕。痛冀东之沦陷。已六载而暂捐。君振臂而一呼，十五县乃复全。彼倭寇之自视，谓举世莫比肩，何数子之奋发，竟歼灭如履蝼。知忠孝之足恃，维制梃可挞坚。信抗战之必胜，奚疑虑而不蠲。彼甘心以从逆,视吾子其孰然。死有重于泰山,知君心之已便(pián)。完全瓯以无缺,敢不勉而继焉。望太行之峨峨,固虏军所覆颠。惟英灵之呵护,庶早靖夫狼烟。魂有知其鉴格,嗟吾伤号绵绵。呜呼哀哉,尚飨!

(《新华日报》,1939 年 9 月 19 日)

杨十三先生纪念专号

——纪念杨十三先生

自从抗战以来,本会有好些会员因为住址的迁徙、工作的调动,和本会暂时失去了联络。我们很惭愧,没有能用会的力量,负担起联合全国化学同人,去参加抗战的伟业。可是本会会员之中自动在前方后方直接帮助抗战的,为数并不在少。而我们对于这些可敬佩的会员的消息,不幸也很隔膜。

杨十三先生是这些可敬的会员中之一,杨先生的殉国是本年七月二十一日的事,而我们到八月底,读了张伯苓、张申府、魏明初、董必武几位先生的筹备追悼会启事,方才知道杨先生已为抗日捐躯,我们失却一位可敬爱的会友了!

杨十三先生于民国廿三年加入本会,他的会号恰巧是 500 号。彼时的天津分会是本会很热心、很努力的分会之一。天津原有一个化学工业建设协会,是永利公司、南开大学和河北省立工业学院等机关的化学同人发起组织的。后来本会天津分会成立,化学工业建设协会的会员毫无成见地取消了他们原有的组织,加入了本会。杨先生是省立工业学院的教授,也积极地参加了本会。一直到七七事变,杨先生是经常地与本会联系着。

现在,天津是暂时沦陷在敌人的炮火下,华北的会员星散了,分会的活动停顿了,杨先生长别我们而去了,我们的感念、悲愤为何如!

在九一八追悼杨先生的会场里,我们决定了为杨先生出一本纪念专号。那天会场的情景是够悲惨的,差不多没有一个人不在留着泪,主席魏明初先生是痛哭失声,有一位哭的昏倒下去。凡是参加的人,都留下一个很深的不易忘掉的印象。这种情景表示出杨先生生前感人之深。

我们纪念杨先生,不仅仅是为了公,更不仅仅为了私。是有着公私兼备的意义的。在本会里,有好些会员,与杨先生不是简单的会员与会员的关系,而是相交多年的好友;这在私的方面实在情不自已地赶来纪念,至于就公的方面说,杨先生的理论见解、生活方式,工作的努力、牺牲的精神,实在是我们的好模范,我们不应当让这些精神湮没。不应当不记载起来。

我们很惭愧,在目前只能用这薄薄的几页纸来纪念杨先生。本想搜集一些杨先生自撰的文字,而因为多散失在华北,无法得到。很感谢王仙槎先生,他替杨先生写了一篇颇详细的"生平事迹纪略",杨先生本来是研究造纸的,他的研究造纸是因为原籍迁安为河北产纸的中心,后因受日本纸的倾销,营业一落千丈,所以以改良纸业自任。但是竟不幸为环境所厄,未能展其怀抱。我们在纪念杨先生的小册子,加上一篇徐崇林先生的"四川铜梁造纸工业之考查及其改良意见"。杨先生有灵,知道继先生之志者大有人在。我们还知道一些杨先生参加抗战的经过情形,因为有关军事秘密,暂时不能发表。

杨先生,现在我们已经抗战两年半了,胜利已经在望,待国军北定中原之日,我们再来举行盛大的纪念会!

杨十三先生遗像

（《化学通讯》,1939 年 11 月 20 日）

杨十三先生生平事迹纪略

杨先生十三,名彦伦,字綵如,河北省迁安县人,生于民国纪元前二十二年。世业农,兄弟十四人,先生排行十三,因以为名。先生自美国梅茵大学毕业回国后,历在教育界服务。七七事变起,先生激为民族义愤,发起华北人民自卫会。主持抗日联军,奔走呼号,执戈抗斗;劳纪多是称述。不幸于本年七月二十一日下午六时逝世于晋东南军次。先生以文人而参加抗战,卒以劳瘁不起,虽未及见国军北定中原,驱除倭寇,而舍己卫国之精神,实足以使后死者闻风兴起。本年各地曾在九一八纪念日,为先生开会追悼,哀荣弥著,笔者兹敬谨追述先生在平事迹如后。

一、家庭状况

先生堂兄弟十四人,同胞兄弟二人,先生居次,夫人司氏,生男子子三,女子子四,侄二人。现长女长男及侄等,均在前方参加抗战工作,老母尚健在。先生之殉国也,此美满之家庭,亦失其中坚矣。

二、简略年谱

先生十五岁时,随兄至天津北洋模范工艺厂学徒。约二三年,由于自己之志愿,弃工就学,遂赴北京端王府夹道工艺学堂读书,当时其三兄为该学堂监督。民国元年毕业后,转入天津南开中学。民国四年考入直隶省立工业专门学校应用化学科。民国八年毕业后,任直隶工业试验所技士,民国九年赴美国梅茵大学习造纸学。民国十二年回国,复任直隶省立工业试验所,化学工业课课长。民国十八年,改任河北省立工业学院斋务课主任,兼化学制造系造纸教授。直至民国二十六年,天津七二九事变沦陷后,即决心抗日,联络同志,组织华北人民抗日协会,民国二十七年春,创立华北人民抗日联军。自任冀东抗日联军政治部主任。不一月间,号召十二万武装,恢复十五县地区。二十八年春,复至冀中冀南晋北晋东南等地,联络友军,交换抗战经验。辗转南北,备历艰险,忽于本年七月二日,在晋东南军次,因过劳心脏(臟)麻痹症复发。医药罔效,延至七月二十一日下午六时十分逝世,享年仅五十岁。

几件念念不忘的是事迹:

(一)没有留学生习气。我国留学回国的学生,十有八九都是带着洋气。这位杨先生呢大是不然,他到了外国,除了读书之外,还特别注意实习。到他们的工厂里,和工人一样去做工。他回国之后,不但不穿那不合本国社会的洋服,而且他穿的衣服,大半是棉织品。他说到外国读书,是学他们的技术和科学方法,不必学他们的消耗,因为中国的社会,没有那些机器的生产品。

(二)生活平民化。常碰钉子:先生从事教育十数年,衣食住行各项生活,都很简单。尤其是他穿的衣服,有时还不如工友。所以他出门访友,常被人家门口的人阻挡住。自己被请为上宾赴宴时,常被饭店的堂倌,认为他是随侍那位贵客的。有一次某大学生的参观队,住在工业学院,他去招待他们,而这群学生,就令他提壶取水。由这些事实,就可以想见他是怎样一个装束了。常有人问他,为什么这样的节约?他就回答说:"按全国的经济状况,和中国的人口合计一下,还不定平均到每人都能够穿我这样的衣服呢?"

(三)为提倡本地造纸业,曾到张大元帅府去控告张少帅。民国十六年,张作霖在北京当大元帅的时候。他的儿子张学良的管辖区,正是包括了迁安。因为增加厘金税,把当地的造纸业,压迫的赔累不堪。杨先生本来是提倡实业的,尤其是注意造纸事业,于是愤起而为桑梓,解决这种痛苦。费了许多的周折,受了许多侮辱,到底把那年的吃人的苛税免除了。本地的商人,因为省下了几十万元的税,就要给杨先生送礼物挂匾额。先生说我不是为这些东西,来办这事的,你们要如此办,不但我不以为荣,反引以为耻。于是他们给本县的职业学校,捐助了一笔款,算是报答了杨先生。

(四)当先生在工业学院当斋务主任的时期:他这个训育主任,没有主任的架子,和学生穿的一样,吃的一样。在学生团体里,常当一位会员,他犯了迟到的规矩,一样的受罚。和学生们说说笑笑,毫不矜持。所以学生不把他看做是高高在上的先生。而先生亦不把学生,看的那样不堪造就。因为那时候社会上,有几句口头禅:(1)马马虎虎;(2)没关系;(3)没法的事;(4)通融通融;(5)面子事。于是他针对着这几句不争气的口号,另提倡了几句口是:(1)不装蒜;(2)有关系;(3)有办法;(4)不通融;(5)没面子。当时宣布,请全校先生学生同时提倡,并且规定要说了前五种的旧口号,就作为犯了校规。先生在二十三年春,对将毕业的学生外出参观以前,说的几句话,是这样:"今年将毕业合班同学,定于春假倒济南、南京、上海等地参观,这是本院空前最远的一次。是本院校旗到京沪的第一次,望各自遵守纪律,保全校誉,目前部督学来院视察,对于本院的俭朴校风,甚表同情,请同学此次南下,务望保持本院本来面目,把绝无仅有的老憨的大学生风味,传到我国最繁华的都市去。有人说我们的衣服太不讲究了,到了南方一定被人小看,你们要知道,首都与上海的穷人,也是占大多数的,我们与大多数人一色。还怕他们少数人鄙视吗?我敢断定中央政府、喊农村破产口号的人们、研究社会经济的学者们、穿不起华贵衣服的穷学生们,一定诚心诚意的欢迎你们,你们该有多高兴呀。"看了他这一段讲话,就知道他平时是怎样训练学生了,还有先生到保定各校参观去,有许多值得赞佩的。第一,他到学校参观,是与学生在一起,而不和学校当局在一起。他参观那一校,不只是看教学看设备,而他最注意的是饮食起居问题。所以他到人家的学校参观,每每而求到人家的学生饭厅去吃饭。

(五)对于婚丧仪式的改革:先生的大侄男娶妇的时候,是先生骑着小驴,亲到女家送通知,让女家当日用车送女到家,到家后全家做了一锅肉菜,吃了一次,介绍给全家认识了,就完了。次日他的邻居,尚不知道他家曾办过了喜事。先生的先翁去世后,他把应当化的治丧费,扫数捐助了杨团堡职业学校。他主张不穿孝、不请客、不用仪仗。有外人给他送礼,若是食物,他即刻倾在饭锅内;若是钱,就先存起来,事后把积存的礼钱,买了一部儿童文库捐给了本村的小学。他对旧时丧事,有个口号是:"活着不孝,死了乱叫,应打倒!"后来他给他的长子完婚、女儿订婚,都是用的极简单的方法,有人说他这不是矫枉过正吗?他说:许多的事情非过正不能矫枉,后来他把他的文弱的身体,牺牲在抗战上,也许是又在实现他的,非过正不能矫枉的原理吧!

相识十四年的朋友王仙槎敬述。

(《化学通讯》,1939 年 11 月 20 日)

报刊中的河北工大

工业学院

学院部招考新生十六日开始报名

　　本市河北省立工业学院，复校伊始，一切积极筹备，现已大致就绪。前因部令未到，学院部暂缓招生，仅招收附设高级职业部新生百名，尚缺二十名，不足预定人数。顷开教育部准许招生电令已到该学院，拟在平津同时招考学院部化学工程、电机工程、机械工程、纺织染工程及水利工程五学系新生各三十名，并附带在津续招高级职业部织染科及化工科（制革班）新生各十名。将于本月十六至十八日报名，二十二日二十三日考试。

（《大公报》天津版，1946 年 9 月 8 日）

河北省立工业学院招生

（一）系别：化学、机械、电机、纺织、市政水利，各工程学系一年级各一班。

（二）高职部续招织染、化工（制革）各十名（仅在天津续招）。

（三）报考：九月十六至十八报名，廿二、廿三考试，高职部廿四考试。

（四）考区：天津区元纬路本院，北平区假和平门外国立北平师范学院。

（五）资格：报考学院须高中毕业或同等学力者，报考高职须初中毕业及同等学力者。

函索简章须附邮票五十元，直向本院索取。

（《大公报》天津版，1946 年 9 月 16 日）

河北省立工业学院新生录取名额

化学工程学系

曹耀武	邵建弢	李继祥	杨益权	李树信	刘 毅	张国珍	钱可继
翟秀琏	何忠治	孙秀瑛	钟汉生	郑星杰	尹国维	杨光地	葛守勤
梁焕杰	陆文汉	吕志乾	张万钧	晋式曾	程国樟	江德元	备取生
刘镜远	刘汝济	马冠群	邱近明	刘嘉臻			

机械工程学系

魏鸿民	刘宝东	邸乐山	刘同东	田 喆	李树万	冯献堂	龚志民
陈庆武	刘显曾	何轶彭	樊祖培	秦树楼	郭晓鹏	徐宜铮	赵振魁
宋延久	徐之炎	曹式垚	张永发	文秉连	李绍昌	李长生	王大瑜
茹竞华	刘培英	唐馥桂	备取生	尹亮俦	陈锡庆	纪嘉林	赵德让
樊锐昌							

电机工程学系

沈树墉	张景炘	陆寿鹏	徐昇祥	孙会廉	曾宪斌	张金田	佟伟勋
王积明	张秉哲	罗升和	张 佑	陆智玄	崔志善	潘建民	阎学文
于国瑞	王秀澄	张荣瑞	梁育堃	董振乾	黄宪彝	汪 煦	耿长栢
备取生	杨树芳	吴金洲	常克朋	范 筥	母瑞安		

市政水利工程学系

李忠潜	苏翼林	刘昭培	杨维和	李润春	宋乃增	张庆锟	窦作贤
李文山	王延明	刘羡周	药朝忠	李志强	丁瑞麟	张鹤龄	赵 鑫
徐继斌	陈春萱	杨兼正	王丰俊	费平瑞	任青年	备取生	司敏会
黄士珍	韩学进	李振馥	韩乐陶				

纺织染工程学系

蔡汝宾	张淑兰	么泰山	徐宏达	高玉柱	吕廷材	张凤岐	余永敏
庄 珊	张秉炎	杨祖纶	朱世恒	刘士彦	张思敬	王炳铎	宋贵同
苏泽墉	宋 峦	程懿武	吴焕琨	顾静仪	何瑞宁	吴自强	王寿民
张广华	王维锜	备取生	刘庆本	李 柟	凌兆睿	孟仲春	沈武链

高职部制革科

邵元昌　李宝成　俞兆宁　张志钧

织染科

曹继良　张树荣　马友筑　张文华　刘少臣　王 俊　翟羽佳　刘 晶

入学须知

为布告事。本次录取新生应注意以下事项：

一、学院部十月六日至十日来院注册，高职部十月一日至五日来院注册，其逾期不办注册手续者除名，以备取生递补。

二、于注册期间因事不能到校注册者应于十月六日以前声请告假，但以五日为限否则除名，以备取生递补（如来信请假以收到来信之邮戳日期为凭）。

三、注册时应纳之费用如下：1. 学费二百元（职业部免收）；2. 体育费一千元；

3.预偿费一万元(多退少补);4.寄宿费五千元(通学生免交炉火费在外);5.校友会费一千元;6.消费合作社一千元;7.书籍、文具、制服工厂服及缮费等均系自费。

四、注册时须填具志愿书及保证书各一份。

五、注册时须呈交原报名时之学历证件。

六、女生一律通学。

中华民国三十五年十月一日

(《大公报》天津版,1946年10月1日)

工业学院定期开学

各系及高职学生正办理注册,定十二日上午举行隆重典礼。

本市河北省立工业学院,奉令复员,现已筹备就绪。所有学院部各学系,暨附设高职各科新生,均于上月下旬招考竣事,近已纷纷办理注册入学手续,该院将于本月十二日上午九时,隆重举行开学典礼,并请各机关各校友莅训参观。按该院创于胜清光绪年间,迄今已有四十三年之历史,作育人材甚众,蔚为冀省工业教育最高学府。院长路荫柽氏,衔命北归,主持复校,排除万难,不遗余力,尤为各方校友所钦爱。想届时车水马龙,必极一时之盛云。

(《大公报》天津版,1946 年 10 月 9 日)

教育部专员昨视察河北工学院

本报讯 教育部平津区视察专员刘南求、吴正华于昨晨十时由教育局郝局长陪同赴市府访杜市长。下午由河北省教育厅吴清波陪同视察河北工业学院。

(《大公报》天津版,1947 年 1 月 10 日)

河北省立工业学院筹备庆祝四四周年

三月十九日在该校盛大举行

河北省立工学院以三月十九日为该校成立第四十四周年纪念日。值此胜利复员之后,新春开学伊始,该院新旧校友将于是日在元纬路第一分院举行扩大庆祝,并将柬请在津中央、地方各首长暨通知各地校友踊跃参加。订于上午九时起举行庆祝,午后二至四时开校友大会,四至七时游艺大会。闻已聘定各部门专长人员开始准备,届时定有一番空前盛况云。

筹备委员名单如下:路荫柽、刘骥夫、赵显斋、王绍先、高韶亭、吴肇炘、常理绪、常锐庭、焦自严、王仙槎、吴连城、郭嘉鸿、刘立基。

(《大公报》天津版,1947 年 2 月 19 日)

报刊中的河北工大

189

冀工院考试　今日可发榜

　　本报讯　河北省立工学院三十六年度各系新生,二年级转学生及附设高级工业职业学院各科新生入学试验,试卷已全部评阅竣事,定今日发榜。

(《大公报》天津版,1947 年 8 月 5 日)

杨十三先生传略

慨自暴日侵陵,中原涂炭,国内外忠义士女,或执戈卫国,负弩前驱,或义不屈辱,慷慨就死者,不胜枚举,其以名教授,奋羸弱之躯,躬集义师,与敌周旋,大小百战,迭克名城,卒以积劳,殁于军次,如吾杨十三先生者,殆不数数觏也,呜呼可敬也已!

先生当九一八之变,方任河北省立工业学院制纸学教授,兼斋务课主任。闻讯痛愤,现于辞色,恒谓御侮复仇,非讲求武备不为功,立志领导青年,为国家尽全忠,为民族尽大孝,亲自督课军训体育,于国术尤三致意。每晨光熹微,辄起随诸生习拳击,示倡导,数年如一日。盖以敌人擅柔术,他日两军肉搏,非精技击无以制之,其虑患深长如此。卢沟桥之衅即起,先生胃病甫小瘥,知战机已迫,慨然告同志曰,吾侪与敌决战之期至矣,吾积愤累年,誓当以死报国。适七二八天津事变,遂在敌机横加轰炸之下,携眷回里,潜入冀东,目睹亡国惨状,居民颠沛流离,悲不自胜,乃与挚友洪麟阁先生(时任本院训导员)、路荫柽先生(时任本院秘书代理院长)、马沣先生(时任本院教授)等,秘密组织冀东人民抗日联军,推高志远先生为总司令。洪麟阁先生为副司令,先生自任政治部主任联络各方,遇有意见纷歧,无不开诚布公,随时为之解决,各方受先生之感召,无不振奋,而先生为冀东一切抗日策划之中心主干,固亦当之而无愧也。

方先生之组织抗日联军也,加强训练,教以射击钩伍之法。每向民众阐述敌人侵略残暴情况,及抵抗意义,慷慨激昂,声泪俱下,听者莫不感奋,以是数月之间鸠集十二万众,凡抗日联军所到之处,辄有群众响应。于是抗日情绪,益形高涨,先后与敌大小百余战,先生运筹指挥,身先士卒,尤以二郎山之役,歼敌无算,连续克复玉田等十五县区。冀东各县自殷逆汝耕背叛以来,久为狐鼠窟穴,兹乃一洗腥膻,微先生之功不及此,而先生倍增辛劳,甚且寝食俱废。二十七年十一月,敌以四个师团之强大武力,围攻联军,我军连遭敌之袭击,颇有损失,众寡悬殊,渐难支持,然犹与敌作殊死战,迄不少屈。终至我军洪副司令麟阁,以身殉职,为壮烈之牺牲,先生九死之余,幸获脱险,而犹扶病奔走晋中晋南,联络友军,企图再举,倍历艰险,不少挫,亲知交旧,或贻书慰劳,先生覆函辄云,自参加抗战,积愤稍纾,病已若释,非要事恕不一一致答,纷吾心志也,群料先生激于忠义,勉为支持,体力必益敝。迫入晋后,旧疾果大发,终以心脏麻痹,逝于晋东南军次,时则二十八年七月二十一日也,得年仅五十岁,不能及见我国最后之胜利,光复山河,驱除丑虏,亦可哀已!

先生在军所部署,与夫作战详略,非吾人所悉知,他日与先生共同工作者,必能各就所闻,缕述梗概,以付史官,今吾人追记先生乃不能尽其万一,痛悼之余,诚不知其涕泗之滂沱也。

先生为人亢爽无城府,喜诙谐,善辞令,勇于负责,富革命精神,事无不可对人言,一以精诚相感召,民国四年,毕业天津南开中学后,考升天津直隶公立工业专门学校应用化学科,凡四年毕业,任直隶省立工业试验所技士,以原籍迁安所制桑皮纸,为冀省名产,贸易额年值数百万圆,至千万圆,因受厘金及日本高丽纸倾销影响,频年营业,一落千丈,慨然以改良纸业自任,民国九年,赴美国梅茵大学学习造纸,既卒业,复在各大纸厂实习,民国十二年归国,遂改良本县造纸工具,厄于环境,竟无以展其远报,嗣任直隶省立工业试验所化学工业课课长,民国十八年改任河北省立工业学院制纸学教授,兼斋务课主任,迄于军兴。

先生虽治工业,而博览群书,于社会科学尤喜研讨,每授课融会贯通,滔滔若决长江大河。聆之者忘倦,其训导学生以勤朴耐劳,以身作则树校风,其治事以埋头苦干,不求闻知自淬厉,天性纯孝,遭父丧恸绝者三,顾一矫俗虚伪陋习,治丧不宴客,不主哭吊,悉捐所节丧费,于县立四团堡初级职业学校,纪念先德,于婚礼亦主俭约,长男暨两侄娶妇,仅令一车亲迎,成礼后,外人尚不及知。嫁女则以月份牌指南针代替妆奁,籍寓人生必须爱惜光阴,与有正确方向之意义。

或谓先生矫枉过正,先生以为移风易俗,匪异人任,殆非此无以革积习,换颓风,其果毅富于单(命性率类是,而任侠好义,济人之急,唯恐不及,当其留美之时,侨胞李嘉立,孤苦无依,先生悯焉,独携之归,为择婚配,谋职业,今已家成业立,儿女成行,是于先生虽细节,亦足想见其风度矣。

先生舍身为国,积劳病殁,乃不及见最后之胜利。一般知旧,无不深恸于中,而在国家民族,尤为最大之损失,先生太夫人尚健在,夫人司氏,有男子子三,女子子四,其长女及子字辈,类皆参加各军,效忠国家,献身抗战,是可知先生平素之所以教矣。

先生原名彦伦,字粲如,别署十三,河北省迁安县人,裕民则参加抗战后所自署者也。洪麟阁先生,别署侨,字冲霄,河北省丰润县人,直隶公立法政专门学校毕业,为人任侠好义,卓荦不详,其生平事迹,正待收集,仅附记于此,庶与先生同不朽云。

(《河北省立工学院半月刊》,1947 年第二期)

洪麟阁先生传略

　　洪麟阁同志,河北省丰润县人,河北省立法商学院毕业,历充各军部队执法官,于民国二十一年,受河北省立工业学院之聘,充训导员。办事认真,善词令,极为同学所敬畏。民国二十六年,津市沦陷后,学校不能继续开学,洪同志遂与工业学院同仁杨十三、马芑汀①、赵显斋、莲芳亭、张秀岩、路秀三等,商议组织抗日游击队事。因洪同志曾在曾在军队服务,并曾有军事经验也,大家不约而同均愿投笔从戎,遂于二十七年一月开始筹备,并派洪同志到冀东丰润、玉田、滦县一带秘密联络地方武力,遂又介绍滦县高志远同志,加入我工院团体之内。于二十七年四月,成立华北人民抗日联军总司令部,共举高志远同志为总司令,洪麟阁为副司令,杨十三为政治部主任,马芑汀、赵显斋、张秀岩、连芬亭、司克荣诸校友均到前线总部服务,由路秀三同志驻津与中央联系策应一切,并办理补给事项。由四月至十一月,与敌人大小战事七十余次,曾收复玉田、乐亭,各县县城,卒因敌以两师团之众,四面围攻,逼不得已,全体绕道西去,行至蓟县盘山,遂与敌人大队遭遇。洪同志苦战半日,遂壮烈阵亡,高司令率队西行至房山一带,又被奸人谋害。杨十三同志于二十八年夏季,为奔走国事,卒于山西长治。今本院奉令复员,路秀三、马芑汀两同志又均返校服务,抚今追昔,实不胜感慨也。

　　　　　　　　　路荫柽(《河北省立工学院半月刊》,1947 年第三期)

---

　　① 马沣,号芑汀,《河北省立工业学院半月刊》1947 年第 4 期有介绍。曾任机电系主任。早年曾以“马芑汀”为名在《电气工业杂志》《河北省立工业学院学报》《工业年刊》《工业周刊》等发表论文。非“芭汀”,原文第一处为“芑”,后两处或因误排。

本院四十四周年纪念日感言

本院自前清光绪二十八年成立以来,屈指已及四十四年,在全国各大学中,按成立历史计算,本院应在前十名内。不过最伤心的是从三十四周年起,即行中断,直至去年暑假招生开学,本院才算正式恢复。在此十年中,各地校友对此奄奄一息之母校,莫不极端关切,尤其到了抗战将要胜利之前夕,更表示的急迫。现在我们处境虽然困难,总算达到了复校目的。

回忆民国二十七年三月十九日,为本院三十五周年纪念日,我们留在天津的几个本院负责人,均避难于旧英法租界,在一种极兴奋的状态之下,一共凑了十几个校友,在旧英租界一间小楼上,偷偷的举行了一个隆重而悲惨的纪念典礼。当时我记得我还说:"我们希望下一次纪念典礼在学校举行。"以后环境日非,连那样的小型典礼,津市亦未再举行。直至去年三月十九日,津市重光,在学校内举行了四十三周年纪念典礼,中间虽八易寒暑,我的话总算兑了现。可惜者我们最忠实的校友杨十三、洪麟阁二君,不能再参与校庆典礼,抚今追昔,实有无限感慨。

我们既已正式复校,可知国家对我们的期待很切。记得十年前,我在本院三十四周年纪念特刊上有这样一段话:"高等教育的目标,至少应有下列三种:(一)替社会造就领袖人才,(二)应用学校设备,(三)在学术上应有特殊贡献。"目下学校的设备,大不如昔,经费之少,尤出人意料之外,但细审社会期待我们之殷,远较十年前为甚,所以我们的责任更为重大。孙中山先生有句名言云:"愈挫愈奋,再接再厉",我们现只有本着这种精神,向前迈进,最低亦要做到十年前所悬的目标,敬希社会贤达,有以指正。

秀三(《河北省立工学院半月刊》,1947年第四期)

报刊中的河北工大

河北省立工学院暨附设高级工业职业学校招生简章

一、修业年限

（一）本学院本科共设化学工程学系、机械工程学系、电机工程学系、水利工程学系、纺织工程学系，修业年限各四年。另附设电机工程、土木工程二专修科，修业年限各二年。

（二）本学院附设高级工业职业学校（简称高职）共设化工科、机工科、土木科、织染科、电工科，修业年限各三年。

二、学额

（一）新生：各学系一年级生各四十名。

（二）转学生：学院招收二年级各系转学生各五名。

（三）附设专修科：本年度招收电机工程、土木工程二专修科一年级新生各四十名。

三、资格

（一）投考学院及专修科学生须高中毕业或有同等学力者。

（二）投考各系二年级转学生须在相同学系修业一年期满者。

（三）投考高职学生须初中毕业或有同等学力者（奉令不收女生）。

（四）投考生之原肄业学校如系私立须经立案者。

（五）投考生如系在收复区内学校毕业如应受甄审须甄审合格者。

四、报名日期及地点

（一）报名日期：由七月二十日至二十二日。

（二）报名地点：天津区——本院；北平区——国立北平师范学院。

五、报名手续

（一）投考生须亲自报名领取入场试验证。于口试完毕后，再赴指定之医院检验身体（检验费由学生自付）。

（二）投考学院及专修科者须呈验高中毕业证书或同等学力证明书。

（三）投考各系转学生者须呈验衔接证件及学业成绩单。

（四）投考高职者须呈验初中毕业证书或同等学力证明书。

（五）本年毕业尚未领到证书者须呈验该生毕业学校之本年毕业证明书。

（六）凡须经甄审手续者须呈验甄审及格证。

（七）证书或证明书验毕合格，由本院盖章发还。

（八）报名时须填写报名单，呈缴最近二寸免冠半身像片两张，报名费五千元，录取与否概不退还。

六、考试日期及地点

（一）考试日期：七月二十五、二十六两日。

（二）考试日期：天津区——本院；北平区——国立北平师范学院。

七、考试科目

学院：公民、国文、英文、物理、化学、史地、数学（解析几何、大代数、三角）

转生：公民、国文、英文、物理、化学、数学（微积分、立体解析）

高职：公民、国文、英文、理化、史地、数学（平面几何、代数）

八、入学费用

（一）本科每学期学费二百元。

（二）体育费每学期五千元。

（三）预偿费每学期两万元。（多退少补）

（四）寄宿费每学期一万元。（炉火费在外）

（五）书籍、文具、制服、工厂服及膳费等均系自费。

九、入学须知

（一）本年度女生一律通学。

（二）本院定于八月二十日开学，二十五日注册截止。

（三）新生入学时应填具志愿书，随交二寸半身免冠像片四张，并寻觅在津有正当职业之保证人填具保证书，连同投考时呈验之证书或证明书等，缴本院存查。

（四）考取各生倘于注册期间因事不能如期到院时，应于八月二十五日以前声请告假，但以五日为限。如来信请假，以收到来信之邮戳日期为凭，否则除名，由备取生递补。

（《河北省立工业学院半月刊》，1947 年第十期）

教育部训令
发文总字第四五八九号
中华民国三十六年八月
令河北省立工学院

  案奉行政院三十六年八月（三十六）八审字，第三一八〇六号训令，内开："查各地学校校舍为实施教育场所，应严禁机关或部队占用。其现正在占用者，应即督饬迁让，以利教育事业。除已饬国防部转饬所属遵照外，合行令仰遵照，并转饬所属一体遵照。"等因。奉此，除分行外，合行令仰遵照。

  此令。

部长 朱家骅

（《河北省立工业学院半月刊》，1947 年第十四期）

河北工学院恢复水利工程学系

本社讯　河北省立工学院,在抗战以前,本设有市政水利工程学系,并与华北水利委员会、黄河水利委员会、导淮委员会、太湖流域水利委员会、国立北洋工学院建设委员会模范灌溉管理局各单位协议合作,以十数万元巨资建筑中国第一水工试验所,以为该学系学生实习之用。其目的系以大规模试验之结果,作各河防潦,及灌溉施工之用。计曾试验永定河上游建筑水库,及黄河下游疏浚等计划,颇为一般工程界所推许。抗战以后,各项试验设备悉被敌寇炸毁,当前华北各河流急待治理,农田水利并须积极复兴建设,该院亟谋恢复该项学系,除具呈教育部外,复经与华北水利委员会研究修复试验设备计划,并经商准善后救济总署平津分署采用以工代赈办法,资助修复。兹悉教育部对于该院计划已予核准,惟学系名称,改称水利工程云。(华)

(《教育通讯》副刊,1947 年第二卷第九期)

冀工院学生过沪赴京　为收回战前校舍请愿

本报讯　天津河北省立工学院学生,为收回战前校产事,自本月十五日起开始罢课。该校院长路荫柽,刻在京奔走交涉,尚无结果。学生又推派代表张万钧、吕志乾等数人,于昨晚过沪赴京请愿。据谈,该院战前校产,有本院分院两处,本院有水工实验所、纺织馆、化工厂、制革厂、造纸厂、理化实验室等重要设备,战时为敌伤兵医院占用,胜利后,交涉至今,尚无法收回。现该校房荒问题严重,六百余学生局处分院一处,即礼堂、锅炉房等亦临时居住,人满为患。暑假招生后,学生更将增多,而因无屋居住,更将影响聘请教授。经组织校产收回委员会,呼吁无结果,学生遂自十五日起罢课,并组织晋京请愿团,分向南京教部及北平行辕、冀省府及省参议会请愿。此次晋京请愿学生代表,其任务仅在支援路院长在京之交涉,向有关对方报告目前房荒严重情形,请求援助。

(《申报》,1948 年 4 月 25 日)

冀省工学院要收回校产

代表三人赴京请愿

本报上海二十四日专电：

天津冀省立工学院学生为收回校产宣布无限期罢课后，特组织校产收回委会赴京请愿团，代表三人于二十四日到沪，当晚去京。代表三人对记者谈：罢课目的是要收回被联勤总部后方医院占用的北院。该学院全校共十九班，学生五百零三人，有四十学生和八十位教职员都没有房子住。

（《大公报》天津版，1948 年 4 月 25 日）

要求收回校产河北工院代表昨晚晋京请愿

本报讯　天津河北省立工学院学生为收回校产,宣布无限期罢课后,并组织"校产收回委员会晋京请愿团",代表三人已于昨天上午到上海,当晚乘车去南京。三代表对记者说:"罢课目的是想收回被联勤总部后方医院占用的北院。北院是学校的精华,有图书馆、宿舍、教室、纺织馆、造纸厂和水工试验所。校方曾一再向后方医院交涉收回,但无结果。校长路荫柽现在京一面出席国大,一面也在交涉,我们这次去是在支援校长。全校现有十九班,有五百零三名学生。全校有八十多户教职员和四十多名学生都没有房子住。我们并不羡慕建筑豪华的大学,然而,我们不能忘记我们的师长先辈苦心经营的校舍。"

（《大公报》上海版,1948 年 4 月 25 日）

省立工院今起恢复上课

　　本报讯　为争校产罢课六周的河北省立工学院,决定今日起恢复上课。该校校产纠纷已由联勤总部崔键将军来津解决,除极少数房舍继续留用外,大部分已告收回。

(《大公报》天津版,1948 年 6 月 7 日)

高级工职学校要求改为专科

路荫柽等赴平请愿

    本报讯 河北省立工学院附设高级工业职业学校要求改为五年制的工业专科学校,兼校长路荫柽和学生代表四人已赴平向有关当局请愿。该校所持的理由是:华北是工业中心,亟需一所工业专科学校,如另设新校,在此财政困难时期势不可能。该校已有四十多年的历史,成绩优良,改制以后,教授经费都不致发生问题。

(《大公报》天津版,1948 年 6 月 9 日)

冀省立工学院今起罢课两天

　　本报讯　河北省立工学院自治会十日接获大多数同学的签名请求,并遵照系级代表会的决议,宣布从十一日起罢课两天。罢课的理由有六:①反对美国扶植日本;②抗议司徒大使声明;③抗议上海"六五"血案;④支援二百九十一个教授的宣言;⑤响应"联合会"总罢的号召;⑥抗议九日北平游行学生被殴。

　　　　　　　　　　　　　　　　　(《大公报》天津版,1948年6月11日)

冀工学院

高级工职招考新生　报名者一日逾千人

　　河北省立工学院及附设高级工业职业学校三十七年度招考新生,于昨日开始报到,一日之间报名人数已超过千人,今明两日尚可续报。预计平津两地考生将超过六千人,青年投考工科学校之踊跃,可见一斑。

(《大公报》天津版,1948 年 7 月 13 日)

冀工学院房荒严重

学生招待记者参观湫溢情形　即派代表分向平京当局请愿

本报讯　河北省立工学院学生为收回校产宣布无限期罢课后，自治会昨天下午二时在元纬路该校招待新闻记者，报告罢课经过并领导参观全校各处。

他们罢课的目的是要想收回被联勤总部后方医院占用的北院。自治会负责人报告说："北院原来是本校的精华所在，图书馆、宿舍、教室都在那里，此外还有规模宏大的纺织馆、制革厂、造纸厂和远东唯一完备的水工试验所（战时已经被日军破坏），现在的校舍不过是战前的工厂部分。胜利以后，校方不断在交涉收回北院，但毫无结果。现在全校共十九班，有学生五百零三人，比战前增加二百多人；有学生四十人、教职员八十户没有房子住，只好寄居在在校外亲友家里，情形到现在已经算是严重了。本校现仅有二年级，今年暑假各科系招生，学生至少增加到九百人，明年秋天全校各年级办齐后，有大学二十班，专科四班，高职十五班，二专修科，学生至少将达到一千二百人，教职员亦要比例地增加。目前房荒既然如此严重，今后人数又有增无减，所以问题非立刻解决不可，否则下期将无法开学。"

记者们参观校舍颇为详细。最令人注意的是那只能放下七八张长桌的图书馆，阅览室（阅报看杂志也在一起），堆在一起没有地方安装的纺织机。把厕所、锅炉房、礼堂后化装室改装的学生宿舍，一家人不论多少挤在一间房里的教授"住宅"。据说化工系主任就有被北洋拉去的危险，聘请教授时许多人也为了住宅问题望而却步。此外，因为教室不够用，有些班级只好整个上午或下午无课，等候教室的空缺。

又讯　河北省立工学院学生为收回校产事，派代表五人昨晨去北平向行辕、剿总、省参议会等机关请愿。

又学生代表三人十八日特搭轮赴京向教育部、国民大会等机关请愿，教授们各捐月薪百分之二,以作路费。

(《大公报》天津版,1948 年 7 月 14 日)

河北工学院　在渝招新生

委托中央工校代办

本报讯　天津河北省立工学院,亦已委托国立中央工校在渝代设招生考区,并已决定本月二十七、八两日报名,三十、三十一两日考试。

又讯　国立中央工校本年度招考新生,报名已于昨日截止,二十六日即举行考试,一日考毕,该校并将于本月底,为国立北洋大学、河北省立工学院及私立铭贤学院分别代办渝区招生工作。

(《中央日报》重庆版,民三十七年七月二十四日)

天津河北省立工学院招生

一、系科别:化学、机械、电机、水利、纺织各工程学系一年级新生,附设高职化工、机工、土木、织染、电工各科一年级生。

二、报名及考试地点:重庆沙坪坝国立中央工校。

三、报名日期:七月廿七、廿八两日。

四、考试日期:七月三十、三十一两日。(简章附邮二万元函索即寄)

(《大公报》重庆版,1948 年 7 月 25 日)

报刊中的河北工大

校庆大会记录

日期：三十七年三月十九日

主席：陆秀三

记录：纺机系二年级学生张凤岐

讨论事项：主席致辞

自民国三十五年接收洽为两年，在复校节四十三周年纪念时，校友虽多踊跃参加，但以复原伊始，诸付阙如，满院荒凉，望而却步。经此二年，大家一致努力，所有一切设施，虽不敢说尽如理想，总算粗具规模，检讨两间的所做的事，不但别人未必满意，连自己也觉得不满意，但仍不敢丝毫有所懈怠。前日赴平参加优秀青年奖学金会议，回津途中，想到做事做人，用钱用人，均须大公无私，绝对公开。过去二年以内自己敢说一分钱亦为学校，核于做人的基本起码条件，或者可在60分。本人如有不对的地方，希望同学随时告知。在院务会议中，知道在考试时有不守规则的行为，这是最大的遗憾，因此好的用功同学每每寒心，校誉受损失，真实学业成绩不够水准，切须力予纠正，不容再有同样事项发生。此外，同学读书要有兴趣，尤其要请先生们乐意在我们学院教书。关于后者如何请先生发生在我们这里教书的兴趣，必须使先生们至少生活上可以过得去，这是我的责任。对于设备上尽可能的力求充实与便利。如非力之所及，同学当然谅解，但是你们要注意健康，随时锻炼体格，加意功修，不怕苦的努力学业，崇尚德育，师生、同学之间要相互理解，增进友情，以期打破难关，共同抵御世界上最大而可怕的风波之来临。

（《河北省立工业学院半月刊》，1948年第22期）

本院参加河北省全运预选

　　河北省为准备参加 5 月 5 日在上海举行之第七届全国运动大会,特分平、津、保、唐、通五区举行预选,天津区由本院体育主任宋锐庭教授负责主持,于 4 月 11 日假耀华中学举行,省立各院校均派学生参加,本院有同学 12 人参加,获各项冠亚军,今将优胜项目及成绩列后:

　　百公尺第三组　第二名　徐祖慷　成绩 13 秒

　　四百公尺第一组　第一名　顾大庭　成绩 60 秒 7

　　四百公尺第二组　第二名　荆其凡　成绩 61 秒

　　八百公尺　第一名　顾大庭　成绩 2 分 21 秒 7

　　四百公尺中栏　第一名　荆其凡　成绩 1 分 10 秒 5

　　铁饼　第一名　汪文周　成绩 28 公尺 30

　　十六磅铅球　第二名　汪文周　成绩 8 公尺 23

　　十六磅铅球　第三名　张光昶　成绩 9 公尺

　　五千公尺　第二名　张雲涛

　　女子组百公尺　第三名　杨珠瑛

(《河北省立工学院半月刊》,1948 年第 23 期)

本院同仁出席第七届全国运动会双获冠军

　　本院高职部制图教员齐沛霖先生此次代表天津市出席第七届全国运动会,参加铅球、铁饼,均以优异之成绩荣获第一名。并造成全国之新纪录,其铅球成绩为12.72公尺,铁饼成绩为41.55公尺。查齐先生于民国二十六年原肄业于本院高职机工科,继又升入师范大学体育系毕业,本院复校后即返校担任制图教师,课余仍领导学生共同练习,此次出席全运会,造成新纪录非偶然也。

　　　　　　　　　　　　　（《河北省立工学院半月刊》,1948 年第 24 期）

河北工业大学校史丛书

报刊中的河北工大

中

（1949—2003）

河北工业大学校史丛书编纂组　编

天津社会科学院出版社

目　录

报刊中的河北工大

报刊中的河北工大

理工教育与生产配合问题天津进步日报第五次座谈会记录

时间:七月三日下午二时

出席者:杨石先(南大教授)、吴大任(南大教授)、潘正涛(南大教授)、顾敬曾(华北电业公司津分公司经理)、(北洋教授)、张国藩(北洋教授)、张朵山(北洋教授)、刘之祥(北洋教授)、赵今声(冀工院长)、李鉴波(冀工教授)、羡书㓪(冀工教授)、吴咏诗(南大同学)、喻成柏(北洋同学)、钱树栋(冀工同学)、朱正发(文教部)。

主人:

今天是敝报主办的第五次座谈会,承各位先生于百忙中出席,尤其是今天大雨之后,道途泥泞,诸位先生不辞辛苦,赶来参加,这是非常使我们感谢的。还有几位被邀请的先生,今天到北平去了,不能出席。附带于此说明。

今天所要讨论的题目是"理工教育与生产配合问题",我们所拟定的大纲如下:

一、在完成新民主主义的经济建设的要求下,理工与财政经济各系的教育思想应作如何的转变,方能领导学生的学习与生产建设相结合。

二、院系重复,应作如何调整,使能发挥各个优点。

三、实验室应如何与工厂相结合,财经学术应如何与实际结合。

四、在技术须服从政治的原则下,课程上应否增加思想课。

五、学制须作如何改革。

六、经费问题:行政费的节约与教育费增加。

七、技术怎样配合社会经济的发展。

这个讨论大纲,如果有不恰当的地方,请加以补充指正。

我们先讨论第一个问题。各位对于这个问题的重要性大约有同感,请发表高见。

陈荩民：

学校教育兴起以后，产生了两种错误思想：一、教育与政治无关，教育很清高。超然于政治之外，所以教育就与社会脱节了。实际上，没有超政治的教育，教育的目的是为一定的政治阶级服务的。二、为学问而学问的思想，为兴趣而研究，没有其他目的。因此所得到的都是书本上的东西。这两种错误思想——一是教育与政治无关，二是为学问而学问——必须改正。

以上两种错误思想，使教育与社会、生产脱了节。如何纠正呢？最好是先生学生举行小组讨论；究竟教育是超政治的？还是服从政治的？必须自动改的认识其意义。

还有，希望国营生产企业机关有整个的调查，与我们联系，派人来学校里开座谈会，告诉我们中国有些什么？缺些什么？将来需要什么？我们花很多时间去参观、调查是很困难的，最经济的办法是分工合作，企业部门跟我们合作开座谈会，讨论国家的需要。工会有组织，希望工会派人与学校联系，也可以了解各方面的情形，必要的时候与工人座谈：有些什么困难？能不能解决？如果不能，究竟是什么缘故？

过去以为教育与政治无关，关起门来办学校，与社会脱节。现在应该与政治联系，错误的思想用座谈方式来纠正，才能慢慢的与生产建设相结合。

反对教条主义　清除空想的理论

张国藩：

就这个题目来论，里面有两个重点：一个是"思想的转变"，思想为什么要转变？过去社会与今日社会有什么基本上的不同？另一个是"与生产结合"，过去理工系何以不能与生产结合？不只理工，其他各系也多不能与实际相配合，这究竟是为了什么？

试看一下过去所办的教育，是有它的特征的：第一个特征，是一味墨守成规。就课本来说，不知推陈出新，消化吸收；考核学生成绩，均以六十分为及格，究竟六十分与五十九点九的区别在那里？这可以说是"教条主义"。第二个特征是"空想主义"，过去不论大中小学学制都是模仿外国，将外国社会的一套东西原封不动搬到中国来;或是将某些人在脑子中所画的图案拿出来应用,而不问究竟能不能与实际联系,能不能适合中国的特殊国情。所以,要改变思想,必须首先反对这种"教条主义"的思想,并彻底清除"空想理论"的图案。

谈到如何领导学习与生产结合的问题,我觉得在领导方面要走群众路线:教授要听学生的意见,教授所讲的学生能否接受?教学方法有没有问题?在学习方面提倡集体学习:好学生可以更好,差一点的学生也容易进步。这样学习,水平可以普遍提高,事半功倍。

总之,理论为要求得实践,学习为要配合生产,否则就不成为理论,不是好的学习。

喻成柏:

对于教育思想如何转变的问题我有三点意见:

一、建立基本观点,也就是为人民服务的观点。

二、理论与实际结合。西方思想来到中国,往往不切实际,应当根据具体情况加以批判,不是原封不动的接受,要与工、矿业联系,根据需要。

三、教育要民主团结,成立小组,相互学习、批评,就是张先生所说的走群众路线。

确立为人民服务的观点　所学须切合中国的实际

赵今声:

讨论这个问题,首先须明了今日新民主主义经济与过去的经济体系有何不同,搞通以后,思想既能有转变。在过去半封建半殖民地的社会中,大学教育的目的是要养成些买办人才,替官僚资本服务。而今天,自己是国家的主人了,国家是属于人民,属于绝大多数的工农大众了,教育的目的是要为人民服务,并研究如何自半封建、半殖民地社会中解放、独立,以建设一个新的中国。

那么,我试把我的意见归纳成四点:一、学生应明了受教育的意义,是为了服务大众,过去封建社会中所谓"十年寒窗"求得"一官半职"的思想必须打倒。二、所学一定要切合我国国情,如水利系防洪的教材即采用美国密苏里河治河的方案研究报告,而不察密苏里河与黄河、永定河并不完全相同。当然,这类教材不能说没有用,但毕竟是不能与我国十分吻合的。在理论上,科学、理、工师无国界的,但在实际上应用,一定要因地而异。以后中国的教材应针对目前各地实际情况,搜集材料,拟定课本,不能只仰赖外国教材,不加消化。因为在青年人未能融汇贯通之前,他们常生出一个错误的观点,以为毕业后不能应用他所学的东西,这一点是应当注意的。三、还有一点,西方各国工业已发展到极高度化了,中国才刚刚开始,无疑的需要人甚多,而不是过去"天才教育"论者为造就些为少数人服务的人才就算成功。为要使每一个理工毕业生都能成为有用的建设人才,可采用分组学习方法,如冀工就采这个办法,把两个优秀生与两个稍差一点的学生放在一组,互相讨论,务使每一个人都能彻底了解所要知道的问题。四、最后一点,应使学生明了"劳动创造世界"的基本意义,以免发生过去轻视工人的错误思想。

李鉴波:

从题目上看,理工教育是生产教育的一部分,我感觉先应该讨论学制,后研究课本,"教育思想应作如何的转变,方能领导学生的学习与生产建设相结合"是方法。

理工应该并重　根深然后蒂固

吴大任:

我谈的一个小问题:在"七·七"之前,理工教育的目的各校多不仔细考虑;"七·七"后,则目标渐明,以建设为目的,奖励实用科学,而科学理论的研究,则显得偏枯了。今日人民政府眼光照顾得很远,理工并重是应当的。一般说来,理是工的基础,一个是根,一个是蒂,"根深"才能"蒂固"。今日学生有一个普遍的倾向,是重用而不重理,以致学"理"的人太少,那么躯干与枝叶将要得不到营养,这问题是值得我们注意的。如学生的兴趣在理,则应当使他有发展的机会,这不是不务实际。而是将眼光放得远一些的看法。

吴咏诗:

教育思想既然占第一位,归纳起来有两点:一、立场问题。认为教育是超然的,至上的——这是错误的。在阶级社会里任何事物都有阶级性。所以立场应当确定。中国的立场应该走无产阶级路线,抛弃小资产阶级立场。二、教育的目的。以前是为了自己,以后的目的是造就大批建设新中国的干部,为人民服务。再谈方法——走群众路线。学生——集体学习;先生——集体研究。

注意集体研究

潘正涛:

过去学理工的人也常常发表研究的文章,为的是名字叫得响;也发明东西,但为的是赚钱。在工业上发明一个新的方法,不见得是人民最需要的;人民需要的发明不见得会赚钱,能赚钱的又不一定是人民所需要的。今日我们要消减这种个人名利主义的思想,应当提倡集体研究。现在欧美国家也很注重集体研究,因为一个发明,个人的能力是不易做到的。

学校工厂联系

顾敬曾:

个人是搞生产建设的。关于如何转变教育思想与生产建设的问题,过去学校对生产建设不关心,这种态度必须转变;主持生产的人要时时刻刻与学校联系,与教授研究问题。生产需要新的工程师,而大学生毕业以后进入工厂还需有八个月学习的工夫,这就证明了学校与生产的脱节。陈荩民院长谈到教育的清高,办生产的也以为生产清高,超政治,这是在半封建、半殖民地的社会里,搞不清究竟为了什么而生产。今后应当从广大人民的利益出发,研究如何全心全力的为人民服务。

张朵山:

兄弟教书多年,后来又到工厂做事,现在又教书了。在教书时代,我就强调厂方与学校应联系起来,但根据经验,工厂方面多不欢迎学生去实习,且多保守不少技术上的秘密,而去实习的学生也不愿动手,怕失"身份"。

羡书剡：

人生不能与政治脱离。一般人认为学术是超政治的，现在我们觉得这话不对，但在当时有其积极性。现在无产阶级起来了，真理发扬了，"科学超政治"自然也转过来了。今天自然科学和社会科学工作者非常高兴，认为应当服从政治。其次是立场。以前在污浊的环境中不满意，说是"超政治"，现在是人民时代，必须服从政治。第二，如果教育思想没有转变，学习与生产就不能结合，我们应当有主人翁的感觉，对于学习如何与生产结合，须四面八方照顾。第三，学生须向工农学习，为大众，为新民主国家的建设而学习。

学生接近群众　这是一个领导的问题

杨石先：

关于这个问题诸位已发表了不少意见，我提供一点：就是如何领导的问题。如市郊学校附近村庄的卫生或其他问题就可作学生实习的对象，学工者可以实际帮助农人解决开渠，车水；学化学者可助农民减蚊除虫；市中心区的学校可以帮附近市区解决垃圾问题等。这样，同时还可以借机会接近群众。不一定要多少机器，也可以收到与生产联系的效果。如减蚊成功、疟疾减少，生产力即无形增加，也就是帮助了建设。

刘之祥：

我们要站在主人翁的立场。过去教书主要的就在教书，毛病是不负责任：不仅教书应该负责，必须时时刻刻加强责任心。

钱树栋：

关于思想的转变，学生应该自己注意；关于如何与生产结合的问题，首先不应读死书本？应该利用假期由先生率领到工厂实习。譬如工厂的工人试验酸碱的浓度时，用舌尖来尝一尝，就可以知道，这是在课本上学不到的。

调整院系应有重点

主人:

现在我们讨论第二项"院系重复应作如何调整,使能发挥各个优点?"

赵今声:

我觉得院系应当作合理的调整,而不是盲目的调整。如其系的学生少,设备、师资不足,若与他校合并,力量当可加增;倘学生多,设备、师资都很充实,当然可以继续办下去,如勉强合起来,容纳与训练都是问题。总之,合并与否应视其设备、师资、学生人数、需要等条件来决定。

杨石先:

我有一点补充。即使各学校都办得好,目前也须有一个重心,如某学校有某一、二方面办得好,别的学校就可以向别的方向走,不必重复。最合理的办法是注重一点以求发展。

赵今声:

政府应该根据学生需要人数的多少决定各系的扩充与停办。院校的名气大不在于系多,即使只有三五系,如果办得好,在社会上声望也可以高。

陈荩民:

从经济的观点来看,设备差,学生少的系如合并起来是有利的;若从另一方面来看,纵使学生和设备条件不好,但国家非常需要的,也不能迁就合并,而应从增加设备,充实师资着手。同时还有一点,就是某系如与别校合并以后,是否会对本校其他院系有影响,这也是谈合并调整院系者所应慎重考虑的。

吴大任:

院系调整有两种方式:一、大刀阔斧,每一个城市一个大学,但如果教授分散,就不容易办到。二、各大学联合,如伦敦大学,也是一个办法。从天津看来,工学院有其必要,财经系也有必要,至于理学院,以往经过多年的奋斗,因为工学院不能独立,所以仍旧是必要的。理学院要办得好,第一要教授,第二要设备。天津南开损失很大,没有恢复,需要协助,否则很困难。另外,我觉得政府应该争取国外理工人才,以充分的机会争取,使他们回国;他们是愿意回来的,不愿在国外。

张国藩:

在原则上我同意吴先生的意见,但院系重点若不同则无所谓重复的问题了,所谓重复是完全一样,自然应当调整。关于需要的问题,陈先生的意见是不应该合并造就极需要人才的院系,但在人数、设备不好的条件下,应该合并,增加力量。如只为了十年二十年后的需要而摆好一个空架子,是最不经济的,我是不赞成这种"苦撑待变"的办法的。合并后如人数、设备、需要等条件均增加时,还是随时可以分开的。

潘正涛:

我同意张先生的说法。我认为应该注重内容,如果有两个同样的系,不充实,应该合作,充实设备人才。

读书实习需要配合　工厂学校可以互助

主人:

现在我们讨论第三项:"实验室应如何与工厂相结合,财经学术应如何与实际结合?"关于后一个问题,因为有两位先生没有到,今天不能讨论了。

顾敬曾:

个人有一点意见。理工须实验不成问题,但实验环境与实际不同,如电阻的实验与外间的线路不同;又如电表,在校内实习与校外完全不同。我的具体意见是:实习应该送进工厂,每系分组要早分,在二年级就分。有人以为这样路窄了,其实,看起来似乎窄,但生产效率大。以前在欧美也有这种办法:半年读书,半年实习。但须要工厂多,与工厂说妥,与工厂配合。虽然人才迫切需要,但延长学年有其效用。

杨石先：

对于顾先生的意见有点问题：政府办的学校送学生到国营工厂去实习自然不成问题，但私厂则不欢迎毫无经验的实习学生，因为影响他们的生产与收入——即使收留，实习生学得经验后往往不愿在原厂工作了。以前不是不办，而是行不通。

对实习生的程度，以三年级较宜，因在二年级所学到的基本课程还不够。

刘之祥：

工厂内的研究室若由学校帮忙来办，或将研究室的设备放在他们认为适合的学校中，则几方都得好处。

张国藩：

实验室是原则性的，主要的是学理原则，同时训练学生的科学态度，不是训练使用机器，所以无论如何不能将工厂的设备搬到学校来。态度养成以后再入工厂实际研究机器，所以工厂不能代替实验室。

教学相长　教授也应当下工厂

赵今声：

目前的问题不是学校如何帮助工厂，而是工厂如何帮助学校，只有同学到工厂去实习才能解决。有些同学在实习中工作态度不好，是因为思想需要改造，等讨论到第四项问题时再谈。不只学生，先生为了教学方便及准备适宜的教材，也应当到工厂去实习。如东北化工局所属各厂即延请教授、讲师、助教前往实习，一方面可以作研究工作，一方面替工厂作短期的服务，这办法很好，公私工厂均可以采用。

杨石先：

赵先生的办法在美国有过，如奇异公司等有座谈会，与学校的先生讨论，工厂进步很快。

吴大任：

工程师也可以到学校教课。一方面教授实际经验,同时自己还可以借机会温习一下理论。

顾敬曾：

是的,工程师每周可教四小时他本行的课,以前曾有人这样作过。

潘正涛：

训练学生有两种目的,所以分两种学校:专修科和大学。专修科是短期训练后进工厂,大学须有高深的理论,遇到特殊问题时可以解决。如果仅以入工厂为足,那就等于技工了。学生到工厂里不懂得机器加油,应该由学校负责;如果不懂得用舌头尝酸度,学校就不能负责了。因为我们应该提倡用科学的方法去测量。

吴咏诗：

现在大学训练出来的学生既不是工程师,也不是技术员。短短的四年训练绝不能造就出好的工程师,作一个技术员又缺乏经验。我认为学校应为前者设研究院,为后者设专修科,专修科的学生就是工厂的员工,学校可针对工厂的需要开课,工厂也可以派人来学习。

吴大任：

关于专修科的问题,清华和北大也曾经谈到过,但政府爱护正规大学,觉得为了国家长远的利益,应当维持。南开准备一个会计专修科。

喻成柏：

到东北参观的同学,看见东北也有正规大学。为配合实际需要,专修科与研究工作应并重。

技术应当服从于政治 理工科需要思想教育

主人:

第四项与第一项有关,我们现在讨论应否增加思想课的问题。

陈荩民:

思想教育是必要的,但不必设思想课程。可以请对这些问题有研究的人开讲座,然后由学生会领导同学进行小组讨论,让同学们自己提出问题、研究问题、解决问题。

张国藩:

普通认识可以用演讲方式,但是恐怕不够。理工方面有两课是需要的:经济发展史和社会发展史。教的人须要能叫座,须要适当。所以这是一个技术问题。

吴大任:

可以设思想课程,但最好设为选修而不要设为必修。让同学自发的由于需要而选修,避免他们有填鸭式接受的感觉。

吴咏诗:

根据同学的讨论,思想课是一定需要的,但方式须活泼。两种方式都可以采用:社会发展史由先生讲,生活方面可以小组讨论,有问题再请先生解答。

潘正涛:

这是目前的问题,几年之后可能问题便不如今日严重,因为那时在大学学理工的学生都是现在的中学生,在他们中学时代已经将思想课学习过了。

喻成柏:

我认为应当加强政治学习,同学们才能更好的掌握技术,发展积极性、创造性。

教师也需要学习政治课

李鉴波：

先生应当走群众路线,接受同学的意见。

吴咏诗：

关于思想课学习,同学与先生是不是应该相互交流?例如采取小组讨论的方式?

潘正涛：

是的,先生也应当了解政治。政治学习时常在应用中反映出来,对于任何一个理工范围以内的问题,由于先生对于政治了解程度的不同而能有各种不同的解释。

张朵山：

大学毕业以后受训一个月够不够?如果够,我以后就不需要另外加课程了。

张国藩：

我认为不应当称为"思想课"也不仅限于政治,而是增加一般的社会科学课程的问题。

主人：

我们用"思想课"这个名称也许意义不明确,它的内容其实就是社会科学,政治课程。

主人：

现在我们讨论第五项问题"学制须作如何改革?"

张国藩：

以前的学制有正规与专修科的不同。但专修科学生毕了业不见得就能马上实用,正规大学有时学了四年仍不能用。所以,在学制上一定有问题。关于补救办法,我觉得中国应该办一个"理工中心大学",设重工业、矿冶、电机、机械等系。没有一年级,自二年级起招生,要选拔各学校中最优秀的一年级生,这个学校一切设备、师资都要最好的。造就出来的人才一定是全国最优秀的精华。

学生入学后,四年毕业可入研究院,造就将来的师资,不愿入研究院可送回原校作助教,如未满四年而成绩不佳的可送返原校读书。这样,一年可以造就师资,另一面可以提高研究。

还有一个建议是不必规定四年毕业,二、三、四年级修毕,一样可以算一个阶段,分配他们适当工作。当然这又牵涉到如何调整科系的问题了。

陈荩民:

学制改革是一个复杂而重大的问题。我们在民国初年模仿日本,民国十年后学美国,又一个时期又学法国,到现在已经觉得有毛病。有人以为中学是五年好。总之都是抄袭人家,自己对情况没有认清楚。中学过去是四年毕业,大学有预科;民国十年以后,中学改为六年,大学取消预科。但高中的师资、设备都没有准备,比大学预科差得多,无形中降低了程度。所以改革学制必须有长期准备,没有长期准备必定失败。我以为学制必须改革,至于如何改革,须自小至大有整个的计划、讨论、准备。

张朵山:

现在各大学一年级课程很广泛,相当于从前大学预科,本科实际上只有三年。三年是绝对不够的。我主张仍采以前办法,中学四年,预科一年,大学四年。

吴大任:

站在工学院立场看,三年不够,也许从别的学院看来五年还不够,所以各科的年限、资格、教授方法和成绩考察方法都不必一致。形式主义必须打破。此外须要办半工半读,减少人民助学金,可以减少国家的钱,人民的钱。南开工学院有十九个人患肺病,这是国家的损失;如果能将人民助学金数目减少,钱数增加,对于学生是有好处的。

赵今声:

这是一个复杂的问题。学制有缺点是不可否认的,如初中有物理,高中又有物理,大学还有物理,内容重复。大学理工学院一年级不是专门课而是普通课。还有:大学课程太多。有人说:大学生应当什么都懂,这话也有理;但是在三五年里面就成为通才吗?不可能的。以工学院四年级来说,好多课程在美国是研究院读的,又有很多是用英文课本,增加了学生的困难。彻底的办法不是短时期可以办的。中学学制须要改革,因为影响大学;在中学未改革以前,应该从大学课程方面设法。我以为应当减少种类,加重基本课程,如土木工程系须加强力学等基本课程,其他如房屋建筑、道路建筑可以稍缓,就是出校以后也可以自学。其次,办理工教育办了几十年,课本大多数用英文,这是任何国家所没有的:应当改用中文。当然有困难;没有课本,没有人写。应当鼓励先生编。希望二三年后用中文本,减少学生文字上的困难,对学习有大帮助。至于如何减少重复的课程如物理,关系整个制度,须从长计划。

吴咏诗:

对于这个问题,同学们更为关切,不但对同学本身有密切的关系,对中国科学教育前途更有极大的影响。希望政府有统一的决定。我现在把同学们讨论后具体的意见说一下:一、不降低现在的教育水平;二、采用学分制,各系可规定最高和最低的学分;三、不应限制同等学力参加入学考试;四、根据实际需要,规定必修课,但尽可能减少,同学既可精读必修课,又可多念选修课;五、现行考试制度有很多不合理的地方,要重实际,希望采导师制,师生共同讨论,观察同学平时努力的程度。

吴大任:

关于投考资格,我想报告:同等学力已经没有限制,但是为防人数太多,须有相当证明。另外还有一点:要给予远地方的学生以机会,因为远地的学生怕考不上,路远迢迢的就不来考了。但是里面有程度好的。关于考试的方法,也不应该一致。有一个学生平时功课很好,但笔试零分,原因是临考的时候荒了,于是我给予他充分的时间,应当二小时的给予四小时,结果及格了。

杨石先:

在可能范围内还是可以照顾天才,学分制现在就可以实行。但其他整个学制改革问题,要从长计议。

主人：

现在我们讨论第六项经费问题。

刘之祥：

行政费节约,教育费不一定增加;教育费也应当节约,以最少的钱得到最大的效果。在目前经费困难之际,不必像美国那样用最贵的、最精美的仪器去做试验。

陈荩民：

学校节约的第一个目标是:废物利用、用尽其效以及不乱用三个原则。但节约的实践不只是学校负责人所独立能做到的,必须全体师生员工全体彻底了解、竭诚合作。

张国藩：

行政费最大的是纸张,而人也应当节约,政府对行政费有限制,但人——职员——却没有限制。例如国民当时代发薪水津贴,规定一个人要盖七八个圆章,这就要用许多职员。如果加以简化,就用不到许多人了。所以行政费的节约,须简化办事制度。

杨石先：

是的。南大在私立时期,用人只达其他大学的五分之一,但改为国立以后,用人增加很多。这有许多原因,主要的是彼此之间互不信任,上级不信任下级,结果表格杂项多,事情多了用人也因而加多。又如要买什么东西,从前系主任可自己支配,现在则须经过很多手续,结果不但延误了事情,而且等到了物价。所以最好一方面要分层负责,增加行政效率;另一方面,大学最好集中像"大学区"的办法以减少行政费。

主人：

现在我们讨论第七项问题:"技术怎样配合社会经济的发展"。

张国藩：

中国技术须要看经济情形的发展,作有重点的发展。第一,原料;第二、从原料到成品——也就是机器。必须配合中国经济的情形,既要省力,又要省钱。

主人:

今天是星期日,又逢大雨之后,承诸位先生、同学及专家们驾临到这嘈杂的市中心区来坐了五个小时,提出许多宝贵的意见,谨代表敝报同仁及读者向各位致谢。

附萧采瑜先生书面意见

(是日萧先生因公到北平,未能出席座谈会,特应约以书面发表以下意见。)

毛主席说:自然科学是生产斗争的知识;教育是传授知识的,所以理工教育,就是传授生产斗争的知识,因此理工教育应与生产配合。要达到配合的目的,第一、教育工作者应该先把自己的思想搞通,认清“为人民服务”和“教育服从政治”的两个原则。第二、要明了社会需要和生产状况,把科学的理论和应用统一起来。近来报上常谈到在苏联关于遗传学上的争论,这件事就是科学工作者没有把自己的思想搞通,和理论与应用不能统一的一个例子。第三、实验室要与工厂农村密切结合,学工的先生和学生要进工厂,学农的先生和学生要下乡。

(《大公报》上海版,1949 年 7 月 26 日)

水利会议 在京开幕

——由傅作义主持

【新华社北京八日电】 中央人民政府水利部召开各解放区水利联席会议,会议于今日在京开幕。到会各解放区水利工作者和专家教授等七十余人。水利部长傅作义在开幕词中指出:此次会议的任务有三,第一是了解各地情况,提出一个最近其间水利建设的方针与任务。第二是根据各地区人民的需要与全国的经济力量,制订1950年度的水利工作计划。第三是关于统一全国的水利工作的领导问题,要在这次会议上得出一个一致的意见。今日在会上讲话的还有清华大学工学院院长施嘉炀、北洋大学水利系主任常锡厚、河北工学院院长赵今声、华东水利委员会主任刘宠光,会议最后选出下列十三人为此次会议的主席团:傅作义、李保华、邱肇棠、刘宠光、徐觉非、魏兆麟、王苑雲、丁仲文、徐正、成润、张友渔、颂恺、郝执斋。

(《大公报》香港,1949年11月10日)

河北工学院学生怎样订立学习计划

本学期开学初期,河北工学院的党团支部与学生会由于忽视了正课领导,学习上一度表现了松懈散漫的现象。春假前后,总结出这一教训,根据学校党委及团市工委的方针,及时扭转,加强了业务课的领导,一般同学均已抓紧春假,赶齐了拖欠的功课。春假后,又结合复查人民助学金,领导同学作了学习检讨,开始端正了学习风气。在这一基础上,为使学习提高一步,于是发动同学通过学习检查,制订学习计划,以进一步贯彻新民主主义的学习方法。这一工作,对于学习起了一定的推动作用,值得各校参考推广。

首先了解情况　展开学习检查

学习中到底存在一些什么具体问题呢?这就必须深入了解的。党、团、学生会缜密研究讨论的结果,决定通过学生会学习部与各系工会,展开学习检查运动。学习部根据各班的不同情况,制订了几种不同检查重点的表格,发给每人认真填写。检查内容,一般为学习、生活及担任课外工作的时间分配,学习方法及遇到哪些困难,工作方法与生活内容(包括文娱体育活动)等项。学生会并直接掌握各类重点班,以深入掌握具体情况,一般则由系会负责。开始时,不少同学对此不够重视,个别党、团员也缺乏信心,认为功课多、工作忙这是一个实际问题,检查出来不也是不能解决吗?党、团支部发现这种情况后,遂分别发出号召,并以实例启发诱导,首先打通党、团员的思想,动员他们带动同学,彻底检查。经过一周的时间,终于总结出不少问题。发现了一般同学对于时间的运用极不科学,浪费很多;大部分同学均很少抓紧白天的空堂及零星时间学习功课,而消耗于无谓的聊天和游逛;不少同学这样检讨说:"空堂的这几十分钟,总觉得做不了多少事情。上课也够紧张的了,不如干脆玩一玩倒痛快。总以为晚上的时间还长着呢!"结果到了晚间,时间遂不敷应用,一般总要到十二时甚至下一两点以后才能熄灯。个别缺乏自觉的学习态度的同学,则只有拖欠下来,堆积实在过多时,最后用突击的方法去补救;如果赶上开会,则一般同学也要把功课积累下来。这样的结果,学习当然不会深入和埋头于探讨原理的透彻了解,而形成盲目赶题和应付考试,成了一种任务观点。另一方面,也相对的促使了生活上的散漫与无规律,同时又因为晚间睡得晚,白天上课时就不能集中精力听讲,有些同学又不能抓紧午睡时间休息,所以下午迟到现象很多。纺织系的同学则检查出某些课程学习不深入的主要原因,是在于思想上的轻视,而并非没有时间;如对于棉纺学、有机化学等,因为没有算题,看上一遍即认为"完成任务了"。在与教授的联系上,一般的都不够密切,学生与教授间互不了解情况,一年级有的教授以为学生学习态度都很自觉,留下学题很多(每周有达五十题以上者),结果使学生无法深入钻研。同学方面则很少主动的反映情况,互相研究;部分同学更把学习不好完全归咎于教授。此外,担任课外工作的同学,在工作方法上也检查出很多毛病,如学生会的各部工作,什么事都要提到常委会上去讨论(常委会包办一切,每周至少要开会两次,每会多半在三小时以上)。一般工作也缺乏科学的工作方法,日前曾为筹备"五七"在宁园开办青年茶馆,竟开了一星期的会,这都是不大必要的。

大家订计划　保证兑现

通过这次学习检查的总结,除了思想上的松懈散漫以外,时间运用的不科学,是一个重要症结。在该院党、团、学生会发动同学讨论后,在不违背学校的作息时间内,规定每日正课学习时间(包括课堂、自习、讨论),最少为八小时,最多不超过十小时。并统一划定了作息时间,严格规定学习时间不得从事非学习的活动,号召同学充分珍惜白天的空堂时间,从学习上与老师加强团结。紧跟着,有的以班为单位,有的以小组为单位,根据自己的实际情况,纷纷订立了具体的学习计划。一年级的同学在全校是比较最散漫的,这次一乙班首先订出计划,提出在不丢掉现在功课的原则下,在两周内赶齐以前丢下的功课,加强小组间的督促作用。机二同学则提出不迟到、不早退的保证,并建立每周开一次生活检讨会的制度,加强批评与自我批评;在学习方面,强调搞清原理,反对死套公式、应付交题的学习态度。有的小组并在寝室内创造出"学习检查日历"的办法,每人把当日的学习情况(包括学习时间)都必须作具体登记,这样,很自然的形成了互相间的督促。有的同学看到公布表格里,自己比别人学习差,第二天立刻就加起油来。党、团员和担任工作的同学,

报刊中的河北工大

总结出这一天开会过多,就会自行检讨哪些时间是浪费了。电二一个小组,并很具体的统计了几天时间的分配,然后订出每天着重学习哪门课程的时间。这样使重要课程如电工原理、交流电路、材料力学等,逐渐被重视起来了。各班并都普遍提出"一周事一周毕"的计划,互相督促。为了加强师生间的联系,总结一下教学中的意见和问题,"五四"那天,各系普遍召开了师生座谈会,师生间都互相做了检讨,交换了意见。因为学习计划是经过大家讨论的,是通过大家的修正制订的,同学们都非常珍重它与爱护它。有的小组并明确提出:这就是我们的誓言,我们一定保证兑现。

冀工的学习兴趣更浓了,这是该院同学近月来的共同感觉。这并不是空话,你到冀工去看吧!每班的空堂、自习时间,一变散乱而为安静。

初步收获

宿舍里,自习室里,人们都在温习功课。假如你再到操场走一遭,再也不见有人在那里闲聊天了。中午时,除了特殊事故,人们都在午睡休息,上课迟到已成为极个别的现象了。晚上到了十一点左右就全部熄了灯。更重要的是时间显得充沛了,学习深入了一步,学习效率也就提高了一步。现在各系图书室里看书的人逐日增多,该院纺织系教授张兆麟先生为了帮助毕业学生解决参考书的困难,把自己的很多书籍借给学生。这次机二材料力学的月考,大部分同学成绩在八十分以上(过去多在七十多分),九十多分者在十人以上(过去最多五、六个人)。在教学法的改进上,电二的电话学,过去教授因为在课堂上画图太费时间,便只按书本讲理论,同学往往搞不清楚,现在经过师生的研究,他们在晚上利用幻灯将电话构造图放大讲解,学生极易理解。机三的一个学生过去整天打球,功课越拖越多,索性不管了。这次他订了赶补计划,并适当的分配好时间,现在已经补齐了很多。但是,如果要总结一下这些成绩的根源,那就并不是有了计划,它自己就兑现了。记者曾经问过一个同学,他说:"党、团员的保证、带头作用,小组间的互相督促,是很重要的关键呢!"

得到哪些经验　存在哪些问题

目前还存在着几个问题,需要解决:(一)一般同学对于有习题和制图等的课程,已引起重视,但对其他课程仍较差。(二)部分班上对学习计划的检查制度不够健全,有的班上计划订得过高,不能按时完成,影响了同学对学习计划的信心。(三)担任工作的同学,工作上尚存在不少拖拉现象及事务主义、包办代替等作风,亟须注意解决。

　　几点经验:(一)订计划必须先了解情况,在思想上使同学明确问题的关键所在,才有群众基础。如起初,某些同学认为检查、计划解决不了问题,即是一例。(二)计划必须经过大家讨论,切合实际。该院电三的计划由于预先酝酿不足,订得过高,结果到期只完成了百分之四十。(三)学生会、党、团支部必须密切配合,步调一致,党、团员必须保证执行,贯彻始终,否则,必致失败。同时,计划要根据行政上的教学计划来订,征求教授意见,也是很重要的。(四)计划订后,经常的检查制度,学生会并直接掌握重点,随时总结经验,也是一个重要症结。

冀工学习社林青(《天津日报》,1950 年 5 月 19 日)

天津河北工学院全体师生上书毛主席致敬 保证搞好学习争取做新中国建设工作中的 坚强干部

本报讯 通讯员李树民报道:天津市河北工学院全体师生上书毛主席,保证搞好学习练好身体,争取在新中国建设工作中作一个坚强的干部。原信如下:

敬爱的毛主席:

我们河北工学院全体师生员工在全国人民欢欣迎接第一个国庆日的时候,谨向你致以最崇高的敬礼,并保证搞好教和学及一切应该做的工作。

一九四九年十月一日,你用震撼世界的声音,庄严地宣告中华人民共和国的成立。从此,中国人民站立起来,真正作了主人。一年来,全国大陆已基本解放,经济逐渐走向好转,并开始进行了全国范围的土地改革运动,这些光辉成就,都是由于你的英明领导所换得的胜利果实。在这里,我们再一次的坚决保证:一定加强技术和政治的学习并搞好身体,全心全意为人民服务。

现在我校全体师生员工都投入紧张学习工作的热潮中,把学得的理论用之于实践。在暑假期间,全校四十余位工友,自动为学校修缮了学生宿舍和漂染实验室,给国家节省了七千多斤米。教授们也根据高等教育会议的决议,在开学以前,作完了本学期的教学计划,并分别开始组成教学研究指导小组。全校同学上学期的成绩平均增加了1.75分,以后将以更高的努力和决心,搞好学习,练好身体,争取在新中国建设工作中作一个坚强干部,用这些实际行动来答谢你对我们的关怀。

一年来,我校在中央人民政府教育部的领导下,各方面都有了很大改进,从本学期起,校名正式改为"河北工学院",当此新校名发表以后,全校师生都以热烈的心情愿把这新的校徽及校匾恭请毛主席题字,并以此引为光荣,因此我们谨请毛主席在工作百忙中,抽眼题写"河北工学院"及"河北工学院附设工业学校"字条各一份。这对于我们将是更有力的伟大鼓励。谨致崇高敬礼并祝健康！

河北工学院全体师生员工同启

(《人民日报》,1950 年 9 月 29 日)

学习英雄模范的革命品质

——天津河北工学院全体同学发出贺信

本报讯　天津河北工学院全体同学于九月二十七日向全国战斗英雄代表会议和全国工农兵劳动模范代表会议发出贺信。该信原文如下：

全国战斗英雄代表会议和全国工农兵劳动模范代表会议的代表们：

正值迎接开国盛典之际，你们在首都举行这两个富有历史意义的会议，这正集中地表现了在共产党和中央人民政府领导之下团结全国前进力量的光辉成就，你们，在军事战线上表现了中国劳动人民极大的勇敢和智慧，在生产建设战线上发挥了高度的积极性和创造性，你们是全国劳动人民进步的旗子，是新中国战斗和生产建设上的骨干，我们全体同学谨以万分的热诚向你们致以崇高的敬礼！并学习你们爱祖国、爱劳动的优秀的革命品质，学习你们在生产和战斗中光辉的榜样。你们的英雄事业将永垂不朽，将是我们全体同学努力的方向，我们愿意以搞好学习为新中国的建设事业创造条件，准备着为争取全世界和平民主，和祖国的财政经济基本好转而斗争。最后，谨祝代表会议的胜利成功和代表们身体健康！

天津河北工学院全体同学

一九五○年九月二十七日

（《人民日报》，1950 年 9 月 30 日）

河北工学院今日校庆

——昨开放实验室参观者五千余人

本报讯 今日(十九日)是河北工学院第四十八周年建校纪念日,该校师生将热烈庆祝。昨天下午一时至六时,该校机械、电工、水利等十五个实验室和工厂全部开放,另外还开辟了院史展览室和苏联照片展览室。前往参观者有工人、学生、市民及该校校友等五千余人。周叔弢副市长也莅临参观,对该校的成就加以称赞。

冀工新闻社(《天津日报》,1951 年 3 月 19 日)

集中力量培养工业建设人才

——国立天津大学庆祝成立

国立天津大学师生员工三千余人,于二十六日举行庆祝该校成立大会。中央人民政府教育部部长马叙伦、水利部副部长张含英以及燃料工业部、轻工业部的代表均赶来参加。天津市人民政府市长黄敬、文教委员会主任委员黄松龄等亦前往祝贺。

该校校务委员会主席刘锡瑛致开会辞后,继由马叙伦部长讲话。他说:北洋大学和河北工学院正式合并成立天津大学,这是件大事,它引起了全国高等教育工作者的重视与关怀,并在全国理工学院院系调整工作中起了推动和示范作用。它达到了集中人力物力,有效地大量地培养高级工业建设人才,以适应国家经济建设的需要。对于今后建校工作,马部长提出三项指示:第一,广泛展开马克思列宁主义和毛泽东思想的学习,贯彻爱国主义教育,提高全体师生员工的政治水平,发展为人民服务的思想。第二,密切配合国家建设需要,推进课程改革工作,提高教学水平,提高学生知识水平。第三,学习苏联先进的科学经验,结合学校的具体情况,确定发展计划。

黄敬市长在讲话中勉励大家加强团结,搞好经常性的正规化政治学习,学好课程,练好身体,准备参加祖国的各项建设事业。水利部副部长张含英、燃料工业部代表袁溥之、北方交通大学校长茅以升、南开大学教务长吴大任等相继讲话,向该校师生员工祝贺。

(新华社,1951 年 9 月 28 日)

北洋大学和河北工学院是怎样合并的？

一九五〇年六月间，中央人民政府教育部召开的第一次全国高等教育会议，明确规定了新中国高等教育的方针与任务。在整顿和改造高等教育以适应国家建设需要方面，公布了一系列的决定，采取了许多有效的措施，奠定了改革旧有高等教育的基础。同时指出院校合并、院系调整在高等教育改革过程中的重要性。

有着五十六年历史的北洋大学和有着四十八年历史的河北工学院，由于校址距离很近，系组设置相同，来往关系密切，提供了两校合并的有利条件。经过一年多的充分酝酿，我们两校就依据全国高等教育会议的精神，提出了合并改革的要求，经中央人民政府教育部同意，于今年五月初，两校行政、工会、学生会等代表在教育部领导下进行商讨，确定组成并校筹备委员会，具体领导并校工作。

并校筹备委员会组成后，我们感觉需要把并校工作放在更广泛的基础上，吸收各方面的代表人物来共同参加，于是就另外成立了四个专门委员会：一、编制委员会：任务是草拟大学的编制、人事的调配、工资的调整、宿舍的调整等方案。二、系科组调配委员会：草拟系科组的调整、设备的调整、厂房实验室教室的调整等方案。三、计划委员会：草拟本年度招生及设备购置计划、系科组的设置计划、教学计划、发展计划等方案。四、校产清理委员会：草拟清点统一办法方案，并负责督导清点。

每一个专门委员会都由筹备委员会分别领导，并由委员参加。前三个任务比较繁重的委员会，两校行政负责人均参加。在这里须要加以解释的是：北洋大学原来有十一个学系，河北工学院有化工、机械、电机、水利、纺织五个学系，都是和北洋重复的。两校合并以后，因为任何一处校舍都不大，无法容纳全部学生，故暂时仍须分在二处。何系设何处，教学设备如何调整搬迁，教职员工住房，厂房实验室等如何调配，均须一一加以计划，故有调配委员会的设置。

各个专门委员会所拟定的计划草案均印发工会各小组、学生会和各班研究讨论，让他们提出意见。由专门委员会作必要修正后，再发给小组、班和学生会讨论。最初一个月，工会、学生会会员对并校工作不甚注意，许多小组、班会把草案搁置起来，不进行讨论。因而使并校工作拖延下去了。后来中央人民政府教育部曾昭抡副部长亲自到天津向两校全体师生员工说明并校的意义和重要性，并与两校教师开了座谈会，解除了一些思想上的顾虑。筹委会也把各种计划草案向两校师生员工报告。经过这次动员以后，群众对并校工作展开热烈讨论，并提出了建议。这样，并校工作才顺利地推动起来。所以从一开始就让全体师生员工明了并校是一件重要而严肃的工作，需要大家共同来搞，这种走群众路线，采用民主集中制的做法，是我们并校工作成功的原因之一。各专门委员会的计划草案，经过上述的多次讨论，最后由筹备委员会修正通过，制成了并校计划，呈送教育部，经教育部审核批准。

我们在并校工作中所遇到的另外一些困难，大致有以下几点：

第一、校名问题。这个问题所以成为问题，还是宗派思想在作祟。在教师和学生的政治认识都提高以后，这个问题是解决了。

第二、院的存废问题。北洋大学原分为工学院及理学院，在行政组织上有院一级，但在教育部所颁高等学校暂行规程中，院是不存在的。在并校筹备中，对于院的存废曾有过一些争论，最后由教育部核定不设院。

第三、分组问题。每一学系分设多少组，在集中力量和重点发展的原则下，决定暂以不超过三组为原则。

第四、系科组调配问题（就是何系设在何处的问题）。因为天津大学是逐渐向旧北洋大学校址集中发展，所以大家都想先集中在新校址；但因房屋限制暂时又办不到。最后还是本着设备最少搬动的原则，来解决了这个问题。

第五、人事调配问题。原来两校各行政单位各有负责人，并校以后，必须重新聘定。解决这个问题时，我们是以资望、工作能力、工作态度作为衡量审定的标准。工作繁重或必须分设两处的行政单位，斟酌设置副职。职员重新编组时，事前先调查了个人志愿，在编组时尽量照顾其志愿。在做这件工作时，大体未遇到困难。

第六、课程分担问题。某位教授在某校原来担任某课程，并校以后，难免有所更动，如何安排课程，是一个非常细致的工作。在这方面，我们曾遇到一些困难，但最后终于克服了。所用的方法是：尽量使每人所担任的课目减少，增加同一课目的授课时间。这样可以使教师更为专业化，更有充分的准备时间，这对于改进教学内容及深入研究是有利的。

这样，经过五个多月的筹备，一个新的、人民的、综合性的工业大学——天津大学正式成立了。

本来,两校合并的条件,是早就具备了的,但为什么两校在解放后两年才能合并?为什么在一年前提出合并的时候不能立即合并?这就暴露了一个严重的问题,这个问题,就是各种知识分子,特别是高级知识分子的思想改造问题。诚然,我们并校的胜利,也就是我们全体师生员工解放后两年来政治学习、思想改造的胜利。但是,我们这些所谓高级知识分子两年来并没有认真地很好地进行自己的思想改造,因而一接触到实际问题,尤其是改革高等教育和思想改造问题,就完全暴露出思想上各式各样的缺点。我们并校工作的过程完全证明了这一点:一切问题的根源都是思想问题。假设我们的思想都已搞通了的话,那么我们的并校工作在一年前就可以开始了。一年多的酝酿时间,是一个漫长的思想斗争过程。在筹备工作当中,每一工作的顺利完成,主要的都是由于思想认识的一致;每一工作所以遭遇困难,也就是思想问题在那里作祟。我们正确地认识到:院校合并、院系调整、课程改革,完全决定于我们的思想改造。没有正确的思想基础,即使有着充分的客观条件,也不会胜利地完成任何任务。正如中央人民政府教育部钱俊瑞副部长所指出的:"高等学校教师的思想改造,是高等教育改革的关键。"通过这次高等学校教师的学习运动,我们相信高等教育的改革工作必能更顺利地向前推进。也唯有这样,才能避免若干错误和缺点,更好地完成这一伟大艰巨的任务。

天津大学校务委员会副主席　赵今声(《人民日报》,1951年11月20)

河北工学院

——为我省培养工业技术人才的新学府

河北工学院是一所崭新的工业高等学校。它是在去年大跃进中建立起来的。

这个工学院担负着为我省工业建设培养高等技术人才的光荣任务。目前,有教师二百多人,学生二千六百多人,其中工农成分的学生占56%以上。

这个学院设有机械、电力、化工三个系,共十二个专业。

机械系设有六个专业:(一)机械制造工艺专业,培养研究各种机器制造加工过程和装配的工程技术人员。(二)金属切削机床及刀具专业,培养能设计、制造性能良好的机床和刀具的专门人才。(三)铸造工艺及机器专业,学习机械和铸造工艺方面的知识和冶金方面的知识,培养能够掌握现代铸造生产方面的技术人才。(四)化学生产机器及设备专业,主要培养能够担任化学工厂机器设备的设计、制造、安装等工作的技术人才。(五)船舶制造专业,主要研究船体的设计与制造,要求学生毕业后能够熟练地掌握船体结构的知识和生产技能。(六)水力机械专业,主要学习水涡轮机和水泵的设计、制造知识。学生毕业后,可以作设计和制造工作,也可以在水电站和水泵站作安装和维护工作。

电力系设有两个专业:(一)电机电器制造专业,主要培养电机、电器设计和制造方面的技术人才。(二)发电专业,要求培养出来的学生,有一定的发电设备知识,能够在中、小型的发电厂担任设计、安装和操作等工作。

化工系设有四个专业:(一)基本化学工业专业,(二)合成橡胶专业,(三)石油炼制专业,(四)化学肥料专业。分别培养这些工业方面的生产、设计和科学研究的技术人才。

学院里设有物理、普通化学、金相、材料力学、分析化学、物理化学、电工基础和精密测量等实验室,正在兴建的热工实验室不久就将落成。校内还设有一个机械实习工厂,有机床、工具、附件等六个车间,共有一百三十多台机器,师生们经常在这里参加生产劳动,进行科学研究,成为教学、科学研究和生产劳动"三结合"的重要阵地。

　　河北工学院建校以来,在党委领导下,认真贯彻了党的教育方针,各项工作都有很大进展。这个学院根据以教学为主的原则,紧密结合生产开展科学研究工作,收获很大,去年试制成功了煤气机的减速器、十一吋拔丝机、三点五公尺水泥龙门刨床、盐炉、台式钻床等新产品,其中有些是比较复杂、精密的产品。今年制订的科学研究项目,绝大部分都是和工业生产有密切联系的,有些研究项目,像磁性瓷的研究,积木式机床的制造等,都已经取得了初步成绩。

(《天津日报》,1959 年 6 月 7 日)

教育大革命万岁!

——驳所谓新建高等学校"冒进了""搞糟了"等谬论

河北工学院是在去年大跃进中诞生的,是在一个中等专业学校的基础上创建起来的。在社会主义建设总路线的光辉照耀下,在党的教育方针指导下,河北工学院经过短短一年的时间,已经走上了巩固、提高和健全发展的道路。目前,学校呈现出一片蓬蓬勃勃的兴旺景象,教学、生产劳动、科学研究工作全面展开。学校面貌日新月异,规模迅速扩大,质量不断提高。

右倾机会主义分子在向总路线、大跃进、人民公社猖狂进攻的同时,也攻击教育事业的大革命和大发展,攻击党的教育方针,攻击新建高等院校。他们把新建高等学校讽之为"跃进牌"大学,说什么"办这么多学校是冒进了",说这些学校"搞糟了""只有数量,没有质量""教学质量不高"等等,妄图否定我们教育事业的伟大成绩。但是,事实是最雄辩的,河北工学院的创建和发展,对这些谬论就是一个有力的驳斥。

(一)

河北工学院的前身是一所有三个专业的中等专业学校。当时有一千五百名学生,有七十位教师。在设备方面有六个实验室,三万余册图书,机械实习工厂一座,机器九十余台。学校建筑面积有二万八千平方米。一年来,在中共河北省委和天津市委的领导及支持下,学校已经有了很大的发展,设有机械、电力、化工三个系,共九个专业,还附设了中等技术部,共有学生三千多人,比原来增加一倍,其中本科学生有一千三百余人。现有教师一百八十二人,比原来增加一倍半以上。图书增加到八万余册,期刊由几十种增加到三百余种。在原中等专业学校的基础上,建立了八个基本上适合大学需要的实验室,设备增加了一倍以上,而且,新的实验室还在积极筹建。机械工厂的设备和人员也都比原来增加了一倍多,不但为学生参加生产劳动提供了良好条件,还担负了国家分配的生产任务。学校的建筑面积已经增加到六万一千平方米。最近,政府又在子牙河畔拨出了六十五万平方米的土地,作为学校扩建的新院址。一万二千平方米的第一批建筑物即将竣工。

右倾机会主义分子污蔑我们的新建院校"搞糟了"。这只说明他们自己是睁眼不看事实,一派胡言乱语。事实上,我们新建院校情况很好,正在大踏步地前进,在去年跃进的基础上不断地在发展、巩固、提高。

(二)

河北工学院不但在规模上有了迅速的发展,教育质量也在不断提高。

从建院的第一天起,我们就坚定不移地贯彻执行了"教育为无产阶级的政治服务,教育与生产劳动相结合"的方针,进行教育革命。参加改造海河,参加大炼钢铁,是建校后全体师生的第一课;以后便把生产劳动列入了教育计划;妥善地安排学生参加校内外的生产劳动和社会公益劳动。通过生产劳动,使学生在德育、智育、体育几方面都受到了锻炼。学生的社会主义觉悟大大提高了,不少人以和工人一道参加生产劳动为荣,愿意在劳动中不断改造自己。通过生产劳动也使学生学到了许多在课堂上难以学到的知识和生产劳动技能。船舶制造专业的学生在新港船舶修造厂参加劳动以后,更加热爱造船事业,他们在工人的指导下,三个星期就学会了三、四种简单工种的操作,使理论同实际结合起来,直接提高了教育质量。

一年来,我们紧紧抓住了大力提高教学质量这个中心问题。我们把马克思列宁主义教育课程的教学放在首要地位,紧密结合国内外形势,开展政治思想教育运动,坚持了教育为无产阶级政治服务的方向。同时,严格认真地执行了教育计划,加强了各个教学环节。在教学工作中,既注意发挥教师的主导作用,又充分启发学生学习的主动性、积极性,使教学工作逐步得到改进,教学质量不断提高。

在党委的倡导下,认真读书、刻苦钻研的学风已经形成,学生的学习成绩有了显著提高。从考试成绩来看,第二学期比第一学期学习成绩优良的学生就增加了将近一倍。

这些铁的事实是谁也抹杀不了的。右倾机会主义分子攻击我们新建学校"办糟了","只有数量,没有质量"等,是完全没有根据的。他们站在资产阶级的立场上,以资产阶级的教育观点来看教育事业的大发展,当然不会看到也不愿看到我们教育质量的迅速提高。当然,新建学校由于刚刚创建,缺乏经验,会有一些缺点。但是,任何新生事物的出现都不可能是完美无缺的,而它们却是最有生命力的。只要我们在党的领导下,坚持政治挂帅,充分发动广大群众,暂时的一些缺点都会迅速得到克服。如果说,由于贯彻执行了党的教育方针,使学生德育、智育、体育获得全面发展,这是"质量不高"的话,那什么样才算"有质量"或"质量高"呢?难道使教育脱离无产阶级政治,脱离生产劳动,使教育走上资本主义的道路,才算"质量得到提高"吗?不!这正是右倾机会主义分子的企图,是我们坚决反对的!

(三)

新建高等学校迅速地得到巩固提高健全发展,是在教育事业中贯彻执行社会主义建设总路线的结果。我们河北工学院在去年七月份开始筹建,八月份招生,九月份就按时开学上课。仅仅两个月就基本上完成了一所高等学校的筹建工作。这种速度确是惊人的,也是右倾机会主义分子所不能理解的。开学以后,我们一边建校,一边发动群众开展教学等工作,克服了各种困难,胜利地完成了建校工作和教学任务。我们首先碰到的就是师资问题。当时的情况是师资少,而且大部分是刚从高等学校毕业的青年教师,要想完成教学任务,是有困难的。但是,由于教师们鼓起了革命干劲,勇于克服困难,各教研室还是想办法积极地把教学任务担当起来了。他们采取了集体备课、课前试讲、观摩教学等办法,力求准备得更充分。同时,党委积极鼓励和支持青年教师上讲台讲课,提出要用事实来改变那些认为"只有教授才能讲好课,青年教师不能上课"的陈腐观念。党的信任和支持给了他们巨大的力量和勇气。在老教师的帮助下,青年教师的教学质量不断提高,他们对教学工作认真负责与积极热情的态度,受到学生们的欢迎。一些有条件的学校领导干部也担任了马列主义理论教育的教学工作,既加强了对教学工作的深入领导,也解决了政治课教师不足的困难。另外,我们还得到了兄弟院校的支援。这样,就基本上解决了师资不足的问题,而且保证和提高了教学质量。

在设备方面,我们也克服了不少困难。除了接受上级调拨和自己积极采购教学设备外,我们还发动师生大家动手,制作一些必要的教学设备,因陋就简,勤俭办学。买不到的仪器,自己能做的就做,做不了的就和兄弟院校协作,互通有无。校办机械工厂设备不够,就采取自己装备自己的办法,先后制造了各种设备三十余台。

新建高等院校能不能开展科学研究工作,也是一个争论很久的问题。"唯条件论"者认为师资少、设备差,又没有高年级学生,搞科学研究是不可能的。而我们认为,只要加强领导,充分发动群众,破除迷信,解放思想,发扬敢想敢干的共产主义风格,困难是可以克服的,科学研究是能够开展起来的。事实上,我们的科学研究工作也取得了不少成绩。以列入省科学研究计划的三个项目为例,都取得了很大成果。其中内燃机水泵定型的研究工作,我们和有关单位协作,已经完成了;由教师、工人、学生"三结合"研究、设计和制造的积木式机床一部分零件已经制造成功了,也取得了不小的成绩。

为了解决学生在校内生产劳动的原料、材料需要,以及生产产品支援社会主义建设,校办的机械工厂还挖掘了设备和人员的潜力,在保证学生完成生产劳动教学计划的同时,还为国家完成了一定的生产任务,一年来生产产值达到一百五十多万元,试制了十种产品,生产了五种产品,其中包括车床一百八十台,电动机三十台,空气压缩机二十余台。

社会主义建设总路线的光辉照亮了我们前进的道路,使我们克服了和正在克服着前进道路上的一切困难,节节胜利,步步提高,取得了教学、生产劳动和科学研究工作的三丰收。右倾机会主义分子诬蔑新建高等学校"冒进了","搞糟了","只有数量没有质量"的谬论,根本找不到半点站得住脚的理由。尽管他们居心不良,冷言冷语地讽刺新建高等学校是"跃进号"的大学,但是,我们却和他们的看法相反,我们为新建高等学校是大跃进的产物而自豪。试问:两个月筹建一所大学,而且短短一年就取得这样大的成绩,并且迅速地走上健全发展的道路,这难道不是教育事业大跃进的生动事例吗?当然,我们的工作还刚刚开始,出现一些缺点也是难免的,今后也还会遇到这样或那样的困难。但是我们同右倾机会主义分子的看法有根本的分歧。我们是缺点和困难的克服者,我们不害怕任何困难。党的八届八中全会的反右倾、鼓干劲的伟大号召,给了我们巨大的鼓舞和力量,社会主义建设继续大跃进的大好形势,加速实现农业技术改造,加速发展农业生产,促进国民经济全面高涨的战斗目标,更加激发了我们学校师生们的革命干劲。我们坚信,只要反掉右倾,彻底粉碎右倾机会主义分子的进攻,在省、市委和省人委的领导下,坚决把教育革命进行到底,进一步全面贯彻党的教育方针,我们就一定能够把新建高等院校越办越好!

河北工学院副院长　燕杰(《天津日报》,1959 年 11 月 25 日)

科学研究紧密结合生产
河北工学院大力支援工农业技术改造

　　本报讯　河北工学院紧密结合当前工农业生产需要,大力开展科学研究,以配合和支援工农业生产战线上的技术革新和技术革命运动。这个学院在这方面的科学研究项目占今年全部重点研究项目的百分之八十三。

　　为了支援工业战线上以机械化、半机械化和自动化、半自动化为中心的技术革新和技术革命运动,河北工学院组织了十六支突击队,共四百多名师生,分别到十六个工厂与工人、技术人员一起进行机械化和自动化方面的科学技术研究。这些工厂包括有天津第一机床厂、锻压机床厂、动力机械厂、天津轴承厂等,也有规模较小、设备较差,缺少技术人员的如红桥区三条石的液压附件厂等。在研究任务方面,现在已协作的项目包括有三十多条生产自动线、四个机械化、自动化铸工车间、一百多台单机自动化以及组合机床、专用机床、程序控制机床的设计研究等。师生们到厂后,发挥了敢想敢干的精神,和工人、技术人员一道,一边设计,一边进行机床改装,干劲很大。下厂仅仅一星期,他们便完成四条生产自动线、十五台单机自动化的设计。

　　河北工学院为了支援农业技术改造,还进行了农业机械方面的科学研究,并且取得了成绩。如关于农村用积木式机床的设计研究,第一部分已在去年完成,制出了成品。今年他们又组织了研究小组,在一月到二月间,去唐山市以及遵化、徐水、安国各县和建明人民公社等地进行了深入的调查研究。现在机床的总体设计工作已经完成,包括有以车床为中心的车、磨内外圆积木式机床;以镗床为中心的镗、铣联合积木式机床和以钻床为中心的钻、立镗、珩磨积木式机床。这种机床既可以加工较小的农业机械零件,也可以加工拖拉机的缸体。同时,在设计上采用了通用标准部件,便于加速制造、改装和操作。另外,在农村用滚珠轴承、排灌机械方面的研究也很有成绩。他们与中国科学院河北省分院机械研究所合作研究的简易蒸汽水车已在一月间试制成功。衡水县闻讯后派人来校参观,回去后就加紧生产了三百台,在全县普遍应用。为了制造更简易、效率更高的农村用动力排灌机械,这个学院又设计出一台低压旋转式蒸汽动力机,它比同马力的锅驼机使用的钢材少,加工容易,而且,带上离心泵还可以抽水,带动皮带轮,可以作为加工农副产品的动力;带动发电机,还可以发电。目前,这个学院还在试制结构极为简单的低压蒸汽水泵;与中央农业机械工业部农业机械研究所合作研究成功的内燃水泵,也已经过定型鉴定,准备推广。

河北工学院在科学研究工作上,不仅有力地支援了工农业生产,而且也使师生通过实际锻炼,在政治思想、教学工作方面获得了双丰收。

李其正(《天津日报》,1960 年 3 月 16 日)

研究农用滚珠轴承

　　河北工学院从去年十二月开始进行了农用滚珠轴承的研究工作,现在已经取得显著成效。

　　农用滚珠轴承在加速农业技术改造中起着重要的作用,可以大大减轻劳动强度,提高生产效率。河北工学院担负的任务是,搞一座土洋结合的、适于在农村县级工厂推广的年产十五万套轴承的工厂的全套工艺设计。为了完成这一任务,学校曾组织了一个滚珠轴承研究小组,分别到沧县、安国等七个县和一些人民公社进行了深入调查,进一步了解了农业技术改造方面的需要。在省农业机械局的支持下,他们与安国县第一机械厂的职工一起,在该厂轴承车间的现有基础上,做进一步的研究。经过一个多月的努力,终于提出了农用滚珠轴承生产工艺设备的设计方案,并且在该厂实现了这个设计方案的一部分。只轴承外环——火锻锻模一项,就提高了生产效率七倍多,全年可节约劳动力八千五百多个。

李其正(《天津日报》,1960 年 4 月 3 日)

结合教学生产 进行科学研究

——潘承孝委员谈河北工学院科学研究情况

各位委员,各位同志:

我完全拥护陈叔通副主席的第三届全国委员会常务委员会工作报告,李富春副总理的关于1960年国民经济计划草案的报告,李先念副总理关于1959年国家决算和1960年国家预算草案的报告。

现在我想谈谈一个新建院校开展科学研究,大搞技术革命的几点体会。

我在河北工学院工作。即就这个学院开展科学研究,大搞技术革命的情况来谈一谈。河北工学院是在1958年10月成立,是一个多科性理工学院,现有机械,电机,化工等三个系,设置九个专业,还有一个四年制中技部,现有学生共三千人,本科只有一二年级,专业实验室正在筹备建立,有一个比较完备的实习工厂。河北工学院跟许多其他新建院校一样,学生多,教师少,教学任务特别重,教师中青年教师多,老年教师少,绝大多数教师过去没有搞过科学研究工作。当去年初提出科学研究的时候,首先遇到的问题是:一个新建院校有没有开展科学研究的条件,能不能开展科学研究,大搞技术革命的问题。我院党委针对着这种思想加强了党的领导,贯彻了党的教育,生产劳动,科学研究三结合的方针,明确了科学研究为我国社会主义建设服务的正确方向,破除了迷信,解放了思想,大搞群众运动,扫除了思想障碍,把研究工作列入了院的计划。1959年我院就承担了省科委下达的三项重要任务,其中内燃水泵的研究与农业机械部农业机械研究所合作,于去年国庆节前完成了提高性能的研究工作,经国家鉴定已推荐交付生产使用;还有积木式机床的研究,我院是在哈尔滨创造的积木机床的基础上,加以总结提高,设计一套"中型机床制造系列积木式机床",并于去年国庆节前完成了第一组包括由龙门刨床,导轨磨床,搪床,长丝杠车床等四台机床组成。这四台机床由十一个部件组成,试制成功后,曾在天津市展出,受到了好评。除以上两个紧密结合生产的研究外,还进行了硅酸盐方面新材料的研究并取得了成绩。

党的八届八中全会决议和有关文件在我院学习后，大大提高了师生员工的觉悟，促使我院的科学研究工作形成了一个跃进的高潮。在去年的最后两个多月中，所进行的科学研究项目和参加的人数都远远超过1959年的上半年。1959年全年共完成了大小课题一百四十八项研究。在这个基础上举办了元旦献礼展览会，大大鼓舞了师生的干劲。

1960年在全国更大更全面跃进形势的鼓舞下，特别是在党提出了争取尽快地把我国建成为一个具有现代工业，现代农业，现代科学文化的伟大的社会主义强国的号召的鼓舞下，全体师生干劲倍增。全院在教学，科学研究，生产劳动等方面出现了一个更大跃进的局面。在科学研究工作上开始形成了一个与教学与生产建设紧密结合的，以大搞尖端科学，大搞工农业生产中的重要科学技术问题为中心的群众运动高潮。不仅90%的教师投入了科学研究工作，一部分职工和学生也投入了研究。本年初列入院研究计划的已有二百七十九项。

在支援工业的技术改造方面，今年3月份在天津市委的统一领导下，我院抽出了应届中技四年级学生四百三十五名和三十七位教师投入了天津市工业系统大搞机械化，半机械化，自动化，半自动化的技术革命运动，共与十七个工厂建立了协作关系，承担了三百八十六项研究设计任务，其中生产自动线三十一条，运输线十三条，单机自动三十七台，专用机床四十四台，程序控制机床四台，专用设备五十四项，工夹具设计二百零三项，在工人，技术人员，下厂教师的指导下，和学生努力，工作进行得很快。根据头二十天的统计已经完成了三百四十二项的设计任务，其中三十九项已投入生产。在完成的三百四十二项中包括生产自动线的设计二十条，四条已投入生产；单机自动的设计二十八台，九台已投入生产；运输线的设计十三条；专用机床的设计四十台，四台已投入生产；程序控制机床的设计二台，一台已投入生产；专用设备的设计四十一项，八项已投入生产；夹具设计一百九十八项，十三项已投入生产。这种速度在过去是没有的，而且设计质量也比较好。

在支援农业技术改造方面，今年我院也承担不少研究任务。教师们都是深入农村进行实际调查研究，我院为农村设计的综合式机床受到了中央和省的重视，最近即将投入试制。农用滚珠轴承的设计也很有成绩。经过两个多月努力，已完成了一套年产十五万套农具轴承的全部工艺设计。其他如农村动力方面的研究都有一定的成绩。

在攻尖端方面今年有了不小的进展。现在进行研究的尖端项目比1959年增加了六到七倍。

河北工学院的科学研究工作,在党委的直接领导下发动了群众,明确了方向,把研究课题紧密地结合了教学,结合了建院工作,结合了工农业生产,已经蓬蓬勃勃地开展起来了。这也说明了一个新建院校不仅能搞科学研究而且还可以大搞。通过一年来的实践对于开展科学研究有以下几点肤浅体会。

一、必须依靠党的具体领导,相信群众,要政治挂帅,千方百计地想办法,在技术上,物质上遇到的问题是可以解决的。

二、要树雄心,立大志,大胆承担重大研究任务。

三、要坚持自力更生,因陋就简先上马,边研究,边创造条件。等待条件具备后再搞,一定要落空。

四、教学与科学研究工作必须全面统一安排,组织力量,大搞校外协作,以克服人力物力的不足。

以上发言有不妥之处,请同志们指正。

(《人民日报》,1960 年 4 月 10 日)

报刊中的河北工大

干中学 学中干 鸡毛也能飞上天

——河北工学院十二青年搞出拼合万能机床，三台能顶九台用，可装备一个农业机械修配厂

本报讯 "谁说鸡毛不能上天?"平均年龄只有二十一岁的河北工学院中技部两名青年教师和十名学生,凭着支援农业生产和社会主义建设的高度热情,在党的领导和老教师以及有关部门的帮助下,只用了不到两个月的时间,就设计和制成一套三台"标准部件拼合万能机床"。这套机床能顶九台性能不同的机床使用,适合县社工业和中、小型机修工厂使用,为我国机械工业的设计、制造、管理和使用等方面的革命,提供了一个重要的方向。

河北工学院在去年第一季度,学习外地先进经验,试制成"一机多用"的"中型机床制造系列积木式机床"。党中央发出了加速我国农业技术改造的伟大号召以后,这个学院党委为了支援农业机械化,决定研究一套适合农业机械修配需要的积木式机床。党委经过讨论,把这种机床的设计研究工作交给了两名青年教员和十名学生。

这十二个青年人怀着极其兴奋的心情接受了这项任务。他们根据党委的指示,首先深入到遵化县建明人民公社的机械修配厂,调查这个厂的实际需要和要求,发现这个公社最近添了不少的拖拉机和汽车,修配任务一天比一天重。虽然添了一些车床,但是因为专用机床不够,不少部件无法修理。如果再添些专用机床,不说一时买不到,而且利用率也会很低,以后他们又到遵化、安国和徐水,访问四个人民公社的农业机械修配部门,发现了同样的问题,使他们增添了干劲,他们一边参加劳动,一边进行了解,对于公社现有农业机械情况和需要配备什么样的多用机床,从样式到加工能力都做了调查。回天津的路上,他们就连夜赶制出第一个"标准部件拼合万能机床"的设计方案。到天津以后,院党委组织全院有关专业的师生进行了两次讨论和修改,最后通过了这个设计方案,并且限定十五天内全部完成设

计任务。

在十五天之内完成这个设计,一些具有机械设计经验的人也感到时间过于紧迫,而这十二名年轻的师生,教员才不过是一九五六年和一九五九年在本院中技部毕业的学生,学生们只不过学习过四十个小时的机床设计学,主要讲的还是机床部件设计,机床总体设计根本没有学过。但是他们信心十足地投入了战斗。他们把既有的一些技术理论知识充分运用起来,和工人、农民的生产实践经验密切结合,大胆革新创造,用大搞群众运动的办法,猛攻科学技术堡垒。他们一方面把十二个人分成若干个小组,除设计个别极简单的部件之外,都通过集体研究、集体进行设计工作,做到集思广益,群策群力。另方面在设计中边设计、边学习。他们不仅有目的地研究了许多有关理论和技术资料,还研究了多种机床设备的运转情况,把运转规律相同的机床,集中起来,拼合在一起;同时,还到生产单位向工人和技术人员求教,学到了不少的机床设计和生产方面的知识,弥补了他们科学知识和生产经验不足的缺陷。如他们原计划把车床和磨床合而为一,可是如何拼合不太明确。他们到农业机械厂学习时,发现这个厂经常用车床代替磨床使用,就立刻学习了这项技术革新,修改了原来的设计。

在他们的努力下,这项设计仅仅用了十二天的时间就完成了,比院党委要求完成的日期又提早了三天。经过有关领导部门、科学研究单位、人民公社和河北工学院全院有关专业的师生六次审查和补充修改,最后通过了这套“标准部件拼合万能机床”的设计。河北工学院党委又动员了全院机械教学部门的师生和实习工厂的职工,突击赶制。在制造过程中,对于原设计不够完善的地方,又作了修改。四月二十八日夜十二时,这套“标准部件拼合万能机床”诞生了。

这套机床是由三部多用机床组成,可以进行九种机械加工,代替县社工业和一般工厂修配部门目前使用的机床。其中一台车床可以同时当外圆磨、曲轴磨、内圆磨使用;一台卧式镗床又是卧式铣床;一台珩磨床又是立式钻床和立式镗床。这三台机床再加上一台牛头刨,可以进行各种中、小型机械加工和修配,完成各种农业机械、拖拉机和汽车的中修和大修任务。这套机床中每台机床虽然具有多种加工用途,但是又照顾到了各种不同机械加工的适当比例,使常用机床和不常用机床合理地配合起来,避免了专用机床利用率不高的现象。机床79%的零件都采用了标准通用件,因此制造起来也比较简单,一些非专业机床厂也能制造,并且可以采用先进的加工方法成批地加工生产,这对于机床设计、制造、生产和管理都带来了重大革命。这三台多用机床共用了一吨钢材和五点八吨生铁,试制成本只用了六万元,如果制造九台专用机床最少得用十八万元,这就大大节约了原料、材料和资金。

四月二十九日上午,天津市科学技术委员会在河北工学院召开了现场会议,介绍了他们试制生产"标准部件拼合万能机床"的经验。

河北工学院报道组(《天津日报》,1960 年 5 月 25 日)

河北工学院认真推广科学研究成果

本报讯　河北工学院在科学研究工作中注意推广研究成果,采取组织设计小组和技术推广队的方法,深入有关生产单位,把技术送上门,有效地为生产建设服务。

这个学院从科学研究工作中体会到,要贯彻好科学研究为生产建设服务的方针,必须把选题、研究和推广连成一线,使科学研究成果尽快地运用到工农业生产中去。因此,从今年开始,他们不仅注意研究项目本身的完成情况,而且大抓研究成果的推广,通过组织设计小组和技术推广队的形式,送技术上门。如他们研究成功装备县社工业的标准部件拼合机床后,曾经先后在本市和河北省及外省地区的十余个生产单位中试制,他们不仅充分地供给了所需的技术资料,并派出设计小组去邯郸通用机械厂参加了试制工作,减少了这个工厂在技术上遇到的一些困难。为了及时地推广新刀具材料这一新的科学研究成果,今年六、七月间,他们又在省"双革"办公室的统一领导和支持下,组成两支技术推广队,分赴张家口、承德、唐山、保定、石家庄、邯郸等地进行了现场技术表演和推广工作。保定市机械局由于得到了推广队在技术上及时的帮助,使新刀具材料很快地即在全市应用,对促进生产起了明显的作用。

深入推广科学研究成果,不仅直接促进了工农业生产,而且也使科学研究工作本身得到了改进和提高。比如,设计小组在邯郸通用机械厂参加标准部件拼合机床的试制工作中,就发现了原来设计的镗床部分离合器强度不够,影响了生产效率,经过与技术人员和工人共同研究后,加大了离合器的尺寸,实现了快速退刀。这样不仅使生产少走了弯路,也进一步提高了科学研究的质量。又如在张家口矿山机械厂推广新刀具材料时,工厂的先进生产者张国华也提出了学校原来的设计只注意了切削速度,对切削深度注意不够,他并提出了新的建议。经过试验,使生产效率得到提高,新刀具材料也得到了进一步的改进。参加推广队的同志们感到收获很大,科学研究方向也更加明确了。

李其正(《天津日报》,1960 年 12 月 16 日)

 报刊中的河北工大

认清当前大好形势　发扬艰苦奋斗作风

——河北工学院加强对师生的思想教育

本报讯　河北工学院党委在师生中深入开展艰苦奋斗、勤俭建国的思想教育，使师生对当前大好形势有了进一步的认识，更加发扬艰苦奋斗的优良作风。

这个学院党委根据调查分析，认为绝大多数师生对当前的大好形势有比较正确的了解，但也有少数人对于当前形势和党的方针、政策缺乏足够的认识和全面了解，因而不能很好地处理个人与集体、目前利益和长远利益等关系。根据这种情况，党委决定向全体师生进行发扬艰苦奋斗作风、勤俭建国的思想教育。他们在教育方式上针对青年学生的特点，除了做一些报告外，尽量做到生动活泼。如请革命前辈来校做发扬优良革命传统的报告，组织参观、访问，讨论电影"以革命的名义"，特别是在学生中开展了"想想过去，看看现在，展望将来"的座谈等，对学生教育很大。在这同时，学校党委把党的宣传干部、团委干部、政治课教师等派往思想工作第一线，使党的思想教育工作一竿子插到底，不仅密切了党和群众的关系，也大大有利于各项工作的开展。

通过这次思想教育，师生的政治觉悟都有了不同程度的提高。不少师生表示，通过这次教育"心里更亮堂了"、干劲也鼓得更足了。学生杨恩富说："解放前家乡闹灾荒，人们四处逃亡，卖儿卖女，今天，我们有些地区虽然遭受了严重的自然灾害，但是在党的领导下，开展起了生产自救运动，生活得到保障，这正是党的伟大，也体现了人民公社的无比优越性。"通过教育，也使师生进一步树立了勤俭节约、艰苦奋斗的思想。很多学生表示要向革命前辈学习，发扬艰苦奋斗、勤俭朴素的优良传统，克服困难，勤奋学习。化工系橡胶专业一年级一班的三十一名学生中，多数来自农村，他们通过学习座谈，批判了来到城市后追求生活享受的思想，并一致表示要克勤克俭，努力学习，奔向红专。很多教师和学生还向党写了保证书、决心书，表示一定要努力搞好教学，提高教学质量，在教学工作中、在学习中发扬艰苦奋斗，勤俭朴素的作风。　　　　　院刊编辑室(《天津日报》，1961 年 1 月 13 日)

切合教学需要的学术报告

　　本报讯　近来,河北工学院的教师和学生听了一些切合教学需要、内容丰富的学术报告。有中央第一机械工业部机床研究所沈烈初工程师的"从莱比锡博览会看国外机床发展趋势"、中央农业机械部农业机械科学技术研究院主任工程师龙自严的"农业机械发展概况"、天津大学化工原理教研室主任丁绪淮教授的"传质理论发展的今昔"等。

　　这些报告使河北工学院的师生有不少受益。机床发展是这个学院的教师正在讨论研究的问题,沈烈初工程师的报告中所介绍的国外情况,对他们很有启示。他还与教师们围绕机床、刀具及工夹具等方面进行了座谈。农业机械系是河北工学院的一个新建系,龙自严工程师的报告使师生对农业机械有了比较全面的认识,并提高了学生对学习这门学科的兴趣。其他一些报告也有利于扩大师生知识领域,丰富教学内容。

孙中贤(《天津日报》,1962 年 1 月 9 日)

报刊中的河北工大

老当益壮　勤奋办学

——访河北工学院院长潘承孝老教授

　　我们去潘承孝老教授家的时候，不巧老教授没有在，他的妻子告诉我们说："他一早就出去了，说是学院里有事"。"寒假里老教授也这样忙吗？""什么假期不假期的，他总是这样，一有工作就什么都不顾啦！"正说着潘教授回来了。老教授已经是年近七十的人了，但精力充沛，神采奕奕。潘教授教学已有三十多年历史，曾任天津大学教务长，从 1958 年开始任河北工学院院长。几年来，他运用自己多年的办学经验和技术专长，同学院其他领导同志一起，为办好河北工学院，做出了不少贡献。

多年的夙愿实现了

　　自己亲手办工科院校为国家培养工业建设人材，是潘教授多年的夙愿，但是，在旧社会这只是一种幻想，而今天却成为现实了。每当老教授想起这点，总觉得有一种力量鼓舞着自己。那还是 1958 年的事情，潘教授正在天津大学任教，一天下午，省委负责同志亲自找他，对他说：为了适应我省工农业生产建设事业发展的需要，省委决定办一所多科性工学院，请你负责领导建院工作，相信你们会很快办起来，很快办好。党的信任和期望，感动得老教授流下眼泪。潘教授 1921 年于唐山交通大学毕业后，到美国留学，当时他抱着"工业救国"志愿，发奋读书，刻苦钻研，在内燃机和机械动力方面具有较深造诣，本想回国后为发展工业干一番事业，但是当时正是军阀混战，人民生活困苦不堪，工厂倒闭，工业奄奄一息，这使潘教授大失所望。后来潘教授又想以发展教育培养工业建设人才实现自己的志愿，为此，"七七"事变前他曾去东北治学，抗日时期，又远赴西北办学，但是旧中国科学家没有机会发挥自己的才能，不用说发展教育，就是连自己最低生活也不能得到保证，1949 年初天津解放了，潘教授任北洋大学校务委员会副主任委员，1952 年院系调整后，又被人民政府任命为天津大学教务长,教学和科学研究都有了良好条件,生活一天天好起来了。抚今追昔,潘教授对旧社会无比痛恨,对新社会有说不出的感激和热爱。他愉快地接受了建立河北工学院的任务,决心在晚年干出一番事业。

一片心血建校园

平地建院,任务是很艰巨的。开始办公没有房子,他就在天津大学借两间作为临时办公室。他一边筹划院址,一边到天津大学、南开大学访贤求友,学习办学经验。他走访了省工业厅机械局、省化工厅,了解了我省经济发展情况和特点,然后细致分析了各种主客观条件,根据自己多年办学经验,提出了既适合我省特点,又便于学院迅速成长的专业设置方案。他提出在化工系设石油炼制专业;全党全民大办农业,农业迅速发展,需要大量研究制造化肥的技术人才,他提出设置化肥专业;机床、精密机械、铸工都是机械制造最基本专业,专业之间有着非常密切的联系,天津大学等兄弟院校也有这些专业,他就提出在机械制造系设置这三个专业,这样,既便于专业之间协作,教学和实验设备可以互通有无,符合勤俭办学精神,又便于向天津大学学习,能够及时得到他们的支援和帮助,从而有利于学院迅速成长。同时,由于这些专业联系密切,还便于专业发展和配套,更好地开展科学研究。这个方案提出后,立即得到党的支持。确定了专业设置后,他又亲自主持制订出教学计划。

狠抓学生基本功训练

潘教授认为:教学质量的高低,在很大程度上取决于基础课的教学,因此在工作中,潘教授非常注意抓基础课教学。他说:"上楼总是由下而上,基础课就好比下层楼梯,这层楼梯上不去,更上一层楼就有困难。"为了帮助物理教师提高教学质量,他经常到物理实验室和教师一起做试验,帮助教师修改试验指导书,检查学生作业,晚上学习物理教材至深夜。就这样在一年多时间里,他仔细审查了所有物理课教材,学习了物理教学大纲,参阅了国内外物理实验书,并逐章逐段做了分析比较。与此同时,还研究了教师们的教学方法,经过反复研究摸索,终于总结提出了"突出基础知识,精简教材,增加基本训练实验,减少综合实验"的物理教学方案。在潘教授帮助下,加上物理教师的积极努力,物理教学质量有了显著提高。在此基

报刊中的河北工大

础上,潘教授又以同样精神深入数学教研组,研究改进数学教学。潘教授说:"我要用一二年时间,把数学、力学等五门基础课,都要像物理课那样,逐门地较系统地研究一遍,以便提高教学质量。"

教师的好老师

潘教授虽然比较忙,可是还主动担任培养提高青年教师的任务。他说:"新学院青年教师多,缺乏教学经验,我们老一辈的就应当多给他们一些帮助。"物理教师李培樾,是 1960 年走出校门的新教师,教学热情高,但缺乏教学经验,在实验指导课中,指导方法简单,示范操作步骤不清,影响教学效果,潘教授发现后,一方面鼓励他大胆负责,另一方面耐心教给他指导方法。潘教授经常和李培樾一起研究试验,有时李培樾在前边做,潘教授在后边检查,及时指出缺点;有时潘教授在前面做,让李培樾在后面逐项总结。就这样李培樾在潘教授耐心教导下,很快掌握了各种试验的操作要领。内燃机教研组青年教师李树德开始讲课概念交代不清,潘教授就和他一起备课,参加试讲,试讲一遍不行,又帮助他试讲二遍、三遍,最后潘教授一边帮助他分析讲课缺点,一边以同样题目和内容给他做示范,让李树德对照分析自己讲课的优缺点。平时,青年教师常去找潘教授,有的找他探讨学术问题,有的请他审阅讲稿,有的甚至出测验题也要请他提意见,潘教授都是耐心地帮助他们。为了使青年教师迅速成长起来,他不仅经常检查各系教师进修工作,帮助各系全面安排教师进修方案,还利用业余时间参阅了各方面资料,帮助教师确定好进修方向和目标。

人老心不老争创新成绩

不久前,潘教授从报纸上看到了周总理和陈毅副总理对首都科学技术工作者的讲话,受到了很大鼓舞,他饶有风趣地说:"过去,人一过五十就不中用了,现在,我已经六十七岁了,却觉得像年轻人一样,我还准备好好干个十年二十年的,为青春的祖国,增添光彩。"目前潘教授已做好两套打算:一是办好学校,帮助教师争取在 1967 年精通一门外语。一是在繁忙教学中挤时间,从事内燃机原理的研究,并着手总结教学经验。

　　　　　　　　　　　　本报记者杨殿通、杨福山(《河北日报》1962 年 2 月 18 日)

虚心向老教师学习

——河北工学院青年教师迅速成长

本报消息　河北工学院青年教师在党委领导下和老教师的关怀下,努力钻研,业务能力逐步提高,已成为教学工作中的重要力量。现已有48%的青年教师登台讲课,有的还被提升为讲师,有的担任了教研室的领导职务。

河北工学院是1958年大跃进中建起来的,青年教师占全校教师总数的80%以上,学校党委很重视这批新生力量,亲切地关怀他们的成长。除了加强对他们的思想教育以外,还从各方面为他们创造条件,加强业务进修。在党的领导下,绝大多数青年教师勤奋读书,刻苦钻研。1959年才大学毕业的青年教师娄效苏,到校后分配他教"流体力学",这是一门新课程,他就去天津大学"取经",详细阅读了"内燃机原理""燃气轮"等专业书籍,并经常请教有关专业课和基础课老师,经过一学期努力,终于写出讲义。农机系材料力学教研室青年助教陈仁华,在备课中虚心向老教师学习,每次写完讲稿后,再去听老教师讲课,或请老教师提意见,然后反复修改。由于他用几倍于讲课的时间认真地进行备课,教学效果良好,大家认为比较难讲、难懂的"应力应变分析"这一章,陈仁华第一次讲就受到同学们的夸奖。

青年教师的成长,老教师发挥了不少作用。许多老教师热情地向青年教师介绍治学经验,给他们指定阅读书目,帮助他们制订进修计划,有的还为他们开设专业课程。材料力学教研室主任陈家徵副教授,帮助青年教师制订了三五年内进修规划,选择了逐年进修的内容,并针对青年教师数学基础差的情况,从上学期起就有计划地给他们讲高等数学。

周东谷(《河北日报》,1962年3月5日)

尽到辅导之责

　　河北工学院化工系三年级二班的一个学生有一次拿着作业去找辅导教师许玉芳,问道:"我的答案是 6.02 米液柱,和标准只差 0.01,在工程上不是允许的吗?"许玉芳耐心地解释说:"计算上能够算出这位数字,我们为什么要把它忽略呢?从现在起,我们就应该对数字认真处理,将来参加工作,才能少出差错。"

　　原来,许玉芳发现学生们在开始学习"化工原理"的时候,对计算上的误差重视不够,因而他在批改学生的习题作业时就特别留心,不正确的地方就帮助改正过来。许玉芳是个青年教师,辅导这个班的"化工原理"。她考虑到自己经验不多,很注意向学生征求意见,但她也对教学工作负责,毫不气馁,对学生严格要求。这样,学生们感到她在学习上给了自己不少帮助。有一次,课程讲到热辐射一章时,计算上比较复杂,但学生们用计算尺不熟练,在作习题时花费了不少时间。学生林素惠就主动找到许玉芳,反映这一情况。她就给学生们讲解了使用计算尺的方法。

　　　　　　　　　　　詹品海(《天津日报》,1962 年 4 月 13 日)

天津工学院教师积极研究农业机械

天津消息　天津工学院的教师们在党的八届十中全会公报的鼓舞下,积极进行农业机械的科学技术研究,决心为进一步巩固集体经济,发展农业生产做出新的贡献。

著名教授、天津工学院院长潘承孝虽然年已花甲,精力却十分充沛,他在最近参加全国农业机械科学研究会议后,即开始筹备"小型农用动力"的研究,这种动力机械是针对目前农村畜力不足,为提水机具、场上作业和副业加工提供动力的。农机系主任黎哲宏教授在抓好全系教学工作的同时,亲自主持"蒸汽冷凝水泵"的试验研究工作。化工系主任佟明达副教授写信邀请他的朋友肥料专家陈尚瑾于最近来学院作有关化学肥料的学术报告,以进一步明确化学肥料的研究方向。由中年教师李华棣主持的"农用拼合机床"研究试制组,目前正根据中央第一机械工业部提出的技术要求,详细地进行精度检验和经济分析工作,为国家在最近组织技术鉴定做好充分准备。

几年来,这个学院的老年教授和青年教师为支援农业生产,积极进行了科学研究工作,取得了一定的成绩。机制系教师从 1960 年开始"农村通用机床"的研究设计工作,已初步设计试制成功。农机系教师根据我省农作物常受干旱影响的特点,特别进行了提水机具的研究。化工系教师在小麦防锈、棉花保铃等农药方面,也做了一些试验研究。

李其正(《河北日报》,1962 年 10 月 19 日)

报刊中的河北工大

工学院安排师生冬季生活

　　本报讯　最近,天气逐渐冷了。天津工学院及早动手,积极做好防寒保暖准备工作,妥善安排了师生生活。

　　现在,这个学校已将冬季用煤和劈柴备齐,并检修了各教室楼、宿舍楼的暖气设备。没有暖气设备的宿舍、教室,现已开始安装炉子。各教室一些破损的门窗也已开始装修。学校工会组织已开始了解教职员工过冬衣物的准备情况,帮助他们解决一些困难。

　　这个学校还改进了食堂管理工作,提高饭菜质量,使师生吃到热饭热菜。东院的食堂召开了伙食工作会议,决定进一步加强经济核算,把食堂办得更好。有的食堂还根据当前蔬菜较多的情况,增加了副食花样。为了让师生吃到热饭热菜,食堂还添置了主副食的保暖设备。

　　　　　　　　　　　　杜明(《天津日报》,1962 年 11 月 2 日)

增强学员执行党的政策的自觉性

有一次,河北工学院化工系一位老教授在工厂里结合该厂的一项新技术给学员讲课,由于这位教授过去头脑里轻视实践,理论至上的思想还没完全改变,一讲课还是从概念到概念,理论与实际脱节。学员反映听不明白,并尖锐指出这种讲课的方法是"课堂搬家""走老路",甚至有的学员提出要换教师,说教授老了,脑袋里旧思想多,讲不了新技术。

化工系党总支听了要换教师的意见以后,认为意见虽然是个别学员提出来的,却反映了学员中在对待教师问题上的一种忽视政策的倾向,必须引起重视。于是就紧紧抓住这个问题在学员中展开讨论,进行党的知识分子政策的教育。大家学习了党的知识分子政策,对这个教授进行了全面的分析:教授虽然老了,但是在毛主席无产阶级革命路线照耀下,经过工人阶级的再教育,思想有了很大转变,能积极走与工农相结合的道路,这是个进步;在教学中暴露出一些问题,这是长期"三脱离"的结果。换掉他,就是让他"靠边站",实际上是让他继续"三脱离"。学员们认识提高以后,激动地说,换个教师容易,但是这样做不符合党对原有教师坚持边使用边改造的政策。我们的责任不是要求领导换教师,而是应该帮助领导对教师进行思想改造。学员们于是耐心地做这位教授的思想工作,既肯定他的进步,又指出他出现问题的要害,帮助他提高认识,使这位教授很感动,表示一定要坚持理论与实际的统一,讲好课。在学员和其他教师的继续帮助下,这位教授改进了教学方法,把这节课讲好了。

通过这件事使党总支体会到:能不能不折不扣地落实党的知识分子政策,是执行不执行毛主席的无产阶级革命路线的问题。工农兵学员要完成上大学、管大学、用毛泽东思想改造大学的任务,就必须不断增强执行党的政策的自觉性。从此,这个系的党总支经常对学员进行党的政策的教育,引导学员把落实党对知识分子的政策提到能否正确执行毛主席的无产阶级革命路线的高度,从而提高了学员的政策水平,调动了学员"上、管、改"的革命积极性,推动了教师的思想改造。

河北工学院报道组(《光明日报》,1972 年 2 月 6 日)

积极开展科学研究　坚持为无产阶级服务

——河北工学院科学研究工作取得较好成绩支援了工农业生产

新华社石家庄一九七二年四月八日电　河北工学院革委会,在建立教学、科研、生产劳动三结合教学体制的过程中,领导广大革命师生积极开展科学研究工作,取得了较好成绩。三年来,他们在兄弟单位和工农兵群众的帮助下,已经研究成功五十四项新技术、新工艺,其中有的项目达到较高的水平,促进了教学工作的开展,支援了工农业生产。

毛主席教导我们:"人民,只有人民,才是创造世界历史的动力。"河北工学院革委会在科研工作中注意坚持群众路线,放手发动群众,大搞群众运动。这个学校的师生在重点研究可控硅、射流、单晶炉等课题时,由于时间紧、资料缺乏,部分领导同志对于是否能按计划完成任务没有把握。这时,他们就发动师生出主意,想办法,群策群力,边实践,边改进,克服了许多困难,终于在不到三个月的时间内,先后研究试制成功了液压射流控制的多刀半自动车床和液压传动单晶炉。

为了充分调动广大师生的革命积极性,学校革委会对于科研领域中一些技术性问题,坚持实践第一的观点,反复和群众研究讨论,不轻易下结论。单晶炉科研组在解决了液压传动低速爬行的难题后,又出现爬行速度不稳定的矛盾,组内同志提出了两种不同的方案:大部分人主张采用一种"速度反馈"的装置,让它能自行补偿速度的变化,使其稳定。少数同志认为,不必搞这种装置,速度也可以做到自行稳定,增加这种装置反而使机构搞得繁杂。对于这两种方案,领导上没有轻易地做结论,而且决定同时进行,让实践来检验哪一种方案比较好。后来,赞成后一个方案的同志制造出一种旋转节流阀,迅速解决了爬行速度不稳定的问题。

在科学研究工作中,学校革委会还坚持了两个"三结合"即教学、生产劳动、科学研究三结合;学校、工厂、科研单位三结合。他们根据教学、生产劳动、科学研究三结合的需要,在全面安排了校办工厂建设的同时,还加强了实验室的改造和建设。

校办工厂和实验室同社会紧密结合,在培养学员分析问题和解决问题的能力上起了很好的作用。在坚持学校、工厂、科研单位三结合的过程中,他们主动引导师生接受工农兵的再教育,同工农兵一起开展科学实验活动。这样做,一方面使学校的科研成果能够迅速推广到社会生产中去,直接为社会主义建设服务;另一方面可以把社会生产中的新技术、新创造吸收进来,充实了教学内容,提高了教学和科研的水平。

这个学校的电子系师生在兄弟单位的支持下,制成了液压单晶炉,并拉出了合格的单晶硅。在这个基础上,电子系设置了半导体材料专业,编出了新教材。这个学校的电机系、机械系、化工系、农机系都分别在科研的基础上,增添了新专业或编写了新教材,有力地促进了教学工作的开展。

(《人民日报》,1972 年 4 月 9 日)

他们在又红又专的大道上前进

——访问河北工学院工农兵学员见闻

一九七〇年十二月,来自全省各地的五百多名工农兵学员,怀着上大学、管大学、用毛泽东思想改造大学的豪情壮志,斗志昂扬地跨进了新型的社会主义大学——河北工学院。

一年多来,这个学校在毛主席无产阶级革命路线指引下。斗、批、改不断取得新成绩,学校面貌发生了深刻变化。第一代工农兵学员,在又红又专的大道上苗壮成长。这里记述的,是我们最近访问这个学校的一些见闻。

(一)

广大工农兵学员怀着深厚的无产阶级感情,奋发图强,为革命学习马、列的书和毛主席的书,刻苦钻研和努力掌握科学知识的生动情景,给我们留下了深刻的印象。

在农机系,我们访问了 43 岁的老工人学员刘兴善。

刘兴善出生在一个贫农家庭里。在旧社会,他从小就挎着篮子要饭,十几岁就下了煤窑,受尽了人间的苦难,是伟大领袖毛主席和共产党,把他从苦海里救出来。万恶的旧社会,夺去了刘兴善上学的权利。解放后,他获得了新生,当家作了主人,这次又走进了社会主义新型大学,

刘兴善这个"大老粗"学习大学课程,困难之大是可以想象的。但是他深深懂得,他来上大学是阶级的重托,是巩固无产阶级专政的需要,是毛主席赋予的伟大历史重任。学习上的困难再大,也没有他誓为无产阶级掌好文权的决心大。他把旧社会的阶级苦,化为攀登文化科学高峰的勇气,他把毛主席的教导,化为打开文化科学宝库的金钥匙。他以惊人的毅力,突破了学习上一个又一个难关。

学数学刘兴善遇到了很大困难。开始,他分不清正负数,更不懂得什么开方,

什么 A、B、C、X、Y，见都没见过。尽管老师耐心地反复给他讲解，他还是感到听不懂，记不住。这样的学员能不能学好高等数学？刘兴善对老师们说："老师你放心，我一定能够学好数学。"教师十个劲地教，刘兴善十个劲地学。遇到困难，师生就共同学习毛主席的光辉著作《愚公移山》，共同背诵"下定决心，不怕牺牲，排除万难，去争取胜利。"师生紧密联系教学实际，认真学习毛主席的光辉哲学思想，正确解决教学中的理论联系实际问题。刘兴善是一个具有二十多年工龄的老工人，有较丰富的实践经验，他在学习中就尽量多联系生产实际。学习正负数四则运算，他根据正负符号变化复杂的特点，集中精力寻找出它们之间的变化规律。他的记忆力较差，学过的东西容易忘，他就把学过的公式、定义和作过的习题系统整理起来，经常复习，巩固提高。他常常是天不亮就起床，晚上很晚还不睡，连星期天也常常是坚持刻苦学习。在教师的热心帮助下，经过刘兴善这样艰苦努力，终于掌握了高等数学的基础知识和运算技能。后来，他在外语学习中也取得了可喜的成绩。

我们来到化工系合成专业班，师生们正在热烈地进行评教评学。在座的有热情洋溢的男女学员，也有精神焕发的中老年教师。从他们那坦率的发言，热情的鼓励，耐心的帮助中，我们看到一种崭新的师生关系。

一次，一位老教授结合一项新技术给学员讲化工机械基础课，尽管他有教好学员的良好愿望，但是由于讲起课来仍然是从概念到概念，费了好大劲，学员们还是听不懂。有的就退出课堂，干脆不听了。

老师的课没讲好，究竟应该如何对待呢？是耐心地把课听完，帮助老师找出失败的原因，上好社会主义文化课，还是听不懂就打退堂鼓，只是批评埋怨呢？针对这个问题，党支部及时组织学员学习毛主席有关教导，展开了热烈的讨论。学员们认识到，这次老师讲课没能理论联系实际，课没有讲好，但这个老教师带领学员进行现场教学，还是积极的。有的学员不遵守纪律，随便退出课堂，这是不对的。革命师生应该团结合作，不断提高教学质量，共同办好社会主义大学。后来，学员们听说这个教授病了，都主动地到家里看望他。有的学员还主动和他交换意见，并就退出课堂的做法，认真做了自我批评。这使老教授非常感动，他激动地说："我教了几十年书，还没遇到过像你们这样好的学生！"他为了让学员真正学到化工机械基础知识，病还没全好，就又一次到工厂，虚心向工人师傅请教，并再次借来那项新产品的技术装置，重新登上讲台讲了这一课，受到了学员的赞扬。

从此以后，学员们对教师更加尊重了，对专业课程的学习更刻苦了，学习成绩显著提高。

（二）

这一天,我们来到了某扩建中的钢铁基地,参观这个学校的"大课堂"。

远处,一座座高炉巍然屹立,浓烟滚滚;近处,一排排脚手架高耸入云,大吊车把几十吨重的钢筋混凝土构件轻轻吊上半空,建筑工人们正在紧张地劳动着。

"那个高个子的女青年就是河北工学院土建系的学员郝桂琴。"带领我们参观访问的工人教师李师傅指着高高的脚手架对我们说。我们顺着他指的方位仰头看去,一个年轻姑娘,头戴安全帽,推着小车奔来奔去。李师傅说她虚心好学,也很能干,现在她不但学会了放线刨槽,垒砖砌墙,而且连测量计算,设计绘图的技术也基本掌握了。李师傅继续向我们介绍说。

"起初,有的学员认为,我们上大学是来学科学技术的,整天和泥呀水呀的打交道能学到啥名堂?针对这个问题,学校和工地领导从路线教育入手,组织学员和工人一起,认真学习毛主席的教育革命思想,认识到只有坚定不移地贯彻落实'教育必须为无产阶级政治服务,必须同生产劳动相结合'的方针,才能把学员培养成为又红又专的革命接班人。郝桂琴带头斗私批修,决心更自觉地把书本理论和生产实践紧密结合起来。"

李师傅的介绍,使我们对郝桂琴的事迹产生了很大兴趣。第二天,我们在工地上找到郝桂琴。谈话中,她深有体会地说:"伟大领袖毛主席让我们工农兵上大学,就是为了让我们掌握社会主义革命和社会主义建设的本领。这个本领怎么才能学到呢?事实证明,离开了实践那些理论学不懂,学得再多也没用,只有结合实际学,学了才能用。"

在这个学校的教学、生产、科研三结合的教学基地上,我们参观了工农兵学员亲自动手建设成功的一座波浪式屋顶新型建筑,参观了工农兵学员同工厂领导、工人师傅和教师相结合试制成功的科研项目和技术革新。从这里我们看到了一支无产阶级的知识分子队伍正在迅速成长。

（三）

伟大领袖毛主席教导我们:"抗大的教育方针是:坚定正确的政治方向,艰苦朴素的工作作风,灵活机动的战略战术。"河北工学院的工农兵学员,之所以能够在又红又专的大道上奋勇前进,最根本的是,他们始终坚持坚定正确的政治方向,正确处理政治与业务、理论与实践等方面的关系。一年多来,广大工农兵学员牢记阶级的重托,认真读马、列的书,读毛主席的书,自觉改造世界观,做到环境变了,艰苦奋斗的作风不变,地位变了,继续革命的思想不变。

一天晚上,我们到机械系机制专业一班学员宿舍去座谈。一进门,就被他们那种革命气氛浓厚的战斗生活吸引住了:有的在看书学习,有的在理发,有的在钉鞋子,有的在缝补衣服……

经过互相介绍,我们认识了坐在我们对面床上的那个学员叫刘防修。他正在缝补一条褪了色的蓝布裤子,裤子上已经补了好几块补丁。我们问他:"这都是你补的?"他"嗯"了一声,回答说。"一针一线,防修防变。缝缝补补这是俺们班的传统。"原来这个班的男女学员,人人都有针线包。另一个学员抢先说:"刘防修是俺们班艰苦朴素的标兵。"

刘防修原来是生产大队会计,他牢记毛主席的教导,怀着高度责任感,当好红管家。他对生产队的一粒米、一分钱,都十分珍惜。他当了四年多会计,连一支钢笔都没买,一直使用着自己制作的那个"圆珠笔"。大队打算给他买一支钢笔,他认真地说:"我用这支笔管家记账,不但管得好,而且越管越有劲。"硬是没让买。

来到大学里,他用这支"圆珠笔",刻苦勤奋地记下一页页学习毛主席著作心得体会,完成各门专业课程的习题作业。在刘防修的带动下,全班四十四名学员,都把防修防变作为上大学的重要一课,他们发扬我党艰苦奋斗的光荣传统,始终保持以贪图享乐为耻,以艰苦朴素为荣的道德风尚。

去年十二月,电机系新学员王会英的父亲来到学校看望她。老人家看到社会主义大学里那生机勃勃的动人景象,感动得热泪盈眶,嘱咐女儿说:"这是毛主席给咱们的幸福,希望你不辜负毛主席的期望,别忘了你是贫下中农的后代,为革命好好学习本领。"王会英激动地含着热泪说:"爸爸,你就放心吧,我一定听毛主席的话,时刻想着贫下中农,努力上好大学,学好本领,为革命、为人民做出贡献。"

本报通讯员陈德第(《河北日报》,1972 年 4 月 19 日)

使教学活动和社会三大革命运动紧密相联

河北工学院坚持实行厂校挂钩

——既完成教学任务，又协助工厂解决生产中的问题和开展科研活动

本报讯　河北工学院革委会，坚持开门办学，实行厂校挂钩。三年多来，这个学院先后与四十三个工厂固定挂钩，与一百多个工厂和科研、工程单位保持经常性的联系。在三大革命运动实践中，编写了新教材一百一十四种；学校和工厂、科研单位一起承担了七十八个科研项目，完成了五十四项，其中有十一项达到较高的水平；学校还协助工厂开展技术教育，先后举办二十四期短训班，参加学习的工人、农民、解放军战士和技术人员近一千人。

这个学院在开门办学，实行厂校挂钩的过程中，认真贯彻理论和实际统一的原则。学院领导引导师生反复学习毛主席关于"学生也是这样，以学为主，兼学别样"的教导，总结前一段教育革命实践的经验和教训，大家说：理论和实际的统一是我们党一贯提倡的优良作风。旧学校的"三脱离"教学，违背了辩证唯物论的客观规律，使理论成为无源之水，无本之木；"以干代学"，则是从狭隘的经验主义出发，忽视了理论对实践的指导作用，不利于认识事物的本质。通过学习和讨论，师生分清了"以学为主"和"以干代学"的界限。此后，在厂校挂钩实践中，他们注意加强理论知识的系统教学。一九七二年上半年，化工系高分子合成专业结合教学任务，组织学员参加某工厂的生产实践，两个多月的时间开了"基础化工""有机化学"等四门课程，收到较好效果。他们结合生产流程讲授流体输送，学员很快掌握了流体输送方程式，并能运用所学理论根据现场计算流体输送设备和管路。学员说："过去到工厂是看'热闹'，这次到工厂还能看'门道'。对于一长串、一大片的流程图和分子式，也不那么难懂了。"

开门办学，厂校挂钩，为理论联系实际提供了广阔的天地。学校在组织教学的时候，着重引导学员从感性认识入手，再从理论上进行分析提高。机械系机械制造专业许多学员是从农村来的。开始学习制图时，他们感到困难。教师就把学员带到挂钩工厂，一边看机床部件，一边讲识图，帮助他们从感性认识入手，学习制图的基本知识。当设计原理初步教完后，这个专业还和唐山机铁铸造厂挂钩，承担了"一机多能机床"的设计任务，结合教学安排，发动学员想办法、出主意、制定设计方案，然后邀请工人师傅、技术人员进行分析和讨论，加强学员对基础理论和设计基本原理的认识。学员分析问题和解决问题的能力有了提高，也增强了学习业务的兴趣。

利用理论联系实际的方法进行教学，教师特别注意讲清概念和进行理论分析，使学员不仅能认识特定条件的结论，而且了解普遍规律的实际运用。例如，一九七一年冬天，电机系自动化专业到挂钩单位，进行供电课教学，教师在讲到"接地保护和绝缘监视"这一部分内容时，注意讲清"电的向量合成"原理，介绍运用这个原理判别绝缘程度的方法，指出它的一般应用。教学后，学员能较好地掌握理论知识，举一反三，触类旁通。有个学员假期回到自己所在单位，发现变电所的绝缘监测仪表有毛病，他运用所学的知识，找出了原因，帮助工厂解决了监测仪表线路安装不合理的问题。

学院除了完成教学任务以外，还积极协助工厂解决生产中的问题和开展科学研究活动。农机系铸造专业根据工厂产品和专业教学内容的需要，就近与天津动力机械厂和天津机车车辆厂实行定点挂钩。他们在参加生产实践的基础上与工人师傅、技术人员一道进行了"高强度模亮""流态化撒沙"的科学实验，并且获得成功，对于提高劳动效率，减轻劳动强度起到很好的作用。为了推广新技术，这个专业的教师协助工厂开办了短期训练班，并经常下厂帮助解决在应用新技术过程中出现的问题，受到广泛的欢迎。

他们还及时地把科学研究的新成果反映到教材和教学活动中去，在不断加强学员实践基础的过程中，加强理论教学。化工系高分子合成专业的学员，在学习聚缩反应时，曾参加了工厂的生产实践，有了一定的基础和理论知识，但是，因为工厂的大规模生产，学员没有看到缩聚反应的详细过程。为了扩大和加深学员对于缩聚反应的感性认识，教师把和天津化工原料一厂、合成材料研究所共同进行科学研究的新成果聚次苯基硫醚，编进教材，把学员带到实验室，让大家从玻璃仪器中观察反应的现象，同时讲解完成化学反应的最有利条件以及控制温度和压力的知识，帮助学员从理论上进行再提高,为他们学习后续课程《高分子物理及成型工艺》做好准备。

为了使教学活动和社会三大革命运动紧密相联,学院除采取多种形式实行厂校挂钩外,还先后派出五十九个教育革命实践队,深入工厂、施工基地,学习新技术、新经验,听取群众对教育革命的意见;同时,学院建立了科学技术情报组,与二十八个省市将近五百个有关单位保持联系,学院的科研成果能及时在社会上推广,其他单位的新技术、新经验也能在教学中得到反映。

陈德第(《光明日报》,1972 年 11 月 23 日)

河北工学院认真总结科研工作经验

　　河北工学院最近召开科研工作会议，认真地总结科研工作经验。几年来，这个学院共进行了八十七项科学研究工作，研制成功了五十八项具有先进水平的新技术，新产品、新材料、新工艺。在科研工作中，他们坚持无产阶级政治挂帅，经常组织科研人员深入三大革命实践，走与工农相结合的道路，认真改造世界观，解决为什么人的问题。引导革命师生坚持理论和实际相联系的原则，注意防止脱离实际搞科研和忽视理论学习两种偏向。并在抓紧对三大革命运动和工农业生产发展中提出的科学技术问题的试验研究的同时，重视科学技术理论和基础科学的研究。他们坚持开门搞科研，把科研工作同三大革命实践相结合，同工农兵群众相结合，做到社会与学校互相促进，不断提高。

　　为了进一步发动群众开展科研活动，会议还制订了一些措施：一、组织专职研究人员，并定期进行轮换；有的专职人员也可担任一定的教学任务。二、重视兼职科研队伍的建设，不断充实和扩大不脱离教学的兼职科研人员的力量，使教学和科研互相结合，互相促进，互相提高。三、教学计划中要对学生参加科学研究工作给予适当的安排，结合科学实验活动、学工、设计等多种形式进行。

（《光明日报》，1973 年 4 月 6 日）

河北工学院机械系同一机局工厂合办工人班

——一批工人从机制专业班学习毕业

本报讯 河北工学院机械系同本市一机局系统部分工厂合办的机制专业工人班,最近胜利结业了。

工人班的学员来自我市拖拉机厂、动力机厂、机床厂、机床附件厂、液压件厂、蜗轮减速机厂等十几个单位,全是有一定实践经验的机械工人。学习采取半工半读的方法,学员每周用两个半天时间到学校学习理论知识,绝大多数时间回工厂参加生产劳动,把学到的理论知识运用到生产实践中去。由于坚持理论联系实际的原则,不仅使学员学到比较完全的知识,而且为生产做出了贡献。办学两年半以来,以学员为主或由学员参加的新产品研制和技术革新项目,就有二十多项。最近在学习无产阶级专政理论的推动下,十几名学员仅用四十几天就为天津市汽车发动机厂设计了一台凸轮轴自动线专用的卧式滚齿机,受到生产单位的好评。

本报通讯员(《天津日报》,1975 年 7 月 20 日)

坚持开门办学　搞好教育革命

在学习毛主席关于理论问题的重要指示中,我们联系实际,总结了几年来进行教育革命的经验,体会最深的是,学校要坚持正确的办学方向,就必须遵照毛主席的指示,认真贯彻执行教育必须为无产阶级政治服务,必须同生产劳动相结合的方针,坚持开门办学,使学校适应三大革命运动的需要。

依靠工人阶级培养革命事业接班人

教育要适应三大革命运动的需要,首先就得使学校所培养出来的人具有社会主义觉悟,适应社会主义经济基础发展的需要。

从一九七〇年以来,我们遵照毛主席的《七·二一指示》,招收了几届工农兵大学生。这些学员来自三大革命运动第一线,思想觉悟比较高。他们在上大学、管大学、用毛泽东思想改造大学方面是一支重要力量。但是,另一方面,正像伟大导师列宁指出的那样:"工人和旧社会之间从来没有一道万里长城。"我们必须警惕"智育第一""知识私有""读书做官"等对一些学员的影响。不把转变学员的思想放在首位,就培养不出有社会主义觉悟的有文化的劳动者。为此,几年来,我们引导师生走《五·七指示》的道路,坚持开门办学,充分发挥工人阶级在培养革命事业接班人方面的作用,教育工农兵学员和工农相结合,培养他们甘当新型劳动者的思想感情,并通过参加斗争实践,丰富知识,增长才干。

我院机制专业的部分师生,在唐山柴油机厂开门办学的收获,就是一例。他们是去年七月到柴油机厂的。厂校双方商定:为当地在一九八〇年基本上实现农业机械化的目标服务,共同承担凸轮轴自动线、主轴承盖、后盖流水线的十二台机床的设计、制造、装配任务,以这些任务带动教学。厂校实行工人、学员、教师三结合,参加设计、制造、装配全过程。十几名工人带领三十名学员,一边搞设计、制造和装配,一边负责做转变学员思想的工作。如开始时,有的学员学习技术的目的性不够端正,厂党委和工人便立即用本厂技术人员的两种表现和两种结果为例,教育大家:有些技术员几年来一直能为革命而钻研技术,能和工人相结合,先后搞成了四条机体流水线和一百多台专用机床,受到了工人的欢迎;而有些技术员钻研技术的目的不端正,脱离工人,脱离生产,关门搞设计,结果搞出的四台组合机床全部报废了。厂领导和工人师傅严肃地指出:技术人员能不能为革命的需要而使自己的技术精益求精,能不能同工人、生产劳动相结合,是能不能走好《七·二一指示》道路的大问题。学员受到教育后表示:一定通过参加生产劳动和工人相结合,把自己锻炼成为革命事业接班人。

通过参加劳动,同工人相结合,学员们的思想面貌发生了很大变化,丰富和加深理解了所学的知识,提高了解决实际问题的能力。他们在教师、技术人员的指导下,为工厂设计、制造、装配了十二台机床的三条自动线,单是凸轮加工自动线就提高工效六十倍,减少七个工人的劳力。大家说:这次下厂,是做有社会主义觉悟的有文化的劳动者的必修课。

为巩固和发展社会主义经济基础服务

党的发展国民经济的总方针,反映了社会主义革命和社会主义建设的客观需要,教育必须自觉地贯彻落实党的发展国民经济的总方针。工科院不仅应该关心工业生产的发展,而且应该积极为农业学大寨多做贡献。马克思说过,"超越于劳动者个人需要的农业劳动生产率,是一切社会的基础"。毛主席也指出:"农业和轻工业发展了,重工业有了市场,有了资金,它就会更快地发展。"脱离农业去发展工业是行不通的。因此,作计划、办事、想问题,要想到人口的大多数——农民。但是,以前实行关门办学,就是下厂学习,也很少考虑农业现代化的需要。

通过学习无产阶级专政的理论,我们提高了认识。对于围绕工科院校要不要为农业生产多做贡献的问题,我院展开过一场辩论,辩论的结果,坚定了教育必须为巩固和发展社会主义经济基础服务,包括为农业生产服务的决心。这场辩论最先是在农机系农机专业设置问题上展开的。我院教育革命开始不久,就有人说:工科院校还搞什么农机专业,应当把这个专业的"农字"取消,改名为"动力机械系"。当时,我们学习了毛主席的有关教导,想到发展国民经济的需要,坚持办农机专业。后来,农机专业在去不去承德的问题上,展开了斗争。承德地区拖拉机厂准备试制山区用的拖拉机。师生们了解到这种情况,很受鼓舞,决心去参加试制工作,为广大山区的农业机械化贡献力量。但有人却说什么,"这种产品不典型","不够世界水平","不符合生产发展方向"。党支部及时组织师生讨论,使大家认识到:自力更生制造适合我国山区急需的新农机,是符合社会主义生产的发展方向的。于是,师生背起行装到了承德地区的拖拉机厂,和工人、技术人员一起,大干了四十多天,搞出了山区拖拉机的设计图纸,并于去年十一月份试制成功。从此,各个专业都争着为工农业生产,特别是为支援农业学大寨多做贡献。农机、无机、机制、热处理、铸造等专业还派出师生,奔赴全省各地大搞化肥和拖拉机的研制工作。

要多到县社工业企业去办学

工科院校开门办学,要更多地到县、社工业点上去。这是加强工农联盟和逐步缩小三大差别的需要,也是巩固无产阶级专政的需要。

我们是这样做的:到县、社工厂开门办学,结合工业支援农业组织教学,开展支农产品项目的科学研究,并派遣服务队为农村工业生产服务。

几年来,我们先后派出了近百个小组,参加了河北省大搞拖拉机的工作。我们在邢台拖拉机厂参加了中型拖拉机研制工作,搞了变速箱壳体流水线的设计,在抚宁县参加了柴油机"长腿"的研制工作,搞了专用机床、组合机床、用普通钢代替优质钢制造齿轮、球墨铸铁履带等产品的试制。师生们既为支农项目进行了科研工作,为县、社工业大搞土设备,赶制收割机、脱粒机、扬场机等,还协助县、社举办了"五·七"业余大学和多种类型的短训班。我们向大城、任丘两县派遣的服务队,和贫下中农一起自力更生修建了电器厂,在严寒的冬天和贫下中农一起竖杆、架线,铺设农村电力网。由于电压低,电机一开动就被烧坏,曾经严重地影响了春耕排灌。他们急贫下中农所急,因陋就简,经过一个月的努力,制成了简易升压器,及时地解决了问题。同时,他们还举办了农村电工短训班,培训了三百多名农村电工,编写了农村电工教材。这些工作受到了贫下中农的欢迎。

河北工学院教务处(此文载于1975年12月1日《人民日报》头版头条,
并在中央人民广播电台新闻联播播出)

河北工学院广大师生发扬"攻关"的革命精神

以更多的科研成果向全国科学大会献礼

本报讯　河北工学院党委发动广大师生认真学习中央《通知》,总结办学经验,进一步认识到,大学必须把开展科学研究作为一项重要任务,既能为提高我国科学技术水平,推动生产发展作出贡献,同时又是培养又红又专的技术人才的有效途径。在开展科学研究中,这个学院党委注意发挥专业队伍的作用,对重大科研课题集中人力攻破。几年来,他们先后成立了十几个专门的科研组,承担了一批重要研究项目。党委热情鼓励参加科研工作的教师为革命钻研技术,努力攀登高峰,并在人力、物力、政治上给以大力支持,为他们创造有利条件。电子系单晶科研组是一九七〇年建立的,党委积极组织人力,增添设备,建设基地,现在已有一支三十人的科技队伍。在科研工作中,这个科研组坚持苦干实干的精神,做到年年出成果。在"四害"横行的日子里,大家顶住"四人帮"的压力,坚持科研不停,取得了十三项科研成果,有七项经过鉴定达到先进水平。

在发挥专业人员作用的同时,学院党委还注意发动群众,大搞群众性的科学实验活动。积极承担生产技术任务。几年来,他们先后组织师生深入几百个工厂,结合生产实际开展教学、科研、生产活动达五千多人次。先后承担了五百零二项技术任务,已经完成了三百三十项,其中有新工艺新技术的应用,有研制新产品新设备,有先进技术的总结,也有成套的设计、制造、安装任务。如机制专业承担了部分工厂整套生产自动线的设计、制造、安装任务。农机专业围绕我省拖拉机制造工业大发展的需要,在承德、抚宁等地积极参加了大、中、小型拖拉机改型设计或试制投产的会战。铸造专业为了解决制造农机配件的材料问题,先后在唐山、抚宁、遵化、定县、磁县等地推广球墨铸铁工艺,用铸铁代替优质钢材生产曲轴、齿轮、缸体、小拖链轨板、农用滚动轴承等重要农机零部件。无机物专业积极为我省化肥生产大上快上出力,去年在玉田化肥厂对全厂主要设备系统地进行了生产能力核算,总结他们设备挖潜、生产翻番的先进经验,并和工人一起研究、创造了双塔串联合成新工艺。自动化专业同天津电力建设公司综合加工厂,研制成功了大型弯管机的中频加热电源装置。他们坚持自力更生的方针,克服了许多技术难关,用中频电感加热代替落后的烘炉加热,不仅解除了工人笨重的体力劳动,而且能弯直径八百一十三毫米的大型钢管,打破了帝、修、反的封锁,填补了国家空白,为建设我国大型电站做出了贡献。

粉碎"四人帮"以来,在英明领袖毛主席关于科技工作的重要指示鼓舞下,大家树雄心立壮志,科研又取得了一些新的成绩,具有先进水平的硅单晶热处理工艺研制成功了,半自动组合车床已经组装开始调试,参加全省辉光离子氮化炉会战项目又有新的突破。目前,全院师生正在认真学习十一大文件和中央《通知》,制订科研规划,建立科研队伍,研究如何加强基础理论,开展学术交流活动。化工系、土建系办起了电子计算技术学习班,决心发扬"攻关"的革命精神,为振兴我国的科学事业,以优异的科研成果向全国科学大会献礼。

本报通讯员(《河北日报》,1977 年 10 月 7 日)

河北工学院科学研究获丰硕成果

新华社讯　河北工学院坚持教学、科研、生产三结合,积极开展科学研究,在最近几年里搞成了一百五十七个科研项目。河北工学院党委认为,大学搞科学研究不仅很有必要,而且大有可为。它既能为发展我国科学技术做出贡献,也是培养又红又专科学技术人才的有效途径。几年来,这个学院先后建立了单晶硅、射流、激光、可控硅等十多个专门的科研组。为了适应科研工作的需要,近几年共改造了十二个实验室,建立了七个科研基地。

电子系半导体材料科研组是一九七〇年建立的,现在已有一支近三十人的技术力量。在"四害"横行的日子里,这个科研组顶住"四人帮"的压力,坚持科研不停,取得了十三项科研成果。他们自制了三台液压传动单晶炉,能够生产质量较好的半导体原材料,能为国家创造几十万元的财富。热处理专业把教学与科学研究密切结合起来。一九七四年,他们研制成功了离子氮化新工艺和辉光离子氮化炉,运用于生产,使刀具等产品质量大大提高。辉光离子氮化炉等新设备新工艺研制成功后,及时编入热处理专业教材,丰富了教学内容。几年来,河北工学院党委注意发动群众参加科学实验活动。他们根据教学安排,组织师生深入工厂,结合生产实际开展教学、科研活动,承担了五百零二项技术任务,已经完成了三百三十项。

陈德第(《光明日报》,1977 年 11 月 8 日)

谷纪芳同志追悼会在河北工学院举行

余秋里同志、胡耀邦同志送了花圈

中共河北省委、省革委会、中共天津市委、市革委会送了花圈

尹哲同志主祭　杨远同志主持　崔哲同志致悼词

本报讯　原天津工学院党委副书记谷纪芳同志追悼会，一九七八年十一月一日下午在河北工学院礼堂举行。谷纪芳同志于一九六七年一月三十日被林彪、"四人帮"反革命修正主义路线迫害致死，终年五十一岁。

余秋里同志、胡耀邦同志送了花圈。

中共河北省委、省革委会，中共天津市委、市革委会，河北省、天津市有关部、委、办、局，中共邯郸地、市委，中共天津市河西区委、区革委会，中共天津市红桥区委、区革委会和大专院校送了花圈。谷纪芳同志生前友好郭林祥、鲁瑞林、王诚汉、韦杰、李文清、许德厚等同志也送了花圈。

中共河北省委副书记尹哲主祭，并献花圈。中共天津市委常委、市革委会副主任胡昭衡，中共河北省委、省革委会，中共天津市委、市革委会有关部门的负责同志崔哲、王金鼎、李芳林、解永光等，谷纪芳同志生前友好黎光、袁血卒、曹玉清、李志敏等同志参加了追悼会。

河北工学院师生员工代表，河北省、天津市大专院校代表，谷纪芳同志的亲属和生前所在部队代表共一千五百余人参加了追悼会。

谷纪芳同志的追悼会由河北工学院党委书记杨远主持，河北省革命委员会文教卫生办公室主任崔哲致悼词。

悼词说，谷纪芳同志是四川省通江县人，贫农出身，雇工成分。一九三三年一月参加革命工作，一九三三年六月由共青团转入中国共产党，历经长征。谷纪芳同

志热爱伟大领袖和导师毛主席,刻苦学习马列主义和毛泽东思想,坚决贯彻执行毛主席的革命路线,忠于党的革命事业。在民主革命时期,立场坚定,英勇果敢;建国后坚持继续革命,保持和发扬了我党我军的光荣传统和优良作风。他作风正派,生活俭朴,团结同志,坚持党的原则,遵守党的纪律,密切联系群众。

一九六三年河北省遭受严重水灾时,谷纪芳同志把个人积蓄的八千元捐献给灾区人民,表现了共产党员的高贵品德。谷纪芳同志是我党的好干部、优秀党员。

追悼会后,中共河北省委、省革委会,中共天津市委、市革委会,河北省、天津市有关部门和河北工学院负责同志向谷纪芳同志的爱人李素忠及子女表示亲切慰问。

谷纪芳同志的骨灰由河北工学院负责同志和师生代表、谷纪芳同志的家属及生前友好护送天津市烈士陵园安放。

(《天津日报》,1978 年 11 月 17 日)

液压半自动组合化车床

河北工学院最近研制成功了"卡盘多刀"型、"短轴仿形"型和"端面仿形"型三种液压半自动组合车床。经过有关领导机关、研究部门、同行业制造厂和用户的审查鉴定,达到了设计要求,质量良好。

这项新的科研成果是由该院机床厂研制成功的。由于采纳了组合化的设计原则,运用这三台机床上的通用化零部件,将使所设计机床型谱方案中的十八个品种能够组合成型,从而为迅速向专业化工厂提供不同用途的高效车床或成套供应车削自动线打下了良好的基础。

这种新型的组合化车床,布局合理,造型匀称大方,具有结构紧凑、体积小、重量轻等特点,能广泛适应汽车、拖拉机、电机、水泵以及某些矿山冶金机械和军工机械等行业进行专业化生产的需要。除装卸零件外,机床具有完整的自动工作循环。刀架的横向运动采用了双螺杆定位装置,调整方便,定位准确,通用刀夹还可以进行微量调整,便于控制加工尺寸。机床的几何精度比较高,且具有足够的精度储备量和刚度。三台样机的零部件分别达到了百分之八十五至百分之九十五的通用化水平,而标准化程度(按零件件数)均在百分之七十以上。对于车削盘类,短轴等回转体零件,生产效率与普通车床相比,一般可提高三到五倍。经过改装还可实现单机自动化或纳入自动线。由于这种机床的性能是在运用成组加工的原理对所加工零件进行工艺分析的基础上确定的,所以,它除了在大批量生产中能发挥专用、高效等特长外,更主要的是其具有一定的灵活性,能比较方便、迅速地更换加工对象,因而,在中批或中批以下的多种零件交替轮番生产的情况下,也同样能获得较好的技术经济效果。

陈德第(《河北日报》,1979 年 1 月 2 日)

花艳蜜芳

——河北工学院邹仁鋆攻克一项重大科研项目

编者按：伟大的现代化建设，需要千千万万个有本领、肯苦干的人共同奋斗。河北工学院邹仁鋆同志就是其中一个。

邹仁鋆同志心里装的是祖国怎样更快地兴旺发达起来。因此，他不废寸阴，埋头苦干，敢于攻关，敢于胜利；他从实际出发，学习外国，坚持洋为中用，把力量放在近期可能起作用的科研上。他有强烈的民族自尊心，为了给祖国争光，以高度的责任心和紧迫感，从事科学研究。他的革命精神和工作态度，值得学习。

自然界的春天是美丽的，科学界的春天更美丽。一项项科研成果，丰姿端容，灿若星汉，艳比桃李，使你如行山荫道上，应接不暇。这里，我们记述的，是河北工学院化工系基本有机化工教研室副主任邹仁鋆写作裂解学术论文《烷烃裂解反应的化学热力学和动力学研究》的事迹。

研究裂解反应是一项刻不容缓的重大科研课题。裂解反应在石油化工中相当重要。通过裂解可以使石油及其炼制油、油田气制得乙烯等基础原料，然后经过各种化工过程，就能产生成千上万种有价值的化工产品，如农药、化学纤维、塑料、合成橡胶、合成药物、染料、溶剂、助剂等。因此，国外常常拿乙烯的产量来作为衡量一个国家有机化学工业水平的标志。邹仁鋆的这篇论文，围绕西德学者施密特关于裂解最佳温度问题，论述了达到乙烯峰值产率时温度和时间的制约关系的规律，突破了施密特的温度界限，为强化生产、节约裂解原料、提高乙烯产率指出了有效的途径。这篇论文在今年第一期《中国科学》中外文版上发表后，引起国内外广泛的重视，美国、日本、英国、法国和罗马尼亚等国的专家、学者纷纷来信表示关注与祝贺。国外的一位科学家在信中说："您取得了引人注目的成果。这项成果显而易见地压倒了施密特的先前的著作，提出了一个寻找乙烷裂解最佳条件的新方法，对此我向您祝贺。"这篇论文已摘入美国出版的世界化学文献检索刊物《化学文摘》（简称 CA）中。我省已把这篇学术论文列为一等受奖科技成果项目。

不废寸阴

人的精力和时间是有限的。但对科学家来说,在有限之中又有着"无限"。对于这一点,邹仁鋆是体会颇深的。他说,一个科学工作者不仅要有正确的命题和思路,同时还要有科学的工作方法。科研工作者对待时间,要像工人对待原料一样,要用最少的原料制造出最多的产品。

邹仁鋆研究的这篇学术论文论题,是在教学中遇到的,并且是在完成教学任务以及其他工作的情况下进行的。如果把这些工作统统加起来,人们就会感到,一个人的精力和时间是很难做到的。而他又是怎样完成的? 让我们先看看他桌上放的那本台历吧。

这是一本常见的中型台历。但在台历的背面,却夹着一张张小纸条,有的多达五六张,上面蝇头小字写的是一天何时做什么事。这样的纸条不仅夹在当日那页背面,而且还夹在当日往后七天的背面。这就是说,邹仁鋆不仅把每天的工作安排得满满的,而且把一周的教学、科研和教研室工作事先都计划好了。他一天有两段精力最充沛的时间,一段在上午七点至十点,一段在晚上八点至深夜一、二点。他把这两段时间都用来攻关,解决教学和科研中难度大的问题。有一夜,为了攻克裂解动力学研究中的数学模型和计算程序问题,他奋战了一个通宵。当晨光爬进屋里,电灯光变得微红时,他依然在那里聚精会神地在思索、在演算。一夜过去了,但是并没有到达解决问题的终点,只是在解决问题的道路上前进了几步。虽然是几步,而所见已奇。他不能停下来,一直鏖战到第二天黎明,才求到了结果。连续苦战了三十多个小时,这收获时的快乐已足以使他忘却了耕耘的劳累。

八小时工作制对邹仁鋆来说根本就不存在,节假日更是他进行学术工作的大好时光。有一年暑假特别热,晚上坐在院子里乘凉也不免汗流不止,而他一天到晚闷在蒸笼似的屋子里,写呀画呀没个完。有几个晚上,用一条汗巾擦汗都不顶用,他索性准备了几条汗巾,这条擦了用那条,条条擦得都能拧出水来。夜深了,人静了,他那间屋里的灯光依然明亮。

为了攻破一道难关,思考一种解决问题的途径,他常常到了如痴似呆的地步。有一次,在北京乘坐 13 路公共汽车去和平里,一上车就陷入了电子计算中的数学模型问题的思考中,到站后忘了下车。当他下车时已过了好几站。再往回坐时又坐过了站。又返回来,才总算到了要下车的那一站。

邹仁鋆就这样,为了找到科学的数据和验证,不知送走了多少个晨曦微露的黎明,也不知迎来了多少个繁星满天的夜晚。他的一个坚强信念是,不达目的,决不罢休。

学为我用

在向尖端科学领域的进军途中,必然要遇到一个如何对待外国科技成果的问题。是掩耳遮目,拒绝学习或不辨好坏,全盘接受呢?还是在学习中加以消化,去其糟粕,取其精华,为发展我国科学事业所用?邹仁鋆写作裂解学术论文,是从热力学和动力学方面,证明了施密特的理论和关于 954°C 是乙烷最佳温度的结论是错误的,并通过科学上的推导和严密的计算,确立了新的观点。要进行这种国际水平的学术探讨,不了解国外烷烃裂解方面的科研情况,是无法进行的。邹仁鋆查阅了英文、日文、俄文、德文的国外资料。单是他查阅国外各类化工文献所作的卡片,就有上万张。为了及时掌握世界各国有关烷烃裂解方面的科研情况,他每半个月到各有关单位浏览一遍国外的近期期刊。他认为,科学知识是不分国界的,已发表的科学成就是属于全人类共有的财富。我们应当充分利用这一巨大财富,作为发展我国科学事业的起点。

他抱着学习外国,为我所用的态度,针对不同情况加以不同处理。对于世界公认的精选的数据,经过处理用于自己的研究上。比如确定乙烷裂解最佳温度时,在一般用已有的标准生成自由焓数据获得化学反应平衡常数,只能取到 1000°K 的数据,改用自由焓函数的方法,对国际上公认的精选数据加以处理,尔后用于该论文,获得了 1000°K 到 1500°K 的化学反应平衡常数的较理想数据。

对于众说纷纭的东西,邹仁鋆则加以筛选,取其优者。如在进行动力学计算时,他从国外文献中查取了十几套动力学参数的数据,在电子计算机上对每一套数据都进行了严格的检查,不可取的加以舍弃,最后筛选出一套可取的动力学参数,用于其论文的计算之中,获得了与文献实验值相吻合的结果。

借鉴是重要的,但借鉴完全是为了创新。在研究裂解反应化学热力学的平衡时,为了建立各化合物平衡衡分子方程组,邹仁鋆大胆运用平衡系统的方法,建立了一组非线性方程组。但解出的计算方程式极为复杂,计算出的氢的平衡衡分子数的数值接近于1。虽然电子计算机可以计算出八九位数字,但从有效数字规则来说,由于原始数据的有效数字位数的限制,计算的结果只有五位数是可取的,而在论文所研究的不同温度下,计算的结果,在小数点后的五位都是九,也就是都是 0.99999,看不出温度对氢的平衡衡分子数的影响,只有设法能取到小数点后面第六、七、八位数,才能分析裂解温度对氢平衡组成的影响。经过反复的检验计算,一个增加有效数字位数的解决方案终于设计出来,使计算的结果可以取到小数点后面八位数。为探索裂解温度对氢平衡衡分子的影响规律开拓了通道。这样,他才有可能把乙烯的平衡衡分子数计算出来,才能为最终突破施密特提出的最佳温度提供充分根据。

邹仁鋆在完成这篇裂解学术论文的过程中,特别注重实践的检验作用。他从四个方面来验证自己的观点是否正确:一是请关于裂解方面的研究人员、设计人员提意见,共同探讨;二是到有关裂解生产的工厂请老工人评论;三是通过教学实践加深对裂解规律的理解,听取学生的意见;四是专门钻研了国外有关裂解动力学实验的报告和数据,与其计算结果进行分析对比。一九七七年,茂名石油化工二厂根据他的论文的思路,在每年一千八百吨的裂解炉上作了裂解试验,将裂解温度由现有生产条件提高了 30°C,裂解转化率由 27.6% 提高到 35.2%,乙烯丙烯比由 0.57 提高到 1.18,与这项研究所提出的规律性一致。

为国争光

邹仁鋆在科研上取得如此重大的成果,是有其坚实的思想基础的。早在 50 年代,他就立下雄心壮志,要为社会主义祖国争光,要为中华民族赢得荣誉。那时,他经常查阅《化学文摘》。其中很多论文勾画出了化学化工发展的美好远景,在他面前展现了一个丰富多彩、引人入胜的崭新天地。面对着这崭新天地,他惊喜、神往、兴奋异常。

然而,随之而来的,却是极大的不满足。他发现 CA 所收载的世界科学文献中,中国的学术论文所占的比例是极小的,多少个夜晚,他反复地思索,外国人能搞出来的东西,我们中国人也一定能够搞出来。

从此之后,他一直没有间断过学术研究工作。在科研上每当登临一个山头,他决不自我陶醉,止步不前,总是鼓起更大的劲头,迈出更大的步子,去攀登新的山头。系党总支书记几次亲切地对他说:"要努力攀登科学高峰,为社会主义祖国争光。"教研室党支部书记常和他谈心,鼓励他继续努力,为教学、科研多作贡献。特别是 70 年代初期,敬爱的周总理发出关于加强基础理论研究指示之后,更给他的科研工作增添了新的动力。作为一个从事科研工作多年的科研人员,他比一般人更能理解到基础理论研究的重要性。科学技术上的重大突破,生产力上的重大提高,都离不开基础理论研究上的重大收获。邹仁鋆感到,他的科研工作是受到党和人民的亲切关怀和高度重视的。

"四人帮"横行时,他对"四人帮"对我国科学事业的摧残,对广大科研人员的迫害,是十分气愤的。那时,他憋着一口气,为赶超世界先进科学水平而顽强地工作着。

粉碎"四人帮",邹仁鋆在心情上确有重新获得解放之感,过去郁积心头的愤懑一扫而光。他像一匹负重的骏马,可以沿着社会主义大道,尽情地奔向四个现代化了。他更加强烈地感到,必须倍加努力,尽早拿出科研成果来。当看到美国CA中收摘了他的论文后,他为在外国的世界性文摘刊物中出现中华人民共和国的论文字样而高兴。他感到一个科技人员工作的好坏,不是个人的问题,而是关系到为国争光的问题。只有把个人的工作融化在祖国的社会主义现代化建设中才有意义。邹仁鋆每想到这些,就感到浑身有使不完的劲,恨不得把一天变为两天。

有两个数字,很能表明邹仁鋆的这种心情。一个数字是二十分之一,即我国的科技人员只有美国的二十分之一;一个数字是八千分之一,即到本世纪末,地球的自转不足八千转了,过一天就消逝了八千分之一。邹仁鋆时刻用这两个数字来激励自己。赶超世界先进科学水平,为实现四化多多添砖加瓦的责任感和紧迫感,燃烧得他经常深夜毫无倦意,或攻难关,或查资料,或写著作。他已完成一部近四十万字的《石油化工裂解原理与技术》著作,即将由化学工业出版社出版。他的另一篇学术论文《轻烃混合裂解反应转化率产物分布等预计问题的探讨》已在今年第三期《中国科学》中文版上发表。国家科委化学反应工程学科分组聘请他为成员,《化工学报》和《石油化工》编委会聘请他担任编委,中国化工学会石油化工专业学会聘请他担任理事。

令人欣喜的是,这些繁忙的工作放在他的肩上,并没有使他变得苍老,反而变得年轻了。他已是五十二岁的人了,头上出现了一束束白发,身背也有点微驼,但脸色是红润的,眼睛是有神的。如果有谁问到他多大岁数了,他便透过眼镜,定定看着你,微笑着说:"我二十五岁了。"请不要以为他说错了,他确实把五十二岁当作二十五岁。他觉得自己越活越年轻了,决心更加朝气蓬勃地去翻山越岭,攀登新的高峰。

去年十月,他在杭州开完《石油化工》编委会会议,乘飞机去长沙参加中国化工学会一九七八年年会。在飞机上,他极目太空,禁不住思绪翻腾。他感到,科学领域正如眼前这无边无际的太空一样,浩瀚无涯,深邃无穷。他以往的科研进展,只是初登堂奥。

目前,邹仁鋆正在和教研室的同志一起动手设计制造新的裂解反应装置,开展更深一步的试验研究。

预祝邹仁鋆在裂解的基础理论研究上取得更大的成就。

通讯员陈德第　本报记者王瑞朝、薛禄英(《河北日报》,1979 年 6 月 19 日)

氦氖激光器在我省研制成功

河北工学院激光科研组经过一年多的努力,研制成功了具有国内先进水平的氦氖激光器。这项科研成果,在河北省科技成果奖励大会上获得三等奖。

氦氖激光器具有亮度高、方向性好、单色性强、相干性好等特点。因此,在测距、准直、导向、精密计量、全息照相、地震探测、无线电传真、自控医疗、科研等方面都有重要用途。尤其是该组经过多方面研究和重要工艺改革研制的激光管,从已测定的四十余支看,具有功率普遍较高,寿命较长的特点,达到了国内先进水平。天津、北京和我省等地用户使用后一致反映效果较好。

陈德第(《河北日报》,1979 年 8 月 22 日)

教授潘承孝八十三岁入党

本报讯　五届人大代表、中国民主促进会中央常务委员、河北省政协副主席、河北工学院副院长,八十三岁的一级教授潘承孝同志最近光荣地加入中国共产党。

潘承孝在一九二一年底作为官费生留学美国。一九二七年留学归来,一直从事大学教育工作。解放后,潘承孝同志受到党和人民的重视,承担了更加重要的责任。先后担任过天津大学教务长、河北工学院院长、天津工学院院长等职务。他一心扑在党的教育事业上,为培养更多的人才,发展我国的科学事业做出贡献。

十二月八日,河北工学院隆重举行潘承孝同志入党仪式。潘承孝同志表示,一定把自己的晚年全部献给党,为实现四个现代化奋斗不息。

陈德第(《河北日报》,1979 年 12 月 13 日)

(此文也于同年 12 月 21 日刊载在《光明日报》头版)

我省高校第一座现代化计算机室建成

　　我省高等院校第一座现代化电子计算机室在河北工学院建成。这座电子计算机室的设备,是从美国进口的。可进行科学计算、数据处理,随机模拟,应用范围广泛。昨日,这个室的工作人员基本完成了计算机调试。

陈先柏、李乃毅(《河北日报》,1979 年 12 月 19 日)

看似轻松实艰辛

——邹仁鋆教授的日日夜夜

轻柔的阳光洒在桌面上，更给屋子增添了一种宁静的色彩。屋子不大，但书籍不少。贴墙的书架上满摆着书，办公桌上堆放着书，双人床上散放着书，连地上也存放着书。屋子的主人头发花白，额头宽宽，微微驼背，语调缓慢而清晰。他，就是河北工学院邹仁鋆教授。

自从本报去年刊登他的科研事迹以来，他在学术上又有了新的进展，这集中地反映在他的著述中。他陆续收到二十来个国家的专家、教授来信，对他在石油裂解反应方面所取得的科研成果给予很高评价。裂解反应在石油化工中占有重要地位。通过裂解可以取得乙烯等基础原料，然后经过各种化工过程，就能产生成千上万种有价值的化工产品。难怪国外常拿乙烯的产量作为衡量一个国家有机化学工业水平的标志。在我国，在世界，不知有多少科学家为研究裂解反应废寝忘食。在研究裂解反应上任何重大的成就，都将为发展乙烯带来新的美好前景。邹仁鋆为研究裂解反应，不仅博览中外有关的书报杂志，获得了丰富的专业知识，同时走遍我国有关的工厂、设计院和研究院，掌握了大量的实践经验，为提高乙烯产率提出了有效的途径。他为祖国创造了难以估价的财富。他出席了全国先进单位和全国劳动模范第二次授奖大会。他所盘萦脑际、耿耿于怀的，是早日实现四化，使祖国跻于世界先进国家之列。

去年十月二十一日，星期天，一件不幸的事情发生了。邹仁鋆早上推车出门，被工地木架上的钉子划破了头，伤口较大，流血不止，送医院缝了十针。医生嘱咐他要好好休养。院系领导不止一次地来探望，要他注意养伤。爱人劝他："今天就不要工作了，休息一下吧！"他看着爱人凄楚的脸色，有几件往事陡地浮到眼前，大都是这样：他病了，爱人劝他休息，他舍不得时间，不愿放下手里的工作，结果惹得爱人又急又气。事后想起来，每每觉得不该拗爱人之意。这一次，就听从了她吧。

可是这个念头刚一冒出,立即就被一些别的想法给冲消了。当时他正在改写、审定一部全国高等工科院校试用的四十余万字教材《基本有机化工化学反应工程学》。这部教材由他主编,由成都科学技术大学、北京化工学院、河北工学院参加编译工作。近几个月来,他日夜忙于此项工作。为了把国内的、国外的有关科研成果和先进技术吸收到教材中,他跑北京图书馆、天津图书馆,翻资料,查文献,从早到晚,夜以继日。七月,初稿出来后,在秦皇岛市召开了审稿会议,中国科学院、化工部的专家和全国十多所大学的教授与教师参加了审查,认为这是一部内容新、有特色的大学专业教材。同时,也提出了一些意见。现在,他就根据这些意见进行修改。许多高等院校来信希望这份教材快点完成出版。出版社也接连来信催促早点定稿付印。大家急,他更急。全国有多少大学生等着用这份教材呢。他能放下这部教材,躺在床上闭目养神吗?

想到这里,便从床上慢慢坐起来,让爱人搀扶着一步步挪到办公桌前。他拿起笔,又开始工作了。笔是那样重,他吃力地写着。不大一会儿,他突然感到浑身发冷。他加了一件衣服,还是感到冷,又加了一件衣服。一直加了三件,还制止不住冷,他又盖被子。盖了一条不行,又盖了一条。盖到第三条才感到身上有些暖意。由于失血多,身上一直感到异常寒冷。他就是在浑身发冷,身体十分虚弱的情况下,坚持完成了教材中《流动模型和停留时间分布》和《非均相催化反应》两章的改写和重写工作。

一九七六年七月二十八日,唐山一带发生强烈地震,波及天津。余震接连出现,意外的情况随时都有可能发生。一时间,地震的风声越来越紧。

这时邹仁鋆正在写裂解反应专著《石油化工裂解原理与技术》。这部专著是在《裂解与分离》讲座的基础上改写的。这个讲座,在一九七三年《石油化工》连续发表后,全国各地的有关工厂、设计和研究部门,纷纷来信赞扬,希望早日集印成书。自那以后,把这个讲座写成一部有关裂解专著,以满足广大读者的需要,便成了邹仁鋆一个十分强烈的愿望。在当时,无论国内还是国外,都还没有见到一部较系统的、全面的、理论联系实际的裂解专著问世。这就更增加了邹仁鋆急于把书写成,早点出版的紧迫感。尽管地震威胁着,他也没有去理会,依然在原来的屋子里,一门心思地在著书立说。

在那些预防地震的日子里,邹仁鋆一直没有离开他那间屋子。天天晚上,他屋里的灯光总是亮到深夜。他在书中写进了他的学术见解,并在裂解原料的性质,裂解与反应性能的关系,裂解反应机理对于裂解反应参数的联系,物料的综合利用,能量效率的提高,对国外引进装置的剖析,国外新裂解技术的进展等方面,都比他原来写的《裂解与分离》讲座有了提高和发展。

这部著作已经定稿,即将由化学工业出版社出版,在国内外发行。

通讯员陈德第　本报记者薛禄英(《河北日报》,1980 年 1 月 18 日)

激光光学演示仪研制成功

——使用这套仪器，可把光学实验从暗室搬到课堂，使教学形象直观，收效好

　　本报讯　河北工学院激光科研组最近研制成功了"激光光学演示仪"。该仪器由氦氖激光光源、光路显示板、反（折）射定律演示仪和各种实验光学元件四个部分组成，利用氦氖激光发散角小及能量密度高的特点，配合悬浮颗粒对光线的散射作用，达到显示光路的目的。这套仪器可演示几何光学、波动光学和光电现象等方面二十多个实验，是中学物理课程光学教学的演示教具。过去演示几何光学和波动光学的内容，有条件的学校只可在暗室作，但能见度差，演示讲解困难。使用激光光学演示仪，可以把光学实验从暗室里搬到课堂上，教师边演示，边画图，边讲解，形象直观，收效好，并能激发学生的兴趣，提高自学能力。此外，这套仪器还可以应用到大学物理实验中，用来测焦距和实验透镜成像规律，以及演示工科大学普通物理的光学教学内容。

　　不久前，这个科研组应天津市红桥区教育局的邀请，为三十五所中学的一百三十多名高二、初三物理教师作了演示，一致认为，这套仪器结构简单，演示效果好，科学性强，适合中学物理教学课使用，为中学物理中的几何光学、物理光学的演示实验，解决了很大问题。

陈德第（《河北日报》，1980 年 12 月 24 日）

河北工学院科研取得新成果

本报讯　河北工学院充分发挥多科性工科大学的优势,调动广大教师和技术人员的积极性,在完成教学任务的同时,积极开展科学研究工作。在液压技术、自动控制、半导体材料、高分子材料、金属材料,石油化工、计算机技术、激光、城市规划、新型建筑材料机制工艺和设备以及数学、物理基础理论的研究工作中,都取得了显著成绩。仅一九八〇年就完成科研项目二十五项,写出各种学术论文九十六篇。

这个学院的科研项目中,有中央下达项目,有省重点科研项目,都有一定的先进性,有的达到了国内外先进水平。在二十一项获得国家科研奖励的项目中,有四项在全国科学大会上获奖,有五项在省科学大会上获奖,有八项在省科技成果奖励大会上获奖,有三项在天津市科技成果奖励大会上获奖,并有一项获得中央交通部的奖励。在全国性学术刊物以及全国、省,市各种学会上发表的一百三十五篇论文,有相当一批具有较高的学术价值,有的还受到国际学术界的广泛重视。化工系邹仁鋆教授关于《烷烃裂解反应的化学热力学和动力学研究》的论文在《中国科学》中、英文版同时发表后,先后收到美国、英国、日本、法国、德国、罗马尼亚、加拿大等十六个国家三十六位专家学者的来信,表示对这篇论文的关注和赞赏。

这些科研项目和学术探讨,都是从四个现代化长远利益出发,立足生产建设急切需要,有利于培养人才和经济发展的前提下选题和进行科学研究的。我国东北地区石油含蜡量比较大,凝固点偏高,温度稍低,不易流动,给向内地输送带来困难。采取预先加热的办法解决管道输送问题,会造成大量能量耗损。为了解决这一难题,化工系讲师张诚经过大量的试验,制成了"低温流动性改进剂",根据东北不同产地的石油加入不同的改进剂,便可使大庆石油在摄氏十六度时能继续流动,有的品种的石油在摄氏七、八度时也能流动,有的甚至在零度时仍可流动。现在已制成"改进剂"样品八十一种,有很高的经济价值。中央石油部对这项研究给予了很高的评价。这个学院机械系金工教研室讲师李致焕关于"单管铝外导体中同轴电缆铝冷压焊"的研究成果已用于生产。过去为了把电缆内的铜管换成铝管,以节约铜质材料,降低成本,采用热焊接法,这样势必破坏内部绝缘体。现在采用冷压焊接法将铝带冷压焊接成铝管,达到了理想的效果。现在已与河北电缆厂合作制成了冷压焊机,经有关部门鉴定,效果良好。

在基础理论的研究工作中,不仅成果可喜,而且发现不少教师显露出学术上的才华。如数学教研室副教授刘文,今年四十二岁,他在"关于可列齐次马氏链转移概率的强大数定律"的研究中,在"一类连续函数"和"一类局部循环函数"研究中,取得了引人注目的可喜成果。他的"关于可列齐次马氏链转移概率的强大数定律的研究"建立了关于可列齐次马氏链转移概率的一组强大数定律。这项学术研究在一九七九年河北省科技成果奖励大会上获得二等奖。物理教研室副教授杨国琛与南开大学教授刘汉昭共同研究"喷注重迭时集团的形成,对强子软碰中多粒子产生的成因效应"写成的论文,一九八〇年在广州举行的国际粒子物理理论讨论会上进行了宣读,并收进了美国出版的广州国际粒子物理理论讨论会论文汇编。他们合作研究"喷注的 KNO 型比例律内含谱的精细结构"、"电荷的区域性抵消和喷注的机制"写成的论文,也列为广州粒子物理会议的论文。

河北工学院所以取得这样可喜的科研成果,根本在于党的三中全会以来,不断破除左倾路线造成的危害和影响,党的知识分子政策得到了贯彻落实,纠正了冤假错案和错划的右派,振奋了广大教师和技术人员的创造精神,充分发挥了他们的聪明才智。同时,在调整中逐步恢复和建立了科研机构,恢复了各个学会,科学研究和学术交流能得到生动有效的开展。尤其可喜的是这所大学拥有一支较强大的教师队伍。另外,这个学院有比较齐全的仪器设备,尽管有相当一些仪器设备需要更新换代,但在科学研究中仍发挥着重要作用。校办工厂拥有各种金属切削机床二百余台,并配备一批有经验的技术人员和老技工,对开展科研起着积极作用。该所工科大学专业齐全,便于组织跨科性的科研协作。

本报通讯员陈德第　本报记者尹铮(《河北日报》,1981 年 1 月 9 日)

省摩擦学会成立并举行年会

本报讯　河北省机械工程学会摩擦学学会最近在天津河北工学院成立并举行第一届年会。

参加这次会议的有我省机械、冶金、化工、铁路、国防、教育、科研等系统从事摩擦、磨损和润滑工作的代表共五十五人。天津市机械工程学会、山西省机械工程学会、天津机械工程研究所、天津大学、天津轻工业学院等单位的代表应邀参加了会议。会上代表们共济一堂，互相切磋，广泛进行学术交流。我省科技工作者有九篇学术论文在会上进行了宣读。中国机械工程学会摩擦学学会副理事长兼秘书长、一机部机械研究院张祖荫副总工程师专程赶来参加会议并作了关于"机械工业与摩擦学"的学术报告，天津大学李文录讲师作了关于"静压技术在机床上应用"的学术报告，受到与会同志的欢迎。

这次会议还选出了由十七人组成的第一届理事会，河北工学院机械系主任杨学涵教授担任理事长。会议研究制定了今年学会的活动计划。这次会议将对我省摩擦学领域的科学技术研究起到推动作用。

董阳照、陈德第(《河北日报》,1981 年 3 月 24 日)

他,应该受到人们的尊敬

——潘承孝教授爱惜人才的事迹片段

　　河北工学院副院长、省科协主席、省人大常委会副主任潘承孝教授,是一位德高望重的老教育家。他从事大学教育已经五十四年,为祖国培养了成千上万的大学教授、工程师、科学研究人员、工业建设人才。尤其是粉碎"四人帮"以后,潘老精神矍铄,老而弥坚,干今天想明天,一心扑在科学教育事业上,为培养科学技术人才兢兢业业地工作和操劳,受到了人们的尊敬和爱戴。这里记述的是他爱惜人才的事迹片段。

　　提起潘老关心、爱护、培养人才的事,在河北工学院有口皆碑。还是在"四害"横行时期,有一天,潘老在校园的僻静处看见一位教师在躲躲闪闪地看外文资料,就走过去问他:"学校那么多外文技术资料,不都是为了看的吗? 为什么躲在旮旮旯旯里看呢?"那位教师反问道:"您是这样看,那别人的看法也和您一样吗?"潘老微笑地点点头,他明白这位教师的处境和心情,潘老热情鼓励他不要怕被说成是"个人奋斗",也不要怕受批判,要刻苦钻研,坚持下去。学院不少教师在潘老的鼓励和影响下,利用业余时间翻译了一些外文书籍和资料,他戴着老花镜,总是一字一句地为他们精心修改校正。有一位教授家住北京,单身在天津工作,由于生活上的实际困难,工作不顺心,一度思想上消沉,曾产生了退休的念头。潘老得知后,乘车去北京,到他家里做工作,使这位教授很受感动,回校后,工作积极主动,并担起了系主任的重担。

　　接触过潘老的人都知道,这位老院长平易近人,待人诚恳热情,从未发过脾气,所以无论是年轻的、中年的、老年的教师,都愿意与潘老交谈,或者讲讲教学科研工作,或者说说自己的心里话。平时,潘老的屋子里总是宾客频临,谈笑风生。有几位老年教师觉得已心力不足,打算休息,潘老考虑到当前正是青黄不接、师资缺乏之际,他就多次找这几位老教师谈话,拨亮他们的心头灯。潘老还根据各自的专长,交给适当任务,他们都欣然地接受了,并振奋起精神,为培养人才再尽余力。

潘老同情人、体贴人、爱惜人,事事想得很周到。每逢过年过节,还没等到人们去看望他,他却早已来到同志们的家里。有一次,潘老到医院看病时,听说他们学院的一位干部生病住在这个医院,潘老看完病,便拾级而上登上四楼,到病房去看望,感动得这位干部不知说什么好。化工系邹仁鋆教授在石油裂解研究上走在了前头,但开始有人不买账,甚至吹冷风,潘老却给予大力支持和扶植。他亲自组织有关人员把邹教授的研究成果搞成说明材料,向上级机关报送,并把其学术论文向有关刊物推荐。论文发表后,在国际上曾引起强烈反响,有十六个国家三十六位专家学者对这项科研成果表示关注和赞赏,为祖国争了光。

陈德第(《河北科技报》,1981 年 5 月 2 日)

志在千里　奋斗不懈

——访潘承孝教授

"老骥伏枥,志在千里,烈士暮年,壮心不已。"把这样美好的赞誉赠给我国著名的内燃机专家、一级教授潘承孝,该是当之无愧的。

潘承孝今年八十五岁,是全国五届人大代表、中国民主促进会常委、民进河北省委员会主任、河北省政协副主席、河北工学院副院长。一九七九年十二月八日,又实现了他多年的夙愿,光荣地加入了中国共产党。他在新长征路上奋斗不息,用自己的辛勤劳动,为社会创造着精神财富。前些日子,我们专程拜访了这位老人。

一九七八年元旦,潘承孝无限欣喜。他想得很多,很远:在向四化进军中,河北工学院的教师怎样才能适应新形势?想到这里,潘承孝走出家门,冒着刺骨的晨风,来到了天津大学,向李曙森同志请教。

李曙森是天津大学的校长,原是天津外语学院的负责人,是潘承孝的老朋友。在这美好的春天里,潘承孝想办几个外语进修班,请外语学院给选几位外语教授、讲师,担任进修班的辅导教师,以便提高工学院教师的外语水平,更好地接受国外的先进科学知识。

老院长对党的教育事业如此关心,使工学院的教师们非常感动,他们都在认真地考虑自己的进修计划,选择着自己的自修科目,根据缺什么补什么的原则,全院八百多名教师几乎都参加了各种不同类型的业务进修班。

潘承孝对科学研究十分关心,亲自组织教师们参加科研活动,不辞劳苦地帮助大家解决科研中遇到的难题。教师们要他审阅的学术论文,他总是认真阅读,精心修改,积极向有关方面推荐。化工系教授邹仁鋆,在石油裂解研究上走在了前头。潘承孝对他的学术论文作了修改,然后推荐给《中国科学》杂志。当邹仁鋆的论文在《中国科学》杂志上一发表,立即在国内外学术界引起了强烈反响。到目前为止,已有十六个国家、三十六位专家、学者来信对论文表示关注和赞赏,给祖国赢得了荣誉。

几年来,河北工学院的教师队伍不断壮大,业务水平不断提高,仅一九八〇年一年的时间,全院就写出学术论文一百多篇。在这些如花似锦的科研成果上,倾注着老院长的多少心血啊!

潘承孝常说:"党和人民给我的待遇和地位够高了,我没有什么个人所求,唯一的想法,是把有生之年贡献给党的教育事业,把学校办好。"

有一个阶段,学生们反映,一位教内燃机原理的教师讲课不生动,听起来令人费解。这样,老师的知识怎能畅通无阻地传授给学生?潘承孝十分焦急,急匆匆来到这位教师的所在教研室,组织试讲。他指出了这位教师讲课中所存在的缺点之后,亲切地说:"我来试讲一遍。"老院长耐心地指导,生动地示范,使这位教师很受启发。在潘承孝的带动下,一个改善教学方法,提高教学艺术的活动在全院迅速展开。

为了有利于教学和科研,河北工学院建立了电子计算机站。电子计算机是一门新兴科学,怎样提高工作人员的操作技术,把这一工作做好,潘承孝不顾年迈体衰,长途跋涉到北京化工设计院参观、访问、学习。他像个求知心切的小学生,从电子计算技术的可靠性到内部构造,从管理操作到一台机器所需要的人数,都了解得清清楚楚,明明白白。

一九七九年春天,一位家在北京的教授的父亲去世了,九十多岁的老母亲无人照顾。这位教授几经思索,打算向领导提出告老还乡的申请。就在这时,一辆吉普车在他家门前戛然而止,走下车来的是老院长潘承孝。这位教授心里一热,晶莹的泪花充满了眼眶:为了党的教育事业,为了团结同志做好工作,您不顾年迈苍苍,一口气颠簸了二、三百里。放心吧,潘老……这位教授安排了一下家务,很快返回学校,用努力工作的实际行动感谢党和人民对自己的关怀。

在教师们的眼里,潘承孝是自己的贴心人。在潘承孝的心里,却装着全院的师生员工。逢年过节,潘承孝挨门挨户地看望;同志们有了困难,他从不袖手旁观。一九七九年的一天,潘承孝到一个医院看病,听说学校印刷厂的一个干部李欣在这里住院。染病是痛苦的,病人需要安慰。潘老艰难地爬到四楼,去看望。李欣非常感激,决心好好养病,早日复康,多为四化贡献力量。

潘承孝和许许多多的老知识分子一样,在旧社会走的是一条曲折的、坎坷不平的路。他尝到过贫困和落后的苦头,经受过苦闷与彷徨的磨难。

潘承孝是美国康奈尔大学的学生,学的是内燃机专业。一九二七年毕业归国后,满腔热情地想把自己所学的知识掏出来,贡献给国家。谁知,当时的统治者腐败已极,根本不想振兴国家。潘承孝的理想变成了泡影。解放以后,潘承孝的才能才得到了发挥,在人民的工厂里、大学里贡献着自己的力量。

潘承孝从入党这天起,决心在有生之年,更多地做些工作,不辜负党和人民的关怀与期望。

一九八〇年二月,省政协在石家庄召开四届二次会议。会议开得非常紧张,而潘承孝还能利用会议间隙阅读和研究美国麻省理工学院的教学和科研组织方面的资料,探讨多出人才、快出成果的途径。

河北师范大学举办电化教学的消息传到潘承孝的耳里之后,潘承孝说什么也坐不住了,他和同去参加会的几位教授商量了一下,借会议休息时间来到了师大,进行参观。他看着电化教学的效果,频频点头,啧啧称道。回到工学院以后,立即动手操办起有关电化教学的事宜。现在,这项设备已基本完成,不久,河北工学院的教师们就会用上这一先进的教学工具了。

肖东(《河北日报》,1981 年 6 月 7 日)

大学生舍己救人

　　四月二十八日晚上七点二十分,暮色降临。河北工学院自动化系电机七七一班史忠引、郝永林同学,沿天津北运河堤散步,忽然发现五十米外有一姑娘失足落水。在这千钧一发之际,平时不识水性的史、郝二位同学把生死置之度外,衣服未脱,手表未摘,向出事地点跑去。二人跳入水中拼力合作,好不容易才将女青年拖出水面,又经过抢救,姑娘慢慢苏醒过来,他们还热情地护送姑娘回家。姑娘全家万分感激。

　　五月六日,河北工学院召开全院大会,为两位同学披红戴花,赠送奖品,颁发奖状,并授予他们优秀共青团员的光荣称号。学院还作出了开展向两位同学学习的决定。

　　　　　　　　　　　　陈德第(《河北日报》,1981 年 7 月 7 日)

邹仁鋆教授出国参加国际学术会和讲学

　　河北工学院邹仁鋆教授已于九月十六日启程,前往英国进行学术交流。邹教授这次赴英,是应邀参加九月下旬在英国利兹召开的"英国皇家化学会秋季学术会议"的。参加这次学术会议的还有美国、日本、法国、西德、澳大利亚、比利时等国的专家学者。在英期间,邹仁鋆教授还将访问牛津、剑桥和伦敦大学以及国立研究院、石油化工联合中心等,与国外同行广泛进行学术交流。

　　此外,邹教授还应邀将于十月上旬前往比利时根特大学和石油化学实验院作烃裂解方面的学术报告,并将访问列日大学和卢万大学,进行讲学和学术交流。

　　　　　　　　　陈德第(《河北日报》,1981 年 9 月 27 日)

大学生破冰救儿童

去年十二月八日中午，天津市红桥区新村小学王鹏、陈洪波等几名小学生，在河北工学院附近的眼镜湖上玩耍，忽然"咔嚓"一声，脚下的冰层断裂了，王鹏掉进冰窟里。男孩陈洪波见王鹏落水，想上去拉她，刚走两步也掉了下去。他俩在水中边挣扎边大声哭喊了起来。

这时，河北工学院自动化系应届毕业生保爱林和自动化八〇一班的岳成林同学正从这里经过，听到喊声，立即跑了过去。由于湖上的冰较薄，他俩一下去也都漏进冰水里。保爱林用拳头砸冰前进，向水中的王鹏和陈洪波靠近。岳成林则向冰上的另一女孩奔去。他俩的衣服被水浸透了，每前进一步都很困难。保爱林用力游到孩子身边，双手把他们拉住，挟起来往岸上送。岳成林把冰上的女孩送上岸后，又来接应保爱林。这时，器件七七一班韩义也赶来帮着抱孩子，并和一位不知姓名的工人及一位民警把孩子送到工学院的锅炉房里。大家为孩子暖身子，烤衣服，还买来饭菜给他们吃，使受到惊吓的孩子又露出了天真的笑脸。

陈德第(《河北日报》,1982 年 1 月 31 日)

不负年华

——河北工学院副教授刘文

近年来,河北省教育界涌现了一位数学新秀,他的学术才华和研究成果引起了人们广泛的关注。一九七九年连续获得两项科技成果二等奖。一九八〇年美国重要杂志《数学评论》曾两次评介他的论文。他,就是河北工学院副教授、河北省数学协会副秘书长刘文老师。

刘文今年四十四岁,一九五九年毕业于南开大学数学系。二十多年来,他一边教学一边研究概率论和函数论,发表了四十篇论文,出版了四部著作和两部译著,还校订译著四部。他在《科学通报》《数学学报》和《自然杂志》上发表的六篇关于概率论方面的论文,提出了研究强极限定理的一种新的纯分析方法,揭示了实函数论中关于单调函数的一个重要定理——勒贝格定理和概率论中的强大数定律的联系;利用这种方法也得到了关于非齐次马氏链、实数的广义二进型展示和奇异单调函数的若干重要结果。他在上述刊物上发表的另外七篇关于实函数的论文,提出了构造奇异连续函数的新方法,并揭示了这类函数的新的特性。哈尔滨工业大学著名数学家吴从炘教授高度评价他的一系列工作,"从方法和结果两方面看都是出色的,它也填补了国内关于这个领域的研究近期处于空白的状态"。

刘文每年都有较重的教学任务,他的研究工作是在教学之余挤时间进行的。长时间以来,他都是凌晨五点就起床,迎着晨曦开始工作,夜里很晚才歇,就连星期天、节假日都不休息。刘文说,科学研究是迷人的,也是快乐的,一旦陷入探索之中,是难以拔脱的。有时炒菜误把醋当油倒在锅里。有一次,由于接连几天都在琢磨如何完善他自己提出的关于概率论中的纯分析方法,竟把刚煮过的饺子又重煮一遍。人们曾看见过刘文有几次站在交通岗楼下,像犯了错误的小学生接受批评和处罚,那是因骑车过交通路口时只顾琢磨问题,竟忘记了看信号,闯了红灯。

一九八一年五月一日,是刘文最难忘的日子,这天他披红戴花光荣地出席了天津市劳动模范表彰大会。他最近又完成了《概率论基础》和《测度论基础》两部专著,并和华东纺织工学院吴让泉副教授全力合作,译完了钟开莱的名著《概率论教程》一书。现在刘文又被批准去美国进修,不久即将肩负祖国的重托,踏上异国土地,进行深造。

陈德第(《河北日报》,1982 年 2 月 7 日)

HZC 系列轴承车床

为了满足国内小型轴承制造厂加工轴承套圈的急需,河北工学院机床厂的技术人员和工人研制成功了 HZC 系列轴承专用车床。

这种系列轴承专用车床,采用了机床部件组合化设计原则,四个品种的零件通用化程度达到了百分之九十五。它具有体积小,外型美观,匀称大方,布局合理,系统简单,结构紧凑等特点。这种设备运转可靠,噪音小,加工质量稳定,生产效率比现在使用的多数设备提高百分之二十五到百分之五十,设备投资可节省百分之二十到百分之三十,耗电量可减少百分之三十五到百分之五十,并具有较高的刚性和抗震性。这种设备可供小型轴承制造厂加工轴承套圈,也可应用于轻纺工业中小型零件车削的加工,如锭子皮辊轴、皮轴等。一九八一年十月,经有关领导部门、科研单位和使用厂联合鉴定,认为是国内具有一定先进水平的方向性产品。鉴定后用户订货踊跃。

陈德第(《河北日报》,1982 年 2 月 13 日)

河北工学院教授邹仁鋆
获英国皇家化学会特许化学家称号

　　本报讯　四月中旬,河北工学院邹仁鋆教授收到了英国皇家化学会寄来的证书,他已被正式授予英国皇家化学会特许化学家称号。这项决定是由英国皇家化学会参议会作出的。

　　邹仁鋆教授今年五十五岁,是中国化工学会理事和国际学术交流委员会委员,在研究石油烃裂解基础理论方面有很深的造诣。他的研究成果在国内外学术界引起了广泛的重视。先后有美国、日本、英国、西德、法国等十六个国家近四十位科学家给他来信,不少科学家给予他很高的评价。近两年他还应邀先后在日本、英国、比利时等国作了学术报告和讲学。

陈德第(新华社,1982 年 5 月 14 日)

(此消息在 1982 年 5 月 14 日《人民日报》头版、5 月 12 日《光明日报》头版、

5 月 6 日《河北日报》头版等全国 21 家省市报刊刊载)

"奋起,努力,为了我们的祖国!"

——记化学家邹仁鋆教授

一位中国学者的两篇论文在《中国科学》外文版发表以后,在石油化工领域引起不小的反响。欧、亚、美十几个国家的同行专家、权威们充满炽热感情的函电,从大洋彼岸和一衣带水的邻邦,纷至沓来,高度评价论文和它的作者:

"您的论文对化学系统的热力学和动力学因素之间的相互作用做了有意义的论证。……有极大意义。"

——英国利兹大学教授康贝尔博士

"论文作者的独创性和贡献是值得称赞的。"

——美国得克萨斯大学系主任、教授霍兰博士

"您的独创性报告是非常优秀的论文。应给予高度评价。"

"您为贵国石油化学工业做出了重大贡献。"

——日本石油学会会长、东京大学名誉教授功刀泰硕博士

"您取得了引人注目的成果。这项成果显而易见地压倒了施密特博士的著作。"

——日本北海道大学大泽映二博士

"您的论文对于工业化学有重大意义。……您弥补了我的缺陷。"

——西德埃森大学教授施密特博士

科学是无国界的。尊重科学的科学家最讲究实事求是。对于同行在科研上取得的每项成果,理论上的每一个突破,都会给予客观的、恰切的评价,但绝没有廉价的溢美之词。特别是哪个学科领域的权威、名流,更是如此。

毫无疑问,对这些从世界各地涌来的赞誉,论文的作者、河北工学院邹仁鋆教授,是当之无愧的。

寸草报春晖　硕果振国威

在英国

　　九月的金风,一扫飘荡在英伦三岛上空的阴霾。天光莹彻,一碧万里。利兹城的古老建筑鳞次栉比,斑斓明丽的现代建筑点缀其间,错落有致。一个国际化学学术会议,就在这富有浓厚中世纪气息的古城利兹大学召开。与会者来自五大洲的几十个国家。邹仁鋆是唯一被邀请的中国学者。虽然他只是十亿分之一,是我们国家肌体上的一个细胞,但其分量却重若千钧。

　　这是检阅当代化学科学水平的一次国际学术盛会。邹仁鋆登上这样的讲坛,还是第一次。他激动,但不紧张。他被一种自豪感所鼓舞,生发出一股无所畏惧的冲击力量。他报告的论文,已不是在《中国科学》上发表的那两篇,而是他近两年研究的最新成果。他用熟练的英语演讲,像高山瀑布,奔腾直泻。他中等个头,浓眉重目,神态端庄,微驼的背挺直起来。他用深邃的目光环顾会场,清醒地意识到,他不单单是在讲一个科学发现,而是在演奏一曲志气歌。这支歌壮怀激越,奏出了一个伟大民族的心音。中国人民不仅在政治上翻了身,站起来了,而且在科学上也同样能够跻身于世界先进之林!东方睡狮不仅苏醒了,它还要仰天长啸,跃踞峰巅哩!他分析,综合,论证,推导。当他最后把研究的最新结论公诸于众的时候,那高昂的话音被雷鸣般的掌声所淹没。他用左手双指往上推了一下紫框散光眼镜,来不及抹去眼眶里闪动的泪花,皇家化学会报告会主席卡特雷尔博士紧紧握住邹仁鋆的手,连声不迭"您讲得真精彩!太精彩了!"休息时,邹仁鋆来到中厅,一只只宽厚的手,有白种人的,黑种人的,也有黄种人的,又潮水般涌了过来:"祝贺您的成功!""……"在为各国学者举行的招待会上,身穿黑色礼服、佩戴金质勋章的利兹市长和夫人,在市政大厅单独会见了这位来自伟大中国的学者。

　　此时,在地球的东半部,金轮已腾跃中天,人们正在欢庆我们伟大祖国新生三十二周年。他以这小小的礼物,在异国他乡,献给这盛大的节日。他感到从来都没有像现在这么扬眉吐气。从今上溯半个世纪,那是什么年代?是黑夜沉沉的30年代。那时我国的化学工业很落后,握有先进制碱法的西方科学发达国家,欺侮我们,刁难我们,严密封锁苏尔维先进制碱法。年轻的化学家侯德榜发明了震惊中外的"侯氏制碱法",为振兴民族工业立下汗马功劳。他向世界宣告:中国人绝不是笨伯,而是有才智的伟大民族。今天,邹仁鋆关于石油裂解的理论之对于石油化学工业,正像当年"侯氏制碱法"对我国制碱工业的发展,有着相似的意义。

历史确有惊人的相似之处。当年"侯氏制碱法"推出后,侯德榜被英国皇家学会接受为名誉会员。侯德榜是出现在英皇家学会会员名册上的头一个中国人的名字。外国会员都是从具有科学发明和成就的最杰出者中遴选的,当时全世界只有十二人。而今,邹仁鋆被英国皇家化学会授予特许化学家。他是中华人民共和国第一个获得这样荣誉称号的化学家。几十年来,全世界能够荣膺这样都号的化学家寥若晨星。

国际学术会后,邹仁鋆应邀参观访问牛津、剑桥等著名大学。剑桥和牛津是世界最古老的高等学府,建校已有七八百年。她成为英国人的骄傲! 英国四十任首相有二十九位出身于牛津大学。获诺贝尔奖的六十一位英国科学家中,有四十六位在剑桥大学。剑桥大学随着大科学家牛顿、达尔文的名字而名满全球。原子、质子都是由它的在世界享有盛名的卡文迪许实验室的著名科学家发现的。许多外国来英学者,以能应邀到此访问而视为一种荣幸。

今天,剑桥大学远迎高接这位特许化学家的来访。主人以中世纪的传统方式为他举行晚宴。在金碧辉煌的宫殿里,两侧壁上挂着世界科学巨匠的雕像。这时的邹仁鋆俨然步入了世界杰出学者的行列。宫内烛影绰绰,伴以古典乐曲。餐具是一两百年前的纯银工艺品。气氛是庄严肃穆的。轻易不肯动驾的长老——科学上最有权威的长辈,身着黑色礼服,接见并招待邹仁鋆。他的声调庄重、执着而热烈。他们学校以这样隆重的方式接待一位中国学者,还是很少有的。他们郑重地把它记入剑桥大学的备忘录中:一九八一年九月二十八日,接待了中华人民共和国的学者邹仁鋆教授。只有世界名流学者才能享受这种礼遇。长老意味深长地说:这是有重要历史意义的。

眼前拥抱他的是花丛、美酒,醉人的乐曲和赞词,但这并没有使他陶醉忘情。正是在这时,他才深深意识到,作为一个中国人是何等的光荣、自豪!

在比利时

应著名学者佛罗曼特教授邀请,国际学术会议后,邹仁鋆到比利时根特大学讲学。

比利时面积三万平方公里,只有河北省的六分之一,人口不足千万,是西欧一个发达的资本主义国家,又是前面提到的那个发明苏尔维制碱法的苏尔维的故乡。

因此,这次讲学是一定要去的。

邹仁燊在根特大学的演讲和答疑激起阵阵掌声。在国际石化界最有影响的佛罗曼特教授握着邹仁燊的手激动地说:"感谢您,邹教授! 您用改进的松弛法来解决问题,很有意义。"鲁勒博士热情地说:"听您的演讲,简直是一次享受!"

邹仁燊的演讲在比利时科学界引起浓厚兴趣。列日大学、卢万大学纷纷电邀他前往讲学,而且奖学金一次比一次加码:在根特是三千一百法郎,在列日增至三千五百法郎,到了卢万加到七千法郎。讲学金的逐次"升值",意味着什么是不言而喻的。

国际间的学术交流,从来是对等的。你能拿出像样的东西,交流换得的大凡也是高水平的。当伸手派,向人讨来的东西,多数是广告性肤浅的货色,绝不会有大的价值。最令邹仁燊难以忘怀的是在卢万大学的演讲。接待他的是五十多岁的赫拉瓦歇克教授。他是卢万大学名教授,又兼美国纽约州立大学教授,而且他用"遥控"指导他在美国的研究生。他每年差不多有十数篇论文发表。他和邹仁燊进行了诚挚会心的学术交流,切磋研讨当代化学工程科学上的一些难题。临别,他送给邹仁燊二三十篇自己写的最新科研成果论文、资料,其中十几篇都未曾发表过。

这一篇篇论文顷刻化作一粒粒石子,投进清澈碧透的湖心,激起浪花,使邹仁燊不能平静。一百二十年前苏尔维发明先进制碱法时,苏尔维集团曾对新技术严密垄断,从十九世纪中叶直到二十世纪上半叶,整整一代人都无法掌握这种先进技术。直到 30 年代初期,才被智慧的东方人摸索到手,侯德榜采用苏尔维法生产出震惊世界的"红三角"纯碱。如今,继苏尔维之后的比利时科学家,肯于主动向我们献出自己的研究成果,生动地说明形势变了。"变"来"变"去,归根结底,还看优势在谁手。这才是最最重要的。

邹仁燊在比利时访问时听人说:"在卫星或宇宙飞船上看地球,白天看到的是中国的万里长城,夜晚看到的则是比利时的高速公路。"

看似玩笑实有音。邹仁燊满怀自信地回答:"是的,现在还看不见我国的高速公路,但终究是会看到的!"

在日本

邹仁燊到日本讲学,是应日本石油学会会长、东京大学名誉教授功刀泰硕的邀请。在横滨,在北海道,在仙台,邹仁燊讲学到哪里,就会在哪里赢得赞扬。久乡教授连声说道:"钦佩! 钦佩!"会田教授说:"听了邹教授的报告,很吃惊。中国也在做有深远意义的研究工作。了不起!"邹仁鋆教授还应邀访问了东京大学、筑波科学城、三菱石油化工联合企业。

坐落在鹿岛的"KK法"石油裂解实验装置,是目前日本的先进设备,如同一座现代化的宏伟大厦,矗立岛国。他们从来没有对外开放过,邹仁鋆是这里接待的第一个外国人。邹仁鋆的胸中,澎湃着民族自豪感。他知道,受人尊敬的是古老而年轻的伟大母亲——祖国!在年逾古稀的功刀泰硕教授陪同下,邹仁鋆从根底仔细察看到摩顶。在座谈时,他就其裂解原理和技术提出几个问题,其中一个问题使在场的日本专家都回答不上来。"邹教授可难住了我们。"功刀泰硕教授脸上掠过一丝笑影,目光缓缓扫过全场,又回到邹仁鋆这里:"邹教授的广博知识,卓越的评价能力,给予我们很深的印象。毫无疑问,我们确信他是世界上第一流的学者。"

在筑波科学城公害资源研究所等离子裂解研究室参观时,邹仁鋆对他们的研究工作提出了旋转磁场问题等有价值的学术意见,因而在所长陪同下离开这个研究室几十米远时,他们还追出来送给他一份尚未发表的最新科研成果的资料。世界著名的东京大学教授国井大藏博士,主动将他的最新研究论文和专利资料赠给邹仁鋆。

这些年来,我国不断向科学发达国家派出参观访问者,归来时常常听到有个别人抱怨人家不给看关键、核心的东西,因而所获多是唾手可得的"大路货"。由于机密、专利的屏障重重,徒劳往返,空手而归的,亦不乏其人。难道这样的出访者,不可以从邹仁鋆国外所临境遇引出些什么吗?

在70年代兴建起的筑波科学城,荟萃着四十多个研究所和两个大学,日本人自豪地称它是培养二十一世纪科学人才的基地。邹仁鋆在化学综合研究所看到科研人员正在研究从油页岩里制取汽油。他们从泰国、美国,经过迢迢万里的运输线,运来油页岩石,从中提出百分之十左右的油,其余百分之九十的石头只好抛进大海。他心头顿生疑团:日本人为什么要这样做呢?他通过深入的访问考察,解开了疑团,从而也窥见了日本富起来的"秘密"。

日本是一个地少、人多、自然资源贫乏的国家。每年所需的几亿吨石油百分之九十九点九靠进口,主要来自遥远的中东。严酷的现实迫使他们不得不从收率只有百分之十左右的页岩中榨取汽油。那么他们又是靠什么在短短的二三十年内就富起来了呢?主要靠人民的勤劳苦干,靠科学技术。这一点,在参观中给邹仁鋆留下极深刻的印象。他感到,我国目前虽然还比较穷,整个科学技术水平与日本还有很大差距,但是我们会兴旺发达起来,会富起来,会赶上日本的。这不但是可能的,而且是必然的。因为这不仅由我们优越的社会主义制度所决定的、同时跟我们得天独厚的丰富的自然资源分不开。问题是我们要努力提高科学技术水平，才能充分发挥潜在资源的作用。他认为，日本是建在沙滩上的高楼大厦，一旦国外资源供应中断，它就会垮台。这就是它的致命伤。

"我们日本的技术加上你们中国人的脑袋，就能超过美国。"日本教授的话对邹仁鋆与其说是鼓舞，不如说是深深地刺痛。是啊，我们蕴藏着的丰富的人才矿藏，像自然矿藏那样需要开发。人才+自然资源+社会主义制度所达到的科学技术水平，可以超过日本，超过美国。这是无可置疑的。邹仁鋆听说有的日本科学家为了科研，在实验室里工作到吐血。他们尚且如此，我们为了自己的祖国更快富强起来，还有什么理由不拿出更大的干劲呢？

曲径凌绝顶　险峰抒豪情

唐宋散文八大家之一的苏洵说过："天下之学者，孰不欲一蹴而造圣人之域。"然而，"一蹴而就"，不过是懒汉的天真幻想。倒是一首小诗，颇含哲理，"庸夫总欲平平过，实境偏过曲曲程。"邹仁鋆的一生经历过何等坎坷而曲折的道路呵！

邹仁鋆的少年学生生活是在家乡苏州度过的。教英语的是一位外国传教士，边传教边教书。邹仁鋆未成基督徒，却从她那里学到了英语。所以到中学时，他已能流利自如地阅读英文书。他慢慢产生了疑问：我们这炎黄子孙，华夏民族具有古老悠久的文化，可我们为何不能用中文写书给外国人读呢？他去求教老师，答曰：因为现在我们国家贫弱，科学不发达。——为强国而振兴科学的种子就这样埋下。

几个血气方刚的青年聚集一起，议论国事，揭露黑暗，针砭时弊，抨击汉奸校长媚日求荣。他们办起《热流》墙报，几个同学共同编辑。后来两个同学奔赴延安，邹仁鋆担任了主编，保持着墙报的战斗风格、爱国传统。那时邹仁鋆就很爱动脑子。为了躲过敌人耳目，他琢磨出一种秘密通信方法，作为临别礼物，赠给赴延安同学。

"奋起，努力，为了我们的祖国！"这是一九四四年四月十二日题在他送给同学照片上的赠言。最近他被英国皇家化学会授予特许化学家的消息在报端披露后，这位同学看到，才把当年的赠言抄寄给他。

他中学时就写得一手好文章，热情奔放，爱国情真。他考取了上海复旦大学新闻系。解放前夕，因父病瘫，母亲哭死哭活，把他从大学拽回，经营父亲留下的小书店。邹仁鋆像鸟儿投进樊笼，几至困死。后来，他终于又挣脱樊笼，远走高飞入大林———考进天津大学化工系。说来奇怪,写得一手好文章,本来学新闻的,怎么一下又跳到化工去了!这个奥秘不难揭开:化学,变化无穷,本来的一种物质,条件一变,可能会立刻发生质变,变化出很多很多新的物质,用这种办法增加我们的社会财富,我们国家不是很快可以改变穷困面貌了吗? 他选定了攻读化工。

为了把耽误的几年时间夺回来,他一头扎进知识的海洋,如痴如狂。他珍惜分分秒秒,把走道的工夫都设法利用起来。他把饭、菜、汤全盛于一只大搪瓷杯内,端上边吃边走,到图书馆抢座去了。他在天大读书时,因提出了一种投影几何的简洁画法,而受到教育部的表扬。高年级时被评为优秀学生,并且受到天津团市委的奖励。毕业后被选为苏联专家的研究生。

之后,他到天津化工学院工作,带领学生下工厂,深入研究单位调查。他要把知识掏给学生,献给祖国。他把自己的精力倾注于解决石油化工的难题上。

登攀的甘苦,经历者自知。然而,也不妨借用李白《梦游天姥吟留别》一诗中的某些句子,作艺术的描绘,那里"千岩万转路不定",那里"熊咆龙吟殷岩泉"。有人迷途,有人却步,有人奋进。于是,"洞天石扉,訇然中开。"奋进者进入了新的天地,领略到无限风光。邹仁鋆就如此苦斗过,不是跟梦境中的熊罴,而是跟生活中的人妖。那是十年动乱中,大字报从五楼贴到一楼过道,"资本家"、"里通外国"、"反动学术权威"……,五花八门的"帽子",像大磨盘劈头压来。他肉体受摧残,心灵有创伤,然而,身伏"槽枥",志在千里。他钻书本,啃外语,养精蓄锐,终于,一项项研究成功了,一篇篇论文出来了,走向了全国! 走向了世界。

科学是使人的精神变得勇敢的最好途径。尽管阴云翻滚,风雨交加,他那颗为祖国攀登高峰的心依然烫人。他把悲痛咽到肚里,忍受着皮肉和心灵上的伤痛,又开始战斗了。半天跑医院看病,其他时间全用来为攀登科学高峰作准备。业务书不准看,他读毛主席著作,读译成英、德、日好几国文字的毛主席著作,听广播,读红书,全是外语的。他今天能掌握好几国文字,是赖养病期间的勤耕不辍。

有一阵子时兴开门办学搞科研,邹仁鋆带上一拨学生到大连等地的化工厂去了。白天同工人把汗水洒在机器上,夜晚砖头当凳,膝盖作桌写起来。学生说,邹老师编写的教材,是一口窝头一个字磨出来的。

要填写履历登记表。邹仁鋆找到化工系党组织负责人,懦懦地问:"姜书记,你看'成分'这栏我该怎样填?"老姜反问他:"你过去干什么的?""念书、教书。""这不就是了。就填教书嘛!""老姜啊!"邹仁鋆由懦懦转而颤抖,闪着泪光,紧紧握住老姜的手,半天说不出话。"只要不定我(资本家),我永远跟着党,为社会主义祖国服务一辈子!"邹仁鋆把长久埋藏在心底的话,一颗赤子心,全都奉献给党了。

科研人员不只是要你在成功时去表扬他,更需要在困难时去支持他。研究学问犹如在黑暗中摸索,多么需要温暖、友谊和帮助啊!党理所当然地要时时给他们以温暖和力量。

早在50年代,他就立下雄心壮志,要为祖国争光,要为中华民族赢得荣誉。那时,他经常查阅美国出版的世界化学文献检索刊物《化学文摘》(简称CA)。其中很多论文勾画出了化学化工发展的美好远景,在他面前展现一个丰富多彩、引人入胜的崭新天地。面对这崭新天地,他惊喜、神往、兴奋异常。然而,随之而来的,却是极大的不满足。他发现,CA所收载的世界科学文献中,中国的学术论文所占的比例是极小的。多少个夜晚,他反复地思索,外国人能搞出来的东西,我们中国人也一定能搞出来。特别是70年代初期,敬爱的周恩来总理发出关于加强基础理论研究的指示之后,更给他的科研工作增添了新的动力。作为一个从事科研工作多年的科研人员,他比一般人更能理解到基础理论研究的重要性。科学技术上的重大突破,生产力上的重大提高,都离不开基础理论研究上的重大收获。

为祖国争光和发展祖国石油化工事业,像两只轮盘一样在邹仁鋆脑海转悠。裂解反应在石油化工中占有重要地位。通过裂解可以取得乙烯等基础原料,然后经过各种化工过程,就能产生成千上万种有价值的化工产品。从原油到化工产品,它的增值是按几何级数进行的,即出口一吨原油一百多美元;如果把原油炼制成各种燃料油或乙烯等基础原料,价值大体可增十倍;如果把原油深度加工制成农药、化纤、塑料等化工产品,价值大体可增百倍。邹仁鋆几十年从事石油裂解原理和技术的研究,不仅是为了经济上增值十倍百倍,而且要力争在学术理论上有重大突破,为中华争光,为人类作贡献!

当他看到美国CA和日本科学技术文献速报中收摘了他的论文后,他为在外国的世界性文摘刊物中出现中华人民共和国的论文字样而高兴。为了中华崛起,重新腾飞世界,他殚思竭虑,作出了应有的贡献。

如果有人沿着邹仁鋆走过的道路,仔细观察邹仁鋆留下的足迹,他一定会发现:每一个脚印里,都贮满了汗水和心血。他会更加相信这样的话语:超人的成绩与辛勤的劳动永远成正比,荣誉的桂冠是用荆棘编织成的!

胸臆自有数　分秒莫虚度

有两个数字,经常盘萦于邹仁鋆脑际。一个数字是四十分之一即我国的人均产值只有美国的四十分之一,在世界一百几十国家中,我国被世界银行排在一百二十几位,是被列在穷国之列;一个数字是八千分之一,即到本世纪末,地球的自转不足八千转了,过一天就消逝了八千分之一。邹仁鋆时刻用这两个数字来激励自己赶超世界先进科学水平,为实现四化多多添砖加瓦的责任感和紧迫感,燃烧得他经常毫无倦意,或攻难关,或写著作,或查资料,或讲授课。他浑身有使不完的劲,恨不得把一天变作两天。

晋朝诗人陶渊明写过这样一首诗:"盛年不重来,一日难再晨。及时当勉励,岁月不待人。"而邹仁鋆用自己的实际行动书写了新时代的"惜时篇"。

这里,还是让我们先看看他桌上放的那本小台历吧!这是一本常见的普通台历。在台历的每日背面,夹着一张张小纸条,有的多达五六张,上面蝇头小字写的是一天何时做什么事。这样的纸条不仅夹在当时那页的背面,而且还夹在当日往后七天的背面。这就是说,邹仁鋆不仅把每天的工作安排得满满的,而且把一周的教学、科研工作都事先计划好了。他的工作从来不以八小时加以限制的,也不是以白天和黑夜来划分的。他一向最关心的是时钟和日历,关心如何最大限度地利用时间这一对每个人都必然是有限的资源。他说,科技工作者对待时间要像工人对待原料那样,要用最少的原料制造出最多的产品。

我们不妨把他没有明文列出的作息时刻表抄录下来:

六时:起床,早餐,听外语新闻广播;

七时半—十二时:工作;

十二时—十四时:午餐、午睡;

十四时—十八时:工作;

十八时—二十时:晚餐、晚睡;

二十时—凌晨三时左右:工作;

二十多年来,除了出差、做实验,他坚持自己这样独特的作息制度。每日午、晚睡一个多小时是不可少的。至于夜里睡几个小时,就很难说了,有时睡三四个小时,有时只睡一两小时。

他一天精力最充沛的黄金时间有两段:上午七时半至十一时,晚上八九点至深夜两三点。他用来攻关和解决科研、教学难度大的问题,都在这两段时间。为了攻克石油裂解动力学研究中的数学模型和计算程序问题,他已经奋战了一个通宵。

当晨光爬进屋里,电灯光变得微红时,他依然在那里聚精会神地思索、演算。一夜过去了,但是并没有到达解决问题的终点,只是在解决问题的道路上前进了几步。虽然是几步,而所见已奇。科学上的每一个难点,都要一鼓作气研究到一个阶段才能释手。半途而废,以后再来,就会浪费很多时间。他一直鏖战到第二天黎明,才求到了结果。连续苦战了三十多个小时,这收获时的快乐已足以使他忘却了耕耘的劳累。

邹仁鋆就这样,为了探索石油化工的奥秘,找到科学的数据和验证,不知送走了多少个晨曦微露的黎明,也不知迎来了多少个繁星满天的夜晚。他珍惜时间到达了似乎"不近情理"的地步。然而,了解他的人知道,邹仁鋆"惜时胜命",完全出于对祖国的深情。某节假日,有人登门拜访,他边干事边应付者,待访者离去,爱人嗔怪他不该那么冷落客人。他张大眼睛惊讶地反问,"哦!刚才有谁来过?!"他仍继续埋头工作。当然,客人绝不会责他的"冷",相反,感觉出他的事业心,是那么"热",仿佛是添加了催化剂的化学反应。

二女儿邹星被选派去西德进修,多么渴望爸爸能助她一臂之力。"爸爸,您就抽点时间帮我突击补补外语吧!"女儿恳求着。"好吧,每天给你十分钟,你提问题我来答。其他,你就自己思考去吧!"当然,女儿也不会责怪父亲"吝啬",相反,更体会到父亲的无私。邹星到西德后连续给家里寄来几封信,他不耐烦了,嫌女儿信写得勤,写得长。他没工夫看,就让爱人看了给他念叨两句,并嘱爱人回信告诉她,不要把宝贵时间都花在写信上,祖国花钱送她出去是学习的,不是游玩去了,应该抓紧分分秒秒,用到学习上。他唯恐女儿听不进,又向她"约法三章",并录制成磁带,连同登载我国第一个电子女博士韦钰、留美归来的女学者何葆光事迹的报纸,一并托人带给女儿。

十几平方米的小屋,被书籍、资料占去了空间的大半。小屋的时间和空间,几乎全归他占有了。爱人毫无怨言,从不与之相争。爱人是他中学的同窗,也是大学毕业生。两人三十年风雨同舟,患难相济。她牺牲了自己,成全了丈夫的事业。她风趣地说:这屋里只有这张木板床的一半是属于我的。我睡觉的时候,正是他工作起劲的时候;待他要歇息一会儿,我又该起床忙碌去了。两人"矛盾"的焦点在于灯光和声响对对方睡眠的干扰。不碍事,这也有"科学"的解决办法:她用黑绒布做了一副"眼镜",夜晚睡觉时戴上,灯光碍她不着。她也给丈夫备了一副这样不透光的黑"眼镜",不过他在家里很少用,出差住旅馆,仍坚持他那与众不同的作息习惯,就用上了。邹仁鋆说,他的科研成果一半是属他爱人的。这可能并非夸张之词。他

报刊中的河北工大

爱人是他的好后勤,好助手。他没有后顾之忧。

为了攻破一道难关,思考一种解决问题的途径,他常常到了如痴如迷的地步。有一次,在北京乘坐十三路公共汽车去和平里。一上车就陷入了电子计算中的数学模型问题的思考中,到站后忘了下车,当他下车时已过了好几站。再往回坐时又坐过了站。又返回来,才总算到了要下车的那一站。他骑车上街,他的脑子也像两只车轮一样不停地转动。他衣袋里装一叠小纸条。有时正骑行,突然停车,掏出笔和纸条,记下灵感迸现的火花……

一个星期天的早上。邹仁鋆推车出门,可是脑子还陷在一个难解的计算问题里。工地木架上的铁钉把额头划了个大口子,血流不止,送医院缝了十针。医生嘱他好好休养。院系领导要他好好养伤。爱人劝他:"今天就不要工作了,休息一下吧!"他看着爱人凄楚的脸色,几件往事蓦然浮现眼前,大都是这样:他病了,爱人劝他休息,他舍不得时间,不愿放下手里的工作,结果惹得爱人又急又气。事后想起来,每每觉得不该拗爱人心意。这一次,就听从了她吧。

可是这个念头刚一冒出,立即就被一些别的想法给冲销了。当时他主编的一本全国高等工科院校试用教材,许多高校来信要求快点出版,出版社也接连来信催促早点定稿付印。大家急,他更急。他怎能躺下安心养伤呢!想到这里,便从床上慢慢坐起来,让爱人搀扶着一步步挪到书桌前。他拿起笔,又开始工作了。笔重如椽,他吃力地写着。不大一会儿,他感到浑身发冷。他加一件衣服,还是感到冷。又加了一件衣服,一直加了三件,还制止不住冷。他又在身上裹了一条被子,又加条被子,才感到身上有点暖意。由于失血过多,身上一直感到寒冷异常。他就是在浑身发冷、身体十分虚弱的情况下,坚持完成了教材中两章的改写和重写工作。

今年春天刚出版的《石油化工裂解原理与技术》,被国外学者誉为"世界上同类著作中第一部比较完整系统的著作"是"理论联系工业实际的一本杰出的著作"。邹仁鋆在编写这部著作时,正值唐山大地震。地动山摇,天旋地转,稍有平息,他又在屋里写起来。他说,打仗有牺牲,搞学问也得有献身精神。他仍一门心思在屋里著书立说。转天搭起塑料棚,他又趴到木凳上写起来。天气酷热难当,有几个晚上,用一条汗巾擦汗都不顶用,他索性准备了几条汗巾,这条擦了换那条,条条擦的都能拧出水来,这部专著是邹仁鋆血汗的结晶。

科学的生命在于创新。贫瘠的知识矿藏里提炼不出独创的科学思想。科学的创新者只有勇于向未知领域探索,又善于博采众长,才能自成一格,有所成就。这部六十余万字的专著问世,整整经历了十年时间。十年心血不寻常。书后所列外文参考文献达四百八十一部(篇)之多。为写此书,他博览了能够查寻到的 70 年代各国最新发表的数千篇论文,摘录卡片上万张。大量的数据计算耗去的心血就更无法统计了。开始拉计算尺,用算盘,继而手摇计算机,近年才使用大型计算机。计算所用穿孔纸带不下千米。

现在,邹仁鋆已"名扬四海"。也许会有人认为,他必定"名利双收"了。在全文收尾之际,略叙邹仁鋆如何对待"名利",不无教益。他自幼热爱科学,不图名利,殚精竭虑,探索真理。他的论文被国家评为一等奖,获奖金千元,连同他 60 年代的著书、论文的稿费,全部捐献。他几次出国讲学,获得一笔外汇。他没有用来为自己购买消费品,也全部交给国家。他在出访期间,自己动手洗衣服,吃简便食品,不住高级宾馆,为国家节约了百分之六十以上的膳宿费和公杂费。

过去报刊、电台曾多次报道过邹仁鋆的事迹,但是他捐献的事,包括他一九六三年为河北省水灾区捐款千元,都只字不让提及。理由很简单,他说:"这是我为人民尽了一点小小的心意,不足挂齿。"所以多次报道他都坚持不让提及他捐献的事。——遗憾得很,这次我们违拗他的心意,将它披露了可是又有谁知道,正是在此问题上,他一直背着"黑锅"呢! 这些年来,他埋头专心致志搞科研,曾一度对教学工作有所放松,就有人议论开了,说他搞科研是为了个人名利。对此,他总是淡然一笑,不予置理。他心地坦然。"利",他分文未取,全交国家,而且还不让宣扬。至于"名":"那不是动力,而是努力奋斗的结果。"

这是一颗晶莹明亮的心。

这是一个光彩照人的科学家形象!

本报记者王学孝　本报通讯员陈德第(《天津日报》第一版,1982 年 7 月 5 日)

青年讲师刘玉岭荣获国家科委发明奖

河北工学院自动化系青年讲师刘玉岭在天津华光电子器件厂协助下研制的 FNO-8001 无钠硅胶和 FNO-8002 无磨料抛光液荣获了国家科委四等发明奖。

FN0-8001 无钠硅胶抛光液和 FN0-8002 无磨料抛光液,是为我国 MOS 等表面器件与集成电路,特别是大规模集成电路制备的两种新型抛光液。它具有纯度高、无毒、无味,性能稳定,便于存放、运输以及寿命长、价格便宜等特点,可广泛用于半导体器件抛光工艺,特别是能满足表面器件、大规模集成电路研制生产的需要。

刘玉岭今年三十九岁,一九六七年毕业于南开大学。近年来,他一面工作,一面学习,并从事集成电路制备中抛光工艺方面的研究,取得了可喜成果,先后有四项成果获得科技成果奖,其中 FNO-MOS 型抛光液和"集成电路制备中金属杂质与微缺陷自吸除"分别获得了天津市一九八一年科技成果二等奖和一九七九年科技成果三等奖。

陈德第(《河北日报》,1982 年 11 月 13 日)

河北工学院副教授刘文的研究成果
引起美国和加拿大学者极大的关注

本报讯　正在美国纽约州立大学研究生院学习、考察、研究的河北工学院数学副教授刘文,研究概率论和函数论取得的学术成果引起美国、加拿大学者的极大关注。最近美国《数学评论》杂志连续评介了在国内发表的实函数论方面的论文。美国威斯康星大学一位教授赞扬他一九八〇年发表在《数学学报》上的论文对世界著名数学家奥巴哈与巴拿哈的一个定理的推广"要比奥巴哈与巴拿哈的结果更好"。

刘文副教授今年四十五岁,一九五九年毕业于南开大学数学系,是著名数学家王梓坤教授的学生。二十多年来,刘文怀着强烈的民族自尊心和责任感,边教学,边研究概率论和函数论,先后发表了四十篇论文,出版了四部著作和两部译著,还校订译著四部,此外,他还在《科学通报》等刊物上发表了一些论文。

陈德第(《天津日报》,1982 年 11 月 19 日)

河北工学院与第二运输公司合作试验
让解放牌汽车合理增载提高效益

——市交通系统每辆车增载一吨全年可增利五百多万元

本报讯 为提高本市专业运输企业的经济效益,推动生产技术发展,河北工学院汽车教研室与天津第二运输公司合作,开展了天津市交通局系统专业运输企业解放牌载重汽车合理增载、增拖实验的研究。经过半年多的努力,已经取得了满意的效果,从而为节约能源,降低运输成本提供了有效途径。

这项研究工作,是受天津市交通局的委托,于今年春季开始的,河北工学院汽车等专业先后有六十八名师生参加了研试工作,连续试验达四十四天,试验车行驶七千余公里,试验一千零四十五次。这项研究的总结报告,不久前在华北地区汽车运输技术经济学术探讨会上宣读时,受到与会者的一致赞同。我国著名汽车专家清华大学宋镜瀛教授给予了很高的评价。

这项研究可使 CA-10B 和 CA-10C 型货车的载重量与拖挂重量每增加一吨,其百吨公里燃料消耗比原核定载荷的实耗降低百分之十。这样,天津市交通系统专业运输企业的一千三百余辆可实行增载增拖的解放牌汽车,每年可节约汽油二十万公升,单车总成本可降低百分之十五点七六。全市交通系统的解放牌货车若按每车增加一吨计算,全年可增加利润约五百四十三万元。

陈德第(《天津日报》,1982 年 12 月 17 日)

河北工学院与工厂、科研单位挂钩
让更多的科研成果得到推广应用

——三年多已有二十五项通过技术鉴定、验收和推广应用，对提高经济益发挥作用

本报讯　河北工学院在开展科学研究工作中，充分发挥工科院校专长，积极与工厂和研究单位挂钩，协作搞科研，不断把技术成果进行转让，让科研成果及时得到推广应用，为经济建设做贡献。

从一九八〇年以来，他们先后与二十九个单位协作，开展自动控制、半导体材料、高分子材料、金属材料、石油化工、交通运输、激光、新型建筑材料以及机制工艺和设备等方面的研制工作。目前已有二十五项通过了技术鉴定、验收和推广应用，对于解决产品更新换代，推动生产技术进步，提高经济效益发挥了很好的作用。自动化系半导体材料教研室是全国高校中研究硅材料比较早的单位，在国内首先提出了单晶硅片中氧的本征吸除问题，与天津第四半导体材料厂协作进行研究，并在集成电路工艺中应用，获得成功，使这个厂 P-MOS 集成电路的成品率比原来提高一倍多，一九八二年荣获天津市科技成果一等奖。机械二系热处理教研室与天津机械工程研究所、天津电讯模具厂共同研制的氧硫氮共渗热处理新工艺，被应用到天津铝合金厂挤压铝合金型材的模具上，使模具寿命比原来提高三到五倍。土建系建筑学教研室与天津第二无线电专用设备厂研制为电子工业服务的空气净化设备，更新了老产品，使该厂产品很快打开了销路，由亏损几十万元一跃变为盈利几十万元。

为了使更多的科研成果得到推广应用，这个学院还不断地把技术成果进行转让或变成产品出售给生产和科研单位。院附属机床厂研制成功 HZC 系列轴承专用车床，为小型轴承制造行业和轻纺工业提供了可靠设备。一九八二年他们将全部技术图纸和资料转让给河北省保定机床厂。又如化工系高分子教研室研制的聚脂

类热熔胶,是轻纺机械工业上一种新型黏结剂,对布类、皮革、纸张、塑料薄膜、马口铁、铝及铜箔等有较高的黏合强度,也已转让给了天津延安化工厂。几年来,他们先后进行转让和出售的科研成果以及技术服务共十项,为学院增加收入近十万元。

通过科研协作和转让成果,开拓了科研工作实行改革的途径,也提高了教师的业务水平,丰富了教学内容,激发了教师的积极性。现在,这个学院在完成教学任务的同时,开展科研活动和应聘到生产单位当顾问搞技术咨询的人越来越多。一九八一、一九八二两年开展研制项目八十个,而今年列入计划的就有一百三十五项。

陈德第(《天津日报》,1983 年 2 月 16 日)

邢君纯与疾病斗争一心扑在教育事业上
被河北工学院师生誉为"身边活着的蒋筑英"

　　本报讯　河北工学院化工系物理化学教研室主任邢君纯副教授,身患结肠癌和胆囊炎,三次住院。在生死面前,他毫无畏惧,坚持与疾病斗争,尽最大努力为培养四化建设人才多做贡献,被师生誉为"身边活着的蒋筑英"。不久前他受到学院表彰,并被评为一九八二年度"五讲四美"为人师表先进个人。

　　邢君纯一九五二年毕业于南开大学。三十多年来,他怀着对党的一片忠诚,一心扑在教育事业上。一九八一年病发时,常常肚子疼起来脸都变色,还坚持上课。有一阶段经常便血,他都是吃着药进课堂。后来经医生检查确诊为结肠癌,要他住院手术。他坚持把担负的课讲完才去治疗。

　　邢君纯待人诚恳,正直坦率,关心别人胜过自己。他患结肠癌确诊后,为了不让同志们牵肠挂肚,一直不肯告诉大家诊断的结果。住院期间,他曾几次捎话,嘱咐有病的同志注意保护身体。

　　邢君纯对自己要求也很严格,不图名,不为利,工作抢挑重担,在物质待遇上先人后己。一九八〇年调整工资时,教研室的同志考虑到他从一九六〇年以来一直没涨过工资,都提了他的名。而邢君纯想到的却是同志们工资比自己低,名额有限,硬是划掉了自己的名字,把指标让给别人。一九八二年上半年,他患胆囊炎再次住院,他在病榻上编写了一部近十万字的《统计热力学》教材。现在,邢君纯正在组织和同志们的关怀下,积极治疗,争取为党为人民奉献更多的聪明才智。

陈德第(《天津日报》,1983 年 5 月 3 日)

河北工学院研制成功油冷载体恒温控制器

　　本报讯　一种具有较先进水平的 WKQ-1 型油冷载体恒温控制器已由河北工学院液压科研组研制成功,并于四月二十四日通过技术鉴定,认为这项研究成果在理论研究方面填补了我国的空白。

　　油冷载体恒温控制器是一种实现油温控制和调节的自动控制装置,可广泛用于加工中心、精密机床主轴润滑油的恒温控制以及有恒温要求的工业设备中。过去国内实现工业设备温升的抑制,多是采用空气冷却和水冷却两种方法。但是前者冷却效果较差,后者要大量消耗工业用水,同时制造冷却水塔循环水冷却装置费用较高,且占地面积大。油冷载体恒温控制器具有体积小,重量轻,控温精度高,性能稳定,使用方便等特点,而且不用水源,有较好的节水效益。该装置制成后,经过近一年的实验考核和在天津市自行车二厂生产试用考核,证明其性能指标完全达到设计要求,并且在温度控制精度方面超过日本 AKS 同类型产品。

　　　　　　　　　　　陈德第(《河北日报》,1983 年 5 月 15 日)

邹仁鋬的爱国情

　　在我所崇敬和爱戴的爱国人物中,不仅有革命的先驱、英烈、当代雄杰……还有当代的科学家。全国劳模、天津市特等劳动模范、河北工学院化工系主任邹仁鋬同志就是其中的一个。

　　我和邹仁鋬是 1979 年相识的。那是在他的一篇学术论文获得河北省科技成果一等奖后,我作为访问者前去看他的。他给我的印象很深,突出的感觉就是他有着强烈的民族自尊心。当时他曾对我说过这样一句话:"一个科学工作者,他的工作好坏绝不是个人问题,而是关系到为国争光的问题。只有把个人的工作融化在祖国的社会主义现代化建设中才有意义。"现在回想起来,他的话正是他多年夜以继日地埋头苦干,从事科学研究的精神支柱。

　　邹仁鋬今年五十六岁,在研究石油烃裂解基础理论方面有很深的造诣。先后发表过十几篇有较高学术价值的论文和多部译著。近年来他还结合教学科研工作,编写了一部六十余万字的《石油化工裂解原理与技术》专著。1979 年,邹仁鋬的学术成果引起国际学术界广泛的注视。先后有美、日、英、西德、法国、加拿大、意大利等十六个国家近四十位专家学者来信,对之表示赞赏。英国利兹大学康贝尔博士称赞他的论文"对化学系统热力学和动力学之间的相互作用作了有意义的论证"。美国得克萨斯大学系主任霍兰教授说他的"独创性和贡献是值得称赞的"。日本石油学会会长、东京大学名誉教授功刀泰硕博士确信"他是世界上第一流学者"。他为祖国赢得了荣誉,争了光。

　　有人说,祖国是科学家心中的太阳,非常对。邹仁鋬在科学研究上自强不息,奋勉进击,是出于他对祖国的挚爱。他的人生道路是坎坷不平的。但他从不发牢骚,从不埋怨和叹息,总是充满着对党、对祖国深沉的爱。在动乱的年代,他戴着沉重的精神枷锁,仍躲在僻静之处,或钻书本,或读外语,为祖国的科学事业勤奋求索。

　　他把对祖国的爱完全倾注在工作上。很长时间以来,他每天工作十几个小时以上,常常是深夜两、三点钟才睡,连星期天、节假日都不肯休息。特别是去年11月,他挑起系主任的重担后,更是忙上加忙,晚上九点以后才能搞学术研究。就是在这样的情况下,他去年还完成了三篇学术论文,并完成了国家科委化学反应工程学科组安排的《化学反应器分析和设计》一书的英文译稿的审定工作。

邹仁鋆时刻把祖国装在心里,有两个数字足可以证明。一个是四十分之一,即我国的人均产值只有美国的四十分之一,在世界上一百几十个国家和地区中,被世界银行排在一百二十九位,名在穷国之列;另一个是八千分之一,即到本世纪末,地球的自转不足八千转了,过一天就消逝了八千分之一。他用这两个数字来激励自己赶超世界先进科学水平,为实现祖国四化添砖加瓦。他常说,科学研究虽然不像枪林弹雨的战场,但也要有一种献身精神。作为一个中华赤子,应该做到为祖国的科学振兴,随时准备献身。1979 年 10 月 21 日早晨,他起床后想到教研室一位同志家里去商量工作,但推车刚一出门,被门口工地木架子上的钉子划破了头,伤口较大,血流不止,被送到医院一连缝了十针。医生嘱咐他要好好养伤,院领导和家里人都劝他好好休养。他当时正在改写和审定由他主编的全国高等工科院校专业教材,许多学校来信要求快点出版,出版社也来信催促早点定稿付印。哪里躺得住呢! 他挣扎着坐起来,慢慢挪身到书桌前,拿笔又写起来。笔重如山,写起来非常吃力。由于伤口流血较多,不大一会,就感到浑身发冷,于是他加了一件衣服。还是冷,又加了一件。冷还是制止不住。他干脆把被子上披上。就是在这种情况下,他坚持完成了教材中两章的改写工作。

邹仁鋆早在青少年时代就在幼小的心灵里埋下了爱国的种子。在家乡苏州上小学时,课本一开篇就介绍中国地大物博,历史悠久,以古老文明而著称于世。他感到自豪。上中学时,他慢慢地产生了疑问:我们中国是文明古国,文化发达,为什么中国人却要去读外国人写的书,怎么中国人不多写些书给外国人读呢? 他求教于教师,得到的回答是:我们国家科学不发达,贫弱。邹仁鋆感到一阵酸痛。从这个时候起,他就立下了学习科学、振兴祖国的邹仁鋆出国参加学术会议和讲学时,并不羡慕资本主义世界的灯红酒绿,花花世界。他透过西方世界表面的繁华,看到其隐藏着的腐朽,更加热爱自己的祖国。出国期间,他时刻不忘自己是中国人,严格要求自己,处处为国家着想。在生活上尽可能为国家节省开支,节约外汇。为此,他自己动手洗衣服,吃食尽量简便,也不住高级宾馆,就连外出坐车也尽量乘坐比较便宜的地铁。在英国,他节省了自己伙食费的 51.8%,住宿费的 71.1%,公杂费的 70.5%。他每次回国都把所得的讲学收入献给国家,先后共献出七万多日元和一万七千比利时法郎外汇。为了尽可能多地把国外先进技术学回来,出国期间,他每天要工作到深夜,连一场电影、戏剧都没有去看过。

邹仁鋆对祖国的热爱还表现在关心人民的疾苦上。1963年河北省遭受特大水灾,他看到养育自己的人民有了困难,寝食不安。毫不犹豫地把积攒下来的一千二百余元稿费交给了河北省抗洪救灾委员会。他做了好事还不让宣扬,说救灾捐献是自己应尽的义务,是最起码的品德。1979年他的论文获得河北省科技成果一等奖,得到一千元奖金,他又向组织提出把这笔钱用到祖国最需要的地方去。邹仁鋆生活水平并不很高。尤其前几年没调资时,他每月收入不足百元,何尝不需要钱呢? 但是他想到的是为祖国为人民分忧解愁,而不是自己的享受。

邹仁鋆同志的心胸像秋夜里星空一样明亮宽阔。他真诚地爱祖国,爱人民,爱事业,为了祖国四化,无私地奉献出自己的聪明才智。

陈德第"热爱我们伟大的祖国征文"(《工人日报》,1983年5月16日)

河北举行首届大学生游泳赛

河北省首届大学生游泳赛于 7 月 25 日至 27 日在天津河北工学院举行。

17 支男女高校代表队近百名运动员参加了 21 个项目的比赛,大家冒着摄氏三十七、八度的高温,顽强拼搏,取得了良好成绩。河北工学院邓小华、王汛、陈骁和河北地质学院王琪同学分别创造了三项河北省大学生游泳纪录,有 52 人次达到国家等级运动员标准。

陈德第(《体育报》,1983 年 8 月 8 日)

河北工学院研制成热处理新工艺

　　本报讯　河北工学院热处理教研室与天津第一自行车零件厂协作,研制成功一项形变化学热处理新工艺。天津自行车零件厂生产的轴挡是"飞鸽""红旗"自行车的配套件,每年要生产几千万个。用老工艺生产的轴档合格率低,返修量大,工时多,成本高。采用这种新工艺后,轴挡合格率提高了三倍,产品寿命大幅度提高。这项成果已于去年10月通过了技术鉴定。

　　　　　　　　　　　　　　陈德第(《中国教育报》,1984 年 2 月 7 日)

河北工学院坚持"三个面向"加强基础课教学

——鼓励学生早成才快成才成大才

本报讯 河北工学院坚持教育"三个面向",鼓励学生早成才、快成才、成大才。为了在四化建设中大显身手,每个大学生必须牢固地掌握一门外语和电子计算机技术,不然,将来就是"睁眼瞎"。因此,这个学院切实加强基础课教学,努力培养学生无师自通的能力。

一九七九年,河北工学院成立了电子计算机中心,配备了一整套新型的电子计算机设备,现有微型电子计算机六十余部。学生从一、二年级开始,便接触计算机,三年级开始使用计算机,四年级便可以独立运用计算机搞毕业设计。

为了加强外语教学,这个学院从一九八二年年初开始,一律试用英语辅助教学;同时,在机械系精密仪器专业八〇一班的《电工技术》和《电子技术》两门基础课中采用了英语授课。起初,学生困难较多,教师便每周用两节自习时间加以辅导。经过一年半的实践,这个学院学生的外语水平有了明显的提高。

任娟、张秋阳(《河北日报》,1984 年 11 月 1 日)

两封约稿信收到之后……

一九八四年十一月初的一天,河北工学院物理教研室讲师魏安赐伏案疾书:

高教出版社编辑同志:贵社两封信均已收到,对《基本粒子》一书所提修改意见极好,本应尽快完成,但因忙于教学,一拖再拖,深表歉意。我计划用今年寒假的时间,完成此稿……

那还要从一九八〇年的夏天讲起。魏安赐在参加了河北省高等院校第三次物理教学讲习会之后,便把约有二十万字的《基本粒子》讲义寄给了高等教育出版社。出版社的编辑很快复信,同意出版,并提出了修改意见:"尽可能的通俗易懂,有趣味性……"。但是,不久,他突然发现学生掌握物理公式普遍杂乱、不系统。于是,他毅然放弃了《基本粒子》的修改工作,用了整整一个寒假的时间,为学生们编写出《物理公式汇编》一书。之后,当他雄心勃勃地拿起笔来,重新修改《基本粒子》一书的时候,新生入学了。为了让学生掌握好基础课,他又用了六个月的业余时间,写了近三万字的《物理学习方法》教材,并以讲座的形式从听课、记笔记、看参考书、复习、做习题、做学习总结六个方面进行了阐述。同学们听过讲座后,感动地说:"魏老师真好,什么都替我们想到了。"

光阴如梭,一九八三年春节前夕,高教出版社发出了第二封约稿信,信中催促他尽快地完成著书工作。是啊,他又何尝不希望自己的著作早日与读者见面呢!但是此刻,他接受了化工系无机专业八一级的教学任务。这个年级的学生基础差,工作量较大。有的老师劝他:教学工作慢慢来,著书立说是关系评定高级职称的事呀!但是,他爽朗地回答道:教师想到的首先应是学生。他暗暗下定了决心,不能让一个学生成为次品。就这样,他除了讲课以外,经常利用休息时间为学生讲习题的解法。每讲完一章,就总结出本章习题的大、中、小不同类型,并根据不同类型的试题分类举出代表性的典型题,再通过典型题总结这种类型题的普遍解法。一天,夜已经深了,他为了第二天给学生做辅导,赶做一道微积分方程题。凌晨两点多钟,他终于得出了满意的结果。然而,由于过分的劳累,他刚刚站起身来,只觉得眼前一黑,就栽倒了。当老师和领导劝他注意身体时,他笑着说:"为了学生,值得!"

陈德第、任娟、张秋阳(《河北日报》1984 年 11 月 22 日)

短评:教师想到的首先应是学生

《两封约稿信收到之后……》报道了魏安赐老师专心致志人事教育事业的事迹。他的行为,充分展现了教师的品质,"人梯的风格",以及人类灵魂工程师的美德。

教师肩负着培养人才的重任。教育工作搞得好与坏,在很大程度上可以说取决于教师的努力程度如何。我们鼓励知识分子著书立说,并以此作为评定职称的一个依据,这一点是应该肯定的。但是,在大学里有的同志却片面地追求著书立说,而把教书育人这个教师责无旁贷的头等大事搁浅了:讲义多年一贯制者有之,课前不认真备课而在讲台上随意地讲解者有之,考试后草草判卷者有之;等等。育人的工作是无止境的,尤其在当前已进入了科技、信息的时代,学生也应该也需要学到更多的知识,这就无疑地对教师提出了更高的要求,魏安赐同志说得好:教师想到的首先应是学生。

我是回老家来了

——访黑龙江省副省长安振东

黑龙江省副省长安振东同志被《半月谈》评为去年全国十位新闻人物之一,其实这之前他已闻名全国。电视连续剧《一个"囚徒"的足迹》把他的影子带到群众中来,他的坎坷身世和发奋向上的意志曾让许多人流下眼泪。

但是,安振东把天津作为自己的第一故乡却鲜为人知。

趁安振东到天津开会的机会,我访问了这位富有"传奇"色彩的人物。他,高个,脸色微红,精力充沛,温和的目光透出锐敏和刚强。握着我的手,他笑哈哈地说:"我是回老家了。"

安振东是唐山人,一九四八年二十多岁时来到天津河北工学院学习电讯专业。学校就在河北区元纬路附近,现在一处改为河北中学,一处改为工厂。安振东回忆起当年的生活,说:"我在天津上了三年学,迎来了天津解放,我还记得,解放军攻进天津时,睡在人行道上。我们学生抬着馒头、开水慰问解放军。"

"天津的变化太大了。"安振东感慨地说:"我以前是穷学生,没钱转大街,天津租界多,也不敢去。只是从北站坐车到天祥市场买旧书,我还到附近的中华书局买书。我所以把天津看成我的故乡,是因为天津哺育我成长起来,我的知识是在天津得到的。"

安振东对他的天津故乡很有感情,他一九五一年离开天津后,这是第三次到天津了。一九七五年他研究防爆整流器出差,在天津倒车,因为当时他还戴着"反"字帽,没敢在街上转,也无心转。安振东幽默地说:"也怕碰到老同学,一看,老安闯关东,闯出个'帽子'。"这次到天津开会,安振东比通知提前两天来到天津,特意乘车到北站、元纬路、河北中学一带转转,还到劝业场看了看。

"我真为我天津故乡的巨大变化激动、高兴,我到金钢桥,中山路转了转,真不敢认了。天津人民这几年在市委、市政府领导下,做了许多大事。我以前在天津,喝的水又咸又苦,引滦工程彻底解决了水的问题,而且投资省,速度快。我对天津的旧城改造特别钦佩。中环线建设,我是耳闻目睹了,说拆就拆,一是政府威信高,二是老百姓好。"说到这,安振东显得有点激动,他点燃了一支烟。

沉默了一会儿,安振东说:"我到东北三十多年,黑龙江是我的第二故乡,我特别希望我的两个故乡在开放中加强联系。黑龙江有资源,重工发展也不错;天津工业,特别是轻纺工业基础雄厚,又是重要商埠,两个故乡联合起来,共同发展边境贸易、对东欧贸易,陈雷省长也谈了这个意见。我相信,我的两个故乡的合作大有前途。"

安振东现在还担任九三学社中央副主席,到天津后他曾到天津九三学社看望了社员。他说:我希望天津九三学社社员,在天津市委的领导下,能在对故乡建设、支边、智力开发、津黑协作等方面做出贡献。

谈话结束的时候,安振东说:"请《天津日报》一定转达我对天津市领导、天津人民的感情,并拜个早年。"

记者张建星(《天津日报》,1985 年 2 月 14 日)

河北工学院化工系开设科学实践课

为了提高学生独立获取知识的能力,河北工学院化工系在有机化工专业教学改革中开设了"科学实践"课。

该课程是在学生学完基础技术课及部分专业课后,于第七学期的第十周开始至第八学期第四周止,每周用两个单元的课内时间和约三个单元的课外时间进行"科学实践"课的教学,课内、外总学时为 200-260 学时。强调通过本课程的学习使学生达到自己动手、动脑的训练。为此,要求实践内容不应过多,而要求精、求严,使学生得到系统、科学的训练。据此,选择了四波苯酐的制备、苯酐合成及在线分析、结焦抑制剂的开发及数据处理、磷脂提纯及其应用的文献检索等四项课题作为课程内容,由于课题内容来自生产实际,又是科学研究的很好实践,学生经历了查阅文献、考虑实验方案、制作或安装实验设备、调试测试仪器仪表、测取实验数据、分析归纳及数据处理、撰写论文报告等的训练,如参加四溴苯酐制备课题组的学生学会了安瓶球制作、用熔点管测定熔点装置的安装及熔点测定等技术;苯酐合成及在线分析课题组,首先接到了一项验收新购的气相色谱仪工作;参加结焦抑制剂开发课题组学生,在进行数据处理中不但熟练掌握了用计算机绘制曲线,而且掌握了两种计算机语言及其互译;苯酐合成课题取得进展后,教师又向学生提出把该课题内容转化为一个专业实验,要求学生考虑并提出报告。

"科学实验"课的教学实践表明,它既使学生巩固和应用所学知识,又可使理论与实际有机地结合,促进创造力的形成与发展。

河北工学院化工系有机化工教研室娄强昆供稿(《化工高等教育》1985 年第 3 期)

河北工学院毕业生李昌研制成功的
电磁场三维体视投影图获国际发明奖

本报讯 今年四月,在日内瓦第十三届国际发明展览会上,我国送展的十九项发明中有十一项获奖,其中河北工学院八二届毕业生、二十七岁的中国民航学院助教李昌研制发明的电磁场三维体视投影图获得大奖和金奖,为祖国争了光。为了表彰李昌的发明,团中央授予他"全国新长征突击手"光荣称号。

李昌一九八二年毕业于河北工学院电子系无线电专业。上大学期间,他勤奋学习,基础知识掌握得比较牢,知识面比较宽。分配到中国民航学院无线电系任教后,在教学过程中,他发现讲授电磁场空间分布规律十分抽象,老师不易讲清,学生不易听懂。为了把磁场在三维空间的分布规律变成可以用肉眼看到的既形象又直观的图形,他产生了用计算机解决电磁场三维成像问题的设想,并在一九八四年七月正式提出这个科研课题,得到学院领导和各方面的大力支持。经过半年多的日夜奋战,他终于研制成功电磁场三维体视投影图。

为感谢母校的精心培养,李昌于六月二十九日回河北工学院看望领导和老师,并为师生作了专题报告,汇报了自己的成长过程,受到热烈欢迎。

陈德第(《河北日报》,1985 年 7 月 2 日)

河北工学院研究硅外延 BC 技术获突出成果

——半导体器件向高质量高成品率发展

本报讯 一项在国内居于领先地位的"硅外延 BC 技术"研究与实验,在河北工学院取得成功。这项成果已于十一月二日通过正式鉴定。来自北京、天津、上海、江苏、辽宁、河北等省市的近五十位专家学者、工程技术人员认为这项研究成果在国内是首创。鉴于这项技术在国外未见报道,大家建议申请发明奖。

"硅外延 BC 技术"研究是河北工学院自动化系在北京七七四四厂的协助下进行的。经过一年半的研究实验,他们在硅外延制备工艺技术上提出了新的观点,在硅外延生产的机理中发现了补偿与加速补偿效应。利用磁效应设计出一种新的硅外延制备工艺技术,以及采取其它技术措施,从而为半导体器件向高质量、高成品率方面迅速发展做出了贡献。

这项技术具有很好的经济效益。据北京七七四四厂四〇六车间一年多的试验证明,使用这项技术可使外延片成品率提高百分之五十。四〇四车间使用这种技术生产的外延片可使管心总合格率提高百分之五十。仅七七四四厂初步估算,一九八六年全厂预计可提高经济效益一百万元以上。

小资料 外延,是半导体材料制备中的一种工艺。它是在一定的条件下,在一块经过仔细制备的单晶衬底片上,沿其原来的结晶轴方向,生长一层导电类型、电阻率、厚度和晶格结构完整性都符合要求的新单晶层。这种单晶层叫外延层。

目前,外延技术已成为制备半导体材料的一种重要方法,也是开拓新材料和新器件的一个方便途径。

陈德第(《河北日报》,1985 年 11 月 14 日)

在通往成才的道路上

——记河北工学院三好学生标兵于玲菊

　　她，就是三好学生标兵于玲菊。红扑扑的脸蛋，戴着一副深度的近视镜，透着坚毅和伶俐。难怪就是这么一个稚嫩俊气的女学生，在做学生工作和参加艺术体操训练占去很多时间的情况下，学习还是那么棒。三个学年她的总成绩居全专业第一，第三学年成绩平均九十三分，所有考查课全是优良。

　　于玲菊今年二十岁，在河北工学院化工系化机专业八二级一班女学生中是最小的一个。她常说："我们国家的科学技术还很落后，中华民族的振兴，实现四个现代化的重任压在了我们这一代人的肩上。我们只有加倍努力学习，掌握过硬本领，将来才能完成艰巨的任务。"她是学院女子艺术体操队员，每周二、四、六下午都有训练任务，同时她还是系学生会生活部里唯一的女学生，全系女学生生活中的事都落在她一个人身上。有时为了统计宿舍的情况，整个下午就要搭进去，甚至连晚上也困扰得难以学习。在这种情况下，她不放过任何零碎的时间学习，寸阴不舍。她学习有两个特点，一是顽强，二是讲效率。有时参加体操队训练回来，累得腰酸腿痛，真想躺在床上舒舒服服休息一下，可是一想到当天的功课还没复习，作业还没做完，马上强撑着身子来到教室。遇到特别累的时候，就在宿舍学习。每当比赛耽误了功课，都用挤时间的办法补上。她认为自己的时间与别人相比要少些，这样就要提高效率，把少变多。不论是上课，还是上自习，她精神总是高度集中。

　　正确的行动来源于正确思想的指导。于玲菊的学习动力来源于对党的十一届三中全会以来的政策的拥护。于玲菊出身于富农家庭。是党的政策，使她上了大学，她从内心感激党，并把这种感激之情化作学习的力量。刚入学时，她也背过思想包袱。她担心将来会再有什么运动，所以处处小心谨慎，对思想上的进步想得不多，政治活动不愿往前靠，甚至避而远之，只是闷头学习。是郑跃的事迹深深地打动了她。郑跃在几次高考、提干都落空的情况下，不怨天尤人，也没有发出"人生的道路越走越窄"的哀叹,而是像蜡烛那样默默地燃烧自己。他的同学和战友在他的帮助下,相继考上了大学,提了干,而他还只是一个兵。想想郑跃,再看看自己,感到惭愧。她自责地想,党给了自己上大学的机会,领导、老师和同学不嫌弃自己,还让自己当学生干部,而自己却打个人的小算盘,多么渺小! 她窘得面红耳赤。在学习老山英雄的事迹中,心灵受到了更加强烈的震撼,她从英雄的身上找到了人生的真正价值。她想想家庭的变化,看看十一届三中全会以来的大好形势,思想发生了一个突变,生发出一种向上的力量,激励她去争做一个"四有"新人。一年前她向党组织递交了入党申请书,要把自己的一切交给党。在系里组织党课学习和党章学习小组活动中她都积极参加,在各项活动中用党员的标准要求自己。

于玲菊虽说是一个学生会干部,可她没有优越感,时时提醒自己不要成为特殊学生。在宿舍,她最小,同学们像大姐姐那样关心照顾她。每次体操训练回来晚了,都把饭给她买好。大家庭的温暖,促使她更好地为同学们服务。她也像大姐姐们那样尊重大家。宿舍、班里有什么事都抢着干,她把帮助别人当作自己的快乐。前不久,同宿舍的周素玲义务献血后,她和别的同学给她买苹果,尽心照顾小周,帮她打水买饭。同学病了,她把温暖送到床前,嘘寒问暖,帮助料理生活;谁有了困难,她伸出热情之手予以支援。班上有一位女同学,家里经济条件不太好,几次放假买车票需要钱,她知道后,总是毫不犹豫地把自己的钱给同学用。

于玲菊同学的事迹在全班同学中传颂着。领导、老师都夸奖她在成才的道路上迈出了坚实的步子。

陈德第(《河北日报》,1985 年 12 月 12 日)

河北工学院办成"职工之家"

——办实事　送温暖　做思想工作

本报讯　河北工学院工会在新形势下积极发挥作用,扩展阵地,寓教于学、寓教于乐,做好教职工思想政治工作。去年十月底受到全国教育工会领导的表扬。

这个学院工会共有十二个分会,一百三十一个工会小组。去年以来,他们组织各分会的干部开展如何使工会工作适应改革新形势的讨论,并从工会的特点出发,用新的思想政治工作方法,解决各种思想问题,把温暖送到教职工心里,把思想政治工作做到改革中去。他们用举办近代史学习班、开办党史讲座、开展读书活动和组织参观等形式,向广大教职工灌输共产主义思想,培养大家爱国主义精神和树立远大理想。

这个学院工会还经常组织生动活泼、丰富多彩的文化、体育活动。他们先后举办了跳绳、篮球、排球、乒乓球、游泳、桥牌、象棋、钓鱼、踢毽、武术、气功和千人田径运动会等比赛活动,参加者达一万多人次。他们还举办教职工歌咏比赛,组织摄影、书法、美术、花卉展览,并成立了教工乐团、合唱队、舞蹈队,使教职工的工作和生活富有时代气息,并从活动中得到教益。

这个学院工会还为教职工做实事,把温暖送到教职工身边。他们成立了职工业校,支持职工业余学习。工会要求工会干部对遇有婚丧和家庭困难的职工"必访",对思想波动较大的同志"必谈",从而解除职工后顾之忧和思想问题。去年,还成立了有十几名热心的同志参加的"红娘组",使一部分大龄未婚青年喜结良缘。此外,他们还举办了裁剪缝纫班,代购各类商品,协助行政部门办好食堂,等等。职工高兴地说:"工会为我们着想,不愧是职工之家。"

陈德第(《天津日报》,1986 年 1 月 21 日)

学习马列主义的第二课堂

河北工学院马列主义读书会,是由同学们自发组织起来的。目前已有成员一百五十余人,遍及全院各系。这个读书会从一九八四年成立以来,在学院党、团组织的关怀和支持下,在两名马列主义理论教师的指导下,已经成了广大同学的第二课堂。

近年来随着开放和城市、农村改革的深入,部分同学对改革中出现的一些现象和问题,对某些政策产生了一些模糊认识。在这种情况下,一些学生宿舍出现了"卧谈会",几个人躺在床上,七嘴八舌进行争论,可争来争去谁也说服不了谁。他们渴望从马列著作中寻求答案,于是便自发地组织起来,成立了马列主义读书会。

在两年的活动中,读书会的同学们学习了《马克思恩格斯选集》《列宁选集》列宁《哲学笔记》《邓小平文选》等著作。同时围绕经济体制改革,进行社会调查,写学习心得笔记和调查报告,并在读书会上进行了多次学习和交流。

在开展读书活动中,这个读书会在内容和形式上坚持两条:一是形式灵活,要有知识性、趣味性,能够吸引人。如他们组织的新技术革命讲座、毛泽东同志青少年时代的革命活动介绍、西方经济学评述、逻辑学、心理学、南斯拉夫社会状况、西方名著《第三次浪潮》简要评价等都受到同学们的欢迎。二是讲究实效,解决思想上的一两个模糊认识。比如他们针对如何认识资本主义的经济发展和西方资产阶级的经济理论,请马列主义理论教师作了《陷入困难的西方经济》的报告,使同学们开阔了眼界,解决了一些疑难问题。

目前这个读书会已经成了同学之家。许多不是读书会成员的同学,有了疑难问题也到读书会请教,还有的把自己读书心得和写的稿件送到读书会进行交流。

本报通讯员(《天津日报》,1886 年 4 月 24 日)

河北工学院获三项发明奖

一九八六年十月在武汉举行的第二届全国发明展览会上,河北工学院送展的四项科研成果,有三项获发明奖,其中获银质奖两项、铜质奖一项。

自动化系讲师刘玉岭研制的《硅外延 BC 技术》,是制备高质量硅外延片的一种新技术,在国内属于首创,达到了国际水平。此项技术获银质奖。获另一项银质奖的科研成果《高速钢萘状断口的预防、消除新工艺》,是由机械二系讲师阎殿然、副教授谷南驹、讲师许伯钧共同研制的。这两项工艺不仅是预防萘口产生的最佳工艺,也是高速钢强韧化的一种很有效的手段。这三位教师共同研制的《钢的中等磁场强度磁场热处理工艺》,获铜质奖。

陈德第、宋洪涛(《河北日报》1987 年 1 月 2 日)

河北工学院改革政治理论课教学

——当代大学生渴望掌握马列主义不少学生积极要求入党,遍及各系的马列主义读书会会员已达三百人

　　本报讯　在河北工学院,一度被学生称作"说教课"的政治理论课,已逐渐成为内容丰富深刻,形式生动活泼,具有吸引力的课程之一。教师们着眼学生思想实际,坚持理论教学与社会实践相结合,改进政治理论课教学,受到学生欢迎。

　　遵照中央关于加强和改进马列主义理论课教学的指示精神,1985年底,该院马列主义教研室的教师开始在学生中进行抽样调查。通过调查和认真分析,他们有的放矢地调整和充实了政治理论课的教学内容。将"中共党史"改为"中国革命史",拓宽其外延,使学生充分认识社会主义制度在中国建立的客观必然性;将马克思主义政治经济学理论与我国社会主义经济体制改革实际结合起来,充实实行改革开放政策以来的新成就、新经验和新课题;将现代科技成就如信息论、控制论、系统论的哲学内容引入讲坛,使学生从自然科学的发展中认识坚持和发展马克思主义的辩证关系。同时,他们还从马克思主义的三个来源,到现代西方哲学流派,有针对性地进行评介,开阔学生视野,增强学生明辨是非的能力。这样,初步形成一整套适合于大专院校教学的政治理论课体系。

　　在教材改革的同时,他们认真探索新的教学方法。在社会主义经济问题的教学中,他们结合学生普遍关心和迫切需要了解的问题,进行一些章节的重点教学。同时,带领学生到工矿企业实地考察,亲身体验改革开放政策给社会主义经济带来的生机和活力。然后组织学生谈体会、谈收获,统一认识,写出学习小结和考察论文,并选择优秀论文在全系宣讲。学生反映,这样的教学方法既新鲜又生动。

报刊中的河北工大

141

为深化政治理论课的改革,弥补课堂教学时间的不足,教师一是下课堂和学生谈心交心,二是根据学生提出的问题,举办各种类型的座谈会、专题报告会,进行交流和引导。同时采用录像、影视、幻灯、演讲等形式,把政治理论课与爱国主义教育、革命传统教育和共产主义理想教育具体、形象地结合起来。马列主义理论教研室还和院团委、学生会以及各系的教师配合,组织马列主义读书会等学生社团,举办"改革开放与生产力的解放""陷于困境的西方经济""青年毛泽东"等讲座。坚持举办一次讲座,解决一个实际问题,澄清一个模糊认识。

政治理论课教学的改革,使学生学习马列主义理论的自觉性逐渐增强,对社会主义制度和改革开放政策的认识更加明确,一致表示要自觉坚持四项基本原则,反对一切不利于安定团结和改革开放的错误行为。不少同学积极靠近组织,要求入党。大家自发地组织起课余学习马列主义小组,现已发展为遍及全院各系的马列主义读书会,会员总数增加到300人。

本报记者韩绍君(《河北日报》,1987年5月3日)

春风化雨润青苗

——记河北工学院魏安赐副教授教书育人的事迹

魏安赐副教授是河北工学院的物理课教师,既不是专职政治工作人员,也不担任班主任工作,但是,他却时时刻刻在教书育人。

去年年底,一些城市出现学潮。当时他正给自动化系八五级学生讲授量子力学的基本概念。他巧妙地结合教学内容,把少数学生游行时提出的所谓自由问题联系起来,指出任何自由都是有一定的条件和限度的。个人自由必须以不妨碍他人自由和社会正常秩序为前提和"边界条件",并告诫同学,要时刻想到社会主义大学生的光荣称号所具有的崇高含义,与党同心,为国分忧。

魏安赐根据多年的教学实践,深深感到,如果只是单纯向学生传授知识,而不用崇高的理想和高尚的风范去培植和确立学生的共产主义信念和品德,那就不可能培养出合格的"四有"人才。这些年来,魏安赐把育人工作渗透到整个教学过程中,潜移默化地向学生进行革命理想、学习目的、道德品质、高尚情操以及世界观和方法论的教育。他在讲述所任课程的每一篇章时,总是尽可能介绍我国古代劳动人民和科学家在该讲题涉及的范围内的发明创造,介绍我国现代科学家对世界科学技术的发展所做出的重大贡献。以此激发同学们热爱祖国,勉励他们为使祖国跻身于世界前列而自强不息,奋进不息。

事业是推动人们前进的动力。魏安赐至今还过着孑然一身的生活,但他却感到有无尽的乐趣。因为他心里始终装着党的事业。为了教书育人,他牺牲了许多休息时间,还经常参加学生的各种集体活动,把自己的思想与青年学生的思想共融。在与学生的交往中,他总是真诚地奉献自己的心得体会,不少班级开展班团活动,举办联欢和游园踏青等,都邀他参加。

魏安赐教书育人讲究针对性、渗透性、简洁性、配合性、哲理性和生动性。他经常利用提问、质疑、测验、作业、讨论、交谈、观察等形式,进行调查研究,摸清学生在学习目的、学习态度、学习风气、学习纪律等方面的思想脉搏,针对实际问题,有的放矢地进行锁钥相配,对症下药的教育。

为了更好地履行教书育人的责任,魏安赐很注意提高自己,为学生做表率。他讲课精辟透彻,生动有趣,学生很爱听。他还努力扩展知识领域,不断提高自己的文化素质。经常阅读和学习哲学、人文科学以及文学等方面的书籍和知识,使横向知识面与纵向知识面都得到扩展,用人类各种精神财富来充实和丰富自己的头脑。他对学生帮助教育,体贴入微。学生找到他请求解决学习困难和思想问题,无论是否在规定的辅导时间,无论是中午晚上,也无论是自己是否正在从事其他工作,他都看作是进行思想政治教育的良好时机,给以热情诚恳的接待和推心置腹的交谈。他总是敏锐地发现学生的闪光点,及时给予表扬、鼓励和引导,对于学生的缺点,又总是进行循循善诱的规劝,动之以情,晓之以理,得到了学生的信任和欢迎。

陈德第(《河北日报》,1987 年 6 月 11 日)

河北工学院学生社会实践活动丰富多彩

——在实践中转变思想　在服务中增长才干

河北工学院把教学和学生的社会实践与社会服务紧密结合起来,使学生在实践中树立正确的人生观,提高实际工作能力。

他们在加强基础理论教学的同时,尽可能多地让学生获得实践的和工程的基本训练。去年以来,增设了综合性、设计性、开发性实验,从方案选择到数据处理,主要由学生独立完成,改变了过去那种"照葫芦画瓢"的做法。他们积极组织学生参加教研室和教师的科研项目。化工系高年级同学和老师一起进行天津石油化工厂的热量衡算,同学们充分发挥积极性和创造性,出色完成任务,使该厂受到中国石油化工总公司嘉奖。这个系30%多的高年级同学被吸收进各研究小组,三年来协助教师完成20余项科研项目,其中一些项目获省、院科研奖。

为了让同学们有更多的实践机会,并引导他们在实践中了解社会,摆正自己的位置,学院与各地广泛联系,组织学生在第二课堂活动中开展业余科技活动,进行社会调查和社会服务。有的系成立了"业余科研活动小组""铸造造型材料科研小组""企业管理者协会"等十余个学生社团,走向社会进行调查,参加企业管理咨询,开展现代管理培训,出版学术刊物。1985年,建筑学专业学生在全国农村住宅方案设计竞赛中,深入天津、河北农村进行大量调查研究,有15人次获得全国和河北省、天津市评比二等奖、三等奖、佳作奖和鼓励奖。现在,他们已在辛集市、张家口、石家庄、沧州、唐山等地建起十余个实习和实践联系点,还承担了石家庄火车站宾馆、老人活动中心、保定火车站广场地运大楼等建筑的方案设计和一些厂家的科研课题。

这些活动的开展,开阔了学生的视野,使他们在社会实践中认识了自己的责任,树立了正确的人生观和脚踏实地的作风。土建系学生在实践活动中既当设计师,又做施工员,与工人同甘共苦。化工系同学通过到我省山区考察实践,一些同学主动要求到艰苦地区工作。不少学生毕业不久就完成了水平较高的科研和生产项目,受到社会的赞誉。

　　　　　　本报记者韩绍君(《河北日报》,1987 年 6 月 25 日)

在数学知识海洋里遨游

——记河北工学院刘文教授

事有凑巧,正值秋天来临之际,我采访了河北工学院数理研究室主任刘文教授。

入秋,是农作物孕育果实的时节。对于刘文来说,也是预示着收获的日子。

这天,天光明澈,万里无云。刘文教授刚刚收到辽宁教育出版社寄来的赠书——《无处可微的连续函数》。这是一本十万字的高级科普读物,是"世界数学名题欣赏丛书"之一。它全面地介绍了无处可微连续函数的成因和历史过程,着力阐述了众多数学家对于无处可微连续函数的存在性证明、构造方法和指导过程,从中可以使人们体察到科学家们的思想方法和科研精神。

他望着这汗水凝成的著作,两眼闪出深情的光芒,幸福地回味着党和人民对自己的厚爱:

1979 年,他获得了河北省优秀科技成果二等奖;

1980 年,又获天津市优秀科技成果二等奖;

1981 年,被评为天津市劳动模范;

1984 年,获得学院理论成果一等奖,并被评为院级先进工作者;

1985 年,获得河北省科技进步二等奖,并晋升级一级工资;

1986 年,被评为天津市先进科技工作者;

最近,他又被国家科委评为国家级有突出贡献的专家,受到晋升两级工资的奖励。

这些荣誉和奖励,对刘文教授来说无疑是十分光彩和荣耀的,但同时也是当之无愧的,这是他奋斗的结果。

刘文教授今年 50 岁,高高的个头,圆方脸,鼻梁上架着一副紫色的眼镜,显得很有学者气度。

就是他,从 1959 年大学毕业后,在完成教学任务的同时,致力于概率论和实分析的学术研究,先后出版六部约 130 万字的著作,翻译出版两部约 30 万字的译著,还校订译著四部约 100 万字。与此同时,还发表了 70 余篇学术论文,约 20 余万字。特别是党的十一届三中全会以来,他报效祖国的聪明才智得以充分发挥。他无限感激党,立誓把自己的全部身心献给党的科学事业,并积极提出入党申请。在研究上,昼夜不舍,勤于笔耕,以更多的智慧产品报答党和人民。他出版的六部著作,几乎都是 1979 年后编著的。仅从 1982 年至今,五年时间就发表论文 30 篇。

刘文的研究工作涉及概率论、函数论、相对论、函数方程、自然辩证法和数学教学研究等众多领域,他的论文具有较高的学术价值,有十二篇得到美国《数学评论》的评介,有四篇得到西德《数学文摘》的评介,有一篇在日本《统计文摘》上刊登了摘要。国内外学者对他的研究成果给予了较高的评价。美国《数学评论》在评介他的论文《奥巴哈与巴拿哈的一个定理的推广》时说:"即使是该文所得到的结果的一个特殊情况,也比奥巴哈与巴拿哈献的结果更好。"加拿大里贾纳大学王中烈教授在一封来信中说他"处理一系列函数类问题,结构精致,结果美好。"表现出他"分析能力高强"。

刘文教授还在一系列文章中提出了研究概率论的独特的分析方法——泛函方法与函数论方法。这种方法国内外学者也给予了充分肯定的评价。美国《数学评论》在评介他提出的泛函方法时说:"该文所用的方法是第一流的。"在评介函数论方法时,我国著名概率论专家、湘潭大学校长杨向群教授说:"由刘文创立的利用 δ 区间研究马氏链和概率论的方法具有十分重要的意义。"

刘文教授在数学普及方面也做出了可喜的成绩。他的科普著作《数列与极限》印数多达十余万册,他与加拿大学者王中烈教授合编的《不等式启蒙》一书获得了辽宁教育出版社优秀图书二等奖;这次出版的《无处可微的连续函数》,是由著名数学家陈景润领衔主笔的高级科普读物《世界数学名题欣赏》丛书之一,也得到了同行的好评。

刘文研究数学的志趣早在青少年时代就已形成。他的中学时代是在长沙有名的"长郡"和"雅礼"中学度过的。上初中时,就很喜欢数学,和其他有抱负的青年一样,心中撑满了理想的帆,立志在数学上有所成就,做一番大事业。中学时代,他学习成绩优秀。高中有一学期期末考试,三角、几何、代数、物理、化学都得了一百分。1955 年,高中毕业时,很多功课好的同学都争报工科院校,唯独他报了理科数学专业。他考取南开大学数学系后,理想的翅膀张开了,开始在数学知识海洋里遨游。他学习更加刻苦,连寒暑假都不回家。曾几次被评为优秀生,并得到了奖励。

黄金般的四年大学生活,不仅使刘文沐浴了党的阳光,也得到了名人的传授和教诲。当时南开大学几位数学名流都担任过他的课,他们的治学精神和严肃的科学态度给了刘文很深的影响。每当刘文说及自己在教学和数学研究上的成绩时,总要感激老师们给予他的帮助和启迪。

　　他基础课学得扎实雄厚,专业课学得精深,在大学三年级时就写出了两篇实变函数论方面的论文,数学家杨宗磐教授看后给予了热情鼓励。大学四年级时,又发表了三篇概率论方面的论文。1959 年,南开大学数学系接受了长江三峡水轮机设计中的一项计算任务,遇到一类级数的计算。如按常规方法计算,40 多名同学需要算二三天。这时刘文已显露出学术才华,他经过反复思考,提出了一个新的计算方案,使效率一下子提高了十余倍。他的这个方案后来在数学刊物上发表了。

　　如果说志趣是一个人的推动力的话,那么持之以恒、锲而不舍的精神,则是达到彼岸的航船。刘文大学毕业后,不负年华,在实际工作中坚持不断的学习。就拿外文来说,他清楚的懂得这是打开科学大门的一把钥匙。没有外文基础,眼界会受到限制,深造就会困难。因此他抢时间插空儿就学外语。他现在已掌握了英、俄两种外语。其中运用得最熟练的是英语,主要是靠后来自学获得的。

　　他是一个有心计的人,最懂得什么有用,什么无聊荒唐。"文革"期间,他看到大批外文书籍和一些科技著作被削价处理或糟踏、感到非常痛心。每当看到有价值的书籍时,就节衣缩食把它买下来。当时他工资不高,生活很俭朴,可是买书却很大方。后来他翻译出版的《布尔代数》的原文版本,就是那时买下的。这本书当时在我国还没出版,但它对电子计算机自动化理论很有用处。1973 年,就用近两个月的时间把它翻译出来。

　　在逆境中不消沉,在动荡中不随波逐流,是刘文的突出个性。"文化大革命"中,许多人唇枪舌剑,参加派性活动,而他却跳出界外,躲进斗室利用大好时光进行学习和研究。在"四害"横行的日子,搞学术研究是要担很大风险的,而他不怕,照样搞他的。除了有教学和政治活动需要到校外,大部分时间藏在家里埋头搞研究。后来他发表的论文,有不少都是那个时候搞出的初型。

　　刘文每年都有较重的教学任务,而每年又要有较多的研究成果问世,他的艰辛是可想而知的。长时间以来,他迎着微露的晨曦开始工作,直到繁星满天的夜晚才歇。连星期天、节假日都不肯休息。1974 年,他翻译《概率论及其应用》下册时,刚翻译一半就去参加蹲点劳动了。剩下的那半是劳动轮休期间,放弃休息机会翻译出来的。他平时养成了快节奏的生活习惯,对时间是用分秒来计算的。他的最佳状态在清晨,经常是趁这段头脑清醒搞研究写论文,不清时搞翻译。

研究工作尽管举步维艰,但艰辛之中有乐趣,一旦陷入其中,常常把自己置之于度外。1976年,地震期间,几乎家家都搭棚子防震,而他却舍不得为此占用时间,就把床罗起来,既防震又住人。五口之家就这样度过了地震危及生命的日子,他的研究工作一直没有停止过。

刘文教授严谨治学,勤奋研究的精神,不仅在国内受到称赞,在国外也赢得了赞誉。1982年至1983年,刘文作为访问学者在美国纽约市立大学研究生院进修、考察、研究一年半。在此期间,他表现了一个中国学者应有的自强不息的精神,从而受到美中教育交流协会的好评。美中教育协会主席丁斯特尔伯姆在给河北工学院领导的信中写道:"我们怀着愉快的心情写此信,感谢您们派来了像刘文先生那样优秀的学者。他在研究生院数学系所做的工作得到他所有同事的赞许。由于他的优秀工作,他曾被邀请访问加拿大并完成了数篇重要论文","他由于他的勤勉,他的智慧和他的优秀工作而被称赞。无疑地,他已增进了中国学者在国外的荣誉,并通过他的工作和举止对我们两国之间的良好交流和友谊作出了贡献。"1985年他偕同北京师范大学校长王梓坤教授再度到加拿大讲学和访问。他和加拿大学者又进行合作研究,受到加拿大学者的赞扬。里贾纳大学数学与统计系主任汤姆金斯教授在给刘文的来信中说:"我感谢您把我引向新的研究课题。我对我们和王中烈教授的合作成果感到满意。"

刘文教授现在是河北省数学会副理事长、《工程数学学报》特邀编委、《数理统计与应用概率》副主编、《经济数学》编委、全国工科院校概率统计委员会委员,社会工作多了,肩上的担子重了,但他感到生活更富有情趣。于是更加振奋更加充满信心,不懈地进行新的攀登。他关心我国经济体制改革,前不久专门为《智囊与物元分析》杂志撰文,介绍他在美国的所见所闻,借以说明在招聘制将逐步代替铁饭碗的用人制度过程中。为了保证招聘到高水平的人才,必须采取十分慎重的做法。他还对河北工学院的发展提出了很好的建议。他参照国外大学系科设置情况和根据当前科学技术相互交融的形势,提出河北工学院应朝理工结合的方向发展;对于人力,他认为只要改革好体制,做到人尽其才,就能开辟一条新路,打开局面。今年年初,他还针对去年的学潮,以自己在国外耳闻目睹的事实批驳"全盘西化"的谬论,对青年学生进行教育。

现在刘文教授正以崭新的姿态迎接金秋收获的到来。

陈德第(《河北科技报》,1987年9月17日)

新型砷化镓霍尔器件通过省级鉴定

十月二十六日,河北工学院自动化系半导体物理与器件教研室研制的"新型砷化镓霍尔器件"通过省级技术鉴定。专家们认为,这种器件,具有灵敏度高,不等位电势小,霍尔输出温度系数小,线性度好等特点,各项参数达到了国内先进水平,部分参数达到或接近国际同类产品水平。它的研制成功,为在强电场和微磁场测量技术中的应用及微型计算机在磁场测量和数据处理中的应用,开辟了广阔的前景。霍尔器件是利用霍尔效应制成的磁电转换器件。目前它的应用已遍及计算机、测量技术、自动化技术和无线电技术各个领域。河北工学院研制的"新型砷化镓霍尔器件",不仅工艺可行性好,而且大大降低了开发成本,提高了经济效益。据黑龙江省纺织工业设计院和张家口宣化七〇一厂多次试验证明,这种器件参数稳定,性能良好。

陈德第(《河北科技报》1987 年 12 月 3 日)

胸怀报国之志　重在勤奋刻苦

——副教授刘玉岭获多项科研成果

本报讯　45 岁的河北工学院自动化系副教授刘玉岭,十几年时间,取得多项科研成果。有 23 篇学术论文在国内 10 多种刊物上发表;有 7 项应用科研成果先后获得国家和河北省、天津市级奖励,其中两项获得国家发明三、四等奖,1 项获得专利权。

刘玉岭 1966 年毕业于南开大学化学系,1974 年调入河北工学院从事科研教学工作。他怀着改变我国电子工业落后面貌的决心,致力于半导体器件制造工艺技术的研究。为了获得科学研究信息和课题,他走向工厂,和工人、技术人员相结合,摸爬滚打,帮助工厂解决生产中的实际问题。1984 年他在北京电子管厂搞研制工作时,常常顶两班,连夜奋战在生产第一线。1979 年,他在天津华光电子器件厂搞"热应力滑移位错危害的产生消除技术"研究,冒着五六十度的高温操作,几次晕倒在现场。

在刘玉岭的理论研究成果中,有一些论文具有较高的学术和经济价值,其中《集成电路制备中金属杂质与微缺陷自吸除》论文被全国读者评为 1986 年半导体技术优秀论文。应用科研成果,由于选题结合生产实际,又用于生产,多数已转化为生产力,直接为经济建设服务。1982 年他研制的《FNO—MOS 抛光液》获得国家发明四等奖。前不久,他主研的《硅外延 BC 技术》又获得了国家发明三等奖。"硅外延 BC 技术"是制备高质量、低成本硅外延片的一种新技术,主要用于双极型器件和 MOS 超大规模集成电路以及 CCD、微波等高性能、高密度尖端器件。这项发明,具有显著的经济效益,目前已在北京电子管厂、上海九○一厂等单位外延生产中全面使用。

本报通讯员陈德第(《河北日报》,1988 年 2 月 15 日)

河北工学院俞颐秦副教授
当选为国际氢能应用委员会委员

本报讯　昨日,河北工学院从国际氢能学会获悉:该校机械二系副教授、全国能源基础与管理标准技术委员会委员俞颐秦被选为国际氢能应用委员会委员。

俞颐秦今年 50 岁,1961 年毕业于清华大学动力系。多年来一直从事动力类专业教学和研究工作。近年来,有 12 篇论文在全国性的学术会议上宣读、并在国内外刊物上发表。1986 年,他应邀出席了在维也纳举行的第六届世界氢能大会并宣读了《一种新型氢能动力装置及其热力学分析》论文,美国《氢能通讯》杂志不仅对这篇论文作了详细介绍,并评为优秀论文。

据悉:国际氢能应用委员会是由美国、苏联、西德、日本、中国、埃及、印度等国的 8 位专家学者组成。

陈德第(《天津日报》,1988 年 3 月 6 日)

河北工学院教授刘文列入
《世界知识分子名人录》

    本报讯　概率论实函数论专家、河北工学院教授刘文,最近被列入剑桥世界传记中心的《世界知识分子名人录》。

    刘文教授现年 51 岁,早年毕业于南开大学数学系。二十几年来在完成教学任务的同时,致力于概率论和实分析的研究,先后出版了《布尔代数》《测度论基础》《不等式启蒙》等六部约 130 万字的著作,翻译出版两部约 30 万字的译著。

陈德第、刘东升(《天津日报》,1988 年 7 月 12 日)

大规模、超大规模集成电路用
中子辐照直拉硅技术通过国家级鉴定

本报讯　由河北工学院等单位承担的"大规模、超大规模集成电路用中子辐照直拉硅技术",最近在石家庄市通过国家级鉴定。

直拉硅是制造大规模和超大规模集成电路的基础材料,它的性能如何,对集成电路的成品率和电参数具有决定性的影响。1984 年,河北工学院、中国原子能科学研究院和洛阳单晶硅厂,在国家自然科学基金会和河北省科委的资助下,联合开展了"大规模、超大规模集成电路用中子辐照直拉硅(NTDCZSI)技术"研究,经过三年多的努力,在国内外首次把中子嬗变掺杂技术与内吸除技术结合起来,获得了性能极好的、优于国外同类材料性能的中子辐照直拉硅片。

尹凤泽(《河北日报》,1988 年 7 月 12 日)

河北工学院改革毕业实习

——采取带职实践方式，变索取旁观型为参与服务型

河北工学院改革学生毕业实习方法，让学生带职深入到县办工厂和乡镇企业实习，变旁观型、索取型为参与型、服务型，互相促进和提高，使工厂、学校和学生三满意。

河北工学院工业企业管理工程专业应届毕业的 30 名学生，从 3 月 1 日至 6 月 30 日，历时四个月，分赴石家庄地区的晋县、深泽两县所属 10 家工厂和乡镇企业实习。学生们用一个月时间进行宏观实习，在摸清两县工业现状的基础上，运用所学的知识，提出了对两县工业产品结构、工业发展总体规划的改革设想，供两县主管工业的部门领导参考。进而用三个月时间进行微观实习。让学生们带职深入到 10 家工厂和乡镇企业当厂长、科长或车间主任的助理，以企业职工的一员，以主人翁姿态进行实习。他们针对工厂企业生产中的实际问题，作调查研究，写出毕业论文。如在晋县工具厂实习的学生，针对该厂管理不善，提出"内部银行"管理方案，试行后，提高了管理水平，收到好的效益。到深泽县服装公司实习的学生写出了《服装公司的市场开拓》，对服装生产起到了促进作用。实习总结时，行署专员、两县县长和企业的代表，一致认为这样的毕业实习使学生和实习单位互相促进和提高，双向受益，表示愿意把整个地区的县办工厂和乡镇企业作为学院的实习基地，两县欢迎河北工学院的学生再来实习。

过去，学院安排学生到大中城市的大、中型企业实习，学校花了钱，单位还不太乐意接收。这次到县办工厂和乡镇企业实习，10 家工厂和企业，不但没有收学生的实习费用，而且还给学生每人每天补助伍角钱的生活费。

学生们也欢迎这种服务型实习，他们认为，最大的收获是促进自己树立创新观念、竞争观念、开发观念，使所学的理论知识与实际结合起来。

颜良拾（《河北日报》，1988 年 7 月 21 日）

岳岐峰看望河北工学院师生

本报讯 省长岳岐峰于1月28日上午到河北工学院看望师生员工,并了解学院的教学、科研情况。

岳岐峰热情问候努力工作、学习的师生,并代表省政府向河北工学院全体师生和名誉院长潘承孝教授拜年,祝潘老健康长寿。

河北工学院党委书记林牧、院长张闽等向省长汇报了工作。岳岐峰说,河北工学院多年来在艰苦的条件下,为河北省、为国家培养了大量人才。在河北省,很多工业人才出自工学院。虽然你们教学条件较差,住房不足,实验设备陈旧,教职工很清苦,但这几年在教学、科研、生产、后勤等方面,还是取得了很大成绩。对学生的思想政治工作也做得不错,省委、省政府对此是比较满意的。

岳岐峰说,工学院是省的重点院校之一,在国内外也有一定的知名度,应该给予扶植,使之培养更多更优秀的人才。尽管我们省财政有困难,但还是要挤出钱来,分批分期地扶植大专院校。

战雅生(《河北日报》,1989年2月3日)

李增仁夫妇捐资支教

——两千元作为都安职中奖学金

本报讯 河北工学院电系工程师李增仁和他的爱人、天津商学院副教授何凤英,给广西都安职业中学寄去两千元作为都安职业中学学生奖学金。

李增仁的女儿——优秀共产党员李玲,原北京中医研究院针灸研究所医师,毕业于天津中医学院。1987年,作为中央机关赴广西讲师团员,在广西瑶族都安职中从事中医教学,在去瑶族山寨校调查中不幸以身殉职。李增仁夫妇在广西都安办理女儿后事时见到该地区办学条件差,校舍简陋,学生生活艰苦。身为教育工作者,他们愿为职中的教育事业尽一点力量。去年12月份他们给该校寄去一千元作为学生的奖学金,今年12月18日又寄去一千元。广西瑶族自治县都安职业中学将李增仁夫妇的汇款作为"李玲奖学金"以奖励学生。

战雅生(《天津日报》,1989年12月23日)

河北工学院帮助学生树立正确人生观

——请毕业生回校讲思想政治课

本报讯　45名在各自岗位勤奋工作,做出突出成绩的河北工学院毕业生,作为兼职思想政治课教师走上母校讲坛。他们以自己的成长经历感召新一代大学生,树立远大理想,为祖国的繁荣富强而刻苦学习。

这些兼职教师大多是长期在基层工作的优秀知识分子,亲身体会到知识分子只有向工农学习,走与工农相结合的道路,才能有所作为。去年以来,全国优秀企业家、中国长城酿酒公司总经理施秉钧,省优秀共产党员、邯郸棉纺机厂厂长刘文,全国新长征突击手、日内瓦国际发明展览会金奖和大奖获得者李昌等十几位兼职思想政治课教师多次来校,举办了20多次大型讲座,解答同学们的疑难问题。寒暑假期间,邯郸、邢台、石家庄、张家口等地的兼职教师,还主动组织放假回家的大学生走访工矿、农村,了解基层的人才需求,鼓励大家将来到基层工作。

记者韩绍君(《河北日报》,1990年1月3日)

报刊中的河北工大

他赢得了国内外人们的尊敬

——记省人大常委会副主任、化学家邹仁鋆的事迹

编者按：邹仁鋆是党的高级干部，又是蜚声海内外的知名科学家。在国际学术活动中，他克勤克俭，不讲排场，为国家节约了大量外汇，把自己的酬金、讲学金无私地捐献给国家；面对纸醉金迷的花花世界，他百倍警惕，自强自尊，保持了共产党员应有的气节。在领导岗位上，他关心、帮助群众，尊重知识，重视人才，密切同群众联系，从不依仗职权为自己谋取私利。他是广大共产党员和党员领导干部的优秀代表。他的成就和风范为全省共产党员做出了榜样。

邹仁鋆是一位名列国家级有突出贡献的科学工作者、河北工学院教授，又是身居河北省科学院名誉院长、河北省人大常委会副主任职位的党员领导干部。他的成就和风范赢得了国内外人们的尊敬。

"我向伟大祖国献出赤子之心"

邹仁鋆在研究石油烃裂解方面因成果卓著，引起国际同行专家重视，被英国皇家化学会授予"特许化学家"称号，先后列入美国《世界名人录》、英国《国际知识分子名人录》等4种国际名人录。几年来，他无论以学者身份应邀只身前往国外讲学和参加国际学术会议，或以学术领导人的身份率领代表团出国参加博览会，都时时严格要求自己，处处表现了一个共产党员自强自重的精神和克勤克俭的作风。

1987年4月他到新西兰奥克兰城参加国际学术会议，会上安排他住一家豪华的国际宾馆。按国家规定，以学者身份参加国际学术会议，大会安排宾馆的住宿费用回国可以报销，但他想到参加几天会议要花掉一大笔外汇，于是，他委托一名中国科技大学的留学生为他找到一家离大会更近的私人小旅馆。这位留学生迷惑不

解地问:"邹教授,你为什么要搬?是不是节约归己?"邹仁鋆微笑着解释:"是节约归公。国家外汇来之不易,尽可能为国家节约些。"

邹仁鋆在国外,不但住宿尽量节省,连衣服也自己洗,外出乘公共汽车或比较便宜的地铁,就餐尽量简单。这样,国家规定的出国人员费用标准,他每次都有较多节余。1981 年在英国,节约伙食费 50.8%,节省住宿费 71.1%,节省公杂费 70.5%。从 1984 年到省科学院算起,他以学者身份先后到法国、印度、西德等 15 个国家讲学或参加国际会议,实际用汇比标准用汇共节省约 40%,计人民币 5.4 万元。他把节省的外汇全部交回了国家。

邹仁鋆不但个人在国外处处节俭,同时也要求别人时时遵守外事纪律。

1988 年 6 月,他率省科协代表团一行 5 人赴西德参加阿海玛化工科技博览会,会上给他们安排了低于用汇标准的旅馆,就在邹仁鋆一行进入旅馆后,代表团一位成员告诉他:有一家旅馆为了招揽生意,收房费也不超过用汇标准,还免费供应一日三餐的膳食,同时开给每人每日收膳食费 50 西德马克的发票。这位团员建议他同意迁住这家旅馆。邹仁鋆想:吃饭不付钱却开给发票,这里有流弊。他以团长的名义表示不同意,维护了国家的利益和出国人员的形象。

这次出国去西德后,他个人还去瑞典出席裂解国际学术会议做学术报告。回国时他带回节余的外汇共有 572 西德马克、232.44 瑞典克朗、4806 元外汇券和 3451 美元。邹仁鋆向中国银行如数上交了这些外汇。当他已交完前三种外币、工作人员逐笔点清时,工作人员对他说:"你应交回的外币数目正确,手续已完毕。"这时,邹仁鋆再三说明还有美元数目,工作人员却一再不收。原来,外汇管理局的工作人员在核销用汇通知单的"公币交回数"一栏中,漏写了美元数。邹仁鋆为了交回这笔美元,再度找了外汇管理局,让补填上漏写的"3451"美元数,再返回中国银行办了上交手续。

邹仁鋆每次到国外讲学,都有一笔可观的酬金。对待讲学酬金,他想的是:我能在国际会议上作报告或国外讲学,全是祖国和人民培养的结果,酬金理应献给国家。他先后共献出 7 万日元、1.36 万法郎、150 美元、500 西德马克、275 芬兰马克、200 英镑。

他酷爱科学,甘愿奉献。他的研究成果被省里评为一等奖,获奖金千元,连同他 60 年代的著作、论文的稿费,全部捐献。他说:"这些贡献虽然是微薄的,但这是我向伟大祖国献出的赤子之心。"

"我的人生哲学就是工作"

邹仁鋆把每次出国都看作祖国和人民交给自己的使命,总是把日程安排得满满的,马不停蹄地工作,顾不上游览、欣赏异国的名胜风光。

1984 年 1 月 23 日,邹仁鋆赴印度出席一个国际化学反应工程学术会议,返国时途经曼谷。在航空公司派车接他驶往旅馆的途中,暮色将临。这时,车内一位打扮入时的年轻女郎主动用英语与邹搭话:"您一定很累了,好好在曼谷休息一夜吧,过一次愉快的夜生活。我可以介绍一位漂亮的小姐伴您,好机会!"邹仁鋆回答:"我晚上还要工作。"这位女接待员接着说:"别国的教授赚了钱都是到这里来花,论享乐,这里够意思。"邹仁鋆回答说:"您可能对中国教授不了解。工作不是为了赚钱玩乐,是为了发展自己的国家。我喜欢爱迪生的一句话:我的人生哲学就是工作。每天工作到深夜,这就是我的夜生活。"

1986 年 11 月,邹仁鋆应邀到捷克布拉基斯洛伐技术大学讲学。星期天,捷克教授安排他到维也纳这座位于多瑙河南岸的世界著名"音乐城"度假。欣赏古典音乐是邹仁鋆的一大爱好,他知道,著名的音乐家舒伯特、勃拉姆斯在那里诞生,贝多芬、海顿、莫扎特、施特劳斯曾在那里长期生活和创作,因此对那里充满了向往之情。眼下他所在的布拉基斯洛伐城与维也纳仅有一界之隔,开车不足 20 分钟路程,然而,他还是婉言谢绝了。这一天,邹仁鋆在旅馆伏案工作到夜里 11 点。

"为人民办事是我的责任"

邹仁鋆是个"知识型"兼"事业型"的干部,又处在省领导地位,因此,向他求知求事求职务的不计其数。凡是他认为应该办的,都认真去办,不该办的,坚决不办。此中酬谢、送礼者一概拒绝。

有不少县聘请他为科技顾问,他为这些县的科技发展出过力,费过心血。有个县科委主任送来 140 元钱,邹仁鋆坚决不收,这位科委主任就是不走,双手捧着说:"钱虽少,可这是全县 40 万人民的心意啊!您不接受我怎么回去向群众交代。"面对这真诚的请求,他无法推辞。后来他把这笔钱作为捐款转给了石家庄残疾人技术职业学校。

邹仁鋆担任了二三十项科技与社会兼职,其中有 4 个大学的客座教授,7 个全国性学报和一个国外学报的编委,从不收分文报酬。

有一个沧州的同志要求调到省里工作,这是个有事业心、埋头苦干的人,应该考虑。这个同志的爱人给邹仁鋆送来了一袋大米,趁他不在就放到办公室。邹仁鋆认为,调人归调人,按程序办事,他把大米折价款汇给对方。

邹仁鋆非常关心科技人才的培养。他认识和有联系的国外教授有上百个,经他推荐,选送出国深造的中青年科技骨干有20余名,大都在他的鼓励下学成回国。而他的两个女儿却没有沾他一点光。大女儿现仍在天津五中教高中,二女儿到西德进修是地质部组织上选送的。他给两个孩子常讲的一句话:"不要借爸爸的光,要发奋图强,去自己发光。"

邹仁鋆收到过很多群众来信,他都一一处理批转给有关部门。有一个干部的问题得到了解决,这个干部很感激,专程从邯郸赶到天津送了一套瓷器餐具。邹仁鋆耐心地解释:"为人民办事是我的责任,东西我不能要。"这个干部临走望着眼前这位可敬的领导,眼睛湿润了。

"我活着,就要为党的事业拼搏"

有两个数字常在邹仁鋆脑际萦绕,他时常对人讲,一个是我国的人均产值只有工业发达国家的几十分之一,另一个是我国的人才资源只有科学先进国家的几十分之一。他说:"这两个数字像鞭子,时常鞭挞着我。"邹仁鋆把这两个数字作为拼搏的力量源泉。

还在教学科研岗位时,他早已不分8小时内外、白天黑夜,他的时间是以完成一项科学实践或其它一项工作为单位时间来计算的。他曾为攻克石油裂解动力学研究中的理论模型和计算程序问题,连续奋战不已。70年代他撰写的《石油化工裂解原理与技术》一书,被国外学者誉为"世界上同类著作中第一部比较完整系统的著作。"为了赶写这部60万字的专著,他不知熬了多少个不眠之夜,他博览了数千篇最新论文,摘录卡片上万张,书后所列外文参考文献达480部(篇),计算机用穿孔纸带不下数千米(当时还没有软盘)。

一次,他结束在福州参加的学术会议乘飞机到北京,已经是下午1点多了,紧张的学术会议和旅途的颠簸已使他很疲劳了,但他想到第二天的工作,就旋即坐上汽车赶到北京火车站,坐火车赶到石家庄,已是深夜一点半了。翌日上午,主持了省科学院的院务会议。

他的领导岗位在省会石家庄,教学岗位在天津,两个女儿分别在京、津两地工作,每逢节假日回津,他无暇和家人团聚,而是钻实验室、跑图书馆指导研究生。回石家庄时往往临上火车才走出教研室、实验室,为这,急得老伴团团转。

邹仁鋆从 1983 年担任领导工作以来,完成了三部译著共 150 万字;先后亲自或与人合作撰写了 27 篇学术论文,其中有 15 篇在美、法、荷兰等国际学术刊物上发表或参加国际学术报告。而这些著作、论文,都是在大量的社会活动、行政工作外完成的。

1988 年 2 月,邹仁鋆因积劳成疾住进了医院,高烧达 41℃,血压降到 70/40 毫米汞柱,医院不得不向单位和家属发出"病危通知书"。在省领导的关怀下,经医务人员的全力抢救,第 8 天才脱离了危险。当他感到脑子稍清醒时,便让身边的陪护人员,一天两次地从单位送文、送信、搬书。夜深了,他不敢开灯,就打着小手电批文、复函。值班医生既责怪他不该把病房当办公室,又确实被他那忘我的精神所感动。医护人员和来看望他的省领导同志都劝他:"安心养好病",他总是深情地说:"我的生命是党给的,我为党做的事情不多,我活着,就要为党的事业而拼搏。"一个月后,他出院了,工作人员搬回的是满满一大提箱书籍和文稿。

邹仁鋆的拼搏和奉献精神,党和人民给了他很高的荣誉。他先后被评为天津市特等劳动模范,河北省优秀党员和劳动模范,全国劳动模范,全国先进工作者,"五一"劳动奖章获得者。

科原、冀言(《河北日报》,1990 年 7 月 9 日)

小铁球带来高效益

新春伊始,从景县合金铸造厂传来一则喜讯:全厂产值、利税在去年比前年翻了一番的基础上,今年一月份又实现"开门红",产值达到 52 万元,利税 10.5 万元。

要问他们有什么"诀窍",干部工人乐滋滋地说:"是'小铁球'为我们厂带来了高效益。""小铁球"的全名叫 KSM 矿山磨球,是一种高铬铸铁的高耐磨新产品,1990 年 12 月 24 日刚刚通过省级鉴定。

景县合金铸造厂,始建于 1985 年 5 月。那时叫实验电炉厂,主要产品是 150 公斤、500 公斤中频无芯感应熔炼炉。由于产品单调,销路不畅,企业陷入了困境。1987 年初,张泽忠承包了工厂,当时竟没有一分钱的流动资金。但是,他坚信办法总比困难多。当即召集干部工人开"诸葛亮会",发动大家献计献策。饱尝了产品单调苦头的工人们说,在当今的社会上,产品更新换代的周期越来越短,企业如果不经常开发新产品,只靠一两种看家产品过日子,是站不住脚的。张泽忠一拍大腿:"好,咱们上规模,上品种!"据测算,需要投资 30 万元,而当时工厂的固定资产总值也才 30 万元。这等于新增加一个工厂啊!

张泽忠还是那句话:"办法总比困难多。"东拼西借,凑足了投资。在扩大生产规模和增加规格品种的同时,他通过抓企业管理和技术进步,提高了产品质量。这一年,他们生产的 6 种规格的系列中频无芯感应熔炼炉,通过了省科委鉴定。品种齐全了,销路打开了。当年实现产值 126 万元,上缴利税 35 万元。

初战告捷,更增添了张泽忠不断开发新产品的信心和决心。他了解到我国矿山一般用普通锻钢球,由于耐磨性差,变形速度快,需要经常倒磨、补球,最短的一个月甩一次磨,严重影响了磨机台时产量和运转率。近些年来,中锰铁球和低铬铁球开始在矿山应用,但仍存在破碎率高和磨耗大的问题。

张泽忠萌生了研制新型高耐磨矿山用磨球的念头。他找到河北工学院耐磨材料研究室,请求在技术上给予帮助。人家问他有什么有利条件?他说,我们是生产中频无芯感应熔炼炉的,现有 500 公斤的炉子两座,再建一个铸工车间,马上就可以试验。试验成功了双方受益,试验失败了,损失我厂承担。

双方一拍即合,签订了共同研制矿山磨球的协议。用被誉为第三代抗磨材料的高铬铸铁做原材料,添加强化组织的微量合金元素,采用适当的热处理工艺。经过上百次试验,到 1989 年 4 月 20 日,终于成功地试生产出 30 吨高耐磨多元合金矿山用磨球。

质量究竟如何?他们用汽车拉上磨球,千里迢迢赶到迁西县汉儿庄铁厂,请人家试用。经过 1275 小时的研磨,磨球表面仍然光滑圆整,无破碎,无变形,耐磨性是普通锻钢球的 3.99 倍。处理铁矿石效果良好,处理铝矿石又如何呢?张泽忠拉着 50 吨磨球来到河南郑州铝厂,经过 1630 小时的运转使用,破碎率只有 0.012%,耐磨性是普通锻钢球的 4.68 倍。

张泽忠还先后把磨球送到山西铝厂、山东铝厂、承德小寺沟铜矿、迁西东荒峪金矿以及一些水泥厂、碳素厂试用,均取得了成功。订货合同也一个个接踵而至。

兰乐、金星、锡杰(《河北日报》,1991 年 2 月 13 日)

纯洁的心灵

　　凡是在河北工学院待过几年的人,都感到魏安赐老师有些与众不同的地方。特别是去年暑假从清东陵旅游归来,他鉴别香妃尸骨的新闻一传开,更给他增添了几分传奇色彩。

　　1980 年 8 月 15 日,细雨霏霏,举止文雅的魏安赐撑着一把小伞,从十几里外的汤泉来到了清东陵香妃墓。

　　魏安赐很早就听说过对香妃生平和终年岁数是众说纷纭。东陵御妃寝墓中的香妃是真是假,是男是女,尚未定论。他决定要弄个究竟,以正历史视听。

　　魏安赐这一设想,使文物保管所的于同志非常高兴。老于同志带领魏安赐来到香妃墓出土的尸骨前。魏老师拿起放大镜,翻看头骨的枕骨、牙齿、面部……不用多长时间,他就断定墓主人是女性。接着又对年龄做出判断。有的文字记载,香妃墓在新疆。在她二十几岁时被皇太后"赐死",用白绫勒死。可是魏安赐研究了尸骨的特征,断定墓主人终年已经五十多岁,从而肯定是香妃,并告诉老于,一些考古工作者过去在性别和年龄上因为什么作出了不符合实际的判断。

　　魏安赐是学原子核物理的,怎么对考古这么有研究呢?

　　早在南开大学上学的时候,有一个星期天,他跨进图书馆的阅览室,在知识的海洋里探索遨游,无意中发现一本书——《从头骨复原面貌的原理》感到很新奇,便贪婪地读起来。书里讲的是怎样通过尸骨判断死者的性别、年龄以及怎样勾画复原原貌的方法。其中还专门介绍了苏联格拉西莫夫教授用这一绝技复原了一具被害女尸,从而协助公安部门侦破了一起极其复杂奇特的凶杀案。他想到掌握这一门学问对我国考古和公安侦破会有重要意义。就这样他迷上了这项考古研究。星期天、节假日,他常到郊外的乱坟场去,还专门向迁坟工作队的老工人虚心请教。日复一日地观察、分析、研究,使他积累了丰富的判定死者性别和年龄以及复原面貌的经验,并为不少迁坟家属辨认出难以分辨的死者尸骨。十年动乱中曾经为此批判过他。但是他始终认为,科学是人类创造的宝贵财富,应该用来造福于人类。

自己做的事，只要对国家、对民族有好处，就决不应该因为遭受任何挫折乃至痛苦而抛弃它。

他走过了四十一年的人生道路，从记事起，就同情弱者，热爱劳动。他对党、对人民、对社会主义祖国，始终充满着满腔热情和真诚的热爱。

他在南开大学当校刊记者的时候，曾写下了近五十篇歌颂党、赞美社会主义新时代的文章和诗篇。刊载这些文章的报纸和期刊，十年动乱中有的丢失了，后来他又把能够找到的千方百计找回来。有的报刊破旧了，他又精心地一一裱糊好。他说，这些文章中铭记着我对党，对人民的真挚感情，记录着我对共产主义的坚定信念。每当看到这些文章，我就会想起党和人民对自己的培养教育，想起学生时代的火热生活。从内心里产生一种奋发向上的冲动和力量。

60 年代那场政治风暴中，魏安赐也不可避免地遭受了冤屈和折磨。但是，他从来不认为这是整个党、整个民族的过错。他仍然像幼年爱他的母亲那样，爱我们的党。他白天被迫参加园田劳动，夜晚仍然坚持看书、写作。他这时写下的三本约二十五万字的《形式逻辑学笔记》至今仍然完好地保存着。

魏安赐十五岁考入南开大学物理系，学习勤奋，朝夕苦读，开始显露出创造才能和智慧的火花。在南开大学小型原子反应堆的科学研究过程中，他逐渐成为科研组里的骨干力量。并在 1959 年第三期《物理通报》上发表了科研论文。二十岁大学毕业后，助课辅导一年多就正式登台讲课，而且很受同学的欢迎和赞赏。如果他把智慧和精力集中在学术研究上，是完全有希望搞出突出成果的。但是他诚心实意从党和人民的需要出发，甘愿做一名光荣的人民教师，像"两头点燃的蜡烛"一样，无声无息地牺牲自己照亮别人。

为了提高教学效果，他付出的艰辛劳动是惊人的。他博览古今中外的哲学、历史、地理等科学著作，还特地自修了《逻辑学》和《心理学》。他把教师传授和摄取知识的方法比作点金术，而把传授给学生的知识比作黄金。他对学生说："黄金有用完的时候，而掌握了点金术，就可以'点石成金'，受益无穷。"所以他讲起课来能重点突出，概念准确，旁征博引，妙趣横生，同学们都说，"魏老师讲课听着爱听，记着容易。"

1960 年他刚被分配到大学任教不久，组织上就把编写《电磁学》讲义的任务交给他。当时他仅有二十岁，血气方刚，风华正茂，不知道啥叫困难。对组织交给的任务拼命去完成，几乎把全部时间和精力都用来翻阅参考资料和编写工作。那年的整个寒假他没休息，连大年三十那天，也没顾得上回家看一看。

人的精力毕竟是有限的。当时正处在经济困难时期。他日夜加倍的工作,营养供应却少得可怜。日子一久,好端端的小伙子消瘦了,坚持不住了。经检查得了慢性肝炎病。组织上对他的健康状况很关心,劝他一定要注意休息。可是在他看来,休息比病的折磨还难受。于是他把党和同志们的关怀变成了克服困难的动力,工作更刻苦努力了。

魏安赐对工作、对学业是那样尽心尽力,而对自己的婚姻大事却无暇自顾。上大学时不止一个女同学向他表示过爱意,那时他想到的完全是学习;到大学工作后也不止一个同志给他介绍对象,那时他一心想的完全是教学。如今他仍然独身一人。他住的那间不足九平方米的房间里,除了一张单人床和一个三屉桌外,到处堆放着大摞小摞的图书。房间里没有暖气设备,冬天从来不生炉子。去年进冬,基础课部党支部书记刘文芳特地给他批了条子,劝他去领炉子烟筒,把炉子提早生起来。他从心眼里感到党的温暖。但是他却始终没有去领炉子生火。他说:"生着炉子就得想法让它不灭,那得花费多少时间啊!"

1976年地震,国家给调运来大批搭防震棚的物资。忠厚的魏安赐只领取了四根柳杆和两张苇箔。这点东西遮雨都不能,又怎能越冬?别人都为他着急。可是,他这时想到的是国家困难,想到的是震区的千家万户。他要以实际行动为党为国家担忧。搭防震棚物料不够用,他就自己掏钱买来了竹竿、苇箔、油毡。别人家的防震棚里拉上电线,亮着电灯,而他的小棚子里却只点一盏小小的煤油灯。寒冬腊月,各家防震棚里生起炉火,而他的棚子里却一直没生炉火。北风一刮,棚子里寒气鼓荡,冰冷刺骨,他仍然日日夜夜在棚子里翻书备课,从来没叫过一声苦。他坐着小马扎,在椅子上翻阅了综合大学数学系数学专业教材《微积分学教程》和师范院校数学系使用的《数学分析简明教程》等资料,写出了近一百万字的《微分积分和微分方程》教学参考笔记。

魏安赐的可贵品德和美丽的心灵,是在学习和继承人类的优秀文化遗产和道德情操中逐渐积蓄形成的。早在中学时代,他就阅读了许多中外优秀的文学作品,像《普通一兵》《卓娅和舒拉的故事》《钢铁是怎样炼成的》《谁是最可爱的人》等,他都反复阅读过。他认为,一个人应该使自己的生活与人类最崇高的事业联系在一起,并为推动这一伟大事业不断前进才有意义。他从青少年时代就把"使别人因着自己的存在而生活得更美好"作为自己的座右铭。

1981年春节,是他最高兴的一天,也是他的心境最不平静的一天。

现在他已是河北省自然辩证法学会常务理事,天津市物理学会会员,天津市自然辩证法研究会研究员,河北工学院物理教研室的讲师。1978年、1980年又连续两次提级增薪。面对党和人民给予的荣誉和报酬,回顾党和人民培养自己所付出的代价,深深感到自己对党对人民的贡献太少了,过去十多年耽误的时间太多了,心中油然腾起一股愧感和内疚。这天的夜晚,直到午夜时分他还在不知疲倦地伏案疾书。

新春佳节,人们的心情是愉快的,而魏安赐的节日生活更是快乐无比,他写出了一篇有学术价值的论文——《关于摩擦系数和滑动速度的关系》。论文中解决了日本实验物理学家曾田范宗撰写的《摩擦》专著中"很难说有充分说明"的两类实验现象:一类是边界摩擦的摩擦系数随滑动速率的增大而呈指数下降,一类是对金属和木头的干摩擦滑动速率按等比级数增加则摩擦系数按等差级数增加。这篇论文于今年三月初在河北省摩擦学会第一届年会上宣读时,受到了与会者的一致好评。

本报通讯员陈德第　本报记者尹铮(《河北日报》,1991年5月23日)

形势教育入耳入脑

本报讯 面对风云变幻的国际形势,如何在高校增强反和平演变教育的针对性? 河北工学院从组织宣讲队伍入手,努力使形势教育生动具体,入耳入脑,收到良好效果。

学院专门成立了由马克思主义理论课和思想品德课教师组成的理论组,负责研究制订形势教育的计划、措施,分析解答师生中普遍存在的疑点、难点问题,为宣讲提供材料。同时,由院处领导、机关干部、辅导员、党员正副教授等组成 200 人的宣讲团,并从河北、天津等地聘请 50 多位校友为思想政治教育兼职教师。

宣讲团采取一竿子插到底的做法,200 名宣讲员全部下到班、组、科、室,开展谈心式的宣讲、辅导、解答。一些辅导员和班主任还结合宣讲内容提出问题,采用问答形式开展专题讨论。他们把自己摆进去,与学生沟通思想,使宣讲内容更生动、具体、有说服力。工管系 88 级学生崔树军说,学校开展宣讲工作,吸引了同学们的注意力,老师与学生共同讨论,克服了以往政治课完全由老师向学生灌输的做法,提高了我们分析问题的能力,澄清了我们思想上的模糊认识。

通过宣讲活动,师生们对和平演变的危险性有了更加深切的认识,进一步坚定了社会主义信念。学生中积极要求入党的人多了,仅近 3 个月就有 301 人提出入党申请。全院成立学马列、学党章小组 71 个,参加活动的达 900 多人。

工宣(《河北日报》,1992 年 1 月 6 日)

目标——高科技

徐岳生教授在河北工学院是个有名的人物,谁都知道他有一股子拼劲。

1984 年,他创办的半导体材料研究室已经名声在外了,先后在半导体硅的开发研究工作中取得了 10 多项重要成果,分别获得全国科学大会、原电子工业部和河北省、天津市的奖励。

但是他并不满足,继续瞄准着发展高技术的重大目标。由他领衔主研的大规模、超大规模集成电路用中子辐照直拉硅技术项目,用了 4 年时间才搞成。他和同伴们提出通过引入缺陷来控制和利用缺陷的学术思想和技术方法,在鉴定时国内半导体材料与器件方面的专家、学者都给予了很高的评价。认为这个项目在国内外首次把 NTD 技术与 IG 技术结合起来,取得了独立于国际,在国内领先的优异成果。它对发展我国超大规模、超超大规模集成电路具有重要意义,并具有明显的经济效益。

竹文、郭影(《河北日报》,1992 年 1 月 21 日)

邢崇智在河北工学院调查研究时强调
高等学校要自觉地贯彻党的基本路线
教书育人服务经济增强自我发展能力

本报讯 近日,省委书记邢崇智到河北工学院调查研究,同这里的教职员工一起,结合实际,共同讨论了高等学校自觉贯彻党的基本路线,教书育人,服务经济,努力增强自我发展能力等问题。

邢崇智说,最近召开的中央政治局全体会议强调,要"牢牢把握党的"一个中心、两个基本点"的基本路线,一百年不动摇"。真正做到这一点,关键是培养和造就大批跨世纪的、自觉贯彻党的基本路线的接班人。现在在校的大学生是跨世纪的一代。高等学校的各级领导和广大教师,要深入学习邓小平同志关于建设有中国特色的社会主义的一系列重要论述及中央政治局全体会议精神,进一步认清自己的责任,并以此为指导,切实加强对学生的思想政治工作,加强对学生的教育和培养,使高等学校培养的学生都能自觉坚持党的基本路线,真正成为社会主义的"四有"新人。这些人,从事社会主义经济建设要有真本事,坚持四项基本原则要很坚定,搞改革开放要很大胆,个个都抱定建设有中国特色的社会主义的志向,成为能够迎接世界新技术革命和经济竞争的社会主义建设者和接班人。

高等学校尤其是理工科院校如何更好地贴近经济、服务经济?邢崇智就这个问题同干部、教师广泛交换了意见。他说,现在我们正面临着加快改革开放步伐的任务,中心是要抓住机遇,尽快把经济搞上去。要把经济搞上去,必须依靠科技和教育。高等学校应适应这一形势发展的需要,进一步解放思想,大力促进教学、科研、生产的结合,更好地为经济建设服务。

近年来,我省一些高等院校积极主动地与有关地市联合进行技术开发,联合上项目、办企业等,这些都是很好的。要总结经验,继续发展。要围绕经济建设的需要,加强科研工作,加强对国际新技术、新成果的消化和吸收,加强同全省各个地方包括经济比较发达和比较落后地方的多层次、多形式的合作,争取多出、快出新成果,使之转化为生产力,以促进经济的发展。

高等学校的发展要和全省经济的发展紧密相连。现在,我省多数高等学校自我发展能力比较弱。要立足于自力更生,充分发挥自身优势,通过走教学、科研、生产一体化的路子,实行教育与经济结合、高校与地方结合,在结合中增强自我发展能力。这条路,是一条有中国特色的路,沿着这条路走下去,高等学校的发展道路就会越走越宽广。

关于搞好高校与地方的结合、教育与经济的结合问题,邢崇智说,必须调动高校和社会两个积极性。各高等学校每年都要组织一些同志有目的地到各个地市、有关部门以及农村、企业等生产第一线跑一跑、看一看,了解各地经济发展和生产建设在技术上、经营上、管理上存在什么困难和问题,高等学校中又有些什么新技术、新产品、新项目可以同地方合作联营,以便做到心中有数,增强结合的针对性和有效性。从省和各地政府部门特别是经济技术部门、综合部门、情报信息部门来说,要积极为高等学校提供有关经济和科技方面的需求信息。今后,省和有关地市召开的某些会议,如每年的工作部署会、计划会和重要的专业性会议等,都要请有关高校参加。这一条要作为一项硬性规定定下来。

邢崇智对河北工学院各级领导和广大教师一心一意搞好教学、科研,更有成效地为经济建设服务的饱满热情,给予充分肯定。他要求全省各高等学校都要在现有基础上,坚持高起点、高水平,加快发展,使我省高校真正成为培养社会主义建设者和接班人的基地,进行科技攻关和科技开发的基地,为河北实现小康,并向更高目标迈进作出应有的贡献。

本报通讯员(《河北日报》,1992年3月29日)

全省大学生田径运动会落幕

——37人次破24项省大学生纪录

本报讯　河北省第七届大学生田径运动会经过四天的激烈争夺,于5月3日晚降下帷幕。河北师大、河北师院、河北大学男队,河北师大、河北大学、河北工学院女队分获甲组团体总分前三名;河北轻化工学院、承德医学院、东北工学院秦皇岛分院获得普通院校总分前三名;承德师专、保定师专、唐山大学男队,华北航天学院、承德师专、唐山大学女队分获乙组团体总分前三名;河北体院、保定师专体育系、河北师大体育系男队和河北体院、河北师大体育系、保定师专体育系女队分获丙组团体总分前三名。河北师院、河北工学院、河北商专、河北水专、保定师专体育系获得道德风尚奖;河北工学院被评为优秀承办单位。

这届运动会从始至终坚持了育人第一的原则。开幕式上河北工学院1200名师生表演了大型团体操《河工之春》,1000余名运动员、教练员联合签名支持北京申办2000年奥运会。比赛中,广大运动员赛风格、赛毅力、赛水平,取得了优异成绩。先后有37人次打破男子100米、400米、800米、10000米竞走、标枪、铁饼、铅球、链球和女子400米、5000米、5000米竞走、标枪、铁饼、铅球等24项省大学生田径纪录。

运宣(《河北日报》,1992年5月7日)

河北工学院对学生进行军训

8月17日至29日,河北工学院聘请武警天津总队三支队一中队40名官兵,对91级学生进行军训。

千余名大学生身着战士服装,按照部队队列条例有关规定,进行队列行进等基本动作训练,观看武警战士队列示范表演和军事表演,并到营地参观部队内务、战士营房,还进行了实弹射击,组织了军训总结校阅活动。

大学生们在紧张的军训中,学到了基本的军事动作、军事常识,掌握了一定的技能,更重要的是学到了子弟兵的光荣传统和优良作风,锻炼了意志品质,提高了国防观念和组织纪律性。

屈振光(《河北日报》1992年8月30日)

潘承孝从教六十五周年

——河北工学院冒雨隆重举行庆祝活动

本报天津 9 月 11 日电　今天下午,河北工学院冒雨隆重举行大会,热烈庆祝著名工程教育家、95 岁高龄的潘承孝教授从教 65 周年。省委、省政府向潘承孝发来贺词,省委书记邢崇智向潘承孝敬献花篮,省人大常委会副主任邹仁鋆、天津市政协副主席赵今声分别在会上讲了话。省科教工委、省教委,天津市教育卫生工委、高教局的负责同志和兄弟院校代表以及潘承孝不同时代的学生代表也先后致辞祝贺并敬献了纪念品。全院 6000 余名师生员工怀着崇敬之情向潘承孝教授表达了深深的敬意。

潘承孝教授现任河北工学院名誉院长、民进中央常委。他 1897 年出生于江苏省苏州市,早年在旧中国唐山交通大学机械系就读。1921 年底官费留学美国。1927 年学成回国后,一直从事大学教育工作。解放后,潘承孝教授受到党和人民的重视和厚爱,承担了更加重要的责任,先后担任了北洋大学教务委员、天津大学教务长、天津工学院院长、河北工学院院长等职。并先后担任了民进天津市委副主委、民进河北省委主委、民进中央常委、天津市和河北省政协副主席、河北省人大常委会副主任,曾被选为第三、四、五、六届全国人大代表。

潘承孝教授治学严谨,具有很高的科学素养和学术水平。培养出许多内燃机、汽车方面的知名专家。他热爱中国共产党,坚定地走社会主义道路,是一位爱国的教育家。1979 年 12 月,在他 82 岁时,光荣地加入了中国共产党。

陈德第、屈振光、霍占良(《河北日报》,1992 年 9 月 12 日)

河北工学院廊坊分院开学

　　本报廊坊十月十四日电　今天上午,河北工学院廊坊分院成立并开学。副省长顾二熊、著名教育家潘承孝等参加了开学典礼。分院首批入校的六百人均为自费本科生和大专生。

潘学斌、王崇玉(《河北日报》,1992 年 10 月 15 日)

以我省经济发展战略为目标深化内部改革

——河北工学院努力办出地方特色

本报讯　在喜庆党的十四大召开的日子里,河北工学院广大师生精神振奋,一个以深化改革为动力,以河北经济发展战略为目标,努力把河北工学院办成具有地方特色的工科大学的良好局面正在形成。

这所学院是具有89年历史的省属重点工科院校,在发展经济、振兴河北中担负着重要责任。为了大胆改革管理体制,学院先后制定了人事定编的具体办法、院内分配制度改革方案、教师定编和工作量计算办法、专业技术职务聘任的实施细则等10个文件,做到了有方向、有目标、有内容、有要求。在严格定编的基础上,他们调整岗位设置,明确岗位责任,实行定编到室,聘任到人。根据受聘基本条件和不同岗位的需要,经个人申请、平等竞争、择优上岗的原则进行聘任。可以低职高聘、高职低聘、返聘、待聘、不聘,职工本人也可拒聘。院内对各系及直属单位实行工资总额包干,在包干期内,增人不增加工资总额,减人不核减工资总额。实行国拨工资和校内津贴双轨运行的结构工资制。校内津贴包括岗位津贴、业绩津贴和奖励津贴,均在严格考核的基础上分等级发放。为使各系、各教学单位行使办学主动权,学院还将一些权力下放到系级管理,使各系能主动地开展教学、科研和各项管理工作。

面向经济实际,为经济建设服务,是河北工学院教育教学改革的出发点和落脚点。他们根据地方工业的特点及对人才需要的不同,改善现有的学科、专业的设置。对机械一系、机械二系、电气工程系进行了调整,把学科方向和本专科教学工作适当分离,改变以往专业教研室办专业的状况,初步实行了系办专业,并为1993年在全院范围内实行按专业类招生打下了基础。新建的材料系增设了《模具设计》《表面工程》等课程,并为唐山新区开办了中频熔炼培训班,为乡镇企业办了证书班,现正筹备质量检验人员证书班。眼下,他们还加紧筹划,根据学校实力和

179

经济建设需要,拟新上机械电子、信息工程、工业外贸等新专业。

在改善学科、活化专业的同时,学院还创造条件,多层次、多渠道办学。为适应乡镇企业对人才的需要,今年在省委、省政府的支持下成立了廊坊分院,招收了1040名自费生。近几年,在成人教育范围内的职业技术教育和各类工程继续教育及岗位培训班,该院都取得了较好的成绩。

振兴教育的关键在教师。在改革中,学院把培养青年教师作为一项重要内容。今年5月该院作出决定,在35岁以下的青年教师中遴选一批优秀拔尖人才,鼓励他们脱颖而出,贡献真才实学。现在,首批14名人选已得到确认,并作为学院优先申报破格晋升副教授的人选。有14名青年教师现正在农村基层锻炼;青年教师岗位竞赛活动正在分步开展;中老年教师教学经验交流会,使青年教师学到了经验,获得了教益。

河北工学院作为我省高校综合改革的试点,改革已初见成效。在试点的基础课部,新的管理体制已开始运行,经过严格定编,教师队伍得到了优化,教师们不仅担负院本部学生的基础课教学,还主动承担起廊坊分院的大部分课程,工作量增加了一倍,岗位津贴的差距保持3倍左右。在这个部,论资排辈的旧观念被打破,低职高聘的有7人。这个部里的办学主动权大大增强,已成立了从事高科技研究和技术开发的公司。其他单位的改革也相继开展。

陈德第(《河北日报》,1992年11月1日)

我省一项模具材料技术达国际先进水平

本报讯 一种制造拉伸模具的铜基合金材料,对克服不锈钢器皿、搪瓷器皿拉制过程中表面出现的拉毛、划伤、拉破有显著效果。如今要求订购这种模具材料的信件,不断飞向河北工学院材料研究中心。1992 年 12 月 28 日,有关专家鉴定认为,这项已被受理发明专利的科研成果具有国际先进水平,填补国内空白。

河北工学院陶瓷材料研究室副教授高兴华等人,1987 年自筹资金,研制开发新型模具材料。他们通过理论分析认为,不锈钢器皿表面产生的拉毛现象,是特殊情况下的一种黏着磨损。经过无数次反复试验,他们终于研制开发出一种新型铜基合金模具材料。用该合金材料制造的模具适用于拉制不锈钢及低碳钢器皿,拉制的器皿表面光滑、无擦伤划痕,成品率高,模具使用寿命长,而且对润滑剂无特殊要求。截至目前,铜基合金模具已推广到天津、山东、山西、广东、内蒙古和省内等 35 家企业。

陈德第(《河北日报》,1993 年 1 月 19 日)

莘莘学子深深情

——河北工学院大学生捐助家庭困难学生

　　本报讯　在纪念毛泽东等老一辈无产阶级革命家号召"向雷锋同志学习"等题词发表30周年的日子里,河北工学院又传出一曲动人的颂歌:一位来自农村的大学生,家遭不幸,全系同学纷纷献出爱心,慷慨解囊相助,捐款1500余元,在早春的校园荡起了一股暖风。

　　今年1月17日,计算机91—1班学生周泽斌结束期末考试,踏上返回家乡廊坊市安次区的归途。然而,他哪里知道,就在放假的前一天,他母亲外出时不幸遇车祸,造成双腿截肢。这突如其来的打击,不仅给周泽斌及全家精神上带来极大的痛苦,也造成了严重的经济负担,单是住院手术费就花去近6000元。周泽斌正在上初中一年级的妹妹,为了护理母亲也辍了学。

　　寒假结束,周泽斌忍着极度的痛苦告别了躺在病榻上的母亲返校了。尽管他极力克制自己不让同学们知道,但思念亲人的情绪变化还是被同宿舍的同学发觉了。一传俩,俩传仨,很快全班同学都知道了。大家都为周泽斌的不幸而难过,担心他因此影响学习。为帮他分担困难,班委会、团支部倡议为周泽斌捐款。

　　没有大张旗鼓的宣传,也没有什么动员,大家便默默地行动起来。10元、20元、30元、50元……悄悄地汇总到班长手中。就连家境不好的同学,也拿出自己力所能及的一份。党总支、团总支、辅导员、班主任老师也都献上了一份爱心与支持。没几天工夫,捐款就达900元。

　　900元,这个数字虽然与昂贵的医疗费相比,有些微不足道,可它却凝聚着全班30名同学和老师们的一片深情。周泽斌这位一向能言善说的系学生会宣传部部长,被感动得竟说不出一个字。

　　消息不胫而走,系里其他年级同学很快地知道了这件事,纷纷伸出热情的手。90级一个班同学捐出276元。连92级新同学也真诚相助,捐款332元。捐款活动还在进行,捐款者的队伍仍在无声地扩大着。

　　2月28日,计算机91-1班派出代表前往廊坊市安次区周泽斌家中探望老人,带去了大家捐赠的1500元钱,也带去了同学们的祝愿。

陈李文(《河北日报》,1993 年 3 月 26 日)

高新技术的基石——材料科学与技术

材料科学与技术不但是当代高新技术的重要支柱,而且本身也是高新技术的组成部分。任何一种新技术的应用,首先应有新材料的突破。白炽灯的发明与广泛应用,离不开长寿命钨丝,为此材料科学工作者付出了艰苦的努力。

当代不少高新技术之所以达不到工业规模应用,其主要制约因素仍然是材料问题。譬如高临界温度的超导材料,超高速集成电路用半导体材料,以及太阳能电池用廉价硅材料等。另外,高新技术的不断发展,也大大促进了材料科学与技术的发展。

新材料具有发展速度快、增值高、技术进步快等特点,而且所使用材料的范围,正在向两极扩大。金属材料,如果过去以使用钢铁、铜、铝、铅、锌为主的话,目前正逐步扩大到使用稀有金属、稀土材料以及硅、铝化合物等。目前正在兴起的陶瓷材料已愈来愈引起人们的注意。有人说"人类正进入第二个石器时代",这是不无道理的。

如果按用途分,新材料有结构材料与功能材料。结构材料主要使用其机械性能如强度、硬度、韧度、耐磨等,一般都是各向同性的多晶体。功能材料则是使用其特殊功能,如发光、整流、放大、敏感等,一般都是各向异性的单晶体。因此发展功能材料又总是同单晶制备联系在一起。如何获得高纯度、高均匀性、高完整性大直径单晶体,已是当代材料科学与研究的最热门课题。

当前发展最快的新材料有电子信息材料、高技术陶瓷材料、新型塑料、高级碳素材料、生物工程材料以及超导材料和复合材料等。制备技术方面,除了上述大直径单晶外,还有薄膜制备技术(二维材料)、非晶微晶技术以及复合材料制备技术等。

材料科学与技术发展的基础学科,有晶体学、固体物理学、分子物理学、有机和无机化学等。值得特别注意的是,材料科学与技术的发展,同世间一切事物的发展一样,遵循唯物辩证法的规律。为了攻克某项技术难关,从某种意义上讲,甚至要反其道而行之。比如高临界温度超导材料，并不是从优良导体中发现的，而是从绝缘体(稀土氧化物)中找到的，当然它有全新的导电机制。

世界上工业发达的国家，也是新型材料研究与生产大国。新材料科学与技术水平，也是一个国家现代化程度的标志之一。西方国家的人造卫星装配，可以让人参观，而新材料的制备技术，往往却严格保密。

本文作者为河北工学院半导体研究室主任、教授徐岳生

(《河北日报》,1993年5月5日)

报刊中的河北工大

185

"八年磨一剑"

——河北工学院陶瓷材料研究室纪事

朋友,当你走进厨房,使用着结实、耐用、精巧的不锈钢炊具;当你走出家门,带上不锈钢饭盒、口杯;当你漫步商店,看到琳琅满目的不锈钢制品时,你可曾想到科研人员为研制这些产品而倾注的心血?本文所记述的,就是河北工学院陶瓷材料研究室几位科研人员,为了给国家节省宝贵的外汇,为了中国自己的不锈钢制品业而苦苦奋斗的一段经历。

一

不锈钢制品如锅、壶等,耐酸耐碱,耐高温,强度高,造型精致,外观漂亮,尤其是它能避免食物的铝污染。在西方发达国家,从70年代开始,普通百姓家庭使用的炊具,就已用不锈钢制品替代了铝制品。因此,不少发展中国家把不锈钢制品业作为主要创汇行业之一。

我国的不锈钢制品业,是在党的十一届三中全会以后才得到较快发展的。但是,各个厂家都因模具材料问题使生产的扩大、产品的开发受到很大限制。不锈钢器皿都是由模具拉伸成型的,而国内使用的模具材料,一般是铬钢或铸铁,在拉伸不锈钢器皿时极易造成产品表面深度划伤,使产品档次下跌,抛光成本大幅度增加。特别严重的是,使用铬钢、铸铁制作拉伸模具时,产品破损率极高。一个中等规模的工厂,每年因破损造成的损失近百万元。为此国内不少厂家不得不从德国、美国等引进高质量的模具,费用动辄几十万元。

河北工学院陶瓷材料研究室高兴华副教授面对这种情况,心里很不平静。他深切地感到,作为一名教师所应该做的,并不仅仅是教好书、育好人,还要为国家经济的振兴承担更多更重的义务。以后,每当他想到这个义务时,眼前就浮现出一些厂家负责人恳切的目光。他下定决心,要搞出一种符合中国国情的模具材料。从1985 年开始,便一头扎进了这个本不熟悉的领域。

二

高兴华开始搞不锈钢制品模具时,已年近 50 了。许多人劝他说:"老高,安心教几年课,写几篇论文吧,用不了几年就能评上教授。这么大岁数了,何苦再去受这份累呢。"他笑着摇了摇头。

他选定了几种模具材料配方,进行正交优选试验。试验之初正赶上学校放暑假,他放弃避暑、旅游,每天都来到实验室、冶炼场,直忙到月色满天,才拖着疲惫的身子回家。

冶炼并不是轻松活,翻砂、造型、配料、熔炼、精炼……一种全新的材料问世,每个参数、每道工艺都必须经过优选才能确定下来。每天反复计算、配料,他没觉得烦;在 1500 摄氏度高温的炉前看火候、摸工艺,他没叫过苦;提着几十公斤重的模具到应用厂家做对比试验,他没喊过累。他心中只有一个念头:早一天把模具试制出来,国家就早一天受益。

功夫不负有心人。一种全新的模具材料——铜基合金模具材料终于问世了。高兴华考虑到大范围应用条件还不成熟,便决定先找一家工厂试用。他选中了天津世光不锈钢器皿厂,模具安装好后,应用效果很好。产品表面光滑无痕,彻底解决了划伤这个老大难问题。用布轮轻轻一抛光,光可鉴人。一气拉伸 2000 多个,竟无一破损。厂长更是兴高采烈,不知说什么好,只是紧紧握住高兴华的手不放。

模具试用一年多时间,没有出现任何问题。这种模具材料的磨损极为轻微,与铬钢模具相比,使用寿命提高了几十倍,而造价仅为铬钢模具的两倍,是从国外引进模具材料价格的几十分之一。

省科委对高兴华的科研课题很感兴趣,拨出专款资助他的研究。河北工学院材料研究中心主任徐岳生教授慧眼识英雄,将高兴华招到自己麾下,并把自己的得意弟子——两位硕士研究生梁金生和梁广川推荐给高兴华做助手。

这一来,高兴华的科研工作如虎添翼。他逐步完善了铜基合金的冶炼工艺、热处理工艺、加工工艺和应用工艺。1990 年高兴华将这种材料申报国家专利,国家专利局不久便对这个专利授予保护权。

广东一家开发公司了解到这个信息,公司经理马上飞抵天津,欲用 12 万元购买

报刊中的河北工大

这项技术。高兴华知道,广东是全国不锈钢制品业最发达的地区,铜基合金模具一定会在广东大显身手。经过两天紧张的谈判,一份技术服务合同签字生效。

作为这家公司的技术顾问,为推广铜基合金模具,高兴华在广东"泡"了一年,走遍了几乎所有应用拉伸模具的工厂。长期的睡眠不足和饮食不规律,使他的肠胃常犯毛病,疼起来时趴在床上起不来。南国的烈日,使身体并不很好的高兴华总是头晕目眩。然而,无论原材料的采购,还是模具的推销,他都走在最前面。和他一起工作的工人、技术人员,无不从心里佩服这个能吃苦的铁汉子。

在顺德,厂家通过应用确认铜基合金是最理想的拉伸模具材料;在阳江,厂家当场表示将所有模具换成铜基合金模具;在江门,厂长见到这种模具的拉伸效果后,抑制不住内心的激动,给河北工学院写来热情洋溢的感谢信。

圆满履行完广东的合同,已是农历大年三十了。归心似箭的高兴华乘飞机回津,正月初一才回到阔别多半年的家。面对亲人的嗔怨,他只是歉疚地笑了笑。儿女们很懂事,给辛劳晚归的父亲斟上了一杯醇香的美酒。

他醉了,他累了,他只想好好休息一下……

三

当高兴华沉浸在成功的喜悦之中时,总忘不了自己的两个助手梁金生和梁广川。

梁金生是个瘦小精明的小伙子,吉林工业大学毕业的高才生,戴着一副眼镜,显得有些文质彬彬。梁广川却是高大魁梧,性格稳重,在南开大学物理系的四年学习,使他更善于抽象思维。他们两人年龄相近,爱好相同,被同事们亲切地称为"二梁"。

他们取得硕士学位后,在高兴华指导下工作了一段时间。不久,高兴华就到广东履行协议去了。临行前,他语重心长地对"二梁"说:"我要在广东将模具推广开,希望你们也在华北将模具推广开。广东、华北是两个最大的不锈钢制品生产基地。我们一齐努力,务必早一天让所有的厂家用上这项先进技术。"

当时,模具已经研制试用成功。但许多厂家,特别是外地厂家还不知道这个信息,有的即使知道,也囿于旧的体制和经验,不敢试用。针对这种情况,"二梁"制定了一个"先攻核心,再扫外围"的方案。先用半年左右的时间,让天津市的十几家工厂全部用上铜基合金模具,然后再以实际效果向其他外地厂家推荐使用。

在多半年的时间里,"二梁"骑着自行车转遍了天津市大大小小的不锈钢制品生产厂家。每到一个厂家,总是诚恳谦虚地与对方的技术人员商讨技术问题。开始,许多人对这两个初出茅庐的年轻人不以为意。待深入详细交谈后,才对这两个人的专业知识、理论水平感到惊讶,不得不刮目相看。在很短的时间内,天津市各有关厂家的拉伸模具全部更新换代为铜基合金模具,当年免受经济损失近百万元。

"二梁"一鼓作气,又将目光瞄准了外地的不锈钢制品生产厂家。恰在这时,他们打听到全国百货行业订货会在哈尔滨举行。两人急忙打印了一批宣传材料,连夜乘火车赶到哈尔滨。在那里,他们弄清了全国不锈钢制品行业的现状,同许多厂家的经销、技术人员交上了朋友,让全国大部分厂家了解了这种模具材料。

太原一家不锈钢制品厂找上门来,要求试用一套模具。"二梁"热情接待,并以最快的速度赶制了一批模具,亲自送到太原。太原的厂家使用后,确认与进口模具性能一样,当即表示以后再也不用进口模具了。

很快,山东青岛一家引进全套设备、模具的厂家闻讯来到河北工学院,订做了两套模具,并与进口模具进行对比试验。试验后,厂家写出如下报告:"从 1991 年开始我厂应用河北工学院材料研究中心研制开发的铜基合金模具。应用结果表明,河北工学院研制的铜基合金模具完全可以替代进口模具,应用前景广阔。"

经太原、青岛这两个厂家的宣传、介绍,各地要求做模具的订单雪片般飞到河北工学院。"二梁"的策略获得了成功。当高兴华从广东回到天津时,看到这一切,脸上露出了满意的笑容。

几年来,两个年轻人将铜基合金的冶炼工艺和热处理工艺进一步完善,使之应用范围更广,工艺更加成熟。两人还发表了十几篇论文,有的获奖,有的被收入国际学术论文集。两人还与其他科研人员合作,研制开发出一种新型拉伸用润滑剂。

去年 12 月 28 日,铜基合金拉伸模具材料项目通过省级技术鉴定。专家们认为,本课题的研究应用水平已达到国际先进水平,填补了国内空白。这项成果标志着我国在不锈钢拉伸用模具材料的研制和应用上已跻身世界先进行列。

截至目前,铜基合金模具已推广到天津、山东、山西、广东、内蒙古和省内等 35 家企业。

他们艰辛 8 年,磨出铜基合金模具这把"剑",为祖国的不锈钢制品业发展做出重要贡献。

宫元、选良(《河北日报》,1993 年 6 月 2 日)

一项产品救活一个企业

——吴桥县化工厂求援河北工学院

本报讯　近来,在杂技之乡吴桥县广泛传扬着河北工学院化工系帮助县化工厂开发新产品,使其扭转长期亏损局面,起死回生的佳话。

吴桥化工厂原是这个县的支柱企业。前几年,由于管理水平较低和市场变化较快,入不抵债,濒临倒闭。在困境之中,他们找到河北工学院化工系请求支援。化工系派出丛津生副教授等几位老师到厂进行技术服务。

老师们不辞辛苦,昼夜工作。经过几个月的努力,他们帮助该厂开发出 1-氨基蒽醌产品并投入生产,使这个工厂一下子在激烈的市场竞争中站稳了脚跟,经济效益显著增长。从去年 5 月正式投产到今年 3 月底,不到一年时间就实现利税 110 万元。

目前,吴桥县化工厂正在河北工学院老师们的帮助下,开始了第二个战役——开发降低能耗,减少三废,提高效率的新工艺。

陈德第(《河北日报》,1993 年 6 月 28 日)

出人才　出成果　出效益

——河北工学院校办工厂的调查

在中国高等教育发展史上,1903年创建于北洋工艺学堂的实习工场,也就是当今的河北工学院校办厂,是我国最早诞生的校办工厂之一。

90年悠悠岁月,历经沧桑的这家校办厂,已由初创时期,几十名工人的手工作坊,发展成为一个拥有机床厂、电工厂、教学实习厂、化工新设备实验厂、红宝化工厂5个分厂、400多名职工的中型企业。

在改革开放中,河北工学院校办工厂更加焕发出勃勃生机,他们以新的开拓精神,正在走出一条教学、科研、生产一体化的全新之路,在学院发展中发挥着越来越重要的作用。

出人才——论文写在实践中

在学院新建的教学实习厂,近百台机床井然有序地排列在宽敞明亮的厂房内。这里的领导介绍说,作为综合性工科院校,教育的目标是培养德才兼备的工程技术人才。他们应当既有扎实、广博的知识,又有较强的工程意识和实践能力,而这一切都离不开真实的工程环境。作为校办工厂,有着如同社会企业一样的生产环境,是对学生进行工程实践教育的重要基地,其宗旨就是为培养人才服务。

遵循这一原则,多年来,学院以校办工厂的工程环境和技术力量为依托,从组织指导学生的金工实习、生产实习到毕业设计,初步实现了从学生入学到毕业,实践教学不断线。近年来,学院又在本科生中试办了《机械工程操作技术选修课》,并利用假期对学生进行集中训练。目前已有17名学生通过了省劳动厅主持的三级工人"业务技能理论课"和"实际操作技能"考试,获得了国家三级车工和三级钳工的技术等级证书。

1986 年以来,校办工厂结合所承担的高新技术产品的开发研制,着手工程型硕士研究生的培养。工厂成立了由教授和高级工程技术人员组成的专门班子,8 年间已先后招收 10 名研究生。他们以市场需求为导向,结合学院的科技优势和工厂在生产上的技术专长,精选课题,让研究生在真实的工程实践中边学、边干、边研究,同时完成具有实用价值的学位论文。这样,每开发研制一种新产品,从社会调查、资料收集、立项申报、软硬件设计、难题攻关,到产品装配调试、组织管理及售后技术服务全过程,研究生们都亲自参加,工程实践能力得到全面锻炼提高。由于他们的研究课题就是实际开发的工程项目,因此论文更突出了理论与实践的结合,具有较高的应用价值,普遍受到专家们的赞誉。

出成果——高新技术的孵化器

校办工厂目前与学院新技术研究所实行厂所合一体制。在 118 名工程技术人员中,高级职称者就有 20 名。长期的教学科研实践使他们形成了一种共识:随着高等院校与生产企业的联系日益密切的发展趋势,大学直接为经济、科技和社会发展服务,已是社会对大学的必然要求。因此,未来的高等工科院校就不仅仅只是教学和科研的中心,而应逐步成为高新技术的辐射中心和高新技术产业群的中心。

在科研中,他们瞄准"四化"建设中有价值的研究课题,依靠学院整体科技优势和工厂的生产技术专长,以机电一体化产品为主攻方向,将基础理论研究、应用研究和开发研究连接起来,形成一条龙研究开发体系。学院新技术开发所与电器工程系电器教研室长期合作,深入系统地研究开发发电机励磁技术,并将该研究成果在校办工厂转化为正式产品。80 年代初,他们运用电力电子器件研制成功的新型电子调节器,代替了由磁性元件组成的相复励磁调节器,使我国发电机励磁产品更新了一代。近年来,又研制成功微机控制的自并激励磁系统和模拟数字混合结构优化励磁系统,实现了用微电子技术对现有发电设备辅机的技术改造,经鉴定为国内首创,并达到当代国际先进水平。

在机床产品的研制方面,从半自动到全自动,从继电器程控到数显和电脑程控,从自动化单机到整条自动线的研究,技术水平先后上了三个台阶。"七五"以来,学院校办工厂已相继开发机电新产品 45 项,其中 24 项达国内先进水平,有的达到 80 年代国际水平。有 14 项分别获国家、部、省授予的科技成果奖、科技进步奖和优秀新产品奖,还有一项合作完成的项目获得国家科技进步特等奖。

出效益——产品遍及全国各地

近年来,校办工厂凭借学院的整体科技优势,坚持走科技兴厂道路,应用新技术使传统产品升级换代,把科研成果在校内转化为技术含量高、附加值高、在市场上有竞争力的拳头产品,使工厂得到较快发展。目前电工厂已具有年产200套各型电控装置的生产能力,其生产的发电机励磁装置等10余种发电设备的配套产品,已被国家有关部委确定为定点生产厂,产品品种、数量居全国同行业之首。迄今已有3000套产品正常运行在全国29省市的千余个大、中、小型电站,其中包括全国最大的水电站长江葛洲坝电厂、全国大型火电厂之一的辽宁清河电厂。同时产品还出口美国、菲律宾、喀麦隆等亚、非、欧、美14个国家和地区,配合我国发电设备主机,一起打入国际市场。

他们自行研制的三种规格近70个派生品种的自动化高效专用车床,在全国同类产品中一直处于领先地位,"六五""七五""八五"期间,连续被机械部列为我国轴承、电机等行业技术改造推荐采用的先进设备。各型产品千余台行销全国20多个省市的200多个厂家,其中包括哈尔滨轴承厂、北京电机总厂等在内的一批国家骨干企业。

生产的不断发展,也为工厂带来了可观的经济效益。1992年校办工厂产值达1200万元,利润超过300万元;1993年订货总额达1800万元,可望实现利润400万元。

穆俊华(《河北日报》,1994年1月14日)

潘老今年九十八

在河北工学院师生的心目中,名誉院长潘承孝教授的形象是一般人所不能替代的。潘老已 98 岁高龄,德高望重。

一

潘老从 1927 年开始一直在大学执教,至今已达 67 个年头。"天下桃李,悉在公门"。论资格,论地位,论功劳,他完全可以享享清福。但潘老却不这么"想",他要在有生之年为党和人民的教育事业再尽一份心,为建造祖国的科学大厦再出一份力。

潘老是河北工学院的元老之一。潘老说,我晚年的最大心愿就是把河北工学院办成国内一流、有地方特色的重点工科大学。现在几乎还要天天上班,为学院的发展操劳。潘老患有膀胱结石,经常便血,曾作过手术,取出膀胱结石三百余粒。但他闲不住,带着导尿管也去上班。有时病发,休息几天,就又出现在校园里,来到师生中间。

1993 年 4 月 2 日,省长叶连松、副省长顾二熊专程到河北工学院现场办公。这天上午,潘老早早就来到学院,迎候省领导的到来,在省长察看省级研究单位——半导体材料中心及机床厂、电工厂的过程中,潘老不顾迟暮高龄,一直陪同,并不时向工人和科技人员打招呼。在现场办公会上,潘老寓意深长地提议把河北工学院建成工业大学,使其真正成为培养高技术人才,搞科学研究的高等学府,以适应全省经济发展的需要,还希望学院能参加省每年的计划会议。

二

1993 年 12 月 6 日,民进天津市委举办纪念毛主席诞辰一百周年活动。潘老应邀参加活动整整一天,无论是观看文艺演出,还是座谈,潘老的精神头让人难以置信,他已年近百岁了。

潘老至今耳不聋,眼不花,走路不拄拐杖,看书不戴镜子,而且头脑非常清晰,记忆力格外好。就连上小学、中学、大学时的情景,乃至在美留学及回国后的大半生经历都记得清清楚楚。潘老是1927年回国的,归来时取道欧洲,途径伦敦、巴黎、布鲁塞尔、柏林、莫斯科,长途跋涉,历尽艰辛。每当问及他当时的情形,他都能不假思索地回忆起来。为此,许多人都猜想潘老养生健身一定有什么"秘方"。

其实潘老的养生之道就是一句话:注意保养。潘老坦诚地告诉向他请"道"的同志,身体再好,如不注意保养,也会垮的。至于怎么保养,潘老归纳了几点,主要是少吃药,多走路,眼睛耳朵要保护;勤动脑,善思考,寝食有节吃五谷。潘老忠告大家,药不是仙丹,不在万不得已的情况下,尽量不吃或少吃,吃多了会有副作用。潘老认为锻炼身体的最好办法是走路。腿好比机器的马达,腿不能动了,机器就不能运转了。潘老从青少年时代就养成了走路的习惯。

潘老至今耳不聋,眼不花,与他善于保护不无关系。他从不躺着看书,看书一累就做眼功。对于耳功也倍加注意,潘老认为耳朵聋了,就要发呆。眼功耳功随时都可以做,不必专拿出时间。

尤其让人佩服的是潘老偌大年岁,天天还要用脑想事,思考问题。潘老提醒大家,要使脑子处于兴奋状态,千万不要让司令部懒了,懒了就失灵了。潘老一辈子夜里很少有失眠的时候。凡事想得开放得下,不论是忧是苦,是屈是辱,很少见到他有愁容。

有人以为,潘老的饭食一定顿顿有鱼有肉,吃精米细粮。其实不然,潘老很喜欢吃五谷杂粮。前几年人们常见他到农贸市场去买小米、绿豆或玉米面。潘老虽是快百岁老人了,可他食欲很好,饭量也不小。原因是生活很有规律。

三

潘老为人坦荡豁达,热情诚恳,平易近人,说话慢声细语,温和慈祥。不论谁见了他都不感到拘束,反倒增加几分敬意。所以师生都愿与他交谈。

潘老以德感人,处处注意师表风范,从不以功高自居。就说用车吧,虽然配了车,但很少私事动用。前些年,星期天潘老要到市内洗澡,都是乘坐公共汽车去。在院理发室理发,也总是排队坐等。师生出于尊敬让他先理,潘老都不肯"特殊"。

潘老爱才惜才,甘为人梯。邹仁鋆教授是我省有突出贡献的专家,在学术上取得的成果,引起国际界的广泛注视。他一举成名,亏得潘老慧眼识珠。1993 年 8 月 27 日,邹仁鋆教授不幸在北京病逝。噩耗传来,潘老十分痛惜伤心,深感这样有作为的专家过早离世,是一大损失。9 月 3 日在北京举行遗体告别,潘老非要去参加,以表达对邹教授的哀思。

长时间以来,潘老作为师生的恩师和知心人而受到尊敬,而潘老又时时把师生员工装在心上。近来,潘老虽然行动不如以前方便了,但实验室、教室、宿舍处处留下了潘老的足迹,也留下了潘老的深情。

陈德第(《河北日报》,1994 年 1 月 18 日)

科研活力在焕发

——访何文杰教授

年前出差去天津,下榻河北工学院招待所,安排好后我才得知刚刚从省科学院调到河北工学院的何文杰教授一家就住在楼上。我登门拜访,何教授指着书房里的计算机高兴地说,这是学校刚给配备的。

去年初,省政府一位领导听说何文杰的哥哥何文辰教授要从河北轻化工学院调至外省一家单位去搞科研,便亲自出面做工作,何氏兄弟被省领导渴求人才之心所感动,决定不离开河北这块曾使他俩的事业产生过辉煌的热土。省里很快拨专款解决他们的科研、住房和子女入学就业等问题,并决定调他们到河北工学院一边搞教学,一边搞科研。

何氏兄弟在新兴的物理、化学和数学三门交叉的边缘学科——图论化学领域中异军突起,一举将我国落后的图论化学研究推到了世界先进行列,在某些方面处于国际领先地位。他俩创立的"何氏矩阵"是留给人们的宝贵财富。

图论化学是利用量子力学、组合论、图论、计算机等各种手段对化学结构图进行研究,从而揭示物质的化学性质的一门新兴学科。近年来,何氏兄弟在"共轭分子的拓扑性质和量化性质的研究"中取得了优异的成绩,特别是在稠环芳烃的计数分类以及开库勒花样的数学结构的研究方面引起了国际学术界的重视。

何文杰的名字已被载入英国剑桥世界名人传记中心编的《科技名人录》之中,并被评为有突出贡献的中青年科技专家。

在与何文杰教授的促膝谈心中,我明显地感受到他的科研活力在焕发。

吴普忠(《河北日报》,1994 年 3 月 15 日)

报刊中的河北工大

197

发挥人才技术优势　为经济建设服务

——河北工学院积极开展技术服务活动

本报讯　河北工学院发挥人才、技术、信息优势,积极组织主要科技力量投入经济建设主战场,为科技兴冀做贡献。1993 年,学院为省内企业完成科研和科技开发与服务项目 40 余项,全年新增产值近亿元,新增利税 3000 多万元。

组织科技人员走出去送科技上门,是河北工学院开展技术服务活动的一个显著特点。1993 年他们组织、选派全院 2/3 的科技人员深入涿鹿、蔚县、丰润、霸州、徐水、沧州、石家庄、邢台、承德等数十个县市的企业,进行技术指导,帮助解决技术难题。去年 5 月底由主管院长带队的 9 人考察团在涿鹿县考察时,了解到该县高压气瓶厂由于扎啤桶封头的拉伸工艺不过关,严重影响了产品的产量与质量。考察回来他们迅速组织科技力量,利用新开发的技术,成功地帮助这个厂解决了这一难题,使这条年产 20 万只不锈钢扎啤桶、产值 1.4 亿元、利税 2000 万元的生产线投入正常运营,并为该厂每年节省模具引进费 200 万马克,降低清洗成本 20 万元人民币。

在组织科技人员深入企业的同时,河北工学院还在一年里先后邀请了十几个县市的百余名企业界人士来校参观访问,向他们介绍学院科技开发与服务工作的现状与思路。校企共同研讨企业技术进步的具体措施,寻求校企合作的结合点,共商合作意向。

贺立军、陈德第(《河北日报》,1994 年 5 月 9 日)

瞄准高教先进水平争进国家"211工程"

我省确定两所重点建设大学和50个重点学科专业

本报讯　省委、省政府决定将河北工学院、河北大学列为我省重点建设的两所大学;将河北大学等11所高校的50个学科专业列为我省重点建设的学科专业。支持这两所大学和其中的20个学科专业争进国家"211工程"。这是我省贯彻落实《中国教育改革和发展纲要》,抓住机遇,提高我省高等教育水平,促进高等教育事业发展的一项重要举措。

面向21世纪,全国重点建设100所大学和一批重点学科专业即国家"211工程",是我国发展高等教育的重大战略决策,是一项跨世纪的重点工程。这一工程的实施,对加快我省高等教育改革和发展步伐,改变我省高等教育不能适应经济建设和社会发展的落后状况,提供了良好机遇。对此,省委、省政府极为重视,去年4月作出了我省要积极争进国家"211工程"的决定。根据省委、省政府的部署,省政府聘请了北京大学、清华大学等全国7所重点高校的17位博士导师,对提出申报的5所高校和124个学科专业,进行了专家评审。之后,由国家教委有关司局、省有关领导、省直有关部门和部分原专家组成员组成了评委会,于1993年12月召开了评审委员会会议。经过反复酝酿和讨论,在充分尊重专家评审意见的基础上,根据评选的指导思想、原则和条件,结合我省经济社会发展需要,以投票表决方式,评出了两所重点建设的大学和50个重点学科专业。

为支持这两所大学和50个学科专业的建设,省政府决定从今年开始,省财政每年增拨专款3000万元,连续7年共拟拨2.1亿元;7年间两校各自筹3000万元,共计2.7亿元,全部用于这两所大学的建设。另外,省政府负责社会筹资5000万元,支持重点学科建设。

省委、省政府要求,两所大学和50个学科专业,要采取切实有效措施,瞄准国内外先进水平,加快建设,努力建成我省凝聚高层次人才的基地,高质量人才的培养基地,先进的科学实验基地,科学研究和技术开发的基地,提供高等学校建设经验的基地,争取早日列入国家"211 工程"计划,带动我省高等教育的改革和发展,更好地为我省经济建设和社会发展服务。

侯侠、李仲文、张金俊(《河北日报》,1994 年 6 月 30 日)

上层次　上质量　建设高水平工业大学

——访河北工学院院长颜威利

　　近一段时间,河北工学院院长颜威利特别忙,尤其是河北工学院被省委、省政府确定为省重点建设大学之后,他作为一院之长更是忙得不可开交。在本世纪最后几年乃至下个世纪初,河北工学院将以怎样的姿态跻身"211工程"? 这是颜院长思考最多的问题。

　　在接受采访时,颜院长脸上露出欣喜之色:"我院被确定为省重点建设大学,这是省委、省政府对我院的关怀和鞭策,也是对我们长期以来坚持正确办学方针的肯定。今后几年,河北工学院将坚定不移地以'上质量、上水平、创一流'为学院建设总的指导方针,力争在新世纪来临之际,把河北工学院建设成为有地方特色的高水平的社会主义工科大学,从而跻身'211工程'。"接着,他讲了几点基本思路:一是在质量与规模上,依照"本科生教育为主,大力发展研究生教育,压缩专科生规模"的方针,不断增加硕士点、博士点,到2000年,在校生人数稳步发展到8000人,其中研究生在500人以上,并尽早建立研究生院;二是全力以赴抓好学科建设,特别是抓好重点学科建设。坚持工科教育为主,理、工、经、管结合,适当增加学科群。保持、发展已有的重点学科,大力发展新兴学科、边缘学科、交叉学科,优先发展电器、高分子材料、半导体材料、金属材料与热处理、应用数理和机械工程等省级重点学科,力争在2000年前有10个学科取得博士学位授予权,25至30个学科取得硕士学位授予权,使学科建设形成既有深度、又有广度,结构合理,效益优良的立体学科网络,从而提高学院的整体办学水平;三是在学术梯队建设和人才培养上,依照上水平、上质量的要求,积极为教师承担课题和进行深造创造条件,力争到2000年,重点学科的教师队伍中具有博士学位的达到200人以上,从而培养造就一大批学术水平很高、在国内外影响较大的学术带头人。

　　在谈到重点学科和重点实验室建设问题时,颜院长说,工学院在90年发展历程中,形成了一大批在省内、国内具有先进水平的优势学科和学科群落,其中有硕士学位授权学科,也有博士学位授权学科。有电器、高分子材料、半导体材料、自动化等 13 个省级重点学科。同时还有一批已建和在建的高水平的工程研究中心、检测中心、计算中心和一批装备精良的实验室。在这些优势学科建设上,我们采取"突出重点,网络推进,分批分期,滚动发展"的战略方针,在 1995 年前的一期工程中,集中力量重点建设 6 至 7 个学科,使之取得一批国内外领先的学术成果,同时带动其他学科发展。到 2000 年二期工程完成时,要有 4 至 6 个学科进入"国家队"即国家级重点学科,25 至 30 个学科进入"省队"即省级重点学科。还要建成 10 至 15 个有特色的高水平实验室和工程研究中心,2 至 3 个国家级重点实验室。通过上述步骤,我院重点学科建设水平必定会有一个大的提高,整个教学科研水平也必将上升到一个新的层次。

作为我省重点工科院校,河北工学院在省经济发展和技术进步中发挥着越来越重要的作用。颜院长告诉我们,虽然工学院地处天津市、但教职员工始终不会忘记为河北经济建设服务的责任与义务。学院将充分利用毗邻北京,南望沧州,东临秦唐的地理位置以及人才优势,带动廊坊、沧州两市发展,进而直接服务于全省经济建设主战场;通过培养高质量人才,加强应用研究和高科技开发,输出高精尖技术,生产高附加值产品,努力为建设经济强省作贡献。

采访即将结束时,颜院长拿出一份材料,其中最令人感兴趣的是这样两项统计:一是在 1993 年河北省科技进步成果奖中,河北工学院一家就占了 10 项,居全省高校之首;二是在 1992 年全球最著名的美国三大索引刊物 SCI、EI、ISTP 中被摘引论文数,河北工学院分别居全国高校(研究机构)的第 87、54、65 名,均已跻身全国百强之列。虽然国内学术界均以此三项索引被摘引论文数及排名作为衡量学校学术水平的一个重要依据,但颜院长说得好:"这仅仅表明过去我们的学术达到了一定水平。但跻身'211 工程',还有很长的路,我们有信心、有能力、有勇气面对 21 世纪。"

贺立军(《河北日报》,1994 年 7 月 9 日)

我成长的摇篮

60 年代,我上大学时就开始阅读《河北日报》,通过这个窗口了解河北。转瞬已过 30 年。虽然现在生活在天津,但仍然对她情有独钟。每天阅读《河北日报》成了我的生活内容。

在我担任《河北日报》通讯员的 20 多年间,尽管尝够了酸甜苦辣,但也享尽了无限的乐趣。尤其是编辑、记者给予我的热情指导和帮助,使我终生难忘。在我发表的近 20 万字的文字中,其中大部分是新闻作品,而且多是发表在《河北日报》上的。

1981 年,我和记者采访我院魏安赐教授的事迹。魏教授品德高尚、才华横溢。但过去在"左"的影响下,许多闪光的东西不为人知。当我们在《河北日报》上报道了他的事迹后,使更多的人了解了他。他本人也受到极大的安慰和鼓舞,加倍努力工作以报答党和人民的关怀。他多次被评为河北省、天津市教育系统的教书育人先进教师和优秀思想政治工作者,1991 年还被评为全国教育系统劳动模范。这件事使我进一步看到了新闻的作用、舆论的威力,更坚定了我写好新闻的决心。特别是通过写新闻,学会了做人。1979 年,我和记者报道了邹仁鋆教授的事迹,不仅产生了很好的效果,也使我看到了一位科学家的爱国情怀和崇高品德,使我不仅写他,而且学他,以他为榜样,为党兢兢业业勤奋工作。这些作品的发表,既宣传了我们学校,也使《河北日报》在师生中更富有吸引力。

我现在担任了部门的领导工作。如果说我在新闻写作上有点成绩,理论素养、政策水平有了提高,个人有什么进步的话,这离不开《河北日报》对我的帮助。我将永远珍惜它。

我热忱希望《河北日报》越办越好。尤其要多发适合多种层次需求的作品,打出有影响的力作,提高《河北日报》的声望。栏目要设得巧些,使之有吸引力。

陈德第(《河北日报》,1994 年 7 月 10 日)

河北工学院教师节活动丰富多彩

本报讯　河北工学院今年教师节庆祝活动内容丰富,有声有色。

学院本着简朴、务实、隆重、热烈的精神,先后开展了教学楷模和教书育人先进个人和集体的评选工作,评出了7位教学楷模和20个教书育人先进个人和集体。

同时,学院还召开各种座谈会,听取老中青教师和专家学者对重点大学建设的意见和建议,并向从教30年的教师颁发纪念品。领导还到教师家中走访、慰问,对有病的教师送温暖到病房、到家中、到床前。学院还在财力十分紧张的情况下,千方百计抽调资金将教师医疗费全部予以报销。此外,节日期间,学院还将广泛开展文艺联欢活动,为教师创造欢快轻松的环境。

贺立军(《河北日报》,1994年9月10日)

河北工学院十二个团支部

——捐助张北县十二名失学儿童

本报讯 "送温暖于社会,献爱心于人民"。这是河北工学院十二个团支部的团员青年在与张北县十二名失学儿童结对子、出资捐助他们上学时说的话。

今年暑假,河北工学院团委组织四十名同学到贫困县张北开展社会实践活动,学生们发现不少农村孩子因交不起学杂费而上不了学或中途辍学。为此,他们决定捐助十二名失学儿童。这项捐助活动得到全院各系的积极响应。经研究,最后确定由十二个团支部承担捐助。日前捐助十二名学生每人三百元学习费用已全部落实,正分批寄往张北县希望工程办公室。

杨玉桢、陈德第(《河北日报》,1994 年 11 月 9 日)

报刊中的河北工大

河北工学院在爱国主义教育中
充分发挥"两课"作用

本报讯 河北工学院在对大学生进行爱国主义教育过程中,充分发挥马克思主义理论课和思想品德课(以下简称"两课")的主渠道作用,使教育更生动、更具感染力。

这所学院共有"两课"教师34人,其中有副高职以上职称的15人,学院非常重视发挥他们的作用。在"两课"教学中把爱国主义教育作为一项重要内容来抓,有意识有计划地把爱国主义的内容贯穿于教学活动之中。他们利用教材中爱国主义思想内容对学生进行教育;把对教材中典型人物、事件的科学评价和分析作为激发学生爱国主义情感的重要问题来讲;采用形象化教学方式,如看录像、看电影等增强教育效果;走出去、请进来,课上课下结合,拓宽教育渠道;举办专题讲座、知识竞赛、演讲等,丰富教育内容。

河北工学院地处天津,绝大多数学生来自河北。天津和河北有着悠久历史和灿烂文化,革命史迹资料丰富,是对大学生进行爱国主义教育的极好教材。"两课"老师充分利用这一优势,进行中华民族自强不息,百折不挠的发展历程教育,进行中国人民为争取民族独立和解放而浴血奋斗的精神与业绩教育,特别是进行中国共产党领导全国人民为建立新中国而英勇奋斗的崇高精神和光辉业绩教育。在教育中,他们还开展了寻史迹、忆传统活动。几年来先后组织学生参观李大钊故居、天津觉悟社旧址、芦沟桥、周恩来青少年在津活动展览、冉庄地道战遗址、塘沽大沽口炮台等,使学生了解到中国革命胜利来之不易,更加珍惜无数革命先烈用鲜血和生命换来的胜利果实,更加热爱我们的伟大祖国,热爱中国共产党,从而激发了勤奋学习,将来报效祖国的热情。

陈德第(《河北日报》,1994年11月21日)

向更高的目标进发

1995 年是河北工学院发展史上极其关键的一年。我们要为学院"九五"期间的发展打下坚实的基础,使学院在世纪交替之时能跻身"211 工程",力争在地方高校中办出自己的特色。

在新的一年里,下大力气提高本科教学质量,评选优秀课程,其中英语四、六级考试通过率和优秀率要有较大增长;使数学、物理等课程保持省内领先优势,计算机等级考试也要取得更好成绩。在已有的基础上,实现以工为主,理、工、经、文互相渗透的学科体系,紧紧抓住重点学科和重点实验室建设,力争新增 1 到 2 个博士学位授予权点,3 到 5 个硕士学位授予权点,在使学院在校生规模稳步发展到 7000人的同时,办学层次、办学质量要有较大提高。

在人才的培养和引进方面,将拨出专项资金,通过委培、自培、联培、定向、出国等多种形式,加强在职教师的学历教育,以优化教师队伍特别是中青年教师队伍的知识结构,培养和造就一批跨世纪青年学术带头人,为学院"九五"期间的发展奠定基础。

在提高教学质量的同时,科研和科技服务工作也要有较大发展,为河北建设经济强省做出应有的贡献。

河北工学院党委书记冯其标、院长颜威利(《河北日报》,1995 年 1 月 2 日)

吕传赞等看望人大代表潘承孝

　　本报二月十九日讯　今天上午十时许,省人大常委会主任吕传赞和副主任董耐芳、郜永堂、宁全福、周欣等来到出席省八届人大三次会议的代表驻地河北宾馆,看望了省人大代表潘承孝。

　　九十八岁高龄的潘承孝是这次参加省人大的代表中年龄最大的一个,现任河北工学院名誉院长、民进中央参议委员会副主席。他从事教育、科研工作已近七十个年头,著作等身,桃李满天下,在我国和世界教育界、机械工程界有很高的声誉。吕传赞询问了潘老的生活和工作情况,对他这种老骥伏枥、志在千里的精神深表敬佩。吕传赞希望他为建设经济强省多出谋划策,多提意见和建议,并祝他健康长寿。

　　　　记者韩绍军、吕耀光(《河北日报》,1995 年 2 月 20 日)

他跋涉在微观世界里

——记河北工学院教授杨国琛

　　河北工学院应用数理系主任杨国琛教授,1958 年毕业于北京大学物理系。30多年来,他一直从事物理理论的教学和科学研究,先后在国内外一流的学术刊物上发表论文 70 余篇。他的研究面较宽,在众多科学领域里都有精深的研究和独到的见解。在粒子物理理论方面,他提出了"复合对称性"的新概念;在天体物理研究中提出了"中微子天体"新概念和"带色夸克集团相"的新概念,解释了中子星强磁场的起源,引起国际学术界的关注;在原子核物理中,他研究了壳层模型和综合模型;在液晶分子理论的研究方面处于国内领先地位。1993 年在长春召开的中日双边液晶显示学术讨论会上,他被特邀作液晶分子理论的专题报告。他一直执着地探索着分子、原子微观世界里的奥秘。

　　目前,杨国琛除完成带硕士研究生的任务外,还承担着两个国家自然科学基金项目,一个河北省自然科学基金项目。他主持建立的应用物理、应用数学两个专业,被确定为河北省重点专业。他的名字和事迹已被编入《中国科技人物辞典》。

　　　　　　　　盖建国、陈德第(《河北日报》,1995 年 4 月 7 日)

河北工学院专利工作硕果累累

　　《中华人民共和国专利法》实施十年来,河北工学院专利工作从无到有取得了显著成绩。截至到 1995 年 4 月 1 日,该院共申请专利 68 项,批准专利 60 项,专利实施 49 项。先后在国际、国内和地方学术会上发表专利和知识产权等方面的学术论文几十篇。截至到 1994 年底,该院专利技术实施 49 项,交易额 600 多万元。经过市场考验,高铬铸铁磨球、拉制不锈钢制品、铜基合金模具材料、立体喷射筛板塔产生了较大的经济效益。

李国茹(《河北日报》,1995 年 4 月 12 日)

志愿者走进孤寡老人中间

——河北工学院土木系学生照顾孤寡老人纪实

西开洼——天津市红桥区西于庄街一个普通的居民小区。夕阳西下的时候，在一间普普通通的房子里，三位年轻人正围坐在火炉旁，和一位老奶奶谈论着什么。老人慈祥地看着他们，时而被他们逗得眉开眼笑，时而又站起身，将刚刚学会的老年健身操表演一通，那认真的神态，引得年轻人拍手大笑。

此时此刻，您一定会想：多美的一幅"天伦之乐"图啊，能有这样儿孙绕膝，亲情常在的生活，老人的晚年一定会像这绚丽的晚霞一样丰富多彩。

的确，老人的晚年非常幸福、充实，但是您可能想不到，这几位年轻人并非老人的亲儿孙，他们本不是一家人。但是，他们之间的感情却比亲人还要亲。

"王奶奶，您好福气呀"

1990年春的一天，王桂玲老人坐着三轮车兴致勃勃地逛完公园之后，回到家里。看着兴高采烈的王奶奶，还有她身边的五六个"孙子""孙女"，一位邻居不由得竖起大拇指羡慕地对老人说："有这么多孙子孙女陪着，您真是好福气呀！"

是啊！王桂玲老人怎么也想不到，在自己的有生之年还能这么开心地逛了一次公园，还能享受到儿女绕膝子孙满堂的天伦之乐。自从一年前河北工学院土木工程系的大学生来到家里，自己活得滋润多了，舒服多了。尽管老人到现在也搞不清什么"土木""建筑"究竟要学些什么，但她可知道这些娃儿人好，心更好，才有自己的好福气。

但这样的好福气并非王桂玲老人所独有，西于庄的刘冠勋、姚喜梅、于汝芳三位孤寡老人也同样接受着土木系师生的无微不至的关心和照顾，他们或是烈军属，或是老革命，都有着坎坷的人生遭遇和丰富的内心世界。在经历了世间冷暖、生离死别之后,他们终于又在大学生们盈盈的笑语中感受到真正的人间温情。最暖是人心,最难是真情,这些寡居了几十年的老人们而今终于又享受到这样的好福气了。

然而这样的好福气,却险些被老人拒之门外。

几年前,当同学们满怀热情第一次走进刘冠勋老人的小屋时,遇到的是老人反感抵触的目光,听到的是冷冰冰的话语:"你们走吧,请。"同学们尴尬地站在门外,面面相觑。看到自己的满腔热忱被拒之门外,有的同学心灰意懒了,但更多的同学却知难而进,他们说:"老人不接受我们,正说明他们缺乏别人的关心,说明他们需要有人照顾,这样的时候,我们怎么能走呢?"

凭着一颗颗年轻火热的心,同学们坚持了下来。他们一如既往地准时去老人家。所不同的是,现在同学们不再把注意力放在干点活,帮点忙,而主要是陪老人多聊天,察言观色,设身处地为老人着想。王桂玲老人喜欢京剧,同学们就当场来一段清唱,虽然为准备这小小一段"演出"煞费苦心,但听着王奶奶舒畅的笑声,同学们感到无比欣慰,无比开心。刘冠勋老人棋艺颇佳,在与同学们楚河汉界边兵马相见之后,老人那紧绷绷的脸上终于露出笑容。同学们虽然总是大败而还,但只要爷爷开心,纵使做常败将军,同学们也愿意。在亲情、爱心的攻势面前,老人们终于打开了久已封闭的内心世界,终于接受了这群异姓儿孙,这群大学生成了他们生活中不可缺少的一部分。

1993年元旦,姚喜梅老人因哮喘病发作不得不住院治疗。躺在病床上,老人看到同室的病友在亲人照顾下悉心养病,眼里流露出几丝酸楚与无奈。正在这时,几位长年照顾老人的同学走了进来,手里还拎了好多水果,"奶奶,我们来晚了。今天学校考试,我们脱不开身,刚刚考完我们就来了。"说着,同学们忙削了一个大苹果切成小块,慢慢地喂给老人吃,一块,两块,三块……甘美的果香像一股清泉,流进老人心里,滋润着她积蓄几十年寂寞与病痛的心田。他们不就是自己的亲人吗?老人拉起孩子们的手,老泪纵横。

"他们都是你的孙子、孙女?"一位病友不解地问。

"是,都是。"老人把同学们拢到自己床前,"他们都是我的亲孙子,亲孙女!"边说,那微笑的脸上又挂上了泪花。

"于奶奶还好吗?"

爱心,就像无边的沙漠中的一块绿洲,使老人们干涸的晚年生活重新充满了欢乐与希望;亲情,将几位饱经风霜的老人和一群朝气蓬勃的大学生紧紧地联系在一起。如果说,只有同血缘的人才能真正称为"亲人",那么,在他们之间,却有着比血缘关系更牢固的纽带,那就是人间真情。

花开花落,五个春秋过去了。学生换了一届又一届,老人的孙子、孙女换了一拨又一拨,但爱心却没有丝毫减少,相反,老人与大学生之间的感情却更加融洽,更加真挚。第一批照顾老人的87级学生走出校门已有四年,但他们在给母校的信中却仍不忘深情地问上一句:"于奶奶还好吗?"而老人们至今仍能如数家珍地念叨这第一批孙子孙女的名字。每次孙子孙女过来看望,老人们总不忘给孙子孙女们预备下瓜子、糖果、大枣,并将深情的话语一同呈献在他们面前:"你们不来,我想你们啊!"无数个下午,王桂珍老人早早就坐在阳台上,眼巴巴地望着对面那条小街,盼着同学们的身影能早点儿出现,那眼神,已经深深印在同学们脑海中,成为抹不去的记忆。

刘冠勋是一位刚毅倔强的老人,几十年独身一人,离群索居,从没有人打扰过,心中那扇门从没有开启。但与大学生几个月的相处,他深为同学们的真情所打动,终于讲起了他坎坷的人生之路,讲起了他做人的道理,并将他渊博的学识化作轻轻松松的谈话教给同学们。

姚喜梅老人是一位追随贺龙元帅征战南北的老革命。老人心里,有道不尽的战友深情,老人嘴里,有讲不完的贺老总的故事,她希望有人听她讲,她愿意让更多的人了解老帅,了解革命胜利来之不易。也许这就是老人以她一生的经历传授给下一代的最普通却最宝贵的教诲。

"是家里的爷爷奶奶让我们带的"

在与老人们交往过程中,院系领导和老师曾对学生提出要求,不准在老人家里吃饭,也不提倡给老人送东西。前一条,同学们一直严格遵守,从没有人违反。可后一条,一向唯师命是从的学生却纷纷"抗旨不遵"。每次假后返校,同学们都要带来家乡的土特产,送给老人尝鲜。他们说:"不是我们要拿,是家里的爷爷奶奶要我们带给这里的爷爷奶奶的。"一句话,说得老师们鼻子酸酸的。

爱心无界。在这个世界里,"爱"是真正的世界语,是跨越时空的传播工具,它联起来无数个家庭,唤起无数人的良知。每当同学们讲起老人,总会讲起那些曾帮助过爷爷奶奶的好心人,讲起那些令人激动不已的故事。每到假期,同学们回家之后,是他们——系里的老师们接过他们手中的任务,为老人买菜买粮,请医拿药。他们之中,有的年近花甲,是爷爷奶奶辈的年龄,但他们照顾老人却同样无微不至,一丝不苟。天真烂漫的小学生来了,为老人们挂起他们亲手制作的工艺品,带走了老人们爽朗的笑声。热情的中学生来了,为老人们打扫房屋,唱歌跳舞。粮店、煤店、菜站、医院、居委会……社会在行动,每个人都捧出一颗无私的爱心,只为让这些孤独的老人们能在有生之年享受到人间的欢乐。

在爱心温暖社会的时候,爱心也在改变着大学生自己,这些涉世未深的大学生可以说是集万千宠爱于一身,他们承受了太多太多的爱,亲人的、老师的、社会的、同学的……但他们却很少想到要去付出,要去回报社会。当他们看到自己这份爱心,这份微薄之力竟会给老人们带来如此欢乐,他们才真正珍惜别人给予自己的爱,真正开始把爱无私地给予别人。"给予社会,活着是为了别人活得更美好"。这是他们走进社会的第一课,也是最可贵的一课,在社会这个大课堂里,他们学会了很多,很多……

爱是一支歌,它唱出了人与人之间的无限情感。

朋友,同唱这首爱之歌吧,有了你的加入,这歌声会更加动人,更加嘹亮。

(《河北日报》,1995 年 4 月 19 日)

周学熙与最早的高校校办厂

天津市东南城角贡院东面草厂庵一带,如今已是高楼林立。九十二年前,这里有我国最早的高校校办工厂——直隶高等工业学堂(河北工业大学前身)附设实习工厂。它的创办人是学校第一任总办(校长)周学熙。

周学熙,字缉之,安徽至德县人,是两江总督周馥的四子,我国近代著名的实业家和实业教育家,曾担任直隶银元局和直隶工艺总局两局督办。为发展民族工业,1903年他赴日本考察,确立了走兴工致富、兴学办厂的道路。1903年3月(清光绪29年),北洋工艺学堂在天津市诞生。1904年,清朝政府正式为之定名为直隶高等工业学堂。按照周学熙"学堂为人才根本,工艺非学不兴,学非工艺不显""工学并举"的办学方针,直隶高等工业学堂附设化学试验场和机器实习场,聘日本化学工师驹井于莬等三人为匠师,又聘早年毕业于福州船政学堂的何贤良为机械教员和机械工师,负责学生学习和工厂技术工作。到1904年9月,厂房已发展到50余大间,设有染色、织布、肥皂、研光等4个科(车间)。

1905年9月,由直隶总督奏请光绪皇帝批准,在今天津河北区元纬路西部一带,投资白银1.5万两,新盖厂房和办公用房546间,投资3万两白银购置机器设备,聘用日本化学及染织工师4人,招雇正副匠目及工匠40余人,各种工徒200余人。实习工厂分东织科、西织科、北织科、织巾科、染色科、肥皂科等12个科,能生产各色直纹、斜纹、水纹、椒纹布匹30多个品种,印染各种花布。木工科可制造木织机、纺车、梭匣及各种桌、椅、橱和铸工模型等。窑业科可烧制各种盆、碗、杯、瓶及瓷砖等,还可以制造火柴、香皂、屏风、工艺镜等工艺品。这些产品常年生产并自行销售,质量上乘。1909年,清政府工商部在湖北汉口举办"全国工业出品奖进会(展览会)",这个校办工厂的产品有70种经评选获一等银牌奖。

校办实习工厂当时也是新产品试制基地,经常对染布颜色好坏进行试验然后生产。

直隶高等工业学堂附设的实习场,既提供120名大学生实习场地,又负责培养技术工人,同时还大力宣传实用技术。到 1907 年已出师各类有证书的工徒 687 人,在场工徒 679 人。工徒早期来自河北各地,以后遍及北京、内蒙古、山东、山西、陕西、四川、广东一带。

实习工厂大力推广实用技术也见成效。到 1907 年底,直隶 142 个府厅州县中已有 65 个开办了 85 所实习工场或习艺所,总资本额达 42.5 万两白银。这些场、所又附设实习工厂,开工授徒,促进了早期河北民族工业的发展。当时闻名的国内外的高阳"爱国布"业崛起,从生产技术装备到人才培养都得益于直隶高等工业学堂实习场。后者还为留法勤工俭学预备班培养了大量人才。

记者蔺玉堂(《光明日报》,1995 月 5 月 29 日)

河北工业大学正式挂出新校牌

——江泽民总书记题写校名，
叶连松、刘作田到校指导工作

本报讯 7 月 7 日天津电　经国家教委批准,原河北工学院更名为河北工业大学。中共中央总书记、国家主席江泽民为该校题写校名。今天,省长叶连松、副省长刘作田为河北工业大学揭牌,叶连松为该校师生作了形势报告,并对该校的发展讲了意见。

河北工大始建于 1903 年,是一所已有 92 年历史和光荣革命传统的大学。现已成为我省唯一一所以工为主,理工文管互相渗透的重点综合性大学,先后为社会培养了近 4 万名毕业生。全校现有 11 个系 32 个专业,拥有博士学位授予点 1 个,硕士学位授予点 11 个,省级重点学科 13 个。学校重视开展科学研究和科技开发工作,积极为经济建设服务。"七五"以来共完成各种科研项目 406 项,其中一大批获得国家级、省市部级科技进步奖和发明奖,取得了巨大的经济效益和社会效益,于 1994 年被列为我省重点建设的两所大学之一。

在今天举行的揭牌仪式上,刘作田发表讲话,希望河北工大以邓小平同志建设有中国特色社会主义理论为指导,按照《中国教育改革和发展纲要》的要求,深化教育改革,提高教育质量和办学效益。出席揭牌仪式的还有天津市人大常委会副主任刘文藩、副市长庄公惠。

在下午的报告中,叶连松介绍了我省近几年经济建设取得的成就和当前的经济形势,然后对河北工大的发展提出了具体要求。他希望河北工大到本世纪末建成国内一流大学。到 2000 年前后,在办学规模上,要办成万人大学,重点发展本科教育和研究生教育;在学科建设上,努力办好 13 个省级重点学科,力求建成 3 至 5 个博士学科点,20 个左右硕士学科点,力争有 3 至 4 个学科进入国家重点学科行列,并争取建成一个博士后流动站;在师资队伍建设上,以建设跨世纪的学科梯队为目标,积极培养和引进高水平的师资;在实验室建设中,要逐步建成电器、材料、机电一体化等几个具有河北特色的工程技术研究中心,并争取进入国家级重点实验室行列;在科研上,充分发挥多学科综合优势,大力开展高技术研究、应用开发研究,加速科技成果转化,实施产、学、研结合,进一步在全省工业结构调整和技术改造中发挥积极作用。

杨雪先(《河北日报》,1995 年 7 月 8 日)

育人为本　不忘结合
河北工大校办工厂越办越好

本报讯　河北工业大学校办工厂坚持育人为本,搞好教学、科研、生产三结合,实现了出人才、出成果、出效益。

河北工业大学现有机床厂、电工厂、化工新设备试验厂等5个校办工厂,职工400多人,年产值2000多万元,利税650万元。多年来,校办工厂把培养人才作为各项工作的立足点,已逐步形成了4个层次的人才培养体系。工厂每年承担2000名低年级的学生的教学实习,同时接纳各年级的生产实习。应届毕业生毕业设计实行真题真做,根据生产需要参加部分设计工作。该校还结合校办厂高新技术产品的开发研制,培养工程型硕士研究生和博士研究生,实现了从低年级到高年级、毕业班、研究生各个层次的实践教学体系,提高了学生的动手能力和操作管理水平。

校办工厂把研制开发新产品、引进推广应用新技术作为企业的生命线。近10年来,工厂相继研制开发成功机电等新产品50多项并投入生产,其中24项属国内先进水平,14项获国家和省部级成果奖励。他们研制开发的数字混合结构优化励磁系统已形成年产200套的生产能力,品种和数量、质量居全国同行业之首,先后在我国30多个省、自治区、直辖市上千个各种规模电站使用,受到用户好评。

为了加大开发力度,提高产品竞争能力,学校实行研究所、校办厂和主管处室一体化管理,统一协调教学实习和科研生产。工厂的机电产品在高校中首次纳入全国行业管理,既得到了行业宏观指导,又及时取得了行业信息和市场信息,优势互补;使企业在激烈的市场竞争中立于不败之地。

记者蔺玉堂(《光明日报》,1995年7月30日)

河北工业大学艺术团启程访欧

　　本报讯　由河北工业大学艺术团为骨干组成的中国民间艺术团一行 26 人,于 8 月 4 日离京前往欧洲进行为期一个月的访问。艺术团访欧期间将赴匈牙利、罗马尼亚、奥地利等国,参加当地的艺术节活动,并表演具有我国民间艺术风情的《板扇舞》《花伞舞》《春江花月夜》等舞蹈和民族器乐节目。

　　河北工业大学艺术团成立于 1985 年,设有合唱团、军乐团、舞蹈队、民乐队等,现有团员 200 余人。艺术团以育人为宗旨,着眼于提高学生的文化素养和审美能力,坚持以繁荣严肃音乐为主体的校园文化。多年来,这个艺术团取得了可喜的成果,他们排演的合唱、器乐、舞蹈等节目多次在河北省、天津市文艺演出中获奖。特别是他们创作演出的大型音乐舞蹈史诗《河工颂》,再现了该校近百年校史中一系列可歌可泣的英雄人物和事迹,在师生中久演不衰。

　　河北工业大学艺术团组建十年来,培养和锻炼了一批人才,不仅在学校的群众文化活动中起到了骨干作用,也为地方特别是工矿企业输送了文艺人才。

孟清、陈德第(《河北日报》,1995 年 8 月 6 日)

教学科研一肩挑

——记河北工业大学教授王润珩

王润珩教授现任河北工业大学化工系精细化工教研室主任。他 1966 年毕业于苏联科学院研究生班,归国以后,他在河北工大筹备省内第一个精细化工专业,多年来,培养了一批又一批优秀的精细化工专业大学毕业生。

他的科研方向为胶黏剂与涂料的合成及应用,特别是对热熔胶的研究在国内影响较大。他先后合成了聚酯型、聚醚聚酯型和聚酰胺聚酯型热熔胶,并通过了河北省、天津市的技术鉴定。1990 年他完成国家"七五"重点攻关项目"聚酯酰胺的技术开发",现已通过国家级鉴定和验收;1991 年又承担了河北省"八五"攻关项目"织物用聚酰胺粉化方法的研究",现已完成。从事科研二十多年来,他获得了国家发明专利三项,他的事迹被收入《河北科技群英》《中国发明家大辞典》等丛书中。

他在科研中,十分重视科研成果直接转化为生产力的问题,使科研成果产生很好的经济效益。他所扶持的十几家企业,现已创效益逾四百五十万元。

陈宇、张晓、燕陈林(《河北日报》,1995 年 8 月 17 日)

为高分子材料研究铺路的人

——记河北工业大学常务副校长张留成

现任河北工业大学常务副校长的张留成教授,1960 年毕业于南开大学高分子专业。35 年来他潜心致力于高分子材料的教学、科研工作,取得了丰硕的成果,先后发表科研论文 50 多篇,出版十余部专著和高校教材。

他在已取得的七项科研成果中,有关"聚合物改性"及"互贯网络聚合物"研究获得河北省多项奖励。特别是 1991 年完成的《三层胶乳型互穿网络聚合物的研究》一文,首次对三层 LIPN 的形成结构进行了研究,这项成果被单独作为一章刊登在美国化学会(ACS)出版的化学进展丛书第 239 卷中。有关专家认为"此项研究具有开拓性,在国内和国际上居领先地位","对 LIPN 的实际应用具有指导作用"。

教学和科研的突出贡献使他获得了许多荣誉。现在张留成教授虽然担负着比较繁重的行政领导工作,还兼任硕士研究生导师,但他从未放松科研工作。目前他主持着 5 项河北省、天津市级自然科学基金重点项目,为高分子材料的研究默默地铺着路。

康锋、汲利红、陈林(1995.08.27《河北日报》)

河北工大土木系加强学生党支部建设

——一个党支部一座战斗堡垒　一名党员一面光辉旗帜

近几年来,河北工业大学土木工程系学生党支部从培养跨世纪人才的战略高度,重视学生党支部建设,不断加强对学生党员和申请入党积极分子的培养教育,努力提高他们的思想政治素质,取得了可喜的成果。

土木系学生党支部共有学生党员 40 名,其中低年级党员 7 名,实现了一年级有重点培养对象,二年级班有党员,三年级班有党小组,四年级专业有党支部。近几年,在加强支部建设中,他们把用科学的理论武装党员,作为支部建设的首要一条,积极组织党员和要求入党的积极分子,学习邓小平建设有中国特色社会主义理论,学习十四大精神和党章,开展党的基本路线、基本知识教育,并建立了必要的制度。现在全系已有学党章小组 17 个,参加学习的人数达 130 余人。他们还经常开办党的知识讲座,党的知识测验,邀请老党员讲传统,劳动模范讲党课,举办党员宣誓,重温入党誓词等活动,提高党员的觉悟,发挥先锋模范作用。同时,帮助入党积极分子提高对党的认识,端正入党动机,做到早培养,早成熟,早发展。

在党支部建设中,他们十分重视以高尚的精神塑造人,经常组织学英雄、学先进,与英雄先进人物比成长、比贡献。1989 年以来,这个党支部与系分团委一起,发动和组织党员及入党积极分子广泛开展学雷锋活动,在校外建立学雷锋基地,在校内开展岗位学雷锋、树新风活动。他们在红桥区西于庄街办事处帮助下,先后建立了四个学雷锋基地,照顾四位孤寡老人,并采取接力办法,一届传一届,六年如一日坚持不断,受到社会的广泛赞誉。

好支部带出好作风,好党员带动广大学生。现在全系形成了一支以学生党员为核心、申请入党积极分子为骨干的学生队伍,出现了积极进取,你追我赶,助人为乐,勤奋好学,蓬勃向上的良好局面。两个班被评为省市先进班集体,一个班被命名为全国三好班集体。　　　　　　　　　　(《河北日报》,1995 年 8 月 30 日)

宇宙寻梦

——记河北工学院青年副教授张承民

　　浩瀚的宇宙空间,神秘的天体运行,勾起了无数人的联想和揣测。那牛郎织女的神奇故事,嫦娥奔月的浪漫传说,吸引感化了一代代人,或寄托情感,或憧憬未来,或构思图画,或吟咏诗篇。然而,我们的主人公,面对宇宙,注目星辰,却少有那样的罗曼蒂克,他所具有的,是理性的思索,科学的求证,精密的计算,不懈地钻研。

　　张承民,这位河北工学院的 31 岁的青年副教授,貌不惊人可学识匪浅,谈吐平和却睿智毕现。他已在天体物理的学术领域里探索了 10 年,在国际天体物理学术界有了一定的名气。

　　早在 1983 年,张承民在大连理工大学读研究生时,就开始了他的宇宙寻梦。1986 年,他来到河北工学院任教。从 1990 年 5 月至今,他先后出席国际学术会议 4 次,每次都被安排发言;应邀在国内外高校、科研院所讲学 8 次;发表学术论文 22 篇;获国际、国家、省市级奖励 3 次……

　　1990 年 5 月,张承民与人合作的论文《时空存在挠率的证据》获得了国际引力研究基金会颁发的荣誉奖。一个年轻学者对科学巨匠爱因斯坦的著名猜想所做的探讨求证,立即引起国际同行的极大兴趣和关注。翌年 6 月,第六届格罗斯曼国际广义相对论会议在日本京都召开,张承民获国际引力与相对论学会资助,东渡扶桑,登上了国际学术讲坛。面对 600 多名来自不同国度的专家学者,他作为最年轻的发言人,以精彩的演讲,赢得了与会学者的一片掌声。

　　如同宇宙天体自身的运动永无止息一样,张承民对宇宙的探索也从未中断。10 年来,他攻读专著以增长知识,撰写论文以总结成果,结交学者以拓展视野,精心实践以求证论点。10 年来,在北京、西安、南京、香港的国际学术会议上,留下了他的身影,回响着他的声音。在他的脚下,留下一行闪光的足迹。

　　1991 年,他荣获国家自然科学基金会奖励。1993 年,中国科学院理论物理研究所聘请他为客座研究员,北京大学地球物理系聘请他为高访学者。他还是《高能物理和核物理》杂志的审稿人,中国高等科技中心协联成员。但是,在显赫的成绩面前,他也失去了许多,他没有像某些同学那样成为富翁,甚至维系多年的家庭也解体了。对此,他无怨无悔,都平静地承受了。他说:"我的生活,有人也许会认为很贫乏,缺乏色彩,但我却自感活得很充实。因为,我有自己的理想有自己的追求。"

是啊,张承民以他的智慧和追求,在广博的宇宙空间,实现着他的一个又一个梦想。

屈振光(《河北教育报》,1995 年 9 月 6 日)

欧洲三十三日夜

——河北工业大学艺术团访欧侧记

1995 年 9 月 8 日清晨,金秋北京细雨绵绵。被雨水冲洗过的首都机场比往日显得更雄伟、更宽阔、更壮观。6 时许,当奥地利航空公司的银白色客机徐徐降落在机场时,以河北工业大学艺术团为主组成的中国民间艺术团 23 名成员,带着欧洲三国人民的友情和赞誉,回到了母亲的怀抱。他们自 8 月 4 日启程前往,先后参加了罗马尼亚、匈牙利、奥地利三国的五个艺术节,在多瑙河两岸,在喀尔巴阡山和阿尔卑斯山下共演出 48 场,观众多达二三十万人。罗马尼亚国家电视台为艺术团进行专场录像,奥地利国家电视台通过卫星对河北工大的舞蹈节目进行现场播放。他们以精彩的演出展现了东方的艺术,播下了友谊的种子,为祖国赢得了荣誉。

首场演出惊四座

8 月 6 日,是中国民间艺术团最难忘的日子。这天是他们有生以来第一次出国演出,也是他们出访欧洲三国的第一场演出。他们应邀参加罗马尼亚首都布加勒斯特"霍拉国际民间艺术节"闭幕式。这场演出的成功与否,将决定他们在罗马尼亚的形象,也关系着祖国的声誉。因此每位成员都暗下决心"首战必胜"。他们不顾旅途的疲劳,也无心观赏那里的景致,抓紧利用演出前的所有时间,一遍又一遍练习那原本早已很熟练的节目。

演出在能容纳 4000 人的扇形阶梯露天剧场举行,人头攒动,气氛热烈。上午 10 时,巴尔干半岛各国获奖的器乐节目先后上台表演。接着由中国民间艺术团登场。当主持人宣布中国民间艺术团演出时,场上掌声雷动。广大观众怀着对中国人民的友好情谊,欢迎来自东方的客人。中国驻罗马尼亚大使馆的 30 多位工作人员几乎都来观看演出,为祖国的使团助威。

第一个节目是舞蹈《飞来的花瓣》。这是河北工大艺术团的拿手节目,曾多次在省市获奖。身着艳丽民族服装的9名女演员,和着悦耳的音乐,手持彩扇,以婀娜的舞姿一字排开出场。这个舞蹈蕴义深刻,演员舞姿优美、轻盈如燕,整个舞蹈潇洒、舒展,特别是多次持扇造型,舞动的彩扇组合出各种形态的花瓣,加上领舞独自飞快地连续旋转,鲜艳的舞裙在台上风车似的飞旋,令罗马尼亚观众如醉如痴,仅这一节目就给了6次热烈的掌声,接着是具有我国西南少数民族风情的《花伞舞》,舞步优雅,体现了少数民族的文化特色。具有浓郁的河北民情风味的大型舞蹈《板扇风情》,节奏欢快,气氛热烈。器乐节目笛声悦耳悠扬,合唱曲曲动听、倾倒场内几千名观众。不少人持照相机、录像机,拍下了一张张场景、剧照。演出结束后,许多观众热情地围住艺术团成员,一睹中国演员的风采,用罗马尼亚语给予热情的称赞。大使馆的同志们非常高兴。他们说,你们精彩的演出,对我们身在异国工作的人是一次热情的慰问和鼓舞。你们成功的演出,令我们感到自豪。大使馆文化秘书赵丽小姐说:"以前参加民间艺术节,国内往往派来专业艺术团,叫人一看就不是民间的。你们是地地道道民间的,但节目水平是一流的。"罗马尼亚国家电视台在演出后还专门进行录像,并于8月11日在罗马尼亚全国播放。

首场演出的成功,为以后的演出打下了良好的基础。民间艺术团在罗马尼亚逗留10天,先后在布加勒斯特,德瓦、布拉德、汉尼多拉城、西摩利亚城、科斯特斯蒂城等7个城市,演出14场,观众达10万人。场场都赢得了赞誉。

秧歌扭出东方美

在艺术团出访演出期间,无论是在罗马尼亚、匈牙利,还是在奥地利,按惯例都要在街头、广场、马路上进行行进表演,这无疑给中国艺术团展现东方艺术和文化以极好机会,尤其是中国特有的民间秧歌舞,令欧洲人目不暇接。

8月8日下午,中国民间艺术团参加德瓦国际民间艺术节开幕式,按照国际民间艺术节惯例,开幕式前首先进行行进演出。行进表演由警车开道,依次是罗马尼亚、保加利亚、匈牙利、中国等各国艺术团行进演出。然而,尽管欧洲各国艺术团行进演出,节奏鲜明,热情奔放,富有激情,但行进中不能连续演出,只能步行一段路然后停下来表演片刻。而中国民间艺术团的秧歌则有着其所不能比的优势,不仅原地能表演,行进中也可以一刻不停地表演。

中国艺术团出国前在校集中训练了一段时间,对传统的秧歌进行了改进,在继承欢快扭动动作的基础上,加进了不少花样。演员手持色泽鲜艳的大红扇,上下左右翻动,动作整齐,姿势优美,表情丰富,气氛热烈。

秧歌不仅行进表演别具一格,在人多处停下来表演还能变换队形舞姿,构成了一幕幕激动人心的场面,整个表演呈现喜庆、祥和、欢快、热烈的气氛,充分体现了中华民族勤劳、勇敢、朴实、善良、智慧的优秀品质。所以行进演出开始时,观众第一起掌声就报给了中国民间艺术团。在演出过程中,热情的观众把道路两旁挤得水泄不通,路旁居民楼的阳台上也站满了观看的人。在不少地方,观看秧歌的人群还跟着中国艺术团一起行进,有些热情的观众从起点一直跟到终点,不断给予掌声和称赞。一直到演出结束,中国艺术团成员上了汽车,他们还围在车的周围,不断招手致意。

歌舞精彩享赞誉

艺术团在欧洲的一个月时间,共参加了三国的五个艺术节:罗马尼亚布加勒斯特霍拉民间艺术节、德瓦艺术节、匈牙利利萨尔瓦尔艺术节,奥地利乌尔夫拉赫艺术节和克雷姆斯艺术节。在每个地方的每个艺术节的每一场演出都赢得了观众的热烈欢迎和热情赞誉,而中国艺术团的歌舞又几乎都被作为艺术节的压轴节目。在德瓦民间艺术节开幕式上,由于参加国家较多,所以组委会只给每个艺术团20分钟的演出时间。轮到中国艺术团的《飞来的花瓣》上台演出时,天不做美,飘起了绵绵细雨。然而观众并没有惊慌,纷纷支起雨伞,而更多的人则是冒雨欣赏。雨越下越大,只好将演出移到剧场中。容纳2000多人的大剧场座无虚席,就连过道也挤满了人。场外风雨大作,场内掌声雷动,中国民间艺术的无穷魅力深深地吸引着罗马尼亚观众,要求加演的喊声此起彼伏,更有许多观众对中国演员伸出大拇指,直呼"China,China"。欧洲观众的赞誉使艺术团全体成员备受鼓舞,他们既为自己演出成功而高兴,更为各国人民的友好与热情深深打动。

在艺术团所参加的五个艺术节中,奥地利的克雷姆斯艺术节是其中历史最悠久、规模最大、水平最高的一个。克雷姆斯是一座具有千年历史的古城,毗邻音乐之都维也纳,蓝色的多瑙河流经市区。30年前,举办了世界上首次民间艺术节,今年是第十四届,有来自中国、美国、俄罗斯、罗马尼亚、意大利、德国、瑞典、新西兰、巴西等18个国家的20个艺术团参加。8月30日下午4时,艺术节开幕,各国精彩的民间艺术再一次把观众带入了五彩缤纷的艺术享受之中。中国艺术团演出的

《春江花月夜》《飞来的花瓣》《板扇风情》等节目赢得了很高的评价。

在克雷姆斯艺术节开幕式演出之前,奥地利国家电视台对中国民间艺术团和新西兰库克群岛艺术团的节目进行了现场转播,这使艺术团成员异常兴奋,要知道,参加艺术节的有 20 个艺术团,而进行现场转播的,仅此两国艺术团。中国大使馆的同志也很高兴,连连夸奖河北工业大学艺术团为我国争了光。

基层献艺传友情

中国民间艺术团在欧洲演出的 33 个日夜里,除参加三国的艺术节演出外,更多的是在民间基层演出。他们把精彩节目送到公园街道,送到乡村,送到医院,送到孤老院,不仅展现了东方艺术,也带去了中国人民的友好情谊,使三国人民更多地了解了中国,了解了河北工业大学。

8 月 27 日艺术团来到音乐之乡奥地利,在参加"克雷姆斯艺术节"期间,他们为克雷姆斯市两个养老院进行了慰问演出,使老人们欣喜异常。演出后,演员们和他们握手、拥抱、亲吻,把他们搀扶回房间,激起老人们感情共鸣。一位老人竟感动得嚎啕大哭。养老院院长高度赞扬中国艺术团是"几十年中,来这里演出的艺术团中最好的一个。"

艺术团出访期间在匈牙利萨尔瓦尔"营地"和贝克旅游城、佛尊姆公园都为游人演出过,每演一次,都赢得一片赞誉,特别是在奥地利下奥州九教堂市乌尔夫拉赫村的演出,给那里的人们留下了难忘的记忆。

乌尔夫拉赫是下奥州一个区的自然村。村子不大,但经济发达,不仅有先进的农牧业,而且依靠得天独厚的自然风光,大力发展旅游业,为了提高村子的知名度,每两年举办一次国际艺术节,邀请一些国家民间艺术团前去演出。8 月 27 日,乌尔夫拉赫国际民间艺术节在村中心十字街头举行。中国民间艺术团一大早就赶来参加,他们表演了 6 个节目,个个赢得观众热烈掌声,村长也像许多人一样,举着相机,抢占合适位置,拍下了一张张中国艺术团表演的优美场面。

民间艺术来自人民,表达了人民的感情、民族的精神和历史的进步。愿民间艺术这个文化使者,永远带给人们美好、幸福和欢乐。

刘志明、陈德第、贺立军(《河北日报》,1995 年 10 月 1 日)

校园回响"主旋律"

　　11月12日晚上,在河北工业大学的礼堂里,该校举办的'95文艺汇演闭幕式,在气势磅礴的"祖国,慈祥的母亲"的大合唱里拉开了序幕。紧接着,男女声独唱、京剧清唱、歌伴舞、器乐合奏……一连串的节目如同百花园里绽放的鲜花,姹紫嫣红,绚丽多彩,给宁静的学府带来了一阵阵掌声,一次次沸腾。

　　据副校长刘志明介绍,近一个时期来,这座拥有1200多个座位的大礼堂,已多次出现过这样爆满和沸腾的景象。这届文艺汇演的规模是空前的,在近两个月的时间里,全校15个系级单位,编排了几百个文艺节目,演出了17台共158个节目,先后有近1800人登台,占学生数的三分之一。这次文艺汇演,把河北工业大学的校园文化推向了空前的繁荣,同时也使学校的爱国主义教育进入了一个新的境界。

　　"情系祖国""爱我中华""祖国万岁""飞扬的青春"……台上,好戏连台,歌舞不断,台下,观众激情奔涌,受到陶冶,收到教益。团委书记张成德表示,汇演结束之后,他们还要借这股东风,把校园文化进一步活跃起来,把美育搞上去,让河北工业大学的校园里永远高扬爱国主义的主旋律。

　　　　　　　　本报记者张宝敏(《中国教育报》,1995年10月17日)

坚持娱乐　健康有益

——河北工大双休日活动丰富多彩

本报讯　从本学期开始,河北工业大学按规定实行了双休日制度,学生休息时间多了,怎样使他们生活内容更丰富,更好地利用双休日?学校坚持娱乐、健康、有益的方针,采取多种形式,使双休日活动有场地、有内容、有措施,做到既丰富多彩,又不放任自流。

河北工大现有本专科学生 6700 人。为了丰富双休日生活,学校先后推出了以"弘扬校园文化,促进精神文明建设"为宗旨的文艺汇演,以及"爱国、爱校、成才"为主题的"95 校园活动 100 天"活动,并举办了"金秋书市""宿舍风彩大赛""天河杯围棋赛""将帅杯象棋赛""学生会杯足球赛""十佳歌手大奖赛""专题辩论赛""诗歌朗诵赛""经典影视展播"等活动。有的系还通过举办"趣味运动会"等一些学生感兴趣、喜欢参与的活动,使学生双休日更有乐趣。

在举办这些文体活动中,学校注意发挥学生社团组织的作用,如马列读书会、业余党校等社团利用双休日到周恩来、邓颖超纪念馆和觉悟社、旧租界地、小百货批发市场等地进行参观访问、调研考察,了解市场行情,学习课堂上和书本上学不到的东西。为提高大学生的科技意识,学校积极支持大学生科协举办活动,鼓励学生利用课余时间搞小发明,小制作,丰富知识,提高技能。

学校及各有关职能部门在组织这些娱乐、健康有益的活动中,尽量为大学生提供更多的场地。学校礼堂、学生活动中心、电教室、工会大厅、文艺厅,每逢周六、周日全部开放,一些实验室,微机房和图书馆在双休日坚持对学生开放。每到周末,英语角、学术讨论等活动都吸引很多学生参加。此外,学校还开办了音乐、管理、经贸等选修课,使学生得到全面发展。

陈德第、林艳书(《河北日报》,1995 年 12 月 18 日)

一系演出一台戏　弦歌乐舞满校园

——河北工业大学文艺汇演侧记

　　11月12日晚上,拥有1200个座位的河北工业大学南院礼堂座无虚席——河北工业大学文艺汇演闭幕式演出在这里进行。24个节目依次登台,观众的掌声、喝彩声四起。一位激动不已的同学拍红了手掌,不住地说:"太棒了,真是太棒了!"

　　河北工大这次文艺汇演的规模是空前的。在五周的时间里,全校15个系级单位,演出了17台共158个节目,先后有近1800人登台演出,占在校学生数的1/3,观众达15000人次。在158个节目中,有气势磅礴的大合唱,也有风格多样的小合唱、重唱;有抒情的独唱,也有凝重的朗诵;有使人赏心悦目的舞蹈,也有让人忍俊不禁的相声双簧;有技巧娴熟的器乐演奏,也有颇见功底的戏剧清唱;有英姿勃发的武术,也有款款动人的时装表演。

　　这次文艺汇演,主题鲜明,各参演单位以"高举爱国旗帜,再创工大辉煌"为主题,以"激爱国之情,树爱国之志"为目的,精心组织,认真编排,使河北工大爱国主义教育跃升到了一个新高度,有了一个良好的载体,既构筑了校园文化的舞台,也开辟了教育的课堂。各演出单位精心为本单位演出专场所设计的名称,如"飞扬的青春""拥抱太阳""情系祖国""青春风景线"等,充分表达了全校师生的心声、境界、情操和风采,爱党爱国爱校,团结奋进拼搏,注重德智体全面发展,追求真善美的高尚情操,成为全校师生的时尚和目标。

　　还是在1994年下半年,该校为贯彻《爱国主义教育实施纲要》,明确提出了"努力创造爱国主义教育的校园文化环境"的响亮口号,并具体提出开展"四个一工程"的活动,即看一本好书,唱一首好歌曲,参加一项科技活动,演出一台好节目。今年10月7日,校艺术团首先推出一台节目,隆重拉开了文艺汇演序幕。从10月14日到11月12日,15个演出单位相继登台,一系一台戏,周周有演出,着实让河北工大的校园热闹了一番。

这次文艺汇演的 158 个节目,绝大多数体现了思想性和艺术性的有机结合。一台台让师生感动与振奋的节目,营造了勤奋、拼搏、团结、向上的氛围,使汇演剧场充满教育激情。学校党政领导、各系部领导站在百人合唱团队的行列中,高唱歌唱祖国的歌曲,系主任、老教授拿起了指挥棒,振臂击节,激昂处似排山倒海,轻柔处若流水行云,增加了演出的浓烈气氛。汇演以来,场场观众爆满,歌声、琴声、掌声交融在一起,演员、观众心弦共鸣,使师生的业余生活红红火火、姹紫嫣红。

　　特别值得一提的是,工科院校的艺术创作能力,在这次文艺汇演中,得到充分展示。几乎所有的舞蹈节目和独唱的伴舞,都是师生们自编独创的。工作在学生工作第一线的辅导员,创作了表现自己工作、生活情怀的诗作《辅导员之歌》,并由 6 名辅导员集体朗诵,学校保卫干部勇擒罪犯立功受奖的事迹,被创作成山东快书《唱英雄》,由保卫干部表演,受到好评。而材料系一台名为"光荣的历程"的专场演出,更使整个文艺汇演大放光彩。他们以中共党史、中国革命史为贯穿整台节目的红线,选择了表现或创作于各个历史时期的歌曲、戏曲,有唱有演,通过"艰苦岁月""抗日烽火""革命洪流""胜利歌声"四个场次,展示了中国人民在中国共产党领导下夺取政权、建设新中国的革命史。人们看后,赞誉材料系的一台节目是精练的《光明赞》,是浓缩的《东方红》。

　　在一个多月的汇演中,无私奉献、团结协作精神得到了充分的展示和有力的弘扬。这是一次规模盛大的文艺活动,又是一次收益丰厚的爱国主义、社会主义、集体主义教育活动。这次文艺汇演,振奋了师生的精神,活跃了校园生活,赢得了良好的声誉。天津音乐学院一位专业教师看了表演后评述说:"能在高校看到这样昂扬热烈的文艺演出,能在工科院校看到这样高水平的文艺节目,是难得的,场面感人,节目鼓舞人。"这位教师的简洁评述,正是对河北工业大学整个文艺汇演的恰当概括。

　　　　　　　　屈振光、霍占良、陈德第(《河北日报》,1995 年 12 月 20 日)

河北工业大学——出台科研新举措

    本报讯　河北工业大学敢于自我揭短,查找科技工作中存在的差距,并在调查研究的基础上,出台了关于贯彻中共中央、国务院《关于加速科学技术进步的决定》和全国及河北省科技大会精神的实施意见、科研工作暂行管理条例、技术贸易暂行管理条例、科研工作量考核等 4 个文件,制定了关于调动科技人员积极性的具体措施。

    如在一定限度内放开科技经费使用权限;对于预算外横向课题,允许从项目经费中提取一定比例的中介费;实行科研工作量制度,连续三年综合工作量达不到标准的,不准予评定职称;在现有 133 个科研编制的基础上,逐年增加科研编制,到 2000 年达到教师人数的 50%;继续引进人才,主要是具有博士和硕士学位以及确实有成就有项目的 50 岁以下人员,同时实施"50 工程",即在 45 岁以下具有博士或硕士学位有成就的青年中,到 2000 年每年拿出 30 万元逐步培养 50 名跨世纪的学术带头人;每年拿出 20 万元建立学校基础性研究资助基金;一次投入 50 万元建立科技开发基金;90%的专职科研人员每年要有三分之一的时间到生产第一线去,与全省各地的企业联合研究开发,其调研材料作为立项的依据;校办科技产业要加快由劳动密集型向科工贸一体化的转化步伐,组建一批开发性研究所和培养开发人员。

        陈德第、林艳书(《河北日报》,1996 年 12 月 16 日)

大中型同步发电机自并激励磁装置

本报讯　由河北工业大学电工厂承担实施的国家级火炬计划"大、中型同步发电机自并激励磁装置"项目最近通过国家级验收,验收委员会经过认真评议认为这项系列装置达到了国内领先水平,具有很好的社会效益和经济效益。

"大、中型同步发电机自并激励磁装置"是各种电站发电机的一种关键辅机,是国家重大项目办公室、能源部、机电部"八五"计划重点攻关项目中的发展重点。河北工大电工厂组织技术人员在引进瑞士 ABB 公司 UNITROL-M 励磁技术基础上,成功地开发研制了具有 80 年代末国际先进水平新一代 MLZ 系列模块励磁调节装置和 WLZ 微机励磁装置,已先后提供 47 台套,总装机容量达 1997MW,WLZ 微机励磁装置已用于清河电厂 210MW 大型汽轮发电机组改造工程,初步实现了火炬计划项目商品化、产业化、国际化目标。

该装置在全国是第一家,其优良的性能价格比和很好的社会经济效益达到了国内领先水平,产品实现了高技术、高产业、高附加值,不仅占领了国内市场,而且先后销往泰国、尼泊尔等国。

陈德第(《河北科技报》,1996 年 1 月 23 日)

世纪学人潘承孝

从 1927 年春天,潘承孝学成回国在直隶公立工业专门学校执教至今,已有近 70 年从事高等教育的历史。今年的 3 月 7 日是这位可敬老人的百岁寿辰,他用一个世纪的生命向我们讲述了许多平凡和不平凡的故事。在河北工业大学,每一位工作人员、每一位学生都非常熟悉潘老和蔼、温暖的微笑。几乎是每天的清晨,人们都可以看到在大学校园里那位稳步缓行的老人。学校的各系、各研究所、校办企业等几十个单位,潘老每年都要走一遍,甚至几遍。作为民进会员,校党委统战部也是潘老经常光顾的地方。老人积一生的经验和智慧,为校党委提供了许多建设性的意见。

从家世说起

在潘氏家族,有一个尽人皆知的故事。一次皇帝驾幸苏州,问潘氏家族居住在苏州河的哪一边,因为一时慌乱,潘氏错答为河东。为了避免欺君之罪,潘家遂于河东钮家巷买地,仿照河西旧宅重起新宅。1897 年,潘承孝出生的时候,封建社会的城堡正在土崩瓦解,世代官宦的潘家已难再现往日的辉煌。

潘承孝出生三天,即按照长子不可无后的家规,过继给早逝的伯父。潘承孝的伯父潘志恒,翰林院待诏,去世时年仅 27 岁,潘承孝从未见过伯父的面。由于伯父早逝,全家人只能依靠伯母陪嫁的一间中药房维持生计,虽无冻馁之忧,但也脱尽了官宦人家的豪气。伯母吴氏是一位颇具中国传统美德的妇女,知书达理,任劳任怨,把这个并不富裕的家调理得井井有条。家道的衰落,使童年的潘承孝受到了磨炼。也正是这份清贫,潘承孝没有沾染豪门望族的浮华与偏见,在他的个性中,更添了许多书香门第的精神与素养。

1911 年,潘承孝小学毕业。这一年,以孙中山为首的资产阶级革命派领导的辛亥革命推翻了清王朝。社会文化和家庭环境的熏陶使潘承孝很早就具备了改革更新的思想意识。这一点,生父潘志禧对他的影响很大。1904 年,潘志禧留学日本,结识秋瑾,受其感召回国从事革命活动,秋瑾遇害后,再度东渡扶桑并于 1908 年毕业回国。潘志禧认为,欲强国必先富国,富国必须以实业为先。于是他变卖苏州的全部祖产,迁往天津兴办实业,成为在天津很有名气的国民饭店的董事长。

生父的思想及行为对潘承孝的影响是深刻的。1912 年,潘承孝胸怀"工业救国"的抱负,考入北京汇平中学,从此告别风光秀丽的江南名城,开始了艰苦的求学之路。

赴美留学

1915 年,潘承孝中学尚未毕业,便以自己的天资和勤奋考取了唐山工业专门学校,经两年预科学习后,成为该校第一届机械系大学生。6 年后,潘承孝以该系第一名的成绩毕业并取得学士学位。

按当时北洋政府的规定,唐山工业专门学校各毕业生的第一名可以不经考试直接取得官费留学的资格,并且该校同北洋大学、清华大学等国内名牌大学一样,毕业生的学历、学位是得到美国各大学承认的,不经考试,就可以直接进入研究生院攻读硕士学位。此时的潘承孝心情是复杂的。15 岁离家北上读书,至今已有 10 年。梦牵魂萦的母亲恐怕已是两鬓染霜,虽然吴氏不是自己亲生母亲,但他仁慈宽厚的母爱却时时让潘承孝感到与她血脉相通。临行前母亲为他打点行装的情形依然历历在目。

"妈知道留不住你,你还小,出门在外,不比在家。要晓得照顾自己。常给家写信,免得挂念。"慈爱的母亲,非常理解潘承孝的志向,她没有阻止他北上求学,而是把他送出了深深的钮家巷。

他似乎看到母亲那慈祥信任的目光。他想,母亲一定会像上一次一样支持自己。"就让苏州河的水依旧那样流淌吧,就让寒山寺的钟声依旧那样鸣响吧,此去也许三年五载,抑或十年八年,虽山海相隔,路途遥远,但母亲永远在我的心中,祖国永远在我的心中,我一定会回来的!"怀着深沉的救国之志,潘承孝放弃了毕业时已安排好的青岛四方机车修配厂练习工程师的职位,放弃了返回故乡与老母团圆的机会,选择了出国深造的艰辛之路。

出国前,潘承孝拜访了唐山工业专门学校的外教 E·G·扬先生,扬先生是他一向敬重的老师。他对潘承孝说:"重要的不是学位,是知识。既然要报效祖国,就应该本着务实的态度,多学在国内学不到的知识,多看在中国看不到的大工业。现在,中国大学所用的教科书,大多是美国的,如果只是读书,又何必去美国呢?"扬先生一席质朴的话语,深深印在了潘承孝的心里。

1922年7月,潘承孝来到美国。他主动放弃了直接攻读硕士研究生的机会,进入康奈尔大学机械系动力专业四年级,开始学习国内没有的汽车学、内燃机、机械工程实验等课程。一年以后:美国阿列斯-查尔默汽车工厂来了一位身材不高、双目炯炯有神的中国青年,他就是刚刚从康奈尔大学毕业的潘承孝。"你最好是读一年书,到工厂工作一年,看到有什么不懂的东西,再回到学校读一年书,然后再到工厂工作一年。这样才能把理论和实践结合起来。"恩师E·G·扬的中肯嘱咐时时提醒着游学海外的潘承孝。在阿列斯-查尔默工厂,潘承孝与普通工人一样参加生产,他用心观察体验每一道生产工序、每一个零部件、每一项设计。他所实习的,已远远超出所学范围。他所考虑的,也远远超出他的专业。正是这种学以致用的方法,使潘承孝对内燃机、汽车和知识掌握得精深细致,扎实深入。凭藉于此,在几十年的教学生涯中,他总能得心应手,挥洒自如,并成为我国最早的汽车学、内燃机专家之一。

1924年,潘承孝又回到课堂,在威斯康星大学研究院攻读研究生学位。仅用一年的时间,潘承孝便完成了别人要花两三年的学习任务,获得动力学硕士学位。在临回国的最后半年,潘承孝用打工积攒下来的3000美元,到欧洲考察工业。在回国的途中,经过苏联。社会主义的成功,深深震撼了潘承孝的心灵。当时社会主义苏联正处在国民经济第一个五年计划之中,尽管刚刚诞生不久的苏维埃政权还很脆弱,国家也很贫困,但人民群众高涨的建设热情却无时无处不在显示着社会主义的勃勃生机。

投身教育

冬日的海河寂寞而凄凉,厚厚的冰层遮住了它往日的风采。但谁知道它平静的表面下会有多少潜流? 迎着凛冽的北风,潘承孝静静地伫立在海河岸边,心中却犹如波涛汹涌的大海,难以平静。1927年的中国狼烟蜂起,整个社会几乎陷于瘫疾,外国势力鲸吞蚕食,扼制着中国的政治命脉,资源大量流失,财富大量流失,北洋政府疲于保命。在他回国之初,风尘未洗,报国心切的潘承孝立即赶往直隶交通部报到,然而他得到的竟是交通部无可任用的答复,年轻的学者感慨万千。

一天,在直隶公立工业专门学校(河北工业大学的前身)任教的刘金声到家里看望赋闲的潘承孝,他们曾是唐山工业专门学校的同学。

寒暄之后,刘金声问道:"永言兄高就何处?"

"惭愧,我是床头孤剑,空有其声。"

"有意到我们学校屈就吗?"

"问凯,你是知道的,留学五年,我志在何方。"

"我知道,你志存高远,欲工业救国,建立中国自己的新工业。然而现在时局动荡,军阀混战,从南到北到处是烽火狼烟。偌大的中国,哪里还有一点时间、一块静土任你去工业救国?不错,铁路重要,动力机器重要,但即使你把工厂搞起来,也只会让军阀多一些枪炮,你把铁路修得再长,也只会用来运送永远也运不完的枪炮、士兵和难民。

我倒认为,于今之计,发展工业倒在其次,启迪民智倒是确实可为、切实能为的事情,永言兄以为如何?"

老友的一席话,使潘承孝陷入深深的思索。虽久在国外,但回国之后,他对当时工业现状已有所耳闻,帝国主义操纵着中国的经济命脉、金融、贸易、铁路、航运、矿业、制造业,凡是有利可图的地方,它们都要遏制中国民族工业的发展,一些当时著名的民族工业,都在帝国主义和封建势力摧残下夭折了。而且,这样腐败的政府,这样无序的社会,即使发展了工业,又有什么用呢?人民照样蒙难,民族依旧孱弱。同胞总这样愚昧地打下去,人民总这样愚昧地活下去,中华民族将永远无法富强起来,永远无法立于世界民族之林。"开启民智倒是确实可为、也切实能为的事情",老友的话又回响在潘承孝的耳边。有心报国,无力回天,国是如此,终不是自己所能左右,应该安下心来,踏踏实实干一些事情了。时不我待,自己已是而立之年,空怀报国之心、救国之志,直到现在却什么事情也没有成就。总这样消沉下去,岂不空"白了少年头"?况且教书可以把自己所学知识教授给学生,使学业不致荒废,一旦有机会便可以实现宏图大志,再者以教书为业总可换得一些薪水,用来维持生活。大丈夫志在四方,不能再这样虚度时光了!潘承孝暗暗下了投身教育的决心。

1927年春风遍吹津沽大地的时候,潘承孝已经站在直隶公立工业专门学校的讲台之上了。

社会的动荡决定了潘承孝事业的坎坷。1927年夏,新旧军阀战事又起,奉系军阀占领天津,"高等工业"校舍被强占为兵营,学校被迫停课。军阀混战的现实更使他认识到开启民智的重要。应沈阳私立冯庸大学之聘,潘承孝赴东北任冯庸大学机械系教授,后又接受张学良的聘请,任东北大学工学院教授。"九一八"事变后,潘承孝回到北平,任北平大学工学院教授。

又见北平,潘承孝心绪难平。那一年他背井离乡,孤身一人来北平求学时,才是一个十五岁的少年,而今已过而立之年。往事如烟,当年求知若渴的中学生已成为学贯中西的教授,当年志在工业的少年已成为今天教育界的中流砥柱。在平大潘承孝讲授汽车学、内燃机和蒸汽涡轮三门主课,其中汽车学和内燃机课程在中国大学尚属首次开设,这意味着中国从此有了自己培养的汽车学人才。

在教学和工作中,潘承孝的严格是出了名的。在生活中,潘承孝的平易随和也是出了名的。他不像其他留洋的博士硕士那样高不可攀,生活中的他,经常是一袭长褂,一双布鞋,若非上课时那一口流利纯正的英语,他倒更像一位儒雅温和的国学先生,时时处处体现出成功教育家的良好素养。他总是那样和蔼可亲,平易近人,尤其是在学生面前,从未有过疾言厉色,焦躁不安之状,学生们都爱接近这位温和敦厚的长者。1932 年 9 月,他刚刚接三年级的课,一天一位叫李耀滋的学生拿着一个小问题来请教,细心解答之后,潘承孝和颜问道:

"你在一、二年级的功课不算太好,经常贪玩缺课是不是?"

李耀滋很惊讶,问:"先生刚刚接我们的课才几天,怎么会晓得我以前的情况?"

潘承孝没有回答,继续说道:"据我观察,你的天资并不差,如果以后能注意听讲,不逃课,成绩是会赶上的。"

几句温和的鼓励,使李耀滋很受感动。在以后的学习中,他认真按照老师的要求去做,终于体味到求知的乐趣。时至今日,已经成为美国麻省理工学院终身教授、美国国家工程院院士的李耀滋先生对这一段往事依然记忆犹新:"潘教授之能循循善诱是我求学上进的转机,这个恩惠此生难忘。"

西北办学

伴着刚刚隐去的星光和东方升起的朝露,潘承孝远眺群山。仅仅半年时间,由渤海之滨西迁三千里,来到这迷人的大巴山麓,从喧嚣慌乱的都市到宁静安详的僻野山村,由惊心动魄的"七·七"事变到这风景秀丽的世外桃源……

"七·七"事变后,北平大学内迁,广大爱国师生不愿作亡国奴,纷纷撤退到后方继续办学。潘承孝携眷逃亡天津,暂时栖身法租界。10 月初,潘承孝收到北平大学校长徐诵明从西安发来的电报,要他通知在京津避难的平大师生去西安临大报到,继续办学。西安临大(不久即改为西北工业学院)是由北平大学、北平师范大学、北洋工学院和北平研究所为骨干设立的。院址设在城固县城西南四十华里的大巴山深处一个当地人称作古路坝的地方。

对于古路坝的苦与累,当时曾有一句形象的比喻。抗战时期,内地的三个"坝"——重庆沙坪坝、成都华西坝和城固古路坝附近集中了许多内迁的高校。因华西坝生活学习环境较好,沙坪坝稍次,而城固古路坝则条件最艰苦学习最严格,实非常人所能承受,所以当时就有人戏称这三个坝为"华西坝是天堂,沙坪坝是人间,古路坝是地狱"。的确,古路坝地处西北山区,完全是穷乡僻壤,对外交通极其闭塞,缺医少药,没水没电,教师每天只发一支土制蜡烛用来备课,学生仅靠政府提供的一些微贷金维持生活。但是,即使是这样艰苦恶劣的条件,许多全国知名教授、学者却甘愿翻山越岭、长途跋涉来此任教,众多青年学子却不畏近乎残酷的严格和近乎赤贫的生活,从全国各地来到这里学习,这不能不说是个奇迹。而这奇迹的创造,除了因为潘承孝领导下的西工学习、工作风气正之外,还与潘承孝本人的可敬人格力量是密不可分的。

身为教务长(1943年任院长)的潘承孝始终以机械系教授身份担当着汽车学、内燃机和蒸汽轮机三门主课。他经常是处理完学校事务后,在暗淡的烛光中备课到深夜。为了不断获取新知识,补充教材内容,他常年坚持每天读两个小时书。由于公务缠身,潘承孝不得不经常去南京、上海等地出差公干,每次回来之后,他总是一丝不苟地把落下的课全部补上,有时一讲就是一天,星期日也不休息。他讲课总是站在讲桌前,手持一支粉笔,在学生面前挥洒自如,讲得热了,就脱掉长衫,只穿里面的对襟中式短褂,颇具儒将之风。

在当时内地的各个大学中,古路坝西北工学院的严格是出名的。每次新生的入学考试,潘承孝都事先请专业教师出题,亲自监督刻印,分发试卷,所有参与考试的人员均不得离开,直到第二天考试发卷为止,以防漏题之虞。一次,潘承孝的汽轮机考试后,有个学生向他反映某同学学习不好,但成绩却不差。潘承孝听后,极为重视,第二次考试时,他就亲自刻题制板,看着油印完毕,烧了板。考试结果,某同学的成绩依然很好,因而澄清了事实,潘承孝悬了很久的心也放下了。

抗战时期,南京政府教育部每年都要组织全国性的高校四年级学生专业考试,每种专业全国只取一名。1945年,西北工学院一下就摘取了数项桂冠,轰动了西北各院校,也在全国引起一定反响,这其中就包括现在的中国科学院院士师昌绪、高景德等人。

1945 年 8 月 15 日,日本帝国主义无条件投降的消息由汉中传至古路坝,顷刻间,古路坝爆竹齐鸣,广大西工师生兴奋异常,相拥而泣,彻夜欢呼,庆祝胜利。但伴随着抗战胜利的喜悦,却是学校更加艰难的境况。因为抗战胜利后,各高校纷纷"复员"。1946 年 1 月,北洋大学恢复,8 月,东北大学迁回沈阳,同时私立焦作工学院也复员洛阳,并带走了借给西北工学院的部分图书仪器。一时教师纷纷东返,师资大损,资料设备荡然无存,西工进入了一个极其困难的时期。

师资缺乏、设备不足、资金困难,虽四处奔波,但收效甚微。潘承孝深感前途黯淡。1948 年 9 月,风雨飘摇中的西工再也无法维持下去,潘承孝愤然辞职,返回天津,在无可奈何之中,结束了他长达十年的西北办学生涯。

津门建功

潘承孝又回到了他熟悉的天津。建国后,北洋大学与原河北工学院合并,更名为天津大学,潘承孝任校务委员会副主任主管教务,天津大学原来的校址在西沽,由于占地小,建筑少,不能适应学校规模发展的需要,当时的教育部和天津市政府决定在毗邻南开大学的七里台重建天津大学新校园。总数达 8 万平方米建筑面积、从设计、填土到施工,要求在当年暑假开学前的几个月内完成。潘承孝领导大家采取边设计边施工的办法来争取时间,由于施工质量严格把关,从而使原定房屋使用期已超过两倍的今天,虽经过 1976 年地震,大部分建筑物仍能正常使用。

50 年代后期,已年逾花甲的潘承孝亲自率领设备科的同志,深入到学校 30 多个实验教学及实验室工作起到很好作用。为了发挥经费的最大效益,潘承孝还决定突出重点项目。在领导实验室建设中,他亲自审批,主张重点使用经费。除照顾面上基础教学需要外,50 年代前期,在国内外订货时,着重装备精密仪器、内燃机和材料力学三个重点,因而,到 50 年代后期,这三个实验室就已成为全国学校中相当先进的实验室。而发展到今天,则成为国家重点实验室。

1958 年,河北省委、省政府决定重建河北工学院,德高望重的潘承孝教授又被委以重任,担任重建的河北工学院的院长。说是重建,其实跟新建一所院校差不多,选校址、建校舍、定专业、引人才,一切都得重新开始。他带领三个系主任共同描绘河工蓝图,从专业设置到校园规划,从办学规模到建筑布局,都装在心里,可以说,河北工学院的每一点建设和发展都充分体现了潘承孝高瞻远瞩的办学思想。

作为院长潘承孝仍然没有离开心爱的讲台,在学生们的眼里,他永远是一位出色的令人尊敬的师长。在教授制图课时,每星期要为学生批改一百多张图纸,哪怕学生在绘图时把一条线稍微画长一点,他也要指出来,潘承孝从严治学,但并不是苛刻地对待学生。即使是小的规定,也有他出台的道理。他给学生留制图作业,总是自己先画一张,以便知道一张图纸需要多长时间,然后才要求学生按时交作业。潘承孝在带学生作材料力学实验时,为了保证三小时实验课的顺利进行,他往往花几倍的时间去做准备,然后要求学生写实验报告。正是这种严谨的治学精神,给更多的老师树立了好的榜样,也正是这种精神,才有了日后芬芳的满园桃李。

1978年潘承孝参加全国五届人大会议。在会场的门外恭恭敬敬地站了一排年近古稀的老人,他们都是潘老的学生。他们每个人的手里都拿着一份礼物,这礼物不是金钱,也不是贵重的物品,而是一本本著作,一张张获奖证书。这些是他们几十年的心血结晶,是献给老师最好的礼物。他们说,没有潘老的教诲,就没有我们今天的成就。

人们常用"站好最后一班岗"来颂扬那些以工作善始善终者,然而,在潘老的意识里,没有这"最后一班岗"的概念,在潘老的实践中,没有工作意义上的主动暂停或结束。几十年来,潘老以自己的不曾懈怠的勤奋,不曾衰减的活力,奏响着一支为党为国、兴教兴学的进行曲。

潘老是第三、四、五、六届全国人大代表,全国政协第二届委员,天津市第一届和河北省第二届至第八届人大代表,河北省第五、六届人大常委会副主任,天津市第二届及河北省第二、三届政协副主席。

潘老于1951年任民进天津市主任委员,是天津市民进的创始人之一和卓越的领导者。从1958年起,他受民进中央委托,着手开始民进河北省委的筹建工作。潘老历任河北省民进主委、民进中央委员、常委和民进中央参议委员会第一、二届副主任委员。

身兼数职的潘老,每年都要数次赴北京、石家庄或在天津市出席各种会议,参加各类活动。每一次,他都以高度负责的态度,坦诚地陈述自己的建议希望,充分利用各种机会,广泛结交各界朋友,共同筹划着河北省以及河北工业大学的科技教育事业的发展。

壮心不已的潘老曾向省委领导表示:"我有两个愿望,一是希望能活到2000年,看到祖国繁荣昌盛的新貌;二是尽毕生精力,把河北工大办成一所全国一流的工科大学,为河北省的经济发展做出更大的贡献。"在潘老百岁寿辰即将到来之际,河北省政协副主席、省委统战部部长王树森特填词一首以示祝贺。

念奴娇　贺潘老百岁华诞

　　为人师表,严律己,倾注百年心血。济世报国,求新知,高擎民主科学。关山挽云,江河逐浪,汗湿神州月。培桃育李,更喜春色遍野。

　　尽览乱世风雨,国破仇未了,闻鸡起舞。同舟共渡,笔作剑,唤来大同世界。红日当空,皓首掩童心,福寿双至。青春永驻,期颐仍是豪杰!

文/陈德第、屈振光、贺立军、霍占良、相文(转自 1996 年《相知》第 2 期)

金相王国任驰聘

——记河北工学院教授谷南驹

谷南驹教授1959年毕业于北京钢铁学院金相热处理专业。1980年以来,他主持参加科研课题二十三项,已完成并通过鉴定二十项,在国内外学术刊物上发表论文七十余篇。他研制推广的新技术新产品使我省和天津市一些企业获得可观的经济效益。

"马氏体相变研究"是材料科学与工程的重要理论基础,可以不断促进许多新材料的开发和工艺的创新。谷南驹在这一领域的研究取得了新的突破,他提出了铁基马氏体惯习面的形成理论,受到国内外专家的重视和好评。随之他又首次提出了马氏体相变中的矢量位移,用它分析相变晶体学和形态学使理论更加完善。对马氏体形态的变化,则提出决定马氏体形态的因素是自协作和塑性协作之间的竞争,从而可解释形态转化的许多异常现象。

在应用科学研究中,他最近完成了铜基和铁基记忆合金新材料的研究,这是我省"八五"期间的重点科研课题。他研究的低 Nicr 和不锈型铁基记忆合金,突破了其训练方法,使主要技术指标达到国际领先水平,对 CuZnAl 合金的再结晶和训练工艺亦有新的突破,发现了最佳训练温度和工艺。用这种新型的记忆合金启动元件制造的汽车水箱自动放水阀,可以解决汽车水箱冻裂的老大难问题。这项技术具有广阔的开发应用前景。

盖建国、陈德第(《河北日报》,1996年2月12日)

河北工大多项科研成果在基层落户

本报讯　河北工业大学围绕实施科教兴冀战略,积极开展高新技术研究,取得累累硕果。

这所高校在微电子材料研究方面具有较强的科技实力。近年来,校半导体材料研究所先后有 8 项课题获得国家自然科学基金的资助,并在徐岳生教授等研究人员的共同努力下,先后取得了 8 项科技成果,其中"中子嬗变掺杂直拉硅退火工艺"和"CMOS 器件用硅片缺陷控制工艺"两项成果获国家发明专利。"直拉硅片缺陷控制与利用"1995 年获国家发明奖。这些成果在河北、天津、上海、广州、航空航天部等地的 7 个研究所和厂家得到生产应用,创经济效益总计已达 250 万元。

刚刚获国家发明奖的成果"直拉硅片缺陷控制与利用",日前又在我省宁晋县晶隆半导体厂安家落户,并一次试车成功,正式投入运营。这个厂是由河北工业大学提供技术转让,由宁晋县供电局投资三百万元兴建的,可年产单晶硅 9 吨,产值 510 多万元,年利税可达 110 多万元,是目前我省最大的硅材料完整配套的生产企业。

林艳书(《河北日报》,1996 年 3 月 12 日)

皓首明德霞满天

——记河北工业大学名誉校长百岁教授潘承孝

人生七十古来稀,百岁仙翁几许人?

河北工业大学名誉校长潘承孝教授如今已走过了百年人生旅程。论年龄,可以称他为世纪老人;论学说,可以称他为世纪学人。

潘承孝出身于名门望族,祖居江苏省吴县(今苏州市)。他15岁时考入北京汇文中学。1915年夏中学尚未毕业,便以自己的天资和勤奋考取了唐山工业专门学校,经过2年预科学习成为该校第一届机械系大学生。1921年暑假以机械系第一名的优异成绩毕业获学士学位,并官费派往美国留学。他先后在康奈尔大学、威斯康星大学和阿列斯-查尔默汽车工厂,底特律赫普汽车厂等学习实习4年,获工程师职位和硕士学位,学成回国后,先后在天津直隶公立工业专门学校(河北工业大学前身)、沈阳冯庸大学、东北大学工学院、北平大学工学院、西北临时大学工学院、西北工学院、北洋大学、天津大学、天津工学院,河北工学院等任教和担任领导职务,达70年。

潘承孝教授是我国内燃机,汽车工程教育的奠基人之一,是桃李满天下的知名教授、工程教育家,他不仅治学严谨堪称楷模,而且为人爱心博大,谦诚无私,是一位深受尊敬和爱戴的长者。

位显名扬　严于律己　廉洁奉公

身为一级教授的潘老,德高望重,但他从不以此自居。在几十年的领导工作和日常生活中,潘老没有丝毫的特殊。一身朴素大方且十分洁净的装束,是他给初识人的第一印象。"不搞特殊化"是他的人生信条,也是熟知他的人对他众口一词的评价。

潘老的办公室与其他领导的办公室没有什么两样:16 平方米,一张办公桌,一把椅子,一个书架,两个柜橱,除此以外,就是那对普通的单人沙发和双人沙发。这里面还有一段小故事。1993 年 90 周年校庆时,学校为潘老专门买来一套高档真皮沙发,潘老得知后,认真严肃地问办公室的负责同志:"是不是所有的领导都换了沙发?"当得到否定的回答后,潘老专门到会议室察看,他在低档的布面沙发上坐下后,诚恳地对办公室主任说:"这沙发好,扶手高,座垫也高,坐着舒服,起来也方便。给我买的那个不好,退掉或者换了吧!"就这样,身份特殊的潘老没有认可这本是合理的待遇。

在生活上潘老也是低标准的。他现在和儿孙一家仍住在1958 年建造的一套没有厅堂的房子里,室内没有装修,也没有舒适时髦的高档摆设。

潘老历来讲求工作效率,办事守时,时间观念强。他出席会议、参加活动或与人相约,从不迟到。潘老常说:"不守时就是不守纪律,就是不守信誉,就是对别人的不尊重。"有一次,学校召开大会,领导和师生都到场了,唯独不见潘老,秘书和司机驱车去接也没接到,而此时还下着小雨。正在人们焦虑不安时,潘老来了,原来,他是在接送车迟到后,冒雨步行、穿马路、过市场前来赴会的。如释重负的与会者,对潘老的到来,报以热烈掌声。

学富才高　礼贤下士　诲人不倦

多少年来,潘老交友为人一直让人们啧啧称道,说他知人善任,说他甘为人梯,说他爱才惜才,说他求贤若渴,说他冰心玉壶,这些辞藻,没有丝毫的溢美和夸张。

在河北工业大学,不少人都知道,逢年过节,在师生还没去给潘老拜年时,他已出现在老师职工家门口了,至于潘考对一些专家教授的专门关注的事例,人们可以信手拈来。

1990 年底,校办工厂为客户赶制产品,时间紧,任务重,正在全厂总动员,加班加点搞突击时,总工程师黄予南由于过分劳累,心脏病突发而住院治疗,年过九旬的潘老闻讯后,特地亲往医院看望,送去亲切的关怀。

院科技产业处处长李深,为发展校办产业做出突出贡献,由于积劳成疾,他身染绝症,生病期间,潘老曾多次去李深家中探望,关心病情变化和治疗情况。1992年 8 月 18 日,57 岁的李深不幸病故,97 岁高龄的潘老亲自为他送葬,场景十分感人。

毕生的教育实践造就了潘老识珠鉴玉的慧眼。32岁的青年副教授张承民,遨游科海,学术造诣较深,在国际天体物理学界已小有名气,深得潘老赏识,仅在1994年,潘老就几次约请张承民谈话,了解他的科研和教学情况,鼓励他再攀高峰,并找来张承民写的抒情散文阅读。潘老的关怀给了这位年轻人极大的激励,促使他更加奋发进取。

每当潘老与教师、学生在一起的时候,人们都有一种三代同堂以至四代同堂的感触,然而,即使是初识潘老的陌生人,未曾谋面的登门人,一旦接触潘老,也绝不会感到拘束、潘老把慈眉善目的形象长留在人们的印象里,对理工科造诣极深的潘老,写得一手流畅端庄的行书,因此,敬求其墨宝的人很多,尤其是景仰其名望的青年学生,都以得到潘老的手迹为一大幸事。1992年秋一个风和日丽的周日,潘老在校园的小路上缓缓而行,环视着他熟悉的校园景致。有两个学生在教学楼内发现潘老突发奇想:潘老的字写得特好,咱们明年就要毕业了,如能得到潘老的一幅墨宝该多有意义呀! 于是他俩备好笔墨和纸,赶上潘老,提出了要求。潘老欣然答应,考虑到现场不便,就让他们把姓名、班级和要写的内容留下,并谦虚地表示"我要回去练一练"。后来,这两位同学如愿以偿,得到潘老书写的"与有肝胆人共处,于无字句处读书"和"业精于勤而荒于嬉"两幅条幅。

谦恭勤勉　脚踏实地　求真尚美

接触过潘老的人,都对他的务实精神有所了解,无论是在教学工作,还是在参政活动中都是如此,就是到了晚年,也是这样。

1993年,河北工学院半导体材料研究所与涿鹿县合办了一家半导体材料厂,潘老对此甚为关注,他在天津听取了研究所所长的汇报后,又提出到实地进行考察。此时正是乍暖还寒时节,潘老乘车300多公里,一路颠簸,来到了位于太行山、燕山交界处的涿鹿县赵家蓬。他深入车间调查研究,并诚恳提出具体指导意见。近百岁老人的这种深入实际的作风,使涿鹿县的干部群众深受感动。

潘老以务实求真著称,但也不无对浪漫情致的追求,然而,那不是个人对花鸟虫鱼的雅好或赏玩,而是对校园绿化、美化的一往情深。为了创造良好的学习和生活环境,潘老非常重视校园的美化和建设。河北工业大学院部的花园,南院的绿地,东院的花坛,都是潘老组织人精心设计、修建的。河北工业大学的一草一木、一花一石,都浸透着潘老的心血,几十年来,潘老亲自主持绿化布局设计,亲自选配树种,亲自参加植树劳动。1990 年 9 月,为庆祝第十一届亚运会在北京举行,潘老提议种植两棵白皮松并立碑以示纪念。9 月 22 日,学院举行植树立碑仪式,潘老亲手挥锹,在院部实验楼前广场上种植两棵白皮松。如今,这两棵松树长得十分茂盛。

直到如今,潘老还坚持年年参加新生的开学典礼和毕业生的毕业典礼,参加一年一度的田径运动会开闭幕式,参加学院举行的庆祝建党、建国、教师节等重大活动,陪同上级领导来校视察、调研和现场办公等活动。从 1991 年新学年开始,学校组织学生军训,潘老对此积极支持。他接受学生记者的采访强调军训意义,并且每年都参加军训结束时的校阅活动,给全体学生以极大的鼓舞和激励。

这些年来,人们在校园几乎能天天看到潘老的身影,但并不是所有的人都知道,潘老患有膀胱结石,经常便血,手术时曾取出结石 300 余粒。但他闲不住,有时病发,休息几天,就又出现在校园里,来到师生中间了。

德高望重　淡泊名利　笑对人生

近些年来,包括一些领导、学者、专家在内,人们越来越由衷地感到,潘老是一面旗帜,要学习他,宣传他,颂扬他。

有人要给他写传记,有人提议给他拍电视专题片,有人主张以他的名字设立奖励基金,有人倡导为他建立纪念碑亭……这对于一些沽名钓誉者来说,可谓求之不得,而潘老对此视若烟云,一笑置之。

80 年代末,有一位记者按照省民进的安排,要为潘老写传记,但这位记者却未能如愿,潘老就是不讲自己,记者再三询问,潘老也不说,只是一遍又一遍地拍着记者的手背说:"你来我家我欢迎,也希望你在这儿多玩几天。写文章的事就别提了,我一辈子教书,没什么大成就,平平淡淡的一生,没什么好写的……"

一生与书为伍的潘老,1989 年 6 月将左森主编的《回忆北洋大学》一书转赠给院图书馆。1993 年 5 月,潘老又将他的学生赠送的生日礼物——美国波士顿大学机械系主任陈明茂教授的最新著作(Numeric Analysis of Structural Systems》(结构系统的数学分析)一书等,赠予了图书馆。

1995 年 7 月 7 日,是河北工学院 90 多年发展历史的一个转折点,河北工业大学新校牌揭牌仪式在这天举行。

中午 11 时 40 分,简短但不失隆重的新校牌揭牌仪式在院工会建友厅举行。当潘老与省长叶连松、天津市副市长庄公惠等共同揭牌时,与会的人们起立鼓掌,摄影灯在闪亮,录像机在转动,这是一个令人难忘、令人振奋的时刻。

潘老激动万分,缓缓揭下红色的绸幕,轻轻抚摸崭新校牌。仔细端详江泽民总书记题写的那"河北工业大学"六个飘逸的大字,慢慢转身,向人们轻挥手臂,频频点头微笑。

人们注目那飘柔的红色绸幕,敬望着满面微笑的潘老,仿佛觉得天边正升起一抹红霞,继而映红天际。

"莫道桑榆晚,为霞尚满天"。世纪学人潘承孝,现正含笑迈向 21 世纪。

陈德第、屈振光、贺立军、霍占良(《河北日报》,1996 年 3 月 23 日)

辛勤耕耘七十载　桃李芬芳满天下

——各界上午庆贺潘承孝教授百岁华诞
雷洁琼高德占李建国聂璧初等前往祝贺

本报讯　由河北工业大学,市委统战部、民进天津市委举办的庆贺潘承孝教授百岁华诞活动今天上午在天津礼堂中剧场三楼会议厅隆重举行。

全国人大常委会副委员长,民进中央主席雷洁琼专程从北京赶来为潘教授祝寿。

市委书记高德占,市委副书记李建国,市人大常委会主任聂璧初和民进中央、河北省的领导同志以及潘老的学生,好友,同事一一向潘承孝祝寿。

河北工业大学名誉校长潘承孝教授是我国汽车内燃机专家和知名的教育家、社会活动家,他在大学讲坛辛勤耕耘了70个春秋,把自己学识才华奉献给了祖国人民,造就了一批又一批国家栋梁之材。

河北工业大学学生代表首先向潘教授献花。接着,全国人大常委会副委员长、民进中央主席雷洁琼,国家教委副主任周远清,河北省副省长刘作田,天津市委副书记李建国,河北工业大学校长颜威利及校友和师生代表分别致贺词,潘承孝教授心情激动地致了答谢词,表达对党、对祖国、对教育事业一片赤诚之心。会上,潘承孝教授的同事、学生和河北工大历届校友、在校师生还当场捐款成立了潘承孝教育基金,将用于奖励优秀学生和有成就的教师。

参加潘教授百岁华诞活动的还有:民进中央副主席楚庄,河北省领导人张震环、刘宗耀、王树森、陈慧,天津市领导人罗远鹏、王鸿江、鲁学政、陈荣悌、刘文藩、庄公惠、陈茹玉、余国琮、张永根及老同志赵今声、何国模等。

记者鲍国之、张虹红(《今晚报》,1996 年 3 月 23 日)

科教兴冀则先冀兴科教

——两院院士海内外专家为我省发展建言献策
河北工业大学天津大学同日签订合作办学协议

本报天津讯　3月23日晚,副省长刘作田、省政协副主席陈慧在省政府驻津办事处中冀宾馆,邀请前来参加潘承孝教授百岁华诞庆贺大会的20余位两院院士、海内外专家座谈,请他们为河北的经济、教育、科技事业发展献策。

会上,刘作田首先介绍了河北省经济、教育基本情况及省委、省政府实施科教兴冀和两环开放带动的战略规划。尔后,美国麻省理工学院终身教授李耀滋先生、中国工程院副院长、院士师昌绪教授等先后发言。他们认为,要办好中国的、河北的教育,发展好经济,首先要有信心,要自力更生,不靠自己的力量是不行的。科教兴国、兴冀,要把教育放在首位,人才放在首位。要培养好人才,必须从领导上重视,科教兴冀要冀兴科教,在政策措施上有倾斜、有投入。要搞好国内外的交流和合作,河北内环京津,如果把河北比作一盘棋,要利用好京津这两个眼,通过合作,促进河北各方面更好地发展。

座谈会上,河北工业大学校长颜威利向李耀滋、师昌绪、雷天觉等15位两院院士、海内外专家颁发聘书,分别聘任他们为名誉教授、学术顾问和兼职教授。

又讯(记者穆俊华)3月23日下午,河北工业大学校长颜威利和天津大学校长李光泉,在中冀宾馆就两所大学合作办学有关事宜达成协议签字。天津市领导王成怀、庄公惠和河北省领导张震环、刘作田、陈慧出席了签字仪式。

根据协议,两所大学合作办学后,将实行师资互聘、实验室相互开放使用、联合培养研究生、联合举办国际学术会议,并在科研项目的申报、高新技术产业的开发等方面开展广泛使用,以此促进教学质量、科研学术水平和办学效益的提高,增强学校的办学活力与综合实力。

记者穆俊华(《河北日报》,1996年3月25日)

报刊中的河北工大

潘承孝教授喜度百岁华诞

辛勤耕耘七十春秋　德高望重功业卓著

　　本报讯　河北工业大学名誉校长潘承孝教授迎来了他的百岁寿辰。3 月 23 日上午,当这位德高望重的世纪学人精神矍铄地步入天津宾馆中礼堂,参加由民进中央、民进河北省委、民进天津市委和河北工业大学为他举行的百岁华诞暨执教七十周年庆祝活动时,全国人大常委会副委员长雷洁琼、国家教委副主任周远清、天津市委书记高德占以及河北省副省长刘作田等立即起身上前,向潘先生拜寿问好。

　　潘承孝先生是我国内燃机和汽车工程教育的奠基人,是蜚声全国的教育家。他 1897 年生于江苏省吴县,1921 年毕业于唐山工业专门学校,1922 年赴美留学,先后获康奈尔大学机械系工程师学衔和威斯康新大学硕士学位。1927 年回国以后,他一直在高校从事教育教学和管理工作,先后任国立西北工学院院长、北洋大学校务委员、天津大学校务委员会副主任、教务长、河北工学院院长,现任河北工业大学名誉校长、一级教授。潘先生在高教战线辛勤耕耘七十春秋,创建了我国最早的一批内燃机专业和内燃机研究所,培养出一大批国内外著名的内燃机专家和教授。在此次前来祝寿的 33 位专家中,中国科学院院士师昌绪、雷天觉、史绍熙,工程院院士刘广志等,都曾师承于他。他为我国教育和科技事业的发展作出了卓越的贡献。

　　潘承孝还是著名的社会活动家,他多次当选全国、天津市、河北省人大代表、政协委员,多年担任民进中央和地方委员会领导人,特别是 1979 年他在 83 岁时还积极争取加入了中国共产党。他在为政、为学、为人上都堪称一代师表、学子楷模。

记者张宝敏(《中国教育报》,1996 年 3 月 25 日)
(潘老百岁华诞庆祝活动在《人民日报》《光明日报》《天津日报》
《河北日报》等多家中央、省市媒体进行了报道。)

河北工大注重培养学术带头人

本报讯　河北工业大学注重培养面向二十一世纪的学术带头人。他们以"211工程"为契机,结合本校的重点学科和学校的发展规划,有目的地培养和引进高层次人才,本着"重点学科及新兴、交叉学科重点培养和急需学科优先培养和引进"的原则,积极开展工作。

该校按学科建设的需要,以"定向委培""联合培养"和"自己培养"等形式,已先后选派七十二名教师攻读博士、博士后学位,选派七十名青年教师和优秀毕业生在校内外攻读硕士学位,使青年教师中有硕士以上学历者的比例由1993年百分之二十五提高到百分之三十七。与此同时,学校加大引进力度,广招人才。从1990年到1995年,共引进硕士一百六十二名,博士二十三名,博士后二名,工程院院士一人,其中副教授七名,正教授二名,使学校具有硕士以上学历的教师达到三百五十人,具有博士学历的教师由1993的二名,增加到二十三名。按照学校规划,通过培养和引进,到2000年,具有博士学历的教师可达二百人,占专任教师总数的百分之十八,教师中具有硕士学历以上者达到百分之七十。

该校还十分重视对青年学术带头人的培养,安排老教授、老专家进行传帮带,使他们在学术上尽快成熟起来。1995年学校开始启动"50工程",对青年跨世纪学术带头人进行科研资助,加速青年跨世纪学术带头人的培养和成长,到下世纪初造就一支五十人左右的青年学术带头人队伍。学校还建立了青年科学研究基金,资助三十五岁以下青年教师的科研项目,极大地调动了青年教师的积极性。

学校在政治上、生活上十分关心青年知识分子,组织他们学理论,树立正确的人生观、价值观和良好的职业道德。并且在住房十分紧张的情况下,优先解决他们的住房,为青年知识分子创造良好的生活、学习环境。

冀工宣(《河北日报》,1996年3月30日)

河北工大出台科技工作新举措

——激励教研人员投入"科教兴冀"

　　本报讯　河北工业大学针对该校科技工作现状,最近制定了一系列有关科技工作的新政策,其主旨是为了更加有力地激励广大教师和科技人员,面向地方经济建设主战场开展科学研究和技术开发工作,从而更好地发挥该校在"科教兴冀"、建设经济强省中的作用。

　　近年来,河北工业大学积极开展科学研究和技术开发工作,努力为河北省经济建设服务,取得了可喜的战果。据统计,"八五"期间,该校共承担了 393 个科研项目,国家和省市项目就占一半以上。他们采取"走出去、请进来"的作法,尽快把科研成果转化为生产力,直接使地方经济建设受益。"八五"期间,该校与河北省各类企业签订科技合同 250 余项,年创产值 4 亿多元。

　　为了进一步推动学校这方面的工作,前不久,该校又制定一套更加有利于科技工作开展和科技水平提高的措施。这些措施包括:在一定限度内放开科技经费使用权限;对预算外横向课题,允许从项目经费中提取一定比例的中介费;实行科研工作量制度,连续三年综合工作量达不到标准的,不准予评定职称;在现有科研编制的基础上,逐步增加科研编制;加大引进人才力度,同时实施"50 工程",到2000 年每年拿出 30 万元,逐步在 45 岁以下具有博士或硕士学位的有成就的青年中,培养 50 名跨世纪的学术带头人。该校还决定,每年拿出 20 万元建立学校基础性研究资助基金,一次性投入 50 万元建立科研周转基金。要求全校专职科研人员每年抽出三分之一的时间到生产第一线去与企业联合研究开发,其调研材料作为科研立项的依据。河北工业大学还对校办科技产业提出了明确的发展目标,即加快由劳动密集型向科工贸一体化的转化步伐,组建一批开发性研究所。目前,这些新举措已开始在该校实施。

记者张宝敏(《中国教育报》,1996 年 4 月 2 日)

天大与河北工大合作办学

  本报讯 天津大学和河北工业大学决定实行合作办学。日前,两校举行了合作办学协议的签字仪式。

  按照两校所签的合作办学协议书的精神,今后天津大学与河北工业大学实行资源共享、优势互补、互利互惠、共同发展。两校还约定,共同加强与河北省政府和天津市政府的沟通,探讨为地方服务的新途径。

记者张宝敏(《中国教育报》,1996 年 4 月 2 日)

报刊中的河北工大

河北工大以帮带促转化　技术辐射全国大部地区

本报讯　河北工业大学发挥自身人才优势和办学、科研优势,积极进行科技成果的开发和向现实生产力的转化工作,通过帮、带等形式,使诸多科研成果不仅在河北省产生巨大经济效益,而且在全国大部地区得到广泛应用,先进、适用技术已推广到全国 10 余个省市。

河北工业大学初创于 1903 年,是目前河北省唯一的一所以工为主,理、工、文、管互相渗透的重点综合性大学,拥有机电一体化研究中心、材料研究中心、公路工程实验中心等省级科研机构 5 个,各类实验室 52 个。近年来,该校组织 2/3 的科技人员从事科学研究、科技开发工作,先后与河北省的几十个市、县建立了全面合作关系,几十个项目直接应用于经济建设。丰润县合金铸造厂和该校联合开发"高铬铸铁磨球",使该厂从一个几十人的乡镇企业发展成市级企业,年经济效益 2000 万元左右;"铜基合金模具材料"解决了涿鹿高压汽瓶厂扎啤桶封头技术难题,使年产 20 万只扎啤桶的进口生产线投入正常运行,每年利税可达 2000 万元以上,且每年节省模具引进费 10 万马克,每年降低清洗成本费 20 万元人民币;吴桥化工厂过去年亏损 70 多万元,濒临破产。在应用了河北工大的"氨基蒽醌"以后,转年盈利 80 多万元。为了使该厂降低生产成本,河北工大化工系经大量实验室研究实验,开发了"氨基蒽醌"精品。石家庄第一制药厂、河北制药厂、开平化工厂采用了河北工大的"立体喷射筛板塔",年经济效益均超过 2000 万元。

刘贵江、屈振光(《中国技术市场报》,1996 年 4 月 11 日)

弘扬校园文化　参与社会活动
河北工大双休日异彩纷呈

本报讯　昨天是双休日,河北工业大学整所大学显得较平日更加生机勃勃。大学生们反映:我们的双休日过得十分开心!

怎样安排学生过好双休日,是当前一些学校领导普遍感到困惑的课题。河北工业大学想方设法,采取多种形式安排好学生双休日活动,使他们如临"节日"那样欢欣,并从丰富多彩活动中深受教益。

该校组织了以"弘扬校园文化、促进精神文明建设"为宗旨的大型文艺系列汇演,为广大学生提供了参与的机会。校团委和学生会还提出了以"爱国、建校、成才"为主题的校园百日活动;举办了学生书市、宿舍风采大赛、趣味运动会、十佳歌手大奖赛、专题辩论赛、诗歌朗通赛、经典影视展播等。

此外,该校还积极引导学生于双休日从事一些社会活动,如:参加马列读书会、业余党校,并鼓励学生开展小发明、小制作,学校的实验室、微机房、图书馆、礼堂、电教馆、工会大厅、文艺厅等在双休日一律对学生开放,使学生们有可去之处。

通讯员魏德赐、陈德第、屈振光(《天津日报》,1996 年 4 月 29 日)

为电力事业作贡献

——记河北工业大学总厂总工程师黄予南

现任河北工业大学总厂总工程师的黄予南教授,1958年毕业于哈尔滨工业大学电机系,从事电气自动化的教学、科研、生产工作已有30余年。60年代,我国几乎没有励磁装置的生产,大部分靠从原苏联引进。黄予南主动挑起了振兴我国励磁技术的重担,在人员、资金有限,设备极其简陋的情况下开始了艰苦的研究工作。他发挥技术专长,攻克了一项项技术难关,使我国的励磁技术达到了一个全新水平。1976年,根据葛洲坝水利发电工程的需要,当时的一机部安排河北工学院负责励磁装置的研制生产。3年后,当时国内最大最新175000千瓦发电机组在黄予南主持研究下诞生了,它填补了国内一项空白。

近年来,黄予南在不断开发新一代励磁装置的同时,又主持引进了瑞士ABB公司数字模块化励磁装置的国产化工作,并指导我国第一台用于大型汽轮机发电机组的微机励磁装置的研制开发,使我国励磁技术达国际水平。他主持研制的励磁系列产品多年来一直处于国内同行业领先水平,产品远销亚、非、欧、美的十几个国家,获得了很高的经济效益和社会效益。

陈杨、陈林(《河北日报》,1996年4月30日)

河北工大依托京津服务河北

——扩大视野　拓展思路　优势互补

　　本报讯　河北工业大学围绕我省"两环开放带动"战略,充分发挥位居天津、毗邻北京的区位优势,依托和借助天津、北京的科技教育力量,积极为科教兴冀作贡献。

　　广泛收集科技经贸信息,为建设经济强省服务。这个学校的科技咨询部和信息咨询中心,与天津市北方技术交易市场、天津科技信息中心联网,建立了紧密的科、技、经、贸信息交流网络,并与河北省金桥信息协作网以及沧州、廊坊、唐山、秦皇岛、石家庄、邯郸等地的一些工矿企业建立了信息协作关系,沟通津冀间科技经贸信息往来,学校有近百名教师和工程技术人员在天津市科协、社会科学领域系统所属的70余个学会、协会、研究会担任理事长、秘书长、常务理事、理事等职务,为学校向河北传递科技信息,从事技术交流提供了更多的场所和机会;在承担科研项目过程中,将天津市工业、商业、财务、经济各方面的大量信息带入河北,为河北经济建设服务。

　　发挥高新技术及其产业的孵化器和中转站作用。河北工业大学利用在天津办学的优势,依靠自身科技开发实力,成为我省新科技、新产品的开发研制基地、京津新技术在河北省的孵化器和向全省转移扩散的中转站,对推动河北科技进步起到了重要的先导作用。据不完全统计,"八五"期间,这个学校借助北京、天津科技优势和人才优势、信息优势、产业化中试优势,经学校研制开发的新技术新产品并转让到本省的项目达100多项,其中新兴工程材料及微电子信息技术有20多项;机电一体化电子电器产品与技术、汽车零部件制造技术等项目80余项,总计转让单位350多个,直接创产值近50亿元,利税7亿多元。由这个学校化工原理教研室研究开发的"新型垂直筛板塔分离技术"就是依托天津化工行业具有巨大产业优势的大沽化工厂(现为渤海化工集团)的试验设备、资金、技术和工程技术人员的支持搞成的。这项技术在石化、化纤、化肥、制药、轻工、纺织等行业具有广阔的应用前景,达到国内领先水平。目前已推广到张家口树脂厂、沧州化工厂、唐山冀东化工厂、邯郸电化厂、华北制药厂等 10 余家,"八五"期间为这些企业直接创利税在亿元以上。

依靠学校学科和研究优势,发挥创新带动作用。河北工业大学目前已形成 7 个省内甚至国内优势学科,5 个省重点研究中心和 8 个科研群体,承担了国家火炬计划、863 计划、国家自然科学基金和河北省、天津市科学基金科研项目以及大量的横向研究课题,其中有基础理论研究、应用基础研究、工程技术研究、区域经济规划和企业计算机系统化管理系统研究课题,涉及 50 多个重点研究方向。这些研究方向和课题紧紧围绕我省的主导产业、高新技术产业和"九五"重点攻关项目,对河北的经济腾飞和带动全省高校系统的科学研究将起巨大作用。

宫文(《河北日报》,1996 年 5 月 5 日)

业余学马列 成长有方向

——河北工大"大学生马列读书会"坚持活动十二年

本报讯 河北工业大学"大学生马列读书会"自1984年成立以来,以组织大学生业余学习马列著作、参加社会实践为主要形式,坚持开展活动12年,明显增强了在校大学生的理论修养和共产主义信念,促进了青年学生的健康成长。

"大学生马列读书会"是在马列主义理论课教师指导下,学生自发组织、自愿参加的群众性社团,自成立以来已历时十届,先后入会学生达2000多人,目前在校会员200人,已成为该校大学生中最具凝聚力的群众组织。12年来,"大学生马列读书会"紧密结合我国改革开放和社会主义现代化建设的实践,运用马克思主义的立场、观点和方法,回答大学生关注的难点和热点问题。近两年来,读书会组织学生会员着重学习以《邓小平文选》第三卷为中心内容的建设有中国特色社会主义理论,先后举办了"学习十四大文件知识竞赛""建设有中国特色社会主义理论骨干学习班",以及"如何看待共产主义运动的曲折发展""毛泽东青年时代"等20多场报告会。读书会还利用寒暑假组织9次社会实践小分队,到工矿企业和农村开展社会调查。此外,读书会还在校内组织学雷锋小组、公共场所卫生服务小组等,广泛开展公益活动。

记者陈建强(《光明日报》,1996年5月13日)

省科学院与河北工大签订全面合作协议

本报讯　为推进"科教兴冀"战略实施,促进"学、研、产"结合,省科学院与河北工业大学本着优势互补、互惠互利、通力合作、共同发展的原则,达成全面合作协议,双方将在科学研究、技术开发和人才培养等方面建立长期稳定的合作关系。5月23日,省科学院院长吴惕华与河北工大校长颜威利代表双方分别在协议书上签了字。

在科技合作上,双方将充分发挥各自的优势,合作组织技术攻关和技术开发,共同争取大型工程项目和关键课题的联合攻关;对适用成果,双方将进行有偿吸收,或采用委托研究等方式开展合作;双方互聘专家讲学,对有关学术动态、科研成果等方面的信息进行充分交流;双方的科技图书资料、教学科研设备等优先为对方提供服务。

在人才培养方面,省科学院将以河北工大为依托,在河北工大确定研究生培养点,双方共同指派研究生导师;河北工大对省科学院职工的在职培养、双学历教育和成人教育等方面提供方便;省科学院也将积极为河北工大本科生的培养提供条件;并参与协助河北工大有关专业的建设;双方互聘专家、教授为本单位的兼职、名誉教授或研究生导师及兼职研究员。

河工宣(《河北日报》,1996 年 6 月 14 日)

坚持"工学并举" 走产学研结合的道路

　　《中国教育改革和发展纲要》指出,高等教育担负着培养高级专门人才、发展科学技术和促进现代化建设的重大任务。高等工程教育要完成好这三大任务,必须建立与之相适应的办学模式。河北工业大学(原河北工学院)是一所地方工科大学,长期坚持培养应用型高等工程技术人才、为地方经济建设和社会发展服务的办学目标。在90多年的办学实践探索中,形成了"工学并举、校内外产学研结合"的办学特色,探索出一种地方工科大学培养应用型高等工程技术人才和为地方经济建设服务的高等工程教育办学模式。

一、"工学并举"的办学传统

　　河北工业大学的前身是创建于1903年的北洋工艺学堂。创始人周学熙是我国近代著名的实业家和实业教育家。学堂初创,周学熙就提出了"学堂为人才根本,工艺为民生全计,二者固宜并重;工艺非学不兴,学非工艺不显"的实业教育思想,强调学堂应"以教育培植工艺上之人才,注重讲授理法,继以实验;毕业后能胜任教习、工师之职,以发明工业为宗旨。"学堂规定,教育计划中实践课程占总学时的30%;周学熙把"办学与兴工"紧密联系在一起,实行"工学并举"的办学方针,创办了我国高等学校最早的校办附属工厂,其资产和常年经费占学堂总资产和常年总经费的40%以上。附属工厂作为学堂"工学并举"的结合点,既是学生实习场所,又是独立经营实体,担负着学生实习、商品生产和新产品试制,和为振兴民族工业培植技术工人的任务。附属工厂能生产百余种产品,在当时产生了明显的社会效益和经济效益。

　　1929年,学校改名为河北省立工业学院,进一步倡导对学生教育要"手脑并用、理论与实践结合",学生的实习多以工业制造为内容。学校把附设工厂办成教学与生产结合的典型,受到社会各界的好评。当时附设工厂的产值达五万大洋,相当于学校经费的 20%~25%,为学校的建设提供了发展资金,这在当时国内高等学校中是少有的。

新中国成立后,河北工业大学在党的领导下,以马克思主义教育思想为指导,认真贯彻党的教育方针,更加自觉地探索培养高等工程技术人才的办学模式和培养规律。60 年代,在我国著名高等工程教育家潘承孝教授的倡导下,学校积极贯彻中共中央"高教六十条",加强教学、科研和生产相结合基地校办工厂的建设,探索教学、科研、生产三结合的规律。

改革开放以来,学校历届领导班子坚持"工学并举"的办学传统,专门成立了以主管校长为组长,有学校教务处、科研处和科技产业处参加的"产学研结合课题组",研究、探索"工学并举、产学研相结合"的新路子,并在校内外进行广泛实践,赋予"工学并举"新的内涵:"学",是指学校对学生的现代科学文化知识和基本素质的培养以及学科建设;"工",是指学校对学生的现代工程意识、工程实践和工程能力的培养;"工学并举"体现高等工程教育中理论与实践相结合、教学与现代工程相结合。另一方面,"学"是指学校,"工"是指产业,"工学并举"体现教育要面向经济建设,经济发展要依靠科教。走产学研结合的道路是实现"工学并举"的有效途径。

二、校内产学研结合的实践

河北工业大学在校内产学研结合方面进行了多年不断的探索和实践。学校从学科建设上进行总体规划,并在校办工厂和工程中心中落实运作,特别是在机电类学科建设上,以校办工厂和机电一体化工程中心为依托,基本实现了产学研一体化。

我校现有 5 个校办工厂,近 400 名职工,其中科技人员约占 1/3,生产机械、电子、电力设备、化工等产品,1995 年人均利税 2 万元。多年来,校办工厂始终坚持"以教学为主导、科研为关键、生产为基础"的办厂方针,充分利用工厂的工程和生产环境,为培养工程技术人才服务,取得了很好的育人效益,受到国家教委的肯定。在具体实施上,校办工厂同教学、科研单位紧密合作,分三个层次承担起学校的实践教学任务:

"第一层次"是金工实习。金工实习是对工科学生进行基本动手能力培养的必备内容,在工程教育实践教学环节中举足轻重。学校将机械类的金工实习分成两个阶段,一年级学生以集中方式进行"金工实习 I",主要学习基本工艺知识,训练基本操作技能;二年级学生以分散方式进行"金工实习Ⅱ",拓宽学生生产实践知识,为他们后继专业课程和生产实习打下基础。在具体操作上,工厂选取生产任务中的部分零件作为学生车、钳、铣、刨综合操作训练的内容。这样做,学生普遍认真对待,提高了操作技能,保证了教学质量,同时又完成了一定的生产任务。

"第二层次"是结合生产和新技术开发的实际,安排高年级和毕业班的学生进行生产实习和毕业设计,继续深化工程实践能力的培养。如电工厂安排电器专业学生参加电站励磁屏的装配,使学生通过生产实践掌握了机电工业生产的工艺流程、调试技术、产品性能检测和质量管理方法等等。另一方面,工厂结合新产品设计和技术改造,指导学生的毕业设计和论文。这样的工程实践,大大提高了学生进行工业设计和创新的能力。同时,工厂则通过对学生提出的多种方案优选,促进了企业的新产品研制和技术改造。如机械系学生参加机床厂的CA9221-Ⅱ型车床的改型设计,为满足哈尔滨轴承厂设备更新选用的系列车床设计打下了基础;学生参与设计的两种回转刀架,被机床厂生产的"微机程控车床"所采用。

"第三层次"是校办工厂结合高新技术产品的开发研制与硕士点和博士点联合培养工程型硕士和博士。校办工厂自1986年起,专门成立了由教授和高级工程师组成的"产学研专家指导小组",其成员作为科技开发项目的负责人,常年在工厂工作,边搞科研,边指导研究生,让研究生在真实的工程环境中边学、边干、边研究,完成具有一定理论水平和实用价值的毕业论文。从1986年至1995年,校办工厂结合生产中一些比较重大的课题,与教学部门合作,联合培养了数十名研究生。这样的产学研结合,促进了教学、科研和生产上质量、上水平。如电工厂开发生产的电站发电机励磁装置,技术水平处于国内领先地位,产品遍布全国各地,并出口15个国家和地区,获得河北省科技进步二等奖和国家级新产品奖。我校被国家机械部确定为三峡工程励磁装置重点攻关单位,并成立由饶芳权院士任主任的电站装置工程中心。同时,电工厂的发展也为电器学科的硕士点和博士点建设发挥了重要作用。

学校在校办工厂多层次培养工程技术人才,保证了学生从入学到毕业"工程实践教学不断线",基本实现了校内"教学、科研、生产的一体化"。具体体现在:一是在思想认识上,从学校领导到有关部门和单位,直至教职工,都能积极、自觉地支持和参加产学研结合的工作。二是在工作过程中,教学、科研、生产的内容和人员交织成一体,协同运作。例如,在ZXC型计算机自动巡检与数据处理系统项目中,承担任务的人员有电工厂的工程技术人员,有电气工程系和计算机系的教授、副教授和讲师,还有做学位论文和毕业设计的研究生和本科生。他们相互配合,分工合作,从社会调研、收集资料、软硬件设计、难题攻关,到产品装配调试以及售后服务,都不同程度地参加到项目之中,使教学、科研、生产三个过程在这里达到合一。浑然融合为一体。三是从效果上看,教学、科研、生产三方面都得到了"实惠"。对教学来说,学生在"真刀真枪的实战"中,工程实践能力、创新能力和思想作风都受到了很好的锻炼,教师的教学内容和学术水平得到了充实和提高;对科研来说,较快地获得了科研成果,增强了科技开发能力;对生产来说,取得了技术进步,拿到了"拳头产品",增强了竞争能力,获得了经济效益。仍以 ZXC 型计算机自动巡检与数据处理系统项目为例,该项目接纳了 8 名本科生做毕业设计和 3 名硕士研究生做学位论文,工程技术人员和教师先后发表了 8 篇学术论文,工厂三年中先后承接了白山、太平湾、龙羊峡水电站和唐山煤矿等用户的订货,产值达 210 多万元。

三、校外产学研结合的探索

校外产学研结合是学校实施"工学并举"的另一个重要方面,也是我校服务于河北省经济建设和社会发展、实施"科教兴国"战略的一个重要途径。多年来,我校遵照河北省委、省政府的指示,把为河北省经济建设服务,用高新技术改造传统产业,实现高新技术产业化,作为学校的历史责任和办学目标。

河北工业大学在校外产学研结合上,主要是同河北省地方政府与企业合作,建立产学研基地,以人才培养、成果转化和共同开发新产品、输送优秀毕业生等多种形式进行运作,重点做了三方面的工作。第一,根据河北省工业结构调整方案,围绕冶金等五个支柱产业和电子信息等三个高新技术产业建立产学研结合基地。如我校与邢台冶金轧辊厂合作,共同组建技术中心,开发深硬化层冷轧辊技术,取代企业引进比利时的深冷技术;又如我校与宁晋县合作投资 300 万元建立省内最大的单晶硅生产企业,被评为河北省产学研先进单位。第二,围绕河北省政府实施的"抓大放小"战略,以我校的重点学科专业、研究所和工程中心为基本单位,与河北省大型企业集团和骨干企业建立产学研合作基地。如我校与田野汽车集团合作,共同组建科教中心,成为该集团核心层成员单位。第三,围绕河北省实施环京津和环渤海"两环开放带动"战略,与地处"两环"的 6 市(地)、35 县(市)建立产学研基地,为地方经济建设服务。在这之中,学校校级领导每人联系一个市(地),负责在每个市(地)建立一个产学研结合示范县(市);几个系合作、以一个系为主联系一个县(市),负责在每个县(市)建立一个产学研结合示范企业。如我校与沧州市青县合作,以该县缝纫机厂为示范点,发挥企业机加工设备先进和学校科技力量强的优势,双方合作开发真空压铸汽车缸端盖新产品,并且每年选送有关专业的学生到该厂实习、参加产品开发。

校外产学研基地的建设,不仅为学校培养工程技术人才提供了更为广阔的工程实践环境和条件,而且为地方经济建设发展和提高学校教学科研水平起到了重要的作用。据统计,到1995年底,我校先后与石家庄市、廊坊市和沧州市等8个市(地);与丰润县、新乐市等37个县(市);与省内200多个大中型企业签订了全面经济技术合作协议。"八五"期间,我校向河北省实施科技项目213项,技术交易额1026万元。其中,年创经济效益240万元以上的科技项目51个。这些科技项目共创产值达20多亿。

多年来,河北工业大学在坚持"工学并举"的办学传统、走产学研结合的道路上,做了许多有益的探索和实践,在探索地方工科大学培养应用型高等工程技术人才的办学模式中进行了有益的尝试,形成了如下体会:

1. 工程的创造性、现实性、科学性和艺术性强,培养的工程技术人才必须参加工程实践,仅凭课堂教学,是培养不出合格的工程技术人才的。

2. 发展高等工程教育,一个重要的实践条件是要有具备教学、科研和生产功能的基地。它可以是校办工厂,也可以是校外工厂,但校办工厂是基础和保证。

3. 要做好产学研结合,行政领导在其中起着重要的作用。组织者要研究教学、科研和生产相结合的规律,解决三者结合过程中出现的问题和矛盾。

4. 产学研的结合,既要适应市场经济的要求,又要遵循教育规律。在产学研结合过程中,要提倡各方平等互利、共同发展的友好合作精神,不断深化产学研的紧密结合。

在90多年的办学实践中,我校坚持"工学并举",产学研结合,在培养高等工程技术人才的办学模式上形成了自己的特色,但还有待于我们今后再实践、再认识。

河北工业大学校长颜威利(《中国高等教育》第7、8期,1996年)

河北工大科技人员支援受灾企业

　　本报讯　河北工业大学于 8 月 21 日组织电气、土建、机械等十几个学科的 18 名科技人员赶赴井陉灾区。到完全失去生产能力的县印刷厂、化肥厂、蓄电池厂、造纸厂等企业,与厂内技术人员一起检查设备损坏情况,提出抢修方案。不能马上解决的提出可行性方案,学校再集中力量解决。

　　　　　　　　　　　　　　　林艳书(《河北日报》,1996 年 8 月 24 日)

无私天地宽　芳迹遍校园

——记本市教卫系统优秀共产党员陈霞

在天津市 1996 年教卫系统优秀共产党员表彰大会上，陈霞的芳名尤其引人注目。

陈霞是河北工业大学动力系党总支副书记，在其 21 载思想政治工作历程中，她顶住误解和淡漠轻视，尽心竭力，拼搏奋进。当陈霞还在担任动力系政治辅导员、系学生党支部书记时，系党总支书记田巧茹慧眼识真珠，一眼看中了她。陈霞被推选担任系党总支副书记后，为保证学生党员的先进性，陈霞坚持在学生党员中恢复批评与自我批评。从她上任后，每发展一名党员、每一个预备党员转正，都要过一次批评与自我批评关。为此，她遭到个别学生党员的误解：有的受批评竟哭闹；也有的说她是用 50 年代的思想方法解决 90 年代的问题。然而，绝大多数党员却说："组织生活会就像洗一次热水澡，洗去全身污垢，真痛快!"平日，她将学生当成自己孩子对待。学生患急症住院，陈霞匆匆赶到医院，当学生脱离危险，她回到家时已是次日凌晨 1 点多钟了；刚毕业留校担任辅导员的王建勇，家中经济十分困难，冬季缺少御寒衣服，陈霞就将爱人的新棉服送给他；年轻辅导员边红莲分娩难产，她像慈母般守候在产房外。

为适应河北省海运事业的发展，河北工大动力系创建了"轮机管理专业"。初建时，系里一无资金、二无师资、三无设备，更缺一个像样的实验室。为此，陈霞受学校重托，于春节正月正月初一，带着孩子赶赴石家庄面见河北省省长叶连松。农历正月初一的列车上，整节车厢只有她母女两个乘客，车上无暖气，温度极低，寒冷异常，母女俩依偎着紧缩在一起。眼见车窗外的人们穿红戴绿，鞭炮阵阵，孩子说："妈妈，人家多美，都在高高兴兴过年，而咱们却……"语句中带着伤感。为了建立"新专业"，她顾不上过年，叩响了素不相识的叶省长家门。陈霞将来意禀知叶省长，得到了省领导的全力支持，并指示：一定要将这个专业办好；随即派出省政府专

报刊中的河北工大

家组来天津驻校现场办公,很快拨出专款建起了现代化的实验大楼。

陈霞平日严格用共产党员的标准约束自己,她从不收学生及家长的礼品;每遇到坚持送礼者,她总是婉言谢绝或付出高于礼品价值的钱。一名学生家长要求陈霞对其子女关照,从外地送来一包鸡腿,时值夏季,鸡腿已变质腐烂,不便退回,她收下后随寄去100元。学生家长坚持要退款,她写信表示:您如果将钱寄回,我还是要再寄去,这无非是多花些邮费。学生家长见她如此坚决,只好作罢。

魏德赐(《天津日报》,1996 年 9 月 4 日)

河北工大教职工过佳节不忘灾区

——捐款 19.8 万元 捐衣被近 11700 件

本报 9 月 9 日讯 河北工业大学广大教职工以向灾区捐款捐物的方式庆贺第 12 个教师节。截至今日,已向灾区捐款 198000 元,衣被 11700 余件。

今年 8 月,我省遭受多年来罕见的特大洪涝灾害,牵动着地处天津的河北工业大学近 3000 名教职工的心。新学期开学伊始,这个学校部分教职工就提议,以向灾区献爱心的方式庆祝教师节,这一提议立即得到校系各级领导和广大师生教师的响应,校系领导带头捐款,全校教职工你 400 元,我 200 元,他 100 元,这个拿来 10 件,那个拿来 5 件,仅几天时间就捐款 198000 元,衣被 11700 余件,捐款最多的达 500 元。学校电工厂除全厂个人损款 14000 余元外,还从职工奖金中拿出 10000 元捐给灾区。

目前捐款捐物活动还在进行中,所捐衣被已先期运往对口受灾县——井陉县。

林艳书(《河北日报》,1996 年 9 月 10 日)

"农大"进了山,"工大"怎么办?

——河北一些大学校长谈"农大"道路

新华社石家庄 9 月 13 日讯 河北农业大学为农村培养合格人才的经验在河北各大专院校引起强烈反响,许多校长认为:河北农大道路是我国高等教育改革的方向,高等教育必须面向经济建设第一线,必须与人才市场紧密结合。

河北工业大学校长颜威利说:"河北农大坚持把科学技术送到山区,把论文写在太行山上,为高等学校在科教兴国战略中发挥作用探索了一条成功之路,也为高校发展与改革创造了成功经验。农大之路说明,经济建设必须依靠科技,科学技术必须面向经济建设。农大经验具有普遍意义,产学研结合也是当今世界高等教育发展的趋势。"

"农大进了山,我们进车间。"河北工大校长颜威利说:"今年 7 月我们曾请河北农大领导到校介绍经验,并于 8 月份组成 6 个产学研小分队,分赴沧州、保定、唐山、张家口等地,与各地企业洽谈项目 166 项、考察工厂 54 家,抓住了科技与生产的结合点,建立了一批产学研基地。"

叶冰男(《中国教育报》,1996 年 9 月 14 日)

河北工大拓展工程教育新路

——工学并举　产学研结合

本报讯　具有93年历史的河北工业大学,地处天津、隶属河北。风雨沧桑之中,学校始终坚信:学校要发展,形成办学特色是关键,几十年来,学校以"工学并举,校内外产学研结合"这一独有的高等工程教育办学模式,吸引大批学子前往深造。

该校积极探索"工学并举、产学研相结合",注意加强产学研结合的基地—校办工厂的建设。目前已有5个校办工厂,近400名职工,其中科技人员约占1/3,生产机械、电子、电力设备、化工等产品,1995年人均利税两万元,校办工厂的机电产品在河北省乃至全国都有影响。校办工厂长期坚持"以教学为主导、科研为关键、生产为基础"的办厂方针,充分利用工厂的工程和生产环境,分三个层次承担起学校的实践教学任务。"第一层次"是金工实习,一年级学生主要学习基本工艺知识,训练基本操作技能;二年级学生拓宽生产实践知识,为后继专业课程和生产实习打基础。工厂选取生产任务中的部分零件作为学生车、钳、铣、刨综合操作训练内容,质量标准完全按实际生产要求。"第二层次"是结合新产品设计和技术改造,安排高年级和毕业班学生参加生产实习和毕业设计,指导学生的毕业设计和论文,提高学生工业设计和创新能力。"第三层次"是结合开发研制高新技术产品,与硕士点和博士点联合培养工程型硕士和博士。自1986年起,校办工厂组织教授和高级工程师成立"产学研专家指导小组",其成员作为科技开发项目的负责人,常年在工厂搞科研,指导研究生在真实的工程环境中通过学习、实践、研究,完成具有一定理论水平和实用价值的毕业论文。在校办工厂多层次培养工程技术人才,保证了学生从入学到毕业"工程实践教学不断线",基本实现了校内"教学、科研、生产的一体化"。

学校还加强校外产学研合作基地的建设,以多种形式与河北省地方政府及企业合作。到1995年底,学校先后与石家庄、廊坊和沧州等8个市(地);与丰润、新乐等 37 个县(市);与省内 200 多个大中型企业签订了全面经济技术合作协议。"八五"期间,学校面向河北省实施科技项目 213 项,技术交易额 1026 万元。其中,年创经济效益 240 万元以上的科技项目 51 个。这些科技项目共创产值达 20 多亿元。

张鹰(《中国教育报》,1996 年 9 月 23 日)

河北工大办学形成特色

坚持工学并举校内外产学研相结合

本报讯　河北工业大学坚持培养应用型高等工程技术人才、为地方经济建设和社会发展服务的办学目标，在90多年的办学实践和探索中，形成了"工学并举、校内外产学研结合"的办学特色，探索出地方工科大学培养应用型高等工程技术人才的办学模式。

根据学科建设的总体规划，该校加强校办科技产业建设，实现了校内产学研的一体化，使校办科技产业成为校内产学研的桥梁和载体。目前学校的校办企业除完成正常的生产任务外，每年还担负着1000余名学生金工实习和毕业生的生产实习及毕业设计，此外，结合高新技术产品的开发研制，校办产业与相关学科联合培养工程型硕士、博士研究生，使研究生在真实的工程环境中边学、边干、边研究，完成了具有一定理论水平和实用价值的毕业论文，同时也学到了课堂教学中学不到的实践经验，锻炼了意志品质。在ZXC型计算机自动巡检与数据处理系统项目中，厂方接纳了8名本科生和3名硕士研究生作论文，项目完成后，工程技术人员和教师先后发表了8篇学术论文，该项目三年内先后承接了白山、太平湾、龙羊峡水电站等用户的订货，产值达210万元。

在做好校内产学研这篇文章的基础上，河北工业大学又大力加强与省内外企业的联系，通过直接服务经济建设主战场来投入"科教兴冀"战略的实施，为建设经济强省做贡献。根据河北省经济结构调整方案及发展战略，学校与邢台冶金轧辊厂、田野汽车集团等单位合作，共同组建产学研基地，如学校与田野汽车集团合作，共同组建科教中心，成为该集团核心层成员单位。此外，学校还充分利用地处天津的区位优势，围绕河北省"两环开放带动"战略，与地处"两环"的6市、35县建立产学研合作基地，不仅实现了为地方经济建设服务的目标，而且为学科培养工程技术人才提供了更为广阔的工程实践环境和条件。据不完全统计，到1995年底，学校先后与省内 200 多个大中型企业签订了全面经济技术合作协议。"八五"期间,学校向河北省实施科技项目 213 项,技术交易额 1026 万元,其中,年创经济效益 240 万元以上的科技项目 51 个。这些科技项目已创产值达 20 多亿元。

宫宣(《河北日报》,1996 年 10 月 2 日)

河北工大"211 工程"部门预审开始

——加强"双重工程"建设 实施科教兴冀战略
专家组由 11 位国内外知名学者组成
叶连松出席开幕式并讲话

本报天津 10 月 3 日电 我省人民所瞩目的河北工业大学"211 工程"部门预审，今日在津开始。

上午，预审开幕式在河北工大图书馆学术厅举行。预审专家组成员、国家教委和省直有关部门负责同志，河北工大名誉校长潘承孝及学校领导、部分专家出席开幕式。省长叶连松专程到会并讲话。副省长刘作田主持会议。

叶连松在讲话中说，中央决定实施"211 工程"，是推进科教兴国战略的重大决策。这项跨世纪的工程，对提高我国高等教育水平，实现高层次人才立足国内培养，促进科学技术的发展，推进两个文明建设，加快社会主义现代化进程，具有十分重要的意义。这次，国家教委批准对河北工业大学进行"211 工程"部门预审，这是河北人民期盼已久的大事。

叶连松说，河北工业大学是一所始建于 1903 年的多科性工业大学。该校以工为主，理工管结合，学科专业基本涵盖了我省工业的基础产业和支柱产业。在长期办学过程中，形成了工学并举、学研产结合的综合办学模式和比较明显的办学特色。多年来，该校培养了大量专门人才，在科教兴冀、建设经济强省中发挥了重要作用，不仅为河北，也为国家的经济建设和科技进步作出了积极贡献。河北工业大学拥有 13 个省级重点学科、4 个省级重点实验室，是全省重点学科最多的大学。重点建设河北工业大学、河北大学并进入国家"211 工程"，已列入《河北省国民经济和社会发展"九五"计划及 2010 年远景目标纲要》，是省委、省政府落实科教兴冀战略的重要举措，反映了全省人民的共同意愿，得到了各方面的大力支持。首先使河北工业大学进入"211 工程"，不仅会大大加快学校本身的发展，而且对改变全省整个高等教育的薄弱状况,促进各级各类教育协调快速发展,将起到极大的推动作用。

叶连松指出,对河北工业大学的改革与发展,省委、省政府一直十分关心和大力支持,特别是该校被列为申报进入"211 工程"重点大学后,进一步加大了支持力度,制定并采取了一系列政策措施。切实加强了对学校建设的领导。省委、省政府确定,对河北工业大学、河北大学两所重点大学的建设,由程维高书记和我亲自抓,分管科技教育工作的刘作田副省长重点抓。同时,还帮助学校进一步修订完善了建设规划,落实了"211 工程"建设专项资金,在政策上给予了必要的倾斜支持等。

这次河北工业大学"211 工程"部门预审专家组由 11 位国内外知名教授、学者组成。天津大学校长、教授李光泉任专家组组长,北京科技大学前校长、教授王润任专家组副组长,成员有:浙江大学前副校长、院士阙端麟,南昌大学校长、院士潘际銮,中国科学院电工所所长、院士严陆光,中国科学院工程热物理所前所长、院士蔡睿贤,中国科学院半导体所前所长、院士王守觉,燕山大学副校长、教授聂绍珉,福州大学校长、教授钱匡武,东南大学副校长、教授盛昭翰,浙江工业大学校长、教授吴添祖。

记者穆俊华(《河北日报》,1996 年 10 月 4 日)

河北工大通过"211 工程"部门预审

本报天津 10 月 5 日电　今天,对于河北工业大学万名师生来说,是一个具有历史意义的日子:经专家组评审,学校通过"211 工程"部门预审,成为全国通过"211工程"预审的第一所地方工科院校。

10 月 3 日至今日,专家组成员认真审阅了河北工大"211 工程"自我评估、整体建设规划和改革思路报告,以及重点学科建设规划等,实地考察了电气与自动化、机械制造与机械电子工程、材料科学与工程等学科和化工原理实验室等教学实验室、多媒体 CAI 专用教室、图书校园网管理中心、教学实习工厂、校办科技产业等,分别召开了学术带头人和中青年学术骨干座谈会。

专家组经过评议认为,河北工大是一所历史悠久、学科门类比较齐全的高等工科大学。学校领导班子团结务实,带领全校师生员工艰苦奋斗、开拓进取,在长期的办学过程中,坚持以本科教育为主,以工科为主,以服务河北地方经济建设为主的办学思路,形成了"工学并举、产学研结合"的办学模式和明显的地方特色。学校致力于加强学科建设、师资队伍建设和基础设施建设推动学科专业协调发展,形成了一些有自身特色和优势的学科,人才培养质量和科学研究水平有较大提高,已经成为一所工科门类比较齐全、特色较为明显、综合实力较强,在国内有一定影响的地方工科院校。

专家们认为,学校的自我评估报告,以及对"211 工程"建设规划的构思是实事求是的;提出的总体发展目标及阶段性任务是明确的、合适的,指导思想是正确的,同时围绕建设目标和实现所确定的发展思路和相应措施是可行的。据此,专家组一致同意;通过河北工大"211 工程"部门预审。

专家组还结合学校实际,就学校发展提出了很好的建议。

副省长刘作田在预审闭幕式上讲话。他首先代表省委、省政府向参加预审工作的各位专家及国家教委的同志表示感谢。他说,应邀参加河北工大"211 工程"部门预审的各位专家,都是全国的知名学者、教授,有很高的学术威望和丰富的高校教育管理经验。在预审中,专家们对河北工业大学的基础条件和优势特色、整体建设规划和项目设计给予了充分肯定,同时也指出不足,提出宝贵的意见和建议。我们要认真研究,逐项落实。河北工业大学能够通过"211工程"部门预审,既是工大的一件大事,也是全省6400万人民关注的一件大事,这对于加快工大自身的发展,带动河北高教整体水平的提高,具有重要作用。

他说,"211工程"是一项跨世纪的工程,重在建设,重在提高。河北工大要按照"211工程"的建设要求,进一步强化办学特色,更好地发挥地处天津的区位优势,为"两环开放带动战略"服务,为本省经济建设服务。进一步加大校内综合改革力度,加强师资队伍建设、学科建设、公共服务体系建设、校园基本建设、学风校风建设,确保学校总体建设目标的实现。

记者穆俊华(《河北日报》,1996年10月6日)

强化素质教育　培养跨世纪人才

——河北工大从学生德智体全面发展出发

本报讯　河北工业大学在加快学校建设和发展,争创一流地方工科大学过程中,十分重视对学生的素质教育,促进学生德、智、体全面发展,使其成为经济建设需用的合格人才。

近年来,河北工大围绕河北经济建设需要,从专业建设和课程建设等方面入手,在努力提高教学质量的基础上,提高学生业务素质。学校从21世纪对人才业务素质要求出发,坚持"一体两翼"的教学思路。"一体"是指学生要有扎实的自然科学、技术科学的基础和必要的经济、管理、人文社会科学知识。"两翼"是指外语、计算机的能力和工程能力。学校先后对五个系统进行学科设置的调整,并开设了经济、管理类专业。同时,建立了优秀课程评估和课堂教学质量评价制度。1993年《化工容器设计》课程被全国高等学校化工专业教学指导委员会评为A级优秀课程。同年,"化工原理"课程被化工部评为优秀课程。

在强化学生业务素质教育的同时,该校大力加强学生思想道德素质教育,不断对学生进行爱国主义、社会主义、集体主义教育,倡导学生树立正确的人生观、世界观、价值观。学校重视加强和改进马克思主义理论课和思想品德教育课的教学,充分发挥"两课"的主渠道和主阵地作用。同时,还制订了《河北工业大学爱国主义教育实施细则》。并广泛、深入、持久地开展"学雷锋、见行动"的活动。1982年,学生在"两课"教师指导下,率先成立了"大学生马列读书会",已坚持14年,先后发展会员达4000余人。土木系公路专业学生从1987年起义务照顾4名孤寡老人,坚持10年不间断,曾多次荣获"全国先进班集体""河北省三好班集体""天津市学雷锋先进集体"等光荣称号。

为了使学生在校受到良好的文化素质教育,学校在教学计划中安排了文学艺术类选修课,通过多渠道多样性的课外活动来营造健康向上的校园文化氛围。现在学校已建有各种学生社团 14 个。1995 年,学校根据《爱国主义教育实施细则》,实施了"四个一工程",即每人看一本好书,唱一首好歌,参加一项科技活动,每个单位演出一台好节目。同年 8 月,以河北工大大学生艺术团为主组成的中国民间艺术团出访欧洲三国,参加了五个民间艺术节,以精彩的演出为祖国赢得了荣誉。11月,规模空前的全校文艺汇演获得成功。

此外,为了强化学生的身心素质,学校还认真贯彻《学校体育合格标准》,开设"健康教育"选修课和心理咨询,提高学生自我保护能力,保持良好的生理心理状态,促进学生健康发展。现在,学生的体育合格率达 98.6%,学校被评为"河北省体育达标先进单位"。

素质教育为学生健康成长开辟了广阔天地,积极向上的校园文化活动和严谨求实的校风学风建设,为广大青年创造了德智体全面发展的良好环境。素质教育获得了丰硕的成果,学校两次被国家教委评为大学生社会实践先进高校。在近 3 年里有 600 余名大学生入党,申请入党的学生达 1700 余人。毕业生走向社会后,用人单位普遍反映较好。从学校对 1000 余名学生进行社会追踪调查的结果看,用人单位对毕业生的"思想表现"、"业务工作能力"和"创新精神"三项内容的反映,评为优良的分别为 89.3%、81.8%和 78.7%。

宫宣(《河北日报》,1996 年 10 月 8 日)

认真读马列　成长有方向

——河北工大学生坚持学理论

本报讯　河北工业大学大学生马列读书会自 1984 年成立以来,组织大学生业余学马列著作、参加社会实践,迄今已坚持开展活动 12 年,有力地促进了青年学生的健康成长。

这个学校大学生马列读书会是在马列主义理论课教师指导下,学生自愿参加的群众性社团组织。读书会建立之时,农村改革如火如荼,一些同学对改革开放中出现的一些现象难以理解,经常在宿舍开起"卧谈会",但争论半天也没有结果。因此,许多同学渴望从马列著作中寻求答案以求一解。学校马列主义课教师针对此情况将这些学生组织起来,以马列主义读书会的形式组织他们学习马列著作,以解决同学思想中的疑点。从 1984 年成立到现在历时十届,学生自愿入会,自觉学习,从未间断,先后入会学生达 2000 多人,目前在校会员 200 多人,已成为该校大学生中最有凝聚力的群众性社团。

12 年来,马列读书会密切结合我国改革开放和社会主义现代化建设的实践,力求运用马克思主义的立场、观点、方法,回答学生关注的难点和热点问题,帮助学生认清建设有中国特色社会主义的历史必然性,增强学生分辨是非、批判和抵制错误观点和剥削阶级腐朽思想影响的能力,帮助学生树立正确的世界观、人生观和价值观。他们深入学习了马列、毛泽东有关著作,特别是学习了邓小平建设有中国特色社会主义理论,先后举办了"学习十四大文件知识竞赛""建设有中国特色社会主义理论骨干学习班"、学习《邓小平文选》第三卷经验交流会等 20 多次报告会,同学们写出了百余篇学习心得体会,有不少文章在报刊上发表。

马列读书会还经常组织校内外的社会实践活动。他们先后利用寒暑假分批组织过 9 个社会实践小分队,深入工厂、农村调查研究。此外,马列读书会还通过演讲会、座谈讨论及系列讲座、观看录像等形式,把马列主义教育、理想道德教育和学生能力培养寓于各种健康有益的活动之中,从而吸引了同学,收到了良好效果。

目前,在这个社团组织中,呈现出"三多"的可喜局面,即入党的人数多、被评为三好生和先进的人数多、考取硕士生的多。有位同学原来什么政治活动也不愿参加,思想上的三部曲是:考大学、找工作、赚大钱。参加读书会活动以后,思想发生很大变化,把原来的三部曲改为:关心政治、奋发向上、为中华崛起而奋斗,从此在思想上积极要求进步并很快入了党。

王绍臣、陈德第(《河北日报》,1996 年 11 月 18 日)

河北工大实施精神文明建设"十项工程"

本报讯 河北工业大学积极贯彻党的十四届六中全会精神,在认真组织师生员工学习《中共中央关于加强社会主义精神文明建设若干重要问题的决议》的基础上,联系学校"211工程"建设实际,对精神文明建设提出了新的更高的奋斗目标,实施学生精神文明建设"十项工程"。

近几年,河北工大一直很重视校园精神文明建设,创造了良好的育人环境。1994年专门制定了《爱国主义教育实施细则》,开展了"四个一活动",即每人看一本好书,唱一首好歌,参加一项科技活动,每个单位演出一台好节目,丰富了校园文化生活,促进了青年学生健康成长。为了培养跨世纪合格人才,学校在学习贯彻六中全会精神决议过程中,把加强精神文明建设放在了更加突出的位置。

河北工大目前实施的"十项工程"是:以爱国主义教育为内容的"精神支柱工程";以世界观、人生观、价值观教育为主的"三观教育工程";以社会公德、职业道德为主的"道德建设工程";以勤工助学为主的"济困助学工程";以弘扬主旋律为主的"校园文化工程";以提高科技意识为主的"科技活动工程";以班级建设为主的"班级达标工程";以引导学生发展为主的"行为规范工程";以学先进为主的"楷模树学工程"和以加强政工干部队伍建设为主的"队伍自强工程"。

学校对1000多名学生干部进行了宣讲动员,有关部门结合十项工程的实施,制定了包括《大学生升降国旗实施规定》《优秀班级评选办法》《大学生参加科技活动的规定》等具体规章制度。由28名学生组成的国旗班已开始接受武警战士的正规培训。为挖掘并充分利用学校丰富深厚的人文历史资源,有关部门正搜集整理校友、我国工人运动的先驱黄爱烈士的事迹材料,筹备在校内为黄爱烈士塑像。为实施"济困助学工程",学校设立了400多个勤工助学岗位,并于11月29日向76名特困生发放了御寒棉衣。

"十项工程"的实施,得到了各系的积极响应和大力支持,纷纷开展了一些健康有益的活动。工商管理系结合本系实际,在学生中开展了"生辰日向父母写信表孝心""与陋习告别,与文明握手""结对子谈心"等活动。机械系、化工系、土木系、计算机系等还组织 600 多名学生参观了震撼心灵的《红岩魂》展览,使学生受到了深刻的爱国主义和革命传统教育。

宫文(《河北日报》,1996 年 12 月 16 日)

人才进厂　科技落户

——河北工大与两百家企业合作

本报讯　最近,河北工业大学组织 67 名教授、副教授和研究人员组成小分队,深入本省沧州、保定、承德等 6 个地(市)的 50 多家工厂,为企业送科技、送人才上门,并在企业生产实践中寻找本省经济发展中急需解决的"课题"。这一活动深受当地政府及企业的欢迎。

在这次活动中,河北工业大学发挥自身人才优势,与唐山钢铁公司、保定石油化工厂等大中企业和 8 个县的 40 多家企业洽谈科研攻关项目 160 多项,同时,还与部分企业建立了长期的"产学研"合作关系。

河北工业大学在长期的办学实践中,坚持组织教授、副教授下基层下企业,面向工厂需要搞课题、搞研究,形成了"工学并举、产学研结合"的办学特色。如该校与邢台冶金轧辊厂合作,共同组建技术中心,开发的深硬化层冷轧辊技术,取代了该厂引进比利时的深冷技术;他们与宁晋县合作建成的单晶硅生产企业被评为河北省先进单位。他们还围绕河北省实施环京津、环渤海"两环开放带动"战略,与地处"两环"的 6 个市(地)、35 个县(市)建立产学研基地,学校校级领导每人联系一个市(地),负责在每个市(地)建立一个产学研结合示范县(市);每个系联系一个县(市),在联系县(市)建立一个产学研结合示范企业,如该校利用技术优势与沧州市青县合作建立的摩托车轮铸造企业,1995 年投产,年创利润 600 多万元。他们将垂直筛板塔项目应用于华北制药厂、石家庄药厂,为企业创效益 4000 多万元。

据统计,到目前,河北工业大学与省内 200 多家大中型企业签订了全面经济技术合作协议。几年来,共向河北省辐射科技项目 213 项,其中年创经济效益 240 万元以上的项目达 51 个,这些项目共创经济效益达 20 亿元。

记者杨占苍(《中国教育报》,1996 年 12 月 17 日)

悠悠学府　巍巍风姿

——记河北工业大学

坐落在天津市的河北工业大学,是河北省属重点工科大学。它的前身是北洋工艺学堂,创办于 1903 年。如今已成为燕赵大地的知名学府。学校现有在校生 6600 余人,此外,还设有 11 个系,27 个本科专业,博士授权点 1 个,硕士授权点 15 个。

河北工业大学是一所综合性工科大学,现有省机电一体化工程技术中心、省材料研究中心和公路工程中心等科研机构 4 个,各类实验室 53 个。1996 年,学校与天津大学、南开大学签订了仪器设备互相开放使用的协议,此外,学校建有 9874 平方米的现代化图书馆,藏书总量 81 万册(件),中外文书刊达 3100 多种,与国内 120 多个单位的图书情报部门建立了馆际互借关系,并联通了国际检索终端和国内光盘检索终端。

河北工业大学从北洋工艺学堂创立之初,就提出了"工学并举"的办学思想,创办了我国高校最早的校办附属工场,"工学并举"的办学思想一直延续至今,形成了自己的办学特色。

目前,河北工业大学有专任教师 824 人,其中工程院院士 1 名,教授 109 人,副教授 286 人,国家级有突出贡献的专家 7 人。

为了完善学术梯队建设,加强教师特别是青年教师的培养,学校制订了跨世纪人才工程,先后选派了 83 名青年教师在国内外定向攻读博士学位。1996 年初,河北工业大学为了加强学术工作和师资培养,聘请了 25 位两院院士为兼职教授,成立了河北工业大学学术顾问委员会,中国工程院副院长师昌绪院士被聘为首席学术顾问。

学校还多次派教师出国考察和参加学术会议,并派出中青年教师到国外进修或攻读硕士、博士学位。目前学校已与美国依阿华州立大学、密苏里大学和德国德莱斯顿技术大学等世界 10 余所大学建立密切的合作关系,广泛进行学术交流。

"八五"期间,学校新立研究与发展课题 393 项,其中国家自然科学基金项目 15 项,有 131 项成果通过省部级以上鉴定。同时,学校十分注重科技向现实生产力的转化工作,每年都要派出大批科技人员深入河北省工业生产一线进行技术服务,与保定、石家庄、承德、唐山、沧州、廊坊、张家口等 7 个市(地)的 22 个县市、23 个企业和企业集团建立了全面合作关系,每年都有大批科研项目得到推广应用,实现了科技向生产力的转化。

1996 年 10 月 5 日,河北工业大学顺利通过国家"211 工程"预审,又踏上了新的起跑线。

宫达、齐轩(《人民日报》海外版,1997 年 1 月 9 日)

河北工大土木系为我省桥梁技术改造作贡献

——发挥技术优势服务经济建设

本报讯 河北工业大学土木系发挥技术专长,主动投身我省桥梁技术改造和旧桥梁承载潜力研究,取得可喜成绩。到目前为止,已为我省各地改造加固桥梁 11 座,节约投资达 1500 余万元。

随着我省交通事业的不断发展,重载车辆日趋增多,桥梁工程面临着对成千上万座桥梁进行重新评价和对许多使用状况日益恶化的旧有桥梁进行技术改造加固的课题。从 1989 年开始,桥梁教研室王康副教授等,积极开展了这方面的研究和服务工作。他们对全省范围的国家级和省级道路大中型桥梁状况进行调查分析,并为省交通厅建立了大型数据库系统,已经通过鉴定。同时对现状桥梁进行评价,搞出了评价系统,对旧桥梁提出改造方案。目前正在开展旧桥梁承载潜力的研究,已取得了明显进展。

河北工大土木系桥梁教研室老师们卓越有成效的工作,不仅有力地支援了全省经济建设,也为节约公路建设投资找到一条重要途径。107 国道石家庄辖段的大刀沟桥、沙河一桥、沙河三桥,总长达 1300 米,原桥结构为无横隔梁少筋微弯板桥。桥梁破损严重,行车震动很大,已成危桥。原计划拆除重建,需要资金达 1300 万元,后经这个学校老师进行动静载测试,发挥其桥梁承载潜力,提出加固改造方案,只需 490 万元就加固完成,节约投资 810 万元,且荷载等级提高。102 国道廊坊市辖段沿口桥原为新旧两座桥并行,由于是一路两桥,经常发生事故,1995 年 102 国道加宽改建,曾提方案改建成两路两桥,选新线造路建桥,河北工大桥梁教研室经过分析研究提出将两桥合并,改建成一路一桥,并将原旧桥加宽、加固改建,仅桥梁投资就节约 250 万元,线路投资将节省更多。

宫文(《河北日报》,1997 年 3 月 30 日)

共建技术中心　发展特色产业

——河北工大产学研基地显神威

本报讯　河北工业大学根据科技教育形势发展的需要,重视校外产学研基地建设。近几年,他们着力抓了与大型企业集团合作,共建技术中心,与县级地方经济结合,共同发展特色产业的工作。

在与大型企业集团合作上,他们积极发挥学校的科研优势,与 14 个大型企业集团达成了科技合作协议。他们与田野集团共建科教中心,与张家口宣化工程机械厂共建工程机械集团,成为这两个企业集团的成员单位,还先后与天威集团、张家口煤矿机械集团等 8 个集团共建产学研基地。

与县级地方经济结合,共同发展特色产业。他们面向全省经济建设主战场,主动出击,深入到县级经济领域和企业寻找产学研结合点。学校组织 13 个系(处)、18 个专业,走访了 6 个地级市、8 个区县,与唐山、保定、张家口市以及青县、黄骅、承德等签订了全面经济合作协议。他们根据我省地方自然资源优势,在与井陉县政府共建 CaMg 基地的基础上,又与平泉县政府合作共建氟化工基地,并和平泉县龙威化工集团共建氟化工设计研究所,针对地方产业发展需要开展科研。由该校出技术,在青县化肥厂共同建设年产一万吨苯酐工程项目,已通过项目可行性论证;在青县建设年产 1.5 万吨连铸铸铁型材项目,目前正进行可行性研究。

陈德第、张润芳(《河北日报》,1997 年 4 月 14 日)

急特困生之所急　想特困生之所想

——河北工大济困助学工程如春风送暖

本报讯　每天 10 时以后,河北工业大学电气工程系学生孙旭光、赵志强、王卫华等到同学们离开之后,便开始喷水、扫地、擦桌子,不到 10 分钟,偌大的教室便清理干净了。这样他们每人会有一些收入,可用来缓解拮据的经济状况。这是该校济困助学活动中的一个小镜头。

近年来,河北工业大学急特困生之所想,实施济困助学工程,积极为特困生排忧解难。他们建立了一整套以奖学金、学生贷款、特困补助、勤工助学为主的资助困难学生的运行机制,以保障这些学生顺利完成学业。

他们在完善奖学金和特困补助制度的同时,修订了学生贷款管理办法,调整了贷款额度和受惠面,对获得国家级、省市级和连续获得该校荣誉称号的,以及毕业后到"老、少、边、穷"地区工作的学生,明确规定减免偿还贷款。

他们下力量做好勤工助学工作。为此,他们健全了校系勤工助学领导组织,完善了勤工助学工作规章和年度计划,并建起了特困生学生档案,将诸如家庭情况、学习情况、经济来源及有关信息输入计算机进行科学化管理。然后,根据年度勤工助学基金及其它资金来源总额、全校特困学生数额,确定勤工助学岗位数量,扩大特困生的受惠面。截至目前,该校已设 300 多个勤工助学岗位,有 374 个学生参加勤工助学活动。

为使关心特困生工作经常化、制度化,该校每名教师负责联系 5—8 名特困生,及时了解他们的生活情况以及意见和要求。该校每年都能为特困生办几件实事。今年寒假,有近百名特困生提着学校免费给的 2.5 公斤食用油高高兴兴地回家。该校主抓学生工作的副书记刘志明说:今年他们还要继续为特困生解决 100 件过冬的棉衣。如今,人人帮我、我帮人人的互助风气,已在河北工大初步形成。

张润芳(《河北日报》,1997 年 4 月 15 日)

河北工大举行迎香港回归歌咏活动

本报讯 "风送深情至,雨润歌声甜"。5 月 31 日晚,河北工业大学举行迎香港回归露天歌咏晚会,千名师生在霏霏细雨中先后登台,用一曲曲发自内心的歌,纵情歌唱伟大的祖国,表达了万名师生迎接香港回归的喜悦心情。歌咏晚会上,一首《长城长》拉开了序幕,24 首振奋人心的歌曲,唱出了万名工大人的心声。《祖国统一进行曲》《行进在回归的大地上》和由工大教师自己创作的歌曲《回归》等充分表达了全体师生对香港回归的热切期盼。

通讯员霍占良(《河北日报》,1997 年 6 月 3 日)

我省自己培养的第一届工科博士毕业

本报讯　6月30日,我省自己培养的第一届工科博士在河北工业大学毕业。四名研究生顺利通过电器学科博士论文答辩,荣获博士学位。

1993年12月,经国务院学位委员会批准,河北工业大学电器学科成为该校第一个博士点,同时也是我省第一个工科博士点。首届博士研究生杨庆新、顾军华、王景芹、唐义良在导师颜威利、陆俭国的指导下,经过三年半刻苦学习、研究,分别在电器学科电磁场方向和半导体方向取得可喜成绩。他们的科研课题都是结合国家或省部委的基金项目进行的,均为国际上本领域内的前沿及热点课题,具有重要的理论意义和实用价值。在博士论文答辩会上,经过由清华大学博士生导师、大企业总工和其他几位在电器学科颇具造诣的专家教授组成的答辩委员会认真评定,一致认为,每篇论文在多方面都有创新,有的还首次提出和运用了新的研究思路和方法,同时,研制的设备有的达到国际先进水平。

霍占良(《河北日报》,1997年7月4日)

河北工大马列读书会读出真知

本报讯　14 年风雨不辍学马列,河北工业大学大学生"马列读书会"成了加强大学生思想政治工作的有效阵地,有力地促进了青年大学生的健康成长。

对大学生的信仰问题,特别是对马列主义的态度问题,必须要有正确的引导。这是河北工业大学全体师生达成的共识。在该校各级领导的大力支持下,于 1984 年正式成立全校大学生"马列读书会"。"马列读书会"在坚持活动的 14 年中,会员达 2000 余人,并分阶段结合热点问题,有的放矢地进行讨论、分析、辩活动,使大学生在潜移默化中受到教育。

实践证明,"马列读书会"已成为学校加强学生思想政治工作和校园精神文明建设的有效阵地。学生党支部称它为培养入党积极分子的党校。有位同学逐字逐句地学习了《共产党宣言》后,就"大学生为实现社会主义现代化的历史使命和正确认识社会主义的本质"写出了深刻的体会文章,深受广大师生好评。有位同学认为生活中的三部曲是:考大学、找工作、赚大钱,什么政治活动也不愿参加。参加读书会后,该同学思想上发生了很大变化,把原来的三部曲改为:关心政治、奋发向上、为中华崛起而奋斗。

据该校电气工程系统计,1991 年至 1993 年发展的 75 名党员中,全部是"马列读书会"会员;1994 年至 1996 年 164 名会员向党组织递交了入党申请书,共发展党员 94 名,英语四级通过率读书会成员占 83.3%,三好学生、模范干部占 94%。据对已毕业的 8 位读书会会长调查,他们毕业后能很快适应社会环境和工作需要。他们都来信反映,在大学期间参加马列读书会是终生难忘的,他们现如今都不同程度地担任着宣传工作,发挥着思想政治工作的特长。

记者杨雪屏(《天津青年报》,1997 年 7 月 16 日)

河北工大首次研制成功环形磁体

——专家认为该成果系国内外首创达到国际领先水平

本报讯　7 月 16 日,由国家自然科学基金委员会信息科学部、河北省自然科学基金委员会办公室在天津主持召开了河北工业大学承担的"硅单晶等效微重力生长的永磁模拟及控氧机理的研究"课题成果鉴定会。经鉴定委员会专家讨论,一致认为:该成果系国内外首创,具有独创性、新颖性,属我国自己的知识产权,并达到国际领先水平。该成果目前已发表学术论文 8 篇,获国家实用新型专利一项。

在鉴定会上,专家组听取了课题组的工作报告、研究报告、检测报告和查新报告,并对现场进行了考察。专家们认为:课题组研究、设计、制造了独特的具有稳定磁场的环形永磁体,且磁场强度、磁力线分布可调;同时设计了永磁体磁场分析计算机软件,能根据晶体生长需要,对磁体进行设计、计算;设计制造了 3~″ 的永磁场直拉硅单晶系统,获得了硅单晶等效微重力环境下不同氧含量晶体生长的控制工艺,提高了产品的质量和合格率,在实际生产中将产生较大的经济效益;该成果利用永磁体,具有无水、电消耗,无噪声干扰,节约能源,有利于降低运行成本和保护环境与生态的特点,具有良好的产业化前景。

专家组建议,河北工业大学应尽快开发该技术在大型直拉硅单晶炉中的应用,并探索在其它晶体生长中的应用。

通讯员林艳书　记者刘廉君(《科技日报》,1997 年 7 月 18 日)

从白领丽人到大学教师

——记河北工业大学外语系青年教师王晓晖

　　谢绝了公司老总们的盛情挽留,王晓晖来到河北工业大学,做了一名外语系教师。从高薪到清贫,她走得坦然、坚定。在与王晓晖交谈中,听她讲得最多的是"学生",而对自己,她却一直认为所做出的每一件事,都是理所应当的,没有丝毫值得夸耀的地方。因为做一名教师是她自己的选择。初为人师,她就驾轻就熟地开始发挥能量。

　　大学英语课是很不好教的。为了让学生提高对英语学习的兴趣,王晓晖大胆地对传统的"你听我讲"的授课方式进行改革,针对不同内容采取生动活泼的新方法,为学生创造一个浓厚的语言环境,激发学生的学习热情;为了提高学生的听力,她改变以往的课时安排,抓时间给学生补上其他课;为了让学生在四六级考试前增加练习,她自己汇集了 10 套四级模拟试卷,利用晚上的时间让学生做,然后当堂批改,每次都得两三个小时。这种面对面的评改,不仅使学生受益匪浅,而且也加深了师生之间的感情。没有教案,没有人共同探讨,一切都得靠自己琢磨,王晓晖自己也说不清为此付出了多少时间。

　　1995 年 3 月,新学期刚刚开始,王晓晖在外文书店发现了一本合适的阅读教材,但当时却没有货。书店服务员见她屡次往书店跑挺不容易,就把电话号码告诉了她。去取书的那一天,王晓晖一大早就来到了书店,但书店还没有开门。在料峭的寒风中,王晓晖这才发现平时热闹非凡的商业街上此刻是这样冷清。为了搬书方便,王晓晖特意穿得轻便些,但此时,三月的北风却乘虚而入,王晓晖只好在街上散步,一圈又一圈。最后,书店终于开了门,王晓晖在刺骨的寒风中把书驮了回来。

　　王晓晖凭借着浓厚的英文功底和灵活的教学方法,凭借着深深的责任感和真挚的爱心,全身心地投入到了学校的外语教学中。一分耕耘,一分收获,她所教的工管系九四(3)班——这个英语基础并不好的集体,在 95-96 学年度英语四级考试中,通过率达到 96.4%,创造了全校英语过级考试的单班历史最好成绩。

1995 年,王晓晖刚刚接手工管九四(3)班的英语课时,学生出勤情况很不好。王晓晖没有批评他们,而是在教学上下功夫,使学生们把上英语课当成一种享受。在与九四(3)班相处的两年时间里,学生们没有看见王老师发过脾气,他们眼里的王老师总像一位大姐姐那样和蔼可亲、平易近人。1996 年上半年,班里绝大部分同学已经通过四级考试,王晓晖对他们说,以后你们可以自己准备六级考试,我的课可以不来听了。但同学们却每次依旧都来上课,因为他们舍不得每一个与王老师相处的机会。在学生心里,王老师已经成了他们班集体中必不可少的一分子。每年过元旦和圣诞节的时候,学生们都会把她拉到联欢会上,把亲手制作的卡片送到她家里,还会在需要的时候把她家的锅碗炉灶借去一用;上课时,王老师的嗓子又痛又哑,学生们在课间跑出去为她买回草珊瑚;课后学生们都爱围着她问问题,朋友般地跟她聊天、说悄悄话。这一切使王晓晖感到学生们需要她、接受她,这是最大的幸福,这种幸福是金钱所不能换来的。"与学生在一起,使我感到生命永远年轻,我不能不努力,不能不全身心地投入。如果因为私事影响了学生,我觉得对不起学生,是误人子弟。"王晓晖动情地说。

1995 年夏天,王晓晖受朋友之托,为一家国外著名公司的驻华机构培训口语人才,报酬是每小时 50 元,而且完全是在课余时间,与上课一点也不冲突。然而细心的王晓晖却发现,当她下了课急急忙忙去公司的时候,学生好像总有问题等她解答,每次她只以"这次不行了,下次再问。"作为答复,学生的目光是那么的无奈,王晓晖被这目光惊住了。她知道,虽然自己的兼职是在课余时间,别人说不出什么,但学生肯定不能理解,他们会想为什么过去一向从容洒脱的王老师突然这样急躁;为什么像大姐姐、好朋友一般的王老师,突然变得有生疏感了。一年来,她竭思尽虑,好不容易把学生对英语的积极性调动起来,如果为此而失去同学们的信任,再想建立起来就困难了。所以去过几次之后,她就坚决辞去了工作。一次,她替一位老师上课,课间休息时跟学生聊天,谈起外语老师的流失,同学们说:"有时候下课以后,我们都不知道下一次课站在讲台上的会是谁。"听了这句话,王晓晖心中久久不能平静。人人都在讲自己的价值,看似无可厚非,但挣钱多就表明价值高吗?教师的真正价值在于培养出合格的高水平学生,如果连最起码的课时都保证不了,那么教师不就是失职了吗?从那以后,王晓晖无意识间对自己的要求越来越严格了,用她的话说,她所做的一切都是平常而又平常的,只不过是在认真遵守着教师的最基本的职业道德而已。而生活就是这样,最基本的有时却是最难得做到的。

Love makes the world go around,这是一个教师所能够做到、也应该做到的,王晓晖这样认为,我们也都这样认为。

贺立军(《河北教育报》,1997 年 8 月 27 日)

与时代同行

——记河北工业大学校长颜威利

没见到他时，我就想问：在生命的每个阶段，缘何都能奏响自己的时代强音？

西子湖畔留下他孜孜求学的身影；渤海之滨记录着他治学、办学的业绩；国际电器电磁场界有他独到的理论；华夏大地有他那被广泛应用的科技成果……

生活在同一个时代，时代所赋予每个人的是千差万别。这不仅是每个人的生活方位不同，主要还取决于每个人了解时代特别能力的大小和时代责任感的强弱。从国家级有突出贡献的中青年专家、河北工业大学校长颜威利的不倦追求中，我们看到了他与时代同行的身影。

追赶时代的学者

他有着细高挑的身材，在亲切的交谈中，让人感到了在他谦和儒雅的学者风度中，蕴含着一种认准目标就坚韧不拔、勇往直前的精神。

1976年，"文革"一结束，这位1958年毕业于浙江大学的普通教师，预感到科学的春天就要到来。此刻，他把目光投向国际电器电磁场先进技术上。他跑遍了全国各大城市图书馆查阅资料，看我国与国外先进技术的差距，选择迎头赶上的科研方向；他曾到上海计算机中心半夜排队搞科研，因为当时计算机全国仅上海有。他决心要在电器电磁场这一行，走在世界前列。

为向我国传统的电器行业挑战，他大胆运用国际先进技术。1978年，他发表的《用有限元法计算电磁机构的吸力特性》论文，在国内电器界首创二维磁场有限元素法计算。此后，他对电磁装置动、静态特性计算、电磁场耦合问题、逆问题、并行处理和软件技术等都做出了独特的贡献，其中，电器电磁场数值计算与软件，获省科技进步奖一等奖，这项成果，突破了电磁系统传统的设计计算方法，开拓了我国电器电磁场数值计算这一新的学科领域,达到了国际先进水平。他与中国原子能科学研究院合作对电磁软件的开发及其在加速器磁铁工程中的应用,达国际先进水平,获国家级科技进步奖三等奖。他与上海电器科研所合作将电磁场数值计算技术用于接触器电磁系统设计,使老产品寿命提高 3 倍,每年可节约硅钢片 200 吨,仅此一项 3 年累计经济效益 240 多万元。他把多项新技术成功运用到新产品开发上,并在全国推广。

为在国际电器电磁场界争得一席之地,近年来,他在国内外高层次刊物和出版物上共发表论文 97 篇,多次赴美国、奥地利、意大利和德国等国家出席国际电磁场计算会议。1985 年,颜威利第一次参加国际电磁场会。当他与我国同行学者的论文发表后,世界公认的学科带头人、大会执行主席说:"中国虽然是第一次参加会议,但为会议做出了重要贡献。"在座的各国专家都向中国学者投来敬佩的目光,那种民族自豪感使他终生难忘。1987 年,在一次国际电磁场会上,傲慢的日本专家,对颜威利连问三声:"Why?"意思是这样的国际学术会为什么你们中国就开不成?这让颜威利感到了从未有过的压抑。1988 年,国际电磁场会议在北京成功举办。担任国际电磁场计算会议的中国联络办主任颜威利说:"外国人能办的事,我们也能办。中国学者终于争了这口气。"2000 年,国际电磁场大会将在河北工大召开,颜威利将出任大会主席。

国际学术会议能在河北工大召开,这标志着河北工大这一学科已达到世界先进水平。

作为学术带头人的颜威利,不仅自己治学严谨,还甘为人梯,把培养人才作为责无旁贷的任务,近年来指导博士研究生 9 名、硕士研究生 14 名。他培养的青年学术骨干,有的已成为教授、副教授和高级工程师,在各自的工作岗位上成为主力。

面向未来的校长

颜威利既是教授、学科带头人,又是校长,他是如何协调这双重身份的呢?"双肩挑干部就要多付出辛苦。"颜威利说:"担任行政领导不是为了做官,而是为了带头把工作搞上去,办学同搞科研一样,也要定位准确,方向明确,注意发挥群体的力量。

1994 年,颜威利担任校长后就明确提出,河北工大要坚持以本科教育为主、以工科为主、以服务河北省地方经济建设为主的办学思路。

报刊中的河北工大

走上领导岗位的颜威利,不仅是自己努力工作,而且要带领全校师生在"科教兴国"的战略中寻找自己的位置。他以求是的作风,抓紧学科的建设和教师队伍的建设,为学校在下个世纪的发展打下了坚实的基础。

随着市场经济的发展,河北工大过去的学科已不完全适应,颜威利担任校长后及时进行了调整和改革。目前工大学科已趋于完备,设有 11 个教学系、27 个本科专业、13 个省级重点学科、4 个省级重点实验室,经过国家教委批准,还有 15 个博士、硕士学位授权点。

造就承担跨世纪使命的教师队伍迫在眉睫。为此他亲自参与制定了该校的跨世纪人才工程:"重点培养,加强引进,普遍提高"。根据学科建设的需要,学校选派了 83 名青年教师在国内外定向攻读博士学位;1995 年以来,学校引进博士、博士后 17 名;去年初聘请了 25 位两院院士为兼职教授,成立了河北工大学术顾问委员会。

较强的师资队伍和趋于完备的学科建设,为河北工大的育人工作插上了腾飞的双翼。但搞科研出身的校长颜威利深深懂得,学校在育人的同时还应加大科研力度,面向全省经济主战场,发挥自身优势,加强产学研合作,使学校成为经济发展中的一支重要方面军。近两年来,他们每年组织产学研小分队赴沧州、保定、承德、唐山、张家口、廊坊等地对企业进行考察,进行技术服务,与 22 个县市、23 个企业和企业集团建立了全面合作关系,每年都有大批科研项目得到推广应用,实现了科技向生产力的转化。

去年 10 月,河北工大以明确的办学方向,鲜明的办学特色,较强的综合实力,顺利通过国家"211 工程"的部门预审。

历经百年沧桑的河北工大翻开了崭新一页,作为一校之长的颜威利自然成为引人瞩目的人物。而一贯保持"求是"作风的颜威利心中却相当平和。他一再强调,一所大学的声誉是这所学校的教师和学生共同创造的。

尽管他依旧那样谦和,但谁都看到了他的各个侧面是如此的丰富、充实、鲜亮。结束采访时记者问他,你既要治学又办学,既要面向世界,又要面向未来,总在不倦地追赶时代步伐,一定活得很累吧。他笑着回答:"我不是苦行僧,生活一直很有节奏。闲暇时悦耳的古典音乐能使我消除疲劳,常使我遐思幽幽。"

江汉冰(《河北科技报》,1997 年 9 月 2 日)

黄爱烈士魂归母校

本报天津9月26日电　9月25日,河北工业大学的师生们目睹他们的校友黄爱"回"到了母校。为了纪念我国现代工人运动的这位先驱、中国共产主义青年团的优秀团员诞生100周年,河北工大在校园广场中竖立了他的一尊塑像。在秋日的阳光中,黄爱保持着20多岁的青春风采,默默注视着他的母校和校友们。

这天下午,在他的塑像下,河北工大1000多名师生举行了隆重的纪念大会,怀念这位75年前为工人运动而牺牲的年轻烈士。与此同时,该校还召开了学生骨干座谈会,缅怀这位校友的事迹。一台以弘扬爱国主义为主题纪念黄爱烈士的文艺晚会也在紧张排练之中。

1918年,黄爱从家乡湖南来到天津,考入河北工业大学的前身"直录公立工业专门学校"。在校期间,他积极投身五四运动,曾两次进京参加爱国请愿活动并被反动军阀逮捕。出狱后,他参加了周恩来发起成立的"觉悟社",后经李大钊介绍到陈独秀主编的《新青年》杂志工作。1920年9月,他回到湖南组织创立了中国第一个纯洁的工人团体——"湖南劳工会"。1921年底他加入共青团,1922年初在组织纱厂工人罢工中,被军阀杀害,年仅25岁。他遇难后,毛泽东、周恩来、陈独秀等均撰文悼念,李大钊称他为"劳动阶级的先驱"。

河北工大团委书记张成德说:"对现在的学生们来说,黄爱这个名字可能已经陌生,但黄爱的爱国主义精神和一腔报国的热情却始终激励着后人。我们把对这位校友的纪念当作对学生们进行爱国、爱校教育的一种形式,鼓励他们以先烈为榜样,不忘历史,不断提高自己的思想政治素质,把自己的命运与国家的命运紧紧联系起来,随时准备像黄爱烈士那样为祖国的现代化事业奉献一切。"

　　　　记者刘武　通讯员霍占良(《中国青年报》,1997年9月27日)

工大"211工程"项目报告论证审核圆满结束

——刘作田出席开幕式并讲话

本报讯 日前,河北工业大学"211工程"建设项目可行性研究报告论证及立项审核工作圆满结束,专家组一致同意通过《河北工业大学"211工程"建设项目可行性报告》。

10月5日至6日,根据国家计委、国家教委、财政部《"211工程"建设规划》的要求,省政府组织并邀请以中国工程院院士左铁镛教授为组长、中国科学院院士杨叔子教授为副组长的9人专家组,对《河北工业大学"211工程"建设项目可行性研究报告》进行了论证和审核。

刘作田副省长在开幕式上讲话,他首先对专家组表示欢迎。他说,河北工业大学"211工程"建设项目可行性研究报告论证及立项审核既是河北工业大学的一件大事,也是河北教育界的一件大事。省委、省政府十分重视河北工业大学"211工程"的建设,准备到2000年投入专项资金2亿元,并已作出分年度拨款计划,保证了专项资金按时到位。

在审核工作中,专家组听取了河北工业大学校长颜威利教授关于河北工业大学"211工程"建设项目可行性研究报告的汇报与说明;审阅了有关文件和材料,并进行了现场考察;学校领导和有关学科带头人就专家组关心的问题作了进一步说明和汇报。

专家组认为,河北工业大学在1996年10月通过"211工程"部门预审之后,根据预审专家组的意见,调整了建设规划,明确了"九五"期间的建设任务和重点建设项目,编制了《河北工业大学"211工程"建设项目可行性研究报告》,为立项审核作了充分的准备。报告实事求是地反映了学校的优势和特色、"211工程"建设的总体目标、项目设计基本可行,通过努力,可以达到预期目标要求。专家组原则同意报告中的资金总体安排方案。在资金筹措上,体现了地方政府投入为主和学校自筹相结合的原则。省委、省政府对学校"211 工程"建设的资金安排和分年度拨款计划已经落实到位。学校对建设资金的使用安排比较具体,重点建设项目的投入具有一定力度。

专家组同时认为,省委、省政府对学校"211 工程"建设高度重视,建设资金落实,在执行中可根据需要,在可能的情况下,进一步增加重点学科建设专项资金,以保证建设得到更好地发展。专家组建议,学校在建设资金的安排上要留有余地,要妥善处理好学校建设与整休条件建设等方面的关系,学校可根据实际需要对资金作适当调整,以保证以重点学科建设带动学校整体建设与发展。专家组还就学科建设、博士点建设等具体问题提出了意见和建议。

专家组全体成员一致同意《河北工业大学"211 工程"建设项目可行性研究报告》,建议学校根据专家组的意见和建议,尽快作适当修改,报省政府批准实施,并将立项材料报国家计委和国家教委备案。

省计委副主任韩生雨主持了立项论证审核会的开幕式和闭幕式。省教委主任田洪波、副主任刘永瑞,省财政厅副厅长齐守印及国家教委"211 工程"办公室负责同志参加了论证审核工作。

通讯员贺立军(《河北教育报》,1997 年 10 月 15 日)

为精神文明建设添光彩

——河北工大新建 70 米阅报栏

　　本报讯　日前,在天津市美丽幽雅的河北工业大学校园里出现了一个新景观:由不锈钢、铝合金结构材料组成,并配有灯光的 70 米长的阅报栏,以崭新的面貌展示在该校教工学生面前,50 份中央及省市级报纸和欢庆党的十五大胜利召开的彩色图片立即吸引了大批前来阅览的师生员工。他们交口称赞"学校在精神文明建设上又办了一件实事"。

　　具有 94 年历史和近万名师生员工的河北工业大学,每年的订报费就达 7 万多元,占每年宣传费的 85%。全校 190 个学生班都订有一份报纸;各处、室、研究所都订有两份以上报纸;学校宣传部订有各种报刊达 30 多种;校图书馆报纸种类就更多;每个教学楼内都因地制宜地在走廊、楼梯口等处设立的阅报栏。为使广大师生能看到更多的全国各类报纸,河北工业大学今年初决定在校园内建立大型阅报栏。刘志明副校长为报栏筹措 5 万元资金,负责筹建的校宣传部的同志专门考察了天津市南京路阅报栏。在报栏架设时,校机关党总支和化工系团委参加义务劳动,使该校两个大院内的阅报栏得以及时就位。校团委还安排 4 位勤工俭学的学生承担了每天更换报纸的任务。

　　　　　　　　　　　　　记者国安(《新闻出版报》,1997 年 10 月 29 日)

河北工业大学九七艺术节好戏连台

——纪念"12·9"运动62周年　弘扬爱国主义主旋律

本报讯　昨晚,河北工业大学南院礼堂一片欢腾,学校纪念"12·9"运动62周年暨校97艺术节汇报演出隆重举行。至此,历时40余天的河北工业大学97艺术节圆满结束。

这次艺术节是根据河北工业大学《爱国主义教育实施细则》安排的又一次大型文化活动,也是校党委宣传贯彻党的十五大精神的一项重要工作。河北工业大学历来重视校园文化建设和精神文明建设,并把这些作为对学生进行素质教育的一项举措。这次历时一个多月的'97艺术节是继今年5月"迎香港回归大型歌咏晚会"之后的又一个高潮。在"高举邓小平理论伟大旗帜,推动校园文化跨世纪发展"的主题下,从十月下旬开始,十五个系级单位各展风采,214个节目涉及音乐、舞蹈、戏剧、曲艺等各大艺术门类,先后有2万人次参与到这次活动中来。艺术节全面检验了学校两年来校园文化建设的丰硕成果,也充分展现了学校师生朝气蓬勃的风采。值得一提的是这些节目除了一些大家喜闻乐见的国内外经典作品之外,还有一大批师生自编自导自演的节目,以小品、相声、快板、诗朗诵等形式,讴歌身边的新人新事新风尚,赞美光荣校史英雄先烈,受到师生的热烈欢迎,如独幕剧《爱的奉献》就是以该校师生捐款3万多元资助一位患病同学的真实故事编排的,演出后打动了在场的所有师生的心。

经过评委会认真评选,132个节目分获各大类一、二、三等奖。奖品由新加坡国际资本控股有限公司投资40万元人民币设立的"高堃奖学金"提供。天津市教卫工委、教委、教育工会、团市委、文联等有关单位的领导及河北省、天津市兄弟院校负责同志兴致勃勃地观看了演出。

汪伟(《天津日报》,1997年12月10日)

报刊中的河北工大

309

一项研究成果可使建筑
小震不坏、大震不倒

　　本报讯　河北工业大学曹万林教授等人用了5年多时间,对异型柱框架结构及构件的抗震性进行了系统的试验研究,首次建立了异型柱框架结构抗震设计的理论与方法,按该方法设计的结构能够保障7度、8度高烈度的"大震不倒"。

　　钢筋砼异型柱框架结构是一种轻型节能住宅结构,这是我国学者曹泽润80年代提出的。国内已陆续建造了一些该结构住宅,但尚少系统的抗震研究。目前,国外没有对该结构整体的研究。国家标准建筑抗震设计规范要求,所有结构应按"小震不坏,大震不倒"的两个阶段进行抗震设计。而以往对该结构进行的抗震设计只设计到满足"小震不坏"这一步,并且连这一步也是用简化方法进行设计的,这就造成抗震设计的不完备、不合理,危及到人民生命财产的安全。因此,建立满足"小震不坏,大震不倒"要求的两阶段抗震设计方法是非常必要的。

　　异型柱框架是相对矩形框架而言的,它克服了矩形柱框架填充墙厚度比柱截面尺寸小,室内出现柱楞,影响美观,多占使用面积,不利摆放家具的缺点,它的角柱为L形,中柱为十字形,边柱为T形,填充墙与柱壁等厚,室内不出柱楞,房间美观实用。它与矩形柱框架相比,相同柱截面面积相同的条件下,结构的刚度和承载能力增大;它与砖房比,7层约为4层砖房重,地震惯性力小,它250毫米厚外墙约为600毫米厚砖墙的保温效果,可比砖房墙增加7%~10%的使用面积。

　　"异型柱框架结构及构件抗震性能和设计方法的研究"达国际先进水平。目前,该成果已在天津、廊坊、石家庄推广应用。在已完成的18.4万平方米的建筑中,增加利税及节支近千万元。

　　　　　　　　　　　　　　杨同喜(《河北科技报》,1998年1月30日)

砷化镓单晶片抛光技术有突破
这一技术可大大提高单晶片抛光成品率

本报讯　日前河北省自然科学基金会资助项目,河北工业大学电子系微电子与材料研究所刘玉岭教授等承担的"砷化镓单晶抛光片表面状态的研究"通过了省科委组织的专家鉴定。

目前国内砷化镓单晶片抛光成品率低,表面质量差,因而制约着砷化镓抛光片的大量出口和以砷化镓为衬底的高频大功率等高速器件的发展。河北工业大学电子系微电子与材料研究所在晶体抛光技术研究领域有很强的实力,其研究成果多次获省部级科技进步奖及国家发明奖。

鉴定会上,专家们听取了"砷化镓单晶抛光片表面状态的研究"课题组的研究报告,审查了提交的技术文件,一致认为,该课题组的研究员依据半导体材料工程学、半导体物理与固体物理学、胶体化学、化学反应动力学等基础理论,首先研究了砷化镓单晶片抛光中的动力学控制过程和吸附机理,首次提出了单晶片表面吸附模型和优先吸附的数学模型,在此基础上选用了中性、无污染的氧化剂,有效解决了胶体聚沉、污染及表面损伤问题;依据质量传递原理,研制出一套抛光的控制技术,有效控制了表面损伤,降低了表面悬挂键密度,提高了表面几何参数,解决了严重影响器件性能与成品率的表面吸附问题;同时在抛光雾、防止氧化和化学抛光液等重大技术难题上均获得了突破。专家们认为,这一研究成果在理论研究上属于国内领先,在工艺上有所创新,是对砷化镓器件发展的新贡献。

屈振光、陈德第(《河北科技报》,1998 年 2 月 3 日)

办出工科特色　培养全面素质
工大文明校园创建活动成效显著

　　本报讯　河北工业大学以"211 工程"立项审核为契机,以学生全面素质培养为重点,大力加强文明校园创建活动,为学生的成长营造了浓厚的文化氛围,促进了学生德智体全方位发展。

　　在"创文明校园,做文明学子"活动中,学校党委专门成立了文明校园建设领导小组,结合该校"211 工程"部门预审和立项审核,加大校园建设投入,加强校园环境整治,努力提高广大师生员工的思想道德素质和科学文化素质。该校一贯重视宣传思想工作,每年投入十余万元,积极为全党、全国、全校工作大局服务,为教学科研服务,为全面育人服务,为学校的发展稳定服务,学校还投入大量资金改善了校内广播设施,重新安装了篮球场的照明灯光;在院部和东院制作安置了总长 70 余米的铝合金宣传橱窗和阅报栏,每天有近 30 种当日报纸及时在报栏张挂;新购大型彩电 12 台,架设在 3 个院的公共场所。

　　在加强硬件建设的同时,河北工大还十分重视文明校园和精神文明建设的理论和思想体系建设。1997 年,在"教育领先,管理规范,教管结合,注重实效"工作方针的指导下,学校党委提出了"加强学生道德建设的十项工程",并把"十项工程"作为该校一定时期学生工作的指导思想和主要任务抓紧抓好。为进一步落实"十项工程",学校又分别制定了 21 个子工程,使"十项工程"作为一个思想体系更加系统。

　　以此为切入点,该校把加强爱国主义教育,全面提高学生身心素质作为校园文化建设的重中之重,利用宣传橱窗、报纸和广播等大众传媒,大力宣传邓小平理论,以两个文明建设的生动实践、丰硕成果和先进典型,营造爱国主义氛围;选拔优秀学生组成正规的国旗班,定期升降国旗,加强国旗教育;结合学校在近百年光辉历史上涌现出的革命先烈,开展学习英烈活动,加强革命传统教育;以香港回归、党的十五大为契机,举行了大型广场文艺晚会及系列庆祝活动。

结合工程教育实际,河北工大提出了"以本科为主,以工科为主,以为河北省经济建设服务为主"的办学思路,注重学生工程实践能力和动手能力的培养。与此同时,学校还十分注重学生思想素质、人文素质的教育,使学生不仅业务过硬,而且思想进步,素质优良。该校开展了以"读一本好书,学一首好歌,参加一项科技活动,演出一台文艺节目"为主要内容的"四个一活动",艺术节、体育节、文明礼貌推动月等健康、有益的活动占领校园文化阵地,特别是每年规模宏大的大学生艺术节活动,参与单位和师生人数众多,影响巨大,使广大学生的文化素质和审美情趣都得以提高。1995年校艺术团还曾作为中国民间艺术团的主体成功出访了罗马尼亚、匈牙利和奥地利3国,为祖国赢得了荣誉。

文明校园创建活动使河北工大的校风、学风和教风发生了很大变化,教学水平和学生素质都得到了显著提高。学校先后被河北省评为"先进单位""党的建设和思想工作先进学校",被国家教委授予"先进教务处""先进科研处"和"毕业分配先进单位"等光荣称号,之后又获得"河北省文明校园建设十佳"称号。1997年10月,学校顺利通过了河北省"211工程"立项审核;在第七届全国大学生"挑战杯"竞赛中,该校学生获得三等奖。学校各项建设事业得到了健康发展,师生员工热情饱满,精神振奋,正以崭新的姿态迎接新的世纪。

通讯员贺立军(《河北教育报》,1998年3月4日)

报刊中的河北工大

河北工大扎扎实实开展学生课外学术科技活动

——崇尚科学　丰富知识

本报讯　近年来,河北工业大学重视学生科学文化素质的提高,不断激发广大学生崇尚科学,迎接挑战的主动性,鼓励和支持学生广泛开展学术科技活动取得了可喜成绩。

河北工业大学现有大学生科协和科技活动小组 40 个,参加活动的人数近千人,为鼓励学生积极参加科技活动,学校专门设立了大学生科技活动基金。基金面向全校学生,重点资助学生独立完成的小发明、小创造及结合专业进行的理论研究和各种应用性研究,每年一次,初步确定每年资助 30 ~ 50 项,金额每项为 500 ~ 1000 元。

在学生和科技活动中各科协和科技小组通过举办学术报告、科普讲座,介绍最新学术动态、世界科技新成果、开展知识培训、撰写科技论文,参与教师科研活动等,让同学们丰富知识,增强科技意识,提高实际能力。同学们除进行理论研究和学习外,还运用所学知识开展社会服务活动,如:电器维修、信息咨询、科普宣传,与企业交流合作,为企业献计献策等。电子系学生科协的同学积极参与了保定电器厂"载波电话"、"微机程控机"革新产品开发工作并获得成功。同学们还开动脑筋,动手实验,积极进行小发明、小创造,1997 年全校共开展小发明 66 项,其中两项参加河北省"挑战杯"竞赛,计算机系佟志民、焦崇诚同学共同发明的《用 PIC16C71D 单片机控制的中频触发器》还代表我省参加了在南京举办的第五届全国"挑战杯"赛,荣获发明创造类三等奖,成为我省所有参赛作品中成绩最好的一项。在这届"挑战杯"竞赛中,该校在全国 31 个省、市、自治区和香港特别行政区参赛的 267 所高校中排名 58 位,荣获了进步奖和优秀组织奖。

孙素梅、陈德第(《河北科技报》,1998 年 3 月 10 日)

刘健生在工大调研时要求
高校要把科研和科技转化提到一个新高度

本报讯 "高等工科院校要在搞好教学质量的前提下,把科研和科技转化提到一个新的高度。"这是副省长刘健生在河北工业大学调研时,对我省高等教育尤其是高等工科院校的发展提出的要求。

3月17日,副省长刘健生在省教委副主任刘永瑞等陪同下,赴津对河北工大进行调研和工作考察。在工大,刘健生考察了省级重点学科电器学科、省材料研究中心、省机电一体化研究中心,参观了工大计算机校园网络建设和省级重点实验室——土木系结构实验室,并饶有兴趣地观看了电工厂的成品装配操作,详细听取了工大科产处博士研究生对电磁产品的介绍。在工大实习厂的生产车间里,看到学生正在机床旁进行金工实习,刘健生高兴地说,工大走工学并举、产学研结合的道路很正确,应该继续坚持下去。

在听取了工大校长颜威利教授就工大"211工程"建设及改革发展所做的汇报后,刘健生充分肯定了河北工大在"211工程"建设和为地方经济建设服务所做的工作,并对我省高等教育特别是高等工科院校的发展提出了建议和希望。他指出,在推进两个转变的新形势下,高等教育面临着新的机遇与挑战,高等工科院校正为地方经济建设服务,为两个文明建设服务上要加大力度。他特别强调,高校要从关系学校兴衰成败的战略高度来看待科研工作和科研成果向现实生产力的转化,要强调教学、科研和生产的结合。

刘健生最后指出,河北工大是我省第一个进入"211工程"的大学,这是全校师生努力工作的结果,也是河北人民的光荣。希望工大抓住机遇,乘势而上,加快发展,深化改革,争创名牌,努力创建国家一流地方工科大学。

通讯员贺立军(《河北教育报》,1998年3月25日)

车间里走出工程硕士

——河北工大产学研相结合 开拓研究生培养新路

编者按:研究生教育是高等教育的最高层次,其主要任务是培养具有创新思想和创新能力的高素质专门人才。

如何实现这样一个培养目标? 河北工大的做法给了我们很好的启示。他们在研究生教育中,积极探索产学研相结合、在企业培养研究生的新路,强调理论与实践相结合,注重提高学生的动手能力,使学生的创新思想、创新能力在实践中得到加强。事实证明,这是一条培养高素质人才的成功之路。

本报讯 9月16日,河北工业大学科技产业处电工厂迎来了自己的98级硕士研究生。到目前为止,该厂已培养了10名工程硕士。企业培养研究生,这在我省还是第一家。

这个电工厂是一个集科研、教学、生产为一体的企业1986年,该厂从企业发展的需要出发,将企业科技进步与人才培养相结合,开始承担硕士研究生培养任务。

按照"工学并举"的原则,工厂强调理论与实践的结合,重视研究生工程能力的培养。研究生经过一年的公共课及基础理论课学习来到工厂后,其研究方向基本定位在新产品开发项目上。指导工作由硕士研究生指导教师、电工厂总工程师黄预南教授和电气工程系电器教研室邹道元教授共同负责。

黄教授在接受采访时说,研究生从研究课题的确定、新产品的设计生产,到论文的写作答辩,均在工厂完成。这不仅加深了他们对工程的理解,提高了工程能力,而且研究成果可以直接转化为现实生产力。此外,在实践中,对于培养他们的事业心、责任感以及敬业精神和严谨的工作作风,都是很好的锻炼,有利于他们自身综合素质的提高。

现年33岁的高级工程师崔建华是该厂培养的第一届工程硕士。在读期间,正赶上工厂进行计算机励磁调节器在大中型电站应用的技术攻关,他的论文自然也就选在这个方向。经过一年多的努力,由他作为第一主研人研制的自并激励磁装置在辽宁省清河发电厂投入运行,这是我国首次在汽轮发电机中应用这种装置。他就此撰写的论文应邀在中国国际电机会议上宣读。如今,崔建华已升任电工厂总工,并具有了硕士研究生指导教师资格。他的9位师兄弟,一位到清华大学师从中国科学院院士韩英铎教授做博士后研究,一位到浙江大学读博士,其他人也都成为各自单位的业务领导或骨干。

电工厂在培养研究生的过程中,不仅出人才,而且出成果、出效益。10多年间,该厂始终占领着本行业科技制高点,有多项科研成果获奖,其中有的达到国际先进水平。而且科研成果全部转化为新产品,做到了研制一代、开发一代、生产一代。几年来,已有12种新产品相继问世,除畅销国内20多个省(市、区)外,还出口美国、土耳其等17个国家。这个仅有百余名员工的小厂,去年产值达到1600万元、利税600万元,实现了产品高技术、高产出、高附加值。

1996年,电工厂又开始与学校博士生导师共同培养博士研究生,现已有4名在读博士生。该厂已成为河北工大电器学科产学研相结合、培养高级工程技术人才的重要基地。

记者穆俊华、杨勇(《河北日报》,1998年9月21日)

为了山里的孩子

河北工业大学赴围场支教工作队自 1996 年 12 月以来,以良好的思想素质、务实的工作作风全身心投入到支教工作中,赢得了当地党委、政府和教育部门的好评。

围场腰站乡是全县最大的乡,辖 17 个村。河北工大科产处的钱占军来到这个乡后,作为主管教育的挂职副乡长,立即对全乡中小学进行了全面调查,经常骑车往返几十公里的山路家访,了解失学原因,做家长的思想工作。当他看到辍学儿童上山采药、到工地上干活换取学费时,听到"我想上学,可家里没有钱"的哭声时,他的心里再也不能平静下去,回学校向处领导作了详细的汇报。处领导召开专门会议,在全处发起献爱心活动。全处职工积极响应,几天之内捐款 2000 余元、学习用具 1000 余件,并有 12 名职工加入"一帮一"队伍中,负责所帮学生的全部学习费用,直到学生毕业。

由于这几年片面追求升学率,忽视素质教育,致使德育教育成为山区农村教育的薄弱环节。河北工大社科部的梁杰在棋盘山镇第一中学任副校长,主抓德育工作。他从建立健全德育规章制度入手,使该校的德育工作纳入系统化、规范化、制度化的管理轨道。他主持制定的班主任工作考评细则使班主任教师的工作步入量化管理的轨道,并取得了明显效果。他利用晚自习的时间做后进生的转化工作。一学期下来,学生们的学习成绩和思想素质都有了较大提高。

支教的同志不仅把自己置身于支教活动中,还把工大有益于当地教育发展的活动带到山区去。在他们的联系下,1997、1998 两年的暑期,该校青年志愿者"三下乡"活动在围场全面展开。大学生们以亲身经历使山里的孩子懂得:只有多学文化知识才能有更好的前途,才能更好地为国家作贡献。青年志愿者还捐赠了图书,开展了希望工程资助活动。全校专职干部、各系红旗支部和部分教师共捐款 1.4 万元,使 30 多名贫困失学的儿童重返课堂。另外,通过支教人员的努力,天津四十四中学与棋盘山镇第一中学成为友好学校。

支教队员们常说的一句话是:"既然组织派我们来了,我们就应该义不容辞地把工作干好,才对得起贫困山区的孩子们。"

林艳书(《河北日报》,1998 年 9 月 30 日)

河北工业大学改革开放纪实

走进省档案馆,打开河北工业大学 1978 年(时为河北工学院)的卷宗,我们看到:当时该校仅 6 个系 16 个专业 2138 名学生,2206 名教职工中只有 4 名教授,年均科研项目十几个。

20 年弹指一挥间,但对河北工大来说却至关重要,改革开放使该校发生了巨大的变化。如今,该校已有 12 个系 32 个专业 6900 名学生。2329 名教职工中,中国工程院院士 1 名、教授及研究员 97 名。1997 年,取得科研成果 110 项,被具有国际权威的三大索引(SCI、EI、ISTP)收录的论文数量已连续三年进入全国高校百名行列。

谈起巨变的原因,该校负责同志说:"20 年来,工大坚持改革开放,转变办学观念,坚持工学并举、产学研相结合,主动为我省经济建设服务,所以取得了今天这样的成就。"

着眼经济和社会发展需要培养适用人才

新中国成立后,我国高等教育模式是仿照原苏联模式建立发展的,它适应计划经济体制,专业划分过细过窄。工大也不例外。党的十一届三中全会以后,随着我国社会主义市场经济体制的逐步建立,这种模式已远远不能适应新形势,突出表现在学生知识面窄、适应能力差、就业单位可选择余地小;专业设置跟不上经济发展需要,这些都严重影响着工大的发展,同时,在某种程度上也制约着我省经济的快速发展。据此,河北工大决定改革现行教育模式,1987 年在全国较早地提出了"按类招生、加强基础、淡化专业、分流培养"的教育教学改革方案。

根据我省经济建设需要,工大先后对 5 个系 20 个专业进行了调整、合并,新增机械电子等 6 个专业,形成按专业类组系的新格局,专业设备更趋合理,从而打破了原有专业按行业"对口"的模式,增强了适应性。在此基础上实行了按类招生、按学科类组织教学的改革。目前,该校同一大专业类中的各专业相同课程学时达 80%

以上。为了弥补理工科学生人文素质相对较差的缺陷,学校还开设了占一定比例的经济、人文、艺术等文化素质课,每年还要举办全校性的文化艺术节和体育节。分流培养,即在第四学年让学生根据自身爱好、能力和我省对人才的需求选择一个或两个以专业方向模块课,进行分流培养。

工科学生不仅要掌握一定的专业基础知识,更重要的是具有较强的工程实践能力。工大制定了严格的教学实习计划,调动各方面积极性,确保学生的实习时间、实习场地。在具体实施上,教学、生产和科研各部门紧密配合,在校办工厂开展金工实习,对学生进行最基本的动手能力培养。结合校办工厂生产实际和新技术开发的实际,安排高年级和毕业班学生进行生产实习和毕业设计,特别是培养其技术创新的意识和能力。该校电工厂在接受本科生实习及毕业设计的基础上,1986年开始培养研究生,到现在已培养了10名硕士。如今,这些毕业生大都成为所在部门的业务骨干,由他们研制的产品也陆续投入生产,工厂也因此获得较高经济效益。去年,该厂又开始培养博士生。

这些改革首先在材料系、电子系、机械系和工管系等实施,继而在全校推开,取得很好效果,深受学生欢迎。1996年,该校又推出了学年学分制,允许学生跨专业选修,并制定实施了第二学位选修制度,使学有余力的学生在校期间就能拿到第二学位。深层次的教育教学改革,促进了教育教学质量的提高,适应了地方经济建设对人才的需要。从该校对我省10市81个单位的2155名历届毕业生跟踪调查的结果看,用人单位对毕业生的思想表现、业务工作能力和创新精神三项内容的反映,评为优良的分别为87.6%、85.89%和74.6%。学校的办学效益也逐步提高,师生比由1990年的1∶4.7提高到现在的1∶10。

面向经济建设,产学研协调发展

实行改革开放以后,当工大人走出校门来到企业、走出国门放眼世界时,深感办学观念的落后,赶不上世界科技发展和培养人才的新步伐,不适应市场经济发展的需要。不瞄准国内外科技前沿,就没有高水平的学术成果,教师就不可能把最新科研动向和研究方法介绍给学生;不瞄准经济建设战场,关起门来搞研究,科研成果就难以转化为现实生产力。如何将学校的教科研同经济建设有机地结合起来?借鉴国内外经验,河北工大提出了工学并举、产学研相结合的办学新思路。

实施产学研相结合,工大一方面加强校内教学、科研与生产部门的合作,更重

报刊中的河北工大

要的一方面是与我省有关厅(局)、地方政府和企业合作,建立产学研基地,以工程施工、人才培养、成果转化、共同开发新产品等多种形式进行运用。比如该校与省交通厅达成协议,每年由交通厅提供一条公路勘测路线,作为土木工程系学生实习和学校技术服务项目。由于是实际工程项目,指导教师严格把关,学生像工程技术人员一样,认真细致地做好每个环节的工作。几年来,土木工程系共为我省完成了7条路线勘测、设计任务,设计成果均受到省交通厅验收专家的好评,并获设计成果奖。通过实践,学生受到系统的工程训练,培养了严谨求实的科学态度和作风,为毕业后从事工程技术工作打下了良好基础。

产学研相结合,调动了广大教师从事科研的积极性。"八五"以来,全校新立研究和发展课题608项,其中国家自然科学基金项目31项,达到国际先进水平的51项,131项成果通过省部级以上部门鉴定。一批优势学科脱颖而出,电器、半导体材料等学科在电器可靠性、电器电磁场等基础理论研究以及对硅片缺陷进行控制与利用等方面均处于国际领先水平。近3年来,学校获专利授权47项,出版专著160部,发表论文5200篇。

产学研相结合更直接促进了为我省经济建设服务的步伐。1991年,该校接受了在厂回族自治县京冀联营高频焊管厂四机架冷连轧机电气自动控制系统的设计、安装与调试任务。该项目于当年底完成并投入使用。1992年该厂总产值增加了两倍。之后,科研人员根据我省机械加工设备控制系统发展要求,继续对该厂进行跟踪。1995年,开始了冷轧窄带钢生产线全数字智能控制系统的研究,次年投入运行,1997年通过省级鉴定,其技术性能处于国内领先水平。

1995年省委、省政府提出"科教兴冀""两环开放带动"战略。河北工大积极投身到实施这一战略的行列中。目前,该校先后与石家庄、廊坊、保定等7个市,丰润、新乐等22个县(市)、23个大型企业签订了全面技术合作协议。"八五"以来,该校先后与我省各类企业签订科技合同213项,创经济效益12亿元。1996年,工大被联合国教科文组织批准为东南亚及太平洋地区促进工业进步网络成员单位。

1995年,中共中央总书记、国家主席江泽民为河北工业大学题写新校名。1996年,该校通过国家"211工程"部门预审,去年又通过"211工程"立项论证审核,是目前我省唯一进入国家"211工程"建设的大学。

在"科教兴冀"战略的强大助推力下,河北工大这所百年老校将更加辉煌。

穆俊华、杨勇(《河北日报》,1998年11月26日)

河北工大"化工原理"课程改革初见成效

——教学、科研、开发形成良性循环

本报讯 河北工业大学化工原理教研室依托自身科技实力,在搞好教学工作的同时,大力加强科研和技术开发工作,形成教学、科研、开发相互作用、互相提高的良性循环态势。目前,该室科研成果已在全国 18 个省市推广应用,仅华北制药集团一个企业就实现年新增经济效益 4000 万元。

"化工原理"是化学工程系的一门技术基础课程。十几年来,该教研室教师以"创国内一流课程,育跨世纪人才"为目标,大胆改革原有教学思想和教学模式,探索出了"化工原理"课程由应试教育向工程意识、工程素养教育转变的新思路,摸索出了通过课程建设、实验室建设和课程设计等手段提高工程素质的新方法。他们利用实际生产中的化工设备作为实验装置,结合取得的科研新成果开出新颖而实用的实验课,并严格按照工程设计要求指导学生的课题设计,不仅使学生增强了工程意识,而且激发了学生崇尚科学的思想和创新意识。他们还组织 60 多名学生参加课余科研小组,多篇论文在相关学术年会上发表。该校"化工原理"课程曾被原化工部全国"化工原理"课程评估委员会评为优秀课程,在全国地方工科院校中名列前茅。1996 年 5 月,在天津市高校第四届"化工原理"竞赛中,河北工大学生再次登榜首,实现了在该项竞赛中的"四连冠"。

在抓好教学工作的同时,该教研室结合本学科专业的知识点,加强科研、开发、技术转让工作。目前,该室的科研和科技开发项目已经涵盖了"化工原理"课程中 80% 的知识点,从而丰富了课堂教学内容。该校的化学工程研究所研制和开发的立体喷射塔板和精馏技术已达到国内领先水平,并进入国际先进水平行列。近 5 年来,该项成果先后在华北制药集团、河北制药集团、山西维尼纶厂等大型企业的技术改造中一显身手,在全国制药、化工和维尼纶行业得到广泛推广。目前,该室已成为华药集团等企业在化工分离技术方面的技术支撑点。据不完全统计,包括立体喷射塔板、精馏技术在内的一大批新产品新工艺已在上海、新疆、广西、黑龙江等18个省、市、自治区的30多家企业中广泛应用。

工宣(《河北日报》,1998 年 11 月 30 日)

河北工大调整学科专业实行学院制

本报讯　河北工业大学加大内部管理体制改革力度,对原有的学科、专业进行调整,重新组建了八个学院。目前,各学院业务机构设置、人事安排已经完成,教学、科研活动开始了新的运行。

河北工业大学为了进一步适应社会主义市场经济和当代科学技术教育发展的需要,根据学校的实际,结合国务院学位委员会公布的研究生学科、专业目录和教育部一九九八年颁布的本科专业目录的实施,决定实行学院制,除保留原来的热能动力工程系外,把原来的十一个系重新组建了七个学院,同时成立了继续教育学院。

现在河北工大共设有电气信息学院、机械学院、化工学院、土建学院、材料学院、管理学院、文理学院、热能动力工程系、继续教育学院等九个教学科研实体和二十二个系、十个研究所、八个研究中心。

陈德第(《河北日报》,1998 年 12 月 7 日)

河北工业大学为湖南灾区援建希望小学

　　本报讯　河北工业大学师生为了支援灾区人民重建家园,捐资 70 万元在该校校友黄爱烈士的故乡湖南常德援建一所希望小学。该小学定名为"黄爱学校",原全国人大常委会副委员长、中国中小学幼儿教师奖励基金会名誉会长雷洁琼题写了校名。

　　今年夏季,我国南方和东北部分地区遭受特大洪水灾害后,河北工业大学生师生心系灾区,先后捐棉被 2000 条。御寒棉绒毛衣 5000 余件,救助东北灾区,在 84 万余元捐款中,除 14 万元分别以河北省和天津市教委名义捐给灾区外,其余 70 万元用于在该校校友黄爱烈士的家乡援建一所希望小学。

　　黄爱烈士,1897 年 9 月出生于湖南省常德市武陵区小井港村,1921 年 2 月考入河北工业大学前身-直隶公立工业专门学校,1922 年 1 月 13 日因组织湖南长沙第一纱厂工人罢工被捕,后被反动军阀杀害。

　　黄爱烈士爱国为民的革命精神一直作为该校师生团结奋进的一面旗帜,在这次赈灾捐款捐物活动中,该校师生首先想到的是黄爱家乡的父老乡亲和黄爱烈士家乡的孩子们。

　　近日,"河北工业大学援建黄爱学校捐赠仪式暨奠基典礼"在烈士故乡——小井港村隆重举行。黄爱学校占地约 10000 平方米,第一期工程计划投资 215 万元,建设面积约 2000 平方米,其中河北工业大学师生捐助的 70 万元全部用于兴建一座 1395 平方米的教学楼。

　　　　　　　　　　　　工办(《河北日报》,1998 年 12 月 13 日)

河北工大搭台众高校唱戏

本报讯　历时 50 多天的河北工业大学"98 金秋艺术节",在京津两地高校中引起较大反响。

河北工大今年的校园艺术节除展示本校的艺术成果外,还邀请北京大学、清华大学、中国人民大学、北京师范大学等 9 所高校艺术团及北京舞蹈学院、天津音乐学院的专业团体和天津市红桥区的业余艺术团体来校进行专场演出。15 场精彩的演出场场爆满,观众达两万余人次。

据了解,以艺术为媒介的沟通、交往是目前大学生们比较喜欢采用且容易接受的一种交流方式。河北工业大学在进行素质教育时,以艺术教育为突破口,在抓好教学的前提下,积极开展校园文化活动。校园内每年开展的"一个系一台节目"让多数同学都有机会参与到自编自导自演的艺术实践中来。丰富多彩的艺术生活,锻炼了同学们的创造性思维、动手能力和组织能力。

记者王智华(《中国青年报》,1998 年 12 月 23 日)

僻壤开出高科技花

——"直拉硅片的缺陷与利用技术"产学研采访札记

　　1998 年 12 月 17 日,记者在采访中了解到:一项具有国际先进水平的高新技术成果——直拉硅片的缺陷与利用技术,在相对落后的宁晋县扎了根并绽开了艳丽的花朵。这一成功实践表明,只要高校以社会产业需求为牵引搞科研,加上高瞻远瞩企业家的参与,产学研就大有可为。

　　直拉硅片的缺陷与利用技术,是河北工业大学的研究成果。河北工大博士生导师徐岳生告诉记者,作为重要的半导体材料——单晶硅,是电子工业的基础材料,全球单晶硅的年产值虽然只有 15 亿美元,却支撑着全球年产值 8000 亿美元的电子工业。我国的单晶硅生产仍很落后,年产量目前仅相当于全世界总产的三十五分之一。我省对硅半导体材料的研究起步于 70 年代,省科委一直予以重点支持,在河北工业大学建立了半导体材料研究中心。从 1992 年,该中心仅硅材料方面的研究,就先后获国家自然科学基金和省自然科学基金资助 125 万元。数年间,他们先后获得 5 次省部级以上科技进步奖。其中,"直拉硅片的缺陷与利用技术"获得了国家发明奖。

　　"这项成果会不会因'养在深闺人未识'而被束之高阁呢?"就在徐岳生等担心之际,宁晋县供电局局长、全国劳模靳保芳主动上门。他的长远眼光,很快打消了教授们"穷乡僻壤还能搞高科技"的顾虑,1996 年,这项诞生在海河之滨的高科技成果落户在宁晋县。于是,宁晋晶隆半导体厂成立了。

　　在单晶硅生长室里,正在运行的 4 台单晶炉一字排开。透过观察窗,记者看到:多晶硅棒在 2000℃ 左右的高温中正以 0.8mm/s 的速度缓缓向上提拉,同时籽晶有序地滴入到溶化的部分,在操作人员的控制下按设计要求,多晶硅棒的硅原子的排列由杂乱无章变得井然有序。多晶硅变成了用途广泛的单晶硅。靳保芳告诉记者,这些单晶硅棒随后将被切割成纸一样薄的硅片,再被运到海内外。

虽说"小荷才露尖尖角",但它已吸引了众多关注的目光。日本松宫半导体材料株式会社闻讯找上门来,主动寻求合作生产光电子材料——太阳能电池单晶硅,一个东南亚最大的太阳能硅厂业已建成。随着二期工程46台大直拉单晶炉的陆续投产,宁晋单晶硅基地将成为世界上最大的太阳能用硅片生产基地,届时预计年产值可达1亿元,利税将达1200万元。

(《河北日报》,1999年1月5日)

一片痴情苦耕耘

——记河北工业大学副教授安连祥

安连祥给我的印象一点也不像高级知识分子:普普通通的衣着,朴朴实实的话语,就连一举一动都带有一种特有的憨厚和纯朴。可他对于自己所从事的工作,却有着一种执着与奉献精神。

近两年,他主研的"冷连轧窄带钢生产线全数字智能控制系统"及相继研究出的5项科研成果均达到国内领先水平,先后应用到河北、山东、天津、内蒙古、江苏、云南等省市自治区的12家企业,取得了很好的经济效益和社会效益。这项研究成果荣获1998年省科技进步三等奖。

今年52岁的安连祥是河北工业大学电气信息学院教师。尽管每年都有较重的教学任务,但他抽工夫走出校门,跑工厂、到企业、进车间,调研考察,了解生产技术中的问题,寻找科研课题。通过在生产一线搞技术服务,不仅使理论与实际得到了很好的结合,丰富、充实了自己的知识,锻炼了实践能力,同时更使他感到了为经济建设服务所肩负的责任。他在校内组建了自动化技术科研组,近两年研制出热镀锌生产线自动控制系统、集散型计算机自动控制系统、大型车床(35吨)自动控制系统、碎边机自动控制系统、公路护栏成型机自动控制系统等6种电气自控系统。其中冷连轧窄带钢生产线1997年在霸州市东升带钢制品厂应用后,每年使该厂纯增利税300万元。冷连轧生产线集散型计算机自动控制系统1997年在山东省泰安市山口钢管厂、莒南工具总厂投入运行后,取得了更为可观的经济效益。其中山口钢管厂1997年新增销售额为1.05亿元,新增利税520万元。1998年该厂又增加一条生产线,两线新增销售额2.3亿元,新增利税1630万元。

陈德第(《河北日报》,1999年2月19日)

目标明确 措施有力

——河北工大加强师资队伍 建设具有博士学位的教师增至80人

本报讯 河北工业大学着眼地方一流工科大学目标,在"211工程"建设中注重加强师资队伍建设。近几年间,该校具有博士学位的教师人数翻了一番,为学校的教学、科研和生产提供了强有力的智力支持和人才保证。

该校从1995年开始,每年拿出100万元的专项资金用于高层次人才培养和师资队伍建设。其中,50万元用于启动"五十工程",即用50万元建立青年学术基金,力争在本世纪末培养造就一支50人左右的跨世纪青年学术带头人队伍;另50万元则用于青年教师进修培训和高层次人才引进。该校在人才培养上实行"名牌战略",按照学科建设的实际需要,通过定向委培、联合培养和自己培养等形式,把本校的优秀教师选派到国内外名牌大学的名师门下进修培养,在提高教师学术水平的同时,也将国内外最新的学术信息反馈回学校,使学校能在诸多领域跟上最先进的水平。在人才引进上,推行"实力战略",即在加大引进力度的基础上,看重人才的实际工作能力和科研水平,不务虚名,讲求实效,使引进的人才能真正起到带动学术水平提高的作用。目前,该校一些重点学科已实现飞跃式发展,达到国内领先水平。

由于采取的措施切实可行,河北工业大学师资队伍建设得到了超常规发展。1996年,该校具有博士学位的教师由两人增至23人,1998年底又增至80人。另外,还有15位教师在外从事博士后研究,70余名教师正在攻读博士学位。预计到2000年,该校具有博士学位的教师人数将再次实现翻番。

河北工大在师资队伍建设上的战略眼光和实际投入正在得到丰厚的回报,具有博士学位的教师在教学、科研、生产中发挥的作用越来越大。1998年,该校纵向科研经费到位269万元,以博士为项目负责人的项目经费占54.6%,横向科研经费也占到了四分之一以上。一大批学科和科研项目在博士教师的带领下,已经在全国小有名气。其中,蒋春澜博士在泛函分析领域、檀润华博士在机械加工模具快速成型技术、李春利博士在化工分离技术等方面的研究均已达到了国内领先水平。

贺立军(《河北日报》,1999 年 2 月 21 日)

刘玉岭委员的心愿

　　尽管已4次荣获国家发明奖,16次获得省、部级奖励,作为国家级科技专家和国务院第一批政府津贴获得者,56岁的河北工业大学微电子技术与材料研究所所长、博士生导师刘玉岭委员,依然感到自己为国家和人民做的事很少、很少,还有许多的心愿未能实现。

　　3月4日下午,在全国政协九届二次会议分组讨论的间隙,他向记者掏出了他酝酿很久的心里话——

　　"科教兴国,科学技术是第一生产力,这已成为全社会的共识。但是,在实际工作中,却还有不少不尽如人意的地方,突出的就是科技成果转化难。拿我们所来说吧,在微电子材料加工方面,已掌握了世界最先进的技术,每年都有一二项重要成果问世,但是却很难转化为现实的社会生产力,只能眼睁睁地看着它们躺在保险柜里,这怎能不让人痛心?据统计,全国每年取得的科研成果能顺利地转化为产品的尚不足10%,浪费极其惊人!"

　　"问题的主要症结在哪里?一是科研单位和科研人员市场意识淡薄,不具备成果转化能力;二是企业缺乏战略眼光和技术创新意识,不愿承担风险;三是科研单位和科研人员与企业沟通渠道少,信息不通畅。"

　　"根本出路只有一条:全面落实"科教兴国"方针,提高全民族的科技文化水平。首先要采取有力措施,强化企业技术创新意识和能力,督促和帮助企业在注重现有产品的生产、服务、保质的同时,搞好产品、技术的再创新、再发展。其次,要提倡和鼓励科研创新。对有创新发明的项目和科技人员,要给予足够的研究经费,创造良好的科研条件,确保技术先进再先进、领先再领先,形成国家技术优势。第三,要通过多种方式,增强企业与科研单位、科研人员的联系,做到相互了解,信息和技术资源共享,形成互相依赖、互相促进的良性循环……"

　　刘玉岭委员滔滔不绝,谈锋甚健。他拿出自己围绕"科教兴国"问题,提前撰写的 8 份提案说:"其实,对我这样一个在科研战线上工作了 30 多年的老知识分子来说,最大的心愿就是用自己的聪明和智慧,帮助我们的民族企业生产出具有独立知识产权和世界先进技术水平的产品,让全世界看到更多的'Made in China'。"

刘琦(《河北日报》,1999 年 3 月 5 日)

河北工业大学举行系列活动纪念五四运动80周年

本报讯 4月25日,一台以纪念五四运动为主题的专场演出又一次把该校纪念五四运动80周年系列活动推向高潮。

进入4月以来,河北工业大学在广大青年学生中广泛开展了以"知史、明理、奋进、成才"为主题的系列活动,通过开展五四影片回顾展、五四运动80周年图片展和五四征文活动,促使广大青年学生回顾五四运动的历史过程,认识青年在历史发展中的重大作用,更好地继承五四运动"爱国、进步、民主、科学"的精神。

工宣(《河北日报》,1999年4月28日)

报刊中的河北工大

河北工业大学师生认真学习领会
胡锦涛同志讲话精神

　　本报天津5月9日电　今晚6时,河北工业大学近万名师生端坐在电视机前,收看了胡锦涛同志的重要电视讲话,随后迅速举行了各种形式的座谈会。师生们一致认为,胡锦涛同志的讲话是非常及时和必要的。大家纷纷表示,坚决拥护胡锦涛同志讲话精神,支持我国政府维护国家主权、坚持正义、反对侵略的严正立场,强烈谴责北约袭击我驻南使馆的野蛮行径,向以美国为首的北约表示最强烈的抗议!

　　在座谈中大家说,我国目前的稳定环境来之不易,我们的任何行动一定要和党中央、和政府保持一致,自觉维护安定团结的政治局面。

　　针对胡锦涛同志在电视讲话中提出的要求,河北工业大学的学子们说,目前我国经济水平和综合国力相比之下还较低,我们作为当代大学生,应该努力学习科技文化知识,为提高我国的科技水平和综合国力贡献自己的力量。

　　胡锦涛同志代表党中央和我国政府对全国各界合法的抗议活动表示支持,使同学们备受鼓舞。同学们决心认真贯彻胡锦涛同志讲话精神,保护在华侨民的正当权益,杜绝过激行为,在思想上行动上和党中央保持一致。

（《河北日报》,1999 年 5 月 10 日）

国家计委正式批复河北工大
通过国家"211 工程"立项审核

本报讯　6 月 14 日,国家计委在《关于河北工业大学"211 工程"建设项目可行性研究报告的批复》中,同意河北工业大学作为"211 工程"项目院校,在"九五"期间进行建设。这标志着该校顺利通过了国家计委和教育部的立项审核,正式成为"211 工程"建设国家立项单位,也说明我省"211 工程"建设取得了阶段性成果。

国家计委在批复文件中指出,河北工业大学"211 工程"建设要以重点学科建设为核心,重点建设电器现代技术与工程应用、材料物理与技术、高效传热与燃烧工程、机械设计制造一体化技术等 4 个学科建设项目,使其成为我国高水平博士、硕士人才培养和承担重大科研任务的基地之一。

批复文件提出,河北工业大学"211 工程"建设所要实现的效益是,到 2000 年,学校综合实力有较大提高,力争使整体办学水平达到国内同类高校先进水平。

通讯员贺立军(《河北日报》,1999 年 6 月 27 日)

河北工大设立特聘教授岗位

——10万元津贴等着你

本报讯　经教育部"长江学者奖励计划"评审委员会审定,河北工业大学获准在材料物理与化学学科设立特聘教授岗位。目前该校已开始面向国内外公开招聘。

这是教育部设立的第3批特聘教授岗位,涉及全国74所高校的162个学科。受聘者将享受每年10万元的岗位津贴。该校根据实际需要,还将对校外受聘者在3年内提供不低于100万元人民币的研究经费,配备一定的学术梯队,提供3居室住房,为其办理家属随迁,安排配偶工作。

河北工大材料物理与化学学科是我省被批准的第一个设立特聘教授的学科。该学科具有博士学位授予权,是"211工程"重点建设的学科。设立特聘教授岗位,对增强该学科整体实力,提高科研水平,将起到极大的推动作用。

林艳书、杨勇(《河北日报》,1999年11月18日)

河北工大 5 年取得 431 项科研成果

本报讯　河北工业大学以市场为导向,走产学研相结合的道路,近 5 年共有 431 项科研成果通过鉴定,其中 92% 的成果达到国际先进水平,获得国家级奖励 12 项,省部级奖励 148 项。

该校结合"211 工程"建设,明确提出,要把科研工作从"单纯研究型"向"市场引导型"转变,将市场需要作为科研的动力。几年来,他们先后 28 次组织专家教授深入企业,寻找科研课题,并主动强化同企业特别是国有大中型企业的结合,与邯钢、保定天威集团、石家庄制药集团等 20 多个省内大型企业签定全面合作协议,共同建立了 9 个工程技术中心,并在校内建立了 3 个研究所。同时,该校还与保定、唐山等 9 个市和 76 个县建立了全面合作关系,形成了多层次的产学研合作网络。

如今,该校的许多科研成果已在省内得到推广应用。"中子嬗变掺杂直拉硅技术"在宁晋县落户,目前已建成东南亚最大的太阳能单晶硅厂。"立体塔板技术"在华药集团、石药集团、沧化集团等省内多家化工制药企业得到应用,为企业创造了可观的经济效益。

通讯员林艳书　记者胡博理(《河北日报》,1999 年 12 月 06 日)

河北工大首获工程硕士专业学位授予权

——4个领域 2000 年首批招生 60 人

本报讯 12月3日,经国务院学位办公室批准,河北工业大学喜获工程硕士专业学位授予权,电气工程、材料工程、工业工程、机械工程4个领域2000年将首批招生60人。这是我省第一个被批准具有工程硕士专业学位授予权的高校。

招收工程硕士是为企业培养高层次创新人才的重要途径。我省对此类人才的年需求量在500人以上,而目前企业中具有硕士学位的工程技术人员不足1%。为此,省委、省政府连续几年向河北工大投入资金3000万元,主要用于工程类型研究生培养基地的建设。近几年,河北工大通过与石家庄制药集团、保定天威集团等省内20多家大型企业和企业集团签订全面技术合作协议,在相关工程领域开设了一批突出工程硕士研究生培养特点的理论课程和实验测试课程,形成了一支与工矿企业联系密切的、科研课题紧紧结合生产实际的硕士生导师队伍,建立了稳定的培养基地,为培养工程硕士研究生奠定了良好基础。

据悉,在这次全国新增的30个工程硕士授予单位中,河北工大被批准的工程领域的数量及招生人数位居第二。

通讯员林艳书　记者王瑛(《河北日报》,1999年12月14日)

河北工业大学科普活动中心跻身首批
"全国科普教育基地"

本报讯 12 月 7 日,《科技日报》公布了首批"全国科普教育基地"名单,河北工业大学科学普及活动中心榜上有名。

1997 年成立的河北工业大学科普活动中心,在河北工大科协领导下开展工作,它由科普报告团、15 个高科技实验室及科研机构、大学生科协的有关分支机构联合组成。

该活动中心利用大学科技优势和丰富的科普资源,创造性地开展科普工作,每年都参加天津市的科技周活动,采用灵活多样的形式,广泛地开展科普宣传。他们不仅在天津市的铁路、公交车站及商业繁华区搞科普宣传,而且还深入我省一些贫困县搞科普活动,深受群众欢迎。

蒋石梅、刘新福(《河北日报》,1999 年 12 月 20 日)

河北工大产学研基地列为全国成功案例

　　本报讯　日前,国家产学研工程办公室公布了"产学研成功案例 100 例",河北工大产学研基地——宁晋县晶隆半导体厂名列其中。

　　1995 年,河北工大与晶隆半导体厂签订全面合作协议,依托该厂建立了产学研基地。工大向该厂转让了两个获国家发明奖的高新技术项目"中子嬗变直拉硅技术"和"直拉硅片缺陷的控制与利用"。在工大专家的帮助下,目前该厂已发展成为东南亚最大的太阳能电池硅片生产基地。半导体厂在优先享用工大科研成果的同时,也无偿为工大材料学院的硕士和博士研究生提供实习基地。

　　　　　　　　　　　　霍占良、张宏标(《河北日报》,2000 年 6 月 8 日)

《河北工业大学学报》被英国 INSPEC 数据库收录

——这在我省高校是第一家

本报讯 日前从河北工业大学获悉,该校学报被国际重要检索系统——英国 INSPEC 数据库(SA)收录,成为我省第一家被该数据库收录的高校学报。

英国 INSPEC 数据库前身为英国《科学文摘》(SA),是世界四大数据库之一,共分 4 辑:物理文摘、电气与电子学文摘、计算机与控制文摘和信息科学文摘。它对选用期刊的学术水平要求较高,拟进入该数据库的期刊,必须专业对口,有较高的学术水平和编排质量,编排格式严格按照国家标准,遵循国际惯例。目前,我国有 30 家高校的 33 种自然科学学报被收录,《河北工业大学学报》是该数据库新增加的 3 家中文自然科学学报之一。

林艳书(《河北日报》,2000 年 6 月 20 日)

报刊中的河北工大

343

河北工大塑造跨世纪人才

本报讯 7月5日,国际Ca代数研讨班开幕式在河北工业大学举行,这是该校培养跨世纪人才,增强与国际交流的又一行动。跨世纪人才培养工作使河北工大步入教学、科研、技术创新同步发展的良性循环。

河北工业大学创办于1903年。党的十一届三中全会以来,该校坚持"工学并举,产学研相结合"培养人才的道路。尤其从1994年以来,新一届领导班子把培养和造就一支跨世纪高水平的师资队伍,培养高素质人才、占领学术制高点和更好的为地方经济建设服务,作为学校面向21世纪可持续发展,建设地方一流工科大学的重要保证。走人才联合培养、自己培养和引进之路,共选派200多名优秀教师到清华大学、上海交通大学、南开大学、中国科学院以及德国依尔梅瑙大学、日本甲南大学等国内外知名大学和科研院所的名导师门下攻读博士学位和硕士学位,从而在提高学术水平的同时,将国内外最新的学术信息传回学校。同时,加大人才引进力度。全校博士人数由1996年的2人增加到现在的118人。为了营造良好的教育、科研、生活环境,实现人才"蓄水工程",学校每年拿出20万元设立青年研究基金,每年拿出30万元设立跨世纪人才科研资助基金,并设立了50万元的科技开发基金和20万元的基础研究资助基金,斥巨资改善教学、科研环境。聘请25位两院院士为兼职教授,成立了河北工大学术顾问委员会。师从中国科学院院长路甬祥院士攻读博士的檀润华教授,自1998年取得博士学位以来,发表高水平论文6篇,其中4篇被EI收录。完全在本校内培养的博士生导师杨庆新教授,研究方向为电磁场与磁技术领域。他在国际上最早提出电磁铁动态特性的参数耦合法,最先给出具有任意充磁方向的三维永磁磁场的有限元方法,首先实现工程涡流损耗和磁滞损耗的分离技术,首先给出考虑弹性模量变化的超磁致伸缩有限元计算模式,最早将无单元法引入电磁场数值计算领域。由吉林大学引进的蒋春澜教授,其研究专著《希尔伯特空间上的强不可约算子》于1998年由英国著名Longman公司出版(俗称红皮书),这是继华罗庚先生后第4位中国血统的学者在该公司出版研究著作。

"九五"期间,该校在"863"推广应用项目和国家"973"基础理论项目上均取得突破,与保定天威集团联合取得了国家"863/CIMS"推广应用工程立项,数学"无穷维分析"研究课题已获国家"973"重大基础理论研究立项。共新立课题402项,有93项科研成果通过省级以上鉴定,其中50项达到国际先进水平,占鉴定总量的54%;获准专利25项;获省部级以上奖励49项;学术论文被SCI、EI、ISTP三大国际权威检索文献收录的数量均进入全国高校百强行列。在磁技术与磁材料、半导体材料制备等十个研究方向,该校在全国处于领先地位,CO绿色化学研究方向处国际领先水平。同时,学校整体实力明显增强。854名教师队伍中,正高职教师科研人员135人,副高职教师科研人员386人,国家级有突出贡献的专家7人,博士生导师20人,有省级重点学科13个,占河北省全部重点学科的四分之一强。学校有4个省级科研机构。该校去年被国家计委批准为"211工程"国家立项单位。

　　校长颜威利教授不无自豪的告诉记者,近年来,他们还向政府部门输送了一批高素质、复合型、跨世纪的一批管理干部。38岁走上省科技厅厅长职位的博导杨庆新教授就是其中的一位。

　　　　记者刘廉君　通讯员林艳书(《科技日报》,2000年7月27日)

刘健生在河北工大调研时指出
高校扩招要以质量为前提

本报天津8月8日电　副省长刘健生今天在河北工业大学调研时指出,高校要抓住高等教育大发展的机遇,在扩大办学规模的同时,切实提高办学质量和层次,努力增强学校发展的内在动力和活力。

刘健生首先听取了河北工大负责同志关于学校基本建设和实验室建设情况的介绍,冒雨查看了在建中的30000平方米教学实验主楼和已竣工的11000平方米的学生宿舍楼,并饶有兴趣地参观了电器实验室、材料检测中心、机器人实验室和快速成型实验室。

刘健生指出,到2010年全省初步实现高等教育大众化,使18至22周岁适龄人口的毛入学率达到16%以上。规模的扩大必须以质量的提高为前提,人才培养层次也要有相应的提高。高校专业结构调整要以"与市场接轨,同经济结合,为发展服务"为总原则,服务河北,面向全国。高校人事制度改革要引进竞争机制,分配制度改革要坚持绩酬挂钩,敢于让有突出贡献的教学人员、科研人员和经营管理人员先富起来。

林艳书、魏进平(《河北日报》,2000年8月9日)

奖贷助补减五措并举
河北工大不让特困生失学

本报讯　为了不让特困生因贫困而影响学业,河北工业大学出台了一系列资助措施,使他们的经济负担得以缓解。到目前,该校基本形成了奖学金、贷款、困难补助、减免学杂费、勤工助学"五位一体"的资助体系。

该校各院、系都把解决特困生问题作为一项重要的日常工作,努力搞好特困生家庭经济状况调查,并建立档案。对家庭确实困难的学生,学校每月给予40元到80元困难补助。仅九九级就有262名特困生受到资助,资助金额为25.75万元。学校还设立了560个助学岗位,使特困生既受到了资助,又得到了锻炼。此外,该校还建立了特困生临时补助制度,对一些家庭或本人受到重大伤(病)害学生,采取临时补助的办法,帮助其顺利渡过难关。

在完善困难补助制度的同时,该校还制定了学生贷款办法,对获得各类荣誉称号或考取研究生以及毕业后自愿到"老、少、边、穷"地区工作的学生,减免偿还部分贷款。每年为特困生减免贷款的额度在3万元以上。每年年底,该校还为在校特困生发放冬衣,寒假前为特困生发放慰问品、慰问信,并召开发放大会,鼓励他们在困难面前不低头,顺利完成学业。

林艳书(《河北日报》,2000年8月11日)

报刊中的河北工大

第四届国际电磁场问题与应用会议举行

本报讯　第四届国际电磁场问题与应用会议,9月18日在位于天津市的河北工业大学举办。来自国际上的著名电磁场计算与应用领域的专家学者120余人参加了会议。

国际电磁场问题与应用会议由中国电工技术学会和中国电机工程学会于1988年发起。前三届会议分别由中国科学院电工所、浙江大学和华中理工大学举办。来自英国、美国、日本、意大利、葡萄牙、比利时、巴西、德国和波兰等国家的19位国际著名电磁场及应用领域的专家担任本届会议的国际指导委员会委员;三天的会议,国内外专家将通过特邀报告、口头发言及张贴板报等方式交流,就电磁分析方法及发展举行专题报告和讨论,有146篇电磁场计算方面的论文在会上发表。

据本次会议主席、河北工业大学校长颜威利教授介绍,举办这样的会议旨在加强国际合作,拓宽工程电磁场数值计算研究的领域,提高我国电磁场计算方面在国际上的学术地位。

通讯员林艳书　记者刘廉君(《科技日报》,2000年9月20日)

河北工大获准开展 MBA 教育工作

本报讯　近日,国务院学位委员会办公室正式批准河北工业大学开展 MBA 教育工作。这标志着我省可以自己开展 MBA 培养工作并授予学位。

MBA 是"工商管理硕士"的英文缩写,其教育目的是培养高素质、处于领导地位的职业工商管理人才,使其掌握生产、财务、金融、营销、经济法规、国际商务等多学科知识和管理技能。

目前,我省非常缺乏接受过现代 MBA 教育的高层次经营管理人才。开展 MBA 教育工作,对提高我省国有大中型企业管理人员的素质具有非常重要的意义。作为 MBA 学位培养单位的河北工业大学管理学院,先后获得管理科学与工程硕士学位授予权、技术经济及管理专业硕士学位授予权、工业工程领域工程硕士授予权。承担 MBA 主要教学任务的 13 名教师有 7 名教授、5 名副教授。

魏进平、林艳书(《河北日报》,2000 年 10 月 28 日)

河北工大校园文化丰富多彩

本报讯 在最近结束的第十一届天津市大学生艺术节中,河北工业大学艺术团选派的 23 个节目,有 11 个节目获奖,这是该校长期坚持校园文化建设的结果。

为营造爱国主义教育的校园文化环境,该校于 1994 年开展了"四个一工程"活动,即看一本好书,唱一首好歌曲,参加一项科技活动,演出一台好节目。为将这一活动落到实处,学校举办了历时一个月的首届文艺汇演,15 个演出单位表演了 158 个节目,融科技、文化、体育于一体。此后,每年都要举行文艺汇演。他们还结合重大纪念日,开展校园文化活动。以校艺术团为依托,开展丰富多彩的校园活动。学校重新组建了艺术团,多年来以本校历史和本校有影响的人物为题材,创作了多场音乐舞蹈节目,备受师生欢迎。以河北工大艺术团为主组成的中国民间艺术团先后对罗马尼亚、匈牙利、奥地利三国进行了访问,参加了 5 个民间艺术节,共演出 48 场,观众多达 30 万人,为祖国和学校赢得了荣誉。该校还加强了与各高校的艺术交流。学校邀请北京大学、清华大学、中国人民大学、北京舞蹈学院等 10 多所高校的艺术团来校举行专场演出。学校艺术团还应邀到中国民航学院、华北航天工业学院、天津市红桥区、天津市六〇九厂等高校、企业演出,并受到好评。

林艳书(《河北日报》,2000 年 11 月 27 日)

潘承孝今天跨越三个世纪

——浓墨重彩抒豪情　桃李满园写春秋

本报讯　当二十一世纪到来的钟声敲响的时候,已在天津医科大学总医院住院4年,数次生命垂危、数次转危为安,现年104岁的潘承孝教授终于迎来了又一个新世纪,从而实现了他人生横跨三个世纪的夙愿。

潘承孝教授是河北工业大学名誉校长、深受国内外学子敬仰和爱戴的教育家,出生于1897年。1996年,在他99岁高龄时,突发急性脑出血,被送到总医院干部保健部抢救。入院时,他昏迷不醒,呼吸困难,经检查,发现还有肺感染、应激性溃疡等多种合并症,生命面临死神的威胁。该院对潘老的病情十分重视,立即成立了由神经内科、心脏内科、呼吸内科等多学科专家组成的抢救班子,发挥多学科配合、综合实力强、技术力量全面的优势,全力以赴进行救治,终于使潘老从昏迷中苏醒过来,逐渐化险为夷。

但由于潘老年事已高,住院前就有冠心病、高血压等慢性病,加之此次脑出血后长期卧床,所以在入院后的4年中,尽管医护人员悉心照料,但仍免不了发生一种长期卧床患者容易出现的合并症,即坠积性肺炎,就几度在潘老身上发生。患了这种合并症后,气管内粘稠的分泌物随时会导致他窒息,若病情进一步发展,各器官的功能也会丧失,病情危急。但几度都在医护人员的及时抢救和精心护理下脱离了危险。尤其是今年10月份,潘老再次合并肺感染而导致呼吸、循环衰竭,血压下降至70/40mmHg、心率150次/分钟,并伴有膀胱出血,危在旦夕。在院领导的亲自指挥下,各科专家通力合作,全力救治,使潘老再次战胜了死神。而且,在这4年中,潘老从未发生过褥疮,气管切开处也未出现感染。

潘老住院期间,民进中央、中共天津市委和市政府、河北省委和省政府都极为重视和关心,有关领导亲自过问病情和治疗方案,并来院探望。

见习记者马凤华　通讯员黄若音(《天津日报》,2001年1月1日)

河北工大新增五个博士点九个硕士点

——学科建设再结硕果

本报讯　2000年12月28日,经国务院学位委员会第十八次会议批准,河北工业大学5个博士学位授权学科和9个硕士学位授权学科获得通过。至此,河北工业大学的博士授权学科达到7个,各类硕士学位授权学科达到31个。

这5个博士授权学科分别是:管理科学与工程(一级学科)、电工理论与新技术、微电子与固体电子学、材料学、机械制造及其自动化。9个硕士授权学科分别是:建筑科学技术、数量经济学、机械电子工程、电工理论与新技术、物理电子学、生物化工、企业管理、应用化学、测量技术与仪器。

"九五"以来,河北工大紧紧抓住"211工程"建设的大好时机,强化学科建设,加大人才培养和引进力度,增加学科建设投入,使办学层次和水平有了显著提高,形成了以本科教育为主,博士、硕士、工程硕士、MBA教育及继续教育兼有的多层次的高等工程教育体系。

林艳书(《河北日报》,2001年1月4日)

河北工大"211 工程"建设成果丰硕

本报讯 近日,经人事部、全国博士后管委会批准,河北工大获准在电气工程和材料科学与工程 2 个学科设立博士后科研流动站。这在该校历史上是第一次,也是该校"211 工程"一期建设取得的丰硕成果之一。

河北工大"211 工程"建设项目,是由省政府投资建设的高等教育建设工程项目,于 1996 年 10 月 5 日通过了主管部门预审,1997 年底省内立项。1999 年 6 月 14 日,国家计委正式批复同意河北工业大学作为"211 工程"项目立项建设。目前,一期建设基本结束。5 年来,省拨专项资金 2.03 亿元,学校自筹资金 2400 万元,全部用于项目建设。资金使用情况良好,并达到了预期效益。

通过重点建设,该校学科整体水平提高。博士点由 1996 年的 1 个增加到 7 个,硕士点由 14 个增加到 27 个;新增为工程硕士学位授予单位,在电气工程、机械工程、材料工程等 6 个领域获得工程硕士专业学位授予权。经国务院学位办批准,成为工商管理硕士(MBA)教育培养试点单位。

在"211 工程"建设中,该校紧紧围绕重点学科建设,加强了科研机构和科技队伍建设,使学校的科研条件有了较大幅度改善,实力明显增强,使我省经济建设和社会发展服务的能力明显提高。"九五"期间科研立项共 683 项,其中国家级项目 30 项,有 95 项科研成果获奖,申请专利 34 项,出版专著 195 部,发表论文 4000 余篇,其中被 SCI 收录 55 篇,EI 收录 98 篇,ISTP 收录 61 篇,居全国高校排名百强行列。

通过实施跨世纪人才工程,该校重点培养、选拔学术带头人和中青年学术骨干。到目前,已有 84 人次获得国家级、省级有突出贡献的中青年专家、骨干教师称号或享受政府特殊津贴。博士生导师人数由 1996 年的 2 人增加到现在的 20 人。经教育部"长江学者奖励计划"评审委员会评定,材料物理与化学学科、电机与电器学科被批准设立特聘教授岗位,现正面向国内外招聘优秀人才。目前,该校 877 名专任教师中,具有高级职称的有 493 人。

林艳书(《河北日报》,2001 年 4 月 20 日)

河北工大"211工程"建设项目通过省政府验收

本报天津4月25日电 河北工业大学"211工程""九五"期间建设项目今天通过省政府专家组的验收。专家组认为,该项目如期完成了预定任务,具备了接受国家验收的条件,并建议省政府向国家申请验收。副省长刘健生参加了验收活动。

河北工大"211工程"建设项目,是由省政府投资建设的高等教育建设工程项目。5年来,省拨专项资金2.03亿元足额按时到位,学校自筹资金2400万元也按时足额完成,并全部用于8个子项目建设。其中,重点学科建设项目4个,包括电器现代技术与工程应用、材料物理与技术、机械设计制造一体化技术、高效传热与燃烧工程;此外还有教学基础条件建设、图书文献信息保障系统建设、校园计算机信息网络系统建设及基础设施建设等4个子项目。

通过实施"211工程",该校实现了跨越式发展。学术水平、师资队伍建设、高层次人才培养能力和为地方经济建设服务的能力有了显著提高,取得了一批标志性成果。据统计,"九五"期间,该校新立科研项目683项,其中国家级项目30项,并首次承担国家973计划重点研究课题;到校科研经费累计5162万元,比"八五"期间提高2倍多。在已经鉴定的124项科研成果中,5项达到国际领先水平,71项达到国际先进水平,95项科研成果获奖。论文被SCI、EI、ISTP收录数居全国高校排名百强行列。教育教学和科研环境明显改善,实验室装备水平大幅提高,可用仪器设备总值由"八五"末的4573万元增长到7447万元。

记者王瑛 通讯员林艳书(《河北日报》,2001年4月26日)

河北工大举行庆祝建党 80 周年专场演出

——王旭东、赵金铎、刘德旺、吕传赞等出席观看

本报 5 月 20 日讯　今天晚上,省会河北会堂掌声雷动,河北工业大学艺术团在这里举行庆祝建党 80 周年专场演出。省委书记王旭东,省委副书记赵金铎、刘德旺,省政协主席吕传赞,全国政协常委叶连松,省委常委、宣传部长张士儒,省人大常委会副主任刘作田,副省长何少存、刘健生,省政协副主席陈慧和 2000 多名观众一同观看了演出。

河工大艺术团多次出国演出。今晚,他们演出的节目节奏明快、充满青春朝气,博得观众阵阵掌声。演出结束后,省领导亲切接见了全体演职员并与他们合影留念。王旭东对河北工大艺术团为大家献上的精彩节目给予好评。他希望艺术团能够再次走出国门,担当文化交流使者,为祖国赢得荣誉,并希望河北工大能为河北培养更多的人才。

记者霍晓丽(《河北日报》,2001 年 5 月 21 日)

河北工大告别纸质文件

——实现网上办公

本报讯 鼠标轻轻一点,校内发送的各种文件便尽收眼底。河北工业大学日前正式开始运行的党政办公信息系统,让教职员工彻底告别了纸质"红头文件",省时、省力、省钱,一举三得。

随着教育事业的发展,高等院校办公机构需要处理的信息呈现出急剧增长的特点,急需提高办公效率、改进办公手段。今年2月底,该校启动了党政办公信息系统。这套系统充分发挥计算机存储量大,书写速度快、易修改的特点和网络方便快捷的优势,建成了可供任意查询的文档全文信息库系统。在该办公系统中,全体用户均有一个具有自动回执功能的电子信箱,当用户打开邮件的同时,发信人还能收到一个标注着确切打开邮件时间的回执。

该系统还具有张贴、编辑和删除功能的远程信息维护界面,用户可以依据系统管理员所授予的权限方便地浏览各类文件、通知公告和各种等待处理的新信息,并可撰写发布相关文件和通知,实现了异地办公。

经过一段时间的筹备后,该系统于日前正式运行。如今该校各单位和部门上报信息基本都采用电子邮件,校内红头文件均采用发送、发布的形式。为方便非系统内用户的使用,学校还建立了党政办公主页——河北工大办公网。

魏进平、林艳书、张丽辉(《河北日报》,2001年10月27日)

学人潘承孝

  当二十一世纪第二个新年的钟声敲响的时候,潘承孝教授进入了他105岁的人生历程。这位百岁老人,1897年3月7日出生在江苏省吴县(今苏州市)。富饶美丽的江浙大地养育了这个书香子弟,积淀深厚的吴文化打造了他的殷殷报国之心,使之成为当今经历三个世纪的一代师表。

  潘承孝从小就立下了远大志向,要像政治家、诗人范仲淹那样"先天下之忧而忧,后天下之乐而乐"。所以,无论是上中学还是读大学,都朝夕苦读,勤奋不已。他怀着"工业救国"的志向,远渡重洋到美国留学,学成回国后又抱着"为国储才"的思想在大学任教,如今已辛勤耕耘近八十个春秋,把自己的学识才华无私地奉献给了祖国和人民,奉献给了一代又一代青年学生,造就了众多栋梁之材,为党和人民的教育事业建立了不朽的功绩。

  现在,潘老虽卧病在床不能工作了,但他却一直眷恋着河北工业大学,眷恋着广大师生,眷恋着我国教育事业的发展。

  潘承孝一生与书为伍,爱书、读书、教书,视书如命。他的家里藏书很多,书香四溢。书中有真知,书中有智慧。书给了潘承孝远见卓识,成为大才;书给了潘承孝聪明才智,使之学富五车。

  上小学时,潘承孝就读的松麟小学堂在一个名叫"惜荫书屋"的地方,先生、父辈惜时读书,使他耳濡目染,懂得了书的宝贵,惜时的重要。于是,惜时如金,刻苦读书,十五岁就以优异的成绩升入中学。1915年夏,中学尚未毕业,潘承孝又凭借自己的天资和勤奋考取了唐山工业专门学校(西南交通大学前身),经过两年的预科学习,成为该校第一届机械系大学生,并在1921年暑假以该系第一名的成绩毕业获学士学位。按当时北洋政府的规定,唐山工业专门学校各系的第一名,可以不经过考试直接取得官费留学资格,这样,潘承孝1922年7月就踏上了赴美国求学之路。

  读书是潘承孝每天的第一需要,不论是青年时代还是暮年时期,也不论是当校长还是任教师,终日在书海里遨游。即使是在战争年代,在动乱的日子,也从不间断。1937年卢沟桥事变前,潘承孝一家住在北京西城区一个小四合院里,东厢房是专用的书房,每天潘承孝在那里看书直到很晚。长子潘家华看到父亲的书房晚上天天总是亮着灯,不免有些好奇。尽管母亲下令不许去"捣乱",有一天,还是出于好奇,偷偷把书房门推开,张大眼睛看时,四壁书架上放满了书,父亲的桌子上堆放着书,正在定睛地看着,有时还写写划划。此情此景永远留在了潘家华的心中。

1966年开始的那场内乱,令潘承孝不堪回首。他看到学校被迫停课,教师不再做学问,学生不再读书,心急如焚。尽管自己被戴上"反动学术权威"的帽子,时不时遭到批判,处境艰难,他仍然强调知识的重要,鼓励师生读书。有一次,在校园的僻静处,他看到一位教师在躲躲闪闪地看外文书籍,便上前询问他为什么不光明正大地学。当那位教师回答怕说他崇洋媚外时,大胆地鼓励那位教师不要怕,要理直气壮地学。说学校订的外文书籍就是让看的,学好外文对我们国家有利。那位教师听后备受感动,心中余悸一下子消失了。

潘承孝人生的信条是:一息尚存,读书不止。80年代,河北省政协四届二次会议在石家庄召开时,他是挟着一本《美国麻省理工学院教学计划及教学大纲》报到的,利用会议间隙学习研究,从中找出值得我们办学借鉴的东西。在年近九十时,还学起了《电子学》,以求获得新的知识信息,把握科技发展方向。1990年苏东剧变后在10月末的一天,老人家轻轻叩开宣传部的门,提出帮他选点马列著作,好好学一学。当宣传部的同志把正在组织中层以上干部学习的《关于社会主义若干问题学习纲要》一书送给他时,老人家深情地说:"苏东形势的变化,说明必须坚持社会主义道路,坚定社会主义信念。"1993年,在他生日时,收到当年弟子美国波士顿大学机械系主任陈明茂教授赠送的礼物,一本陈教授的最新著作《numerisanalysis ofslrt》(《结构系统的数学分析》),感到很欣慰,一页一页地把它看完,并赠给学校图书馆,作为特藏书珍藏。直到1997年春天住院前,每天都要把英文版的《中国日报》仔仔细细一篇一篇读完。

潘承孝治学严谨,书教得好,循循善诱,并根据自己的切身体会,认为学生在校时,一定要打好基础。大学生从一年级开始要好好读书,学好数理化。数理化学不好,概念不清楚,自学能力、分析问题和解决问题的能力就差。基础不好,很难深造。就像种庄稼,底肥不厚,很难长壮;也和盖楼一样,地基不牢,很难盖高。他还寄语中学生不要偏科,不要重理轻文,特别要学好语文。为此,专门在《河北青年》上发表文章,语重心长地告诫大家。他指出,语文是学好各门功课的工具,是基础的基础。无论是学习政治、学习历史、学习地理,还是学习数学、物理、化学、生物,没有语文基础是不行的。他还针对一些学生认为考上理工科大学,语文不重要的误解,指出,学理工的人,如果语文基础不好,很难正确理解科学技术知识和完善准确地表达科研成果,并结合具体事例说明学好语文的重要。他还比较早的倡导在大学开设《大学语文》课。

桃李不言,下自成蹊。一生读书、教书的潘承孝,以师表的风范受到人们的尊敬和爱戴。

陈德第(《读书时报》,2002 年 1 月 9 日)

绿色能源　造福人类

——记正在崛起的河北宁晋单晶硅基地

河北工业大学开发研制的"中子嬗变掺杂直拉硅"及其专利技术在河北省宁晋县开花结果,2001 年单晶硅生产 140 吨,实现销售过亿元,出口创汇 1000 多万美元。这种直接用于太阳能电站的单晶硅,不仅是造福人类的绿色能源,而且其生产规模名冠亚洲。她的崛起引人注目,记者近日慕名前去采访。

开发"绿色能源"的共同心愿

出河北省城石家庄沿 308 国道向东南 60 公里处,一片现代化厂房映入眼帘,这里听不到隆隆机声,看不到滚滚浓烟,占地 53 亩的河北工业大学信息功能材料研究所的产、学、研太阳能单晶硅生产基地就坐落在这里。

说来也巧,此次采访与河北工业大学信息功能研究所副所长任丙彦教授不期而遇。提起任教授,当地人夸奖他为宁晋做出了大贡献,接受采访时任教授始终不愿谈他个人,谈起他从事的事业却津津乐道。这是因为,当今国际绿色能源工程——硅太阳能电站,已进入实用阶段。正是对这一巨大的市场空间的预见,任教授所在的研究所几年前就瞄准利用太阳能发电必不可少的单晶硅研制项目。功夫不负有心人。而今,该研究所的单晶硅研制已有多项成果问世,其中两项获国家专利、一项获国家发明奖。这一消息传到宁晋县电力局,局党委书记、局长靳保芳兴冲冲地来到河北工业大学所在地天津,诚恳希望把这一科研成果引到宁晋开花结果。孰料对方的答复是:"不行。"

看准了的事千方百计要办成。河北工业大学被靳保芳三赴天津的精神所感动,研究所领导带人到宁晋县电力局考察,深为这个县电力局"三次创业"取得骄人的业绩所感动。经过深入考察,他们认为,宁晋县电力局是理想的合作伙伴,理由有三：一是领导班子具有锲而不舍的执着追求和奋斗精神；二是由电力局兴办的企业具有良好的环境；三是生产单晶硅所需巨大电能有保证。

"科教兴冀，科技兴企"的共同愿望和开发太阳能造福人类的共同理想，把他们紧密联结在一起，以技术转让和产、学、研相结合的形式开展合作，于1996年3月建成"宁晋晶隆半导体厂"，使河北工业大学的"中子嬗变掺杂直拉硅""半导体缺陷的控制和利用"及其专利技术，当年在这里开花结果。

广招人才与加强培养技术骨干

国际绿色能源工程——硅太阳能电源、硅太阳能电站，在国外一些国家已进入实用阶段；受国际绿色能源发展潮流的影响，我国在该领域处于起步状态。新崛起的宁晋单晶硅生产基地，长远规划是建立以河北工业大学为中坚力量的企业技术中心。千里之行，始于足下。当务之急是让"乡土人才"快速成长，面向全县从高考落榜生中选拔人才，考试科目包括数学、物理、化学、语文，由任丙彦教授统一命题并判卷，被录用者分批分期到北京、天津进行培训。坚持课堂学习与在实践中应用提高，一大批学有所成的青年技术工人成为生产骨干。

我们来到单晶硅生产车间，已做成的单晶硅棒形似小炮弹。听介绍，这里生产的太阳能单晶硅棒运往日本，经深加工后即可销往英、美等国，身价倍增。车间负责人深有感触地说，因技术方面的原因，目前只能切割6英寸以下的单晶硅棒，而切割6英寸以上属高科技，目前难以做到。所幸的是，近两年大学毕业生、研究生纷纷慕名而来。吸引人才、留住人才的关键是事业，而不是物质享受。两位在这儿工作不久的大学毕业生展露才华，一位担任"松宫"贸易部长，一位担任一工厂副厂长；河北工业大学两位教授，原打算在这里干一段时间，现在却常年在这里工作；河北工业大学有两位高才生，毕业后曾到深圳、上海寻求发展，最后还是选择来到这里创业。

宁晋单晶硅生产基地的崛起令世人关注，当今世界最大的太阳能硅片供应商——日本松宫半导体技术株式会社，社长松宫津夫先生几次来宁晋考察，被这里的投资环境、电力保障及未来合作伙伴的经济实力所吸引。经过双方的共同努力，于1997年成立"宁晋松宫半导体有限公司"，所生产的太阳能电源用单晶硅棒全部销往日本。

"让宁晋走向世界,让世界了解宁晋"

创新是企业发展的灵魂。宁晋晶隆半导体厂与日本松宫半导体技术株式会社合作办企业,目的是吸取日方的先进工艺和技术,通过日方将产品推向国际市场。在合作过程中,宁晋县电力局领导更注重创新,延伸开发具有自主知识产权的新产品、新工艺,扩大国际市场覆盖面。基于这种认识,他们当时只拿出晶隆半导体厂一半的资产与日方合资经营,而另一半留作自身发展经营。聪明的选择,使他们得以继续开拓新的奋斗目标,其中与香港合资建成"宁晋赛美港龙电子材料有限公司""宁晋阳光电子有限公司",逐步形成以太阳能级单晶硅和电子器件级单晶硅的主导产品。至此,园区已形成集科研、生产、贸易、服务于一体的集团化企业群体。

随着企业群体规模化发展,产品深加工势在必行。目前着手筹建的晶隆硅片加工中心,引进国外先进设备和技术,投产后年加工硅片上千万片,产品可直接进入国际市场;通过寻求合作伙伴,争取在未来 3 年内宁晋单晶硅基地的二极管硅片的年产量达到 400 万片,除供应国内市场外,部分产品销往国外市场。同时,伴随着生产基地的发展,高纯石墨、多晶硅选料、真空泵修理等相关产业应运而生。那时,企业群体必将形成规模,成就一方特色。

为了加大招商引资力度,他们着眼于现有合资企业外商的增资力度,提高服务质量的工作见成效。比如:在中日合资企业生产车间悬挂中方、日方企业领导的照片,在大门口悬挂"松宫"字样的牌匾等。良好的投资环境,使日方投资数额一增再增,宁晋松宫公司目前拥有大投料单晶硅炉 42 台,年底将增加到 48 台,届时整个基地的年产量将达到 240 吨,生产规模位列亚洲第一。真诚合作,互惠互利;管理有方,企业兴旺。合作初期,日方派一位副经理、一位技术部长参与管理。一年之后,蒸蒸日上的企业出乎他们意料,两位日方人员放心地打道回府。

"让宁晋走向世界,让世界了解宁晋"。而今,宁晋松宫半导体有限公司、宁晋晶隆半导体厂,均已通过中国进出口质量认证中心和中国电子行业质量体系委员会的 ISO9002 质量体系认证。良好的投资环境及优质产品,使美国、德国、法国、奥地利等国的客户纷至沓来。

记者赵兴林(《人民日报》,2002 年 1 月 20 日)

河北工大专利名列津冀地方高校榜首

——专利实施经济效益达100亿元

本报讯　日前,国家教育部对1985年至2000年全国高校专利申请数排序予以公布,河北工业大学名列天津市和我省地方高校首位,在全国高校中排名第41位。据不完全统计,该校专利技术产业化取得经济效益100亿元。

专利申请量和其授权量在一定意义上反映了一个国家或地区、一个单位的科技发展水平和经济竞争力,也是衡量其可持续发展能力的重要指标。早在1984年我国专利法正式实施前夕,该校就派人参加专利知识培训,并逐步健全了专利管理机构,配备了专职管理人员。1998年成立知识产权办公室,并拨专款设立了专利基金,相继制定和实施了《专利管理工作暂行办法》《知识产权保护规定》等一批规章制度,把专利工作纳入到科研开发、科技攻关等重要工作中。2001年,该校顺利通过全省专利试点事业单位验收。

为增强广大教师和科技工作者科技创新和科技自我保护意识,学校还建立了专利激励机制。职务发明专利授权奖励由1986年的平均每项300元增加到2001年的2000元,专利实施酬金由1985年的18%提高到1999年的88%,归课题组支配。截至2000年底,该校受奖人员达700人次。同时在职称评定等方面对专利申请人员予以倾斜。现任河北工大副校长的博士生导师、机械学科带头人高峰教授现已有3项国家发明专利在手,另有11项正在申请当中。

专利工作促进了科技成果的转化。截至目前,该校专利技术实施60多件,取得经济效益100亿元;自行实施10多件,取得经济效益近1亿元。筛板塔系统的5项专利在全国25个省市推广后,年经济效益达20亿元以上;硅半导体系列4项专利实施后,在宁晋县建立了东南亚第一、中国最大的半导体厂,年经济效益在亿元以上;铸球系列8项专利,在全国20多个省市50多家企业推广,年经济效益达3亿元以上。

林艳书、魏进平(《河北日报》,2002年1月31日)

我省国家级重点学科建设实现零的突破

——河北工大等高校的6个学科榜上有名

本报1月30日讯　从省教育厅获悉,在近日教育部发出的《关于公布高等学校重点学科名单的通知》中,我省6个学科被确定为国家重点学科,实现了我省国家级重点学科零的突破。这标志着我省学科建设跃上新的台阶。

这6个学科是:河北工业大学的电机与电器学科、材料物理与化学学科,燕山大学的机械设计与理论学科,军械工程学院的军事装备学学科、武器系统与运用工程学科,河北医科大学的中西医结合基础学科。

高等学校重点学科是国家根据国民经济建设和社会发展对高级专门人才的需求、科技发展的趋势和国家财力的可能,在全国高等学校择优确定并安排重点建设的学科。为突出国家重点学科的代表性、示范性和带头作用,保证对重点学科的投入,此次全国共评选高等学校重点学科600个左右。

作为地方高校,河北工大此次有两个学科入选,这是该校多年加强学科建设的结果。近几年来,该校以"211工程"建设为契机,在学科建设上坚持扶弱扶强、滚动发展,不断扩大重点建设领域,基本构建起了以电器现代技术与工程应用、材料物理与技术、机械设计制造一体化技术、高效传热与燃烧工程4个项目学科为龙头的优势学科群。"九五"至今,该校新增2个博士后科研流动站、6个博士点、13个硕士点、6个工程硕士研究生培养领域和工商管理硕士(MBA)授予权点、2个省级重点学科,形成了多层次高等工程教育学科体系。

魏进平、林艳书、霍晓丽(《河北日报》,2002年1月31日)

1000名大学生和17位孤寡老人

——河北工大土建学院学雷锋献爱心活动纪实

2月26日,河北工业大学土建学院交通002班又在天津市河北大街夕阳红光荣院建立了学雷锋基地。这是13年来该校土建学院在校外建立的第13个学雷锋基地。

土建学院学雷锋、照顾孤寡老人的事,有着良好的传统。1989年,土建学院党团组织引导同学们先后在校外建立了4个学雷锋基地,主要任务是照顾几位孤寡老人。从1987级到2000级学生共有36个班1000多名学生参加了这项活动,照顾孤寡老人17位。

1998年土建学院加入了西于庄街扶困济贫网络。提起红桥区西于庄街的孤寡老人,街坊邻居说他们"无儿女胜似有儿女","真是好福气"。病了,大学生们送他们去医院;双休日,他们推着老人去逛公园。老人们或是军烈属,或是老革命,都有着坎坷的人生遭遇和丰富的内心世界。在经历了世间冷暖、生离死别之后,他们终于又在大学生们盈盈的笑语中感受到人间真情。

爱心,就像无边沙漠中的一块绿洲,使老人们干涸的晚年生活重新充满了欢乐与希望;亲情,将这些饱经风霜的老人和一群朝气蓬勃的大学生紧紧地联系在一起。

每年的学校大学生艺术节,学生们都要把老人们接来看他们演出的节目;每到新年,学生们便把老人们接到班里和他们一起包饺子。每次寒暑假回来,同学们都不忘给爷爷奶奶带些家乡土特产,让老人尝尝鲜。而每次"孙子孙女"过来看望,老人们也总不忘给他们预备下瓜子、糖果、大枣。

王桂珍老人年龄最大,在同学们眼里,是一位最慈祥的老奶奶。那是一个夏天,同学们下课后去看王奶奶,天很热,到王奶奶家时已是汗流浃背。尽管如此,同学们都不去拿那把蒲扇——那是王奶奶家里唯一的一把扇子。王奶奶抓起扇子扇起来,但风却是扇向这些可爱的大学生们,凉风载着老人的疼爱与慈祥一同飞进同学们心中。

花开花落,十几个春秋过去了。学生换了一届又一届,老人的"孙子""孙女"换了一拨又一拨,但爱心却没有丝毫减少。相反,老人与同学们之间的感情却更加融洽,更加真挚。走出校门的毕业生仍然在牵挂着老人们,他们在给母校的信中总是深情地问上一句:"于奶奶还好吗?""王奶奶的腰疼病又犯了吗?"而老人们至今仍能如数家珍地念叨这一批批"孙子""孙女"的名字。

(《河北日报》,2002 年 3 月 5 日)

我省首家应用基础研究基地在河北工大挂牌

本报讯 日前,我省首家应用基础研究基地——电磁场与电工产品可靠性应用基础研究基地在河北工业大学挂牌。

建设应用基础研究基地是为了适应科技、经济和社会发展的需要,在全省范围内整合科技资源,实行开放、流动、联合的运行机制。其主要任务是:以应用基础研究为主,解决我省经济、科技和社会发展中的重大基础问题,推动新原理与新技术不断应用于生产,为高新技术和科技可持续发展提供技术储备,吸引、培养、稳定高水平的研究人才,形成在国内外有较强竞争力的优势研究领域。

基地的六个主要研究方向是现代工程电磁技术及应用、生物医学电磁技术、可靠性理论与电器智能化技术、电器检测技术、电接触理论和磁材料与器件。河北工大电器学科集国家级重点学科、博士后科研流动站、博士点、省重点学科和省重点实验室于一体,有优越的应用基础研究条件,并且已经与保定天威集团、保定继电器厂等省内大中型企业进行了合作研究,共同承担国家 863 计划项目多项,并得到国家自然科学基金、教育部高校骨干教师基金及霍英东教育基金的资助。

林艳书、魏进平(《河北日报》,2002 年 4 月 18 日)

报刊中的河北工大

367

河北工大与空军联合培养军队干部

本报讯　4月11日,河北工业大学与中国人民解放军空军举行了依托该校为军队培养干部的协议签字仪式。空军副政治委员黄新中将出席签字仪式。这是改革军队干部培训体制,加强军事人才队伍建设的重要举措。

普通高校为军队培养、输送人才是服务国防现代化的要求,是义不容辞的历史责任。据工大党委书记刘志明介绍,根据合作协议,该校将采取多种形式为空军培养、选拔人才:从应届高中毕业生中招收;从在校生中选拔、推荐优秀的应届本科毕业生和研究生;为军队开办研究生进修班。空军将在该校设立国防奖学金,并对学校的教学、科研工作和学生国防教育、基本训练给予积极支持。

魏进平、林艳书(《河北日报》,2002 年 4 月 23 日)

争创国家大学科技园

——河北工大科技园建设全面升级

本报讯　记者从昨天举行的河北工业大学国家大学科技园评估认定会上获悉,红桥区政府与河北工业大学积极发挥各自优势联手共建,全面升级河北工业大学科技园建设,争创国家大学科技园,为科技企业搭建创新创业平台,推动区域经济的快速发展。河北省、国家科技部、教育部以及红桥区和河北工业大学的有关负责人参加了会议。

河北工业大学是国家"211工程"重点建设的大学,坐落在本市红桥区。河北工业大学科技园包括孵化园区和工业化示范园区,在园企业88家,在孵企业62家。由红桥区政府与河北工业大学合作共建的大学科技园孵化园区以高新技术成果孵化为主,是在建于2000年的原"红桥河北工大创业园"的基础上发展起来的。此次双方合作共建,将进一步互补优势,共同打造一个设施完善、信息畅通、资源共享、服务规范的大学科技园,实现发展共赢。河北工大发挥学科优势、信息优势和智力资源优势,将为师生提供自主创业创新平台,建立起产学研基地,促进科技成果转化。红桥区将发挥政府行政优势、信息优势、诚信优势、资源优势以及管理优势,促进区域经济增长,有效解决区内民营科技企业研发能力不强、实验检验手段不足、科技成果项目缺乏的问题,同时借助河北工业大学的电气专业优势,积极打造电气产业为主的区域特色产业,并通过享受国家大学科技园区的优惠政策,努力扩大招商引资,使更多的高新技术企业进驻本区域发展。

记者刘颖　通讯员何文晖(《天津日报》,2002年5月6日)

珍视党员荣誉　发挥带头作用
河北工大千名学生党员挂牌"上岗"

　　本报讯　河北工业大学化工学院 99 级学生叶志永,是一名学生预备党员。两个多月来,他每天都戴着编号为 X0182 的共产党员胸牌在校园内活动,以一个共产党员的标准严格要求自己。

　　针对少数学生党员虽然组织上入了党,但在思想上还没有入党、没有起到应有的先锋模范作用的情况,河北工业大学从今年 5 月份开始实施挂牌"上岗"办法。为此,学校专门制作了共产党员胸牌,统一编号,发给全校 1200 多名学生党员和预备党员,要求他们在学校里必须佩戴。学生处处长杨玉桢说,我们就是把学生党员置于群众的监督下,让他们起到良好的带头作用。

　　学生党员和预备党员在"挂牌"后,时刻以共产党员的标准要求自己,注意自己的一言一行。该校生物工程专业的李伟杰刚挂上共产党员的牌子时非常激动,觉得自豪而骄傲。一次教师快上课时,突然看到黑板还没有擦。这时她看到自己的胸牌,毫不犹豫地擦了黑板。

　　如今,该校学生党员时刻想着我为党做些什么。学生有什么事情通过学生党员向老师反映,教师也从学生党员中及时了解到学生的思想动态,学生党员已经成为连接学生和教师的桥梁,学生工作呈现出蓬勃向上的局面。前不久的一个晚上,该校化工学院的两名同学因为一把椅子产生矛盾,一名学生叫着要杀了另一名同学。学生党员见状赶紧劝说,并将情况及时报告辅导员。经过两个多小时的谈心,两名学生的情绪终于完全平静下来,并相互道歉。

　　通讯员林艳书　记者胡博理(《河北日报》,2002 年 7 月 12 日)

悠悠历史　巍巍学府
河北工大建校百年历史得到专家确认

本报讯　10月12日,省教育厅根据教育部有关规定,邀请厦门大学、北京大学、东北师范大学等有关专家、教授组成论证委员会,对河北工业大学创建时间和百年历史沿革进行了论证。

河北工业大学创建于1903年,在百年的办学历程中先后培养了5万余名毕业生,其中不少人为中华民族的振兴,为我省经济发展和社会进步作出了突出贡献。同时河北工大还有光荣的革命传统,在历次反帝爱国斗争中,广大进步师生积极投身到革命洪流之中,先后涌现出一批舍身报国的英雄人物,我国现代工人运动的先驱、三湘人杰黄爱,中共天津地委、共青团天津地委早期的重要领导人、陕西渭华起义领导人之一卢绍亭,驰骋疆场、血洒冀东的抗日英雄洪麟阁等就是其中的几位。

今年4月,新一届校领导班子把筹备百年校庆工作列入重要议事日程,抽调专门人员为校史论证工作做了认真准备。论证会上,专家对校史报告内容及相关历史资料进行了审议。经过对河北工业大学创建时间、等级、地点、经费、学生和教师等主要办学要素及其创建以来的历史沿革严格的审核,一致认为河北工业大学的论证报告史料翔实、充分可信,条理清晰、论证有力,其前身为创办于1903年的北洋工艺学堂,属高等教育层次,办学历史连续。河北工业大学的历史可以明确从1903年算起。

陈德第、赵庚(《河北日报》,2002年10月28日)

371

报刊中的河北工大

最早的高校校办工厂在河北工大发现

本报天津3月1日电　河北工业大学在筹备百年校庆查阅校史资料时,发现了我国最早的高校校办工厂,始建于清光绪二十九年(1903年)九月的北洋工艺学堂附设的化学试验厂和机器制造厂。

北洋工艺学堂为河北工业大学的前身,这两个校办工厂位于当时天津市老城区东南角,贡院东面的草厂庵西侧。初建时面积只有340平方米,用白银8000两建起了20余大间厂房,又以白银5000两购置所需设备。聘请日本化学工师驹井於菟等3人为匠师,又聘早年毕业于福州船政学堂的何贤梁为机械教员兼机械工师,负责学生的实习和工厂的技术工作。当时学生实习以制造成品为主要内容,所能制造的成品有胰皂、雪花膏和轮轴、螺钉、螺母等。1904年,北洋工艺学堂更名为直隶高等工业学堂,校办工厂扩大到50余大间,并设有染色、织布、胰皂、研光、刺绣、制燧(火柴)等科。到1905年9月,校办工厂又迁到河北窑洼(今河北区元纬路西端一带),当时校办工厂已有相当规模,1907年直隶总督袁世凯向清政府的奏折中称"所收工徒八九百人","先后毕业者七百余人,分赴本省、外省充任工师匠目,凡百余人转相传习。"

当时校办工厂的迅速发展,得益于学堂总办(校长)周学熙,这位近代著名的实业家和实业教育家,1902年受袁世凯委派总理工艺局并任学堂总办。他最早提出"工学并举"的办学思想,强调"实习工厂与工业学堂联为一气","以工厂为学生之试验厂,即以学堂为工徒之研究室"。学生"半日听讲,半日入厂习练。既领会理化之精微,又经历其实验"。他不仅创办了我国最早的校办工厂,而且越办越大,专业厂越来越多。到1935年,校办工厂收入达到官拨经费的25%,同年耗资30万元合建的"中国第一水工试验所",学院自筹10万元,均为校办工厂创收。被当时《申报》赞为"全国第一,东亚独步"。

通讯员陈德第　记者蔺玉堂(《光明日报》,2003年3月2日)

百年学府谱华章

——河北工业大学喜迎建校 100 周年华诞

进入 21 世纪,河北工业大学和着时代的乐章,迎着新世纪的阳光,正大踏步向前迈进。

河北工业大学坐落在天津市红桥区北运河畔,是河北省唯一进入国家"211 工程"重点建设的大学。经过一个世纪的风雨,这所百年老校,生机勃勃,已经成为燕赵大地的知名学府。1995 年中共中央总书记、国家主席江泽民为学校题写了新校名,1996 年学校通过国家"211 工程"部门预审,1999 年经国家计委批准河北工业大学为"211 工程"立项单位,2001 年通过国家"211 工程"一期建设验收。2003 年 3 月 1 日,学校通过了河北省组织的"十五""211 工程"建设项目可行性研究论证。

河北工业大学始建于 1903 年,其前身为北洋工艺学堂,由天津知府凌福彭创办,北国工业巨子、著名实业家周学熙任总办(即校长)。1904 年遵章改为直隶高等工业学堂,1913 年更名为直隶公立工业专门学校,1929 年升格为河北省立工业学院,是我国最早的工业院校。1950 年更名为河北工学院,1962 年与天津机电学院、天津化工学院、天津建筑工程学院合并,定名天津工学院。1971 年复名河北工学院。1995 年更名为河北工业大学。2002 年 10 月,河北工业大学建校百年历史已经河北省教育厅组织专家论证,予以确认。

2003 年 10 月 10 日,河北工业大学将迎来建校 100 周年华诞。

在近百年的办学实践中,学校治学严谨,教学管理严格规范,形成了"勤奋、严谨、求实、进取"的优良校风和学风,并首开"工学并举"的工程教育思想之先河,创办了我国高校最早的校办工厂。新中国成立后,学校认真贯彻党和国家的教育方针,加强教学、科研和生产三结合基地——校办工厂的建设,赋予"工学并举"以新的内涵。现年 107 岁的名誉校长潘承孝教授自 1927 年就在学校执教,辛勤耕耘一生,积累了丰富的办工科大学的经验。潘老特别注重加强对学生工程实践、工程意识、工程能力的培养,大力弘扬了"工学并举",产学研相结合培养高等工程技术人才的办学特色。

早在1903年办学之初,学校就提出"科学与实业如影随形","握实业界之霸权,必有通于各种科学之人才,然后旧者可图改良,新者可期发达"的办学思想,并确立学堂"以教育培植工艺上之人才,注重讲授理法,继以实验,卒业后能任教习、工师之职,以发明工业为宗旨"。校长周学熙于光绪三十年(1904年)九月十二日明确指出:"学堂为人才根本,工艺为民生至计,二者固宜并重。而讲求之道,亦属相资。工艺非学不兴,学非工艺不显。"强调办学与兴工、学理与动手相结合,亦工亦学,手脑并用。并于光绪三十年(1904年)九月十三日,为办实习工场向袁世凯奏报,提出"实习工场与工业学堂联为一气","以工场为学生之试验厂,即以学堂为工徒之研究室",从而,建立了全国最早的校办实习工场,而且越办规模越大,越办门类越全。据光绪三十三年(1907年)十二月七日上奏光绪的《署直督宪杨奏监司总办工艺成效昭著请给优奖折》中所称,"实习工场与工业学堂相辅而行,场内规模甚广,所收工徒八九百人,各省来就学者亦颇不少。"由此,"工学并举"的办学特色形成,至今传承。

河北工业大学校办工厂和这所百年老校同呼吸、共命运,不同的时代都有过耀眼的辉煌和鲜明的特色。工学并举的理念始终指导一代又一代工大的产业人。建国后,陆续成立的机床厂、电工厂,在轴承车床、电站励磁装备领域都成为我国该行业的"带头羊",在为我国提供大批工业装备的同时,也培养了大批各类工程人才。特别是电工厂结合企业的励磁产品研发任务,与电气学科一起,培养了几十名硕士生和数名博士生。这批人才,不论是在校内工作、还是在校外任职,大部分已经成为我国发电机励磁方面的专家。几十年来,电工厂开发了一代又一代发电机励磁产品,累计向国内外提供各类发电机励磁装备近5000台套,为我国的电力事业的发展作出了巨大贡献。机床厂累计为我国轴承行业、中小型电机行业、汽车零部件行业提供各类专用机床近3000台,为我国上述领域的发展作出了较大贡献。

百年风雨,百年辉煌。河北工业大学不仅有着悠久的办学历史、鲜明的办学特色,而且有着光荣的革命传统,在历次反帝爱国斗争中,广大进步师生积极投身到革命洪流之中,为民族的解放和祖国的独立富强进行了英勇的斗争,先后涌现了一批舍身报国的英雄人物。

1919年"五四运动"期间,经河北工业大学前身直隶公立工业专门学校学生谌志笃等人的组织联络,在直隶公立工业专门学校成立了天津学生联合会,谌志笃当选为会长。同年9月,"觉悟社"经酝酿在该校前校址天津东南角草厂庵天津学生联合会(设在该校)办公室成立,谌志笃为"觉悟社"发起人之一。

1921年8月,社会主义青年团天津地方委员会也在河北工业大学前身直隶公立工业专门学校成立,全面工作由该校学生共产党员卢绍亭主持,卢后成为天津地方党的重要领导人。1926年后,卢绍亭因工作需要,转战张家口和西北,先后做工会工作和政治工作,曾在陕西渭南农村从事地下工作,并奉陕西省委命令,改名廉益民,加入驻防临潼关山镇的许权中旅教导营做政治工作。1928年5月他和刘志丹等人组织领导渭(县)、华(县)起义(也称渭华暴动)。6月,在工农革命军与敌作战时,卢绍亭壮烈牺牲,时年27岁。

我国早期工人运动领袖、被称作三湘人杰的黄爱,也曾是该校的学生,1919年春在直隶公立工业专门学校就读,参加过天津学生联合会执行部的工作,并担任周恩来主办的《天津学生联合会会报》的编辑,被吸收为"觉悟社"第一批社友。1920年后,在李大钊的影响和帮助下,积极追求真理,追求进步,投身工人运动,和庞人铨一起,着手创建湖南劳工会,在湖南开展大规模工人运动。1922年1月17日凌晨,在同资本家、反动政府斗争时黄、庞惨遭杀害。黄、庞牺牲后,毛泽东同志代中国社会主义青年团写了《为黄、庞被害事对中国无产阶级宣言》,《觉悟》杂志刊登了李大钊的《黄庞流血记序》,高度赞扬"黄、庞两先生是我们劳动阶级的先驱","中国社会运动史的首页,已由黄、庞两先生用他们的血为我们大书特书了一个新纪元!"周恩来、邓颖超都分别写了挽诗。

1937年日本发动侵华战争,河北省立工业学院教授杨十三、马沣、洪麟阁、连芬亭等带领河北省立工业学院爱国师生,在中国共产党的领导下,成立了"华北人民抗日自卫委员会"所属的"工字团",参加冀东抗日联军并组成西路军,积极参加冀东抗日暴动,同日军展开浴血奋战。洪麟阁任抗日联军副司令员和西路军司令员,1938年10月,在天津市蓟县壮烈牺牲。杨十三教授任西路军政治部主任,1939年7月,捐躯在太行山区山西省黎城县。

1935年奉命到河北工业大学前身河北省立工业学院任地下党支部书记的赵观民,1937年抗日战争爆发后,积极参加"华北人民抗日自卫委员会"的工作。1938年7月冀东大暴动开始后,他奉河北省委之命于1939年5月到冀东开展新的工作。1940年秋,被任命为冀东西部地区地委书记,领导抗日斗争。1942年9月19日,赵观民在兴隆县与日军交战中壮烈牺牲,英年28岁。英雄业绩传千古,浩气长存在人间,革命英烈出生入死、英勇不屈的革命精神,永载史册,永为师生所缅怀。

河北工业大学经过一个世纪的变迁,特别是经过"九五"期间"211工程"建设,初步形成了以本科教育为主,博士、硕士、工程硕士、工商管理硕士(MBA)及继续教育兼有的高等工程教育人才培养体系。

"九五"期间,河北工业大学"211工程"建设分为八个子项目进行。其中重点学科建设子项目4个,即电器现代技术与工程应用、材料物理与技术、机械设计制造一体化技术、高效传热与燃烧工程;教学基础与公共服务体系建设子项目3个,以及必要的基础设施建设项目。2001年顺利通过国家验收。

"九五"期间"211工程"建设,使河北工业大学的人才培养规模、层次有较大突破,教育教学质量显著提高。重点学科建设成效显著,取得了一批标志性成果。师资队伍整体水平大幅度提高,选拔培养了一批学术带头人。加强了国内外学术交流与合作。学校有重大影响的科研项目和成果明显增多,为河北省经济建设的贡献率提高。学校整体办学条件明显改善,育人环境不断优化。总之,通过"九五""211工程"建设,学校综合办学实力明显增强,为学校"十五"期间及今后的建设与发展奠定了良好的基础。

目前,学校有电气及自动化学院、材料学院、机械学院、化工学院、信息工程学院、计算机科学与软件学院、能源与环境工程学院、土木工程学院、建筑与艺术设计学院、管理学院、理学院、人文与法律学院、外国语学院、研究生学院、继续教育学院、城市学院等16个学院,同时,设有体育部1个直属教学部。设有本科专业52个,其中工学类30个、理学类6个、管理学类7个、文学类4个、法学类2个、经济学类2个、艺术类1个。

进入崭新的二十一世纪,河北工业大学继承并大力弘扬"工学并举、产学研结合"培养高等工程技术人才的办学特色,进一步明确了办学指导思想:学校以育人为本,积极进行教育创新;坚持社会主义办学方向,坚持深化教育教学改革,坚持"工学并举"办学道路,坚持推进素质教育;主要培养应用型复合型的高素质专门人才。学科建设以工科为主,工、理、经、管、文、法等学科协调发展;人才培养以本科教育为主,积极发展研究生教育;服务面向以河北省及区域经济建设为主,积极辐射全国。

学校现有2个国家重点学科、2个博士后科研流动站、15个省重点学科、8个省级重点实验室和研究所;有7个博士学位授权点、26个硕士学位授权点,在9个领域获准培养工程硕士研究生,并具有工商管理硕士学位(MBA)授予权。在职教职工2230人,其中专任教师968人。正高职教师科研人员203人、副高职教师科研人员 427 人,具有博士学位的 134 人、硕士学位的 316 人;国家级有突出贡献的中青年专家 7 人,河北省有突出贡献的专家 12 人,省管优秀专家 10 人,享受政府特殊津贴专家 23 人,中青年骨干教师 42 人;博士生导师 45 人,长江学者奖励计划特聘教授岗位 2 个。

学校注重转变教育思想,更新教育观念。为适应国家特别是河北省经济建设与社会发展的需要,满足培养高素质人才的需求,学校根据自身的定位,不断加强了专业的调整、改造与建设。学校通过整合专业,拓宽专业口径、设置多个专业方向、增大校管、院管选修课的比例,使学生可根据社会需求及自身发展的需要选择专业方向及相配套的各类任选课,从而增强了学生对社会需求的适应性。近年来,在就业形势比较紧张的情况下,学校老专业毕业生的一次签约率一直保持在 90% 以上。

为了紧跟世界高新技术发展的趋势,满足国家特别是河北省高新技术产业发展的需求,学校采取引进人才、内部挖潜、重点培养的办法,较快地发展了信息科学、生命科学、新材料科学等高新技术领域本科专业,在现有 52 个本科专业中,高新技术领域专业已近 30%。同时,学校还积极探索交叉学科专业的建设。学校陆续增设了英语、日语、法学、国际经济与贸易、艺术设计、思想政治教育等文、法、经济类专业,初步形成了以工为主,工理经管文法结合渗透的办学新格局。

学校以教育教学改革为先导,狠抓了教学研究立项,《面向经济发展,推进素质教育,改革工科人才培养模式》教研项目的成果,于 2001 年获国家教学成果二等奖。此外,还获河北省教学成果一等奖 1 项、二等奖 7 项。

成就突出的教学工作,使教务处于 1994 年和 1999 年先后两次被教育部评为"全国普通高等学校优秀教务处"。

学校学术气氛浓厚,科学研究成绩斐然。"九五"期间,学校首次承担国家 973 计划重点研究课题,共新立科研项目 683 项,有 95 项科研成果获奖,其中国家级奖励 3 项,省部级奖励 57 项,获专利 34 项。出版专著 195 部,发表论文 5000 余篇,其中被 SCI 收录 55 篇,EI 收录 98 篇,ISTP 收录 61 篇,居全国高校排名百名之内。产学研结合的规模和科技成果转化的能力明显扩大和提高,学校共与省内外各类企业签订科技合同 224 项,创直接经济效益达 50 亿元。

学校对外学术交流十分活跃。"九五"以来,学校主持或主办各种国际学术会议 30 余次,并与德国、美国、英国、法国、瑞典、芬兰、乌克兰、日本、韩国等国家的 25 所大学和科研机构建立了合作关系,邀请来校讲学或访问 130 余人次,出国讲学或访问 60 余人次。2000、2002 年,学校先后主办或承办了第四届国际电磁场问题与应用国际会议、世界数学家大会的"算子代数及其应用"卫星会议。

学校建有使用面积 10000 多平方米的图书馆,藏书总量 96 万册(件),中外期刊 3100 多种,与国内 120 多个单位的图书情报部门建立了馆际互借关系,并联通了国际检索终端和国内光盘检索终端。学校校园网于 1996 年建成投入使用,校内办公和教学管理系统、部分课程的授课及考试已实现网络化。基本形成了一个设备先进、布局合理、功能齐全、服务便捷、高速传输和完全共享的校园计算机网络。

学校占地面积 940 亩,现有校舍建筑面积 49 万平方米,固定资产总值 61237 万元,其中教学科研仪器设备总值 11410 万元。现有全日制在校生 16141 人,其中本科生 12649 人、专科生 2288 人、研究生 1204 人。另有继续教育脱产生 1073 人。学校在天津已征地 3000 亩,进行新校区建设。

多年来,学校注重培养综合素质人才,着力为学生营造良好的思想教育氛围、业务学习氛围、素质教育氛围、校园文化氛围和严格管理氛围,使学生专业水平不断提高,创新意识、工程实践能力显著增强。近几年,在全国数学建模竞赛、电子设计竞赛和建筑设计竞赛等比赛中,获得国家一等奖 7 项,国家二等奖 8 项,国家三等奖 1 项,国家级佳作奖 1 项,省级一等奖 12 项,省级二等奖 12 项,并在全国头脑奥林匹克竞赛中获得银奖,在河北省获得特别奖,在全国大学生课外科技学术作品"挑战杯"竞赛中,获二等奖一项,三等奖两项。

河北工业大学把活跃校园文化作为对大学生进行爱国主义教育、素质教育、艺术教育的切入点,以校艺术团为依托,为培养德、智、体、美全面发展的合格人才做出了贡献。1995 年受中国文联委派,河北工大艺术团作为中国民间艺术团先后对罗马尼亚、匈牙利、奥地利三国进行了访问,共演出 48 场,他们以精彩的演出展现了东方艺术,为祖国和学校赢得了荣誉。2000 年,河北工业大学艺术团被教育部评为"全国学校艺术教育先进单位"。

河北工业大学在一个世纪的办学历程中,国家三代主要领导人都给予了工大人以恩泽和厚爱,鼓舞师生勇往直前,创造辉煌的未来。

1939 年 7 月,杨十三教授参加抗日冀东暴动后,赴山西八路军总部,在转战中不幸以身殉职。在 9 月召开的"晋东南各界纪念九一八追悼杨裕民(杨十三)大会"上,毛泽东同志题送了挽联:"国家在风雨飘摇之中,对我辈特增担荷;燕赵多慷慨悲歌之士,于先生犹见典型。"横额:浩气长存。朱德总司令致祭,并赠挽诗:"渤海毓雄,民族之杰,霭霭风仪,异质挺特;冀东义起,倭奴气慑,瞻彼真容,彪炳日月"。

彭德怀副总司令致了悼词。这既是毛泽东等老一代领导人对杨十三教授的高度评价,也是对全民族的召唤,它像一盏指路明灯,照亮了中华儿女为民族解放英勇斗争的前程,激励着几代河北工大人。

1978 年 5 月,当河北工学院正处在准备全面搬迁之际(迁往邯郸),适时得到了刚刚复出的邓小平同志的直接关怀,使学校不再搬迁,继续在天津办学。小平同志的关怀关系到河北工学院的前途命运,给了广大师生以极大的温暖,为河北工大今日的辉煌奠定了坚实的基础。

1995 年,河北工学院更名为河北工业大学,这是河北工大办学史上的一个里程碑。江泽民总书记为学校题写了新校名。这又一次给河北工大广大师生以极大的关怀和鼓舞,激励着大家团结拼搏,为祖国的现代化建设做贡献。

承袭百年,再铸华篇,河北工业大学的发展目标是通过十五至二十年的努力,把学校建设成为以理工为特色,经、管、文、法等学科协调发展,结构合理,具有国内先进水平,在国际上有一定影响的教学研究型大学,使学校成为河北省经济跨越式发展的主要技术依托单位之一,成为河北省高层次、高素质人才培养的重要基地。

蔺玉堂(《光明日报》,2003 年 3 月 8 日)

河北工业大学"211 工程""十五"建设项目通过论证

本报讯 3 月 1 日,河北工业大学"十五""211 工程"建设项目顺利通过专家组论证。

2 月 28 日至 3 月 1 日,专家组对《河北工业大学"十五""211 工程"建设项目可行性研究报告》进行了论证和审核。专家组经过认真讨论和审议,一致认为该校在认真总结"九五""211 工程"建设成就、经验和问题的基础上,立足新起点提出的"十五""211 工程"建设目标明确,报告内容符合有关文件的要求,思路清晰,层次清楚,定位准确,重点突出,体现了教育创新,实施方案切实可行,一致同意通过论证,并建议学校进一步修改完善后,抓紧时间报批立项,以便尽快组织实施。

"九五"期间,河北工大"211 工程"建设取得了显著成绩:学科专业建设取得明显成效,师资队伍整体水平大幅度提高,办学条件明显改善,综合实力大大增强,教育教学质量和为区域经济社会发展服务的能力明显提高。在此基础上,该校对"十五""211 工程"建设进行了周密规划,计划总投资 2.08 亿元,拟分为 10 个子项目进行,其中重点学科建设子项目 4 个、师资队伍建设子项目 1 个、校内公共服务体系建设子项目 2 个、基础设施建设子项目 1 个、其他建设子项目 2 个。据了解,省委、省政府已将河北工大的"211"工程二期建设列入全省"十五"计划,并安排了 1.3 亿元的专项建设资金,省有关部门也将在各方面继续对学校给予热情指导和大力支持,以高质量完成"211"工程二期建设的目标任务。

通讯员林艳书 记者霍晓丽(《河北日报》,2003 年 3 月 8 日)

河北工大出资 86 万元专款防非典

本报讯 日前,河北工业大学强化各项措施,真心关爱师生,出资 86 万元专款防控非典,努力保持学校的工作、学习、生活秩序和广大师生的身体健康。

自 4 月下旬以来,该校制定了《河北工业大学关于预防和处置非典型肺炎工作方案》《关于防控非典期间加强学生管理的暂行规定》等多项规章制度,并加强了管理要求,对违反规定者坚决给予纪律处分,决不姑息。目前已对 73 名违纪的学生做出了纪律处分。

加强学生自我管理,充分发挥学生骨干带头作用。防控非典期间,学生自我管理工作划分为学生生活保障组、学生宿舍管理组、校园安全暨学生文明行为检查组、宣传思想教育组、学风建设组、文体活动组等六个方面,分别由不同的学院牵头,学院的学生会主席为各组组长,组织本校区各学院的学生党员、班团干部等组成学生工作队伍,形成由学生工作人员、学生骨干组成的学生工作网络,与学校其他有关部门一起,共同抗击非典,保证了学校各项工作的顺利进行。

屈振光、林艳书(《河北日报》,2003 年 5 月 16 日)

报刊中的河北工大

特殊时期　非常机制

高校防控非典寻访录之三
——看河北工业大学如何抓防控

面对严峻的非典疫情,河北工业大学坚持一手抓防控,一手抓教学,在特殊时期建立起一整套新的管理机制。两个轮子同时高效运转,为赢得防治、教学双胜利打下坚实基础。

坚持"三自"创新学生管理机制

河北工业大学天津本部分为3个校区,另在廊坊还建有分部,有1.3万多名学生。非常时期,如何有效地管理好学生,是落实防控措施,维护教学、生活秩序的关键。完成这项任务,仅靠教师队伍往往捉襟见肘。针对学生工作面临的新变化,工大提出建立学校指导下的学生自我教育、自我管理、自我服务的工作新机制。学校设立了学生"三自"工作指导协调小组,各校区以学生党员、干部为主体,分别成立了学生生活保障、宿舍管理、宣传思想教育、校园安全及学生文明行为检查、学风建设、文体活动等6个工作小组。学生宿舍、各班级也层层建立责任制,由宿舍长向班长签订责任书、班长向学院签订责任书,有针对性地解决学生在学习、生活中出现的问题。6个学生小组迅速展开工作。生活保障组的学生每天深入同学中,对反映较为集中的问题及时向学校汇报,并对食堂、商店等与学生生活密切相关场所的卫生、消毒情况和服务态度等进行监督。宿舍管理组除协助楼管理员做好管理、卫生、消毒、安全等工作外,还建立活动日志,督促同学每天自测体温。校园安全及学生文明行为检查组则由学生党员骨干组成,他们佩戴党员标志和袖标,协助保卫处做好校园的安全检查、巡逻、防盗等工作,并负责制止校园内学生乱扔废弃物、随地吐痰等行为。廊坊校区则以学生干部、党员、团员为骨干,将各种集体活动化整为零,有效避免了人群大规模聚集带来的隐患,促进了学校各项防控措施的落实。

围绕"三不"调整教学工作机制

长期以来,工大各校区已实现教育资源共享,部分教师跨学区教学,学生跨学区上课、做实验。抗击非典战斗打响以来,人员的流动受到限制,学校如何应对?作为我省唯一进入"211工程"的高校,工大提出,防控非典是当前首要任务,但教学工作同样不能停滞。按照"教师不停课,学生不停学,学生不离校"的原则,学校采取了一系列措施。课程安排首当其冲。学校对校本部本学期课程安排进行了重大调整,打破了学院、班级和专业界限,以3个校区为单位分上午、下午和晚上重新排课。根据学生住宿情况,对大部分课程进行了课堂拆分和增加。确属无法调整的极少数班级和课程,以及必须跨校区上课的生产实习课、物理实验课、化学实验课等,学校安排专车接送学生上课。各学院、各单位所属的教室、实验室、机房、厂房等房屋资源和各种教学资源由学校集中管理、统一调配,英语听力课改为调频台放音。为保证毕业班的实习和设计,学校在三个校区开辟专门微机房,把1000多台计算机给毕业生使用。保证教学质量,稳定教师队伍是当务之急。工大做出严格规定,任何单位或教师不得随意停课,特殊问题及时通报主管部门,经主管院长同意后,报教务处备案。学校教学督导委员会每天到教学第一线督导教学工作,督导检查教学进展情况、教师出勤情况、学生上课情况,发现问题及时纠正。任课教师加强了课内考勤,对擅自不上课者,严格按学校有关规定处理。教师还增加了课外辅导的时间,辅导教师姓名、辅导时间和地点都一一告知学生。一系列举措,基本保持了学校教学学时数和教学进度,最大限度维持正常教学的顺利进行。

摸准脉搏改进思想政治工作

非常时期,学生思想有什么变化?学习、生活还有什么实际困难?这一直是工大校领导思考的问题。4月26日,工大党委发出通知,要求全校各级党组织和全体党员积极做好学生的思想政治工作,以科学的方法和态度,齐心合力战胜非典。同时提出,如有擅离职守、临阵退缩造成工作失误者,将给予党纪、政纪处分。为及时掌握学生的思想动态,校党委为每个班配备一名党员教师兼职班主任,深入到学生中,了解情况,发现问题,及时解决。学生的困难就是自己的困难,学生满意与否是衡量工作好坏的第一标准。各级党员、干部积极行动起来,为学生排忧解难。一些学生提出,门禁后心情浮躁,文体生活少。学校及时对部分年级体育课教学模式进行调整,改在学生宿舍所在校区的操场上,每天下午4时准时开课。外国语学院的陈淑英和于燕华老师还发动大学英语一部教师捐款,为学生们买来了篮球、排球、跳绳等。一些学生建议,丰富饮食品种。学校立即拨30万元专款定期购买新鲜水果蔬菜,责成专人负责采购,免费提供给学生。担负广大学生饮食、起居、医疗、卫生等繁重工作的后勤部门,在部门党总支领导下,开展了支部争优创先活动,全力保证学生生活质量。后勤采购人员每天5时出发,在市场上一家一家精心挑选,确保蔬菜水果质量。目前,该校已发放1.25万公斤黄瓜、西红柿和5500公斤苹果。学生们高兴地说,苹果、西红柿吃在嘴里,甜在心里,我们一定保护好身体,学好既定课程,以实际行动支援抗击非典斗争。

胡博理、屈振光、林艳书(《河北日报》,2003年5月28日)

河北工大与法国高校合作

本报讯　日前,国务院学位办通知河北工业大学,该校申报的中法合作项目已获得批准。此项目是报经省教育厅、省人民政府审批后,国务院学位办经过严格审查后正式批准的。

该项目的主要内容是:河北工大与法国巴黎高等计算机学院合作,每年招收100至150名在校学生。河北工大为此项目提供先进的教学设施和良好的教学环境。学生在中国学习四年,成绩合格后,获得河北工业大学本科毕业证。在学生自愿的情况下,可赴法方大学学习一年,一年后在巴黎的公司实习,学生成绩合格后,将授予欧洲工程硕士证书及法国工程师证书。

据了解,该项目使用法方大学教材,全部技术课程由法方教师讲授,并且采用法方大学的管理模式。学生在中法两校注册,获得注册号及密码后,可访问法方大学的资料库,下载及使用各种资料及软件。

赵全明、林艳书(《河北日报》,2003 年 7 月 17 日)

锗-硅单晶产品填补我国空白

——宣化 701 厂河北工业大学联合研发

本报讯 8月5日,由宣化701厂与河北工业大学研发的锗-硅单晶产品通过了专家的鉴定。据专家介绍,该产品作为一种新型功能材料,是生产半导体锗-硅合金芯片的基础。目前在国外,只有少数发达国家掌握了该生产技术,我国还未有厂家生产该产品。

锗-硅合金单晶是近年来新崛起的第二代电子材料。该材料在宇航、军事科学、工农业科学领域都有着极大的用途和开发前景。据国外媒体预测,锗-硅合金单晶集成电路的市场份额将由2002年的4.5亿美元增加到2005年的10亿美元。在国内,大多还处于研发阶段,目前还不存在市场竞争,市场前景看好。

宣化701厂始建于1959年,是国家军工定点半导体材料老厂,也是国家生产稀有金属半导体材料的重点企业。而河北工业大学半导体研究所是我国重要的半导体研究机构。双方经过5个月的艰苦努力,在6月上旬试制出锗-硅单晶。经反复检测,用较短时间实现了锗-硅单晶的中试目标。据介绍,该产品在产品标准和质量标准方面与国外同类产品完全一样,但成本却大大低于国外同类产品。

顾春军、王军强、王明君(《河北日报》,2003年9月8日)

河北工业大学校史丛书

报刊中的河北工大

下

（2004—2023）

河北工业大学校史丛书编纂组　编

天津社会科学院出版社

目　录

阔步迈进 21 世纪的百年学府

编者按：创办于 1903 年的河北工业大学，如今已经走过了百年春秋。在百年的办学实践中，学校认真贯彻党和国家的教育方针，坚持以"工学并举，产学研相结合"为特色的办学道路，现已初步形成以本科教育为主，博士、硕士、工程硕士、MBA 及继续教育、留学生兼有的多层次的开放型高等工程教育人才培养体系，为国家培养了 6 万余名各类建设人才。值此百年校庆之际，特推出此报道。

河北工业大学是国家"211 工程"重点建设的多科性工业大学，校本部设在天津市，在廊坊市设有分部。

学校创办于 1903 年，初名"北洋工艺学堂"。1995 年经原国家教委批准更名为"河北工业大学"，学校老校区占地近千亩，2000 余亩的新校区即将动工兴建。目前，学校拥有教学科研仪器设备总值为 11410 万元，设有 16 个学院和 1 个直属教学部、53 个本科专业，拥有 2 个国家级重点学科，15 个省级重点学科、4 个博士后科研流动站、12 个博士点（含 2 个一级学科）、44 个硕士点、11 个工程硕士授权领域、7 个高校教师硕士授权领域、1 个工商管理硕士（MBA）。在校职工 2230 人，其中有专任教师 968 人，具有博士学位的教师 134 人，国家级有突出贡献的中青年专家 7 人，长江学者奖励计划特聘教授岗位 2 个。现有在校全日制普通本科生 17536 人，在校硕士研究生 1608 人、博士研究生 150 人。

在近百年的办学实践中，学校形成了"工学并举，产学研相结合"培养高等工程技术人才的办学特色。近年来，学生在全国数学建模竞赛、电子设计竞赛等大赛中，获国家奖 25 项，省部级奖 35 项。借助地处天津和廊坊、毗邻北京的区位优势，学校发挥沟通京津冀的桥梁作用，广泛搜集信息，吸引人才，辐射扩散新技术。目前，学校同美国、日本、德国等 10 余个国家的 20 多所大学、科研机构进行合作与交往。学校始终坚持教学和科研并重的原则。"九五"至 2003 年底，新立科研项目 1659 项，科研经费三年翻了三番，签订科技合同 458 项，创直接经济效益达 50 亿元。有 16 项达到国际领先水平,159 项达到国际先进水平,并获国家级奖励 4 项,省部级奖励 91 项,取得专利 70 项,2001 年专利申请列全国高校第 41 位。论文被国际三大检索收录量居全国高校排名百强行列。

在河北工大悠久的历史长河中,蕴涵着光荣的革命传统和优良的校风,曾涌现出一批革命先驱和仁人志士。在新的世纪里,河北工业大学正以"上台阶、建名校、创一流"为目标,通过"211 工程"建设,经过十五年至二十年的努力,逐步把河北工业大学建设成为以理工为特色,经、管、文、法等学科协调发展,结构合理,在国内达到先进水平、在国际上有一定影响的教学研究型大学。

(《天津日报》,2004 年 3 月 30 日)

最早的工业技术人才摇篮

河北工业大学建校已有百年,在天津 600 年建城史上不可或缺。因为在天津具有百年历史的高等学校仅有两所,一所是建于 1895 年的北洋西学学堂(北洋大学前身),一所就是河北工业大学的前身北洋工艺学堂。

北洋工艺学堂始建于清光绪二十八年十二月,是由时任直隶总督的袁世凯委派天津知府凌福彭筹建的。袁世凯 1902 年由保定来到天津后,首先筹设工艺局,同时创建了北洋工艺学堂。光绪二十九年十月十八日袁世凯呈奏给光绪皇帝的缮折(现存台北故宫博物院)对此作了详陈:"臣于上年莅津以后,即先筹设工艺局,就草厂庵附近地址建造工艺学堂。延聘中外教习,厘定课程,初录学生三十名,教以化学、染织及普通各科,约三年毕业。"

光绪二十八年十二月十九日(1903 年 1 月 17 日)第 214 期《大公报》对此作了专门报道,说:"天津府凌太守现奉直督谕饬设立工艺学堂,延聘教习,招选聪明子弟 30 名,入堂试习各种专门艺业……"凌福彭在光绪二十九年正月十九日(1903 年 2 月 16 日)向袁世凯报送的关于开办工艺学堂章程经费的呈文中说得更为清楚。他说:"卑府连日与日本工学士藤井恒久晤商,并博访周咨,详考直隶物产,究其利弊所在,知振兴工艺一事,实为今日万不可缓之图。北洋工艺学堂以教育培植工艺上之人才,注重讲授理法,继以实验,卒业后能任教习、工师之职。以发明工业为宗旨。"开办用银 46000 两,地点在天津老城东南角草厂庵。

草厂庵在天津老城东南角,东南角有角楼,楼内供有主宰文章兴衰的魁星神像,且与贡院为邻。贡院是旧时科举考试的地方,虽废科举,但仍不失为求学进第的风水之地。由于草厂庵庙址偏小,不适合发展,天津知府遂于光绪二十九年二月又在贡院前修建东北楼房数十间,作为讲堂、办公室,在其西方向建化工、机器两厂,供作实习。八月交付使用。两处共有上下楼房 193 间。校舍增加,学堂规模逐渐扩大。当年(即光绪二十九年)八月(1903 年 10 月 18 日)京旗练兵处咨送八旗子弟 37 名附学。十月续招新生百余名,此时在校学生近 200 人,并开始分科,实行双语教学。一月刚办时只有化学、染织等少量学科,十月后学科增加分为机器科、化学科、化学制造速成科、图绘科及预备科。机器科、化学科为正科,以英文教授;化学制造速成科、图绘科及预备科以日文教授。

北洋工艺学堂是全国最早的培养工业技术人才的学校,也是天津老城里唯一的一所高等学府。

陈德第(《天津日报》,2004 年 4 月 6 日)

"工学并举"和全国最早的校办厂

  河北工业大学不仅是全国最早的培养工业人才的学校,而且创建了全国最早的高校校办工厂和"工学并举"的办学特色。我国最早的高校校办工厂,是建于清光绪二十九年(1903年)八月的北洋工艺学堂附设的化学试验厂和机器制造厂。

  北洋工艺学堂为河北工业大学的前身,这两个校办工厂位于当时天津市老城区东南角,贡院东面的草厂庵西侧。初建时面积只有340平方米,后用白银8000两建起了20余大间厂房,又以白银5000两购置所需设备。聘请日本化学工师驹井於菟等3人为匠师,又聘早年毕业于福州船政学堂的何贤梁为机械教员兼机械工师,负责学生的实习和工厂的技术工作。当时学生实习以制造成品为主要内容,所能制造的成品有胰皂、雪花膏和轮轴、螺钉、螺母等。1904年,北洋工艺学堂更名为直隶高等工业学堂,校办工厂扩大到50余大间,并设有染色、织布、胰皂、砑光、刺绣、制燧(火柴)等科。到1905年9月,校办工厂又迁到河北窑洼(今河北区元纬路西端一带),当时校办工厂已有相当规模。

  正是由于有了全国最早的高校校办工厂,学校才首创了"工学并举"的办学特色。"工学并举"是在北洋工艺学堂刚刚开办时由总办(校长)周学熙提出来的。周学熙在光绪三十年(1904年)九月十二日写给袁世凯的呈文中说:"学堂为人才根本,工艺为民生至计,二者固宜并重。而讲求之道,亦属相资。工艺非学不兴,学非工艺不显。"强调办学与兴工、学理与动手相结合,亦工亦学,手脑并用。他主张学堂应设立教育品陈列馆,"购置仪器图书,任人纵观,以资启发"。特别是要办好实习工场,学生"半日听讲,半日入厂习练。刚建校时只有化学、机器实习两厂,至1918年时,有化学、机械、染织三个,到1931年6月增到5个,有色染厂、机织厂、制革厂、化学厂和机械厂,厂房总面积达5000平方米,各厂设备基本配套。这些厂除保证学生实习外,还进行产品生产。1934年和1935年,各附设工厂的产品曾5次参加全国性的比赛,成绩都很优秀,获得了各界的好评和教育部的奖励。这说明"工学并举"始终是我校坚持的办学特色,并且一直延续下来。

陈德第(《天津日报》,2004年4月13日)

报刊中的河北工大

百年前北洋工艺学堂招生轶闻

　　河北工业大学前身北洋工艺学堂 1903 年 1 月初建时,试办章程额定的规模是 90 人,30 人一班,共三班。由于只把草厂庵稍加修葺、整理,即刻招生,所以仅招学生 30 名。尽管数量不多,但录取条件非常严格。它要求考生年龄在 15 岁以上,22 岁以下,文理通顺、曾习英文、天资聪颖、身家清白、体质强健,取具妥保后方可报名。并且在考试前 20 天发出启事,晓谕各方。

　　考试当天,知府凌福彭亲自主考。整个招考过程,考生须过三关。第一关,先面试审核,看年貌、条件是否相符;第二关,初试,根据成绩挑选超过录取人数 30% 的考生(40 名),准备复试;第三关,经过复试录取的学生,还需再由英文教习面试,而后决定去取。

　　据资料记载,当时应考者不下二三百人。考试科目包括汉文、汉文译英文、英文等。汉文要求一小时交卷,汉文译英文两小时交卷,开考前发给洋纸一份。两小时交卷不能将作者放出,两小时交卷后出英文论题,凡考英文者三四日内单发一榜。关于考试内容,汉文主要是写作,相当现在写的论文,题目是《化学为制造之本》。它要求考生不仅论点正确,论述透彻,还要有论据,能略举其说。汉文译英文也是关于化学方面的。英文是格致化(物理、化学等科学的总称)学问题,共七条,英文考题要求考生至少要答三问才为完卷。由于光绪二十八年十二月北洋工艺学堂初建时,正值冬季。随着天气转暖,学堂于光绪二十九年二月在贡院前开工兴建新的房舍。堂舍扩大,十月续行招生,再招考百余名。续招时,报考条件除原来规定外,还要求考生汉文通达,学习英文、算学或日本文字二三年。对有专长的考生优惠,予以特招。当年十月十八日,京旗练兵处送来 37 名八旗子弟乘火车到天津附学。此时,在校学生已近 200 人。光绪三十年九月,北洋工艺学堂遵照学部章程,改为直隶高等工业学堂,学生定员 120 名。改为直隶高等工业学堂后,随后制定了《直隶高等工业学堂试办章程》共 31 条。在试办章程中,规定的入学考试科目比工艺学堂入学考试多了三门,有汉文(训点,解释)、作文(记事,论说)、英日文(翻译,会话)、数学(算术,代数,平面几何,三角)、地理(国内外)、历史(国内外)。

陈德第(天津日报,2004 年 4 月 20 日)

天津五四运动领袖

——河北工大早期校友谌志笃

谌志笃,号石僧,世居贵州织金县城,1896 年出生于城东的一户书香门第。1916 年,谌志笃考入直隶公立工业专门学校(河北工业大学前身)机械科学习,在校期间与周恩来、邓颖超等结为挚友。

1919 年"五四"运动爆发后,谌志笃被推选为天津学生联合会会长和天津各界联合会主要负责人之一。在声援北京爱国学生的一次讲演中,为激励国人,谌志笃毅然断指写下"学生作事,纯本天良,不为势迫,不为利诱"的血书,表示愿与北京爱国同学共同斗争的决心。6 月初,在北京街头讲演、游行的学生被北洋军阀悍然逮捕的消息传来,天津学生联合会齐集学生冲破军警包围到省公署,要求省长接见。谌志笃作为学生代表与省长谈判。

7 月初,谌志笃代表"学联"邀请从日本归来的周翔宇(即周恩来)主编《天津学生联合会报》,翔宇慨然应允。谌志笃即请谌小岑和同学黄爱协助翔宇办报。7 月21 日,《天津学生联合会报》创刊号便问世,日销量万余份。

8 月初,北京、天津等学生代表两千多人,齐集北京,包围总统府、国会和国务院,要求严惩捕杀爱国人士的济南镇守使马良,遭到当局镇压。天津学生闻讯后,由周恩来与谌志笃率领学生五六百人赶赴北京,他们同各地代表一起,连日在总统府外露宿请愿,要求释放被捕代表。在全国各地各界人士纷纷声援下,8 月 20 日,被捕代表终于获释。

9 月 16 日,周恩来、邓颖超、谌志笃等 20 名热血青年齐集天津草厂庵学联办公室,发起成立了天津最早的学生革命团体"觉悟社"。不久,在《觉悟》杂志上公布了由周恩来起草、大家一致通过的《觉悟社宣言》,从此天津学生运动步入了一个崭新的阶段。

10 月 10 日"双十节"这天下午,四万多学生、市民和各界代表人士在南开操场举行天津历史上第一次声势浩大的国民大会,谌志笃被推选为大会总指挥,周恩来、邓颖超等为大会主席团成员。大会严正要求当局立即释放 10 月 1 日在京请愿被捕的 32 名各地学生代表,并进行盛大的示威游行。经过 38 天的狱内外斗争,迫使反动当局释放了全体代表。

12 月 25 日,直隶警察厅悍然查封了天津学生联合会、天津各界联合会和由周恩来主编的《天津学生联合会会报》。在极其险恶的形势下,周恩来提议用数字代替各人姓名,周恩来代号伍豪,邓颖超代号逸豪,谌志笃代号武陵。

在 1922 年初的"一·二九"血案中,周恩来等 24 名学生代表被捕,其余学生被打伤多人。谌志笃与邓颖超联络 24 名学联代表,背着铺盖来到警厅,要求代替被捕的 24 名代表坐牢。经过斗争,取得在警厅与被捕代表见面的机会,并迅速商定由谌志笃赴京聘请著名大律师刘崇佑为代表们辩护。刘大律师在法庭上仗义陈词,被捕代表全部被释。

工大校友谌志笃在"五四"运动中作出了积极的贡献,用自己的热血写下了青年谌志笃光辉的一页。1970 年他病逝于贵阳,享年 75 岁。

(《天津日报》,2004 年 4 月 27 日)

潘承孝

——河工大的一面旗帜

潘承孝 1897 年 3 月 7 日出生于江苏省吴县（今苏州市）。他从青年时代就树立了"工业救国"的宏图大志。

1915 年夏，中学尚未毕业，他便考取了唐山工业专门学校，成为该校第一届机械系大学生，并于 1921 年暑假获得学士学位。经过"五四"运动、新文化运动的洗礼和六年大学生活的磨炼，使他成为一个具有进步思想的知识青年。1922 年 7 月，他在美国康奈尔大学学习机械动力学专业。1924 年夏到美国威斯康星大学研究院攻读硕士研究生，于 1925 年 7 月获得了硕士学位。

1927 年 2 月，潘承孝回国后，正值当时的中国时局动荡，他立誓"为国储才"。1927 年春，应刘金声之邀，到直隶公立工业专门学校（即今河北工业大学的前身）任教，从此与高等教育事业和河北工业大学结下了不解之缘，开始了长达 76 年的教育生涯。

1927 年夏，奉系军阀占领天津，潘承孝无法继续在直隶公立工业专门学校任教，于同年 8 月以后，潘承孝先后在沈阳冯庸大学、沈阳东北大学工学院、北平大学工学院、西北临时大学工学院、西北工学院任教。他带领着一批爱国抗日学生被迫流亡，走遍了大半个中国。

1948 年 9 月，潘承孝离开西北工学院，返回天津，于同年 10 月受聘于国立北洋大学，任机械系教授。1949 年 1 月，天津解放，北洋大学成立校务委员会，潘承孝任校务委员会委员。

1951 年，北洋大学与河北工学院合并，更名为天津大学，潘承孝任校务委员会副主任委员，主管教务。1958 年，当时任天津大学教务长的潘承孝教授又担任重建的河北工学院院长。1979 年 12 月 8 日，时年 83 岁的潘承孝光荣地加入了中国共产党。1983 年 11 月 15 日起，潘承孝任河北工学院名誉院长、河北工业大学名誉校长。

　　潘承孝是中国民主促进会德高望重的元老之一,于1951年加入中国民主促进会,历任天津市民进副主委、主委。他治学认真、从教严谨、唯贤是举、甘为人梯,是我国内燃机和汽车工程教育的奠基人之一。他把毕生的精力都奉献给了祖国的高等教育事业。1997年被中国老教授协会授予"老教授科教兴国贡献奖"荣誉称号,是一位桃李满天下的教授,蜚声中外的高等工程教育专家。河北工业大学的每一步建设和发展都体现了潘承孝富有远见的办学思想,他为河北工业大学建立了不朽的功勋,在中国教育发展史上也写下了光辉的一页。潘承孝教授于2003年12月22日7时35分在天津逝世,享年107岁。

　　　　　　　　　　　　　　　　　　　　(《天津日报》,2004年5月11日)

我国最早工业院校

——河北工大百年风雨育人才

天津5月15日电 5月15日,冒着细细的春雨,河北工业大学火炬队同学高举写有该校革命英烈名字和象征英烈精神的火炬,汇聚到传承百年薪火的火炬台,点燃主火炬,全校师生员工、海内外校友代表集会庆祝建校百年。全国政协副主席白立忱出席。

位于天津的河北工业大学是河北省唯一进入国家"211工程"重点建设的大学,前身为创办于1903年的北洋工艺学堂,1904年改称"直隶高等工业学堂",之后改称河北省立工业学院、河北工学院、天津工学院,1995年更名为河北工业大学,为我国最早的培养工业技术人才的高等院校,创建了我国高校最早的校办工厂。在百年的办学实践中,形成了工学并举,产学研相结合的特色,坚持"勤奋、严谨、求实、进取"的优良校风和学风,为国家培养了7万余名高素质的人才。河北工大的办学历程,就是我国高等工程教育从孕育、发生到发展、壮大的一个缩影。目前学校以工科为主,理科、经济、管理、文学、法学多学科协调发展,设有16个学院和1个直属教学部,53个本科专业,拥有2个国家级重点学科,15个省级重点学科、4个博士后科研流动站、17个博士学位授权点、44个硕士学位授权点、11个工程硕士授权领域,在校全日制普通本科、专科和研究生1.9万人。

在庆祝大会上,中国高等教育学会会长周远清宣读教育部的贺信。天津市市长戴相龙、河北省省长季允石、校长高峰、校友代表孙广相和师生代表李伟杰先后致辞。

本报记者陈杰(《人民日报》,2004年5月15日)

河北工业大学喜庆百年华诞

贾庆林、张立昌、李鹏、李瑞环、李岚清、李铁映等发来贺信、题词或作出批示，白立忱到会祝贺，戴相龙、季允石等出席庆祝大会并讲话。

本报5月15日天津电　今天上午，河北工业大学校友、海内外各界人士与师生代表5000余人欢聚一堂，共庆河北工业大学百年华诞。

中共中央政治局常委、全国政协主席贾庆林发来贺信。张立昌、李鹏、李瑞环、李岚清、李铁映等20多位现任和原任的党和国家领导人也发来贺信、题词或作出批示。全国政协副主席白立忱到会祝贺。天津市领导戴相龙、邢元敏、任之通、陈超英、陆锡蕾，省领导季允石、付志方、陈秀芳、白润璋、王建忠，全国政协常委叶连松出席庆祝大会。省委副书记冯文海宣读了省委、省政府的贺信，中国高等教育学会会长、原教育部副部长周远清宣读了教育部的贺信。

河北工业大学创办于1903年，初名"北洋工艺学堂"。几经易名，1995年更名为"河北工业大学"。目前，该校设有16个学院和1个直属教学部，53个本科专业，拥有2个国家级重点学科，在校全日制普通本科、专科和研究生19009人，有专任教师921人，博士生导师45人，长江学者奖励计划特聘教授岗位2个。已成为以工为主，理、工、经、管、文、法多学科协调发展的知名学府，并以其鲜明的特色、深厚的文化积淀和雄厚的办学实力，跻身于国家"211工程"。

戴相龙在致辞中表示，一百年来，河北工大坚持以育人为本，工学并举，产学研相结合，形成了优良的校风和学风，为国家培养了大批优秀人才。河北工大坐落在天津，积极参与天津的经济建设，为天津的改革、发展和稳定作出了重要贡献。希望河北工大继续发扬光荣传统和自身优势，努力建成具有先进水平的国内一流大学。天津将一如既往地支持河北工大的发展。

季允石在讲话中代表省委、省政府向河北工业大学全体师生员工和海内外校友致以热烈的祝贺，向长期给予河北工大帮助和支持的天津市委、市政府和社会各界表示衷心的感谢,向为河北工大的建设和发展作出卓越贡献的、以潘承孝教授为代表的优秀知识分子表示崇高的敬意。他指出,百年沧桑铸名校,名校百年育桃李。一百年来,河北工大走过了一段不平凡的光辉历程,先后培养出了7万余名毕业生,校友中有党和国家领导人,有研究"两弹一星"的功臣,有"浩气长存"的革命英烈,更多的是为国家经济发展、社会进步贡献聪明才智的专门人才。改革开放以来,河北工大全面贯彻党的教育方针,坚持正确的办学方向,致力于创建一流大学,锐意进取,开拓创新,整体规模和办学水平日新月异,进入了发展最快最好的时期。

季允石指出,国运兴衰,系于教育。实现我省全面建设小康社会的宏伟目标,建设经济强省,离不开教育的大发展、大提高,离不开强有力的人才保障和智力支撑。必须把发展教育作为大力实施科教兴冀、人才强省的战略举措,努力提高教育质量和水平。高等教育要坚持面向现代化、面向世界、面向未来,抓住机遇,深化体制改革,调整优化学科专业结构,加强教师队伍建设,不断为我省经济社会发展培养和造就高素质的劳动者、建设者和管理者。他希望,河北工大以百年校庆为契机,总结办学经验,秉承光荣传统,再接再厉,乘势而上,努力建设成为具有国内先进水平、以理工科为优势的多科性研究教学型大学。

记者胡博理、石磊(《河北日报》,2004年5月16日)
(学校百年校庆活动同时在《人民日报》《光明日报》《中国教育报》
《天津日报》《中国青年报》等中央及省市媒体进行了报道)

黄爱——中国现代工人运动的先驱

黄爱，原名正品，号建中。1897年9月生于湖南常德县一个农户家庭。1919年春，考入天津直隶公立工业专门学校（河北工业大学前身）求学。

1919年，"五四"运动的革命风暴席卷全国，激起了他强烈的爱国主义热情，他把自己的名字改为黄爱，以示时刻不忘爱国。9月16日，周恩来、邓颖超、谌志笃、郭隆真等在天津发起成立了进步革命团体觉悟社，黄爱被吸收为第一批社友。9月21日，当他听了应邀来社讲演的李大钊介绍俄国十月革命后，产生了极大的兴趣。从此，他经常阅读李大钊在《新青年》杂志上发表的文章，探求革命的道路。同年10月，作为天津学生代表两次赴京请愿，要求严惩镇压学生运动的军阀。第二次赴京请愿时，被徐世昌下令逮捕关押一个多月。获释后被开除学籍。

1920年1月，他经李大钊介绍，赴上海《新青年》杂志社工作，同年9月回长沙。他通过何叔衡认识了毛泽东，以后，他与庞人铨常到毛泽东在南门外惜阳里的住处去，一起研究创办湖南工会的问题。11月21日在毛泽东、何叔衡等支持下，他与庞人铨等一起在长沙发起组织了湖南劳工会，并被选为该会教育部主任兼驻会干事。在一年时间内，与庞人铨先后在长沙组织各业工会20余个，会员达6000余人。同时，通过主办工人读书会、工人夜校和女子职业学校，广泛对工人进行政治和文化教育；并编辑出版《劳工周刊》和《劳工》等刊物，指导工人进行经济、政治斗争。1921年4月，因发动领导湖南第一纱厂收回公办的罢工斗争而再次被捕，6月经长沙各界人士声援营救获释。通过总结湖南第一纱厂工友运动失败的教训和在毛泽东的影响帮助下，他逐步克服了无政府主义倾向，转而信仰马克思主义，同年底加入中国社会主义青年团。12月25日，在中共湖南支部的直接指导下，联合湖南学联发动组织了湖南工界10000多人参加的反对太平洋会议的游街大会。1922年1月16日晚，在领导湖南第一纱厂工人进行年终要求加薪的斗争时，与庞人铨一起被捕，1月17日凌晨被军阀赵恒惕杀害。临刑前，与庞人铨同声高喊："大流血，大成功！"这两位同年出生的杰出工人领袖，为工人阶级的利益并肩战斗了1年零4

个月,同时壮烈牺牲了,就义时年仅 25 岁。

　　黄爱、庞人铨殉难的消息震惊全国,引起湖南各界人士尤其是工人群众的极大愤怒。在毛泽东的主持下,各界代表在船山学社举行了两次追悼大会,同时以湖南工界的名义通电全国,在广州、上海、北京等地的报纸上公开揭露赵恒惕的罪恶,掀起了声势浩大的"驱赵"高潮。周恩来在法国得知黄爱、庞人铨被惨杀,百感交集,写下了《生别死离》一诗,热情地赞扬黄、庞"他们是中国的卢(卢森堡)、李(李卜克内西),是为共产花开和赤色的旗儿飞扬,把种子撒在人间,血儿滴在地上"。李大钊在纪念文章中称:"黄、庞两先生用他们的血为我们大书特书了一个新纪元。"

　　　　　　　　　　宫达书(《天津日报》,2004 年 6 月 8 日)

河北工大微电子技术与材料成果颇丰

本报讯 在国际上,超大规模集成电路多层铜布线的化学机械抛光(CMP)技术与相应的纳米抛光液技术仍处在技术攻关阶段。12月10日,该研究领域传出捷报——由河北工业大学微电子技术与材料研究所承担的天津市技术攻关项目"微电子CMP专用纳米材料制备技术及其应用"等6项成果通过天津市科委组织的专家鉴定,其中3项达到国际领先水平。

专家认为该系列成果可推广到微电子、光电子及其他固体材料表面精密加工企业,代替进口产品,国际潜在市场20多亿美元。这是该所多年来坚持科研创新的又一成果体现。

河北工业大学微电子技术与材料研究所成立于1969年,现有国家级有突出贡献专家1人,博士生导师6人,教授9人,副教授7人,10人具有博士学位。该研究所致力于微电子行业中高频微波大功率晶体管和大规模、超大规模集成电路的基础材料,特别是清洗技术与材料的制备、加工、检测以及外延材料性能与结构优化等技术和产品的研究、开发与生产。近10年,研究所承担科研项目41项,获国家发明奖5项、省部级科技进步奖19项,取得专利12项。该研究所的微电子制备技术及相关材料领域在国内享有较高的声誉,其技术及产品已在冀、京、津、沪、苏、浙等十多个省市的引进生产线上取代了美、日进口产品,实现了更新换代,创造效益近亿元。

刚刚通过专家鉴定的"微电子CMP专用纳米材料制备技术及其应用"课题,成功实现了分散度小的粒径可控生长,有效控制了金属杂质含量,解决了纯度及稳定性问题,提高了适用性,并制得了可用于不同材质抛光的不同粒径范围,具有较小分散度的硅溶胶,为CMP工艺提供了合格的精抛磨料,达到了国际领先水平。在另外通过专家鉴定的5项成果中,"铝、钽、钨、铜及氮化钛等金属纳米磨料CMP技术及其应用的研究"以二氧化硅碱性水溶胶为磨料抛光液代替了国际上通用的硬度很高的酸性抛光液、"蓝宝石衬底纳米材料CMP技术研究"将抛光速度由

1 微米/小时提高到了 10 微米以上每小时,两项研究均达到国际领先水平。

目前,河北工大微电子技术与材料研究所及由该研究所所长刘玉岭教授以自己发明成果创办的高新技术企业——天津新技术产业园区晶岭高科技有限公司在衬底粗抛、中抛方面已进入规模化生产,衬底精抛、铜抛光与介质抛光均已小试成功,实现产值 570 多万元,并已应用到中国华润华晶电子集团公司、深圳深爱半导体等十多家,取代了同类进口产品,社会经济效益显著。

通讯员魏进平、林艳书 记者刘廉君(《科技日报》,2004 年 12 月 31 日)

全国优秀博士后表彰及博士后工作会议

——我省两站一人受表彰

　　本报北京 10 月 21 日电　今天上午召开的全国优秀博士后表彰及博士后工作会议,表彰了全国 73 个博士后流动站、22 个博士后工作站和 127 名博士后,其中有我省河北工业大学的材料科学与工程学科的博士后科研流动站、开滦(集团)有限责任公司的博士后科研工作站和河北工业大学的博士生导师李奎教授。

　　在这次受表彰的 73 个博士后流动站中,仅有 4 所地方高校,河北工业大学是其中之一。河北工业大学材料科学与工程学科的博士后科研流动站自 2001 年成立以来,已累计投入建设资金 3000 多万元。该流动站的支撑学科材料物理与化学为国家级重点学科,并拥有 2 个博士点、3 个硕士点、1 个省级重点实验室和长江学者特聘岗位,共承担国家自然科学基金、"863"子项目等省部级以上科研项目 58 项,获省部级科技进步奖 8 项,在国内外学术期刊上发表论文 857 篇,被国际三大索引收录 223 篇。李奎教授先后参加并主研 29 项科研课题,其中国家自然基金 1 项,省部级科研项目 21 项,有 1 项获国家科技进步二等奖,1 项获河北省科技进步奖一等奖。开滦集团公司博士后科研工作站 2001 年 12 月成立后,确定和实施了"建筑物下采煤可持续性发展"的博士后科研课题,其成果的运用不仅将建筑物下压住的大部分煤炭资源开采出来,同时又能保护地面建(构)筑物不受破坏,为企业取得了1.8 亿元的经济效益。几年来,先后完成 20 多个由博士后科研课题派生出来的子课题,在国内外杂志发表论文 145 篇。

　　　　　　　　杨福才、胡博理(《河北日报》,2005 年 10 月 22 日)

全方位资助贫困生完成学业
迄今为止无一人因贫困退学

本报讯 2005年12月29日下午,河北工大211名贫困生从学校领取了U盘、图书大厦购书卡及资助款,这是河北工大对贫困生进一步加大扶助力度的又一举措。

河北工大积极开展资助经济困难学生工作,学校通过"奖、贷、助、补、减"等资助政策,使经济困难学生顺利完成学业。今年共有81名学生与中国农业银行办理面签手续,总金额达119万余元。已连续十年的冬衣发放工作日前也已经结束,今年共为贫困生发放冬衣487件。

为解决贫困学生上学难问题,河北工业大学从2000年开始,提出了"不使一个学生因家庭经济困难而辍学"的工作目标,在校领导的支持下,让贫困生先入学,再想办法解决其学费问题。学校通过奖学金、贷款、困难补助、助学公益劳动、勤工俭学等多种形式帮助困难学生渡过经济难关,顺利完成学业。

为做好困难补助发放工作,使真正的贫困生得到资助,学生处对各年级学生做好家庭经济情况调查,摸清贫困生人数,制定补助的条件和额度,并在每个学期初根据学生的消费情况,对享受特困补助的学生进行重新评定,切实保证将有限的资金补助到最需要帮助的学生身上。

开展勤工助学活动是解决特困生经济困难的又一条重要途径。校团委成立了勤工助学指导中心,每年设立300至400个勤工助学岗位,使困难学生既受到锻炼,又解决了他们的经济困难。这些工作的开展,保证了正常的教学秩序。迄今为止,该校没有一名学生因经济困难而辍学。

通讯员林艳书 记者张丽辉(《河北日报》,2006年1月4日)

就高校如何增强自主创新能力
部分省政协委员到河北工大调研

本报讯　日前,省政协副主席刘健生带领部分省政协委员,到河北工业大学就高校如何增强自主创新能力进行了调研。

委员们认为,高校具有自主创新的诸多优势,是"人才、技术、成果、信息"的四大宝库,也是科研成果生成的重要基地。建设创新型国家战略任务的提出,对高校提出了新的更高的要求。高校一定要切实强化推进自主创新的责任感和使命感,在增强自主创新能力中争取有更大的作为。

刘健生强调,增强自主创新能力,省属高校要大力推进"一个转变",即认真贯彻落实党的教育方针,大力推进高校人才培养由传统教育向素质教育的转变。要坚持"三个结合",即坚持基础理论的研究和应用技术的创新相结合、坚持自主创新同我省经济社会发展实际相结合、坚持大力推进产学研相结合。同时,应突出搞好"五抓"。一是抓工作摆位,切实把科研放在与教学同等重要的位置。二是抓平台建设,努力改善科技创新条件。三是抓人才建设,培养和集聚优秀人才和创新团队。四是抓深化改革,搞活内部运行机制。五是抓创新环境,加强校园创新文化建设。

记者霍晓丽(《河北日报》,2006 年 4 月 3 日)

河北工业大学圆满完成
"十五""211 工程"建设任务

　　"十五"期间,河北工业大学认真坚持以发展为主题,以改革为动力,以建设高水平大学为主线,全面贯彻落实科学发展观,确立了以人为本、以学生为本、以教师为本的理念,通过建设,办学实力不断增强,办学效益日益提高,办学特色和优势更加鲜明,使学校人才培养、科学研究和服务社会的能力上了一个新台阶,向着具有国内先进水平的教学研究型大学的目标迈出了坚实的步伐,为"十一五""211 工程"建设奠定了坚实的基础。

一、学科建设

　　学校在"211 工程"建设中,以重点学科建设为核心,带动了学校学科整体水平的进一步提高,学科门类增加,学科结构与布局更加优化,实现了国家重点学科的突破,传统优势学科进一步保持和发展了优势和特色,新兴学科、交叉学科有了新的发展,初步形成了国家重点学科、省强势特色学科、省重点学科、校重点学科和一般学科分层建设与发展的新局面;学位点建设取得了明显进展,数量增加,基本覆盖了学校的主要学科专业,初步形成了以工为主、以理工为特色的多学科协调发展的学科体系。

二、人才培养

　　学校教育规模稳定扩大,研究生数量明显增加;教育教学改革进一步深入,人才培养能力增强,培养质量明显提高;大力加强了教学基本条件建设和实践教学建设,"工学并举"办学特色更加鲜明,教育教学管理更加规范,学生创新精神和实践能力的培养进一步加强。

三、师资队伍建设

学校师资队伍数量有了增加,学历结构、职称结构、年龄结构和学缘结构进一步优化,初步形成了一支数量充足、素质优良、富有活力的教师队伍;进一步优化了育人、引人、留人、用人的政策环境和工作机制,引进和培养了一批高水平学术带头人与骨干教师;改善了教师的工作条件和生活条件,调动了广大教师从事教学科研工作的积极性、主动性和创造性。

四、科学研究与成果转化

科学研究装备水平在"211工程"建设中得到进一步提高,自主创新能力增强,有重大影响的科研项目增多,取得了一批高水平的研究成果,解决了一批重大、关键技术问题,科研成果获省部级以上的奖励增多;科技成果转化有了新的进展,多项自主创新科研成果实现了产业化,科技贡献率明显提升;校内科技创新平台、校内外产学研基地和大学科技园建设成效显著。

五、学术交流与国际合作

学校国内外学术交流有了新的进展,国际合作办学有了新的突破,留学生数量大幅度增加,与一批国内外、境内外的大学和科研机构建立了稳定的学术交流、人才培养、合作研究和师资培训的合作关系,初步形成了全方位开放办学的新局面。

六、办学条件建设

学校办学条件明显改善,各级各类教学用房的装备水平得到提高,数量大幅度增加,为教学、科研提供了良好的发展平台;图书文献保障体系、校园计算机网络信息系统更加完善,初步形成了为教学、科研和管理高效服务的良好运行环境;学校校园面积扩大,基本建设取得了积极进展,后勤服务的基本设施得到改善,校园的绿化、美化为师生创造了学习、工作和生活的良好文化环境。

屈振光(《河北日报》,2006年5月16日)

报刊中的河北工大

百年老校喜逢春

2001年4月25日,河北工业大学顺利通过了"九五""211工程"建设国家验收。百年老校乘着这鼓舞人心的东风,跨入了21世纪的崭新时空。伴随着"九五""211工程"建设验收的结束,河北工大又吹响了"十五""211工程"建设的号角,开始了与新世纪同行的建设历程。

河北工业大学"十五""211工程"总体建设目标是:以发展为主题,以改革为动力,以重点学科建设为核心,大力推进理论创新、制度创新、科技创新和教育创新,通过继续重点建设,进一步提高教育质量和学科建设、科学研究、师资队伍、学校管理的水平和办学效益,充分发挥培养高层次创新人才、发展科学文化技术、解决国家和地方经济建设和社会发展重大问题的作用,保持和发展学校特色和优势,为把河北工业大学建设成为具有国内先进水平的教学研究型大学奠定坚实基础。

河北工业大学"十五""211工程"建设的主要任务包括:重点学科建设、公共服务体系建设、师资队伍建设。共分为8个子项目进行建设。

5年来,学校在中共河北省委、省政府的直接领导下,在教育部"211工程"办公室的具体指导下,严格按照国家发展改革委对学校"十五""211工程"建设项目可行性研究报告批复的内容,组织了重点建设。通过全校师生员工的共同努力,已顺利完成了"十五""211工程"建设项目的建设目标和各项建设任务。

学科建设攀高峰

在"十五""211工程"建设中,学校继续坚持以重点学科建设为核心,用重点学科建设带动学科整体水平的提高,使学科建设取得显著成效。2002年,在"九五""211工程"建设的基础上,电机与电器、材料物理与化学2个学科被批准为国家重点学科,实现了学校国家重点学科零的突破;省级重点学科现已达到15个,并在"十五""211工程"4个重点学科建设项目的基础上,电气工程、材料科学与工程、机械工程、化学工程与技术4个学科被批准为省强势特色学科进行重点建设;校级重点学科在"十五""211工程"建设的带动下,取得了积极进展,一批有望晋升为省级重点学科的学科和一批新兴学科、交叉学科,经遴选确定为校级重点学科进行重点建设。"十五""211工程"建设加快了学校学位点建设的步伐。"十五"期间,在国家两次学位授权审核中,电气工程学科、材料科学与工程学科被审定为博士学位授权一级学科;6个学科被审定为博士学位授权学科专业;9个学科被审定为硕士学位授权一级学科;29个学科被审定为硕士学位授权学科专业。通过建设,学校博士学位授权一级学科增至3个,博士学位授权学科专业增至17个,硕士学位授权一级学科增至10个,硕士学位授权学科专业增至56个,并有工商管理硕士(MBA)学位授予权及13个工程硕士专业学位授权领域和17个高校教师在职攻读硕士学位专业。博士后科研流动站工作取得了积极进展,学校的博士后科研流动站已增至4个。2005年10月,在全国优秀博士后科研流动站表彰及博士后工作会议上,材料科学与工程博士后科研流动站被评为全国优秀博士后科研流动站,受到大会表彰。

凝聚人才强队伍

在"十五""211工程"建设中,学校坚持以师资队伍建设为关键,通过加强重点学科建设和科研条件建设、出台培养引进高层次人才的政策措施、深化内部管理体制改革、改善教师的生活待遇、坚持教师在职进修、国内外培训等制度,不断提高教师的整体素质和水平,形成了一支数量充足、素质优良、结构合理、充满活力的师资队伍,培养、造就了一批高水平学术带头人和中青年骨干教师。

5年来,学校共引进博士及博士后41人,培养博士及博士后50人,使师资队伍数量增加、结构进一步趋于合理。截至2005年底,学校共有专任教师1039人,其中45岁及以下人员占教师总数的85%;具有副教授以上职称的教师人数占专任教师的50%;具有博士学位的教师208人,具有硕士学位的教师424人,具有硕士以上学位教师占中青年教师的70%;非本校毕业的教师占专任教师的63%,初步实现了师资队伍的年轻化,专任教师的职称结构、学历学位结构、学缘结构得到了明显的改善。专任教师中,博士生导师增至90人、硕士生导师达到365人;国家杰出青年科学基金获得者1人,教育部新世纪人才2人,国家级有突出贡献专家3人,燕赵学者1人、省管优秀专家10人、省级中青年有突出贡献专家17人、"三三三"人才9人、省级教学名师2人;有21名教师享受国务院政府特殊津贴。

"十五"期间,学校共有 94 名教师获省市级以上各种奖励称号;34 名教师在天津市青年教师教学基本功竞赛中获奖,获奖率在天津市高校名列前茅。并有 98 人在国家级各类学会、研究会任职,副秘书长以上任职人员 11 人,有 131 人在省市各类学会、研究会任职,其中,副秘书长以上任职人员 37 人。外籍教师数量增加,2005 年达 12 名,基本满足了本科生、研究生的教学需要。同时,学校于 2005 年通过处级干部竞争上岗,优化了管理干部的结构,在被提拔任用的 99 名处级干部中,平均年龄降到 41.75 岁,其中具有正高职称的占 34.3%、具有博士学位的占 32.3%。

科学研究创佳绩

在"九五""211 工程"建设的基础上,"十五""211 工程"建设中,学校继续投入 9304.44 万元购置了从事科研必需的仪器设备,占"211 工程"总投资的近 50%,搭建了一批科技创新平台,使学校开展科学研究和自主创新能力显著提高,为国家和河北省经济建设与社会发展服务的能力进一步增强,取得了一批具有较高显示度的标志性成果。

"十五"期间,学校共承担科研课题 611 项,其中,国家级项目 72 项、教育部各类计划项目 15 项、国家社会科学规划项目 2 项、省市自然科学基金项目 138 项、省市攻关项目 120 项、省市社会科学规划项目 23 项、省教育厅各类计划项目 161 项、其它厅局级项目 80 项。共立横向课题 754 项,其中百万元以上的项目 10 余项。学校到校科研经费达 2.58 亿元。

"十五"期间学校科学研究和自主创新取得了丰硕成果,共获科技成果 232 项,其中通过鉴定达到国际领先水平的 25 项;共有 73 项成果获奖,其中国家级奖励 2 项、省部级奖励 71 项;获专利授权 78 项,其中已获得授权发明专利 53 项,连续 3 年居河北省高校首位,在天津市名列第三。2005 年,学校被评为河北省十大优秀发明创造单位之一;发表论文 5277 篇,其中被 SCI、EI、ISTP 三大检索收录的论文 739 篇,影响因子 2.0 以上的论文 26 篇,三大检索收录排名一直位居全国高校百名之内。出版专著 150 部,新编、修订、出版各种教材 62 部。

"十五"期间,学校自主创新成果增多。低压电器试验技术与检测技术的研究,主要参数与总体水平达到国际先进水平,制订了相关行业的国家标准,发表学术论文近百篇,2002 年度获国家科技进步二等奖,并先后获省级科技进步奖 7 项。具有我国原创性自主知识产权的离子筛法海水提钾高效节能技术,成功地突破了钾从海水中高效富集和节能分离的难题,在国际上率先实现了海水提钾技术过经济关,1万吨/年海水提取硝酸钾示范工程已于2005年底建成投产,为解决我国农业急需的钾肥来源问题开辟了一条全新的途径。新型复合材料及表面工程的关键技术研究,发表收入三大索引的学术论文100余篇,获省技术发明一等奖1项,天津市科技进步奖一等奖1项,省科技进步奖二等奖1项,省自然科学三等奖1项。

作为地方工科院校,学校多年来一直把面向经济建设主战场、为河北省经济与社会发展服务作为自己的使命,坚持以服务求支持、以贡献求发展的思想,以更好的服务争取社会更大的支持,以突出的贡献求得自身更快发展。5年来,学校利用"211工程"建设的辐射和示范作用,初步形成了3个层次的科技服务平台:以校内各级各类实验室、研究所(室)和工程中心为主体,建设实验、测试、人员培训和技术开发的服务平台,为社会提供直接的服务;以校外产学研基地为主体,建设科技成果创新、转化、产业化的服务平台,与企业签订技术合作协议,进行技术合作与成果推广;以河北工业大学科技园为主体,建设资源整合、成果转化、企业聚集的服务平台,实现科技成果转化。通过这些平台,学校有大批科技成果在地方及全国实现了产业化,创经济效益近百亿元。"中子嬗变掺杂直拉硅"技术,"九五"期间在河北晶龙实业集团有限公司和宁晋松宫半导体有限公司等七家企业实现了成果转化,利用河北工大的技术,河北晶龙实业集团有限公司跻身全国同行业之首,宁晋松宫半导体有限公司成为亚洲最大的太阳能硅单晶生产基地。"河北晶龙集团"产学研基地2000年获河北省优秀产学研基地称号,被国家产学研办公室评为"产学研成功案例100例"之一。该基地将河北工业大学多项科技成果转化为生产力,由七家企业组成以太阳能单晶硅为龙头的高科技工业园区,目前,基地已有大型直拉单晶炉250余台,是"九五"期间35台的7倍多;年产单晶硅1200余吨(80%出口),是"九五"期间130吨的9倍多;年产值17亿元人民币,是"九五"期间1.2亿元的14倍多,现已成为目前世界上最大的单晶硅生产基地。"大通量高效分离技术与设备——立体传质塔板"技术,10年来在河北省及国内多个省市的石化、炼油、制药、维尼纶、化肥、农药等50多家大中型企业成功推广应用了500多座塔器,创造直接经济效益10亿元以上。

校内科研机构和创新平台建设也取得了长足进步。"十五"期间,学校在重点建设已有的河北省机电一体化工程技术中心的同时,新增了河北省电器实验室、河北省新型功能材料实验室、河北省磁技术与磁材料研究中心、河北省绿色化工与高效节能实验室、河北省土木工程研究中心等5个省级重点、实验室。2002年,成功建成了河北省第一个应用基础研究基地——电磁场与电工产品可靠性应用基础研究基地。经申请,该基地组成的"河北省电磁场与电器可靠性重点实验室"于2003年被国家科技部确定为省部共建国家重点实验室培育基地,并已通过验收。2004年,河北工业大学企业信息化与管理创新研究中心被天津市认定为普通高校首批人文社会科学重点研究基地,实现了人文社会科学研究基地零的突破。

"十五"期间,学校与企业共建了多个科研机构,服务河北、辐射全国的科技服务实体有了进一步的发展。机械学院与石家庄阀门一厂股份有限公司共建"大型阀门密封与启闭工程技术研究中心",共同合作开展蝶阀、快速切断阀等技术研究,2002年快速切断阀系统改进设计,取得专利一项;2004年帮助企业建立了面向客户的产品快速设计生产系统,由于与河北工大合作,该公司生产总值大幅度提高,2005年比2002年翻了一番。目前,双方在热核反应阀门等项目继续进行着密切合作;能环学院与保定天威集团共建变压器热工研究所,研究所领导由双方共同担任,天威集团先期投入研究经费用于研究所建设,以后每年根据为企业解决实际问题情况再投入一定量的科研经费。化工学院与河北省海洋局共建海水资源利用研究院。这一个个项目的实施,都采取了双方优势互补,共同发展的模式,取得了积极成果。

"十五"期间,学校加强了各种形式的产学研基地建设,使产学研基地达到73个,并与唐钢、保定天威集团等20多个省内大型企业签订了技术合作协议,与全国数百家企事业单位进行了技术合作与成果推广。与此同时,河北工业大学科技园建设加快了发展步伐,目前已初具规模。截至2005年底累计完成投资1.8亿元,实现收入5.1亿元,在孵化企业62家,毕业企业21家,研发、中介机构29家,孵化转化科技成果86项,积极发挥了资源整合、成果转化、孵化服务和企业聚集的作用。

建设名校夯基础

"十五"期间,通过"211工程"建设,公共服务体系建设日趋完善,校园面貌发生深刻变化,学校办学条件得到进一步改善。学校现已拥有各级各类实验室、研究所(室)、工程中心86个,装备水平不断提高,全校仪器设备总值已增至21106.72万元,其中10万元以上的大型仪器设备已增至212件。公共教学条件得到了明显的改善,多媒体教室增至123间、语音室增至25间、大型计算机房增至5个,可供使用的计算机总量达到5859台,满足了教学科研的基本需要。

"十五"期间,学校通过"211 工程"建设,图书文献信息保障系统及校园计算机网络系统功能提升,图书文献藏量大幅度增加。现已拥有 154.4 万册藏书,其中电子图书 50 万册,国内外期刊 2600 种。完善了电子信息检索系统,实现了文献信息管理及服务的计算机网络化,并建立了先进的电子阅览室、视听阅览室和读者培训中心。校园计算机网络系统建设有了新的进展,实现了 3 个校区的网络互联,"一卡通"工程顺利进行,部分实现了校内消费与身份认证的"一卡通"管理。

　　"十五"期间,学校校园建设有了进一步发展。2001 年开始建设新校区,使校园面积扩大到 3460 亩。随着新校区一期工程的竣工和老校区改造步伐的加快,学校的教学科研用房增加,文化体育设施和后勤服务设备日趋完备,校园环境发生了显著变化,育人环境进一步优化。2001 年以来,学校连续五年被评为"天津市绿化先进单位"。

　　"十五"期间,在"211 工程"建设中,学校的国内外学术交流与合作成绩突出。共主办国内外会议 15 次、承办会议 18 次、参加会议 208 次、举办学术报告会 330 次、学术交流与合作 66 人次;积极开展了国际合作与交流。"十五"期间,学校参加国际会议人数逐年增加,达 70 余人,并于 2002 年承办了世界数学家大会的"算子代数及其应用"卫星会议。2004 年成功举办了"第一届电工产品可靠性与电接触国际会议"。同时,学校还采取"走出去,请进来"的办法,由校领导带队 18 次组团访问国外的合作院校与科研机构,派出访问人员 40 余人,同时接待了来自美、英、德、法、芬兰、日本等国家的专家学者共 310 余人来校访问。"十五"期间,学校的对外合作办学有了新的突破。经省政府和国务院学位办批准与法国高等计算机学院签订了本、硕连读项目,这是我省第一个获得国务院学位办批准的中外合作办学项目,从 2003 年起,已连续招收了三届共 124 名学生,并与美国佛罗里达国际大学、英国布鲁耐尔大学达成了合作培养硕士研究生的协议。"十五"期间,各类出国留学生达 203 人,接收外国留学生的工作也有了新的进展,共招收来自美、法、德、芬兰及韩国等国家的留学生 100 多名,2005 年在校留学生达 34 名,为历史上最多的一年。

　　通过"十五"期间的努力,截至 2005 年底,河北工大本科一批录取全日制在校生已达 13317 人;研究生教育得到了快速发展,在校研究生数已达 2487 人,其中,博士生 280 人;为满足社会需求,2002 年学校创办了城市学院,现已有本科三批录取全日制在校生 10499 人;继续教育发展势头良好,现有继续教育生 9862 人。

　　在办学规模扩大的同时,学校十分重视规模、质量、效益的协调发展,取得了积极的成果。通过坚持不懈的思想政治教育,广大学生政治素质不断提高。马列读书会、邓小平理论和"三个代表"重要思想研究会覆盖了学校的 13 个学院。截至目前,学生中申请入党的人数,占学生总数的 30% 以上,"十五"期间共发展学生党员 3811 人。学生的专业素质得到增强。英语四级通过率 2005 年达到 76.04%,河北省计算机一级通过率达到 94.22%,尤其是学生的创新精神和实践能力得到了明显的增强,"十五"期间,共有 700 多名学生参加全国及省市的大学生机器人比赛、足球机器人比赛、全国大学生电子设计竞赛、数学建模等竞赛,获全国、省市各种竞赛共获奖励 202 项。

自 1996 年开始的"211 工程"建设,河北工大已走过了 10 个不平凡的年头,这是河北工大人拼搏奋进大发展的 10 年,是群策群力争一流的 10 年。10 年的"211 工程"建设,河北工大始终行进在快速发展的轨道上。今天,学校以必胜的信念和充实的信心,迎接"十五""211 工程"验收。三万多名工大师生,正全力以赴投身各自的工作和学习,为教育事业的发展,为民族复兴的宏伟大业,为和谐社会的构建和实现,奋斗在河工大的校园。

屈振光、林艳书(《中国教育报》,2006 年 6 月 15 日)

河北工大迈入国家重点建设高等学校行列

—— 该校"十五"期间"211工程"建设项目通过整体验收

本报6月21日讯　6月20日至今日,以中国工程院院士、太原理工大学校长谢克昌为组长的专家组一行8人,对河北工业大学"十五"期间"211工程"建设项目进行综合考察,并对照国家提出的标准进行验收。各位专家一致认为,河北工业大学"十五"期间"211工程"建设项目如期完成了预定任务,整体通过验收。副省长龙庄伟出席验收会议并讲话。

"211工程",即面向21世纪,重点建设100所左右的高等学校和一批重点学科。河北工业大学是我省唯一进入国家"211工程"建设的大学。自1996年开始,在"九五""十五"期间实施"211工程"建设的过程中,该校在重点学科、师资队伍和公共服务体系建设等方面取得了显著成绩。学科整体实力明显增强,电机与电器、材料物理与化学两个学科被批准为国家重点学科;"十五"期间,该校共承担科研课题611项,其中,国家级项目72项、教育部各类计划项目15项、国家社会科学规划项目两项、省市自然科学基金项目138项;国内外学术交流与合作扩大,与法国高等计算机学院签订了本、硕连读项目,并与美国佛罗里达国际大学、英国布鲁耐尔大学达成了合作培养硕士研究生的协议,初步形成了全方位开放办学的新局面。

记者仝静海(《河北日报》,2006年6月21日)

河北工大"211"通过验收

受国家发改委委托,河北省发改委对河北工业大学"十五""211工程"建设项目进行了验收。经过与会专家为期两天的实地考察和评价,6月21日该项目整体通过验收。

河北工业大学是河北省唯一进入国家"211工程"建设的大学,经过"九五"和"十五"两期建设,学校在重点学科、师资队伍和公共服务体系建设方面取得了显著成绩,形成了一批具有较高显示度的标志性成果。专家组认为,河北工业大学"十五""211工程"建设项目成效显著。

通过"211工程"建设,该校学科整体实力明显增强;机电与电器、材料物理与化学2个学科被批准为国家重点学科,实现了学校国家重点学科零的突破。电气工程、材料科学与工程等4个学科被批准为河北省强势特色学科进行重点建设。学校的实验室、研究所(室)、工程中心达到86个。与此同时,师资队伍数量增加,结构趋于合理:在现有的1039名专任教师中,45岁及以下人员占教师总数的85%;具有博士学位的教师208人,具有硕士学位的教师424人,具有硕士学位以上教师占中青年教师70%。专任教师中,拥有博士生导师59人,硕士生导师365人;教育部新世纪人才2人,国家级有突出贡献专家3人。

通讯员林艳书、魏进平　记者刘廉君(《科技日报》,2006年6月26日)

"老顽童"沙驼

认识沙驼,是在武清区石各庄镇农民书画苑成立仪式上。只见一个穿着红坎肩的老爷子,写起字来手舞足蹈,口中念念有词,逗得人们大笑不止。

一幅字写好了,他嚷嚷着:"借光,借光,我的书包里放着'炸弹'哩!'炸破脑袋''炸伤人'概不负责啊!"众人吓得慌忙躲闪,他伸手就往包里摸,摸出的竟然是两枚硬邦邦的石头印章!

沙驼得意洋洋,盖印章时把"吃奶的劲儿"全使了出来,还扮着"鬼脸儿",由不得你不笑。看到别人小心翼翼捧起他的墨宝,他连忙说,快撕了吧,多丑啊!

前些天,这次活动的发起人袁立文打电话告诉沙驼,家乡的农民成立书画苑想请您老前往助兴,沙驼二话没说就答应了。朋友们全知道沙驼的怪脾气——大款、大官向他求字,对不起,不写!办慈善事业、为百姓服务的事,热情参加,说写就写!一写就"疯"……

曾在金庸的小说里读过"周伯通",这一回算是长了见识,这沙驼就是活脱脱一个"老顽童"!

奇人沙驼

了解了沙驼的历史,才知道他这一辈子活得实在不容易,尽是一把一把的辛酸泪,拧干了还往下掉渣。

在沙驼家的墙壁上,挂着一幅版画《昂首阔步》,画面凸显着骆驼高昂的头,骄傲、刚毅而坚韧,画面下,一支驼队跋涉在茫茫沙海之中,何处是尽头?版画的作者沙清泉,是第一个跟鲁迅学习版画的人。

沙驼说,我的笔名就是源于这幅画,我喜欢骆驼,我就是一头骆驼。

沙驼,现代诗人,原名:赵钟,曾用名:赵爱华、赵朝谷等。1942年起在北平《沙漠》,天津《吾友》《大公报·文艺》等报刊发表300多首进步诗歌、杂文……这是

《中国现代文学作者笔名录》中的部分记载。

沙驼的诗歌收入《中国新文艺大系·诗集》《中华诗人大辞典》和《中国现代千家短诗萃》等文学典籍,其中他比较得意的代表作之一,是 1948 年 9 月发表在《大公报·文艺》上的《歌——要像大鼓擂响》:"停止你喑哑的声音/摔碎你忧郁的竖琴/夜在溃灭/太阳就要在东方升腾/你的歌声/要像大鼓擂响/迎接黎明!"他以进步诗人的激情,诅咒黑暗旧社会的灭亡,迎接新中国的诞生。他也因此遭到国民党特务的追捕。

1949 年 3 月,他在天津考入华北革命大学,学习结业,先后在新华社平原分社、平原日报任记者、编辑……

按照正常的发展轨迹,他是建国前参加革命的干部,应该一路坦途。

可是,命运捉弄人,还是因为写诗,他受"胡风反党集团"的牵连,被打入劳改农场,又因偷着写《篱间随记》被打成"反革命",在劳改队经受了二十余年的苦难,其中还当过 3 年的乞丐……

一直煎熬到 1978 年 12 月 29 日那一天,当市中级人民法院的法官宣布沙驼的问题属于冤案的时候,他呼天抢地痛哭不止。

沙驼被关的时候 26 岁,放出来时已经 54 岁!

他说,那天,我把一辈子的泪水全哭尽了,所以呀,我就光剩下笑啦!

落实政策,法院给他发了 200 元的安慰费,他转身跑到劝业场荣宝斋,花 180 元买了二两优等的印泥,又花 8 元钱买了一个印泥盒。

在别人看来,沙驼就是个"怪人",被关了将近 30 年,出来以后为何不到饭馆痛痛快快吃顿美食,好好享受享受?

沙驼把头一歪,哈哈大笑:有钱难买乐意!我终于能自由地写字啦!

如今沙驼是满口的假牙,他说,真牙早就被打掉了,只能靠假货充门面。虽然多年遭受迫害,他的心还是那么善良、那么天真可爱。20 世纪 80 年代冬季的一天,沙驼正在家中休息,忽听敲门声,他打开单元门,看到一个四十多岁的中年男子手里拎着个黑色提包,可怜巴巴地只求能给他一碗水喝。沙驼热情地把那人请进屋,拿出家里最好的茶叶,沏了一壶茶,双手捧着递到来人面前……突然,那人从包里掏出尺把长的匕首!顶在他的胸前,恶狠狠地吼叫:快,把钱交出来!沙驼做梦也想不到,自己好心好意热情款待的人,竟然是一个劫匪!家里仅有的千余元钱被洗劫一空……

从那以后,沙驼再也不敢给陌生人开门了,可是,他善心依旧,仍然乐于助人,在外面遇到行乞者总会解囊行善。当好心的朋友提醒他,如今有许多假乞丐,已经把行乞当成"致富手段"时,他大惑不解。他说,不可能!我当过乞丐,我知道,人只有在被逼无奈的情况下,才会做那失去人的尊严的事。

他外出打的,司机报出17.5元的价钱,他塞给人家20元说,不用找了。

他是离休干部,可以持证免费乘坐公交车,他却每乘车必投币,因为他不好意思掏出证件。

朋友告诉他,这是您应该享受的待遇,没什么不好意思的,您是离休干部呀。

沙驼把眼一瞪,倔强的劲头儿又上来了,他说,离休怎么了?离休就有理啦?离休就能搞特权?哼!

奇事多多

发生在沙驼身上的令常人匪夷所思的奇事,多着哩,能装几箩筐。

落实政策,他回到河北工业大学上班,人事部门的负责人问他:你有什么要求?他说,我什么要求也没有,只要给我一份工作。于是,他被派往教材科的书库里当库工。在别人看来,这样的安排不合情理,也不符合政策。沙驼却不这么想,在他看来,熬到平反了冤假错案,能够自由地工作,就是幸福!他的劳动热情就空前高涨。8:30上班,他每天不到7:00就来到学校,科里4间办公室的炉子都给点燃了,让同事们进屋就感到十分温暖。原先3个人管理的书库,他一个人包了下来,为了争取工作时间,他每天中午就吃早晨带来的麻酱烧饼。

善有善报,幸亏老校长潘承孝(我国著名内燃机专家、教育家)深入基层,发现学校的书库里还"埋藏"着一个"活宝"呢,不久便把他调到校报编辑部发挥专长。

沙驼至今还住在老式的"偏单"里,他的居室兼作书房和仓库,一张床上堆了半面的书。与书同眠共枕,伴着书香入睡,他心里边美。无法想象,他不仅没有书房,连书案也没有,他那些"六尺宣"的书法作品,竟然是在一张折叠的小圆桌上写成的!他说,活人不能让尿憋死,办法都是人想出来的。原来,他是"转磨磨儿"写字的,为了防止耷拉下去的宣纸墨迹未干往下流淌,他常常要写写停停、转转等等。

记者见过住房困难的,却没见过离休老干部住房也这么困难的。

这事,怨不得别人,就怨他自己。

当年,落实政策的时候,他不提解决住房困难的问题。后来,单位几次福利分房,他也不递交"申请表"。看着有些人为争房子吵闹不休、招数使尽,他窃笑不已。

人家争得了实惠,他却久居陋室。您说,这怪老头儿傻不傻?

单位领导考虑沙驼的实际住房困难,决定帮助德高望重的沙老解决住房,他本来有资格申请住大房子,但他却选了一套较小的。

凡是听说这桩"奇事"的人,没有不替他扼腕的。如今哪还有这么傻的人呀,不要大的,偏要小的,而且整整小了 100 平方米! 那是嘛? 那是白花花的银子啊! 太傻啦!

沙驼听了,把脖子一梗,扮出"鬼脸儿",瞪着眼问你:要那么多钱干嘛? 能带进棺材里吗?

1987 年沙驼离休,他非要为振兴新诗奋力拼搏不可,在著名老诗人鲁藜、海笛等的倡议协助下,成立了昆仑诗社、创办了《昆仑诗选》和《昆仑诗丛》,广泛联系了本市及全国各地的新诗作者,说是"编辑部"其实就他一个"主力队员",他是主编兼责任编辑、兼校对员、兼秘书、兼发行员,成天徒步跑印刷厂、跑邮局,风雨无阻。他满怀激情为新诗摇旗呐喊,苦苦支撑了 10 年……10 年间,他搭进去四五万元,收获的是 10 期《昆仑诗选》和 5 辑《昆仑诗丛》,是名副其实的"赔本儿赚吆喝"。

有人认为,沙驼为新诗奋斗 10 年,犹如堂·吉诃德拖着长枪与风车搏斗。对于人家把自己比喻为"堂·吉诃德",他不仅不气恼,还有几分得意:堂·吉诃德怎么啦? 他好歹也是个战士,舍得为自己的理想去战斗!

年届耄耋的沙驼,依然洋溢着诗人的激情,对未来充满孩童般的幻想。

2008 年将在北京举办奥运会,这让"老顽童"沙驼欢欣鼓舞,他要创作一幅书法巨作《2008 寿字长卷》献给北京奥运会。整幅作品全长 56 米,代表中华 56 个兄弟民族,2008 个字体各异的"寿"字,祝福 2008 年北京奥运会圆满成功! 祝福中华民族繁荣昌盛、鸿运长久! 一家"文化公司"闻听此讯,主动找上门来,表示愿意帮助沙老实现心愿。他被人家的热情所感动,既然大家都想为奥运作贡献,那就一起做吧,自己也好专心致志地进行书法创作。大年初一早晨,他就拔掉了自家的电话线,在门外贴上"谢绝来访"的告示,如醉如痴地投入了创作……今年 2 月,"文化公司"的来人见到作品连连叫好,当即要拿走几件去装裱,这让沙驼很纳闷儿:整幅作品尚未完成,怎么能装裱呢? 经再三追问,他总算搞明白了,原来他们是想拿自己的字去卖钱! 这可气恼了"老顽童",他勃然大怒,把来人"撵"出了家门,从此不允许他再踏进家门半步! 虽然时间过去了几个月,提及此事,他仍然按捺不住心中的怒火:哼! 算他们瞎了眼,想拿我的字去赚钱,没门儿!

愤怒之后,平静下来的"老顽童"更像一个可爱的孩子,他用手抚摸着那一件件蘸着心血写成的作品(《2008寿字长卷》局部)深情地说,等到完成之后,我要亲自把它送到北京奥运会组委会,分文不取,只为表达我的一份心愿。他说得很动情,我看到他眼眶里闪烁着泪花。

一个"老顽童",一颗赤子心,一片爱国情。

奇字评说

沙驼拒绝承认他是书法家。他的名片上只印着:沙驼诗人和家庭电话。

他至今尚未加入书法家协会,因此他说他不是书法家,绝对不是!

你不能不承认他说得有理,哪有书法家不是"书协"会员的?没有吧。

问他为何没有加入"书协","老顽童"又扮出"鬼脸儿"眨巴着眼睛说,我的字儿太丑,我不能给人家添丑。

他不仅拒绝承认自己是书法家,还拒绝承认自己的字属于什么"体"或哪个流派。

他说,我从小临帖临乱套了,张迁碑、曹全碑、汉碑范,还有郑板桥、李国治什么的,我是乱临一气,弄得如今啥也不是!

其实,沙驼书法颇得家传。他父亲的书法功底深厚,正、草、隶、篆样样精通,早年在家乡创办石印报纸《隆雷周报》,宣传进步思想……父亲对沙驼寄予厚望,在教他临帖时就谆谆教导说,学古人,但不能拘泥于古人。学谁要先学后叛,不然,你写得再好,写到死,也是个写字匠!

于是,沙驼学写字学得很忠诚,背叛得也很彻底。他的字"不入流"、他的字很怪异。

他写字的方法也跟别人不一样,自称"张果老倒骑驴"——从后面往前面写。他首先要把书写的内容倒背如流,然后才能"倒写如流",可偏偏这"老顽童"在写字的时候也不老实,手舞足蹈,口中念念有词,逗得人大笑,几十言的诗文,他竟然能倒写得一字不差!让你不得不称奇。

他说,嗨,有啥可奇的?实话跟你坦白吧,我这也是被逼无奈呀。原来,他不会悬肘写字,如果从前往后写(由右至左)就会被他涂抹得一塌糊涂。他不仅不会悬肘,还不会执笔呢。他握笔的方法很不正统,是"大把抓",就像小学生写铅笔字似的。别人给他提意见,告诉他写毛笔字不能这样握笔。他不但不虚心接受,还跟人家抬杠,他把嘴一撇说,你不懂,东坡居士早就有高见——"执笔无定论"!

报刊中的河北工大

037

他崇拜苏东坡"老夫聊发少年狂"的"狂"劲儿,他写起字来也张狂,手舞足蹈地"耍"起来,而且是"人来疯",人越多、越热闹,他就越"发疯"。他说,每逢这时就有一种随心所欲、超然物外的兴奋,即兴发挥往往能得到"神来之笔",写出好字来,浑身那叫舒服,心里头美极啦!高兴得恨不能把墨也喝了!

20世纪90年代评论家钦鸿出版《文海钩沉》一书,请臧克家为其题写书名,同时也请沙驼题写书名。当沙驼接到新书时,发现自己题写的书名赫然印在封面上,而臧克家题写的书名却印在了扉页上。他急急火火地去信责问钦鸿:你搞错了,怎么把我的字弄到了封面上?臧克家先生是名家、是大手笔……钦鸿耐心解释说,出版前曾经征求过许多朋友的意见,大家都认为您的字写得好,所以封面才选用了您的字。他跟钦鸿大叫:错爱,你这是错爱!

1999年他以书法作品《鸳鸯福寿图》参加全国民间工艺书法大赛,一举夺得特别金奖,此后,他连连获奖,喜爱他书法作品的人越来越多,他最爱给朋友送"福、喜、寿"字。他将陋室名曰:"五味斋",即苦、辣、酸、甜、涩,生活中的五味全尝遍了。他说,我这一辈子苦辣酸涩吃得太多了,深知活着就是福,平安就是喜,长寿乐悠悠。所以,我要祝朋友们多福、多喜、多寿。他历时50年,精心收集各种字体的"寿"字将近8万个,从中精选并先后书写过各种《百寿图》《千寿图》和160米长卷《万寿图》。目前,他正聚精会神地创作《2008寿字长卷》,作为献给2008年北京奥运会的一份礼物,为自己的晚年留下一串快乐奋斗的"足迹"。

一个历经沧桑、饱经苦难的老人却有着孩童般欢乐的心情,有着一颗赤子之心;沙驼以他的顽皮和执著告诉当今的都市人,日子还可以这样活。

记者肖秋生(《天津日报》,2006年7月29日)

在全国杰出专业技术人才表彰大会上
河北工大一集体获殊荣

本报北京 9 月 10 日电　今天召开的全国杰出专业技术人才表彰大会上,河北工业大学电机与电器学科获"全国杰出专业技术人才先进集体"荣誉称号。

河北工业大学电机与电器学科是我省首批重点学科之一,2002 年被评为国家重点学科。以陆俭国教授为核心的学科团队根据经济社会发展需要,注重多学科的交叉与融合,形成了电器可靠性与检测技术、电器电磁场与磁技术等 5 个稳定的研究方向,且都处于国内外同类学科前列。其成果广泛应用于我国主要电器检测机构与企业,尤其电器可靠性研究成果已成功推广应用于我国继电器与低压电器的主要大中型企业,应用面达 50%,为我省乃至全国经济与社会发展作出了重要贡献。该学科共承担了国家 863 计划项目 9 项、完成 5 项,国家自然科学基金项目 16 项、完成 12 项,其他国家级项目 15 项、完成 11 项,省级项目 70 多项。鉴定项目 80 多项,成果达国际领先水平 4 项、国际先进水平 50 多项、国内领先水平 4 项。依托这些重大项目,该学科建立了一支实力强、专业和年龄结构合理的创新团队。

(本文略有删改)

记者张淑会(《河北日报》,2006 年 9 月 10 日)

河北工大服务区域经济建设

"省第六次党代会以来的5年,是省委把科教放在优先发展的位置,推动我省高等教育取得长足发展的5年,也是河北工业大学以'211工程'建设为核心,自主创新能力和科研成果转化水平明显提高,为河北省经济建设作出新贡献的5年。"这是河北省第七次党代会代表、河北工业大学党委书记马树强今天接受本报记者采访时说的一番话。

河北工业大学是河北省唯一一所进入国家"211工程"建设序列的省属骨干大学。自河北省第六次党代会以来共获得省拨"211工程"专项经费1.3亿元。在"211工程"建设中,该校始终把学科建设放在龙头地位,积极整合创新资源,着力搭建创新平台,大力优化创新环境,不断催生创新成果,并坚持走产学研相结合的道路为河北省及区域经济建设服务。"十五"期间,新增2个国家级重点学科、4个省强势特色学科、1个省级重点学科、1个省部共建国家重点实验室培育基地、1个教育部工程研究中心、5个省级重点实验室、2个省级研究基地。实现了"863"计划项目、"973"项目和国家"十五"重点攻关课题的突破。各级各类科研项目、到校科研经费、科研成果获奖和学术论文被三大索引收录数量、获得专利授权数量均有较大幅度增加。2005年学校被评为河北省十大优秀发明创造单位。

该校坚持以服务求支持,以贡献求发展,建有73个校外产学研基地,大学科技园已经进入国家大学科技园建设序列,并与保定、唐山等11个市近80个县及唐钢、保定天威集团等30多个河北省内大型企业签订了全面合作协议,与全国数百家企事业单位进行了技术合作与成果推广,产生了巨大的经济效益和广泛的社会影响。

河北工大的低压电器试验技术与检测技术研究获国家科技进步二等奖,固体表面高精密加工化学机械全局平面化新技术获国家技术发明三等奖。以河北工业大学为技术依托建立的宁晋高科技工业园区产值达17亿元,已成为世界上最大的太阳能单晶硅生产基地。其具有7项国家专利的离子筛法海水提钾高效节能技术成功地完成了百吨级中试和万吨级示范工程研究,在世界上率先实现了海水提钾过经济关。预计在"十一五"期间的产业化规模可达 100 万吨钾肥,其中在河北省可达 50 万吨。此外,该技术使用的钾吸附剂——天然沸石在河北省的张家口地区拥有亚洲第一的储量,而该技术的大规模产业化推广,可为张家口地区每年新增产值 1 亿元。新型立体传质塔板技术已在国内 28 个省市的大中型企业广泛应用,其中有河北冀东化工集团、华北制药集团等化工企业和制药企业。高效抗菌材料已成功在河北省定兴开发区的双灵集团实现产业化,为企业创造经济效益达 3000 万元。热镀锌技术在河北省发改委的支持下,已建造年产 4000 吨高凡合金(Zn+5%Al)钢丝生产线,年产值 2800 万元,利润 400 万元。开发完成的具有智能化多机器协调作业控制器,在唐青高速公路施工中投入使用。

马树强表示,在今后一段时期,学校将围绕河北省第七次党代会确定的经济工作重点,充分发挥区位、学科、人才、科研等优势,为地方经济建设,尤其是为河北建设沿海经济社会发展强省再建新功。

记者刘廉君　通讯员魏进平、林艳书(《科技日报》,2006 年 11 月 11 日)

河北工大科技园被命名为国家大学科技园

本报讯　近日,河北工业大学科技园被科技部和教育部命名为国家大学科技园。据悉,今年全国共有12所高校的科技园获得该项命名,河北工业大学是我省唯一一所入选高校。

国家大学科技园的命名,要经科技部、教育部的严格筛选和专家现场评估。在创新环境、资源聚集、成果转化和科技企业孵化等方面绩效显著的,才有资格参与评选。迄今,全国有62所高校的科技园获此殊荣。

河北工业大学科技园始建于2000年6月,总建筑面积6.2万平方米,总投资5.83亿元,在园企业有88家,其中高新技术企业15家,转化科技成果86项,引进和组建各级各类研发机构15家。

记者仝静海(《河北日报》,2006年11月19日)

京津冀协同发展论坛在津召开

——专家学者热议协同打造沿海经济隆起带

本报天津 11 月 25 日电　京津冀如何把因行政区划而显得割裂的沿海经济隆起带串起来？今天在河北工业大学举行的 2006 京津冀协同发展论坛上，来自三省市政府研究机构、科研院所以及高校的专家学者共同探讨进一步扩大三方协作规模、拓宽协作领域和提升协作水平的有效途径。

此次论坛举办之际正值省第七次党代会提出了建设沿海经济社会发展强省的奋斗目标，而实现这一奋斗目标的突破口和战略重点是打造沿海经济隆起带。因此与会专家学者一致认为，京津冀地区应以国家即将启动的京津冀都市圈规划为契机，寻找必要且可行的发展模式，通过产业创新，用新观点、新思维探索区域协同发展的新路。

研讨中，专家学者表示，目前京津冀地区整体处于工业化中期阶段，虽然改革开放以来形成了各自的优势产业，但是三地产业结构不合理和区域协调机制不健全等不利因素依然存在。在新一轮国际产业转移和国内产业结构调整发展过程中，利用天津滨海新区、曹妃甸工业区等京津冀沿海经济隆起带的带动作用，解决产业发展和创新能力问题，是实现该地区科学发展、和谐发展、提升国际竞争力的关键。京津冀三地应从资源共享、要素流动、产业集聚、错位发展、生态和谐、规划约束等机制上入手，寻求三方利益共同点。

本次论坛为期两天，由京津冀三省市的社科联及河北工业大学联合主办。与会的 70 余名专家学者来自北京大学、南开大学、河北经贸大学、河北工业大学以及河北省社科院等单位。

通讯员林艳书、何彦刚　记者谷峰（《河北日报》，2006 年 11 月 26 日）

报刊中的河北工大

一生学用化工　半世塔器情缘

化工生产企业的外形特征是塔器林立、管道纵横。化工生产中所有的传质分离过程都发生在样式各异的化工塔器中,因此,塔器的质量不仅事关化工企业的生产运行,也决定着化工产品的产量与质量。

令人高兴的是,国内多家高等院校和科研院所在近几十年里,潜心研究化工塔器的技术,不仅在技术上实现了国产化,而且取得了多项自主知识产权,使企业取得了很好的经济效益。其中,由中华塔器技术专家联谊会会长、河北工业大学化工塔器研究所所长杜佩衡教授主持研发的"新型垂直筛板(NewVST)""立体连续塔板(LLCT)"等塔器系列技术,已成功地服务于国内 28 个省区市的数百家化工企业。日前,记者专访了在业界享有较高威望的杜佩衡教授,以期全面了解这位专门研究、推广化工塔器技术的专家的研发过程和塔器的技术特色。

非学化工专业不可

杜佩衡出生在学习氛围浓厚的浙江省东阳市。曾祖父是清末举人,祖父是清末秀才,父亲 20 世纪 30 年代毕业于上海大夏大学。可以说,杜佩衡出身于书香世家。中学时期他先后就读于东阳中学和杭州高级中学,著名学者沈钧儒、马叙伦、蒋梦麟等都曾担任杭高的校长,到杭高一百周年校庆时,从杭高毕业的院士达 36 位。

中学时期,杜佩衡就对化学课表现出特殊的喜好。1955 年夏天,高中的化学老师问杜佩衡:"该填报高考志愿了,我知道你喜欢读化工,可目前清华大学还没有建立化工系,想读化工就不能报考清华,你的高考分数可以读清华的电机工程系,去不去?"杜佩衡说:"我一定要读化工系,清华不能报,别的学校也可以。"老师说:"那你就报考天津大学化工系吧,天大化工系是目前国内最好的。"就这样,杜佩衡在这一年考取了天津大学化工系,了却了学化工专业的心愿,同时也进入了自己为之奋斗一生的化工大世界。

1960 年,杜佩衡从天津大学化工系毕业后,被国家分配到校址位于天津市红桥区的河北工学院,这年他刚好 23 岁。两年后,他开始为本科生上大课,学生们反映杜老师讲的课他们爱听,可他们又觉得杜老师讲授如此重要而复杂的《化工原理》《化工传递过程》等课程时,似乎没有看教案。杜佩衡说,"其实我在给学生们讲课时,并不是不看讲台上的教案,只不过我不是两眼紧盯着教案去授课,而是事先认真备课,充分理解教学内容,重要的还要烂熟于心,所以讲授时教案就只是作为辅助手段罢了。"之后,在二十多年的化工专业课程的教学实践中,杜佩衡在广博的专业知识中逐步发现了一些问题,而这些问题往往影响企业生产。因此,从 20 世纪 70 年代末开始,杜佩衡将自己的专业视角逐步转向化工企业的装置上,以自己掌握的理论来为化工生产实践服务。

20 世纪 80 年代初,杜佩衡担任了河北工大化工原理教研室主任,在指导研究生的同时,他开始关注化工装备领域的发展。凭着对化工专业的热爱和对化工装备业发展现状的关注、研究,杜佩衡确定了自己的主攻方向:努力提高化工生产企业最常用的塔器的技术水平,解决多年来各种各样的化工塔器存在的诸如传质效率不高、生产能力偏低、阻力偏大、操作弹性偏小、容易在塔内形成堵塞等问题。

目标确定之后,杜佩衡下定决心,用自己下半生的时间研究化工塔器技术,为中国化工装备的发展作出贡献。得到企业的支持确定工作目标后,杜佩衡着手建立研究机构,同时也开始全面了解国内外化工塔器的发展状况。现代化工生产水平与塔器的技术现状是同步的,世界第一台化工用板式塔,早在 1813 年就在欧洲建成投产,到现在已有近 200 年的历史,此技术传入我国将近一个世纪,其中一种名为"泡罩塔"的塔器至今还在使用。应当说,化工塔器技术已经成熟。但随着生产规模的扩大和环境、节能等指标要求的提高,国内现有的化工塔器已明显不能适应发展的需要,提高塔器技术工艺水平已刻不容缓。

杜佩衡发现,国内一些院校和院所已经开始化工塔器技术的研发,北京化工大学、兰州石油机械研究所、大连理工大学、西北大学等 4 家单位已经展开了不同程度的研发,从资金、设备到人员都具有一定的规模,而杜佩衡则是既无资金又无实验基地,两手空空。为了解决研究资金问题,20 世纪 80 年代初,杜佩衡特意到天津大沽化工厂找到当时的厂总工程师,联系校企技术合作的事宜。这位厂总工程师是浙江金华人,同乡相见杜佩衡直截了当提到要对新型垂直筛板这种喷射型高效传质塔板开展研究,但由于缺少资金与设备,要求大沽化工厂给予支持。大沽化工厂也早认识到技术提升的重要性,也希望通过研究推动企业的技术进步。这样,大沽化工厂拿出 1 万元给杜佩衡的课题组,同时又无偿提供了泵、鼓风机等设备。为了提高研究的效率,并将研究成果尽快投入工业应用,课题组将实验装置设计成工业塔比较接近的型式。为了能直接观察试验研究过程的操作情况,他们用有机玻璃制作试验塔体,以便出现问题可以及时研究加以解决。

试验研究工作终于在 1984 年初展开,1985 年,天津市科委又拨给 6 万元的科研经费,给予重点资助,这使此项研究工作得到更充足的资金,为开展研究工作注入了新的活力。

对塔器功能进行革命

杜佩衡为研发项目制定出明确的工作目标:要在国内化工塔器技术领域进行一次革命性研发,彻底解决目前化工企业各种塔器存在的传质效率不高、产能偏低、易被堵塞、能耗偏高等问题。新型塔器必须具有通量大、效率高、压降低、弹性大、抗堵塞、易检修、能耗低等特点,并且可以广泛应用于炼油、石油化工、化肥、有机化工、高分子化工、精细化工、医药化工、食品化工等多个行业。经过反复深入地研究,杜佩衡发现传统塔器的传质分离效果不理想,存在性能较差等问题。针对这些问题,他逐项进行技术攻关。比如针对塔器处理能力不高的问题,他分析研究后认定是由于塔器内塔板上常常产生过量的液沫夹带,影响气体上升的速度及处理能力所致。课题组新研制的新型垂直筛板技术,尤其近些年新研究开发的立体连续传质塔板(LLCT),采用更新型的帽罩技术解决了这一问题。这种新型帽罩的结构,可以保证塔内的气液混合物呈水平偏下方向喷出,使液沫夹带量大大降低,因此可以大大提高气流速度,且板孔开孔率可提高三成以上,从而使塔器的处理能力比浮阀塔板提高两倍以上。又比如为了搞清楚喷射型板式塔(例如新型垂直筛板塔)的内在机理,以挖掘出改进塔板技术功能的途径。

杜佩衡指导其研究生对 NewVST 喷射过程中气相中液滴粒度大小及分布规律进行测定研究,这在当时尚属世界首次。经过研究,他发现了液滴大小分布的详尽结果,并以此对该种塔板板间空间的传质作用进行研究。研究结果显示,存在重要的传质作用,这可以解释为什么这类塔板具有很高的传质分离作用。在此基础上他又进一步提出该类喷射型塔为立体喷射连续传质作用的塔。这为进一步改进提高其结构,达到使其具有更高的传质分离作用和更大的处理能力等性能奠定了理论基础。由杜佩衡主持的河北工大塔器技术研发工作,在二十多年时间里取得了多项发明成果,均应用在化工企业的生产实践中,为企业解决了许多实际问题。

1988年首先将新型垂直筛板技术应用在天津大沽化工厂的低沸精馏塔技术改造中,取得成功。随后又在沈阳化工厂、沧州化工厂、天津化工厂等企业的低沸精馏塔和高沸精馏塔技术改造中发挥作用。此项技术又先后应用在河北丰润第一化肥厂的循环热水塔,石家庄滹沱河化肥厂、邢台南和化肥厂等企业的氨回收清洗塔上。

1991年,华北制药厂在丁醇回收塔的技术改造中也应用了河北工大的塔器技术,解决了生产中遇到的问题,大大提高了分离效果与装置的生产能力,企业取得了较好的经济效益。记者在采访中了解到,以往的PVC企业,除了正常生产中使用的氯乙烯低沸塔与高沸塔,都有备用塔,因为原来的塔器经常发生堵塞现象,少的一年中也要停车三四次,停下车来清洗时,职工们要手拿刀具钻进塔器中刮凿,每当这时,就要启动旁边的备用设备,维持生产。由杜佩衡主持研发的新型塔器解决了堵塞的问题,不仅生产周期可以保证在十年以上,而且省去了配套的备用塔和多个换热器。因此,采用过河北工大塔器技术的PVC行业数十家企业原来另外配备的两座备用塔及相关6台换热器就被砍掉,从而大大降低了企业的设备投资。另外,在化肥企业的氨回收塔中,碳化尾气中的氨常常出现碳铵结晶造成堵塞现象,影响心脏设备压缩机的使用寿命。为解决这一问题,传统的技术是采用三塔合一的办法,即固定副塔—综合塔—清洗塔流程。杜佩衡主持研发的新型化工塔器技术问世后,将此技术安装在综合塔上就能完成原本三个塔才能起到的作用,省去了固定塔和清洗塔,降低了企业的投资。不仅产品质量能够达到国家标准,还保护了环境降低了生产用水量,使 T 水/TNH3 降为 0.6T 水/TNH3 以下。固定副塔和清洗塔被取消后,生产装置现场就不再需要原来必须要配备的 3 名操作工人。

对于杜佩衡主持研发的新型化工塔器技术,业界普遍认为是化工塔器技术的一次革命,极大提高了塔器在化工生产中的作用。因而这项技术在1990年时就通过了天津市科委组织的技术鉴定,被认为是填补了国内外空白,其理论研究成果为国内首创,当时达到了国际先进水平;并于1994年获得天津市首次科技兴市突出贡献奖即天津市市长特别奖。又经过 10 年的总结和完善,杜佩衡主持研发的新型化工塔器技术得到进一步发展。2004 年 12 月,杜佩衡开始向国家知识产权局申请专利,分别是《一种气液接触组合件及使用它的传质分离塔》(ZL200410093939.5)、《气液接触组合元件设置方法及使用该方法的传质分离塔》(ZL200410093934.0)、《一种气液接触组合件及使用它的传质分离塔》(ZL200410093933.6)。三项专利已分别于 2006 年 11 月 29 日、2006 年 12 月 27 日和 2007 年 2 月 7 日得到国家知识产权局的批准,获得了专利权。这些专利技术在确保高传质分离效率外,其生产能力又比立体连续传质塔板(LLCT)有了更大的提升,其空塔动能因子 FT≥3.5,乃是一种更新型的超强高速喷射塔板,达到世界上最先进的水平。

创建公司推广技术

由于塔器在化工企业中具有重要作用,国内多家院校和科研单位在研发过程中越来越觉得有必要携起手来,共同推进化工塔器的技术发展。1997 年在湖南张家界召开的全国化工专业会议上,天津大学、大连理工大学、河北工业大学等多所院校的科研人员和专家提议成立全国性的化工塔器技术专家协作组织,以加强此领域的研发工作。最后确定该组织名称为"中华塔器技术专家联谊会",会长经公推方式产生。鉴于杜佩衡对中国化工塔器技术进步的贡献,被公推为联谊会会长。杜佩衡认为自己担任这个民选会长,任务只有一个,就是要团结国内塔器行业的专家,研发出更经济实用的先进技术,服务企业,造福社会。随着年龄的增长,杜佩衡开始考虑退休离开教学和科研第一线后,该如何继续完成好倾注半生时光研究的塔器技术。2006 年 9 月,他以近古稀的年龄注册成立了"天津衡创工大现代塔器技术有限公司"完成了从教授到董事长角色的转换。

杜佩衡对记者说:"我搞化工塔器研发的过程,与国内同行们不同。同行们往往是以继承本单位前辈老专家的研究成果与研发基地作为基础,有国家资金支持,有完好的设备;而我最初搞科研时是白手起家,面前没有台阶可上,前进路上充满了困难。而塔器这行既有我的兴趣和责任,也是国家经济发展所必须的生产装置。所以,我对化工塔器有着特殊的情感。我在 70 岁时成立公司,就是要在现有塔器专利技术的基础上,不断开展研发工作,下一步要将系统工程的理念引入塔器的进一步研究开发中,力争将化工塔器的技术水平再提高一大步。要实现这一目标,就得要以公司为依托,将化工塔器的设计过程、工艺技术、设备制造、安装调试、售后服务等一条龙化。下一步还要考虑开拓国际市场,提高我国化工塔器在国际上的竞争能力。"目前,天津衡创工大现代塔器技术有限公司已在石家庄市建立了生产研发基地,这为研究成果的更进一步提升、为化工领域诸行业塔器技术工业应用达到更高的水平建立了更加坚实的基础。

(《中国化工报》,2007 年 4 月 5 日)

河北工业大学国家大学科技园落户北辰

本报讯 2月19日,总投资105亿元的河北工业大学国家大学科技园项目签约仪式在北辰区双口镇举行。区委常委、副区长薛辉及有关部门领导同志出席签约仪式。

河北工业大学科技园坐落在双口镇工业园内,集生产、研发、孵化、培训、商务及行政、法律等配套服务设施于一体,发展重点涉及电子信息、机电一体化、生物制药、新材料、环保节能5个领域。预计该项目三年建成。综合服务和孵化园区是该科技园内的核心,包括8万平方米的河北工业大学国家大学科技园国际学术交流中心,8万平方米的金融会展中心,20万平方米的研发大楼和职工公寓,15万平方米的孵化器,3万平方米的企业家会馆及餐厅,4万平方米的购物超市及公建配套设施。

据悉,该园区的建设于年内启动,今年将投资44.85亿元完成土地整理和2个孵化器、公寓楼、科研楼及员工餐厅共计27.6万平方米建设工作。项目建成后将带动双口及周边地区的高新产业发展,形成高新产业集群带,对北辰西部的产业结构调整、经济发展及城乡一体化建设起到重要的推动作用。

通讯员文艳、翠峰　记者连欣(《天津日报》,2008年2月28日)

一所学校与一方工业的同步崛起

——河北工业大学"工学并举"特色办学纪实

一段斑驳的影壁墙,刻着一个有近百年历史的校徽:在一个齿轮状的圆环内,一个学生拿着书本,一个学生拿着锤头。校徽两侧各有四个大字:工学并举、百年树人。

伫立在墙前,感受着历史的厚重和现代的清新,长久萦绕在记者脑海中的河北工业大学特色办学之路,也愈渐清晰。

一个学科和一类产业同步发展

天津市红桥区丁字沽一号路河北工业大学门口,一个行色匆匆但步履轻盈的中年汉子从校内出来,大声地、激动地叫喊着:"谈妥了!谈妥了!"

这个人叫靳保芳,来自河北省南部邢台市宁晋县,他此次来河北工业大学的目的是听说河北工业大学半导体材料研究所单晶硅研究有重大突破,他要把此技术引进宁晋县。这已是他第三次来河北工大,前两次都被拒绝了,这一次他终于说服了河北工大的有关专家、教授,把该技术落户宁晋,这可是全县第一个具有世界先进水平的高科技项目,难怪他如此激动。

这是 13 年前,发生在河北工业大学门口的一幕。

如今,13 年过去了,以河北工大单晶硅技术为依托的河北晶龙集团有限公司年生产单晶(3 英寸—8 英寸)2600 吨、单晶硅片 6000 万片、太阳能电池 225 兆瓦和太阳能电池组件 30 兆瓦,2007 年实现销售收入 68.7 亿元人民币,出口创汇 2.04 亿美元。河北省已成为世界最大的单晶硅生产基地和中国最大的硅片加工中心。靳保芳也成为全国人大代表、全国劳动模范、河北晶龙实业集团有限公司董事长兼总经理。

河北晶龙实业集团作为河北工业大学的产学研科研基地列入了全国产学研成功案例,并被业界称为光伏产业圣地。

13 年中,在河北成为世界最大的单晶硅生产基地的同时,河北工业大学的材料学科也得到了飞速发展。目前,材料学科形成了信息功能材料、材料界面与新型复合材料等 5 个稳定的研究方向,拥有 1 个国家级重点学科、1 个一级学科具有博士学位授予权,形成了完整的本科生和研究生培养体系,设立的博士后科研流动站被评为全国优秀博士后流动站,并建成了河北省新型功能材料重点实验室。仅 2005 年以来,就承担了 17 项国家级科研项目和 42 项省部级科研项目,获省部级以上科研奖 7 项。与此同时,培养了一个高水平的教学科研团队,涌现出一批高水平的学科带头人。

一个学科专业支撑一个地方工业或产业,在工业产业得到迅速发展的同时,学科专业的水平也得到迅速提升,这在河北工业大学绝不是个例。

河北省原本是一个工业基础非常薄弱的省份。但似乎在一夜之间便"冒"出了一些全国第一、世界最大的工业项目。仅 2007 年,河北除了成为世界最大的单晶硅生产基地外,钢铁产量跃居全国第一,世界规模最大的海水提钾工程和亚洲最大的风力发电设备生产基地在河北开工兴建……这些世界最大、全国第一的背后所依托的几乎都是河北工业大学的一些相关学科,而这些学科也正是河北工业大学这些年与相关工业项目共同成长起来的重点强势学科。

这一个个强势学科,推动了河北工业大学整体办学水平的迅速提高。该校国家级重点学科、国家级特色专业、国家教学团队、省部共建国家重点实验室、教育部工程研究中心等实现重大突破,博士后科研流动站、博士点数量分别达到了 7 个和 17 个,拥有河北省最多的省级重点学科、博士后科研流动站、工程硕士专业学位授权领域。并在地方工科院校中较早拥有了工商管理硕士授予权,建立了国家大学科技园。

一个学科同一类产业同步发展,一所大学同一个地方的工业同步崛起。为什么会出现这种现象?这一现象为什么会出现在河北工业大学?河北工业大学校长傅广生对此给出了回答,他说,这种现象叫"工学并举",之所以在今天出现,是因为近年我国工业化步伐不断加快;这种现象之所以在河北工业大学表现得如此突出,是因为河北工业大学有 100 多年的传统和一场延续了 10 余年的办学思想大讨论。

一个百年传统和一场十年讨论

"工学并举"对于河北工业大学来说,是一个百年命题。

河北工业大学创办于 1903 年,前身为北洋工艺学堂,创办人为中国近代著名实业家、教育家周学熙。

当时,他就提出"学堂为人才根本,工艺为民生至计,二者固宜并重;工艺非学不兴,学非工艺不显"的办学思想。1929 年,学校改称河北省立工业学院后,又提出了"教育与工业相助相长",这些都是"工学并举"思想的雏形,但停留在理论与实践相结合的层面上。

在该校最近的一份材料中,记者看到了对"工学并举"的最新解释。"学"即为以人才培养为核心的学校高等教育系统,"工"即为以工业经济为核心的地方区域经济、社会系统。"工学并举"特色发展之路,就是工程教育与经济建设相结合,理论教学与工程实践相结合,科学研究与社会服务相结合,从而提高学校的办学水平和推动区域经济快速发展的"三结合"办学道路。在这个表述中,理论教学与实践训练相结合,只是"工学并举"三个含义之一。

"工学并举"伴随着河北工业大学走过了百年。近十年来,学校在总结、思考这个优良传统的基础上,逐渐找到了一条适合自己的发展道路,逐渐形成了一个明确的办学思想。"工学并举"为何能从一种办学传统、一种人才培养模式升华为一种办学观念和思想?这源于一场持续了 10 年的办学思想大讨论。

1996 年,河北工业大学被确定为国家"211 工程"建设大学。作为省属的"211工程"重点建设大学,应该办成什么样的大学,怎样办成这样的大学?应该培养什么样的人,怎么培养这样的人……新的发展形势要求河北工大人必须就这些问题给出答案。于是,一场关于办学定位、人才培养目标、办学发展目标、学校的功能及办学道路等问题的思考和讨论,便在不知不觉中展开。

自 1996 年至今,由学校发动、组织的全校教育思想教育观念大讨论就开展了 4 次。经过这几次大讨论,河北工大对在新的历史条件下,在新的历史使命下如何继承和发扬"工学并举"的优良传统,有了一个清晰的认识。此时的"工学并举"已被赋予了全新的意义和内涵:工,即工业,工业发展,工业经济;学,即学校,即办学,包括学校的教学、科研和社会服务。通过二者的紧密结合,促进学校办学水平和区域工业发展水平的共同提高。

校长傅广生说:"经过多次研讨和长期实践,力求把'工学并举'打造成为河北工业大学独有的办学思想和办学方略,并成功指导创新人才培养和办学实践。"该校党委书记马树强说,一些"世界最大""全国第一"的工业项目与学校重点学科和专业紧密相关,这种现象也是在教育思想大讨论的背景下产生的。

随着办学指导思想的逐步明晰,学校的教学改革、科研及社会服务,都很快找到了着力点和突破口。

一个升华和多项改革

教育思想的转变和升华,使学校开始站在"工学并举"办学思想的高度来审视学校的各项工作,并发现了许多不适应,一系列的改革开始了。下面就让我们通过几个数字,来了解一下教学方面的改革。

一、从 22.89% 到 26%:调整人才培养方案

河北工大调查发现,学校人才培养的周期与工业快速发展的现实存在着矛盾;人才培养的专业局限性与工业发展中对人才需求的多样性存在着矛盾;学校注重学生的理论知识和实践能力培养,与工业企业迫切需要具有创新能力和科研能力人才的实际存在着矛盾。

为了解决上述矛盾,学校对人才培养方案进行了大刀阔斧的改革,提出了培养"基础厚、口径宽、能力强、具有创新精神和实践能力的高素质专门人才"的目标。对原来的课程体系进行重组,构建了八个模块、两大平台的课程体系。其中,"两大平台"为通识教育(基础课)平台和专业教育平台;"八个模块"为人文社科模块、体育与健康模块、数学与自然科学模块、学科基础课模块、专业方向模块、专业任选模块、实践教学模块、创新与拓展模块。为了加强学生的创新能力,创新与拓展模块课程贯穿本科 4 年不断线,专门设置"实践与创新训练"学分;调整理论教学与实践创新教学课程的比例,使创新与实践学分加大。2002 年,各专业的实践创新学分为总学分的 22.89%,2007 年提高到 26%。

二、从 6:4 到 7:3:夯实学生基本理论与基本技能

学校认为,学生的基本理论与基本技能培养是"工学并举"思想中关于人才培养的核心内容,也是人才培养的根本要求。为了提高基础课教学质量,学校大力加

强基础课和精品课建设,目前学校基础课全部为校级或省级精品课;2002 年以来,学校建设的 29 门省级精品课中有 28 门是基础课,"高等数学""普通物理""工程图学"等重要基础课程全部建成省级精品课;基础课与专业课的学时比例也由过去的 6∶4 调整为 7∶3。

另一方面,学校大力加强基础课师资队伍建设,要求教授、副教授及高水平教师优先承担基础课教学任务,并在评优、职称评定中对基础课程教师给予政策倾斜。2003 年以来,学校教学名师中基础课程教师占 42%,校级优秀任课教师中,基础课教师获奖人次比例达 56.92%。在学生基本技能训练方面,学校特别注重学生的科学规范和工程素质的养成。

三、3000 与 300:着重培养学生创新精神和实践能力

近年来,学校注重更新实验教学内容,提倡实验教学与科研课题相结合,创造条件使学生较早地参与科学研究和创新活动。学校新建了工程训练中心和大学生创新基地,并通过整合、优化实验室,建设了 32 个各类实验教学中心(室)。同时,各研究所、室全部向学生开放。利用上述设施,学校以创新精神和实践能力为主线,构建了由基础训练、应用训练、创新训练和综合训练"四个层面"组成的实践教学体系,构成了一个对学生进行创新精神和实践能力培养的完整的训练过程。

"四个层面"的分层教学体系,保证了创新实践活动贯穿于理论教学与实验教学、实训教学、直到毕业设计的全过程,使学生在 4 年的大学本科教育中,始终处在创新实践的氛围中。近 3 年来,该校有实验的课程和单独设课的实验课程门数从 293 门增加到 355 门,全校实验课程开出率达 99.7%。

此外,学校还利用与企业建立的良好关系,与长春一汽集团、宣化钢铁集团、唐山冀东氯碱有限公司等单位合作建立了 113 个校外实习基地,从而建立了以大中型企业为主体,实践教学和训练的多样化的实习环境。

近 3 年来,学校有 3000 名学生参加教师承担的 301 项科研项目研究工作,发表学术论文 123 篇。2007 年该校参加大学生"挑战杯"竞赛的 11 件获奖作品,全部是学生参与教师科研的成果。

四、17 与 56:瞄准工业发展的今天和明天增设新专业

瞄准工业发展的明天,增设新专业。河北工业大学敏锐地意识到风电产业的发展迫切需要一大批掌握风电、投资、设计等方面专业知识,具有创新能力的高级

专业人才队伍。学校几次组织专家对此进行论证,认为风电人才短缺很快将成为制约我国风电产业发展的瓶颈。于是,河北工业大学果断决定,从原来的优势专业电器专业抽出精兵强将,开设风能与动力工程专业,提前为未来工业的大发展作准备。与河北工业大学不谋而合的是,2007年,河北省决定在距河北工业大学100公里的保定市建立亚洲最大的风力发电设备生产基地——保定电谷。

瞄准工业发展的燃眉之急,增设新专业。近年来,在全国范围内,突发性、灾难性的事故频发,使得安全问题成为了工业生产中必须解决的一个急迫问题。在河北,无论是大中型企业还是政府职能部门,包括工艺设计院所,专门从事研究安全技术工作的工程技术人员极少,且大多没有专业背景。安全隐患已成为许多大中企业必须面对的一个问题。面对这种情况,河北工业大学果断决定,组织7个系、3个中心、2个研究所的力量,成立安全工程专业。

目前,在该校56个本科专业中有工学类33个、新办专业17个,全部有重点学科支撑,基本覆盖和满足了河北省及区域经济主导产业对高素质专门人才的需求。

一个结合和四条途经

学校党委书记马树强说:科研,是"工"与"学"的纽带。还是让我们通过案例来看一看这条纽带是如何把学校与工业发展连在一起的。

案例1:瞄准新的工业领域攻关,通过科研成果转化,扶持新工业产业,提高办学水平。

我国是农业大国,钾肥是农业生产不可缺少的肥料。近年来,由于钾资源紧缺,国际市场钾肥价格迅速增长,如2007年年底钾肥的进口价格较年初翻了一番,仅此一项,给农民增加负担达150亿元。可以说,钾已影响到国家"三农"政策的贯彻实施和国家粮食民生。

海水中有钾。据科学测算,全球海水中钾的总储量为550万亿吨,是全球陆地钾矿总储量的10000多倍,而且是可持续开发的天然资源。但因海水的组成太复杂(钾与80余种化学元素共存)且浓度稀薄(浓度仅为$0.7kg/m^{(3)}$),造成海水提钾成本过高,因此海水提钾实现工业化,是一个世界性的科技难题。

谁先解决这个难题,谁就会在未来农业和相关的工业占得先机。

河北工业大学的袁俊生等一批专家教授就把目光盯在了这样一个世界难题上,并最终研制成功"改性沸石离子筛"海水提钾核心技术,使海水提钾成本大大降低,达到了工业化生产的要求。国家科技部对此科研成果进行了鉴定,并认为"该技术与国内外现有的钾肥生产技术相比,具有原料来源广泛,生产成本低,效益高等优势,技术经济指标达到了国际领先水平。"

目前,"海水提钾 1 万吨/年示范工程项目"已在天津滨海新区建成投产,5 万吨/年海水提钾项目已在河北南堡开工建设,4 万吨/年海水提钾项目已在山东埕口上马,天津、辽宁等地也正在筹备新的海水提钾项目。

一项科研,催生了一项新的工业产业,也催生了河北工业大学"海洋技术"本科专业,催生了海洋化学实验室等 3 个实验室,催生了河北工业大学第一个教育部工程中心——教育部海水资源高效利用化工技术工程研究中心。

案例 2:瞄准老工业领域遇到的重大难题攻关,在推动工业化发展的同时提高自身的办学水平。

石油和化学工业是我国国民经济的重要支柱产业和基础产业。几乎所有的化工行业一项最根本的技术就是分离,最关键的设备就是分离塔(塔器)。长期以来,化工企业在分离塔的效能上用尽了脑筋。

河北工业大学教授李春利紧紧抓住这一问题进行攻关,研制成功的大通量高效塔板——立体传质塔(CTST)技术,经河北省和天津市组织专家鉴定认为:其结构为国际首创,主要技术性能达到国际领先水平。这一技术,可以使企业的生产能力提高 150%~250%,产品分离效率(即纯度)提高 10%以上,降低能耗 30%以上,同时克服了原来分离塔存在的堵塞、易产生泡沫等多种缺点,可使企业的产品质量、产量大大提高而成本大大降低。

目前,该项技术被国内 28 个省份的上百家大中型污染企业的 1000 座以上的分离塔采用,为企业创造经济效益 20 多亿元。在该项目的攻关推广的同时,该学科也形成了一支高水平、高素质的教学科研队伍,并成为河北省重点建设的强势特色学科,建成了全国最大的分离塔实验室。在该校,这样的案例还有很多。

河北工业大学通过科研实现"工学并举"的途径有四:

一是与政府进行全面合作。2002 年以来,学校与数十个县级以上政府签订了全面合作协议,签约双方已经在科技成果转化、人员在职进修(培训)、毕业生就业、经济发展战略咨询、产学研合作等方面进行了深度合作。

二是与企业进行技术合作。近年来,学校已经与唐钢、保定天威集团等 80 余家大型企业签订了技术合作协议,并与河北及周边省市的数百家企业进行了不同程度的技术合作,极大地促进了相关产业的发展。

三是与企业共建实验室。近年来,学校先后与企业、有关科研机构共建了9个校内外实验室,为企业或行业解决了大量技术难题的同时增强了学校的办学实力。机械学院与石家庄阀门一厂共建的大型阀门密封与启闭工程技术研究中心,在改进设计研究中获专利1项,2004年又帮助企业建立了产品快速设计生产系统,2005年企业生产总值比2002年翻了一番。

四是为企业进行技术攻关。根据企业生产中的实际问题,与企业签订技术开发合同,参与企业技术创新。

近3年来,在该校承担的近千项科研项目中,直接来自于企业的横向课题占课题总量的59%,横向科技经费占同期科技经费总量的79%,这些课题绝大部分来自于地方及区域工业经济建设的主要行业或领域。

短评

实现教育与经济共赢

工业化社会正在快速向我们走来,这对我们的高校,特别是工科高校是一个历史机遇。如何把握这一机遇,河北工业大学的经验给了我们很好的启示。

河北工业大学已有百年历史,但是,河北工业大学从一所并不突出的地方院校脱颖而出,办学实力和水平迅速提高却是在最近10年,其原因首先得益于办学思想大讨论,在这场讨论中,河北工业大学对先贤们提出的"工学并举"进行了大胆的创新和突破,思想突破了,道路其实就在脚下。

我们常说,教育反作用于经济。河北工业大学前90年走的"工学并举"——培养既懂理论又能实践的人才,就是一条反作用于经济的路子。但近10年来,河北工业大学对地方工业的发展却发挥着引领作用,也正是在引领工业发展的同时,学校得到了快速发展,实现了新的"工学并举"——教育与经济共赢。这一事实告诉我们教育不仅能反作用于经济,更能引领经济发展,关键是要找准自己的发展路子。这是河北工业大学给我们的重要启示。

本报记者杨展苍 通讯员魏进平、林艳书(《中国教育报》,2008年4月9日)

父母的叮嘱化为成长的动力

——河北工大征集家长寄语激励学子

　　本报讯　"用青春的丝线编织未来,用青春的汗水、智慧和勇气放飞梦想。"——张贴在河北工业大学学生宿舍内的这张宣传画上的"警句格言"并非出自于名人,而是学生家长对孩子们的寄语。类似的家长寄语还有 500 多条,现在,学校把家长寄语作为学生思想教育的一个新途径,用它们激励大学生积极向上,奋发进取。

　　河北工业大学近年来不断探索加强和改进大学生思想政治教育的新方法、新途径,针对"80 后"大学生的特点和"学校、家庭、社会三结合"教育经验的启发,日前,学校开展了主题为"关爱青年成长,寄语祖国未来"的千名家长寄语大学生的活动。学校先后向 1300 余名在校生的家长发出信函,征集他们对自己的孩子以及青年大学生的关爱寄语,内容包括嘱托、关怀、希望等等,并从回寄的 500 余份寄语中选取了具有代表性的 13 条家长寄语,制作成了 4900 余张宣传字画张贴在全校各个学生宿舍内,让学生们了解父母的愿望,学会感恩,懂得要用勤奋和进取去回报家庭、学校和社会。

　　"加倍努力,让有限的青春放射出多彩的华章""在善于学习中领悟快乐人生,在增强自信中积极面对人生"……这些出自父母的话语使学生受到很大触动。土木工程学院土木 064 班的张金龙说:"当室友们第一次面对家长寄语时,都沉默了。在以后的日子里,同学们不再把大量的时间用在上网、睡觉上,取而代之的是学习,我们能做的只有好好学习,回报他们对我们的爱。"土木工程学院交通工程 051 班的张洋也谈道,从家长寄语被贴上宿舍墙壁的那一天起,睡懒觉的也少了,晚上宿舍里少了喧嚣,多了宁静,室友们都在学习。

　　　　记者张宝敏　实习生杨璐伊、郎振(《中国教育报》,2008 年 9 月 28 日)

代表中国参加国际民间艺术节

——河北工大舞蹈团出访美国受欢迎

本报讯 前不久,河北工业大学舞蹈团一行 29 人赴美国爱达荷州参加了国际民间艺术节。这是该校舞蹈团继 1995 年作为中国民间艺术团出访罗马尼亚、匈牙利和奥地利三国后第二次出访。

本次艺术节共有 11 个国家和地区派艺术团参加,在为期 12 天的访问行程中,舞蹈团为美国人民演出了具有浓郁中国特色的《板扇风情》《奔腾》《康定溜溜》《茉莉芬芳》《鼓舞声声》等舞蹈节目及《北京呼唤你》《茉莉花》《少林少林》等合唱节目。共演出二十余场次,并先后六次深入美国居民社区、学校,进行文化交流活动。舞蹈团成员用民族服装展示了中华服饰的缤纷多彩,用语言讲述了中国传统文化的精华,用优雅的舞姿充分展示了中国舞蹈艺术的魅力,传播了中华民族的优秀文化。

舞蹈团团长、该校党委副书记梁计生介绍,这次该校舞蹈团的演出阵容之强大、表演节目之精彩,在参加艺术节的各国代表团中可谓首屈一指,众多观众跟随舞蹈队伍观看表演,久久不愿离去。参与出访的舞蹈团学生也纷纷表示,与十余个国家的艺术团交流学习,让他们了解了更多国家的风土人情,开阔了眼界,进一步提高了艺术鉴赏能力与水平,同时也提高了英语口语能力和与人沟通的能力。

崔树军、林艳书(《河北日报》,2008 年 10 月 29 日)

我省唯一国家"211 工程"项目建设进入第三期

——河北工大 3.5 亿元建设五个重点学科

本报讯 作为我省唯一一所国家"211 工程"建设高校,河北工业大学"211 工程"三期建设方案日前获得有关部门通过,现已全面启动。有关人士指出,对于我省高校建设和高等教育发展来说,这无疑具有重要示范意义。

河北工业大学于 1996 年跻身国家"211 工程"(面向 21 世纪、建设 100 所左右高等学校和一批重点学科点),一期、二期建设已圆满完成。三期工程旨在通过重点学科的建设,带动学校整体改革和全面协调可持续发展,从而把学校建设成为以工为主、多学科协调发展,在国内有重要影响、国际知名的高水平教学研究型大学。

据悉,三期建设总投资为 3.5 亿元,包括五个重点学科建设项目:电气工程电磁场与可靠性的研究及应用建设项目、新型功能材料的研究与应用建设项目、机械产品创新平台及其关键技术建设项目、面向资源充分利用和节能减排的化工技术建设项目以及环京津地区建筑节能与能源高效利用关键技术建设项目。三期建设完成后,该校预期在已有 2 个国家重点学科的基础上,还将有 2—3 个优势学科进入国家重点学科建设序列或达到国家重点学科水平;培养和引进高水平学术领军人物3—5 名,建成 3—5 个高水平创新团队;显著提高研究生特别是博士研究生的培养质量;建成一流的图书文献保障系统、校园计算机网络系统及大型仪器设备与优质资源的共享平台。

通讯员林艳书、叶金铭 记者仝静海(《河北日报》,2008 年 11 月 17)

河北工大:招聘会学生自己办
引来204家企业近6000个岗位

本报讯　11月18日,河北工业大学电气与自动化学院2008届毕业生招聘会上,场面分外火爆,秩序井井有条。

让人料想不到的是,一所大学里的一群大一、大二的学生,竟然"招呼"来204家企业到会,带来的招聘岗位数量超过5900个。

而更加令人赞叹的是,这次招聘会从提出构想,到精心策划,再到组织实施,都是由河北工业大学电气与自动化学院大学生社会实践中心的学生自己承办的,真可谓是"一揽子"全包。

在招聘会现场记者看到,有许多大企业、著名企业前来招聘。西门子、松下、石药、冀东水泥、罗姆半导体、天津电力建设公司、广东欧普照明等都有摊位,大致算算,企业遍及天津、北京、河北、山东等10多个省市,招聘专业涉及56个,基本涵盖了全校的所有专业。

参会的学生数量也很多,他们大致做了统计,校内7000人,校外3000人,不仅有本科毕业生,还有不少研究生、专科毕业生。招聘单位的收获也很大,每个摊位都收了不少应聘学生的资料。

中韩合资新生活实业有限公司业务主任毕婕女士,感觉学生组织的这场招聘会很周密,她说:"过去我们没到这所学校招过毕业生,这次了解到是学生自己办招聘,引发了我们的兴趣,能组织这么大型的活动,也反映了学生的能力强,有潜力,这增添了我们的好感、兴趣和招聘信心。"

记者张宝敏(《中国教育报》,2008年11月20日)

胡春华在河北工业大学调研时强调
办好学校育好人才服务好经济社会发展

　　本报讯　11月28日下午,代省长胡春华刚刚结束天津的考察活动,就来到位于天津市内的河北工业大学,看望广大教职员工,了解学校发展情况。

　　在电气与自动化学院电气研究所,胡春华与陆俭国教授亲切交谈:有哪些科研成果? 应用领域是什么? 还有什么困难? 了解到研究所承担国家863计划、国家新产品计划等重大科研项目和省部级科研项目20余项,多种产品已得到广泛应用,胡春华十分高兴。他鼓励陆俭国教授发挥学术优势,加强科技攻关,创造更多学术成果。

　　胡春华还来到化工学院,详细了解立体传质塔板技术、沸石离子筛法提钾高效节能技术等与我省产业发展密切相关的应用技术研发和应用情况。他强调,高等学校要加强产学研结合,大力开发具有自主知识产权的核心技术和重点产品,构建高校人才高地和创新平台,加大科技成果转化和产业开发力度。

　　在学生食堂,胡春华细心察看菜单上主副食供应价格,关切地询问学生的生活费用、生活补贴和贫困生的比例及生活状况。他动情地说,学校要千方百计保障好学生的生活,特别是要让特困生吃得饱、穿得暖、学得安心。

　　调研期间,胡春华还听取了河北工业大学工作情况汇报。他指出,教育是发展科学技术和培养人才的基础,是实现科学发展、富民强省的重要保障,各级各部门都要高度重视教育工作。河北工业大学要充分发挥历史悠久、地处天津这一北方经济中心和国家"211"重点建设高校的优势,紧跟时代步伐和社会发展,锐意改革,开拓创新,切实提高办学质量,实现规模、结构、质量、效益的统一,努力创建全省最好的大学。要坚持以人为本,为经济社会发展培养优秀人才,把学生素质作为高校水平的重要标准,切实提高人才培养质量,适应新时代新青年的特点,改革教育方式,促进学生德智体全面发展、健康成长。要充分发挥"工学并举"的传统优势,加强重点实验室和工程技术中心的建设,面向经济建设主战场,加强科技创新,以服务求支持,以贡献求发展,努力把科研成果转化为支撑经济发展的强大动力。同时,各级政府和有关部门要把经济社会发展中遇到的突出技术问题交给学校研究攻关,实现经济发展与学校科研的有机统一。

省长助理、省政府秘书长尹亚力及省直有关部门负责同志陪同调研。

记者石磊(《河北日报》,2008 年 11 月 30 日)

"就业寒冬"仍显"花枝俏"

——河北工大毕业生平均就业率超九成

本报讯 "目前高校毕业生就业大形势十分严峻,但我们学校毕业生近年来平均就业率却始终在 9 成以上。"刚刚结束的全省毕业生就业招聘会上,河北工业大学党委书记马树强表示,该校毕业生之所以在"就业寒冬"中仍显"花枝俏",是学校坚持把科学发展化为办学理念,并以此展开决策部署所取得的具体成效。

如何把深入学习贯彻落实科学发展观活动融入到办学理念的转变中,体现在学校发展的成效上?"首先要发扬民主,集思广益,开门办学。"马树强表示,该校利用两个月的时间,在全校开展了教育思想、教育观念大讨论,发动全校师生围绕学校的办学特色、办学定位、人才培养定位、服务面向定位,反复进行讨论。"坚持质量、规模、结构、效益相互协调的发展观;坚持以人才培养为根本任务的教育观……"一系列符合科学发展观要求的发展战略得以确立。

在这些思路的指导下,该校先后出台了《关于加快高水平大学建设的意见》《关于以提高人才培养质量为核心,进一步加强本科教学工作的若干意见》等文件,使理念之变迅速转化为措施跟进,成效显现。

目前,河北工大不仅拥有国家级特色专业、国家级实验教学示范中心,还拥有国家级教学团队,教育教学质量提高明显;新增 2 个一级博士学位授权点、3 个博士后科研流动站、4 个省强势特色学科,学科建设进展迅速;在校教师中,具有博士学位的达到 405 人,为学校发展提供人才队伍保障;学校共承担省部级以上科研课题300 多项,获省部级以上奖励 70 余项,今年又获国家科技进步奖二等奖一项,学校大学科技园被列为国家级大学科技园;学校与法国、美国、德国、俄罗斯、意大利、澳大利亚、英国等发达国家的 46 所高校签订了合作办学协议,合作培养覆盖专科到博士各层次。

"现在学校本科毕业生考研率连年保持在 30% 左右。共有 1000 名学生在各类比赛中获得国家、省（市）级奖励649项。"马树强表示，办学理念的转变解决了高校"培育什么样人才"的问题，毕业生就业率高只是这种变化在就业市场上的客观显现。

记者郭伟（《河北日报》，2009年2月10日）

河北工大聘农民企业家当"大学生创业导师"

本报讯 日前,枣强县大营镇的农民企业家武金良站在河北工业大学的讲堂上,为该校大学生作了一场精彩的创业演讲。当日,他还正式受聘成为该校第一位"大学生创业导师"。

20多年前,只有初中文化的武金良开始了自己的创业之路,从一个学徒做起,一步步打拼,他创立的"金帝"品牌如今已成为"全国水貂服装十大品牌"之一。为进一步拓展大学生就业渠道,鼓励学生实现创业性就业,省教育厅与河北工业大学启动了"河北省首届大学生创业高峰论坛"活动。论坛上,武金良以亲身的创业经历,告诉学生们不要怕挫折,不要急于求成,要按照自己的目标努力拼搏。他还着重介绍了农村特别是枣强县良好的经济发展环境,表达了乡镇企业家对人才的渴求,也对在校大学生立足基层创业成才提出了殷切希望。

通讯员杨博、刘晓菲 记者马路(《河北日报》,2009 年 5 月 14 日)

我国首个省级制造业创新方法
工程技术研究中心落户河北工大

本报天津7月24日电　今天下午,河北工大申请建设的"河北省制造业创新方法工程技术研究中心"通过省科技厅、财政厅、发改委组织的论证委员会的可行性论证,将纳入我省工程技术研究中心建设计划。

据了解,这是我国首个省级制造业创新方法工程技术研究中心。专家表示,该中心的成立,将推动创新方法在制造业上广泛应用,对提高我省乃至我国企业的自主创新能力与市场竞争力,培育创新型企业具有重要意义。

通讯员李同正　记者张丽辉(《河北日报》,2009年7月25日)

河北工大激发学生"内力"开创就业新途径

——学生自办招聘会引来"世界500强"

本报讯 "去过政府主办的招聘会,也参加过院校和中介机构举办的招聘会,大学生自办的招聘会这还是第一次听说。"一场由毕业生自办的招聘会日前在河北工业大学成功举办,包括西门子、松下等"世界500强"在内的200家企业携3000多个岗位前来选才,校内外20000名毕业生应聘,500名毕业生与招聘单位当场达成就业意向。

由"被动参与"到"主动创办",许多专家纷纷对毕业生在招聘会上由参与者到主办人的转换叫好。此前,河北工业大学电气与自动化学院大学生社会实践中心本着"来源于同学,服务于同学"的思想,已连续两年组织在校学生为毕业生举办招聘会。今年,参会用人单位层次、提供岗位数量及毕业人数都创下新高。"就业渠道更宽了,针对性更强了。"

河北工业大学魏进平研究员介绍,大学生结合自身专业邀请用人单位,这不仅为毕业生提供了更加适合自己专业特点的就业机会,也为用人单位节省了时间和精力,从而提高了大学生就业的专业对口率。

在高校毕业生数量居高不下的情况下,受全球金融危机的影响企业用人需求出现下滑趋势,加之大学生就业结构性矛盾依然突出,高校毕业生就业形势非常严峻。作为河北省社科联民生调研课题《大学生自我服务促进就业的新模式》主持人的魏进平指出,在大学生就业过程中,政府、高校、用人单位以及家长都是一种"外力",在校学生自办招聘会恰恰体现了大学生自身"内力"的调动和响应。大学生变被动为主动,发挥自身的主观能动性,自己举办招聘会,这是促进大学生就业模式的探索创新,学生从中也受益多多。

据介绍,在大学生自办招聘会的过程中,从联系单位到组织实施、接洽、场地布置乃至宣传,全是大学生自己"一手操办",这样在校学生不仅接触社会、了解用人需求,还锻炼了他们的组织能力、沟通能力和实践能力,从而有利于其建立正确的就业观和择业观,提高综合素质。在招聘会上每一个用人单位都有一名学生"联络员"全程服务。部分毕业生联络员,因为工作出色,当场签订就业协议。有很多用人单位愿意成为学校的学生实习基地,协助学校做好人才培养与毕业生就业工作。

实习生周洁　记者郭伟(《河北日报》,2009 年 8 月 27 日)

邢台开发区河北工大科技园项目入驻
将新增就业人员 1000 余人

由河北工业大学与邢台市政府共同建立的"河北工业大学(邢台)科技园"项目日前落户开发区,将重点培育发展新能源、新材料和机电一体化。

河北工业大学(邢台)科技园项目总投资 8 亿元,建设规划用地 500 亩,其中 100 亩为孵化服务和科技研发区。该园区的建设,将架起连接京津唐人才交流、科技成果共享、经济共同繁荣的平台,着力打造具有绿色、生态、科技、文化特色的国际复合型大学科技园,为高校科技成果转化、高新技术企业孵化、创新创业人才培养、产学研融合提供支撑平台和服务机构。

该项目分三期建设,一期工程将于 2011 年初完工。建成的河北工业大学(邢台)科技园将重点培育发展新能源、新材料和机电一体化等三大产业领域,孵化产业化企业 80 家,年技工贸总收入达 10 亿元以上,新增就业人员 1000 余人。

李开、王淘丽(《河北日报》,2009 年 11 月 4 日)

河北工大研究院进驻曹妃甸

本报讯　近日,河北工业大学曹妃甸工业区循环经济与新能源发展研究院揭牌仪式在曹妃甸工业区举行。该院的成立,对促进曹妃甸工业区新能源开发利用具有重要意义。

据悉,该研究院的成立,一方面搭建了校地、校企合作的平台,可以充分发挥河北工业大学优势,为校方提供产业开发加速器,给高校提供研发和学生实习基地。另一方面将曹妃甸的产业优势、资源优势与河北工业大学的科技优势、人才优势更加紧密地结合在一起,使双方的合作领域进一步拓宽,合作层次进一步提升,不断促进曹妃甸工业区新能源开发利用模式的试验示范工作,有望在全国范围内率先走出一条集研发、示范、标准体系建设、大规模推广应用于一体的新能源开发利用综合体系。

宝东、李响(《河北日报》,2009 年 11 月 12 日)

河北工大获我省首个 EMBA 专业学位授予权

本报讯 "以往 EMBA 培养院校仅有包括北大、清华在内的 30 所高校,现在我们河北省也有了自己的 EMBA 培养单位。"笔者近日从有关部门获悉,经国务院学位委员会办公室批准,河北工业大学获批新增为高级管理人员工商管理硕士(EMBA)专业学位研究生培养单位,这也是我省首家 EMBA 培养单位。

EMBA,英文全称为 Executive Master of Business Administration,直译为高级管理人员工商管理硕士。EMBA 由美国芝加哥大学商学院于 1943 年首创。2002 年开始在国内部分高校 MBA 教育的基础上试行 EMBA 教育,招收具有本科学历、8 年以上工作经验和担任企业高层管理职务的管理者攻读。入学考试一般需经过报考学校统一组织的专门笔试及面试,笔试由各校自主命题。主要考察考生的管理经验、管理能力和发展潜力。对于英语没有特殊要求,外国教授上课时将专门安排翻译。

2005 年 5 月,河北工业大学 MBA 教育项目以优异成绩通过国务院学位办组织的教学合格评估。经过多年的 MBA 教育实践,河北工业大学在工商管理及相关学科建设、MBA 师资和教学设施建设、MBA 招生和课程教学建设等方面获得长足发展。

另悉,河北工业大学 EMBA 从本年度起就已开始招生,此后每年招生名额为 100 人。

宋泽伟(《河北日报》,2009 年 12 月 3 日)

解读河北工大"高就业率"样本

就业！就业！还是就业！备受关注的大学生就业问题再次成为今冬高校内外的热门话题。就业指标俨然成为高校办学质量和人才培养模式的"试金石"。近日，河北工业大学被教育部评选为全国普通高等学校毕业生就业工作先进集体，其扎实有效的学生就业工作颇有借鉴意义——

11月20日，教育部召开2010年普通高校毕业生就业工作网络视频会议，会中认定并表彰了129个"全国普通高等学校毕业生就业工作先进集体"，河北工业大学名列其中。

就业难背景下的"高就业率"是怎样"炼成"的呢？

"一把手工程"不容有失

"学校始终把毕业生就业工作作为学校的重要工作常抓不懈，为了加强对毕业生就业工作的领导、组织和管理，学校成立了就业工作领导小组。"河北工业大学党委书记马树强说得很干脆，"一把手工程"将就业工作的重要意义彰显无遗。

据介绍，河北工业大学就业工作领导小组由校领导任组长，相关部门负责同志及各学院主管学生工作的副书记组成。学校各部门把学生就业工作放在首位，通力合作、协调配合。

神经中枢打通了，还得"有胳膊有腿"才跑得开。河北工大迅速将学校就业指导中心专、兼职就业工作人员配备到位，现有校级专职就业工作人员9人。学校的就业经费纳入学校年度预算，其中包括创业教育经费，能够满足就业工作的正常开展。学校就业指导中心有固定的办公场地、常用办公设备齐全。

眼界决定思路。就业指导中心每年组织就业工作人员进行培训，讲解相关政策法规、就业工作程序等相关内容；通过选派就业工作相关人员参加国家中、高级职业指导师培训、全国高校就业指导人员系统培训班等，提高自身理论水平和工作水平。工大还组织校级和各学院学生就业工作干部到 30 多所高校、50 余家企业学习调研,开阔视野与思路。

河北工大就业工作人员申报了教育厅课题"河北省高校毕业生就业竞争力分析"、教育厅人文社会科学研究指导计划项目大学生就业工作中的思想政治教育研究和天津市教卫系统 2008 年调研课题基于滨海新区建设人才需求的就业工作研究,目前均已结题,为就业工作的更好开展提供了良好的理论依据。

全方位拓展就业半径

就业工作不应仅仅局限在组织几场招聘会,而应该利用各种途径,全面强化学生就业能力,全方位拓展就业半径。

河北工大的就业工作迅速延伸至校内外的每一个细微环节。该校每年组织各类就业讲座 10 余场,近 3000 人次参加,包括形势政策分析、就业政策咨询、就业技巧技能指导,引导毕业生转变就业择业观念。学校还举办"校友大讲堂"和"企业家讲坛",邀请省内外创业教育专家、企业老总、创业成功校友来校讲学,为学生传授经验,交流创业心得,并聘任他们作为创业导师。

该校每年举办大型就业市场 2 次,共邀请到省内外几百家用人单位和各地市毕业生就业分配主管部门到学校与广大毕业生进行双向选择,参加毕业生达一万多人次;每年举办小型专场招聘会近百场,需求信息几乎涉及该校全部专业,参会毕业生逾万人。此外,学校还积极创新创业就业工作新模式,鼓励学生自办招聘会。该校还在全校学生中开设就业指导课程,同时成立了"大学生职业指导课程教研室"。

"必须利用好国家出台的促进就业的现有政策。"该校引导毕业生面向基层服务和预征入伍,毕业生到基层服务的人数逐年增加,2009 届毕业生中参加河北省选调生的 11 名,参加天津市选调生的毕业生 7 名、西部计划生 12 名;"农村义务教育阶段学校教师国家特设岗位计划"录用 25 名该校毕业生;共有 300 多名学生报名预征入伍。

"用人单位回访计划"是该校为拓宽毕业生就业渠道作出的创新举措。学校负责就业相关工作人员分别到北京、天津、浙江等十个地市走访用人单位,推荐毕业生,并与 20 多家用人单位签订了"河北工业大学毕业生就业实习基地协议",建立了长期合作关系。

目前,该校学生处"就业网站"与北方人才网、易才网、中国国家人才网、中国大学生创业网等知名网站做了友情链接。学校还与省人才市场、中国北方人才市场等多家人才市场签订了合作协议。

"新招"迭出化解"老难题"

对家庭经济困难、就业困难毕业生如何采取行之有效的帮扶措施?创业难、怕创业问题如何解决?面对这些"老难题",河北工大"新招"迭出,一一进行化解。

2009年,在按惯例举办两次就业市场会的基础上,为了进一步帮助家庭贫困学生和就业困难学生就业,该校举办了"2009届毕业生第三次就业(见习)双选洽谈会",共有120余家用人单位到校参会,提供了500个就业岗位。该校还开展了"千名教师帮助千名大学生就业"活动。紧抓党员一对一帮扶活动,党员老师深入了解学生的就业需要,帮其联系用人单位。

为鼓励贫困生创新创业,河北工大启动"感动工大"项目。倡导、扶持大学生特别是贫困生,立足于校园服务,开展创新、创业活动,实现贫困生勤工助学由劳务型向智力型转变。项目完全由贫困生自主经营,让贫困生在诚实劳动、诚信经营中学习如何创业,如何做人做事。其中"学子源"报刊亭项目,从最初的一个报刊亭发展到两个,由40人发展到70人,使大学生们在创业实践中得到了锻炼。

为帮助困难家庭毕业生就业,学生处、就业指导中心、学生资助管理中心还举办了"青春起航"资助百名困难家庭毕业生活动,为每个受助学生提供价值600元的补贴。

针对大学生存在的创业畏难情绪,该校开展"金牌毕业生就业创业楷模"评选活动。他们还与天津市劳动保障局创业培训指导中心、全球模拟公司联合体(中国)中心,共同组织开展了大学生创业实训培训班。参训学生组成团队,在仿真模拟的环境下,运营创业项目。通过实训,参训同学进一步了解了创业过程的各个环节,增强了参与市场竞争和驾驭市场的应变能力,提高了风险意识和团队合作意识,顺利完成了从学生到职业人的转换。

该校还充分利用回访校友、回访用人单位,以及学习实践科学发展观活动中的"环渤海行"等机会,在全国范围内广泛建立学生就业实习、创业实训基地。另外,该校利用地域优势与天津意库创意产业园、河北工业大学国家大学科技园合作,通过吸引科研项目,带动高校毕业生创业、就业等方式,实现了学校技术成果与优势特色产业的有效对接,进一步推进了产学研结合,为该校毕业生创业提供了良好的平台及实践基地。

　　据河北工业大学党委书记马树强介绍,2010年该校将继续做好"千名教师帮助千名学生就业"活动。同时加强大学生创业教育和就业实习、创业实训基地的建设。在全国范围内进一步开拓新的就业实习、创业实训基地,为大学生创业提供良好平台。"我们还将继续做好用人单位回访和就业市场拓展工作。着重对重点合作企业进行回访和跟踪调查,拓宽毕业生就业渠道。"马树强指出,该校将加大特殊群体特别是贫困生就业工作力度。为学生提供就业补贴,减轻就业经济压力,并积极搜集针对贫困生的就业岗位,继续为贫困生召开专场招聘会。

　　　　　本报实习生周洁　记者郭伟(《河北日报》,2010年11月22日)

河北工大服务地方创效超百亿

——千余项科技成果在省内实现产业化

本报讯 一所地方高校应该有什么样的办学定位？河北工业大学将服务冀津及环渤海区域经济建设、为区域经济社会发展提供人才和智力支撑作为学校的社会责任。以此为指导，近年来，该校有针对性地开展了大量技术改造和创新项目，其科技成果有 1023 项在省内企业实现产业化，创经济效益过百亿元。

为进一步满足经济社会发展需要，河北工大多次调整学科专业结构。目前，该校学科专业体系中，绝大部分学科专业与我省及区域经济发展主导产业相适应。学校 61 个本科专业中，工学类 36 个，基本能够覆盖我省及区域经济主导产业，这些专业中已经建设有 1 个国家级第二批特色专业建设点、6 个省品牌特色专业；针对经济发展对信息、建筑、医药等领域专业人才的迫切需要，学校新办专业 17 个，其中工学类 8 个；学校大力进行传统专业的改造升级，以适应我省及区域经济在石油化工、钢铁、建筑建材、装备制造、医药等主导产业领域对人才与技术的需求。河北工业大学还发挥电气、机械、能源与环境等多学科优势，抓住我省风电产业加快发展的良好机遇，整合相关学科、专业的教学资源，于 2007 年申报并获批建立风能与动力工程专业，成为国内第二所批准设立此专业的院校，该专业的建设将为我省乃至全国风电产业的发展提供重要的人才与技术支持。

不断加大科研政策和资金支持力度。2005 年以来，该校共投入科研配套费 1515 万元，重点扶持了省机电一体化工程技术中心、省电磁场与电器可靠性实验室等省级重点实验室和海水资源高效利用化工技术教育部工程研究中心、生态环境与信息特种功能材料教育部重点实验室等 13 个跨学科、有发展潜力的省部级科研机构等。2005 年至今，河北工业大学承担科研课题 1748 项，其中国家级课题 123 项，获国家科技进步奖、省突出贡献奖、省技术发明一等奖等省部级以上奖励 85 项，授权发明专利 189 项。

5年来,河北工业大学新增校外产学研基地100多个,与各级人民政府、大型企业集团签订全面合作协议52个,开展了大量技术改造和创新项目,涉及海洋化工、化工分离技术、先进制造技术及装备、半导体材料等诸多领域。这已成为我省石油化工、装备制造、信息技术、钢铁等主导产业的重要技术依托。

　　为最大限度地服务于"保增长、保民生、保稳定",该校去年以来主动走访了北京、天津两市多家企业,先后与省内8个设区市以及30余家企业签订了全面合作协议,并根据协议逐步落实双方在校企合作、产业合作、高新技术成果转化和技术转让、联合技术攻关、科技人才培养等方面的合作事宜。学校还有60余名教师担任政府或企业的科技顾问,634项科研成果和专利技术被省内外大型企业推广应用。

　　　　　　　　　　　　　林艳书(《河北日报》,2010年1月28日)

"环渤海行" 走出科学发展路

——河北工业大学学习实践科学发展观活动成果展示

随着我国经济增长重心由南向北梯次转移,环渤海区域正在成为我国经济增长的"第三极"。具有百余年办学历史的河北工业大学隶属河北、地处天津,区位、学科、科技创新和人才优势明显,近十万校友又以环渤海地区最为集中。在学习实践活动中,学校紧密围绕提高办学质量和服务富民强省这两个最直接、最现实的关键问题,按照河北省委教育工委关于开展"万名教师访万家"活动的要求,创造性地开展了"环渤海行"活动。该活动旨在广泛征求社会各界对学校办学的意见和建议,增进校地、校企和学校与校友之间的联系,增强为区域及地方经济建设服务的主动性,探索建立具有工大特色的产学研合作模式和学校、家庭、社会"三位一体"的育人体系。

该活动贯穿学习实践活动三个阶段,分为"冀东行""环京津行""京津行"和"冀中南行"四个单元。学校先后走访了北京、天津和省内沧州、衡水、廊坊、秦皇岛、唐山、石家庄、邢台、邯郸等 8 个设区市、350 多家企业、500 余名校友、近千个学生家庭。通过签订全面合作协议、共建研发中心,召开对口洽谈会、座谈会等形式广泛征求意见,拓展合作渠道,服务富民强省,密切学校与社会的联系。通过问计于民、凝聚共识、主动服务和破解难题,较好地解决了"办什么样大学、怎么办大学""培养什么样人才、怎么培养人才"两个根本性问题,坚持以服务求支持、以贡献谋发展,走出了一条又好又快的发展之路。

一、在"环渤海行"活动中问计于民,按人民意愿办高水平大学

问计于民目的就是按照科学发展观的要求,最大程度地把各方面的积极性调动起来,把各方面的智慧和力量凝聚起来,努力办好人民群众满意的高水平大学。

活动中,学校主要领导带队、1150名党员参与走访。通过走访各地政府和相关部门,召开学生家长、校友、企业及各界人士座谈会,校级领导干部开展专题调研,以及在校内设置意见箱和电子信箱、开通征求意见专线电话、发放征求意见表等形式寻计问策,共征求意见和建议6151条。针对相关问题,全校累计形成调研报告160篇、50多万字。

学校对征集到的意见、建议进行多次梳理、汇总,形成了共9个方面22个条目。经向上级主管部门和校内各级各类人员代表征求意见后,根据汇总梳理出的问题形成了聚集提炼问题报告和整改落实方案。在此基础上,学校再次向学校师生广泛征求意见,并向省市政府、各种社会单位和企业、学生家庭、校友发放征求意见表5000余份。针对社会上反映集中的有关校市、校企业合作、大学生就业、校园环境整治等方面的突出问题,学校加大整改力度,并加大了对社会的舆论宣传,先后在中央电视台新闻联播节目、《中国教育报》《河北日报》宣传报道学校的成功经验,受到校内和社会的广泛好评。

二、在"环渤海行"活动中凝聚共识,按教育规律办高水平大学

在"环渤海行"活动中,通过把理论学习成果与实践中的真知灼见紧密结合,全体党员特别是各级领导班子和党员领导干部,在推动学校科学发展,努力建设高水平大学上形成了六点共识:一是必须坚定不移地以科学发展观为指导,既要对科学发展观真学、真懂、真信,全面把握其科学内涵、精神实质和根本要求,又要真用、真行、真干,紧密联系实际,破解发展难题,创新发展举措,推动科学发展;二是必须坚定不移地以发展为第一要义,既要瞄准高水平大学的发展目标,不动摇、不懈怠、不折腾,又要努力创新发展理念和方式,知难而进,攻坚克难,实现新的攀登和跨越;三是必须坚定不移地以"以人为本"为核心,既要在办学中以教师为本,尊重和发挥教师的主体地位和作用,改善人才结构、构筑人才高地,又要在教育中以学生为本,推进素质教育,充分发挥学生在学习中的主动性和创造性;四是必须坚定不移地走质量、规模、结构、效益协调发展的道路,既要坚持内涵发展、提高质量,又要突出"工学并举"的办学特色,提高学科和科研水平,在服务区域特别是河北省经济建设与社会发展中,提高贡献率,扩大影响力;五是必须坚定不移地贯彻和运用"统筹兼顾"的根本方法,既要把握全局、统筹各方、着眼长远、厚积薄发,又要优化资源配置,保证重点突破;六是必须坚定不移地加强领导班子自身建设,既要注重政治、思

想和作风上的修养,为人表率,又要注重提高领导科学发展的能力,成为高水平大学建设的坚强领导核心。

这些共识,符合科学发展观的要求、符合教育规律的要求、符合学校的办学实际,为学校高水平大学建设提供了坚实的思想基础。

三、在"环渤海行"活动中主动服务,按社会需求办高水平大学

在"环渤海行"活动中,学校先后与省内 8 个设区市以及 30 余家企业签订了全面合作协议,60 余名教师担任政府或企业的科技顾问,634 项科研成果和专利技术被省内外大型企业推广应用,在唐山市等 5 个市建立了国家级大学科技园园区,形成了"一园多区"的独特模式。

学校与唐山市共建了"河北工业大学曹妃甸工业区循环经济与新能源发展研究院"。与迁安市、冀州市和辛集市等市签订了全面合作协议,实现了"环渤海行"活动向县级市的拓展,帮助河北国华沧东发电有限责任公司克服技术难题,有望每年增收 11.8 亿元;对以学校技术为依托的河北晶龙实业集团在技术、信息和人才上进一步加大了支持,使企业的年产值在金融危机中不降反增达到 60 多亿元。建成了省制造业创新方法工程技术研究中心,在承担科技部培训任务的同时,为全省和石家庄市 15 家企业及天威保变、长城汽车、冀东水泥培养了一批创新工程师。

指导更多的毕业生在省内就业,是学校服务于"保增长、保民生、保稳定"的一项重大政治任务。学校提出"像关心自己的孩子一样关心大学生就业",组织党员教师与就业困难学生"一对一"结对帮扶。学校各地校友会也积极响应学校号召,分别成立促进大学生就业的相关组织机构,开设专用网站、论坛、邮箱和 QQ 群。学校与 630 家用人单位建立了信息联系、建立就业实习基地近 30 个,直接帮助 661 名就业困难学生签订了就业协议,毕业生就业率达到去年同期水平,学校被评为全国普通高等学校毕业生就业工作先进集体。

四、在"环渤海行"活动中探索新路,按一流标准办高水平大学

河北工业大学作为我省唯一一所国家"2111 工程"重点建设的省属骨干大学,省委、省政府和全省人民寄予了很高的期望。学校在"环渤海行"活动中更切身地感受到了这一点,促使学校必须努力开辟新路,用一流的学科、一流的队伍、一流的

教学、一流的科研、一流的社会服务和一流的管理水平,承担起在省内率先建成高水平大学的光荣任务。主要进展有:

(一)经过"九五"和"十五""211工程"建设,学校现有国家重点学科2个、省强势特色学科4个、省级重点学科17个及17个博士点,8个博士后科研流动站,总量居全省高校榜首,1个博士后科研流动站为全国优秀博士后科研流动站,并成为全国地方工科高校首家EMBA培养单位,诸多学科在省内处于领先水平并以应用见长。目前,"211工程"三期建设全面启动,学校将进一步优化学科专业结构,使之更加适应全省及区域经济主导产业领域对人才与技术的需求。

(二)学校始终坚持"人才强校"战略,营造"软环境",提供"硬条件",软引进院士6名、洪堡学者等高层次人才100余名。留英学者刘智勇教授到校后,实现了国内学者在化工系统工程领域国际顶尖刊物上发表论文的突破;德国洪堡奖学金获得者李焕荣教授,已入选教育部"新世纪优秀人才支持计划"。国家重点学科——电机与电器学科被评为全国专业技术人才先进集体,成为全国表彰的30个先进集体之一。目前,学校拥有省部级以上专家近百人,一批具有优秀潜质的中青年教师正在教学、科研工作中发挥突出作用。

(三)学校通过加强工程教育与经济建设的紧密联系,人才培养质量稳步提高,招生质量、考研率以及毕业生就业率在全省领先。学校实现国家教学名师的突破,拥有2个国家级教学团队、3个国家级实验教学示范中心、3个国家级特色专业建设点和2项国家教学成果二等奖,在教育部本科教学工作水平评估中获得优秀研究生比例逐年扩大,1名博士后被评为全国优秀博士后。国际学历教育合作项目已达20余项,合作培养覆盖从专科到博士各层次。

(四)学校科研和社会服务工作主动融入经济建设的主战场,建成省部级以上重点科研研究机构14个。2005年以来,共承担科研课题1748项,共获省部级以上奖励85项,取得授权发明专利189项。2009年到校科技经费达1.5亿元,398项在研科研课题中国家级科研课题89项,其中学校作为唯一一所地方高校获国家02科技重大专项3000余万元资助。新增校外产学研基地100多个,1023项科技成果在省内企业产业化创经济效益过百亿元。

(五)在学习实践活动中,学校提出并全面推进破解学校体制机制建设深层次问题的发展模式创新行动、体制机制创新行动等"十大创新行动",集中解决120项具体问题,累计废止规章制度28项、修改或新立42项,今年,学校将以制定学校"十二五"发展规划为契机,在深化改革中调动各方面的积极性,在强化管理中提高工作效率,推动学校各项事业的快速发展。

今后,学校将以科学发展观为统领,进一步总结和完善学习实践活动特别是"环渤海行"活动的成功经验,不断探索建设高水平大学的科学发展之路。

马树强(《中国教育报》,2010 年 3 月 19 日)

大学生自办招聘会

——卖空 20000 张门票，引来 300 家知名企业，提供 6000 个岗位

本报讯 这个周末河北工业大学人声鼎沸。11 月 15 日，一场大学生自己筹办的招聘会——电气与自动化学院第三届毕业生招聘会得到了本市大学生的热烈响应，20000 张门票一售而空，引来中外知名企业近 300 家，为校内外大学生就业提供 6000 余岗位的就业机会。

面对就业，不等不靠，大学生为自己办招聘会。从联络企业到会场布置，这场招聘会的每个环节都是河北工业大学电气与自动化学院大学生社会实践中心的学生们自己完成的，工作人员大多是社团内大一、大二的学生。招聘对象不仅有本科毕业生，同时面向研究生及专科毕业生。招聘会当天，作为主会场的河工大食堂门外排起了长队，应聘人员在组织者的引导下分批次进入会场，场面火爆。

据相关组织人员介绍，本次招聘会，社团内部的学生通过联系毕业校友所在企业，通过网络、报刊、电视、广播等媒体渠道查询汇总各类招聘信息，主动联系人才市场、人才网站、行业协会、人事局等组织机构联系参会企业。经过各方努力，直接联系企业达 1967 家，到会参加招聘企业近 300 家，其中包括西门子、唐钢、河北乐凯胶卷、松下、保定天威等知名企业。招聘范围涉及 38 个热门专业，其中包括国家"211"工程重点扶持专业。

据悉，河北工业大学学生自筹招聘会已经举办三届了，不仅吸引了天津的大学生前来参加，周边高校的学生也慕名而来，本届应聘人数历史性地突破两万人次。应聘毕业生陈晨说："没有想到连西门子这样的国际知名大企业也能在我们大学生自筹招聘会上现身，感谢河工大电气与自动化学院的大学生社会实践中心。"

时至招聘会结束时，每家企业的招聘席位上都放着厚厚的一摞应聘简历。唐钢人力资源部人员说："这个大学生自筹招聘会办得很好，他们的组织让我们更加

直接地接触到在校优秀人才,今天我们预定招聘的两个职位已经顺利地签订意向合同,希望这样的招聘会做得更好,为环渤海经济圈的发展提供更好的人才!"

记者赵晖　实习生韩爽(《天津日报》,2010 年 3 月 22 日)

培养造就适应国际竞争的高级管理人才

——河北工业大学首届 EMBA 开学之际访该校副校长刘波

何谓 EMBA

EMBA,英文全称为 Executive Master of Business Administration,直译为高级管理人员工商管理硕士。EMBA 由美国芝加哥大学商学院于 1943 年首创。2002 年 7 月 24 日,中国大陆的 30 所大学获得国务院学位办的批准,开始在 MBA 教育的基础上试行 EMBA 教育,招收具有本科学历、累计 8 年以上工作经验和担任企业高层管理职务的管理者攻读 EMBA 硕士学位。

今年 3 月 21 日,河北工业大学首届 EMBA 举行隆重的开学典礼,61 名来自河北、北京、天津和内蒙古的各级政府部门县(处)级以上管理干部和各类企业事业单位现职中高层管理精英们,幸运地成为我省首届 EMBA 新学员。这是河北工业大学自 2000 年成为河北省首家 MBA 培养单位后,时隔九年再度填补河北省高等教育的一项空白。值此开学之际,我们专访了河北工业大学副校长刘波,就相关问题一一进行解答。

河北工业大学成为河北唯一具有 EMBA 培养资格的高校

问:河北工业大学何时开始有 EMBA 教育项目?其在河北省高校地位如何?

刘波:2009 年 6 月 17 日,国务院学位委员会办公室下发文件,河北工业大学等 32 所高校获批新增为高级管理人员工商管理硕士(EMBA)专业学位研究生培养单位。

这是河北工业大学自 2000 年成为河北省首家 MBA 培养单位后,时隔九年再度填补河北省高等教育项目的空白,成为省内首家 EMBA 培养单位,也是全国地方工科高校首家 EMBA 培养单位。

目前在河北省内,河北工业大学是唯一具有 EMBA 培养资格与学位授予权的高校。

问:河北工业大学的 EMBA 教育项目由哪个学院承办?学院的学科建设情况如何?

刘波:学校专门成立了河北工业大学 EMBA 教育中心和 MBA 教育中心,EMBA 教育项目由管理学院具体承办。早在 2000 年,河北工业大学就成为 MBA 培养单位,并于 2005 年以优异成绩通过了国务院学位办组织的教学合格评估。MBA 教育项目由管理学院具体承办,目前已招收 1655 名学生,其中 951 人已获得工商管理硕士学位。经过 10 年的 MBA 教育实践,学校在工商管理及相关学科建设、MBA 师资和教学设施建设、MBA 招生和课程教学建设等方面都获得了长足发展。

目前,EMBA 教育项目主要依托工商管理学科、管理科学与工程学科、应用经济学科三个学科。其中,工商管理学科已具备技术经济及管理学科的博士学位授予权和企业管理学科的硕士学位授予权。管理科学与工程学科是河北省重点学科,具备博士学位授予权,设有博士后科研流动站。应用经济学科在区域经济发展战略的理论与应用研究方面居于河北省领先水平。

问:河北工业大学 EMBA 的教学特点有哪些?

刘波:EMBA 的教学不同于普通硕士研究生的培养,课程教学中提倡互动式案例教学,鼓励教师组织学生结合企业实际问题开展研讨式教学和现场教学。教学过程中适当安排聘请国内外擅长 EMBA 教学的知名教授和成功企业家来校授课或举办专题讲座。特别是近两年内,我校的 EMBA 教学将聘请部分清华、北大、天大、南开等名校的名师授课。

发扬"工学并举"办学传统积极应对京津 12 所名校竞争

问:目前,全国多少高校有 EMBA 教育项目,河北工业大学面临怎样的竞争环境?

刘波:2002 年 7 月,国内首批 30 所高校获批为 EMBA 培养单位,时隔 7 年国家再度审批新增了包括河北工大在内的 32 所高校。目前全国共有 62 所高校有 EMBA 教育项目。

河北工业大学所在的京津地区高校云集,开办 EMBA 教育的有清华大学、北京大学、中国人民大学、南开大学、天津大学、河北工业大学等 13 所院校。就地理位置而言,京津地区在河北省的环绕之中,上述 12 所高校(其中"985"院校 7 所,"211"院校 4 所)对河北省 EMBA 生源市场的争夺应该说还是激烈的。

问:河北工业大学与上述名校"同场竞技",难度非同一般。我们是如何应对的?

刘波:河北工业大学是一所以工为主、多学科协调发展的国家"211 工程"建设的河北省属骨干大学。在百余年的办学实践中,学校治学严谨,教学管理严格规范,继承和发扬了"工学并举"的办学传统和特色,形成了"勤奋、严谨、求实、进取"的优良校风和学风。学校现拥有 2 个国家级重点学科,8 个博士后科研流动站;已先后为国家培养了包括杰出的科学家、政治家、社会活动家、实业家在内 10 万余优秀人才。

面对这样的竞争环境,我校要积极发扬"工学并举"的办学传统,努力坚持"以我为主,迎接辐射,依托京津,借助京津,融入京津,在接受辐射中求发展,加强联合中求发展,市场错位中求发展,差别错位中求发展"的方针,充分利用我校隶属河北省、地处天津市的办学优势,积极争取政府和企事业单位的支持,努力办出自己的特色。从第一届 EMBA 招生情况来看,无论是质量还是数量,我们都认为非常好。应该说首批招生是很成功的。

努力打造视野开阔、善于合作、社会责任感强、勇于创业的商界领导人

问:河北工业大学 EMBA 教育项目的培养目标是什么?

刘波:在刚刚结束的两会上,温总理在政府工作报告中,专门用了"刻不容缓"一词来形容转变经济发展方式的紧迫性。而我校的 EMBA 教育项目的目标就是,培养和造就大批具有全球化战略思维、先进的知识经济理念并能够沉着应对国际竞争挑战的高级管理人才。以立足河北,服务京津冀,影响环渤海为发展战略,逐步把 EMBA 教育打造成为我校的品牌教育项目。

问:这一目标是令人振奋的,目前河北工业大学在培养造就人才方面有自己哪些优势?

刘波:河北工业大学分别于 2001 年 4 月、2006 年 6 月通过国家"九五""十五""211 工程"整体验收。2006 年 10 月河北工业大学科技园被认定为国家级大学科技园。学校现有校外实习基地 113 个,并与唐钢、保定天威等 80 多个省内大型企业签订了全面合作协议,与全国数百家企事业单位进行了技术合作与成果推广。学

校还与法国、美国、德国、俄罗斯、意大利、澳大利亚、英国等国的 38 所高校签订了合作办学协议。这些成绩的取得,为培养和造就高级管理人才奠定了坚实的基础。

问:河北工业大学首届 EMBA 录取新生的情况如何?

刘波:河北工业大学 2009 级首届 EMBA 报考人数达 89 人,经严格审查和考试,正式录取 61 人,录取比例为 68.54%。其中省部级 1 人、厅局级 3 人、县处级 8 人,企业高层管理人员 25 人,中层管理人员 24 人。仅石家庄金刚内燃机零部件集团有限公司参加首届 EMBA 学习的就有 18 人。出现这种现象的主要原因,就是该公司的发展已经进入高速增长的轨道,但企业原来传统的管理人才不适应现代市场经济发展的需要。正如学员王志强所说,河北工业大学的 EMBA 教育项目,犹如雪中送炭,为企业解决了发展中至关重要的高级管理人才培养和储备问题,也必将为加快河北经济发展体制转变提供强有力的智力支撑。

(《河北日报》,2010 年 3 月 25 日)

国家 3000 万资助河北工大一项目

本报讯　日前,河北工业大学承担的国家重大科技专项"极大规模集成电路平坦化工艺与材料"项目,获得国家 3265.8 万元的经费资助。据悉,这是迄今为止我省高校单个科研项目所争取到的国家最高额度资助。该项目预计在 2015 年完成。

实习生彭海杰　记者仝静海(《河北日报》,2010 年 4 月 5 日)

河北邢台首个大学科技园奠基

本报讯　由河北工业大学与河北省邢台市政府共同建立的河北工业大学(邢台)科技园近日举行奠基仪式。该园区建成后将重点培育发展新能源、新材料和机电一体化等三大产业领域。

河北工业大学国家大学科技园(邢台)园区是河北工业大学科技园在河北省的第一个大型综合科技园项目,位于邢台开发区核心区域内,项目由综合科技园、科技成果转化基地及专家公寓三部分组成。项目总投资8亿元,建设规划用地500亩,其中100亩为孵化服务和科技研发区。

该园区的建设将利用河北工业大学坐落天津、隶属河北、处在环渤海经济带的区位优势,架起实现天津市、河北省与邢台的人才交流、科技成果共享、经济共同繁荣的桥梁,成为学校资源与社会资源结合与汇聚的平台和学生实习、实践,培养创新、创业人才,实现学科与产业互动的产学研基地。

该项目分3期建设,一期工程将于2011年初完工。建成的河北工业大学(邢台)科技园将孵化产业化企业80家,年技工贸总收入达10亿元以上,新增就业人员1000余人,成为集生产、研发、孵化、学术交流、金融、会展、商贸以及工商、税务、法律、咨询等配套设施完善、服务体系完备的大学科技园,有效促进京津石地区人才、科技、产业、教育的协调发展,为区域经济建设服务。

河北工业大学国家大学科技园(邢台)园区的建成,将弥补邢台周边区域城市功能不足的现状,提升区域的城市功能层次,为区域发展注入新的活力。

卢玉辉(《中国高新技术产业导报》,2010年5月6日)

大学生健康成长的领路人

——记河北工业大学控制科学与工程学院副院长孙立雄

连续 5 年,他率队的暑期社会实践队获得"天津市大中专学生社会实践活动市级优秀示范队"称号;2003 年至今,他所带班级学生累计获全国大学生"挑战杯"科技创新比赛、"NEC 电子杯"电子设计大赛等各级各类奖励 3000 余项,200 多名学生先后获河北省"三好"学生、河北省优秀毕业生等称号。

他就是荣获"2009 全国高校辅导员年度人物"的河北工业大学控制科学与工程学院党委副书记兼副院长孙立雄。多年来,他用扎实的工作和突出的业绩践行了自己的志向:做一名大学生健康成长的领路人。

8 年和学生同吃同住

提起孙立雄,河北工大学生宿舍的值班阿姨都知道这个朴实憨厚的小伙子,因为算上他上大学的 4 年,他曾经在学生宿舍住了整整 11 年。从 2001 年担任辅导员到 2008 年结婚,孙立雄一直住在学生宿舍楼中,成为学生们的"良师舍友"。

不知多少个夜晚,他是学生宿舍"卧谈会"的一员,他和同学们无所不聊。在这样的"亲密接触"中,他对学生的学习生活情况,甚至每个学生的脾气都烂熟于胸。也正因如此,学生们对他非常信赖,一些生活中碰到的不快、学业上遇到的难题,甚至感情上有什么困惑,他们都乐于向孙立雄倾诉。

薛辉是留级后分到孙立雄班上的学生,刚到班上时,因为和班上同学不熟,加之学业上的压力,他的情绪很低落。孙立雄留心和他多接触,经常和他在宿舍谈心,还帮他制订了学习计划和目标。在孙立雄的开导下,薛辉逐渐融入了班级,学习成绩也有了大幅提升,在班里竞选班干部时,他还当上了班干部。如今已经毕业工作了的薛辉一直忘不了孙立雄对他的帮助,他说:"当年孙老师就像心灵导师,挥去了我思想上的阴霾,让我重新阳光起来。"

关心帮助贫困生是孙立雄一直倾情以赴的事。他带着学生骨干联系校外商场、超市等企业,努力为贫困生联系有保障的勤工助学岗位,其中苏宁、海尔、康师傅等百余家企业成为与学院长期合作的单位。

指导学生自办招聘会

帮助大学生就业也是孙立雄的一项常规工作。2007 年,孙立雄开始指导学生自办招聘会,至今他已经连续 3 年带领学生骨干举办了 3 场招聘会,包括西门子等世界 500 强企业在内的 602 家单位先后进场招聘学生,提供就业岗位 10425 个,1500 多名学生通过该平台落实了工作。

2009 届毕业生就业,由于受金融危机影响,面临很大压力。"困难越大,就越需要我们努力!"孙立雄是这样说的,也是这样做的。在那一年的招聘会筹备过程中,孙立雄带着学生跑遍了天津各人才市场举办的大小招聘会,搜集到大量的招聘信息。两个月内,他往滨海新区跑了 5 次,往东丽、塘沽等经济开发区去了 12 次。经过辛苦的筹备,招聘会终于顺利举行,204 家用人单位参会,现场就有 300 多名毕业生找到了工作。

2007 年,孙立雄多方筹措 3 万元资金,购买了电脑、示波器、制板机、腐蚀机等设备,创建了电气与自动化学院大学生课外科技创新基地。3 年来,基地培养出了 200 多名科技创新骨干,有 500 多名学生成为该基地的常客。3 年来,创新基地的学生在"挑战杯""机器人大赛"等各类国家级、省级科技竞赛中获得优异成绩。

在科技创新基地接受培训与实践,大大提升了学生的就业竞争力。保定天威变压器集团去年招收过科技创新基地的毕业生,今年又来到学校找到孙立雄:"这些学生创新意识强,动手能力强,上手快,你们有多少我们要多少!"

尽责尽心尽力履职责

举办大学生马列读书会在河北工大已经有 26 年的光荣传统,孙立雄充分利用这一平台开展对大学生的思想政治教育工作,几年来共组织马列著作辅导、讲座、参观、讨论、征文等活动 400 余场次,参与其中的学生近万人次。

在孙立雄的工作生活中没有节假日概念。双休日,他经常带学生进社区开展志愿服务活动;儿童节,他带学生和进城务工人员子女联欢;重阳节,他带学生到敬老院慰问;奥运期间,他和大家一起深入社区宣传奥运精神。"5·12"大地震后,他组织学生捐款,为灾区奉献爱心;招募造血干细胞志愿者活动中,他第一个伸出胳膊,在他的感召下,有100余名学生成为中华骨髓库的志愿者⋯⋯

暑期"三下乡"志愿服务中同样活跃着他的身影。5年来,通过他的大力宣传、引导和帮扶,有近千名青年学子、70余支社会实践分队在暑期里奔赴山乡、学校、企业,在实践中受教育、长才干、作贡献。他每年都带领实践团队前往河北省平山县王家坪村希望小学义务支教,还在业余时间为村民义务维修家用电器,当地的村民说起河北工大志愿服务队和孙立雄时都会竖起大拇指。

面对成绩,孙立雄深有感触地说:"要成为受大学生爱戴的专职辅导员,就应该做到'尽责、尽心、尽力',我只不过是在本职工作中履行了自己的岗位职责。"

本报记者周红松　通讯员吕欣然(《中国教育报》,2010年5月10日)

为"准军官"塑魂

——空军驻北京航空航天大学、河北工业大学 选培办培养国防生纪实

空军驻北京航空航天大学、河北工业大学选培办,是空军最早筹建的 3 所选培办之一。签约 11 年来,累计招收选拔国防生 2417 名,其中 80% 以上获得各类奖学金,500 余人在全国各类大赛中获奖,361 人被评为校级以上"三好学生",国防生岗位称职率始终保持在 96% 以上。

模拟营连——让校园与部队对接

"我们是什么——军人!将来干什么——战斗!"回想入学时铿锵激昂宣誓的场景,已任模拟营营长的大四学生韩洪亮,心中仍热血澎湃。"那一刻,我找到了军营的感觉,更坚定了从军报国的信念!"

从班长到排长,从连长到营长,大学 4 年先后担任各种模拟骨干,使小韩在完成学业的同时,更得到了全面锻炼。对此,他深有感慨:模拟营连,让他们身处校园就能感知军营。

清晨 6 点多钟,当多数地方大学生还在梦乡的时候,国防生们便早早起床,集合、站队、出操,一切紧张有序。齐刷刷的脚步声、明亮的口号声回荡在校园。

在两所高校的支持下,驻校选培办率先在全军签约高校中建立模拟营连管理制度,对国防生实行相对集中居住管理。早操、体能训练、政治教育一样都不少。"让国防生轮流担任骨干,培养他们管理和做党务工作的能力。这样既保留地方大学生的学生味,又磨砺准军官的'军味'和'兵味',大大缩短从校门进营门的转换时间。"说起模拟营连制度,北空政治部干部处处长王宝红这样评价。

严格有序的管理教育,提升了国防生的军政素质,也赢得诸多殊荣:国旗护卫

队,70余次为社会公益活动执行仪仗任务,获得荣誉20余项,并被北京市教委授予"国旗仪仗队标兵"荣誉称号,成为北航一张靓丽的名片,16人先后担任奥运会升旗手,137人光荣当上"奥运志愿者",19人被评为"奥运之星""杰出志愿者"荣誉称号。

塑魂工程——打牢从军报国之志

身处开放的大学校园,国防生价值取向、人生追求等方面难免会遇到多元文化的影响。小钟就是一个现实的例子。

当年小钟以当地"高考状元"身份被录取为国防生后,自豪感油然而生,一时产生了"歇歇脚"的想法,上课不用心,学习不认真。一个学期下来,两门"挂科"。后来多亏选培办及时跟进做工作,才避免被退学的严重后果。

此事给选培办敲响了警钟。选培办主任董静说:表面看是小钟个人不思进取,实际上是我们的思想教育没跟上!零打碎敲式的教育,虽然起到一定作用,但不系统、不全面,很难收到理想效果。如何构建从入学到毕业全过程成体系的教育成了他们思考的课题。

于是,一项国防生"塑魂工程"悄然实施,"一坚定、两强化、三突出"的思想政治教育体系构建完成。从大一到大四,哪个班级、什么时间、搞什么教育、由谁负责都一目了然。内容更是"精确制导",既有大餐,又开小灶,多种时机结合,多种方式渗透、多种渠道并进。与此同时,他们先后与中国空军航空博物馆、平津战役纪念馆、八一飞行表演队、"英雄营"等建立军政教育合作关系,定期组织国防生参观见学,使其在潜移默化中得到教育与激励。

"塑魂工程"效果显现:两年来,两所签约高校15名原本想违约的国防生经成体系的思想政治教育后,重新坚定了从军报国的志向,撤回了违约申请。连续两届毕业生100%主动申请到边远艰苦地区工作,85%的毕业生到基层一线任职。

军地携手——通盘规划协调好

国防生的双重身份决定了管理与教育必须通盘考虑,不能你抓你的,我抓我的。两所签约高校相继出台《国防生军政培训课程教学的实施办法》,把政治教育、军事训练、集中军训等内容纳入学校的整体教学计划。与学校合作一起成立《新时期空军国防生培养模式研究》课题组,从培养标准、成长规律、培养模式、管理机制、工作评估等8个方面进行深入系统的研究,并运用到实践中去。

为建立一个快捷高效的问题解决机制,他们建立军地联席工作会议制度,开辟"绿色通道"。两所大学选派综合素质高、责任心强的老师担任国防生辅导员;大学遇到了难题,选培办更是鼎力相助。2009年9月,北航面临3000余名新生军训难题。当时,国庆阅兵、国庆安保进入关键时期,在工作任务十分繁重的情况下,选培办协调部队抽调110名军训骨干帮助北航解决了普通大学生军训难题。

军地携手,通力合作,一个个难题迎刃而解。如今两所高校的依托培养工作机制健全,关系顺畅。两年来,10人获得全国大学生航模、数模竞赛等大奖;在第5届北京发展创新大赛上,由国防生朱利、支冬设计的"电磁式爬壁机器人"获得一等奖,并申请了国家级专利。

徐志强、杨挺　特约通讯员孙仲仪(《解放军报》,2010年12月28日)

建28个校外实习基地　聘40位校外特聘教授

——河北工大文法学院借力社会资源开展实践教学

　　本报讯　近日,在河北工业大学新校区报告厅里,40位来自天津及河北各市法院、检察院、人保局和律师事务所的业界人士从该校文法学院院长冯石岗手中接过特聘教授聘书。"至今,我院在校外建立了28个实习基地、聘请了40多位特聘教授,利用社会资源培养学生实践能力已成为我院本科生实践教学改革的重要内容。"冯石岗说。

　　河北工业大学人文与法律学院成立不到10年,如何使学院法学和劳动与社会保障专业办出特色,为冀津两地输送适应社会发展的高素质人才,就成为院领导班子不断思索的问题。"只有让学生在实践中深化知识、在实践中磨砺能力、在实践中提升素质,才能帮助学生真正成才。充分挖掘和利用社会资源是我院进行实践教学改革的着力点和突破口。"该院党委书记陈鸿雁说。

　　为此,从2007年开始,该院根据学生大部分来自河北省和天津市的实际,着手在河北省和天津市的法院、检察院、人力资源和社会保障局、律师事务所等系统建立实践教学基地,通过多种渠道与全省11个地市、天津市3个区相继签订了28个实践基地的共建协议,并聘请了40多名特聘教授指导学生实习。

　　如今,学院已经基本实现在校学生全程实践教学、全员进入实习基地的目标。自2007年开始,文法学院规定大四学生在每年的10月份左右都必须在校外实习基地进行为期10周的实习实践,并采取建立主管院长—系主任—实践中心主任—课程负责人—指导教师—学生负责人的实践教学六层管理系统、毕业论文与实践教学结合、实行校内和实习基地双导师制度等措施,以加强与各实践基地的联系沟通,提高实践教学的实效性。

　　在学院和实践基地的共同努力下,该院实践教学取得了显著效果。2006级法学专业毕业生刘文浩如今已经顺利通过选调生考试,就职于天津市河北区法院,近日他回到学校作报告时说:"我能实现成为一名法官的理想,得益于在实习基地为期10周的锻炼。实习基地指导老师手把手的教导让我在思想认识和实际工作能力上都有了很大提升。"

"实践教学基地为我院学子打开了一扇洞察社会的窗口。正是有了实践基地的沃土,有了特聘教授的无私栽培,才使我们的学生能更加健康茁壮地成长。"冯石岗说。

(《中国教育报》,2011年1月24日)

陈全国在河北工业大学调研时强调坚持 以科学发展观为指导积极推动高校改革与发展

本报天津5月19日电　今天，省委副书记、省长陈全国专程到位于天津市的河北工业大学，看望广大教职员工和在校学生，了解学校建设发展情况。他强调，要坚持以科学发展观为统领，深入贯彻落实全国、全省教育工作会议精神，抓住机遇、乘势而上，推动高等教育全面协调可持续发展。

以河工大微电子研究所刘玉岭教授领衔的技术团队，承担的国家02重大专项子项目"极大规模集成电路平坦化工艺与材料"，目前已实现中试生产。该项目打破了我国高端集成电路制造装备与工艺完全依赖进口的状况。陈全国走进实验室，详细了解科研经费、人才队伍、产品开发等情况，并鼓励刘玉岭教授要大力进行理论和技术创新，研发更多具有自主知识产权的技术和材料，努力抢占世界同行业制高点。

河工大化工学院研发的"沸石法海水提取硫酸钾"技术，拥有我国自主知识产权，在世界上率先实现了海水提钾过经济关，已完成万吨级示范工程研究。陈全国认真听取项目进展情况汇报，与项目负责人共同探讨产品的市场前景和关键技术。他强调，高等学校要进一步加强产学研结合，加大科技成果转化和产业开发力度，促进全省经济发展方式转变和产业结构调整。

陈全国还考察了河北省制造业创新方法工程技术研究中心和塔器技术研究推广中心，看到两个中心的科研课题都取得了很好的经济效益和社会效益，陈全国非常高兴，他指出，要坚持培养高层次人才和实用型人才相结合，基础研究与实用研究相结合，为提高企业自主创新能力和促进地方经济发展作出更大贡献。

时近中午，陈全国来到学生食堂，与同学们共同排队打饭，围坐一起共进午餐、亲切交谈。学校的伙食怎么样？课程紧张不紧张？毕业后有什么打算？陈全国问得十分仔细，他鼓励同学们要珍惜时间，刻苦学习，增长本领，励志成才，努力成长为优秀的社会主义事业接班人。

调研期间,陈全国听取了河北工业大学汇报,对学校的建设与发展给予充分肯定。他说,河北工业大学历史悠久、基础雄厚、成就辉煌、前景光明,希望学校努力转变方式、提升水平,做到定位科学、布局科学、规划科学、结构科学、发展科学,努力跻身国内强校行列。

陈全国强调,全省高校要坚持以科学发展观为指导,积极推动改革与发展,不断提高教学和科研水平,为科学发展、富民强省提供有力支撑。

一要通过优先发展,体现高校的战略地位。要从贯彻落实科学发展观、加快转变经济发展方式的高度,从深入实施科教兴冀战略、建设创新型河北的高度,从保障和改善民生、促进社会和谐的高度,深刻认识高等教育的先导性、全局性、重要性,切实将其摆在优先发展的战略位置,加大投入,强化措施,努力开创河北高校科学发展新局面。

二要通过人才培养,体现高校的办学方向。把促进学生健康成长作为学校一切工作的出发点和落脚点,尊重教育规律和学生身心发展规律,着力培养信念执着、品德优良、知识丰富、本领过硬的高素质专门人才和拔尖创新人才,为社会主义现代化事业提供大量优秀建设者。

三要通过深化改革,体现高校的发展动力。深化体制机制改革,创新人才培养体制、办学体制、教育管理、科研体制和分配制度,改革质量评价和考试招生制度,改革教学方法手段,优化学科设置,为教育事业持续健康发展提供强大动力。

四要通过紧密结合,体现高校的生命力。高校要牢固树立主动为社会服务的意识,实现教育科研与科学发展紧密结合、与转方式调结构紧密结合、与经济社会紧密结合、与河北产业特色紧密结合,以服务求支持,以贡献求发展,努力构建学校发展新优势。

五要通过优化结构,体现高校办学方式的转变。适应全省经济社会发展需要,建立动态调整机制,不断优化高等教育的区域布局结构、学科专业结构、类型层次结构,推动高校发展方式转变,全面提高高等教育的整体实力和办学水平。

六要通过积极支持,体现高校发展的良好环境。各级各有关部门要满腔热忱、全心全意地支持高校发展,加强领导,明确目标,制定措施,加大投入,及时研究解决高校改革和发展遇到的重大问题,为全省高校发展好、成长快营造良好环境。

省长助理、省政府秘书长尹亚力和省直有关部门主要负责同志陪同调研。

记者石磊(《河北日报》,2011 年 5 月 20 日)

河北工业大学首家科技
成果转化基地在邢台挂牌

　　本报讯　6月12日,河北工业大学首家科技成果转化基地在邢台经济开发区挂牌。

　　据了解,依托科技成果转化基地,河北工业大学将在邢台经济开发区建立高等教育实践基地和创新创业人才培育基地,推动科技创新、科技成果转化和产业化,培育一批拥有自主知识产权和市场竞争优势的高新技术企业和企业集团。通过"孵化+融资"模式,帮助在孵企业获得政府项目和风险资金,实现科研成果与产业资本、风险资本的对接,培育一批具有科技创新潜力和市场竞争能力的产业集群。

　　　　　　通讯员卢达　记者严明(《河北经济日报》,2011年6月14日)

一所工科院校的文科教学实践探索

——来自河北工业大学的调查

近几年,由于我国法学教育专业开设的学校庞杂、招生的数量庞大,学生就业率排名一直居后。而日前发布的《2011年中国大学生就业报告》中法学又被列为"就业红牌警告专业"。就在这种大背景下,河北工业大学文法学院的学生却仍然备受用人单位欢迎。近日,在我省召开的全省高校本科教学工作会议上,河北工业大学人文与法律学院的实践教学改革探索引起了人们的广泛关注。河北工大在实践教学中是如何做的? 这对当前的高教改革又有哪些借鉴意义呢?

改革:全程实践教学全员参与实习

河北工业大学人文与法律学院成立不到10年,如何办出特色,输送适应社会发展的高素质人才,一直是院领导班子在不断思索的问题。

国际经验表明,在许多法治发达的国家,法律人才的培养都普遍强调实践教学环节,重视职业技能训练。而我国法学教育虽然也有实践环节,但由于缺少物质和教育制度性的保障规定,往往是象征性地进行毕业实习,结果大多流于形式,所以培养出来的学生往往理论知识比较系统,实践能力明显不足。"只有让学生在实践中深化知识、在实践中磨砺能力、在实践中提升素质,才能帮助学生真正成才。"该院党委书记兼院长陈鸿雁说。

为此,从2007年开始,该院根据学生大部分来自河北省和天津市的实际情况,着手在河北省和天津市的法院、检察院、律师事务所等系统建立起30多个实践教学基地,并从实践基地聘请了50余名兼职教授指导学生实习。

如今,文法学院已实现在校学生全程实践教学、全员参与基地实习的目标。学生自二、三年级暑假就开始进入实践基地实习,大四学生在当年的10月左右都必须在校外实习基地进行为期10周的实习实践。学院还将辩论赛融入日常的教学中,通过专业初、高级辩论赛,让学生在分析辩题、收集资料、处理信息、撰写辩词等过程中,深化对基本课程的学习。

实践教学改革以来,学院的法学专业应届毕业生的专业对口就业率及总的就业率显著提高。

就职于天津市河北区法院的2006级法学专业毕业生刘文浩再过几天就工作满一年了,由于有实习经历和实践基础,工作上手快,毕业后就被单位安排入职工作。他说:"我能得到这份工作,得益于在实习基地为期10周的实践锻炼,在实习期间能接触到实务性的工作,发现不足可及时弥补,增加了学习的针对性。"

探索:与社会共建实践基地

据了解,很多学校法律专业的实践教学流于形式,主要症结在于学生多、实践基地少、实践基地没有积极性,不容易做到全员参与。针对上述问题,该院从三方面进行了探索。

一是到生源地广建实践基地。学院领导和法学系、劳动与社会保障系领导,牺牲节假日,奔走在全省的11个设区市和天津市部分区的法院、检察院、人力资源和社会保障部门、律师事务所之间洽谈就业实习的事项。目前,全省的11个市都有该院的实践基地,天津市的河北区、红桥区、北辰区的一些司法部门也纷纷与学院签订了建实践基地的协议。

二是让学生回家乡的实践基地参加实习活动。化整为零的实践方式,各实践基地容易安排,没有压力;回到家乡就近实习,学生容易解决吃住问题,也熟悉当地风俗人情,实践中便于沟通,还对未来就业有帮助。

三是优势互补,双方受益,激发实践基地的合作积极性。实践基地帮助学院安排和管理学生实习,学院则根据实践基地的需要,选派专家学者去基地参加疑难案件讨论和开展学术讲座,帮助提高办案水平和员工的理论水平。

为进一步做好实践基地的实践教学工作,学院还定期召开实践基地建设研讨会,与实践基地的领导和特聘教授共同探讨对学生实践能力的培养问题。

趋势：探索学校与用人单位共同参与的人才培养机制

6月2日举行的全省高校本科教学工作会议指出，提高质量是当前高等教育最紧迫的任务。长期以来，实践教学一直是我国高等教育中的一个薄弱环节，要提高教学质量，就必须加强这一环节的教学改革。我省已将大力加强实践教学作为今后高校本科教学工作必须重点抓好的一项工作。"河北工大文法学院这几年来积极探索实践教学并取得了很大成效，对全省其他高校的实践改革有一定的借鉴意义。"省教育厅高教处有关负责同志表示，由于高校对用人单位的需求不了解或了解不及时，仅凭学校通过经验，无法准确、全面地认识到学生的就业状况和培养问题。为此，高校教学改革，必须要打破原来闭门造车的人才培养模式，加强与用人单位沟通，探索学校与用人单位共同参与的人才培养机制。"河北工大这所以工科为主的学校能将文科专业实践搞得有声有色，对于实践性更强的理工类专业也是一个有力的促进。"

本报记者方素菊(《河北日报》,2011年6月16日)

技术创新方法专委会在河北工大成立

本报10月23日讯　今天,中国创新方法研究会技术创新方法专业委员会在河北工业大学正式揭牌成立,其将为推动技术创新方法在国内的推广应用,提升企业的自主创新能力,提高国家科技软实力发挥积极作用。

中国创新方法研究会是经民政部批准、由科技部主管的全国性学术团体。作为其分支机构,技术创新方法专业委员会主要职责是引进、消化、吸收国外先进的技术创新方法、工具并加强实践;研发符合我国技术创新方法发展的工具,制定技术创新方法培训标准,编写技术创新方法培训教材,开展技术创新方法试点省的调研、评价工作。

林艳书、霍占良(《河北日报》,2011年10月24日)

河北工大：MBA 教育十年
培养毕业生 800 余人

本报讯　近日,河北工业大学召开 MBA 教育 10 周年庆祝大会,展望 MBA 教育改革与发展的未来。

河北工业大学是我省首家开设 MBA 课程的高校,也是目前为止我省唯一一家设有 MBA 教学的高等院校。自 2001 年 5 月该校首次参加春季 MBA 国家统一招生,至今已有 10 年时间。10 年来,河北工业大学 MBA 品牌质量得到了社会各界的认可。截至 2011 年 6 月,该校已培养 MBA 毕业生 800 余人,获得了用人单位的认可。去年和今年该校还有 4 篇案例入选全国 MBA 教指委组织评选的全国百篇优秀教学和管理案例。

记者方素菊(《河北日报》,2011 年 11 月 10 日)

太空蔬菜:离我们餐桌有多远

近日,河北工业大学举行搭载"神舟八号"飞船植物种子返送暨合作协议签署仪式,太空种子正式"回家",并开始走上从太空到餐桌的新旅途。

今年11月17日19时,由河北工业大学选送的包括花卉、蔬菜、葡萄、玉米等20多个种类的太空种子,跟随"神舟八号"飞船历经17天太空之旅后,成功返回地面。

这些经过太空旅行的种子,会发生怎样神奇的变化?太空种子孕育出的蔬菜、水果,何时才能摆上人们的餐桌?"太空蔬菜"是否属于转基因食品,食用是否安全?市场上以"太空蔬菜"作为卖点的品种究竟是真是假?记者就此进行了深入采访。

太空种子——遨游太空后遗传物质发生变化

此次搭载"神舟八号"飞船的太空种子返回学校后,该校生物物理研究所将与五家农业科研院所共同开展一系列的科学研究任务。"所以说,种子上天游一回,只是完成了'太空升级'的第一步,真正复杂的工作,是随后进行的地面筛选、培育和验证。"河北工业大学副校长、生物物理研究所所长展永说。

那么跟随"神舟八号"飞船经过太空旅行的种子,会发生怎样神奇的变化?

"太空诱变试验就是利用太空特殊环境,诱导植物性状变异,选择培育性状优良的新品种。和地球的地面环境完全不同,太空环境具有强辐射、微重力、高真空等特点。"展永介绍说,卫星在轨阶段,高度在500km以下的近地空间区域,是航天育种的重要活动区域,此区域太空环境极其复杂,且各种相关太空事件的发生随机性强,育种材料始终处于一个复杂多变的动态环境中,种子接受复杂环境的空间照射后,其内在DNA基因链条发生重组、重叠、缺失等变化,其内部遗传物质势必发生改变。

"我们曾经看到过或是听说过的大南瓜、大青椒就是经过太空育种培育出来的。"展永说。

相关链接

航天育种,也称为空间诱变育种、太空育种,是指利用返回式航天器和地面模拟空间环境装置,通过空间环境,包括宇宙辐射、微重力和弱地磁场等多种因素,对植物产生诱变作用,使种子产生变异,再通过严格的地面选育过程,获得优良农作物品种的过程。

太空蔬菜——"下凡"到"上桌"最快也得五年

"虽然经历各种射线,但是太空种子的外形并不会发生明显变化,跟普通种子没有不同。此外,我们并不能保证所有被选送上去的种子都能被'照射'到,所以在培育之前和培育过程中,都必须要对太空种子进行筛选。"蔬菜育种首席专家、河北农业大学副校长申书兴在接受记者采访时说。

作为此次负责培育太空育种的五家农业科研单位之一,申书兴带领他的团队接收了白菜、辣椒和茄子育种。由于太空种子基因发生变异,所以不能只在实验室中完成培育。"我们有自己的培育基地,我们先要对这些种子和普通种子进行一系列对比研究,然后再进行种植和反复筛选。"申书兴说。

那么太空种子播种下去后,生长出来的蔬菜就是所谓的太空蔬菜了吗?

申书兴解释道:"许多人认为把种子带到太空里转上一圈种出来的就是太空产品了,其实并不是这样。以白菜种子为例,播种下去后,生长出来的叫作一代产品,我们要对一代产品进行研究筛选和基因变异研究,然后再继续培育,二代、三代、四代甚至更多代的产品,让品种逐渐稳定下来并最终投放市场、走上百姓餐桌,至少还要五年时间。"

相关链接

一般的种子经过"太空旅行"返回地面后,必须要经过专业育种人员至少3至5年的筛选、淘汰、稳定化试验,从中选出有价值且具推广应用前景的品系,再经过进一步的试验和鉴定,最后还必须通过国家品种审定委员会的审定,才能被称为"太空种子"。

普通市民看太空蔬菜——几乎没见过，大多不放心

近日，记者走访了本市多家大型连锁超市，均未发现有"太空食品"出售。在河西柳林地区某大型超市，前来选购蔬菜和水果的消费者络绎不绝。销售人员告诉记者，超市从未出售过"太空水果"或是"太空蔬菜"，"太空食品是不是跟有机食品差不多啊？"一位工作人员问道。记者现场随机采访了 10 位消费者，5 个人表示从来没有听说过也从未见过"太空食品"，3 个人表示听说但却没有见过，只有一对年轻夫妻告诉记者，在北京见过"太空蔬菜"。

"我倒是在电视上看过太空蔬菜，个头都比较大。节目里说太空蔬菜就是太空种子培育出来的，是基因发生变异后种出来的。这样的蔬菜吃起来安全吗？可以放心食用吗？"市民王阿姨道出了自己对"太空蔬菜"安全性的担忧，"我看还是买有机食品更让人放心。"王阿姨说。

随后记者又走访了两家大型农贸市场，与超市情况一样，也没有发现"太空食品"的踪影。采访中，不少人对于太空食品的态度跟王阿姨一样，因为不了解，所以不知道是否安全。

此外，还有部分消费者怀疑，太空食品是否存在炒作嫌疑。"现在，什么东西只要贴上高科技的标签，身价就会翻上好几倍。比如有机食品，超市、菜市场哪都有卖的，但其营养价值是不是真的就比普通食品高，或者它本身是不是真的有机食品，消费者都很难分辨清楚，更何况是更为高级的太空食品。我在网上看见有销售太空蔬菜的，暂且不说它的安全性，谁又能保证这些就真的是太空蔬菜，而不是卖家的人为炒作呢？"市民孙先生理性地分析道。

记者带着市民对太空蔬菜的疑问，采访了航天育种专家、国康和鑫源航天科技园区董事长白飞——

专家解答市民疑惑——并非转基因，可以放心吃

记者：太空蔬菜的营养价值高吗？

白飞：太空蔬菜不仅个头大、产量高，而且营养价值远比地球种子生产的蔬菜要高。例如：太空水稻搭载后蛋白质含量增加 8%—20%，氨基酸总含量提高 53%；太空黄瓜早已通过了国家品种审定，最大单果重 1800g，长 52cm，Vc 含量提高了 30%，可溶性固形物含量提高了 20% 左右，铁含量提高了 40%；太空甜椒溶性固形物含量提高了 20%。这些数据都表明太空蔬菜具有更加营养的特点，此外，太空蔬菜

不仅营养丰富,而且口感更好,是不可多得的营养美味。

记者:太空蔬菜都是"大块头"吗?

白飞:南瓜可以达到数百斤,一个茄子5-7斤重,一根黄瓜2斤重,西红柿苗长得像树一样,一棵产量可达四五百斤,"个头大"是市民们对太空蔬菜的普遍理解。不过,并不是所有上过太空的植物全都会变成大个头。太空植物的变异是不定向的,通俗地说就是变异各种各样,变异后既有可能长得更大,也有可能长得更小。太空植物回到地球后,科学家们还要对这些太空植物进行观察、筛选、培育,选出好的变异品种进行繁育。那些长得特别大、颜色特别艳丽的植物,都是经过筛选、培育出来的,而长得特别小的或者已经长势不如地面上普通蔬菜的,其实已经在筛选过程中淘汰了。

记者:太空蔬菜是转基因食品吗? 食用安全吗?

白飞:地面上普通的青椒、番茄、黄瓜,上天转一遭回来,就摇身一变换了模样。很多人都有些不放心,这些东西敢吃吗? 经科学家检测分析,可以非常负责地告诉大家:经过太空育种的水稻依然是水稻,青椒依然是青椒,并无外来生物基因导入与整合,物种没有发生本质的变化。这就比如DNA的基因排列是"1、2、3、4",经太空育种后的基因排列是"1、3、4、2",只是排序发生变化。而转基因植物里则有"5"进来,所以就出现了"土豆吃出牛肉味"之说。可见,太空育种与转基因有着根本的区别。明白了这个道理,当你看到经太空遨游后的黄瓜像胳膊一样粗,茄子如篮球一般大时,大可不必过于担心,完全可以放心食用。

记者张雯婧　实习生杨洁(《天津日报》,2011年12月28日)

渤海新区与河北工大建立"协同联盟"

——双方将在清洁化工、海水淡化、工程质量检测等领域展开合作

本报讯 日前,渤海新区与河北工业大学就携手打造"协同联盟"事宜进行洽谈。双方商定将在清洁化工、海水淡化、工程质量检测、人才交流等领域展开合作。

我省沿海地区发展规划上升为国家战略,为渤海新区与河北工业大学开展全面长期的战略合作提供了新的机遇。区校双方主要是建立"区域——大学协同联盟"的方式,发挥各自优势和创新合作方式,共同把渤海新区建设成为以循环经济为主要发展方式和以科技创新为强大支撑的科学发展示范区、新型工业化聚集区。

根据双方初步达成的协议,河北工业大学将依托其在石油化工教学科研方面的雄厚实力,以河北省绿色化工与高效节能重点实验室为基础,集中优秀人才团队,在渤海新区组建清洁化工产业研究院;以海水资源高效利用化工技术教育部工程研究中心为基础,在渤海新区建设省部级淡化工程实验室和中试基地,打造海水淡化装备材料国产化和产业链发展的国家级示范基地;与新区规划建设部门在规划、设计、工程质量检测、建筑材料及实验等方面进行合作。双方还将探索建立创新人才协同引进与互聘使用机制,共同引进产业发展与学科建设急需的高水平人才。

王晓乐、皮家琪、周万良(《河北日报》,2012 年 2 月 23 日)

河北工业大学"211工程"三期建设成效显著

——加快高水平大学建设步伐助力河北省经济社会发展

阅读提示

在圆满完成了"九五""十五"两期"211工程"建设任务后,河北工业大学"211工程"三期建设于2008年顺利启动。几年来,学校在省委、省政府的正确领导和大力支持下,在教育部"211工程"部际协调小组办公室的具体指导下,以邓小平理论和"三个代表"重要思想为指导,深入贯彻落实科学发展观,认真坚持以重点学科建设为核心,以师资队伍建设为关键,以校内公共服务体系建设为保障,突出创新人才培养和队伍建设,推进管理体制机制的改革与创新,经过各项目承建单位和全校师生员工的共同努力,顺利完成了"211工程"三期建设的各项任务,实现了整体建设目标,并在一些方面取得了突破性进展,形成了"低压保护电器关键技术的研究及其应用"等13个具有显示度的标志性成果,有效带动了学校的整体改革与发展,学校综合办学实力明显增强,人才培养、科学研究和服务社会的能力显著提高,为国家特别是河北省及区域经济社会的发展作出了重要贡献。

一、重点学科建设取得新进展

重点学科建设一直是河北工业大学"211工程"建设的核心。在河北工业大学"211工程"三期建设的主要任务中,重点学科建设、创新人才培养和队伍建设、校内公共服务体系建设三个方面,共分10个分项目进行重点建设,其中一半为重点学科建设项目,"电气工程电磁场与可靠性的研究及应用""环京津地区建筑节能与能源高效利用关键技术""机械产品创新平台及其关键技术""面向资源充分利用和节能

報刊中的河北工大

减排的化工技术"与"新型功能材料的研究与应用"等 5 个重点学科建设分项目全部列入国家《高等教育"211 工程"三期建设规划》。经过近几年的项目建设,这五个学科建设的层次和总体水平实现了飞跃,共形成"低压保护电器关键技术的研究及其应用""工程电磁场综合效应研究与应用""基于定子电流定向的定位控制技术及其应用""多能耦合建筑供能及建筑能源系统优化控制技术""建筑节能基本理论与应用技术研究""机械产品创新设计理论及工程化""危险行业机器人化装备优化设计与控制技术研究""海水综合利用集成技术及产业化""安全高效与环境友好的化学合成工艺过程""溶媒回收资源综合利用及节能降耗新技术""半导体材料微结构与性能的调控及其应用""绿色能源与生态环境功能材料的先进制备技术及创新平台""金属复合材料及表面工程的关键技术"等 13 个具有显示度的标志性成果。

学校的电机与电器、材料物理与化学 2 个国家重点学科通过国家重点学科评估。机械制造及其自动化、化学工艺、微电子学与固体电子学、管理科学与工程等省级重点学科通过重点建设已接近或达到国家重点学科水平。同时,新增结构工程、技术经济及管理 2 个省级重点学科,使省级重点学科数达到 17 个,数量位居我省第一位。通过重点建设,学校已形成了由 2 个国家重点学科、4 个省强势特色学科(群)、17 个省级重点学科和 12 个校级重点学科构成的重点学科建设体系,为高水平大学建设奠定了坚实的学科基础。

二、队伍建设取得了长足进步

队伍建设项目是河北工业大学"211 工程"三期建设项目之一,主要任务是以重点学科建设为核心,培养和引进高水平学术领军人物和培养在国内外有一定影响的高水平学术带头人,实现国家级创新团队的突破;深化管理改革,创新人才工作体制机制。在项目建设期间,学校树立人才资源是第一资源的理念,认真坚持以人为本,以教师为本,加大了内部管理体制改革的力度,为人才引进与培养、团队建设、师资队伍结构优化等提供了制度保障。

学校已软引进院士 6 名,引进洪堡奖学金获得者和海外优秀人才 30 余人,培养教育部新世纪优秀人才、"新世纪百千万人才工程"国家级人选等高端学术人才 20余人。陆俭国教授、袁俊生教授、唐成春教授、檀润华教授等分别成为其所在研究方向的学术领军人物。

学校获得全国专业技术人员先进集体 1 个;新增教育部创新团队 1 个、国家级教学团队 3 个;获"十一五"国家科技计划执行优秀团队 1 名;获得全国教育系统先进集体 2 个;巾帼建功先进集体 1 个。其中,电机与电器学科获得全国专业技术人才先进集体;海水资源高效利用化工技术学术团队成功入选 2010 年度"长江学者和创新团队发展计划"创新团队;创新方法团队被评为"十一五"国家科技计划执行优秀团队;物理教学团队、化学工程与工艺教学团队、自动化工程教学团队分别入选国家教学团队;物理实验中心、工程训练中心入选国家级实验教学示范中心;电气学院、化工学院分别获全国教育系统先进集体荣誉称号。

师资队伍整体结构进一步优化,素质明显提高。截至 2011 年 12 月 31 日,学校共有专任教师 1286 人。其中具有副教授以上职称的教师 647 人,占专任教师的 50.31%;具有博士学位的教师 586 人,具有硕士学位的教师 468 人,共占专任教师总数的 81.96%;45 岁及以下教师 954 人,占教师总数的 80.44%;非本校毕业的教师的数量增长到 885 人,占教师总数的 74.81%。同时,学校拥有国家级有突出贡献专家 2 人,院士有效候选人 2 人,国家教学名师 1 人、省级教学名师 9 人、百千万人才工程国家级人选 16 人、享受国务院政府特殊津贴 14 人、入选教育部新世纪人才支持计划 8 人、全国优秀教师 4 人、全国模范教师 1 人;燕赵学者 2 人、省管优秀专家 16 人、省级中青年有突出贡献专家 16 人、河北省"三三三人才工程"入选 23 人、河北省青年自然科学基金获得者 3 人,现有 90 余人在国家级各类学会、研究会任职,副秘书长以上任职人员 11 人,有 130 余人在省市各类学会、研究会任职,其中,副秘书长以上任职人员 37 人。

三、创新人才培养能力与质量显著提高

深入探索创新人才培养的新思路和新模式,加强导师队伍建设和研究生创新平台基地建设,改革管理体制,建立研究生科研创新激励机制,提高研究生特别是博士生的培养质量,是创新人才培养项目的主要任务。

在项目建设期间,学校不断强化创新人才培养的理念,探索新的人才培养模式。根据国家与区域经济建设和社会发展的不同需求,探索不同规格、不同类型、不同层次的研究生培养的模式,将科学研究型和技术研究复合型的培养目标统一归并为学术型研究生的培养目标,将工程应用型的培养目标应用于全日制专业学位研究生的培养,在此基础上进行了新一轮的培养方案和课程体系修订工作。承担了"地方工科院校全日制工程硕士专业学位研究生培养模式的探索与实践"等 5

报刊中的河北工大

项省级研究生教育研究项目,积极开展了专业学位研究生教育综合改革试点工作。

学校还着力加强导师队伍建设和共享平台建设,加强研究生导师队伍建设及管理,全力提高研究生导师的创新实践能力和学术道德水平。以"创新"为价值导向,修订了河北工业大学博士和硕士研究生指导条例和导师研究生双向选择的办法。引进了30名留学归国的博士教授,并邀请多名高层次人才兼任学校研究生导师,选派133名研究生导师到国外进修访问,提高了导师队伍的整体水平。同时,建立了开放的创新人才培养共享平台。通过设立研究生创新论坛基金,定期举行研究生创新论坛,包括学者论坛、导师论坛和研究生论坛,邀请国内外著名专家学者来学校作专题讲学或报告,为校内或校际间的学科或跨学科的研究生导师就某一专题开展的学术研讨或交流会议。此外,还构建了基于校园网络的研究生教育信息管理平台,为学科建设、师资队伍建设、研究生培养等的有效管理和决策提供有力的支持。

在培养机制创新方面,学校以机制体制创新为重点,探索多元化、开放性的创新人才培养方式。通过启动"精英培养计划"和"英才培养计划",开展本硕、硕博、本硕博连续培养,鼓励优秀本科生提前参与科学研究,吸引更多本校优秀本科生继续攻读硕士和博士学位,加强培养的连续性,提高了研究生的生源质量;设立博士生国内访学专项基金,用于资助本校博士生赴国内重点高等院校或科研机构进行访学和接受国内高水平大学的优秀博士生通过访学参与学校博士生培养的教学与科研工作;实施研究生优秀学位论文评审与奖励计划,以推动创新型人才的培养,提高博士研究生科研创新能力和综合素质,鼓励研究生在学期间获得更多更好的创新性成果,全面提升学位论文水平;设立博士研究生中外联合培养基金,并制定了相应管理办法,资助博士研究生赴国外知名大学及科研机构学习和交流,拓宽研究生的国际学术视野,并与国外大学达成合作开展研究生交流项目的协议,学校选派优秀在读硕士研究生赴美学习,双方互认学分。

"211工程"三期建设以来,一级学科博士学位授权点由3个增至7个,一级学科硕士学位授权点由10个增至22个,从而使学校二级学科博士点达到35个、二级学科硕士点和专业学位授权领域(种类)达到120个,覆盖了学校的主要学科;博士后科研流动站由4个增至8个;承担"质量工程"国家级建设项目14项、省级建设项目96项。2011年,学校共招收全日制硕士研究生1735人,较"211工程"三期建设初期增长了46%;共招收博士研究生120人,较"211工程"三期建设初期增长了19%;全日制专业学位研究生的招生人数排在河北省各招生单位的第一位,占我省招生总数的 36%。

项目建设期间，在校博士和硕士研究生发表的学术论文被 SCI 收录 118 篇，EI 收录 514 篇；获得国家发明专利 33 项；294 人参与国家自然科学基金项目、863 项目、国家重点攻关项目等国家级科研项目的研究工作；共获得河北省优秀博士学位论文 13 篇，河北省优秀硕士论文 52 篇。作为国内最早开展 MBA 教育和唯一开展 EMBA 教育的地方工科院校，MBA 培养规模和质量位于国内先进行列。

四、科技创新与服务社会能力不断增强

承担省部级以上纵向科研项目及主要横向科研项目 2000 余项，包括国家级重大基础研究专项、"十一五"国家科技支撑计划重大项目、国家"973"计划、"863"计划项目和国家级自然科学基金项目等国家级项目 200 余项；学校承担的国家中长期科技发展规划十六个重大专项之一：02 重大专项项目"极大规模集成电路平坦化工艺与材料"，实现了河北省高校承担国家重大专项项目的突破，成为全国唯一由地方院校主持承担的重大专项；并获得省部级以上科技奖励 110 项，其中"低压保护电器关键技术的研究及其应用"获国家科技进步二等奖，有 13 项分获河北省科学技术突出贡献奖和省部级科技进步奖一等奖、技术发明一等奖、自然科学一等奖、社会科学优秀成果一等奖。同时，学校在服务国家特别是河北省及区域经济社会能力不断增强，先后与石家庄、唐山等 10 多个市、县（区）建立了全面合作关系；与唐钢集团、保定天威集团等 80 多个大型企业建立了全面合作关系；与曹妃甸工业区、天津滨海新区开展了多项合作并组建了合作机构；建成河北工业大学国家大学科技园和国家级高校学生科技创业实习基地，走出了"一园多区"的特色之路，并以校外近百个产学研基地为服务平台，推动技术合作与成果转化，取得了显著的经济效益和社会效益。

五、基地平台建设成效明显

大型仪器设备和优质资源共享平台建设项目和图书文献保障体系建设项目属于"211 工程"三期校内公共服务体系建设项目，通过重点建设，这两个项目已顺利完成建设任务，实现了整体建设目标。

学校分别依托多个优势、特色学科及所属学院的硬软件资源建立了多个专业

分析测试中心。同时,学校整体作为专业服务中心加入河北省大型科学仪器资源共享服务联盟,为河北省经济建设提供开放式分析测试服务。

通过对现有大型仪器设备资源整合,建立了一批具有综合功能、由院(系)统一管理的多学科共享使用的仪器设备共享平台;建立了大型仪器设备电子数据库,避免仪器的重复购置;建设了大型仪器设备和校内资源共享网络平台,将大型仪器的相关功能、开放时间等信息在网上公告,规范校内外单位、人员委托的实验测试分析等工作,提高设备利用率。

在建设过程中,学校加强大型仪器设备投入导向和使用管理。对学科建设、实验室建设中购置大型仪器设备经费的投入,建立以资源共享为导向的投资机制,打破资源分散、封闭的状况。凡"211工程""日元贷款""中央与地方共建"等经费购置的大型仪器设备,均纳入共享平台管理范围,实现资源共享共用。学校集中相关经费,逐步更新和改造共享平台所需要的仪器设备,实现仪器设备使用管理的良性循环。

目前,学校建成或在建省部共建国家重点实验室培育基地等省部级科技创新平台14个。其中,新增的海水资源高效利用化工技术教育部工程研究中心、智能康复装置与检测技术教育部工程研究中心,实现了学校教育部工程研究中心的突破,并建立了省部共建生态环境与信息特种功能材料教育部重点实验室;"河北省电磁场与电器可靠性省部共建国家重点实验室培育基地"接近或达到国家重点实验室水平,河北省机电一体化工程技术中心融合河北省制造业创新方法工程技术研究中心有望建成国家制造业TRIZ(发明问题的解决理论)应用工程技术研究中心。同时,建成了"开放型""数字化""安全"的图书馆文献信息一体化平台、信息系统与信息资源高度整合的校园计算机网络通信和应用平台以及大型仪器设备与优质资源共享平台等,优化了全校师生的教学、科研和学习的环境。

六、对外交流合作能力大幅提升

"211工程"三期建设加快了学校开放办学的步伐,与国内外合作的院校与科研机构增加、合作层次提高、合作的规模逐步扩大,初步形成了全方位开放办学的新局面。

学校先后与美国、英国等发达国家的40余所高水平大学建立了合作关系,与美国纽约州立大学、英国斯望西大学等开展合作办学项目20个。同时,主办或承办国际国内学术会议 30 余次,成功举办了电磁场问题及应用国际会议(ICEF2008)、第三届 IFIP 计算机辅助创新(CAI)国际会议、"第三届国际抗菌、负离子红外功能技术产品发展论坛"等高水平的国际学术会议,并邀请数百名国内外知名专家教授来校讲学和进行学术交流,还选派百余位年轻学术骨干出国进修和访问。

在此基础上,学校不断总结对外合作办学的成功经验,形成了合作办学、开放办学的新机制,为学校在更广领域、更高层次开放办学奠定了基础。

《国家中长期教育改革和发展规划纲要(2010-2020 年)》指出"继续实施'211工程'和启动特色重点学科项目",《河北省中长期教育改革和发展规划纲要(2010-2020 年)》亦强调加强"211 工程"建设,学校在《河北工业大学中长期发展规划纲要(2011-2020 年)》中明确提出"继续实施以重点学科建设为核心的'211 工程'建设",并提出"实施'重点学科提升工程'"。在三期建设取得的成果的基础上,学校将继续以重点学科建设为核心,通过实施"'211 工程'建设标志性成果计划",创新标志性成果项目的组织形式和管理模式,着力打造特色重点学科;继续以师资队伍建设为关键,通过实施"高水平人才聚集计划",着力培养一批高水平的学科领军人物,并通过实施"杰出人才培养计划",获得更多的国家级人项目,产出更多的大成果,提高对国家、区域特别是河北省经济社会发展的贡献率;全力提高自我发展能力,努力与相关行业、企事业单位、地方政府联合共建创新基地和平台,切实开展协同创新,争取更多的国家、省政府和行业企业的投入和支持,更有力地拉动学校的高水平大学建设,早日实现"跻身国内强校行列"的目标,为国家经济建设与社会发展特别是建设"经济强省和谐河北"作出新的更大的贡献!

(《河北日报》,2012 年 3 月 22 日)

报刊中的河北工大

河北工业大学通过"211 工程"三期验收

本报讯 3月24日上午,河北工业大学"211工程"三期验收会在河北工大东院科技楼报告厅举行。专家组按照"211工程"三期建设的子项目分成七个组,分别听取了相关报告,审阅了有关材料,并实地考察了各建设项目相关的实验室、(工程)研究中心等教学科研设施,检查设备到位和使用情况,就项目建设情况进行提问并给出了整改意见。专家组认为,该校"211工程"建设项目管理组织机构健全,规章制度完善,运行程序规范,经费使用合理,一致通过了对河北工业大学"211工程"三期建设项目的验收。副省长龙庄伟出席验收会并讲话。

龙庄伟表示,实施"211工程",是党中央、国务院为进一步落实科教兴国战略、加快推进高等教育发展作出的一项重大决策。省委、省政府对河北工大"211工程"建设十分重视,通过项目建设,学校的整体实力得到了进一步增强,重点学科建设体系得到进一步完善,学科层次得到显著提升,技术研发的基础条件得以改善,人才引进和团队建设实现新的突破,服务经济社会发展的能力明显提高。龙庄伟希望河北工业大学抓住机遇,明确定位,坚持科学发展,创新驱动,着眼于建设高水平大学,进一步加强重点学科与学术梯队建设,进一步调整优化学科专业结构,进一步加强科技创新和产学研结合,使学校的整体办学水平再上新台阶。

记者彭文君　通讯员林艳书(《河北日报》,2012年3月26日)

拓展对外合作与交流领域

——河北工业大学国际合作交流项目结硕果

　　本报讯　日前,河北工业大学国际教育学院举办首届中美班毕业生及中法班毕业生毕业典礼。同时举办的系列活动还有海外学子展示咨询会、国际校友演讲、毕业生惜别晚会等。

　　长期以来,河北工业大学高度重视国际合作与交流,始终致力于拓展对外合作与交流领域。在形成全方位、多渠道、宽领域的国际合作与交流工作格局的同时,学校更加注重国际交流合作的内涵发展、质量提高和品牌建设。

　　跨入新世纪后,特别是成立国际教育学院以来,该校与美国、英国、法国、德国、澳大利亚、新西兰、韩国和日本等国的60余所高校签订了合作办学协议,正在实施的项目20余项。除师生校际交流交换、接收留学生500余名、派出学生800余名外,该校先后组建了中法计算机班、中美电器和生物工程班、中英建筑学和土木工程班、中英工商和会计班、中新机电一体化和通讯工程班、中美会计班;合作培养覆盖了从专科到博士的各个层面。该校与法国巴黎高等计算机学院开展的中外联合办学项目是我省高校首个教育部审核批准的中外合作办学项目,合作项目自实施以来,一直注重完善项目管理体系建设、资金资产管理、教学质量管理、师资队伍建设、教学设施建设等工作,分别在2007年、2010年教育部和河北省教育厅组织的中外合作办学项目复核中获得优秀。目前已招收9届近400名学生,今年该项目成功进入提前批次招生,招生计划为河北省40人,天津市20人。

　　今年,该院首届中美班学生毕业,该班学生毕业后均留在美国继续攻读硕士、博士,所申请的学校是包括宾州州立大学、哥伦比亚大学、康奈尔大学、加州大学等美国一流大学。该校通过召开"海外学子展示咨询会"的形式,让中法、中美、中英三个班优秀学生代表结合自己在国内外学习的经历、经验,集中展示学校中外合作项目的优势与特点,给到会学生及考生家长作了详细汇报,并对大家提出的问题进行了耐心解答。

　　经过十几年的发展,该校国际合作交流项目培养了一批优秀的人才,有的进入国家部委、科研院所等单位,有的成为优秀青年教师的杰出代表,有的留在欧美等知名企业工作,有的已成为世界500强区域总裁。此次毕业周系列活动中,开设了"国际校友演讲",邀请优秀海外学子到会演讲,展示他们的自信与荣耀。

通讯员郭海霞(《河北日报》2012年7月5日)

我省首届 EMBA 硕士研究生在河北工业大学毕业

本报讯　近日,河北工业大学首届 EMBA(高级管理人员工商管理硕士)毕业典礼暨学位授予仪式在河北工业大学隆重举行,这也是我省招收的首届 EMBA 硕士研究生。

河北工业大学 EMBA 教育项目主要依托工商管理、管理科学与工程、应用经济学三个学科,首届 EMBA(2009 级)共招收学员 61 名。

据了解,2009 年 6 月 17 日,国务院学位委员会办公室下发文件,河北工业大学等 32 所高校获批新增为高级管理人员工商管理硕士专业学位研究生培养单位,河北工业大学成为我省首家 EMBA 培养单位。目前,河北工业大学是我省唯一具有 EMBA 资格与学位授予权的高校。

记者彭文君(《河北日报》,2012 年 9 月 18 日)

河北工业大学科技园：开拓"多点办园"之路

"'三步孵化'使我们快速扶助了入孵的创业者和企业成长；'一园多区'形成了我们科技园的办园模式与特色。"近日，河北工业大学科技园（以下简称"科技园"）管理中心主任张思祥在接受《中国科学报》记者采访时说。

作为国家级大学科技园，河北工业大学科技园充分利用高校的人才、学科和技术优势，孵化科技型中小企业，加速高校科技成果的转化与产业化，并将学校、企业、学生、政府四大主体的需求联系起来，根据需要将资源、信息、人才、资金进行有效的整合共享，发挥了社会服务功能和产学研结合的重要平台的作用。

"三步孵化"扶助成长

天津拓吉科技公司是一家专业从事锂电池管理系统、医疗电子、环保监测仪器等的研发、生产和销售为一体的新兴高科技企业，是河北工业大学科技园发展公司投资、孵化的企业之一，领办人是河北工业大学机械学院毕业生贾雷鹏。

"科技园为我们提供了600平方米的孵化场地，租期3年，每年免半年租金。同时，我们还获得了科技园投资的100万元。"贾雷鹏说。科技园让在孵企业享受到了融资、信息交流、人才技能培训、创业指导与职业素质等多项服务，帮助企业度过了关键的初创期。

据悉，目前该企业与河北工业大学（以下简称"河工大"）、力神、捷威、微宏动力、Maxim等国内高校与企业建立了紧密合作关系，强势进入了竞争激烈的市场。

"天津拓吉科技公司是我们科技园'三步孵化'中的其中一步——'创业扶助计划'。"张思祥介绍，"三步孵化"包括"创业苗圃"计划、"创业扶助"计划和"创业加速器"计划。

据了解，"创业苗圃"计划是针对"-1岁到0岁"的创业者推出的"创业苗圃"计划，主要针对大学生创业者。"创业扶助"计划是针对"0到3岁"的入孵企业推出的,在已有的各类中小孵化企业政策扶持的基础上,为企业提供创业孵化基金的支持,降低企业成本。

另外,"创业加速器"计划是针对"3 岁+"的企业推出的,针对已度过初创期的企业,提供规模化企业发展空间,并能享受对应的政策扶持、融资、风险投资、上市培育等服务,走好通往资本市场之路。

该科技园的"三步孵化"快速扶助了创业者和企业成长。截至目前,毕业企业82 家,累计就业人数 4269 人,总收入 7.2 亿元,上缴税金 2.52 亿元。

开拓大学科技园建设新路

9 月 5 日,总投资 12.5 亿元的河北工业大学科技园产业化基地项目正式签约,成功落户河北青县。该产业化基地是河北工业大学科技园开拓"多点办园"建设之路上的又一个大项目。

据悉,该项目是河北工业大学国家科技园建设的第一个产业化基地,主要是引导和扶持当地具有自主知识产权和良好产业化前景的高新技术成果,入驻产业化基地进行孵化、产业化,以科技成果、科技人才等作为产业化基地建设的优势资源支撑。项目建设周期为 3 年,全部建成后可年创税收超亿元,并将提升青县经济开发区的整体档次和水平。

开拓"多点办园"中,目前正在建设的园区为邢台园区、沧州园区和天津的北辰园区。

记者了解到,其中正在建设中的邢台园区的一期工程 4.1 万平方米已经完工并交付使用,二期 2.7 万平方米已经开工建设。

据悉,邢台园区总占地面积 600 亩,总建筑面积约 50 万平方米,总投资 12 亿元,是由河北工业大学与邢台市政府联袂打造的大型综合科技园项目、河北省 2010年省重点项目,也是河北工业大学在河北省第一个大型综合性科技园项目。

2011 年,邢台园区实现建设产值约 5000 万元,吸纳企业 150 家;该园区实现可控技工贸总收入 2 亿元,可控纳税额 1000 万元。目前已注册完成 53 家企业。

"我们开拓了一条'多点办园'的大学科技园建设之路,形成了'一园多区'的办园模式与特色。"张思祥介绍,科技园先后与天津红桥区、石家庄高新技术产业开发区、天津北辰区、河北省唐山市、迁安市、邢台市、沧州市等,签订了"共建河北工业大学国家大学科技园"的协议,扩大地方区域经济服务范围,加快科技园的发展。

近 10 年来,科技园的总孵化建筑面积 6.2 万平方米,成为学校科研成果转化与津冀创新创业人才聚集的平台,学校与社会产学研互动的平台,促进区域经济增长与产业结构调整的平台。

发挥优势推进科技成果转化

石家庄工大创新科技有限公司是河工大在读博士生马力辉将其"计算机辅助设计创新软件 Invention Tools 2.0 系统"进行产业化成立的,该公司 2004 年成立,其核心技术创新系统是采用 TRIZ 理论最新研究成果,基于知识和实例研发的国内第一套创新工具软件,是企业创办人马力辉导师河工大教授檀润华等集体攻关的结晶。

"做好学校高科技成果转化,结合社会资源组建高科技企业,以促进高新技术的发展,是大学科技园的主要功能,而且是十分有意义的工作。"张思祥说。

据悉,科技园与河北工业大学共同组建了河北工业大学技术转移中心。中心充分发挥学校与科技园的资源优势,瞄准企业经济发展需求,为地方经济建设提供强有力的技术支撑。目前,中心与河北省、天津市各个行业、部门和不同类型的单位建立了长期稳定的合作伙伴关系,为开展技术转移活动创造了有利条件。

为了保证技术成果尽快实现产业化、产品化,科技园设立种子基金 500 万元。同时,科技园与科技风险投资公司、投资担保公司、商业银行进行密切合作,完善投融资体系,解决孵化企业的资金困难问题。

作为该校产学研合作单位的天津市华云公司,是一家高科技民营企业。在成果转化中华云公司遇到资金难题,科技园帮助其争取到了红桥创业投资资金 500 万元、天津市中小企业创新基金 35 万元。该公司还与学校联合承担了天津市重点科技攻关计划"10kV 全数字交流电动机软起动器"课题,获得了 50 万元资助。

该公司在河北工业大学电机控制技术研究所所长刘子胥教授等科技人员的技术支持下,相继开发出中压变频、高中压软起动、啤酒生产线自动化控制系统等新技术新产品。

作为该校产学研合作单位的石家庄工大科雅能源技术有限公司也同样遭遇了资金短缺的问题。科技园资助其 10 万元种子基金,支持该公司计量供热系统项目的开发。科雅能源开发的新型动态变流量供热控制系统,适应国内供热网的运行参数和水质,被列入科技推广计划、热改项目推广计划及政府示范推广项目。

该公司在河北工业大学能源与环境学院齐承英教授等多名专家教授技术支持下研发出多种供热计量产品和供热节能技术,获得多项国家专利,处于国内领先水平,并在多项供热工程应用中取得了突出节能效果。

　　记者高长安　通讯员王玉娥(《中国技术市场报》,2012 年 10 月 27 日)

攻关，为芯片"瘦身"

笔记本越来越薄，手机上网越来越快……这些电子产品之所以能够越来越小，运行能够越来越快，是因为其核心部件——集成电路芯片在不断"瘦身"。

一个5毫米×5毫米的主流芯片里面有上亿个元器件，而每条导线直径只有65纳米，相当于人头发丝的千分之一。如何用这么细的导线将诸多元器件连在一起并稳定发挥作用，是世界公认的技术难题。日前，在国家重大专项"极大规模集成电路制造装备及成套工艺"研究中，河北工业大学刘玉岭教授率领的科研团队独创了以化学作用为主的CMP碱性技术路线，成功完成对极大规模集成电路平坦化工艺与材料的攻关。该成果一举打破国外技术垄断，并在技术上达到了国际领先水平。

独辟蹊径："走不通"的路走通了

5月15日，笔者走进了净化级别达到1000级的河北工业大学微电子研究所超净实验室。"这是用CMP碱性技术抛光过的12英寸硅晶圆，表面平整度达到了亚纳米级。"研究所所长、博士生导师刘玉岭教授拿起操作台上一个约有2毫米厚的大圆盘，在光滑的表层下面布满了电子元器件。

芯片精度越高、体积越小，就可以实现速度更快、耗电更小，成本也相对更低。"然而，随着芯片集成度的不断提高，电路复杂性也随之提高。"刘玉岭介绍，为提高芯片的集成度，极大规模集成电路都采用多层布线的方法，层与层之间由绝缘介质隔开，再用铜把每层的元器件互连起来。

刘玉岭说，对极大规模集成电路多层铜布线进行超精密加工的技术，为美、日等少数发达国家所垄断，他们采用的是化学机械平坦化（CMP）方法。"一般情况，铜互连使用电镀工艺很容易形成铜表面凹凸不平，尽管这种凹凸差只是微米级的，肉眼根本看不出来，但却成为制约极大规模集成电路发展的关键，因此美、日等发达国家一直把其作为核心技术进行严密封锁。"

随着极大规模集成电路进一步发展,酸性的技术路线开始暴露出粗糙度大、碟形坑大、腐蚀设备等弊端。2009年,承担国家重大专项的刘玉岭想换一种思路,研发CMP碱性技术。"美国、日本等国家的科学家也曾关注过碱性路线,但由于铜在化学活动顺序表中是氢后金属,在碱性条件下的产物氧化铜、氢氧化铜等不溶于水,这条路一度被科学家认为走不通。"

刘玉岭带领他的团队迎难而上,经过反复试验,找到了一条以络合和胺化等化学作用为主的技术路线,实现了抛光液的碱性化。"与现在通用的酸性抛光液相比,我们研发的碱性抛光液成分由13种减少到3种。"刘玉岭介绍,这样既简化了工艺,又提高了控制精度,并且在对多种物理、化学性质不同的材料同时抛光时,可以对铜膜引起的碟形坑、蚀坑进行有效修正,提高材料表面的平整度。

弯道超车:追赶者成为被追赶者

集成度的不断增大,特征尺寸的进一步降低,使得CMP加工精度和难度也进一步增大。"随着极大规模集成电路进入到45纳米节点技术及以下,布线层数达到10层以上,CMP碱性技术将更显示出它的优越特性。"刘玉岭自信地说。

目前,高端设计已进入20纳米和14纳米,芯片集成度达到1010(10的10次方)数量级以上,晶圆尺寸将增大至450毫米(18英寸)。"极大规模集成电路到了45—22纳米节点技术时,机械强度是个必须要迈过的坎儿。"刘玉岭表示,根据现在酸性CMP技术工艺的生产线要求,一般使用的机械强度是2psi(磅/平方英寸)以上,很难达到极大规模集成电路进一步发展的要求。

据介绍,CMP过程中必须要有一定的机械强度,是为了解决铜膜凹凸问题。但到了45—22纳米节点技术时,铜互连结构中包含多孔、易碎的材料,在高机械压力下很容易划伤层膜甚至材料发生崩塌,所以要保证这些介质材料的完整性,抛光压力必须小于等于1psi。"实验显示,我们研发的低压低磨料抛光液,在低压下(设备稳定极限,0.8psi)时,研磨速率、平整度等各项指标,都能达到工业化生产对CMP要求的各项指标。"刘玉岭解释,这恰恰是由于我们打通了以化学作用为主的CMP碱性技术路线,目前国外公司也开始把目光转向刘玉岭团队研发的碱性CMP技术。"我们通过技术创新实现了弯道超车,由原来的追赶者变成了被追赶者。"

成本降3/4：为"中国芯"奠定基础

"这是我们的中试实验室，可以实现碱性抛光液的小规模生产。"刘玉岭介绍，他们已研发出针对65纳米技术节点及以下用的碱性CMP抛光液以及系列清洗剂。

2012年12月，没有修改任何参数，刘玉岭研发的碱性抛光液系列产品在中芯国际集成电路制造有限公司的12英寸芯片生产线上进行了大批量试验，各项指标都符合国外同类产品的技术标准，其中部分指标还达到了国际领先水平。

实验数据显示，与美国进口酸性抛光液相比，刘玉岭主持研发的碱性抛光液在多个指标上都有明显提高：抛光速率由200—300纳米/分钟提高到200—900纳米/分钟，凹凸选择性由40∶1提高到60∶1，实现了高速率高平整度。"但由于抛光液成分减至3种，成本也大大降低。"刘玉岭说，美国进口酸性抛光液每公斤达200元以上，而他们研发的碱性抛光液每公斤不足55元。

抛光液是极大规模集成电路制造中的必备耗材，目前国际市场上每年销售额达100亿人民币，而且呈现出每年5%~7%的增长趋势。"我们目前已经具备了实现抛光液产业化的条件，将为芯片国产化奠定基础。"刘玉岭介绍，正计划用技术入股的方式成立一家专门生产碱性抛光液系列产品的股份制企业，以尽快实现碱性抛光液的产业化应用。"由于具有较大的成本优势，我们的碱性抛光液不仅可以实现自给，还应该能打入国际市场，实现其巨大的经济效益和社会效益。"

记者王敬照　通讯员霍占良、吕欣然（《河北日报》，2013年6月17日）

以发明工业为宗旨培育人才

——河北工业大学本科教育特色鲜明成效显著

2008 年大学毕业,2009 年注册公司,靠 60 平方米办公室、4 名员工和 4 万元起家,如今已有近 8000 平方米的办公楼、大学生员工 300 多人,获得 40 余项专利,年销售额超过 3 亿元,年利税达 2000 多万元……创造这一奇迹的,就是河北工业大学 2008 届本科毕业生——天津卓朗科技发展有限公司董事长张坤宇。这个被称为"85 后创业神童"的青年企业家在回忆创业经历时,始终强调大学期间的积累给予自身的帮助。他说,在大学二年级时他就跟随导师进入实验室协助完成实验和科研课题,正是在实验室里接触到国外领先的技术使他萌发了首个创业的点子,跟着导师熟识了首家愿意使用他产品的企业。

"工学并举"百年传承

注重实践是河北工业大学育人的优良传统,"工学并举"的办学特色已经传承了 110 年。

1903 年,全国最早的培养工业人才的学校之一——北洋工艺学堂(河北工业大学前身)正式创办。首任总办近代著名实业家周学熙就提出了"学堂为人才根本,工艺为民生至计,二者固宜并重,而讲求之道,亦属相资。工艺非学不兴,学非工艺不显"的实业教育思想,强调学堂应"以教育培植工艺上之人才,注重讲授理法,继以实验,卒业后能任教习、工师之职,以发明工业为宗旨。"周学熙把"办学与兴工"紧密联系在一起,实行"工学并举"的办学方针,创办了我国高等学校最早的校办工场。

1929 年,学校升格为本科院校并更名为河北省立工业学院,首任院长魏元光进一步倡导对学生教育要"手脑并用、理论与实践结合",学生的实习多以工业制造为内容。学校把附设工厂办成教学与生产结合的典型,因为设计新颖并质量优良,这些"实习"产品在市场上都卖到脱销。

新中国成立后,河北工业大学更加自觉地探索培养高等工程技术人才的办学模式和培养规律。1958年,学校几度分合之后恢复重建,首任院长潘承孝提出了"注重三基"的教育思想(即加强学生的基础理论、基本知识和基本技能),致力探索教学、科研、生产三结合的规律。

改革开放以来,学校始终不渝地坚持"工学并举"的办学传统,通过不同时期对"工学并举"办学思想内涵的拓展与提升,形成了"工程教育与经济建设相结合、理论教学与工程实践相结合、科学研究与社会服务相结合"的"工学并举"鲜明办学特色。如今,学校的学科专业基本覆盖河北省主导产业中的装备制造业、石油化工和精细化学、清洁生产、生物技术、电子信息技术及产品、新材料、新能源、生态环境与社会公共安全、现代服务业等重点领域,在新专业设置中,学校坚持"两符合两具备"原则,即符合河北省及区域经济社会发展需要、符合学校办学定位,具备学科专业基础、具备办学软硬件条件。新办专业具有相关学科基础和相近专业支撑,能够满足经济社会发展需要。

创新培养贯穿始终

"人工环境工程学科奖学金"是我国人工环境工程仅有的国家奖学金,河北工业大学的学生连续三届参赛均获得二等奖以上的成绩,其中2004级袁闪闪同学获第15届"人环奖"一等奖之冠。这些骄人成绩充分说明了河北工业大学培养的学生具有很强的创新与实践能力。

"培养具有创新精神和实践能力的高素质专门人才"是河北工业大学始终遵循的本科人才培养目标。为了实现这一目标,对原有课程体系进行重组,构建了两大平台、八个模块的课程体系。两大平台为通识教育(基础课)平台和专业教育平台;八个模块为人文社科模块、体育与健康模块、数学与自然科学模块、学科基础课模块、专业方向模块、专业任选模块、实践教学模块、创新与拓展模块。为加强学生创新能力,创新与拓展模块课程贯穿本科四年不断线,专门设置"实践与创新训练"学分;调整理论教学与实践创新教学课程的比例,使创新与实践学分加大。从2012年开始,学校每年拿出250万元专项经费,资助有科研兴趣并且有研究能力的同学以个人或者团体的形式,参加"大学生创新创业训练计划"项目,获得资助的同学将自主完成创新性研究项目设计、研究条件准备和项目实施、研究报告撰写、成果(学术)交流等工作,学校还会为他们配备优秀教师进行指导。此外,对于参加大学生"挑战杯"竞赛的同学,凡是通过学校评选的项目学校都给予一定资金资助,对于获得省级或国家级奖励项目,学校还会追加资助金额。

根据学生综合素质与个性发展的要求,学校提出并逐步完善普遍性培养与个性化培养相结合的培养模式,为学生成长成才创造了条件。普遍性培养与个性化培养相结合的模式,主要包括按大类招生分流培养制、转专业制、优秀生班制等。为激励学生学习的积极性,鼓励学生个性发展,学校为符合条件的同学提供了校内转专业的机会。而优秀生班制,是在不打破原专业班的基础上,根据学生特点自主建立个性化培养方案,通过导师制实施,绝大多数优秀生在学科竞赛、科技创新竞赛等活动中取得佳绩。近年来,学校组织参加国际、国内数学建模竞赛、全国大学生节能减排作品竞赛、全国结构设计大赛、飞思卡尔竞赛、全国大学生物联网竞赛、大学生"F1"大赛等各项竞赛,无论是参赛人数、获奖数量和等级有了很大提高。

综合素质全面提升

2013 年 3 月,河北工业大学建筑学 081 班张颖同学收到了美国哈佛大学研究生学院设计系的录取通知书,当问起她为什么能取得如此骄人的成绩时,她说,学校和老师的培养为她打下了扎实的专业基础,而走出国门参加实习和交流让她有了挑战世界著名学府的勇气和胆量。

近几年,河北工业大学的本科生考研率都保持在 30%以上,其中考取国外和国内知名大学的比例日益提高。为了进一步加强国际交流合作,学校成立了国际教育学院,与法国、美国、德国、俄罗斯、意大利、澳大利亚、英国等国的 60 所高校签订了合作办学协议,正在实施的项目 20 余项,合作培养覆盖本科到博士各层次。许多本科生通过这些合作项目,在毕业时考取了国外知名学府的研究生甚至是硕博连读。在国内高校中,几乎每年都有同学考取北大、清华、上海交大等校的研究生,导师对河北工大学生的评价就是专业基础扎实、综合素质较强。河北工大的学生之所以获得如此好评,是因为学校依据不同教学环节的特点和要求,制定了包括理论教学、实验教学、实习实训、课程设计、毕业设计等教学环节在内的一整套质量标准,建立了目标管理与过程管理相结合、自我完善、自我约束的教学质量监控体系,使广大教师教有所依、教学管理更为规范。依据质量标准对教学全过程实施的监控,确保了教学质量的提高。

相比于较高的考研率,河北工业大学毕业生也同样受到企业的重视和欢迎,毕业生就业率也一直保持在95%左右,在同类院校中处于较高水平。

张海峰是河北工业大学2011届机械设计制造及其自动化专业的毕业生,就业单位是一家中船重工的子公司,身边的同事大部分都来自于"985"院校,而他是首个地方院校来此工作的毕业生。但他并没有自惭形秽,而是凭着母校给予的扎实专业知识和踏实肯干精神努力工作,一年半之后,他不仅先后被选为部门团委委员、支部党小组组长,在包括三十多位重点大学毕业生在内的新员工测评中,他以票数领先的成绩评选为优秀员工! 也正因为张海峰同学的优异表现,单位领导决定:今年从河北工大再次招聘两名毕业生!

为了提高毕业生就业指导与服务工作水平,学校采取了多种有力措施,自2007年以来持续开展"用人单位回访计划",注重与各省市、各类人才交流机构合作,与中国北方人才市场合作成立了"大学生就业力评价与服务中心",为提升该校大学生就业竞争力提供了有力的支撑。在大学生创业教育方面,学校自2009年以来每年开展"河北工业大学金牌毕业生—就业创业楷模"评选活动,并在学校就业网增加了"就业—创业楷模"展示专栏,以鲜活的事例激发在校大学生独立自强、创业进取的精神,提高毕业生就业、择业技巧。学校也先后被评为"全国普通高等学校毕业生就业工作先进集体"和"2011-2012年度全国毕业生就业经验典型高校"50强之一。

无论是创业神童,还是竞赛冠军,无论是考研达人,还是就业精英,都得益于学校"以本科教学为中心"的办学方针,得益于学校"以教育质量为生命"的办学理念,得益于学校"工学并举"的办学特色,得益于学校"创新发展"的办学内能。今年,河北工业大学将迎来110岁华诞,110年桃李满天,110年薪火相传,学校将百十年来的成就化作进一步提升学校教育教学质量的不竭动力,根据经济社会发展需求,以改革促发展,以创新提质量,为祖国培养出更多更优秀的建设者和接班人。

周红松(《中国教育报》,2013年6月26日)

河北工大搭借"神十"进行太空育种实验

　　本报6月26日讯　今天上午,"神舟十号"飞船返回舱在内蒙古主着陆场安全着陆。记者从河北工业大学获悉,返回舱搭载着河北工业大学理学院生物物理研究所8大类30多个品种的植物育种材料,这也是河北工业大学继搭借"神舟八号"飞船后,成功进行的第二次太空育种实验。

　　航天育种是借助空间飞行器和地面模拟空间装置,利用宇宙辐射、微重力和复杂电磁环境等多种因素对生物材料的诱变作用,使材料发生变异,科研人员再从中筛选出需要的变异材料,进行多代选育,最终获得优良新品种。与传统育种相比,其最大优势是变异几率高、育种周期短,可在相对较短时间内,创造出大批优质的种质资源,是缓解我国农作物优质种源贫乏的有效途径之一。河北工业大学生物物理研究所一直致力于辐照诱变育种技术在粮食、水果、花卉、蔬菜等作物新品种的选育应用和技术研究。2011年11月该所研究选送的花卉、蔬菜、玉米等20多个种类的育种材料成功搭载"神舟八号"飞船进行了第一次太空辐射育种实验,目前部分品种表现出在花型、花色、株型、花期等方面的有益变异,取得了阶段性成果。

　　通讯员霍占良、吕欣然　记者王敬照(《河北日报》,2013年6月27日)

天津种子乘神舟两上太空

日前,中国载人航天工程办公室和中国航天科技集团公司在北京举行神舟十号返回舱开舱仪式,神十搭载的来自各科研单位的"飞天物品"相继出舱。而很少有人知道,这里面就有河北工业大学选送的生物种子,和其他科研单位不同,他们选送的种子很多曾是搭载"神八"上过一次天的"太空种子"。

等"宝贝种子"回家

日前,"神十"开舱,国内一些科研单位纷纷宣传自己选送的科研项目搭载神十上了太空。"这有什么,我们选送的种子和聂海胜一样,都是两上太空了。"一则网络留言引起了记者的注意,经过和博主联络,记者才得知原来这个不为人知的"神秘"科研单位就是坐落在天津北辰区的河北工业大学生物物理研究所,记者随即赶往现场采访。

"我们搭载神十升空的科研育种物品还没有拿到,估计近期就会通知我们去领取了。"在研究所,安海龙教授告诉记者,该研究所和中国空间技术研究院合作的是"辐射育种"生物科研项目。这次搭乘"神十"飞往太空的主要是蔬菜、花卉、粮食作物的种子,而和其他科研不同的是,河北工大不仅是第二次参与太空育种科学实验,而且他们这次选送搭载神十的生物种子中,有一部分是在2011年搭载"神八"已经升空一次的种子。

"让种子在太空接受两次微重力和辐射等作用,对种子的基因变异肯定有不同影响,但会变成什么样子,我们也不知道,所以我们特别盼望快点得到这些种子进行试验。"安海龙说,现在整个科研所都急切地等待这些"宝贝"快点回家。

结缘神舟两次搭载

在研究所实验室的一个特制冰箱里,记者见到了这些被冻于−80℃的休眠"太空种子"。而一些正在进行 DNA 试验的种子,则被放在普通冰箱里面保存,便于拿取。

"别小看这几粒小小的种子,能搭载神舟送上太空却不是很容易。"负责本次科研项目的耿金鹏教授说,他们接触到神舟飞船也是一个偶然机遇。

2008 年,他们用加速器设备对玉米种子进行了核辐射处理,并通过种植研究发现了很多基因变异情况,培养了新的玉米品种。拿着这些研究成果,河北工大参加了 2010 年全国航天育种论坛,而在论坛上他们结识了神舟天辰公司的专家。

"我们的种子要是能飞上太空就好了。"出于这样的想法,研究院的展永院长带着几个科研骨干开始了公关行动。他们去往中国空间技术研究院,往返于天津北京,一轮一轮地谈,提交科研项目。经过近一年的考察审核,他们的科研项目终于获得了搭载神舟的资格。

2011 年 11 月 1 日,河北工大选送的蔬菜、水果、花卉、草类、农作物等八个大类共 58 个品种的种子搭载"神八"飞上太空。2011 年的 12 月 30 日,冒着严寒,安海龙和耿金鹏两人代表河北工业大学从北京取回了"太空种子"。

"当时我们都很激动。"耿金鹏说,能被接纳很不容易,因为很多项目相关部门都在开展,重复研究的项目是不被允许搭载的,他们必须拿出独特的研究项目。

种子一部分被封存,一部分被分配给各种植基地,经过这两年的种植试验,几乎所有"太空种子"都发生了变异,而且变异的都不相同,给研究者提供了丰富的科研素材。

"也正是因为我们的研究成果比较突出,这次"神十"飞船发射前,相关部门主动邀请我们再次搭载。"耿金鹏说,这次搭载试验,展永院长突发奇想,决定把留档封存的"太空种子"再拿出一部分来,二次送上太空。

搭载一克比黄金还贵

采访中记者了解到,河北工大选送的搭载种子是要支付相应搭载费用的,而据耿金鹏透露,每克种子的搭载费用远远高于黄金的市场价格。

"我们算过一笔账,搭载虽然费用高,但从科研上看还是很便宜的。"耿金鹏说,太空是微重力、高辐射环境,如果在地面进行模拟成本很高。

制造一个大型核粒子加速器就要占地几百平方米,而要模仿失重环境搭建重力塔,又要求有更高的空间,这些费用远高于航天育种,而且地面试验两个条件还很难同时满足,只能先做辐射试验,再做失重试验,而这样试验效果还不如搭载神舟飞船一次升空。

即使需要费用,也不是谁都能参与。航天五院的赵辉总工程师说,他们对河北工大考察过很多次,包括科研能力和科研项目的可行性等,并且申报搭载神舟飞船需要严格的审批流程。对于全国报上来的各种搭载项目,将由国内众多顶级科学家担任的评审委员组进行审评论证,这个过程就是几个月时间,最终确定谁的项目能被飞船搭载。

因为这些搭载物品都是无价之宝,所以神舟飞船对于搭载物品还有严格的返还程序。赵辉说,神舟开舱只是一个象征性仪式,开舱后所有物品将由公证处人员收走保管,而当初物品放入飞船中时也是由公证处人员进行现场公证的。各科研单位将逐个到公证处签字并领取他们的搭载物品,所以天津的种子目前还没有返还。

58 类种子各有变异

7月4日,该研究所科研人员赶往位于张家口市的仙客来花卉种植基地,而那里就有搭载"神八"升空的太空仙客来。

安海龙说,"太空种子"中,仙客来种子种植后变异最明显,而且已能产生经济效益。因为仙客来的花色、花型、花朵数量都有很多变化。

有的花朵变得褶皱,有的一个花蕾变成两种颜色;而最为好看的一种变异是每个花朵都有一条白边,像是给花瓣镶嵌上了银线。

目前,这些变异还在培育观察阶段,因为太空物种所有变异都有"返祖"现象,第一代作物的新特征,到第二代作物的时候又恢复了普通特征。

"最新研究显示,一般'辐射育种'作物,经过四代种植,变异的特征基因就能延续下去了。"安海龙说,这是他们通过"辐射育种"后得到的科研结论。

而太空作物一般都产量高和抗病虫害,除了促进当地经济外,目前他们也在研究一些草类植物等,用来改善部分地区的环境。例如,天津沿海地区属于盐碱地,一般植物无法生长,而搭载神舟飞船的"太空种子"里的草类、酸枣等植物,通过辐射和基因变异,可以培育出抗盐碱的新品种,对土壤保护和绿化环境都变得极有意义。

目前搭载"神八"的"太空种子"分别在天津周边与河北省等6个地区进行种植

试验,但作物只培育到第二、三代,所以,"太空种子"最终能否成为一个新物种还需要再等两年才能揭晓。

"辐射育种"不是转基因

"有人总是把'辐射育种'研究和转基因混淆,其实这是两个不一样的基因研究。"安海龙说,所谓"辐射育种",就是通过核辐射源,对植物种子、胚芽、花粉等生物材料进行照射,让植物的 DNA 产生重新组合,也就是基因突变,这样植物长出来就带有了不同于以往的新特征,成为新物种。

"其实这是一种加速进化。"安海龙解释,在自然环境中,人、植物、动物时时刻刻都在接受辐射作用,只是非常微弱,而包括人类自身也在发生着缓慢的变异。每一个后代在继承祖辈基因的同时,都有一些变异,植物也一样。

而他们研究的辐射技术,其实就是强化了物种自身的变异速度和程度。常规下,植物种子可能需要二十年才发生的变异,通过辐射技术,一年就让它们出现了未来物种的特征。然后选择好的、对人类有用的变异特征保留下来。

而转基因则是基因嫁接。例如,玉米基因本来没有高蛋白,而大豆有高蛋白基因,所以把大豆蛋白基因提取出来,植入到玉米胚胎基因中,这样玉米长出来,就具有了大豆高蛋白的特性。

"都是新物种,但是太空物种是自身基因重组变异,而转基因是外来基因嫁接合成。"安海龙说,这就是两者的本质区别,相对来说,转基因作物的安全性仍在研究论证,他们不敢妄加评论,但太空育种的安全性目前看很稳定。

记者李汝斌(《每日新报》,2013 年 7 月 7 日)

报刊中的河北工大

神奇"点金术"推动"创造大国"

近几年,国家技术创新方法与实施工具工程技术研究中心推广、完善 TRIZ 理论,推动我国由"制造大国"向"创造大国"迈进。

创新是什么? 是伟大发明家的灵光一闪,还是如解答数学问题一样有章可循?

苏联科学家根里奇·阿奇舒勒通过对 250 万件发明专利的分析研究,总结归纳出一套发明创新理论——"发明问题解决理论"(TRIZ),在苏联军事、工业、航空航天等领域广泛应用并发挥了巨大作用,如今,其已成为当今世界公认指导创新的最佳工具,被誉为"神奇的点金术"。

近几年,国家技术创新方法与实施工具工程技术研究中心(前身为河北省制造业创新方法工程技术中心,以下简称中心)让 TRIZ 理论在中国落地生根,不断完善、推广这一"点金术",推动我国由"制造大国"向"创造大国"迈进。

创造多个第一和之最

在工程索引 EI(The Engineering Index,简称 EI)中检索有关 TRIZ 主题索引,出自国家技术创新方法与实施工具工程技术研究中心论著条目不仅数量最多,且在排名前十位的条目中就占半数以上。

谈起中心创造的多个第一和之最,团队负责人、领军人物是河北工业大学副校长檀润华,他在接受《中国科学报》记者采访时如数家珍:出版了国内第一本 TRIZ 专著《TRIZ——发明问题解决理论》;2001 年为研究生开设 TRIZ 专业课,成为国内首家系统化教授 TRIZ 理论的大学;开发了国内第一套具有自主知识产权的中文版计算机辅助创新(CAI)软件;建立了全国首家制造业创新方法工程技术研究中心。

早在 1998 年,檀润华就开始从事 TRIZ 等相关创新理论与方法的研究,是我国最早的应用和推广 TRIZ 理论的专家之一。

通过长期研究,檀润华将创新理论分为设计哲学、创新方法和领域应用三个阶段,并在通解和领域解间,首次提出应用 TRIZ 的"未预见的发现"原理。

据悉,该中心在进行理论研究的同时已完成包括科技部创新方法工作专项、国家科技支撑计划、"863"计划项目、国家自然科学基金、教育部重点项目等科研项目数十项。在国内外期刊、杂志发表 300 多篇学术论文,出版 TRIZ 著作 7 部,自行开发了国内第一套具有自主知识产权的计算机辅助创新软件 InventionTool,并已实现产业化,填补了我国 CAI 技术领域的一项空白,为企业进行创新提供知识保障。

培养"创新工程师"

该中心创造的第一和之最中还有一项,即率先提出"创新工程师"概念,其在国家"创新工程师"培养及创新方法推广应用方面场次之多、层次之高、规模之大也堪称国内之最。

"创新工程师不同于其他工程师,在企业专门负责产生新技术与新产品的种子,如果可行,其他人完成后续设计、制造及商品化"。檀润华介绍,对经验丰富的工程师进行培训,通过消化、吸收以及灵活运用 TRIZ,使其成为创新工程师解决我国制造业高层次创新人才缺乏这一严重问题的有效途径之一。

檀润华介绍,中心依托技术创新方法研究成果和 CAI 软件,制定了科学可行的创新人才培训体系;根据推广应用单位需求和学员结构层次,在培训时间、知识、技能深度上有所区别,编写出分级适用的培训教材,并不断增加最新的研究成果和应用案例,有针对性地面向企业进行的技术创新方法培训。

据悉,该中心于 2009 年和 2010 年承担科技部创新方法师资培训,先后在河北、广东、黑龙江、天津、青海、内蒙古等省市和三一重工、唐山轨道车辆、广州无线电集团、新奥集团等单位进行创新工程师培训工作。5 年间,中心培训学员近万余人次,其中创新工程师 900 余人,帮助企业解决技术难题 500 余项,申请专利 400 余项。

促进成果落地　结出"创造"果实

美国著名战略咨询公司兰德公司提出,一个国家如果没有技术独立,就没有经济独立,也就没有政治独立。这说明任何转型没有技术的创新都无法支撑。设计人员创新的点滴积累,铸就企业产品附加值的提升,实现企业利益最大化,这正是企业选择进行 TRIZ 培训的根本。

从 2003 年的 3000 万元产值到如今的 2 亿元,石家庄阀门一厂股份有限公司在创新方法的指导下健康发展。

在中心的指导和帮助下,该公司运用 TRIZ 理论和 CAI 软件,提出了全新的封闭式眼镜阀和双向密封蝶阀概念设计方案,在阀门工作原理、密封原理等方面实现新突破。

据悉,该企业推广应用创新方法以来,共申请相关专利 6 项,开发出 7 项新产品,并均已投产上市,为企业新增产值 4928 万元,新增利税 1157 万元。在金融风暴中,我国冶金行业订单下滑 50%,而该企业不但未受影响,反而通过核电阀带来了 7000 万元的订单。

檀润华介绍,近年来通过与企业合作,中心将 TRIZ 理论在高铁、工程机械、汽车、机床、煤矿机械、中药机械、电池机械、特种阀门等行业中应用,为企业开发新产品提供 TRIZ 指导,应用技术创新方法快速、高质量地解决企业研发中遇到的问题,间接经济效益达到 10 亿元。

本报记者高长安　通讯员霍占良(《中国科学报》,2013 年 7 月 9 日)

学以立身尚德创新

"我就是想在我有生之年,再多搞出一点点高水平科技成果,再多培养几个高层次的学生,让我们在世界科技的前沿站得再高一些,领先再多一些。"

在几毫米见方的硅片上,集成数十亿个元器件,如此极大规模集成电路还需要用约为一根头发丝的千分之一的导线连接起来才能工作,这就要求基材的平整度要达到比千分之一的头发丝还要精细数倍的纳米级甚至埃米级。

如今,这一世界级的科技难题被河北工业大学"极大规模集成电路平坦化工艺与材料"团队率先攻克,而领头人就是河北工业大学微电子研究所所长、教授刘玉岭。

科技兴国　肩负使命

1968 年,刘玉岭从南开大学化学系毕业后,被分配到河北轻化科技研究所工作,1974 年调入河北工学院半导体材料研究所任助教。

那时,我国微电子行业相对于世界先进水平还落后很多。也就是从那时候起,刘玉岭参加了天津市的大规模集成电路会战,决心为国家科技发展贡献自己的一份力量。

这一干就是 30 多年,刘玉岭与微电子研究所的科研人员一起研究出了一项又一项的重大成果。洛阳鼎晶公司加工的硅衬底,除成为神舟五号专用集成电路唯一可靠衬底材料外,也被应用于国防核禁爆材料、空空导弹定向仪材料等的超精密加工,为我国的航天事业和国防安全作出了贡献。同时,在国内多家微电子生产线上代替了美日进口产品,刘玉岭也因为成绩斐然入选国家级有突出贡献的中青年专家行列。

集成电路产业是高新技术最高端、最密集的行业之一,而我国是世界上最大的集成电路产品应用市场,占据全球市场40%的份额。长期以来,核心技术却掌握在别人手里。

以刘玉岭为带头人的项目组近几年在大规模集成电路多层布线平坦化工艺领域不断取得新突破,为我国65nm、45nm及以下节点极大规模集成电路的发展解决了化学机械平坦化关键技术核心。

2009年经国务院批准,作为牵头单位的河北工业大学承担了国家02重大专项"极大规模集成电路制造装备及成套工艺"前瞻性应用示范项目——"极大规模集成电路平坦化工艺与材料",项目验收时专家组给予了充分肯定和高度评价,认为技术指标达到世界前列,验收成绩优秀。

立潮前沿　引领国际

在国际集成电路市场,提到美国Cabot公司无人不晓,它一直凭借高人一筹的技术优势牢牢占据着全球50%以上的市场。但最近几年,该公司却多次来到河北工业大学这所非世界著名高校与刘玉岭商谈合作事宜。

原来,美国Cabot公司一直采用的酸性浆料存在碟形坑、蚀坑和添加苯丙三唑引起速率低、难清洗、腐蚀设备等七大技术难题,而刘玉岭开辟了碱性的技术路线和新材料,铜膜粗抛液稀释度提高了一倍,精抛液提高了20倍,局部平坦度提高了40%以上,且不污染环境,极易清洗。克服了Cabot公司技术上存在问题的同时又达到了高性能,实现了CMP技术重大突破。该技术已在美国硅谷研发中心SVTC和台湾平坦化协会及台湾科技大学作了对比性研究,并显现了先进性。

刘玉岭始终把自己的目光锁定在世界微电子发展的最前沿,每看到一项新的成果,他都要首先分析其先进在什么地方,人家的思路是怎样的,人家的理论是怎样的,采取什么样的方法,在科学地评价人家优势所在之后,还要深入分析其还有哪些不完善的地方,然后自己再想方设法去找出解决问题的办法。他不仅自己这样做,还要求自己的学生必须接近世界的技术前沿,去发现问题并通过研究找到解决的办法。

"只有我们自己走在了世界的前沿,我们才能够不再受制于人,也才能得到别人的正视和尊重。"

身教尚德　创新育才

在微电子研究所的楼道或者实验室的墙壁上,张贴着一张张世界科技大师的画像和他们的警世名言,这是刘玉岭有意为之,他的目的就是让自己的学生都能感受到这些大师认真的科学态度和高尚的做人品德。

"作为高等院校的教师,首先要培养我们学生优良的品德素质和爱国主义精神。"刘玉岭认为,要着力培养学生具备四大素质:一是有远大的目标理想,二是有很好的心理素质,三是有较高的学术意识,四是有较强的学研能力。

"身教重于言教,要求学生做到我们必须先做到。"

30多年来,刘玉岭先后主持国家、省部级科技项目30余项,发表学术论文300余篇,编著专业教材5部,培养高素质科技人才100余人,授权国家专利40余项、美国发明专利3项,获得国家发明奖5项、省部级技术发明及科技进步奖21项。为了让学生都能掌握创新规律,成为创新人才,1993年,刘玉岭就出版了创新教育著作《实用发明创造工程学》,并且作为选修课程教材,培养学生的创新意识和创新能力。

刘玉岭今年已经年过七旬,一般人到了这个年龄都会选择享受天伦之乐,但刘玉岭认真而又平静地说:"我就是想在我有生之年,再多作出一点点高水平科技成果,再多培养几个高层次的学生,让我们在世界科技的前沿站得再高一些,领先再多一些。"

本报记者高长安　通讯员霍占良(《中国科学报》,2013年7月12日)

海水提钾破技术经济难关

在陆地钾矿资源日益短缺、钾肥价格不断攀升的窘境下,海水提钾技术为钾资源开发打开了一扇门。

海水中钾的总储量达 550 万亿吨,是全球陆地钾矿总储量的几万倍,也是可持续开发的天然资源。但是,高效分离提钾的技术难度大,且经济不易过关,却制约着海水提钾的工业化发展。

教育部海水资源利用技术工程中心主任、河北工业大学海洋科学与工程学院院长袁俊生带领团队历经 30 多年研究,在国际上率先突破了海水提钾过技术经济关的难题,并投入万吨级产业化应用,为我国钾肥来源开辟了一条新途径。

突破核心技术

"众多沿海国家都加大投入力量进行海水钾资源的开发。"袁俊生告诉记者,海水钾资源的开发研究在国际上已有 100 年的历史,我国却不到 50 年。

1980 年,从天津科技大学毕业的袁俊生进入天津海水综合利用研究所海水提钾课题组。8 年后,他又来到河北工业大学创建了该校的海洋技术专业。截至目前,袁俊生已经在海水中"提钾"了 30 多年。

据袁俊生介绍,全世界陆地钾矿资源仅集中在加、俄、德等少数几个国家。一个世纪以来众多沿海国家投入大量的人力、物力,致力于海水钾资源的开发,共提出包括沉淀法、萃取法、离子交换法和膜分离法等百余种专利方法。

然而,因海水的组成复杂(钾与 80 余种化学元素共存),且浓度稀薄(浓度仅为 $0.8 kg/m^3$),造成高效分离提取钾肥技术难度大,特别是经济上不易过关,上述方法均未能实现工业化。

经过 30 多年的刻苦攻关,袁俊生团队研发出"改性沸石钾离子筛"核心技术。该技术使海水中的钾富集 100 倍以上,突破了海水中钾的高效富集和节能分离等一系列关键技术。

不仅如此,袁俊生团队还开发出具有原创性自主知识产权的沸石离子筛法海水提取系列钾肥高效节能技术(氯化钾、硫酸钾、硝酸钾等),并成功地完成了海水提钾百吨级中试和万吨级工业性试验。

据悉,该项技术钾肥产品质量达进口优质钾肥标准,而生产成本却较进口钾肥降低30%(氯化钾成本<1800元/吨)。目前该成果已取得发明专利20项,获2010年河北省技术发明奖一等奖、2011年中国国际工业博览会创新奖。

该项成果分别通过了科技部、河北省科技厅和天津市科委组织的验收或鉴定。专家组认定:该技术与国内外现有的钾肥生产技术相比,具有原料来源广泛、生产成本低、效益高等优势,技术经济指标达到了国际领先水平,为海洋和化肥的产业结构优化调整提供了可靠的技术依据。

产业化开发需稳步前行

袁俊生团队的"改性沸石钾离子筛"核心技术,在2007年迈出了产业化发展的第一步。

当年,山东埕口盐化有限责任公司利用自身的海水资源条件,采用上述核心技术建设了4万吨/年海水苦卤提取硫酸钾及综合利用工程。

"这个国家发展改革委立项批复的项目是国家火炬计划项目。"袁俊生介绍,项目投资2.1亿元,设计年产硫酸钾4.0万吨、精制盐12.0万吨、氯化镁16.0万吨。项目于2007年初动工建设,2010年9月已经建成投产。

该工程的投产也标志着海水提钾在我国率先实现了产业化。

"在产业化的开发过程中,我们不会盲目追求'大速度',我们力求一步一个脚印,稳步前行。"袁俊生告诉记者,继山东"4万吨/年海水苦卤提取硫酸钾及综合利用工程"之后,目前他们参与的河北唐山曹妃甸工业区浓海水提钾综合利用工程建设也已经接近尾声。

该项目是河北省重大技术创新项目,是以海水淡化副产浓海水为原料,生产氯化钾、精制盐、溴素等海洋化工产品的示范工程项目,也为向北京供水的100万吨/日海水淡化工程的配套项目提供设计依据。

"在国务院发布的《国家中长期科学和技术发展规划纲要》中把'海洋资源高效开发利用'列为重点领域的优先主题;国家发展改革委发布的《海水利用专项规划》

中,将海洋钾肥的开发列为重点任务之一,规划建设万吨级海水提钾工程。"袁俊生认为,国内钾肥缺口达 500 万吨/年以上,海水提钾的产业化发展前景广阔。

"我们的技术既可在沿海地区直接建厂,也可与大规模海水淡化工程配套实施,或与海水制盐及纯碱企业结合。"袁俊生预计,到 2020 年海水提钾产业化规模将达到 100 万吨以上,不但为大力开发海洋资源、发展海洋经济提供了新的增长点,还将为支援"三农"、保障国家的粮食安全作出重大贡献。

记者高长安　通讯员霍占良、吕欣然(《中国科学报》2013 年 7 月 18 日)

航天育种,基因神奇变异

河北工业大学两次选送种子搭借神八神十飞船进行太空之旅,探索具有太空印记的生命变化。

7月16日,经过公证等一系列手续后,河北工业大学生物物理研究所常务副所长耿金鹏博士在中国空间技术研究院,领取了搭借神舟十号飞船进行太空辐照试验的生物育种材料。涉及花卉、蔬菜、水果、农作物等大类的36个品种、共计135克的生物物种,在经过15天太空之旅后,开始走上从太空到百姓生活的新旅途。

事实上,2011年,河北工业大学的一批种子就曾搭借神舟八号进行航天育种试验。近日,笔者走进该校生物物理研究所,探究包括仙客来、牡丹、玉米、葡萄、辣椒、茄子等8类58个品种"太空种子"不同寻常的神奇变化。

种子上天　物种基因变异幅度更大速度更快

"这是我们在神舟八号搭载的四季薰衣草种子,别看它的外表和普通种子没有什么不同,但里面基因却发生了不同程度的变化。"7月10日,在河北工业大学生物物理研究所,安海龙博士对他们的"太空种子"视如珍宝。他告诉笔者,去年他们种下了36粒四季薰衣草太空种子,结果发现每一粒种子在株高、花产量、叶型等方面都有不同程度的变异。"我们正对种子进行基因方面的研究,看到底是哪方面的基因发生了变化。"

一直在地球上生长、繁衍的生物物种,其形态、生理和进化始终受地球环境影响。"而生物种子一旦通过航天器进入太空,就处于高真空、微重力的环境下。"安海龙说,再加上地磁场俘获的各种宇宙射线辐射,就会对生物种子的生理和遗传性状产生强烈影响,也更有可能产生在地面上难以获得的基因变异。

在搭借神八返回的"太空种子"中,张家口农业科学院培育的仙客来花卉变异最为明显。"花色、花型、花朵数量都有很多变化。"安海龙向笔者介绍,有的花瓣变得褶皱,有的一个花朵变成两种颜色;而最为好看的一种变异是每个花瓣都有一条白边,像是给花瓣镶嵌了银线。"另外,邯郸永年农作物研究所的玉米、怀来的葡萄、迁安的百喜草和黄蒿草也与普通品种有较多差异。"

"航天育种试验中,真空、粒子辐射、微重力和地磁场是关键的空间环境资源。"安海龙表示,地面模拟方式无法全部实现太空的复杂环境。在地面,可以创造条件让物体处于失重状态,也可以通过使用大型核离子加速器等方式让物种处于某一种粒子辐照的状态,但都是单一的,只能先做辐射试验,再做失重试验,很难同时满足多个条件。"而飞船在轨阶段,位于高度在 500 千米以下的近地空间区域,这一太空区域存在与地球环境具有较大差异的环境要素。"

据了解,目前各国科学家已经证实太空环境对植物基因产生影响,但太空环境对植物基因哪些方面产生影响,其诱变机理是什么,一直是个世界难题。"这次我们把神八带回来留档封存的太空种子拿出一部分,搭借神十第二次送上太空。这些种子在太空接受两次微重力和辐射等环境因素作用,肯定会有不同的基因变异,但会变成什么样子,还有待于继续观察分析。"安海龙表示,希望通过这种方式,能够发现其中更多的变化规律。

种子落地　培育成新品种还需四代

"一份放在-4℃的特制冰箱里留存,一份送到育种基地进行培育。"7 月 16 日,安海龙把刚刚领取的搭借神舟十号飞船的生物物种,按照每一个品类分成了两份。

虽然航天工程育种能在相对短时间内诱变、创造大批变异材料和品种,但安海龙说,上天只是第一步,随后还要经过农业专家几年的地面培育、筛选和验证。

目前,他们已经和迁安市政府、河北农业大学、张家口市农业科学院、永年县农作物研究所、怀来县夹河葡萄专业合作社等单位合作,建立了 6 个航天育种培育基地。搭借神舟八号飞船的"太空种子"正在各个基地进行培育试验。

"进行航天育种要经过严格筛选。我们一定要选择适合我省种植、能产生较大社会经济效益的种子进行搭载。"在这次选择神舟十号飞船搭载物种时,安海龙征求了培育基地的意见,对物种进行了更换。"因为迁安盐碱地多而且一些尾矿需要绿化,我们就根据迁安的提议选择了酸枣种子。如果能培育出适应性强、能在这种贫瘠的土壤环境下成活的酸枣新品种,将能带来巨大的经济和社会效益。"

据介绍,通过飞行器搭载回来的种子叫作第一代种子,安海龙说:"第一代植株有时也会表现出一些生理变异性状,但科研人员只是观察记录下来,不做任何筛选。"经过第一代所收获的种子全部再种下去,长出来的叫第二代种子。安海龙解释,"由于变异是随机的,有的变好,有的变差,可以根据育种目标进行定向选择。比如筛选变矮秆的,以便增强抗倒伏性能;筛选穗子变大的,以提高产量;筛选变早熟的,以提早收获期等。"

安海龙介绍,第三代种子主要是稳定性观察,将第二步筛选的种子继续播种,查看这些突变性状是否真正能够稳定遗传。第四代是群体比较和异地试种,对具有遗传稳定性的种子进行一定规模的群体比较试验,以及多省市异地试种鉴定,以确定其在不同环境下是否都能表现出优良性状。

"目前,太空种子的变异还在培育观察阶段,因为太空物种所有变异都有'返祖'现象,第一代作物的新特征,到第二代作物的时候又恢复了普通特征。"安海龙表示,根据他们的研究,一般"辐射育种"作物,经过四代种植,变异的特征基因就能延续下去。

根据以前的成功经验,安海龙介绍,航天育种使物种基因变异的幅度更大、类型更丰富。经历太空育种技术选育的品种,不仅植株明显增高增粗,果型增大,产量增加,而且作物机体也更加强健,对病害的抗逆性特别强。"不仅如此,航天育种还使育种周期大大缩短。"安海龙以玉米为例向笔者介绍,运用普通育种方式培育一个新品种至少需要 10 年时间,而采用航天育种时间可减少一半,由 10 年缩短至5 年左右。"我们正在努力研究,相信很快就能培育出河北自己的太空新品种。"

太空果蔬　不是转基因可安全食用

随着我国对太空认识和探索的加深,航天育种正悄然走进寻常百姓的生活,让我们不知不觉享受着这些太空探索带来的"福利"。据了解,我国从 1987 年开始将蔬菜等农作物的种子搭借卫星上天,相继进入太空的生物物种达 50 个大类、400 多个品种。如今,一部分通过航天育种培育的青椒、樱桃、番茄等果蔬,还有水稻、玉米等作物,开始走上人们的餐桌。"航天育种生产出的水果、蔬菜看上去更大更粗,口味也与普通水果、蔬菜不同。这些食品是不是转基因食品?食用后会不会不安全?"笔者发现,公众在对航天育种产品感兴趣的同时,也对其安全性有些疑虑。

"大家对航天育种产品安全顾虑主要有两个,一个是辐射问题,一个是转基因问题。"安海龙明确表示,航天育种产品不是转基因产品,而且辐射残存几乎为零,完全可以安全食用。

安海龙介绍,一些太空蔬菜的营养或许比传统的高一点,这可能是选种子时会有意识地选择营养价值比较高的种子。但是高的产量和高维生素含量,通过其他的方法也是可以育种的。包括传统的、生物技术、航天诱变、核辐射诱变等,太空诱变只是诱发基因改变的多种方法之一。"航天育种不是用人工手段将外源基因导入作物中使之变异,而是通过太空辐射让作物本身的染色体产生缺失、重复、易位、倒置等基因突变,这种变异在本质上和生物界的自然变异并无区别,只是改变了时间和频率而已。"安海龙表示,太空育种只是加速和丰富了生物界需要几百年甚至上千年才能产生的自然变异。而转基因是将一个物种的基因移植到另一个物种中去,比如将花生的基因转移到大豆中去,使大豆油有花生油的口感。而经过航空育种的水稻依然是水稻、青椒依然是青椒,并无外来物种基因导入与整合,物种没有发生本质的变化,所以太空育种与转基因有着根本的区别。

此外,担心"太空菜"有辐射也完全没有必要。"确实太空中宇宙射线的辐射较强,但这是生物物种发生基因变异的重要条件。除了太空育种之外,辐射也是地面育种中的一种常用手段。"安海龙说,辐射对于作物的影响仅仅是射线穿透,而作物种子本身,几乎没有放射性物质残留。而且"太空种子"还要在地面再进行四代培育,所以担心"太空菜"有辐射完全没有必要。

记者王敬照　通讯员霍占良(《河北日报》2013 年 7 月 22 日)

"2013年全国电气工程博士后学术论坛" 在河北工业大学召开

本报10月24日讯　今天,由全国博士后管理委员会、中国博士后科学基金会、河北省人力资源与社会保障厅主办,河北工业大学、河北省电磁场与电器可靠性重点实验室承办的"2013年全国电气工程博士后学术论坛"在河北工业大学召开。中国科学院电工研究所严陆光院士、"千人计划专家"李尔平教授、原德国联邦物理技术研究院Johannes Sievert教授作了特邀报告,众多国内外电气领域专家学者、企业代表参加此次论坛。

据悉,迄今为止,全省已设立118个博士后科研流动站、工作站,累计招收培养博士后研究人员800余名,博士后出站后有80%留在了河北工作。

记者李冬云(《河北日报》,2013年10月25日)

工艺非学不兴　学非工艺不显

——河北工业大学电气工程学院探索工学并举之路

10月18日,河北工业大学110周年校庆。这所河北省唯一的211院校并没有举行盛大的庆祝仪式,只是以一次为学校作出突出贡献的教师楷模举办表彰会来庆祝。看得出,河北工业大学依然保留着百年传承下来的工学人的特质:低调、高效、务实。

然而与简朴低调的校庆活动相应的是学校学术活动的"隆重高调"。

10月24日,河北工业大学承办的"全国电气工程博士后学术论坛"开幕。受邀莅临论坛的是包括中国科学院电工研究所严陆光院士、千人计划专家李尔平教授、德国联邦物理技术研究院Johannes Sievert教授在内的国内外电气工程领域重量级专家学者及众多博士后研究人员。

举办高层次学术活动　胜出必有所长

要申办上述全国级别的学术论坛对于许多高校来说并不容易。

笔者从主办方全国博士后管委会办公室下发的《关于举办2013年全国博士后学术交流活动的通知》了解到,2013年共计划举办全国博士后学术交流活动27场,在申报学校资格甄选上,遵循"每个省(区、市)、部门和单位只选择一个主题、相同相近学科领域只选择一个主题、优先选择国家重点发展学科领域主题"的原则。换句话说,此次承办权花落河北工大,是工大在高校间、高校各学科间、电气工程学科领域的PK中胜出的结果。

河北工业大学是国内最早开展工程电磁场数值计算和电器可靠性研究的单位之一。早在1993年,该校"电机与电器"学科就成为河北省第一个工学博士点。2001年,设立了"电气工程"博士后科研流动站。2002年,"电机与电器"学科被评为国家重点学科。同年,成立河北省电磁场与电器可靠性重点实验室,该实验室于2003年由科技部批准为首批省部共建国家重点实验室培育基地。2005年,学院建成"电气工程"一级学科博士点。2005年,"电气工程"成为河北省强势特色学科。

中国电工技术学会理论电工专业委员会、可靠性专业委员会和国际电磁场计算学会(ICS)中国联络办公室3个全国性学术机构均挂靠在该学院。该院颜威利教授连续多年担任国际电磁场计算学会(由25名世界电磁场领域知名专家组成)的中国唯一理事。

学术交流方面展现出的实力是考量一所学院科研实力的重要指标。"恰如磁能生电一样,我们以学科底蕴和科研实力吸引来业内大家,再在彼此思维的碰撞中产生电火花!"电气工程学院院长、省部共建国家重点实验室培育基地主任汪友华教授打了这样一个有趣的比喻。近五年,电气工程学院共举办了"电磁场问题及应用国际会议""电工产品可靠性与电接触国际会议"等五次国际学术会议和四次全国性学术会议。

建好输送专业人才之"泵",教学科研并举

"电气工程是现代科技领域的核心学科之一,从一定程度上讲,它的发达程度代表着国家的科技进步水平。"人力资源和社会保障部留学人员和专家服务中心主任夏文峰在论坛上如是说。电气工程学院恰恰是这样一个输送电气工程领域专业人才的"泵",而"泵"的动力来自于一支高素质的教师队伍和学院雄厚的科研实力。

目前,全院74位专任教师中,30人具有教授职称,64人具有博士学位,一个以教授和博士为核心的稳定科研教学团队已颇具规模。近两年,学院的青年教师有10人获得了国家自然科学基金青年基金的资助,他们将成为未来电气工程科研领域的生力军。

在科研方面电器工程学院同样成果丰硕。"低压电器可靠性设计及检测技术""低压电器检测技术与试验技术的研究""低压保护电器关键技术的研究及其应用"等均获得国家科技进步奖励。"现代工程电磁场理论及应用研究"获得河北省科学技术突出贡献奖……

此外,电气工程学院负责多部电气工程领域学术专著的编写及行业标准的制订。

中国电工技术学会、中国机械工程学会等五家专业学会联合编撰的《中国电气

工程大典》《配电工程卷》由该院陆俭国教授担任首席主编;由颜威利教授领衔著写的《电气工程电磁场数值分析》和《生物医学电磁场数值分析》已成为工程电磁场领域公认的权威专著;学院制订的15部电器可靠性领域的国家和行业标准,研发的电器可靠性试验装置也已经广泛应用于国内生产保护类电器的主要大中型企业及检测机构。

传承工大先人办学思想,工学"固宜并重"

"学堂为人才根本,工艺为民生至计,二者固宜并重……工艺非学不兴,学非工艺不显"。我国近代著名的实业家、教育家、河北工业大学前身北洋工艺学堂创办人周学熙办学思想传承至今,工学并举一直是河北工业大学的传统与特色。

2012年,作为我省与央企合作共建的14个重点实验室之一,电气工程学院与中国兵器装备集团公司共建"工程电磁场综合效应重点实验室",依托中国兵器装备集团公司保定天威集团有限公司的系统工程、技术装备和产业优势,以及学院在工程电磁场方向的基础研究、学科优势,发挥产学研相结合的综合优势,在新型电磁感应加热研究、电工材料磁特性模拟与测量等多领域开展科研合作。工程电磁场研究有效促进了保定天威集团有限公司在减小变压器杂散损耗、解决局部过热问题等方面的技术升级,这是该公司500kV变压器零事故率的重要保证。

"把联合实验室建成工程电磁场领域科技创新人才的培养基地,将企业丰富的产业资源转化为现实生产力,教育与工业相助相长,努力推动我省产业结构调整和优化升级。"汪友华院长表示。

而在电器可靠性领域,工学并举同样颇有作为。自1978年以来,编写了我国电工产品可靠性领域第一本著作《电工产品可靠性》和我国电器可靠性领域第一本著作《电器可靠性理论及其应用》,培养了我国第一位电器可靠性方向的博士。三个"第一"体现了电气工程学院在电器可靠性领域的重要地位。

同时,电气工程学院建立了具有国际先进水平的电器可靠性检测中心,这是国内高校中唯一一个通过国家实验室认可委员会认可的检测机构。陆俭国教授担任国际电接触顾问委员会的唯一中国委员,该顾问委员会是国际上电接触与可靠性领域的最高学术机构。目前电器可靠性研究的多项成果已广泛应用于我国主要电器检测机构和企业,促进了国内电器行业的技术发展。

记者李冬云　通讯员张闯、李光辉(《河北日报》,2013年10月13日)

科技创新让教育成果成为经济发展的助推器

"中子嬗变掺杂直拉硅"及其专利技术在宁晋开花结果;原创性自主知识产权的离子筛法海水提钾高效节能技术,获得国家发明专利7项……

看到一项项科技创新的技术成果被成功转化,并创造出无限价值,不要以为这是某个科技企业参展比赛的介绍,而是河北工业大学在近日举办的全院"科技成果展"上的冰山一角。

伴随着今年河北工业大学迎来110周年校庆,学校充分发挥"211工程"建设的辐射和示范作用,通过深化科研管理体制改革、建设科技创新和技术服务平台、增强自主创新和解决重大关键技术问题的能力等方面,努力推进科研工作与经济建设的紧密结合、推进科研成果向现实生产力的转化,不断增强学校在地方及区域经济建设中的支持率和显示度,将鲜明的办学特色——"工学并举"体现得淋漓尽致。

倡导创新驱动科技成果熠熠生辉

一个学科如何带动一类产业延伸发展?一所大学如何拉动一个区域的工业再次崛起?为什么科技成果屡屡出现在河北工业大学的校园里?

"不仅要有工学并举的办学理念,坚持科技是第一生产力,还要有创新人才,更要持续在全学校源源不断地掀起'科技创新'的热潮。"河北工业大学科学技术研究院副院长余迎新在科技成果展厅内向记者娓娓道来。

河北工业大学是一所以工为主、多学科协调发展的国家"211工程"重点建设大学,前身是创办于1903年的北洋工艺学堂,学校几度分合,并先后经历12次更名。1995年,"河北工学院"更名为"河北工业大学"。

多年来,学校一直注重协同创新,近1500项科技成果在全国数百家企事业单位实现产业化。享誉全球的世界规模最大的单晶硅材料生产基地和世界最大的晶体硅太阳能电池制造商——晶龙集团,因当年河北工业大学半导体材料研究所单晶硅研究有了重大突破,该企业便以该校技术为依托发展至今,被列入了全国产学研成功案例。

在成为世界最大的单晶硅生产基地的同时,学校还瞄准新的工业领域攻关,通过科研成果转化,扶持新工业产业。当年,因海水的组成太复杂且浓度稀薄,造成海水提钾成本过高,海水提钾实现工业化,是一个世界性的科技难题。河北工业大学的袁俊生等一批专家教授就把目光盯在了这个世界难题上,通过海水提钾核心技术,使海水提钾成本大大降低,达到了工业化生产的要求,并最终研制成功。科技部对此科研成果进行了鉴定,并认为该技术与国内外现有的钾肥生产技术相比,具有原料来源广泛、生产成本低、效益高等优势,技术经济指标达到了国际领先水平。

类似这样的科技攻关项目在河北工业大学不胜枚举,但这一切与学校倡导"创新驱动"、夯实制度保障分不开。

近年来,学校先后制定、实施并逐步完善了科研计划管理、科技成果奖励、青年科学基金管理、河北工业大学国家科技重大专项管理等一整套适应市场经济的科研管理体制办法,而鼓励创新的政策和机制,也极大地激发了全校科技人员从事原创性研究和开发的热情。机制逐步形成后,2010年学校就申报专利165项,发明116项,授权专利78项,发明45项,申请量较2009年增长了21.3%。

聚集人才资源搭建高端优势平台

"人才资源是第一资源",人才是强国之本,也是强校之本。搭建各类科研平台才能为人才提供用武之地。目前,学校拥有国家工程技术研究中心1个,省部共建国家重点实验室培育基地1个,国家级技术转移示范机构1个,其他省部级科技创新平台18个,建有国防科技研究院,其中,"国家技术创新方法与实施工具工程技术研究中心"是国内首个国家级创新方法工程中心。在学科建设方面,学校还拥有2个国家重点学科、4个省级强势特色学科,20个省级重点学科。

科技创新平台是产出高新技术、人才聚集和培养的主要阵地,这些平台有效地支撑了学校科技人才的聚集和培养,到目前为止,学校拥有国家级教学团队3个,教育部创新团队2个,省级教学团队5个,187人荣获国家有突出贡献中青年专家。

在科技成果展厅中间展牌上,全校师生创新创业的典型,让高校产学研相结合得到了最好的诠释。例如,天津市工大镀锌设备有限公司以河北工业大学为依托,由众多专家、学者、教授及一批富有实干精神的年轻大学毕业生组成;卓朗科技发展有限公司更是学生自主创业的典范。学校积极实施"理论、实践、创新"三位一体人才培养模式改革,培养出了一大批具有创新精神和实践能力的优秀学子。无论是平台还是人才,这些都为学校高新技术的开发及研究提供了有效保障。

基础研究是高新技术的源头,学校积极鼓励广大教师特别是年轻教师申报"973"、国家自然科学基金以及国家杰出青年科学基金等。今年学校新立项国家自然科学基金、"973"前期研究专项、省市级自然科学基金等资助 75 项,纵向科研经费较去年翻了一番。同时,学校高度重视专利工作对提高科技创新能力与促进科技转化的重要作用,从体制和机制上对专利申请工作加以保障。

把握区位优势助推产业经济发展

人们常说,教育反作用于经济。河北工业大学坚持"工学并举"的路子,更加快了反作用于经济的步伐,在对地方工业的发展发挥着引领作用的同时,学校更抓住区位优势,以科技问题为主攻方向,实现了教育与经济共赢。

提到成果转化,校内的师生们都能说出很多引以为豪的重大项目。其中,具有代表性的国家重大专项"极大规模集成电路平坦化工艺与材料",实现了全国地方高校主持承担国家重大专项的突破;陆俭国教授在电器可靠性设计理论方面的突出成就,三次荣获国家科技进步二等奖,荣获了 2008 年何梁何利基金科学与技术进步奖。通过融合优化校内科技资源,学校先后承担了国家级课题 300 余项,先后与全国 72 个区市签署了合作协议,与 80 多家省内外大型企业集团建立了稳定的合作关系。

在众多高校中,拓展"一园多区"加快成果转化成为了河北工业大学的又一大特色。"河北工业大学国家大学科技园"是天津市仅有的两个国家大学科技园之一,该园实行一园多区政策,先后与天津市和河北省 3 个地方政府签订了共建大学科技园的协议,鼓励学校师生进行自主创业。截至 2012 年年底,园区在孵科技型企业 75 家,毕业企业 88 家,其中天津园区 20 家企业。

与此同时,学校还成立了"河北工业大学科技成果转化中心"。该中心于 2012 年被认定为国家级技术转移示范机构,并向天津、河北和江苏等地派出了 3 批科技特派员,逐步构建河北工业大学与区域经济结合的信息网络科研成果转化绿色通道。

校内科研、开发和生产相结合,是高新技术转化为生产力的有效途径,也是形成规模经济的成功模式。学校校办工厂在承担工程实践教学任务的同时,积极开发研制新产品。如电站励磁装置已更新四代产品,生产近3000套,用于全国上千家发电厂,并出口15个国家和地区,现已形成了以电站励磁装置、逆变焊机、自动车床为主的机电一体化产品,累计创产值上千万元。

"十一五"以来,学校新立课题3000余项,其中学校主持并协同兄弟单位承担国家重大专项、"973"计划、"863"计划、国家科技支撑计划、自然科学基金重点项目等国家级课题300余项,有130余项科技成果获国家和省部级科技奖励,635项专利获得授权,被国家知识产权局确定为"全国知识产权试点单位"。

"利用京津,服务京津,发展河北经济"是学校一贯的发展方针,充分利用区位优势吸引人才;利用京津高校聚集的群体效应,营造学术氛围;利用京津的工业基础和条件,开发高科技产品,孵化高新技术成果。随着天津市、河北省等环渤海区域交流的不断深化,区域经济一体化的不断发展,河北工业大学的区位优势将越来越明显,在经济建设和社会发展中将发挥着强大的"创新智库"作用。

赵健仲、刘菲菲、吕欣然(《中国经济时报》,2013年12月5日)

河北工业大学一创新团队入选教育部创新团队发展计划

河北新闻网讯　近日,教育部公布了 2013 年度"创新团队发展计划",全国高校共有 102 个创新团队获得资助,河北工业大学唐成春教授为负责人的"六方氮化硼制备及其应用关键技术"创新团队成为我省唯一入选团队。该团队将获得 300 万元资助,资助期限为 2014 年 1 月至 2016 年 12 月。

据介绍,六方氮化硼(hBN)是国家"十二五"期间重点发展材料,广泛应用于高温绝缘、金属熔冶、器件封装、高分子复合等诸多领域。目前,六方氮化硼材料领域的高端产品全部依赖进口,普通产品则生产工艺落后、能耗高、环境污染严重。唐成春教授率领的创新团队将重点研究高品质氮化硼绿色、高效、低成本合成原理及实现,力争建成国家级氮化硼及相关材料的技术创新和成果转化平台,打造一支结构合理的材料应用基础研究和技术创新研发队伍。

"创新团队发展计划"是教育部 2004 年启动的"高层次创造性人才计划"3 个层次中最高层次的项目,该计划自实施以来,我省高校共有 6 个创新团队入选。

通讯员吕欣然　记者王敬照(《河北日报》,2013 月 12 月 10 日)

优化学科结构　适应协同发展

　　本报北京专电　昨天,全国人大代表、河北省委副书记、省长张庆伟接受本报记者采访时,以河北工业大学为例谈及两省市在教育科技领域的合作。为此,记者对该校党委书记李强连线采访。

　　"河北工业大学本身就是冀津协同发展的产物。我校百年来扎根服务冀津的历史,在冀津分布的十几万校友的血脉联系,我校部分工作的属地化管理等,又在一定程度上促进了冀津合作。"李强说。

　　"近五年来,河北工大超过80%毕业生在河北、天津就业,在津就业的毕业生数量超过7000人,其中研究生1800多人。学校培养的2000多名MBA研究生85%留在冀津两地,近百名EMBA研究生已成为冀津知名企业的高管。"李强用"一根扁担挑两头"形容河北工大的独特优势。"我们利用工科类学科专业的优势与冀津企业开展合作,近些年年均与天津企业签订科技合作项目100多项,这个数字逐年增长。我们还设立种子创业基金,扶植冀津企业创新创业……"

　　李强说,京津冀协同发展这一重大国家战略的提出,对河北工大来说,既是机遇,也是课题。学校下一步的努力方向,就是通过优化学科专业结构,更好地适应冀津两地协同发展。"特别是要探索建立与科研院所、行业企业等联合培养人才的新机制,提高人才培养与冀津经济社会发展需求的吻合度。"同时,学校将瞄准京津冀产业对接、结构升级的需求,在促进相关学科交叉融合、加强技术集成、重点实验室建设上下功夫。李强说:"我们的想法,就是通过推进冀津学术交流、人才交流与科技合作,探索两地高教资源深度共享和高等教育协同发展的路径,为助推冀津协同发展、京津冀一体化发展作出新的更大的贡献。"

　　　　　　　　　　　　　　　　　　　　　(《天津日报》,2014年3月8日)

面对尖刀毫不畏惧河工大学子智擒惯偷

　　本报讯　"这次一定得抓着小偷。"近日,河北工业大学外国语学院大二学生刘津宜在本市北辰区双口镇某网吧智擒一名惯偷,这名小偷曾两次持械抢劫。

　　网友在网吧专注上网或娱乐时,经常凝神电脑屏幕,将手机搁置一旁,给了犯罪分子可乘之机,他们经常假装网吧人员拿抹布装作擦桌子,趁机偷走手机。

　　3月7日晚6时,刘津宜同学在某网吧的里屋上网,其间一身高约170厘米的男子以擦桌子为由,用抹布盖住了他的手机,企图将其偷走。刘津宜及时发现并将手机放到了口袋里。刘津宜告诉记者,如果不留心看的话,根本难以发现这是个小偷,看上去也就20来岁,甚至一副学生模样。"有一次也发现小偷了,但那次心里犹豫了,一晃神小偷就消失了,这次小偷未能得逞离开后,还在我的视野之内,所以我就想着一定要抓住坏人。"

　　于是,刘津宜悄悄跟着那名男子,他并不鲁莽,而是选择在人多的大厅,等该男子走到网吧前台旁,刘津宜一把抓住其胳膊,大喊:"抓小偷!"该男子不甘就范,他挣脱开刘津宜,掏出一把藏在口袋里长约25厘米的匕首,在空中比划尖叫着"不要靠近"。刘津宜一直与其周旋,但因为离得太近,还是被匕首划破了右手。正在这时,两名网管赶到,刘津宜和身旁的网管协力,抓住该男子的手腕,打掉了他手中的匕首,将其反扭制服。并将该男子移交给警察。3月11日,他前往派出所协助调查,才得知此男子有两次持械抢劫的前科,并被警方通缉。

记者赵晖(《天津日报》,2014年3月18日)

运河春风暖　西沽桃花俏
河北工业大学首次加入开放三处百年建筑

白的胜雪,粉的如霞,一团团一簇簇,迎着阳光,沐着春风,花香四溢……昨日上午,第 25 届运河桃花节在红桥区桃花园、北洋园开幕,吸引了众多津城踏青市民和摄影爱好者。今天将迎来赏桃花的高峰。

镜头一:聚焦捕捉美景　市民咏诗赏花

昨日一大早,得知桃花节开幕消息的市民就从四面八方赶来。盛开的桃花还吸引了不少摄影爱好者,他们背着"长枪短炮"穿梭在花丛中,捕捉和记录着桃花最美的姿态。有些细心的市民发现在一些桃树枝桠上还挂着咏桃花的诗词:"初桃丽新采,照地吐其芳。枝间留紫燕,叶里发轻香。"市民情不自禁地读了出来,顿感桃花堤上满是浪漫的诗意。

镜头二:新植桃树柳树　堤上春意盎然

今年桃花节前夕,红桥区在桃花园内新植桃树 3000 余棵,山桃、碧桃、垂枝桃等错落相间,各品种花期不一,延长了赏花时间。同时,红桥区政府还沿河新植柳树数百棵,依院墙栽种竹类植物数十丛,桃红柳绿、花草相间,使园内景观更具观赏性,重现了当年乾隆皇帝赐名"桃柳堤"时的优美景色。

镜头三:河工大志愿者　讲解北洋故事

今年的桃花节,坐落在桃花堤畔的河北工业大学也首次加入进来,开放了校园三处国家级文物保护建筑:南楼、北楼和团城,这三处也是"北洋大学"时期留下来的百年建筑,团城是茅以升住过的地方。

　　一位深谙"北洋大学"历史的市民向游人讲解了"老北洋"的故事:当时,北洋大学对学生的外语要求很严,学生们课余时间就到桃花堤背外语,虽然这个时节桃花已开,但早晚还有点凉,学生们都穿着蓝色棉袍,被老百姓称为"蓝衫队"。1992年,远在台湾的94岁高龄的陈立夫得知天津桃花堤得以恢复,重现"小江南"的美景时激动万分,欣然题词:"名都胜迹运河东,曾共芸窗听晓钟。何事麻姑问沧海,桃花依旧笑春风。"

　　在桃花堤河北工业大学团城外一侧,河工大的学生社团在桃花树下抚琴吹箫、舞文弄墨,有的学生志愿者给来往游客画画,有的则担当起义务讲解员,讲解和桃花堤有关的那些人和事,让游人赏花观景的同时对天津近代文化也有了更深的认识。

　　记者黄萱、刘晓艳　通讯员郝桢(《城市快报》,2014年3月22日)

十多家媒体报道河北工大最牛"学霸班"

编者按:近日,河北工大"智能 111 班"的班集体最近爆红,人民网、央视网、网易新闻、中国网、中国教育在线、新民网、和讯网、北方网、天津发布、善行河北、河北日报等十多家媒体对他们进行了报道,被称为最牛"学霸班"。在这个只有 30 人的班级里,26 人次获得过省级以上奖励,其中省级奖励 21 人次,国家级奖励 5 人次,拥有两项专利⋯⋯

大三学生能做飞行器智能车

三年前,30 名同学刚入学时,对未来的学习内容都感到有点陌生。控制学院智能系主任张磊告诉他们,学院主打科技创新,同学们以宿舍为单位,每个宿舍都配有一名老师,指导他们参加科技竞赛。学院创新创意大赛"强制"要求每位同学三人一组,不管分工做什么,大家都得参加。此外,他还鼓励同学们到社区义务维修家电等,既做了志愿服务,又得到了动手机会。

就连原本专属于研究生智能独立实验室,也"破例"向这些本科生开放,随供随用。"尽管网上也有教程,但是并不完备,我们自己一步步动手解决,当你真正做出来一个能动的东西,那种感觉不亚于中了 500 万彩票。"班长霍伟敬说。在这样的氛围里,"智能 111 班"30 名同学,原本就对科技充满兴趣的,像找到了一片沃土;原本还有些陌生的,也完全融入了这片科技创新的"海洋"。

如今,"学霸班"的同学们已经能够独立制作完成小型四旋翼飞行器、小型固定翼飞行器、自动往返智能车、电磁智能车、"煤气报警定位系统""基于 PDR 技术的人员室内定位系统""简易旋转倒立摆及其控制装置"等多项作品,并在各类竞赛中频频斩获佳绩。

"大牛"互相帮忙成就"学霸班"

"一个人做科研是很难的,就算是一款简单的小车,一个人也要半年时间才能完成,而如果团队合力,有人做软件,有人做硬件,"软硬分工",一周就能做完。"霍伟敬认为,与个人能力相比,团队的力量"更牛"。

班里的谭新培是个"大神级"牛人,大一时就接触到 32 位的主控芯片,而该专业学生,一般大三时只能原理性接触到 8 位,大四时才能学到 32 位。"以前笔记本电脑就是 32 位芯片,可见有多么复杂。"霍伟敬崇拜地说,"调程序有问题时都是找谭新培帮忙。"因为"大牛"之间互帮互助,这个班集体也变得更强大。

因为是新专业,智能系毕业生在就业市场上似乎并不抢手,霍伟敬也发现,很多学长、学姐都准备考研,但他也发现,因为有了过硬的科研作品,企业对他们还是非常认可的。招聘时,企业招聘者不再是问"你学了哪些东西?"而是问"你能做什么?"而这正是"学霸班"的优势。

(河北工业大学融媒网,2014 年 4 月 25 日)

河北工业大学宣传榜样力量，加强责任感教育

4月18日下午，河北工业大学马克思主义学院副教授苑帅民在北辰校区大学生活动中心世纪礼堂作了"榜样的力量——大学生责任感教育"专题报告。报告会由学生工作部部长万林战主持。共有800余名学生代表聆听了报告。

报告中，苑帅民围绕社会道德滑坡与道德缺失的现象，结合近期发生的大量热点事件和重要统计数据，为大家揭示我国目前存在的道德失范问题。同时，他结合在校大学生行为习惯养成方面存在的问题，分析了行为习惯失范的成因，并提出了解决的建议。苑帅民激励同学们在学习和生活中，努力做到心中要有"爱"，头脑中要有"批判"，行动中要有"率性"，思维上要"求异"，实践中要有"坚持"，加强社会责任，做对社会有用的大学生。

苑帅民特别对学校师生中近期涌现出的见义勇为典型——智擒小偷的化工学院团委书记单海老师、城市学院电器类专业齐贺同学、外国语学院刘津宜同学，冰窟中勇救落水儿童的电气学院周桂川同学，多年坚持无偿献血并于近日捐献造血干细胞的MBA学生刘勇的先进事迹进行了介绍，并对他们进行了现场采访。采访中，几位先进典型真挚的情感、朴实的话语、闪光的精神引起了在场同学们强烈的思想共鸣，期间爆发出阵阵热烈的掌声。

据悉，河北工业大学为推进党的群众路线教育实践活动的深入开展，提高全校师生思想认识，加强理论武装，学校成立了党的群众路线教育实践活动学习宣讲团，以"深入开展党的群众路线教育实践活动，推动学校科学发展"为主题，采用专题报告的形式，面向全体教职工及学生党员、学生干部进行宣讲。

(人民网，2014年5月12日)

(腾讯网、中国网、中国在线、央广网、新民网、经纬网等媒体也纷纷作了报道。)

河北工大与天津市红桥区人民检察院建立
检校共建合作基地

　　人民网天津视窗 5 月 16 日电　　近日,天津市红桥区人民检察院与河北工业大学文法学院商讨建立检校共建合作基地,并举行了合作签字暨揭牌仪式。同时,该院四名检察官受聘担任河北工业大学兼职教授。

　　仪式上,该院检察长张春明表示检校共建既是双方合作的一个多功能平台,也是检察院加强队伍建设的一种有益尝试和一项新举措,同时希望双方以"检校共建"活动为平台,在理论政策研究、大学生社会实践、未成年人法制教育等领域开展合作和互动,探索提升检察理论水平、完善大学生参与司法实践等方面新的机制和方法,推动法律资源的共享和科学配置,真正实现对学生有利、对学校有利、对社会有利的多赢目标。

（人民网,2014 年 5 月 20 日）

河北工业大学探索专业动态调整退出机制

　　本报讯　河北工业大学近日决定今年暂停13个不能完全适应社会需求的专业招生,同时积极筹划建设产业发展急需人才的专业或专业方向。学校有关负责人表示,这是该校为适应京津冀协同发展与河北省转型升级对人才需求的变化,主动调整人才培养结构,为河北省转型升级输送更多优秀人才而采取的破冰之举。

　　据悉,从今年起,河北工大将依据区域发展需要,建立专业结构动态调整机制,包括以市场需求为导向的课程调整机制,以就业为导向的招生计划调整机制,以厚基础、宽口径为特征的人才培养机制,优化专业培养方案,促进专业结构优化和办学特色培育,提高人才培养的适应性;并充分利用津京优质教育资源,全面实施创新实践训练,着力推进"卓越人才培养计划",努力构建校企协同育人新机制。今后,河北工大将对本校就业率较低的专业实行动态调整、预警和退出机制,调减招生计划直至停招。

记者周红松(《中国教育报》,2014 年 5 月 21 日)

在校 7 年，他们为母校捐"校友林"

在河北工业大学北辰校区，最近多出了一片"校友林"，这些各类新栽种的树木都是由校友捐赠的。26 岁的刘伟就是其中的一位，她是一名保研生，在校 7 年她对这里充满了感情，最近她联合同级的 22 名同学一起捐赠校友林，并挂上了小牌子，表达对母校的一份感情。

在校园里，这一片"校友林"格外引人注意，多树种结合，绿意盎然。且这里树木的数量还在不断增多，不少校友得到消息后，都来为母校捐赠树木，留下永久的纪念。刘伟是控制学院本科的一名辅导员，4 年本科在学校就读，之后通过考核保送研究生，这 3 年她一边工作一边读研。"在学校已经 7 年了，比小学在校时间都长，对学校有了很深厚的感情，所以也想为学校做点什么，捐种树木挺有意义的，又环保又能留下永久的纪念。"就这样，刘伟和其他同级保研的 22 名同学一起，捐赠校友林，还挂上了属于他们的小牌子。刘伟说，等到他们同级的学生老了的时候，还能再一起回来看看这些树木，怀念大家终将逝去的青春，那种感觉，一定很好。

从学校了解到，北辰校区目前正在进行建设中，学校专门开辟出这样一块地方，作为校友心系母校的载体。通过校友总会向海内外校友会和全体校友发出倡议，积极支持母校新校区建设，热忱参与校友林捐种活动。"种下一棵树，留下百年情"，殷殷情意，泽被后世，将北辰校区校友林建成见证母校校友文化的永久纪念，建成教育在校生立志成才的绿色景观。目前，校友林里已经有 10 多棵捐赠的树木，且这个数字还在持续不断增加。据负责老师介绍，"校友林"召集令将一直持续下去，希望将来这里能成为校园里特色的景观。

（天津网，2014 年 5 月 27 日）

河北工业大学首创"微信版校史馆"上线

　　河北新闻网讯　6月9日,河北工业大学"微信版校史馆"正式上线。据该校新媒体中心负责人祖磊介绍,"微信版校史馆"是该校的一大创新,将新媒体与历史相结合,帮助大家了解河北工业大学的历史,"这标志着河北工业大学又多了一个对外展示的窗口和一个对师生进行爱校教育的平台。"

　　据了解,河北工业大学微信公众平台创立于2014年3月,"微信版校史馆"从一个月前开始筹划。"微信版校史馆"以学校发展历史沿革和"工学并举"办学特色为主线,通过语音导览的方式分七个部分对校史进行讲解,全方位展示了河北工业大学111年的奋斗历程。祖磊表示,"微信版校史馆"上线,让许多毕业校友和社会人士能够更为便捷地了解河北工业大学的历史。对于在校学生来说,也有利于增强了同学们的爱校意识,达到一种隐形思想教育的作用。

　　　　　　　　见习记者张雪薇(河北新闻网,2014年6月11日)

张庆伟到天士力集团和河北工大考察调研

本报天津6月17日电 今天上午,省长张庆伟到位于天津市的天士力集团、河北工业大学进行调研。他强调,天士力集团在中药研发、生产、流通等方面具有独特优势,希望天士力集团发挥自身优势,与安国市共同推进数字中药都项目建设,做大做强河北的中药产业,为中药事业发展作出应有贡献;河北工大作为河北省唯一一所进入"211工程"的理工类大学,教学科研要紧密结合河北经济社会发展需要,积极推动产学研一体化,促进科技成果尽快转化为现实生产力,为全省经济社会发展作出更大贡献。

在天士力集团,张庆伟先后考察了天士力健康展览体验馆、现代中药提取生产线,认真了解天士力集团发展历史、体制机制创新、科技研发、产业布局等方面的情况。考察过程中,张庆伟对天士力集团20多年时间里在中药生产、研发及健康产业发展方面取得的成就给予高度评价。他说,体制机制创新是保持企业活力的重要源泉,自主创新是企业实现可持续发展的关键所在。天士力集团在全面改制基础上,着力推进持股机制、创业机制、激励机制等方面的创新,逐渐形成了以产权为纽带的激励和约束机制,在集团内部形成了注重科技研发的良好氛围,不断有新的科研成果诞生,真正实现了"生产一批、储备一批、研发一批"的良性循环,在依靠科技创新推动企业发展上作出了表率。

在天士力国际交流展示中心,张庆伟听取了安国数字中药都规划设计情况介绍,对规划设计给予充分肯定。张庆伟说,天士力集团是国内最大的中药现代化民营企业集团和上市公司。安国是"千年药都"和北方最大的中药材集散地。天士力与安国市在去年5月份已经签署合作协议,将共同建设安国中药都项目。希望天士力将自身优势和安国的优势结合起来,进一步加强双方合作,加快项目规划和建设进度,建设完整的中医药产业链,积极发展健康产业,以实际行动推动我国中药产业发展壮大,打造津冀产业合作的示范项目。

张庆伟非常关心河北工大的建设和发展,专程来到河北工大北辰校区,亲切看望广大教职员工和在校学生。张庆伟在参观建筑与艺术设计学院时,与老师和同学们进行热烈交流,关切地询问"同学们就业怎么样""设计专利有没有实现转化"等相关情况。张庆伟说,高校在科技创新体系中发挥着重要的作用,河北工大要发挥人才聚集、学科交叉、位置独特的优势,积极参与重大项目、重点工程的规划设计,让学校的教育科研与经济社会发展紧密结合,与科研单位、各类企业加强联系,推进产学研用深度融合,加快科技成果向现实生产力的转化。

河北工大建筑与艺术设计学院 2009 级一个宿舍的 6 名女生分别获得保研、考研和出国的资格,同学们称她们为"学霸"。张庆伟祝贺 6 名同学刻苦努力取得的成绩并勉励大家,大学阶段是人一生最美好的时光,要珍惜难得的学习机会,志存高远、脚踏实地,勤于学习、增强本领,做有理想、有抱负、有作为的新一代大学生,努力用学到的知识为社会作出更大贡献。

张庆伟还在河北工大学熙园的工学楼前种下一棵松树,并考察了大学生活动中心,现场听取了河北工大北辰校区规划建设相关情况介绍。

省政府秘书长朱浩文参加调研。

记者王玉亮(《河北日报》,2014 年 6 月 18 日)

河工大土木工程毕业生可提前1年
报考注册师考试

　　燕赵都市网讯　记者了解到,从今年开始,河北工业大学土木工程专业的本科毕业生如果想申请参加注册土木工程师执业资格考试,不必等到5年以后,提前1年就可以报考,并且他们的学历也具备了与国际上发达国家互相承认的必备条件,因为该专业刚刚顺利通过了住建部教育评估。

　　据了解,由中华人民共和国住房和城乡建设部主持的高等学校专业教育评估是注册执业制度的重要组成部分,是我国工程教育加入《华盛顿协议》的重要环节,是土木工程专业毕业生参加相应注册师考试的准入条件。河北工业大学土木工程专业分别于2003年和2009年两次通过全国高等学校土木工程专业教育评估并获得优秀。

　　今年是我国加入《华盛顿协议》后按照新的评估标准进行评估的第一年,评估实质等效于按照《华盛顿协议》进行的工科教育认证工作,河北工业大学是全国首批参加评估的15所院校之一,评估专家组通过专业实验室考察、学生学习成果审阅、课堂听课、教学管理文件查阅、召开各类教师和学生座谈会、随机检查学生上课和毕业设计情况等形式,对学校学生发展、专业目标、教学过程、师资队伍、教学资源、教学管理、质量评价等七方面进行了全面考察评估。2014年6月18日住建部公布了2014年度土建类专业评估(认证)结论(土建专业评估通告〔2014〕第1号),河北工大土木工程专业再次以优异成绩通过评估,有效期6年为最高等级。从2014年5月开始至2020年5月,今年6月份毕业的2014届毕业生,就已经达到国家规定的申请参加注册师考试的提前1年的教育标准,并为与国际上发达国家相互承认同类专业的学历提供了必备条件。

背景资料：

2013 年 6 月,在韩国首尔召开的国际工程联盟大会上,我国被接纳为《华盛顿协议》签约成员,成为该协议组织第 21 个成员。

由住房和城乡建设部主持的高等学校专业教育评估开展土木工程专业评估的目的是加强国家和行业主管部门对高等学校土木工程专业教育的宏观指导和管理,保证和提高土木工程专业的教育质量,更好地贯彻教育必须为社会主义建设服务的方针,使我国高等学校土木工程专业毕业生符合国家规定的申请参加注册工程师考试的教育标准,为与其他国家和地区相互承认同类专业的学历创造条件。

土木工程专业评估是在教育部的指导和协调下,由住建部高等教育土木工程专业评估委员会负责组织实施。目前评估结论分三种:一、满足评估标准,评估通过,有效期为 6 年;二、基本满足评估标准,评估通过,有效期为 3 年。三、评估未通过。

记者张清华　通讯员霍占良、祖磊(燕赵都市网,2014 年 7 月 1 日)

工学并举，培育英才

——专访河北工业大学副校长刘兵教授

人物掠影：刘兵，毕业于天津大学管理科学与工程专业，工学博士，教授，博士生导师，现任河北工业大学副校长。教学科研方向为组织行为与人力资源管理。主讲人力资源管理等课程，指导工商管理专业硕士、MBA、技术经济及管理专业博士。主持国家自然科学基金、国家软科学、河北省自然科学基金、河北省软科学等项目20余项。在《系统工程理论与实践》《系统工程学报》《中国软科学》等核心期刊及国际会议上发表论文60余篇，其中EI、CSSCI检索20余篇，出版专著《企业经营者激励制约理论与实务》《企业人力资源管理外包理论与方法》。2003年被批准为河北省新世纪"三三三人才工程"二层次人选，2006年被评为河北省"十大杰出青年教师"，2009年被评为河北省社会科学优秀青年专家，2009年入选教育部"新世纪优秀人才支持计划"，2010年被评为河北省有突出贡献中青年专家。

天津是一个古老而又年轻的城市，坐落于此的河北工业大学也是一所古老而又年轻的学府。百年历史，沉淀其风骨精神；时代风云，塑造其形象气质。"工学并举"是一所工艺学堂的坚守，"勤慎公忠"是理工教育者独特的人文情怀。这一切，使得亦古亦新的河北工业大学如同其新校区青灰色调棱角分明的建筑一样，端庄大气，朴素踏实。

《高校招生》：刘校长您好！非常感谢您接受我们的采访。作为河北省唯——所"211工程"大学，贵校的办学地点却在天津市，这是很多考生没有想到的。贵校当初为什么选择在这里办学？这里办学给贵校带来了什么样的地域优势？

刘兵：光绪二十八年十二月（1903年1月），直隶总督府就设置在天津，时任直隶总督袁世凯委派天津知府凌福彭筹建北洋工艺学堂，地点选定在天津老城东南角贡院东草厂庵。1928年，直隶省改为河北省，天津为河北省省会。学校一直延续在天津办学。1966年,天津和河北省分家,天津成为直辖市。1969年10月,在学校划分时,天津工学院和河北大学划归河北省属,由于当时正处于战备紧张时期,根据天津市的规定,我校和河北大学必须搬出天津。由于我校属于工科院校,大型仪器设备较多,搬迁比较困难,并且没有合适的地点。在邯郸选建的校址一直没有建完,所以直到1978年初,学校仍没有完全搬出。小平同志复出后,主抓教育,1978年春天在北京召开全国教育工作会议,老院长潘承孝教授利用这个机会,给小平同志写信,讲述了学校搬迁的后果。小平同志看后,在信上做了批示。河北省决定,学校不再搬迁,继续在天津办学。已经搬到邯郸的少数师生又回到天津。所以,我校成为全国极少数的异地办学的高校之一。

河北工业大学隶属河北、坐落天津、毗邻北京,是河北省唯一的"211工程"重点建设大学,这一独特的区位优势给学校的办学提供了不少便利:一是利于学校的招生。近几年我们在河北省、天津市的招生,高出一本线三十分左右,而在辽宁、山东等省(市)要高出一本线50分以上。二是有利于我们毕业生的就业。虽然现在大学生就业难,但是我们学校的毕业生留在天津的概率非常高,只要愿意留在天津,基本都能满足意愿。近五年来,学校超过80%毕业生在河北、天津就业,在津就业的毕业生数量超过7000人,其中研究生1800多人。学校培养的2000多名MBA研究生85%留在冀津两地,近百名EMBA研究生已成为冀津知名企业的高管。学校利用工科类学科专业的优势与冀津企业开展合作,近些年,年均与天津企业签订科技合作项目100多项,这个数字也在逐年增长。学校还设立种子创业基金,扶植了一批冀津企业创新创业。

总的来说,京津地区高等教育水平高、人才济济,为我校发展建设提供了良好的外部资源环境。特别是随着京津冀协同发展上升为重大国家战略,为河北工业大学加快发展提供了难得的历史机遇。学校具有百余年扎根服务京津冀经济社会发展的历史;十几万分布于京津冀的校友,构成了三地天然的血脉联系;学校机械材料、海洋化工、电气信息、建筑能环等重点学科实力雄厚,与京津冀主要产业技术需求贴近度高,与企事业单位联系紧密。作为河北省的桥头堡,河北工业大学在助推京津冀协同发展中具有天然、独特的优势,应该,也能够更好地发挥三地协同发展的桥梁纽带作用。

在助推京津冀协同发展过程中,学校将积极探索建立与京津高校、科研院所协同发展的新机制,实现京津冀科教资源的互通共享。联合京津冀科技人才资源,与区域、行业企业共建协同创新中心等科技平台,提高服务区域经济发展的能力和水平。学校的人才培养、科学研究、社会服务、文化传承与创新等各方面工作,一定会取得长足进步,学校办学水平会得到大幅提升。目前,学校正努力促成河北省、天津市、教育部共建河北工业大学。通过共建,推进冀津学术交流、人才交流与科技合作。省市部共建将为学校加快建设,全面提高人才培养质量和办学水平提供难得的发展平台。

《高校招生》:关于贵校与天津大学的关系,坊间流传着不同的版本,您能否为大家介绍一下两校之间到底存在怎样的渊源?

刘兵:1951 年,中央人民政府教育部通知,河北工学院与北洋大学合并,成立新的大学,定名为天津大学,地点在天津七里台,是现在天津大学所在地。1958 年,根据河北省委指示,恢复重建河北工学院,办事处设在天津大学。在恢复重建过程中,天津大学教务长潘承孝教授被任命为河北工学院院长,并由天津大学抽调了包括原来就在河北工学院任教的 19 名正副教授、讲师和 30 名青年教师,并挑选 50 名毕业生从事教学工作。经过紧锣密鼓的准备,当年就招收新生 755 人。正是在这一基础上,开始了河北工业大学的重建工作。

《高校招生》:既然有那么深厚的感情,那么贵校与天津大学在近几年的发展中有没有一些交流合作? 具体体现在哪些方面?

刘兵:我们学校目前的师资队伍当中,有相当大的比例是天津大学毕业的。反过来,天津大学也是我们毕业生考研的首选院校,天津大学对我校学生也青睐有加,尤其是机械、化工等工科专业。另外,在平时的交流当中,比如学术报告、项目鉴定、论文评审、答辩等活动当中,两校的交流合作也十分密切。工大和天大一脉相承,以工为主,甚至在学校管理和教学模式上都十分相似。

《高校招生》:天津高校林立,南开大学、天津大学等都是全国知名学府,那么贵校同这些学校的交流合作是否密切?

刘兵:目前来讲,虽然我们在这方面也做了很多工作,但仍然有很大的合作空间,特别是跟天大、南开的合作。今年我们正在推进落实同这些院校的学分互换、师资、图书和网络资源共享等工作。此外,我们也利用我校的一些优势学科,比如在海洋化工领域同天大展开合作,联合渤海新区,申报国家级协同创新中心。在机械材料、电气自动化等方面,想跟天大、南开等院校继续展开深度合作。三校在人才培养方面的合作也在逐步展开。至于聘请天大、南开等院校的教授来我校开设课程、讲座,进行学术交流活动,就更加频繁了。

《高校招生》：贵校的工科特色非常明显，机械设计制造及其自动化、金属材料工程、化学工程与工艺、电气工程及其自动化、应用物理等专业都是国家级特色专业。贵校在增强自身工科实力方面有什么独到之处？

刘兵：学校一直坚持"工学并举"办学特色。一百多年前，学校首倡"工学并举"教育思想，开创了高等工程教育"工学并举"培养人才之先河。一百多年来，学校始终不渝地坚持这一办学特色，工科实力水平不断提高。在工程型科技人才的教育思想上，特别注重正确处理好"课堂理论教学"与"工程实践训练"的关系，要求做到：学习科技理论知识与培养工程实践能力并重，让学生"手脑并用""既习其理，又习其器""理论与实践相结合"。多年办学实践中将这些理念贯彻到人才培养方案、课程体系中，贯彻到师资队伍建设中，贯彻到每一门课程中。例如我校工科各专业都开设了工程图学课程，每次课堂授课后都有作业，教师全批全改，坚持了几十年，使得我校学生读图、识图、绘图能力强，得到许多用人单位的好评；又如我校化工类专业多年坚持化学基础实验一人一组，并鼓励学生自主设计创新性实验，这些措施使学生化学实验基本功扎实，在天津市化学实验竞赛中，多次与南开大学、天津大学学生同台竞技，并取得优异成绩，也受到用人单位的好评。

《高校招生》：我们知道"工学并举"是贵校一以贯之的教学特色，那么贵校是如何坚持这一办学理念的呢？

刘兵："工学并举"是我校传统的办学理念和办学特色，至今已经传承了111年。1903年，我校的前身，全国最早培养工业人才的高等学校——北洋工艺学堂正式创办。在学校开办之初，学校首任总办周学熙先生就提出了"工艺非学不兴，学非工艺不显"的实业教育思想，把"办学与兴工"紧密联系在一起。1929年，学校更名为河北省立工业学院，首任院长魏元光先生倡导对学生教育要"手脑并用、理论与实践结合"。学校把附设工厂办成教学与生产结合的典范，实习生产的产品，设计新颖、质量优良，在市场上卖到脱销。1958年，学校几度分合之后恢复重建河北工学院，首任院长潘承孝教授倡导"注重三基"的教育思想，即加强学生的基础理论、基本知识和基本技能，致力于探索教学、科研、生产三结合的办学规律。改革开放以来，学校始终不渝地坚持"工学并举"的办学传统，并对"工学并举"办学思想内涵不断拓展和提升，形成了坚持"以工为主，多学科协调发展"；坚持以本科教育为基础，本科教育和研究生教育并重；坚持走内涵发展之路，把内涵发展贯穿于人才培养、科学研究、社会服务、文化传承创新全过程；坚持走特色发展之路，实现

"工程教育与经济建设相结合、理论教学与工程实践相结合、科技创新与社会需求相结合"的办学理念。

《高校招生》：您作为副校长主管学校教育教学工作也有一年多了，这一年多里，在创新人才培养模式方面也做了不少探索，能为我们简要介绍一下您的工作经验吗？

刘兵：近年来，我校坚持"育人为本、德育为先，能力为重、全面发展"的育人理念，积极推进"理论、实践两条主线，创新融入贯穿全过程"、科学基础、实践能力和人文素养融合发展的本科人才培养模式。将大学生科研训练、创新创业训练、第二课堂以及社会实践等创新实践训练活动等纳入人才培养体系；积极推进"四个一工程"，即发表一篇论文、申请一项专利、参加一项科研训练或参加一项学科竞赛。不断完善、充实由基础训练、应用训练、创新训练和综合训练组成的"四个层面"的实践教学体系，根据学科类别，各有侧重、形式多样地设置实践教学环节，优化实践教学内容。

基础训练增加了课程设计中的创新性、综合性题目和实验课程中的设计性、创新性项目。应用训练开展了认知实习、暑期实践、专业实习、毕业实习等多层次的实习教学活动，建设了一批重实效、重内容的实习基地。创新训练开展了科研训练、创新创业训练计划、自主实验、学科竞赛、第二课堂、社会实践等创新实践训练活动。综合训练加强了毕业设计与毕业论文的规范性和实效性，坚持毕业论文抽查制度，切实提高了毕业设计、毕业论文质量。以"征集、自拟"选题为途径，开展了大学生创新实践训练活动，积极组织学生参加省市级以上大学生创新竞赛。同时，我们也大力推进"卓越人才培养计划"，构建校企协同育人新机制，实施"潘承孝班"培养计划。单独设计人才培养方案，对学有专长、学有余力和有发展潜力的学生实行精英培养，使其成为具备进入国内外一流大学及科研机构攻读更高学位潜力或较强创新创业能力的卓越人才。此外，我们还积极与企业合作联合培养实战型人才。如与河北君安证券公司创办"君安钻石班"，君安证券公司定期派专业人员为学生上课，学生利用寒暑假到公司各营业部实习，毕业后可优先到公司任职。

在教学过程中，我们还开展"辅修"制度和"双学位"教育。采取多元化的选课方式，扩大学生修读人数；充分发挥多学科优势，培养复合型人才。在学生原有课程设置基础上，我们增加了综合性实验和实践教学环节的比重；开设以实践为主、理论讲授为辅的创新拓展类课程；开发了符合创新创业教育教学基本要求的创业、就业指导类课程；促进科研与教学互动，及时把科研成果转化为教学内容。另外，我们还注重加强毕业生质量跟踪与评价工作。完善毕业生就业信息管理平台,建立毕业生就业状况动态评价机制,并借助麦可思等第三方评估机构,加强对毕业生质量跟踪调查,建立用人单位、校友对毕业生成就评价制度,持续改进、优化人才培养模式。

《高校招生》:您现在的研究方向是组织行为与人力资源管理,对于企业管理也有研究,那么您觉得企业最需要什么样的人才? 贵校是通过哪些举措来培养企业最需要的人才的呢?

刘兵:我校毕业生大多到各类企业、科研院所等单位工作。首先学校要了解企业的需要。学校每年通过组织就业市场,与用人单位见面了解他们的需要;每年,学校委托麦可思公司进行毕业生调查,了解学生在用人单位的发展情况;我校教师通过与企业的科研合作,了解企业的具体需要,同时掌握行业的发展动态。所有这些信息都要及时反馈到教学中来。具体而言就是通过专业方向的设置,各类课程的动态调整,教学内容的及时更新等等,使我们培养的毕业生能适应企业的需要。例如我校电气专业教师及时将与企业科研合作的内容融入"电力系统设计"课程中,毕业学生所掌握的这方面知识使得他们在用人单位脱颖而出,很快成为技术骨干。学校同时也引导学生关注社会需求、企业需求,让他们在四年学习期间将个人发展规划与社会需求相结合。为此,学校组织了大量学生进行社会实践、暑期社会实习,接触并了解社会。

《高校招生》:您大学时就读的是工业管理工程系,为什么要选择这一专业呢? 是您自己喜欢主动报考的,还是被调剂的呢? 现在的高三考生也即将面临专业选择的难题,您对他们有什么样的建议?

刘兵:一本院校里有"985工程""211工程"及其他院校,学校之间的层次和教育资源配置,还是有较大差异的。我个人认为,在一本院校中,选学校可能更重要一些,学校的品牌对学生未来就业会产生一定影响。如果你进了名校,但没能进入自己最喜爱的专业,你还可以通过辅修专业等方式,来完善学科知识结构。二本院校中,大部分学校都有鲜明的学科特色,建议考生结合自己的特长、兴趣、爱好,以专业为导向来选择学校。专业的热与冷,会随着经济和社会形势的变化而变化。有些专业,看起来热门,许多学校都开设,招收了不少学生,导致若干年后人才过剩。有的专业,在招生时显得冷门,但毕业生就业时因为社会需求旺盛,反而成了"抢手货"。家长们可以通过搜集多方信息,对一些行业的发展前景进行预测,带着前瞻性的眼光去填高考志愿。同时,考生不要连续填报冷热程度相似、录取分数接近的专业。当然,最重要的,考生要从自己的特长与兴趣出发来选择专业,有兴趣才能学得更好。这样,才能在日后的就业竞争中脱颖而出。

《高校招生》:距离您的高考已经过去几十年了,现在回过头来看,您觉得高考的意义在哪里?

刘兵:尽管高考仍存在一些弊端,但目前还没有一个更好的方式完全取代。整体而言,高考依然是目前国家选拔人才,个人改变命运的一种相对公平的方式。我觉得,对于每一个高中生来说,高考仍是一次相对公平竞争的机会,也为他们提供了人生道路上又一次选择的机会,这也可以算是每个人必须经历的一种生活方式,大家应该敢于去面对和把握这种竞争。

《高校招生》:对于很多考生来说,高考是为了上大学,但上大学是为了什么却并不清楚,因此也有人认为"大学无用",那么您觉得读大学的意义是什么?

刘兵:现在大学生的就业形势越来越严峻。很多人都发表感叹,上大学已经没什么用,只是在大学里混个文凭,压根没有学到真才实学,大学文凭的含金量越来越低,大学教育越来越不实用。其实这些观点都有些片面。首先,大学教育锻炼人的思维能力。其次,大学教育要求大学生全面、自主地学习。第三,大学教育能培养人的交际能力。第四,大学教育锻炼了大学生的团队合作精神、口才和胆量。与其说大学教育教给学生的是具体的专业学科知识,不如说是一种可以受益终身的技能。在大学里,学得更多的是批判性的阅读能力、必要的写作能力、独立思考能力以及终身学习的能力,这些能力会在以后的工作和生活中帮助个人更好地成就自我。教育从来不应该是一件功利的事情,人生的目的也不应该仅仅是赚钱。上大学确实不能保证以后找个好工作,上大学也确实不是唯一的出路。但是,几年的积累将丰盈一个人的思想,让精神更加丰厚,让人生更加多彩。

(《高校招生杂志》,2014 年 7 月 8 日)

河北工大海水高效利用技术通过验收

　　本报讯　近日,河北工业大学 2010 年入选的教育部创新团队项目"海水资源高效利用化工技术"通过了教育部科技司组织的专家验收。

　　验收专家组考察了科研平台和工程化研究基地,在充分评议的基础上,高度肯定了团队工作及取得的成果,一致认为该创新团队针对海水资源开发中的基础理论、关键材料、分离技术和装备以及工程化等科学和技术问题,进行了海水资源高效利用化工技术的系统化研究,形成了稳定的研究方向,特色鲜明,优势明显,取得了一大批创新性科研成果,并实现了大规模的产业化应用。

　　　　　　　　　　　　　　　记者王敬照(《河北日报》,2014 年 8 月 14 日)

河北工大提出石墨合成金刚石新机制
人造多晶金刚石大小有望可控

本报讯　石墨和钻石同属碳的单质,但身价却天壤之别。近日,河北工业大学在石墨—金刚石相变机制理论研究方面取得重大进展。8 月 4 日,Nature 出版集团的《Scientific Reports》杂志刊发该校谢红献博士为第一作者的论文《Mechanism for direct graphite-to-diamond phase transition》(石墨—金刚石相变机制研究)。该研究为人工合成金刚石提供了一个全新的思路:可按人意愿控制人造多晶金刚石晶粒的大小,以及单晶金刚石的合成。

据介绍,金刚石是立方晶体结构,石墨是"ABABA"层状晶体结构。石墨要转变成立方晶体结构的金刚石,一般认为首先要转变成"ABCABCA"结构的石墨,然后通过原子面的弯曲才能转变成立方金刚石。该研究通过系统的分子动力学模拟计算提出了一个崭新的转变机制:波状弯曲滑移机制。该研究表明:如果首先把石墨的层间距压缩到 0.24nm 左右,再沿[210]方向压缩就可得到单晶立方金刚石;如果石墨层的间距过大或过小,沿[210]方向压缩将会得到多晶立方金刚石或六角结构金刚石,且晶粒的大小决定于石墨层间距的大小。

记者郭伟(《河北日报》,2014 年 8 月 21 日)

报刊中的河北工大

185

河北工业大学两烈士列入
全国首批 300 名抗日英烈名录

　　为隆重纪念中国人民抗日战争暨世界反法西斯战争胜利 69 周年,民政部公布第一批 300 名著名抗日英烈和英雄群体名录。河北工业大学当时的化工系教授、留美博士杨裕民(杨十三)、斋务课主任洪麟阁位列其中。

　　杨裕民 1920 年赴美留学,1923 年回国后,致力于造纸工业的生产和技术研究。1929 年受河北省立工业学院(河北工业大学前身)首任院长魏元光邀请到校任教。洪麟阁为杨裕民好友,1932 年夏季应杨裕民邀请来校工作。在校期间,他们积极向学生宣传抗日思想。在"一二·九运动"中,杨裕民和洪麟阁组织学生游行示威,声援北平学生。

　　1937 年 7 月 7 日,日寇发动侵华战争,学校教授杨裕民、斋务课主任洪麟阁以及马沣、连芬亭等,带领河北省立工业学院爱国师生,在中国共产党的领导下,与"华北人民抗日自卫委员会"取得联系,并成立了该会所属的"工字团"(以工业学院师生组成),参加冀东抗日联军并组成西路军,洪麟阁任八路军冀东抗日联军副司令员兼第三路总指挥,杨裕民任八路军冀东抗日联军第一路政治部主任。他们共同参加策划并组织了有名的冀东大暴动。

　　1938 年 10 月,洪麟阁在天津蓟县穿芳峪台头村北与日军作战时壮烈牺牲,年仅 35 岁。杨裕民突破敌人封锁,幸得脱险。1939 年 7 月 21 日,终因长期劳顿,重病积疴,在转战中不幸牺牲于担架上,终年 50 岁。在"晋东南各界人士纪念九一八、追悼杨裕民先生大会"上,毛泽东同志从延安以电报题送了挽联:"国家在风雨飘摇之中,对我辈特增担荷;燕赵多慷慨悲歌之士,于先生犹见典型。"并为大会亲书横额"浩气长存"四个大字。朱德总司令主祭,并题赠挽词。

　　　　　记者邵隽　通讯员霍占良、陈德第(人民网,2014 年 9 月 24 日)

勤慎公忠

——河北工业大学校训塑造"报国魂"

河北工业大学红桥校区东院内,一座三层小楼古色古香,河北工业大学校史馆就坐落在这座国家重点文物保护单位的建筑里。推开那扇有着81年历史的红漆木门,校训墙上,曾经的校长魏元光先生亲笔题写的"勤慎公忠"四个金色大字分外醒目。

"勤慎公忠"是河北工业大学百余年办学历程的基本遵循

"校训对我创业具有导向作用,引领了公司文化制度的建立。"2008年毕业于河北工业大学的天津卓朗科技发展有限公司董事长张坤宇对母校的校训牢记不忘,2013年张坤宇的公司营业收入达4.7亿元。

"'勤慎公忠'是河北工业大学百余年办学历程的基本遵循。"从事校史研究十余年的河北工业大学党委宣传部原部长陈德第介绍说,1903年,"以发明工业为宗旨,以期为国而思,握实业界之霸权"的河北工业大学前身——北洋工艺学堂设立。8年后,17岁的魏元光考入该校,在心中悄然筑起"兴工富国"的梦想。1924年5月,放弃美国的优厚待遇,魏元光毅然回母校任教,并于1926年受荐开始掌校。掌校期间,他一直将"勤以治学,慎以立身,公以对人,忠以处事"的精神作为学校的育才典式,后又进一步解释为"勤者,辛勤劳动,刻苦钻研;慎者,精心作业,精心操作;公者,大公无私,廉洁奉公;忠者,热爱祖国,敬业尽职"。河北工业大学校名几经变化,但"勤慎公忠"的校训一脉传承,成为一代代师生"求知、树德、立业、报国"的思想根基。

"勤慎公忠"意在向善重在践行,塑造工大人百年"报国魂"

9月1日,民政部公布第一批300名著名抗日英烈和英雄群体名录,20世纪30年代在河北工业大学化工系任教授的杨裕民(杨十三)、任斋务课主任的洪麟阁位列其中。作为技术人才,杨裕民致力于造纸工业技术研究,首创芦苇制浆造纸,为中国开拓造纸工业新原料、新工艺作出了贡献。作为爱国志士,他与洪麟阁等带领爱国师生成立了"工字团",在中国共产党的领导下,策划并组织了著名的冀东大暴动。1938年10月,洪麟阁在天津蓟县与日军作战时壮烈牺牲,年仅35岁。1939年7月,因重病积疴,杨裕民在转战中不幸去世,终年50岁。毛主席为其题写挽联:"国家在风雨飘摇之中,对我辈特增担荷;燕赵多慷慨悲歌之士,于先生犹见典型。"

中国汽车和内燃机专家潘承孝是河北工业大学的又一骄傲。河北工业大学机械工程学院教授张顺心说,潘老在给学生留制图作业时,总是自己先画一张,以便知道画一张图需要多长时间,然后才要求学生按时交上作业。更多的工大师生默默践行"勤慎公忠"的校训精神,他们勤奋探求的足迹遍布燕赵大地,不辍进取的身影活跃在祖国各地。

河北工业大学党委书记李强对校训这样解读:"勤慎公忠"意在向善,重在践行,与现今倡行的社会主义核心价值观内涵和"善行河北"的主题互通共融,一脉相承。

记者张娜 通讯员霍占良(河北新闻网,2014年10月22日)

校训是滋养大学的精神沃土

"校训之于大学,犹如沃土之于大树。树高千尺,离不开沃土的滋养,一所大学成长,也离不开校训精神的浸润和引领。"河北工业大学校长展永谈到校训时表示,工大"勤慎公忠"的校训,经过了近百年的历史积淀和薪火传承,不仅成为学校办学历程的文化印证,更是数辈工大人砥砺前行的内在精神动力。

展永介绍说,为了更好地传承和发扬"勤慎公忠"的校训精神,学校一方面坚持"向史求深",充分发挥阵地、载体、基地等作用,结合重大纪念日,鉴史明志,激励后人。另一方面,与时俱进,采用"评、奖、学、行"的方式,凝练新时代校训精神内涵,用身边的榜样引路领航。在2013年学校110周年校庆期间,学校评选出25名"工大楷模",号召全校师生学习他们爱岗敬业、立德树人、甘于奉献、追求卓越的高尚品质。成立由全部新生党员组成的魏元光班,作为学校秉承和传递"勤慎公忠"校训的使者。

坐落在国家重点文物保护单位内的校史馆,成为河北工业大学缅怀历史、励志育人的教育基地。学校还录制了校史文化专题片,编辑出版了《百年回眸》《代代风流》等文化出版物,建立校史文化广场,将学校百余年的厚重历史和文化积淀视觉化呈现和深度解读,成为教育激励工大人凝心聚力、奋发进取的生动课堂。

展永表示,在未来的办学历程中,河北工业大学将继续秉承"勤慎公忠"的校训精神,坚持"工学并举"的办学特色,熔铸工大人身担家国的理想信念、严谨务实的科学态度、好学求新的进取精神,真正担负起在实现国家强盛和民族复兴中的责任。

张娜(《河北日报》,2014年10月22日)

我省与天津市、教育部共建河北工业大学

从河北工业大学获悉,河北省人民政府、天津市人民政府和教育部今天正式签署共建河北工业大学的意见。此次共建是落实京津冀协同发展重大国家战略的重要举措,是国家深化高等教育领域综合改革、创新高等教育管理体制、促进京津冀地区高等教育资源共享与协调发展的有益探索。

根据意见,教育部将积极支持省市部共建河北工业大学工作,指导和帮助河北工业大学制定战略发展计划。对人才培养基地、重点学科、重点实验室、工程研究中心等教学科研平台建设给予指导和支持,在"长江学者奖励计划"等重大人才计划、干部培训、推荐优秀应届本科毕业生免试攻读研究生等方面适当给予支持。天津市将把河北工业大学纳入天津市高等教育发展总体布局,在重点学科和专业建设、科研和教学项目申报、人才队伍建设、校园建设、科研成果转化和产业化等方面给予大力支持。

我省将把河北工业大学作为深化高等教育综合改革的试点,纳入河北省经济建设和社会发展总体规划。进一步落实和扩大河北工业大学办学自主权,加快学校现代大学制度建设,完善内部治理结构,创新人才培养模式。持续增加对河北工业大学的经费投入,2016 年生均经费拨款达到教育部直属高校水平,统筹财力支持河北工业大学教育综合改革试点工作。此外,同意河北工业大学各类办学收费标准和教职工待遇参照天津市有关政策执行,并积极在有关政策的沟通、协调、落实方面与天津市形成联动联调机制。

记者王敬照　通讯员陈鸿雁(《河北日报》2014 年 12 月 3 日)

(此文在《人民日报》《光明日报》《中国教育报》《天津日报》

《教育部网》中国在线等媒体同时报道。)

陪子读书 14 年唯愿儿子能回报社会
津城"同桌妈妈"昨晚感动中国

为了让失聪的儿子能像正常人一样学习,妈妈陶艳波辞职跟着儿子杨乃彬全程陪读,从小学到大学坚持 14 年。2 年多以前,新报相关报道感动了很多人。昨晚,在央视感动中国 2014 年度人物颁奖晚会上,"同桌妈妈"陶艳波与其余 9 人共同成为感动中国 2014 年度人物。

在儿子杨乃彬一岁的时候,因为一次发烧导致耳膜出血,最终导致他失去了听说能力。为了给孩子治病,陶艳波一家人走过很多地方,但医生的结论始终让他们失望。很多人劝陶艳波把孩子送到聋哑学校,但是陶艳波没有放弃。为了儿子,她专门从老家黑龙江到北京去学习唇语,然后一点点地教儿子说话、识字。

陶艳波坚持让儿子上正常学校,为此她做出了一个难以让人理解的决定:辞职陪着孩子一起上学,成为孩子的同桌。就这样,从小学一年级到大四,母子二人一起学习。而乃彬也坚强地依靠辨认老师的唇语加看妈妈的笔记学习,陶艳波就是儿子的耳朵,就是儿子的向导。

一路求学中,杨乃彬的老师、同学也都为母子提供了最好的条件。在河北工大,校方考虑到乃彬每天都要给人工耳蜗充电,于是给他的寝室修改电路 24 小时不断电。经过不断练习,杨乃彬已能比较正常地和人交流。

陶艳波告诉记者,"大学的课堂氛围特别好,没有人因为我坐在课堂里而意外,只要想学习,任何人都可以走进大学课堂。"陪着孩子苦读这么多年,陶艳波现在对机电专业每位老师都一清二楚,课后,她经常第一个冲上去问问题,老师们都耐心地给她解答,这样乃彬就能看得更清楚。现在,陶艳波最盼望的是孩子能有份好的工作。乃彬希望用自己的努力回报父母,回报老师,回报所有帮助他们的人。

通过基层推选,陶艳波成为感动中国 2014 年度人物候选人之一,并最终成为感动中国 2014 年度人物。在春节前夕,他们一家三口赴北京参加了颁奖晚会的录制工作。录制前,主持人白岩松和敬一丹询问她:"陶妈妈,辛苦了这么多年,你有什么要求可以尽管提。"陶艳波回答说:"不敢提要求,现在心里就一个心愿,乃彬马上就要大学毕业了,希望他能服务社会、贡献社会。"在节目录制现场,陶艳波告诉主持人,"这么多年风风雨雨,孩子他爸爸一人打工供我俩上学,他更不容易,希望丈夫能一起上台领奖杯。"尽管奖项是颁给陶艳波一个人的,但荣誉属于这坚强的一家人。主持人爽快地答应了她的"要求"。

参加完颁奖晚会,陶艳波也非常感动,"就算全天下都瞧不起我的孩子,我也要眼含热泪,拥抱他,欣赏他。"

记者彭未风　通讯员于巍(《每日新报》,2015 年 3 月 15 日)

河北工业大学成立创新创业教育学院

近日,为加强大学生创新创业教育工作,推动人才培养模式改革,河北工业大学成立创新创业教育学院。

据介绍,创新创业教育学院将着力于培养学生创新创业意识和能力、培育创新成果和创业团队、探索创新人才培养的有效模式,以创新的文化引领创新创业教育、以完善的制度保障创新创业教育、以系统的平台支撑创新创业教育、以丰富的资源促进创新创业教育。同时通过课程宣讲,举办竞赛、体系化培训、项目化资助、基地化协助、多元化投入,推进学校的创新创业教育工作。

于巍(《河北日报》,2015 年 3 月 20 日)

河北工大校史文化育人建设工程成效显著

河北工业大学校史文化育人建设工程以培育和践行社会主义核心价值观为主旨,着力培树"兴工报国"志向,紧紧围绕"工学并举"的办学特色和"勤慎公忠"的校训精神这两条主线,着力实现爱校荣校教育、对外展示交流、文化实践育人及传承创新这四大功能,从形式上做到了"有形、有声、有影",从效果上做到了"入眼、入脑、入心"。

兴工报国　明志立身

2014年9月30日,全国首个烈士纪念日,河北工大在校史馆英烈厅隆重举行公祭活动。在学校111年的历史中,光荣的革命传统始终伴随。无论是五四运动、"一·二九"爱国运动,还是抗日战争、解放战争,河北工大广大进步师生积极投身到革命洪流中,为民族的解放和祖国的独立富强进行了英勇的斗争,先后涌现出一批赴汤蹈火、舍身报国的英雄人物。中国早期的工人运动的先驱,被称作"三湘人杰"的黄爱烈士;天津早期地方党的重要领导人,陕西渭华起义五位领导人之一卢绍亭(廉益民)烈士;冀东西部地委书记、抗日英雄田野(赵观民)烈士等都是其中的优秀代表。前不久,国家民政部门公布了第一批300名著名抗日英烈和英雄群体名录。该校教授杨十三、斋务课主任洪麟阁位列其中。英烈们"以国家为前程,以天下为己任,有大我而无小我,有民族而无个人,公而忘私,国而忘家。不惜以自己的肝胆心血铸成民族之魂,不惜以个人的头颅换取民族的独立,成仁成义,为公为国。"的英勇事迹,时刻激励着工大师生以实际行动继承先烈的革命遗志,弘扬先烈爱国家、爱人民的高尚情怀,学习他们不畏艰难险阻,在逆境中顽强拼搏、勇往直前的精神,进一步激发爱国热情、凝聚奋进力量把先烈们留下的珍贵精神财富代代相传,为建成高水平大学和实现中华民族伟大复兴的中国梦而努力奋斗。

纵观河北工业大学百余年的办学历程,始终不离工学,与国同行。清末初创,学校积极图"实业富国"之良方;民国时期,学校又担负起"工业救国"之重任,新中国成立后,学校肩负"科教兴国"之责,跨入新世纪,学校坚持以"创新强国"为己任,为中华民族的伟大复兴鼎力续航。"为学报国"也成为一代代工大人不变的追求。

河北工业大学校史馆为广大师生开展主题班会、党日团日等各种主题教育活动提供了重要场所,其展出内容是广大师生进行主题教育活动的新鲜素材,在开学季,将校史教育作为新生入学教育的第一课,激发其自豪感和爱校感,截至目前,已累计安排 200 多批次近万名新生参观校史馆;同时,积极组织新入职教师 50 多人次参观校史馆,加快其文化认同的节奏,尽快转换工作角色,让教师们在深厚的文化环境与精神氛围中自我教育、自我升华。

工学并举　特色育人

2012 年,河北工业大学任丙彦教授荣获河北省科学技术突出贡献奖。"在河北工业大学任教 40 余年;坚持在产学研道路上奋斗 16 年,创建了目前全球最大的光伏材料单晶硅生产基地之一——晶龙实业集团有限责任公司和晶澳太阳能公司。企业规模目前位列中国企业 500 强,年产值 268 亿元,为河北省成为中国光伏产业强省作出重大贡献。"简短的颁奖词中,几组数字分外亮眼,"穷理践实、为学兴工"的精神也是河北工业大学"工学并举"办学特色的集中体现。

1903 年,北洋工艺学堂首任总办、著名实业家周学熙先生提出"工艺非学不兴,学非工艺不显"的办学主张,创办了全国最早的高校校办工厂,首开"工学并举"工业教育思想之先河;百十年来,学校始终秉承"工学并举"的办学理念,赋予了"工学并举""理论与实践、办学与兴工、立校与报国"相结合的时代内涵,形成了鲜明的办学特色。

为了更好地传承学校精神,加强大学文化建设,宣传部将校史馆展览内容绘在新校区图书馆工地围墙上,使北辰校区拥有了极具文化特色的"露天校史馆"历史文化长廊,现在已经成为新校区 3 万余名师生新的爱校教育平台。景观石、实验室门厅、工程训练中心的墙壁,到处都有"工学并举"的醒目标示,学校将理论、实践、创新作为人才培养的基准并且缺一不可。特色鲜明的人才培养范式也取得了显著的成绩。在全国和省市的各级各类比赛中,工大学子都取得了优异的成绩。

勤慎公忠　熔铸精神

河北工业大学红桥校区东院内,一座古色古香的三层小楼赫然入目,洋红色的砖墙被风雨打磨得有些泛白,条石台阶和方砖廊柱都透着岁月的古朴沧桑,河北工业大学校史馆就坐落在这座国家重点保护文物的建筑里。

推开那扇有 81 年历史的红漆木门,映入眼帘的是镶嵌着校徽的"工"字造型石基,后方的校训墙上,魏元光先生亲笔题写的"勤慎公忠"四个金色大字分外醒目。

20 世纪 30 年代,魏元光先生亲书的"勤慎公忠"成为学校的校训。如今,也成为学校的固校之魂。

勤以治学,学显工兴,方能将实业之霸权紧握在手;

慎以立身,身担家国,故而常怀忧思之心抱瑾而行;

公以对人,人树百载,培育了好学求新、务实进取的探索勇气;

忠以处事,事有必至,磨砺了艰苦创业、自强不息的奋斗精神。

"勤慎公忠"塑造了工大人"矢志报国"的优秀品格。他们或血洒疆土,为民族解放和祖国富强英勇斗争,或恃才建业,为祖国繁荣富强殚精竭虑。他们用"勤以治学"得来的学问,为祖国的教育事业和工业发展尽心尽"忠","慎"以立身,天下为"公",无私无畏。

更多的工大师生默默践行"勤慎公忠"的校训精神,他们勤奋探求的足迹遍布燕赵大地,不辍进取的身影活跃在祖国各地。他们中有牵手围场 19 年、资助贫困学生 1000 人次的化工学院社会实践团队;有冰窟勇救落水儿童的周桂川;有多年坚持无偿献血并成功捐献造血干细胞的刘勇等。"在我们这样一所工科院校,勤奋好学、慎思慎言有助于更好地钻研学问,公平公正、忠心忠诚才能将先进的技术运用到正确的地方。"2008 年毕业于河北工大的天津卓朗科技发展有限公司董事长张坤宇对校训的理解极为深刻,这些年,他秉承"勤慎公忠",艰苦创业,企业创立仅 6 年,年销售额就超过 6 亿元,获得"全国就业创业优秀个人"的荣誉称号。

许多校友都把学校的人文精神贯穿在自己的企业文化中,或者当作自己的座右铭。而他们自己成功的经历也为学校历史的增添了浓墨重彩的一笔,他们回母校作报告、开讲座,用自己的人生经历、创业历程和成就教育学生,激励学生立志成才,报效祖国。

回馈社会　肩负使命

2014 年天津运河桃花旅游节,学校首次作为主办单位之一,向社会各界开放校史馆、团城等历史文物,并安排了校史展览与丰富多彩的参观展示活动,对市民进行校史文化教育与熏染。

工大厚重的历史文化不仅是学校为国育才的无价财富,也促进了社会文化的丰富和发展。学校自建设校史馆以来,坚持对外全天候对外开放,兄弟院校、企事业单位及社会各界人士前来参观学习,还多次接待天津市中小学生课外实践活动、学校社会实践基地的来宾、学生家长等。据不完全统计,开馆以来,参观校史馆的观众超过 8 万人次,接待上级领导、外国友人、兄弟院校同行 300 多场次,举办学术研讨会近百场,企业单位合作交流 100 多场,为校友返校、学校编辑刊物、普及校史知识以及各类节日庆典提供校史资料 8000 余次。同时校史馆与天津市文物档案部门共同建立国宝档案,整理历史文化遗产,积极参与历史文物保护工作。2014 年天津运河桃花旅游节,学校开放南、北大楼、团城和校史馆,共有三万多市民参观了校史馆,为桃花节增添了一抹亮丽的文化风景,对学校悠久的历史和灿烂的文化进行了有效宣传。2014 年 11 月 17 日,结合学校 111 年以来的中国工业教育发展史,制作"校史文化育人"宣传片,并参加 2014 年天津市高校校园文化育人项目展示交流会。河北工大的校史故事也成为各大媒体报道热点。

2014 年 6 月,省领导来学校视察指导工作,对学校开展校史文化教育的做法给予了高度评价。对我校利用深厚的历史和文化积淀,吸引人才,集聚人才的经验和思路给予了充分肯定。

校史育人夯底蕴,百年工大谱新篇。在未来的办学历程中,学校加强校史研究,深入发掘校史的独特育人优势,在"专研""活用""传播"三个方面下功夫。秉承"勤慎公忠"的校训精神,坚持"工学并举"的办学特色,熔铸工大人身担家国的理想信念,敬业乐群的道德风范,严谨务实的科学态度,好学求新的进取精神,永远保持对党、对祖国、对人民、对母校的热爱与忠诚,真正担负起国家强盛和民族复兴的历史重任。

霍占良、陶富(《中国教育报》,2015 年 4 月 9 日)

河北工业大学与国家超级计算天津中心
签订战略合作协议

  本报讯 近日,河北工业大学与国家超级计算天津中心签订战略合作协议,建立国家超级计算天津中心河北工业大学分中心。

  今后,双方将在申请和承担国家或企业科研项目、联合培养学科交叉型人才、共享商业软件资源等多方面开展合作,提升学校土木、机械、材料等优势学科的高性能计算信息技术应用水平、大数据技术研究和应用水平,促进"天河一号"超级计算机在上述领域的应用。该中心(NSCC-TJ)是科技部正式批准,由天津市滨海新区和国防科学技术大学共同建设,并于 2010 年联合研制成功了当前世界上运算速度最快之一的"天河一号"超级计算机。

记者李会嫔(《燕赵都市报》,2015 年 04 月 15 日)

河北工大孵化七家大学生创业公司
免费提供办公场地设备

日前,记者从河北工业大学北辰校区了解到,该校创业园在不到两年时间里已成功孵化出 7 家在校大学生创业公司,一批"90 后"大学生创业团队"破茧而出"。

天津萨米特科技发展有限公司是去年在河北工业大学北辰校区创业园注册的一家公司。这家公司由几名毕业生和在校博士生组成,主要为客户提供数字化制造解决方案,机器人与自动化、机器人仿真咨询及软件系统实施服务的整体解决方案。

公司负责人宋中越告诉记者:"企业购买的机器人一般都是国外的品牌,但是不会去购买他的服务。国外企业的服务相对比较贵一些,我们在保证质量的前提下,可以给他们提供很好的服务,这样就弥补了很大的市场空白,我们就是在线下帮助厂家把机器人的程序生成以后,再到他们工厂当中为他们进行调试,这样就缩短了他们生产的周期,为他们节省了成本"。

提起创业,宋中越和他的同学们感觉很辛苦,每天除了编写程序就是泡在实验室调试产品,但每次成功又带给他们无比的欢喜和信心。一年多的时间,公司已经取得了一些成绩,已经和 20 多家企业签约合作,现在营业额已经超过了 50 万。

如果说萨米特科技发展有限公司服务的是生产型企业,技术含量比较高,那么河北工业大学在校学生注册的另一家公司——精诺鸿飞科技有限公司的业务则更贴近生活。他们自主研发的"爱帮农"智能比价系统,可以帮助农民在电商平台销售农产品时,实现利润最大化。目前,东北的榛蘑、河北的白莲藕等多达 27 种农产品都在他们的运作下畅销淘宝、一度等电商平台。

天津精诺鸿飞科技有限公司技术总监冯海领对记者说:"我们刚刚帮助秦皇岛抚宁县销售红香椿,现在卖了三百多斤红香椿。在当地卖的售价他们只能挣到两块钱左右,但是通过电商平台销售,他们每斤能赚到七块钱。我们帮助农民实现了翻番的利润。"

从 2014 年开始,为了鼓励在校学生积极创业,河北工业大学开辟了创业园,为大学生免费提供办公场地和设备,还有专业老师一对一进行创业指导。通过这种"管家式"的服务,点燃了学生的创业热情,在不到两年时间里,创业园里先后入驻了 14 支大学生创业团队,其中 7 个团队已经"破茧而出"成功注册了企业,迅速成长壮大起来。

记者郭松峤 通讯员王巍、林少晨(《渤海早报》,2015 年 05 月 19 日)

河工大支教学生慈善募捐为贵州山区小学建食堂

这两天,正在贵州省长顺县睦化中心小学支教的河北工业大学学生赵轩和田家益激动不已,原因是他们通过网络筹集到2万元资金,为学校修建起了简易食堂,解决了学生们就餐的大问题。

自支教团来到睦化乡的那时起,就看到孩子们每次吃饭都是端着碗站在雨中或烈日下,这一幕深深触动了支教团的每个成员。今年4月初,赵轩和田家益在一个公益网络平台上设立项目,向社会募集资金。不到一周时间,就有100多位网友累计捐赠2万元。5月4日,食堂在完成了工程搭建及桌椅安装后投入使用。赵轩告诉记者:"孩子们说,这是他们收到的最好的礼物。"

食堂虽小爱心无价

河北工业大学宣传部部长陈鸿雁:食堂虽然简易,但支教团的大学生以及筹款网友的爱心无价。支教团的大学生在受助人和捐助人之间搭建了慈善捐赠的道德桥梁,他们的做法值得提倡。

支教大学生赵轩:看着孩子们坐在食堂里吃饭露出的笑脸,我很满足。网友们的爱心和信任让我很感动。有了这次的经验之后,我们打算继续开展类似的项目,为改善贫困儿童的生活学习状况而不懈努力。

信任让爱心更有力量

河北工业大学宣传中心于巍:这是一个网络慈善的成功模式,爱心在网络媒介形成互动和传递。这不仅让捐款的网友感受到了捐助的美好,而且为这种相互信任的关系注入了活力。

市民宋平:网络慈善,公信力很重要。社会上有责任感的爱心人士很多,社会力量在信任的基础上会变得更有能量。

网络慈善要鼓励更要规范

律师张程奕:国家有规定鼓励网络慈善,2014年12月国务院印发了《关于促进慈善事业健康发展的指导意见》,其中明确体现了对网络慈善的鼓励。但相关法律制度的缺失,容易使网络慈善缺乏规范性和专业性。从个人虚拟空间到各类组织平台,网上众多难以证实的求助信息与公益慈善组织发布的募捐信息混合在一起,考验着公众的爱心与信心。唯有加强规范和管理,才能让网络募捐的互信机制和互动机制更牢固。

(《今晚报》,2015年5月20日)

河北工大教工、抗日英烈洪麟阁事迹

在河北籍早期抗日英烈中,有两位同叫"麟阁"的爱国将领。相比卢沟桥事变中以身殉国的名将佟麟阁,洪麟阁的名字可能不那么为人所周知。

从遵化乡间生活安逸的"阁四少爷"到察哈尔抗日军中的青年军官,从白面长袍、在讲台上侃侃而谈的高校教师到冀东大暴动的主要领导者——面对一年年国土的沦丧,当"华北之大,竟容不下一张安静的书桌"时,他被迫一再放下"教育救国"的理念投笔从戎,直至为国捐躯。

洪麟阁,从一介书生到抗联司令,传奇人生的背后,正是民族危亡关头一代爱国知识分子的集体选择。

父亲洪麟阁牺牲的时候,洪泽才3个月大。

如今,77岁的洪泽已经满头银发。

虽然说不上对父亲有任何直接的记忆,但向记者转述完从母亲口中听到的关于父亲的事迹后,洪麟阁最小的女儿洪泽语调陡然一沉:"我,特别理解我的父亲。"

"人的一生总要选择个人的生活道路,我父亲,恰好是一个把个人尊严和民族尊严看得高于一切的人。这种人,恐怕再有一百遍、一千遍,还是会做这样的选择。"

"我回去换个阵地,继续抗日"

82年前的那个夏天,洪麟阁最终选择了"辞职"。

虽然此前一年,刚至而立之年的他刚刚被提升为冯玉祥西北军的一名军法处长。

"父亲原本只是一介书生,一度投笔从戎,后来又解甲归田,办报纸、办教育,频繁的身份转换都是为了找到救国的出路。冀东暴动后,父亲他们为抗联部队设计了蓝底白字的'雪耻'臂章,他自己也是戴着这样的臂章殉国的。洗雪国耻,正是那

报刊中的河北工大

一代知识分子最强烈的愿望。"相比几乎从未与父亲相处的小妹洪泽,洪麟阁的次子、84 岁的洪汶对父亲的印象更加直接和深刻。

在洪汶看来,父亲洪麟阁所做的一切都是因为迫切地希望寻找国家贫弱、民众痛苦的根源和突围之道。"这是一个痛苦的求索过程。虽然父亲无论从事什么具体工作都表现出色,无论走到哪里都是常人眼中的成功人士,但他本人感受更多的,却可能是处处碰壁、欲求救国而不得的痛苦。"

1902 年,洪麟阁出生在河北遵化地北头村一个满族中产之家,1921 年升入地处天津的直隶法政专科学校。国内军阀混战贯穿了洪麟阁求学经历的始终,由于政局动荡,学校经常停课,洪麟阁借机走向社会,深入调查,和同学一道创办地毯工人临时医务所、工人"千字课班",还成立起"天津青年勉励会",并在 1924 年毕业后帮助"青年勉励会"创办起一所旨在普及文化知识的平民学校。

1927 年,北伐期间,年轻的洪麟阁以文职身份来到河南省某县担任主管司法的"帮审"。当时驻县的冯玉祥部士兵中有人酗酒寻衅闹事,洪麟阁在掌握证据后,立即将歹徒关押,并特向冯玉祥致函申明原委。冯玉祥看过信后,对洪麟阁的依法处置非常满意。不久,在母校校长的推荐下,洪麟阁加入冯玉祥部取得军籍,踏上了第一次从军之路。

初次投笔从戎,原名洪占勋的洪麟阁在填写履历表时为自己改名"冲霄",寓意怒冲霄汉,为国家民族奋斗到底。

"虽然是书生出身的军法官,但父亲在冯玉祥部跟普通战士一样参加军事训练,摸爬滚打拼刺刀,并参加了著名的察哈尔抗战。"洪汶说。1933 年 5 月,日寇相继侵占长城各口和冀东各县,平津、华北形势危急,洪麟阁随冯玉祥、吉鸿昌等率领的华北民众抗日同盟军进击侵犯察北的日伪军,收复一度失守的张北、沽源、康保等县城。

然而,在日军的反扑和国民党军队的紧逼之下,察哈尔抗战最终却以抗日同盟军被迫解散告终,冯玉祥也被迫下野。就在冯玉祥离开部队前夕,洪麟阁找到冯玉祥当面请辞:"军阀混战,独夫拥兵,就是不打日本人。我回去换个阵地,继续抗日。"

"父亲第一次投笔从戎,追求是停止战乱、救民于水火,可是非但救国理想不能实现,连自己的家乡冀东也逐渐沦为了日寇的实际控制区,他的失望和愤怒是可想而知的。在行伍生涯中保持了知识分子本色的父亲,就这样选择了告别旧军人身份。回到家乡时,除了冯玉祥赐送留念的一口皮箱和一卷书画,他只带回了一张漂亮的雕花毛毯——那是纪念北伐胜利的嘉奖品。"洪汶告诉记者。

如今,那张毛毯和那口长约一米、宽约 70 厘米、高约 30 厘米的皮箱仍静静地躺在遵化洪麟阁故居的陈列柜里,皮箱表面油渍斑驳、四角微微起皮。工作人员告诉记者,直至洪麟阁牺牲时,这口皮箱一直被他用来盛装革命文件及贴身衣物。

"为了抗日和共产党走到一起,对他而言就是一个必然"

"凭借爷爷当时的经济实力和社会地位,冀东沦陷后他完全可以选择南迁或出国,是什么让他选择了留下、为民族存亡奔走呼号呢?"洪麟阁的孙子洪熙生长在和平年代,是从父辈口口相传的追忆中了解祖父的,敬佩之余,他一直试图探究祖父当年的心路历程。

1933 年秋,洪麟阁辗转抵达唐山,受工商日报总经理马溪山赏识,出任报社总编辑。在此期间,洪麟阁旗帜鲜明地抨击时政,大造抗日舆论,报纸曾一度被当局查封,洪麟阁、马溪山等人都成了被告,被传到北京。公堂之上,洪麟阁慷慨陈词:"如今国家处于危急存亡之秋,凡引狼入室者为卖国,抗战图存者为爱国。我们报纸宣传抗日救亡,罪在何处?"

1935 年夏,洪麟阁应好友杨十三的聘请,进入位于天津的河北工学院任职,分管斋务课行政事务。由于筹办专供平民学生用膳、轮流帮厨的简易食堂"穷膳团",他深得学生爱戴。然而,正是这一年,华北形势更加危急。

"今天的年轻人可能很难理解当年那一代知识分子对'亡国'二字的切肤之痛。"唐山市委党史研究室原副编审李成民告诉记者,就在这一年,已经越过长城实际控制了冀东的日方,索性唆使大汉奸殷汝耕在通州成立"冀东防共自治政府",宣布冀东 22 县"脱离中国政府管辖",使冀东彻底沦为日本帝国主义的殖民地。

"之前父亲也有很多日本朋友,但这一次他彻底被激怒了。"当年洪麟阁在河北工学院的同事后来告诉洪汶洪泽兄妹,"冀东防共自治政府"成立的消息传来,洪麟阁没等把报纸看完,就在办公室里拍案而起,痛骂日寇"欺我太甚"!

华北之大,再也容不下一张宁静的书桌。面对严酷的现实,洪麟阁不得不再次放下"教育救国"的理想。通过多方努力,他终于同天津地下党组织接上了头,并从那里得到了中国共产党《为抗日救国告全国同胞书》,也就是著名的《八一宣言》。

"1935 年 11 月,包括河北工学院在内的天津学生自治会联合发表《为抗日救国争自由宣言》,洪麟阁依照党的指示精神参与了对宣言的审定"。在以河北工学院为前身的位于天津的河北工业大学校史材料中,记者找到了这样的记载。

"父亲是党外爱国人士,在那个年代,为了抗日和共产党走到一起,对他而言就是一个必然。"洪泽这样评说父亲在国难当头的第二次人生重大抉择。

"李大钊对父亲的影响很深,可以说他奠定了父亲毕生追求的基调。"洪汶告诉记者,早在 1921 年底,洪麟阁在直隶法政专科学校求学期间,就和同窗好友结伴到北京,听过李大钊在"马克思主义研究会"上的演讲。

"察哈尔抗战是在中国共产党的推动和帮助下进行的,促成察哈尔抗战的西北军将领吉鸿昌就是共产党员。而父亲在唐山办报期间的老搭档马溪山,则是 1926 年入党的中共地下党员,在报社被查封停办期间,他们还一起组织、协助过唐山工人为增加工资、要求抗日的罢工……"洪汶激动地述说。

1935 年底,北平学生在党的领导下,爆发了"一二·九运动",天津学生立即响应,洪麟阁和杨十三一道组织了学生游行示威,声援北平学生。洪麟阁不仅参加了 12 月 18 日上午举行的全市学生大游行,当路遇军警阻击时,还直接组织学生分成两队,统一步调齐声呐喊南北夹击。在他的指挥下,学生们最终冲破阻截,胜利会合,这才得以按预定路线行进。

"按照毛泽东讲的打游击的办法,带起一拨队伍,发动武装跟敌人干"

初见洪麟阁的照片,烈士的年轻和英俊令人惊讶。

"父亲身高一米八,眉目清秀,当年在河北工学院担任斋务课主任的同时,也上讲台授课,尤其擅讲古典文学,《桃花源记》讲得最有名,不仅仅是在工学院本校讲,还应邀到南开大学讲,有一大批学生拥趸——大概就是你们今天年轻人说的'粉丝'吧。"洪汶至今仍能清晰地记起父亲平时在家言谈中那些信手拈来却充满诗情画意的片言只语——"南来浭水自还乡,小燕山下是吾家。"

而父亲留给洪汶最珍贵的遗物,是一张亲手为儿子拍摄的照片。

照片中,正上幼儿园的洪汶歪着身子,露出一张笑脸,眼睛还调皮地瞥向一边。"当时父亲在河北工学院任职,我家住在天津仰山公园附近的公寓,和杨十三是邻居。"洪汶指着照片中自己一身合体的制服和脚上穿的小皮鞋,"虽然我当时只有五岁,但从这样的日常穿着不难看出,那时候我们生活条件很不错。"

1931 年出生的洪汶,当时可能很难意识到,国破家亡的一天,已经近在咫尺。

就在这张照片拍摄后不久,"七七事变"爆发,日寇占领平津。侵略者的飞机有目标地扔下颗颗炸弹,河北工学院顿成火海,所有建筑物夷为废墟。洪汶至今仍忘不了弥漫在工学院的大火和海河两岸聚集的无家可归的难民。

很快,一群知识分子模样的人秘密聚集到了天津法租界滨江道吉泰大楼。他们是河北工学院代理院长路秀三、著名教授杨十三、机电系主任马澧、斋务科主任洪麟阁、工作人员连以农以及河北工学院校友赵观民、张秀岩等人。就这样,一群痛失校园的知识分子组织起来,同仇敌忾发出心声:"中国已经到了最危难的时刻,应该万众一心,拿起武器,抗击日本侵略军!"因为成员以河北工学院师生为主,这个组织的公开名称被定为了"工字团"。

此时,受中共中央派遣,共产党人李楚离、胡锡奎到天津开展地下工作,领导抗日民族统一战线,洪麟阁作为党外人士、社会名流,被吸收为"天津各界民众抗日救国会"的领导成员。1938年2月,洪麟阁带着中共河北省委以华北人民自卫委员会名义发出的、组织发动冀东抗日暴动的指示,回到遵化县地北头村老宅,组织民众抗日暴动。

"这儿原来叫'大本营'。"如今,坐在自家炕头上,82岁的地北头村村民陈宝顺用手指着洪麟阁故居的方向告诉记者。虽然陈宝顺当时年龄小,对洪麟阁没什么印象,但"大本营"的叫法早已刻在了他童年的记忆里。

1938年4月起,共产党人李楚离、马溪山和杨十三等工字团成员开始频繁出入这座"大本营",筹划起义。从最初五六十人的队伍开始,短短三个月时间,洪麟阁部发展到了1000多人的规模。

"那时候这边的南门都是关着的,他们走北边的大门,能过大车。"根据陈宝顺的描述,当时洪家的北门位于现在地北头村的一条主路上,因为土改时,洪麟阁的妻子肖雨村主动出让了一部分房屋,只剩三间小屋和两进小院,如今这处灰色的砖瓦平房已经看不出当年的景象。

"起义前,为了帮父亲筹措军饷,母亲把她陪嫁的金银首饰、银币全拿了出来。"洪泽说,自己的外祖父肖广福是位名中医,在玉田、北京、天津都有店铺。外祖父为人开明,不仅供三个女儿上大学,而且当年父母相爱时双方都早有婚约,但外祖父竟然没有反对,支持女儿自由恋爱。

当洪麟阁召集完当地巨商豪绅筹款,专程赶到玉田县的岳父家时,老人家马上设法筹措了大批经费,还把自己唯一的小儿子送到洪麟阁的队伍参加抗战。同被亲人送入这支抗日队伍中的,还有洪麟阁大哥洪占宽的独子洪步余。

根据杨十三生前的回忆,洪麟阁当时曾说过这样的话:现在全国抗日犹如干柴待燃,我们不仅要组织学生运动,更要按照毛泽东讲的打游击的办法,带起一拨队伍,发动武装跟敌人干,我就不信咱中国人收拾不了鬼子!

"他把最后一颗子弹留给了自己"

"有人对他说:你闹抗日,简直就是拿着鸡蛋往石头上碰,你碰得过吗？但是洪毫不动摇。"2015 年 4 月 24 日,冀东烈士陵园管理处工作人员为记者调出了陵园收藏的洪麟阁原始档案。一份纸张发黄的档案吸引了记者的目光:这是 20 世纪 80 年代中共中央原监察委员会委员李楚离为洪麟阁出具的证明材料。

"冀东抗日暴动前夕,冀热边特委在丰润县田家湾子村召开军事会议,会上宣布正式建立冀东抗日联军,高志远任司令,李运昌、洪麟阁任副司令。同时组成三路指挥部,洪麟阁兼第一路司令。为加强党对同盟军队的领导,河北省委派往洪部指导工作的正是李楚离。"李成民告诉记者。

"青纱帐起抗日去!"1938 年 7 月 6 日至 8 日,武装起义先后在滦县洪北村、丰润岩口镇、遵化地北头等地相继爆发,这就是著名的冀东大暴动。"北起长城口,南至渤海湾,西起潮白河,东抵山海关,10 万义军驰骋冀东大地,仅两个月,连克卢龙、迁安、乐亭、蓟县、平谷、玉田等县城,摧垮了除铁路沿线以外的大部重镇据点和遍布农村的伪乡政权。"李成民说。

"小狼山战斗、堤(地)北头战斗、沙流河战斗、龙山战斗、封台战斗、玉田战斗、川洪峪战斗……"冀东陵园洪麟阁档案中,编号 135、136 页原始记录中显示的一场场恶战把记者带回了那个战火纷飞的年代。"每逢作战,洪麟阁身先士卒,像个排长似的,带着队伍往前冲……"

在俘敌 700 多人、缴枪 600 多支的沙流河战斗中,年轻的洪步余为国捐躯。战斗结束后,面对乡亲的慰问,洪麟阁说,作为一个普通百姓,能为国牺牲,是洪步余的光荣,"大家推举我们洪家人带头抗日,我们洪家人应当先以英勇献身作表率。革命就得流血,流血先由我们洪家开始。"

一语成谶。

1938 年 10 月 15 日,根据我党派驻代表做出的冀东抗日联军退出冀东的决定,洪麟阁率部西撤,进驻蓟县台头村,缴获日军途经此地时运输的大批军火给养后,遭遇敌人疯狂反扑。身陷重围的洪麟阁对部下说:"这是一场恶战,要是死,咱们就死在一块,做个肉丘坟,绝不让敌人捉活的,要跟鬼子拼到底!"由于敌众我寡,洪麟阁头部和腿部负重伤。

"他绝不做俘虏。"洪泽当年听人讲,当初即便打仗时为了伪装,父亲也坚决拒绝换上鬼子的衣服。解放后,洪泽见到了从少年求学到冀东暴动期间几乎一直与父亲在一起、最后亲手为之装殓的全国政协秘书处处长连以农。连以农向3个月大就失去父亲的洪泽讲述了洪麟阁生命的最后时刻:"在拼尽力气扔出一颗手榴弹后,他把最后一颗子弹留给了自己。"

77年后的今天,蓟县北台头村两华里以北,洪麟阁牺牲的那座山头,仍然被当地人称作"洪山岭"。

1943年秋天,在洪麟阁牺牲5年之后的一个夜晚,两个少年来到北京前门火车站。

"大哥洪涛通过地下党去北岳区根据地参军的时候才15岁。虽然他年纪不大,但很懂事,一直都帮着母亲照顾我们这些弟弟妹妹。"洪汶至今依然记得那晚送别哥哥的情景:"当时怕敌人发现,母亲也不敢送,大哥走的时候就拎了个小箱子,没想到一走就是永别。"

抗战胜利后,洪汶收到了洪涛战友的一封来信,信上说,1944年洪涛在敌人的扫荡中牺牲在山西辽县(今左权县)。

"但是,三年后,母亲又送我走上了革命之路,参加了解放战争。"洪汶,这位中国人民解放军总参谋部离休干部,静静地告诉记者:"在那个国难当头的年代,我父亲的选择,我们一家人的选择,可能就是我们国家民族的一个缩影。"

记者周聪聪(《河北日报》2015年5月26日)

河北工大创业园：一年孵化大学生企业 28 家

天津萨米特科技发展有限公司是去年在河北工业大学创业园注册的一家企业,公司由几名毕业生和在校博士生组成。"现在一些企业购买的机器人大多是国外品牌,但因为价格较贵的原因一般不会让国外企业维护。而我们可以低价给他们提供服务。"公司负责人宋中越介绍,一年多的时间,公司已经和 20 多家企业签约合作,营业额超过了 50 万。

2014 年初,为了鼓励在校学生积极创业,河北工业大学专门开辟了大学生创业园,还安排了专业老师进行一对一创业指导。如今,在河北工大,像宋中越这样的大学生创业者有上百人,一批"九零后"大学生创业团队在创业园这种"管家式"服务的孵化下迅速"破茧而出",目前注册大学生企业达到了 28 家。"不只是大学生创业园,近年来,我们不断整合资源,基本形成了从知识传授到成果培育,再到成果转化的链条式创业服务平台。"河北工业大学党委书记李强表示,通过这种一条龙的服务,点燃了学生的创业热情。

2015 年初,河北工业大学成立了创新创业教育学院,由校长担任院长,下设科技创新服务中心、创业指导中心和创业园,将分散在学校多个部门的工作进行统筹规划,按照虚拟学院、实体运作的模式,初步完成了大学生创新创业工作的顶层设计工作。要建立完善的创新创业教育体系,必须要加强师资队伍和课程建设,该校结合学校专业特点,构建了以创新为基础的创业推进模式,面向全校学生开设了《创新思维与技法》等数十门课程。

有创新成果的创业,成功率才会更高。该校依托科技竞赛,催生创新成果。仅 2014 年就有 1200 余人次荣获全国大学生"小平科技创新团队""创青春"全国大学生创业大赛银奖等多项奖励。此外,该校还强化第二课堂,举办了"创业百家谈""创新创业大讲堂"等活动,营造科技创新创业的氛围。

学生创业,最缺少的是资金支持。该校专门设立 180 万元的创新创业基金,创新服务中心对科技创新项目给予一千到两万元不等的资助,教务处创新创业训练计划项目给予两千到一万元的资助。2013 年以来共投入 175.7 万,专项资助大学生创新创业项目 300 余项。学校陆俭国教授自己拿出一百万元作为大学生科技创新基金,支持学生创业。此外,该校还与全球模拟公司联合体(中国)中心合作,举办大学生创业实训培训班。2011 年至今,共有两千余名学生参加了创业实训并获得证书,帮助其完成从学生到创业人的角色转换。

　　"今后,我校将进一步理顺创新创业教育学院的管理机制,坚持并完善创新创业工作的链条式服务平台,让更多有志于创新创业的人才圆梦工大。"李强说。

　　　　　　　　　　　记者王敬照(《河北日报》,2015 年 6 月 5 日)

河北工大国防生誓将青春献国防

本报讯 毕业前夕,他们庄严宣誓:"我们是一名军人,牢记军魂,听党指挥,把青春献给国防,满腔热血献给党!"他们是来自河北工业大学理学院的37名2011级国防生。

这37名国防生,已有13人加入中国共产党。虽然他们的身影总是活跃在训练场上,但他们情愿在学习文化知识上付出更多努力。经过4年的不懈努力,张晗、谢宗霖被保送国防科学技术大学研究生,宗子健、李玉基被保送军械工程学院研究生,张国超被保送解放军信息工程大学研究生,赵新、李其杰、张潇峰等7人也都考入自己心仪大学的研究生。

记者张清华 通讯员付垚、顾若冰(河北新闻网,2015年6月11日)

京津冀三地工业大学首次深度合作
成立协同创新联盟

央视网消息天津6月14日消息　为提升京津冀高等教育服务区域协同发展能力,今天上午,北京工业大学、天津工业大学、河北工业大学三校在北京携手成立"京津冀协同创新联盟"。今后,三校将以制度建设为基础,以提高人才培养质量为核心,以加强特色学科建设为重点,以提升教师队伍水平为保障,实现资源共享、优势互补、互惠互利、相互促进、整体提升,建设具有较强国际竞争力、更具开放度、更具发展活力的协同创新体系,辐射带动京津冀三地高等教育的协同创新和综合改革迈上新台阶。

此次三校携手成立"协同创新联盟"是京津冀区域高校之间首次进行的深度合作。北京工业大学、天津工业大学、河北工业大学,分别隶属京津冀三地,同属地方高水平大学,在办学定位、办学目标、学科设置等方面既有相似之处,又有各自独特的优势。在此背景下,2015年4月以来,三校频繁开展调研互访,就深化三校战略合作、共建创新联盟事宜进行深入交流,最终达成成立"京津冀协同创新联盟"意见。

据介绍,联盟高校将共同构建国际化资源开放实验平台,凝聚成为具有国际影响的区域特色鲜明的学科群,通过体制机制创新,力求实现校际间教师互聘和优秀管理干部相互挂职锻炼等,实现优质师资共享;联盟高校将联合建立创新人才培养基地,促进学生的跨校交流与培养,开展拔尖创新人才选拔培养与试验,联合开展教改研究与教材建设,共同组织学生开展生产实习、毕业设计、创业教育等活动;联盟高校将共建若干"京津冀协同创新中心",围绕京津冀协同发展中的重大需求,联合申报和承担国家重大研究项目或国际科技合作项目,打造"国家急需、世界一流"的协同创新体系,如以北京工业大学牵头成立"京津冀交通协同创新中心",以天津工业大学牵头成立"京津冀环境污染控制协同创新中心",以河北工业大学牵头成立"京津冀智能装备技术与系统协同创新中心"等。

此外,联盟高校还将联合建立多学科组成的高端智库和开放式研究机构,积极参与京津冀区域经济社会改革与发展建设,为京津冀经济转型升级提供智力支持和决策服务;聚焦国家及京津冀改革与发展中的重大战略主题,围绕急需解决的重大理论与实践问题,坚持产学研合作,联合开展核心理论研究和关键技术开发;加强高校科技成果转化机制模式创新,增强学校服务地方经济、科技和社会发展的能力。

三校"京津冀协同创新联盟"设立工作领导小组,为联盟最高权力机构;领导小组由联盟成员学校校长组成,通过协商确定顺序由联盟成员学校校长担任轮值主席,任期一年。

记者郭城(此文在中央政府门户网、新华网、人民网、光明网、央广网、中国网

《河北日报》《天津日报》《北京日报》《中国教育报》《中国青年报》

凤凰网、网易、新浪、搜狐等媒体同时报道,2015 年 6 月 15 日。)

杨十三:从大学教授到渤海毓雄

导言

他是中国造纸业的精英,却毁家纾难支援抗战,"誓为国家尽全忠,誓为民族尽大孝"。

他是留美归国的化学博士,却在年近半百投笔从戎,掀起抗日洪流席卷长城内外、渤海之滨。

他是教育界知名人士,却义无反顾追随八路军转战太行,直至牺牲在抗日最前线。

"国家在风雨飘摇之中,对我辈特增担荷;燕赵多慷慨悲歌之士,于先生犹见典型。"在八路军总部为他召开的抗战时期规格最高的追悼大会上,毛主席亲书横额:"浩气长存",并题送挽联。朱德总司令主祭,并题送挽词:"渤海毓雄,民族之杰;霭霭风仪,异质挺特;冀东义起,倭奴气慑;瞻彼真容,彪炳日月。"彭德怀副总司令致悼词。

留美博士毁家纾难　从大学教授到渤海毓雄

夏日的天津五大道,槐香四溢,游人如织。

穿过繁华的南京路,记者来到位于天津市成都道鹏程里的杨十三旧居,斑驳的砖墙、狭窄的街道,这里仍保持着一份宁静。

"这就是八路军第四纵队参谋长李钟奇秘密养伤的地方,而且还是抗战初期地下党和八路军的联络点。"河北工业大学党委宣传部副部长霍占良告诉记者,当时日本人对天津把守森严,杨十三派侄子杨效贤将李钟奇秘密接到天津家中,由其好友名医黎宗尧和池石卿在马大夫医院(现址为天津市口腔医院)治疗。随后一个月里,杨十三的妻子司湘云和女儿杨效莲,主动担起照顾李钟奇的重任,使他痊愈并安全回到冀东。

"作为爱国知识分子的典范,杨十三可谓是倾其所有来支持抗日。"长期从事杨十三生平资料整理研究的霍占良话语里满是崇敬,"他绝对当得起'毁家纾难'这四个字。"

1889 年的中国风雨如晦,杨十三出生在河北迁安杨团堡村,原名杨彦伦。抗战后,改名杨裕民。因在堂兄弟中排行十三,故名杨十三。少时在南开中学读书时结识周恩来,参加"觉悟社"。

1920 年,开明的祖父资助杨十三赴美国学习,获博士学位。1923 年,怀揣"实业兴国"梦想的杨十三回国,历经十年艰辛发明了"苇草造纸新技术",并放弃专利权无私地向全国推广。这一新工艺遏制了日本纸张在中国市场的垄断。然而,当时的军阀政府对其提出的造纸业改革方案置若罔闻,在种种现实面前,杨十三实业兴国的希望渐渐破灭。

正当他痛心疾首苦于报国无门之时,"九一八事变"爆发了,民族危机考验着每一个中国人。

为支援抗战,当时正在母校河北工学院任教的杨十三到处疾呼:"天下兴亡、匹夫有责""有人出人、有钱出钱"。1935 年"一二·九运动"中,杨十三组织学生游行示威,以教授身份,走在队伍最前列,支持声援北平学生。

正当国家生死存亡之际,杨十三的老父亲不幸病逝。他回家奔丧,说服家人把两万吊治丧钱,一半支援二十九路军,一半赈济鳏寡孤独的乡亲。很多人不理解他的做法,杨十三说:"誓为国家尽全忠,誓为民族尽大孝。"

"杨十三当教授的月薪是 240 块大洋,在当时这绝对算得上是高收入阶层,但是全家人一日三餐却都是粗茶淡饭。"霍占良告诉记者,杨十三经常和子女们说:"人不能为了钱活着,钱要用在有意义的地方。"他毅然放弃了当大学教授的优裕生活,把省下来的钱全都用来支持党的地下活动。在抗战爆发以后,这些钱则全用来购买枪支和药品,支持抗战前线。

"七七事变"后,杨十三在自己家中,组织河北工学院部分爱国学生及其子女 20 多人,成立了名为"工字团"的抗日组织。他利用自家处在英租界的特殊地理位置,将其作为地下活动的联络据点,并拿出家中积蓄,变卖了妻子的嫁妆、首饰,又动员其他爱国人士纷纷解囊,购买了大批枪支和无线电台,并将武器装进特制的双底木船,经由天津水路,秘密运往冀东抗日前线。

"为了家乡父老乡亲和这个国家,他拿出了自己的一切。"杨十三的曾孙杨小冀告诉记者,为了抗战,生活本来宽裕的杨十三不仅散尽家财,连老家的 50 亩地也卖了用作支援冀东暴动。"我现在有时还会回老家看看,虽然杨家早已经地无一亩房无一间,但这么多年过去了,村里人都还在念着他的好。"杨小冀说。

抗日战争爆发前,杨十三在回乡办农民讲习所的时候,就与父亲动用家中省吃俭用的积蓄开办了当地第一所女子学校"立三私立平民女子学校"。除了自己的女儿和侄女们,他又到附近各村逐家逐户动员农家的子女入学读书。经过不懈努力,"立三女校"迎来首批 30 多名学生。同时,学校还对上学的全部学生不论贫富、不限年龄一律免收学费。

后来,杨十三还和父亲杨政修、侄子杨秀峰等人一起创办了迁安四团堡职业学校,让贫苦孩子学会谋生的一技之长。这一教育思想即使在八九十年后的今天也是不落后的,蔡元培为此还专门给这个乡村小职校写了长长的贺信。

就在几年前,杨小冀终于找到了这封贺信的照片。用手摩挲着斑驳发黄的老照片,曾经萦绕在他儿时心头的一个疑问仿佛一下子有了答案。作为当时著名的化学家、大学教授,抗战爆发后杨十三本来可以携妻带子转移到重庆大后方,可他为什么却选择留下来毁家纾难?"对他而言,这根本就不是一道选择题。他就是这样一个人,虽然不苟言笑,但心中大爱的火苗却从未熄灭。

年近半百投笔从戎 "吾愤累年,誓当以死报国"

今日的天津和平路,是闻名全国的商业金街。百盛购物中心对面的和平路 100 号,是中共河北省委成立的党的统一战线组织"华北人民抗日自卫委员会"的旧址。

"吾侪与敌决战之期至矣,吾愤累年,誓当以死报国。"1937 年"七七事变"爆发,日寇占领平津。侵略者的飞机扔下颗颗炸弹,河北工学院顿成火海,所有建筑物夷为废墟,海河两岸聚集着无家可归的难民。目睹这一切的杨十三愤怒至极、四处奔走,毅然投入抗日救国的洪流,与好友洪麟阁共谋光复冀东事宜,参加了李楚离任党团书记的华北人民抗日自卫委员会并任委员。

1938 年春,中共河北省委为迎接八路军东进抗日,决定以华北人民抗日自卫委员会冀东分会的名义,在冀东举行一次大规模的工农武装抗日大暴动。杨十三拿出全部家产全力支持,同时动员亲朋好友"有钱出钱、有力出力"。他还带领由杨效贤、杨效昭、杨效棠等子侄辈和学院教职员、学生组成的"工字团"亲赴前线,参与领导了著名的"冀东抗日武装大暴动"。

"冀东暴动时,曾祖父已是年近五十,身上还有病。但投笔从戎的他第一次穿上军装,就像换了一个人一样。斯文沉稳换作了满怀抗日豪情,慷慨激昂之情溢于言表。"拿着杨十三唯一一张戎装老照片,杨小冀动情地说。

刚开始,同志们都说杨十三年纪大了,做些领导组织工作就行。可他并不在意自己的年龄,好多事都亲力亲为。他带着女儿杨效昭和儿子杨效棠来到洪麟阁的家——遵化县地北头村,同李楚离、洪麟阁密商起义大计。为了让大多数的群众参与这场抗日战争,杨十三让杨效昭扮成逃难的人到百姓家里挨家挨户做动员工作。不用多说,一提起日本鬼子的残暴,大家的心就聚在一起了。

1938年7月16日,是冀东暴动原定举行的日子。然而,7月5日,因汉奸刘秉忠告密,冀东抗日联军第一路军司令部遭敌包围。起义消息暴露后,杨十三协助洪麟阁带领暴动骨干转移,他指挥队伍在小狼山上与敌周旋至深夜,冒着大雨,带队转移到鲁家峪。

7月9日,杨十三、洪麟阁领导的冀东抗日联军第一路军于地北头村提前起义。尔后,他们率所部千余人积极配合挺进冀东的八路军一举攻克玉田县城,活捉日寇驻玉田顾问石本,伪县长郎惠和投降。

在玉田县城,杨十三主持召开各界人士座谈会,他号召人们"团结抗日、有人出人、有钱出钱"。在杨十三充满激情的演讲声中,群众抗日的情绪高涨。冀东抗日联军第一路军很快发展到5000余人。第一路军所到之处,势如破竹,连续攻克了沙流河、亮甲店、鸦鸿桥等镇。

1938年7月发生的永载史册的冀东抗日武装暴动,掀起了巨大的抗日洪流,席卷东起山海关、西至京津、长城内外、渤海之滨的冀东22县的广大地区,有20万民众参加,组建了46个总队10万抗日武装。冀东抗日武装暴动是中国共产党领导的抗日游击战的一次重要的实践,是中国抗战史上重要的一页。当年新华日报在欢迎杨十三到八路军总部的社论中曾这样评论道:"冀东人民之代表起义,实堪作我全国民族解放战争之模范,证明民众力量的无比伟大,中华民族潜蕴国力的雄厚,绝非任何外敌所能征服。"

秀才抗日坚持成功 "燕赵多慷慨悲歌之士,于先生犹见典型"

每年清明节之际,杨十三的小女儿杨晓苓都会偕同家人前往晋冀鲁豫烈士陵园为父亲扫墓。

今天的邯郸晋冀鲁豫烈士陵园里,紧傍着左权将军墓,有一个高盈两米的圆顶水泥坟茔,苍松翠柏丛中,墓前竖立的黑色大理石墓碑上"杨裕民同志之墓"7个大字分外醒目

当年年龄还小的杨晓苓今年已经80多岁,但在母亲和兄长的讲述里、不断地探寻中,杨晓苓早已把父亲的一生都铭记在心,"我为有这样一位为国捐躯的父亲而感到骄傲。"

就在冀东抗日武装暴动发生的半年前,为了免遭日本侵略者杀害,中共河北省委奉中共和北方局的指示,动员杨十三等一批知识分子去天津周边的农村配合八路军建立抗日根据地,同时准备发动冀东暴动。当时,杨十三已经患上了严重的胃溃疡,大家劝他回老家养病,他却说:"我以孱弱之躯,势必效死疆场,马革裹尸。"

他用壮怀激烈的实际行动,实现了自己的铮铮誓言

1938年10月,冀东抗日联军奉令西撤。撤退途中遭到日军袭击,司令洪麟阁壮烈牺牲,杨十三以文弱之躯冒着枪林弹雨奋力突围。途中胃病发作,被迫暂回天津就医。

杨十三回天津养病的时候,一些好友纷纷写信给他表示慰问,也有个别人在信中嘲讽他,参加冀东暴动失败是"秀才造反,十年不成"。为此杨十三挥笔写下了八个大字"秀才抗日,坚持成功",并分赠给好友,以示他抗战到底的决心。

1938年11月,杨十三归心似箭,匆匆离开天津寻找部队,他本想与吕正操将军取得联系,却因为司令部频繁转移而未能见面,于是他绕道寻找在河北坚持游击战的侄儿杨秀峰。正是在这时,杨十三在途中碰巧遇到了国民党河北省政府主席、冀察战区司令长官鹿钟麟。

鹿钟麟知道杨十三是教育界的知名人士,又是冀东抗联负责人之一,于是特地派人把他接到了自己的官邸。鹿钟麟动员杨十三留在国民党战区抗战,杨十三当场表示:"我不是来投你的,我是来找八路军的,不能留在你这儿。"又说:"你不是要抗日吗? 不如跟我一起去投八路军,我保你。"鹿钟麟碰了个钉子,于是悄悄地派自己的秘书为他钱行,把500块钱送到了杨十三的手里。后来,杨十三把这笔钱委托八路军代表转交给了新华日报社用于办报。

1939年6月,应朱德总司令电邀,杨十三终于辗转来到太行山八路军总部,新华日报华北版发表了题为《欢迎冀东抗日联军领袖杨老先生》的专题社论。文中这样写道:"杨老先生毁家纾难,潜入故里,游说伪警,教育同胞,进行极艰苦的地下工

作,并建立抗日联军,收复失地,一时寒平津敌伪之胆,震撼国际视听,实为民族解放战争之模范。"

"在八路军总部的日子,应该是他一生中最快乐的时光。"杨小冀说,在那里,杨十三看到了抗战胜利的希望,虽然总部所在地也是战事不断,生活困苦,但他没有丝毫的顾忌和犹豫。他不顾身体的病痛,到村庄、到部队考察人民抗战情况,以求积累经验,准备日后自己返回冀东坚持抗战时可作借鉴。同时,向朱德、彭德怀、左权等总部首长建议,既修枪又要造枪,既做黑色火药又要研制黄色炸药,得到了采纳,为八路军军工发展作出了贡献。

1939 年 7 月,日军集结重兵分九路向太行山区发起疯狂扫荡,此时的杨十三病情极度恶化,躺在担架上随部队一起转移。在敌情万分紧急的情况下,八路军总司令朱德、副总司令彭德怀每天都来亲自探望他的病情。1939 年 7 月 21 日,刚刚闯出日军包围圈的杨十三在担架上永远闭上了双眼,享年 50 岁。

临终前,他留下了这样的遗言:"抗日的意志不能消沉,中国若没有共产党、八路军,日本鬼子是打不出去的。告诉在延安学习的那几个人(指子女们),要好好学习、工作,好好地报效国家。"

"国家在风雨飘摇之中,对我辈特增担荷;燕赵多慷慨悲歌之士,于先生犹见典型。"1939 年 9 月 18 日,在八路军总部为他召开的抗战时期规格最高的追悼大会上,毛主席亲书横额:"浩气长存",并题送挽联。朱德总司令主祭,并题挽词:"渤海毓雄,民族之杰;霭霭风仪,异质挺特;冀东义起,倭奴气慑;瞻彼真容,彪炳日月。"彭德怀副总司令致悼词。

1946 年 3 月,晋冀鲁豫边区参议会第一届第二次大会决定,在邯郸建立烈士陵园。1950 年 10 月 21 日,刚刚成立一年的共和国,在邯郸举行了隆重的晋冀鲁豫烈士陵园落成典礼与安葬左权将军暨杨裕民等烈士公祭大会。从山西上遥镇移来的杨十三的灵柩和从涉县移来的左权将军等的灵柩一道,被缓缓放入墓穴。

从此,杨十三就安眠在距家乡千里之外的冀南大地上。

(《河北日报》,2015 年 7 月 31 日)

"井冈情　中国梦"

——河工大实践队体验"红军的一天"

近日,河北工业大学实践队正在全国青少年井冈山革命传统教育基地开展的"红军的一天"体验教学活动。

身着青灰色的军服,头戴圆形八角帽,红色的帆布五角星在额头上绽放光芒,仿佛革命年代的战士。随着一声集合号响,一群当代大学生"红军"迅速集结,他们的行军目的地是井冈山黄洋界。

"步入黄洋界,山中雾气化作弥漫山林的硝烟,仿佛战争的号角即将吹响。一张油画牢牢抓住我的眼球。画中硝烟弥漫,军装与凄寒土地融为一体,战士们举枪佩刀,表情坚定,他们冲向同一个地方,有着同一个目标——消灭敌人!惨烈的黄洋界保卫战的胜利具有重要意义,在很大程度上使井冈山根据地得以延续。我们要缅怀革命先烈"实践队员李佳吉说道。

在蜿蜒曲折的朱毛挑粮小道上,青藓印于石,翠竹挺于旁,根茎阻于前。在红色力量的鼓舞下,实践队一行重走挑粮小道,往返曲折2000米的路程使大家感受到了革命的艰苦,体会了军民鱼水情。实践队员耿儒男说:"挑粮小道,每走一步就多一层不舍,每走一步就多一份留恋。我爱这令人心静的小路,我爱这俊秀的大好河山,我更爱这红军装在不知不觉中带给我的红色力量。"

实践队员邵汉飞在体会中这样写道:"一天的红军生活圆了我儿时的梦想,在纪念抗战胜利70周年之际,我能有这样的机会在革命圣地以特殊的方式向革命英雄致敬,向当代军人致敬,向伟大祖国致敬,我倍感自豪!"

"红军一天"体验教学是按照全国青少年井冈山革命传统教育基地的统一安排开展的一项教育活动。在基地期间,实践队除了要完成祭奠井冈英烈、瞻仰朱毛旧居、"三湾改编"情景教学与"红军后代面对面"互动教学等红色教育规定动作外,还要自选完成"环卫工人的一天"的体验活动、开发生态文明教育辅助APP软件以及编辑制作生态教育微视频等绿色生态活动。

(人民网、中国日报、参考消息、中青在线、凤凰网、网易,2015年9月2日)

"他们是路标,他们是丰碑"

——河北工大新学期开展纪念抗日英烈活动

"民政部公布的抗日英烈名单中,我校投笔从戎的就有 3 位。"日前,在河北工业大学校史馆英烈厅,讲解老师的话让 2015 级新生心潮澎湃,"在国难当头民族危亡之际,我校师生在中国共产党的领导下,组成'工字团'奔赴抗日前线,杨十三、洪麟阁、赵观民就是其中的杰出代表,他们永远是河北工大的骄傲!"

抗战期间,任八路军冀东抗日联军副司令员兼第三路总指挥的洪麟阁教授经历大小战斗 50 多次,可谓战功赫赫。"人宁可站着生活一秒,也不跪着生活一生。"这是冀东西部地委书记赵观民用年仅 27 岁的生命烙下的青春誓言。任八路军冀东抗日联军第一路政治部主任的杨十三,用生命完成了自己"誓必效死疆场,马革裹尸,决不辗转床褥做亡国奴。"的铮铮誓言。

"时光祭英烈,热血报中华"是河北工业大学开学第一课的主题。学校官方微博客户端开启专题讨论,短短几天,就有 16 万人参与。能源环境学院大三学生李一卓在发言中说:"他们是英雄,他们是路标,他们是丰碑。昨天永远属于过去,今天就在脚下,作为河工学子,更应该以革命先烈为榜样,弘扬革命精神,努力学好本领,同心共筑美丽中国梦。"

杨十三的后代杨小冀也通过微博参与到活动中,他说:"祖辈们为了民族独立、祖国富强和人民解放而毁家纾难,投笔从戎,呕心沥血,英勇牺牲,他们的英雄事迹值得我们永远铭记!感谢河北工大师生对三位烈士校友的真诚怀念!"

让过去激励自己的今天,让未来见证自己的今天,是河北工大万千学子的自觉选择。学校制作了以抗日英烈事迹为主要内容的明信片。同学们纷纷将自己想对抗日英烈说的话,自己对未来的期许写在了"抗日英烈纪念明信片"上,投入主题邮局。等他们毕业的时候,这些信件将作为他们努力和成长的见证,陪着他们走上人生的新征程。

"起于兴国、弘于救国、盛于强国,112 年的悠久办学历史,熔铸了学校独有的民族心和报国魂。"河北工业大学党委书记李强如此解读河工人浓浓的爱国情怀,"'勤慎公忠'的校训精神,是河北工业大学百余年办学历程的文化印证,也是英烈校友投身抗战洪流和无数师生矢志中华崛起的思想根基。在学校未来的办学历程中,这将是全校师生'求知、树德、立业、报国'的不竭动力。"

　　　　记者耿建扩　通讯员霍占良(《光明日报》,2015 年 9 月 16 日)

加大支持学生创新创业力度

——河北工业大学工学坊入选本市首批高校众创空间

本报讯　日前,记者获悉,河北工业大学工学坊入选天津市首批高校众创空间。

据了解,天津市首批高校众创空间共包含17家,政府将向其提供政策、资金、技术等方面的支持,吸引大学生走进众创空间,将奇思妙想转化为创新创业活动,在解决大学生就业的同时,加快推进创新型城市建设。

走进河北工业大学北辰校区的创业园,墙壁上排列悬挂的各公司宣传海报让人目不暇接,这些都是在校大学生注册运营的。天津精诺鸿飞科技有限公司就是其中之一,这是一家专注研发电子商务数据分析平台的企业,学生们依托自主研发的"爱帮农"智能比价系统,帮助全国各地的农民在电商平台解决农产品销售难题,很多农产品都在他们的运作下畅销淘宝、一度等互联网电商平台。公司总经理董济源感慨地说,如果没有学校的支持,他们会举步维艰:"公司成立以来,学校给我们提供了办公场地,配有专门的老师进行指导。我们在申请软件著作权的时候,也是学校对我们进行了资金支持,帮助我们尽快成长。"为了鼓励在校学生积极创业,今年年初,河北工业大学创新创业教育学院正式挂牌成立,免费为学生提供办公场地和设备。该校创新创业教育学院办公室主任万林战介绍说:"学校对学生创业这项工作非常重视,投入了大量精力,目的是要从创新创业这方面加强对学生的教育和培养。目前,比较集中的场地是学生活动中心,有3000多平方米,而且各个学院都有自己的创业空间,共有将近8000平方米,全校加在一起有超过1万平方米的场地用于学生创新创业活动。"学校提供免费场地只是为学生埋下了创新创业的种子,资金和技术支持才能助其生根发芽。目前在校生的创业团队24个,参与学生总数200多人,范围涉及科技、经营、校园文化等方面。每个创业团队配备一名专业教师,进行一对一技术指导。政府为每个学生创业团队提供不超过5万元的借款;学校内部通过大学生创业科技立项的形式,投入几十万元的经费,支持学生创新创业活动。万林战说:"随着河北工业大学工学坊入选天津市首批高校众创空间,我们也将迎来新的机遇,学校会加大对大学生创新创业活动的重视力度,进一步配强配足校内指导教师,提供更多的活动场地,拿出足够的保障经费,提高学生的创业成功率,使大学生创新创业的小苗健康成长。"

记者张磊　通讯员林少晨(《天津日报》,2015 年 9 月 17 日)

河北工业大学舞蹈团访演欧洲三国

　　本报讯　受中国文联委派,以河北工业大学舞蹈团为主的中国民间舞蹈团一行近日成功出访葡萄牙、西班牙、意大利,分别参加了葡萄牙第 35 届巴塞罗什国际民间艺术节、第 30 届"蒙桑"国际民间艺术节、西班牙韦多达斯和威拉沃德国际民间艺术节、意大利卡尔塔武图罗第 18 届国际民间艺术节、阿格里真托"民俗时刻"国际民间艺术节等艺术节活动,总共演出 38 场,观众达 6 万多人次。

　　此次出访,河北工业大学舞蹈团带去舞蹈《板扇风情》《秦王点兵》《溜溜康定溜溜情》《花伞舞》和笛子独奏《牧民新歌》、葫芦丝独奏《竹林深处》等 10 多个节目。

李晓元(《中国艺术报》,2015 年 9 月 25 日)

“经济新常态下京津冀协同发展”
学术研讨会在河北工大举行

10月11日,由河北工业大学京津冀发展研究中心、京津冀区域治理协同创新中心、京津冀文化融合与创新研究中心联合举办的"经济新常态下京津冀协同发展"学术研讨会在河北工业大学举行。

非首都功能疏解与津冀承接能力和服务水平提升、京津冀协同发展需要强化的三个支撑点、京津冀协同发展与制造业竞争力提升、京津冀协同发展中的中心商务区建设、新常态下河北省产业发展战略……研讨会上,来自京津冀三地的专家学者紧扣京津冀协同发展纲要,围绕新常态与京津冀协同发展的新动力、新发展、新思路、新趋势等议题,从理论和战略层面多角度思考城市、制造业、非首都功能等热点和难点问题,以期为京津冀协同发展提供智力支持。

通讯员于巍(《河北日报》,2015年10月16日)

从三方面服务协同发展

——访河北工业大学校长展永

"根据规划,京津冀区域将调整产业规划布局,大力促进创新驱动发展,大力实施产业转型升级。同样,高校也要转型发展,要以转型发展助推协同发展。"日前,河北工业大学校长展永在接受记者采访时表示,要从人才培养、科学研究和献计献策三方面契合区域经济发展的需要,服务协同发展。

人才培养要契合区域经济发展。《京津冀协同发展规划纲要》明确了要大力改造提升传统优势产业,大力发展服务经济、知识经济和绿色经济,大力发展航空航天、生物医药、节能环保等战略性新兴产业。京津冀高校尤其是地方工科高校需要根据重点产业的发展,对人才培养的结构及布局进行适度的转型和调整,提升人才培养与区域经济社会发展需求的契合度。

科学研究要契合区域经济发展。《京津冀协同发展规划纲要》提出了要构建区域分工合理的创新发展格局,聚集高端创新要素,联合组建一批产业技术创新联盟,打造产业创新中心、重点产业技术研发基地。高校作为科技资源的主要聚集地,要转变科研工作的理念,以科技成果的实际贡献为主要导向,创新科研工作的组织管理运行模式,提升对区域产业技术升级的支撑度。

献计献策要契合区域经济发展。面对京津冀协同发展重大国家战略的实施,区域内高校需要进一步强化社会服务意识,为协同发展提供战略决策咨询支持。

记者王敬照(《河北日报》、河北新闻网,2015 年 10 月 24 日)

抓住共建机遇　促进区域高教资源深度共享

编者按:近日,《中国高等教育》第23期刊发我校党委书记李强的文章《抓住共建机遇　促进区域高教资源深度共享》。全文如下:

京津冀高等教育协同发展在京津冀协同发展中起着支撑和引领作用。

发挥好政府的主导和引导作用,逐步缩小京津冀区域内高等教育发展水平的差距。

京津冀高校应主动加强校际交流合作,形成强大的发展合力。

京津冀协同发展是党中央、国务院在新的历史条件下提出的重大国家战略,旨在创新区域发展体制,优化区域发展布局,通过区域协同发展打造中国经济增长的新引擎,这一战略对深入实施国家区域发展总体战略、全面建成小康社会、实现中华民族伟大复兴的中国梦都具有重要的现实意义和深远的历史意义。高等教育承担着创新型人才培养和科技创新与成果转化的重要使命。京津冀高等教育协同发展既是区域协同发展的重要组成部分,也是推动整个区域协同发展的动力来源,起着支撑和引领的作用。

京津冀高等教育协同发展面临的主要障碍

京津冀区域有着丰富的高等教育资源,但是在区域内高等教育资源的分布极不均衡,总体上呈"X"形分布,即京津为一线,秦皇岛、唐山、保定、石家庄为一线交叉分布。京津冀三地高等教育层次与类型的分布也差异很大,京津地区聚集的主要是本科院校,河北省专科院校则占比近60%。北京是高等教育资源高地,毛入学率已进入普及阶段,而河北的毛入学率仍低于全国平均水平,不到京津两地的一半。目前,不仅北京的高等教育资源还未流向津冀,而且河北高校的部分人才仍继续向京津聚集。北京高等教育优势资源对河北的辐射、带动作用尚未得到有效发挥,京津冀区域高等教育合作互惠共赢的局面尚未形成。

由于京津冀三地行政壁垒与资源位差,当前区域高等教育协同发展还存在很多困难。首先是高校间合作力度不够,合作方式多局限于同城或同门类间的学术交流、合作研究、少量学生交换等,全方位、跨省市、跨门类的高校间合作少。其次,京津冀三地高校合作尚缺乏整体联动的发展规划,高等教育领域的合作主要依赖于京津、津冀、京冀之间及京津冀三方共同达成的战略合作意向或合作协议,合作行为存在一定的随意性,基于整体规划的长效合作机制还没有建立。

京津冀高等教育协同发展需要政府主导

充分发挥中央和地方政府的整体规划、宏观调控、稳步推进的作用,逐步缩小京津冀区域内高等教育发展水平的差距,促进高等教育资源均衡化,加强地区间高等教育的合作与交流,是京津冀高等教育协同发展的最重要举措。

要发挥政府的主导作用。在宏观规划和制度设计上,要突破行政壁垒,建立政府间统筹协调机制,成立区域高等教育发展协调机构,认真分析区域内高等教育规模和结构类型,准确定位三地政府在高等教育协调发展方面的职能与责任,制定区域高等教育协同发展规划,搭建三地高等教育协同发展的制度平台。

要发挥政府的引导作用。引导三地高校在规划框架内,积极与区域内不同水平层次的高校建立联系,实现重点配对帮扶,发挥重点高校的辐射带动作用。鼓励和支持区域内校际资源共享平台建设,建立区域高校教学科研资源共享机制,如共建课程教学资源库、实训基地,开展校际师资互聘、课程互选、学分互认、专业共建等工作,实施多种形式的联合办学,积极扩大合作领域,丰富合作层次。目前,以北京为龙头、天津为纽带、河北为实验基地的联合办学模式能更好地实现优势互补,是推动京津冀高等教育协同发展的有力支撑。

抓住共建机遇助推京津冀协同发展

河北工业大学隶属河北、地处天津,学校超过90%的本科毕业生在京津冀地区就业或深造,超过50%的硕士和博士毕业生在京津冀地区就业,京津冀区域十几万校友的血脉联系在助推协同发展中发挥着重要作用。学校与京津冀三地行业、企业联系紧密,近年来,年均与区域企业签订科技合作项目300多项,学校科研成果也大多在京津冀区域转化,如海水资源综合利用、建筑节能等技术在天津、唐山、沧州的多家企业推广应用。2014 年 12 月,河北省、天津市和教育部三方签署共建河北工业大学的意见,这对学校全面提升办学水平具有极其重要的战略意义,也为学校助推京津冀三地高等教育协同发展搭建起了很好的制度平台。

为助推京津冀协同发展,河北工业大学提出了"提高人才培养与京津冀区域经济社会发展的吻合度;瞄准区域产业转型升级优化学科专业结构;促进高教资源深度共享和高等教育协同发展"的基本工作思路,并重点开展了以下几项工作:

一是积极促成京津冀工大联盟成立。作为"京津冀协同创新联盟"成员,学校与北京工业大学、天津工业大学将通过教师互聘实现优质师资共享,联合建立创新人才培养基地,共同组织学生开展生产实习、毕业设计、创业教育等活动,促进学生的跨校交流,提高人才培养质量;分别由三个学校牵头成立了"京津冀交通协同创新中心""京津冀环境污染控制协同创新中心"和"京津冀智能装备技术与系统协同创新中心",共同打造"国家急需、世界一流"的协同创新体系,辐射带动京津冀三地高等教育的协同创新和综合改革迈上新台阶。此外,三校还将联合建立多学科组成的高端智库和开放式研究机构,积极参与京津冀区域经济社会改革与发展建设,为京津冀经济转型升级提供智力支持和决策服务。

二是围绕京津冀经济社会发展需求,不断调整优化人才培养结构。学校建立学科专业结构动态调整机制,暂停或减少了不能完全适应区域发展需求的本一招生专业 18 个、本三招生专业 20 个,同时在智能制造、新能源、新材料、节能环保、智能电网、生物技术、生命科学、创新设计等领域,加快建设新兴交叉学科和新专业,持续提升人才培养与京津冀区域经济社会发展需求的契合度。

三是整合资源为京津冀产业发展提供技术支撑。学校汇聚京津优质人力资源和科技资源,成立了河北工业大学工业技术研究院,组建了"现代海洋化工技术""生物辐照技术""煤化工、石油化工和盐化工联合产业关键技术"等 15 个协同创新中心,与天津市武清区共建"京津冀协同发展产学研共建基地",围绕区域产业转型升级需求,开展产业关键共性技术研究与产业化工作。学校发挥国家大学科技园政策优势,在天津有关区县、河北主要地市建设科技园分园,孵化培育创新企业,加强科技成果就地转化。

河北工业大学党委书记 李强(《中国高等教育》,2016 年 1 月 12 日)

河北工业大学学生寒假体验"互联网+农业"魅力

互联网"与"农业"这两个看起来毫不相干的词汇碰撞在一起,会迸发出怎样的火花?对此,河北工业大学的一群大学生用自己的行动给出了答案。近日,河北工业大学"爱帮农"团队的成员们,利用寒假走进天津市北辰区西堤头村,让村民们体验了"互联网+农业"的魅力。

"爱帮农",顾名思义,就是用大学生的爱心与所学帮助农民。这是一项由河北工大计算机学院发起的公益活动,始于2015年1月。团队成员以帮助农民销售特产、增加收益为宗旨,通过号召大学生发现家乡特产、为家乡代言等方式,寻找能够肩负起"回报家乡"这一使命的同学,为家乡发展献计献策。

春节临近,"爱帮农"团队应天津市北辰区政府的邀请,参加"北辰区2016年文化、科技、卫生、法律四下乡"活动。作为代表科技下乡的创业团队,"爱帮农"代表的不仅仅是团队自己,其背后更有着大学生对"三农"问题的关注与支持和青年学子期待用自己所学知识帮助农民的决心。

"爱帮农"团队此行的目的是向村民普及涉农电商知识,同时寻找优质农特产品进行线上对接,帮助村民拓展销售渠道,让农民能够劳有所获。通过调研,实践队员有了意外的收获,在乡村有很多并不知名却十分优质的农产品:下河头村的杏鲍菇、区堡大枣、后丁庄无花果、西堤头的水产……每一种产品都有自己的特色,它们的背后也有不同的故事,等待着大学生队员深入挖掘。

这个假期,"爱帮农"团队在"互联网+农业"的道路上一步一个脚印地向前走着。他们起于公益,并一直坚守着曾经的承诺。"'爱帮农',应该出现在需要爱的地方。"一名团队成员如是说。

通讯员张茜茜(《中国教育报》,2016年3月3日)

河北工业大学进行太空育种实验

本报讯 4月6日,我国首颗微重力科学实验卫星"实践十号"在酒泉卫星发射中心发射升空。笔者从河北工业大学获悉,实践十号卫星搭载了河北工大9个品种122克植物育种材料,这也是该校进行的第三次太空育种实验。

据介绍,"实践十号"卫星主要科学目标是利用太空中微重力等特殊环境,开展涉及微重力流体物理、微重力燃烧、空间材料科学、空间辐射效应、重力生物效应、空间生物技术六大领域的19项科学实验,主要研究并揭示微重力条件和空间辐射条件下物质运动及生命活动的规律。河北工业大学生物物理研究所一直致力于辐照诱变育种技术在粮食、水果、花卉、蔬菜等新品种的选育应用和研究。2011年和2013年,该所先后两次借助"神舟"八号、十号飞船进行了太空辐射育种实验。

记者王敬照 通讯员于巍(《河北日报》,2016年4月8日)

河北工业大学檀润华教授荣获阿奇舒勒勋章

本报讯　近日,在美国图兰大学举行的2016年发明问题解决理论国际会议上,全国政协委员、河北工业大学副校长檀润华教授被授予阿奇舒勒勋章。据悉,目前全世界仅3人获此殊荣,檀润华为其中之一且是国内唯一获得者。

檀润华多年来一直从事创新设计、概念设计、面向大规模定制设计等方面的研究。同时,在他的带领下,河北工大发明问题解决理论研究中心还积极开展推广应用工作。截至目前,举办创新师资培训班或创新工程师培训班,培养创新师资、创新工程师共计2500多人。通过不同层次的校企联合方式,为企业开发新产品提供技术指导和人才培养,帮助企业解决技术难题400余项,申请专利400余项。

记者周洪松(《中国教育报》,2016年4月11日)

河北有个大学生喜爱的"冀青妈"

　　本报讯　"北京有'西城大妈''朝阳群众'维护社会治安,河北有'冀青妈'在网上弘扬正能量。"这条微博一经发出,便在网络上广泛传播,短短几个小时就达到近一万次的阅读量,其中阅读、留言者多是在校大学生。

　　这里所说的"冀青妈",是河北工业大学以教师为主导、以学生为主体、基于网络新媒体创新创业项目的"互联网+思想引领"网络评论宣讲平台。该平台通过管理"人人负责""个个担当""责任行动在身边"等微博、微信、微话题,用"网言网语"构筑起一个旨在培养大学生社会责任感的"思想粉享圈"。

　　2015 年 6 月,在该校探索大学生"互联网+思想引领"创新创业项目过程中,"冀青妈"应运而生。除数位指导教师外,该校 124 名马克思主义理论学科研究生、163 名思想政治教育专业本科生及理学院、能源与环境工程学院、经济管理学院等部分学生代表成为"冀青妈"的核心成员。

　　"'冀青妈'就是一群与时俱进、符合时代特点、服务大学生日常学习生活的'河北青年马克思主义者'的代名词。"指导教师之一、该校马克思主义学院研究员魏进平说。

　　"在这里,我们弘扬主旋律、传播正能量、引领社会新风尚,服务大学生学习生活,服务大学生探索'互联网+思想引领'创新创业。""冀青妈"学生负责人、该校马克思主义学院 2014 级研究生张金丽表示。

　　网络空间不缺少信息,缺少的是有思想的信息。"冀青妈"主要围绕高校立德树人这一根本任务,以培养大学生社会责任感为着力点,重点关注人民网、新华网、教育部等主流媒体官网、官微,以及学习中国、微言教育等优质客户端、微信公众号,从中遴选对大学生思想有启迪意义、对学习生活有帮助的信息,作为转发、转载的宣传素材。

　　魏进平说:"我们坚信,只要大家多关注、多推广、多参与,'人人负责、个个担当'就会成为全社会的精神追求和自觉行动。"

记者周洪松(《中国教育报》,2016 年 4 月 15 日)

报刊中的河北工大

檀润华:让世界为"中国创造"喝彩

"我国正在从制造业大国变为强国,一大批企业对创新有强烈的需求,这也是我一直坚持在该领域从事研究的动力。"檀润华坦言,"我坚信,该领域的研究成果及推广应用将有助于创新型国家的建立,我也坚信将来会听到更多更热烈的掌声为'中国创造'喝彩。"

3月4日,TRIZ(发明问题解决理论)国际会议在美国图兰大学举行。在热烈的掌声中,河北工业大学副校长檀润华教授走上领奖台,从大会主持人手中接过了代表世界 TRIZ 领域最高荣誉的阿奇舒勒勋章。目前,全世界仅有三人获此殊荣,檀润华是中国唯一的获得者。

作为最先把 TRIZ 理论引入中国的研究者之一,多年来檀润华一直从事创新设计、概念设计、面向大规模定制设计等方面的研究,现担任国家技术创新方法与实施工具工程技术研究中心主任(以下简称研究中心)。

"这既是对我近二十年坚持的鼓励,也是对'中国创造'的充分肯定。"檀润华如是说。

选择正确的方向至关重要

"在科学研究领域,选择一个正确的方向是至关重要的事。"檀润华颇为感慨地对记者说。

1994年5月至1995年5月,檀润华作为高级访问学者在英国 Brunel 大学进修,其间,他接触到产品设计与创新方面的前沿知识,这种先进的"创新方法理论",不需要高昂的实验设备与资金投入却能"点石成金"。正在苦苦寻找研究发展方向的他,敏锐地洞察到未来中国的发展一定会需要这种"点金术"。

于是,他就开始钻研当时欧美先进创新方法理论,并发现苏联科学家根里奇·阿奇舒勒总结归纳出的"发明问题解决理论"(TRIZ),可以成功地揭示创造发明的内在规律和原理,大大加快了人们创造发明的进程而且能得到高质量的创新产品。

就这样,TRIZ 研究成为了檀润华笃定探索的方向。

2001 年,他为研究生开设 TRIZ 专业课,成为国内首家系统化教授 TRIZ 理论的大学;2002 年,出版了国内第一本 TRIZ 专著《TRIZ——发明问题解决理论》;通过长期研究,檀润华将创新理论分为设计哲学、创新方法和领域应用三个阶段,并在通解和领域解间,首次提出应用 TRIZ 的"未预见的发现"原理。2006 年,他又成功开发了国内第一套具有自主知识产权的中文版计算机辅助创新(CAI)软件 Iven-tiontool3.0 版本,并已实现产业化,填补了我国 CAI 技术领域的一项空白,为企业进行创新提供知识保障。

2013 年,在他的带领下,研究中心在理论研究方面已形成 TRIZ、复杂性理论、公理设计、功能设计等富有特色且具有优势的研究方向,建立了一种面向中国企业创新需求的技术创新方法体系(C-TRIZ)。

在研究过程中,檀润华共获得 4 项国家专项,7 项国家自然基金,承担了包括第一个国家、河北省和天津市 TRIZ 纵向科研项目和百万级以上的横向课题近百项;发表论文 450 余篇,发表论文被三大索引收录 150 余篇;出版专著和论文集 9 部(其中一部为国家科学技术出版基金资助);培养了一批技术创新方法(TRIZ)相关 100 多名硕士毕业生、30 余名博士毕业生及三名博士后。

此外,他还曾荣膺"2008 中国创新培训十大领军人物"荣誉称号;2012 年项目组还获得中国产学研合作创新成果奖。

授人以粮,不如授人以种

"创新工程师不同于其他工程师,在企业专门负责产生新技术与新产品的种子,如果可行,其他人完成后续设计、制造及商品化。"作为率先提出"创新工程师"这一概念的专家,檀润华始终秉承着"授人以粮,不如授人以种"的理念,"对经验丰富的工程师进行培训,通过消化、吸收以及灵活运用 TRIZ,使其成为创新工程师,这是解决我国制造业高层次创新人才缺乏这一严重问题的有效途径之一。"

檀润华谈到,我国企业提升创新能力的瓶颈是人才问题,特别是缺少能尽快把企业的东西变成新技术产品的人才,即创新工程师。而目前国内高校也缺乏能够培养创新工程师的教师,因为对于创新工程师的培养,需要通过跨学科研究成长出优秀的教师团队。

依托 TRIZ 研究成果和计算机辅助创新软件,檀润华带领团队制定了科学可行的创新人才培训体系;根据推广应用单位需求和学员结构层次,在培训时间、知识、技能深度上有所区别,编写出分级适用的培训教材,并不断增加最新的研究成果和应用案例,有针对性地面向企业进行技术创新方法培训。

仅 2013—2015 年,他带领的国家技术创新方法与实施工具工程技术研究中心承担科技部创新方法师资培训,先后在河北、广东、黑龙江等 10 个省市和中国化工集团、北车集团等二十余家单位进行创新工程师培训工作。

并且,该研究中心也已经开展 36 期创新工程师培训班,共有 482 家企业参加培训,培训人数 2296 人,607 名学员获得创新工程师证书,学员申请专利 378 项。

此外,檀润华还多次应邀去全国各地进行技术创新方法讲座,科普人次超过3 万人。

从追随者变为领跑者

"多年来,我国很多企业发展采取的是跟踪战略,买别人的产品,然后通过一些方法将其'复制'出来。如果想要跨越和超越对手,必须从根本上改变原来产品开发的途径,要有原始创新。而对原始创新来说,最关键的是要有创意。TRIZ 理论里面有很多基本概念、工具、方法,可以帮助企业产生与众不同的创意,从追随者变成领跑者。"檀润华说。

石家庄阀门一厂股份有限公司就深受其益。从 2003 年的 3000 万元产值到如今的 2 亿元,该公司就是在檀润华的指导下,全面推广创新方法,实现了从行业追随者到领跑者的华丽转身。

"檀校长的创新方法为我们打开了一扇窗。"石家庄阀门一厂副总经理王庆芳介绍,2005 年檀润华到厂里考察,认为该企业的信息化有些片面。当时,企业在三维 CAD 和有限元分拆上尝到了甜头,信息化没有全局的考虑。随后,河北工业大学的老师们,为阀门一厂作了信息系统的总规划。

在王庆芳眼中,创新方法的确让公司焕发生机,碟簧油缸眼镜阀、扇形阀、敞开式插板阀等产品,都是通过创新方法,从细微处着手,把不可能变成可能。

在河北省创新工程师培训班总结中,石家庄阀门一厂写道:"应用创新方法研发出新产品 4 项,为企业新增产值 4928 万元,新增利润 1157 万元。"

3 月 27 日,国家技术创新方法与实施工具工程技术研究中心创新方法推广应用基地揭牌仪式在青海省西宁市隆重举行,青海省从 2010 年开始创新方法推广工作,5 年内连续 3 次获得科技部创新方法工作专项,共有 163 人获得国家创新工程师资格,有 5 家企业被科技部确定为国家创新方法示范企业。该研究中心一直与青海省合作开展创新方法的推广与应用工作,共为青海省举办了四期创新工程师培训班,培养了大批创新人才,为企业解决了大量的技术难题,申报了大量的专利并取得巨大的经济效益。

在此之前,檀润华还代表研究中心与河北、上海、浙江等地签署共建创新方法推广应用基地协议,分别与北京赫拓创新科技有限公司签署合作协议,与扬中市高新区和大航集团三方共同签署"双创平台研究院"合作协议。

此外,中国化工集团、中国北车集团、中船重工、宝山钢铁公司、三一重工、河北钢铁集团等企业均是技术创新方法服务及推广应用对象。推广应用技术创新方法的努力已大幅度提升了部分区域及企业的创新能力,解决了一大批技术难题,产生了显著的经济效益和社会效益。

"做一件事情,首先考虑用什么方法,想明白这个方法行不行再去做。"檀润华认为,自主创新,方法先行。TRIZ 理论只是教你如何从不同角度重新审视这个世界。要想实现创新驱动发展,必须让企业真的成为创新主体,这个过程中,企业需要理论、方法的指导。TRIZ 理论至少可以部分解决企业缺少理论指导的问题,弥补这个空白。

"我国正在从制造业大国变为强国,一大批企业对创新有强烈的需求,这也是我一直坚持在该领域从事研究的动力。"檀润华在他的最新著作《TRIZ 及应用——技术创新过程与方法》前言中这样写道,"我坚信,该领域的研究成果及推广应用将有助于创新型国家的建立,我也坚信将来会听到更多更热烈的掌声为'中国创造'喝彩。"

本报记者高长安　通讯员霍占良、于巍(《中国科学报》,2016 年 4 月 15 日)

青春在奉献中绽放

方静是河北工业大学化工学院化工原理教研室副主任,溶媒回收与资源综合利用技术研究开发中心副主任,入选河北省"三三三人才工程"第三层次人选,美国化工学会(AIChE)会员。

作为一名高校党员教师,方静牢固树立政治意识、大局意识、核心意识、看齐意识,时刻以党员标准要求自己,以人民教师职业道德衡量自己。通过落实"三会一课"制度,认真学习党的理论和路线方针政策,全面增强党性修养和自身素质。在各级领导的关心与帮助下,获得 2015 年天津市五一劳动奖章,2015 年天津市师德先进个人称号。

在 10 多年的教学生涯中,经过长期探索,形成了将科学研究、工业实践与教育教学有机结合的独具特色的教学理念和教学模式,主讲的《化工原理》课程被评为全国优秀课程,省市级精品课,组织编写的《化工原理》课程系列教材已正式出版。她为全校化工类本科生和研究生开设了卓越工程师素质教育课程《化工过程模拟与优化》,填补了该课程体系中的空白,对全面提升化工类本科生和硕士生的工程素质发挥了重要的作用。其教育教学水平得到了国内同行的高度认可,先后获得"第十四届全国多媒体课件大赛"一等奖、"2014 年河北省多媒体课件大赛"一等奖、"第十二届天津市高校青年教师教学基本功竞赛"一等奖(工科组第一名)。同时,指导学生参加"全国大学生化工设计大赛",并获得全国一、二等奖,华北赛区特等奖等优异成绩。

在科研方面,近年来主持国家自然基金项目 1 项、教育部博士点基金项目 1 项、河北省自然基金项目 1 项、河北省教育厅重点项目 1 项、河北省教育厅优秀青年基金项目 1 项、河北省教育厅科学研究计划 1 项,学校优秀青年基金 1 项,先后有 5 项科研成果被行业专家鉴定为"国际领先"和"国际先进"水平。申请国家发明专利 18 项,已授权 12 项,并于 2014 年入选河北省"三三三人才工程"第三层次人选。作为主要负责人,组织申请河北省"巨人计划"创新团队、化工节能过程集成与资源利用河北省工程实验室的申报,并顺利通过验收。

(《天津日报》,2016 年 9 月 7 日)

报刊中的河北工大

河北工业大学航天育种材料
搭载"神十一"赴太空

　　本报讯　10月17日,搭载有河北工业大学理学院生物物理研究所和天津贝可尔科技有限公司育种材料的"神舟十一号"载人飞船在酒泉卫星发射中心成功发射。

　　据了解,这是河北工业大学理学院生物物理所继"神舟八号""神舟十号""实践十号"以及"天宫二号"之后的第五次太空搭载实验。在"神舟十一号"飞船与"天宫二号"交会对接后,航天员取回了河北工业大学在9月15日搭载"天宫二号"空间实验室中的育种材料。这标志着此次试验实现了"同一植物物种、同一太空轨道、不同时间尺度。"太空育种实验目的,这对于航天育种实验数据的积累和太空辐射理论的研究是一次弥足珍贵的机会。

　　　　　　　　高长安、于巍(《中国科学报》,2016年10月20日)

由河北工业大学与北辰区教育局共建

——河北工大附属中小学落户北辰

本报讯 昨日,河北工业大学与北辰区教育局共建河北工业大学附属中小学签约揭牌仪式在双口镇中学举行。双方将在天津市双口中学、双口小学、双口幼儿园的基础上,建立"河北工业大学附属中学""河北工业大学附属小学""河北工业大学附属幼儿园"。河北工业大学附属中学、附属小学、附属幼儿园性质为国办中学、国办小学、国办幼儿园,隶属于北辰区教育局管理。

河北工业大学选派一名优秀的中层干部到河北工业大学附属中学担任副校长,负责科技、素质教育拓展和双方的联络工作。选派优秀教师到附属中小学兼职。定期聘请学校知名专家为学生举办讲座。双方共同努力,在人财物投入、学校工作创新、学校特色打造、学校品牌培育方面全力合作,共同打造一流教育。

记者赵晖(《天津日报》,2016 年 11 月 9 日)

河北工大：百年"工程师摇篮"

【阅读提示】

它1903年创办于天津，是中国历史最悠久的现代高等学府之一，也是中国最早开始培养高等工业人才的"工程师摇篮"。

它创办了中国最早的高校校办工厂，建校伊始，就建成化学试验厂和机器制造厂两所校办工厂，形成了"工学并举"的办学传统。

它创办了中国最早的现代水利科学研究机构，1934年在校内设立的中国第一水工试验所奠定了中国现代科学治水的基础，是中国水利由传统经验型治理转变为现代水利治理的里程碑。

它先后12次更名，1995年正式定名为河北工业大学。

一、百年名校　中国最早的工科高校之一

"今天的河北工业大学校徽，沿用的仍是早年仿照美国麻省理工学院校徽的设计思路，校徽中间独特的台座上，有一个镂空'工'字。历史上，河北工业大学先后12次更名，但正是这个始终不变的'工'字，道出了我们这所百年高校一个多世纪以来不变的追求和最鲜明的特征。"河北工大党委宣传部部长陈鸿雁表示。

113年前，也就是早在清政府废止科举考试两年前，中国出现了一所以培养工业人才为目的的特殊高校，而它招生考试的"作文"题目，竟然是《化学为制造之根本》，在当时可谓别开生面。

这，就是河北工业大学的前身北洋工艺学堂。

"当时，随着洋务运动的兴起，办学堂、建工厂的呼声日益高涨，对工业人才的需求日渐迫切，北洋工艺学堂就是在这一历史背景下应运而生的。"陈鸿雁告诉记者，1903年1月，得到光绪皇帝批准后，时任直隶总督兼北洋大臣的袁世凯，委派天

津知府凌福彭筹建北洋工艺学堂。

在今天的河北工业大学校史馆展览大厅里,还保存着一份光绪朱批奏折的复印件。

1903年12月6日,袁世凯在这份呈奏光绪皇帝的奏折中写道:"臣于上年莅津以后,即先筹设工艺局,就草厂庵附近地址建造工艺学堂,延聘中外教习……教以化学、染织暨普通各科,约三年毕业。"

"正是这份奏折,把学校创办时间、地点、专业、科目、学生人数、学制等主要办学要素讲得一清二楚。"陈鸿雁告诉记者,在今天的河北工大校园里,提起这份奏折,仍是尽人皆知。

而在这个当年曾"上达天听"的新式学堂里,一切都是围着一个"工"字展开的。

1903年3月19日,北洋工艺学堂正式开学,化学、染织等科目设置令人耳目一新。到这一年11月续招新生时,应考者已至二三百人。

"但在择优录取的原则下,这一届最终只招收了30名学生。"陈鸿雁说,当时要求考生年龄在15岁至22岁以内,文字通顺,并特意规定考生要有一定的英文基础。

今天,在位于北洋大学旧址南大楼的河北工业大学校史馆展览厅内,我们仍旧可以看到113年前的入学考题。但报名考生要想拿到这套初试考题,首先需要面试审核。

"初试后根据成绩排队,名次在录取总额加30%范围内的考生才能进入复试。"到第三关,经过复试录取的学生,还要由英文教习面试,才能决定最终去留。

"考试科目包括汉文、汉文译英文、英文化学题等。"陈鸿雁说,当时招生试题相当有难度,并紧扣"工"字主题,不仅汉文的论文题目是《化学为制造之根本》,要求考生略举其说,汉文译英文也与化学科学相关。

对外语的高标准严要求,主要源于教学的需要。

"教学上实行双语教学,机器学科、应用化学科为正科,以英文教授;制造化学科、意匠图绘学科,以日文教授。"陈鸿雁告诉记者,当时学校办学理念非常先进,数理化及专业课程全部采用外文原版教材,并主张开放办学,除国内优秀工业教师外,还大力聘请外籍教员,聘日本工学士藤井恒久为教务长,英国头等机器师德恩为机器教员。

二、注重实践　校办工厂与学校几乎同步诞生

"学校的首任总办,即校长,是中国近代著名的实业家和教育家周学熙。"河北工业大学校史馆负责人曹旭冉告诉记者,一直致力于为中国培养高素质工业人才的周学熙,办学理念十分先进。1904 年,周学熙就向袁世凯呈文,提出"以工场为学生实验厂,以学堂为工徒之研究室。"

1904 年 9 月,学校创办实习工场,场内初设染色、织布、木工、金工、化学制造等科(相当于现在的车间),随后又添设制燧(火柴)、刺绣二科。

1905 年,实习工场开办得如火如荼,场地竟渐不敷用,于是又在天津河北窑洼购地 38 亩建造新场,工徒达到八九百人。新的实习工场分织巾、染色、胰皂、木工、提花等 12 科,学生半日学习半日入场习练,实习工场成为当年颇具规模的"储各项公司工匠之才"的重要基地。

实习工场除供工业学堂学生试验制造,兼具商品生产、培养民间技匠的功能。

"学生当时的实习都是生产型实习,实习产品全部作为商品出售。"曹旭冉介绍,1906 年实习工场生产的产品有数十个品种,经济效益相当可观。

与此同时,他们还精选出产品送直隶工艺总局所属的劝工陈列所和清廷农工商部所属劝工陈列所陈列展示。1906 年,慈禧从陈列的精品中,选中实习工场制造的"绣鹰屏风"一架,摆设于宫中。

如今,在红墙青瓦的河北工大校史馆内,我们仍可以看到彼时实习工场生产的产品与广告。

实习工场的创办也为社会培养了大批实业人才。1907 年时任直隶总督的杨士骧的奏折中称:"实习工场先后毕业者已七百人,分赴本省外省充作工师匠目,凡百余人转相传习,生业咸兴。"这些取得"宫保优奖顶衔"的匠师,又在各地开办类似的实习工场或习艺所,既开工、又授徒。

实习工场初创时便坚持"以发明工业为宗旨",重视宣传推广工业技术。每年都会举办为期一周的"纵览会",参观者有专人为之讲解。1906 年 10 月,第一次"纵览会"期间,参观者达 5 万余人次。

从以手工生产为主的早期工场到使用机械化生产的现代工厂,校办工厂一度成为河北工业大学历史上最为闪亮的名片之一。即使时光流逝,斗转星移,工学并举的办学特色仍深深扎根于河北工业大学的土地上,近年来,学校的技术转移中心已被批准为国家级技术转移中心,学校还专门成立了工业技术研究院,集中进行技术集成开发,服务经济与社会。

三、东亚独步 首个国家级水利实验室诞生于此

1934 年 6 月 1 日,中国第一水工试验所在当时已由北洋工艺学堂、河北省立工业专门学校等一路更名而来的河北省立工业学院奠基开工。

这个以"中国第一"命名的试验所,也确实是我国首个国家级水利实验室。它建设历时 17 个月,建筑面积达 2100 平方米,试验所需设备全部购自国外,被当时的主流媒体《晨报》赞为"全国唯一设备,东亚独步"。

它的出现弥补了国内科学治水的空白,在我国现代水利科学史上具有里程碑式的意义。

这所具有开创意义的实验研究机构缘何会出现在北方的一所高校校园里?

我国历史上水患频繁,地处华北的天津,由于位于九河下梢,也曾饱受水患之苦。有记录显示,天津从建卫到新中国成立的 544 年里,平均每七年闹一次水灾,史料上有准确记录的大水灾多达 72 次,"平地成川,田化为湖""人嘈居于树"的记载屡见不鲜。而封建时代,哪怕是有作为的统治者,治理水患也大都是从宏观着眼,凭经验办事,往往水患反复,难以根治。

清末以降,以李仪祉为代表的留学欧洲的水利专家,便开始倡议创办水工试验场所,主张把中华民族数千年积累的治水经验与西方先进的水利科技成果结合,改善旧中国落后的水利状况。到 1928 年 9 月 26 日,华北水利委员会成立,在当日举行的第一次委员会上,李仪祉和另一位水利专家李书田当即提议建立河工试验场,其后却终因经费落空而流产。

1929 年 3 月 2 日,时名河北省立工业专门学校的河北工大致函华北水利委员会,表示愿意合作建设河工试验场,但未得到回应。直到 1930 年 11 月在华北水利委员会第八次委员会议上,李书田关于建立临时水工试验所的提案获得通过,该委员会作出可与有关学术机关"接洽合作"的决议,这一意愿才总算有了实现的可能。

"就这样,这所水利专家和高等院校奔走呼吁多年才得以落地的水工试验所,终于诞生在时名河北省立工业学院的河北工大校内。"曹旭再告诉记者,当时决定试验所设备费用由学校和华北水利委员会各付一半,学校提供场地。

四、抗敌敢死 当华北容不下一张安静的书桌

"卢沟桥事变后,1937 年 7 月 28 日,学校遭到日本侵略者飞机的轰炸。建成仅仅三年的中国第一水工试验所毁于一旦,部分校舍也被炸毁。"

曹旭再告诉记者,天津沦陷后,学校被迫停办,历史文书档案、图书仪器及教学设备等被洗劫一空。学院秘书路荫柽携公章及经费余款到天津英租界慈惠学校暂避,办理资送教职员转移及学生转学、借读等事务。就这样,一部分教师、学生被转

移至其他学校,另一部分则选择奔赴战场。

"国破家亡,骨肉离散,校舍被毁,学校停办。当华北再也容不下一张安静的书桌时,河工人表现了抗敌敢死的决心和勇气,杨十三、洪麟阁、赵观民就是那一代河工人宁折不弯、以身许国的代表。"曹旭冉说道。

杨十三曾留学美国,专攻造纸,是我国著名的化学家、造纸专家,回国后先后任直隶工业试验所化学工业课技士、课长,并兼任直隶公立工业专门学校(河北工大前身)化学教员,1929 年起任该校化学讲师、副教授。

1931 年九一八事变后,杨十三毅然投身抗日救亡运动,支援学生参加抗敌敢死队。其后,在著名的一二九运动中,杨十三与洪麟阁等河工师生一起发动组织游行,杨十三以教授身份,走在队伍最前列,并指导学生自治会发表"抗日救国宣言书",声援支持北平学生的爱国运动。

"我以孱弱之躯,势必效死疆场,马革裹尸,绝不辗转床褥做亡国奴。"卢沟桥事变之后,杨十三不仅毁家纾难支援抗战,还在年近半百之际,毅然投笔从戎,亲上战场。

1937 年 8 月,路荫桀、杨十三等置日本占领军的复课勒令于不顾,联络校友接受"华北人民抗日自卫委员会"的领导,组成"工字团",开展抗日救国活动。次年 3 月,杨十三带领河北省立工业学院"工字团"奔赴冀东,参加了中国共产党领导的冀东大暴动。

在杨十三、洪麟阁的指挥带领下,起义一部转战丰润、玉田、遵化一带的乡村重镇,迅速攻占亮甲店等 15 个重镇,震慑了日伪敌寇。敌寇惊呼"洪杨之乱实在厉害"。在后来鬼子的报复性扫荡中,洪麟阁不幸殉国,杨十三幸获脱险,其后辗转来到太行山八路军总部。

1939 年夏,日军分九路向八路军总部大举进攻,长期患有胃病的杨十三在随总部转移途中病情迅速恶化,病逝于山西黎城,时年 50 岁。

"抗战期间,学校虽然一度停办,可这段烽火岁月中广大师生的爱国行动,却一直彪炳于我们的校史之中。"曹旭冉望着校史馆展览厅内杨十三等烈士的展板深情地说。

五、工学并举 办学传统百年薪火相传

1945 年抗日战争胜利后,当时的河北省政府派原机电系主任马沨教授等为河北省立工业学院校产接收员,接收抗日战争期间被日本占领者侵吞的校产。学校

在启动重建工作的同时,开始恢复招生,到1946年9月中旬,共招收新生270名。

新中国成立之后,这所历经磨难的工程师摇篮终于迎来了前所未有的发展机遇。

1951年8月1日,北洋大学和原河北工学院一度合并,定校名为"天津大学"。

到1958年8月,河北工学院再次正式成立,潘承孝任院长。

"作为一所百年学府,我校跨越了从清末至今的多个时代,见证了历史的风云变迁,校名、建制也多有变化,但从创办之初确立的'工学并举'的办学传统,始终如一。"陈鸿雁说,这一办学理念都充分体现在周学熙、魏元光、潘承孝三位传奇校领导的办学实践中。

"工艺非学不兴,学非工艺不显。"这是建校首任校长周学熙在十九世纪末提出的办学宗旨。在他看来,学堂是造就人才的根本,工艺是民生的大计,二者本应并行,故而教育要与工业相辅相成,学生培养则应注重理论与实践的结合,实现"工学并举"的教育模式。

"到1929年,学校正式升格为四年制本科院校,魏元光先生出任升格后的首任院长,工学并举的办学理念再次得到加强。"陈鸿雁介绍,魏元光早年曾留学美国,十分欣赏麻省理工学院的办学理念,他认为,教育应同工业结合起来,这样,学生才"既可明理,又能实操"。

魏元光治校倡导"手脑并用",学生在学习中要"既习其理,又习其器"。在校办工厂的传统基础上,他决定成立"工业制造部"统一领导学校所属的各附设工厂。

"在工业制造部的领导下,各附设工厂均承担三项主要任务,一是教学实习任务;二是产品生产任务;三是研究试制任务。"陈鸿雁表示,在魏元光执掌学校的数十年间,学校发展快速,教学设施、师资力量、教学质量达到国内一流水平,当时南京政府教育部高等教育观察员视察后,称"学院精神积极,注重实际。可以作到合于现代国家需要之教育。"

而1958年起担任河北工学院院长的潘承孝本人,就是中国内燃机和汽车研发事业的开创者之一。

"潘承孝曾留学美国,先后在康奈尔大学和威斯康辛大学学习。在河工任院长期间,潘老可谓兢兢业业、呕心沥血。"陈鸿雁告诉记者,在周学熙、魏元光的基础上,潘承孝的办学理念进一步发展,提出了工科教育的"三基"理论,即学生的基础理论、基本知识和基本技能缺一不可。

20世纪50年代末,工学院师资匮乏,雷厉风行的潘承孝从东北、西北、京津等地广纳人才,组建起一支高学历的教师队伍。

潘承孝注重以教研室、实验室、图书馆、校办工厂和组建高水平师资队伍为标志的"硬实力"的建设。在他的领导下,即使在那个年代,该校图书馆也始终保持着国际视野,国外期刊订阅一直没有间断。其中,对《美国化学文摘》保持了从其创刊号到现在的全套收藏,现已成为校图书馆的一大镇馆之宝。

对于校办工厂,潘承孝也倾注了大量心血,他提出"教学为主导、科研为关键、生产为基础"的原则,在他的倡导下,学校校办工厂发展迅速。从1959年到2001年,校办工厂有近20项新产品获得省部级科技进步奖或国家级新产品证书。

1970年,该校研制成功世界上第一台"液压单晶炉",创造了"旋转节流阀",被列为我国当时密级最高的科技成果之一,获得全国科学大会奖。1976年,校办工厂与其他单位一起研制成功大型水轮机自并激励磁系统,这项成果获得了国家科技进步奖特等奖。

六、桃李芳菲 "工程师摇篮"百年树人

从五四运动时期的天津学生联合会会长谌志笃,到现代工人运动先驱黄爱;从著名爱国工业教育家魏元光,到被誉为"中国核能之父"的卢鹤绂;从为中国"两弹"事业作出卓越贡献的已故院士姜圣阶,到85后创业校友张坤宇……一代又一代的河工人在各自的领域创新争先。在这所工程师摇篮里,"百年树人",也早已被赋予了比字面更丰富的含义。

"113年来,无论是动荡战乱的年代,还是和平建设时期,河工人秉承'勤慎公忠'的校训,勤以治学,慎以立身,公以对人,忠以处事,在各自的领域为国家和人民作出了应有的贡献。"河北工大党委书记李强告诉记者。

1996年,河北工业大学进入国家"211工程"重点建设高校行列。而在我省最新启动的"双一流"建设中,则提出将河北工大作为全省四大一流大学建设一层次高校给予重点支持,同时,该校的材料科学与工程、电气工程、化学工程与技术3个学科获批世界一流学科建设项目。

"虽地处天津,但学校心系河北热土。"李强告诉记者,"就如同校徽里始终不变的'工'字一样,河北工大还有一个始终不变——我们的心,一直都在河北。"

记者刘冰洋(《河北日报》,2016年12月22日)

河北工业大学　坐落在天津的京津冀百年地标

编者按:2017 年 2 月 20 日,新华社发布电文《河北工业大学:坐落在天津的京津冀百年地标》,报道了我校由 1903 年创办的北洋工艺学堂,成长为河北省唯一的"211 工程"大学,再到步入河北省、天津市、教育部三方共建的世纪历程,讲述了一所百年高校与京津冀历史变迁密不可分的地缘血脉,点明了在京津冀协同发展国家战略的时代背景下,一所"地标"学府所应有的担当和使命!

新华社天津 2 月 20 日电　坐落在天津的高校中,"河北工业大学"的牌子格外引人注目。从河北省唯一的一所"211 工程"大学,到河北省、天津市、教育部三方共建,这座历史悠久的大学见证着京津冀百年来的发展变迁。

"河北工业大学的校史一直与京津冀的历史变迁密不可分,从设立到现在,它的存在和发展证明了京津冀三地相互合作能够产生深远的意义。"河北工业大学原党委书记冯其标说。今年 77 岁的冯其标,在河北工业大学工作了大半辈子,对学校的发展历程如数家珍。

1903 年,河北工业大学的前身"北洋工艺学堂"在天津诞生,1904 年改称直隶高等工业学堂,后几易校名。1928 年,国民政府将直隶改成河北省,省会设在天津,该校改名为河北省立专门学校,1929 年又改名河北省立工业学院。1937 年,学校遭到日军轰炸,教学被迫中断,1946 年复课并改名为河北省立工学院。

新中国成立后,该校称河北工学院。1951 年院系调整,河北工学院与北洋大学合并组成天津大学。1958 年,冯其标考入天津大学读书。从那一年起,天津成为河北省省会,河北工学院再次分离重建,并于次年开始陆续迁往河北邯郸。

1962 年,冯其标大学毕业来到河北工学院,成为一名化工专业的老师。同年,河北省决定,河北工学院在天津部分暂不迁往邯郸。从那时起,河北工学院与河北、天津隶属关系的变化,冯其标都看在眼里,也参与其中。

1962 年,天津机电学院、天津化工学院、天津建筑工程学院合并为天津工学院。

几个月后,河北工学院与天津工学院合并,称天津工学院。

1967 年,天津从河北省划出,成为直辖市。1969 年,学校重新划归河北省。1971 年,校名恢复为河北工学院。

"此后,关于学校是否继续彻底搬到邯郸一直有争议。不少人认为作为河北的学校应该回到自己的地盘,但也有许多老师不愿意搬迁,一方面出于家庭原因,另一方面,工科院校设备较多,搬迁确实不便。"冯其标说。

1978 年,全国教育工作会议在北京召开。当时的老院长潘承孝给邓小平同志写信,陈述了搬迁的利弊。中央领导做出了批示,后经河北省委研究决定,该校继续留在天津办学。

"当时有不少领导表示,天津能够在邯郸涉县办铁厂、搞飞地,使用当地的铁矿资源,那么河北为什么就不能在天津保留一块教育的飞地,享受当地教育资源呢?后来的实践证明,这种合作模式促进了两地教育的发展。"冯其标说。

1969 年成立的天津涉县铁厂 40 多年来一直是津冀合作的先锋。京津冀协同发展上升为国家战略后,天津与河北签署协议,共同打造冀·津(涉县·天铁)循环经济产业示范区,探索传统产业转型升级。与天铁涉县产业园一样,河北工业大学此后的发展也与京津冀的协同发展紧密相连。

据冯其标介绍,20 世纪 90 年代初,在省内重点建设一所大学为列入"211 工程"做准备时,河北省里有不同的认识。有的人认为应该重点建设河北工学院,但也有的人认为不应该把钱投在"外地"。

"最终,省里研究决定加大对河北工学院的投入,借重天津资源,带动省内教育水平提升。"冯其标说。

1995 年,河北工学院更名为河北工业大学,一度成为全国唯一一所异地办学的"211 工程"院校。1991 年起,长期担任学校领导的冯其标表示,从科研经费到新校区建设用地,他们的发展也得到了天津当地的大力支持。

"河北工业大学的发展实践表明,学校建设不能仅考虑一亩三分地。多年来,学校毕业生约有 90% 在京津冀地区就业,为三地发展做出了贡献,而我们作为教师,利用天津的区位优势,也能够不断享受来自三地的资金和资源,在实践中体验了协同发展的益处。"河北工业大学京津冀发展研究中心常务副主任张贵说。

京津冀协同发展上升为国家战略后,2014 年底,河北工业大学成为河北省人民政府、天津市人民政府、教育部共建高校,学校建设进一步融入京津冀协同发展战略。2015 年 6 月,河北工业大学与天津工业大学、北京工业大学携手成立"京津冀协同创新联盟",整合资源,创新体制机制,为京津冀协同发展培养工业人才。

张贵认为,作为京津冀协同发展的试验田,河北工业大学将进一步在这项战略中发挥优势,促进三地的人才培养和流动,揭开京津冀教育创新的新篇章。

记者李鲲、高博(新华社,2017 年 2 月 20 日)

借智引才推动河北高校国际化

——访河北工业大学副校长韩旭

"借助国家级大型国际论坛,邀请来多位世界著名高校、金融界等的专家学者,特别是请来三位诺贝尔经济学奖获得者聚焦河北发展,对我省借智引才,是一个很好的契机和开端。"3月19日16时30分,参加2017中国发展高层论坛"河北之夜"主题活动的河北工业大学副校长韩旭在接受记者专访时说。

诺贝尔经济学奖获得者、美国哈佛大学教授、美国纽约大学教授、英国伦敦政治经济学院教授、美国康奈尔大学教授、香港中文大学教授、新加坡国立大学东亚研究所教授……"这些荣誉和学衔的背后,代表着他们在自己学术领域的权威。"韩旭说,如何抓住这些学术大咖参会的几小时的机会,促进学术交流与合作,是给河北参会高校的一道考题。

为此,河北工业大学在会前就开始"做功课"——与2001年诺贝尔经济学奖获得者、美国纽约大学迈克尔·斯宾塞教授积极对接,探讨开展区域发展中的市场机制研究;与新加坡国立大学东亚研究所所长郑永年教授对接,争取成立区域与产业发展战略研究院。

"不仅仅是河北工业大学,此次参会的所有河北的大学都是有备而来,带着实质性的推进事项和合作项目,分别与海外高校专家对接,通过借智、引智,加快我省高校'双一流'建设,提升河北教育科研水平。"韩旭说,我们希望能邀请外国专家学者担任我省高等教育发展顾问或经济发展智库成员、担任河北高校客座教授,通过学术报告、科研合作、师生互换交流等方式提升我省博士研究生教育水平,合作开展重大科研项目、建立实验室和学生实习基地等。

事实上,这种形式的海外交流在我省高校已不陌生。近年来,河北高校的国际化程度越来越高,海外交流越来越频繁。韩旭介绍,河北工业大学仅2016年就申请了8项国家和省级高端外专引智项目,申报"外专千人计划"2项。同时,与奥地利虚拟现实可视计算研究中心共建虚拟现实可视计算研究院,成立中美联合高性能电力电子研究中心;与美国是德科技公司共同成立"河北工业大学—美国是德科技射频技术联合研究中心";与河北省外专局、唐山国家级高新技术产业开发区管委会、新加坡—中国科技促进协会签订协议,共建"南洋河北科技研究中心"等等。通过多个学科与海外高校成立了联合实验室,吸收了国际人才,也拓展了师生的国际视野。

"随着我省经济社会发展水平和高校办学水平的提高,越来越多国际学术大咖的目光开始投向河北。"韩旭说,正如此次"河北之夜"活动中,许多与会专家学者都提到了京津冀协同发展的话题,听得出来他们了解京津冀,甚至关注河北的发展,有几位专家对长三角、珠三角地区的区域发展颇有研究,还为河北在京津冀协同发展中如何抓住机遇发展自己提出了真知灼见。

"因此,今后河北高校应该进一步加强对接海外知名高校的主动性。"韩旭说,希望能依托国家"外专千人计划""111计划"、省"外专百人计划"和校内"元光学者人才建设工程"等,引进一批国际公认的高水平教授学者和团队,在专业学院开设英文授课或讲座。同时以高校人文社会科学重点研究基地为抓手,推进与京津冀高校、科研院所、行业企业及政府有关部门深度融合,深入推进新型智库建设。

韩旭建议,政府部门要不断完善一揽子招才引智的政策,针对创业型、科研型、管理型等各种人才加大吸引力度,使他们能够在河北继续研发,并促进科研成果落地,辐射带动河北相关产业,对河北发展形成持续的智力支撑。

记者王成果、刘清波(《河北日报》,2017年3月20日)

河北工业大学　瞄准地方需求促进科技成果转化

　　本报讯　近年来,一系列推动科技创新和科技成果转化的政策法规出台,为破解高校科技成果转化难带来新机遇。搭乘京津冀协同发展东风,河北工业大学围绕区域主导产业需求加强产学研合作、构筑技术转移联盟与共享平台、成立地方研究院,着力推动科技成果落地开花。

　　如何打好"协同牌"?河北工业大学借助隶属河北、地处天津、毗邻北京的区位优势,加快推进该校科技体制机制改革,并组建河北工业大学工业技术研究院,通过发挥其产业技术研发、产学研合作、技术转移、工业人才培育及蓄智等功能,既加速了成果转化,又与创新创业有机结合,成为探索高校科技成果转移转化模式和运行机制的一手"鲜招"。此外,该校还牵头三地的工业大学携手组建"京津冀智能装备技术与系统协同创新中心",依托京津冀三地工大联盟,促进协同创新,服务河北发展。

　　而以区域主导产业需求为导向,河北工业大学还与渤海新区签署了"区域—大学协同创新战略合作协议"与中捷高新区共建"河北省渤海绿色过程工程产业研究院"与唐山市联合成立"河北工业大学曹妃甸工业区循环经济与新能源发展研究院",积极推进科技成果转化,服务区域经济社会发展。同时,该校还将科技成果按产业及行业分类,制作《智慧环保》成果宣传册(编入项目 33 个)、《石墨烯新材料》成果宣传册(编入项目 17 个)和《河北工业大学科技成果汇编手册》宣传册(编入项目 200 个),形成涵盖多个层面的科技成果包,精准对接地方、企业技术需求。为加速打通科技成果从实验室到生产线的转化通道,河北工业大学强化政策引导,先后修订《河北工业大学横向科研经费管理办法(试行)》《河北工业大学纵向科研经费管理办法(试行)》、起草《河北工业大学科技成果转化管理办法》(讨论稿)等,鼓励科研人员创新创业。2016 年 7 月,由齐承英教授创办的河北工大科雅能源科技股份有限公司在新三板挂牌上市,该校以专利技术评估作价,先后两次入股助推企业发展,实现年经济效益 2 亿元以上,成为创新落实科技成果转化机制的典型案例。

"加速高校科技成果转化不能一蹴而就,在实际工作中,仍有许多影响推进效果的问题存在。"河北工业大学相关负责人表示,该校将进一步放宽思路,制定更加切实有效的激励措施,考核和激发高校员工的科技成果转移转化工作,并加强与企业行业间的协同创新实践,实现从成果转移转化向共研共享、产品技术定制的协同模式的跨越,"继续从地方产业发展的需求出发,与企业、科研院所构建产业技术创新联盟,协同开展产业共性和关键技术研发、技术集成开发等,助力地方产业的转型升级。"

记者张怀琛(《河北日报》,2017 年 4 月 13 日)

河北工大 35 名大学生毕业不改初衷
坚持 6 年资助贫困女孩

本报讯　前不久,廊坊中建机械有限公司员工宿舍内,28 岁的张朋朋又打电话给正在承德读高中的女孩儿程慧欣。张朋朋和他的大学同班同学,已经坚持 6 年资助这位家庭困难的小妹妹,帮她撑起上大学的梦想。

"同学们,如果你们决定加入志愿活动,就要一直坚持下去,不能中途放弃。"2011 年的一天,河北工业大学机械设计 2010 级 1 班的班会上,辅导员段老师号召同学们加入学校"一对一帮扶"青年志愿者活动,资助一名叫程慧欣的小女孩完成学业。

程慧欣家住承德围场水泉村,当时正读小学四年级,家里还有一个姐姐和一个弟弟。程慧欣的父亲在家务农,母亲因身体原因不能从事体力劳动,家里为给爷爷奶奶治病开销很大,还需要照顾精神有些问题的叔叔。听完介绍,全班 35 名同学全部举手加入志愿活动,每人每年捐出 50 元钱,资助这个小妹妹完成学业。这个善举,一直坚持到现在。

2013 年 7 月,暑假刚开始,张朋朋和班里的团支书金鑫到程慧欣家里"探亲",这是他们第一次见到程慧欣。"第一次到慧欣家,感触最深的就是她家的情况比我想象中要困难得多!"已担任班长的张朋朋,除负责定期组织同学们为程慧欣捐款外,还常通过电话了解她的学习和生活情况。2014 年 6 月,张朋朋第二次来到程慧欣家。这时,程慧欣已顺利升入初中。期末考试成绩并不理想。张朋朋拿起试卷,帮她分析原因。在下一次考试时,程慧欣获得了班里的"学习进步奖"。就这样,在张朋朋和同学们的关心鼓励下,慧欣最终顺利考入高中,并为自己定下了奋斗目标——"和朋朋哥考入同一所大学"。

毕业之后,张朋朋来到廊坊中建机械有限公司工作。毕业 3 年来,这位老班长依然像在校期间一样定期组织大家开展捐助,工作再忙,每年也要去承德看望程慧欣一家人。水泉村距离廊坊 400 公里,需要周转近 20 个小时,这条路张朋朋一走就是4年。"全班30多个同学分布在天南海北,张朋朋每年都会代同学们去慧欣家中看望,是个有责任心的好班长、好兄长。"张朋朋的大学同学曹然说,班里同学们毕业多年后仍然保持密切联系,帮助程慧欣就是大家彼此联系的纽带。

通讯员陈正、刘陆彬　记者解丽达(《河北日报》,2017年5月2日)

河北工业大学:实施京津冀"网络村官"工程

　　本报讯　今年暑期,河北工业大学除了组织学生到乡村做传统的支教、法律咨询、贫困生捐助、社会调查活动外,还发挥学科优势,利用网络资源,启动实施了京津冀乡村百名大学生"网络村官"工程。

　　根据规划,河北工大将组织学生在今后的寒暑假期间,回到家乡为 100 个京津冀村落打造微信公众平台和企鹅号,运用网络新媒体传播途径与平台,向国内外宣传推荐美丽乡村。大学生们将会在社会实践中精心运营,运用图片、视频等多种新媒体形式,全面介绍 100 个京津冀乡村的自然风光、人文特色和地方特产。

　　今后,该校还将指导大学生"网络村官"在新媒体平台进一步融入乡村旅游、社会公益等内容,以带动更多农民就业,增加农民收入,提升广大农民的获得感和幸福感。

记者周洪松(《中国教育报》,2017 年 7 月 15 日)

河北工业大学国家工程技术研究中心获验收

本报讯　记者近日从河北工业大学获悉,依托河北工业大学建设的国家技术创新方法与实施工具工程技术研究中心通过科技部验收。

据了解,国家技术创新方法与实施工具工程技术研究中心下设技术创新方法研究部、实施工具研发部、成果推广部等多个部门,形成了专兼职的研发团队。中心主要面向企业技术创新需求,从事技术创新方法理论研究、工程化关键技术和计算机辅助创新软件开发、培养创新工程师及构建企业创新团队等推广应用工作,累计完成各类科研项目 127 项,培养工程技术人才 3000 余人,协助企业解决技术难题 1385 项,申请发明专利 648 项,形成了一批新产品、新技术,产生经济效益 3. 18 亿元。

记者马利(《河北日报》,2017 年 9 月 8 日)

河北工业大学入选一流学科建设高校

本报讯　9月21日,教育部、财政部、国家发展改革委公布世界一流大学和一流学科(简称"双一流")建设高校及建设学科名单。其中,一流大学建设高校42所,一流学科建设高校95所,河北工业大学入选一流学科建设高校。

河北工业大学入选学科为电气工程,是该校根据"双一流"建设专家委员会建议自主确定的。

记者马利(《河北日报》,2017年9月22日)

合作引发连锁效应

通过跨区域合作,建立地方工科院校马克思主义学院协同创新机制,为思想政治理论课改革提供实践样本——

今年1月,河北工业大学马克思主义学院与北京工业大学、天津工业大学成立京津冀工业大学马克思主义学院协同创新联盟,依托各自比较优势,在教学、科研、人才培养、师资队伍建设和社会服务等方面推进资源共享、优势互补、整体提升,并围绕以下工作进行探索。

教研互通　推进教学改革与创新

思政课建设与改革是学院教学质量攻坚的重要任务。三校在联合开展教改研究与教材辅助体系建设、实现精品课程资源和实践教学基地协同开发与共享上达成共识。目前,教学改革成果分享和观摩交流已经成为助推三校思政课教学质量改进的有效途径。

北京工业大学马克思主义学院沈震老师运用手机辅助课堂教学的教学手段创新、天津工业大学马克思主义学院张建华名师工作室联盟教学观摩活动推出的教学方法创新、河北工业大学中国近现代史纲要课程的慕课制作,成为三校马院思政课教师围绕教学内容、教学方法和教学手段开展学习、交流、研讨和借鉴的重要内容。今年9月新学期伊始,在北京工大马院沈震老师及其技术团队支持下,河北工业大学实施了移动互联技术运用下的思想政治理论课课堂教学改革尝试,思政课教师从软件运用、课程内容编排、课堂教学组织、课上学生反响等方面关注热点、发现亮点、提炼重点、找出难点,并通过集体备课和同行交流,分享教学心得、突破教学难关,为提升思政课教学效果奠定基础。

科研合作　推进学科交流与提升

三校马院共建研究平台,建立联合教研、科研攻关机制,互聘兼职研究人员,联合开展国家社科重大研究项目的合作研究,实现马克思主义理论学科间优势互补和相长;建立了一支政学研紧密结合的稳定研究队伍,为京津冀高层次马克思主义理论人才队伍培养构筑学科平台。

河北工业大学马克思主义学院依托河北省马克思主义中国化研究基地建设,围绕本校前身北洋工艺学堂"工学并举、实业兴国"办学宗旨以及学校在中国近现代工业化道路进程中发挥的重要作用,开辟具有工科院校特色研究领域的学术研究。学院凭借已有的研究基础,参与到"北京高校中国特色社会主义理论研究协同创新中心(北京工业大学)——'四个全面'与中国特色社会主义道路"研究平台建设中,承担了"四个全面"与中国特色社会主义新型工业化道路和文化发展道路研究。校际间科研平台合作共建,为教师广泛开展学术交流、协同创新及联合攻关提供了契机。三校联合举办马克思主义理论高端学术论坛、讲座,开展课题调研,取得规模效益。2017年3月,河北工大举办京津冀协同发展背景下新型工业化与文化创新学术研讨会,三地工业大学马克思主义学院师生参加研讨;三校围绕共同的研究方向开展联合调研活动,赴无锡考察中国近现代工业化道路和京杭大运河经济、文化价值。合作共建提高了三校马院的学术研究氛围与学术研究水平,使学术研究队伍得到了锻炼和提升,对获得工科院校马克思主义理论研究的新视角大有裨益。

人才交流　推进师生成长与发展

三校马院建立了思想政治理论课和专业课教师的联合培训与学术交流机制,以提高师资培训效率、促进教师全面发展;在保持人事关系及知识产权归属不变的前提下,推进三校教师互聘制度建设,促进跨校授课、跨校指导学生等,实现优质师资共享。

目前,促进学生在京津冀工业大学马克思主义学院之间的跨校交流与培养、联合建立创新人才培养基地、开展创新人才选拔培养与试验等工作正有序推进。三校建立学工系统及学生组织间的联系机制,联合组织学生开展创业教育、社会实践与校园文化活动,使学生在学期间能够有机会分享京津冀工大三所院校的独特文化、教学名师和学术资源,为本科生及研究生成长成才提供更加广阔的发展空间和学习提高机会。

实践表明,京津冀高校间"优势互补、共同发展、谋求双赢"的共享理念和合作机制,对学校发展起到了全方位促进作用。为思想政治理论课教学改革提供了有力支撑,为师资队伍建设和人才培养提供了更高平台和更广阔的发展空间,同时也为京津冀区域协同发展制度创新的重大需求提供了智力支持。

梁慧超(《中国教育报》,2017 年 9 月 26 日)

"先进装备工程与技术"学科群进入"施工阶段"

——河北工业大学加快建设世界一流学科

目前,河北工业大学拥有电机与电器、材料物理与化学 2 个国家重点学科,机械、化工等 4 个省强势特色学科,拥有国家和省部级科研平台 38 个,将新培养和引进院士、长江学者、国家杰出青年等人才 10 名左右。与我省先进装备产业深度融合,建成支撑产业发展的高素质人才培养基地和科技创新策源地。

本报讯　日前,国家"双一流"建设名单公布,河北工业大学榜上有名,该校将重点建设"先进装备工程与技术"学科群。

"这一学科群依托电气工程、材料科学与工程、机械工程等骨干优势学科,将成为我省高端装备、新材料、节能环保等产业发展的重要支撑载体。"河北工业大学发展规划部负责人于树江介绍,目前,该校拥有电机与电器、材料物理与化学 2 个国家重点学科,机械、化工等 4 个省强势特色学科。2016 年以来,材料科学、化学、工程学 3 个学科领域进入 ESI 全球前 1%。

尽管如此,"双一流"入选的喜悦很快被压力代替。"学校入选国家'双一流'建设高校名单,只是迈向世界一流的起点,实现建设目标任务艰巨、任重道远,需要全校师生撸起袖子加油干。"河北工业大学校长韩旭表示,从 9 月 21 日起,该校世界一流学科建设正式进入"施工阶段"。

9 月 28 日,该校机器人感知与人机融合实验室里,曾在第四届中国机器人峰会中赢得赞誉的移乘搬运护理机器人"白泽"进入了二代机研发的紧张调试阶段。实验室负责人郭士杰教授会同机械、材料、电气、控制等学科的师生们正在对"白泽"存在的问题进行"会诊"。

郭士杰是"千人计划"特聘专家,近五年来,河北工业大学全职引进和培养"千人计划""长江学者"等高水平人才 8 人,在他们的带动下,学校科技创新能力不断增强。

"下一步,我们还将新培养和引进院士、'长江学者''国家杰出青年'等人才10名左右。青年拔尖人才和青年学术骨干形成百人以上规模。"韩旭表示,学校将实施科技创新团队培育工程,加快建成能承担国家重大项目、能产出原创性研究成果、能培育高水平创新人才、具有国际学术视野的创新团队。

优秀的师资首先要为教学所用。河北工业大学正加快构建以学生为中心的工程教育模式,进一步加强学生的设计思维、工程思维、批判性思维、数字化思维和工程技术创新能力培养。

河北工业大学同时正着手加强交叉学科科研平台建设,布局建设"智能装备研究院""新能源与绿色节能研究院"等交叉学科研究平台,针对学科前沿及重大科技问题,开展创新性研究,为世界一流学科建设提供扎实的平台基础。

优质的高等教育资源如何服务社会?于树江介绍,学校将深化产学研合作,加强与我省先进装备产业深度融合,建成支撑产业发展的高素质人才培养基地和科技创新策源地;与我省重点企业、科研院所合作建设产业技术创新联盟,围绕特种机器人、智能电网设备、新能源成套设备等协同开展关键技术研发与系统集成工作,全力服务经济强省、美丽河北建设。

此外,该校还将围绕"双一流"建设,进一步发挥自身区位等优势,深化与京津高等院校、科研院所、高新技术企业的合作,积极打造协同创新共同体,构建京津研发、河北孵化转化的创新协作新模式,积极助推京津冀协同发展。

记者马利　通讯员屠琼芳(《河北日报》,2017年10月8日)

"课堂云"上话新词

——在河北工业大学

"写出你关注的党的十九大报告中的新词热词。"96 名学生的手机同时发出嗡嗡的震动声,手机屏幕上弹出的是这样一道测试题。

这是大学生们最熟悉的互动方式,拇指点击屏幕,一个个答案被快速输入。

11 月 3 日下午,河北工业大学计算机科学与软件学院的这堂《马克思主义基本原理概论》课上,老师孙琳琼在"理工男"们倍感亲切的移动互联平台上展开教学。

"时间到!"随着孙琳琼喊停,学生们点击提交按钮,上传自己的答案。他们提交的热词新词,通过网络上传到服务器"云端",并旋即展示在课堂投影幕布上。这些词句经过软件数据分析,按照出现频率依次排列:"新时代""青年""创新""一流学科"……

"说说你们对这些新词的理解。"孙琳琼提问。

"新时代、青年、创新,把这几个词连在一起,给我们如何把握现在,如何开创未来指明了方向。青年人一定要有所作为、不断创新,才能不辜负这个新时代。"马浩伟同学说,"信息技术发展日新月异,作为软件工程专业的学生,更是需要有你追我赶的劲头,发挥专业所长,为祖国早日跻身创新型国家前列作贡献。"

前不久公布的国家"双一流"建设名单中,河北工业大学榜上有名,该校将重点建设"先进装备工程与技术"学科群。"一流大学""一流学科"建设写入党的十九大报告,也让同学们倍感振奋。

"建设一流大学,打造一流学科,对我们来说是开眼界、增才干、长本领的宝贵机会。我觉得大家也要对对标,把对自己的期望值提高些,将来争做世界一流的软件工程师。"龙云飞同学的发言,引得一片掌声。

"说得好!中国梦是历史的、现实的,也是未来的;是我们这一代的,更是青年一代的。"孙琳琼用党的十九大报告中的话对同学们的发言作了点评。

"实现新时代的伟大梦想,我们当代青年责无旁贷。"孙琳琼随即把这条课堂结语,推送到了全体学生的手机上。

　　　　　记者马利　通讯员屠琼芳(《河北日报》,2017 年 11 月 10 日)

"五个一"工程构建思政大格局

编者按:2017 年 12 月,《思想政治工作研究》刊发我校党委书记李强署名文章《"五个一"工程构建思政大格局》,详述我校深入学习贯彻落实全国高校思想政治工作会议精神,坚持立德树人,遵循教育规律,围绕解决好"为谁培养人、培养什么样的人、怎样培养人"这个根本问题,扎实推进"五个一"工程,着力构建全员全过程全方位育人的思政工作大格局。

河北工业大学深入学习贯彻落实全国高校思想政治工作会议精神,坚持立德树人,遵循教育规律,围绕解决好"为谁培养人、培养什么样的人、怎样培养人"这个根本问题,扎实推进"五个一"工程,着力构建全员全过程全方位育人的思政工作大格局。

"一个责任":掌握思政工作主导权

做好思想政治工作,学校党委承担主体责任。党委书记作为第一责任人,必须切实担负起抓思想政治工作的政治责任和领导责任。党委其他成员要按照"一岗双责"要求,主抓好分管部门和职责范围内的思想政治工作。

一是将政治责任细化为工作部署。学校成立宣传思想文化工作领导小组,对思政工作的队伍建设、平台建设、制度建设、机制建设进行专题研究,及时发现问题、解决问题。

二是将政治责任外化为制度规定。学校制定"三办法""两清单"等系列文件,形成完整的制度体系,通过抓好制度落实保证思想政治工作的常态化、制度化。

三是将政治责任落实到阵地管理。加强课堂教学管理,确保课堂教学成为弘扬主旋律的坚强阵地;抓好哲学社会科学讲座报告"一会一报"制;抓好传统宣传阵地,加强橱窗、电子屏、各类出版物管理;抓好网络新媒体阵地,牢牢把握网络意识形态工作领导权、管理权、话语权。

"一支队伍":提高思政工作能力水平

思想政治工作因事而化、因时而进、因势而新,高校应遵循思想政治工作规律,遵循教书育人规律,遵循学生成长规律,创新工作机制,不断提高思想政治工作的能力和水平。学校为破解理论学习"深入难、接受难、持续难"问题,积极探索,整合资源,建立了一支高素质的理论宣讲员队伍,实现了理论学习全覆盖。

一是建立学校讲师团,负责辅导校党委中心组、全校教师的思想政治理论学习。讲师团以思政理论课教师和哲学社会科学教师为主,同时吸纳校内外党政干部、辅导员参加。

二是建立党校志愿讲师团,负责全校党员、入党积极分子党课培训。党校志愿讲师团包括高校模范教师、退休教师、校领导、处级干部等。同时党校培训引入选课模式,增强了学习的针对性和实效性。

三是建立二级学院党委讲师团,负责辅导学院教师和学生的思想政治理论学习。讲师团成员主要包括二级党委委员、领导班子、党校教师、离退休老教师、老专家、老模范等。二级党委讲师团以讲党课、辅导报告、座谈交流、专业讲座等形式,开展"面对面"互动式的理论宣讲,提高师生的理论水平和认识水平。

四是建立学校网络评论员队伍,负责网上舆论引导、舆情信息监控。学校网评员队伍分为两大层次。第一层次由校内有一定网络影响力、号召力的干部和各学院学生团委副书记组成,第二层次由校院两级党政干部、辅导员、思想课教师、新媒体平台负责老师、学生骨干组成。他们在关键时期、关键事件主动发声,引导网络舆情,弘扬主旋律,发挥积极作用。

五是建立校史馆义务讲解员,负责校史文化研究和宣传。学校通过对校史的宣传、研究将校训精神不断传承,将工大精神内化于心外化于行,把工大丰厚的文化资源转化为特色的育人优势,让优秀传统文化和革命文化为"美丽校园"增色添香。

"一个平台":增强网络思政工作吸引力

当前,网络新媒体已经成为大学生学习生活的重要组成部分,学校党委主动作为,运用网络新媒体平台,使思想政治工作活起来,使党的主张成为网上最强音。

一是大力加强对外宣传,讲好工大故事。充分利用新媒体平台与主流媒体互动,推出了"感动中国——同桌的妈妈"等一系列报道,推动师生积极向善,弘扬社会主义核心价值观。

二是主动开展思想引领,掌握网络思政主导权。学校新媒体始终把社会主义核心价值观、中华优秀传统文化和革命文化、社会主义先进文化的传播作为核心内容,转变话语方式,主动设置话题,引导青年学生开展讨论,从而提高他们的思想认识,帮助他们树立正确的世界观人生观价值观。

三是推动网络文化建设,营造良好育人环境。通过开通微信校史馆、创作师生喜闻乐见的网络音视频作品、发布高校网络卡通形象、创作系列文化创意产品等形式推进高校网络文化建设。

"一个载体":增强思政教育针对性

高校应注重以文化人以文育人,始终把大学文化作为内涵建设的核心要素,强化文化育人载体建设,广泛开展文明校园创建,推动中华优秀传统文化创造性转化、创新性发展,继承革命文化,发展社会主义先进文化,不断坚定广大师生的文化自信。

一是加强精神文化的顶层设计。河北工业大学历经百余年的发展,形成了优良的历史文化积淀,学校深入发掘校训、校歌、校徽的丰富内涵,把社会主义核心价值观与校训精神、办学特色有机融合,让社会主义核心价值观在大学校园落地生根,内化为师生进取精神,外化为学校发展动力。

二是重视制度文化建设。学校不断完善各项内部管理制度、健全组织机构、规范管理职能、完善民主管理、推进综合改革,形成了"党委领导、校长负责、教授治学、民主管理"的现代大学治理制度。

三是重视第二课堂,打造文化育人品牌。围绕学生学术科技、文化艺术等六方面能力培养,重点开发了"第二课堂精细化管理系统",打造学生第二课堂成绩单,形成了一大批深受学生喜爱的精品校园文化活动。

"一个机制":构建思政工作大格局

河北工业大学党委始终坚持党的领导,坚持马克思主义指导地位,坚持为党和人民事业服务,把思想价值引领贯穿教育教学、人才培养全过程,努力构建党政协同、课堂内外协同的思政工作机制。

一是党政齐抓共管,做好思想政治工作的顶层设计。学校坚持立德树人,认真回答好"为谁培养人、培养什么样的人、如何培养人"这一根本问题,把思想政治工作贯穿教育教学、人才培养全过程,构建起党委统一领导、党政工团齐抓共管、党委宣传部门牵头协调、各部门各学院共同参与的思政工作机制,形成上下互通、左右联动、齐抓共管的思政工作大格局。

二是构建"三个课堂"协同育人机制。高校思想政治工作应突出思想性、实践性、参与性、创新性,学校通过构建"三个课堂"协同育人机制,积极探索将思想政治工作嵌入学校人才培养、科学研究、社会服务、文化传承与创新的各个环节。用好思政课教学这个主渠道,通过开展基于移动互联技术的思政课课堂教学改革试点,提高学生课堂的参与度,增强理论教学的吸引力、说服力和感染力;围绕理想信念教育、社会主义核心价值观教育、中华优秀传统文化和革命文化、社会主义先进文化教育,突出实践育人特色,加强第二课堂建设,助力学生全面发展;把网络思想政治工作提升为"第三课堂",通过建设马克思主义理论网络传播高地,推进社会主义核心价值观进网络,强化网络价值引领,积极推动正面声音、化解负面声音,营造健康向上、丰富生动的主流舆论,增强思想政治工作的成效。

河北工业网大学党委书记　李强(《思想政治工作研究》,2017 年 12 月 15 日)

河北工业大学廊坊分校为学生点亮理想的灯

编者按:2018年1月2日,河北共产党员网发布题为《河北工业大学廊坊分校为学生点亮理想的灯》的通讯报道,展现了分校在"大思政"体系下的"专职辅导员统训统管、学工管理扁平化、信息发布反馈一体化、服务育人全员全程化、全员协同模块化"的创新实践点,实现新时代高校思政教育中"以专职辅导员个性化服务为引领,全体学工队伍协同互联的全新模式"。

习近平总书记在党的十九大报告中这样深情寄语年轻一代:"青年兴则国家兴,青年强则国家强。青年一代有理想、有本领、有担当,国家就有前途,民族就有希望。"河北工业大学廊坊分校为了培养"有理想、有本领、有担当"的大学生,从创新学生工作的管理服务体系入手,根据分校文化特色和生源类别,形成了"大思政"体系下的"专职辅导员统训统管、学工管理扁平化、信息发布反馈一体化、服务育人全员全程化、全员协同模块化"的创新实践点,实现了新时代高校思政教育中"以专职辅导员个性化服务为引领,全体学工队伍协同互联的全新模式"。坚持在辅导员队伍建设、学生干部教育、学生党员培养等环节践行落实习近平总书记全国高校思想政治工作会议重要讲话精神,精准选取突破口,引导学生形成正确的世界观、人生观、价值观,培养学生的学习能力和实践能力,增强学生的担当意识,对学校的思想政治工作、教育管理工作起到了极大的推动作用。

针对大学生理想信念和道德观念多元化的现实,河北工业大学廊坊分校党委书记任涛明确指出:"对大学生的思政教育要因事而化、因时而进、因势而新,要把工作做到学生讲台、公寓、教室、食堂、操场甚至路边,把它变成师生可感可知可用可行的具体操作点。"

据此,河北工业大学廊坊分校学生工作部主任胡广涛把传统的思政教育工作模式进行了精准化对标分解,形成了"大思政""大党务""大信息""大协同""大平台"等十二个创新模块,把"全面创新、全程思政"融入到每个群组建设和工作环节,不仅有效提升了总体学生管理服务效能,更是在培养学生的学习能力、实践能力、创新精神上做出了有益尝试。

作为一所具有悠久历史的工科院校,动手能力的培养是河北工大的一个传统,更是新时代"新工科"人才培养的基础动力,河北工大"工学并举"的文化积淀就是核心所在。基于这个认识,在各级领导的大力支持下,河北工大廊坊分校众创空间"i创工坊"运营负责人胡广涛积极组建"双创"团队,构建"双创"环境,自2016年底试运营截至2017年底,"i创工坊"成功申报廊坊市级众创空间,入驻团队超过了20个,并有11支团队获廊坊市科技局大学生创新竞赛一二三等奖并获项目扶植资金50万元。

河北工业大学廊坊分校坚持思政工作以"学生党员"为抓手,抓纲带目纲举目张,点亮一盏灯,照亮一大片。"学生党员"就是学生中的那盏灯,作为"学生党员"就要与普通学生不一样,这个"不一样"表现在三个方面:一是思想观念不一样,要传递正能量;二是遵纪守法不一样,要以身作则;三是"双创"面前不一样,要敢为人先。怎样有效的管理"学生党员"?被誉为"党务工作小专家"的刘雅宁老师积极探索新时代学生党支部建设和党员发展观测点,细化组织发展28个基础表格,优化明确填写点228个,创立三大类组织档案分管制度,形成279个"一员一袋一流程"的程序模式档案,丰富了基层党建的可开发突破点。

河北工业大学廊坊分校始终把培养学生的"担当意识"作为学生工作的中心,"担当"就是一种责任,"担当"就是一种承担。培养担当意识要从小事抓起。宿舍的卫生和秩序实际上反映的不仅是大学生的精神风貌,更反映了大学生的担当情怀。扫一屋方可扫天下,河北工业大学廊坊分校尤丽佳老师反复研究大学生宿舍管理问题,建立了学生纪律委员会,从宿舍卫生检查入手,夯实宿舍管理基础,推出了"个性化宿舍、文明宿舍、宿舍文化墙、宿舍楼长制、普查联查抽查制"的一条龙管理制度,彻底改变了久而不治的宿舍脏乱差状况,开创了史上第一个推门可见成效的宿舍安全卫生时代。如今走进河北工业大学廊坊分校的学生宿舍,干净整洁的环境令人赏心悦目,文明向上的氛围让人朝气蓬勃。

在2017廊坊市"5·18"经洽会、"书博会"和"9·26"农交会上,河北工业大学廊坊分校青年志愿者服务队承担了礼仪引导、外事翻译、讲解咨询、大会会务等工作任务。在工作中,他们秉承"奉献、友爱、互助、进步"的志愿者精神,发扬连续作战、不怕疲劳、敢打硬仗的作风,为"5·18"经洽会和"书博会"提供了细致、优质的服务,得到了省、市领导和社会各界的好评,为"5·18"经洽会、"书博会"和

"9·26"农交会的成功举办做出了积极贡献,河北工业大学廊坊分校团委被授予"5.18志愿服务工作先进集体"和"书博会志愿服务工作先进集体"两项荣誉称号,胡广涛、高磊被授予"5·18""书博会"志愿服务工作先进个人荣誉称号,逯晓利等60名同学被授予"5·18""书博会"志愿服务工作杰出青年志愿者、优秀青年志愿者荣誉称号。

"行百里者半九十",河北工业大学廊坊分校学生思想政治工作创新从未止步,并一如既往"为学生点亮理想的灯,让理想照亮未来的路"。

记者笑汀(河北新闻网,2018年1月2日)

做一流的事　培养一流的人

——河北工业大学"双一流"建设进行时

2017 年 12 月 28 日 22 时许,河北工业大学省部共建电工装备可靠性与智能化国家重点实验室内,依然灯火通明。

生物电工研究室里,电气工程学院院长徐桂芝正和同事们站在脑片膜片钳旁,做最后的数据验证,"自从我校入选国家'双一流'建设高校,获批的国家级项目增多了,我们的干劲儿更足了!"

采访中,记者在很多师生身上看到徐桂芝这种干劲儿,听他们说得最多的也是"双一流"。作为河北唯一一所国家"世界一流学科"建设高校,河北工业大学将如何迈向一流水平、建成新时代一流大学?

实现内涵发展

在屋里走上一圈,它已记住家具摆放的位置;喊它一声,它乖巧地循着声音走过来……2017 年 12 月 6 日,河北工业大学机械学院"千人计划"专家郭士杰教授给记者展示他们团队研发的机器人。"它可以帮助老人起床,到客厅吃饭、上厕所,甚至带老人到外面晒太阳。"

"机器人皮肤要有温度,还要足够柔软;装有全自动语音和视觉功能识别系统;必须具备智能传感功能……"郭士杰说,这项研究涉及材料、控制、机械等多个学科,是打破一亩三分地学科壁垒后各学科交叉、融合的结果。

"这种学科交叉融合发展的意识和机制,应该体现在人才培养、科学研究和社会服务等各个方面。"河北工业大学发展规划部主任于树江告诉记者,此次该校的"世界一流学科"建设工作方案中就重点关注了这类问题。

作为方案的主要起草人,于树江办公室里,堆放着各个版本的"世界一流学科"

建设工作方案,足有半米高。在他厚厚的笔记本上,记者找到几个时间点:2017年9月22日,国家"双一流"建设高校名单公布第二天,召开方案起草动员会;10月初,形成初稿,组织有关部门单位研究讨论;10月下旬,拿出第二稿,再次征集意见建议;11月初,拿出第三稿……

无数次部门间沟通、6次研讨会之后,2017年12月20日,河北工业大学"世界一流学科"建设工作方案通过了学校党委常委扩大会的审议。

这份凝聚着工大人感情与智慧的"世界一流学科"建设工作方案,在提高人才培养质量、建设一流本科方面,着墨颇多。

"2018年高考招生录取时,我们将实施'大类招生',重点加强本科生通识教育。"分管本科教学工作的吕志伟副校长介绍,纳入本科招生的专业将合并为机械、材料、电气等大类。此外,学校近期将调整10个就业率较低、不能完全适应社会需求的专业。加快"新工科"专业建设,与一流学科建设紧密联系,我省战略性新兴产业发展急需的人工智能、先进装备技术等新专业(方向)则会出现在招生计划中。

"考生们先选择一个学习方向,经过一年学习后,再细分专业。"在本科生院院长陈立文的办公电脑上,有每个大类的具体培养实施方案。"根据党的十九大报告对高等教育的新要求,我们将更加聚焦于内涵建设。"

"在课程改革中,我们大幅增加学生通识教育课程。目的是通过改革,让大一学生学习生活更加充实、高效,更好地帮助学生找到最适合自己发展的专业,更有利于通识教育和专业教育的相互融合与促进。"陈立文介绍,他们还改革培养机制和培养模式、全面启动协同育人、优化课程体系等,"在人才培养方面,我们必须不遗余力,因为只有培养出一流的人才,才是名副其实的'一流'。"

引育一流人才

"河北工业大学的办学定位和人才培养目标与国家和区域经济发展需求适应度较高;学校的软硬件建设,特别是师资方面,有了显著提升……"2017年12月8日下午,河北工业大学本科教学工作审核评估意见反馈会议在行政楼报告厅举行,评估组长、天津大学原党委书记刘建平宣布评估结果时,现场响起阵阵掌声。

"一流的学科需要一流的人才。"反馈会后,河北工业大学校长韩旭直言,"双一流"建设,师资水平还得上新台阶。

推进"双一流"建设,人才是首要因素。

河北工业大学地处天津,与天津大学、南开大学遥遥相望,此外,天津市还有其他3所国家"双一流"建设高校,人才竞争可谓激烈。这种局面下,河北工业大学如何"聚天下英才而用之"?

在该校人事处,处长顾军华给记者拿出正在实施的5份文件:《引进人才服务与管理办法》《高层次人才短期聘任办法》《"元光学者计划"实施办法》《教师招聘管理办法》《引进人才工作办法》。

翻开《"元光学者计划"实施办法》,记者看到这样一串数字:"学科建设经费2000万元,住房补贴及安家费500万元,元光学者津贴100万元,租房补贴每个月3500元。"

"'元光学者'支持计划从高到低设立卓越岗、领军岗、特聘岗、启航岗,这是卓越岗的待遇。"顾军华介绍,为加大高层次人才引进力度,学校启动"元光学者"支持计划,给出了优厚的待遇和科研条件。目前,殷福星等多名专家已经享受到这一政策。

"工作之外,学校还帮助我们解决配偶就业、子女入学等生活难题,让我们感受到家的温暖。"河北工大引进的青年教师孟垂舟表示。2017年12月4日,第十四批国家青年"千人计划"名单公布,孟垂舟名列其中,成为我省唯一上榜者。

助力产业发展

2017年11月30日,河北工大"科技成果超市"在该校科技园里正式开门营业。高端装备、新能源新材料、现代医药、信息技术等多个领域的1052项科技成果、251位技术专家信息及17357项专利项目集中亮相。

记者从需求登记表上看到,开业当天就来了20多家企业。他们希望能在"超市"里找到他们想要的科技成果、专家人才。

"这里不仅能够买到实用的专利,还可以与专家对接,解决我们企业发展中的科技难题。"天津银龙预应力材料股份有限公司副总工程师闫崇健十分满意,"已经找到专家了,正在商讨科研合作的具体事项。"

"科技成果超市"的设立,也是学校面向社会搞科研的一个具体体现。河北工业大学科技园管理中心主任张思祥介绍,他们学校拥有国家和省部级科研平台38个,研究课题4400余项,其中国家级课题290余项。但之前出来的成果,大多束之高阁。能够转化的,更是少之又少。

报刊中的河北工大

一流学科建设,必须面向社会,服务产业发展。

"我们将创新产学研合作模式,与衡水泰华集团共同建设河北工业大学泰华智能装备研究院,紧密围绕我省装备制造业转型升级重大需求,重点开展水下、核电站、建筑、健康护理等特殊环境机器人、先进电工装备、新能源汽车、先进激光装备与激光制造装备的技术与系统开发,定制化培养智能装备产业相关专业人才,着力打造国内一流的智能装备产业技术研发及战略性新兴产业示范基地。"韩旭介绍。

在深入推进京津冀协同发展方面,河北工大将发挥地处天津的区位优势和省市部共建平台优势,深化与京津高校、科研院所的合作,对接企业需求,构建"科技研发在天津,产业转化在河北"的创新协作新模式,同时,学校"世界一流学科"建设工作方案中还明确提出,整合其他学科资源,建设"新能源与节能环保工程与技术""智慧基础设施工程与技术""大健康工程与方法""先进数据工程与技术"等多个对我省新能源、大健康、大数据等产业发展支撑度高的交叉学科群。

"努力做一流的事,培养一流的人。通过人才、制度、平台的建设,我们有理由相信学校的产学研合作将更加深入,服务河北经济社会发展和京津冀协同发展战略的能力会更加强劲。"韩旭信心满怀。

记者手记:

向着"双一流"目标再出发

马 利

对于河北而言,坐落于天津市的河北工业大学一直是个"唯一"。这里是河北唯一的国家"211工程"建设大学,2017年,这里又成为河北唯一的国家"双一流"建设高校。

优质高等教育是河北的短板,河北工业大学承载着重任与期盼。

走进河北工大红桥校区,斑驳的楼房,古老的树木,提示着人们这是一座有着百余年历史的学校。成就百年校史不易,建设"双一流"大学更需决心和力度。

优势是什么?瓶颈在哪里?问题有哪些?在蹲点采访中,记者欣喜地看到,河北工业大学珍惜机遇,加倍努力,步履坚实。"大学者非有大楼之谓也,有大师之谓也。"学校坚持向世界一流标准看齐,把学科建设摆在突出位置,把人才强校作为重中之重,特别是在人才"内培外引"上,舍得下本钱、放得开手脚,服务经济社会发展的能力不断增强。

　　"双一流"建设是高校发展的重大历史契机。学习借鉴河北工大,抓住机遇、创新发展,补齐短板、增强特色,我省高校需要不松劲、不停步、再出发!

　　　　　　本报记者马利(《河北日报》,2018 年 1 月 9 日)

"新时代马克思主义学院建设与发展" 高端论坛举行

编者按:2018 年 1 月 17 日、18 日,光明网、中国教育报分别报道、刊发我校盛邀全国 32 所高校的近百名马克思主义学院的专家、学者齐聚天津在河北工业大学举办新时代马克思主义学院建设与发展高端论坛,围绕《高等学校马克思主义学院建设标准》(2017 年本)展开深入讨论,探寻新时代高水平马克思主义学院建设与发展路径。

1 月 13—14 日,"新时代马克思主义学院建设与发展"高端论坛在河北工业大学举行。来自北京大学、武汉大学等全国 32 所高校的近百名马克思主义学院的专家、学者齐聚天津,围绕《高等学校马克思主义学院建设标准》(2017 年本)展开深入讨论,探寻新时代高水平马克思主义学院建设与发展的路径。

河北工业大学党委常委贺立军表示,在新时代背景下,各高校专家学者共聚研讨当下中国最热话题,探索马克思主义学院建设与发展的规律与特点,以及如何承担好高校"立德树人"这一根本任务,正当其时,意义重大。论坛上,北京大学马克思主义学院首任院长陈占安教授,作了题为《关于在新时代推进高校马克思主义学院建设的思考》的报告。作为马克思主义学院从无到有、到成为今天高校"第一学院"的亲历者、开拓者,他将马克思主义学院 27 年波澜壮阔地发展历程,放在社会主义意识形态建设大背景下,做了宏观系统地梳理,详细解读了《高校马克思主义学院建设标准(2017 年本)》指标体系,并提出目前马克思主义学院发展的着力点:准确把握马克思主义学院的科学定位;协调推进课程、学科、学院三大建设;积极创造上下齐心、人人担责的内部氛围,从战略高度指出马克思主义学院当下的努力方向。

武汉大学马克思主义学院院长佘双好教授作了题为《关于马克思主义学院发展的战略思考》的报告。他首先介绍了马克思主义学院不同发展阶段的特点,并从思想政治理论课二级机构管理任务的发展历史演变的视角,提出《高等学校马克思主义学院建设标准(2017年本)》的颁布,标志着马克思主义学院建设进入了全面发展综合建设的新阶段。针对学院建设的新要求,他认为要着重处理好四个关系:特殊性和一般性的关系、核心任务与多元功能职能的关系、内向性与外向性关系、依附性与自我发展的关系。他认为,新时代马克思主义学院发展应努力实现健全发展、多元发展、内涵发展、独立发展。最后,他分享了多年实践总结而出的马克思主义学院建设总体思路的40字箴言:"尊重现实,主动谋划;聚焦主业,整体推进;建章立制,明确关系;内求和谐,外塑形象;引领示范,责任担当。"

湖南师范大学马克思主义学院院长吴家庆教授作了题为《新时代马克思主义学院的机遇与担当》的报告。报告上溯到1933年成立的"马克思共产主义学校",分析了马克思主义学院发展的四个时间节点,并针对新时代马克思主义学院建设,提出建设"四个一流":一流马克思主义理论教学基地、一流马克思主义理论传播基地、一流马克思主义理论研究高地、一流马克思主义理论人才培养基地;总结了新时代马克思主义学院建设面临的普遍性问题,并提出坚持政治建院、教学立院、科研强院、人才兴院、制度治院的五个发展设想。

河北工业大学马克思主义学院副院长(主持工作)张青卫教授以《强化"三个意识",提升马克思主义学院建设质量和水平》为题作了报告。他从马克思主义理论学科核心地位的确立历程——由思想政治理论课的"支撑学科""引领学科",到哲学社会科学的"领航学科"阶梯式提升,提出思政理论课教师在新时代应该大有作为。

两天的会期内,专家、学者通过专题学术报告、分组讨论等形式,共同探讨了马克思主义学院建设与发展的时代特征、机遇挑战、历史使命、建设方略、发展动力等重大课题,并围绕新时代马克思主义学院由高速度发展到高质量发展的转变,不断增强内涵式发展动力,实现"建设重点课程、重点学科和重点马克思主义学院"的目标等问题进行了交流讨论。

(河北工业大学融媒网,2018年1月20日)

河北工大公布一流学科建设"三步走"路线图

——重点建设"先进装备工程与技术"学科群

本报讯　河北工业大学日前正式公布该校一流学科建设方案。这份方案提出了学校从现在至本世纪中叶的"三步走"建设目标以及未来的学科建设布局,旨在把对区域经济社会发展支撑度高的学科建设成为世界一流学科。

根据《河北工业大学一流学科建设高校建设方案》,到 2020 年,该校学科布局更加优化,一流学科建设取得显著进展;到 2030 年,部分学科达到国内一流学科水平,个别学科接近或达到世界一流学科水平;到本世纪中叶,部分学科接近或达到世界一流学科水平,个别学科进入世界一流学科行列。

围绕这些建设目标,河北工业大学将依托学校电气工程、材料科学与工程、机械工程等优势学科,重点建设"先进装备工程与技术"学科群,突出学科交叉融合和协同创新,打造学科高地。

记者马利(《河北日报》,2018 年 2 月 3 日)

第十四批国家"千人计划"青年项目名单公布

——河北工业大学教授孟垂舟入选

本报讯 2月9日,第十四批国家"千人计划"青年项目、创业人才项目入选人员名单公布。记者从河北工业大学获悉,该校机械工程学院孟垂舟教授入选"千人计划"青年项目。

据介绍,孟垂舟35岁,在清华大学攻读博士学位期间,开展碳纳米管和石墨烯功能新材料开发及其在柔性全固态储能器件、硅橡胶致动器和有机热电器件等方向的应用研究。2011年,赴美国普渡大学进行博士后科研工作,从事微型超级电容器和无线驱动型植入式微型生医传感器的前沿性交叉学科研究。至今,已发表SCI检索学术论文14篇。现依托河北工业大学机械工程学院、国家创新方法与实施工具工程技术研究中心及河北省机器人感知与人机融合重点实验室,开展机器人皮肤传感、人工肌肉和体内机器人等面向医疗护理机器人的前沿应用研究。

记者马利(《河北日报》,2018年2月10日)

全国人大代表李强解读
"新时代下的高质量发展"

2018年3月7日,全国人大代表、我校党委书记李强作客河北广播电视台北京融媒体全国两会演播室,就新时代下高质量发展的大势所趋、政府转变考核体系及做强实体经济等方面进行解读。

在今年的政府工作报告当中有一个关键词成为了媒体关注的焦点,同时也是代表委员热议的话题,这就是报告中多次强调的高质量发展。进入新时代我国社会主要矛盾已经转化为人民日益增长的美好生活需要和不平衡不充分的发展之间的矛盾,经济发展已由高速增长阶段转向高质量发展阶段,新时代我们该如何推动高质量发展,今天就这一话题,请到了全国人大代表李强。

(一) 高质量发展势在必行

主持人:欢迎您来到我们的北京融媒体演播室,参与今天的讨论,我们先来看看报告当中对于高质量发展是如何表述的。

李强:大力推动高质量发展。发展是解决我国一切问题的基础和关键,要着力解决发展不平衡不充分问题,围绕建设现代化经济体系,坚持质量第一,效益优先,促进经济结构优化升级,要尊重经济规律,远近结合,确保经济运行在合理区间,实现经济平稳增长和质量效益提高互促共进。

主持人:以前可能我们说要解决有没有的问题,现在要解决好不好的一个问题,李书记您怎么认为?

李强:确实如吕市长所说,我们国家经过改革开放40多年的快速发展,国家更强大了,就像最近热播的《厉害了我的国》。另外,人民的生活(水平)大幅度提升,不仅经济收入提高了,而且精神生活也更加丰富。但是确实,这样的快速发展,也带来一些问题。比如,区域和城乡的差异,能源的消耗,环境压力的影响。这些问题,是要通过高质量的发展,来逐步解决的。

(二)高质量发展需要新的考核体系

主持人:在过去的五年我国经济一直保持的是中高速的增长,过去五年增长达到了 7.1%,2017 年达到了 6.9%,在今年政府工作报告里面对于 2018 年的预期目标定在了 6.5%,这个数字的变化传递出一个什么样的信号?

李强:6.5 的速度跟 7.1 比确实我们下降了,但是和世界其他的地区比,6.5 的增长速度仍然不算一个小的数,这样的增长对我们国家解决很多的社会问题还是有好处的。

主持人:其实报告里面为了保证高质量发展,其实也做出了一系列的部署,接下来通过报告摘要来看一下报告中是如何来说的。

李强:坚持把发展经济着力点放在实体经济上,继续抓好三去一降一补,大力减政、减税、减费,不断优化营商环境,进一步激发市场主体活力,提升经济发展质量,发展壮大新动能,加快制造强国建设,继续破除无效供给、深化"放管服"改革,进一步减轻企业税负,大幅度降低企业非税负担。

主持人:李书记,对于这种考评体系您有什么建议?

李强:考核指标确实要进行调整,政府还要转变政绩观,由过去的速度规模转变成为追求质量和效益,这个效益不仅要体现在经济效益上,还要体现在社会效益上,在高质量发展的这个过程中,既要追求经济质量的提升,但是经济社会发展最终的目的还是使人民的生活水平提升,总体来说就是让人民群众有越来越多的获得感、幸福感和安全感。

(三)做强实体经济,激发市场主体活力

主持人:刚才谈话里边孟总也提到了说有关于企业的创新、标准、品牌,想问问李书记,您觉得这三个关键词对于企业的高质量发展来说是不是非常的关键。

李强:没有创新的话就谈不上高质量,一个高水平的企业,一个高品质的企业肯定它的标准是最高的,企业如果能走向制定标准,表明着它的创新水平是比较高的,再就是品牌。品牌应该是企业的目标,一个企业要想是达到百年老店的话,没有一个名扬天下的品牌是不可能的,所以这三个词非常重要。

主持人:其实在高质量发展当中,归根到底确实是人才的竞争,因为毕竟需要有高端的人才、优质的人才去科技创新、去帮助我们实现高质量发展。

李强:确实是这样,因为高质量的发展最终是靠高素质的人去实现,这个区域汇聚大量的高素质人才,才可能把这个区域的经济质量提升上去。

主持人:站在全省的高度,您觉得我们还能在哪些方面着重发力呢?

李强:我们河北省特别是各地市要加大对在域内的科技型中小企业的扶持力度,从中挑出一些好的苗子,大力度的支持,多施肥,多浇水,多给阳光,这样它们就能快速成长起来,成长为巨人。

主持人:好,谢谢您今天作客我们的北京演播室,一起来分享您的观点,节目最后我想用报告当中一段表述来结束我们今天的访谈,报告当中提到中国的发展成就从来都是在攻坚克难中所取得的,当前我国物质基础更加雄厚,产业体系完备,市场规模巨大,人力资源丰富,创业创新活跃,综合优势明显,有能力、有条件实现更高质量、更有效率、更加公平、更可持续的发展。这不仅是我们的一个目标,未来也会是我们的真正现实。

(《河北广播电视台》,2018 年 3 月 7 日)

李强代表以"高教协同"补河北教育短板

本报讯　全国人大代表、河北工业大学党委书记李强日前建议,应充分考虑京津冀高等教育协同发展的战略要求,加大政策导向、经费投入等方面支持,尽快补齐河北省高等教育的短板。

李强认为,河北省高等教育在京津冀三地中明显处于"低谷地带"。根据教育部发展规划司公布的统计数据,河北省共有普通高校120所,高校数量在全国排名第7。但从办学水平上来看,河北省的高等教育却明显呈现出"大而不强"的发展局面,与京津差距非常大。

"河北省优质高等教育资源相对缺乏,势必会影响京津冀协同发展战略。特别是,河北省与北京市、天津市高等教育极不平衡的发展现状,成了落实京津冀高等教育协同发展的主要矛盾和障碍。"李强表示。

李强建议,国家主管部门应充分考虑河北省高等教育发展的现实需求,结合高等教育发展布局以及中西部高等教育振兴计划等工作,加大对河北省的支持,尽快补齐河北省高等教育的短板,加快提高河北省高水平大学建设步伐,带动该省由高等教育大省向高等教育强省跨越。

记者高长安(《中国科学报》,2018 年 3 月 15 日)

京津冀：协同发展　重视教育

——访河北工业大学党委书记李强代表

今年的政府工作报告提出，扎实推进区域协调发展战略。"京津冀协同发展战略实施以来，三地政府制定出台了《'十三五'时期京津冀教育协同发展专项工作计划》，有效加强了教育领域的沟通合作。"河北工业大学党委书记李强代表说。

同时，李强代表指出，由于历史原因和现实客观因素的影响，目前京津冀三地的高等教育发展水平还存在较大差距，尤其是河北省在高水平大学建设、考生高考升学质量等方面还处于区域"低谷地带"。

"河北是高等教育大省，但不是高等教育强省。"李强代表说，河北省作为一个人口大省，由于高水平大学的缺乏，直接影响了河北考生高考升学的质量。进入新时代，加快解决京津冀区域高等教育不平衡不充分发展的问题，既是推进京津冀协同发展的重要基础，也是满足群众日益增长的对优质高等教育需求的现实需要。

"建设教育强国是中华民族伟大复兴的基础工程。"李强代表认为，要深入学习贯彻习近平新时代中国特色社会主义思想，贯彻落实党的十九大精神，按照政府工作报告提出的任务和要求，加快自身建设步伐。同时，他建议，有关部门在全国高等教育发展布局上、在实施中西部高等教育振兴计划等工作中加大支持力度，这样才能加快推进京津冀高等教育协同发展，提高区域高等教育均等化水平。

记者靳昊(《光明日报》,2018 年 3 月 17 日)

河北工业大学国家重点研发计划
"智能机器人"专项启动

3月24日上午,河北工业大学韩旭教授主持承担的国家重点研发计划"智能机器人"专项"基于数据驱动的工业机器人可靠性质量保障与增长技术"项目启动会暨项目实施方案研讨会在津召开。

国家重点研发计划由原来的973计划、863计划、国家科技支撑计划、国际科技合作与交流专项、产业技术研究与开发基金和公益性行业科研专项等整合而成,是事关国计民生的重大社会公益性研究,也是事关产业核心竞争力、整体自主创新能力和国家安全的战略性、基础性、前瞻性重大科学问题、重大共性关键技术和产品,为国民经济和社会发展主要领域提供持续性的支撑和引领。

本次研讨会上,根据专家意见,河北工业大学联合其他参研单位共同就项目实施和衔接情况进行了详尽讨论,确定了具体的时间节点,并将关键技术指标分解落实到重要节点及相应参与单位,明确了研发材料的成果形式,形成了系统技术方案。

据悉,该项目执行期为三年,总经费达1907万。将以建立面向工业机器人的可靠性质量保障技术体系为总体目标,针对国产工业机器人平均无故障工作时间短、稳定性和精度保持性差等问题,突破工业机器人可靠性建模、设计、评估和试验中的技术瓶颈,建立工业机器人可靠性质量规范,搭建工业机器人可靠性增长设计平台,形成较为完善的可靠性质量保障技术,最终实现研究成果应用于国内3家以上主机厂产品,产品平均无故障工作时间达80000小时,为提升国产工业机器人可靠性质量水平提供技术保障。

记者高长安　通讯员屠琼芳(《中国科学报》科学网、河北日报、河北广播电视台、中国教育新闻网,2018年3月25日)

报刊中的河北工大

省科技厅与河北工业大学签署
科技创新战略合作协议

——我省率先建立科技创新厅校工作会商机制

本报讯　4月10日下午,省科技厅与河北工业大学在天津举行厅校工作会商会议并签署《科技创新战略合作协议书(2018-2020)》。此举标志着我省在全国率先建立了科技创新厅校工作会商机制。

根据合作协议,河北工业大学将启动工大—泰华智能装备研究院、冀南工业技术研究院的建设,助力区域产业转型升级。省科技厅支持工大—泰华智能装备研究院开展智能装备制造重点技术研发,帮助河北工业大学提升研发机构建设质量、在省内进行模式推广。在共同开展产业技术创新服务,助推企业创新发展方面,河北工业大学将建立服务县域产业创新发展专业团队,服务市县开展产业技术创新调查、制定产业技术发展规划。省科技厅鼓励和支持市县与河北工业大学合作开展产业技术创新调查、制定产业技术发展规划;支持河北工业大学开展技术创新方法研究与推广应用,通过创新券等方式支持中小企业享受创新方法培训服务。为提升创新能力和服务经济社会发展能力,河北工业大学将服务我省智能制造发展需求,强化基础和应用基础研究,推进省部共建电工装备可靠性与智能化国家重点实验室建设;加大先进高功率激光应用、污染土原位监测修复等重点领域研发,加快科技成果产业化进程。省科技厅还将支持河北工业大学推进军民融合创新研究院建设,为我省制定科技军民融合战略规划、方针政策提供决策咨询。

记者马利(《河北日报》,2018年4月11日)

直挂云帆济沧海

——河北省首个省部共建国家重点实验室启动建设运行

4月10日,河北省省部共建电工装备可靠性与智能化国家重点实验室建设运行工作会在河北工业大学红桥校区科技报告厅举行,依托河北工业大学建设的河北省首个省部共建电工装备可靠性与智能化国家重点实验室正式启动建设和运行,按照"省部共建、以省为主"的管理运行原则,2018—2022年建设运行期内,省政府每年将为实验室提供1000万元专项经费支持。

据了解,省部共建电工装备可靠性与智能化国家重点实验室是国家布局的第10个国家重点实验室。该实验室建设运行期为5年(2018—2022年),主要面向国家和京津冀区域新能源发电、智能电网和先进电工装备发展需求,重点围绕电工装备可靠性理论与失效机理、电工装备电磁综合效应、先进电工材料结构与性能调控、电工装备状态感知与智能控制4个研究方向。

建设运行期内,科技部将统筹国家资源支持实验室科研能力和科研基础条件建设;省科技厅在省级科技计划项目中给予优先立项支持,在实验室团队建设、高端人才引进、领军人才培养和科研条件建设方面给予重点保障。

启动仪式由河北省政府副秘书长李璞主持。河北省副省长徐建培出席启动仪式并作重要讲话。徐建培指出,此次省部共建实验室建设工作会,是一个标志性的会议。它标志着实验室建设之前的工作,得到了科技部和同行的认可,取得了显著成效;也标志着省部共建实验室在步入"国家科研平台"体系后,进入了一个新的五年建设期。他代表河北省政府对实验室建设运行提出三点要求。一是要提高认识,高站位推进工作;二是要瞄准目标,高质量推进;三是要凝聚合力,高起点运行。通过省部共建实验室带动河北高校的电气学科和相近学科的发展,践行"联合、开放、流动、竞争"要求,将河北省第一个省部共建国家重点实验室打造成一个好品牌、树立为一个好榜样。

科技部基础研究司副巡视员周文能宣读了省部共建国家重点实验室批准文件并作重要讲话。他对河北省政府、省科技厅及河北工业大学做出的努力表示感谢，对实验室顺利启动表示祝贺，希望省部共建国家重点实验室结合河北区域发展需要，探索管理模式和机制，建设成为区域内组织高水平科学研究和聚集、培养高水平科研人才的重要基地。

河北省科技厅厅长马宇骏指出，省部共建实验室来之不易，要倍加珍视，并表态，作为主管部门，省科技厅支持实验室建设发展责无旁贷，将从资金、项目、政策给予倾斜，为河北省工业生产向智能制造转型升级、装备制造业向高端智能化方向持续创新发展和京津冀协同发展提供科技支撑。

河北教育厅厅长杨勇对科技部、省委省政府、省直有关部门对河北工业大学发展的关心与支持表示感谢。他对河北工业大学近年来在人才培养、科学研究、社会服务、科研平台建设等方面取得的显著成绩表示肯定，希望河北工业大学以省部共建国家重点实验室建设为契机，为区域经济建设、提高人才培养质量服务，大力加强平台建设，不断推进高校科技工作迈上新台阶。

河北省委组织部副部长姜建华、省发改委副主任赵春华、省财政厅副厅长马学、省人力资源和社会保障厅副巡视员傅国丰、省委宣传部新闻处新闻协调组组长马德明分别表态，将严格按照科技部和省委、省政府的要求，大力支持重点实验室建设发展，切实为服务国家战略和河北省区域经济社会发展作出新的更大的贡献。

河北工业大学校党委书记李强致欢迎辞，他表示，学校将倍加珍视凝聚着各位领导、专家心血，以及学校十多年努力奋斗而获得的省部共建国家重点实验室，并以此次建设运行启动会为契机，在科技部、省委、省政府、省科技厅、省教育厅等单位(部门)的正确领导和指导下，充分发挥学科优势，发扬科学求实精神，聚焦科技前沿和河北省经济社会发展的重大科学技术问题，把实验室高质量建设好、运行好，不辜负科技部、省委、省政府、科技厅等各级领导对学校发展建设的殷切期望。

河北工业大学校长、省部共建国家重点实验室主任韩旭作了省部共建国家重点实验室相关情况的汇报。他表示，实验室风力发电机组可靠性建模与健康状态评估、智能无线充电装备与电工装备的减振降噪、电工装备中新型大功率器件研发及材料基础特性模拟研究、基于新型定子永磁同步电机的伺服控制系统研究等4项自主研究课题重点项目已顺利启动。

记者林爱民 通讯员屠琼芳(《中国改革报》,2018年4月27日)

河北工业大学自制赛车飞驰美国赛场

今天,河北工业大学师生作为中国唯一一支代表队,驾驶着自主研发的赛车,飞驰在美国大学生方程式赛车 FSAE 的赛场,与来自 10 个国家 136 个高校队伍一决高下。

记者连线了远在美国赛场的河北工业大学机械工程学院党委副书记杨占力。据他介绍,这次学校是应美国阿拉巴马农工大学邀请,与对方联合参赛。车队则由河北工业大学 13 名学生组成,就连赛车也是这些学生自己动手制造,并通过了 Fsae 的各项严格检测,取得了美国大学生方程式赛车的资格。这也意味着由河北工业大学学生制造的 7 号赛车,性能指标达到了美国汽车工程师协会的技术要求。

"我们是中国唯一一支代表队。"杨占力告诉记者,比赛通过一系列静态和动态的项目来评判赛车的优劣,包括技术检验、工程设计、单项性能测试、耐久测试和燃油经济性等等。通过完成这些项目,评委会通过打分来评判汽车的性能,是对参赛队伍整体水平和工程实践能力的综合考验。河北工业大学代表队所有项目均通过美国汽车工程师协会检测,并于当地时间 5 月 11 日顺利完成加速赛和高速避障赛。

只不过,备赛过程并非一帆风顺。杨占力说,托运赛车到美国过程很曲折,途中还遇到了罢工延期送到目的地,大家差点儿就与比赛失之交臂。赛车好不容易到达美国海关,在没有代理机构情况下,他和学生自行办理了清关手续。明天凌晨,河北工业大学代表队将最终完成这场国际赛事。在杨占力看来,学生们参加过几届中国方程式比赛,积累了一定经验,并且赛车是他们自己动手制造的,场上遇到问题都可自行解决。而参加这场国际赛事开阔了学生们的视野,也提升了自身的工程实践能力。

(《每日新报》,2018 年 5 月 12 日)

河北工业大学校长韩旭

韩旭,男,汉族,1968 年 6 月生于河北省张北县。博士,教授,博士生导师。

韩旭教授现任河北工业大学党委副书记、校长,国际计算力学学会总理事会理事、中国力学学会常务理事、中国机械工程学会常务理事、国务院学位委员会机械学科评议组成员、国际期刊 *Inverse Problems in Science & Engineering* 和 *International Journal of Computational Methods* 副主编及多个国际国内期刊编委等。

韩旭教授曾荣获国家杰出青年科学基金,被授予教育部"长江学者"特聘教授、973 项目首席科学家、国家创新人才推进计划中青年科技创新领军人才等荣誉称号。作为第一完成人获得过国家科技进步二等奖、教育部自然科学一等奖、湖南省科技进步奖一等奖、中国机械工业科学技术一等奖、国际计算力学华人联合会计算力学奖、全国百篇优秀博士论文指导教师等奖项。

韩旭教授主要研究领域为复杂装备先进设计理论与方法,相关成果已成功应用于制造装备、车辆工程、航空航天、工程机械、国防特种装备等多个领域;出版专著《基于数值模拟的设计理论与方法》和 *Computational Inverse Techniques in Nondestructive Evaluation*,在国外知名刊物上发表 SCI 论文 150 余篇,2014 年度至今连续入选机械工程领域中国高被引用学者榜单(Most Cited Chinese Researchers) ;作为大会主席组织了本领域多个国内国际重要学术会议,包括设计和制造前沿国际会议、国际计算方法大会、中国计算力学大会等。

近年来,河北工业大学综合办学实力显著提升,成功入选国家"世界一流学科"建设高校,重点建设"先进装备工程与技术"学科群,围绕高端装备产业发展,新一代人工智能基础理论研究与核心关键技术创新等经济社会发展的现实需求,设立了包括"先进装备技术""人工智能"在内的一系列新工科专业,并为做好高水平人工智能专业人才培养,推进城市基础设施建设信息化、智能化、安全化建设,成立了"人工智能与数据科学学院"和智慧基础设施研究平台——"智慧基础设施研究院"。此外,学校正筹划建设大健康新医疗产业技术研究院。

(《天津日报》,2018 年 6 月 1 日)

许勤在河北工业大学调研时强调

——"建设一流学科　厚植创新基础
以高质量教育为高质量发展提供人才支撑"

本报讯　6月5日下午,省长许勤到河北工业大学调研,代表省委、省政府和王东峰书记看望慰问广大师生。他强调,要深入学习贯彻习近平新时代中国特色社会主义思想和党的十九大精神,坚决落实习近平总书记关于高校建设的一系列重要指示要求,瞄准世界一流大学、一流学科目标,不断优化学科设置,提升专业水平,厚植创新基础,以高质量教育为高质量发展提供有力人才支撑。

阳光灿灿的校园,书香阵阵,青春正芬芳。许勤来到河北工业大学红桥校区,先后考察了学校微电子研究所、省部共建电工装备可靠性与智能化国家重点实验室,参观了校史馆。他说,河北工业大学在百余年的办学历程中,始终坚持"工学并举"的办学特色,弘扬"勤慎公忠"的校训精神,为推动经济社会发展培育出大批杰出人才,作出了重要贡献,未来要继续在河北高等教育发展中率先示范、探索新路,争取早日建成"双一流"大学。

许勤强调,教育特别是高等教育对经济社会发展产生着越来越重大的影响,高校是人才第一资源和创新第一动力的重要结合点,是科技创新的重要策源地。要坚持正确政治方向,引导广大师生热爱党、热爱祖国、热爱人民,坚决维护以习近平同志为核心的党中央权威和集中统一领导,大力推动习近平新时代中国特色社会主义思想进校园、进课堂,弘扬社会主义核心价值观,扎实办好新时代中国特色社会主义高校。要着力提升高等教育质量,以入选国家"世界一流学科"建设高校为新起点,进一步整合优势资源,打造结构优化、特色鲜明、注重创新的学科建设新格局。要坚持产学研深度融合,依托"智慧工业技术研究院""河北省大健康研究院"等重点科技平台,加强与科研院所、企业合作,结合我省科技创新、转型升级、战略性新兴产业等三年行动计划实施,共建一批产学研用一体的创新服务基地、工程技术中心、产业创新联盟等,推动学校科研成果转化为适应市场需求的产品。要坚持开放式办学,积极与国内外知名院校、科研机构等对接,引进尖端人才优化师资队伍,大力培育创新型、应用型、复合型高端人才,充分发挥人才价值,为经济强省、美丽河北和现代化强国建设贡献力量。

记者王成果(《河北日报》,2018年6月5日)

生态环境功能材料的探路者

——记河北工业大学材料科学与工程学院副院长梁金生

有人说,他是了不起的学者。潜心科研30余载,他率领团队系统研究了非金属矿物材料节能环保功能化理论、应用技术与标准化技术,是我国生态环境功能材料研究开发的领军者。

也有人说,他是普通的大学教师。三尺讲台上海人不倦,他培养了一批又一批有用之才,目送他们走向更广阔的学术天地、社会舞台,成为行业精英、国家栋梁。

然而,不管身份如何,他概括自己只用了"党员"二字,"科技攻关、教书育人,职责虽异,但服务国家发展的初心不改、使命不变。"

他,就是河北工业大学材料科学与工程学院副院长梁金生。

敢走前人没走过的路

1987年,刚刚考入河北工学院(现河北工业大学)攻读硕士研究生的梁金生,再次向党组织递交了入党申请书。次年,他终于如愿站在党旗前,发出铮铮誓言:"我志愿加入中国共产党……"

"为什么要入党?"梁金生这样问过自己。

回想初衷,他将原因归结为家庭的熏陶。打小在遵化老家长大,他常听二爷爷和二奶奶提起身边那些不畏枪林弹雨的"党员同志"。留存在记忆深处的是,党员意味着奉献和牺牲,释放着榜样力量,每个积极向上的年轻人都渴望成为其中的一分子。

硕士毕业后留校工作,梁金生思考着,和平年代的共产党员又该有怎样的担当与作为?"是党员就要勇做先锋,作为一名科技工作者,就是要创先争优,力争用一流创新成果,诠释对党的科技事业的无限忠诚。"抱定了这样的决心,他开始在科研攻关的道路上努力奔跑。

20世纪90年代初,日本学者山本良一教授提出了"生态环境材料"概念,其新颖的观点,让他眼前一亮。当时,国内还鲜有人去关心材料的生产、使用、废弃全过程对生态、环保、健康等可能产生的持续影响。

"科学研究不能只盯当下,更应着眼长远。"在梁金生看来,"创新既要引进和学习世界先进科技成果,更要勇做探路先锋,敢走前人没有走过的路,不断在攻坚克难中追求卓越。"

从前人的学说中汲取精华、摒弃糟粕,经过数年孜孜研究,他渐渐形成并提出了自己的理论观点——"生态环境功能材料"。

可别小看这多出的"功能"二字。"好比一间刚装修完的房屋,根据'生态环境材料'概念,我们只能知道哪些材料是有污染的、不利健康的,并没有解决办法。而使用'生态环境功能材料',则可以有效帮助降低污染、有益健康。"梁金生说。

新理论已经开花结果

长期以来,洗洁精污染、水资源浪费,已成为餐具清洁领域亟待克服的两大难题。"为此,我们经过10多年研究积累,创建了日用陶瓷表面亲水易洁抗菌功能化材料关键制备技术、先进制瓷技术、产业化生产技术、检测评价技术、标准化技术等,只需用水轻轻一冲,餐具即能光亮如新,省去了油渍洗刷烦恼和洗洁精带来的污染危害,洁净抗菌又安全。"梁金生说,去年,这项研究成果荣获2016年度河北省技术发明奖一等奖,"也算不辱党员使命,为所在行业和领域的发展贡献了自己的点滴力量。"

实实在在为社会做点事

6月下旬,记者联系采访梁金生时,他正在承德市滦平县考察当地的尾矿综合利用情况。"就想实实在在为社会做点事。"在他看来,科学研究不是闭门造车,只有立足地方经济发展需求,得出的研究成果才更具生命力。

我省是钢铁大省、矿业大省,有的地方矿产资源采挖后,留下一些尾矿。作为堆存尾矿或其他工业废渣的场所,尾矿库除了影响生态环境,还常被看作具有高势能的人造泥石流危险源,一旦溃坝,顷刻间就能荡平附近的村庄,极易造成重特大安全事故。

"过去我们谈治理尾矿,更多的是从环保角度考虑问题,目的是想办法把尾矿处理掉,比如加工成建筑材料等予以利用。"梁金生说,但这并没有真正意识到尾矿的资源属性,其更高的附加价值还有待进一步开发。

怎样才能找到开启尾矿资源的"宝藏钥匙"？梁金生打算从点上先试突破。

承德地区的尾矿库主要分为三种类型,即高硅铁尾矿、低硅铁尾矿和钒钛铁尾矿。从中各自选取一个尾矿库作为试点,分析研究其成分、结构、性质等基础信息,"掌握了这些数据,什么样的尾矿适合做什么,心里就大致有谱了。"

尽管研究仍处于起步阶段,但梁金生已经有了值得高兴的发现:这些尾矿资源中,含铁量较高的可生产具有远红外功能的陶瓷,既能活化水质,还能增加水中的微量元素;含有钙、镁、硅、钾、钠较多的尾矿资源,通过生产加工后,可用于调理土壤……

今年3月,河北省固废资源利用与生态发展制造业创新中心在省政府的支持下正式启动建设。梁金生介绍,通过开发高品质标准化的工业原料,突破尾矿大规模消纳瓶颈,尾矿资源的高附加值利用将真正成为现实。

倾心尽力教书育人

直到现在,已经担任副院长多年的梁金生,每周仍坚持给本科生上课。

"当前,高校里的很多教授不愿意给本科生上课,许多专业也不愿意在本科生教育上投入太多精力,导致学生在成长成才、创新创业等方面缺乏系统培养。"在梁金生看来,本科阶段是形成良好科研习惯和培养创新思维的关键期。

为使学生更了解所学专业,梁金生给功能材料系的大一新生安排了一门入学必修课——"功能材料前沿讲座",形式虽然传统,内容却极为新颖。

按他的要求,能站上这个讲台的都是院里功能材料专业的学术骨干,正教授每人2次课、4个学时,副教授每人1次课、2个学时。讲什么？就讲他们各自研究领域里最新的学术和产业前沿动态,目的就是让学生们"大开眼界"。

待到升入本科二年级,有意科学研究的学生可直接申请参与导师的科研项目,实验怎么做、报告怎么写、论文怎么发……一个课题跟下来,心中就会有了大概思路。如今,在材料科学与工程学院功能材料系,一多半的本科生都有了自己的"科研经历"。

"本科教育不应止步于解疑释惑,其更重要的责任,是鼓励和培养学生发现问题、解决问题、开拓创新的能力,引导他们推开科学的大门。"梁金生说。

在他主讲的"生态环境功能材料"课堂上,从学术发端到学科演进,从如何开展科学研究到怎样让研究成果走进学界、业界的视野,再到最终实现落地转化,"这样一条线捋下来,学生未来的研究思路就会非常清晰。"

前不久,梁金生等编著的《功能材料专业教育教学实践》由北京大学出版社正式出版,成为该领域第一部研究教育教学的著作。"本科教育是为党和国家培养人才的核心,也是教育教学的基础,这个'根'必须抓牢。"梁金生表示。

【记者手记】

时刻不忘共产党员身份

按照学院领导班子分工,梁金生主要分管材料科学与工程学院的科技工作,并协管学科建设。

为提升学科高水平科学研究能力,他把提高科技水平、形成特色当作材料学院的科技发展核心,迅速提高了材料物理与化学国家重点学科综合实力和科技服务地方经济的能力;为能源环境材料高新技术产业输送人才和技术,他又依托材料学院组织创建了生态环境与信息特种功能材料教育部重点实验室,开辟了该校能源环境材料特色功能材料学科专业本科生、硕士生、博士生培养方向。

一门心思扑在工作上,梁金生几乎没有了"业余时间"。

记者问:"成年累月地这么忙,不累吗?"

他回答:"我是党员,干工作更得兢兢业业、履职尽责,不能给这个身份丢人。"

诚如梁金生所言,兢兢业业、履职尽责,只因时刻不忘共产党员这个"第一身份"。用他的话说:"没什么豪言壮语,继续奋斗吧。"

记者张怀琛(《河北日报记者》,2018 年 7 月 2 日)

让数值模拟与机械设计相互融合

——《基于数值模拟的设计理论与方法》及英文版出版

近日，河北工业大学韩旭教授新作 *Numerical Simulation - based Design: Theory and Methods*（《基于数值模拟的设计理论与方法》）由斯普林格出版集团出版。"本书为我著作《基于数值模拟的设计理论与方法》的英文版本，是一本全面系统论述基于数值模拟的设计理论与方法的专著，深入、系统地介绍了基于模拟的复杂结构先进设计技术、算法及其工程应用。"该书作者河北工业大学党委副书记、校长韩旭向记者介绍。

据悉，韩旭现任河北工业大学党委副书记、校长，兼任国务院学位委员会机械学科评议组成员、国际计算力学学会总理事会理事、中国力学学会常务理事、中国机械工程学会常务理事以及多个国际国内期刊编委。

韩旭曾荣获国家杰出青年基金，被授予教育部长江学者特聘教授、973 项目首席科学家、国家创新人才推进计划中青年科技创新领军人才等荣誉称号。作为第一完成人获得过国家科技进步二等奖、教育部自然科学一等奖、湖南省科技进步一等奖、中国机械工业科学技术一等奖、国际计算力学华人联合会计算力学奖、全国百篇优秀博士论文指导教师等奖项。

韩旭主要研究领域为复杂装备先进设计理论与方法，相关成果已成功应用于车辆工程、航空航天、工程机械、国防特种装备等多个领域。出版专著《基于数值模拟的设计理论与方法》（中英文版本）；在国外知名刊物上发表 SCI 论文 150 余篇，2014 年度至今连续入选机械工程领域中国高被引用学者榜单（Most Cited Chinese Researchers）；作为大会主席组织了本领域多个国内国际重要学术会议，多次在国际相关领域的学术会议上作大会报告或特邀报告。

在《基于数值模拟的设计理论与方法》（中英文版本）中，所论述的反求建模、快速分析、结构优化和不确定评价，较完整地形成了基于数值模拟的结构设计的基本框架，将对促进数值模拟数据向设计信息和设计知识的有效转化，推动机械装备设计研发中数值模拟由辅助性分析工具到主导性设计的关键转变具有重要意义。

全书共分4部分13章,中文版共计297,000字,该书是韩旭带领团队近十年来在复杂结构的数字化设计中的共性关键技术及应用方面研究成果的总结,更是他历时三年苦心翻译、精心整理的科研硕果。

记者了解到,基于数值模拟的设计方法作为当前及未来发展高端装备的必要手段,对于提升我国装备制造业自主创新能力、保障国家战略安全等具有重要意义。该方法在机械装备设计阶段就充分考虑制造、装配、服役和维护期间的综合性能,可以大大减少物理样机试制和测试的次数,缩短设计周期,有效克服传统串行设计中面临的设计质量、效率、成本等方面的瓶颈。

"虽然数值模拟在机械设计中具有突出的优越性和广阔的应用前景,但现阶段我国装备制造业中基于数值模拟的设计并不普及,工程应用程度也非常有限。"韩旭介绍说,我们基于过去的研究和实际装备开发设计经验,特别是近十年与相关企业合作研发的经验,发现造成这种现象的主要原因是现代装备通常具有结构复杂、工况极端、功能需求多样、参数不确定性等特点。而诸如数值模拟模型的精度、大规模计算的效率、高维设计变量的处理、多设计目标的均衡、不确定性对结构设计的影响评估等关键共性科学问题和技术难点缺乏系统的行之有效的解决途径。这使得基于数值模拟的设计在精度、效率、功能和可靠性等方面难以得到保证,大大制约了数值模拟在实际装备设计开发中的贡献率和应用程度。围绕上述机械装备设计与分析中的共性难点问题,有必要发展装备设计、制造与服役过程中数值模型的精确建模方法,加强数值模拟的基础理论和快速计算方法研究,开发面向多功能需求和考虑不确定性的结构优化设计技术。

为此,韩旭多年来致力于数值模拟和机械设计的相互融合,系统全面地发展了面向复杂装备的基于数值模拟的先进设计理论与方法。书中主要内容包括:基于计算反求的高精度数值建模方法,有效保证机械装备的设计品质;复杂机械装备模拟的快速分析方法,为结构高效设计提供重要计算工具;高性能的工程多目标优化设计方法,为多功能需求下装备综合性能的优化提供核心设计手段;不确定性建模及优化设计方法,有效保证极端工况及不确定性环境下复杂装备设计的可靠性。

韩旭著作《基于数值模拟的设计理论与方法》出版三年来受到业内人士的高度评价和广大读者的广泛好评,而此次英文专著的出版将促进装备制造业中基于数值模拟的设计在全球普及。

本报记者林爱民、陈昭纯(《中国改革报》,2018年7月13日)

"舞之芳华"为河工喝彩

——河北工大舞蹈团成立三十周年专场演出

在河北工大,有这样一群人,他们用人类文化中最古老的形式——舞蹈,倾诉梦想。当太阳又一次升起在东方,他们又一次把舞鞋系上,让生命长出会飞的翅膀。他们用舞步的律动,照亮世界的眼睛。

他们曾经闪耀于舞台,便再不忘舞蹈给自己生命带来的美丽色彩。从1988年重建到2018年团圆,他们选择了28个经典舞蹈及片段,表达对舞蹈团的热爱,为母校的一百一十五年华诞,将自己美好的青春芳华,再现舞台!

一曲《飞来的花瓣》在舞台上响起,平均年龄52岁的演员翩翩起舞,台下的观众仿佛一下子回到了30年前,回到了当年的青葱岁月。音乐响起,合着节拍,礼堂里响彻观众的掌声,许多人的眼角早已湿润……

10月14日,河北工大舞蹈团成立三十周年"舞之芳华"专场演出在大学生活动中心礼堂精彩上演。216名老队员从全国各地回归,468名演职人员同台演出,28个经典舞蹈及片段精选自1988年至今的历次演出,他们以此表达对舞蹈团的热爱,献礼母校的115年华诞。

河北工大舞蹈团于1988年重新组建,历经30年,已培养了三千余名优秀队员,排练演出了大型音乐史诗、民族民间舞、古典舞、现代舞等三百余个。其中有40多个舞蹈参加了全国、河北省、天津市高校各类舞蹈比赛,获奖118次,还应邀参加各级各类演出四百余场。

30余年来,舞蹈团始终秉承河北工大"勤慎公忠"的校训精神,努力不懈,用舞蹈讲述工大故事。整场演出的28支舞蹈共分为上中下三篇,分别为"开拓进取的十年""砥砺奋进的十年""收获辉煌的十年"。作品包括了从1988年舞蹈团重建后登台表演的第一支舞《飞来的花瓣》,到2018年以来的数个获奖作品。

30 年前的花瓣又"飞"回来了

30 年前,一曲《飞来的花瓣》犹如一阵春风,吹进了人们封闭已久的心田,我校的参赛队伍在 1990 年天津市大学生艺术节舞蹈比赛中,正是凭借这支舞获得一等奖。当时的比赛评委这样评价,这支舞编排新颖,让观众眼前一亮,与当时流行的舞蹈截然不同,表现了校园清新的风格。

为了展现当年的风采,演员们从五月份就开始积极准备、刻苦训练,为的就是还原当年的场景、讲述当年的故事、传递当年的感动。"我们这些老队员重聚起来给大家表演这支舞有三个目的,除了向学校 115 周年校庆献礼、向舞蹈团三十周年纪念献礼以外,更重要的是想做一个表率,希望能够鼓励我们的同龄人变得更加自信、阳光、热爱生活,更勇于展现自我。也希望能够激励现在的年轻队员和学校的孩子们,让他们能够热爱舞蹈,积极地参与到舞蹈团来。"《飞来的花瓣》演员、现任河北工业大学马克思主义学院党委书记梁慧超这样向我们解读。

坐高铁打"飞的"来排练

舞蹈团的组织者刘学伶老师见证了河北工大舞蹈团 30 年的传奇。每天无论多早,她总是第一个出现,无论多晚,她总最后一个离开。她说,这次经典专场演出,我们就是在讲一个故事,一个关于舞蹈团成长的故事,一个关于工大的故事。这个故事,舞蹈团的前人、后人、新人一起讲了三十年。而今天,我们终于把这个精彩的故事,还原为舞蹈,展现给了每一个最亲的人!

"这次为了给母校、给舞蹈团庆生,当年我们跳《命运》的九个演员全都聚齐啦!"舞蹈团老队员朱青激动地说道,"二十几年过去了,大学时代舞蹈团的点点滴滴一直伴随着我,这次老朋友能够重聚,一起回母校看看,追忆青春,我们心里都特别激动。"

"这次我们见证了一个'奇迹',不敢想象能聚集这么多老队员回来为母校、为舞蹈团献祝福。两百多个人,从五月开始就放弃了周六日的休息时间,从天南海北坐高铁、打'飞的'来排练,一坚持就是小半年。"谈起为了此次表演专程返校的两百多位老队员,刘老师感慨连连。"这些老队员年龄不同,工作不同,现在生活的城市也是天南海北,最远的在新疆,还有武汉、深圳、广州、上海各个地方的。他们跟我说,老师您别担心,我们人离得远,但是心离得近,我们愿意回来训练。"

新老齐聚,献礼工大

除了演员平均年龄 52 岁的《飞来的花瓣》,还有平均年龄 47 岁的国标舞,平均年龄 44 岁的《春满人间》。刘老师告诉我们:"如果不提前说,没人能看出来他们多大了,他们那精气神儿,那种对学校、对舞蹈的热情和热爱和三十年前一模一样。"

除了"高龄"队员,这次回来的两百多个老队员里还有许多孩儿爸、孩儿妈。一位新妈妈带着襁褓中的宝宝前来,在休息的片刻婴儿入怀;一位新爸爸月余前刚刚见证了新生命的降生,还未从初为人父之喜中醒神,就已经返回了学校开始排练。

他们说,不用担心我们没时间休息,我们苦得高兴;他们说,不必担心服装、道具,我们现在已有能力不让老师为经费发愁;他们说,虽然我们已经离开校园许多年,但我们仍然时刻挂念着母校;他们说,即使我们身处海外,也愿随时奉上所能做的一切支持;他们说,在母校的 115 岁生日,在舞蹈团 30 年团庆的日子里,我们愿意用一切方式为母校祝福! 为青春喝彩!

(《天津日报》、河北共产党员网、融媒体、云天下,2018 年 10 月 15 日)

李春利：用绝活让讲台变成舞台

一门"化工原理"，讲了近30年，李春利坚持年年重写教案年年都有新内容。将专业知识讲成通俗的故事，深入浅出中让录课的摄影师听懂了"精馏"。面对三尺讲台，他始终保持着科研工作中那份固有的谨慎和敬畏。但是他常感叹：给学生讲课时仍时时感到后背在"冒汗"。

李春利是全国模范教师、河北工业大学化工学院教授。他是国家科技进步奖的得主，化工领域最负盛名的"侯德榜化工科技成就奖"被他收入麾下，他主持研发的技术成果在国内30个省份和国外企业应用超3000台套，创造效益超35亿元。

"最高龄"的学生

"化工原理"是化工学院的本科生必须要学的专业技术基础课。这门课学时长、难点多，对学生的要求也比较高。李春利教授这门课已近30年，尽管讲了无数次，可他每次讲授前仍不敢怠慢。

"作为一名教师，我时常感到上课时后背在冒汗，因为教书是个良心活儿，要对得起学生的信任，一定要将正确的内容传达给学生，讲错了就是在误人子弟。"每次讲课前，他都要更新自己的教案，紧跟学科发展前沿。

在讲课时，李春利有自己的"绝活"，他将工业案例和最新的科研成果，结合自己的工程实践经历科学地融入课堂。学生看到的案例图片中的设备多是他去工厂交流指导工作时拍下的，它们大多是李春利的"得意作品"。

在化工学院，慕名而来的"蹭课生"常常挤满了教室。"李老师的课，总有很多教材上没有的内容。他引用了很多自己学习、生活、科研的经历，循序渐进引人入胜，他的执着感染了很多人。"2015级学生张娜娜说。

在李春利看来，学生求学的关键在于"求"，激发出学生自身的学习热情和创新意识，才能达到学习的最终目的。在他的课堂上，提问是一个关键的环节，老师的提问能使学生的思考引向深入,并且利用各种方法去探求问题的答案,查资料、做实验、互相讨论。他认为,把方法教给学生,由他们自己完成余下部分的学习,这样的记忆更深刻。

生动有趣的例子、旁征博引的风格,同样吸引了很多年轻老师前来旁听。大量的提问、实例,使上课的时间大大延长。化工学院苏伟怡老师说,上李老师的课,经常要把预定的时间乘以 1.5 倍,晚上的课总要上到 10 点多。

Aspen plus 是目前世界上过程工业中应用最广泛的大型流程模拟软件。Aspen plus 这门课已成为整个化工学院的明星课程,从最初的研究生选修课,逐步成为本科生的必修课。

为帮助学生掌握这一软件,李春利带领教研室的老师专门参加了培训班,作为培训班上"最高龄"的学生,却是学得最好的。李春利常说,教师要改变自己高高在上的形象,做学生的"同学",虚心向学生学习,很多新生事物,学生可能掌握得比老师更快更好,和学生一起学习共同成长,倾听学生的意见,这使他赢得了学生们的真情和尊重。

竞赛中增强专业自信

全国大学生化工设计大赛由清华大学、浙江大学等高校发起,已由第一届的 6 所高校发展到目前 330 多所,几乎涵盖了国内所有拥有化工类的院校。这项竞赛考查的内容,涵盖化工专业的所有基础和专业课知识。每年大赛结束后,李春利都会组织一节特殊的课堂——精彩一刻,由获奖队员为学院的师弟师妹进行获奖项目展示。

化工学院 2014 级学生牛晓芳现在已在天津大学读研,回忆起两年前观看"精彩一刻"时的场景仍然难掩兴奋,"师兄师姐们的表现太令人震撼了,他们充满自信,从产品的确定、生产流程的设计、工厂的选址、车间内部的建设,到预算开支的分配,再到项目前景的展望,分析得头头是道。"从那时起,牛晓芳就下定决心,一定要参加比赛。2017 年,牛晓芳获得这项比赛的全国一等奖。

不只是牛晓芳,化工学院报名参赛的人数每年都在增加,今年的参赛人数已达 150 多人。化工学院方静老师说,通过这一比赛,学生们大大增强了对专业知识的掌握和自信。

从 2 月份竞赛题目公布,到 8 月份比赛结束,每年的比赛历时半年。一等奖获得者张娜娜说,他们组的队员几乎每天晚上都要聚在一起讨论修改,这半年来的经历让她一次又一次打破自己的极限,帮助自己树立了极大的信心。

李春利带领的化工原理教研室一直承担着参赛学生的辅导工作。一个参赛项目的所有材料打印出来竟有 1400 多页。为了把汇报用的 PPT 整体看一遍,李春利经常要连续用上六七个小时,回家后因为过度兴奋,常常彻夜难眠。

在化工学院教师李浩眼里,李春利对待教学从来都是实实在在。辅导学生参加大赛比不上发表论文,并不是对教师的考核指标,但他总是愿意花更多的时间来辅导学生。他用行动诠释了:教授的本色是教书。

助推青年教师成长

独木难成林。李春利认为,只有建设一支教学水平高、科研与技术开发能力强、具有国际视野的创新教师团队,才能真正做好工程创新人才的培养工作,因此,他始终把培养青年教师当作己任,努力提高团队整体的能力和素质。

"化工原理"是一门实践型课程,必须与生产实际相结合,树立科学的工程观念,才有利于实现本课程的培养目标,这就要求教师要有深厚的理论基础和丰富的实践经验。李春利带领青年教师以适应行业的发展需求为方向,以提高工程创新能力为目标,积极参加生产学习和科研实践,有效促进了青年教师的快速成长。

迄今为止,化工原理教研室共有 4 名青年教师取得了注册化工工程师的从业资格,2 名教师具备锅炉压力容器特种设备专业设计资质,全部教师均参与工业科研项目,具备工程设计经理资格,成为教育战线的"双师型"任课教师。王洪海、王志英等多位教师连续多年被评为河北工业大学优秀任课教师;方静老师获天津市第十二届高校青年教师教学基本功竞赛一等奖、天津市师德先进个人;苏伟怡、齐俊杰、胡雨奇等青年教师也分别多次在学校的各类教学竞赛中屡屡获奖,所有青年教师都承担了化工学院的班导师工作,为学生的健康成长保驾护航。

2017 年,李春利带领的教学团队荣获教育部首批"黄大年"式教师团队,成为河北工业大学唯一获此殊荣的教学团队。除此之外,他们还曾获得 2015 年度天津市教育系统劳动竞赛"示范集体",以李春利名字命名的"李春利劳模创新工作室"被评为 2016 年天津市十大"示范劳模创新工作室"。

高尚的品德,精湛的业务,使李春利在全校师生中赢得了高度赞誉,在 2013 年学校建校 110 周年之际,李春利被评为"工大教师楷模",2014 年荣获"全国模范教师"称号。他的成绩来源于科学的态度,来源于严谨的作风,来源于执着的追求,来源于精诚的合作。

通讯员闫涵(《中国教育报》,2018 年 10 月 22 日)

张国清赴河北工业大学调研

——发挥专业优势 助力打造智能科技产业高地

本报讯 26日上午,市委副书记、市长张国清赴河北工业大学调研。

季秋的校园,微风徐徐、书香阵阵。张国清走进校史馆,听取学校历史沿革和发展建设情况介绍。随后,他察看了省部共建电工装备可靠性与智能化国家重点实验室、机器人与智能化装备研究中心,与科研人员、教职员工深入交谈,了解人才培养、学科建设、科学研究、成果转化等情况。张国清说,河北工业大学作为国家"211"工程重点建设高校,始终秉承"兴工报国"办学传统,为国家培育出一大批杰出人才、为服务区域经济发展做出了重要贡献。

张国清说,学校要充分发挥国家"世界一流学科"建设高校龙头带动作用,依托"人工智能与数据科学学院"等重点科技平台,培养更多高水平人工智能领域专业人才,打造国内一流的智能产业研发示范基地。要以大数据为基础,推动软件工程、智能制造与实体经济深度融合,将多学科、多领域专业交叉衔接,做强"人工智能学院"品牌。要发挥专业优势,厚植创新沃土,培育创新成果,加快核心技术突破,积极探索智能产业产学研合作的资本化新模式,助力天津打造智能科技产业高地。

"河北工业大学是一所河北省、天津市和教育部共建的重点高校,天津将站在推动京津冀协同发展重大国家战略、促进区域高等教育资源共享协调发展的高度,把全力支持学校建设作为分内之事、应尽之责。"张国清强调,相关部门要落实好加快推进智能科技产业政策、智能科技产业基金和"海河英才"行动计划,更多组织智能科技产业领域企业家来校参观考察,将科研成果与市场需求、产业发展有效对接。要将学校纳入全市高等教育发展总体布局,在重点学科建设、人才引进培育、智能科技研发等方面给予有力支持。

市政府秘书长孟庆松参加。

记者米哲(《天津日报》,2018年10月27日)

河北工业大学举办首届高中大学
协同人才培养研讨会

11月7日至8日,河北工业大学举办首届高中大学协同人才培养研讨会。来自河北、天津、河南、江苏、山东、内蒙古等地68所高中的109位嘉宾齐聚一堂,畅谈"高中与大学之间协同人才培养"。

河北工业大学党委书记李强在发言中介绍了学校115年的历史,他表示,我们的共同目标是培养德智体美劳全面发展的社会主义建设者和接班人。要把以学生为中心的理念化为实实在在的行动,让所有人肩膀并起来,共同托起民族和国家的希望。

河北省教育考试院副院长高志良在发言中表示,通过加强高等学校和普通高中合作共建,可以有效拓宽学生学习空间,培养高中学生的职业意识与专业兴趣,形成体系开放、机制灵活、有机衔接的人才培养机制。希望省内高校进一步发挥自身在人才培养等方面的资源优势,实现高校优势资源供给与高中创新人才培养需求的无缝对接。各普通高中要主动研究高校包括自主招生等内容和操作方式在内的创新育人模式和培养机制,努力选拔优秀高中生进入到高等学校进行深造学习。

河北工业大学副校长刘兵就《河北工业大学本科生人才培养报告》进行了介绍,天津市青少年科技中心副主任张恺作题为《综合实践活动课程与创新人才培养》的报告。石家庄第二中学党委书记赵洪、衡水中学副校长王建勇等嘉宾纷纷发言。

活动中,高志良和李强为"2018年十佳、百强生源校"授牌,与会嘉宾合影留念。

祖磊(新华网、中国教育网、科学网、新浪教育报道,2018年11月9日)

河北工业大学技术转移中心
获中国技术市场金桥奖

近日,第九届中国技术市场金桥奖颁奖典礼在北京举行,河北工业大学技术转移中心获得"先进集体奖"。

河北工业大学技术转移中心成立于 2007 年 12 月,是专门从事技术研发与成果转化的服务机构。近年来,该中心积极加强与各地政府、企业等部门的沟通协调,促进成果转化平台的建设与发展,为区域经济做好服务。新建了河北工业大学唐山工业技术研究院、河北工业大学衡水智能产品工业技术研究院、河北工业大学冀南工业技术研究院、河北工业大学泰华智能装备研究院、河北工业大学张北产业技术研究院、河北工业大学技术转移中心渤海新区分中心等成果转化平台;推进与张家口市、廊坊市、石家庄高新技术开发区、苏州高新技术产业开发区、惠州等市政府及相关部门的洽谈合作及筹建新的技术转移分支机构和成果转化平台。并积极创新科技成果推广模式、提高自身服务能力和成果转化能力,加强学校新一代信息技术、智能装备、海洋化工技术、新能源、新材料及节能环保等优势方向的科技成果转化,不断推进产学研合作,更好的服务行业、产业和地方经济以及京津冀一体化、"一带一路"和"雄安新区建设"等国家战略。该中心被科技部认定为国际合作基地,是河北省高校中唯一一个国际技术转移类国际合作基地。技术转移中心借助学校省市部共建优势,以京津冀一体化和服务国家创新驱动发展战略为背景,凝练专业特色,整合国际合作资源,向科技部申报了国家国际科技合作基地并成功获得认定,对科技成果转移转化的国际化形成有力支撑。

据悉,中国技术市场金桥奖是由国家科学技术奖励工作办公室批准设立的,并经过国务院清理规范评比达标表彰工作联席会议审核,具有很高的权威性和公正性,是中国技术市场领域最高奖项。金桥奖的"先进集体奖"主要是奖励在我国技术市场建设和发展中积极推动科技成果转化、促进科技进步、提高科技创新能力,具有创新精神并作出突出贡献的集体。

记者高长安(《中国科学报》,2018 年 11 月 20 日)

河北工业大学为赤城贫困村捐建垃圾清运站

本报讯　日前,由河北工业大学出资 8.7 万余元捐助的垃圾清运站在赤城县镇宁堡乡仝家窑村正式启用。该校在仝家窑村的仝家窑、东窑子、磨石梁 3 个自然村建成了 14 个垃圾收集亭,配备了 21 个垃圾箱,和该校自行设计制造的电动清运车和相应配套装置。该校还为在村居住的全体农户配置了 90 个小型入户垃圾桶。

通讯员张慧颖(《河北经济日报》,2018 年 12 月 24 日)

脏活儿危险活儿　有了特种机器人

——走进河北工业大学特种机器人研究中心

　　为大型船舶、石化储罐和风电塔筒除锈、喷漆，在地震中救援，检修在役期间的核电站，搜寻泄漏的有毒气体……在工业生产和实际生活中，有许多工况恶劣、工作环境危险又必不可少的工作，它们是出了名的"脏活儿、累活儿、危险活儿"。这些工作不仅技术含量高，同时危险性也极高。正因如此，这些工作的人工成本逐年上升，甚至找不到从事相关工作的专业技术人员。

　　为解决这一问题，河北工业大学张明路教授带领"极限环境服役机器人关键技术团队"历时两年，研制出能在上述环境中"大展身手"的特种机器人以及相关配套装备，实现了机器人代替人的环保、安全、智能、高效、经济作业。

　　记者近日走进河北工业大学特种机器人研究中心。视频中，除锈作业机器人牢牢吸附在石化储罐的弧形曲面外壁上，并能灵活地前进、后退、左转、右转，随后，机器人高举机械臂，喷射出高压水流，把储罐上一块锈蚀的壁面清理得干干净净；多感官巡检机器人能用自己的"鼻子"探测空气中的有毒物质，代替人工搜寻有毒气体泄漏源，并把自己"看"到的画面实时传送到所连接的电脑上，以便技术人员监控……机械工程学院教授张小俊介绍，他所在的团队是国内首个教育部"特殊环境下服役机器人关键技术"创新团队，已成功研发了石化储罐除锈喷漆机器人、地震救援机器人、核电站检测机器人、多感官巡检机器人等工程化产品，并在相关行业实现了工程应用，目前正在筹备申报国家重点研发计划智能机器人专项。"例如除锈机器人，我们研制出可承受超高压大流量水射流的轻量化多自由度机械臂，自重载重比可达1∶2，可以大面积快速清除储罐锈蚀的表面，每小时清除30平方米至35平方米，是人工效率的8到10倍。经现场试验验证，我们的除锈机器人在行走速度、负载能力及转弯半径等技术参数上与国内外同类机器人相比具有一定优势。"张小俊说,目前,无气喷涂人工作业每小时喷涂面积大约为 150 平方米至 400 平方米,而喷漆机器人喷涂面积可达 800 平方米至 1200 平方米,干活比人工快很多,且漆膜厚度均匀、喷涂质量高,并可通过远程无线遥控,使作业人员远离喷涂污染区域,保障人身安全。该款机器人还填补了国内磁吸附防爆喷漆机器人在石油石化防腐作业领域应用的空白,达到国内先进水平。

河北工业大学作为国家"211 工程"重点建设高校,以"世界一流学科"建设为引领,聚焦国家智能化装备战略需求,成立人工智能与数据科学学院,开设了先进装备技术、人工智能等新工科专业;围绕人工智能和智能装备产业,学校先后成立智慧基础设施研究院、智能装备研究院和机器人制造研究中心,在建筑机器人及智能化施工装备、智能监控预警与作业系统、模块化智能水下机器人、智能康复辅具等高端智能装备和智能康养等人工智能领域取得显著成绩。

(《天津日报》,2018 年 12 月 29 日)

不忘"兴工报国"初心　彰显"工学并举"特色

——河北工业大学推进"双一流"建设服务区域经济发展

编者按：2019 年 1 月 1 日，《中国科学报》元旦特刊、科学网，以《不忘"兴工报国"初心　彰显"工学并举"特色》为题，第七版整版刊发我校推进"双一流"建设服务区域经济发展事迹。

"河北工业大学（以下简称河北工大）诞生于实业救国、挽救国家于危亡之际，成长于工业救国、教育救国的汹涌浪潮之中，发展壮大于创新强国、国家振兴之时。跨越两个世纪，115 年，河北工大一路风雨兼程，砥砺奋进，弦歌不辍……"

2018 年 11 月 30 日，百年学府——河北工大举行建校 115 周年纪念表彰大会，该校党委书记李强在会上回顾河北工大发展史时如是说。

刚刚走过的 2018 年，是河北工大 115 周年华诞。115 年来，无论在曾经"白手起家，筚路蓝缕"的艰苦岁月，还是在今朝"不忘初心，砥砺前行"的新时代，这所百年高校始终秉承"兴工报国"的大学使命、"勤慎公忠"的校训精神，坚持"工学并举"的办学特色，以"勤奋、严谨、求实、进取"的优良校风，发展成为现在一所以工为主、多学科协调发展的国家"211 工程"重点建设高校，2014 年成为河北省、天津市和教育部共建高校，2016 年入选河北省"国家一流大学建设"一层次学校，2017 年入选国家"世界一流学科"建设高校，重点建设"先进装备工程与技术"学科群。

近年来，河北工大瞄准世界一流大学、一流学科目标，不断优化学科设置，厚植创新基础，着力提升应用基础研究水平和核心技术攻关能力，为区域乃至国家的经济社会发展不断提供强大创新动力。

"立校与报国、办学与兴工、理论与实践"
是新时代"工学并举"思想的新内涵

2019 年元旦前夕,《中国科学报》记者走进河北工大校史馆,了解到这所百年高校的悠久历史,更感受到新时期这所大学在育人、科研和服务区域经济发展中表现出的非凡智慧和创新动力。

"河北工大是中国历史最悠久的现代高等学府之一,是中国近代工业教育源头之一,被新华社称为坐落在天津的京津冀百年地标。"该校党委常委贺立军说,这里创办了中国最早的高校校办工厂,还创办了中国最早的现代水利科学研究机构,是中国水利由传统经验型治理转变为现代水利治理的里程碑。

贺立军介绍说,河北工大前身为创办于 1903 年的北洋工艺学堂,1951 年与北洋大学合并为天津大学,1958 年恢复重建河北工学院,1995 年更名为河北工业大学。

"不忘初心,方得始终。"在谈及河北工大的百年办学启示的感触时,该校党委书记李强说,河北工大是一所有灵魂、有初心的学校,也是饱含革命传统和红色基因的学校。这其中有点燃"五四爱国运动"火炬的谌志笃;有组织湖南工人运动的革命先驱黄爱;有陕西渭华起义领导人卢绍亭;更有毛主席亲书挽联的杨十三、冀东暴动领导人赵观民、抗日英雄洪麟阁,他们都是工大人投身疆场、报效祖国的真实写照,他们用自己的青春和热血诠释了"以国家为前程,以天下为己任,有大我而无小我,有民族而无个人"的工大爱国精神。115 年来,学校始终为国家和民族的需要而建、而做,一路将振兴中国高等工业教育的重任扛在肩上:兴工报国逐梦想、勤慎公忠铸辉煌。

河北工大的前身——北洋工艺学堂的首任学堂总办周学熙首倡"工艺非学不兴,学非工艺不显"的办学理念,首开"工学并举"的高等工程教育思想之先河,使这里成为我国高等工程教育文明的发祥地。1929 年,曾留学美国的河北省立工业学院首任院长魏元光将麻省理工学院作为学院未来的发展目标,强调"手脑并用,以作为学,造就实用人才。"他提倡开放办学,开创了"中国式一体化工业教育"道路。全国解放后,我国内燃机和汽车工程教育的奠基人之一、著名教育家潘承孝带领全校师生在十分艰苦的条件下白手起家,提出了注重"三基"教育、走产学研一体化的办学道路,进一步丰富了"工学并举"的办学思想,为学校今天的发展奠定了坚实的基础。

进入新世纪,学校又把"创新强国"的责任扛在肩上。1996年,学校凭借着多年积淀首批进入国家"211工程"重点建设高校行列,并圆满完成"211工程"三期建设任务。2014年,学校紧紧抓住京津冀协同发展上升为国家重大战略的历史机遇,成为省市部共建高校;2018年,学校入选国家"世界一流学科"建设高校行列。

"不断赋予'工学并举'新的时代内涵、培养适合社会发展的高素质人才是河北工大的初心和使命。"河北工大校长韩旭表示,在新的历史时期,"工学并举"中的"学"是指以创新人才培养为根本任务的高等工程教育体系,"工"是指以经济建设,特别是以工业发展为主体的高等工程教育实践环境;"工学并举"就是在继承理论与实践相结合培养人才的优良办学传统基础上,努力构建工程教育与产业经济建设有机联系、理论教学与实践训练紧密结合、科学研究与人才培养相互促进的创新人才培养体系,实现"工"与"学"两个要素在更高层次上和更广阔空间中的融合、互动与统一。"立校与报国、办学与兴工、理论与实践"成为了新时代"工学并举"思想的新内涵。"立校与报国"蕴含了价值观,体现了学校人才培养目标;"办学与兴工"是发展观,提供了学校人才培养的基本理念;"理论与实践"是方法论,指明了学校人才培养具体路径。

建设一流学科　为高质量发展提供人才支撑

2018年6月5日,河北省省长许勤到河北工大调研时,对学校推进"世界一流学科"学科建设工作给予肯定,并鼓励学校瞄准世界一流大学、一流学科目标,不断优化学科设置,提升专业水平,厚植创新基础,以高质量教育为高质量发展提供有力人才支撑。

"根据区域经济社会发展实际需求,结合学校自身学科特点,积极优化调整学科布局,通过推进学科群建设,加强交叉学科科研平台建设,引导组建跨学科团队,实现学科交叉融合发展。"李强告诉记者,在制定《一流学科建设高校建设方案》过程中,学校瞄准河北省建设"产业转型升级试验区"、推动装备制造业成为全省第一主导产业的实际需要;瞄准天津市"全国先进制造研发基地"建设的实际需要,发挥学校电气、机械、材料、控制等工科优势,以"先进设计理论与方法"为引领,以"先进材料设计与制备"为支撑,以"智能感知与控制"为保障,以"先进装备系统集成"为目标,集中力量建设"先进装备工程与技术"学科群,努力将其建成引领区域先进装备及相关产业发展的重要支撑载体。

该校在原有的 2 个国家重点学科、4 个河北省强势特色学科、20 个河北省级重点学科、7 个天津市重点学科组成的重点学科体系基础上,对照世界一流学科建设目标,加强学科建设顶层设计和优化调整,积极推进实施"1+1+X"学科建设总体布局,合并成立了新的化工学院和人工智能与数据科学学院,积极培育学科建设新的增长点,新增 3 个一级博士学位授权学科和 4 个一级硕士学位授权学科。材料科学、化学、工程学 3 个学科领域进入 ESI 全球排名前 1%。

在推进"世界一流学科"建设中,河北工大注重加强对外合作,目前已经和美、英、法、德、澳、新、日等国 60 多所高水平大学签订合作协议,联合开展人才培养、项目研究、国际事务服务等工作。交流合作培养覆盖本科、硕士到博士各层次,涉及 71 个本科专业、26 个硕士学位授权点、9 个博士学位授权点。学校与美国亚利桑那大学合作申报设立的"河北工业大学亚利桑那工业学院"顺利通过教育部组织的答辩,国际交流与合作取得新成果。

发挥学科资源优势　集中力量开展多学科联合攻关

2018 年,河北工大教授韩旭主持承担了国家重点研发计划"智能机器人"专项——"基于数据驱动的工业机器人可靠性质量保障与增长技术"。该项目以建立面向工业机器人的可靠性质量保障技术体系为总体目标,为提升国产工业机器人可靠性质量水平提供技术保障。

"当今世界正处在新一轮科技革命和产业变革的交汇点上,以机器人和人工智能为代表的智能产业蓬勃兴起,并成为衡量一个国家科技创新和高端制造水平的重要标志。"韩旭介绍,河北工大集中机械工程学院、人工智能与数据科学学院、电气工程学院等优势学科资源,依托"创新方法与实施工具国家工程技术研究中心""省部共建电工装备可靠性与智能化国家重点实验室"等重点平台,着力加强"机器人与智能装备研究中心"建设,努力打造一流的机器人与智能装备研发基地。

其中,由"阿奇舒勒奖"获得者檀润华为学术带头人的"创新方法与实施工具国家工程技术研究中心",是河北工大成立的全国首家装备制造业创新方法工程技术研究中心。该研究中心首创了面向企业的批量"工程师—发明"创新模式,开拓了企业低成本创新驱动发展新路径,开发了一批技术创新成果,对机器人与智能装备的自主创新能力起到了重要支撑作用。

除了打造一流的机器人与智能装备研发基地以外,该校集中力量开展多学科联合攻关,先后承担了一大批国家"02重大专项"、国家杰出青年科学基金、国家自然科学基金重点项目、国家"973"计划、"863"计划、国家科技支撑计划、国家重点研发计划等项目。

该校微电子研究所所长刘玉岭主持的国家"02重大专项"前瞻性应用示范项目——"极大规模集成电路平坦化工艺与材料",是专项中唯一一个由地方高校主持承担的国家重大专项;陆俭国教授因在电器可靠性设计理论方面的成就,3次荣获国家科技进步奖二等奖和何梁何利基金科学与技术进步奖;任丙彦教授将其在光伏技术方面的研究成果推广到河北晶龙实业集团和晶澳太阳能公司,助力地方企业成长为世界最大的晶体硅生产基地、世界最大的单晶硅太阳能电池制造商,走进世界500强;李春利教授主研的"新型立体传质塔板技术"荣获2012年国家科技进步奖二等奖,主持研发的技术成果在国内30个省份和国外企业应用超3000台套,创造效益超35亿元……

该校还完成了一批在国内外具有重大影响的科研项目,取得了一批具有国内领先水平的成果:研制成功的励磁装置,有效支持了葛洲坝水电站的建设;学校研制的衬底片成为神舟五号、神舟六号、神舟七号专用集成电路,成为"中华民族实现百年太空梦"的唯一最可靠衬底;研发的智慧供热节能技术已广泛应用于北方11个省市;各类"智能机器人"已广泛应用于施工建筑、监察检测、助力护理等生产生活的各个领域,服务"智能中国""健康中国""绿色中国"建设进程……与此同时,该校在先进电工装备等技术与系统开发、新能源汽车、智慧康养、海绵城市建设等方面的研究成果,正逐渐在国家经济社会发展的各领域发挥重要作用。

推进产学研合作 提高服务区域经济社会发展的能力

2018年12月26日,河北工大与富士康集团、天津北辰经济技术开发区总公司、天津市海河产业基金管理公司正式签署战略合作协议,共同实施"富士康智能建造、机器人科技产业园"建设项目,联手打造智能建造、智能建材、智能家居等现代产业生态。此次合作将加快该校"先进装备工程与技术"学科群建设,推进产学研合作,更好地服务行业、产业和地方经济以及京津冀一体化发展。

在京津冀协同发展战略中,该校结合地方发展战略、资源禀赋、产业特色、区位优势,先行先试创新配套优惠政策,成功探索并提出了个性化特色发展任务与目标。

该校副校长段国林介绍说,天津是全国先进制造研发基地,河北是产业转型升级试验区。学校利用地处天津的优势,围绕一流学科建设,先后与衡水泰华集团、河北省建投集团在天津共建联合研发机构,整合京津优势资源进行产业技术研发,形成核心技术在河北省产业化,推动河北省传统企业转型升级和战略性新兴产业发展。

近年来,学校积极推进成果转化服务平台建设,服务区域经济。成立了"工业技术研究院",承担产业技术研发、产学研合作、技术转移、工业技术人才培育及蓄智等功能;成立了"河北工业大学国防科技研究院",服务于军民融合;与北京工业大学、天津工业大学共同成立了"京津冀协同创新联盟",助推京津冀协同发展。

2018年,依托"京津冀协同发展"战略,该校又新增电工产品可靠性技术省部共建协同创新中心,新增国家国际科技合作基地、国家创新人才培养示范基地2个国家级平台和6个省级科研平台,承担国家基金项目达96项。

"我们与唐山、衡水、邢台、张家口等地政府联合共建了工业研究院以及技术转移中心分中心等成果转化平台,以创新科技成果推广模式,加强学校新一代信息技术、智能装备、海洋化工技术、新能源、新材料及节能环保等优势方向的科技成果转化,更好地服务行业、产业和地方经济以及京津冀一体化、'一带一路'倡议和'雄安新区建设'等国家战略。"该校技术转移中心主任王新告诉记者,学校近三年先后与中石化、富士康、北方通用动力集团、长城汽车等百余家大型企业集团建立了稳定的合作关系,1500余项科技成果在全国数百家企事业单位应用或产业化,创经济效益过百亿元,形成了一批成果转化典型案例。

"河北工大华彩厚重的历史是我们的骄傲,更是对我们的激励与鞭策。站在新的历史起点上,我们仍要铭记'兴工报国''为国储才'的初心,继续前行。"李强说,新时代赋予了"工学并举"新的内涵,培养德、智、体、美、劳全面发展、能够承担起民族复兴大任的社会主义建设者和接班人是河北工大的使命。学校将以一流本科教育为中心、一流学科建设为龙头、高水平师资队伍建设为关键,强化科学研究与服务社会的能力,扩大对外开放的力度,传承"兴工报国"的工大精神与文化,到2020年,为把河北工大建成"以工为主、多学科协调发展的国内有重要影响、国际知名的高水平大学"而不懈奋斗。

记者高长安 通讯员陈鸿雁、屠琼芳(《中国科学报》,2019年1月1日)

京津冀协同　急需补齐河北高教短板

编者按:3月10日,中国教育报—中国教育新闻网报道了全国人大代表、校党委书记李强的专访。他认为,加快提升河北省高等教育发展水平,是推动京津冀协同发展的客观需要,对于雄安新区建设发展具有积极支撑作用。他建议,给予河北高校相应的政策和投入支持,补齐河北高等教育的短板,助力河北省更好地服务于京津冀协同发展和雄安新区建设发展。

中国教育报—中国教育新闻网北京3月10日讯 "河北省作为人口大省和高等教育大省,加快提升高等教育水平的压力最大,推动京津冀协同发展尤其是雄安新区建设发展的任务最重。"全国人大代表、河北工业大学党委书记李强日前在接受记者专访时说,必须尽快补齐河北高等教育的短板,更好服务京津冀协同发展和雄安新区建设发展。

在李强看来,加快提升河北省高等教育发展水平,是推动京津冀协同发展的客观需要,对于雄安新区建设发展具有积极支撑作用。但河北省高等教育"大而不强",在京津冀明显处于"低谷地带",而且差距在不断加大。河北省高等教育已成为京津冀教育协同发展的最大短板,而人才特别是高层次人才匮乏是制约河北省有效融入协同发展的主要原因。

李强建议,国家主管部门充分考虑到河北省高等教育发展的现实需求,给予河北高校相应的政策和投入支持,尽快补齐河北高等教育的短板,助力河北省更好地服务于京津冀协同发展和雄安新区建设发展。

全国人大代表、河北工业大学党委书记李强
记者禹跃昆、柯进(《中国教育报》,2019年3月12日)

坚持工学并举办学思想　推动学校新工科建设

摘　要：伴随着新时代中国高等工程教育的发展要求，"工学并举"的办学思想被赋予了新的时代内涵。

河北工业大学坚持"工学并举"办学思想，致力于新工科建设、致力于推动中国工程教育发展，为国家和区域经济社会发展做出了重要贡献。

关键词：新工科建设　工学并举　内涵式发展

党的十八大以来，习近平总书记高度重视科技创新，多次强调：要有志气和骨气加快增强自主创新能力和实力，努力实现关键核心技术自主可控，把创新发展主动权牢牢掌握在自己手中。百余年来，河北工业大学始终坚持"工学并举"办学思想，不断赋予其新的时代内涵。在这一思想的指导下，学校致力于新工科建设、致力于推动中国高等工程教育发展，为国家和区域经济社会发展作出了重要贡献。

河北工业大学是一所有着百年历史的地方高等院校，1903年创办之初，首倡"工学并举"办学思想。百余年来，学校不断拓展、提升"工学并举"办学思想的内涵，形成了鲜明的高等工程教育特色。新时代、新作为，"世界一流学科"建设、新工科建设赋予了"工学并举"新内涵，学校决心在传承中创新，在新的"工学并举"办学思想指导下，开拓创新、砥砺前行，为中国高等工程教育发展、国家和区域经济社会建设作出新的更大贡献。

"工学并举"办学思想的提出与发展

河北工业大学的前身是创办于1903年的北洋工艺学堂。学堂创办之初便根据社会的需要开设了机器科、化学科和染织科，普及工业基础，培养具有新兴工业技能的人才。学堂总办、中国近代著名实业家、实业教育家周学熙先生提出了"学堂为人才根本，工艺为民生至计，二者固宜并重；工艺非学不兴，学非工艺不显"的办学思想,强调学堂"以教育培植工艺上之人才,注重讲授理法,继以实验;卒业后能胜任教习、工师之职,以发明工业为宗旨",使学生"既习其理又习其器",为实践这一思想,学校创办了我国高校最早的实习工厂,为学生学习工艺、进行实践训练提供了场所,为师生的科研提供了基地。

1929年,河北省立工业学院首任院长魏元光提出:"革命成功,建设伊始,所谓筑路、浚河、开港、制造,无一不需乎机电,无一不需乎化学。"学校根据社会的需要开设了市政水利、机电工程、化学制造专业,提出"教育与工业相助相长",以促使学生"手脑并用,以作为学,造就实用人才",扭转"学生在校只读书本,失之以空"的脱离实际的弊端。当时,学校先后与国家棉统会合办棉业教育,与全国各水利机关合建了"中国第一水工试验所",与河北省建设厅联合研制新式农具等,既培养了人才,又增加了学校的教学试验设备。同时,学校进一步加强了附设工厂建设,各附设工厂分别接收学校相关系、科主任的领导,使附设工厂成为了教学与生产的结合点,承担了学生的实验、实习等实践教学环节的任务,在人才培养中发挥了重要作用。

1958年,学校恢复重建后,根据当时社会发展的需要设立了机械、化工和电机三个系。首任院长、著名教育家潘承孝院长提出了"加强学生基础理论、基本知识和基本技能"的"三基"教育思想,他继续加强校办工厂建设,提出了"教学为主导、科研为关键、生产为基础"的办厂方针,进一步巩固了"工学并举"办学思想的基础。

回望走过的路,河北工业大学的历史就是中国高等工程教育发展史的一个缩影,在瞄准工业创新中实现人才培养的创新,在知识学习中突出实践教学的作用,在服务工业发展中实现学校的价值,"工学并举"办学思想的产生与发展伴随着中国高等工业教育一路前行,蕴含着新工科建设的思想与方法,不断赋予新的时代内涵。在这一思想指导下,学校的专业设置、人才培养、科学研究、服务社会都取得了长足进步,为国家和区域经济发展作出了重要贡献。

使命担当:新工科建设为"工学并举"提供了新动能

当前,国家正在加快实施创新驱动发展战略和"中国制造2025""互联网+"等一系列重大发展战略,培养科学基础厚、工程能力强、综合素质高的工程科技人才,对支撑服务以新技术、新业态、新产业、新模式为特点的新经济发展具有十分重要的现实意义和战略意义。建设与发展新工科已成为当前社会产业升级与发展的必然要求,成为提高国家未来竞争力,赢得全球市场竞争的重要途径,为深化高校工程教育范式改革、满足国家产业经济发展提出了新的要求。

为加快推进新工科建设,2017年初,教育部在复旦大学召开高等工程教育发展战略研讨会,形成了"复旦共识",提出了不同类型高校新工科建设的思路与目标。同年4月,在天津大学召开了新工科建设研讨会,提出了"天大六问",形成了"天大行动"。6月,"新工科研究与实践"专家组在北京成立并召开第一次工作会议,审议通过了《新工科研究与实践项目指南》,即"北京指南"。新工科建设的"三部曲"吹响了新工科建设的集结号。2018年3月,教育部印发《关于公布首批"新工科"研究与实践项目的通知》,要求"工科优势高校要对工程科技创新和产业创新发挥主体作用,地方高校要对区域经济发展和产业转型升级发挥支撑作用""把'新工科'建设作为高校综合改革的'催化剂',系统推进大学组织模式、学科专业结构、人才培养机制、教师评价激励等方面的综合改革,推动和引领高等教育深层次变革"。

不忘初心,方得始终。在高等教育内涵式发展,国家工业经济转型升级背景下,河北工业大学就如何与时俱进地拓展和提升"工学并举"的思想内涵,建设好新工科,服务于创新型国家建设;如何使具有百年历史的"工学并举"办学思想适应教育创新和培养创新型人才的时代要求,加快"世界一流学科"建设,推进人才培养现代化,展开了广泛的研究与讨论。学校认为:在新的历史时期,"工学并举"中的"学"是指以创新人才培养为根本任务的高等工程教育体系,"工"是指以经济建设特别是以工业发展为主体的高等工程教育实践环境;"工学并举"就是在继承理论与实践相结合培养人才的优良办学传统基础上,努力构建工程教育与产业经济建设有机联系、理论教学与实践训练紧密结合、科学研究与人才培养相互促进的创新人才培养体系,实现"工"与"学"两个要素在更高层次上和更广阔空间中的融合、互动与统一。"立校与报国、办学与兴工、理论与实践"成为了新时代"工学并举"思想的新内涵。"立校与报国"蕴含了价值观,体现了学校人才培养目标;"办学与兴工"是发展观,提供了学校人才培养的基本理念;"理论与实践"是方法论,指明了学校人才培养具体路径。

砥砺奋进:"工学并举"办学思想引领学校新工科建设

一是探索新工科建设有效路径。主动调整学科专业布局,打造工程教育新结构,对接区域经济产业结构调整。材料学院依据河北省半导体单晶硅材料产业的发展需求,率先设置了电子信息材料方向,同时开展了大类招生,分流培养的改革,提高了材料学院本科生就业率,为河北省单晶硅产业发展培养了大批人才。这无疑是新工科所要求的新型、新兴、新生的前瞻性的探索。京津冀先进装备制造战略性新兴产业的快速发展需要工科人才支撑,学校以"先进装备工程与技术"世界一流学科为基础,将传统专业转型升级,在机械设计及其自动化专业设立"先进装备技术"方向,探索新型工科专业;将自动化、计算机学院合并,成立"人工智能与数据科学学院",开设了智能科学与技术、计算机专业的人工智能新工科试点班,培育新生工科专业;以"极大规模集成电路平坦化工艺与材料"国家科技重大专项前瞻性应用示范项目成果为技术核心,开办电子信息技术新工科试点班,培育新兴工科专业。新兴工科为引领,新型工科促发展,新生工科保需求的新工科专业格局正在逐步形成。

二是落实新工科建设理念。学校坚持理论教学与实践训练紧密结合,加强创新精神培养,提高工程教育人才实践能力和创新能力。理论教学与实践训练相结合既是工程教育培养人才的基本途径,也是"工学并举"思想指导下的人才培养的优良传统。学校坚持理论教学与实践教学并重基础上,加强创新精神培养,通过实施课程教学内容改革,构建创新实践教学体系、改革实践内容与方法,强化学生的创新精神培养与实践能力训练,实现了课内与课外、校内与校外、理论与实践的紧密结合。学校通过修订大学章程明确了"培养德智体美劳全面发展、严谨务实、开拓创新、具有高度社会责任感的专业精英和社会栋梁"的人才培养目标,提出了由思想素质、专业素质、人文素质、身心素质和创新素质等五个素质构成的人才培养基本规格。学校将创新精神与实践能力培养作为贯穿理论教学环节与实践教学环节、课内培养计划与课外教育计划的核心思想,通过专业建设、课程建设和教学内容、教学手段与方法的改革等来具体实施。转变课堂教学理念,学校从政策与资源配置上,引导以教为中心到以学生学为中心的转变,引导学生主动学习,将本科生毕业总学分控制在170学分左右,为实践教学、学生自主学习和创新实践训练活动留出空间,提高实践教学比重,理工类专业实践教学比例多数达到了35%。注重发挥第二课堂的作用,形成与课堂教学的合力培养创新型高素质人才,注重将信息技术与教育教学相融合,提高教与学的效率;注重课程的自我建设与优质在线课程的引进并重,扩充课程资源。

三是形成新工科教育模式。学校坚持科学研究与人才培养相互促进,发挥科学研究优势,提升工程教育人才培养质量。发挥科学研究对本科教学的支撑和促进作用,利用科学研究的丰硕成果,构建创新精神与实践能力教育平台,深化课程体系与教学内容、教学方法改革,吸收本科生参与科研与创新活动,使"工学并举"办学思想在新工科创新人才培养体系建设中的指导作用得到进一步突出和加强。学校积极建设高水平科研平台,省部共建电工装备可靠性与智能化国家重点实验室建设运行实施方案通过了专家论证会,成为河北省首个省部共建重点实验室,国家技术创新方法与实施工具工程技术研究中心通过了验收,学校国家级工程研究中心取得了历史性突破。学校积极推进政校企合作,建立了张北研究院、泰华研究院,这些高水平平台有效促进了教师的学术水平同时极大提高其人才培养能力,广大教师积极主动将先进学术成果引入课堂,有效地促进了科学研究与人才培养的有机结合。

伴随着新时代中国高等工程教育的发展要求,一个多世纪的"工学并举"办学思想被赋予了新的时代内涵。历久弥新,在新的"工学并举"办学思想的指导下,学校将始终坚持立德树人的根本任务,开拓创新,积极进取,扎实推进"世界一流学科"建设和新工科建设,为国家和区域经济社会发展做出更大贡献。有理由相信,河北工业大学必将成为地方院校新工科人才培养的生力军,鼎力推进我国从工程教育大国走向工程教育强国。

韩旭(《中国高等教育》,2019 年 3 月 18 日)

河北工大与觉悟社纪念馆
共建爱国主义教育基地

　　中国教育新闻网讯　今年是"五四"爱国运动100周年,4月2日,河北工业大学与天津觉悟社纪念馆签署馆校共建协议,河北工大把觉悟社纪念馆作为本校思想政治教育实践基地、爱国主义教育基地,并开展合作,通过创建多种形式不同载体的现场教学内容和课程,深入开展爱国主义教育,提高大学生爱国情怀和思想政治觉悟。

　　根据协议,天津觉悟社纪念馆将以爱国主义教育为主线,为河北工大组织的参观活动安排讲解、现场教育及其他相关活动,有计划地在该校举办专题讲座、专题展览,普及爱国主义文化知识。河北工大将有计划地组织学生前往觉悟社纪念馆参观学习,把纪念馆作为学校师生爱国主义教育和思想政治教育的校外基地。双方将根据自身优势开展河北工大校友、觉悟社创建人及成员谌志笃、黄爱等人物为主要内容的课题研究,在重大时间节点合作开展特色主题活动。同时,双方将共建一支由河北工大学生组成的志愿讲解员队伍,课余时间到纪念馆为广大观众提供优质志愿讲解服务。

　　觉悟社纪念馆负责人表示,成立于"五四"运动高潮期的觉悟社在新时代继续学习和传承、弘扬和发展"觉悟"精神,有着非常重要的现实指导意义。馆校共建,实现了思想政治教育与实践教学有机结合。

　　签约仪式后,周恩来总理侄女周秉宜应邀作题为《周恩来邓颖超的家风》的报告,鼓励青年学子"学习周总理精神,全心全意为人民服务!"

记者周洪松(中国教育新闻网,2019年4月4日)

河北工业大学发布
"智慧城乡固废综合处理系统"

河北日报客户端讯　智能分类垃圾箱自动称重满溢报警、对环卫车辆实时监测并自动下派收运任务、用大数据预测车辆故障、大小车对接系统替代垃圾中转站存储和转运环节避免恶臭扰民、对环卫人员等各个环节进行全面监管……4月28日，在河北工业大学举办"智慧城乡固废综合处理系统"成果发布及研讨会上，经过对日产80吨垃圾的城市小区进行的推算，采用这一系统可在垃圾收运过程节约一半以上的投入成本。

本次会议的主题为"智慧环卫引领美丽未来"，围绕多种垃圾收运模式及环卫产品进行了介绍，展示了相关环卫设备，对环卫车辆、新型分类垃圾桶、智慧环卫综合管理平台等一系列产品进行了详细讲解。

河北工业大学相关负责人介绍，"智慧城乡固废综合处理系统"其目的就是要实现生活垃圾减量化、无害化、资源化处理。这一平台通过无线网络、智能硬件、GPS等技术对传统环卫设备进行再设计，在云服务器的基础上建立一个统一的、智能化、可视化的数字环卫信息管理平台。可以实现对环卫车辆、回收设备及人员等各个环节进行全面监管，大大提高了收运效率，降低运营成本，并实现清洁直运。

河北工业大学校长韩旭介绍，相关产品已在张北县和赤城县的多个村进行了投放，有效地改善了当地人民的生活条件。下一步，将在河北工业大学校园内投放使用。

通讯员闫涵　记者马利(《河北日报》,2019年4月28日)

报刊中的河北工大

河北工业大学:将建设校园 5G 实验网络

本报讯　日前,河北工业大学与中国移动天津公司、华为公司签署 5G 创新应用合作协议,和华为公司签署战略合作协议。根据协议,河北工大将通过建设校园 5G 实验网络、边缘计算中心等基础设施,为优势学科与智能技术融合提供平台支撑,通过开展广泛的产学研用的合作研究和产业化创新,为提高我国智能制造、5G 应用水平贡献力量。

根据协议,两家公司将根据河北工大实际需求,搭建 5G 创新应用环境,提供现有经验支持及项目相关的系统集成服务。河北工大将积极投入科研力量,进行项目课题研究与开发,提供成果转化方面的支持,提供研发环境和成果展示环境的场地支持。各方将依托各自资源,推动人工智能、物联网等 5G 重点应用领域的创新,推动在 5G 网络环境下的智慧基础设施健康监测诊断分析、移动环境(空气、水)巡检分析、边缘计算等平台的建设,并在人才培养、产学研、校园信息化建设、服务等领域开展广泛深入的合作。

记者周洪松(《中国教育报》,2019 年 6 月 12 日)

河北工业大学:成立"5G+工业互联网"研究院

本报讯 日前,河北工业大学与中信戴卡股份有限公司、中国联合网络通信集团有限公司河北省分公司签署"5G+工业互联网"战略合作伙伴关系协议,决定共建国内首家"5G+工业互联网"研究院。

据介绍,校企三方将在企业基础通信、智能制造、"5G+工业物联网"技术研发应用及推广、高级人才进修培养等领域全面加强合作并建立长期稳定的合作关系,成立"5G+工业互联网"研究院,尽快推进基于5G技术的智能制造示范生产线,并以提升企业生产线智能化水平、提升高技术人才技能、研究开发智能制造相关技术和产品为目标,逐步建立"全方位、深层次、多形式"的校企合作、产学研相结合的有效机制。校企三方将充分发挥各自优势,通过加快技术转化和成果市场化进程,在"5G+工业互联网"进一步合作开发储备技术,力争为京津冀协同发展作出贡献。

校企三方建立合作推进机制,三方每年定期将各自掌握的发展动态、市场动向、重大建设与招商项目、供求信息等及时向对方通报,并就战略、投资、企业管理、市场开发、产品研发、企业文化及其他共同关心的问题进行沟通,协调推进相关合作项目。

记者周洪松(《中国教育报》,2019年6月27日)

河工大自家湖捞鱼,免费送学生吃

编者按:近日,人民网、中国日报、河北青年报、梨视频、每日新报、腾讯大燕网、风行网等多家媒体纷纷报道河北工业大学免费赠鱼活动。6月26日,学校饮食服务中心聘请专业捕鱼队来到学校,在北辰校区熙湖进行打捞,并将打捞上来的鱼烹饪成佳肴免费提供给全校师生。

从自家湖里捕鱼免费给师生们吃,这个大学火了!毕业季来临,河北工业大学饮食服务中心聘请专业的捕鱼师傅,从北辰校区的熙湖里捞出了六七十条鱼,总重约2000余斤。食堂决定把这些鱼都做成红烧鱼,作为一份特殊的"礼物",免费让学校师生们品尝。

河北工业大学也成"别人家学校",湖内捞出两千斤鱼,师生免费吃。

从学校湖里捕鱼 免费送给学生和老师

26、27日这两天,河北工业大学饮食服务中心聘请专业的捕鱼师傅来到学校,将北辰校区熙湖里的鱼打捞出来,做成红烧鱼,免费提供给学校的师生。

河北工业大学饮食服务中心的李岗老师介绍,这些鱼苗是十年前撒下的,湖里鱼的数量已经非常多了,今年想要重新放鱼苗,所以就想着把湖里的鱼捞出来一部分。

"之前一直有捕鱼的想法,也没找到合适的机会,这次正好赶上期末、毕业季,就想着把鱼作为一份特殊的'期末礼物'和'毕业礼物',送给学生们。"李岗说,"如果反响比较好的话,有可能每年都会免费送同学们鱼吃。"

这次打捞出来的鱼总重约2000斤,最大的一条有40多斤。去年饮食服务中心捕过一两条鱼单独做了检测,质量方面都没有问题,所以这次决定做给大家吃。

李岗表示,27日中午12点30分左右开始集中处理这些鱼。经过去鳞、去腮这些基本处理后,把鱼分到了四个食堂,平均每个食堂分到了十几条鱼。

红烧鱼在十几分钟就被领完

"在食堂师傅们紧锣密鼓的张罗下,下午5点红烧鱼正式出锅。"李岗笑着说,"之前免费送鱼的消息在学校官方微信公众号和微博上都发布了,所以还没到5点,学生们都已经排了长队等着领鱼。因为不用刷卡,学生们凭借一卡通来领鱼,每人一份。十几分钟之后,红烧鱼就被领完了。

学生们吃得很开心,纷纷把鱼的照片拍照发在朋友圈、微博。看着学生反响这么好,饮食服务中心的工作人员也非常高兴。

李岗笑称,27日主要是给学生们送鱼,28日给老师们送鱼。由于数量有限,只给老师们留了400份,先到先得。

学校的屠老师说起学校免费送鱼的事,忍俊不禁道:"我们终于也当了一回'别人家的学校'!"

吃到红烧鱼的康润亚同学表示,到了考试周,大家复习的压力都很大,能在这个时候吃上一顿学校准备的红烧鱼福利,缓解压力,简直美滋滋!"很开心我们也成了'别人家学校',红烧鱼味道非常鲜美,食堂工人师傅们赶制菜品辛苦啦。吃了'工大锦鲤',逢考必过!"

(河北工业大学融媒网,2018年6月29日)

京津冀三地工业大学联合举行座谈会

　　本报讯　为持续深入学习习近平总书记今年1月在京津冀考察和京津冀协同发展座谈会上的重要讲话精神,用重要讲话精神指引北京工业大学、河北工业大学、天津工业大学的"双一流"建设和各项事业发展,助力京津冀协同发展,6月24日上午,由三所工大联合举办的"学习贯彻习近平总书记京津冀考察重要讲话精神座谈会"在天津工业大学举行。

　　会议开始,与会者首先一起通过观看电视新闻重温了习近平总书记年初在京津冀考察时的镜头和重要讲话,并由南开大学党委宣传部常务副部长李向阳讲述了习近平总书记在南开视察时的感人场景。座谈会上,参会专家、嘉宾就学习贯彻落实习近平总书记京津冀考察重要讲话精神谈体会。北京工业大学北京城市副中心研究院院长赵立祥教授就"发挥研究优势对接京津冀协同发展"作了发言,河北工业大学经管学院张贵教授就"完善京津冀教育协同发展机制"报告了研究成果,天津工业大学马克思主义学院副院长聂丽琴副教授围绕"以改革创优之笔绘'三进'工笔画"作了发言,河北工业大学党委宣传部部长陈鸿雁教授就"落实总书记在南开大学讲话精神,推进河北工业大学红色文化育人"谈了经验。

　　河北工业大学党委书记李强在发言中指出,习近平总书记的重要讲话高瞻远瞩,为京津冀协同发展绘制了科学蓝图。作为高校,要立足教学科研实际,弘扬新时代知识分子的爱国奋斗精神,充分发挥学科优长和专业所长,以一流的人才培养、一流的科学研究,服务国家战略、造福人民群众。

　　　　　　记者陈庆威　通讯员屠琼芳(《河北青年报》,2019年6月28日)

河北工业大学学生项目斩获金奖

本报讯 记者近日从河北工业大学获悉:近日,河北工业大学学生项目《一种新型循环式气流干燥器》荣获第九届全球系统性创新大赛金奖;该校机械工程学院在读博士何川荣获了第十届国际系统性创新会议组委会颁发的"卓越演讲"荣誉证书。

全球系统性创新大赛是国际创新方法学会主办的创新方法领域内最高级别赛事,以促进参与者之间的网络化协作,达到推进创新理论和实践发展及明确数字时代创新方法发展趋势的重要目的。大赛汇聚了世界知名学者的学术前沿理论及最新研究成果,并由创新领域专家进行评审。

高长安、屠琼芳(《中国科学报》,2019 年 7 月 31 日)

陈宝生部长调研河北工业大学
在威县脱贫攻坚及产学研合作工作

为深入学习贯彻习近平总书记在决战决胜脱贫攻坚座谈会上的重要讲话精神,9月26日,教育部党组书记、部长陈宝生在河北省副省长徐建培、教育厅厅长杨勇等有关领导陪同下,到教育部定点扶贫县——威县调研脱贫攻坚及产学研合作工作,并深入了解学校脱贫攻坚、服务地方经济社会发展情况。

陈宝生一行在校长韩旭、副校长胡宁的陪同下,到学校"胡宁工作室"(威县),深入了解胡宁教授团队与威县共同申获的河北省重点研发计划"X 射线检测水果自动分级系统"项目,详细观看了"X 射线检测水果自动分级系统"的操作流程;亲切询问了学校智能机械研发与制造的协同研发、人才培养、技术培训等方面产学研合作成果;并认真听取了韩旭关于学校发展近况的汇报。陈宝生、徐建培对学校长期以来在脱贫攻坚、服务地方经济社会发展、产学研合作等方面取得成绩给予了充分肯定。

同时,校党委常委、纪委书记孟祥群代表学校,与威县签署全面战略合作框架协议,积极谋求合作,开辟威县农产品进入学校的渠道,进一步助力威县脱贫攻坚。

学校与邢台市合作由来已久,开发的单晶硅技术,助力晶龙集团发展成为全球最大的光伏企业;建立的河北工业大学冀南工业技术研究院,助推邢台市产业转型升级发展。今年7月,胡宁教授团队与威县在"七一教育基地"签约成立了首个专家工作室,这也是高校与威县就"百校进威"工程签署的首个专家工作室。学校将以工作室为基地,定期选派人员到威县围绕智能机械研发与制造的协同研发、人才培养、技术培训等开展深入合作。

为进一步巩固拓展学校在张家口市赤城县、天津市武清区、承德市围场县扶贫成效,学校将以决战决胜脱贫攻坚为契机,不断彰显"工学并举"办学特色,进一步明确"落地冲高"的科研工作思路,积极发挥学校的科研成果资源和人才技术优势,依托地区产业发展需求,促进产学研深度结合,积极推进各项任务落地落实,不断提升服务河北经济发展能力。 （《河北日报》,2019 年 9 月 28 日）

装配式混凝土 3D 打印赵州桥
在河北工业大学落成

人民网讯　据河北工业大学消息,13 日下午,装配式混凝土 3D 打印赵州桥落成典礼在该校北辰校区举行。该项目由河北工业大学副校长兼土木与交通学院院长马国伟带领其研究团队完成。它的建成对于我国建筑行业实现绿色化、工业化、智能化发展具有重要意义。

赵州桥位于河北省赵县,距今已有 1400 多年的历史,是世界上现存最早、保存最好的一座弧形单孔敞肩形石拱桥。无论从结构设计方面还是施工建造、造型美学方面,赵州桥对现代桥梁的科学设计以及合理施工均具有指导意义。

据介绍,该桥按照赵州桥 1∶2 缩尺打印后现场装配式组装。混凝土材料为独家特殊配制,3D 打印水泥基机械设备自主开发设计,还综合考虑了各项桥梁常规设计中的荷载因素,安全系数高。桥栏杆整体形态设计迎合了赵州桥孔洞曲线,桥面与栏板加入桃花元素,寓意桃李满天下,同时栏板嵌入了 1903、1912、1929、1952、1995、2019 等年份的字样,寓意河北工业大学建校 116 年的历程。

马国伟介绍,相比传统的施工建造,3D 打印是提供无需模板与支撑,节省约 1/3 的建筑材料和 2/3 的人工,高度自动化的打印过程可大大提高建造效率。该技术不因结构的几何复杂程度而增加成本,也可大大减少对现场环境的污染;3D 打印桥梁过程中,内嵌了许多传感器,用于 24 小时对桥梁进行健康监测,可及时发现受力等问题并予以排除。

"3D 打印作为一项新兴技术,是一种全新的颠覆传统的建造模式。"马国伟在典礼上指出,装配式混凝土 3D 打印赵州桥借鉴已建成 3D 打印建筑的建造经验,引入 BIM 虚拟仿真技术、现代化智能监测手段,采用模块化打印技术,对节点装配形式进行优化设计,在现场直接进行装配式建造,为传统桥梁赋予现代气息,充分实现设计新型化、材料功能化、施工虚拟化、装配模块化和监测智能化,是学校将绿色智慧建造理念成功运用于产学研道路上迈出的重要一步。

　　典礼前夕,在由河北工业大学、同济大学联合主办的第二届"建筑3D打印"国际会议开幕式上,来自美国、英国、德国、新西兰、澳大利亚、荷兰、中国等15余个国家和地区的200余名学者,共同围绕建筑3D打印在新材料、新结构、新装备、新工艺等方面创新发展进行了深入研讨。

(人民网,2019年10月16日)

河北工业大学聚焦"双一流"建设重点难点

——抓整改推动一流学科和高水平大学建设

作为河北省唯一一所国家"双一流"建设高校,河北工业大学在推进"不忘初心、牢记使命"主题教育中,坚持以问题为导向,立足"双一流"建设中的重点难点,找准发展定位,抓住关键环节,明确重点任务,完善人才引育机制改革,加强学科交叉融合,扎实推动一流学科和高水平大学建设。

第二批主题教育开展以来,河北工业大学领导班子走访了电气工程学院、人工智能与数据科学学院、沧州市中心医院等校内外单位,累计调研 30 余次,摸清目前在推动"双一流"建设中面临的问题。通过调研发现,该校"双一流"建设重点难点主要集中在解决高水平人才引育和学科交叉融合发展等方面,包括人才培养质量需进一步提高,高层次人才数量仍不能满足学校一流本科生、研究生培养的需要,拔尖创新人才特别是博士研究生培养的规模和质量需要进一步提高,学科交叉融合发展还需进一步深化,引导政策需要进一步完善、推进力度需要进一步加大。

瞄准问题整改,学校提出,以打造高素质教师队伍为抓手,推进完善人才引育机制改革,通过实施"元光学者计划"、开通人才工作"绿色通道"、建立"政策特区"等措施,加强引育领军人才和具有发展潜力的青年人才,赋予学科带头人引人用人权和资源调配权。同时,搭建聚才、引才平台,完善人才工作政策,积极发挥学科带头人及领军人物的引领作用。目前,学校在"先进装备工程与技术"学科群汇聚起以学术带头人为领军、杰出人才为骨干,以优秀青年人才为支撑,结构合理的学科团队和梯队。

将主题教育与学校发展密切融合,在"双一流"建设方面出实招硬招,推动一流学科建设步伐。该校加快建立学科交叉融合发展的管理和激励机制,围绕"先进装备工程与技术"学科群,从学科和学位点管理规范、学科交叉模式和考核制度入手,优化调整学科布局和学位点结构。以"世界一流学科"建设为引领,集中力量建设

"先进装备工程与技术"学科群,实现布局合理、协同提高的学科建设格局。

在近日举行的国家"双一流"建设中期评估工作会上,由来自中国工程院、中国科学院多位院士组成的专家组,对河北工业大学国家"双一流"建设进行评估和指导。专家一致认为,学校和学科建设在改革与创新上迈出新步伐实现新突破,在先进装备工程与技术领域形成了特色优势,12 个先进装备特色产业研究院为区域经济社会发展提供科技支撑与智力支持。

作者桑珊(《河北日报》,2019 年 10 月 23 日)

河北工业大学与华为协同培养 ICT 工程师

本报讯　近日,河北工业大学与华为技术有限公司产学研合作协同育人再出新成果:18名学生在《数据通信与计算机网络》课程教学团队老师们的精心指导下,取得华为 HCIA(Huawei Certified ICT Associate,华为认证 ICT 工程师)认证。

HCIA 是华为职业认证中用于标志个人能力在某一技术领域达到工程师级别的证明。获得该认证的人员,具备安装、配置、运行 ICT 设备,并进行故障排除的能力。

此次认证源于 2013 年河北工业大学与华为技术有限公司联合启动的首批六家高校合作内容,也是学校落实 2019 年战略合作协议与华为"智慧校园"深度合作的内容之一。

在校企合作框架下,河北工业大学电子信息工程学院教授武一团队将华为技术融入《数据通信与计算机网络》课程,融入课堂,充分落实了该课程在"一流课程"建设中的高阶性、创新性和挑战度的要求。

华为职业认证针对每个技术领域涵盖工程师、高级工程师、专家三个级别,满足不同级别从业者的能力认证需求。获得认证的学员,将具备相应领域的技术知识与实践技能,拥有更多职业规划的可能,实现职业进阶。

高长安、屠琼芳(《中国科学报》,2020 年 2 月 7 日)

报刊中的河北工大

河北工业大学多措并举助力毕业生求职

为做好新冠疫情防控工作,各大高校延迟开学,但对 2020 届毕业生来说,求职就业同样紧迫。对此,河北工业大学第一时间拟出符合应届毕业生实际需求的就业指导与服务方案,多措并举做好精准就业指导服务的同时,积极筹备网上双选会,助力学生求职之路。

疫情袭来,第一时间谋篇布局

"看疫情的发展态势,大年初一学校系统安排抗疫工作会后,我们就开始着手准备今年学生就业工作了!"河北工业大学招生就业指导中心主任任福战介绍,"一面进行意见征询,一面组织人员推进工作,一天内便拟出了疫情期间符合学校应届毕业生实际需求的就业指导与服务方案。"

针对学校延期开学的安排,为稳定毕业生心理,及时解答学生和企业疑惑,1 月 30 日,河北工业大学就业指导中心推出《在家也能找工作? 河北工业大学就业指导中心来帮忙!》,针对应届毕业生关心的国考、就业双选会、就业指导等问题,进行了工作预告,第二天紧接着推出《河北工业大学就业指导中心致用人单位的一封信》,就企业校园招聘安排做出介绍。

此外,就业指导中心还借助学校就业信息网、就业指导中心微信公众号及时推送就业信息、就业指导等方面文章五十余篇,帮助学生就业的同时,引导学生树立正确的择业观。

多措并举,精准服务应届毕业生

2019 年秋,河北工业大学就业指导中心启动 2020 届毕业生就业意向精准统计"月更新"工作,由各毕业班辅导员统筹,深入了解学生就业意向与实际状况,并针对考研、就业等不同选择进行分类动态指导,帮助学生和重点企业完成精准对接。同时,通过河北工业大学就业信息网就业咨询平台和大学生就业指导中心官方邮箱,学校组织经验丰富的老师及毕业班辅导员随时解答学生就业问题,及时帮助毕业生解决就业难题。

为帮助毕业生在疫情期间做好求职准备,提升就业能力,学校就业指导中心还携手智联招聘、中公教育为应届毕业生开设"空中大讲堂"活动,定期邀请各行各业人力资源专家及学校就业指导教师为同学们答疑解惑。活动内容涵盖当下及未来就业趋势、面试指导、国考、省考、考研复试、事业单位及军队文职招考等内容,帮助解决同学们在特殊时期就业心理、求职择业技巧、就业政策与权益等方面存在的困难和问题。

"目前,学校已经做好服务学生就业的各项准备工作。"河北工业大学副校长郎利影说,"即使疫情当前,我们也要为学生创造更多机会,保障最大权益。"

拓宽渠道,积极筹备网上双选会

根据疫情防控相关要求,学校目前暂停举办各类校园招聘现场活动。针对毕业生普遍关心的求职问题,就业指导中心积极组织开展"特殊时期,河工就业陪你一起战斗"系列活动,助力同学们线上求职。

"我们已通过就业信息网和中心微信公众号,发布招聘信息 1000 余条。"学校就业指导中心老师张颖介绍,目前,就业指导中心已启动 3 月 1 日-31 日在河北工业大学就业信息网举办的学校春季网上双选会的报名工作,邀请北京、天津、河北、浙江、广东、山东等地区近 600 余家企业参会,万余就业岗位将涵盖人工智能、电气、机械、土木、化工材料、能源环境等专业领域。张颖表示,"不到一天时间,已有华为、海尔、中建、新奥、浪潮、联通等 68 家用人单位确认参会,可为毕业生提供 4852 个岗位!"

此外,为配合网上双选会,河北工业大学还依托就业软件开发公司开发网上签约程序,为毕业生与企业顺利签约提供支持和必要的法律保障。并在寒假前完成校园网办事大厅建设,大大简化就业手续办理工作。

"我们已做好了充分准备,守护 2020 届毕业生求职就业道路,走向美好春天!"郎利影说。

记者桑珊、马利　通讯员屠琼芳、张颖(《河北日报》,2020 年 2 月 17 日)

24小时,河北工大将34.8万元资助款
打入学生账户

中国教育报—中国教育新闻网讯　2月17日是河北工业大学开学首日,学校当天完成新冠疫情防控期间学生资助发放34.8万元。

据悉,河北工业大学为疫情期间居住在湖北的330名学生发放防疫补助,金额总计33万元;为寒假期间拟勤工俭学,但因疫情滞留天津且无亲属可投靠的9名学生发放生活补助,金额总计1.8万元。从方案确定到补助入卡,仅用时24小时。

专项资助发放后,各学院辅导员老师把这份关爱第一时间传递给了学生。学生纷纷表达了对学校的感谢:"作为湖北学生,我一定会尽力配合政府的各项措施,同时紧跟学校网课的进度,认真学习,不负学校的关心和期望!"

该校还向属地居家的学生喊话:若因疫情导致生活困难,请及时联系学校,学校将尽最大努力予以帮助,守护大家坚定前行,共待春暖花开!

记者陈欣然　通讯员屠琼芳(《中国教育报》,2020年2月22日)

"大学生党员也要冲锋在前"

——河北工业大学学生张永萍的抗疫假期

"您好,请配合测量体温。"2月26日9时许,大学生志愿者张永萍站在京新高速北辛堡东公安检查站,逐一为进京车辆上的司乘人员测量体温。

张永萍是河北工业大学城市学院大四学生,这个寒假是她大学里最后一个假期。放假前她就把假期生活安排妥当:列毕业论文提纲、准备教师资格考试、学习办公软件、做家务……然而,突如其来的疫情,让张永萍放弃了所有的计划。

1月26日,正月初二。从朋友圈得知怀来骨泰医院急需疫情防控志愿者,张永萍毫不犹豫报了名,"我是一名共产党员,大学生党员也要冲锋在前。"

4天后,张永萍被安排到怀来县最东端的北辛堡东公安检查站,负责健康筛查。这里毗邻延庆、连通北京,春节期间每天四五百辆机动车由此进京,疫情防控任务繁重,"既然站在防控一线,就要守住这道关。"

每天早上,张永萍顶着凛冽的寒风,乘1个多小时的车来到工作岗位,穿上隔离服、戴好口罩、手套,手握体温枪,开始一天的工作。"感谢您支持我们工作。"这句话,张永萍每天都要说上几百遍,最多的一天她检查了849人。

"这项工作需要细致和耐心。"检测时,有人介意近距离接触,唯恐体温枪碰到他们皮肤,张永萍就尽量保持一定的距离。为了数据准确,需要分别对额头和耳朵测量两遍,有人嫌耽误时间不愿意配合,她总微笑着解释:"现在是非常时刻,这样做是为了您和大家的安全,咱们不能有一点大意。"

新年伊始,怀来县气温持续偏低,体温枪经常被冻得"罢工"。为了车辆快速通行,张永萍随身带一个暖手宝,不时把体温枪放进去保暖,而她的双手则被冻得又红又肿。看她只戴一副做手术用的隔离手套,家里人心疼,给她找出棉手套,她悄悄塞进包里,一次都没有用,"戴棉手套手指不灵活,影响检查速度。"

上午9时到晚9时,晚9时再到次日上午9时,张永萍和同事们两班倒,顶风冒雪一干就是 12 个小时。身着隔离服上厕所不方便,她除了吃饭时间坚持不喝一口水。面对艰苦繁重的工作,这位 1997 年出生的学生党员没有丝毫退缩:"党员就要全力以赴,为大家的健康布好'隔离带'、穿上'防护衣'。"

本报记者马利　通讯员张娇龙(《河北日报》,2020 年 2 月 28 日)

河北工业大学辅导员成为
留学生眼中最美的中国样子

本网讯 鼠年春节,是留学生辅导员李妍、樊晨晨、尤苏青最期待的节日,这是她们入职以来的第一个春节,尽管完成值班任务,1月19日回到家时已经快过年了。这个春节也是党委副书记镡铁春新婚的第一个春节。这支忙碌了半年的留学生辅导员队伍终于可以休息一下了,他们都对这个春节假期都有很多计划和期待。

然而,抗击疫情的阻击战很快打响了。河北工业大学的314名留学生中,仍然有239人留在中国。他们对疫情了解吗? 在学校生活情况怎样? 在中国其他城市的人现在安全吗? 还有没有学生要回国? 他们计划怎么回去? 于是,1月22日,来不及体会过年的气氛,辅导员们又迅速开展了工作。

在镡书记的布置下,她们开始制作发布《来华留学生疫情防控调查问卷》,给留学生发送邮件、微信联系、电话联系、查收邮件,排查留学生详细信息。一个一个地劝导留学生"不聚会、不串门、暂停旅游计划"。可对于留学生来说这有多难实现,同样留过学的几位辅导员自己心里最清楚。春节的团圆气氛里他们对祖国和亲人会倍加思念,猝不及防的疫情他们会担心和焦虑,人们突然的谨慎出行会让他们生活变得很不方便。口头的叮嘱远远不够,她们先后起草并发布了中英文版的《来华留学生冠状病毒安全须知》《国际教育学院有关新型冠状病毒预防的规定》《致来华留学研究生导师的一封信》。

逆行返校,疫情就是无声的命令

在家里每天对着电脑、拿着手机,没有时间跟父母好好交流,几位辅导员满脑子都是留学生的问题。第一批学校发下去的口罩用得怎么样了? 宿舍的消毒、通风做到位了吗? 校车运营时间变了、开始封校了,他们的基本生活如何保障? 尽管提出了要求但在校外的学生会不会突然回到学校? 开学延期了会不会有人想回国？学生订好机票的航班会不会被取消？"不行，必须回到学校去，跟留学生一起解决这些问题。"于是，1月31日，尽管出行不便、家里人很担心她们的安全，她们毅然辗转比平时多几个小时的路程，返回了天津。

党委副书记镡铁春已经改签了机票，从1500公里外的老家回到了学校。他从接到通知的1月21日开始，安排部署着每一项具体的工作。大年初一，他在老家用手机撰写来华留学生疫情防控工作预案直到深夜。留学生的疫情防控工作涉及河北省、天津市和学校的多个部门，他必须回来——沟通协调。学生宿舍跨校区分布，辅导员往来工作，过程的防护非常重要，用自己的车最安全，他决定开车带着她们往返两个校区。留学生里男生多，三个女辅导员检查宿舍、开展谈话会有不便，他必须靠前指挥，和她们一起冲在第一线。

与此同时，休产假的留学生辅导员李云换，因为爱人是一线警察一直坚守在工作岗位，正在家独自照顾几个月大的宝宝。三位新手辅导员的辛苦应对她看在眼里、急在心头。于是她主动包联了20位留学生，24小时与留学生保持联络通畅。微信群里布置了新的工作，只要能帮上忙的，她就回复："这个事交给我吧！我找几个人。"老兵带新兵，这支队伍凝聚起了更大的力量。

用心守护，要做留学生的"主心骨"

老师们都回来了，尽管忙碌得身心俱疲，她们仍然忙中有序地布置和开展各项工作，不悲观、不恐慌，她们坚定而自信。学生分布在北辰和红桥校区的上百间宿舍，为了更精准地掌握学生的实际情况和心理状态，她们多次全覆盖地走访宿舍，坚持做到与每一名学生聊天谈话；与自管会的学生开会，详细了解学生的想法和需求；她们和保卫处、公寓管理室反复沟通留学生进出校门和宿舍的管理细节；封校了，超市关了，学校的管理规定要遵守，留学生的日常生活要继续，她们主动与学校后勤部门沟通，为留学生争取生活的保障，最后联系到了能够定期运送基本日用品和食材的超市；蔬菜、水果、肉类、米面，她们逐一统计学生的需求，再询问超市，帮学生议价，确定采购数量，联系配送车辆，北辰宿舍送完了，再组织往红桥宿舍送；学生来自不同国家，饮食习惯要尊重，有人不想要面粉，有人需要各种豆类，她们跟超市不断协调物品需求；学生一个一个取快递有风险，为减少人员流动，镡书记开着车给学生统一取快递，再送到学生宿舍。

早上七点多做好防护，迎着寒风出门，从北辰校区到红桥校区，中午食堂打回的饭菜凉了就热热再吃,晚上八点多回到宿舍还要再汇总信息,撰写疫情防控日报和大事记。河北省教育厅、外事办、天津市出入境管理局、公安局北辰分局、红桥分局、学院疫情防控工作组、包联老师工作群、各个学生群,所有的通知回复都要一一整理,经常一忙就到了半夜。

能够连贯地整理一次材料总是那么难,但为了学生的安全,她们宁愿被打断。"老师,我的胃食管反流,药用完了,该怎么办?"没有卖药的地方了,辅导员拿出自己能对症的药给学生应了急。第二天情况不见好转,网上买药不送货,她们赶紧联系多家药店描述学生的病情,然而没有一家药店提供配送服务,她们只能想办法,联系快递员帮忙去药店取药。

"老师,我打通了中国银行的电话,但是没听懂客服说的话。""你一会儿过来,我帮你。"辅导员忙完,帮助学生再次拨打了客服电话。当留学生沟通不顺畅时总是第一时间想到辅导员,而她们也总是耐心地提供所有可能的帮助。

"老师,我们家长汇钱过来了,我们需要去银行办理外币转人民币的业务。"几个急需用钱的留学生要去银行,辅导员们和学院疫情防控领导小组汇报情况,商量制定他们去银行的出行方案、防护措施、应急预案,联系银行工作人员咨询办理业务的细节,严格控制出行时间,保证留学生除银行外不扩大活动范围。

"镡书记,因为航班取消返回学校,现在正隔离的两个留学生日用品和食材都用完了。"为了严格执行隔离方案,辅导员汇报完情况,镡书记自己花钱去超市买了生活补给送给学生。

特殊时期,有的留学生提出了回国的申请。她们要跟留学生一遍遍地核对出行路线和日期、乘坐的交通工具、航班信息、中转地点、落地时间,直到学生平安到家。出入境管理局办理不了手续不能回国,学生情绪异常激动,她们想尽办法,找书记、找院长帮忙安抚学生情绪,同时还要协调出入境管理局的工作人员,加急为学生办理回国手续。

并肩战"疫",增强留学生的信心和力量

封校的生活,得让留学生们的生活充实起来。她们与保卫处协调开展非聚集类的单人运动,加强留学生的日常锻炼;开展"加油武汉"的视频征集活动,增强留学生战胜疫情的信心;联系河北工业大学对外汉语专业的学生为留学生在线讲授汉语课程,充实留学生的假期生活,提高学习效率。

远离家乡,有的留学生对疫情的发展恐惧害怕了,她们耐心开导学生,给他们讲述中国抗击"非典"的经历,传达学校群防群控的政策和措施,让他们通过官方媒体知道中国各地水不停、电不停、暖不停、通信不停、生活物资供应不停、社会秩序不乱的事实,让他们通过微信上晒的美食、抖音上的视频感受中国人幽默乐观地抗击疫情的信心,给他们观看火神山、雷神山两座医院施工现场的直播画面和验收成功的消息,让他们真切地感受"中国速度"的传奇。

"宅起来"的生活,也让有的留学生放松了警惕,表现出过度的乐观。她们又及时向留学生们不断地通报疫情的发展形势、科学防护的措施、不同传播链的发病案例等情况,有的留学生汉语不好,他们就翻译成英语,不厌其烦地日日提醒。

天津校外居住的33名留学生,分布在红桥、北辰、南开、河西、武清、西青、津南的多个不同小区。为充分了解学生情况,消解留学生在外的不安与焦虑情绪,辅导员们在繁忙的工作中,抽出时间一户一户地走访。社区的防控管理规定必须遵守,大家就在户外跟学生交流,了解学生需求、给学生送去日用品、跟社区工作人员沟通学生近况,有时候一趟走访下来,天已经黑了。

每天14个小时的工作状态让她们心力交瘁,然而"士不可以不弘毅,任重而道远。"疫情当前,她们更坚定了入职时的初心,休戚与共,她们真正理解了命运共同体就是她们肩上承担的使命和责任。作为留学生辅导员,她们要在事无巨细的涉外工作中身体力行地传递中国声音,讲述中国故事。用心用爱守护留学生的辅导员,你的样子,就是留学生眼中最美的中国样子。

通讯员屠琼芳(《河北教育网》,2020年2月29日)

河北工业大学中外合作办学机构
获教育部正式批准

2月28日,河北工业大学与美国亚利桑那大学联合申报的中外合作办学机构——河北工业大学亚利桑那工业学院获教育部正式批准。

根据教育部批文,亚利桑那工业学院招生纳入国家普通高等学校招生计划,由河北工业大学通过招生计划增量安排,按照国家普通高校招生录取政策规定执行,计划于2021年招生。学院将开设应用物理学、材料物理、机械设计制造及其自动化三个本科专业,每年每专业招收本科生100人,总规模为1200人。学院采用"4+0"双学位培养模式,学生完成规定学业后,可获得河北工业大学本科毕业证、学士学位证,以及美国亚利桑那大学相应的学士学位证书。

亚利桑那大学(The University of Arizona),是美国最负盛名的公立研究型大学之一,始创于1885年,物理学科位居全美前十位,工程学院整体实力位居全美前五十。河北工业大学也已经具有117年的办学历史,是河北省人民政府、天津市人民政府和教育部共建高校,2017年入选国家"世界一流学科"建设高校,材料科学、化学、工程学三个学科领域分别进入ESI全球排名前1%。

河北工业大学亚利桑那工业学院获教育部正式批准,是深化中美高等教育领域合作的一项积极成果。两所百年老校将在人才培养、科学研究等领域强强联手,优势互补,合力培养高质量复合型人才,力争将"河北工业大学亚利桑那工业学院"打造成河北省乃至全国示范性中外合作办学机构。

亚利桑那大学(The University of Arizona),简称UA,世界知名高等学府,美国最负盛名的公立研究型大学之一,始创于1885年,坐落在亚利桑那州第二大城市图森市。亚利桑那大学物理学科位居全美前十位,诞生了四名诺贝尔物理学奖得主,是世界三大光学中心之一。工程学院设于1885年,历史悠久,其整体实力位居全美前五十。工程学院注重实践创新,近百年来培育出无数企业家及科研工作者,为美国的科技进步作出了突出贡献。该校还是美国国家宇航局的重要太空辅助基地,其材料、航空机械学在科研创新领域成就卓越。

(《中国青年报》《河北日报》、长城网、新浪教育、津云,2020 年 3 月 2 日)

河北工业大学亚利桑那工业学院建设进程回顾

本报讯　在中美两国教育部门和河北省政府、教育厅的支持下,河北工业大学亚利桑那工业学院申报工作历时三年,于今日画上圆满的句号。

2017 年 5 月,为积极响应党中央深入推进京津冀协同发展重大决策部署,切实在思想行动上向党中央看齐,认真贯彻落实好省委、省政府有关会议精神,充分发挥学校作为省属骨干重点大学在教学科研、社会经济服务以及地理区位等方面的办学优势,从国家和全省战略需求出发,全力服务雄安新区,推进学校"双一流"建设,学校规划成立中外合作办学机构。

2017 年 8 月,韩旭校长率教育代表团访问亚利桑那大学,双方就合作申报中外合作办学机构事宜达成意向,正式签署了两校共建合作办学机构备忘录。

2017 年 9 月,美国亚利桑那大学中国项目主任兼法学院实务教授查尔斯·王教授回访学校,就双方已签署的全面合作备忘录后续事宜进行深入讨论。

2017 年 12 月,学校成立机构筹建领导小组和办公室,旨在举全校之力保障申报工作顺利进行。

2018 年 9 月,李强书记率团赴亚利桑那大学访问,双方就拟合作专业课程对接以及合作细节进行最终沟通、确认。

在河北省政府、教育厅各级领导的支持下,双方团队经过一年多的不懈努力,于 2018 年 10 月 31 日向教育部正式递交申报材料。

2018 年 12 月,亚利桑那大学副校长 Brent White 率教育代表团来访学校,双方就答辩准备工作、机构运行细节等交换意见。

2018 年 12 月 21 日,教育部中外合作办学机构——河北工业大学亚利桑那工业学院申报工作专家答辩会在北京顺利举行,河北省教育厅、河北工业大学、亚利桑那大学分别派代表团出席会议。

2019 年 1 月,教育部下发"河北工业大学亚利桑那工业学院评议报告",要求学校在两个月内就申报材料细节进行修订、整改。学校紧急在校内各部门借调业务骨干至筹备办公室,按时高质量完成整改。

2019 年 7 月,韩旭校长率团赴青岛参加美国亚利桑那大学全球微校园会议,与亚利桑那大学校长 Robert C. Robbins 进行会谈,双方就亚利桑那工业学院运行细节做进一步沟通。

2019 年 8 月,亚利桑那大学校长 Robert C. Robbins 率团访问学校,双方就继续推进"河北工业大学亚利桑那工业学院"建设问题交换意见,主要涉及学院选址、基础设施建设规划、人才培养质量、双方派遣师资质量、课程体系建设、招生计划制定及实施等。

2020 年 2 月 28 日,河北工业大学亚利桑那工业学院获得教育部批准正式成立。

亚利桑那工业学院的设立,是中美高等教育领域合作的又一标志性成果。对加快高质量复合型人才培养、推动京津冀一体化建设等方面具有战略性意义。

通讯员屠琼芳(河北教育网,2020 年 3 月 3 日)

河北工业大学思政课教师的战疫心声
"学生虽然多,但一个都不能少"

河北日报讯　2月29日,河北工业大学网络思政课签到点名环节,应到187人却唯独少了一名湖北籍同学,任课教师李延华的心一下子揪了起来。

带着满心焦虑,课程一结束,她立刻发动班长和学委联系这名同学。直到19时,李延华终于和这名学生取得了联系,"你还好吗?我是历史课李老师,你遇到了什么难题,我能为你做什么?我很惦记你。"本来是一句平常的问候,在此时却有了不一样的含义。虽然学生报了平安,李延华仍不踏实,随后与学生所在学院学生工作组取得联系,在得知学生已得到学校疫情期间1000元生活补助,没有生活困难,并有辅导员关注帮助时,她才终于放下心。

"学生虽然多,但一个都不能少。"李延华一句话道出了河北工业大学思政课一线教师的战疫心声。

0时04分,形势与政策教研室教师金鑫刚结束一天的工作。在电脑上把缺课同学的情况一一备注好之后,他点开了一天没有打开的朋友圈,发了一条动态:"一直在核实学生未按时到课的原因,感觉每一条信息背后都有一段故事……无论怎样要珍惜这段旅程,为你们加油!"金鑫所在的形势与政策教研室,本学期要完成全校2万多人的线上课程。教研室大都是青年教师,他们很早就调成了"战时状态",时时关注学生动态,线上解答学生问题。

从培训、听课到助课,同一教研室的青年教师张红建这学期终于走上讲台,却因这场突发的疫情打乱了计划。为了更快掌握线上授课方法,她征得学院同意,提前返回学校,在14天的隔离期中全身心投入线上课程建设,并协助完成2万多名学生线上建班建课。张红建负责80多个自然班的授课工作,并班后最小的班也有150多名学生。"说不累是假的。"第一周的线上课程结束后,她认为,战疫面前,更需要激发学生们的担当意识和家国情怀,发挥好思政课的思想价值引领。如果通过这门课,能使学生充满正能量,并把这些能量转化为前进的动力。再累,也值得。

"一个都不能少,是老师对学生的关怀,也是老师们对团队集体成长的要求。"河北工业大学马克思主义学院副书记兼副院长孙琳琼说,52 名思政课一线教师的工作,也正是河北工业大学千余名教师的写照。

  记者桑珊、马利　通讯员贾皓(《河北日报》,2020 年 3 月 6 日)

平津馆和河北工业大学共办网上展览

——以雷锋精神助力战"疫"

本报讯　今年3月5日是第57个学雷锋纪念日,也是第21个中国青年志愿者服务日,平津战役纪念馆和河北工业大学马克思主义学院共同主办网上展览《弘扬雷锋精神》,让大学生志愿者以线上学习和线下实践结合的方式,重温雷锋事迹和经典语录,践行为人民服务的雷锋精神,积极参与志愿服务,与广大人民群众一起抗击疫情,守护平安与健康。

平津战役纪念馆作为河北工业大学马克思主义学院思想政治理论课的教学基地,积极利用红色资源,为学院提供红色文化,拓展实践教学资源,打造思想政治教育实践的前沿阵地和培育红色精神的生动课堂。疫情期间,馆校积极打造网上展馆,不断更新展览内容,为莘莘学子营造积极向上、不畏困难、文明奉献的良好氛围。

进入3月,在学院网站更新上线的《弘扬雷锋精神》展览受到了大学生的热烈欢迎。学生在线阅读雷锋事迹,传承雷锋精神,并将这份热情融入到抗击疫情的前沿防线。马克思主义理论专业研究生刘孟为参观《弘扬雷锋精神》后,他最深的感触是奉献,因此他成为了南开区龙亭家园社区里雷锋精神的践行者和传播者。在社区的志愿防控工作中,他认真核查登记记录,耐心地为社区居民普及防疫知识。他说:"相比各地医护人员每天都在上演的'最美逆行',我只是做了我力所能及的小事。"法学专业182班的陈承锦在抗击疫情的关键时期,主动报名,成为武清区崔黄口镇的一名志愿者。他说:"学雷锋,就是要学他平凡中的那份坚守。"

记者刘茵　通讯员王炜(《天津日报》,2020年3月7日)

"全国大学生同上一堂疫情防控大课"观后感

——磨难压不垮,奋起正当时

一个伟大的民族,必有其生生不息的精神力量。民族精神是一代一代中华儿女创造和积淀出来的,也需要一代一代传承下去。战"疫"特殊时期,我们迎来了一堂特殊且意义深远的思政课。

作为一名大学生,与全国大学生共上的这节课将是我记忆中最难忘的一节课。在四位教授的精彩演讲中,我更好地理解了人与自然之间的关系、中国青年的责任与担当,深深感动于战"疫"一线工作者的故事,也深化了自己对于党中央疫情防控的决策部署、中国共产党和中国特色社会主义制度的显著优势的认识。

人与自然的和谐相处是一个永恒的话题。在与自然的相处中,人不是征服抑或被征服,而是相互影响相互依存的和谐共生关系。保护、顺应自然,大自然对人的回报是慷慨的。敬畏生命、敬畏自然,尊重自然、尊重规律。绿水青山就是金山银山,发展和保护应协同共生。

磨难压不垮,奋起正当时

方舱医院里,《火红的萨日朗》跳出了青春的朝气;"考研哥"病中复习,写下的是他青春里极动人的诗行;学校停课不停学,每天通过直播、录课为学生的多彩青春助力,学生居家,亦努力丰富自己的生活。中国青年的青春,是一次又一次的全力奋斗,是心有国家、天下兴亡我担当的壮志满怀,是"心有大我、肩有大任、行有大德"的责任与担当。

冯秀军老师关于"青春"这个话题的解读让我感触很深。很长时间以来,"90后""00后"身上有很多标签,一如任性,又如脆弱,有的甚至认为这是"垮掉的一代"。但疫情以来,当代青年心系国家,用自己的方式积极响应着国家的号召。在这场看不到硝烟和敌人但却要直面生死的战争里,恐惧不影响他们的勇敢。"90后""00后"占医疗队伍近三分之一,我们责无旁贷,在这场战"疫"中一路飞快地成长。"曾经是你,现在是我"说的是三代人的担当与传承。

鲁迅先生曾说,"愿中国青年都摆脱冷气,只是向上走,不必听自暴自弃之流的话,能做事的做事,能发声的发声。有一分热,发一分光。"青春是生命最华美的裙袂,不止奋斗与理想,不止奉献与信仰。战"疫"尚未结束,这是一场国家治理能力与治理体系现代化的大考,是党组织与人民群众的大考。

成长道路千万条,爱国大义第一条。而今,时代的接力棒已经传到了我们手中。对于青年一代而言,我们为越来越强大的祖国感到骄傲自豪,也应为她的繁荣昌盛担起历史使命。听完这堂鲜活生动、干货满满的思政大课,我更加深刻地知国、爱国,也更想要不断地提升自己,将青春奉献在祖国的广袤大地,做好我们这个时代的合格接棒人。

"待凛冬离去,春荣草青,相信一定会有新的相逢将温暖延续。"期待春暖花开,期待星河长明。

(作者:马悠然,河北工业大学国际教育学院环境 DE172 班学生)

(人民网,2020 年 3 月 11 日)

教学培养不延期　科研攻关不延期

　　疫情发生以来，身为河北工业大学生物医学与智能健康研究院院长，徐桂芝尽管教学科研管理等工作繁忙，但她仍坚持通过网络和所带生医 182 班学生们沟通，了解学生们网上课堂学习情况和健康与心理情况，鼓励同学们发奋读书用实际行动支持"抗疫"。

　　徐老师指导的博士生中有 3 名是国际留学生，她积极与他们进行沟通，为他们解决困难和问题，也及时传达党中央及学校有关部门的指示精神，进行心理安抚和疏导，使他们能安心在校学习和生活。

　　作为生物医学工程及生物电工领域专家，她与西安交通大学教授一起组织了"电磁环境与电磁兼容领域挑战性课题的再认识"网络学术研讨会，并做了题为"生物电磁与健康监测和防护"报告，国内外 100 余名专家参加了会议。

　　除此之外，她还组织和指导课题组老师申报国家自然基金、天津市和河北省各类科技项目等，同时进行学科和实验室建设工作，做到开学延期科研工作不延期。

徐桂芝（天津教工，2020 年 3 月 11 日）

马国伟教授团队论文获评
《中国科学:技术科学》2020年度高影响力论文

3月19日,《中国科学:技术科学》2020年度评优结果发布,共评选出13篇高影响力论文。由马国伟教授、王里副教授、鞠杨教授合作发表的 *State-of-the-art of 3D printing technology of cementitious material—An emerging technique for construction* 一文入选。该文是建筑3D打印课题组的开篇之作,奠定了建筑3D打印理论、技术与创新应用各研究方向的规划与布局。

《中国科学:技术科学》创刊于1996年2月,是由中国科学院主管、中国科学院与国家自然科学基金委员会主办的自然科学类综合性学术期刊。

据 Web of Science 数据统计分析,该文自2018年4月份发表以来,得到了来自清华大学冯鹏教授、同济大学肖建庄教授、德国德累斯顿工业大学 Viktor Mechtcherine 教授、澳大利亚斯威本科技大学 Jay Sanjayan 教授、新加坡南洋理工大学 Jian Hui Lim 教授等国内外著名专家学者的引用,高影响力论文的入选是对课题组研究工作的认可。

论文简介

近几年来,大尺度3D打印取得了显著进展,该技术具有性价比高、效率高、设计灵活等优点,与3D打印工艺兼容的水泥基复合材料的研发促进了3D打印技术在建筑领域的快速应用。本文首先回顾了现有的3D打印技术,总结了三种最新发展的大规模3D打印系统。

在此基础上,明确了评价水泥基复合材料和易性和可打印性的关键影响因素。易挤出、易流动、建造性好、凝结时间适宜是水泥基复合材料满足自由形式打印工艺的必要条件,提出了3D打印水泥基复合材料的制备与优化方法。本文最后介绍了建筑3D打印的优势、潜在应用和发展前景。

(《中国科学:技术科学》,2020年3月19日)

河北工业大学建艺学院工业设计系师生斩获 2020 德国 iF 设计新秀大奖

国际著名设计奖项德国 iF Design Award 于近日揭晓，河北工业大学建筑与艺术设计学院工业设计专业 15 级学生王钧的毕业设计作品斩获 iF 设计新秀奖。该作品由工业设计系教师杨培指导。

iF 设计奖创立于 1953 年，由德国历史最悠久的工业设计机构——汉诺威工业设计论坛（iF Industrie Forum Design）每年定期举办，与"红点奖（red dot）"比肩为世界顶级工业设计奖项。每年的 iF 设计新秀奖旨在选出最具创意的新锐设计师作品，获奖作品在 iF 世界设计指南（卓越设计主题世界）无限期展示。

本次 iF 新秀设计竞赛主题涵盖了联合国的"永续发展目标"。全球共有参赛作品逾万件，仅有 112 件作品获得 iF 设计新秀奖，获奖概率仅为 1%。

获奖作品名为"Wireless ECG Medal for Kids"，是一套儿童无线 ECG 检测设备，设计亮点在于将"心电监测器"做成接收器和徽章二合一，上层为软质塑胶制成的"徽章"，下层为重复利用的 ECG 接收器。心电检测完毕后，医生将 ECG 的徽章摘下送给孩子，使其享受到目标达成带来的荣誉感。

近年来，杨培老师指导的学生作品已获得国内、外知名设计竞赛奖励 20 余项，包括 2019 红点概念奖，2019 美国星火奖包括全场大奖在内的 6 项大奖，2019 意大利 A'DESIGN AWARD & COMPEITION 银奖 1 项，优胜奖 2 项；2019 韩国 K-Design Award 优胜奖 1 项；2019 法国 INNODESIGN PRIZE 国际创新设计大奖 1 项，2019TISDC 台湾国际学生创意设计大赛欧洲设计协会总局特别奖。

此次斩获 iF 新秀设计奖，实现了对该奖项零的突破，是工业设计专业办学水平和办学实力明显提升的重要标志，是工业设计专业在河北省重点建设专业工作中的重要成果，代表了该系近年来深化教学改革的突出成就，表明学校工业设计专业教学水平向着国际先进行列奋力迈进。

霍占良（津云，2020 年 4 月 12 日）

河北工大:助应届毕业生"云端"求职

中国教育报—中国教育新闻网讯 特殊时期,河北工业大学面临就业问题的2020届毕业生内心焦急万分,而近日该校就业指导中心推出的一系列举措,让应届毕业生们放心了。

"大年初一学校系统安排抗疫工作会后,我们就开始着手准备今年的就业工作了!"河北工业大学招生就业指导中心主任任福战说。为稳定毕业生心理,解答学生和企业疑惑,学校于1月30日向广大毕业生发布了文章《在家也能找工作?河北工业大学就业指导中心来帮忙!》,针对应届毕业生关心的国考、就业双选会、就业指导等方面的内容,进行了工作预告,翌日推出了《河北工业大学就业指导中心致用人单位的一封信》,就企业校园招聘安排做了介绍。此外,河北工大还借助学校就业信息网、就业指导中心微信公众号及时推送就业信息、就业指导等方面文章50余篇,在帮助学生就业的同时,引导他们树立正确的择业观。

为帮助毕业生在疫情期间做好求职准备,提升就业能力,河北工大还携手智联招聘、中公教育为应届毕业生开设"空中大讲堂"活动,定期邀请各行各业人力资源专家为学生答疑解惑。讲授内容涵盖当下及未来的就业趋势、面试指导、国考、省考、考研复试、事业单位及军队文职招考等方面,旨在帮助学生解决在特殊时期的就业心理、求职择业技巧、就业政策与权益等方面存在的问题。

"我们已通过就业信息网和中心微信公众号,发布招聘信息1000余条。"学校就业指导中心张颖老师介绍,目前,中心已启动3月1日—31日在河北工业大学就业信息网举办的学校春季网上双选会的报名工作,邀请北京、天津、河北、浙江、广东、山东等地区的近600余家企业参会,提供涵盖人工智能、电气、机械、土木、化工材料、能源环境等专业领域的万余就业岗位。"不到一天时间,已有华为、海尔、中建、新奥、浪潮、联通等68家用人单位确认参会,可为毕业生提供4852个岗位!"

此外,为配合网上双选会,学校还依托就业软件开发公司开发网上签约程序,为毕业生与企业顺利签约提供支持和必要的法律保障。

记者陈欣然(《中国教育报》,2020年5月2日)

践行云时代教学的工学并举

编者按:5月11日,中国教育报报道我校面对疫情造成的无法实现工程实验现场教学的"困境",充分发扬"工学并举"的办学特色,通过云控平台、虚拟仿真、口袋实验室等一系列远程教学方式,探索出一条"云时代"理工实践教育的新路径,不仅实现了自身教育教学的需要,还帮助国内其他30余所高校实现线上工程实践教学的改革探索。

千里之外通过网络指挥机械手完成一连串动作,3D仿真模拟平台完美演示化工实验整个流程,工程训练慕课课程上线并免费面向所有高校⋯⋯面对疫情造成的无法实现工程实验现场教学的"困境",河北工业大学的老师们各展其能,充分发扬该校"工学并举"的办学特色,通过云控平台、虚拟仿真、口袋实验室等一系列远程教学方式,探索出一条"云时代"理工实践教育的新路径,不仅实现了自身教育教学的需要,还帮助国内其他30余所高校实现线上工程实践教学的改革探索。

云控平台实现隔空千里做实验

一只机械手蘸了蘸"油漆",先向左移动,再向上移动,然后左右摆动完成涂抹的动作,机械手这时完成了名为"小小粉刷匠"的操作流程。这是在机械工程学院实验室里发生的一幕,操作这只机械手的学生正在河北邯郸的家中,而实验室里此刻并无一人,通过加装在机械手旁边的摄像头,指导教师和学生都能在自己的手机上实时监控机械手的动作,指导教师可随时对学生的完成情况予以指导。

"机械装备电气控制与PLC"课程主讲人孙立新老师介绍,这门课的线下实验课需要学生到实验室进行程序设计、调试实验设备(机械手)、验证实验结果。实验需要的程序可以通过专用软件进行模拟仿真,但如果只做仿真,学生恐怕兴趣不大。因此,机械系和机电系在学院支持下成立了联合攻关团队,由机电系教师赵海文任组长,孙立新、曲云霞、孙凌宇等教师合力开展了"云端实验平台"建设攻关行动。

在这一方案中,学生可根据实验任务要求居家线下进行程序设计,然后通过云端平台下载至实验室设备控制器,实现对现场设备的控制与调试任务。同时,通过网络实时传输的实验室现场视频画面,观察实验设备的运行情况,判断设备运行是否达到任务要求。学生也可在线实时修改程序。指导教师可以通过现场和云端两种方式获得学生的实验过程和结果,实现实时指导,双向互动。通过平台训练,提升了学生工程能力,全过程可视可控,实现了云控平台操作与现场实验实质等效。

"在线模拟有时候并不能发现自己编程上的错误,而连上设备之后远程实验,编程上的错误就会暴露出来。相对于离线模拟,远程实验更具有实践性,可以让我们对 PLC 编程有更直观、更深入的认识和了解。"机设 176 班的李恒说。

孙立新老师说,学生们在家做实验的热情非常高,从早上 7 点到晚上 12 点始终有学生在调试。这让我对学生们的学习态度有了全新的认识,现在的学生不是不爱学,而是目前的一些教学环节和内容没有引起他们足够的兴趣,一旦把积极性调动起来,孩子们的学习劲头是非常令人佩服的,他们的学习能力也是非常强的。

将"口袋实验室"寄到学生家

3 月 4 日起,电信学院 2017 级的学生群沸腾了,身处全国各地的学生陆续收到了学院寄给他们的"EDA 实验线路板"。谁说线上教学不能动手做实验?有了"EDA 实验线路板",就相当于有了一个小小的"口袋实验室"。

面对"疫情受控前,学生不返校"的要求,如何能保证学生的在线课程达到培养方案的要求?学生的能力怎么能不受疫情影响得到全方位锻炼?这两个问题困扰着电信学院的老师们,特别是 2017 级学生开设的 EDA 技术综合设计,这是一门实践性非常强的集中实践环节的课程,需要边讲解、边编程、边测试、边验证。

讲授这门课的韩力英老师说,她的学生很多都是大三的学生,专业课至关重要,不能耽误。很多学生还在准备考研,更要加强练习。本来,她录了大量的视频教程来辅导学生,但她发现,这都没有将电路板直接寄到学生手中的效果好。

学院综合分析了疫情情况和学生返校进程,最终决定把实验板寄到学生手中。实验中心老师和任课教师迅速行动,一边统计学生能够收到快递的地址,一边把"EDA 实验线路板"打包,就这样,承载着学校和学院沉甸甸希望的 102 个包裹向全国各地的学生家中发出了。

在任课教师的指导下，学生们迫不及待地打开了包裹，开始测试、验证实验，将线上所学的理论知识付诸实践，程序跑顺了，指示灯亮起来了，收获知识技能的同时，疫情的阴霾仿佛一扫而空。

韩力英说，学生们收到电路板后，她几乎从早到晚都在回答学生的各种问题。当学生写好软件编程语言用电路板验证时，可能需要各种调试，这其中任何一个细微环节出错都会导致结果的偏差。正是有了可以验证的实验电路板，学生们的学习兴趣被调动起来，这让"停课不停学"变得更加有意义。

电信学院副院长武一表示，把"口袋实验室"邮寄到家，实现了教师线上指导、学生以小组为单位的线下自主实验的有机结合。学生不仅可以完成课堂理论知识学习验证，还可以自主开展创新实验、在家参与竞赛培训，"实现了大学生创新能力培养的不断线"。

在线工程训练带着高校组团学习

通过视频展现车削、铣削、钳工、铸造的全过程，讲解小手锤和铝材小飞机模型的制造工艺流程，这是学校实验实训中心在中国大学 MOOC 平台上推出的线上课程。这一课程于 2019 年 12 月向全国高校免费开放，是全国第一个关于工程训练类课程的慕课资源。这个具有前瞻性的举措，在疫情到来之际解了广大高校的燃眉之急，实现了跨学校、跨区域、跨省市的资源共享。课程团队更是组成党员志愿队，积极做好服务工作，根据不同高校的使用情况和特点，保证随时有问题随时解答，共同研究合理方案。

课程负责人师占群教授说，作为工科学生，应该对典型工业产品的结构、设计、制造有一个基本的、完整的体验和认识。这种体验和认识，对理解、学习和从事现代社会的任何一种高级技术工作都是必需的基础。非工科类专业学生也应了解制造过程，体验工程文化，培养基本工程意识和工程素质。开设工程训练课程的目的正在于此。

面对疫情给实践教学带来的困难，实验实训中心推进工程训练系列实践课程"线上线下、虚实结合"新模式，在保证完成学生教学任务的前提下，通过全国高校创客教育基地联盟、深圳市产教融合促进会和多个省市的工训教学指导委员会或者金工学会等渠道，将工程训练线上课程分享推向全国。

截至 3 月 20 日,7 个学院、18 个专业,共有 1200 名学生参加了工程训练线上课程学习。来自校外的北京理工大学、华南理工大学、合肥工业大学等全国 30 余所高校 12000 多名学生参加了工程训练线上学习。

通讯员闫涵(《中国教育报》,2020 年 5 月 14 日)

河北工业大学两位学生获"欧洲设计奥斯卡奖"

河北日报讯　近日,河北工业大学张迎丽和徐宏鑫两位同学,在产品系统设计课程中设计了"桌面舞者"系列文具作品,并获得 A´Design Award 大奖,该奖项被誉为"欧洲设计奥斯卡"。

据了解,两人设计灵感来源于使用橡皮擦的时候,橡皮从白纸上划过留下的橡皮屑的状态,就像是溜冰者划过在冰上留下的划痕。后来上课时与指导老师杨培老师交流了这个方案,并与同学们一起讨论,杨培老师给出的建议是做一套舞蹈姑娘系列文具,包含圆规和裁纸刀。

经过 5 个月的设计修改,Table Dancers 获得了 2019 年的星火奖铜奖和 2020 年意大利 A-design 的铜奖。张迎丽说:"也感谢李若彤同学的建议,徐宏鑫同学帮我建好了小靴子的雏版。最要感谢杨培老师在课程中给予的指导和帮助,鼓励我们勇敢迈出了进军国际竞赛的第一步。"

记者马利(《河北日报》,2020 年 5 月 14 日)

河北工大上线"云控实验平台"
实现隔空千里做实验

一只机械手蘸了蘸"油漆",先向左移动,再向上移动,然后左右摆动完成涂抹的动作,机械手便完成了名为"小小粉刷匠"的操作流程。这是在河北工业大学机械工程学院实验室里发生的一幕,操作这只机械手的学生正在河北邯郸家中,而实验室里此刻并无一人,通过加装在机械手旁边的摄像头,指导教师和学生都能在自己的手机上实时监控机械手的动作,指导教师可随时对学生的完成情况予以指导。

"对于我们机械、机电专业来说,现场操作的实践教学非常重要。"河北工大云控平台建设联合攻关团队组长赵海文说,"实践操作若仅依靠仿真,无法达到实验效果,所以机械系和机电系成立了联合攻关团队,教师们合力开展了'云控实验平台'联合攻关行动。"

在云控平台,学生可根据实验任务要求,居家线下进行线下程序设计,再通过云端平台下载至实验室设备控制器,实现对现场设备的控制与调试任务。同时,通过网络实时传输的实验室现场视频画面,可帮助学生观察实验设备的运行情况,判断设备运行是否达到任务要求。学生也可在线实时修改程序。指导教师可以通过现场和云端两种方式获得学生的实验过程和结果,实现实时指导,双向互动。通过平台训练,提升了学生工程能力,全过程可视可控,实现了云控平台操作与现场实验实质等效。

"这样的操作可视可控,还能随时和老师交流,跟我们以前在实验室做实验没啥两样!"河北工大机设 177 班学生张博睿说。"平台已实现 24 小时在线预约,学生们在家做实验的热情非常高,从早晨 6 点到晚上 12 点,都有学生在使用。"该校"机械装备电气控制与 PLC"课程主讲人孙立新老师说。

(《天津日报》,2020 年 5 月 18 日)

"长征五号B"飞天　金莲花种子回家

2020年5月8日，"长征五号B"运载火箭返回舱平安着陆。河北工业大学生物物理所和河北美林园林绿化工程有限公司合作选送的金莲花种子，历经约67小时在轨飞行，返回地球。这也是生物物理所航天育种试验第6次获得成功。

自2011年11月，学校生物物理研究所通过"神舟八号"飞船、"神舟十号"飞船、"实践十号"返回式卫星、"天宫二号"空间实验室、"神舟十一号"飞船，分别搭载花卉、蔬菜、玉米、酸枣、中药材等育种品种113个，开展太空诱变育种实验。

近年来，野生药用金莲花作为中药材的需求量日益增大，供不应求。应承德围场县政府邀请，学校生物物理研究所开展了金莲花生物太空辐射诱变繁育研究。2016年9月至11月，学校理学院生物物理研究所充分利用"天宫"与"神舟飞船"同轨对接的难得机遇，分批搭载了同批次的金莲花种，开展繁育研究。航天搭载的金莲花当代植株不仅表观性状发生变异，DNA分子水平也发生了突变，丰富了遗传多样性，为选育高产量、高品质、高观赏性的金莲花优势品种提供了材料和新种质资源，同时也为金莲花在分子生物学水平上的研究提供了参考依据。

物理所辐照生物学方向综合利用高能加速器重离子辐射、低能离子注入和航天搭载交叉辐照手段，开展在植物新品种选育和辐照致基因突变微观机理两个方面的研究，重点解决传统育种中的种质资源狭窄、育种周期长以及理论研究滞后的困难，已经获得了300多个玉米自交系，参与河北省玉米新品种审定8个品种，其中1个玉米新品种通过河北省审定。黄瓜、金莲花、仙客来等蔬菜和花卉新品种培育已取得阶段性进展，正在进行新品种审定权的申报工作。在对种质资源进行辐照后的新型种质资源进行基因测序和比对的基础上，积累辐照诱变对植物性状和功能基因改变的数据，深入推进和完善辐射诱变的基础理论研究，发表论文20多篇，其中SCI收录10多篇，培养博士4名，硕士17名，到校纵、横项科研经费600多万元。

霍占良(津云,2020年5月21日)

河北工业大学与芬兰两所高校开启全面战略合作

中国教育新闻网讯　近日,在"2020 中国·廊坊国际经济贸易洽谈会"云上主会场,河北工业大学通过视频会议,与远在芬兰的拉彭兰塔理工大学、拉赫蒂应用技术大学举行合作办学对接交流会,探索中芬高等教育合作模式。

会议期间,双方就河北工业大学芬兰校区建设、与拉彭兰塔理工大学"工业设计"双学位项目,廊坊分校与拉赫蒂应用技术大学合作办学等三方面议题进行了深入洽谈。河北工业大学与拉赫蒂应用技术大学在云端会场正式签署"工业设计"双学位合作项目协议、廊坊分校—拉赫蒂应用技术大学合作意向协议。据介绍,河北工业大学芬兰校区是我国在发达国家建立的第一所本科层次海外校区。

根据协议,河北工业大学芬兰校区将于今年开始招收机械设计制造及其自动化、电气工程及其自动化、能源与动力工程、计算机科学与技术四个专业学生。河北工业大学与拉赫蒂应用科学大学双学位合作项目将采用"2+1+1"模式,即双学位学生第一、二、四学年在河北工业大学进行学习,第三学年到拉赫蒂应用技术大学进行学习。该校廊坊分校与拉赫蒂应用技术大学将围绕校企合作需求,共同开发课程和特色专业建设,推动校企间科研成果转化及创新合作,共同建立"中芬创新能力发展中心",为京津冀区域提供创新智力支撑和咨询服务。双方还将共同筹建"拉赫蒂应用技术大学中国校区"。

据悉,拉彭兰塔工业大学在模式识别与人工智能、信息及通信技术、林业、电气工程、能源、经济学等方面具有很强的科研实力。拉赫蒂应用科学大学是一所以应用实践为教研方向和目标的应用科学大学,下辖商务研究学院、设计学院、技术学院等八个学院,包装设计专业排名居全球第一。

记者周洪松　通讯员屠琼芳(中国教育新闻网,2020 年 5 月 31 日)

三人考场 守候佳音

"叶丹,我们还是不能听到你的声音,但请你别慌,如果可以听见我说话,请向我展示 OK 的手势,我们马上电话联系你。"在考场助理的协助下,经历三次暂缓并重新入场,考官们终于听到了考生张叶丹的声音,在评委们的掌声鼓励下,张叶丹顺利完成了本场面试,流下了激动的泪水,考场的全程录像记录下这温情的一幕。

近日,河北工业大学 2020 年硕士研究生招生网络远程复试工作正式启动并顺利进行,来自全国各地的近 4000 名考生参加了网络远程面试。马克思主义理论专业硕士研究生招生网络远程综合面试考场如期启动并顺利进行,一名考生突发的设备故障却打破了平静。考官们在远程面试复试系统邀请下一位考生入场,考生在完成在线人脸、人证识别以及信息对比进入考场后,考试平台只能看到考生影像,却无法听到她的声音,经过 3 分钟的调试,问题依然没有解决,考生的紧张感逐渐增加。考场助理在学院考务组的配合下,第一时间拨通了该考生电话,一面安抚她的情绪,一面帮她查找可能存在的问题并提供解决方案,在问题依然没有解决的情况下,考场助理告诉叶丹先暂缓她的考试进程,待下一名考生面试结束后再次邀请她入场。再次邀请,听不到声音,又一次邀请,依然听不到声音。在这个过程中,考务组教师始终和该考生保持联系,嘱咐她认真回顾本次设置与测试时有何不同,静下心来做调整。在第三次邀请她进入考场时,考官们终于听到了她的声音。叶丹一度哽咽,无法讲话,在场的面试教师不约而同地为她鼓掌,帮助她尽快恢复状态、提振信心。在素未谋面的老师们的鼓励下,考生张叶丹顺利地完成了本场面试。

据了解,考生张叶丹和张梦丹为双胞胎姐妹,来自山西晋中,不算富足的家庭环境促使姐妹二人从小在学习上就互相较劲。2016 年,姐妹考上了不同学校的相同专业——思想政治教育专业,经过四年的努力同时选择继续深造,同时选择报考河北工业大学马克思主义学院马克思主义理论专业,一起到河北工大读书既是姐妹俩的梦想,更是父母的期待。目前,姐妹二人都已经顺利完成面试,成功进入该专业录取名单中。叶丹心里充满了对面试评委们的感谢,她说:"我当时真的慌到心跳加速,如果不是老师们的及时沟通和鼓励,真的没法顺利完成面试,感谢素未谋面的老师们,我一定学好专业。"

因为疫情的特殊原因,今年河北工业大学研究生招生网络远程复试显得与众不同。为确保网络远程复试工作顺利进行,河北工业大学制定了 2020 年硕士研究生复试工作方案并进行了周密部署,各学院分别成立了复试工作领导小组,制定了结合本院实际情况的研究生招生复试、录取工作办法。前期各学院通过线上线下会议完成了多次流程培训,同时也面向全体复试考生进行了多轮系统设备测试,及时倾听和解决考生问题,及时总结并形成预案,切实掌握每一名考生的软硬件设备准备情况,确保每一位考生在复试前熟练掌握复试平台,了解注意事项,真正将以考生为中心的理念落实到每个工作细节。

霍占良(津云,2020 年 5 月 31 日)

河北工业大学与华为合作建设智慧校园

本网讯　以5G、人工智能、云计算、物联网、大数据等为代表的新技术革命,给教育特别是高等教育带来了前所未有的挑战和机遇,数据已成为高校的核心资源。高校通过信息化建设,推进智慧教育,提升发展能力,提高核心竞争力迫在眉睫。

6月5日上午,河北工业大学在天津北辰校区机材楼报告厅隆重举行智慧校园建设启动会暨"智慧河工"项目发布仪式。河北工业大学正式启动智慧校园三年规划建设,携手华为面向社会发布"智慧河工"解决方案。河北工业大学与华为探索校企联合的新模式,提升产学研深入合作,建立与国家体系现代化契合的高校治理体系,推动河北工业大学向"智慧大学"迈进,实现"智慧教育",打造高校"智慧校园"示范样板。

河北省教育厅副厅长张春生,河北省工信厅总工程师纪永健、河北省委网信办处长魏万江,天津市教委网信处一级调研员左卫,天津市委网信办信息化处副处长王岩,华为中国区副总裁强华,华为天津总经理许超,华为中国政企教育业务部总经理曾伟经,华为天津政企业务部总经理江文淼,华为中国政企行业解决方案部长徐建峰,河北工业大学校党委书记李强,河北工业大学校党委副书记、校长韩旭及师生代表出席。发布仪式由韩旭主持。

2019年6月5日,河北工业大学与华为签订战略合作协议。双方一年来在校园基础设施建设、举办创新应用沙龙、开展智能创新训练营、签订智慧供暖合作协议、成立河北工大—华为ICT学院、联合申报国家级金课和国家一流本科专业认证等方面开展了全面合作。

此次通过与华为合作建设智慧校园,河北工业大学将提升校园治理效能和师生服务满意度,推进人才培养、科技创新与新一代信息技术融合发展,加速建设国际一流学科这一目标实现。

李强代表河北工业大学致欢迎辞。他指出,河北工业大学与华为顺应时代疾驰,把握发展大势,"智慧河工"项目应运而生,"智慧河工"必将带动更多的智慧和能量,赋予学校治理以新内涵、新动力,推动学校实现治理体系和治理能力的现代化。

华为中国区副总裁强华希望开展智慧校园建设背景下的人才培养、学科建设与成果转化推广,最终与河北工业大学建成具有鲜明工学并举特色的全国高水平智慧大学,并在项目建设过程中构建校园生态体系、提升成果转化能力,与华为一同向全国的高校、园区、城市进行推广,将此建成双方共赢的合作典范。

河北省教育厅副厅长张春生代表河北省教育厅,对河北工业大学智慧校园建设启动暨"智慧河工"项目发布表示热烈的祝贺。他说,新冠疫情发生以来,教育的信息化引人关注。此次华为公司与河北工业大学的合作,是信息科技与高等教育深度融合的现实举措,是实现高等教育信息化、智慧化的有益探索,预祝河北工业大学智慧校园建设早结硕果。

韩旭总结说,河北工业大学将紧紧抓住新一轮技术革命的机遇,携手华为,以"智慧河工"项目建设为契机,拓宽合作领域、深化务实合作,引领网络化、数字化、智能化建设方向,智慧与科技赋能百年学府,共同推进信息化产业发展和智慧校园建设,在奔涌向前的时代巨潮中厚积薄发,续写新的荣耀与辉煌。

根据建设规划,到2022年,河北工业大学将初步建成智慧化校园支撑体系和具有工大特色的智慧校园基础平台和主要应用:治理现代化体系基本形成,治理能力和效能明显提高,以数据为核心、以智慧运维中心为抓手、以平台为使能的数据驱动业务和流程变革成效显现,以数据为依据的科学决策体系和现代化治理体系基本形成;业务活动、业务流程全面数字化转型,数据全共享、系统场景化集成、业务全在线办理,建设形成一流人才培养智慧教学环境,处处能学、时时可学;智能感知的全联接网络建成,平台+生态建设成效显现,学校的校园网、互联网、物联网、5G融合专网全覆盖、全融合,人、车、物智能感知全联接,智慧校园持续快速发展的生态建成。

与会嘉宾还参观了大学科技园、电子信息工程学院、图书馆、信息安全与技术服务中心、3D打印赵州桥。

通讯员屠琼芳(《中国教育报》《河北日报》《天津日报》、人民网、科学网、津云,2020年6月6日)

唯愿此生长报国

——记河北工业大学微电子技术与材料研究所所长刘玉岭

"北京生产线那边打来电话,调整后的参数您看是不是可行""这个单子需要您签下字""下午的研讨会跟您再确定下几点出发"……健步如飞走在前面,几个年轻人小跑追在身后,这是刘玉岭的日常状态。77 岁的他,如今依然担任河北工业大学微电子技术与材料研究所所长。

从 1974 年投入到微电子行业技术研究开始,40 多年来,刘玉岭坚守在产学研第一线,建立了化学机械平坦化(CMP)动力学理论,开创了以化学作用为主的碱性 CMP 技术路线,解决了集成电路(IC)发展的平坦化技术难题。5 次获得国家技术发明奖,27 次获得省部级技术发明及科技进步奖,65 项国家发明专利授权、6 项美国专利授权……

走出书房　深入厂房

每年带研究生,每周坐火车往返于北京生产一线和河北工业大学,每天都要听课题汇报。本该是颐养天年的时候,刘玉岭却总是忙个不停。

"生产一线,永远都会有待解的难题。"刘玉岭常常这样告诉自己的学生。作为科研人员,为什么要如此关注改进生产工艺?"刚入行时,在车间解决的一次难题,让我意识到了实践应用的重要。"刘玉岭说。

1974 年,毕业于南开大学的刘玉岭被调到河北工学院(河北工业大学前身)半导体材料研究所工作。当时,我国微电子行业相对于世界先进水平还落后很多,为取得技术突破,天津市专门组织了攻克集成电路生产的大会战,作为技术骨干的刘玉岭积极参与其中。

会战中碰到的一大难题让大家十分困扰:集成电路符合要求的硅单晶衬底在测试时显示很好,可一旦应用到集成电路的器件生产中,缺陷率就会几十倍甚至上千倍地增加。

"搞科学研究,不就是要不断地发现问题、解决问题吗?"难题反而激发了刘玉岭的探索热情。

他来到天津一家微电子生产厂家,想让工人传授生产一线的门道。"为了取得工人师傅的信任,我主动接近他们,给师傅们打水、扫地,帮着干杂活儿。"一年时间,刘玉岭天天往车间跑,不仅掌握了整个生产工艺,还发现了工厂生产过程中一个很重要的问题。

"有一个环节,需要把集成电路原件从室内温度瞬间加热到1200℃,之后又需要从1200℃降到室温。"刘玉岭认为,就是这个忽冷忽热过程造成了硅单晶的缺陷。

经过反复试验,刘玉岭印证了问题产生的根源。很快,他帮着工人师傅调整了生产环节,缺陷率得到控制,成品率明显提高。

这次成功解决生产一线的问题,让刘玉岭意识到,科研不是关起门来做研究,必须走出书房、深入厂房、接上地气。

从硅、玻璃到蓝宝石等人工晶体加工,从微电子公司技术应用到神舟系列飞船专用集成电路……"发明创造要讲实用性,坚持厂校合作、产学结合,才能对科研和生产都有帮助。"把握住了这个方向,刘玉岭带领他的团队不断取得突破。

没有最好　只有更好

在微电子研究所二楼的会议室陈列柜上,摆放着60多张发明证书和奖励证明。

"这些研究成果,您最看重哪个?"面对记者提问,刘玉岭笑着摆摆手。

"成果都是过去的了,现有的材料、现有的技术,都不是最好的,创新是无止境的。"

没有最好,只有更好——这是刘玉岭的理念,更是他的坚持。

"我国是世界上最大的集成电路产品应用市场,但长期以来,核心技术都掌握在别人手里。"刘玉岭看在眼里,急在心上。

为了尽早摆脱受制于人的状况,国家设立了"极大规模集成电路制造装备及成套工艺"重大专项,集中科研力量进行自主攻关。2009年,经国务院批准,河北工业大学作为牵头单位承担了这个项目,刘玉岭成为项目组带头人。

"我们所能做的就是尽早取得科研成果,摆脱技术发达国家的制约,在国防和经济建设中尽快发挥重大作用。"在立项时,刘玉岭这样说。

一个5mm×5mm的主流芯片里面有数十亿个元器件,而每条导线直径只有65纳米,相当于人发丝直径的千分之一。如何用这么细的导线将诸多元器件连在一起并稳定发挥作用,是世界公认的技术难题。

项目启动时,刘玉岭带领团队确定了不同于国外的技术路线、研究方法和材料材质。"随着微电子技术的进一步发展,国际上常用的酸性CMP技术显现出多项亟待解决的技术难题。"刘玉岭说,"针对这一情况,我们采用了具有自主知识产权的碱性化学机械抛光技术。"

事实上,一些发达国家也曾关注过碱性路线,但由于铜在化学活动顺序表中是氢后金属,在碱性条件下的产物氧化铜、氢氧化铜等不溶于水,这条路一度被认为走不通。

果不其然,在立项评审时,有专家提出:"目前国际上用的都是酸性,你用碱性的,行吗?"在质疑声中,刘玉岭和他的团队开始了四年的研究。

"研究的过程并不顺利,发现问题我们常常熬通宵解决。"刘玉岭说。

"原始创新,技术先进,适于工业应用。"2012年12月26日,项目以优异的成绩通过验收。至今他还记得当初质疑的那位专家在验收时说的话:"刘教授,你兑现了立项时的承诺啊!"

多做一点　再做一点

"项目通过评审只是迈出的一小步,将02重大专项一期平坦化项目完成国产化替代,才是我想要实现的梦想。"刘玉岭说,此项目的顺利实施,可以解决我国高端集成电路核心材料的国产化,打破国外的技术制约。

2017年6月,刘玉岭主动找到了我国最先进的集成电路制造公司——中芯国际集成电路制造(北京)有限公司,开始在这家企业进行抛光液产品的产业化生产线验证。

这段时间,刘玉岭过起了京津之间的"双城生活":"周一坐火车赶到北京,一线很多事情等着我;周五晚上要回来,学生在等着我。"

在学校时,早晨8时一过,就会有六七名学生围坐在刘玉岭的办公室里。"第一件事就是听学生汇报,遇到问题及时解决。"刘玉岭说,他和学生联系很紧密,即便在楼道里碰上，也会问一下研究情况。

"作为工科院校的老师，要培养学生爱国主义精神和创新精神，用实业报国。"早在 1993 年，刘玉岭就出版了创新教育著作《实用发明创造工程学》，作为选修课程教材培养学生创新能力。

"刘老师每天工作时间比我们都长，走路比我们都快。"河北工业大学信息工程学院老师、微电子研究所副研究员何彦刚，2010 年加入刘玉岭的团队。他告诉记者，跟着刘玉岭出差，议程一结束，他就要求团队改签车票，即刻赶回学校里。"我们劝他多休息，他总说学校还有事情。"

2013 年初，在国家 02 重大专项年度总结会上，河北工业大学项目团队被评为优秀团队，在 138 个团队中，仅有 5 个获此殊荣。复旦大学是该项目的校外合作者之一，对刘玉岭团队有很高的评价："和他们一起合作，结果是一加一大于三。"

"每看到一项新的成果，我分析它的先进性之后再深入分析还有哪些不完善的地方，然后自己想尽办法去解决问题。"刘玉岭不仅自己这样做，还要求自己的学生必须接近世界技术前沿，去发现问题并通过研究找到解决的办法。如今，刘玉岭培养的硕士、博士已经有 100 多名。

眼下，刘玉岭带领他的团队正在进行 02 重大专项二期项目"20-14nm 集成电路碱性抛光液与清洗液"的研发。"能一直为国家做事，我觉得很踏实。"刘玉岭说。

见习记者桑珊（河北学习平台，2020 年 6 月 7 日）

河北工业大学与新疆科技学院签署对口支援协议

6月8日下午,河北工业大学党委副书记、校长韩旭与新疆科技学院党委副书记、院长姜锡明共同签署了2020-2022对口支援协议。新疆巴州党委副书记徐付军,政协副主席杨玲,巴州党委副秘书长、新疆科技学院党委副书记樊爱琴,学校党委书记李强,校党委常委、副校长赵斌等出席签约仪式,并就校地合作进行了深入交流。签约仪式由赵斌主持。

李强首先代表学校欢迎新疆的各位嘉宾,并简要介绍了学校的基本情况。他表示,河北工业大学高度重视对新疆巴州的援建工作,双方有着良好的合作基础,为了新疆及巴州的高等教育发展,河北工业大学一定会全力以赴,不遗余力。

徐付军介绍了巴州的基本情况。巴音郭楞蒙古自治州地处新疆东南部,面积47.15万平方公里,人口180余万,历史悠久,资源丰富。他代表巴州党委对河北工业大学一直以来的无私支持表示了衷心感谢,希望此次合作能再结硕果。

姜锡明介绍了新疆科技学院的情况。新疆科技学院原为新疆财经大学商务学院,2019年12月更名为新疆科技学院,更名后将工科作为主要发展方向,希望能够学习河北工业大学的工科特别是化工专业特长,弥补空白,培养应用型人才。

两地高校对口支援协议是为了落实《教育部关于进一步推进对口支援西部地区高等学校工作的意见》要求,在巴州党委、人民政府与河北省教育厅签订的高等教育援建协议的基础上达成的。根据协议,两校将在专业建设、师资队伍建设、人才培养、科学研究、学术交流以及图书信息资料和在线课程共享等方面,进行援建和合作,并将定期召开对口支援工作会议,以加强交流,促进共同提高与发展。

巴州党委组织部副部长、州党委机构编制委员会办公室主任张俊杰,巴州党委组织部副部长袁远,巴州教育局党组成员、副局长姚增辉,巴州产教融合服务中心负责人张传河,新疆科技学院党委副书记、副院长王海燕,新疆科技学院规划处副处长衣龙洋,新疆科技学院教务处副处长李妍,河北省第九批援疆工作前方指挥部工作人员,学校科学技术研究院、本科生院、化工学院、研究生院及党委组织部等部门负责同志出席了会议。

霍占良(津云,2020年6月10日)

河北工业大学开启创新拔尖学生培育计划

本报讯　近日,河北工业大学首届"拔尖班"开课,标志着该校"创新拔尖学生培育计划"正式启动。

"拔尖班"学生在原专业教育基础上,实施导师制,可跨学院、跨学科"双向选择";采取项目式教学,学生可依据导师建议或自主设计经导师认可的项目在全校范围内(含研究生)自主选课;导师引导学生参与科研团队各项活动,通过各环节锻炼,激发其对科学研究的热情,掌握科学研究方法,提高科研创新能力,使学生可提前进入科研项目实践阶段。

记者周洪松　通讯员霍占良、屠琼芳(《中国教育报》,2020年6月16日)

遴选科研"拔尖人才"

——河北工大 252 名学生成为首批学员

本报讯 河北工业大学近日启动"创新拔尖学生培育计划",依托学校知名专家科研团队和国家级、省部级重点实验室与实验教学示范中心,将高水平科研团队引入本科人才培养体系,搭建培养具有创新精神和能力的拔尖人才的科研平台,引导优秀学生投身科学研究。252 名经过层层选拔的 2018 级学生成为该计划首批学员,他们将融入 78 个教学团队,在 23 个科研平台一展身手。

"这意味着,从大二开始,学有余力的优秀学生在本科阶段就可以跟随重点科研团队,培养科研动手能力,接受系统的科研训练。"河北工业大学本科生院常务副院长马岱介绍,入选该培育计划的学生在原专业教育基础上,实施导师制度,老师和学生可跨学院、跨学科双向选择;采取项目式教学,学生可依据导师建议或自主设计经导师认可的项目在全校范围内(含研究生)自主选课;导师会引导学生参与科研团队的各项活动,通过各环节的锻炼,激发其对科学研究的热情,掌握科学的研究方法,提高科研创新能力。学生通过学校搭建的跨学科平台选择有兴趣或项目需要的课程进行学习,自主立项或参与导师科研项目,提前进入科研项目实践阶段。

在科研训练期间表现突出的学生,经导师推荐,可以提前进入毕业设计阶段。取得优异成果的学生可优先获得研究生推免以及直接推荐攻读该校博士研究生资格,并有机会参加国际学术交流和进修。该培育计划也将通过课程与思政的有机结合,全面加强学生思想政治素养。学校还设立拔尖计划专项奖学金,对每年表现优异的学生进行奖励。

记者姜凝(《天津日报》,2020 年 6 月 22 日)

创新帮扶理念　提升乡风文明

他们始终牢记共产党员的初心和使命,踏实工作、敬业奉献,心中永远充满阳光、脚下永远充满力量。他们用脚步丈量民情,用良心换得民心,用行动阐释了共产党员的真心和真情。他们就是河北工业大学驻黄花店镇鱼市庄村帮扶组。

自2017年8月,河北工业大学帮扶组入驻鱼市庄村以来,他们与村民同吃同住、走访民情、帮贫解困,把各项惠民政策送到了村民家中。他们紧紧围绕党的十九大报告中产业兴旺、生态宜居、乡风文明、治理有效、生活富裕的总要求,确定以乡风文明建设为工作抓手,全力促进乡村振兴的工作思路,不断繁荣乡村文化,全面提升乡风文明建设,以文化振兴助推乡村振兴。他们以创评"文明村镇""五好党支部"为契机,进一步夯实党建基础,提升服务功能,全面规范党组织建设,加强组织领导,建立村民代表大会等民主协商机制,发挥村务理事会、村务监督委员会、红白理事会、妇联等作用,规范村级权力阳光运行。以"三会一课"为依托,以"党员活动日"为重点,落实"一名党员联万户"制度,并开展党员志愿服务活动,建立健全"党员带头行,引领群众干"机制,积极引领党员在创建工作中发挥模范带头作用。

帮扶组通过大量细致的前期调研学习,意识到建立村民信息数据库对于乡村治理有着极为高效便捷和科学化管理的重要性。经过一年的努力,他们建立并逐步完善村民信息数据库,实现村民信息科学化管理。准确掌握低收入家庭人员结构、住房、生产资源、经济来源、生活环境等情况,优化村委会工作流程,在村委会选举、土地确权、医疗保险收取、退伍军人登记、农村煤改电等工作中起到了重要作用,大大提高工作效率和服务效能。同时,帮扶组充分发挥高校在智力帮扶、科技帮扶、资源帮扶等方面的优势,遵照"宜工则工、宜农则农、宜商则商"的帮扶思路,制定"一镇一业"鱼市庄村工农业库房建设方案并顺利完成,建成后用于库房出租,每年增加村集体经济收入20万元,增强村集体的"自我造血"功能,提高村级组织服务群众能力,为乡风文明建设提供经费保证。

张洛宁,张培香(《天津日报》,2020年7月24日)

河北工大"赵州桥"成功挑战吉尼斯世界纪录

7月21日,河北工业大学装配式混凝土3D打印赵州桥,成功挑战吉尼斯世界纪录,获"最长的3D打印桥"认证。吉尼斯认证官吴晓红女士为纪录创造者、该校马国伟教授团队颁发认证证书。

按照《纪录挑战规则》,吴晓红仔细查阅了该桥的规划方案、设计图纸、施工建造过程资料、3D打印材料配制和用量等技术资料,听取了两位第三方见证人的陈述意见,全程参与了具有测绘勘察资质的工程师的现场测量过程,确认流程规范、合理,并确认最终测量结果,宣布该桥的实测桥长28.10米,净跨径为17.94米,"2020年7月21日,最长的3D打印桥吉尼斯世界纪录称号由河北工业大学马国伟教授在中国天津挑战成功",并为团队负责人马国伟教授颁发吉尼斯纪录证书。

"除了建造技术的成熟和指标参数的严谨,我们在桥梁设计上特别强调文化回归。"马国伟说,这座建在校园的桥梁,以河北赵县赵州桥为原型,配以河北工业大学桃花堤的"桃花"纹样,是对河北工业大学厚重历史,更是对"河北文化"的致敬。

作为吉尼斯世界纪录认证官,吴晓红说,在认证过程中,她从专家证人那里了解到,这座桥梁净跨径17.94米,建造难度很高。该桥的3D打印技术和其他建造技术,都处于世界领先水平。"这是令我们中国人感到骄傲的一座桥!"

据悉,该桥于2019年10月13日,在河北工业大学北辰校区落成。

建造过程中,该桥应用了BIM虚拟仿真技术、特种水泥基纤维增韧复合材料、体外拉索预应力技术、智能传感技术、物联网云平台健康监测系统等,充分实现了设计新型化、材料功能化、施工虚拟化、装配模块化以及监测智能化的智能建造。

通讯员屠琼芳(新华社、《人民日报》《中国青年报》《河北日报》《天津日报》凤凰新闻、科学网、东方网,2020年8月1日)

河北工业大学芬兰校区招收首批学生

从河北工业大学获悉,该校今年新建芬兰校区,开设机械设计制造及其自动化、电气工程及其自动化、能源与动力工程、计算机科学与技术 4 个本科专业,该校区自 2020 年起通过普通高等学校招生全国统一考试招收中国学生,计划每个专业招收中国学生 30 人,总计 120 人;同时面向全校选拔优秀学生进入该校区学习。

(《天津日报》,2020 年 8 月 1 日)

河北工业大学亚利桑那工业学院成立

本报讯 由河北工业大学与美国亚利桑那大学联合申报的中外合作办学机构——河北工业大学亚利桑那工业学院日前获批成立。

根据教育部批文,亚利桑那工业学院招生纳入国家普通高等学校招生计划,由河北工业大学通过招生计划增量安排,按照国家普通高校招生录取政策规定执行,计划于2021年招生。该学院将开设应用物理学、材料物理、机械设计制造及自动化三个本科专业,每年每专业招收本科生100人,总规模为1200人。学院采用双学位培养模式,学生完成规定学业后,可获得河北工业大学本科毕业证、学士学位证,以及美国亚利桑那大学相应的学士学位证书。

记者姜凝(《天津日报》,2020年8月7日)

河北工业大学成功研制多功能广谱材料

日前,河北工业大学生物物理研究所成功研制一种新兴多功能广谱材料。该材料可有效抑制包括新冠病毒在内的多种病毒,是一种集病毒消杀、灭菌、除霾于一身的光动力响应智能高分子材料。

"此次设计开发的具有光化学治疗功能的共轭聚合物,是利用高分子材料敏化空气中的氧气产生能够杀伤病毒物质的性质,实现对病毒、细菌的杀伤的。"学校生物物理研究所邢成芬教授说,"这种通过光化学方法杀伤病菌的方法,可以从分子水平上避免病毒、细菌产生抗药性。"

此外,该材料还能利用高分子材料与 PM2.5 表面微生物、挥发性有机化合物和重金属的强烈结合作用,实现对 PM2.5 的有效消除,"避免二次扬尘的出现"。

据悉,学校生物物理研究所邢成芬教授团队长期致力于光动力响应智能高分子材料的研究,已发表多篇高水平学术论文,具有良好的研究基础。该团队自 2014 年启动对智能高分子材料的抗菌和功能调控的应用研究,设计制备了一系列基于光动力响应的智能高分子复合材料,利用光照和生物发光共振能量转移过程,实现对病原菌的高效杀伤,和 PM2.5 的有效消除。

去年岁末,新冠肺炎(COVID-19)疫情在全球大范围流行,成为近一个世纪以来对世界影响最大的传染病之一。疫情发生后,学校生物物理研究所积极响应习近平总书记"人类同疾病较量最有力的武器就是科学技术,人类战胜大灾大疫离不开科学发展和技术创新。"的指示精神,于 1 月 24 日,成立了由展永教授任组长,邢成芬教授、安海龙教授任副组长,多名青年教师组成的攻关团队,放弃假期休息,进行集智攻关,开展该智能高分子材料抗病毒活性的研究工作。

考虑到时间紧迫性,团队采用两步走的策略检测抗病毒活性。1 月 27 日,第一批检测样品送达中国科学院微生物研究所。经过紧张有序的实验验证,该材料对甲型流感病毒具有高效的杀伤效果,消杀甲型流感病毒半数有效浓度值为 1.67μg/mL。4 月 3 日,第二批样品送达中国疾病预防控制中心病毒病预防控制所,病毒病所抗病毒活性检测实验表明,该材料在较低浓度下对新冠病毒具有100%的消杀能力,其半数有效浓度值为 0.58μg/mL。

在科研团队紧张有序开展科研研究的同时,生物物理研究所展永教授、安海龙教授积极推进该成果落地转化工作,促进其早日施惠于民,目前该项成果转化工作正在有序推进中。成功转化后,相关产品可成为一种广谱、高效、安全、环保的净化产品,可广泛应用于空气消杀、无菌医疗环境消毒、食品加工等行业,推动口罩、空气滤芯、防护服等产品的升级换代。

霍占良(津云,2020 年 8 月 14 日)

河北工大学子获全国大学生
化工设计竞赛一等奖

近日,2020年"东华科技杯"第十四届全国大学生化工设计竞赛全国总决赛(线上比赛)圆满落幕。河北工业大学"万象更新"代表队"上海石化年产18万吨异戊二烯项目"荣获全国一等奖。这也是该校连续八年获此佳绩。

全国大学生化工设计竞赛由中国化工学会、中国化工教育协会、教育部高等学校化工类专业教学指导委员会主办。竞赛面向全国高等院校化工类专业大学生,统一题目,包含设计作品展示与现场答辩等环节,旨在多方面培养大学生的创新思维和工程技能,培养团队协作精神,增强大学生的工程设计与实践能力,实践"卓越工程师教育培养计划"。该竞赛目前已举办十四届,是国内化工类级别最高、参赛队伍最多、影响最大的全国A类本科赛事。

本届大赛设计题目为"为某大型化工企业设计一座分厂,以碳五烷烃为原料制备非燃料用途的化工产品。相对该领域的现有生产技术,要求技术提升达到《中国制造2025》中提出的绿色发展2025年指标"。大赛自3月启动以来,共吸引全国367所高校的2323支队伍报名参赛。经过东北、华北、西北、西南、华东、华中、华南七个赛区激烈角逐,最终来自浙江大学、湖南大学、天津大学、河北工业大学等60支优秀队伍进入全国总决赛。

据了解,总决赛全程采用线上答辩模式。60支参赛团队分为6组,经过预赛、复赛两轮酣战决胜10000余人通过网络直播参加。河北工业大学"万象更新"代表队成员朱国梁、杨林海、刘冰冰、刘思华、毛悦在指导教师李春利、王洪海、张文林、方静、齐俊杰的指导下,以优秀的设计作品"上海石化年产18万吨异戊二烯项目"和精彩的答辩脱颖而出,摘取全国总决赛一等奖奖牌。

高长安、屠琼芳、张天晨(《中国科学报》,2020年8月29日)

河北工业大学国家"双一流"建设
周期成效获评估专家组肯定

河北共产党员网讯 2020年9月6日,河北工业大学召开国家"双一流"建设周期总结评估工作会。由中国工程院李培根院士担任组长,中国工程院邓宗全院士,中国科学院郭万林院士、贾振元院士、王秋良院士为成员的专家组对该校国家"双一流"建设进行了周期评估和指导。河北省教育厅二级巡视员侯建国,河北省教育厅高教处二级调研员高明,校领导李强、韩旭、段国林、李铁军、郎利影、胡宁及相关单位、部门负责人出席会议。

专家组一行先后考察了省部共建电工装备可靠性与智能化国家重点实验室、先进材料与分析测试中心,参观了校史馆,随后在国家技术创新方法与实施工具工程技术研究中心召开工作会议。

河北工业大学党委书记李强指出,自"双一流"建设以来,学校不断优化学科布局,提升科研实力和人才培养水平,主动融入天津,积极服务河北,努力实现世界一流。他希望专家组对学校"双一流"建设开出良方,通过这次评估查漏补缺,努力使学校"双一流"建设取得更好的成效。

省教育厅侯建国巡视员在发言中表示,各位专家的建议对学校、对河北高等教育今后的健康可持续发展意义重大,希望各位专家对学校和学科建设进行全面严格的评估,提出宝贵意见和建议。同时,希望学校能以这次评估为契机,进一步深化体制机制改革,努力把学校各项工作推上一个新的台阶。

经过讨论和评审,专家组一致认为:经过该校师生的共同努力,河北工业大学国家"双一流"建设实现了预定的建设目标,符合度好,达成度高,顺利完成了"双一流"周期建设任务,并进一步形成了评估意见。

记者张阳 通讯员屠琼芳(河北共产党员网,2020年9月6日)

大学中学同备一堂思政课

河北日报讯　新学期伊始,如何上好第一堂思政课? 河北工业大学马克思主义学院的思政课教师们利用本校的优势资源,与附属红桥中学的思政课教师们同备一堂课,通过了解大学生的中学历史基础,有的放矢地准备开学第一堂课,力争将思政课真正上到学生的心坎里。

马克思主义学院近现代史纲要教研室主任高京平教授以"把握'四史'的价值意蕴,加强理想信念"为题首先作专题示范课。高京平从准确把握"四史"的本质和特征、深刻把握"四史"的价值意蕴及学习"四史"的原则和方法等三个方面详细阐述了"四史"学习的重要意义。

大学、中学老师们结合高老师的示范课和"四史"学习体会,围绕如何在大中小学循序渐进、螺旋上升地讲好新学期第一堂思政课展开讨论。河北工业大学附属红桥中学高中政治学科带头人吴怡萌介绍了高中思政课改革情况,分析了高中思政课现状和面临的新问题,她说,"大中小德育课程终极目标是一致的,从教学目标的确定到教学内容的选择、从教学方式的应用、问题的设计等都必须从学生实际出发,从学生的真实需求出发。"马克思主义学院青年教师姜汪维结合教学实际指出,"在具体教学中,初中学生应侧重从情感认同的角度切入,高中学生则应侧重从政治认同的角度切入。学校'四史'教育的重点是历史观的教育,我们要培养学生正确的历史思维、宽广的历史视野,懂得历史的真实需要理论思维才能正确把握。"半天时间,老师们围绕如何实现思政课一体化建设、促进思政学科教师队伍的建设与发展,如何上好思政课、发挥思政课立德树人和铸魂育人的重要功能等内容进行了深入的探讨与交流。

"听了高中老师的介绍,我们心里有底了,我们有信心讲好开学第一堂课思政课,大中小思政课一体化建设意义重大。"马克思主义学院思想道德修养与法律基础教研室主任张彬在集体备课后感受收获颇丰。

河北工业大学党委高度重视大中小思政课一体化建设,依托河北工业大学现有的资源优势,积极推进马克思主义学院与附属北辰和红桥中小学签订思政课一体化共建协议,确立了河北工业大学大中小思政课一体化建设的整体架构。学校以百年校史和校情对标党情、国情、教情,谋划构建开放共融的"大思政"格局,推进"三全"育人,将"勤慎公忠"的校训精神、"兴工报国"的办学传统以及"工学并举"的办学特色作为立德树人的优秀资源和重要法宝贯穿人才培养全过程,打造基于校史文化资源转化和融入的浸润式思政课育人模式。河工大党委宣传部常务副部长赵庚说,"思政课是一项有情怀的事业,有情怀的事业需要有情怀的人来做,一体化建设将更多有情怀的人凝聚在一起,相信这必将是一种化合作用,最终受益学生。为此,我们将持续探索。"

通讯员闫涵　记者马利(《河北日报》,2020 年 9 月 11 日)

追寻校友李叔同的师德风范

——河北工大与李叔同故居纪念馆开展合作

9月10日,在第36个教师节到来之际,河北工业大学与李叔同故居纪念馆展开合作,共建爱国主义教育基地、优秀传统文化教育实践基地,联合举办"贤者为师——李叔同执教生涯展","叔同剧社"冠名仪式同时举行。李叔同先生嫡孙女李莉娟女士,天津博物馆党委副书记张玲,天津博物馆副馆长兼李叔同故居纪念馆馆长沈岩,李叔同故居纪念馆党支部书记、副馆长田家馨,校党委副书记贺立军出席仪式。仪式由河北工大校党委宣传部常务副部长赵庚主持。

根据共建协议,双方将利用优势资源,进一步挖掘和提炼李叔同的人文精神;定期举办座谈会、交流会、文化沙龙、讲座、报告会等主题师生文化交流活动;还将继续联办文化展览,共同开展形式多样的交流活动;排演话剧、舞台剧,开发设计具有鲜明特色和文化的文创产品,不断创新文化载体、丰富文化成果、拓宽合作领域,加强爱国主义教育和传统文化教育的实效。

贺立军指出,1911年李叔同来到河北工业大学任教,成为图绘教员,开启了自己的执教生涯,与工大结下深厚渊源。此次河北工业大学与李叔同故居纪念馆共建爱国主义教育基地,将为师生打造一个接受爱国主义教育和优秀传统文化教育的重要平台,有助于激发师生爱国热情、培育民族精神,提升学校文化内涵与品位,为叔同剧社冠名也成为馆校携手共促传承的有益尝试,有助于进一步丰富学校原创文化成果。

张玲指出,河北工业大学有着深厚的历史文化积淀和底蕴。作为该校教员,李叔同先生曾在此积极践行"先器识而后文艺"的教育理念,广泛传播"美育"思想,为我国早期艺术教育进行大胆尝试和主动探索,做出了卓越贡献。天津博物馆、李叔同故居纪念馆将与学校方面齐心协力,厚植爱国主义情怀,涵育全面发展素养,激发创新创造热情,为培养担当民族复兴大任的新时代青年而不懈努力。

　　李莉娟指出，祖父虽然在直隶高等工业学堂任图案教员任教时间不长，但为以后从事教育事业并培养众多优秀艺术人才奠定了基础。祖父重视品德教育，身教重于言教，推动爱国教育，创作了多首爱国歌曲，《祖国歌》等都曾被广泛传唱。祖父认为，"教书"是手段，"育人"是目的，不能把"教书"单纯当成传递知识输送知识的过程，而应该成为诱导"做人第一"的价值取向。这些宝贵的精神财富，值得今人宣传和弘扬。

　　张玲与贺立军为共建爱国主义教育基地、优秀传统文化教育实践基地揭牌，沈岩与校艺术团话剧社负责人孙志虹为"叔同剧社"揭牌。

　　仪式结束后，李叔同纪念馆的刘剑老师作《月照千潭之三潭印月——李叔同先生的师德风范》报告。通过讲述与学生刘质平、丰子恺的交往经历，展现了李叔同非凡的教育之路。李叔同以高尚的品格、精湛的艺术、渊博的学识和认真严谨、甘为人梯的师德风范，开启了中国近代艺术教育的新局面，为中国近代教育画上了浓墨重彩的一笔。他"凡事认真、勇猛精进"的精神也一直在影响着世人。

　　　　　通讯员于天晨、闫涵、屠琼芳(《河北青年报》,2020 年 9 月 11 日)

山乡水泉"第八组"村民

——河工师生二十年青春坚守

"跟团队一起走访大山深处的孩子,看到他们渴求知识的眼睛和治愈一切的天真笑容,我更加深刻地理解了学院二十年传承帮扶的意义。"河北工业大学机械工程学院情系水泉"社会实践服务团成员张泽智在日志中这样写道。

水泉村是国家扶贫开发重点村,位于河北省围场县腰站乡,地处大山深处,交通不便,经济发展相对落后。全村下辖七个村民组,284 户 1010 人相对集中于两山三谷中,将七组走遍,翻山越谷半天不足。

农作物种植为当地农民的主要收入来源,因都是山坡地,无法实现机械化,无水浇地,靠天吃饭,村位置海拔较高,作物每年只能种植一季,家庭年收入不过万元。水泉村只设有幼儿园,孩子们上学要到十几里之外的清泉小学,就学条件十分艰苦,教育资源相对匮乏。

为响应"三下乡"社会实践活动的号召,河北工业大学机械工程学院于 2001 年在水泉村建立实践基地,至今已连续 20 年开展社会实践活动。"情系水泉"社会实践活动以引导和帮助学生在实践中"知省情、爱家乡、受教育、长才干、作贡献"为目标,以帮扶贫困山区学生为主要内容,通过多种形式的资助与活动,帮助他们求学,圆他们的大学之梦。

党的十八大以来,为响应以精准扶贫为中心的脱贫攻坚战略,河北工业大学师生发挥学科专业优势,启动"科技惠农服务工程",为水泉村村民研制适应山区地形的经济适用型农用机械,如大葱培土机、土豆挖掘机等在种植或收获时降低劳动强度的机械,助力精准扶贫,为地方经济建设作贡献。2020 是全面建成小康社会、脱贫攻坚决胜之年,我们更应该坚守本心,为水泉村实现全面小康和脱贫攻坚助力。新青年要有对于社会责任的担当,我院学子积极响应"情系水泉"社会实践活动,为了水泉的发展贡献出自己的微薄之力。

教育关爱，精准资助

从 2001 年开始，河北工业大学"情系水泉"社会实践服务团每年暑期深入基地，开展社会实践活动。服务团师生义务辅导功课，深入贫困家庭进行家访，设立"希望"助学金，建立资助档案，长期资助水泉村的贫困学生顺利完成学业。20 年来，"情系水泉"社会实践团累计资助贫困学生 100 余人，累计发放了助学金 50 余万元。服务团为孩子们带来的不仅仅是物质上的支持，更是精神上的关爱与鼓励，他们为山里的孩子打开了一扇窗，让他们眺望山外的风景，激发起"学习改变命运"的斗志。

为了增强大学生的责任感和奉献意识，保证对孩子帮扶的经常化和持久性，2010 年实践团所属的机械工程学院团委启动了"一帮一"结对帮扶项目，即一个团支部精准帮扶一个贫困学生，长期资助直到其大学毕业。

目前，受资助的孩子中已经有 26 人考上了四川大学等院校，考入大学比例远高于周边村镇。

因地制宜，科技扶贫

由于环境影响，水泉村仅有部分作物如大葱、土豆适宜种植，而当前市场上的大葱培土机、土豆挖掘机价格普遍偏高，且不适于山区使用。在开展实践活动的过程中，实践团的师生发现乡亲们在生产生活中有许多困难问题，他们希望能充分发挥机械工程方向的专业优势，把科学研究与社会服务相结合，扎实开展科技支农帮扶，帮助水泉村的乡亲们解决实际生产难题。自 2014 年开始，实践团启动了"科技惠农服务工程"，将"科技惠农"作为精准扶贫的突破口，帮助村民研制适合当地山区作业的经济适用型农业机械，赠送给贫困家庭使用，增加其经济收益。经过多次调研和方案设计、论证，实践团共研制出多款农用机械，在实际使用的过程中也取得了比较好的经济效益。

授人以渔，脱贫致富

实践团师生在实践过程中注重思考脱贫攻坚的方式方法，机械工程学院车辆

C092 团支部在结对帮扶连续资助一名贫困学生 8 年后,该班班长李云鹏认为"授人以鱼,不如授人以渔",于是开拓思路,于 2017 年联合班内同学,在水泉村山脚下投资开办了一家山区养鸡场,培训贫困学生家长相关知识,开展无公害土鸡养殖,帮助村民走上脱贫致富的道路。

最难能可贵的是,20 年来从未间断的社会实践,让学院与水泉村建立了深厚的感情,形成了双方水乳交融、互帮互建的关系。"服务团的到来,影响和改变了村风、教风。二十年来,水泉村民赌博、打架的现象没有了,勤劳致富、邻里和睦的人和事多了;辍学的学生少了,考入大学的学生多了。"原水泉小学胡校长说,"我们早把他们当成了一家人! 他们是我们水泉村的'第八组'村民! 每年村里老小都盼着他们回家!"

二十年来,"情系水泉"社会实践团也连续 19 年被评为河北省、天津市社会实践先进示范队,先后有 50 余名师生被评为省级社会实践先进个人。《河北日报》、中国青年网、承德电视台、围场电视台、《承德日报》《承德晚报》等多家媒体先后对实践事迹进行了宣传报道。

2020 是全面建成小康社会、脱贫攻坚决胜之年,习近平总书记也曾表示"扶贫先扶志,扶贫必扶智",这便说明在这一进程中,教育不可或缺,它深刻影响着一个家庭、一个民族、一个国家。机械工程学院也一直秉承这一思想,二十年来一直努力帮助水泉村改善教育条件、教育氛围。

二十年的风雨兼程,机械工程学院与水泉共同成长,相信在我们的不懈努力下,机械工程学院和水泉村的感情会越来越深厚、水泉会越来越富强。机械工程学院与水泉也会共创一个又一个艰苦奋斗、共同进步的二十年。"情系水泉"我们一直在路上!

(人民号,2020 年 9 月 16 日)

贾庆林亲切接见河北工大校领导

本网讯 9月17日上午,中共中央政治局原常委、全国政协原主席、河北工业大学校友贾庆林在北京亲切接见了该校党委书记李强、校长韩旭、党委副书记贺立军一行。

李强、韩旭代表四万名师生及海内外广大校友向贾庆林表达了美好的祝愿,就"双一流"建设举措和成效进行了汇报。李强说,学校紧紧围绕京津冀协同发展、聚焦冀津经济社会重大需求,坚持"落地冲高"工作思路,在高水平大学建设上迈出新步伐:材料学、化学、工程学3个学科位列 ESI 全球前1%,排名进步较快;高水平人才引育成效凸显,学术贡献度明显提高;扎实推进产教融合,服务社会能力持续增强;人才培养质量不断提升,"课外活动"和"学生成长"在2019年"双一流"建设高校育人质量单项排名中名列前茅;国际交流与合作实现新突破,成为最早在发达国家建设分校的国内高校……总体上说,学校"双一流"建设成效"符合度好""达成度高"。

贾庆林对学校的发展思路给予肯定,对学校取得的成绩表示欣慰。会见期间,贾庆林精神矍铄,谈笑风生,思路敏捷。他满怀深情地回忆起1958年入学后,潘承孝教授带领师生恢复重建河北工学院时的情景,指出117年来学校弘扬"兴工报国"的办学传统,秉承"勤慎公忠"的校训精神,形成"工学并举"的办学特色,培养了一大批卓越人才,为河北省、区域和国家作出了重大贡献。

韩旭围绕"先进装备工程与技术"学科群汇报了学校在智能装备等领域取得的科研成果和服务社会情况。结合高新技术发展趋势,贾庆林认为要重视人工智能、生命科学和纳米技术等领域前沿动态,依靠科技创新解决"卡脖子"问题、掌握具有自主知识产权的核心技术。他指出,实体经济是立国之本,制造业是实体经济的基础,要从教育入手抓好人才培养,理工科大学理所当然地要承担起应有的责任。他希望,学校要在习近平新时代中国特色社会主义思想的指引下,发挥地处天津的区位优势,继续做好"双一流"建设,坚持开门办大学,建设新工科,深化产教融合,为河北省、京津冀乃至国家经济社会发展作出新的更大的贡献。

李强、韩旭代表全校师生和广大校友诚挚邀请贾庆林在合适的时间回母校看看,贾庆林愉快地接受了邀请。

通讯员屠琼芳(河北教育网,2020 年 9 月 18 日)

河北工业大学：大学生有了第二张成绩单

"你应聘的这个岗位需要较强的团队协作能力,你怎么证明?"

参加应聘面试,面对这样的提问,毕业生手里面专业学习成绩单显然不能打动主考官。

而河北工业大学经济管理学院的赵浩却信心十足,因为他还手握一份"第二课堂成绩单"。这张成绩单,记录了他参与专业课堂学习之外各种活动的经历和成果。

"大学生实践服务中心副主席""2018 年天津武清国际马拉松赛事志愿者""天津市优秀青年志愿者""天津市大中专学生志愿者暑期'三下乡'社会实践活动先进个人" "2018—2019 学年省级优秀班干部"……

随着依次展示,面试官脸上逐渐露出笑容,赵浩的求职基本尘埃落定。

早在 2013 年,河北工大就敏锐地抓到了在服务学生成长成才过程中的"痛点",在全国高校中率先启动"团学工作精细化管理",用一份特殊成绩单全面记录学生在校四年的成长轨迹。

2014 年成为团中央学校战线创新试点高校,2016 年成为全国高校"第二课堂成绩单"制度试点;同年,正式在全校实行"第二课堂成绩单"制度……

七年不断探索与实践,目前该校已构建起 "两端三维六面"第二课堂育人模式,即:依托育人质量监控系统、基于微信小程序的手机用户端,以学生组织、活动竞赛、评奖评优三个维度为目标培养和综合评价手段,培养学生理想信念、学术科技、实践服务、体育素质、文化艺术、社会工作等六个方面的能力素质。

"这套立体坐标系形成的'成绩单'可反映学生的特长、类型和成长轨迹,为学生求职就业、升学深造提供了支撑,为社会用人单位选人用人提供了颇具公信力的参考。"河北工大党委副书记贺立军说。

疫情突如其来,昔日活跃的校园活动不得不暂停,很多学生开始担心:第二课堂活动怎么办? 这可是有学分要求的,会不会影响毕业?

此时,河北工大先期进行的第二课堂2.0版本建设派上了用场。

所谓第二课堂2.0版本,就是聚焦探索校企深度合作新模式,将校企合作项目作为第二课堂课程项目供给新来源,拓宽学生第二课堂学分获取渠道。

从今年3月,该校探索实施了一批适合在线上开展的第二课堂项目。对于一个以工科为主的学校来说,软件编程、理论建模、产品设计等项目再合适不过。同时,各大企业也在面临着招聘难困境。河北工大开始主动对接各大企业。

在与中建二局洽谈时,学校推动"新工科"建设、学生拓展专业技能、企业谋求高素质人才,三方诉求非常契合。校企一拍即合,很快就确定联合举办"BIM建模大赛"。该校也迅速与哈尔滨工业大学、燕山大学、华东理工大学等10所兄弟院校达成一致,拉开了多所高校"云端"竞技的大幕。

BIM软件视频学习、跨专业学生自由组队、校企双导师指导、视频会议研讨,从看不懂图纸到建成了第一个模型,再到完成各种检验,最终完成整栋建筑和整座桥梁的建模,32支团队的百余名学生热情高涨,干劲十足。

比赛评审,学生网上答辩。同学们展示的作品让导师们赞叹不已,甚至有的企业导师现场发放offer,邀请学生入职本公司。

如今,河北工大已先后与华为、中建二局、航天科技集团、百度、京东方、吉利等服务国家战略发展且符合学校学科专业特点的50余家优质企业达成合作意向,并实施了系列第二课堂项目。

该校参照"金课"标准施行第二课堂课程化建设,专门出台第二课堂与第一课堂学分置换政策,学生可以依据自身发展方向,自由选择适合自己的课程。

"你这个活动有'二课'(同学们对第二课堂的简称)加分吗?"这句话曾荣登校园年度十大词条。

该校还创设了独有"ID"的"第二课堂网络社区"。

第十三届全国大学生节能减排社会实践与科技竞赛开赛。但对于很多低年级同学来说,想参加这样的大赛难度很大。能环学院建筑环境与能源应用工程专业183班的孙庆香就陷入这样的困境。

孙庆香想到了"第二课堂网络社区"。

打开手机端小程序,他发现社区里参赛各项目负责人正在招募不同专业、不同年级、不同技能特长的组员。

通过网上报名,小孙欣喜地实现愿望:加入了由高年级师兄师姐牵头的"垃圾'银行'——一种适用于农村的智慧环保站"参赛项目团队。

70余万条数据、13个环形图、36个雷达图、5个饼图、93个条状对比图、144个曲线图、8个数据排行表、4张地图,曲线和数据在实时变化。这是河北工业大学第二课堂教学体验中心正在运行中的质量监控系统。

直观的数据图表可以清晰显示出每个人的学分变化,同学们可以实时了解自己的优势和不足,以便调整下阶段参与第二课堂项目的数量和内容。同时,学校也可以及时研判,动态调整课程项目供给。

"培养学生坚定的理想信念和高尚的道德情操、较强的双创能力和严谨的批判思维、较强的实践能力和高度的志愿精神、一定的运动技能和过硬的身体素质、良好的人文修养和健康的心理人格、良好的沟通能力和较强的团队意识,第一课堂和第二课堂必须深度融合、相辅相成。"河北工大校长韩旭如是说。

记者周洪松(中国教育报—中国教育新闻网,2020年9月21日)

把根深深扎在方家梁

——河北工业大学驻赤城县方家梁村扶贫工作纪实

九月过半,塞外张家口的气温降到了个位数。

庄稼渐次成熟,村民们开始采收。本来正是要用骡子拉车运粮的时候,赤城县镇宁堡乡方家梁村贫困户杨占杰大爷却卖掉了自己养了多年"老伙计",买了一辆机动三轮车。当问他为啥如此"狠心"时,他笑着说:"要'怪'就'怪'驻村工作队,把路修得光溜溜的,用三轮运比用骡子拉又快又省劲儿。"

这份"责怪",可以说是河北工业大学工作队驻方家梁村扶贫以来,当地百姓又一次"接地气儿"的评价。

自 2016 年以来,河北工大先后派出三批优秀党员干部来到方家梁村驻村扶贫。他们接棒续力,为村里拉资源、办实事、解难题,赢得了百姓的心。

修一条"幸福路"

"杨大爷说的这条路,就是村前的这条废弃多年的老省道,也是乡亲们出行的唯一通道。"河北工大驻方家梁村扶贫工作队第一书记冯志明说。

"咱村的路太破了,连公交车都不来了。""因为路不好走,收粮食的车都不愿来。即便是来了,价格也压得比较低。""我们出去看病都要走上 8 里地去坐公交车。""最近的村也要走上半天,现在连亲戚都很少走动了。"驻村之初入户走访,这些是村民说得最多的话。

要想富,先修路。

修一条"富裕路、幸福路",成为工作队的"首选""必选"。

先把想法向乡里汇报,又与县交通局沟通,最后还找到了市交通局领导。来来回回,不知跑了多少路,费了多少口舌,终于得到了各方支持。

时任市交通局副局长王高勇还先后两次与县乡相关同志一起到现场考察道路情况,商定维修方案,并积极争取省厅支持。

经多方协作,全长约 14.5 公里,总经费达 580 万的道路维修方案终于获批立项。2019 年 10 月,新路建成通车。整条路从中所村到大边梁,惠及了方家梁村、红嵯子村、东栅子村、正阳东村等十余个行政村。

通车仪式上,邻近几个村的村民都自发前来,现场热闹非凡。

乡党委书记王东升兴奋地说:"该条道路的竣工通行是方家梁村的大事,也是镇宁堡乡的喜事,解决了上千户村民的出行问题和农产品的运输问题。这就是一条'富裕路''幸福路'!"

除了修路,利用学校帮扶资金,结合东西部计划,申请安全饮水机井及其配套项目,让家家户户吃上自来水;硬化村内道路 2000 余平米,安装太阳能路灯 48 盏;购买磨米机、筛沙机、吹糠机等设备;修缮村委会、配套文化广场设施、购置音响设备……

一件件好事实事让每一名村民喜上眉梢。

赤城电视台采访时,村民姜凤英大娘就满脸笑容地说:"现在方家梁村的路光溜溜的,水清亮亮的,灯亮铮铮的。这都得感谢工作队啊。"

探索"党支部+"工作模式

一天,工作队员张迪正准备做早饭,贫困户姜大娘提着一兜新摘的豆角和几块土豆进了厨房,"这土豆就是今年咱们工作队给买的新品种,我挖了几棵,送几块过来给你们尝尝。"

多年来,方家梁村民都以种植土豆、玉米和谷子等为主。产品结构单一,也卖不上价钱。工作队也曾多方联系,想推广中草药、藜麦、金莲花等经济作物,但都收益周期比较长,老百姓还是更希望有一条"投入少,见效快"的路子。

为此,2020 年初,工作队提出"党支部+产业提升"思路:"改良"现有品种,提高产量。

经与村支部、村委会商议并征得全体村民同意,利用学校帮扶资金 2.5 万元,购买了 1200 余斤优质马铃薯籽种,分发给种植户,通过"改品种"实现"增产量",让村民得到实实在在的好处。

方家梁村在册人口 145 户 399 人,但常住户只有 36 户 58 人,且大都老弱病残,最年轻的也有 50 多岁, 劳动力严重不足。每年春耕和秋收, 都是"老大难"。

为破解难题, 2019 年春, 工作队又提出"党支部+村民互助"模式。

根据农户劳动能力及耕地情况, 把 36 户村民按照党员与贫困户、非贫困户与贫困户结对方式, 分为 18 个互助小组。每组分配一套播种机和施肥机, 互助完成春耕播种任务。此举激发了农户"抱团发展、互助脱贫"的内生动力,"出入相友、守望相助"的村风民风逐渐形成。

"过去我们播种至少四个人, 现在好了, 工作队给买的这种播种机, 播种施肥一个人就可以完成, 省时省力。"村民郭元脸上笑开了花。

为进一步提升村支部"领头雁"作用, 工作队还多次邀请本校领导、专家到村指导, 联系部分二级学院党委和党支部与村支部结对互助共建。

学校党委书记李强多次到村指导工作, 他嘱咐工作队要"积极探索因地制宜并行之有效的工作模式, 为方家梁村留下一支'带不走的工作队'。"

变输血为造血

2019 年 10 月 24 日, 天津弘雅节能科技有限公司与河北工大联合举办"迎中秋庆国庆"帮扶慰问活动。校企双方领导与帮扶责任人一起入户走访, 为每户赠送多功能电饭锅。

"自从工作队来了之后, 时时处处为我们村民着想, 真不知道怎么感激才好呀。"村民杨占林大爷激动地说。

"要打赢脱贫攻坚战, 不能仅靠几名工作队员。即便是有学校做后盾, 也远远不够。"河北工大韩旭校长要求工作队"要充分利用好社会资源, 包括校友、朋友、合作单位等, 吸引全社会的力量参与到扶贫工作中来。"

于是, 工作队在做好自身工作的同时, 开始努力寻求"八方支援", 并努力"变输血为造血"。

除了联系天津开发区慈善协会、天津市城市建设协会、河北省驻津团工委、天津市保定商会、天津菲尔芙莱服装有限公司等单位和于茂林等校友捐赠物资, 工作队还着力"引智助脱贫"。

2019 年 10 月 17 日, 恰逢第 6 个国家"扶贫日"和第 27 个国际消除贫困日。民建中央委员、天津市城市建设协会秘书长陈伟带来了天津企业的"招工信息"。他表示, 这次来只是一个开始, 今后将通过"就业助脱贫"等形式, 发挥协会"资源多、人才广"的优势,为当地百姓找到一条能够"自我造血"的脱贫致富之路。

同行的于茂林校友也表示,自己将发挥在建筑行业和专业方面的优势,结合当地自然环境等基础条件,为村庄设计制定一套未来长期发展规划。

有"难事"找工作队帮忙,有"好事"和工作队分享,乡亲们逐渐把工作队员当成了"自家人"。驻地门口,经常会有不知谁送来的一把韭菜或几根黄瓜,还有村民还把自家养的鸡杀了舍不得吃,偷偷放进工作队的冰箱……

村主任胡万福说,是工作队的真心实意感动了老百姓。

2019 年,方家梁村整村出列,2020 年 7 月,最后一户顺利脱贫。

前两年,工作队购置了 1000 棵金叶榆树苗栽种在道路两侧和村里空地上。

如今,株株金叶榆的树冠像一把把金色的小伞,在盛开的格桑花映衬下,分外亮眼。

乡亲们说,工作队明年要离开了,真心舍不得他们走。

文花大嫂说她梦到队员们要走了,自己没来得及送行,急得都哭醒了。

"放心吧嫂子,以后大家有任何需要,我们还会随叫随到。就像这金叶榆一样,我们的根已经深深地扎在了方家梁。"冯志明语气真诚又坚定。

记者周洪松　通讯员霍占良

（中国教育报—中国教育新闻网,2020 年 9 月 25 日）

河北工大学子获 2020 中国建筑新人赛决赛第一名

　　长城网讯　9月27日,2020 中国建筑新人赛决赛在东南大学落下帷幕,河北工业大学建筑与艺术设计学院建筑学专业学生祝逸琳、金小乐的作品《校园补丁——基于校园缺失功能的宿舍"联结体"设计》(指导教师:胡子楠)从 2051 份参赛作品中脱颖而出,以高票获得全国第一名,将代表中国参加"2020 亚洲建筑新人赛"总决赛。

　　中国建筑新人赛作为国内水平最高的大学生建筑设计竞赛之一,多年来持续受到各大建筑院校师生的广泛关注。今年大赛共吸引了全国 28 个省市和地区的124 所高校同学参赛,共计收到参赛作品 2051 份。

　　《校园补丁——基于校园缺失功能的宿舍"联结体"设计》是以河北工业大学红桥校区南院的两栋既有宿舍之间的夹缝空间为研究对象,通过分析整体校园在未来教育活动中的"缺失功能",以"补丁"的策略植入"联结体"重新定义校园宿舍空间。联结体包括连续社交补丁、数字技术补丁、立体绿化补丁与公共活动补丁四种类型空间,以应对未来教育模式的新变化,激发学生宿舍的内在潜力,为学生提供了一种全新的学习与生活方式。该作品从真实场地与社会现实问题出发,直面学生的日常学习生活,通过理性的调查与分析,给出具有创新性与前瞻性的建筑设计方案。

　　决赛中,河北工业大学建筑与艺术设计学院建筑学专业学生祝逸琳、金小乐在与天津大学、东南大学、清华大学、重庆大学等院校同学的角逐中发挥出色,以评委最高票获得全国第一名,他们将与天津大学的同学作为本次中国建筑新人赛的前 2 名(Top2),代表中国参加"2020 亚洲建筑新人赛"总决赛。

　　　　　　　　记者张晓明　通讯员屠琼芳(长城网,2020 年 9 月 28 日)

"老中青"三代教师同场竞技

——"课程思政"教学设计案例大赛

　　为落实落细立德树人根本任务,进一步完善"三全育人"工作体系,充分发挥全课程价值引领作用,保证课程思政与思想政治理论教育同向同行,本着"以赛促学、以赛促建,推动课程思政建设,助力一流课程建设"的工作思路,河北工业大学组织开展了"课程思政"教学设计案例大赛。

　　此次比赛由党委宣传部、党委教师工作部、本科生院、教师发展中心主办,邀请到了全国青年教师教学竞赛获奖教师、河北省教学名师、河北省模范教师、天津市青年教师教学竞赛一等奖获得者、学校教学指导委员会委员、教学督导委员会委员、部分学院教学院长等共31位老师担任本次比赛的评委。

　　经过教学单位选拔赛、文案函评和学校竞赛三个环节,共有来自18个教学单位的164位老师参加了最后的学校竞赛,共评选出一等奖12名,二等奖18名,三等奖29名和优秀奖若干。

　　本次比赛的参赛课程包括通识教育必修课、公共基础课、专业必修课、实践课等各类课程,参赛教师覆盖"老中青"三代教师,既有科研能力非常突出"元光学者",也有新入职刚一年时间的"青椒",各参赛教师结合自己的学科特色,深入挖掘各门课程蕴含的思政元素育人功能,在10分钟时间的说课和5分钟的问答时间内,参赛选手就课程的性质和任务、课程教学目标、课堂教学实施方案进行了讲解,重点介绍了参赛案例如何深入挖掘课程蕴含的思想政治元素和所承载的育人功能及该思政元素和育人功能如何把思想政治教育的内涵潜移默化融入到课堂教学中,还融入科学精神、家国情怀、法治意识、社会责任、人文精神、仁爱之心及学校特有的勤慎公忠的校训精神和工学并举的办学特色等要素,展示了各自的教学设计和教学风采,使各类课程与思想政治理论课同向同行,形成协同效应,生动体现了知识传授和课堂讲授的统一性。

为了加深全体教师对课程思政深入理解，从 2019 年 11 月到 2020 年 7 月，教师发展中心先后组织了 20 余场线上线下系列课程思政培训，这一系列讲座由清华大学、上海大学、南开大学、湖南大学、山东大学、西北农林科技大学、东南大学、中北大学、天津师范大学等学校不同学科专业的课程思政专家们讲授，给老师们提供了一场场内容精彩、营养丰富的精神大餐。经济管理学院李嫄副教授和机械工程学院周围副教授均在河北省高校课程思政"云讲堂"系列培训和全国高校教师发展中心可持续联盟中分别做了优秀课程案例分享，获得线下老师的认可与好评。

赛后，选手们也进行了热烈讨论。

获得文科组一等奖的来自经济管理学院李嫄老师说，课程思政的备赛过程是一个重新思考自己所教授的课程价值究竟何在的过程，这不仅坚定了我们对于培养学生成为社会主义建设者与接班人的信念，也使我们更深刻地感受和认识到课程本身的意义所在。只有教师做好自己的意义建构，才能更好地完成对学生的意义给赋。

获得工科组一等奖的来自能源与环境工程学院王美艳老师说，本次竞赛最大的收获就是对"课程思政"有了全新的认识，在教学目标设计、教学内容组织、教学成效的考量等各方面得到了提升，同时在竞赛切磋的过程中，虽与竞赛选手们的学科不同，但从他们生动的案例中，我也为以后思政元素的挖掘找到了新的思路。

获得工科组一等奖的来自电子信息工程学院杨帆老师说，这次大赛让我对其中的"设计"二字有了更深的体会。在准备的过程中，我重新去考虑思政元素如何与课程内容融合得更加自然，既不能是没有落点的空洞的语言表述，也不能是为了预设目标而牵强融入的，设计的过程需要对教学内容的再次梳理及深入挖掘。另外，对思政内涵的理解也更加深入，不再是片面和固化的，可以将价值观，传统文化、艺术、审美等融入进来。

霍占良（津云，2020 年 10 月 9 日）

全国一等奖！河北工业大学兴冀车队等你 pick！

河北教育网讯　在 11 月 14 日结束的中国大学生方程式汽车大赛上，河北工业大学兴冀车队瑷睿十号以 587.29 分取得全国第六名的好成绩，在单项中：

设计报告全国第九；

八字绕环全国第十三；

耐久比赛全国第六；

高速避障全国第十二；

经过长达五天的鏖战，兴冀车队最终获得中国大学生方程式汽车大赛总成绩一等奖和中国大学生方程式汽车大赛创新奖一等奖，再创历史新高！

中国大学生方程式汽车大赛（Formula Student China，简称"FSC"）是一项由高等院校汽车工程或汽车相关专业在校学生组队参加的汽车设计与制造比赛。中国大学生方程式汽车大赛是一种融合作、竞争于一体的新型教育形式，是当今理工科大学高等教育的补充，它集成了理论学习、动手能力、社会实践、人才竞争的几大主题，贴合汽车行业的发展规律。各参赛车队按照赛事规则和赛车制造标准，要求在一年的时间内自行设计和制造出一辆加速、制动、操控性等方面具有优异表现的小型单人座休闲赛车，并能够成功完成比赛。该赛事自 2010 年举办首届，已经走过了赛事的第十一年，本届大赛共有 166 所高校车队报名参赛。

十年匠心

我校兴冀车队自 2011 年首次参赛以来，已经连续十年参赛。在历届比赛中，河北工大学子将敢于拼搏、勤奋进取、谨慎务实的精神带到全国大学生汇聚一堂的赛场上，与其他优秀学校车队进行竞技、交流，传承了我校"工学并举"办学特色以及"勤慎公忠"的校训精神。

赛场的每一分钟都是兴冀人厚积薄发的呈现；设计展板上每个文字与图片都

是队员精心的准备;赛车上每个零件都是一次次实践与调校的结果。兴冀人流下的汗水,经历的苦痛,承受的压力都在分数排名出来的那一瞬间烟消云散。熬夜装车,凌晨试跑,为的就是出成绩的这一刻换来每个人心中无比的激动与喜悦!

通讯员屠琼芳(河北教育网讯,2020 年 11 月 16 日)

河北工业大学学子勇擎全国大学生
工业设计大赛金奖实现河北高校"零的突破"

11月17日,第五届全国大学生工业设计大赛在广州落幕。河北工业大学在这个教育部高等学校工业设计专业教学指导委员会主办的最高级别设计竞赛中,取得金奖1项,银奖1项,铜奖1项,优秀奖2项的优异成绩。其中由工业设计系教师杨培、杨冬梅指导,工业设计专业2016级本科生胡妙笛的设计作品《自平衡杯架组合》荣获中国新锐设计金奖,实现了河北省赛区参加该项赛事以来金奖"零"突破。

此外,2016级本科生杜雨佳的设计作品《医疗智能静脉采血装置产品系统设计》荣获中国新锐设计银奖,2019级研究生马洪坤的设计作品《特殊环境下重型核废料运输车辆》荣获中国新锐设计铜奖,2017级本科生马艺轩的设计作品《农用智能方捆除草机》,2017级本科生陈玉山的设计作品《多功能医疗配送机器人》荣获中国新锐设计优秀奖。工业设计系教师杨培、杨冬梅荣获优秀指导教师奖。

全国大学生工业设计大赛由教育部高等学校工业设计专业教学指导委员会指导,全国工业设计一流专业建设协同创新平台、广东省教育厅、广东省工业和信息化厅、广东省本科高校工业设计专业教学指导委员会联合主办,广州美术学院承办。通过分赛区初评、全国复评、终评,在全国31个分赛区、千余所高校的近4万件参赛作品中最终评选出:中国新锐设计金奖10名、银奖40名、铜奖76名、优秀奖183名,特等奖1名,优秀指导教师奖10名,优秀组织奖10名。

此次在全国大学生工业设计大赛实现金奖的突破,是学校工业设计专业办学水平提升的重要标志之一,是工业设计专业在河北省重点建设专业工作中的重要成果。工业设计专业还将继续努力,充分发挥河北省工业设计创新与应用研究中心等省级中心的依托作用,稳步推进产教融合,凸显"工学并举"办学特色,向着国内领先行列不断迈进。

霍占良(津云,2020年11月23日)

河北工业大学荣获
第二届"全国文明校园"荣誉称号

11月20日,据中央文明委发布消息,河北工业大学获第二届"全国文明校园"荣誉称号,全国共50所高校获此殊荣。

11月20日,全国精神文明建设表彰大会在北京召开。中共中央总书记、国家主席、中央军委主席习近平亲切会见参代表,向他们表示诚挚问候和热烈祝贺

"全国文明校园"由中央文明委评选命名表彰,是评价一所学校在领导班子建设、思想政治教育建设、活动阵地建设、教师队伍建设、校园文化建设、校园环境建设等方面的综合型荣誉称号,也是衡量一所学校整体实力和发展水平的重要标志,是目前我国精神文明建设评比学校领域中的最高荣誉。

近年来,学校深入学习贯彻习近平新时代中国特色社会主义思想主题教育,在全面深化综合改革和推进"双一流"建设的进程中,始终把精神文明建设摆在重要位置,大力弘扬社会主义核心价值观,重点围绕思想道德建设、领导班子建设、师德师风建设、校园文化建设、阵地建设管理等六方面开展工作,持续推进文明校园建设。

为高分完成文明校园建设,学校深化思想政治教育,优化思政队伍建设,推动形成"三全育人"格局;加强领导班子的政治、思想、组织、纪律建设以及干部队伍建设;提升教师队伍素质,强化师德师风教育,推进全体教师践行立德树人的根本任务;加强校园文化建设,保证"文化活动有亮点,文化传承有底蕴",达成涵养道德品行的功能;推进"文化校园、平安校园、绿色校园、智慧校园、和谐校园"建设,努力实现环境育人;强化阵地建设管理,壮大主流舆论导向;坚持"社会实践常态化、志愿服务创品牌、公益项目见成效"的实践育人模式,真正做到了全程、全员、全方位创建全国文明校园。

2020年,在校党委的指导下,全校各单位协同参与,全体师生共同努力,依据《全国高校文明校园测评细则》,认真对照文明校园创建标准,深入开展工作自查,

总结扎实工作,形成高质量自评报告和十几万字的支撑材料。经中央文明办会同教育部严格审核、优中选优,学校获评"第二届全国文明校园"。

建校117年来,河北工业大学始终弘扬"勤慎公忠"校训精神,传承"兴工报国"办学传统,彰显"工学并举"办学特色。"全国文明校园"的达成,是全体河北工大人共建共创的结果,饱含着河北工大人众志成城的精神内核。

学校将以本次获评"全国文明校园"为契机,持续推进精神文明建设,完善文明校园建设成果,继续以习近平新时代中国特色社会主义思想为指导,落实中央关于精神文明建设的决策部署,在新时代的新征程上,助推京津冀协同发展和雄安新区规划建设,为社会文明进步作出贡献。

霍占良(津云,2020年11月24日)

河北工业大学学子
在全国英语大赛河北赛区拔得头筹

11月22日,从2020年全国大学生英语竞赛河北赛区决赛赛场传来捷报,河北工业大学参赛的25名同学中,8人荣获特等奖,17人荣获一等奖,其中王思媛同学以B类(英语专业本科生)第一名的优异成绩获得特等奖。

全国大学生英语竞赛(NECCS),由全国大学生英语竞赛由中国英语外语教师协会(TEFL China)和高等学校大学外语教学研究会联合主办,英语辅导报社、考试与评价杂志社承办。

今年的河北赛区初赛在校团委的指导下,由外国语学院承办,各学院积极组织,共计4515人报名参赛。根据学生性质不同,从A类(研究生)、B类(英语专业本科生)、C类(非英语专业本科生)、D类(艺术类)共计选拔出388名成绩优异的同学,其中前25名参加了本次河北省赛区决赛,共捧回8个特等奖和17个一等奖,其余363人分获二等奖三等奖。获得特等奖的8名选手被推送参加明年暑期的全国决赛。

学校连续22年在校内组织开展此项竞赛活动,通过"以赛促教",夯实和扩展了学生英语基础知识和基本技能,对提高大学生英语综合运用能力发挥了重要作用。

霍占良(津云,2020年11月30日)

417

河北工业大学"元光号"卫星随长征八号成功飞天

12月22日12时37分,河北工业大学"元光号"科学实验卫星随长征八号运载火箭成功飞天。卫星正常入轨,遥测参数正常,太阳翼、天线均展开正常。"元光号"为该校与长沙天仪空间科技研究院有限公司合作研发的第一颗卫星,其空间科学载荷由该校独立研发。

"元光号"卫星为一颗20公斤级空间科学实验卫星,主载荷为河北工业大学研制的空间摩擦学实验载荷,主要任务是利用立方星开展空间机构学与摩擦学科学实验,以此探究材料级、部件级到系统级的力学性能随服役时间的变化规律,建立机械系统界面微观力学行为与机构宏观运动的跨尺度机械学规律模型。

在命名方面,"元光"源于河北工业大学首任院长魏元光之名,河北工业大学沿以百年的办学特色"工学并举"为其所提倡,"勤慎公忠"的校训也由他所题。卫星总负责人、河北工业大学副校长胡宁介绍,微小卫星计划是该校发展的重要工作计划之一,可深化学科交叉融合,推动学校双一流学科建设,助力我省智能装备与先进制造的提速升级,为服役可靠性、跨尺度机械学等基础学科的发展提供新方案和新思路。

"元光号"卫星的发射,实现了河北工业大学与相关机构在商业航天领域的成功合作。双方将合作推动微小卫星智慧产业发展,建设卫星部组件地面和在轨服役可靠性评鉴中心,构建卫星部组件与载荷健康大数据中心;推动立方星智能制造示范生产线的标准和智能化,助力高端装备智能制造产业升级;完善卫星信息地面智能接收系统和大数据应用,结合人工智能算法提升卫星数据利用效率,服务于智慧城市建设。

记者马利　通讯员魏强(人民网,2020年12月23日)

河北工业大学立德树人 构建"三全育人"格局

2020年度国家自然科学基金项目申请项目评审结果陆续公布,截至12月22日,河北工业大学获批项目达到110项,在我省高校位居第一;

近日,教育部发布《关于公布首批国家级一流本科课程认定结果的通知》,河北工业大学共有7门课程被认定为首批国家级一流本科课程;

在第五届全国大学生工业设计大赛上,河北工业大学学子获得金奖,实现我省高校"零突破";

……

建校117年来,河北工业大学始终弘扬"勤慎公忠"校训精神,传承"兴工报国"办学传统,彰显"工学并举"办学特色,已培养30余万名毕业生,为国家经济建设作出了重要贡献。

该校紧扣立德树人根本任务,在全面深化综合改革和推进"双一流"建设中,始终把精神文明建设摆在重要位置,推动形成全程、全员、全方位"三全育人"格局。日前,荣获全国文明校园称号。

围绕优化思政队伍建设,彰显价值引领,学校将师生思想政治教育工作纳入事业发展规划,围绕培育和践行社会主义核心价值观,深化思想政治教育,推进榜样引领工程,不断提升思想政治工作效能。

教师是学生前行的领路人。学校强化师德教育,将师德教育贯穿教师培养全过程,设立"工大楷模""双献之星"和师德先进个人等荣誉称号并配套奖励制度,努力培养提升教师队伍素质,当好学生引路人。

用百年校史,涵养道德品行,学校加强校园文化建设,成立文化研究中心,深入挖掘百年校史文化,开展品牌校园文体活动、开设文体精品通识课程、创新文化产品,营造百年名校浓厚文化氛围。

推进"五个校园"建设,提升环境育人功效。围绕建设文化校园、平安校园、绿色校园、智慧校园、和谐校园,实现校园环境从绿化到美化、从美化到文化的提升,形成特色校园人文景观,构建起智慧化的校园工作、学习、生活一体化环境。同时,发挥科研和人力等资源优势,助力城市公共管理。

多年来,该校坚持"社会实践常态化、志愿服务创品牌、公益项目见成效"实践育人模式,建起近 200 个大学生社会实践基地,其中 5 个已坚持 10 年以上。2018 年以来,该校组建国家级大学生社会实践队 25 支、省市级实践队百余支,参与师生达 2.1 万人次,荣获团中央颁发的优秀组织单位等奖项,并成为全国唯一一所同时荣获中国大学生农村支教奖金奖和"最佳传播奖"的高校。

通讯员臧月宁　记者薛惠娟(《河北日报》,2020 年 12 月 25 日)

出击抗疫　首战用我

——河北工业大学智能学院志愿者临时党支部党员在行动

党员肩负使命,抗疫分秒必争。1月16日清晨,河北工业大学智能学院第一批疫情防控工作志愿者队伍在北辰校区集结完毕,义无反顾奔赴天津抗疫一线。这支13人的队伍中,有5名党员、1名预备党员、7名入党积极分子和申请人。为保证此次防疫工作顺利推进成立的临时党支部,成为队伍有力的领导核心。

"我是党员,请优先考虑我"

为更好发挥师生党员干部在抗疫一线的作用,学院党委特批成立智能学院新冠疫情防控工作志愿者临时党支部。陈鹏老师作为智能系统与控制工程系教工党支部委员,有丰富的党务工作经验,被推选为临时党支部书记。2个支委王千龄和郑晓园,都是30出头、博士毕业没两年的年轻教师,委员也均是在校研究生和本科生。

陈鹏、王千龄老师在看到学院党委发出的倡议和支部工作群发布的通知后,仅简单跟家里人沟通了一下,就主动向学院党委申请报名参加。"我可以""我没问题""现在报名晚吗"……一句句简单的话语在志愿者紧急招募中显得坚定而有力。作为支部书记的陈鹏是这支年轻队伍中的老大哥,也像一位家长,在保质保量地完成每日工作之余,还在生活上尽力照顾好每一名队员。他要求大家对工作的每一个流程熟稔于心,在确保个人防护安全的情况下开展工作。"我一定会完成好组织交给我的任务,用出色的工作成绩展示我们智能学院师生党员的风采。等到任务结束,把大家平平安安地带回来!"这是出征前陈鹏向院长顾军华的承诺。

首战津门　彻夜未眠

1月16日晚11点,志愿者队伍进驻高风险地区欣桃园和李桃园社区疫情防控一线。

"三九四九冰上走",1月17日恰逢四九第一天,当天最低温度达到了零下8度。在这冷风刺骨的冬夜里,13名志愿者被分配到13栋居民楼,从凌晨1点到清晨7点,一人伴着一楼整整坚守了6个小时。没有轮岗与换班,智能学院的师生志愿者们一夜未合眼,硬是用信念和意志迎来了寒夜后的第一缕曙光。

疫情防控延伸到哪里,党员作用就发挥到哪里。

从核酸大筛保障、防疫卡口值守、生活物资配送到防疫数据统计、防疫知识宣传,临时党支部的成员们个个奋战在抗疫一线,承担着居民出入"守门员"、防控措施"监督员"、生活服务"协调员"等多重角色。在这场无声的战疫中,没有人叫苦叫累,党员的先锋模范作用得到了充分发挥。智能学院党委书记梁慧超动情地说:"哪有什么岁月静好,只是有人在为你负重前行。你们的辛苦付出和坚定意志,让我真切感受到了这句话的意义!"

（中国新闻网,2021年1月24日）

贺立军:加强数据治理　打造"智慧河工"

　　"十三五"期间,河北工业大学顺利开启"双一流"建设新征程,学校事业进入跨越式发展快车道。面向"十四五",河北工大的信息化工作将如何推进? 在2020中国高校CIO论坛举办期间,我们专访了河北工业大学党委副书记贺立军,请他介绍了河北工业大学近年来的信息化建设情况及相关思考。

多措并举加快信息化建设的步伐

　　《中国教育网络》:近年来,河北工业大学的信息化建设都做了哪些工作,有哪些亮点?

　　贺立军:河北工业大学的前身是创办于1903年的北洋工艺学堂,是我国最早的培养工业人才的高等学校,创办了全国最早的高校校办工厂。

　　100多年以来,学校始终秉承"兴工报国"办学传统和"勤慎公忠"校训精神,形成了"工学并举"的办学特色,得到了社会各界普遍好评。

　　学校一直重视信息化工作,特别是从2016年开始,大力推动学校信息化建设,主要包括以下几个方面的工作:

　　第一,网络安全与信息化工作管理体制不断健全。从学校层面而言,健全了组织机构,明确了岗位职责,完善了规章制度,包括工作标准、数字标准、安全规范等。这些工作是非常基础的,也是一个奠基工程。

　　第二,校园网络基础设施建设持续加强。学校已建成覆盖全部校区的IPv4/IPv6双栈、有线/无线一体、具有统一互联网出口的多业务承载校园网络,新老校区之间实现了高速互联,校区实现了5G网络的全覆盖。

　　第三,数据治理工作取得初步成效。从2018年开始,学校大力推进数据治理工作,初步建成了全域数据中心,实现了大部分业务系统之间的数据汇聚工作,形成了各个系统的数据质量报告,提供了部分数据共享服务。

第四,智慧校园建设正式启动。学校不断深化与华为科技公司的战略合作,2020 年 6 月,双方合作设计完成了《河北工业大学智慧校园建设规划(2020－2022)》,经专家论证和学校党委批准正式发布,同时正式启动学校智慧校园的建设工作。

《中国教育网络》: 如何打造适应本校信息化发展的体制机制至关重要,在这方面,我们河工大有哪些经验?

贺立军: 学校高度重视信息化建设,坚持从学校全局视角出发,统一思想、统一标准、统一规划,在信息化工作机制、技术体系、长效机制等方面综合施策,主要包括以下三个方面:

第一,学校成立了信息安全与技术服务中心,主要负责学校校园计算机网络的建设和运行管理工作,为数字校园的建设提供技术支持与服务。随着信息化建设的深入,中心又负责了学校信息系统的规划、设计、推动、协调等工作。

第二,加强党委对信息化建设的统一领导。学校目前已经成立了网络安全与信息化领导小组,由党委书记、校长亲自挂帅,把信息化工作上升到党委的统一决策层面上来。未来,学校准备成立数据资源管理委员会,真正把数据作为学校的一种资源和资产,进行统一管理。

第三,进一步调整充实信息化相关部门,适当增加编制,创新用人机制,给信息化部门更多的赋权,让他们有能力去协调和深入到各个职能处室,直接推动全校信息化建设工作。

打造智慧校园建设的标杆

《中国教育网络》: 每个学校对于信息化的需求是不一样的,相应对于智慧校园的定义其实也不太一样。在您心中智慧校园是什么样的?

贺立军: 我认为,智慧校园大概分三个方面:

一是大家普遍认识的物理层面或者叫技术层面的智慧校园;

二是智慧大学,智慧大学是智慧校园当中最核心的部分,高校作为知识生产和传播的机构来讲,智慧应该无处不在,产生知识应该是一种智慧化的产生,传播知识应该是一种智慧化的方式,学生学知识也应该是一种智慧化的路径;

三是智慧教育,教育不仅仅是大学本身的使命,也是全社会的责任,我们不仅仅要打破物理的围墙,也要打破数字的围墙,通过加强校内校外共同协作,统筹国际国内两种资源,打造全方位开放的大学新格局。

《中国教育网络》:2020 年 6 月,河北工业大学与华为技术有限公司共同举行智慧校园建设启动会暨"智慧河工"项目发布仪式,河北工业大学正式启动智慧校园三年规划建设,请您介绍下与华为公司合作的具体情况。

贺立军:2019 年 6 月,学校和华为公司签署了战略合作协议,双方利用各自优势,开展广泛的产、学、研、用的合作研究和产业化创新。2020 年的 6 月,又与华为公司一起合作设计完成了智慧校园的三年建设规划。这个规划是一个顶层设计规划,双方作为战略合作伙伴,计划通过三年左右的努力,把河北工业大学建设成为"智慧河工",做成全国智慧校园建设的一个标杆。

一年来,双方在校园基础设施建设、举办创新应用沙龙、开展智能创新训练营、签订智慧供暖合作协议、成立河北工大—华为 ICT 学院、联合申报国家级金课和国家一流本科专业认证等方面开展了全面合作。此次与华为合作建设智慧校园,河北工业大学将进一步提升校园治理效能和师生服务满意度,推进人才培养、科技创新与新一代信息技术融合发展,加速学校建设国际一流学科这一目标的实现。如果把这种方式拓展到所有专业和学科,每个专业和每个学科都能和世界顶尖公司进行合作的话,那么教育水平肯定会提升,这就是智慧教育的内涵。

《中国教育网络》:一直以来,国家都在推动教育信息化的规范化。所谓的规范就是通过量化的方式来进行评估,这样是否会让中国教育信息化进入一个趋同的过程? 地方高校和 985、211 等院校肯定有所不同,您是如何看待这件事情的?

贺立军:教育本身有它的规律特点,这个跟其他行业有很大不同,更重要的是,各个高校又都有各自特色。

尽管从业务角度来看基本上都是相似的内容,但是每个学校的处理方式、运作方式和管理方式都不一样,同一个系统在各高校也会反映出不同的表现形态。因此,每个学校都需要很强的思维认识和处理方式。

关于量化评估,高等教育跟基础教育不同,每个高校都有自己特殊的情况。中国有一句古话,叫作"君子和而不同",一定是有相同的部分,也一定会有个体的特性。针对相同的部分,比如基础设施建设方面,各高校不管是类型层次有多大差别,核心的基本要素应该是一样的。不论是 985 还是 211 院校,抑或是一般本科院校,甚至是高职高专院校,实际上大家面临的部分问题还是相同的,标准化的建设就像是一个"指挥棒",能够进一步引起地方政府和高校领导重视,增加对信息化建设投入,因此从这个角度而言制定标准没有坏处。但是,地方院校实际上都面临着很多现实问题,比如对高校信息化的重视程度、对信息化建设的投入等等,而且,每个学校都有自己的空间和特色,因此,应该结合自己的历史文化传统和基础去创新和变革,这是比较科学的一种方式,也有利于高校自己的错位发展。所以,我认为是规范化标准应该是一种指导性的,而不是强制性的标准。

通过信息化建设实现智慧化转型

《中国教育网络》:大学最重要的任务是立德树人,那么您觉得信息化在未来如何去支撑这一工作的?

贺立军:人才培养是大学的核心工作,大学根本任务就是立德树人。河北工业大学始终坚持以学生为中心,坚持用更高标准、更实举措推进全员全过程全方位的"三全育人"工作。在此过程中,只要是跟高校人才培养工作有关系的,能够为学生提供便捷服务的,都需要信息化的改造、支撑和提升。比如,一些思想政治工作系统、党务工作管理系统、学生管理系统等,都是信息化服务"立德树人"的一些具体的应用。再比如,学校构建的网上办事大厅,也是根据需要进行数据分析和处理,为学生提供一体化服务。

《中国教育网络》:2020年是"十三五"的收官之年,"十四五"即将开始,您认为下一步高校进行信息化发展时应该狠抓哪些方面的工作?

贺立军:"十四五"时期是我国由全面建成小康社会向全面建设社会主义现代化国家迈进的关键时期,也是学校落实立德树人根本任务,全面推动高质量内涵式发展的关键时期。我认为,高校下一步主要的工作包括:

第一个方面是意识层面,需要大力提高全社会,特别是高校本身对信息化建设的重视程度。

第二个方面是数据层面,要下大力气攻克数据治理的难关,进而推动整个流程的变革和优化。这是所有信息化建设和智慧化校园建设当中迈不过去的坎,同时也是大家普遍面临的关键和最难的一个问题。

第三个方面是安全方面,要高度重视网络安全,要厘清公共权力和私人空间的关系,要构建网络与信息安全防护保障体系,做好舆情预警监测,提高网络与信息安全风险管控和安全事件应急处置能力。

《中国教育网络》:现在全国都在做"十四五"信息化的规划,您能不能简要介绍一下学校信息化未来发展的构画和蓝图。

贺立军:学校目前正在制定"十四五"智慧校园专项规划工作。在规划中,明确要紧密围绕学校"双一流"建设工作,以新模式、新机制稳步推进学校网络安全和信息化各项工作,坚持信息化与人才培养、科学研究、社会服务和文化传承创新的深度融合,为师生建立智能开放的教育教学环境和便利舒适的生活环境,全面提升学校治理效能,为学校高质量教育体系建设、学校治理体系和治理能力现代化做出强力支撑。

2023 年,学校要举行 120 周年的校庆。我们要力争通过 2—3 年的扎实深入积极的信息化建设工作,实现具有河北工业大学鲜明特色的智慧校园建设目标,全面促成学校的智慧化转型,为学校的 120 周年校庆献礼。

(中国教育网络,2021 年 1 月 7 日)

河北工业大学:为高风险地区学生"雪中送炭"

本报讯 近日,河北工业大学开展"点对点"精准助补,为居住在石家庄藁城区等疫情高风险地区的433名学生每人一次性资助1000元。

寒假以来,河北工业大学在高度重视疫情防控工作的同时,始终关心着学生的身心健康,尤其是所有家在高风险地区以及因新冠疫情导致家庭经济困难的学生。为把疫情对学生学习生活的影响降到最低,学校制定了寒假期间学生资助工作方案,对现居疫情高风险地区的学生、留校不返乡者、防疫志愿者予以特别关注。

学校还为滞留在石家庄、邢台的58名学生每人一次性资助1000元,共计5.8万元。为2346名家庭经济困难学生发放核酸检测费用补贴19.9万元。为留在校内未能及时返家的3910名学生免费提供核酸检测。学校将根据疫情发展情况及时调整资助内容,做到"应补尽补、应助尽助。"

记者陈欣然 通讯员赛麦提(《中国教育报》,2021年1月26日)

2020：河北工业大学（天津校区）"高光"时刻

2020 年,总有那么一些时刻让人记忆犹新。"云"上开课,"智慧河工"正式发布,"双一流"建设周期成效获评估专家组肯定,入选"全国文明校园",首颗卫星"元光号"搭乘长征八号成功飞天……这一个个河工"高光"时刻的背后,有你的汗水与我的付出。

复学复课"双战双赢" "云"上开课 重启校园疫情防控

2 月 17 日,我们迎来 2020 年春季学期开课的第一天。疫情防控期间,学校全面开展在线教学,在雨课堂、云课堂、中国大学慕课三个平台,83 门课程进行了直播,631 门课程发布了 37231 项教学任务,723 门课程组织了线上教学活动。教师们组织有序、精神饱满,针对平台网络条件所限,积极准备在线教学应急预案,及时启用腾讯课堂、腾讯会议、QQ 群、企业微信等方式进行沟通或授课,也有部分教师使用腾讯课堂、抖音进行直播,取得了预期的教学效果。

5 月 7 日,河北工业大学（天津校区）迎来 2020 年新学期返校的第一批学生。无论是接站、初步测量体温、消毒、乘坐校车,还是下车、入住宿舍,学生返校的每一个环节都高效有序,全程无缝衔接。首批返校学生共 252 人,都是 2020 年毕业的本科生和研究生。

我们科学防治、精准施策,齐心战"疫",全校师生员工零感染,教育教学工作有序开展,实现了疫情防控和复课开学"双战双赢"。

智通云河 慧达工学 "智慧河工"项目正式启动

6 月 5 日上午,河北工业大学（天津校区）在天津北辰校区机材楼报告厅隆重举行智慧校园建设启动会暨"智慧河工"项目发布仪式。河北工业大学（天津校区）正式启动智慧校园三年规划建设,携手华为面向社会发布"智慧河工"解决方案。校企双方合力探索联合新模式,提升产学研深入合作,建立与国家体系现代化契合的高校治理体系,推动河北工业大学向"智慧大学"迈进,实现"智慧教育",打造高校"智慧校园"示范样板。

引育并举　激活人才　91 名人才受聘第四批"元光学者"

7 月 4 日上午,河北工业大学(天津校区)"第四届元光学者"聘任仪式在北辰校区工学楼前小广场举行。此次河北工业大学(天津校区)有 91 名人才入选第四届"元光学者"计划,其中"领军岗 B"1 人,"特聘岗 B"7 人,"启航岗 A"32 人,"启航岗 B"51 人。

河北工业大学(天津校区)于 2017 年启动首届"元光学者"计划,面向国内外、校内外公开选拔聘用高水平学术人才。政策实施三年来,已累计聘任元光学者 301 名。三年来,学校高层次人才数量明显增加,师资队伍的学缘结构进一步优化,学校的科研实力显著提升。

智能建造　技惊世界　3D 打印赵州桥获吉尼斯认证

7 月 21 日,河北工业大学(天津校区)装配式混凝土 3D 打印赵州桥,成功挑战吉尼斯世界纪录,获"最长的 3D 打印桥"认证。吉尼斯认证官吴晓红女士为纪录创造者、河北工业大学(天津校区)教授马国伟团队颁发认证证书。该桥于 2019 年 10 月 13 日,在河北工业大学(天津校区)北辰校区落成。建造过程中,该桥应用了 BIM 虚拟仿真技术、特种水泥基纤维增韧复合材料、体外拉索预应力技术、智能传感技术、物联网云平台健康监测系统等,充分实现了设计新型化、材料功能化、施工虚拟化、装配模块化以及监测智能化的智能建造。

服务地方　产促学研　校领导带队"走访百县"

2020 年暑期,学校组织开展"走访百县"活动。由校党委书记李强、校长韩旭带队,相关单位、部门的主要负责人陪同,走访了石家庄、衡水、唐山、邯郸等 20 个市县,实地考察调研了冀中能源、河钢集团、安鑫集团、泰华集团等 70 家企业,机械工程学院、土木学院、材料学院等 12 个学院走访 34 个市县,对近百家企事业单位进行了实地调研,签署合作协议。

符合度好　达成度高　"双一流"建设周期成效获肯定

9 月 6 日,河北工业大学(天津校区)召开国家"双一流"建设周期总结评估工作会。由中国工程院李培根院士担任组长,中国工程院邓宗全院士,中国科学院郭万林院士、贾振元院士、王秋良院士为成员的专家组对河北工业大学(天津校区)国家"双一流"建设进行了周期评估和指导。

专家组一致认为:经过全校师生的共同努力,河北工业大学国家"双一流"建设实现了预定的建设目标,符合度好,达成度高,顺利完成了"双一流"周期建设任务,并进一步形成了评估意见:一是学校"双一流"建设思路清晰,目标定位准确,改革与创新迈出扎实步伐,各项建设实现新突破:人才培养成绩斐然,生源质量和毕业生水平稳步提升;高层次人才不断集聚,师资水平大幅提升;科学研究、社会服务成果丰硕;国际交流与合作实现突破,文化传承谱写全新篇章,综合办学实力显著增强。二是学校主动对接国家战略和区域经济社会发展需求,凝练学科方向,汇聚优势学科资源,搭建高水平专家团队,构建跨学科创新人才培养机制,在"先进装备工程与技术"学科领域形成鲜明特色优势;典型案例特色突出,具有较强的推广意义。

中西合璧　强强联合　国际交流合作取得新突破

2020 年,我们坚持"引进来""走出去"战略,与世界排名前 50 的美国亚利桑那大学合作共建"河北工业大学亚利桑那工业学院"。与芬兰三大理工大学之一的拉彭兰塔理工大学共建"河北工业大学芬兰校区",这也是我省第一所本科层次海外校区。河北工业大学廊坊分校与芬兰拉赫蒂应用科学大学在红桥校区团城会议室签署战略合作协议。9 月 19 日下午,河北工业大学芬兰校区 2020 级本科新生开学典礼在北辰校区隆重举行。

整体实力　全面展现　荣获"全国文明校园"称号

11 月 20 日,据中央文明委发布消息,河北工业大学(天津校区)获第二届"全国文明校园"荣誉称号,全国共 50 所高校获此殊荣。"全国文明校园"由中央文明委评选命名表彰,是评价一所学校在领导班子建设、思想政治教育建设、活动阵地建设、教师队伍建设、校园文化建设、校园环境建设等方面的综合型荣誉称号,也是衡量一所学校整体实力和发展水平的重要标志,是目前我国精神文明建设评比学校领域中的最高荣誉。

课程"一流" 创新拔尖 着力培养"新工科"人才

教育部发布《关于公布首批国家级一流本科课程认定结果的通知》,河北工业大学(天津校区)共有 7 门课程被认定为首批国家级一流本科课程,其中线上线下混合式一流课程 4 门,虚拟仿真实验教学一流课程 2 门,线下一流课程 1 门。

此外,为促进本科人才培养与学科建设深度融合,探索"新工科"人才培养模式改革,经过导师、学生双向选择,河北工业大学(天津校区)确定 2018 级 252 名、2019 级 297 名本科生参加"创新拔尖学生培育计划"。

"元"梦航天 "光"耀华夏 首颗卫星"元光号"搭乘长征八号成功飞天

12 月 22 日 12:37,河北工业大学(天津校区)"元光号"科学实验卫星,在中国文昌搭乘长征八号成功飞天。卫星正常入轨,遥测参数正常,太阳翼、天线均展开正常。"元光号"为河北工业大学(天津校区)与长沙天仪空间科技研究院有限公司合作研发的第一颗卫星,其空间科学载荷由河北工业大学(天津校区)独立研发。

元光号卫星的发射,实现了学校与长沙天仪空间科技研究院在商业航天领域的成功合作。双方将合作推动微小卫星智慧产业发展,建设卫星部组件地面和在轨服役可靠性评鉴中心,构建卫星部组件与载荷健康大数据中心;推动立方星智能制造示范生产线的标准和智能化,助力高端装备智能制造产业升级;完善卫星信息地面智能接收系统和大数据应用,结合人工智能算法提升卫星数据利用效率,服务于智慧城市建设。

数量层次 双双突破 国家自然科学基金创历史新高

2020 年度国家自然科学基金项目申请项目评审结果陆续公布,截至 12 月 22

日,河北工业大学(天津校区)获批 2020 年度国家自然科学基金项目达到 110 项,总体资助率 22.31%,资助直接经费达到 5944 万元,均创历史新高。此次获批的项目中包括面上项目 35 项、青年科学基金项目 62 项、国际交流与合作项目 4 项,联合基金重点项目 6 项,专项项目 1 项。

(凤凰新闻,2021 年 1 月 6 日)

河北工业大学留校学子开心过大年

河北日报讯　今年,河北工业大学部分学生选择留校过年。2月11日是农历大年三十,留校学子们的学习、生活怎么样?学校为他们做了哪些准备?笔者进行了采访。

本科生:"因祸得福,我成了锦鲤!"

"12月中旬假期留校,我是在准备后续工程训练比赛。"电信学院电子科学与技术184班吴泽宇说,团队经历讨论方案、方案论证的过程后,已进入设计搭建阶段。

说起留校,吴泽宇挺开心,由于一些队友无法收到快递,便将部分订购器件邮寄到了学校。"我承担部分队友的工作,在校期间,老师和研究生师兄师姐,给了我很多指导,我得到了比同龄人更多的学习锻炼机会!'锦鲤',非我莫属!"

"除了日常学习、研究,我也常跟老家的父母联系,互报平安。"1月初,学校免费为所有在校学生做了核酸检测,随后,便将就地过年同学进行了集中住宿。"搬宿舍时,学校安全工作处的老师和东六宿管阿姨一直在帮助大家搬东西。"吴泽宇说,"我跟爸妈说,自己搬进四人间宿舍,学院老师对我很关照。爸妈也安心多了。"

"我很感谢这段时间遇到的每一个人。他们每个人都在尽心尽力地守护着我们。"吴泽宇说,纠结的时候,是包联老师带给我选择的勇气,是回家还是继续留在学校,怎样才能在学校更方便的学习生活……他们的建议让我内心充满力量;当我从教室回来的时候,总会遇到学校安全保卫处的老师夜巡,宿管阿姨楼门处的守候。"被很多人这样爱着,我很温暖。"

研究生:"我们的生活挺丰富"

不同于本科生,研究生的寒假假期只是比社会人多了几天。"寒假初期,很多同学根据自己的实验节奏,继续奋斗。"孟凡斐说,"随着实验的完成,大家都陆续归家了。"

孟凡斐,土木工程学院 2018 级建筑与土木工程 S18048 学生,研究生期间一直专注于 3D 打印隧道模型的相关研究。面临毕业的他未雨绸缪,希望通过假期,完成实验及数据整理、论文撰写,以免分批次开学时间,延误论文的修改、送审。尽管家住沧州,他还是与父母商量,就地过年。"在学校确实非常方便! 导师马国伟经常到校,面对面指导我的实验和论文。"

除了紧张的科研生活,学校还为留校同学特别筹备了留校"暖冬"系列活动,营造寒假校园内节日氛围。

机械工程学院每周都会在多媒体教室开展周末影院活动。而放映的影片,则充分采纳同学们的意见,投票选出。

新春期间各学院都分别组织了小规模的"师生茶话会"。老师们为留校同学发放防疫物资和生活用品,和同学们一起贴春联。学院领导鼓励大家珍惜在校时间,努力提升自身科研能力,并耐心询问每位留校同学的生活情况,帮助大家解决生活中的困难,让大家在学校度过一个印象深刻、温暖的春节。

除夕当天,留校学生还收到了学校领导送来的年夜饭券与新春大礼包。坚果、酸奶、糕点、水果……抱个满怀的大礼包,带着学校的关怀温暖着每一个留校学子。荤素搭配的精美菜肴,配上汇集牛肉大葱、猪肉三鲜和素三鲜的皮薄馅大、个个都有"好彩头"的彩皮花饺,是北方人满满的年夜饭仪式感。"感谢学校对我们关心、照顾!"

经管学院研究生刘宏波说,导师高素英担心自己吃不好,还专门做了饭菜带到学校。"导师是我在校生活中最亲近的人。家常饭是'母亲'对'女儿'的关爱与照顾,也是异乡学子期望的'亲情'。"

"过年期间,很多学院的导师都会带学生回家过年。不仅如此,老师们还会到学校和我们一起包饺子!"机械工程学院研究生刘月说,小年的时候,老师们还专门与学生同聚东区食堂,揉面、和馅、装盘一系列流程下来,一个个富有"机械"特色的"学术水饺"便完成了!"饺子皮薄馅大塑形变形恰到好处,烹煮不破满足可靠性要求。"

不仅如此,为丰富留校同学文体生活,机械工程学院还面向全体在校师生举行"暖冬杯"乒乓球联赛。每个周末,健康运动,劳逸结合,还能捧回大奖。

留学生:"我把中国故事讲给世界"

因为疫情缘故,选择留校的还有很多留学生。除了日常学习生活,国际教育学院老师还专门组织别开生面的学剪纸、扎灯笼活动,带留学生们一起纳福祈年,体验中华年文化。

"春节是一年之岁首。冬春交接,万物复苏,意味着一个新的轮回和开始。贴春红、放鞭炮、守岁、拜年……人们欢聚,总结过去,憧憬未来。"青年教师谷婷婷为同学们讲解了春节的起源、文化内涵以及传统习俗。

在老师的指导下,同学们纷纷选择自己喜欢的图案,投入到一场剪纸"大战"。

除旧布新是春节众多习俗当中重要的一项。人们洒扫庭院,张贴各种带有吉祥寓意的春联、窗花和年画,寄托对新年的美好企盼。"福娃代表福气,鲤鱼代表富足、鸳鸯代表爱情、金牛代表勤劳,鞭炮代表驱邪……"来自科特迪瓦的学生一边剪纸,一边点数着春节年俗。

手指翻飞间,活蹦乱跳的锦鲤、憨态可掬的鸳鸯、可爱俏皮的福娃被一双双妙手剪出。有的同学则状况百出,剪断了红心,剪坏了眼睛,笑语欢声洋溢。剪纸完成后,留学生们将自己的作品粘贴在亲手制作的灯笼上进行装饰。

一张张笑脸洋溢着喜悦,一个个灯笼温暖着人心。

"我来中国求学两年了,中国人民热情好客,老师对我们要求严格,但关怀备至。这里已经成了我的第二故乡。"来自孟加拉国的赛义姆说,"我会分享在中国过年的图片视频,告诉家人中国目前疫情很平稳,非常安全。学校为我们提供了很好的学习生活环境。我在学校过得很好!家人很放心!"

"今天,我要把这个灯笼送给我的家人!"刚果的毕力说,"新的一年里,唯愿各国人民团结一致,共克疫情,家家户户齐团圆,欢欢喜喜过新年。"

有书香美食相伴,有良师益友为友,假期的校园充满了智慧,满溢着笑声和温暖。

通讯员屠琼芳　记者马利(《河北日报》,2021年2月15日)

从初一到十五,研支团这样过

每逢佳节倍思亲。春节,是中华民族最为重视的传统佳节,欢度新春、阖家团圆是无数中国人的美好愿望。2021年的春节,对于河北工业大学研究生支教团新疆分队的志愿者而言,却与以往不同。

随着深冬到来,多个地区疫情出现反弹,冬季疫情防控形势严峻,而每年的春运是全国人口流动量最大、最密集的时期。志愿者们虽有着无限牵挂,但在这样的特殊时期响应国家号召,固守安宁,就地过年,就是对国家疫情防控工作最大的支持。

第一次在异地过年不能和家人团聚,不在家乡,胜似家乡。新疆若羌这美丽的西部小城,用自己的温柔,融化了他们不能回家的遗憾。

坚守岗位,守土尽责

本就富有意义的支教时光加上原地过年的惊喜,让这短短一年的研支团生活显得更为独特。他们愿意在异地他乡守土有责、守土尽责,"新疆用她最热情和温暖的一面迎接了我们,我们要用更大的热情回报新疆,回报祖国。"

"老师,您让我写的作文我实在不会写……""老师,您让我练字,我写出来怎么都不好看……"

"那老师明天去你家看看吧!"

虽然现在已经是寒假,但志愿者们依然没有忘记自己的使命,常常打电话给学生家长,询问孩子在家的学习状况。

电话里总是没有办法很好地解答学生的疑惑,所以他们就踏上了"家访之路"。他们到学生们的家中辅导作业、教做手工,关心着孩子的成长。家长们也总是热情地摆满水果以表达感谢。研支团成员们与孩子们和孩子家长的沟通交流,鞭策与充实了他们的生活。

相隔千里，温暖传递

为了让河北工业大学第23届研究生支教团的同学增强对于自己即将到来的支教时光的代入感，提前适应讲课氛围，锻炼讲课能力，发现自己在授课之中存在的问题并加以改正，到支教地后能够更好地完成授课工作。

1月30日，成员们组织了与下一届研究生支教团的线上交流试讲活动，同时就新一届成员提出的有关前期准备、日常工作、日常活动、嘱托期许等方面的问题进行了解答。研究生支教团最大的特点就是传承，一届一届的支教老师，来到同一所学校，将爱传递下去。

温情陪伴，年味依旧

大年三十，这个阖家团圆的日子，他们一起贴春联和福字，一同准备团圆饭，大家在一个小厨房里忙来忙去，油盐酱醋从一个人的手里传到另一个人的手里，年味就出来了。大盘鸡、酸菜鱼、炖羊肉……

不同民族的老师们一起准备了各自家乡的特色菜，来自和田的少数民族老师还有点害羞地问："我做得怎么样？""超级棒！"忙里忙外，一桌的年夜饭终于做了出来。

热气腾腾的羊肉饺子，传递着家的温暖。这就是过年的仪式感，也是成员之间更加深入的亲切交流。在这里，他们就是家人呀。举杯庆祝，对家的思念和对这里的热爱统统融进了那句"新年快乐"里。

新的一年太阳第一次升起的时候，他们将早已写好的福字和春联贴在了自己的门上。"自己写的春联才有味道！"他们早早地准备好了"笔墨纸砚"，一张张裁好的红纸铺在了宿舍地上，趴在上面写下了最美好的愿望。大家虽然没有血缘关系，没有回到自己的家，但仍是最亲密的团体，就是一家人。

用一年不长的时间，做一件终生难忘的事。为了响应就地过年的号召，为了祖国能够战胜疫情，河工大研究生支教团选择了留在这里，留在这片美丽而热情的土壤，度过了一个不一样却依旧温暖的春节，让自己的青春在祖国最需要的地方绽放光芒！

（西部志愿汇，2021年2月26日）

重磅！河北工业大学国家级一流本科专业建设点增至 30 个

近日，教育部印发《教育部办公厅关于公布 2020 年度国家级和省级一流本科专业建设点名单的通知》，公布了 2020 年度国家级和省级一流本科专业建设点，我校 15 个专业获批国家级一流本科专业建设点。至此，我校共有 30 个专业入选国家级一流本科专业建设点，位列河北省内高校第一，占我校招生专业比例近 50%；获批国家级和省级一流专业建设点达到 50 个，占招生专业比例约 78%。

一流本科专业建设"双万计划"是教育部全面贯彻落实全国教育大会和新时代全国高校本科教育工作会议精神，推动新工科、新医科、新农科、新文科建设，全面振兴本科教育，提高高校人才培养能力，实现高等教育内涵式发展的重要举措。自一流专业建设"双万计划"实施以来，学校高度重视、提前谋划，本科生院精心组织、有序推进，各学院专业立足优势、挖掘特色，对各专业申报材料充分打磨、精益求精，建设方案不断优化，确保了申报成效，获得了令人可喜的成绩。

多年来，我校始终坚守立德树人根本任务，坚持"以本为本"、推进"四个回归"，坚持以"新工科"建设为引领，以传统专业改造升级为着力点，持续优化学科专业结构，健全专业动态调整机制，加大专业建设投入力度，激发专业办学活力，实现专业内涵发展、特色发展、高质量发展，为一流专业建设点的申报打下了扎实的基础。

"十四五"期间，学校将以一流专业建设为契机，按照做强一流本科、建设一流专业、培养一流人才的原则，坚持"学生中心、产出导向、持续改进"的理念，继续加大对一流本科专业建设的政策资金支持力度，引导专业深化教育教学改革，提升专业内涵，强化专业特色，促进专业建设质量的持续提升，为学校"双一流"建设奠定坚实基础。

（人民信产官方平台，2021 年 3 月 3 日）

远隔重洋"云"相聚

——中美两校校长共商河北工业大学亚利桑那工业学院发展大计

3月9日,河北工业大学与美国亚利桑那大学召开视频会议,就河北工业大学亚利桑那工业学院建设和未来发展进行深入交流。亚利桑那大学校长 RobertRobbins、教务长 Liesl Folks、全球事务副教务长 Brent White、中国事务副校长王永刚,学校党委副书记、校长韩旭,副校长马国伟,副校长胡宁及双方相关部门负责人出席会议。

韩旭在致辞中介绍了学校疫情防控工作取得的成效以及疫情期间学校各项事业的建设发展情况。他表示,学校正积极准备亚利桑那工业学院今年的招生工作,亚利桑那工业学院将对学校人才培养、国际化水平提升具有重要的促进作用。学校非常重视与亚利桑那大学的合作,希望在现有合作基础上进一步拓宽双方合作领域、丰富合作成果,进一步助推两所大学的发展,实现互利共赢。

Robbins 对学校疫情防控工作取得的显著成效表示赞叹,对学校在亚利桑那工业学院建设过程中的艰苦努力与辛勤付出表示感谢。他指出,亚利桑那工业学院的建立是两所大学合作历程上的重要里程碑,亚利桑那大学将一如既往对学院的建设发展提供全力支持,保障学院的顺利运行与快速发展。

Folks 表示,亚利桑那工业学院的学生是既是河北工大的学生,也是亚利桑那大学的学生。学生在河北工大读书、学习的同时也将享有亚利桑那大学全球顶尖的教育资源。

马国伟表示,学校非常重视与亚利桑那大学的合作,感谢亚利桑那大学对学院建设的支持,希望与亚利桑那大学建立良好的合作关系与深厚的友谊,共同推进学院建设,促进学院及两所大学的进一步发展。

胡宁介绍了机械工程学院的基本情况,并表示将带领机械工程学院继续加大对亚利桑那工业学院及双方合作专业的投入和支持力度,拓宽专业合作领域。

双方还共同回顾了学院的筹建历程,并介绍了学院目前的建设情况。双方提名了亚利桑那工业学院联合管理委员会,分别介绍了中方管理团队和美方院长,并决定亚利桑那工业学院于2021年正式启动"应用物理学""材料物理"和"机械设计制造及其自动化"三个本科专业招生。

双方相关学院院长、系主任分别介绍了专业的基本情况,并一致表示将会通力合作,选聘优质师资、加强课程建设,努力提升学院办学水平。

新闻链接:

2020年,经教育部批准,河北工业大学与美国亚利桑那大学(University of Arizona,USA)合作建立"河北工业大学亚利桑那工业学院"。学院开设"应用物理学"、"材料物理"和"机械设计制造及其自动化"三个本科专业。中美双方共同组建多元化的师资队伍,其中三分之一由亚利桑那大学派遣专任教师来华授课。学院采用"4+0"培养模式,四年培养过程全部在河北工业大学进行,学生也可在大三大四学年自愿选择赴亚利桑那大学学习。学生完成规定课程后,将获得河北工业大学本科毕业证、学士学位证和亚利桑那大学学士学位证。成绩优秀者可直通亚利桑那大学攻读硕士或博士学位。

亚利桑那大学,始建于1885年,世界一流研究型大学,美国"公立常春藤"大学之一,2020年位居U. S. News世界大学排名第85位。拥有3名诺贝尔奖获得者,26名美国科学院院士,13名美国工程院院士,21名美国艺术与科学院院士。

霍占良(津云,2021年3月19日)

全国人大代表李强：欲强河北经济　需强河北教育

中国日报网北京3月20日电　全国人大代表，河北工业大学党委书记李强在接受中国日报网记者专访中提到河北省已成为京津冀区域协同发展的最大短板，而人才特别是高层次人才匮乏是制约河北省有效融入协同发展的主要原因。

"河北省有的城市也曾借鉴中关村的政策，但并未像中关村那样聚集了一批创新型企业，原因在于缺乏北京大学，清华大学这样具有强大区域经济辐射力的大学，"李强说。

在他看来，自2014年京津冀协同发展上升为重大国家战略以来，京津冀人才合作驶入快通道，取得了阶段性成就，但也仍存在一些问题，主要表现为：深层次的人才协同机制尚未形成；三地科技人才存在的"断崖"式差距影响了京津与河北省的人才对接转移；实体领域和新兴产业对人才的吸引力不足等。

李强认为依靠河北省自身力量难以在短时间内补齐短板，这也必将最终影响到京津冀协同发展战略的顺利推进，他建议由人社部牵头，设立并实施河北省高层次人才援助计划，包括成立由京津冀三地政府共同支持，纳入三地政府财政预算的人才合作基金，设立海内外高层次人才引进援助项目，设立高层次人才登峰援助项目，设立高层次科研平台援助项目。

记者宋静丽（中国日报网，2021年3月2日）

陈勇教授荣获日内瓦国际发明展览会金奖

河北工业大学机械工程学院新能源汽车研究中心陈勇教授领衔开发的"电动汽车自动变速器模块系统（Electric Vehicle Automatic Transmission Module System）"荣获第 48 届日内瓦国际发明展览会金奖。

面向新能源汽车高性能动力系统前沿需求，陈勇教授团队研发了纯电动乘用车用动力总成驱动系统自动变速器系列平台，涵盖直驱调速无同步器两挡机械式自动变速器、动力换挡干式双离合器自动变速器以及双电机多挡电驱动总成系统，能够兼顾低速爬坡和加速需求，同时满足高速巡航整车需求，解决了高速动力换挡问题，提高汽车动力性、经济性、续航里程等整车性能，为新能源汽车提供多种可扩展传动技术路线。

日内瓦国际发明展览会创办于 1973 年，是世界著名发明展览会之一，也是全球举办历史最长，规模最大的发明展之一，截至 2021 年已成功举办了 48 届。展会由瑞士联邦政府、日内瓦州政府、日内瓦市政府和世界知识产权组织共同主办。展会每年都能吸引来自全球五大洲的近 50 多个国家的企业、高校、科研院所以及个人发明人参展。受新冠疫情对世界各地的巨大影响，第 48 届日内瓦国际发明展览会于 2021 年 3 月 10 日至 14 日在瑞士日内瓦举行，以"线上展示和评审"方式参展。

霍占良（津云、河北新闻网，2021 年 4 月 1 日）

河北工大:大中小幼同携手　翰墨丹青颂党史

4月16日上午9时,在河北工业大学北院建友厅热闹非凡,一场以"翰墨丹青颂党史,立德树人守初心"为主题的大中小幼师生艺术作品展在这里亮相。

本次展览由河北工业大学建筑与艺术设计学院主办,河北工业大学附属红桥中学、河北工业大学附属红桥小学和红桥区第一幼儿园协办。现场展品共68件,由绘画类、书法类、手工艺术品三大类组成,全部由四校师生创作。作者以南湖画舫之于"物",画卷丹青之于"形",用奋进之笔传神,用真才实学达意,学史明理、学史增信、学史崇德、学史力行,共同唱响大中小幼师生心中庆祝建党百年的"红色赞歌"!

河北工业大学党委常委、副校长赵斌对此次联合展览给予高度评价。他指出,党一路走来的伟大变革,就是美术创作最宝贵的源泉,值得我们老师和同学们深入挖掘;大中小幼师生用深情的笔墨,书写中国共产党的百年诗篇和壮美画卷。

红桥区教育局副局长王广星表示,此次大中小幼师生共同创作和共同展演的活动形式新颖、内容丰富、意义重大,他希望各个学校通力协作,共同致力于立德树人的根本任务,在"十四五"的新征程中大有作为,为红桥区"教育兴区"添砖加瓦。

(人民日报客户端,2021年4月22日)

河北工大:把党史教育课堂搬到"田间地头"

4月2日下午,河北工业大学经济管理学院与天津市北辰区双口镇联合组织开展"践行初心和使命,百年红情学思行"党史学习教育主题系列活动,充分利用地方党史教育和高校党员教育培养资源的双向优势,把党史教育课堂从大学校园搬到"田间地头"。

经济管理学院党委副书记兼副院长张秀军表示,河北工业大学百余年传承的红色基因给予了河工学子深厚的给养,双口镇安幸生烈士的英雄故事是在我们身边的典型事迹,红色基因的高度契合,为校地共产党员学习基地奠定了坚实的基础。

双口镇党委组织委员张谦说,双口镇有着良好的赓续红色基因的传统,安幸生烈士是第一位天津籍天津地区的党员,同时也创建了第一个天津地区的农村党支部。他勉励同学们接好红色基因的接力棒,传承红色精神,从百年党史伟大奋斗历程中汲取不竭力量。

为促进党史学习进一步深入,校地双方将深入贯彻落实中共中央总书记习近平关于"把红色资源利用好、把红色传统发扬好、把红色基因传承好"的号召,充分发挥党史铸魂育人的功能,多种形式开展有活力、有内涵、有创新的党史学习教育活动。

经管学院还组建党员志愿讲解团定期学习宣讲英烈事迹,张谦为讲解团志愿者颁发聘书。

霍占良(人民日报客户端,2021年4月22日)

京津冀三地工大大学生
同上一堂"云上"党史教育课

4月14日下午,北京工业大学、天津工业大学、河北工业大学"同上一堂课,同话百年情"——京津冀三地工业大学大学生党史学习教育系列公开课依托"云端"顺利开展,中国载人航天工程副总设计师陈善广为三校师生讲授了一堂生动的"党史课"。

报告会采取线上和线下相结合的方式,设立主会场和多个分会场同步进行。本次讲座由北京工业大学承办,北京工业大学、天津工业大学、河北工业大学学生代表在三校多地分会场聆听报告。

陈善广教授在报告中阐明了载人航天的概念与意义,回顾了世界载人航天的发展历史,介绍了中国载人航天的计划与成就,详述了中国空间站的建设及应用,并展望了载人登月和火星探测的挑战与发展。他强调,我国航空航天技术的发展历史是新中国成立以来国家发展历史进程中浓墨重彩的一笔,也是中国共产党领导中国人民奋勇拼搏的历史中最令人难忘的记忆之一。

陈善广教授的精彩报告赢得了全场热烈的掌声。北京工业大学学生代表踊跃提问,陈善广教授一一进行了解答。报告结束后,陈善广教授向北京工业大学图书馆赠送了《载人航天技术》(上下册)图书,勉励学校师生员工弘扬航天精神,不断追求卓越,为全面建成社会主义现代化强国贡献力量。

(人民日报客户端,2021年4月22日)

韩旭教授第七次蝉联入选
"爱思唯尔中国高被引学者"

2021 年 4 月 22 日,全球性信息分析公司爱思唯尔(Elsevier)正式发布了 2020 年中国高被引学者(Highly Cited Chinese Researchers)榜单。河北工业大学韩旭教授入选"机械工程"领域 2020 年度全球高被引中国学者,这是韩旭教授第七次(2014 年-2020 年)蝉联入选"爱思唯尔中国高被引学者"。

韩旭教授担任河北工业大学校长,是国家杰出青年科学基金获得者,973 项目首席科学家,国务院学位委员会机械工程学科评议组成员,"万人计划"中青年科技创新领军人才;担任国际计算力学学会总理事会理事、中国力学学会常务理事、中国力学学会计算力学委员会副主任、中国机械工程学会常务理事、中国汽车工程学会常务理事、国家自然科学基金委机械学科会评专家;担任国际期刊 *Inverse Problems in Science & Engineering* 和 *Journal of Mechanical Design* 的副主编及《机械工程学报》、《工程设计学报》等多个国际、国内期刊编委等。

韩旭教授主要研究领域为基于数值模拟的复杂装备先进设计理论与方法,在反问题理论、结构快速模拟、高性能工程优化和可靠性理论等基础性和前沿性问题上获得突破,是我国工程反问题理论和方法工作的主要推动者,系统性地建立了高性能的工程优化设计理论与方法体系和建立了非概率可靠性建模和设计的理论框架,相关理论成果已成功应用于制造装备、车辆工程、航空航天、工程机械、国防特种装备等多个领域。出版了专著 *Numerical Simulation-based Design:Theory and Methods*、《基于数值模拟的设计理论与方法》和 *Computational Inverse Techniques in Nondestructive Evaluation* 等多部专著,在国外知名刊物上发表 SCI 论文 230 余篇,总他引 7000 余次。作为第一完成人获国家科技进步二等奖、教育部自然科学一等奖、湖南省科技进步奖一等奖、中国机械工业科学技术一等奖、国际计算力学华人联合会计算力学奖、全国百篇优秀博士论文指导教师等。韩旭教授带领工程设计与可靠性团队在多个研究领域取得创新突破,不断迈上新台阶。

(人民日报全国产经平台头条号,2021 年 4 月 26 日)

用讲述唤醒亲身感受

——河北工业大学学子探寻 300 名河北英烈足迹

当把自己录制的英烈事迹音频二维码郑重地贴在"铭英魂浩气　缅先烈赤诚"展览抗日英烈孙永勤事迹的旁边时,河北工业大学思想政治教育 182 班的林蕊琪长长舒了口气,为了整理这位英烈的事迹,她寒假期间三次赶赴承德市兴隆县黄花川孙杖子村。

以实践助推党史学习教育,用讲述唤醒亲身感受。今年寒假,马克思主义学院启动"铭英魂浩气　缅先烈赤诚"学生专项社会实践活动。在专业教师指导下,学生们依托民政部、退役军人事务部先后公布的三批抗日英烈和英雄群体目录,以及河北英烈纪念园、河北党史网、抗日战争纪念网、各地地方志等资料,探寻河北地区革命英烈事迹,深入调研河北籍及牺牲在河北地区的 300 余名烈士的人物生平和英勇事迹。依托这些实践成果,学生们自主制作了"铭英魂浩气　缅先烈赤诚——河北著名抗日英烈事迹展"展览共分为 3 期,一期展览重点展出孙永勤、佟麟阁、张诚德等百余名早期革命英烈的生平事迹。在展板上,除了刊登每名烈士的图片和简单生平,扫描链接的二维码,可以听到学生们录制的每位烈士的详细语音介绍。

政教 191 班的赵柏滢说,"在参与制作展板过程中,我遇到了很多意想不到的困难。比如搜集个人信息时,很多烈士都查不到相关资料,有时还会出现许多网站信息不一致的情况,需要去更多网站核实真实性。还有一部分烈士的照片至今仍是未知的,只有名字留存,不能完整展示出来,这给了我极大触动。多少烈士为国家民族命运前仆后继献出生命,却未能留下供我们缅怀的事迹生平。正是这千千万万无名烈士,才有了我们今日的和平生活。"

政教 201 班的孙成浩是展览的宣讲成员,初次为电子信息工程学院的同学讲解的时候,他既紧张又激动。当看到参观的同学那专注而敬畏的神情时,他不禁说道"在那一刻我深切感受到本次展览的教育意义所在。于我而言,既是宣讲者,又是学习者,讲解的同时也深受熏陶,有了满满的收获感。"

目前展览已经展出了一个月,吸引了全校千余名师生前来参观学习。来自河北工业大学马克思主义学院共建单位天津市轻工职业技术学院的师生党员以及驻地双口镇共建村的基层党组织也组织了专题党日参观活动。"革命烈士把自己的满腔抱负与热血洒遍大地,作为'千禧一代'处在国家发展历史阶段新时期,一定要传承好英烈精神,砥砺奋进!"河北工业大学通信184班的张新建同学在参观了"铭英魂浩气　缅先烈赤诚"河北著名抗日英烈事迹展后深受触动。

活动组织者、专项社会实践负责人,马克思主义学院团委书记张琳说,"此次英烈展既是一次对河北英烈事迹的集中展示,也是一堂学生们学思'四史'、迎接建党百年的生动思政课。"马克思主义学院党委副书记兼副院长孙琳琼说,"英雄是民族最闪亮的坐标。河北牺牲的抗日英烈中有我们耳熟能详的杰出校友,他们的故事镌刻着中国共产党百年历史足迹。让青年学生自主挖掘、整理和讲述英烈的故事,有助于以小切口呈现大历史、以英烈的信仰之火熔铸青年学生正确的历史观。"

据悉,二期展出的百余位烈士事迹和讲述音频目前已制作完成,展览将于5月初启动。

(河北新闻网,2021年4月29日)

河北工业大学"新工科"+"老特色"打造工程教育"新样板"

"工学并举"是河北工业大学传承了 118 年的办学特色,"新工科"建设是近年来高等工科院校研究的新热点。河北工业大学以此为契机,围绕区域产业发展需求布局学科专业、破解学科壁垒、推进工程教育教学改革,有效强化了大学生的工程实践能力,不仅为"工学并举"的老特色注入了新的时代内涵,也为工程教育打造了一种具有良好示范辐射作用的"新样板"。

贯彻交叉融合理念,实现工程实训教育"全过程+全覆盖"

1. 突破传统观念,搭建工科与非工科融合实践教学平台,面向文、理、管、法、艺等非工科专业学生,开设工程认知实践训练。

在传统的工科高校培养方案中,工程实践训练环节只针对工科专业开设。在新工科建设中,学校提出了"为所有学子打下'工学并举'烙印"的改革目标,并自 2017 级开始,调整本科人才培养方案实践环节,增加"非工科类专业都要设置 1 学分的'工程认知训练课程'"。

所有非工科学生在大学一年级都要经历集中一周时间的工程认知实践训练,不仅能够亲身经历和体验学校的工程文化、办学特色,而且能够通过简单的实践操作了解工程技术,如 3D 打印、激光加工、电工电子技术等 10 余项主流工业技术。通过工程认知训练平台的搭建,培养非工科学生工程思维、开阔视野,提高动手能力,为后续学科交叉创新人才培养打下基础。

该课程一经推出,就受到学生热烈欢迎,同时也引起了校内外专家和媒体的关注。在学校本科教学审核评估工作中,由于该课程的学生认可度很高,专家特地进行了实地考察,并给出了"该课程能够增强大学生民族自信、文化自信、学校自信"的高度评价。

2.加强工程训练对工科学科和专业的个性化服务和支撑,构建基于知识点阵列的"四层次、不断线"工程实践训练教学体系。

全面梳理工程实践教学的知识点,根据工程意识到工程综合创新能力逐步提升的规律,构建"四层次、不断线"阵列式工程实践训练教学体系。在这个体系中,新任教师可以通过梳理知识点,迅速熟悉实践对象和实践原理,老教师可以通过知识点的更新实现与时俱进,从而为学生开展实践训练提供合格师资。教学内容上,通过在知识点上合理设计课程思政元素和"工学并举"特色传承,使学生在润物无声中实现社会主义核心价值观塑造,通过将实践教育与劳动教育相结合,实现学生的匠心锻造和品格锤炼。通过面向不同学科和专业需要,设计工程实践训练教学模块和技术知识点,构建基于知识点的"菜单式"学习子空间,满足各专业个性化需求。各专业根据人才培养需求,选择"菜单"下的课程。

健全工训生态环境,实现"虚实结合+无缝对接"

1.打造区块式虚拟仿真中心,拓展实践教学时间与空间,为学生自主训练提供虚实结合的实践环境。

虚拟仿真实验教学由于具有内容丰富、安全高效而又不受空间和时间限制的特点,在大学实践教育中得到迅速发展,特别是国家教育部门推动的虚拟仿真实验教学中心的建设,更是催生了普及性的虚拟仿真实验资源建设。

河北工业大学开展虚拟仿真教学研究比较早,各个学科几乎都有不同程度的虚拟仿真教学模块,还建有两个省级虚拟仿真中心。然而,这些虚拟仿真模块一直散落在各个学院,加之多校区办学,使用效率较低。

随着互联网技术的不断发展,学校和华为签署了战略合作协议,5G技术已经覆盖整个学校,同时建立了云教学平台,这为整合虚拟仿真资源提供了支撑。按照新工科的建设需求,学校倾力打造了区块式虚拟仿真中心。集中建设了基础工程训练虚拟仿真、机器人与智能制造虚拟仿真、车辆与交通规划虚拟仿真、智能建造虚拟仿真、化学与化工过程虚拟仿真、电子信息虚拟仿真、燃烧与热能过程虚拟仿真、"互联网+"与云空间虚拟仿真等8个虚拟仿真区块,开设了AR(增强现实)系列实践、VR(虚拟现实)系列实践、桌面虚拟环境下的虚拟设计系列训练、半虚拟半物理混合系列实验和基于互联网的虚拟社区实践等5种不同的虚拟仿真实践课程。教学设计上覆盖了认知训练、系统训练和创新训练3个层次。

这个区块式虚拟仿真资源的建设，极大地弥补了学校实践教学资源的不足，缩短了学校实践训练与企业实际生产环境的距离，同时，也为实现学生自主学习、问题导向学习等以学生为中心的教学模式改革提供了有力抓手。

2. 设计"线上仿真训练、线下实践创新"实践教学项目，让学生从"数字恐惧"向"数字乐趣"转变，提升学生自主实践能力。

面对大型设备的操作和使用，学生动手操作时存在一定的"恐惧"心理，因此构建先虚后实、虚实结合的训练模式，即先利用软件进行虚拟仿真训练，在熟悉设备的操作之后，再到车间操作真实设备，不仅提高学生学习兴趣，也降低了安全隐患。

以"开放+集成+交互+可扩展"为理念，设计虚拟仿真实训项目，实现实验教学、基础知识、实验考核、教学管理等主要功能。学生可以利用虚拟仿真平台完成各项实验，如：理论学习、选择课程/实验、在线实验、接受实验指导、在线提交实验报告、保存并提交实验结果、在线考试、查询实验成绩和教师批语等。教师可以利用虚拟仿真平台进行日常教学管理和对学生的实验考核，如：对实验项目库的创建与维护、在线发布实验安排、创建在线考试题库、在线指导学生实验、批改实验报告等。

3. 构建"线上知识点学习、线下实践创新"通道，强化安全意识，注重"工学并举"特色传承，实现线上线下工程训练一体贯通、无缝对接。

在中国大学慕课平台上线工程训练课程，依据学校对本科生人才培养质量要求及实践教学要求，按照项目式、模块化和开放性的思路编排设计，包括基础训练模块、工学并举文化传承模块、创新实践模块、3D 打印与机器人模块等 11 个实践训练模块。按照"知识点讲解+示范演示+文化传承"制作工程实践教学视频，融合线上知识点视频和线下实践环节，在教师指导下进行实践操作，将知识内化直至完全消化，使知识通过实践转化为能力和素质。在中国大学慕课平台上线仅半年时间，全国近 100 所高校的近 35000 名学生进行了注册和线上学习。权威媒体对此进行了报道："这个具有前瞻性的举措，在新冠疫情防控期间解了广大高校的燃眉之急，实现了跨学校、跨区域、跨省市的资源共享。"

突出以学生为中心，以项目牵引实现知行聚合

1. 围绕复杂工程问题，开放性征集训练项目。

面向全校各单位部门、与学校合作的企业征集具有 4 个特征的综合工程项目：

（1）体现综合性特征,至少需要两个学科及以上的专业知识才能完成;（2）需体现技术的前沿性,确保学生在解决问题时有创新的思维空间;（3）项目的复杂度适当,确保在规定训练期间内能够做出具有实际用途的产品;（4）项目预算要求在规定的范围内。根据每个工程实践项目的内容,组建专家组,对征集项目进行筛选,最终确定指导教师组成范围。同时确定全校招募学生的专业范围,通过学生自愿报名和面试等环节,组建适合各工程实践项目的跨学科学生团队。

2.打破专业领域界限,组建跨学科、跨专业教学团队和"匠心训练"平台。

教学团队来源于学校各专业专任教师、与学校合作的企业工程师、实验实训中心工程师和技师三部分。"匠心训练"平台主要由企业项目和教师科研项目凝练而成的工程实践项目组成,不同专业的学生组建跨学科学生团队(每个项目一般需要3个学生),在专任教师、企业工程师、实验实训中心技师或工程师的帮助下,团队直接面对工程实践项目,完成项目设计、采购、加工、制造、编程、装配、调试、运行、工程管理、成本分析、答辩、知识产权的申请等实践环节。团队作为项目的主导,需要分析和提炼复杂工程问题,设计和开发项目解决方案,应用工程基础和专业知识来解决复杂工程问题,以及多学科知识融合解决复杂工程的过程;学生在解决一个又一个工程实际问题的过程中,通过不断反思总结,逐步培养起主动学习的习惯、独立思辨及批判的精神、处理新兴(或复杂)问题时整合资源和协同决策的能力,综合工程实践能力得到提高。

3.以学生为中心、以产品成果为导向的"匠心训练"教学模式的组织与实施。

"匠心训练"教学模式突出以学生为中心、以产品成果为导向,主要包括教学准备、项目实施、教学延伸3个阶段。在教学准备阶段,组建跨学科"匠心训练"教师库,筛选工程实践项目,组建跨专业学生团队和项目指导教师团队。在项目实施阶段,在指导教师组的帮助下,学生团队进行项目调研、小组分工、方案设计与实施、产品总装及调试、项目结项答辩等环节。在答辩时,需要对工程项目产品进行运行演示,专家通过产品运行效果、产品完成度、学生答辩效果进行整体打分。答辩结束之后,还有教学延伸环节,学校支持学生依托产品申请专利、发表论文、参加竞赛,进一步提高学生综合实践能力。

工程实践能力培养是高校新工科人才培养质量的一个重要维度,工程实践训练教学是强化这一维度的重要手段。随着新工科建设的不断发展和实践,新专业将会不断增多,专业融合也会更加紧密,工程实践体系的改革、内容的充实和方法的更新,是实现高质量实践能力培养的必由之路。学校的探索取得了初步成效,接下来还会在新工科研究和实践方面继续进行更多改革,赋予"工学并举"这张名片更鲜明的特色。

韩旭(《中国教育报》2021 年 5 月 10 日)

河北工业大学开展
"传承2021"科学家精神宣讲活动

本网讯 "活两辈子不可能,可这一辈子要活得有价值。"5月10日,河北工业大学校友、核工业专家姜圣阶院士侄孙女姜光洁女士在分享爷爷求学报国,感恩母校的故事时动情地说。中国原子能出版社社长、党总支副书记王朋也为学校师生讲述了学校校友姜圣阶院士学成报国,造福民生,淡泊名利,以身许国的事迹。

此次"传承2021"科学家精神宣讲活动,由中国核学会、中国原子能出版社与学校联合举办。

在姜光洁女士眼中,她的爷爷是永远把国家、把别人放在自己前面的人。她说,爷爷一生爱党、爱国、爱母校。有人问他,当年留美,如果留下,也许人生会有不同。他却说,留在美国,也许会有很好的生活条件;但我的国家,我们的党,给了我这么高的荣誉,我比什么都高兴。他说,我很愿意,也很开心。感谢党,感谢国家,感谢母校河北工学院给他打下人生的基石。她说,爷爷经常教导家里的孩子,"活两辈子不可能,可这一辈子要活得有价值",要好好做人,好好学习,努力工作。她说,希望能把爷爷的教导、爷爷的精神与更多年轻人共勉。

王朋以《埋名大漠亦英雄——姜圣阶院士为国铸剑的一生》为题作了专题报告。他以电影《横空出世》的片段为引,带领大家进入姜圣阶院士的世界。他讲述了姜圣阶老先生学成归国,潜心化工造福国家;在美国严控核技术、苏联专家撤退,国家核事业发展遭遇危机的时刻,毅然舍小家为大家,投身戈壁,以身许国的动人过往。完成大国重器后,他又带头从军用转民用,开拓核电,创建领导学会,为核安全工作开疆拓土。尽管年迈多病,他依然丹心一片,生命不息,奋斗不止,将自己的一生都奉献给了国家。王朋鼓励同学们学习、传承姜圣阶老先生爱党、爱国、自信;进取、学习、细实;惜时、惜己,乐群的精神,做进取向上的新时代青年。

报告会后,副校长胡宁代表学校接受了中国核学会理事会党委副书记、秘书长于鉴夫捐赠的《中国核学会科学家系列画册》;王朋代表中国原子能出版社向学校捐赠《核铸强国梦》系列丛书和《激情的岁月》文艺作品。

姜圣阶院士侄重孙姜子闻先生在致辞中,感谢河北工业大学、中国核学会、中国原子能出版社的邀请,感谢所有为《姜圣阶画册》付出努力的领导和工作人员,大家的细致令所有姜圣阶家属感动。他表示,此次活动让他再次重温了太爷爷的过往点滴和伟大的奉献精神,后人一定会以他为榜样,好好学习、努力工作、报效国家。

姜光洁女士为于鉴夫、王鹏、胡宁送上锦旗,感谢中国核学会、中国原子能出版社、河北工业大学为姜圣阶老先生付出的努力。

中国核学会、中国原子能出版社、学校办公室、党委宣传部、化工学院等相关部门负责人参加会议。

通讯员屠琼芳(河北教育网,2021 年 5 月 11 日)

做师生校友最放心的"底档"

——一封海外校友感谢信背后的故事

本网讯 "远在异乡,在即将走向工作(岗位)的人生新起点,又再次感受到了母校的关怀和老师们亲如家人的温暖……"一位远在澳大利亚的校友,把感动与感恩,都写在寄给母校档案馆的感谢信中。

原来,陆艺博校友于 2018 年从学校控制学院自动化专业毕业后,就到澳大利亚悉尼大学继续攻读硕士研究生,今年 7 月即将走向工作岗位,在调取学籍档案时,才发现档案找不到了。没有档案就无法正常入职,这让他万分焦急、担忧和茫然。情急之中,他想到了向母校"求助"。他联系到档案馆学生档案室的廖永中老师和自己当年的辅导员王艳老师,看能不能用"远水"来解"近渴"。

时间都已经过去近三年了,当年的毕业生也数以千计,寄送档案的 EMS 快递单据也有几千份,但廖老师没有推辞,更没有抱怨,而是在档案库、收发室、邮电局来回跑,只想尽快找回档案,以解校友的燃眉之急。

"只要没耽误校友的入职,我所做的一切都是值得的。"在收到感谢信后,廖永忠老师平静地说,"这是我的工作,也是我的职责,换做我们档案室的任何一个老师,也都会这么做的。"

在接到陆艺博同学的求助电话后,王艳老师第一时间和廖永忠老师取得联系,一起梳理档案流转过程信息,害怕小陆着急,她又像当年在校时那样跟他谈心,安抚他焦虑的心情。

"孩子们有困难还能想到我,说明我这个辅导员还有点用。"提到自己的学生,王艳老师满是自豪,"不管是离开了多久,走出了多远,同学们永远是我们辅导员心中的'宝儿'。只要他们有需要,我们都'随叫随到'。"

经过两位老师的不懈努力,终于查明了档案丢失的原因。随后,两位老师又从档案馆的综合档案室调取并补办了该校友在校期间的相关学籍档案,使他能顺利入职,开启人生新起点。

"为师生服好务是我们档案馆的职责所在,在工作中我一直努力做到事事有回应,件件可追踪。"档案馆馆长董金明也对校友的信任表示感谢,"我们也会把艺博校友的鼓励当作今后改进工作的动力,完善工作方法,优化服务流程,努力成为师生和校友最放心的'底档'。"

通讯员屠琼芳、霍占良(河北教育网,2021 年 5 月 12 日)

学大钊"铁肩担道义"　续血脉"妙手著文章"

　　5 月 14 日,河北工业大学校院两级党委理论学习中心组成员来到河北省乐亭县李大钊纪念馆及李大钊故居,实地开展党史学习教育主题实践活动,缅怀革命先驱,传承红色基因,赓续精神血脉,凝聚奋进之力。校党委副书记、校长韩旭,校党委常委、副校长段国林、赵斌,副校长马国伟,及其他校、院两级党委理论学习中心组成员及相关人员出席活动。

　　上午 10 时,大家怀着崇敬之情走进位于乐亭新城区的李大钊纪念馆。全体同志整齐列队、缓缓走上象征着李大钊同志 38 年人生的 38 级台阶,向李大钊同志塑像敬献花篮。韩旭仔细整理花篮敬联,全体同志向李大钊同志塑像三鞠躬,深切表达对李大钊同志的缅怀和敬仰。

　　在韩旭领誓下,大家庄严举起右拳宣誓,重温入党誓词。韩旭与李大钊纪念馆馆长李敏为共建的"爱国主义教育基地"及"党史学习教育基地"揭牌。跟随工作人员的讲解,大家参观了李大钊同志生平事迹陈列展览。一幅幅照片、一件件实物,让大家深切感受到无产阶级革命家李大钊的气节与胸怀。全体参观人员边走边听,不时驻足观看,感悟李大钊同志"铁肩担道义,妙手著文章"的革命情怀。随后,全体同志来到李大钊同志诞生和幼年成长的地方——乐亭县大黑坨村,走进李大钊故居,深入了解李大钊同志的成长历程,感悟他英勇无畏的家国情怀和淳朴家风美德。

　　根据共建协议,学校将定期组织师生前往李大钊纪念馆进行社会实践,双方共同开展以李大钊烈士为主要内容的学术研究,通过举办线上线下专题展等多种形式,丰富相关文化成果。双方将定期举办座谈会、交流会、文化沙龙、讲座、报告会等文化交流活动,还将在档案整理、展馆建设等方面进行操作技术与业务流程的学习交流。

　　霍占良(津云,2021 年 5 月 16 日)

聚焦光子调控　引领光伏发展

——河北工业大学原子尺度研究团队取得系列研究成果

　　本网讯(通讯员屠琼芳)光伏是我国重点发展的领域,也是京津冀重点布局的产业。河北工业大学材料科学与工程学院长期致力于光伏领域研究,不但为晶龙集团、中环半导体等龙头企业提供了关键技术和核心人才,还在基础研究领域结下了累累硕果。2021 年 5 月 12 日,学校原子尺度研究团队在国际顶级学术期刊 *Chemical Society Reviews*(IF = 42. 846)以 "*Photon management to reduce energy loss in perovskite solar cells*"(Chem. Soc. Rev. ,2021,DOI:10. 1039/d0cs01488e)为题刊发钙钛矿基光伏领域的综述成果。这是继该团队以学校为第一单位在 *Acta Materialia*(2020,188,354)、*Adv. Energy Mater.*(2021,202100529)和 *Nano Energy*(2020,78,105354)等高水平杂志发表重要研究成果之后,再次取得突破。该综述解析了钙钛矿太阳电池内部的光子能量损耗的重要策略及其调控机制。综述第一作者为陈聪副教授,通讯作者为学校郑士建教授和吉林大学宋宏伟教授。学校材料科学与工程学院、省部共建电工装备可靠性与智能化国家重点实验室为该综述成果的第一通信单位。

　　自 2009 年首次被发现,钙钛矿太阳电池的研究进展迅猛,曾被 Science 期刊评为 2013 年的十大突破性科技进展之一,目前其单节器件的光电转化效率已经飙升至 25. 5%,与硅电池构筑的叠层器件已经达到 29. 5%,成为光伏舞台上的重头戏。尽管钙钛矿太阳电池发展迅速,但其发电效率和成本仍有巨大的提升空间。太阳能转化为电能的主要能量损失源自 Shockley-Queisser 极限引起的低能光子的无法吸收和高能光子的热化损失。学校原子尺度研究团队陈聪等人近年来重点关注钙钛矿半导体光电材料以及器件的内部光学损耗和缺陷调控的研究,自 2019 年 7 月份入职以来,以学校为第一单位在领域内高水平期刊发表多项研究成果。基于课题组以往的研究结果,陈聪等人在此详细综述了钙钛矿太阳电池内部光子管理的调控策略,即包括基于反斯托克斯发光的上转换、量子剪拆、散射(局域表面等离子共振)、叠层电池、梯度结构、纹理、制绒、抗反射等降低光子损耗的手段。研究团队系统地分析光子管理材料的精细结构、荧光量子效率、材料配比和内嵌位置对提高光伏器件的光电转换效率、光照稳定性、使役环境可靠性的调控作用,从多角度阐释了钙钛矿太阳电池内部的光学和热学损耗机制。本综述论文对钙钛矿基光伏器件,以及光电晶体管、光电化学传感器、光催化以及发光二极管等领域的光子管理调控研究具有极其重要参考价值。

Chemical Society Reviews 属于一级学科顶级期刊,是世界化学化工以及材料学科领域公认的最具影响力和权威性的三大综述性学术期刊之一,发表的论文对相关领域的发展具有重要的引领和指导作用。根据 Google Scholar(2018)发布的全球学术期刊影响力指标,该刊排名第 5,Reviews 综述类排名第 1。根据科睿唯安《SCI 期刊引文分析报告》最新公布数据显示,该期刊的 2020 年影响因子为 42.846。

该综述以及此前发表的多项研究成果,标志着学校科研团队在钙钛矿半导体光伏材料与器件领域的相关前沿性研究受到了国际同行的广泛关注和认可。

作者简介:

陈聪,男,30 岁,副教授,博士生导师,河北工业大学"元光学者"特聘岗,于2019 年 7 月份毕业于吉林大学,并于同月加入河北工业大学。研究方向为面向应用的高效与稳定的光伏电池。目前以项目负责人承担国家自然科学基金、河北省自然科学基金、河北省高层次留学人才回国资助项目、集成光电子学国家重点联合实验室开放课题等项目。目前以第一作者或者通讯作者在 *Adv. Energy Mater.*(3篇)、*Nano Energy*(5 篇)、*Chem. Soc. Rev.*、*Adv. Sci.*、*Solar RRL* 等国际能源领域杂志发表研究论文 20 余篇,获得授权发明专利 2 项。担任 *Sci. Rep.* 杂志编委,*Front. Chem.* 杂志客座编辑,*J. Rare Earth*、稀土学报青年编委。于 2018.01—2019.01 在美国杰克逊州立大学作为访问学者。获得荣誉包括吉林大学力旺精英奖(10 万元)、宝钢奖学金"特等奖"、吉林大学十佳研究生、河北工业大学"科技新星"等。

郑士建,河北工业大学教授,博士生导师,2014 年入选中国科学院"百人计划",2016 年入选国家"海外高层次人才引进计划"青年项目。长期致力于金属结构材料与能源材料的原子尺度研究,研究成果揭示了高温、高应力、强辐照等极端使役环境下原子尺度界面结构对高温合金、钛合金、层状金属材料力学性能、抗核辐照损伤性能的影响规律,以及能源电池材料服役过程中原子尺度衰变机制。在 *Nature*

Communications、*Advanced Materials*、*Acta Materialia*、*Scripta Materialia* 等高水平期刊发表 SCI 论文 104 篇,引用 3944 次,入选 2020 全球前 2% 顶尖科学家榜单,并受邀在(国际塑性、损伤与断裂会议等)高水平国际会议上做邀请报告,主持或参与国家重点研发计划、国家自然科学基金等项目 11 项。获河北省政府特殊津贴(2019)、天津市创新类领军人才(2019)等荣誉,并任中国电子显微镜学会(2016—今)等学会理事。

研究团队介绍:

学校原子尺度研究团队(团队负责人:郑士建教授)于 2019 年 10 月份组建,是一支年轻有活力、科研实力雄厚的科研团队。该团队致力于在原子尺度揭示先进材料与器件在服役条件下的显微结构动态演化规律,并在原子尺度设计和开发先进材料与器件,最终实现先进材料与器件的应用。截至目前,该团队已经以河北工业大学为第一单位在 *Acta Materialia*、*Adv. Energy Mater*、*Nano Energy*、河北工业大学学报等杂志发表高水平论文 10 余篇。团队目前已经获批包括国家自然科学基金、天津市自然科学基金、河北省自然科学基金以及企业横向课题在内多个项目资助。

(河北教育网,2021 年 5 月 18 日)

河北工业大学校长韩旭一行
走访多家名企拓宽校企合作新路

5月12日至13日,河北工业大学校长韩旭,校党委常委、副校长李铁军,副校长马国伟等一行先后到陆军研究院特种勤务研究所、中国电子科技集团公司第三十九研究所、中国兵器工业集团第二○二研究所调研交流。陆军研究院特种勤务研究所所长潘晓春,中国电子科技集团公司第三十九研究所党委书记、所长李东伟,中国兵器工业集团第二○二研究所所长、党委副书记董文祥分别会见了韩旭校长一行,三家单位主要领导以及科研管理、技术研发、人力资源等相关部门和处室负责人参加对接交流活动。学校办公室、党委教师工作部、人力资源处、工业技术研究院负责人,电子信息工程学院、材料科学与工程学院、机械工程学院相关人员分别参加座谈交流活动或陪同调研。

5月12日上午,校长韩旭,校党委常委、副校长李铁军,副校长马国伟等一行来到陆军研究院特种勤务研究所,同潘晓春所长、张西成副所长以及科研处等相关部门负责人进行了座谈交流。座谈会上,韩旭简要介绍了学校的发展历程、文化积淀、办学思路和主要成就。他表示,河北工业大学希望通过与企事业单位开展全面战略合作,建立互利共赢长效合作机制,进一步实现创新突破。潘晓春表示,河北工业大学作为一所多学科协调发展的国家"211工程"重点建设大学,人才济济、科研成果显著。她希望与学校建立经常性的沟通合作机制,抓住机遇共同开展科研项目申报、技术领域创新、人才培养和实验室共建等合作。

5月13日上午,校长韩旭、副校长马国伟等一行到中国电子科技集团公司第三十九研究所座谈交流。在党委书记、所长李东伟,副所长吕永宏、集团公司首席专家段玉虎等领导的带领和陪同下,韩旭一行参观考察了航天设备研究室实验室、天线反射面总装车间科研区分布、微波暗室、研究所展厅。参观考察结束后,双方进行了座谈交流。韩旭对中国电子科技集团公司第三十九研究所的热情接待表示感谢,并简要介绍了学校的历史沿革、科研创新、科技成果转化、人才培养、"双一流"

学科建设等基本情况。李东伟简要介绍了第三十九研究所的发展历程、核心竞争力及未来的规划布局等。希望通过此次对接与学校开展长期合作,充分发挥学校优势,为研究所提供人才和技术支持,加强科技项目合作,实现产学研深度融合。校企双方达成初步合作意向。

5月13日下午,校长韩旭、副校长马国伟等一行到中国兵器工业集团第二〇二研究所对接交流。中国兵器工业集团第二〇二研究所所长、党委副书记董文祥,总工程师钱林方、副总工程师王卫等参加座谈交流并陪同调研。韩旭首先感谢中国兵器工业集团第二〇二研究所的热情接待,并介绍了学校的历史沿革和教学、科研、人才引进等方面的建设发展情况。董文祥、钱林方表示中国兵器工业集团第二〇二研究所和河北工业大学要综合各自优势,全面构建更加紧密的合作关系。希望加强可靠性、材料结构一体化、故障诊断、外骨骼等方面的项目合作。

此次韩旭校长一行的调研和对接交流活动为校企双方的深度合作奠定了良好基础。今后学校将同企事业单位、科研院所加强沟通交流,继续深入探讨建立长效机制,同时提高学校人才培养质量,促进科研成果转化,为科技创新提供强有力的技术支持,为国家持续输送高水平专业人才。

通讯员霍占良(津云,2021年5月19日)

精诚合作 务实高效

——加快推进河北工业大学(石家庄)研究生院成立步伐

本报讯 6月4日下午,市委副书记、市长马宇骏与河北工业大学党委书记李强一行举行座谈,就合作成立"河北工业大学(石家庄)研究生院"深入交流研究。双方表示,将精诚合作、务实高效、共同努力、加快推进,为石家庄创新发展、绿色发展、高质量发展提供智力支撑。

河北工业大学是我国最早培养工业人才的高等学校,为国家培养了一批批优秀毕业生。特别是河北工业大学研究生教育已形成了学科门类比较齐全,硕士、博士和博士后兼有的高层次人才培养体系,为河北省高层次人才培养、经济建设和科技进步作出了重要贡献。着眼京津冀协同发展大格局,我市与河北工业大学深入开展合作办学,在我市共建河北工业大学(石家庄)研究生院,具有重大历史和现实意义。

座谈会上,马宇骏对李强一行来石考察表示热烈欢迎。马宇骏指出,近年来,石家庄认真贯彻省委、省政府关于支持省会建设发展的指示要求,立足新发展阶段,贯彻新发展理念,构建新发展格局,深化改革开放,提升综合经济实力、科技中心地位、产业发展能级、城市发展魅力,全面建设现代化、国际化美丽省会城市,当好经济强省、美丽河北排头兵、领头雁。科技创新是引领发展的第一动力,学校是科技创新的原动力。河北工业大学文化底蕴深厚,科研成果丰硕,长期以来与石家庄的重点产业发展保持了密切合作。研究生院不仅是培养研究生的机构,更是培养大批创新型应用型高素质人才、构建产学研发展新模式的基地。石家庄对合作成立研究生院有需求、有基础、有信心、有期盼,希望双方发挥各自优势,围绕打造产学研创新基地、产业技术研究院、人才培养中心、技术培养中心、科技成果转化中心、创新方法培养中心,深入谋划研究生院的发展方向、办学规模、专业设置和教师组成,发扬真、细、实、快的作风,加强沟通衔接,尽快落地建设。

李强表示,作为科技、人才、创新交汇的高等学府,河北工业大学一直致力于积极服务河北,广泛汲取燕赵大地的营养,探求与省会合作的新起点、新高点,希望"河北工业大学(石家庄)研究生院"尽快成立,双方持续开展务实合作,推动更多科技成果转化为现实生产力,为石家庄经济社会发展注入更多活力和动力。

在石期间,考察组一行先后到石家庄学院、河北工大科雅能源科技股份有限公司、石家庄信息工程职业学院等地进行了实地考察。

副市长孟祥红,市政府秘书长苏志超参加活动。

首席记者刘娴　记者刘佳鑫、赵艺(石家庄日报,2021年6月5日)

让校史中的红色基因深蕴于心

——河北工业大学在党史学习教育中开发自身红色资源

在历次反帝爱国斗争中献身的学生校友谌志笃、黄爱、卢绍亭，在抗日战争中牺牲的教授校友杨十三、洪麟阁、赵观民，学校创始人、怀揣强国梦的爱国实业家周学熙，还有老院长、爱国工业教育家魏元光……翻开河北工业大学的历史篇章，红色的基因谱系耀眼夺目：历经118年的砥砺奋进，红色基因蕴藏于人心、作用于精神，已成为学校的一种最持久、最深沉的内在力量。

在当前开展的党史学习教育中，河北工业大学通过开展一系列活动，深入开发自身丰富的红色资源，将深藏于血脉中的红色基因进一步激活。

缅怀校友先烈　追寻红色基因

盘山烈士陵园，苍松翠柏，英魂常在。河北工业大学的教授校友赵观民烈士就长眠在此。清明节后，河北工业大学师生来到此地，缅怀他的丰功伟绩。

由于盘山地理位置十分重要，1940年，抗战进行到最艰难的阶段，中国共产党在冀东创立了以盘山为中心的抗日根据地，发展壮大了抗日力量。赵观民就是根据地的领导人之一。1942年9月19日凌晨，由于叛徒告密，正在兴隆县治病的赵观民，被日伪讨伐大队包围，壮烈牺牲。

在盘山烈士纪念碑广场，河北工业大学师生代表共唱《义勇军进行曲》，并重温入党誓词，表达新时代青年不忘初心、践行爱国主义的决心。

在赵观民墓前，师生们重温他英勇奋战的光辉事迹，并参观盘山烈士陵园纪念馆，学习盘山人民奋起救亡、武装暴动等抗击侵略者的英勇事迹。一幅幅珍贵的历史照片、一件件历经风雨的革命文物，将党的故事、革命的故事、英雄的故事展现给学生,真正让党史学习教育"活起来",引导学生从中感悟一百年来中国共产党领导中国人民从胜利走向胜利的答案,深刻理解党的初心使命,追寻那可贵的红色基因。

讲好历史故事　挖掘红色基因

开滦博物馆依托煤矿而生,它的每一个展厅都在诉说着"洋务运动"与中国近代煤炭工业的兴起和发展走过了怎样的艰辛历程,让人不由得联想到它的创办人——周学熙。

与张謇并称"南张北周"的周学熙,是中国近代史上著名的实业家,是开滦矿务局、启新洋灰公司、华新纺织公司、耀华玻璃公司的创办人。

1903年,周学熙赴日考察,在亲眼目睹日本工商业的发达和文化教育事业迅速发展、综合国力日益增强后,陷入了深深的思考。归国后,他担任了北洋工艺学堂的首任总办,这就是今天的河北工业大学——近代中国第一所工业高等学校。

庚子战乱后,开平煤矿被英人霸占,周学熙发誓要将之收回。他向袁世凯提出"以滦制开"的策略,就是在开平矿附近,再开办一个比开平大十倍的滦州煤矿,将开平矿区的矿脉团团围住,然后通过竞争压垮开平,使其就范,最终达到收回的目的。

周学熙一生追寻强国之梦,他所经历的创业的艰苦、守业的辛酸、成功的喜悦和失败的痛苦,构成了一幅近代中国民族资本家在夹缝中谋求生存和发展的悲壮画卷。

今年春天,开滦博物馆与河北工业大学共建"红色教育实践研学基地"。双方将围绕周学熙、红色文化等课题进行研究,挖掘红色基因,讲好历史故事。双方将根据自身优势,共享研究资源,力争推出有新意、有价值、有影响的研究成果。

打造共建课堂　传承红色基因

1938年,中共河北省委遵照党中央关于与八路军挺进冀东紧密配合组织冀东暴动的指示精神,发动了十万武装的抗日大暴动,这就是赫赫有名的冀东大暴动。这次大暴动是敌后战场的伟大壮举,组织领导暴动的,包括河北工业大学的三位教授校友:洪麟阁、杨十三和赵观民,他们都在抗日战争中英勇牺牲。

4月20日,河北工业大学与中国人民抗日战争纪念馆合作的校地"共建爱国主义教育基地"揭牌,打造"党史学习教育"新课堂,传承红色基因。在独立自由勋章雕塑前,中国人民抗日战争纪念馆馆长罗存康讲授了"共建课堂"第一课。

罗存康表示,中国人民抗日战争纪念馆会充分利用博物馆自身特色,紧贴河北工大师生思政教育的实际需求,为共同承担起培育时代新人的使命任务贡献力量。

前不久,河北工业大学校院两级党委理论学习中心组成员来到河北省乐亭县李大钊纪念馆及李大钊故居,实地开展党史学习教育主题实践活动。同时,学校与纪念馆共建爱国主义教育基地、党史学习教育基地。

本报记者刘佳　通讯员闫涵(《河北日报》,2021 年 6 月 8 日)

入驻企业，双导师培养

——校企携手探索产学研合作新模式

6月9日，河北工业大学人工智能与数据科学学院与华宇（大连）信息服务有限公司签署产教融合战略合作协议，共建"河北工业大学智慧政法产教融合研究生培养基地"，探索智能产业产学研合作的新模式，促进学科深度交叉融合发展。

根据协议，校企双方将通过双导师制联合培养专业学位硕士，深化产教融合、产学合作、协同育人。学生入驻企业，结合个人兴趣，加入企业项目研发团队，以产业和技术发展的最新需求推动高校人才培养改革，推动教学内容和课程体系改革，将产业和技术最新进展、行业对人才培养的要求引入教学过程，提高实践教学质量。企业提供资金、软硬件设施，接收学生实习实训，为学生提供实践机会，通过技术重塑，增加学生的就业广度；同时聚焦行业级人才培养，保障企业稳定人才输入、提高用工效率。

副校长段国林代表学校向大连华宇授牌"河北工业大学智慧政法产教融合研究生培养基地"，并且为兼职教授和企业指导教师颁发聘书。他表示，通过共建人才培养基地，让学生深入企业，在专业导师和企业导师的联合培养下，参与应用系统工程开发，校企联合培养，专业学位硕士的人才培养模式。通过双方在科研合作、人才培养、学术交流等多方面的合作，必将提升学校电子信息专业硕士培养质量和解决实际工程问题的能力。

华宇集团人力资源总监邢立君表示，本次大连华宇与河北工业大学的联合培养项目，是一次全新的尝试，具有重要意义，希望企业工程师能与老师们一起，摸索出高校与企业合作培养的有效途径，为学生提供更加符合市场需求的培养内容与模式，理论与实践相结合的深造机会。

大连华宇董事长刘文彬说，作为国家级示范软件产业基地之一，大连有着独特的产业环境。河北工业大学与大连华宇建立校企合作，必将在更多维度、更高层面上实现互利共赢。华宇将依托河北工业大学的科技优势和人才资源,积极探索人才培养新模式,推进技术孵化,与校方配合,深化产教融合、协同育人,推进高校人才培养改革。

会上,智能学院院长顾军华与大连华宇总经理闫立夏代表双方签署战略合作协议,并介绍了华宇集团优势业务、专业硕士联合培养方案以及人工智能与数据科学学院建设体系和人才培养思路。

会后,段国林一行参观了企业工作环境,听取了优势业务汇报,包括来自法院、检察院行业,司法行政、政府委办局、食药监、质检、税务、工商等政府单位以及金融、卫生等其他企事业单位多个领域的研发业务。

据悉,今年九月,首批 20 余名专业硕士研究生将入驻该企业,启动双导师制联合培养。

研究生院、人工智能与数据科学学院相关负责人参加相关活动。

通讯员屠琼芳(河北教育网,2021 年 6 月 20 日)

河北工业大学青年教师王美艳
荣获天津市五一劳动奖章

近日,天津市总工会发布《关于授予 2020 年职业技能大赛优胜选手市级五一劳动奖章的通报》(津工通〔2021〕33 号),决定授予在 2020 年度市总工会联合市有关部门开展的多层次、多领域、多工种的职业技能大赛活动中取得优秀成绩的 55 名同志天津市五一劳动奖章。

河北工业大学能环学院环境工程系党支部书记、副主任王美艳老师因获得天津市青年教师教学竞赛工科组第一名而获此殊荣。王美艳老师热爱教育事业,长期致力于教学一线和教学研究工作,教学质量好,是学生喜爱的好老师。连续多年获得课堂优秀、学院优秀党员、学校优秀党员称号。2021 年度被评为天津市教育系统优秀共产党员。曾荣获全国高校青年教师教学竞赛工科组三等奖、河北省高校教学创新大赛三等奖等教学竞赛奖项,以及天津市优秀共产党员、河北省"冀青之星"、河北工业大学"三全育人"课程育人先进个人、河北工业大学"最美教职工"等荣誉称号。

王美艳老师作为河北省"双带头人"党支部书记工作室负责人,以培养引领青年教师提高教学水平为目标任务,在教学基本功训练、课程思政建设、教学研究等组建团队,着力培养以元光学者为主体的青年教师队伍,为学校高水平建设不断努力,为学校"双一流"建设贡献力量。

(津云,2021 年 7 月 4 日)

深化务实合作推动产学研协同创新

本报讯 8月2日,河北工业大学国家大学科技园(京津冀协作创新示范园)揭牌仪式在高新区举行,标志着石家庄高新区落实深化省校务实合作开启了全新篇章。揭牌仪式后,双方对学校首批16个科研团队入驻产业化项目注册落地进行了对接保障。

据了解,国家级大学科技园——河北工业大学国家大学科技园(京津冀协作创新示范园)位于石家庄高新区南部工业区核心位置,总投资7.3亿元,占地143亩,建筑面积23万平方米,现已全部竣工投用。该项目是贯彻落实省市关于发展数字经济产业的战略规划、提升高新区科技创新和成果转化能力、共同推进京津冀协同发展重大国家战略落地实施的重要举措,也是石家庄高新区与河北工业大学在加强科技创新、发展数字经济、强化高端人才培养、打造原创技术创新策源地等方面开启全面合作的重要载体。

今后,高新区将以此次揭牌仪式为契机,充分发挥河北工业大学学科、人才团队、创新平台等优势,依托高新区政策、资源、区位和产业基础等,持续合作建设河北工业大学(石家庄)数字经济产业研究院、国家技术转移示范机构"河北工业大学技术转移中心石家庄分中心",推动产学研协同创新,建立完善以企业为主体、市场为导向,产学研深度融合的技术创新体系。

记者赵艺 通讯员陈晶晶(《石家庄日报》,2021年8月4日)

总额 1300 万元！

——河北工业大学科技成果落地石家庄经开区

河北日报讯　8 月 28 日上午，河北工业大学与河北凯尔威生物技术有限公司"一种具有抗菌和抗病毒的水溶性共轭聚合物及其制备与应用专利申请权转让"签约仪式成功举行。

此次转让的专利技术是由河北工业大学生物物理研究所邢成芬教授团队研发的一类高分子复合材料，该材料利用光照和生物发光共振能量转移过程，实现对病原菌的高效杀伤和 PM2.5 的有效消除。

据悉，此次专利技术转让与研究开发费用总额达 1300 万，是河北工业大学科技成果转化的又一新突破。

河北工业大学校长韩旭在致辞中对双方的合作表示祝贺。他表示，作为省属高校，学校一直强调科研工作要"落地冲高"，服务区域经济建设。加强校企合作是学校"工学并举"办学特色的一项重要内涵，他希望合作双方以签约为新起点，持续发力，让"项目种子"尽快开出"效益之花"。

河北凯尔威生物技术有限公司董事长王九天表示，此次专利技术转让协议的签订，揭开了校企深化合作的新篇章。对于未来，他有"三个期待"：一是期待合作项目顺利进行；二是期待学校产出更多科研成果；三是期待与河北工业大学擦出更多的火花。

此次专利技术转让的材料可有效抑制包括新冠病毒在内的多种病毒，是一种集病毒消杀、灭菌、除霾于一身的光动力响应智能高分子材料。

"此次设计开发的具有光化学治疗功能的共轭聚合物，是利用高分子材料敏化空气中的氧气产生能够杀伤病毒物质的性质，实现对病毒、细菌的杀伤的。"河北工业大学生物物理研究所邢成芬教授说，"这种通过光化学方法杀伤病菌的方法，可以从分子水平上避免病毒、细菌产生抗药性。"

据了解,新冠疫情发生后,河北工业大学生物物理研究所于 1 月 24 日,成立由展永教授任组长,邢成芬教授、安海龙教授任副组长,多名青年教师组成的攻关团队,放弃假期休息,进行集智攻关,开展该智能高分子材料抗病毒活性的研究工作。

考虑到时间紧迫性,团队采用两步走的策略检测抗病毒活性。1 月 27 日,第一批检测样品送达中国科学院微生物研究所。实验验证,该材料对甲型流感病毒具有高效的杀伤效果,消杀甲型流感病毒半数有效浓度值为 1.67μg/mL。

4 月 3 日,第二批样品送达中国疾病预防控制中心病毒病预防控制所,病毒病所抗病毒活性检测实验表明,该材料在较低浓度下对新冠病毒具有 100% 的消杀能力,其半数有效浓度值为 0.58μg/mL。

在科研团队紧张有序开展科研研究的同时,生物物理研究所展永教授、安海龙教授积极推进该成果落地转化工作,促进其早日施惠于民。

在两方面的通力合作下,从研发到最终成果落地,仅用时 7 个多月。该项成果成功转化后,相关产品可成为一种广谱、高效、安全、环保的净化产品,可广泛应用于空气消杀、无菌医疗环境消毒、食品加工等行业,推动口罩、空气滤芯、防护服等产品的升级换代。

记者桑珊、马利(河北日报,2021 年 8 月 29 日)

河北工业大学 92 项
国家自然科学基金项目获得资助

　　津云报道　近日,国家自然科学基金委员会公布了 2021 年度国家自然科学基金集中接收期申请项目评审结果,河北工业大学 92 项项目获得资助,获批直接经费 3881 万元。其中,重点项目 1 项、优秀青年科学基金项目 1 项、面上项目 36 项、青年科学基金项目 54 项。

　　本年度,学校在集中接收期共申请国家自然科学基金各类项目 450 项,除目前正在评审过程中的重大科研仪器研制项目、区域创新发展联合基金项目、重大研究计划项目等,获资助 92 项,获资助率 20.44%,与去年同期基本持平,面上项目资助数量连年增长。

　　电气工程学院李永建教授申报的"低碳'双高'背景下大功率高频新材料变压器的关键电磁基础问题研究"项目获重点项目立项资助,直接费用 301 万元;电气工程学院张献教授申报的"近区电磁场无线电能传输基础问题研究"项目获优秀青年科学基金项目资助,直接费用 200 万元。

　　近期,国家自然科学基金委员会陆续发布部分重大项目、重大研究计划、国际合作、各学部专项等项目指南,科研院正在积极动员各学院进行申报,力争高水平做好 2021 年度国家自然科学基金非集中申报期项目组织工作。

霍占良(津云,2021 年 9 月 8 日)

河北工业大学 180 名师生赴新疆实习支教

中国网报道　9 月 14 日,河北工业大学赴新疆实习支教团成立仪式暨出征大会在北辰校区图书馆一楼报告厅隆重举行。校党委书记李强,校党委常委、副校长段国林出席,校机关、直属机构相关部门及各学院负责人,学校选任的第七批赴新疆和田地区执行实习支教任务的 11 名带队教师和 169 名本科生、研究生志愿者参加出征仪式。本科生院常务副院长、党委本科生工作部部长马岱主持大会。

14:00,伴随着雄壮的国歌,大会正式拉开帷幕。全体与会人员肃然而立,目光坚定,充满希望,高唱国歌。

段国林宣读了《关于成立河北工业大学赴新疆实习支教团的决定》,同时宣布成立河北工业大学赴新疆实习支教团临时党支部、河北工业大学赴新疆实习支教团临时团总支。

会上,李强向河北工业大学赴新疆实习支教团授团旗,领队陈剑波接过团旗,同时也接下来这份光荣神圣的任务和使命。

学生代表、经济管理学院学生王悦颖,对各级领导的关心和支持,对带队老师的热心辅导和辛勤付出,表示衷心感谢。她代表全体同学庄严承诺,支教期间一定胸怀大局,思想先行;爱岗敬业,关爱学生;支教不忘学业,确保双赢;服从管理,保证安全。

教师代表、人文与法律学院青年教师赵淑华表示,全体带队教师将筑牢理想信念的魂,深扎艰苦奋斗的根,满怀为民服务的情,牢记总书记:"让全国各族人民像石榴籽一样紧紧抱在一起"的谆谆教诲,牢记责任担当,认真完成支教任务。

"牢记支教使命,履行支教职责;奉献边疆事业,践行河工精神;爱校崇德,励学笃行,工学并举,勤慎公忠……"在建筑与艺术设计学院青年教师裴卉宁的领誓下,全体支教团师生面向国旗和实习支教团团旗庄严宣誓。一声声铿锵有力的誓言传递着河北工大人燃烧青春的渴望,表达着他们不忘初心,履职尽责,不负青春,不负韶华的坚定信念。

　　三寸粉笔,三尺讲台系国运;一颗丹心,一生秉烛铸民魂。支教团临行之际,李强嘱托师生,认真贯彻落实党的教育方针和民族政策,珍惜机会,不辱使命;践行校训,完善自我;遵守纪律,尊重他人,在三个月的支教实践中,施展才华、磨炼意志、增长才干,为培养德智体美劳全面发展的社会主义建设者和接班人、为民族地区长治久安和繁荣富强做出自己的努力和贡献。

　　全体支教团成员表示愿奉献青春和热情,怀揣着对教育事业的热爱、心怀着对边疆孩子的关爱,为助力和田地区国家通用语言教育全覆盖贡献自己的力量!

(中国网,2021 年 9 月 15 日)

艺域策马,轩昂新锐

——河北工业大学学子马艺轩入选亚洲新生代"年度百强新锐设计师"

日前,2021 ANGDE 年度 100 新锐设计师榜单已经公布。河北工业大学建筑与艺术设计学院工业设计系 2017 级学生马艺轩携作品《"助"——军用救援型助力外骨骼系统》获得亚洲新生代设计展"年度百强新锐设计师",成为新生代的设计力量典范。该作品的指导老师是工业设计系副教授赵芳华。

据了解,马艺轩的作品"助"——军用救援型助力外骨骼系统是一款为灾区救援士兵设计的助力外骨骼机器人系统,不同于传统外骨骼装备,"助"的含义不仅是士兵帮助灾区人民进行救援,还是外骨骼帮助士兵省力、保护士兵安全,助力外骨骼便携、易组装、易穿戴,无须他人帮助,可对士兵的手臂、背部、腰部、腿部、脚部进行保护以及力的支持。此外,将中医的穴位疗法与先进的外骨骼技术结合在一起,通过传统的方法来对士兵由于地震这重大灾害,心理和生理上产生的问题进行修复和舒缓。在设计的过程中,本着"以人为本""以生命之至上的观念"在保证士兵可以更快、更便捷救援的同时,保证士兵的安全。

亚洲新生代设计展(Asian New Generation Design Exhibition)是国内首创的大学社会责任转化平台,同时也是亚洲最具影响力的毕业设计展示、产业整合智造平台。该平台是新生代展示创意、交流互动、成果孵化的平台,更为各行业挖掘思维灵动、理念超前的新锐设计师,业内誉为"亚洲最具影响力"的青年设计师平台。

2021 年度亚洲新生代设计展参评作品数量 7000 余份,500 余所海内外院校参与,涉及到的国家与地区 10 余个。截至 8 月中旬,组委会现已通过评审确定年度 100 新锐设计师榜单,共选出 100 件优秀作品入围终评。活动的主题"超前出界,破局向新"寓意着带来有创作、超越和突破性的设计,摆脱现有格局,大胆设想、聚智谋远、在未来定立新的思维方向。

(河北教育网、津云,2021 年 9 月 23 日)

河北工业大学学子在全国大学生
工程实践与创新能力大赛中获得金奖

2021年9月17日,2021年中国大学生工程实践与创新能力大赛全国总决赛开幕式在清华大学举办。河北工业大学2个代表队分别在工程场景数字化、生活垃圾智能分类2个项目中取得佳绩,其中工程场景数字化项目荣获金奖,全国排名第三名;生活垃圾智能分类项目获银奖。

本届大赛以"守德崇劳,工程创新求卓越;服务社会,智造强国勇担当"为主题。大赛共有来自全国690所高校、1.9万个团队的6.6万名大学生参赛,其中267所高校、601个团队的2404名学生进入全国总决赛。大赛按照"大工程基础→学科综合创新→跨学科交叉创新"的构架,以"需求驱动"和"技术应用场景创新设置"为导向,紧贴国家工程领域发展前沿,融入工程伦理、工程文化与国际化元素。

教育部高等教育司、工业和信息化部人事教育司、中国工程院一局相关负责人出席开幕式,大赛举办方教育部工程训练教学指导委员会、大赛承办校清华大学代表以及教育部理工类教学指导委员会、在京高校及参加总决赛的师生代表现场参加开幕式。

教育部高等教育司司长吴岩表示,中国大学生工程实践与创新能力大赛是加强新工科人才培养、推动工程科技创新的重要载体。大赛聚焦育人、育才、创新三大核心要素。坚持立德树人,在工程"训练"的基础上,突出"实践"和"创新",增强工科学生的使命担当,引导学生爱国爱民、实学实干,培养德智体美劳全面发展、堪当民族复兴大任的时代新人。

(津云、河北教育网,2021年9月24日)

河北工业大学试水产学研合作新模式

本报讯　日前,"河北工业大学智慧政法产教融合研究生培养基地"在辽宁大连启动,首批 21 名 2021 级专业学位研究生在产教融合合作企业开启全新的学习生活,河北工业大学人工智能与数据科学学院开始探索产学研合作新型人才培养模式。

该培养基地所处的企业是全国领先的电子政务信息服务供应商、国家级示范软件产业基地之一。根据产教融合战略合作协议,双方将通过双导师制联合培养专业学位硕士,并通过党建共建、第三方监督的方式确保合作质量。学生入驻企业,可加入企业各个项目研发团队。由学校和企业导师组成的联合教师团队,根据国家对专业硕士研究生的培养质量要求,探索将产业和技术发展的最新需求引入教学科研和论文设计,推动高校人才培养方式改革。企业为入驻研究生提供资金、软硬件设施、实习实训机会以及配套的生活服务保障。

特约通讯员袁因(《中国教育报》,2021 年 9 月 30 日)

全国人大常委会委员、民盟中央副主席龙庄伟
莅临我校调研指导工作

9月25日,全国人大常委会委员、民盟中央副主席龙庄伟莅临河北工业大学调研指导工作,实地查看了电信学院激光实验室、图书馆、生物物理研究所、材料科学与工程学院电镜实验室等地。校党委书记李强,党委常委、副校长李延涛,校学术委员会主任委员廖波等陪同调研。

在实地调研中,李强简要汇报了学校建设发展情况,重点介绍了国家"双一流"建设成效。龙庄伟详细询问了学校的学科建设、科研发展及服务社会等方面的工作,了解了学校先进激光技术与装备、电子材料与器件、电子器件与系统、微纳光电子与电磁技术、太空育种、组织培养技术、靶向抗癌药物研究等科学研究和成果转化情况。他鼓励学校继续结合自身实际,拓展思路,大胆创新,不断推进国家"双一流"建设,服务区域经济社会发展。

李强感谢龙庄伟副主席长期以来对学校建设发展的指导、支持和帮助,真诚希望龙庄伟副主席继续关心关注学校各项事业发展,为学校国家"双一流"建设和高质量发展出谋划策,提供宝贵意见和建议。

民盟中央社会服务部和学校办公室、发展规划部、电子信息工程学院、材料科学与工程学院、图书馆等单位、部门负责人参加相关活动。

(河北教育网、津云,2021年9月30日)

河北工大党委书记李强赴新疆若羌县慰问研支团

中国青年网北京 10 月 9 日电　日前,河北工业大学党委书记李强一行前往新疆维吾尔自治区巴音郭楞蒙古自治州若羌县慰问该校第二十三届研究生支教团成员。巴州教育局副局长王连海,河北援建工作前指办公室后勤处处长庄海雨,若羌县委副书记孔军峰,副县长司永辉,县委常委、宣传部部长刘红等参加了慰问。

李强一行在研究生支教团服务地若羌县第三小学召开了座谈会。会上,孔军峰代表若羌县委、县政府感谢多年来河北工业大学选派优秀学生为若羌县基础教育工作所作的贡献。若羌县教科局局长曹志强、团县委书记秦晓燕、若羌县第三小学校长谷体伟分别对全县教育现状、西部计划志愿者工作现状、若羌县第三小学办学情况进行简要介绍。河北工业大学第二十三届研究生支教团新疆分团团长刘顺强做新疆分团工作总结汇报。

李强代表学校党委向所有研支团成员和关心和帮助研支团工作的单位表示了衷心的感谢。他希望研支团成员按照当地和学校要求,结合工作规划扎实完成好支教任务,认真履行职责,帮助更多孩子走出戈壁。李强详细介绍了学校“勤慎公忠”的校训精神、“兴工报国”的办学传统和“工学并举”的办学特色,希望双方做好深度对接,探索校地共建新模式,推动若羌县经济社会更好更快发展。

座谈会后,研支团成员向李强等表达了不负使命,教书育人,传递理想的决心。李强向研支团志愿者赠送了书籍《习近平与大学生朋友们》,勉励志愿者们不忘初心,继续前进。

据悉,河北工业大学自 2018 年在新疆设立研究生支教团服务地以来,已先后派遣 4 批次共 17 名志愿者远赴若羌县进行乡村中小学基础教育支教服务活动,累计授课超 5000 课时,涵盖学生近千人。在接下来的支教过程中,河北工业大学研支团将继续保持高昂的精神面貌,站稳岗位,坚定信念,承担起研支团的光荣使命,秉承“勤慎公忠”的工大精神砥砺奋进,在祖国最需要的地方贡献青春力量,彰显河工学子的责任与担当!　　　　　记者李彦龙(中国青年网,2021 年 10 月 9 日)

河北工大鼓励思政毕业生到企业中去

"参观几乎完全颠覆了我对传统钢铁企业的认知，在这里完全看不到灰土扬尘，闻不到特殊气味，我们不愿意走进企事业单位从事党建思政工作的观念，看来今后真要改一改了。"河北工业大学马克思主义学院学生张宝功跟随老师走进天津市新天钢集团时说。

日前，河北工业大学马克思主义学院通过多种方式，鼓励更多学生毕业到企业中去，发挥自己的专业特长，实现自身的价值，这也是党史学习教育开展以来，河北工业大学马克思主义学院深入推进"我为群众办实事"的实践活动采取的举措之一。

马克思主义学院党委副书记兼副院长孙琳琼表示，企业是我国经济发展的重要载体，加强企业党建思政工作，能确保企业正确的发展方向。做好企业党建思政工作，对于巩固党的执政基础意义重大。通过聘请企业导师、带学生入企参观、邀请一线优秀工人进课程交流等方式鼓励学生毕业到企业去，发挥专业特长，实现自身价值。

孙琳琼介绍，除了新天钢集团，学院今年还与河北建支铸造集团、中建西部建设公司等优质企业开展党建共建，带动研究生入企参观实习，通过聘请企业导师推进四维导师制。今年有一半以上的研究生毕业生愿意走进企业做党务工作，新天钢集团等企业在 2021 年秋学期的招聘中还单独为马克思主义理论专业设立相应岗位，学生们反响热烈。

思想政治教育专业 2021 届硕士毕业生张霞，今年 5 月入职中建八局华北公司，刚刚入职就赶上了党务工作者培训。"我觉得自己的专业从事党建工作比较好，我的理论功底比较扎实，国企现在对党建工作都很重视，晋升空间还是比较大的。工作中除了日常党务、党建管理之外，我还负责宣传工作，现在我还掌握了公众号排版、采编、摄影、视频剪辑等技能。"张霞用自己的经历告诉学弟学妹，"大家可以在择业时扩展一下视野，使自己的所学有更大的施展舞台。"

（河北青年报、头条号、共产党员网，2021 年 11 月 2 日）

第八届电磁场问题和应用国际会议
在河北工业大学举办

2021年10月30—31日,由河北工业大学省部共建电工装备可靠性与智能化国家重点实验室承办,国际电磁场计算学会、中国电工技术学会电工理论与新技术专委会、中国电工技术学会生物电工专委会、中国电机工程学会电工理论与新技术专委会联合主办的"第八届电磁场问题和应用国际会议(ICEF2021,International Conference on Electromagnetic Field Problems and Applications)"在线上举办。原国际电磁计算学会Board member、河北工业大学原校长颜威利教授任名誉主席,中国电工技术学会理事长、原国际电磁计算学会Board member、天津理工大学校长杨庆新教授任大会主席,原国际电磁计算学会Board member、国家自然科学基金杰出青年科学基金获得者、华北电力大学崔翔教授,国际电磁计算学会Board member、浙江大学杨仕友教授任共同主席。

开幕式由大会技术委员会主席李永建教授主持,大会主席杨庆新教授致开幕词,河北工业大学马国伟副校长代表学校对线上参会的专家学者表示欢迎并预祝大会顺利举办。IEEE Fellow、美国佛罗里达国际大学Osama A. Mohammed教授,原IEEE生物医学工程学会主席、美国卡内基梅隆大学Bin He教授,意大利卡西诺-南拉齐奥大学Antonello Tamburrino教授,国家自然科学基金杰出青年科学基金获得者、中国科学院电工研究所邵涛研究员,河北工业大学李永建教授受邀做了大会报告。大会特邀报告由浙江大学杨仕友教授,河北工业大学徐桂芝教授,原国际电磁计算学会Board member、西安交通大学陈振茂教授,国际电磁计算学会Board member、清华大学袁建生教授分阶段主持。此外20个邀请报告和99篇论文宣讲报告分别在12个分会场进行线上汇报和深入交流。

大会开幕式共开设3个线上会场,参会人员近500人。此次会议分时段开设了12个在线分会场,包括来自美国、德国、意大利、澳大利亚等国家的共计1300余人次参会。根据论文及汇报水平,分会场主席评分,共评选出22个优秀报告。

大会闭幕式上，大会共同主席崔翔教授宣读了大会收录论文、参会人数情况，并做总结性发言，高度赞扬各团队近些年取得的成果，对年轻一代科研学者表达了赞赏与期许。最后，下一届 ICEF 国际会议主席哈尔滨工业大学李立毅教授委托聂秋月教授做第九届 ICEF 会议的承办方案报告，承诺：按照国际会议要求组织好下一届会议，并向各位专家、学者发出邀请，三年后齐聚哈尔滨，共话"双碳"背景下电磁领域发展中的新机遇、新挑战。

本届大会共收到来自 12 个国家与地区的学术论文投稿，经过严格评审，共录用论文 146 篇。大会将向国际期刊 The International Journal for Computation and Mathematics in Electrical and Electronic Engineering（COMPEL）和 The International Journal of Applied Electromagnetics and Mechanics，推荐大会论文集中的优秀论文。本次大会的主要议题为电磁场问题及其应用，议题基本上涵盖了当前电磁场理论及其分析的所有应用领域。

ICEF 自 1988 年在北京举办第一届，每四年举办一次。至 2016 年电磁场问题和应用国际会议已经分别在杭州、武汉、天津、重庆、大连和西安举办了 7 届。会议原定于 2020 年举办，因受新冠疫情影响，推迟到 2021 年举办，是 ICEF 会议时隔 21 年再次由河北工业大学承办。此次国际会议举办期间，报告人准备充分，分会场主席评审公平严谨，组织者全心投入、认真负责，为电磁领域的科研工作者搭建了良好的学术交流平台，起到了各团队间相互学习，相互借鉴的作用，并获得了与会专家、学者的一致好评。ICEF2021 国际会议的成功圆满举办促进了我国电磁领域与国际上相关学术团体的合作与交流，也充分体现了河北工业大学电磁领域方面的国际学术水平和地位。

（河北教育网、津云，2021 年 11 月 5 日）

我心目中的"大先生"：
"教育的本质就是爱"——河北工业大学李杰

习近平总书记说过：教师不能只做传授书本知识的教书匠，而要成为塑造学生品格、品行、品味的"大先生"！"铁锤铛铛，书声琅琅，工学并举为理想"……我心目中有一位几十年如一日坚守在教学一线的"大先生"——经济管理学院李杰教授。

教育的本质就是爱。谈到李老师，同学们脑海中浮现的便是她始终洋溢着的笑脸，她向学生传递的不仅仅是善意和友好，更有宽容和奉献。课堂上，她热情洋溢挥洒才华，将晦涩难懂的理论知识演绎成生动形象的企业案例；生活中，她亲切地关怀每位学生，同学们的日常生活她都；热情如她，李老师与同学们在课堂上亲切互动，每当讲到精彩关键的部分时，她总要走下讲台和同学们呼应；亲切如她，在课下，她与我们有声有笑地一路同行到食堂吃饭；爱生如她，每当遇到极端天气时，老师总会尽自己所能，开车送学生到宿舍楼……

李老师给了同学们母亲般的陪伴，却牺牲了陪伴家人的时间，连自己女儿高烧40度时都坚守在教学一线！

熟悉她的人都知道，老师生动幽默的授课风格和她独特的人格魅力得到了全院学生们的喜爱，老师教授的课程已连续5年被评为河北工业大学质量优秀。讲台上的她既像一位表演精湛的演员，又像一名才华横溢的导演；学生是她最好的观众，讲桌是她一生的舞台，不需要华丽的布景，不需要曲折的剧情，她的学识与热情更容易打动学生们的心灵！

2021年，在全院师生的极力推荐下，李老师被评为经济管理学院"我心目中的好导师"，同时在全校三十多位优秀导师评选中脱颖而出——获得河北工业大学"十佳导师"称号！她用实际行动诠释"教育的本质就是爱"，是道德的典范，更是爱的化身，她就是我们心目中的"大先生"！

爱岗敬业。走近老师，"友好、宽容、奉献"是她日常生活的写照。她热爱自己的教育事业，在工作和生活中严于律己给学生树立榜样。为了学生成长成才，对学生采取既放又管的培养方式,挖掘学生更大的潜力,发挥学生更大的价值。比起传授学生知识,她更注重方法的指导和科研精神的培养。

"积极、勤奋、合作、创新"是师门的箴言。老师为提升团队学术水平,每周和学生召开组会,风雨无阻,经常和学生就某问题讨论到晚上,严格把关学生培养中的各个环节,大到写作思路,小到图表格式,细心指导学生设计实验方案。带领学生"走出去",参加顶尖学术会议拓宽学生视野;同时坚持"引进来",连续多年邀请国外恩师指导师们研讨写作。为提高学生的创新能力,她始终站在学科的前沿,掌握最新的理论发展动态,立足于知识创新。

硕果累累。李杰老师常说自己要通过改变自己的学生去改变世界,截至目前李杰老师培养研究生逾百人,受她教导的学生近千人。李老师近三年指导省级优秀毕业生 7 人,获得国家奖学金 9 人,主持承担国家级省部级科研项目 20 余项;在国内外期刊发表论文 60 余篇。2015 年被阿里巴巴云计算有限公司评为全国四大优秀导师之一;近三年指导学生获得数学建模国奖、省奖十余次;同时,多位学生在全国大学生英语竞赛中斩获国家级一、二、三等奖……

李杰老师培养的学生在华为、京东和滴滴等企业均获得了高度认可,因此多次收到京东、滴滴、联通等公司领导的亲自感谢。就连已毕业多年的学生们在遇到工作或者生活中的困难时,也会主动和李老师联系交流,李老师会缓解大家的焦虑并能给出实质性的建议。在学生们的心里,师门是一个温馨的大家庭,李杰老师是这个大家庭的家长,每个人都能在这里感受到幸福和温暖。

以德立身。李杰老师坚持以立德树人为己任,以德立身、以德立学、以德施教,以人格魅力、模范行为树立榜样,帮助学生培养优良的品行;坚持"四个统一":教书和育人相统一、言传和身教相统一、潜心问道和关注社会相统一、学术自由和学术规范相统一。她经常以身作则,在接触新知识时,会亲自潜心下功夫学习,学成之后在传授给学生的同时,不断教导学生要敢于尝试,勇于实践,坚持问题导向,这样学习新知识的效率方能显著提高。

她注重对学生世界观、人生观和价值观的塑造培养,在"为什么要读研究生?"这个问题上,很多学生的回答是为了提高学历、找到一份好工作,李杰老师告诉学生们读研究生最重要的是要提升自己,要提高自己的学习能力。除此之外,她还特别强调学生的为人处世,从日常生活里的发短信、打电话、发邮件,再到进度汇报时Word 与 PPT 的使用、开例会、完成任务、环境维护等方面都事无巨细地对学生做出了具体的规范,使学生受益终身。

在新冠疫情肆虐时,老师心系身在全国各地的学生,时刻提醒大家很多学生在毕业多年以后仍多次回学校感激她。李杰老师带头弘扬社会主义道德和中华传统美德,自觉坚守精神家园、坚守人格底线,以自己的模范行为影响和带动学生,做学生锤炼品格、学习知识、创新思维、奉献祖国的引路人。

家国情怀。李杰老师的眼里不只有学生,更有民族和未来,她胸怀家国情怀,勇于担当国家与民族大任,是我心中具有大格局、大情怀、大境界的"大先生"!她以仁爱之心呵护学生,使他们健康茁壮成长;她以严谨的工作态度和勤勉的工作作风从事教学活动,给学生以知识的传授;她以自身良好的人格引领学生,浸润学生的心灵。她认为唯有具备良好的政治素养,才能真正的做到传道、授业、解惑,才能培育出高素质的学生,国家才得以发展和进步。

李老师时常教导学生为人处世的原则:做事勤快、待人礼貌、有责任心、团结他人,并要时刻怀有感恩的心,用行动去改变自己,再去影响身边的人。身为一名高校科研工作者,在平时的课堂和组会中,她都会教导我们要树立积极的人生观、价值观和世界观,心里要时刻装着国家和民族,要时刻关注时代,关注社会,更要将中华民族博大精深的优秀文化代代地传承下去!

爱党爱国,坚定信念,锻造师德之魂;涵养人格、砥砺品格,深扎师德之根;专心治学、厚积薄发,筑牢师德之基;恪尽职守、仁而爱人,疏浚师德之源——这就是我心目中的李杰老师。

"砥德才,攻陶铸,道艺兼修永彰扬;敬业群,树栋梁,工学并举薪火长。"她是有理想信念、有道德情操、有扎实学识、有仁爱之心的好教师,是我们心目中当之无愧的"大先生"。

霍占良(津云、河北教育网,2021 年 11 月 8 日)

"莲香一瓣尚初心"

——记河北工业大学张尚莲教授

　　一支笔,用刻苦钻研书写文学风采;三尺讲台,用数十年的坚守诉说真情,她是每一位学生信任、喜爱的张尚莲老师。时光飞逝,但不变的是她严谨的治学风范和体贴的关切;挥洒汗水,孕育出了三千桃李,同时也在我们的心中留下了最美的剪影。

　　张尚莲,河北工业大学外国语学院教授、博士,外国语学院研究生英语教学部教师;硕士生导师;河北工业大学学术委员会委员;中国学术英语教学研究会理事;2015 年英国诺丁汉大学英语系访问学者。主要从事研究生学术英语教学、英语翻译教学和英语语言史的研究,多次获河北省、天津市相关教学成果奖;出版相关学术著作及教材共计 13 部,主持或参与国家社科项目、省部级科研项目 30 余项。

　　砥砺深耕,笃行致远。张尚莲老师已在河北工大走过了二十四个年头,多年来,她始终以先进的教育理念为指导,结合多年的实践调研和教育体会,不断进行教学理念和教学方法的创新。她总是会坐在我们中间授课,或是分享又或是引导,无须课本,言语间便向我们描绘出波澜壮阔的英国历史,令人神往不已;她带领我们穿梭于阅览室和资料室,增强了学生的自主性和解决实际问题的能力,将课堂的控制权交给我们,将打开知识大门的金钥匙交给大家。作为一名教师,她不仅是教学活动的组织者、示范者,更是一位学习者和分享者。

　　良师益友,相伴同行。既是良师,更是益友,除了教学工作之外,张尚莲老师关心着每一位学生的生活。我们见到的导师,永远热情洋溢,充满激情。爱笑的张老师温暖着每个人,她总念叨着:"天凉了,孩子们多穿点。""找到了几个有意思的讲座,大家学习一下。"

　　张老师也是一位"严厉"的老师,在教学上,她会严谨、严格要求每一个学生。大到论文的脉络框架,小到词汇搭配,表达符号,一字一句她都会细细打磨。张老师总说,细节见真章,精益求精是我们做好学问的基本,能够遇到这样一位导师可以说是我们每个人的幸运。

张老师曾排除万难,前往学生工作的院校,去给那些学生的学生讲述英国历史,这样的薪火相传将"教书育人"四字刻在了所有人的心里。她用每一个行动告诉学生们:师者也,教之以事而喻诸德。她深知,教师的工作对象主要是学生,教师的一言一行对学生都具有潜移默化的作用,学生对于社会文化中的价值取向、理想和信仰、道德情操、审美情趣的判断都会从教师的言行中折射出来。

为了给学生作表率,在勤奋学习、严谨治学的同时,老师从未忘记以德为先,以身作则教育学生如何做人,让学生明白:读书可怡情、可傅彩、可长才,更能开阔眼界、修德养心。

学术长青,结实累累。张老师时常告诫我们,要保持着一颗清清白白的学术初心,语言的研究需要日日夜夜地累积,绝不可想着走捷径。也正是由于这种兢兢业业地刻苦钻研,二十年的笔耕不辍,张老师带领下的相关团队自2012年以来已先后成功申报结项省部级、厅级社科基金项目13项,并完成《研究生英语综合阅读教程》《研究生英语听力教程》《中国地方政府外语网站建设策略——河北省政府外语网站策略研究》等多部专著的出版。

作为学科带头人,她先后主持并完成了河北省社科基金项目《基于计算机和网络教学环境下的河北省大学英语教师发展研究》,河北省教育科学规划"十一五"课题:《基于新课程要求的工科院校大学英语课程改革与实践》,第三批中国外语教育基金项目《英汉学习词典小学、初中、高中、大学阶段综合使用调查》,河北省软科学项目《河北省政府外语网站建设策略研究》以及多个河北省教育厅人文社科项目,最终均取得不俗成绩。

穿梭于各种课堂会议之间的张老师,从并未停下自身学术研究的脚步,她随时携带的背包里总是装满各种书籍。会议间隙,课间休息,或阅读或交谈,这也正是寓教于行最生动的体现吧。

教育的本质意味着:"一棵树摇动另一棵树,一朵云推动另一朵云,一个灵魂唤醒另一个灵魂。"在我们的求学生涯中,是您摇动,推动,唤醒我们。习其道、学其言、效其行,您对我们的影响早已深入内心。有一天,我们终将离开学校,但老师却会成为记忆中永远的"珍宝"。一支粉笔,两袖微尘,三尺讲台,感谢您引领我从无知到认知,遍览世界的精彩;感谢您教导我们从幼稚到成熟,体味世事的澎湃。不忘师恩,常念师情!

得遇良师,三生有幸,最后,我们想说漫漫求学路上有张尚莲老师的陪伴,真好!

霍占良(河北教育网、津云,2021 年 11 月 16 日)

河北工业大学校友王树新当选中国工程院院士

11月18日,中国工程院公布2021年院士增选当选院士名单。河北工业大学校友、天津大学机械工程学院教授王树新入选中国工程院院士。

王树新是河北工业大学1983级机械制造及其自动化专业校友,现任天津大学机械工程学院教授、博士生导师,国家杰出青年基金项目获得者、第二届全国创新争先奖获得者。担任机构理论与装备设计教育部重点实验室主任、高端装备机构理论与技术基础国家基金委创新群体负责人。

王树新教授长期从事柔性机构系统及其在海洋装备、医疗装备、制造装备中的工程应用研究。研制成功"妙手"微创手术机器人系统,获得国内第一个腔镜手术机器人产品注册证;研制成功"海燕"系列水下滑翔机,创造下潜深度10619米世界纪录。先后获国家技术发明二等奖2项、国家科技进步二等奖1项。2021年获美国 ASME DED Leonardo da Vinci Award 奖。

霍占良(河北教育网、津云,2021年11月19日)

河北工业大学成立融媒体联盟

近日,河北工业大学在图书馆一楼报告厅举行了媒体建设与推动会暨融媒体联盟成立大会,发布《河北工业大学融媒体联盟管理办法(试行)》,这也标志着河北工业大学融媒体联盟正式启动。校党委副书记贺立军,各单位、各部门媒体主管领导及相关负责同志出席大会。

融媒体联盟是由校园官方媒体联合成立的联盟组织,旨在整合校园媒体资源,推动多级媒体联动,构建立体传播矩阵,加强舆论阵地管理,把握好时、度、效,弘扬主旋律,传播正能量,展现工大形象,讲好工大故事,增强全体师生的向心力和凝聚力,提升学校的影响力和美誉度。

融媒体联盟实行理事会负责制,秘书处设在融媒体中心。融媒体联盟将致力于联动信息发布,联盟统一组织策划的专题报道、话题互动和各类校园活动,各成员媒体要积极参与、转发和评论;联动稿件共享,落实新闻信息交流共享机制,鼓励成员单位多出原创,互转互动;联动舆论引导,充分发挥官方媒体的权威性和公信力,主动发声、正向引导、积极应对;联动队伍培训,通过多种形式对媒体从业人员开展业务培训,增强媒体意识,提高业务能力,提升工作水平;联动外媒推广,加强与校外媒体联系与合作,让工大好声音传播得更广更远;联动评奖评优,以奖促学,以奖促建,鼓励成员单位"争先创优"。

贺立军指出,成立融媒体联盟,是为了进一步加强全校媒体的管理,做到媒体监管全覆盖;通过媒体融合,汇集优势资源,提升宣传活力,汇聚宣传正能量;加大各级各类媒体联动,线上线下互动,做大做强学校新闻宣传增量;通过搭建"中央厨房"云平台,打造学校全媒体生产、传播链条,扩大新闻影响力。

霍占良(人民日报客户端、《河北青年报》,2021 年 12 月 2 日)

我校承担的"十三五"国家重点研究项目完成综合绩效评价

2021 年 12 月 21 日,由天津水泥工业设计研究院有限公司牵头、河北工业大学生态环境功能材料研究团队梁金生研究员为项目负责人,承担的国家重点研发计划"环保非金属矿物功能材料制备技术及应用研究"项目顺利通过了科技部高技术研究发展中心"重点基础材料技术提升与产业化"专项办组织的综合绩效评价。受疫情影响,会议采取"线上会议+现场视频考察"相结合的方式进行。

高技术中心材料处于笑潇主持会议,专家组组长由江苏大学李华明教授担任,副组长由中国医学科学院医学信息研究所周广华高级会计师担任。项目负责人河北工业大学梁金生研究员进行了项目综合绩效评价专题汇报,专家组审阅了项目技术资料,观看了项目生产示范和应用示范视频材料。经过专家组问询、讨论和打分,评审专家一致认为,项目圆满完成了任务合同书中约定的研究内容,达到了预期目标和考核指标要求;专家组高度肯定了项目在环保非金属矿物功能材料制备技术研究上的显著成效和良好的经济社会效益。天津水泥工业设计研究院有限公司执行董事何小龙、授衔技术专家俞为民、中材研究总院副院长彭学平出席了会议,项目组研究骨干代表 31 人参加会议。

自 2017 年 7 月立项以来,项目组协同攻关研究,针对我国矿物型土壤调理材料生产成本高、工业氮氧化物低温脱硝难度大、室内甲醛气体净化效率低等问题,提出了低品位钾长石矿物高温结构重构方法,研发了带悬浮预热预分解系统的回转窑煅烧活化技术和造粒技术与装备;构建了电气石矿物与脱硝性能之间的构效关系,开发了电气石、稀土等为核心组分的复合催化材料;开发了低品位海泡石纯化、活化、复合成套技术,研发出具有吸附—降解长效作用的海泡石基三元复合材料;开发了低品位硅藻土矿物表面结构调控—活性基元担载、丙烯酰胺单体—硅藻土缩合等成套技术;开发了膨润土、凹凸棒石、电气石等矿物优选与先进加工技术,形成饲料脱霉矿物材料新体系和标准化体系。项目在内蒙古、陕西、江苏、湖南、吉林、山东、北京、四川、广东等典型地区建成环保矿物功能材料生产示范线六条和产品应用示范八项。

该项目突破了矿物型土壤调理材料、低温 SCR 高效脱硝材料、室内空气高效净化矿物材料、难处置工业废水高效净化矿物材料、饲料脱霉矿物功能材料等环保非金属矿物功能材料制备关键技术,形成了一系列自主知识产权和核心技术,部分成果已达到国际先进水平。项目的研究实施,对优化非金属矿物材料产业结构和产品升级、推动非金属矿产业绿色转型、低碳发展均有着重要意义。

未来,项目组将进一步加强项目成果在现代农业、绿色环保等方面的应用推广,为我国环保非金属矿物功能材料产业高质量发展提供技术支撑。

霍占良(津云、河北教育网,2021 年 12 月 8 日)

河北工业大学获批工信部"校企协同就业创业创新示范实践基地"首批重点建设单位

近日,工信部致函同意河北工业大学启动"校企协同就业创业创新示范实践基地"建设工作,并纳入全国首批重点"示范实践基地"建设单位。

2021 年 9 月,工信部中小企业发展中心下发关于"校企协同就业创业创新示范实践基地"建设的通知,在全国建设 100 个"校企协同就业创业创新示范实践基地",助力中小企业创新发展和区域经济转型升级。学校根据文件要求,依托学校国家级的国家技术创新方法与实施工具工程技术研究中心、国家知识产权信息服务中心、国家级国际技术转移中心、国家级众创空间和国家大学科技园,选定"新一代电子信息技术知识产权"这一建设方向,提出构建完整的国家级"人才培养—科学研究—成果保护—技术转移—科技孵化"的全链条产业促进平台,围绕石家庄高新区"新一代电子信息技术"产业发展需求,联合石家庄高新技术开发区、河北柴火创客文化传播有限公司、京津冀协作创新示范园、河北省科技企业孵化协会、冀凯河北机电科技有限公司、石家庄诚志永华显示材料有限公司等 6 家单位,创建双螺旋结构的人才培养"教学—培训—竞赛—实习—创业—就业"和产业升级"科学研究—产权保护—成果转化—企业孵化—投资融资—经济发展"建设机制,实现人才培养支撑产业升级,产业升级引领人才培养的目标。经过精心筹备、协调沟通、项目答辩,评审专家高度认可学校建设方案,批准学校启动"校企协同就业创业创新示范实践基地"建设方案,并纳入全国首批重点"示范实践基地"建设单位。

11 月 18 日,工业和信息化部中小企业发展促进中心通过线上答辩,对学校申报的"校企协同就业创业创新示范实践基地"项目进行了考察论证。

"示范实践基地"将重点打造"一个空间,两个智库,三个中心,四个专项",形成"一城一产一学院"的专精特新型中小企业产教融合发展格局。一个空间,即创新型就业创业实践资源空间;两个智库,即创业就业专家智库和产业智库;三个中心,即行业中小企业就业大数据中心、中小企业创新创业孵化中心、高校中小企业第二课堂创新运营中心;四个专项,即行业性创业大赛、行业性师资培训、国家级课题、品牌宣传。

　　未来,学校将与联合申报单位采用理事会制度,精诚合作、挂图作战,高水平完成示范实践基地建设任务,以行业内创新创业竞赛、师资培训等资源供给高水平完成"一个空间、二个智库、三个中心、四个专项"示范实践基地的建设任务,为学校的"双一流"建设提供有力支撑,在"经济强省、美丽河北"建设过程中贡献力量。

　　　　　　霍占良(津云、河北教育网,2021年12月23日)

河北工业大学智能汽车产业学院
获批国家首批现代产业学院

近日,教育部办公厅、工业和信息化部办公厅联合印发通知,河北工业大学智能汽车产业学院获批国家首批现代产业学院。

自教育部、工业和信息化部发布《现代产业学院建设指南(试行)》以来,学校依托车辆工程、电子科学与技术、物联网工程等相关优势专业,联合长城汽车、中汽研(天津)等区域内龙头汽车企业,共建智能汽车产业学院。学院以国家政策和产业需求为导向,深化产教融合、科教融合和校企协作;以创新智能汽车与新能源汽车产业人才培养为目标,进行人才供给侧培养改革;以发挥高校人才培养与汽车产业发展之间桥梁和纽带作用为牵引,提升人才培养内涵,促进人才培养链、地方产业链和创新链的无缝对接。

下一步,智能汽车产业学院将按照《现代产业学院建设指南(试行)》,坚持以立德树人为根本,以提高人才培养质量为核心,秉承学校"工学并举"办学特色与OBE办学理念,构建"立足京津冀,辐射环渤海,服务全中国,面向全世界"的人才培养战略格局,依托京津冀及环渤海区域智能汽车和新能源汽车产业发展优势,打造特色鲜明的智能汽车产学研示范基地,培养适应和引领现代汽车产业发展的高素质应用型、复合型、创新型人才。

此外,智能汽车产业学院与电子信息现代产业学院、先进装备金属材料产业学院共同入选河北省首批现代产业学院。

信息现代产业学院依托学校电子信息工程、电子科学与技术、通信工程、工业设计等相关优势专业,联合华燕集团、京雄集团、东旭集团、中国电子工程设计院有限公司等区域内龙头企业合作办学,聚焦优势,改造升级,提升专业建设质量;引企入教,协同育人,构建多学科交叉融合的人才培养模式;需求牵引,产业导向,搭建产学研服务平台,着力产教融合、校企协同,提升产业竞争力。

先进装备金属材料产业学院依托学校金属材料工程和材料成型与控制等相关

国家一流专业,联合河钢、中钢邢机、中信戴卡等区域内龙头材料企业合作办学,紧紧围绕国家和河北省正在或将要实施的重大重点科技工程和高端装备重点型号工程,攻克高端装备科技工业中共性关键技术问题,为国家和河北省相关领域发展提供人才和技术储备。

霍占良(津云、河北教育网、河北教育发布,2022 年 1 月 7 日)

从冬奥志愿者到抗疫志愿者
这些高校学子只用了一分钟

编者按:近日,一场与疫情的战斗在天津打响。关键时刻,冲锋在前,河北工业大学冬奥志愿者挺身而出,争先报名抗疫志愿者,青春抗疫事迹受到多家主流媒体关注。新华社、人民日报、人民网、光明日报、学习强国学习平台、中国青年报、中国青年志愿者、中华全国学联、北京青年报、河北日报、扬子晚报、津彩青春、青春河北等媒体相继予以专题报道30余次,全网视频播放量约755.5万次,其中新华社单篇报道阅读量约111.7万次。

天津正在迎战奥密克戎,高校学子们也纷纷挺身而出。近日,河北工业大学的82名冬奥志愿者仅用一分钟时间,就完成从冬奥志愿者到抗疫志愿者的转变1月9日上午10:19河北工业大学冬奥志愿者群组里发布了一则倡议,"今天下午需要30名核酸检测志愿者"在短短一分钟内,82人接起长龙,群里的消息塞得满满当当,这群冬奥志愿者"秒变"抗疫志愿者。

疫情突如其来,没有人知道将面临什么。特殊时期,这更加彰显了青年学子的担当,志愿者袁菲回忆:原先只要30名同学,后来担心人手不足就将人数提高到50名,仍然抵不住大伙热情高涨。少年意气、家国情怀,都化作一纸请战书,满满的红指印,铮铮的誓言,朴实而有力。

记者了解到,该校冬奥志愿者团队为备战冬奥会假期在校集中隔离培训,面对疫情来袭,他们没有丝毫犹豫,快速响应号召并运用技能确保自身安全。很多同学被他们的热忱所鼓舞,家人与朋友的支持让他们感到温暖。为了继续备战冬奥志愿服务,所有志愿者都已按照规定继续进行集中隔离、健康监测和系列培训。校党委副书记贺立军表示:学校高度重视冬奥会志愿者工作,将执行更加严格的防控措施,将他们安全送至崇礼赛区服务。青年有担当则国家有力量,未来的栋梁们,为你们点赞!　　　　　　　　　　　　　　　(新华社,2022年1月12日)

河北工大新材料助力新冠病毒消杀

"采用该材料处理 15 分钟、30 分钟后,对 Delta 变异株有效消杀率高达 99.48% 和 99.70%"。这是不久前,中国科学院武汉病毒研究所国家生物安全实验室 (BSL-3)对河北工业大学生物物理研究所与河北凯尔威生物科技有限公司合作研制的新型消毒液消杀新冠病毒 Delta 变异株活性的测试结果。

中科检测服务(广州)股份有限公司对该材料生物安全性测试结果表明,急性经口毒性试验为无毒、红细胞微核实验未见异常、完整皮肤刺激性试验为无刺激性、急性吸入毒性实验为无毒。两份测试结果充分表明该消毒液具有高效、安全的优异特征。

该产品是在河北工大转让的专利申请权"一种具有抗菌和抗病毒的水溶性共轭聚合物及其制备与应用"的基础上研制完成的。该材料先期已经通过对手足口病毒、甲型流感病毒以及假性新冠病毒的有效性及安全性测试,表明材料的核心成分能够产生活性氧,通过破坏病毒表面的囊膜结构进而来杀灭病毒。

正如团队负责人、河北工业大学教授邢成芬所说,"本次对 Delta 变异株的测试结果再次证明,该消毒液对杀灭病毒表面相类似囊膜结构的新冠病毒变异株具有广谱性、高效性和安全性。"

在新冠疫情发生之初,河北工业大学生物物理研究所名誉所长展永便察觉到该所拥有自主知识产权的水溶性共轭高分子材料具有新冠病毒消杀的可行性。此后,该所组建由邢成芬挂帅、6 名"元光学者"和 25 名研究生组成了科研攻关团队,及时调整研究方向,集中力量开展了智能高分子材料抗病毒活性的研究工作。在中国科学院微生物研究所、中国疾病预防控制中心病毒病预防控制所的大力协助下,成功研制了杀病毒、灭细菌、除雾霾的高效智能高分子新型材料,并于 2020 年完成科技成果转让。

截至目前,该项目共投入资金 301 万元;在国内外学术期刊上发表相关 SCI 收录论文 45 篇,其中包括 SCI 一区论文 17 篇;获得国家授权专利 8 项。项目研发团队也被评为河北省重点培育创新团队。

陈彬、齐俊杰、邢成芬(《中国科学报》2022 年 1 月 17 日)

河北工大 227 名冬奥志愿者出征

本报讯 1月23日早7时许,河北工业大学举行冬奥志愿者出征仪式,227名师生志愿者在国旗下庄严宣誓:"志愿青春,冬奥有我!"

据了解,河北工业大学共有5000余名师生报名北京2022年冬奥会、冬残奥会志愿者,经过6轮选拔,最终有227名师生志愿者脱颖而出,其中包括209名学生志愿者、18名教师志愿者。此外还选派3名志愿者激励助理,将在冬奥会期间做好志愿者的生活、心理等方面服务保障工作。

北京冬奥会和冬残奥会期间,河北工业大学志愿者将服务于张家口赛区古杨树场馆群、国家越野滑雪中心、张家口冬奥村等多个场馆的场馆管理、庆典仪式、语言服务、赛事服务等15个业务领域。

记者姜凝 通讯员屠琼芳(《天津日报》,2022年1月24日)

河北工业大学：父女并肩战斗在抗疫一线

"我已经报名，很开心你能做出同样的决定！"

天津疫情发生以来，河北工业大学迅速组织志愿者援驰一线抗疫。马克思主义学院研究生王子星，看到招募通知时，毫不犹豫地选择了奔赴。当她将这一选择告诉父亲——马克思主义学院教师王富强时，才知道父女俩不约而同做出了同样的选择。

王富强看到学校招募一线抗疫志愿者，也是第一时间报名。因超龄，申请被退，他再次提交请战书，表达驰援一线的热切决心，终于得到学校的支持，成为学校出征一线抗疫突击队 188 人中年龄最大的教师。

虽然年已 56 周岁，对此次出征，他的内心澎湃着激情。他把这次逆行，看作是最难得的"备课"机会。"以信仰浇筑信仰，以情怀孕育情怀，有真情实感的思政课最能启发学生。"他说，"作为一名党员、一名思政课老师，我责无旁贷！"

1 月 16 日抵达一线，王富强便和第一批 50 名志愿者共同投入工作。从晚上 10 点待命，后驱车抵达值守地点，至凌晨 1 点正式上岗，王富强和"战友们"一直工作到翌日上午 9 点才返回驻地。他们在零下 7℃ 的低温状态下，连续 11 个小时没有进食饮水，做着封控区的控"封"勇士、平安守卫。

"我们学校的学生很勇敢，也很坚韧。无论男生、女生，每人值守一个楼栋，没一个叫苦喊累的。"王富强说起学生志愿者们一脸自豪。

王子星说，当得知父亲已经主动报名，她既安心又担心。安心的是，此次志愿活动能与父亲同行，在很大程度上缓解了自己紧张的情绪；不安的是，父亲 56 岁的身体能否负荷高强度的志愿工作。

看到父亲的坚定，她说，"我选择相信他，支持他！就像他相信和支持我一样！"

"听说王老师和子星主动报名的消息，我非常感动。"马克思主义学院志愿者带队教师姜汪维说，"父女同心上战场，对很多人都是一种激励。"

马克思主义学院学子积极踊跃，主动报名，奔赴一线。"相信经过此次洗礼，孩子们一定会有更加全方位的成长。"姜汪维说，"有父亲的陪伴，这次抗疫逆行对子星来说也注定意义非凡。"

这对并肩战斗的父女不仅感动了同一学院的师生，也感动了整个校园。智能学院物联网 191 班志愿者小温曾经选修过王富强的课程，在战疫一线师生再次相遇，意义非凡："我们一起穿上装备，奔赴各自岗位，让我觉得思政不只在课堂讲台，更在实际践行。老师们的身体力行，让我更加深刻地理解了知行合一的力量。"

（河北新闻网，2022 年 1 月 25 日）

冬奥水下火炬传递机器人有颗"河工芯"

中国教育报-中国教育新闻网讯　日前,北京冬奥公园展现的奥运史上首次机器人之间水下火炬传递,"水火相融"的场景充满了科技感,吸引了许多市民的目光。

这可爱冰壶造型的机器人,就是我国助力"科技冬奥"专项研发的成果之一——水陆两栖机器人。为它提供水下动力的核心零部件——水下推进器,是河北工业大学与企业开展产学研合作的结晶。

水下开展机器人与机器人的精准对接与水下点火,既是机器人跨域火炬传递最大的亮点,也是最大的难点。想要达成精准对接,在野外复杂流场环境条件下,火炬末端的定位精准度须持续保持在1厘米以内。这对机器人的动力稳定性要求很高,水下推进器作为机器人火炬手的核心零部件,至关重要。河北工业大学与企业联合推出的水下推进器应用了先进的磁性耦合驱动技术,大幅减少了推进器运行过程中的冲击与振动;动力电源与信号电源系统内部隔离,所有电器元件绝对密封在一个密封舱内,减少了密封泄漏危险;机、电、桨的融合设计和精密工艺使产品效率、噪声、功率密度等多项参数达到了极致。高性能、高精度、推力大、体积小、重量轻等技术优势,很好地满足了火炬手的要求,成为冰壶"黑科技"的动力首选。

据悉,近年来,河北工大产学研的成果——各类水下推进器可以搭载到多种水下机器人上,如自主式水下潜器(AUV)、遥控无人潜水器(ROV)等,并实现多应用场景,如水下探测、水下巡检等。在参与多个国家重点项目的过程中,该校积累了丰富的研发经验。

记者陈欣然　通讯员屠琼芳(《中国教育报》,2022年2月7日)

河北工业大学继续入选"双一流"序列
继续推进电气工程学科建设

河北日报讯 2月14日,第二轮"双一流"建设高校及建设学科名单公布,共有建设高校147所。我省河北工业大学继续入选"双一流"序列,将持续以先进装备工程与技术为建设口径,以电气工程为主建学科,以机械工程和材料科学与工程学科为支撑学科,统筹推进"双一流"建设。

据介绍,根据首轮监测数据和成效评价,教育部、财政部、国家发展改革委按照"总体稳定,优化调整"的原则,经过"双一流"建设专家委员会研究,以需求为导向、以学科为基础、以比选为手段,确定了新一轮建设高校及学科范围。

河北工业大学相关负责人介绍,新一轮建设中,该校将以"双一流"学科建设为引领,优化学科专业和人才培养布局,夯实基础学科建设,加强应用学科与行业产业、河北发展的对接联动。引育并举汇聚优秀人才,稳定支持具有创新潜力的青年人才培育培养。加强关键领域核心技术攻关,提升科学研究水平和服务社会能力。提升国际合作交流水平,提升人才培养国际竞争力,着力将学校打造成为我省高层次人才蓄水池、创新策源地和科技成果"快转"基地。

记者马利(《河北日报》,2022年2月15日)

报刊中的河北工大

建设"双一流",河北工大这样发力

河北日报讯 近日,河北工业大学"电气工程"学科再次入选国家"双一流"建设序列。在这个五年建设周期内,河北工业大学将如何发展建设?

日前学校表示,将以服务国家和区域经济社会发展为目标,坚持一流引领、分层分类、交叉驱动、整体推进的学科建设理念,以先进装备工程与技术为建设口径,以电气工程为主建学科,以机械工程和材料科学与工程学科为支撑学科,统筹推进"双一流"建设,把发展科技第一生产力、培养人才第一资源、增强创新第一动力更好结合起来,全面推动学校高质量内涵式发展,全面提升服务国家战略和区域发展能力。

优化学科布局 加强内涵建设

学校将通过科学规划、重点建设、动态调整,持续优化学科结构体系,实现以工为主,工、理、经、管、文、法、艺、医等多学科协调有序发展。以国家"双一流"建设学科为龙头,统筹推进相关学科建设,不断优化学科布局,加强内涵建设;坚持统筹兼顾,分层分类发展;促进学科交叉,培育新兴学科。通过不断深化学科协同交叉融合,促进学科协同交叉融合的制度文化环境逐步完善,建成一批具有自身特色、相互支撑、协同发展的特色交叉学科,产出一批具有高影响力的标志性交叉创新成果,争取部分学科方向达到国际领先水平,学校成为引领、支撑和服务国家特别是冀津区域产业发展和高等教育改革的重要力量。

建设一流师资队伍

学校将深入实施人才强校战略,持续推进"元光学者计划",围绕学校的战略布局和学科重点发展方向,突出"高精尖缺"导向,更加精准地引育高层次人才;将优秀青年人才引育工作纳入学校"十四五"规划体系和新一轮国家"双一流"建设方案中,加强对优秀中青年人才的支持力度,完善中青年人才队伍发展支撑体系;深化教师评价改革,坚持以德为先,完善多元化评价体系,加强师德师风和人才队伍建设、完善人才评价制度、健全人才成长机制,深化人才发展体制机制改革,营造识才爱才敬才用才的环境,打造一支由战略科技人才、一流科技领军人才和创新团队组成的一流师资队伍,为学校发展建设提供坚实人才基础。

培养拔尖创新人才

学校将在传承"工学并举"办学特色基础上,把思想政治教育贯穿人才培养全过程,全面提升本科生培养质量,深入推进研究生培养模式改革,全面推进学科交叉创新创业教育,完善人才培养质量保障体系。努力构建高水平人才培养体系,深化人才培养体制机制改革,着力培养德智体美劳全面发展、严谨务实、开拓创新、具有高度社会责任感的专业精英和社会栋梁。

提升科学研究水平

学校将坚持科技创新"四个面向"的战略方向,聚焦国家战略和区域产业转型升级和战略性新兴产业发展需求,实施重大科研项目和标志性成果培育工程、高水平科技创新平台和创新团队建设工程、重大科研项目和标志性成果培育工程、军工科研创新活力增强工程,健全科研管理运行机制,汇聚创新要素,深化科技体制机制改革,实现"大平台、大团队、大项目、大成果"的良性循环;推动重要领域关键核心技术攻关,提升学校的原始创新能力。

推进成果转化

学校将积极践行"落地冲高"工作思路,主动对接国家重大发展战略、主动融入区域经济发展,充分发挥学校隶属河北、地处天津的"桥头堡"区位优势,充分利用省市部共建的平台优势,汇聚区域优质创新要素,着力打造"京津研发、河北转化"协同创新共同体;注重与地方和行业龙头企业的合作,将优势学科与河北省、天津市重点支持的特色产业集群进行精确匹配和精准对接,促进人才链与产业链、创新链有机衔接,完善成果应用转化机制,深化产学研合作,形成产学研融合长效机制;加快科技成果转化,着力打造科技成果在燕赵大地推广转化的"快转"基地。

记者马利(《河北日报》,2022 年 2 月 20 日)

"00"后的他们,在冬奥赛场挥洒青春

新华社天津3月4日电 "运动员一瞬间就从我面前滑过去了,感觉比风还快!"热情洋溢的李子航是河北工业大学冬奥会志愿者团队的一名成员,也是不折不扣的"00后"。在这个两百多人的团队里,像他一样的"Z世代"是绝对主力。

给越野滑雪等项目做保障支持,是他一段时间以来的工作。"在一边看到运动员完赛,高举双手的那一刻,是很容易共情的。"回忆起志愿工作,他意犹未尽,"冲过终点线,享受挑战自己的快乐,可能这也是奥林匹克精神的一种体现。"

对于团队里同样是来自河北工业大学的张怡来说,做志愿活动早已成为了一种习惯。"我还记得初中的时候第一次参加慰问社区老人的志愿活动,当老人对我说谢谢的时候,我觉得自己真的在做一件值得坚持的事情。"

在冬奥志愿活动告一段落后,张怡和其他部分成员继续留守,参与到了冬残奥会的志愿服务当中。

"做个公益基金?""创立一个志愿者组织吧!""我肯定还会继续的"……问及未来的打算,这些"00后"还没有清晰的规划,但话语中透露着坚持,眼神中流露出坚定,他们的志愿服务故事还在续写。

记者尹思源、郭方达(新华社,2022年3月4日)

河北工业大学廊坊校区
特殊时期,特别有爱

当前,疫情形势严峻复杂,防控压力持续增大。河北工业大学廊坊校区以高度的政治觉悟和一贯的社会责任感,因地制宜、因情施策,全力做好校区涉疫医学观察以及学生卫生防疫等工作,以多种方式全力支持廊坊疫情防控工作,彰显高校服务地方的"大学责任",从细微之处传递对全校师生的关爱。

全力支持廊坊市疫情防控工作

疫情出现后,廊坊校区第一时间优化校区内外疫情防控工作方案,全力调配现有各种人力及物力资源。在确保师生健康安全的前提下,主动腾出校区学生公寓2号楼,无偿支持廊坊市进行疫情防控调配使用,为奋战在疫情防控一线的医务工作者提供固定休息场所。

同时,河北工业大学廊坊校区组成工作专班,为来校轮休的医护工作者提供全方位基本生活保障和相应服务,全时无偿提供开水、纯净水、水果及生活日用品,从细微服务出发,汇聚廊坊力量共克时艰。

让大家感受到家的温暖

近期,部分学生因返校途经中高风险地区等原因,"廊坊校区"先后有38名学生需在校进行医学观察。到校后,38名学生第一时间被安排入住学校特定寝室。特定寝室实行"一人一房",房间内配有网络、空调等设施。为让进行医学观察的学生感受家的温暖,学校抽调4名专职教师24小时照料学生的日常起居,最大限度满足了学生健康安全的生活需要。

为进一步加强管理,廊坊校区对在校医学观察的学生成立临时班集体,配备了班导师、辅导员和专职心理教师。班级以自荐形式选举出班长和团支书,制订了《廊坊校区医学观察临时班集体活动细则》《廊坊校区医学观察临时班集体量化考核表》等制度文件,分别从学生的生活、学习、心理疏导、体育运动、纪律执行等各个方面进行了量化考核和精细化管理,增强了班级凝聚力和向心力。

为了加强信息沟通,专门建立了在校医学观察学生家长群,学校随时向家长通报推送学生饮食起居、学习现状等动态信息,不仅抚慰了学生和家长们的紧张情绪,也赢得了学生家长对学校疫情防控工作的理解与支持。见微知著、大爱无疆,在校医学观察学生防疫工作的每一处细节,无不传递着校区教职工对学生们的深切关爱,彰显着河北工业大学疫情防控工作的责任与担当。

三月春意浓。

河工校园已是"百花争艳"。

我们坚信,

没有一个"春天"不会到来。

齐心"河"力,并肩抗疫,

河工,与你同在!

(人民日报客户端,2022 年 3 月 23 日)

报刊中的河北工大

河北工业大学："四轴联动" 创新工业人才培养"河工范式"

"三线—四段"一二课堂深度协同创新方法贯通式大机械类创新人才培养模式

人才是衡量一个国家综合国力的重要指标。国家发展靠人才，民族振兴靠人才。河北工业大学秉承"工学并举"办学特色，融思政以立德，强创新以树人，通产学以兴工，联国际以赋能，"四轴联动"，以机械类高质量人才培养为试点，努力探索新时代工业人才培养"河工范式"。

"思政轴"：校训+社会主义核心价值观，培养"兴工报国"时代新人

树人必先立德。多年来，河北工业大学一直致力于把思政教育融入"工学并举"的特色课程建设中。学校以学生为中心开展专业级"强制造，育匠心"课程思政总体设计，将"勤慎公忠"的校训与社会主义核心价值观相结合，形成"勤以敬业，慎以诚信，公以友善，忠以爱国"的课程思政融合实践，着力培养胸怀"兴工报国"志向、具有"工学并举"才能的时代新人。

"勤以敬业"，就是以贯通式创新方法培养学生正确认识问题、分析问题和解决问题的能力，大力弘扬以爱国主义为核心的民族精神和以改革创新为核心的时代精神；"慎以诚信"，就是通过企业带薪毕设等实践环节，培养学生精益求精和工匠精神，激发学生"兴工报国"的家国情怀和使命担当；"公以友善"，就是结合"区域经济创新服务"系列活动，把国家、社会、个人价值要求融为一体，自觉践行社会主义核心价值观；"忠以爱国"，就是通过社会实践等系列活动，使学生洞悉世情、国情、党情、民情，坚定"四个自信"。

目前，学校大机械学科全部理论课程和180门专业课程实现了思政融入全覆盖，形成"工学并举"特色课程思政示范课程20门。同时，修订编写融入课程思政元素的教材近30部，收集大机械类课程案例900余项，形成河北工业大学大机械类

课程思政案例集一部。此外,还建立了校外课程思政实践基地 172 个。在课程思政进教材、进课堂、进头脑的基础上,还实现了进车间、进企业、进社会。

今年,学校"情系水泉"社会实践活动已经进入第 22 个年头,累计捐助家庭经济困难学生 100 余人,捐款捐物 50 余万元,已有 26 名受资助学生圆了"大学梦"。"情系水泉"社会实践服务团连续 20 余年被评为河北省、天津市社会实践先进示范队,2020 年荣获全国"三下乡"社会实践活动优秀团队称号,先后有 50 余名师生被评为省级优秀志愿者、社会实践先进个人等。这里不仅是学校服务社会的平台,也是对师生进行思政教育的课堂。

"创新轴":"三线—四段",提高解决复杂工程问题能力

作为全国首批系统开设创新方法课程的高校,河北工业大学在"工学并举"特色引领下,一直聚焦国家工程创新需求,以产出导向为轴,全面提升学生解决复杂工程问题能力。

学校依托国家技术创新方法与实施工具工程技术研究中心,将创新方法理论贯穿到创新创业教育之中,结合先进的虚拟与网络技术,将工程实践与工程创新有机结合,面向复杂工程问题,形成了"三线—四段"渐进式专创融合人才培养模式。

在 2020 年中国大学生方程式汽车大赛上,河北工大兴冀车队经过长达 5 天的鏖战,最终获得大赛总成绩一等奖和创新奖一等奖。"中国大学生方程式汽车大赛是一种融合作与竞争为一体的新型教育形式,它集成了理论学习、动手能力、社会实践、人才竞争等几大主题。"兴冀车队指导教师肖森说,"我校兴冀车队已经连续 11 年参赛,车队设计制造、营销、成本分析的整个过程将理论学习与实际设计制造相结合,展示了学校在专业人才培养方面的成果,同时也集中反映了学校学生面对复杂工程问题时的分析能力和解决能力。"

学校还首倡"以虚补实、虚实结合"的实践教学理念,通过产教、科教、课赛等多种模式,实现带薪实习、带薪毕设、创新创业项目等全过程体验,提升学生解决复杂工程问题能力,实现了"学生学习先进创新方法理论全覆盖,试点专业带薪毕业设计全覆盖,大机械类专业群全面实现国家工程教育认证和国家一流本科专业建设点序列"的目标。

近 3 年,机械类学生 5000 人次参与学科竞赛 200 余项,获得省级及以上奖项 500 余项。

"产学轴":"产教融合",破解人才培养"最后一公里"难题

近年来,河北工业大学依托车辆工程、电子科学与技术、物联网工程等相关优势专业,联合长城汽车、中汽研(天津)等区域内龙头汽车企业,共建智能汽车产业学院。以国家政策和产业需求为导向,深化产教融合、科教融合和校企协作;以创新智能汽车与新能源汽车产业人才培养为目标,进行人才供给侧培养改革;以发挥高校人才培养与汽车产业发展之间的桥梁和纽带作用为牵引,提升人才培养内涵,促进人才培养链、地方产业链和创新链的无缝对接。

2021年底,河北工业大学智能汽车产业学院成功入选国家首批"现代产业学院"。这是学校近年来联合企业探索产教融合协同育人新模式收获的认可,也为学校进一步打通人才培养与企业需求之间的人才培养"最后一公里"提供了很好的实践平台。

车辆173班的学生袁民在校内指导教师刘晓昂和长城汽车企业指导教师刘珍海工程师的联合指导下,进一步优化了车门内部零件的布局,在不提升重量的情况下,通过改进结构进一步提升了车门的强度,使车门在侧面柱碰中能够吸收更多的能量,充分保护驾驶员的安全,获评2021年优秀毕业设计。"校企联合毕设不仅把教室里的知识和车间里的应用有效结合,还帮助我们深入了解了企业理念,使我们能够提前适应社会生活。"袁民说。

"紧随国家的新能源战略需求,长城汽车也面临着战略升级。"长城汽车人力资源部部长曹英超介绍道,"新时代对教学与人才培养有了新的要求,校企联合育人为学生创建了一个很好的创新实践平台;同时,这种深度产教融合的模式也可以为企业提供人才储备,进而培养行业专家,实现双方共赢。"

学校还以现代产业学院、产业技术研究院为载体,项目式教学为抓手,针对智能网联汽车、智能机器人等典型复杂工程问题,通过专业方向综合训练、毕业设计等,形成"构思—设计—制造—装配—运维"五位一体的实践教学校内循环模式。学校坚持以立德树人为根本,以提高人才培养质量为核心,秉承学校"工学并举"办学特色与OBE办学理念,构建"立足京津冀,辐射环渤海,服务全中国,面向全世界"的人才培养战略格局,依托京津冀及环渤海区域产业发展优势,打造特色鲜明的产学研示范基地,培养适应和引领产业发展的高素质应用型、复合型、创新型人才。

"国际轴":"平视世界",培养"工学并举"特色国际化人才

河北工业大学通过与国际知名大学共建特色学院等多种合作方式,把"工学并举"的办学特色与国际工程教育理念相互融合,合力培养拥有良好跨文化交际能力、创新思维和开阔视野的国际人才。

2021年9月24日,河北工业大学亚利桑那工业学院首届新生迎来了"开学第一课"。在高等教育国际合作面临多重挑战的背景下,河北工业大学亚利桑那工业学院的创立,是中国百年学府与世界百强名校的双赢合作。学院将共用两校资源,融贯中西方先进的科学与工业知识,培养学生的全球视野,提高跨国文化交流意识,搭建高效、专业的国际化学习平台。

亚利桑那工业学院通过"141精英人才培养计划"(一个人才培养核心、四类提升工程、十大关键任务),实施以"学习效果"为目标的全过程教学,坚持"通专结合、融合创新",通过"多元育人、学科交叉、工学并举、专业导航"培养学生专业综合技能,通过"导师团、高端讲坛、中美通识课"多维度培养学生综合素养,通过"过程管理、互联网+教学"强化提升学生自主学习能力,全面提升学生的"国际视野、跨文化交流、全球职业技能、创新创业"等多维综合素能。

"平视世界"是河北工业大学应对未来全球化挑战的工业人才培养战略。除了"请进来"与亚利桑那大学共建工业学院以外,河北工业大学还"走出去",和芬兰拉彭兰塔-拉赫蒂理工大学共同建设河北工业大学芬兰校区。

这一本科层次的海外校区兼容中芬标准的培养方案,融合中芬特色的教学理念,以学生为中心,采用"量化式学时标准"和"大班授课+小班研讨"的方式,实施严格的过程化考核,努力把学生培养成为"强基础、懂管理、善沟通、会创业"的优秀人才。

"工学并举"是学校传承了119年的办学特色,通过"思政+创新+产学+国际""四轴联动"培养新时代工业人才的尝试,与"立校与报国、办学与兴工、理论与实践"的时代内涵一脉相承。学校着眼未来,将以此为样板,不断深化产教融合、产学合作、协同育人、平视世界的教育理念,探索并形成新时代工业人才培养的"河工范式",为国家和区域经济社会发展培养真正需要的高素质人才。

张小俊、师占群、张鹏(《中国教育报》,2022年3月26日)

河北工业大学全力蓄能

——做好校园防疫安全及后勤保障工作

　　人民日报客户端报道：截至3月16日22点，天津市已有封控区97个，管控区69个，防范区2个。当前，疫情形势仍十分严峻复杂。

　　面对来势汹汹的疫情，河北工业大学已在第一时间全面启动"十项管理措施"，筑牢校园疫情防线，确保校园安全稳定、秩序井然。

全力蓄能！河工做你安全靠山！

　　目前，学校已第一时间暂停外来访客入校。学校已尽可能压缩服务外包和第三方人员进校数量，允许入校的百分之百纳入管控范围。

　　当前，为最大限度保障防控数据可查可控，校内每个楼宇只开放一个出入口，出入口张贴场所码。全体师生员工出入各楼宇都要扫码或者刷一卡通，以此更细更严地做好人员轨迹管理。

请大家放心！我们会严格把控！

　　疫情当前，学校实行相对封闭管理。要求全校师生严格做好健康监测、日报告和因病缺勤追踪，教职工尽量减少进出校园频次，来校教职员工严格按照"两点一线"方式生活工作，全力确保校园安全。

　　目前校内快递点已暂停运行；将保洁和绿化作业与师生活动错开时间。从明天开始，学校对第三方服务人员进行全封闭管理，24小时不离校。

请大家放心！我们已科学开展核酸检测！

学生返校前,学校已组织在校师生员工于3月7日进行全员核酸检测,确保校园安全。

学生返校期间,学校联系第三方检测机构,自主安排预防性核酸检测工作,在学生返校后第1天进行核酸检测。同时,学校组织全校师生于返校后第3日、第7日检测和全员大筛。

按照天津市教育两委的有关要求,我校将在本周内完成两次预防性全员核酸检测工作,今日已圆满完成第一次核酸检测工作,第二次将于3月18日进行。截至目前,所有核酸检测结果全部为阴性。

请大家放心！生活所需已"备料"充足！

北辰校区有物美超市,红桥校区设立临时购物点,保障学生基本生活需要。

当前,学校所有校区的食堂餐桌,均已加装挡板,张贴距离地贴。疫情期间,食堂已延长供餐时间,提供打包盒和打包袋。

学校已储备医用外科口罩10万只,N95口罩2万只,其他消杀物资足量供应,保障全校常态化防控下使用半个月以上。如遇紧急情况,我们已确保物资采购渠道畅通,12小时内保证送达,全力保障防疫物资充足。

开学前,学校疫情防控指挥部组织指导学生工作系统、后勤服务中心、安全工作处等多部门协同,开展疫情防控应急演练,防患于未然。目前,学校已备好200余间房间作为隔离房间。

请大家放心！我们的背后是党和政府！

一直以来,省、市领导和教育行政管理部门支持指导学校做好疫情防控工作,提出了明确要求和管理措施。学校主动对接属地北辰区和红桥区,服从管理、密切协同,坚决扛起疫情防控政治责任。

疫情形势依旧严峻,防控一刻不可松懈。

请大家放心,学校会倾尽所能,护大家周全;

请大家定心,河工永远是你们,最强大的靠山!

同心抗疫,共克时艰。

全体河工人,河北工业大学,与你同在!

(人民日报客户端,2022年3月29日)

韩旭：创新求索　中国"智"造

在起伏跌宕的科研路上，总有人坚持不懈，攀登着一座座高峰。

在与世界先进技术的较量中，总有人披荆斩棘，推动中国"智"造从跟跑向领跑飞跃。

机械设计是韩旭30余年不懈奋斗的科研主线。从理论创新、技术突破到工程应用，他在复杂装备高性能工程优化、极端环境下装备高精度设计、机电装备高可靠性保障等领域取得重大突破，为提升我国装备制造业核心竞争力和装备自主研发作出积极贡献。

作为科研工作者，他直面挑战，攻克"卡脖子"技术，提升装备制造科技创新水平；作为河北工业大学的校长，他服务地方，推动科研成果与企业高效对接，赋能河北制造业转型升级。

理想信念领航，勤奋实干为桨。对韩旭来说，获得"河北省科学技术突出贡献奖"这一荣誉是肯定，更是新的起点。行而不辍，未来可期。

（长城网视频，2022年4月13日）

韩旭获 2021 年度河北省科学技术突出贡献奖

4 月 12 日,河北省召开 2021 年度河北省科技奖励大会,受奖项目 259 项(人)。其中,省科学技术突出贡献奖 2 人;省自然科学奖 21 项,其中一等奖 3 项,二等奖 7 项,三等奖 11 项;省技术发明奖 18 项,其中一等奖 3 项,二等奖 6 项,三等奖 9 项;省科学技术进步奖 214 项,其中一等奖 23 项,二等奖 78 项,三等奖 113 项;4 人获省科学技术合作奖。

据悉,省科学技术突出贡献奖,共受理提名 15 人,通过初选,在征求省委组织部意见基础上,经评审委员会投票,授予河北工业大学韩旭、燕山大学刘日平省科学技术突出贡献奖。

(《河北日报》,2022 年 4 月 13 日)

"力"的学以致用

——记省科学技术突出贡献奖获得者、河北工业大学党委副书记、校长韩旭

韩旭,男,1968 年 6 月出生,中共党员,博士、教授、博士生导师。现为河北工业大学党委副书记、校长、国家重点实验室主任。30 多年来,一直致力于复杂装备先进设计领域的基础理论创新、关键技术突破和全面工程应用。他构建了面向工程实际的高性能工程优化设计理论、方法及专业定制设计系统;拓展了极端环境下装备精细模拟与多源耦合不确定性度量理论,为国家重大型号及国防装备的提质增效提供了关键高精度分析与设计工具;建立了工业机器人可靠性质量保障与增长技术体系,推动智能装备全寿命保质设计核心共性技术研发,满足智能装备服役稳定性和安全性迫切需求。荣获 2021 年度河北省科学技术突出贡献奖。

30 余年主持多项重大项目、获得业内荣誉不胜枚举……在外人看来,这样的业绩已相当不错,足够引以为傲了。然而,河北工业大学党委副书记、校长韩旭并不满足。工作之余,他仍然坚持学习,充实提高自己——办公桌上常年摆放着各类工程技术方面的书籍资料,有点儿时间就拿来翻看。

做人谦逊温和,做事雷厉风行,做学问精益求精,是很多和韩旭打过交道的人对他的印象。4 月 12 日,在 2021 年度省科学技术奖励大会上,韩旭接过了河北省科学技术突出贡献奖证书。但对他而言,获奖并未给他的工作带来太多改变。"得奖并不意味着什么。我还是该干什么干什么,做科研其实蛮辛苦,到了一站后,得往下一站走。"

不惧挑战迎难而上

韩旭毕业于哈尔滨工业大学工程力学系。1990 年毕业时,韩旭选择了回到老

家张家口，在工厂生产一线的"大熔炉"里接受锻炼。

最早，他将自己所学的数值分析技术，应用到一线生产实践中。但在计算过程中，韩旭发现，公司花大价钱采购来的国外先进设备，虽然看上去"高大上"，但使用效果并不理想。

"我们能不能造出自己的机器装备"当韩旭提出这个想法时，很多人觉得这是不可能的事，支持者寥寥。可韩旭觉得，"总要先试一试再说"。

"那时候，一间办公室、几张桌椅，三四个人围在一起工作，技术资料更是缺乏。"韩旭回忆，他和同事们四处寻找资料，把省吃俭用攒下来的钱用来购买技术资料和专业书籍。

但从模仿到自主设计，跨越之大，让人望而却步。韩旭也知道，一条巨大的沟壑横亘在中国与世界先进水平之间。

沟壑怎么填平？1995年，韩旭决定去看看更大的世界。

那年夏天，他被哈尔滨工业大学计算力学专业录取，如愿成为了一名硕士研究生。

毕业那年，品学兼优的韩旭被推荐到新加坡国立大学继续深造。从工程实践中发现科学问题，从实际数据中提炼科学规律，让韩旭从科研中不断收获，也让他尝到坐冷板凳的滋味。

"在新加坡读博时很辛苦，有段日子还挺难熬的。"韩旭笑着说。1997年赴新加坡国立大学读博时，他选择了工程反问题理论和方法工作的研究方向。

反问题无论从数学理论层面还是工程应用上来说，都比正问题难得多，具有极大的挑战性。即便如此，韩旭还是毅然决然地进入了这一研究领域。"我想做重要且有挑战的课题。"

然而，这个过程本身，就意味着一次次尝试，一次次重来。大多数时候，研究结果都难尽人意。

"跑"数据耗时长，调试程序更是个力气活，需要不眠不休盯着。更常见的是失败，但他却没有时间沮丧。"在导师训练下，大家早就形成了条件反射，遇到问题马上去找原因，直到想出新办法去解决。"

在读博的三年时间里，韩旭陆续发表了多篇高水平学术论文。随着越来越多研究成果发表，回国的意愿日渐强烈。"我要把成果带回祖国。"2004年，韩旭带着学术设想回国，并埋下梦想的种子。

不眠不休潜心研究

从业数年,他发表了 200 余篇 SCI 论文,近 7 年连续入选 Elsevier 机械工程领域中国高被引学者,出版中英文专著 4 部,授权发明专利 80 余项,获得 2013 年度国家科学技术进步奖二等奖……

而这背后,是韩旭超乎常人的专注和付出。现代装备结构、工艺、服役环境复杂,长期以来我国制造业以粗放式发展、逆向模仿为主,关键共性设计技术缺失,高端设计为国外主导。提升装备设计品质、效率、性能,实现装备高性能正向设计是行业内多年来面临的瓶颈。

"一步步来! 科学是一个探索的过程,只要敢于探索,就有成功的希望。"韩旭知道,这不是短时间内能出的成果。

身边的同事们也不否认,挑战的结果很可能是"竹篮打水一场空"。"创新,不就是在无数不可能中,找那一丁点儿的可能性吗"韩旭说。

就这样,韩旭带着几个学生,踏上了引领我国工业装备的正向设计和自主创新的旅程。

韩旭的主要研究领域是基于数值模拟的复杂装备先进设计理论与方法,在反问题理论、结构快速模拟、高性能工程优化和可靠性理论等基础性和前沿性问题上获得突破。

"他是时时刻刻拧紧的发条,不曾松过一刻。"同事们都说,韩旭是单位有名的"实验机器人"。

数值计算中一项主要的工作就是设计程序、调试程序。程序调试的过程不能间断,这是一个耐心活,有时候一个小盹,就有可能找不到调试的地方,只能从头再来。这还是一个细致活,任何差错都可能导致前功尽弃。

为了一组参数,韩旭大部分时间都待在实验室里,和他的学生轮流盯着电脑,一盯可能就好几个月。

"程序不怕不通,不通的话就直接调整不通那一段。最怕的就是每次都能算,可是每次算出来结果不一样。出现这种情况,就只能从头到尾一个一个比对。"韩旭记得,有一次一个程序里出现了 l(小写字母)和 1(阿拉伯数字)的差错,他带着学生找了足足 2 个月才彻底解决。

从事科研工作,不付出肯定是没有收获,但付出了也不一定能够如愿。幸运的是,韩旭的付出得到了回报。

韩旭和团队在国内最早建立了工程反问题的一般性框架和理论方法,研发了成套自主可控的面向工程实际的高效优化与专业化定制设计系统,实质性推动数值模拟由辅助性分析工具到主导性正向设计的关键转变,并成功应用于航空航天、核电、工业机器人等多个国家重点工程中,解决了一批卡脖子难题,合作研发的多项重要装备填补国内空白及列装部队,产生了显著的经济、社会及国防安全效益。

不拘一格引育人才

韩旭认为,自己在科研道路上走得比较顺,得益于领导、同事和家人给予的大力帮助。

在申请杰青项目时,前辈给他提供项目申请经验,同事对标书提出修改意见,学校为项目申报提供了很多支持。韩旭说,这让他感受到,科研不是一个人的旅程。

2016 年,韩旭重回河北,担任河北工业大学校长。科研之外,他把更多的时间和精力用在培养下一代科研人才上。

"人才是发展的根本。"从事科研和学科建设工作多年,韩旭对人才成长规律有着深刻认识。

2016 年,河北工业大学出台了"元光学者计划"等一系列人才政策,计划通过完善激励体系、扶持政策,为学校引进和培养一批有潜力的青年学者和有国家级科研水平的人才。

扶持政策,意味着什么?

"起步的第一个台阶。"韩旭说,"比如 30 来岁的科研苗子,申请国家和省里的基金不容易。经费补贴就可能成就一个全新的研究课题,这些苗子可能成长为未来的学术带头人,甚至是知名专家。"

实践证明,河北工大开辟了一条不拘一格选好人才、千方百计育好人才、发挥特长用好人才、立德树人检验人才的新路子,开创了我省高校人才引育新模式。

随着学校人才队伍的不断发展壮大,韩旭抛出了一个新的目标——"基金百项"!

"项目申报是途径而非目的。我们不唯项目、不唯论文,我们只是希望以科研项目为平台,将科学研究内容、成果及科研前沿信息融入日常教学进程,从而实现教学相长。"韩旭说。

韩旭的决心也感染着身边的每一个人。

校院两级不断推动工作落实,很多教师开始了"从无到有"的第一次基金项目申报。

激励效应持续发酵。从 2017 年到 2019 年,学校自然科学基金立项连年攀升,2020 年、2021 年国家基金数接连破百。

"当初感觉遥不可及的愿望,实现了!"韩旭眉头的皱纹,慢慢舒展开来。

目标的一步步实现,让河北工大的人心越聚越齐,干劲儿越来越大。

近年来,在践行"落地冲高"工作思路、推动创新链和产业链深度融合、打造我省创新策源地和成果"快转"基地的工作中,学校"走访百县"的足迹踏遍燕赵大地,科技成果转移转化惠及民生。在韩旭的带领下,学校积极构建"京津研发、河北转化"新模式,带动了省内高校共同发展。

虽有行政职务在身,但韩旭每天还会留出时间给科研。阅读文献、申请课题、和团队成员讨论技术问题,他乐此不疲。

韩旭常说:"干一件事情就一定要把它干好"。这句话也影响和激励着越来越多的人。

记者王璐丹(《河北日报》,2022 年 4 月 14 日)

河北工业大学国际化的"前世今生"

长城网·冀云客户端讯　自1903年建校以来,河北工业大学根植于国际化办学传统,秉承开放包容、交流互鉴的办学理念和胸怀天下、海纳百川的开放精神,借鉴吸纳先进的工业人才教育理念,通过学习、借鉴、吸收、创新,开辟了一条中国式人才培养道路,为近现代中国工业的发展培养了诸多人才,揭开了中国近代工业教育的序幕。

回首"前世"

北洋工艺学堂(河北工业大学前身)首任总办周学熙曾去日本考察工商币制,回国后决心学习日本先进经验,力求实现实业富国,同时开始培养工业人才。建校之初,他便聘请日本工学士藤井恒久为教务长,聘请来自日本、英国等国的教师到学堂任教。

在办学初期,河北工业大学就注重学生的国际化视野的培养,选派大批学生赴英、美、德、法、日留学深造,通过出国交流学习开阔了学生的国际化视野,学习了西方先进技术和近代先进的自然科学知识,培养了一批具有国际视野的工业化人才。北洋工艺学堂的招考试题汉译英曾在《大公报》上刊登,在当时选拔学生时,就把英文水平作为录取评价体系里面重要的一个环节。

魏元光赴美留学回国后,于1926年出任直隶公立工业专门学校校长,1929年学校改名为河北省立工业学院后,继任院长。魏元光非常注重学校的国际化发展,他认为师资是人才培养的保障,学校聘请大量优秀外籍教师和具有留学经历的教员来校进行英文、日文授课,当时学校57%的教师是从世界各知名大学毕业,他的理想是集各国各校的工业教育之长,以求找到适合国情且实用的中国式工业教育道路。

1958年,著名教育家、社会活动家,中国汽车内燃机专家潘承孝教授任河北工学院院长,他非常重视教师和学生外语能力的提高。为了做好留学工作,河北工学院建立"留学生科"作为留学生管理机构。1966年,学校接受越南留学生来校学习。自此,河北工学院开启留学生招收新篇章,逐步扩大留学生规模,深化国际合作与交流。

1980年至1990年期间,河北工学院继续加强与世界各地高校的交流与访问。1980年,邹仁鋆教授应日本东京大学名誉教授、日本石油学会会长功刀泰硕博士的邀请,到日本进行学术交流并讲学。1986年,经河北省政府批准,河北工学院党委书记林牧以河北省职业教育考察团副团长身份,赴德意志联邦共和国巴伐利亚州慕尼黑访问。1987年,美国爱德华大学水力研究所章梓雄教授来院访问;由自动化系主任孟庆龙、工管系主任张贤模、计算机系主任张志强三人组成的代表团,赴美国六个州、七所院校考察访问;聘请美国依阿华州立大学约翰雷格为英语教师,并签订任期一年的合同。

1990年至2000年,河北工业大学开拓和深化与世界各地高校的交流与合作,签订备忘录和合作协议。先后与美国密苏里、乌克兰国立工业大学、德国马格德堡大学等签订合作备忘录及协议。2000年后,河北工业大学逐步开展全方位的国际交流与合作,不断加强与美国、英国、德国、日本等知名高校进行师生访学交流,积极开展中外合作办学项目。

再看"今生"

近年来,河北工业大学加快国际化布局,不断提升国际化办学效能,通过实施"引进来"和"走出去"的国际化战略,不断加强师资队伍国际化、人才培养国际化、科学研究国际化。河北工业大学在芬兰与LUT大学合作共建"河北工业大学芬兰校区",是中国在发达国家建立的第一个本科层次海外校区;与世界百强名校美国亚利桑那大学共建"河北工业大学亚利桑那工业学院";与新西兰、美国、德国名校开展中外合作办学项目,现已形成全方位、多层次、宽领域的国际合作办学新格局。

河北工业大学致力于培养"双向融合新工科国际化人才",探索满足新时代要求的融通中西人才培养特色的国际化人才培养模式,服务学校"双一流"建设,全面提升学校国际化办学水平和国际影响力;与美国、奥地利、新加坡等国的科研机构联手共建高水平的科研机构,搭国际平台为"一带一路"架桥铺路,聚世界之智为人类共同进步助力续航。

　　回顾"前世",河北工业大学秉承开放包容、交流互鉴的办学理念,在吸纳西方先进的工业人才培养理念的基础上探索了一条适合中国国情且实用的中国式工业教育的道路;再看"今生",学校加快国际化布局,不断提升国际化办学效能,通过"引进来"和"走出去",不断加强师资队伍国际化、人才培养国际化、科学研究国际化,不断提升学校的国际影响力和美誉度。展望"未来",河北工业大学将继续传承学校"兴工报国"的办学传统,培养具有中国情怀、国际视野、专业精通、外语熟练、技能全面,善于交流的"双向融合新工科国际化人才",探索满足新时代要求的融通中西的国际化人才培养模式,承担起服务"一带一路"建设,推动构建人类命运共同体的使命担当。

　　　　　　　　　　　　记者孙泽恒(长城网,2022 年 4 月 26 日)

我校学生王昊在河北省庆祝中国共产主义青年团成立 100 周年座谈会上作典型发言

5月13日,河北省庆祝中国共产主义青年团成立 100 周年座谈会在石家庄召开,省委书记倪岳峰出席,座谈会由省委副书记廉毅敏主持。

座谈会上,倪岳峰代表省委向全省广大青年和各级共青团组织、团干部致以诚挚问候,并发表重要讲话,指出全省各级共青团组织和团员青年要深入学习贯彻习近平总书记重要讲话精神,忠诚捍卫"两个确立",坚决做到"两个维护";强调共青团要聚焦引领凝聚青年、组织动员青年、联系服务青年的职责使命,加强自身建设,切实落实习近平总书记在庆祝中国共产主义青年团成立 100 周年大会重要讲话中对共青团提出的希望和要求,为广大青年放飞青春梦想、实现人生出彩搭建更为广阔的舞台。

我校化工学院 2018 级本科生王昊作为全省优秀青年典型代表参加座谈会,并作题为《用青春与奋斗追逐科技强国梦》的典型发言。王昊介绍了自己怀揣为国"铸重器"理想不断攀登科技高峰的奋斗历程,表示将用所学为建设一个"妙不可言""心向往之"的未来之城贡献力量,展现了我校青年学子践行"勤慎公忠"校训精神和"工学并举"办学特色,将小我融入祖国、人民大我之中的青春担当。

据悉,省领导邢国辉、严鹏程、徐建培;团省委领导班子成员,在冀团中央委员;第 26 届"中国青年五四奖章"获得者代表、全国"两红两优"获得者代表、2022 年河北优秀青年奖获得者代表、优秀青年典型代表等参加座谈会。我校青年学子关注河北卫视,积极观看本次座谈会相关新闻,会议内容使我校青年学子深受鼓舞,大家纷纷表示,将以王昊为代表的优秀青年为目标激励自己,汲取榜样力量,立足专业所学,将个人理想融入民族复兴伟大理想,把科技强国之梦转化为创新发展之力,为建设经济强省、美丽河北贡献青春力量,在改革发展的火热实践中谱写青春华章。

（河北卫视,2022 年 5 月 16 日）

捐赠1千万元！

——河北工大校友献礼母校百廿华诞

长城网·冀云客户端6月8日讯　乘风破浪扬帆起，不忘母校培育情。6月8日，河北工业大学校友张坤宇向学校捐赠了1千万元，捐赠签约仪式在河北工业大学北辰校区举行。河北工业大学党委副书记、校长韩旭，党委副书记贺立军出席捐赠仪式。

张坤宇是河北工业大学材料科学与工程专业2004级学生，2008年毕业后选择创业。怀揣着"做中国的软件，服务中国的企业"的志向，他创立了天津卓朗科技发展有限公司。卓朗科技作为中国云计算公司500强企业、天津市服务业百强企业，长期致力于推动数字经济发展。经过十余年发展，卓朗科技成长为从事软件和信息技术服务的主板上市公司，帮助8000多家制造业企业实现数字化转型。

在发展事业的同时，张坤宇一直关心学校的发展，在学校110周年校庆时向母校捐款30万元，2021年向近万名2021级本硕博新生捐赠纪念T恤，这次张坤宇个人又向学校捐赠1千万元。"河北工业大学'工学并举'的办学特色对我的影响很大，我们学校也一直坚持'兴工报国'的办学传统，现在母校马上迎来120周年校庆，我也想为学校做一些服务。"说起捐款的初衷，张坤宇这样说。

据了解，这1千万元将主要用于河北工业大学红桥校区南院礼堂的修缮。该礼堂1954年建成并作为学生活动的主要场所投入使用，建筑面积为1860平方米，承载了一代又一代师生的美好回忆，然而因为破损严重目前该礼堂已停止使用。

捐赠仪式上，张坤宇与河北工业大学教育发展基金会理事长孙建忠签订了《河北工业大学"南院礼堂修缮工程"基金捐赠协议书》，同时张坤宇向河北工业大学捐赠了支票，河北工业大学校长韩旭为张坤宇颁发捐赠纪念证书。

韩旭代表学校对校友张坤宇的捐赠表示感谢，"张坤宇反哺母校，营造了校友支持、关心母校发展的良好氛围，展现了企业的社会责任感，也有利于校企合作，达到互利共赢的效果。"韩旭说,此次签约仪式,拉开了河北工业大学 120 周年校庆接受社会捐赠的序幕,学校也将以校庆为契机,进一步加强与河北省各地市的联系,发挥地处天津毗邻北京的区位优势,汇聚更多校友资源和技术人才资源,为京津冀协同发展做贡献。

据介绍,2023 年,河北工业大学将迎来建校 120 周年。为做好校庆筹备工作,学校已成立校庆筹备工作办公室和专项工作组。目前,校庆工作总体方案正在研究制定中。

记者张晓明武新杰(长城网·冀云客户端,2022 年 6 月 8 日)

河北工业大学在鹿泉区访企拓岗调研考察

近日，为进一步深化校地合作，促进河北工业大学与鹿泉区在人才引进、科研项目攻关、技术创新等方面取得突破性进展，助推鹿泉创新绿色高质量发展，河北工业大学党委书记韩旭带队的调研考察团一行 11 人，利用 2 天时间，到鹿泉区实地调研。区委书记李为军，区委副书记、区长李争，区委副书记李会强，区委常委、组织部部长韩卫强，副区长李夏陪同调研。

考察团一行先后到光谷科技园创新中心、森思泰克、远东通信、博威集成电路、君乐宝奶业创新研究院、科林电气总部等驻区重点企业实地调研，察看开发区人才公寓建设情况，详细了解鹿泉区"1+3"现代产业发展格局及各企业发展历程和经营运行状况，听取了鹿泉区在项目招商、人才引进、企业服务、基础配套等方面的经验做法介绍。

调研期间，鹿泉区组织召开了"深化校地合作　助力省会发展"——河北工业大学与石家庄市鹿泉区校地合作座谈会。会上，李为军对河北工业大学考察团一行表示热烈欢迎，对河北工业大学长期以来给予鹿泉的支持和帮助表示衷心感谢，并向考察团介绍了鹿泉的区位优势、历史底蕴、生态环境、产业优势、人才政策等情况。韩旭介绍了河北工业大学的历史沿革、学院设置、办学特色、人才培养等情况，表示将充分发挥人才优势、科研优势，在电子信息、通信导航、自动控制、高端装备制造及新材料等领域开展实习实践、技术对接、成果转化、产业孵化、研究生培养等深度合作。

会议邀请到两名河工大优秀毕业生代表介绍其在鹿生活工作感受。与会人员围绕加强校地合作、人才培养和引进等方面作交流发言，并就河北工业大学和鹿泉区进一步深化政校企合作、实现共同发展提出了建议和思路。最后，河北工业大学领导与区政府领导签订校地战略合作协议，同时与科林电气、博威集成电路、森思泰克等鹿泉区知名企业签订了校企合作协议。会前，考察团一行会见中电科 13 所、54 所相关负责人，并就科技创新、产学研融合进行深度交流。

在新的发展时期,鹿泉区加强与河北工业大学深度沟通合作,具有十分重要的现实意义和战略价值。双方将以此次"深化校地合作　助力省会发展"访企拓岗调研活动为契机,不断凝心聚力、合力攻坚,以助力鹿泉区打造千亿级新一代电子信息产业集群为目标,不断深化校地、校企全方位合作,为加快建设经济强区、魅力鹿泉、生态宜居宜业宜游新城区提供人才支撑和智力支持。

(河北新闻网,2022 年 6 月 23 日)

河北工大廊坊分校持续推进校地融合
协同发展成效初显

河北共产党员网讯　近年来,河北工业大学廊坊分校(以下简称廊坊分校)凝心聚力,持续解放思想、勇毅前行,紧紧围绕学校高质量发展主线,积极融入"双一流"建设总体布局,明晰校区国际化功能定位,全面提升服务区域发展能力,持续加强校地融合,形成校地良性共建,以务求实效的多元项目输出赢得较大广度的认可及联动支持,在"服务社会"方面,形成了因地制宜、彰显特色的基础构架。

服务教育,协同地方科研能力优化

廊坊分校深度融入地方教育体系,协同开展教育教研工作,拓展人才培养与地方教育科研的互通性。率先参与廊坊市"教育+区块链融合创新应用"研究及国际化教育融合实践,在廊坊分校挂牌成立河北工业大学区块链技术产业研究院、廊坊市国际教育交流中心、河北工业大学国际教育中心,并在廊坊开发区京津冀大数据创新产业园联合成立了全国首个大数据教育区块链试验区,该试验区由北京通州、天津武清和廊坊三地教育部门,联合中国语言智能研究中心、国家超级计算天津中心等共同组成,通过集合大数据资源、超级计算资源、教育智能化资源,推动区块链技术在教育领域的落地应用,助推三地教育事业向纵深化及国际化方向的更高层次发展。

紧密对接河北省及廊坊市新一代信息技术产业,为廊坊市数字经济发展做好人才储备。廊坊分校与国内著名软件公司——麒麟软件公司合作开展"麒麟工坊"实训基地的共建工作,成功入选 2022 年工业和信息化部组织的全国首批麒麟工坊实训基地。

为廊坊域内打造集资源共享、实践教学、社会培训于一体的示范性行业培训基地。与神州高铁技术股份有限公司签订了《校企战略合作协议》《轨道交通技能人才培养基地共建协议》，可实现师资培训、教学实训、职工培训、技能大赛、资格鉴定等综合服务功能的区域标杆性人才培养基地。2022 年春季学期实现首批 102 名学员开班。

2021 年 6 月 18 日，河北省人力资源和社会保障厅认定我校为河北省职业技能培训省级定点机构。2021 年 2 月 1 日，被评选为廊坊市广阳区职业技能培训定点机构。共完成 GYB 创业培训 528 人次。2021 年 4 月至 2022 年 11 月间，为廊坊市财政局预算绩效管理工作提供专享服务，相关受众对象 390 余人次、相关项目经费 121.2 万元。

同时，契合廊坊区域内产业结构和人才需求，廊坊分校积极申报并获批教育部产学合作协同育人项目多项，形成了域内更具有社会效益并带有对应性专业人才输出的主要人才高地之一。

服务科技，助力地方双创能力提升

以廊坊分校众创空间建设为载体，培育区域内创新文化，以创新引领创业，助力学校服务社会经济发展的双创能力提升。秉承"工学并举"的办学特色，积极搭建基于辐射廊坊域内的双创平台、建造载体。2017 年 12 月，获批廊坊市级众创空间；2019 年 12 月，获批河北省级众创空间；2020 年 12 月，获批廊坊市双创示范基地并同步获得部门以及企业支持资金共计 400 余万元，为廊坊市双创育人环境提供了更完备的技术基础和保障基础。

服务企业，促进地方经济发展拓展

廊坊分校对接地方，锚定廊坊市争创"全国跨境电商示范市"目标需求，结合河北工业大学落实产学研一体化总体规划，大力引进的政校企合作平台：中轻跨境校企联合孵育平台项目。2021 年 6 月 23 日，副省长时清霜一行到河北工业大学廊坊分校调研中轻跨境校企联合孵育平台。该合作项目的成功落地，不仅实现了立足廊坊产业，服务河北跨境电商发展，助力本土品牌出海的廊坊商务发展的宏观战略需求，还为借中轻跨境校企联合孵育平台，进一步打造承载河北工业大学"产学研一体化"总体规划下的更全面的跨境电商综合示范园区奠定了坚实的基础。

此前，2021 年 5 月，商务部电子商务和信息化司副司长蔡裕东一行也曾到场视察该项目并指出：要充分发挥该项目作为跨境电商品类可复制可培育的特点，积极用好高校协同的联合发展模式，为廊坊、为河北乃至全国培育行业人才。

廊坊分校高度重视校区师生科研成果有效转化生产力，积极协同企业完成产学研结合项目。2019 年该校教师团队与北京运能科技有限公司共同设计研发，用于电动自行车更换电池的电动自行车换电柜控制系统，登上了央视的《大国匠心》节目，受到广泛的关注；另外，该校教师团队设计研发、设计并生产了燃气锅炉控制器、鸡蛋分拣系统、跆拳道电子护具系统，都实现了成果转化，取得了较好的经济效益和社会效益。

服务经贸，承办地方高端论坛项目

"廊洽会"作为河北省唯一的国家级、国际性综合经贸洽谈会，自 2000 年落户廊坊以来，廊坊分校便积极参与、承办相关项目，向外界传递出河北工业大学推进高水平教育对外开放的坚定决心和信心，以及廊坊分校努力打造国际化校区、探索人才培养"新模式"的鲜明信号。

在"2020 中国·廊坊国际经济贸易洽谈会"云上分会场，廊坊分校与拉赫蒂应用技术大学合作办学进行了深入洽谈，围绕校企合作需求，共同开发课程和特色专业建设，推动校企间科研成果转化及创新合作，为京津冀区域提供创新智力支撑和咨询服务。

2022 年 6 月，"廊洽会"教育领域论坛在廊坊分校设立会场，科大讯飞股份有限公司副总裁任萍萍，国家"万人计划"领军人才、对外经贸大学副校长洪俊杰和欧洲工程院院士、斯威本科技大学副校长 Alan Kin Tak 等特邀嘉宾，围绕"廊坊分校数字经济国际化人才培养"这一主题，结合企业实际和高校合作情况，进行主旨演讲，为廊坊分校国际化人才培养及廊坊域内国际化教育提升提供了新途径、新思路、新方法。

服务环保，完成地方环境指标提升

廊坊分校利用自身具备的地缘优势，积极服务地方大气治理，在持续治理过程中做出突出贡献，获得地方政府的高度认可。近年来，廊坊分校充分利用地方专项支持资金 3000 余万元，全额高质对相关项目全部建设完成并投入使用。为确保地方环境指标的提升,廊坊分校长期实现校园常态化高标准保洁全覆盖、校舍高标准防水项目 11000 平米、校园及运动场高标准硬化、美化项目 25000 平米、食堂油烟排放系统升级,校区环境发生跨越性提升。

服务体育,投身地方全民健身事业

廊坊分校积极投身域内体育事业及全民健身的总体工作体系之内。不仅积极组织全体师生不间断参与域内各项文体活动,并充分利用校区地理优势和物理空间,主动多次承办廊坊市"市长杯""足协杯"足球赛,并获得"突出贡献奖"。正因廊坊分校突出的贡献度,政府特别支持在校区内联合建设完成 4 个标准五人制灯光足球场,占地 3000 平米。

服务教考,搭建地方社会考试平台

廊坊分校合理整合校内物理空间及闲置资源,积极服务地方教考,搭建可持续发展社考平台,形成了带有专业服务机制的考务支撑一体化项目,成为本地域内较为专业的社考服务场所之一。2016 年以来,廊坊分校承办了廊坊市教育局、人社局、财政局、税务局、司法局、廊坊市卫健委、廊坊市总工会、廊坊市检察院、廊坊市考试院等 9 家机关单位及河北省银行业协会、廊坊供电公司、贝壳网等 3 家行业协会和企业主办的各类考试 37 次,7.2 万人次参加考试。

2021 年,廊坊分校与廊坊市财政局启动考试中心共建项目,获廊坊市财政局专项拨款 196 万元。考试中心采用云服务器统一管理,所有考试机房均配备智慧大屏、智慧照明、智能储物柜等智能化设施,为廊坊域内专业考试空间提供了更高品质的输出性。

服务金融,联动地方校企互通落地

廊坊分校积极服务地方商业银行-河北银行的协同发展项目,获得支持资金 330 万元,联合实施廊坊分校智慧校园建设。建成人脸识别智慧宿管与智慧用电综合管理系统,依托人脸识别、人工智能及物联应用等核心技术,解决"夜不归宿/日不出宿"就寝管理的安全隐患;通过"人进供电/人出断电"功能,解决教室、宿舍用电的安全隐患,有效节约综合用电量;同时,启动人脸识别智慧校园通行管理系统,为全校师生提供规范、有序、安全、便捷的智慧通行管理服务,为网络化下的校园金融深度融合提供了较为良好的范本。

服务稳定,保障地方综合治理成效

廊坊分校主动纳入廊坊本地域总体人文环境稳定体系,坚持以热情关爱引领严格教育,赋予教育温度和色彩。建立由学校第一负责人为主导的线上线下意见收集反馈体系,7×24 小时解决师生诉求。把学生个人成长中的小诉求当成是学校发展中的大课题,高度重视、全部回应、快速解决。把"为学生创造感动"作为工作目标,持续提升学生的获得感、安全感和幸福感,从源头治理舆情,超前预判、主动作为、及时了解师生实际困难和关注的难点热点,让"烦心事"变成"暖心事"。2022年廊坊分校舆情治理措施和成效受到省市及社会的高度认可。

博观而约取,厚积而薄发。在河北工业大学"十四五"发展规划明确廊坊分校国际化办学的校区功能之后,廊坊分校将继续致力履行服务区域社会发展的社会责任,抢抓机遇、超前布局,在主动宏观服务国家战略需求前提下,找准地方"脉络",打造校区"特色",实现提高区域发展的支撑和服务能力,完成新时期国际化人才培养和社会实践的精准融合,为河北工业大学"双一流"建设提供有效贡献度。

通讯员屠琼芳(河北共产党员网,2022 年 6 月 28 日)

河北工业大学国家大学科技园
三河科技服务中心正式揭牌

河北日报讯 8月1日上午,由河北三河经济开发区管理委员会、河北工业大学国家大学科技园、河北铭利丰泰实业有限公司三方共建的"河北工业大学国家大学科技园三河科技服务中心"在三河经济开发区铭泰产业园正式揭牌。

"科技服务中心的顺利揭牌既是三河经开区抢抓发展机遇的充分表现,更是校企合作、互利双赢的结晶,科技服务中心将为三河经开区域内企业提供更多关于工业诊断、成果转化、技术转移、人才培养等方面的智力支持,并将向区外辐射服务,让更多企业受益。"三河经济开发区党工委书记、管委会主任赵志强表示,三河经开区也将持续借助地理优势、良好环境和广阔市场为企业提供优质服务。

自签署共建科技服务中心协议后,三方积极推进各项共建事宜,相继完成了办公场所和工作人员选配、科技成果超市建设、技术专家库组建、企业走访调研、京津创新资源对接等工作。"三河科技服务中心将以此次揭牌活动为契机,继续扎根三河大地,做企业家的知心朋友,做政府部门的参谋助手,做校企合作的桥梁和纽带,充分利用河北工业大学丰富的科技与人才资源,为三河经济开发区企业转型升级和创新发展提供全方位的服务。"河北工业大学国家大学科技园管理中心主任苑光明说。

河北铭利丰泰实业有限公司总经理马东表示,铭利丰泰将以此次挂牌为新的起点,以科技创新为己任、成果转化为动力,以人性化、智能化、便捷化服务为内容,为三河的科技创新、经济建设和社会发展作出贡献。

校企联动,提前布局,为共同培养人才开拓路径。为进一步加强政、校、企合作交流,构建应用型人才培养体系,揭牌仪式后,河北工业大学机械工程学院副院长甄冬分别与铭泰产业园、三河同飞制冷股份有限公司、可迪尔环境科技有限公司三家企业主要负责人签署人才联合培养合作协议,并在三家企业分别设立大学生实习实践就业基地。

通讯员冯媛、马皓琪 记者周禹佳(河北日报客户端,2022年8月3日)

河北工业大学成果转化金额再创历史新高

近日,在最新公布的"2020年度中国科技成果转化百强高校"中,河北工业大学科技成果许可转让金额1706.59万元位居第86位。2022年1—8月,全校公示成果转化项目总金额3975万元,其中100万元(含)以上项目12项,成果转化金额再创历史新高。

一直以来,学校都十分重视科技成果评价与转化工作,认真贯彻落实国家及省市在成果转化方面的政策和办法,立足学校创新链、人才链优势,与市场产业链、资金链主动、有机融合,在成果转化工作机制、收益分配、人事考评、激励措施等方面开展了系列改革,近年学校专利转化数量及金额翻倍增加。

政策用足,充分调动激发教师积极性

规范、合理、有力的政策,是做好成果转化的根本保障。学校依据国家政策和河北省相关文件制定《河北工业大学科技成果管理办法(试行)》,其中"以许可或转让方式转化的科技成果净收益,在学校和团队之间原则上按照5%∶95%的比例分配;以科技成果作价投资实施转化的,学校、团队之间原则上按照10%∶90%的比例分配",对发明人的成果转化奖励力度为京津冀地区最大;在《河北工业大学职务科技成果转化现金奖励个人所得税管理办法(试行)》中,明确提出教师科技成果转化现金奖励收入中50%减免个人所得税,力求保障师生成果转化权益。

同时,在职称评审办法、绩效奖励办法、教学单位机构考核办法等文件中加大了科技成果转化作用,有效激发了师生成果转化的热情和积极性。

加强宣传,让成果转化政策深入人心

学校确立"落地冲高"科技发展思路,提出"主动融入天津、更好服务河北"社会服务理念,帮助广大师生了解成果转化政策,形成热衷服务社会的良好氛围,使成果转化、服务社会观念深入人心。

学校技术转移中心编制印发了《科技成果转化宣传手册》,手册中集成校内有关成果转化和社会服务文件以及各项工作流程,并深入学院积极开展成果转化政策宣讲活动,现场示范成果转化网上流程和操作细节。同时为提升科技成果对外宣传效果,学校举办了大量的校地、校企对接活动,编制《河北工业大学科技成果汇编手册》、更新线上线下科技成果超市,并对外开放宣传。

构建平台,密切校地校企合作渠道

学校与地方和企业建立并保持密切、稳固联系,是保障创新链、人才链、产业链、资金链深度融合的关键。学校已连续 3 年开展"走百县、访千企、解万难"行动,校领导利用暑假时间到各地市走访交流,与走访县市和企业建立了密切联系,并依托"国家技术转移示范机构""国际技术转移中心""高校技术转移与成果转化示范基地""国家大学科技园"等国家级成果转化平台,正在搭建集成果转化、企业孵化、技术服务一体化科研体系,形成了点(研发项目和科技特派员)、线(技术转移分中心和成果超市)、面(地方研究院和科技园)有机结合的密切、高效、可持续的服务地方平台架构。各地方科技服务平台在科技成果转化和社会服务方面发挥了重要作用:今年 8 月 8 日石家庄市首家在深交所创业板上市企业"工大科雅",是学校齐承英教授依托自己的研发成果,于 2001 年在石家庄高新区河北工业大学科技园创办;去年学校在石家庄高新区成立的河工大(石家庄)数字经济产业研究院,入驻教师团队已孵化 11 家科技型中小企业,完成转化成果 15 项。

敢为人先,率先践行成果转化新政策

科技成果转化率低是长期困扰我国高校的共性难题,科技成果转化工作必须要勇于探索不断创新。学校技术转移中心,在省内率先践行国家和省市科技成果转化新政策;率先实操成果转化现金奖励发放费税减免案例,2020 年成功完成发明专利"一种具有抗菌和抗病毒功能的水溶性共轭聚合物及其制备与应用"1300 万元转化项目,在学校起到了示范效应;率先开展知识产权作价投资工作,当前知识产权作价投资已成为学校知识产权转化的重要形式,约占知识产权转化总数的 1/3。

同时,学校成立了天津河北工业大学资产经营有限责任公司,作为科技成果作价投资的校方持股人,并设立河北工业大学经营性资产管理委员会,对科技成果作价投资进行规范、统一管理,有力推动了学校科技成果转化。

热情服务,简化程序处处以师生为本

科技成果转化涉及面广、过程复杂,实施过程中不断出现各种新问题,即要按规章制度办事,也要充分考虑师生的诉求,只有抱有"为师生服务"的热情,细致、周到开展工作,才能让师生满意。为此技术转移中心印制成果转化宣传手册;开展大量宣讲活动,对成果转化政策和流程进行讲解和现场演示;同时优化成果转化程序,实现全流程网上办公,方便师生开展成果转化。

未来,学校将继续以服务社会为本,营造良好的创新氛围,传承"兴工报国"的办学传统与"勤慎公忠"的校训精神。

霍占良(津云,2022 年 9 月 17 日)

河北工业大学牵头起草的
工业机器人国家标准正式发布

河北日报讯　近日,以河北工业大学为第一起草单位并由该校韩旭教授牵头,王嘉、张露予、段书用、陶友瑞等教师作为主要起草人起草的国家标准《工业机器人平均无故障工作时间计算方法》(计划号:20203803-T-604)在全国标准信息公共服务平台正式发布,在国际上率先制定了工业机器人可靠性评估标准,实现了"零"的突破。

由于仅在试验场进行测试无法有效反映真实工况下工业机器人的平均无故障工作时间,该项标准首次将试验场和现场相结合,融合测试数据与服役数据,降低了工业机器人测试评价成本,为国产工业机器人质量保障与可靠性提升提供了理论和技术支持,引领并推动了机器人行业标准体系建设和标准化发展。

据介绍,2019 年 7 月,河北工业大学成立全国自动化系统与集成标准化技术委员会机器人与机器人装备分技术委员会工业机器人可靠性工作组,由河北工业大学牵头,联合国内工业机器人龙头企业、国家机器人检测评价中心、机器人核心零部件厂家共 19 家单位,历经 3 年多时间,立项并获批《工业机器人平均无故障工作时间计算方法》国家标准。目前,依托河北工业大学的工业机器人可靠性工作组,起草提交了机器人可靠性相关国家标准 5 项,服务机器人安全性、试验方法标准4 项。

记者崔丛丛(河北新闻网,2022 年 9 月 19 日)

河北工业大学在中国大学生
方程式系列赛事中获两项一等奖

河北日报讯 9月21日,由中国科学技术协会指导、中国汽车工程学会主办的2022蔚来杯中国大学生方程式系列赛事在安徽合肥圆满闭幕。河北工业大学车队从百支队伍中,杀出重围,荣膺燃油方程式和电动方程式两项赛事全国一等奖,2022中国大学生方程式系列赛事年度优秀传播团队奖。

据悉,中国大学生方程式系列赛事是我国汽车行业最高水平的大学生赛事,河北工业大学自2011年持续参加该项赛事以来,成绩不断提升,近3个赛季中共5次荣获全国一等奖并在多个单项中获得前10名。

本届赛事参赛队伍超过100支,超过2600名大学生通过线下或线上方式参与。河北工业大学兴冀车队在燃油方程式和电动方程式两项赛事中表现优异,均获得总成绩全国一等奖。其中电动方程式赛车长城-E2第一次线下参赛即圆满完赛,并获得总成绩全国第10名的优异表现;单项比赛中获直线加速全国第4名、高速避障全国第8名、耐久比赛全国第9名,成为本届比赛的一匹黑马。燃油方程式赛车长城-Ⅻ总成绩位列全国第7名,单项比赛均取得历史性突破。其中商业报告全国第8名、直线加速全国第6名、8字绕环全国第7名、高速避障全国第9名、耐久比赛全国第5名。此外,兴冀车队还荣获2022中国大学生方程式系列赛事年度优秀传播团队奖。

兴冀车队的不断突破,源于河北工业大学不断厚植的创新沃土,学科建设与人才培养的改革力量。在机械大类学生培养方案设置中,各专业均开设了跨学期贯通式工程实践系列课程。

在新的培养方案中,车辆工程专业将方程式赛车设计与专业方向综合训练进行了结合,通过为期3个学期的课赛联动,将综合性竞赛项目拆解为"方案论证—加工试制—调试运行"三个阶段,而与之对应的是"课内—校内—赛场"三个主战场。

"车队的存在不是为了比赛,而是为了让学生更好地理解课堂知识。"机械工程学院副院长张小俊强调,"相比其他学校,我们的竞赛投入并不多,也不是为了竞赛专门培养某一批人,而是将机械类学生培养的课程与竞赛实现有机融合,使竞赛成为课堂教学的一个组成部分。"

培养过程通过方案论证,优选参赛作品,进行加工试制,推进项目落地、调试运行,确保产品的可靠性和稳定性,达到提升学生的知识、能力及素养的目的,实现工程教育"回归工程实践"的初衷。

记者崔丛丛 通讯员屠琼芳(河北日报客户端,2022 年 9 月 27 日)

河北工业大学廊坊校区

——"六结合、三坚持"，创新实践劳动教育

经过长期积淀与提升，河北工业大学廊坊校区的劳动教育工作已经成建制地形成了较为成熟的"六结合+三坚持"实践体系，即劳动教育与自我服务相结合、与自我管理相结合、与自我教育相结合、与志愿服务相结合、与勤工助学相结合、与创新创业相结合，同时做到坚持立足生活、坚持问题导向、坚持项目驱动"三坚持"，从而构成一个循序渐进的实施体系。

"六结合"，构建高校劳动教育特色体系。2016年，廊坊校区正式系统性实施劳动教育"六结合"模式。根据时间线，廊坊校区的劳动教育从"补课"开始，从最简单易行的自我服务入手，让学生迅速产生获得感和成就感，逐渐在劳动中实现自我教育，从而有能力、有意愿在志愿服务、勤工助学、创新创业等方面主动参与大胆尝试。

在实施"六结合"进程中，对贫困生助学补助进行创造性改革，是廊坊校区劳动教育的一大特色。廊坊校区将贫困生补助和劳动教育联系起来，"变'不劳而获'的困难补助为'按劳分配'的勤工助学"，不仅解决了贫困生的经济困难，更增强了他们的成就感和价值感，同时也减轻高校后勤社会化所需承担的经济负担，为学校节约了运营经费。

适应新时期创新教育要求，把劳动教育与学生创新创业相结合，是廊坊校区劳动教育的又一成功实践。全方位支持校园创业者，着力提升大学生自我服务、自我管理、自我教育、志愿服务、勤工俭学、创新创业的成功实践效果，正是廊坊校区劳动教育成果的鲜活体现，展现了"五育并举"下青年学子创新创业的崭新面貌。

"三坚持"，使劳动教育落实"有效"、实现"长效"。首先是坚持立足生活。把劳动教育的落脚点放在大学生的日常生活上，在生活中挖掘劳动教育的鲜活素材，再让劳动教育的成果为生活服务，从生活中来，回到生活中去，做到劳动教育的"无

时不有,无处不在"。

其次是坚持问题导向。核心切入点是着眼解决学习和生活中真实存在的问题,这些形形色色的问题是和广大师生息息相关的,因此就成为了劳动教育的直接导向和劳动教育的素材,引导大学生在劳动实践中,通过亲身实践和真实劳动,强健体魄,获得技能,磨砺品质,涵养正确的劳动价值观,使劳育与立德、增智、强体、育美完美结合、相得益彰,真正有效实现"五育并举"的育人目标。

第三是坚持项目驱动。从校园日常服务入手,以问题为导向,提炼出宿舍卫生、校舍卫生、校园卫生、公寓值班、安全巡查、物品设施、食堂帮厨、岗位助理、创新创业、假期帮工、疫情防控等11大类劳动项目和若干实践岗位,全方位开展体验式的生活型、服务型、公益型、创新型劳教育实践活动,让劳动精神、奋斗精神、创新精神融进看得见、摸得着的载体形式,为技术"赋能"、为精神"赋形"。

随着时代的发展,河北工业大学廊坊校区将不断探索和思考劳动教育的新内涵、新路径和新价值,把校内外的一切积极因素协同起来,把协同机制贯穿到教育内容、过程和评价全过程,向新时代立德树人目标不断进取。

(河北教育新闻网,2022年9月30日)

河北工大生命科学与健康工程学院

——党建引领构建"三全育人"新格局

中国教育报—中国教育新闻网讯 "作为一名党员,个人利益必须服从党和人民的利益,吃苦在前,多作贡献。"日前,河北工业大学生命科学与健康工程学院生物医学工程系党支部书记赵军讲党课时有感而发。该党支部是全国党建工作样板支部,疫情防控期间,该系73名党员师生全员奋战在社区、学校一线,尽显责任担当。

近年来,河北工大生命科学与健康工程学院党委通过汇集"六个力量"(信仰的力量、理论的力量、组织的力量、文化的力量、实践的力量、制度的力量)的党建工作体系建设,逐步形成师生"思想上同信、理论上同学、组织上同在、文化上同研、实践上同行、制度上同讲"的良好态势,持续强力构建党建引领下的高质量"三全育人"新格局。

"入学一年间,支部书记公开课把党史国情讲得深入浅出,支部委员示范课让我了解最新政策理论和专业前沿知识,参与党员研讨课与优秀学长交流思想、共同进步,还有企业导师、外国专家等线上对话指导。这都让我受益匪浅!"2021级学生李春月深有感触地说。近年来,该学院创新摸索"1(党委委员)+1(师生党支部)+X(教师代表、学生代表、党团组织、校外导师及专家学者等)"的育人模式,线上线下开展形式多样、内容丰富、覆盖全面的学习教育活动,党员、党支部主动融入教学体系、党章学习小组、团支部、学生社团、班级,形成了全员协同育人的聚合力。

同时,该学院不断强化载体建设,通过"灯塔工程""强基工程""铸魂工程""知行工程"等特色品牌活动,引领师生坚定理想信念、弘扬党的先进理论、营造文化育人氛围、淬炼品格,有效凝聚起师生同向同行的内驱力。一年来,学院举办学术沙龙42场,邀请国内外专家、优秀校友宣讲、研讨和开展合作。与河北医科大学第三医院、天津全景医学影像诊断中心等企事业单位党组织签署联建协议,并与十余家企业共建大学生实践教育基地。

"学院坚持党建引领,为党育人、为国育才,将'信仰的力量'作为立德树人思想之源,将'理论的力量'作为教书育人必备之能,将'组织的力量'作为谋求事业持续发展之本,将'文化的力量'作为医工融合特色办学之源,将'实践的力量'作为创新创造创优奋斗之势,将'制度的力量'作为全面深化改革之要。"学院党委书记田晓勇总结说。

"不愧是'天津青年五四奖章集体'团队!虽然团队成员平均年龄比我还小,但全员获得国家自然科学基金立项,其科研水平和创新能力让人赞叹。我们已达成合作意向,今后在科研和党建方面共建共荣!"日前,2007届优秀毕业生牛钊受邀回母校。在参加学院金秋学术沙龙并观看创新医用材料与器械团队党支部科研交流后,牛钊如是说。

行稳致远,该学院各项工作交出亮眼成绩单。仅仅一年时间,学院就收获了"全国党建工作样板支部培育创建单位""天津青年五四奖章集体""河北省先进班集体"等集体荣誉;斩获世界国际先进材料学会科学家奖章、河北省"师德标兵"、河北省"三八红旗手"等多项个人荣誉;师生还在科技创新等多领域竞赛中赢得国家级奖项 6 个、省级奖项 18 个。

记者周洪松(中国教育新闻网,2022 年 10 月 8 日)

河北工业大学发力"新工科"建设

——探索创新型人才培养新模式

"坚持为党育人、为国育才,全面提高人才自主培养质量,着力造就拔尖创新人才。"党的二十大报告对高校培养创新型人才提出明确要求。

培养创新型人才,高校应该如何发力?近年来,河北工业大学以培养"新工科"卓越人才为突破口,以产业需求为导向,注重培养具有创新创业能力、跨界整合能力的复合型工程科技人才,探索出了一种创新型人才培养的新模式。

培养创新能力:构建双循环培养模式

拥有实用新型专利授权四项、发明专利三项、软件著作权授权一项,获创新创意创业挑战赛省级一等奖、华北五省机器人大赛一等奖……河北工业大学机械工程学院机械设计制造及自动化专业2019级学生魏振伟的简历让人眼前一亮。

"我能取得这样的成绩,得益于学校的本科生教育培养模式改革。学校十分重视本科生创新实践能力的提高,我从大一开始就参加各种科研创新活动。"魏振伟说,学校课程的授课方式都很灵活,特别能激发他的学习兴趣。

河北工业大学本科生院常务副院长马岱告诉记者,他们正着力推进"新工科"建设,构建了"校内厚基础强能力课程学习+校外多场景多领域实践"的双循环培养模式。

"面向京津冀,服务区域经济建设,调动校内外教育教学资源,构建创新型、复合型优秀人才培养体系。"马岱介绍,"新工科"强调的是学科之间的交叉融合,致力于打造产业链与教育链、专业链、创新链的融合。

依据河北省半导体单晶硅材料产业的发展需求,材料学院率先设置电子信息材料方向的专业;服务经济社会对人工智能与大数据技术的需求,成立"人工智能与数据科学学院";以国家科技重大专项前瞻性应用示范项目成果为技术核心,开办电子信息技术"新工科"试点班……

学校除了对学科专业进行适应性调整外,还构建了"160+X(跨学科)+Y(第二课堂)"课程体系,将理论、实践两条主线,更好融入贯穿全过程的创新型人才培养模式改革。

要把"句号课堂"变成"问号课堂"。

机械工程学院车辆工程系副主任肖森介绍,他们将大学生方程式赛车竞赛与车辆工程专业培养相结合,在认知阶段和基本设计阶段为学生搭建全员参与的工程训练实践平台。"在今年的中国大学生方程式系列赛事中,我们有两项赛事获得总成绩全国一等奖。"

唤起好奇,才能激发潜能。

为了克服传统工程教育重"教"轻"学"的问题,电气工程学院杨文荣教授为学生发放"口袋实验室"。

这是一块布满电路端口的开发板,它可以配合温湿度、霍尔、声音检测等 37 种外围设备,实现工业控制、物联网监测等多种功能。

"将基础实验、专业实验、综合实训、学科竞赛、创业实践等多个教学环节融合在一起,才能进一步培养创新型人才。"杨文荣说。

提高动手能力:"真题真做"校企联合毕设

"我加入了学校的海尔重点创客实验室,可以在实验室验证自己课上学到的知识。"土木与交通学院智能建造专业学生喻雯婧说,她在实验室跟着老师一起做项目,其中一个还获得了省级金奖。

提高动手能力,是工程创新人才培养的着力点。河北工业大学为学生提供了多维度的工程实践环境,充分利用实习、实训、实践课程,引导学生更深层次地思考问题,培养学生分析问题和解决问题的能力。

"实验室是大学生创新实践的重要平台。我们以校内实验室为依托,建设校内生产实习基地;以京津冀各大企业为依托,建设校外实习实践基地。打造一个融合本科生实习毕设、就业见习、教师提升工程实践能力、提高课程质量'四位一体'的优质育人平台。"马岱介绍。

今年 6 月,河北工业大学与石家庄市鹿泉区建立联合实践基地,依托鹿泉区在电子信息、通信导航、自动控制、高端装备制造、新材料等领域优势,打造产学研创新共同体。

据统计,自 2021 年 7 月至今,河北工业大学面向京津冀区域,共联系本科校外实习基地 259 个,落实带薪岗位 1072 个。

此外,校企联合毕设也是培养创新型人才的一项重要内容。

河北工业大学机械工程学院副院长张小俊介绍,他们在车辆工程专业试点启动了校企联合毕业设计,先后与长城汽车、中兴汽车等企业开展联合毕业设计。

校企双方为每位同学配备了"学校教师+企业工程师+辅导员"的"三导师"。学校的老师负责本科生开题、中期、答辩等全流程指导,企业工程师负责课题研究等实践环节指导,辅导员负责学生日常生活、心理等方面的沟通指导。

"这样做的主要目的是提高毕业设计'真题真做'比例,培养学生解决实际工程问题的能力,进一步推进产学合作,联合企业探索产教融合、协同育人新模式。"河北工业大学副校长郎利影说。

经过一系列实践锻炼,学生动手能力大幅提升。近 4 年来,该校学生参与省级以上学科竞赛达 89559 人次,获得国家级奖励 3596 项。

"尽管已经取得了一些成效,但我们的'新工科'卓越人才培养模式改革还有许多需要完善的地方。"河北工业大学党委书记韩旭表示,他们将深入学习贯彻党的二十大精神,努力构建工程教育与产业经济建设有机联系、理论教学与实践训练紧密结合、科学研究与人才培养相互促进的创新人才培养体系。

记者刘冉(《河北日报》,2022 年 7 月 8 日)

河北工业大学主持制订的国家标准
《电气石自发极化性能测试方法》获批发布

　　河北日报讯　近日,由河北工业大学生态环境功能材料团队梁金生研究员主持制定的中华人民共和国国家标准 GB/T 41760—2022《电气石自发极化性能测试方法》获批发布,将于 2023 年 2 月 1 日正式实施。

　　该标准由河北工业大学、苏州中材非金属矿工业设计研究院有限公司、无棣海宣陶瓷材料有限公司、咸阳非金属矿研究设计院有限公司、河北深思新材料技术有限公司、奥测世纪(天津)技术有限公司 6 家单位联合起草,全国非金属矿产品及制品标准化技术委员会审批发布,在 2023 年 2 月 1 日正式实施。

　　该标准由河北工业大学生态环境功能材料团队梁金生研究员主持制定,团队中丁燕研究员、张红副教授、研究生李柠希等师生参加了研究工作。团队根据电气石矿物材料测试方法标准化的需求,充分结合电气石矿物材料的生产和应用现状、国内外相关标准以及产品发展趋势,经过 20 多年的研究积累提出电荷积分法测试电气石矿物材料的自发极化强度,可指导企业事业单位开发环境保护、工业节能、人体保健、建筑材料、工业水处理等相关产品。

　　生态环境功能材料团队长期从事生态环境功能材料方向研究工作,系统研究了无机非金属矿物材料节能环保功能化理论与技术,成功开发高性能电气石、海泡石矿物材料先进制备技术及其在节能环保、功能陶瓷等领域的应用技术。

　　　　　　　　　记者崔丛丛(《河北日报》,2022 年 10 月 21 日)

红桥区政府与河北工业大学签署
合作办学框架协议
河北工大附属实验学校新校名揭牌

近日,红桥区政府与河北工业大学签署合作办学框架协议,以天津市第八十中学为平台开展办学合作,并将其更名为"河北工业大学附属实验学校"。

签署协议后,双方将共同支持互派美术、体育、科技、思政等相关专业优秀教师交流,助力附属实验学校美术特色发展,提升课后服务质量,推进思政课程一体化建设。

"河北工业大学建立中学生课外活动实践基地,让我们能够共享优质教育资源,我们也可以邀请河北工业大学知名专家、教授、学者来校授课,指导中学生做好生涯规划,还能组织学生走进河北工业大学参观校史馆,了解大学历史,感受大学氛围等。"河北工业大学附属实验学校校长柳燕说,"区里也会支持我们建立大学生实践基地,接纳河北工业大学应届毕业生实习,以及共同组织外出学访、美术写生等。"

据柳燕介绍,近期,学校计划邀请河北工业大学马克思主义学院的专家教授走进思政课堂,为学生讲解党的二十大报告等内容,引导学生坚定不移听党话、跟党走,为全面建设社会主义现代化国家、全面推进中华民族伟大复兴贡献青春力量。

通讯员王屹然(《天津日报》2022 年 10 月 26 日)

突破集成电路产业"卡脖子"难题

——河北工大成果通过中国电子协会科技成果鉴定

本报讯　化学机械平坦化关键核心材料研磨液是先进技术节点集成电路典型的"卡脖子"产品。河北工业大学一项突破这个"卡脖子"难题的成果近日成功通过了中国电子协会科技成果鉴定,鉴定委员会认为该技术成果属于原始创新,总体达到国际先进水平,金属离子控制、漏电流等指标达到国际领先水平。据了解,该项目对芯片制造关键材料阻挡层研磨液攻关及产业化、保障我国集成电路供应链和产业链安全具有重大战略意义。

该项目名为"集成电路铜互连自钝化化学机械平坦化技术、材料及应用",由河北工业大学、北方集成电路技术创新中心(北京)有限公司、天津晶岭微电子材料有限公司组织创新团队共同完成。该成果形成了新型全国产耗材化学机械平坦化产品,通过了创新中心 55 纳米集成电路产线中试测试及终端用户测试,其稳定性、漏电流、击穿电压等多项重要参数优于国际同类产品水平,对 55 纳米以下先进技术节点集成电路具有指导作用。该产品可广泛应用于人工智能、区块链、云计算、5G 通信技术、汽车电子等新兴终端市场。

记者姜凝(《天津日报》,2022 年 11 月 28 日)

557

以"工学并举"办学理念
引领新时代地方工科大学人才培养和
评价体系建设

河北工业大学深刻理解、认真落实《深化新时代教育评价改革总体方案》基本要求,立足学校实际,着眼学科特点,在"立校与报国、办学与兴工、理论与实践"的"工学并举"新时代内涵引领下,不断探索人才培养和评价新路径,积极构建与新时代教育现代化目标相一致的评价体系。

"工学并举"理念是落实立德树人根本任务的重要思想支撑

"立校与报国"作为"工学并举"办学理念的重要内涵之一,与《总体方案》中"坚持把立德树人成效作为根本标准"一脉相通。学校坚持把落实立德树人根本任务、培养担当民族复兴大任的时代新人贯穿于教育评价改革各项任务始终,引导确立科学的育人目标,确保正确发展方向。

一是落实"一个责任",牢牢掌握思政工作主导权。落实党委主体责任,成立思想政治工作委员会,对教师和学生思政工作、思政课程和课程思政建设、意识形态工作进行专题研究,将政治责任细化为工作机制;严把课堂教学政治关、质量关,严格执行"一会一报"制,将政治责任强化到阵地管理。

二是建强"一支队伍",不断提高思政工作能力水平。不断加强思政队伍建设,建强思想政治工作理论研究队伍,实施人才引育并举政策,为青年教师打造培训计划,思政课程和课程思政质量不断提升;建强思想政治工作干部教师队伍,积极选树师德、思政类先进个人及集体,开展"三全育人"先进评选表彰活动。

三是建好"一个机制",协同构建思想政治工作格局。制定《思想政治工作质量提升工程实施方案》,明确三全育人和十大育人体系中各个部门责任义务;完善《课程思政建设实施意见》《关于加强马克思主义学院建设的意见》,确保课程思政和思政课程同向同行;通过制定第二课堂与第一课堂学分置换办法,促进第二课堂和第一课堂深度融合,突出思想政治教育的实践性、参与性和创新性。

"工学并举"理念是践行全面育人评价导向的基本遵循

《总体方案》明确,"推进高校分类评价,引导不同类型高校科学定位,办出特色和水平"。"办学与兴工"作为"工学并举"办学理念的重要内涵之一,体现学校工科为主的办学特色,蕴含着学校人才培养的发展观。在"工学并举"理念指引下,学校发挥传统工科特色优势,坚持以德为先、能力为重、全面发展,坚持面向人人、因材施教、知行合一,创新德智体美劳过程性评价办法,完善综合素质评价体系,引导学生坚定理想信念、厚植爱国主义情怀、加强品德修养、增长知识见识、培养奋斗精神、增强综合素质。

一是加强政策引导,强化教书育人导向。坚持把师德师风作为教师评价的第一标准,成立党委教师工作部,制定师德师风建设长效机制实施办法、专业技术职务任职资格推荐评审实施办法等文件,在教师评价中把教书育人成效作为必备条件,把高水平教学改革研究成果、课程教材建设成果、学生创新能力培养成效等突出业绩作为优先考虑条件,不断强化教师教书育人第一使命。

二是强化工科特色,完善指标体系。系统推进"三全育人",紧密结合工业经济发展实际,强化学生工程伦理教育,培养学生精益求精的大国工匠精神,激发学生科技报国的家国情怀和使命担当;完善学生综合素质评价体系,制定学生评价改革方案,修订学生综合素质测评管理办法等文件,强化全过程考核,将德育、智育、体育、美育和劳动教育学习和实践情况纳入学生综合素质档案;健全第二课堂成绩单,优化评价模块设置,完善第二课堂课程体系和教学大纲,为学生个性化发展和全面能力提升搭建平台。

三是坚持五育并举,创新过程性评价办法。制定《河北工业大学德育实施方案》,把德育教育融入人才培养全过程,进一步探索定性与定量相结合、民主评议与客观记录相结合的多元德育评价指标体系;加大体质监测测试在体育课程中的比重,注重基础身体素质与专项技能考核的有机结合,强化体育素质在评优评奖中的作用;制定《河北工业大学加强和改进新时代美育实施方案》,调整优化课程体系,增加艺术类课程开课数量,扩大学生覆盖面;制定《河北工业大学加强和改进新时代劳动教育实施方案》,探索建立劳动实践指导手册,建立学生劳动教育评价表,征集劳动项目、灵活设置劳动周;加强培养质量监控,优化本科毕业设计(论文)质量保障体系,修订《河北工业大学研究生学位论文评阅办法》,健全学位论文各环节分流选择机制。

"工学并举"理念是构建高水平人才培养体系的有效路径

《总体方案》指出,"双一流"建设要"突出培养一流人才"。"理论与实践"作为"工学并举"办学理念的重要内涵之一,蕴含着学校人才培养的方法论。在"工学并举"理念指引下,学校立足"学"、扎根"工",践行理论与实践结合、产教融合育人,构建工程教育与产业经济建设有机联系、理论教学与实践训练紧密结合、科学研究与人才培养相互促进的创新人才培养体系。

一是主动调整学科专业布局,打造工程教育新结构。以"先进装备工程与技术"世界一流学科为基础,将传统专业转型升级,在机械设计传统专业改造基础上申办了"智能制造"专业;将自动化、计算机学院合并,成立"人工智能与数据科学学院",开设了智能科学与技术、计算机专业的人工智能新工科试点班;以"极大规模集成电路平坦化工艺与材料"国家 02 科技重大专项前瞻性应用示范项目成果为技术核心,开办电子信息技术新工科试点班,培育新兴工科专业。

二是加强创新精神培养,提高学生理论素养和实践能力。构建创新实践教学体系、改革实践内容与方法,强化学生的创新精神培养与实践能力训练;将本科生毕业总学分控制在 170 学分左右,同时提高实践教学比重,理工类专业实践教学比例达到 35%;将工程概论与伦理、工程思维与创新融入到培养方案,通过实际工程项目实践、企业带薪毕业设计等方式促进理论与实践的融合;布局、推进现代产业学院、校外实习实践基地建设,积极推进校企合作,建立了张北研究院、泰华研究院,打造"企业+专业双导师制""课程+设计+见习"等一体化校企融合培养模式。

三是坚持科学研究与人才培养相互促进,提升工程教育人才培养质量。学校积极建设国家重点实验室、国家工程技术研究中心和国家地方联合工程实验室等高水平科研平台,依托国家级、省部级科研平台,积极推进跨学院、跨学科学位点设置,建立跨学科课题组、实验室;在先进装备工程与技术、人工智能领域开展高层次创新人才跨学科联合培养试点建设,推进科教融合育人,将先进学术成果引入课堂,有效促进了科学研究与人才培养的有机结合。

河北工业大学党委书记 韩旭(河北教育新闻网,2022 年 12 月 9 日)

创新高校科技成果转化方式

——河北工大成套碳酸酯专利技术完成亿元级授权许可

河北日报讯　近日,河北工业大学与陕西北元化工集团股份有限公司签订了《20万吨/年电解液—碳酸酯类联合装置项目》专利许可合同。该项目许可使用费采用项目投产后利润分成方式计算,总金额可达数亿元,其中项目前期预付款8500万元。

据介绍,碳酸酯溶剂是制备锂电池电解液的基本化工原料,主要产品包括碳酸二甲酯、碳酸甲乙酯、碳酸乙烯酯、碳酸丙烯酯和碳酸二乙酯等。此成套技术是河北工业大学"过程工业安全"科研团队多年持续研究与攻关下形成的具有完全自主知识产权的产业化成果。

"我们团队致力于国内化工领域'卡脖子'技术的科研攻关,研发出了一系列二氧化碳综合利用新技术。"科研团队负责人吕建华教授介绍,该研发中"高浓度氯乙醇制环氧乙烷的方法和设备"与"低能耗、绿色碳酸酯产品生产方法和系统"等技术,开辟了绿色、低能耗制备新能源汽车动力电池碳酸酯溶剂的新方法。

除碳酸酯类核心技术外,吕建华带领的科研团队在工业催化和化工本质安全技术领域已拥有多项产业化或即将产业化的技术。截至目前,团队的多项研究成果已经完成对中国石油、中国石化、恒力石化、石大胜华、联泓新科等企业的技术授权与成果转化,为企业创造经济效益近百亿元。

"项目许可使用费采用项目投产后利润分成方式计算,是推动高校科技成果转化的有益尝试。"河北工业大学化工学院党委书记郭宏飞表示,对企业来说,这种形式有利于企业延长技术保障,缓解资金压力;对高校来说,有利于保障专利成果转化并提高转化收益,进一步释放创新活力。

记者崔丛丛(《河北日报》,2022年12月16日)

"历经风雨的彩虹才是最美丽的"

——河北工业大学电气工程学院 2022 届毕业生王博之

编者按:2023 年硕士研究生招生考试刚刚落下帷幕,报考人数再创历史新高。近年来,越来越多的大学生选择考研。考研应该作哪些准备,保研又需要什么条件? 本期教育版我们采访了两名成功上岸的学生,希望通过分享他们的经历,给大家以启迪。

12 月 24 日,记者拨通王博之的电话时,他刚刚结束研究生课程《现代控制理论》的线上考试。

王博之是河北工业大学电气工程学院 2022 届毕业生,今年以 366 分初试成绩进入复试,并成功考取中国科学院大学工程热物理研究所,目前正在攻读工科硕士学位。

"我一直都对科研有兴趣。中国科学院科研氛围浓厚,在确定考研学校时,我毫不犹豫选择了它。"王博之说,本科阶段,学院会经常组织大家去重点实验室参观学习,或是去上实验课程,这对他后来寻找喜欢的方向很有启发。

但王博之也坦言,如果选择考研,要清醒意识到,这将是一条很艰苦的路。

"单词必须得很熟,直到考研的前一天,我都在背单词。"王博之以英语科目的学习为例向记者介绍:学习需要持之以恒,从去年 2 月开始,他每天大概背 300 至 400 个单词,保持每天一篇或者两天一篇英语阅读;11 月开始,每天做一篇英语真题;12 月份,开始准备英语作文的写作。

"数学一句话概括,就是多做题,建立知识体系,把知识点串联起来。"对于普遍认为的专业课出题灵活、没有模板可参照的问题,王博之说,灵活的题目反而很有魅力,因为现实生活中的问题本来就是复杂多变的。"不要被题目难度吓倒,可以试着以解决问题的态度去解题,你会更加愿意去做题。"

考研备考当中,王博之也有迷茫的时候。距离研究生考试还剩三个月的时候,王博之偶然发现自己的专业课进度比别人慢了很多,"别人做了那么多题,我却没怎么开始做,当时一下就慌了。开始很焦虑地给学长打电话,跟老师沟通,问大家应该怎么办。"

"千万不要因为外在的原因,让自己先崩溃了。"王博之说遇见低谷时,先静下心来,调整好心态,你会发现进度可以补得很快,一道道题目做下来,总能完成看似艰巨的任务。

四年大学生活,艰苦的备考不应该是唯一的色彩,丰富的校园生活同样值得期待。

"我特别喜欢跟同学们接触,大学里选择参加了很多志愿者活动。"作为学院青年志愿者协会会长,王博之全程负责过多场大型志愿服务活动。

此外,王博之跟随学院的老师到沙河市考察玻璃制造产业,撰写调研报告;参加大学生挑战杯项目,与其他学院的人一起配合,写项目书、做市场调研等。

2023年研究生考试刚刚结束,王博之想起前不久,看卡塔尔世界杯决赛的情形,"有一段解说我很喜欢,'这个世上只有一种真正的英雄主义,那就是认清生活的真相,并且仍然热爱它'。其实,用在考研上也很合适,克服困难、奋战到底,因为历经风雨的彩虹才是最美丽的。"

记者桑珊(《河北日报》,2022年12月29日)

为建设制造强国打牢基础

【阅读提示】

制造业是国家经济命脉所系,而化学工业则是国民经济重要基础性、支柱性产业之一。普普通通的油盐酱醋是化工产品,生产芯片的高纯试剂与材料也需要通过化工方法得到。

化工产业如此重要,却有人把化工专业叫作"天坑专业"。这是种误解吗?

河北工业大学化学工程与技术学科是"211工程"重点建设学科、河北省强势特色学科、河北省世界一流学科建设学科,化学工程与工艺专业是国家特色品牌专业和首批国家一流专业建设点。专业形成60多年来,河北工业大学培养了一批批化工人,参与、见证了化工行业的发展变化。

今天,我们走进河北工业大学化工学院的一群化工人,他们中既有从业数十年、建树颇丰的老教授,也有尚在学习摸索阶段的大学生,通过他们的视角,一起了解化工专业最真实的面貌。

衣食住行都离不开化工

2022年12月,河北工业大学与东方集团股份有限公司就沸石法海水提钾技术签订了1200万元专利转让协议。

"加上双方今年3月已签订的600万元联合开发协议,沸石法海水提钾技术总合同额已累计1800万元,实现了重大成果转化。"河北工业大学化工学院党委书记郭宏飞介绍。

什么是沸石法海水提钾?这项技术为何具有如此高的价值?

钾是农作物三大营养元素肥料之一,但全球陆地钾矿资源仅集中在加、俄、德等少数国家,我国陆地钾矿资源极其匮乏。

沸石法海水提钾技术是河北工业大学长期积累的一项具有国际领先水平的研究成果,由该校海水资源利用化工技术教育部创新团队研发。

"海水的成分复杂,钾与80余种化学元素共存,其中,钾的浓度又很低,仅为$0.8kg/m^3$。想要从海水中高效分离提取钾肥,技术难度很大,特别是经济上不易过关,长期以来制约着海水提钾的工业化发展。"郭宏飞说。

经过产学研联合攻关,团队突破了一系列关键技术难题,开发出具有我国原创性自主知识产权的沸石离子筛法海水提钾高效节能技术,并成功地完成了百吨级中试和万吨级工业性试验。

"很多人提到化工,想到的还是以往污染高、环境差的炼油厂、化工厂。其实,化学工业是国民经济的重要基础性、支柱性产业,化工研究涉及海洋、生物、制药、材料、新能源等多个方向。凡运用化学方法改变物质组成或结构、或合成新物质的,都属于化工,也就是化学工艺,所得产品被称为化学品或化工产品。生活中,我们的衣食住行处处离不开化工。"河北工业大学化工学院副院长姜艳军表示。

化工是一门传统专业。河北工业大学的前身——1903年成立的北洋工艺学堂在成立之初就开设了"化学正科"。但传统不等于过时,伴随着经济社会的发展,这门专业也在不断地发展变化,而这种变化在一代代化工人身上,有着最直接的体现。

"我们专业先后经历了石油化工、基本有机化工、有机化工和化学工程与工艺等名称,历史可追溯到1958年。1979年我考入本校化工系时,专业还叫石油化工,到我1983年毕业时,专业名称被调整为基本有机化工。"河北工业大学化工学院教授赵新强说。

赵新强上大学时,正值改革开放初期,工业经济以前所未有的生机和活力开始迅猛发展。1977年沧州化肥厂建成投产,1978年石家庄炼油厂开始建设……这一时期,从河北工业大学走出的化工人,投身逐步走上稳定发展轨道的石化行业,为行业发展提供了人才支撑。

与已从事化工专业教学研究近40年的赵新强不同,李敬德是河工大化学工程与工艺系一位"80后"年轻教授,目前,他的主要研究方向是新能源电池材料。

"化学工业的核心是通过化学反应或者生物反应,实现物质转化;通过化学工程实现产品提纯和产品形态的加工。"李敬德说,提到新能源电池材料,可能很多人会首先把它与材料学专业联系起来,但实际上,只要某种材料需要进行反应、需要用到装置做成产品,都属于化工的研究范畴。"化工是服务面很广的专业学科、工程学科,它与许多学科都存在交叉。"

"传统专业厚重的底蕴能对新兴专业起到强有力的支撑作用。"赵新强介绍,河北工业大学化学工程与工艺专业是国家特色品牌专业和首批国家一流专业建设点,并通过了工程教育专业认证。近年来,化工学院正在积极探索"新工科"建设。

"传统化工正向互联化工、智能化工、智慧化工等方向转变。'新工科'建设提出,以智能制造、云计算、人工智能、机器人等用于传统工科专业的升级改造,培养适应未来新兴产业和新经济需要的高素质复合型新工科人才。"赵新强说。

实验室像生产车间

精馏塔、离心泵、流化床……河北工业大学化工学院的专业实验室里,并非只有些瓶瓶罐罐,各种大型实验装置,纵横连通的管道,让人仿佛置身于生产车间。

"作为工程学科,化工专业十分注重培养学生实践应用、创新研究、创业开拓的能力。不仅日常学习要到实验室多'动手',本科期间还设有专门的实践课程,会组织学生到企业实训。此外,学院还鼓励学生参加学科竞赛等各类科创活动,提高自己的综合能力。"姜艳军表示。

赵鑫楠是化学工程与工艺专业 2018 级学生,4 年的本科学习除了让他如愿成为一名研究生能继续深造外,还给他带来了另一个身份——天津强工能源科技有限公司市场总监。

公司是由他和同学组成的创业团队注册成立的,公司的核心产品——一款可商用的锂硫电池正极材料,由团队自主研发。

与已广泛应用的锂电池相比,锂硫电池因其高效能、高环保的优势备受市场关注。但在锂硫电池的实际应用中,中间产物多硫化物的穿梭效应会导致电池循环寿命降低,成为目前制约锂硫电池商用化的关键因素。"我们的项目创新性地利用嵌入钴纳米点的核—壳多孔结构作为正极支撑材料,能有效抑制穿梭效应,极大提升了锂硫电池的性能。"赵鑫楠说。

团队的创新成果在第八届中国国际"互联网+"大学生创新创业大赛中斩获银奖,并得到了多名业内专家的认可推荐。此外,团队还与 3 家企业达成产学研合作,目前产品已完成中试,并与其中一家企业签订了首批产品意向订单。

一个学生团队能取得如此成绩,自然不是件容易事。

"我们的研发团队还有来自学院安全工程、高分子材料与工程等专业的同学,多学科背景交叉融合。我大一就加入了团队,经历了产品在4年内从第一代升级至第三代的过程。"赵鑫楠说,产品研发过程中令他印象最深的,是测试电池稳定性时反复进行的实验。

"有的长循环实验要持续两个多月时间,有时到最后关头实验失败了,真的很令人崩溃。但我们做实验,就是要不断地发现问题、解决问题。也正是这些过程,让我感受到了化工的魅力。"赵鑫楠说。

全国大学生化工设计竞赛是国内化工教育领域级别最高、参赛队伍最多、影响最大的比赛。2022年8月,化学工程与工艺专业2019级学生刘洋所在团队,在第十六届全国大学生化工设计竞赛中荣获全国一等奖——这是河北工业大学参赛10年来,第9次获得这一奖项。

这届竞赛的题目是,为某大型化工企业设计一座1,4-丁二醇生产分厂或为现有的1,4-丁二醇生产分厂设计技术改造方案。

"从工艺流程、设备设计,到厂区、车间的布置,都要从实际应用的角度出发。设计过程中,我们更像是一家企业的总工程师,全过程参与了一座新工厂的运行。"刘洋说,7个月的参赛过程,令她受益匪浅。

团队需要解决的第一个难题就是确定工艺流程。"根据调研,现有的1,4-丁二醇生产工艺包括炔醛法、顺酐法、丁二烯法和烯丙醇法等,我们最终确定顺酐酯化加氢法为项目的生产工艺路线,是从生产成本、碳有效利用率等方面进行了综合考量,认为这种工艺更符合绿色低碳发展的实际需要。"

为了解决项目的废水处理问题,团队与广州一家环保公司进行了详细沟通。"我们不是单纯以学生身份去和对方公司联系,而是在真实背景下,以需求合作为目的与对方进行交流。"刘洋说。

大量查阅国内外行业资料,深入进行市场调研,刘洋说,这次参赛让她真正对化工行业有了初步认识。"就拿竞赛题目来说,我国虽然是1,4-丁二醇产能大国,但还缺乏拥有自主知识产权的核心技术。另外,题目还强调了技术要符合中国绿色低碳发展要求,这也是目前行业发展的一大特点。国内化工行业正在转型升级、迈向高端,给我们青年一代提供了广阔的职业空间。"

绿色化工助推产业转型

"绿色化工是我们的专业特色,也是化工人追求的目标。"赵新强说,从专业的角度讲,绿色化工是指在化工过程实现绿色化学,而绿色化学的概念及其十二条准则是在 20 世纪 90 年代中期被提出的,通俗地说就是从源头上不产生污染。

"化工生产完全可以实现无污染和本质安全。"赵新强表示。

TDI(甲苯二异氰酸酯)是一种应用广泛的基础化工原料,国内外均采用光气路线生产,存在原料光气剧毒、副产物氯化氢腐蚀设备、产品中残余氯影响下游应用等缺点。赵新强所在的课题组经过 20 多年不懈努力,开发出一条合成 TDI 的绿色工艺路线,以绿色化学品碳酸二甲酯代替剧毒光气,还避免了副产物氯化氢的产生,副产物甲醇可循环用于碳酸二甲酯的生产,可实现生产过程的零排放。

面向产业技术革新的需求进行攻关,发挥高校的科技创新主力军作用,助推化工产业绿色转型,河北工业大学的化工人一直在努力。

在化工生产过程中,分离是非常重要的一个过程单元,直接决定了最终产品的质量和收率。精馏是工业生产中占据着主导地位的分离方法,但精馏过程的能耗巨大,化工过程中有 40%～70% 的能耗用于分离,而精馏约占其中的 95%。

降耗减排,分离过程节能技术的研究具有重要意义。

河北工业大学化工学院教授李春利带领团队长期致力于高效传质装备研发、分离与纯化技术、化工过程系统工程及节能减排等方面研究工作,科研成果"新型高效立体传质塔板技术"经权威专家认定,整体处于国际先进水平、部分处于国际领先水平。团队先后获得国家科技进步二等奖、河北省科学技术突出贡献奖等众多荣誉。

"我们团队从 1983 年起就开始进行相关研究,1993 年申请了第一个专利,但起初的技术推广过程并不顺利。"河北工业大学化工学院教授王洪海介绍,在团队推动科研成果转化的过程中,经历了企业态度的转变。"开始是我们拿着技术找到企业进行推广,但企业并不相信。现在是企业主动找到我们,寻求先进技术。这种变化的背后,有我们在技术上不断取得的突破,有示范项目的带动,更离不开行业发展和国家政策的引导。"

王洪海介绍,据不完全统计,团队相关技术已应用到全国化工行业 300 多家企业,涉及塔设备超过 3000 座,为企业增加产值超 370 亿元。"我们制作了一张技术应用地图,目前除了西藏和台湾,全国其他地区都插上了我们的小红旗。"

化工行业转向高质量发展,企业对技术创新的需求越来越迫切,化工学院过程工业安全研究中心"低能耗、绿色碳酸酯产品生产方法和系统"技术在陕西北元化工集团股份有限公司实现转化,也是一个例子。

"我们的技术能将二氧化碳转化为碳酸乙烯酯、碳酸二甲酯等系列碳酸酯溶剂,这些可作为新能源汽车电池的电解液溶剂,是高价值产品,而生产过程中用到的氯化氢、电石渣和乙二醇等,则是北元集团的副产物或当地产能过剩的产品。"河北工业大学化工学院教授吕建华表示,项目能在实现碳减排的同时,做到原料资源化、高附加值化综合利用。

"这次合作是企业主动找到学校进行对接的,我们团队的技术正好满足了企业的需要。这个项目投产后,可年产碳酸酯类电解液溶剂 20 万吨。"吕建华介绍,该项目专利许可使用费采用投产后利润分成方式计算,总金额可达数亿元,其中项目前期预付款 8500 万元,这是学校横向成果转化的一次突破,又将助力学校今后的科研工作。

我国明确,"十四五"时期,推动石化化工行业高质量发展,坚持绿色安全的基本原则。河北也提出,打造世界一流的绿色石化产业链集群。"行业发展面临挑战与机遇,我们化工人肩负重担,也大有可为。"吕建华说。

专业选择小贴士

化工专业是一个很宽泛的名称。从字面上理解,与化工有关的专业均可视为化工专业。教育部化工类专业教学指导委员会下设本科专业包括:化学工程与工艺、资源循环科学与工程、能源化学工程、化学工程与工业生物工程、化工安全工程、涂料工程 6 个专业。根据科学技术的发展及人才需求形势的变化,一些新的专业正在被纳入其中。也就是说,化工类专业也处在动态调整之中。

河北工业大学化工学院现有 8 个本科专业:化学工程与工艺、高分子材料与工程、制药工程、生物工程、过程装备与控制工程、海洋技术、应用化学、安全工程。

化学工程与工艺专业以化学工业等过程工业为对象,学习并掌握相关的基础知识和专业知识,如化工原理、化工热力学、化学反应工程、化学工艺学、化工过程模拟等。

不同学校开设的化学工程与工艺专业特色有所不同,河北工业大学的特色是绿色化工。该校是全国最早开设绿色化学相关本科课程的专业之一,且专业教师的科研方向都是围绕绿色化工开展的。依托本专业建设的河北省绿色化工与高效节能重点实验室和河北省绿色化学工业产业技术研究院等科研平台,也为专业特色提供了重要支撑。

化工专业是"天坑"吗

一段时间以来,化工专业是"天坑专业"的说法一直存在,那么化工专业到底"坑不坑"?

"你能想象假如没有化工,世界会是什么样吗?"在被问到对"天坑专业"的看法时,河北工业大学化工学院化学工程与工艺专业2018级学生赵鑫楠反问了这样一个问题。显然,我们的生活早已离不开化工。

高考时,赵鑫楠出于对化学的兴趣,目标明确地选择了化工专业,这几年的专业学习也让他乐在其中,他并不认为化工专业是"坑"。

与赵鑫楠不同,去年从河北工业大学化工学院研究生毕业的郑少宁则坦率地表示,"既然有这种说法,背后肯定也有一定的原因。"

郑少宁认为,说化工是"天坑",一部分原因来自人们对传统化工企业环境差且存在一定危险的印象。郑少宁本科就读于河南一所大学,其间曾到当地一所化肥厂实习,而当时工厂的工作条件确实不太符合他的期待。

研究生毕业后,郑少宁成为一名电芯工艺工程师,就职于江苏一家新能源企业,对于目前这份工作,他还是比较满意的。"我们这个专业不愁找工作,但我目前的收入水平,和其他一些学习人工智能、计算机、信息工程等热门专业同学相比,确实存在一定差距。"

"要说学习难度,各专业都有各自的特点,哪个专业想学好都不容易。要说就业前景,化工与其他专业恐也差异不大,事业和个人的发展,不能只看刚毕业时的工资收入,还是应将眼光放得远些。"在河北工业大学化工学院教授赵新强看来,外界唱衰化工专业,多是认为国内传统化工行业已经结束了黄金发展期,但目前化工行业转型升级的阶段,恰恰能给专业带来巨大的发展潜力。

赵新强说,化工作为传统专业,深厚的底蕴支撑了材料、能源、生物、环境等重点领域,甚至航空航天中的重要器部件、高能燃料,芯片制造过程中的光刻胶、清洗剂等等均离不开化工。化工专业的毕业生不仅可以在化工、炼油、生物、环境、资源、能源、医药等行业工作,也可以在其他高科技领域就业。

据了解,河北工业大学化工专业的毕业生升学率、就业率一直维持较高水平。近两年本科生读研率在50%左右,就业率在95%以上。从毕业5年后毕业生工作状况调查结果看,专业的培养目标达成度较高。此外,每年学校的学生自主转专业过程,化工都是净转入专业。

化工专业到底是不是"天坑"，到底要不要选择这一专业？面对这些问题，不同的学生有着不同的兴趣、特点和未来发展规划，自然也会得出不尽相同的答案。了解自己，了解不断发展变化的化工行业，是回答这些问题的前提。

记者常方圆(《河北日报》,2023 年 1 月 15 日)

河北工业大学与河北省发改委共建"新能源产业技术研究院"

1月16日,河北工业大学与河北省发展和改革委员会在石家庄签署合作协议,共建新能源产业技术研究院。省发改委副主任、省能源局局长姚运涛,校党委书记韩旭,副书记贺立军,副校长郎利影、马国伟出席签约仪式。签约仪式由国家大学科技园管理中心主任苑光明主持。

仪式上,马国伟与姚运涛签署合作协议,共建新能源产业技术研究院。双方将致力于围绕河北省新能源重大工程建设和产业技术创新,统筹省内新能源产业领域关键共性技术和"卡脖子"技术难题,坚持需求引导、政策激励、同向发力,实现依靠创新驱动的内涵型增长,助力我省建成新型能源强省。

近年来,河北工业大学在新型电力系统、新能源装备、储能储热、氢能等领域取得了长足进展,拥有大批科研人才和国内领先的科技成果,并不断实现省内落地转化。

未来,新能源产业技术研究院将依托河北工业大学多学科专家智库作用,梳理河北省新能源产业链、制定完善新能源产业发展规划和项目布局,不断吸引高素质人才和高水平创新团队入驻,为新能源产业培训、培养科技人才、高技能人才和工程师队伍,推动河北省新能源产业技术领军企业发展,帮助更多的科研成果、产学研合作项目落户我省,实现校地合作共赢。

省能源局相关负责同志,学校相关职能部门及学院负责人参加签约仪式。

（今日头条,2023 年 1 月 16 日）

河北工大石家庄市电子信息产业创新研究院揭牌

——已遴选了以国家级人才领军的
第一批16支高水平团队入驻

河北日报讯　1月16日,河北工业大学石家庄市电子信息产业创新研究院在石家庄市鹿泉区正式揭牌。该创新研究院是河北工业大学与石家庄市围绕区域产业特色探索新型合作路径的科技创新平台,旨在将其打造成为鹿泉乃至石家庄科技创新策源基地、创新人才汇聚基地和新兴产业支撑基地。

据介绍,河北工业大学石家庄市电子信息产业创新研究院将面向石家庄产业需求,紧密对接河北省新一代信息技术产业,以构建智库支撑、科技创新、成果转化、人才引培、国际合作五位一体体系建设为重点,以补链强链专项攻关为抓手,以项目为牵引,打通从基础研究到工程示范转化的科技创新链条,促进重大基础研究成果产业化,为中小企业培育和发展提供创新服务,为区域和产业提供关键技术源头供给。

在服务主导产业企业方面,将重点围绕鹿泉区构建的"1+3"现代产业体系发展需求,特别是针对电子信息、智能制造领域等紧缺人才需求量大、专业性强的特点,进一步优化专业设置,放大研究院平台窗口作用,通过组织举办行业峰会、技术研讨等学术交流活动,为主导产业企业技术研发、人才招引提供服务。

在科技成果转化与孵化方面,通过建立新一代电子信息产业技术创新战略联盟,引进国内外电子信息、智能制造等领域高端产业技术与人才、投资资金、创新企业,依托研究院与高校各类产学研项目,实现科技创新产品孵化功能和成果转化落地功能。健全完善主导产业上下游服务链,依托科研产品注册企业公司,加速将科学技术转化为现实生产力。

在联合建设创新平台和重点实验室方面,以打造千亿级新一代电子信息产业集群为契机,建设实验室工作平台,帮助企业攻克重点领域技术难题,加速高校技术成果转化落地,服务地方经济社会高质量发展。申报国家、省级科研项目资助,协助企业申报国家重点实验室、国家制造业创新中心、国家工程研究中心等国家级平台,建设院士工作站、博士后工作站,服务驻区主导产业企业创新发展。

在人才联合培养方面,实行校内外双导师制,高标准遴选一批本科生、研究生导师,构建适应发展需求的校企合作、协同高效育人机制。通过政府、高校、研究院、企业四方联合培养本科生、研究生,实现校地优势互补、资源共享、协同创新,共同培养满足社会需求的新时代专业人才。

目前,该创新研究院已遴选了以国家级人才领军的第一批 16 支高水平团队入驻,未来常驻团队规模将达到 300 人,并将引入 3 个国家级、2 个省部级共建平台,进一步推动产业链和创新链深度融合。

记者董昌、张晓超(《河北日报》,2023 年 1 月 18 日)

国内最大功率陆上风电齿轮箱 20 日在津交付

天津北方网讯：20 日，华建天恒生产的国内最大功率陆上风电齿轮箱完成交付。

华建天恒这次交付的产品是 6.7 兆瓦陆上风电齿轮箱。这也是目前，国内陆上风电机组功率最大的齿轮箱。目前，全国仅有三家企业能够承接这样的订单。

之前，企业主要生产的是 5 兆瓦及以下的陆上风电齿轮箱，向更大功率发起挑战，天津新能源产业（人才）联盟，帮助企业对接联盟内新能源产业龙头企业、高校院所、科研机构，经过筛选，华建天恒选中了机械专业实力强的河北工业大学，进行合作。校方根据企业列出的技术需求，组成了一支十几人的联合研发团队，驻厂合作。

校企双方的团队一起攻关，用四个月的时间，完成技术提升 40 多项，达到了客户需求，成功中标。随着大订单的顺利交付，这两天，金风科技再次表达了合作意向，邀请华建天恒研发 8 兆瓦的齿轮箱。企业和河北工业大学也再次联手，开始向研发新目标冲刺。

刘庆哲（津云，2023 年 1 月 20 日）

为加快建设经济强省美丽河北贡献高校力量

党的二十大擘画了以中国式现代化全面推进中华民族伟大复兴的宏伟蓝图，为新时代新征程党和国家事业发展、实现第二个百年奋斗目标指明了前进方向、确立了行动指南。省委十届三次全会深入学习贯彻党的二十大精神，描绘了河北未来发展蓝图和中国式现代化河北场景。新目标需要新担当，新征程呼唤新作为。我省高校要深刻理解中国式现代化的中国特色、本质要求和必须牢牢把握的重大原则，全面把握党的二十大作出的各项战略部署，立足自身优势特色，自觉担当使命任务，坚持把自身改革创新与国家现代化进程紧密联系在一起，不断提高融入和服务中国式现代化河北场景的能力，为推动党中央重大决策部署在河北落地生根、开花结果，加快建设经济强省、美丽河北贡献力量。

勇担育人使命，为推进中国式现代化河北场景提供人才支撑

教育是国之大计、党之大计。培养什么人、怎样培养人、为谁培养人是教育的根本问题。我省高校应始终围绕为党育人、为国育才这个根本任务，着力培养造就大批德才兼备的高素质人才。育人的根本在于立德。要全面贯彻党的教育方针，立足思想引领和价值观塑造，增强思想政治教育吸引力、感染力，以春风化雨、细致入微的方式，引导青年学生把握好习近平新时代中国特色社会主义思想的世界观和方法论，解决好世界观、人生观、价值观这个总开关问题，推动党的创新理论入脑入心。要全面提高人才自主培养质量，在传承办学特色的基础上，构建和完善现代教育教学体系，深化人才培养体制机制改革，创新全链条人才培养模式，大力培养德智体美劳全面发展、严谨务实、开拓创新、具有高度社会责任感的专业精英和社会栋梁。要积极响应深入实施科教兴国战略、人才强国战略、创新驱动发展战略号召，着力造就大批创新人才，为推进中国式现代化河北场景提供人才支撑。

聚焦中心大局,助力现代化产业体系建设

省委十届三次全会提出,到 2035 年全面建成经济强省、美丽河北,建成新型能源强省、现代化交通强省、临港产业强省、制造强省、农业强省、物流强省、质量强省、数字河北等,推动中国式现代化在河北展现出美好图景。这既为高校提供了更加广阔的舞台,也提出了新的更高要求。把美好图景变为现实,必须坚定不移推进创新发展,加快建设现代化产业体系,塑造现代化建设新动能新优势。我省高校应紧紧围绕河北现代化产业体系构建及产业结构战略性转变中的突出问题、共性技术以及工程应用中的核心技术,深入开展基础研究、原始创新和重大科技攻关,助力河北化解过剩产能、产业转型升级和新经济增长点培育,推进产业基础高级化、产业链现代化,支撑区域产业健康发展。

提高科技创新能力,为创新型河北建设赋能

高校是人才培养的园地、人才富集的高地,也是科技创新的策源地。高校应以国家和我省战略需求为导向,坚持面向世界科技前沿、面向经济主战场、面向国家重大需求、面向人民生命健康,着力实现前瞻性基础研究、引领性原创成果重大突破。坚持强化顶层设计,深化科技体制改革,完善科研管理制度,促进科教融合,提升原始创新能力和服务区域经济社会发展的能力。推动"搭建大平台、组建大团队、承担大项目、取得大成果"良性循环,提升科技创新能力。主动服务河北经济社会发展,加强科技管理服务,促进科技成果转化,提升知识产权创造与运用能力,在解决"卡脖子"关键技术上有新突破,为创新型河北建设注入不竭动力。

坚持校地融合,自觉服务地方经济社会高质量发展

服务地方经济社会发展是高校的重要职责。今年是全面贯彻落实党的二十大精神的开局之年,河北各项事业发展站在新的起点上。我省高校应自觉把学校发展放到中国式现代化河北场景中对标摆位,进一步增强服务地方发展的意识,主动融入区域经济发展,为推动河北高质量发展作出积极贡献。要充分利用自身区位特点,优化学科布局,促进人才链与产业链、创新链有机衔接,形成产教融合长效机

制。要充分发挥协同发展的倍增效应,与政府部门、科研院所、行业企业深度合作,积极参与区域政策研究、城市治理、产业规划等,推进智库建设,提高政策贡献率,为加快建设经济强省、美丽河北提供智力支持和科技支撑。

传承红色基因,凝聚奋进力量

河北是革命的土地、英雄的土地,是新中国从这里走来的地方,有着丰厚的红色资源。立足新时代新征程,积极引导青年学生传承红色基因、赓续红色血脉,对培育时代新人、凝聚奋进力量具有重要意义。我省高校应加强大学生党史学习教育,完善思政课建设,讲好红色故事,教育引导学生爱国、爱党、爱社会主义。要充分利用河北红色资源,挖掘校史红色基因,大力推进中华优秀传统文化传承发展工程,将中华优秀传统文化、革命文化和社会主义先进文化有机融合,逐步构建兼具红色基因和学校特色的新时代校园文化,用初心使命感召青年学生、用优良作风塑造青年学生,引导他们以实际行动担负起时代使命,让青春在不懈奋斗中绽放绚丽之花。

河北工业大学党委书记　韩旭(《河北日报》,2023年2月2日)

深入学习宣传贯彻党的二十大精神

——科学把握继续推进理论创新的"六个必须坚持"

继续推进实践基础上的理论创新,首先要把握好习近平新时代中国特色社会主义思想的世界观和方法论,坚持好、运用好贯穿其中的立场观点方法。对此,党的二十大报告从六个方面作出概括,强调必须坚持人民至上、坚持自信自立、坚持守正创新、坚持问题导向、坚持系统观念、坚持胸怀天下。"六个必须坚持"不仅从世界观的视角充分彰显了习近平新时代中国特色社会主义思想的原创性贡献,而且还从方法论的高度深刻阐述了新时代推进党的理论创新的科学路径,为继续推进党的理论创新解决了"桥和船"的问题。

"六个必须坚持"彰显哲学世界观和方法论的统一,体现立场观点方法的高度凝练。哲学是世界观,也是方法论,是世界观和方法论的统一。马克思主义哲学自诞生之日起,就以"改变世界"为目标取向,强调在实践中理解和变革人与世界的关系。马克思主义世界观和方法论是指导共产党人不断前进的强大思想武器。毛泽东同志立足中国革命建设实践,将"改变世界"的哲学落实在具有可操作性的方法论层面,实现了马克思主义中国化的第一次历史性飞跃,形成了中国共产党人特色鲜明的立场观点方法,为我们党进行革命建设提供了根本立足点。习近平新时代中国特色社会主义思想立足21世纪的世界,既从世界观层面阐释了对21世纪世界的根本看法和根本观点,又从方法论层面为运用这个根本观点认识、评价和改造世界提供指导,既讲是什么、为什么,又讲怎么看、怎么办,既部署"过河"的任务,又指导解决"桥和船"的问题。"六个必须坚持"回答了新时代中国特色社会主义实践的历史主体、发展基点、发展道路、发展动力、发展图景以及发展战略等立场观点方法问题,既与经典马克思主义世界观和方法论一脉相承,又体现21世纪马克思主义在世界观层面的创新以及由此带来的具有新时代特点的立场观点方法创新,为新时代中国特色社会主义实践创新发展提供了科学思想方法指引。

报刊中的河北工大

　　"六个必须坚持"会通马克思主义哲学和中国哲学,贯穿习近平新时代中国特色社会主义思想发展进程。中华民族是富有哲学智慧的民族,中国哲学在长期的发展过程中,形成了体现中华文明智慧结晶的中国哲学精神,其中蕴含的天下为公、民为邦本、为政以德、革故鼎新、任人唯贤、天人合一、自强不息、厚德载物、讲信修睦、亲仁善邻等,是中国人民在长期生产生活中积累的宇宙观、天下观、社会观、道德观的重要体现,其强烈的实践性与具有"改变世界"理论特质的马克思主义哲学具有高度契合性。马克思主义中国化时代化百余年历程,就是坚持马克思主义基本原理同中国具体实际相结合、同中华优秀传统文化相结合的历程,也正是在这个过程中,马克思主义以其关注现实的理论品质不断赋予中国哲学宇宙观、天下观、社会观、道德观以新的时代内涵,中国哲学也不断激活着马克思主义哲学民族性和实践性视域。"六个必须坚持"充分彰显马克思主义哲学同中国哲学的会通与融合:坚持人民至上,体现中国哲学民本思想与马克思主义人民立场的会通;坚持自信自立,体现中国哲学自强不息的人生观与马克思主义矢志为民的人生观的会通;坚持守正创新,体现中国哲学革故鼎新发展观与马克思主义与时俱进发展观念的会通;坚持问题导向,体现中国哲学强调知行合一和马克思主义哲学注重现实社会批判的实践观点的会通;坚持系统观念,体现中国哲学整体思维与马克思主义系统思维的会通;坚持胸怀天下,体现中国哲学天下情怀与马克思主义世界历史观念的会通。

　　"六个必须坚持"彰显哲学观层面创新,为持续推进实践基础上的理论创新提供科学指引。21世纪以来,特别是近十年,人类社会发生空前重大变化,世界百年未有之大变局加速演变,人类自身也面对空前重大挑战,人类文明正在经历重大更迭演进。在此情形下,以习近平同志为核心的党中央站在人类前途命运的高度为新时代坚持和发展中国特色社会主义、创造人类文明新形态指明方向,同时站在哲学高度深刻回答了如何把握以当代人类实践活动为基础的人与世界关系,如何在变局加速演变的时代背景下确定我们的发展图景等重大时代课题,着力推进党的理论创新与所处时代的现实实践发生良性互动,在理论上推进思想体系的逻辑展开,在实践上推动社会现实的伟大变革,对新时代时代精神和历史使命作出哲学概括、对新时代中国特色社会主义伟大实践作出规律性总结。"六个必须坚持"是习近平新时代中国特色社会主义思想对实践基础上理论创新立场观点方法的规律性总结,使人们能够以此框架去理解和把握世界,从而持续推进理论创新,积淀和凝聚人类文明新成果。

"六个必须坚持"具有高度的实践性,要切实贯彻到新时代新征程党的理论创新全过程。实践没有止境,理论创新也没有止境。马克思主义要展示其与生俱来的真理力量,就一刻也不能停止理论创新的步伐,尤其是在哲学观层面的创新。离开哲学观层面的创新,就无法从规律的高度去审视时代的变革与人类的发展。习近平新时代中国特色社会主义思想之所以拥有引领和塑造时代的伟力,就是因为其在哲学观层面始终坚持问题导向,能够不断捕捉并回应这个时代的重大课题。党的二十大报告指出,"不断谱写马克思主义中国化时代化新篇章,是当代中国共产党人的庄严历史责任"。一个政党要站在时代的前列,就一刻也离不开理论创新。这就意味着,要将"六个必须坚持"切实贯彻到党的理论创新的全过程。这是因为,理论创新是否具有真理性不是理论的问题,而是实践的问题。理论创新的根本是服务人民实践所需,理论创新的真理性要在人民实践中得到检验;理论创新要以中国特色社会主义道路自信、理论自信、制度自信、文化自信为根基,坚持自信自立,建构中国自主知识体系;理论创新不能偏离马克思主义,更不能刻舟求剑,要始终在马克思主义中国化时代化的道路上积极探索、不断推进,进而实现党的指导思想的与时俱进;理论创新不是凭空想象出来的,也不是逻辑推演出来的,而是对重大时代问题哲学反思凝练升华的结果;理论创新不是简单堆砌,而是前瞻性思考、全局性谋划、整体性推进的系统过程,掌握并运用系统观念是其内在要求;理论创新不是自我封闭和孤芳自赏的哲学反思,而是胸怀天下的理论创造,要尊重世界文明多样性,在开阔视野中坚定文化自信,以期增强马克思主义中国化时代化的历史自觉。

河北工业大学马克思主义学院党委书记　孙琳琼

(《光明日报》,2023 年 2 月 9 日)

河北工业大学材料科学与工程学院"90后"教授陈聪

——为半导体芯片穿上"防护衣"

2月16日早7时许,穿上白大褂,戴上蓝色橡胶手套,陈聪开始了一天紧张而忙碌的研究工作。

"从去年年初到现在,除了上课,我和几位研究生几乎每天都是在实验室度过。"1990年出生的陈聪,现在是河北工业大学材料科学与工程学院教授。他告诉记者,今年春节假期,他让爱人自己回东北老家过年。"我们团队的半导体封装材料进入中试阶段,时间紧任务重,必须分秒必争。"

2019年博士毕业后,陈聪因攻读博士期间科研成果突出被河北工业大学引进,入选该校的"元光学者计划",并聘为副教授。"我在吉林大学读博时,有机会到河北工作交流,当时就被这里先进工程材料研究团队的学术氛围和国家重点实验室平台所吸引。"

"'元光学者计划'为我这个刚毕业的博士提供了充足的科研经费,合理的聘期考核制度也让我能心无旁骛地投入到科研当中。"进入河北工业大学后,陈聪很快就建立了光伏与光电子集成器件实验室。仅仅入职两个月后,他就带领团队开发出了第一批半导体光伏组件。

2021年,他们又将目标放在先进半导体钝化封装材料的攻坚上。

陈聪向记者解释:封装相当于给芯片穿上一层"防护衣",保护芯片不被外界空气的杂质腐蚀造成电学性能下降。因此,钝化材料和封装工艺决定了半导体的性能。

然而,国产的玻璃粉钝化封装材料纯度低,高纯度的材料几乎主要依赖进口,而且价格极其昂贵。在读研期间,陈聪就已经着手研究封装材料的钝化工艺了,但是由于时间和条件有限,材料的纯度只能做到99.9%。

"科学研究就要面向国家重大需要。"进入河北工业大学后,陈聪有了更充裕的时间和条件。他依托国家重点实验室中先进的仪器设备,在学校先进工程材料研究团队的支持下,不断创新提纯工艺和材料制作方式。2021年年底,他和团队自主研发的新一代5N级半导体钝化封装玻璃粉纯度达99.999%以上,"它的纯度,相当于十万颗原子当中只能存在一颗杂质。"

"做科研是一件枯燥但又非常有成就感的事。"陈聪说,合理设计实验和工艺过程不断证实或者证伪自己的想法,在试错中不断地前进,只为获得那十万分之一的突破,这个过程本身就非常有成就感。

正是抱着这样一种做科研的心态,让陈聪在科研领域取得多项重要成果,30余篇研究论文发表在《先进能源材料》《德国应用化学》《中国科学:材料》等相关领域高水平期刊上。入职三年半后,由于在教学和科研上取得的连续突出性成果,陈聪通过教授职称资格评审,成为该校最年轻的教授之一。

"发表论文绝不是科研目的,而应该时刻牢记解决科学问题和工程难题。科技成果若不转化,就相当于一堆废纸。"陈聪没有停留在成功的喜悦中,而是为研发成果落地开始四处奔走。

2022年10月,陈聪和他的团队在石家庄市高新区创办河北黛曦科技有限公司,主推半导体功率芯片和光伏组件所需的玻璃粉钝化封装材料。相关产品在国内多个半导体企业实现了实用性替代验证,并取得良好反馈。

"目前,我们一直在做厂房的选址工作,并联系开发定制化非标设备产线,推进规模化生产进程,力争在今年年底前实现量产并向企业交付定制化产品。"陈聪对记者说。

记者崔丛丛(《河北日报》,2023年2月23日)

韩旭代表——推动政校企合作服务地方经济发展

代表委员履职故事

刚从河北省石家庄市返回天津市,韩旭就来到办公室,翻开准备在今年全国两会上提交的建议,"今天走访了几家地方企业,还得继续补充完善"。

韩旭是全国人大代表、河北工业大学党委书记。今年当选全国人大代表后,他马上投入到紧锣密鼓的调研工作中。其实,自2016年入职河北工业大学以来,他一直都在为"高校如何服务地方特色产业经济发展"而奔忙。

"大学的根本任务是立德树人,要全力培养更多优秀人才,为党、为国家做更多实事。"韩旭说,"作为一所坐落于天津的河北高校,如何在京津冀协同发展战略下,更好地发挥本校'工学并举'的办学特色,服务地方特色产业经济发展,展现中国式现代化场景,是河北工业大学面对的重大课题。"

早在2020年,河北工业大学就在原来社会实践的基础上启动"走访百县"活动。时任校长的韩旭与时任党委书记的李强联合带队,结合各地方特色产业,带领相关学科专家、教授,走访石家庄、衡水、唐山、邯郸等地的百家企业事业单位,进行广泛深入的实地调研。目前,"走访百县"已成为河北工业大学的常态化工作。

"我们不断深入地方,走进企业,可以第一时间了解企业急难险困的'卡脖子'问题。常走常新,让我们的专家研究更加有的放矢,科研成果也能得到快速转化。"在韩旭看来,政府、企业和高校开展深度合作,建立校企创新联合体,积极探索实践"校企共生式"科技成果转化及产业化模式是高校不断摸索机制创新、实施教育教学改革的题中之义。

2023年初,河北工业大学与石家庄在河北鹿泉经济开发区共建的创新研究院成立,重点布局电子信息和智能制造两大领域。首批16支科研团队入驻,面向当地产业需求进行补链强链专项攻关。韩旭认为,协同育人的关键在"协同",目标是

"育人"。创新协同育人的管理与运行机制,打通专业群与区域产业集群动态耦合与匹配的体制障碍,推进教育教学内容与生产实际相融合,才能形成教育和产业融合发展的大格局,培养具有地方产业特色的复合型人才。

"党的二十大报告第一次提出'教育、科技、人才'三位一体发展框架和目标要求。我们希望通过这样跨协会、跨联盟、跨区域的融合组织创新,力主打造跨领域、跨行业、跨学科的开放型创新联合体,以落实党的二十大精神。希望越来越多的科研院所、高校、地方、企业能够参与其中,这是一件利国利民的大事!"韩旭说。

【记者手记】

走访百县助发展

采访韩旭教授挺不容易,因为他最近工作日程排得太满。河北工业大学是河北省唯一的全国"双一流"高校,如何发挥"领头雁"作用带动一方,更好实现高校"四大功能"助推区域内经济社会高质量发展,作为学校党委书记,他更感责任在肩。

近年来,河北工大不断加大教育教学改革力度,培养更多高素质人才,通过"走访百县"等服务地方特色产业经济发展。其间,带领班子成员做好本校事业发展顶层设计,与专家、教授深入石家庄、衡水、唐山等地的企业事业单位进行实地调研,并为企业解决技术难题,韩旭一直笃行不怠。

全国两会即将召开,韩旭正在进一步理清思路、完善内容,将本校"加快构建政、企、校创新联合体,推动产学研深度融合"的探索实践模式带上两会,力争让这种开放型创新联合体为高校服务中国式现代化场景提供更大新动能。

记者周洪松(《中国教育报》,2023 年 2 月 25 日)

点燃"智"造引擎　助力"换道超车"

——从卓朗科技"一枝独秀"到构建红桥工业软件新生态

从京津冀同城商务区内最高的建筑天津陆家嘴金融广场 42 层眺望,红桥风光尽收眼底。

向南望去,毗邻天津西站的京津冀同城商务区核心区 I 期正在加紧筹备建设中。这片土地已经成为我市融入京津冀协同发展重大国家战略的门户和新的主战场。京津冀工业软件产业基地(卓朗科技园二期)作为核心商务区 I 期首批启动项目之一,即将开工建设。

同一时间,在与基地一墙之隔的卓朗科技园数据中心,天津卓朗信息科技股份有限公司总经理张坤宇,正在为前来参观洽谈的北京、河北商务团,展示卓朗科技的拳头产品——"卓朗天工"工业软件。随后,他面向基地方向,用左手在空中画了一个圈,"下次来,这里会有更多的工业软件公司,我们一起在这里为大家服务,为天津'智'造、中国'智'造助力。"

从 2 个人到 1000 人

2008 年,即将从河北工业大学毕业的张坤宇怀揣梦想,决定和好友陈岩光一道创业。

"做毕业设计那会儿我调研过,京津冀地区很多工业企业急需数字化技术解决生产瓶颈,但欧美软件动辄几十万美金的价格让大家望而却步,对我们来说,这就是片待开发的蓝海!"张坤宇在大学学的是材料科学与工程专业,好友学计算机,创业的想法一拍即合。

2009 年,卓朗科技在红桥区注册成立。同年,两人设计的炉料配比软件和工艺仿真模拟软件,在邢台机械轧辊厂得到应用,一年为企业省下千万元成本,卓朗科技也因此打开了市场。

"牛刀初试"带来的可观收益和工业软件领域的亿万规模市场,让卓朗科技有了"大有可为"的信心和"深耕细作"的动力。

　　在张坤宇看来,制造行业普遍面临人工成本高、技术标准低等痛点:"如果我们的产品能持续为企业降本增效提优,带来巨大价值,那就有了核心竞争力。"

　　从熟悉的化工、钢铁行业入手,在开拓市场的同时,卓朗科技每年将不低于利润 7% 的经费投入科研攻关。从初创到 2018 年,企业拳头产品迭代十余次,科学技术成果登记 97 项,申报专利 10 项、软件著作权 134 项。10 年间,卓朗科技不仅积累了工业软件研发的宝贵经验,年产值更是一年翻一番。

　　随后,乘着智能制造的东风和京津冀协同发展我市"全国先进制造研发基地"的战略定位,卓朗科技助力新能源、电气等更多行业客户完成数字化转型升级。伴随着天津和全国各地营商环境的不断优化,也消除了许多业务承接的资质壁垒。凭本事吃饭成为发展硬道理。

　　14 年前,两名刚刚毕业的大学生选择在红桥区"拎包创业";14 年后的今天,卓朗科技已成为员工近千人的大型上市公司。其业务范围突破 100 个城市。

　　一路走来,张坤宇对红桥区充满了感激:"创业初期,每一次遇到困难时,都是区里出手相助,帮我们渡过难关。一系列扶持政策,让我们的产品竞争力越来越强。"

　　2022 年,经过 2 年 9 个月的研发,"卓朗天工"研发取得成功。这款软件通过对采集工厂的生产数据进行存储、分析、展示,结合 ERP、WMS 等其他软件产品,建立起客户、生产、仓储、交付的产品全生命周期,帮助企业建立一个信息化、智能化、数字化的新时代工厂。

　　现如今,"卓朗天工"系列工业软件、"卓朗昆仑云"系列云基础架构软件与"朗数""朗图"大数据软件共同成为卓朗科技的三大核心软件产品,服务于智能制造。

从"大批量"生产到"个性化"定制

　　天津是中国近现代工业的重要发祥地。新中国成立后,诞生了飞鸽自行车、海鸥手表、北京牌电视机等 100 多个制造业的"全国第一"。在"十四五"规划中,天津提出了制造业立市战略。特别是当前市委、市政府正在大力实施包括制造业高质量发展在内的"十项行动"。

　　正是因为看到了天津深厚的工业基因和雄厚的产业基础,张坤宇对公司的发展更加充满信心。"天津制造业一直在加快转型升级,传统工业到高端产业门类众多,为工业软件的技术更新提供了丰富的实践场景。"张坤宇说,特别是天津信创产业链在操作系统和超算设备领域的优势,为数字经济发展注入了强劲动力。

当前,制造业已经成为天津高质量发展的有力支撑。而工业软件也成为推动制造业数字化转型,实现制造业高质量发展的重要抓手。

如果说工业 3.0 时代是进一步提高制造过程中的自动化控制程度,实现大批量生产;那么如今进入到工业 4.0 时代,则是将生产中的供应、制造、销售信息数据化、智慧化,最后达到快速、有效、个性化的产品供应。

张坤宇举了这样一个例子,传统汽车制造企业,可能会在同一个生产线上先生产 100 台红色汽车,再生产 100 台绿色汽车,结果因为大家都喜欢红车,绿车只能成为库存。在数字化时代,工业软件完全可以帮助企业根据客户需要,同时生产多种汽车,"需要多少,生产多少,而且每辆汽车都可以是不一样的,真正实现了大规模的个性化定制。"

"卓朗天工"工业软件的价值,正在于此。

有了它的智能工厂管理系统,助力格力空调实现产品一次检测的不良率趋近于 0,能耗降低 6% 至 30% 以上。

有了它的设备智能化升级改造系统,助力天津望圆科技同等条件下生产效率整体提升一倍……

截至目前,共有 50 多个政府机构,300 多个组织机构,2000 多家企业选择卓朗科技作为数字化转型的合作伙伴。卓朗科技成功跻身国内智能制造系统解决方案供应商第一梯队,成为中国软件 500 强企业和云计算 100 强企业。

从 2019 年开始,张坤宇带领研发团队把公司过去开发的软件都做了国产芯片和操作系统的适配性改造。再开发的软件,则同时支持国产和国外两套系统。

"我相信,未来有一天,中国的工业软件可以替代国外软件。而我们的目标,就是做强中国软件,服务全球企业。"张坤宇说。

从一个"卓朗"到整个红桥

2022 年,卓朗科技成为天津信创领域第一家本土上市企业,同时实现了红桥区上市公司"零"的突破。

毫无疑问,工业软件已经成为推动制造业提质增效、加快新旧动能转换的关键。

在这样的背景下,依托卓朗科技,红桥区在工业软件这一赛道,是否大有"文章"可做？面对没有制造业大型企业的局面,红桥区又是否可以借此,在数字化时代实现"弯道超车""换道超车"？

红桥区的领导班子一直在思考,并且已经有了答案。

就在《红桥区工业软件产业三年行动方案》呼之欲出之时,位于京津冀同城商务区核心区的京津冀工业软件产业基地(卓朗科技园二期)进入开工倒计时。

在这片占地6万平方米的土地上,红桥区将会同市国资委、市发展改革委共同打造具有高水准的工业软件研发产业基地,推动新一代信息技术与实体产业深度融合和赋能运用。

"我们将以'卓朗科技'为抓手,用好科教人才资源,促进产学研结合,着力建设工业软件产业基地,凝心聚力发展新一代信息技术与信创产业,全面发挥信息技术专业服务优势,瞄准重要区域、重点领域、关键产业,提供专业化、定制化服务。"红桥区委副书记、区长陈宇说。

在区有关部门和卓朗团队一次次对接和讨论中,京津冀工业软件产业基地的功能定位,越来越清晰。

"我们将面向高端装备制造、生物医药、新能源等十大行业,建设工业软件研发的设施设备场景化模拟平台,对京津冀地区从事工业软件研发企业开放,帮助他们解决技术问题。同时建设人工智能模型的托管中心,为其他企业提供算法模型以及算力服务。此外,我们还将为50家从事工业软件研发的企业提供办公场景。"张坤宇说。

"未来,制造业企业来到天津、来到京津冀同城商务区,走进京津冀工业软件产业基地,就可以找到适合企业的工业软件适配系统,在这里得到定制化服务。"在陈宇看来,这里将成为工业软件生态圈,大批高素质、年轻化的科研与技术人员创业、展示才能的人生舞台,也将成为区域高质量发展新的增长极。

包括基地所在地的核心商务区I期在内的京津冀同城商务区,作为天津立足京津冀、辐射"三北"地区、联通国内外的战略门户,正逐步实现从交通枢纽向产业枢纽的转变,卓朗科技等一大批数字经济企业不断汇聚,已经成为天津中心城区数字经济从业人员最密集的区域。

焕发新活力的红桥,正敞开怀抱,迎接"八方来客"。

在这里,推动制造业高质量发展引擎轰鸣……

【记者手记】

从"一枝独秀"到"满园春色"

从两个人的大学生创业工作室到现如今近千人的大型上市公司,卓朗科技走出了一条科技创新推动企业快速发展之路;从培养"一枝独秀"到构建整个生态圈"满园春色",红桥区走出了一条换道超车的发展之路。

作为天津城市、近代商业、华北工业和近代教育的发祥地,红桥区拥有丰富的文化底蕴和浓厚的商业氛围。但由于历史原因,经济发展基础相对薄弱,在全市发展的大局中,经济总量较小。在这样的情况下,实现区域经济高质量发展的"抓手"在哪里?

卓朗科技的成功,让我们得到了启示——没有规模性制造业,但可以成为制造业的服务商,搭建工业软件生态圈,搭上智能制造这趟发展快车。

办法总比困难多,观念更新天地阔。在卓朗科技成长过程中,有创业者对产业发展的深入研究,有企业家在商海中的执着拼搏,有各级部门的政策加持和真诚帮扶。从两个人的创业到千人队伍,从一个企业到一个产业生态……把握机遇、找准定位,持之以恒、向上攀登,让卓朗科技和红桥区迎来"满园春色"。

眼下,京津冀工业软件产业基地(卓朗科技园二期)开工在即,一大批数字经济企业不断汇聚……

在"满园春色"中,我们更看到了传统工业城市后发赶超、迭代升级、转型突破,走出实现高质量发展新路子的明媚春天。

记者张雯婧(《天津日报》,2023 年 2 月 26 日)

河北工业大学:传承百廿薪火　矢志服务河北

3月17日,河北工业大学《服务"经济强省　美丽河北"行动计划》发布会在石家庄市太行国宾馆举行。

今年是河北工业大学建校120周年。120年来,河北工业大学始终坚持"兴工报国"办学传统,秉承"勤慎公忠"校训精神,彰显"工学并举"办学特色,落实立德树人根本任务,把服务国家和河北省经济社会发展作为核心战略。近年来,在人才培养和人才队伍建设方面,学校自主培养和全职引进包括国家"长江学者"、杰出青年基金获得者和外籍院士等一流科技领军人才30余人,"元光学者"高水平人才近500人,并形成了智能机器人国家级创新团队等30余支省(市、部)级以上创新团队;在科技创新方面,聚焦河北高端装备制造等主导产业,发挥学校"先进装备工程与技术"世界一流学科及国家重点实验室等60余个国家和省部级科技创新与成果转化平台的引领示范作用,取得大批重要原创性成果,制定发布多项国家标准,获得国家和省(市、部)级科技奖励145项;在社会服务方面,学校不断探索和深化政产学研用合作,加强产教融合、协同创新,与河北省11个地市签订了全面战略合作协议,并在雄安新区、石家庄、张家口、唐山等地共建智能装备、电子信息、数字经济等10余个地方产业研究院,打造高端协同创新与成果转化平台,太阳能电池材料先进制备技术、立体传质塔板技术、智慧供能技术以及技术创新方法等多项重大科研成果在行业、企业成功转化或应用,创造了显著的经济效益和社会效益,在河北省经济社会发展中发挥了重要作用。

站在新时代新征程的起点上,为深入学习贯彻党的二十大精神,主动服务加快建设"经济强省、美丽河北",彰显省属工科大学的责任与使命,根据河北省委、省政府决策部署和《河北省国民经济和社会发展第十四个五年规划和二〇三五年远景目标纲要》等文件,河北工业大学全面总结五年来"走百县、访千企、解万难"工作经验,客观分析河北省经济社会发展需要和学校自身的优势与特色,提出了《服务"经济强省美丽河北"行动计划(2023-2027)》,作为河北工大助力中国式现代化河北场

报刊中的河北工大

景实现的顶层战略。

河北工业大学党委书记韩旭表示,建校 120 年来,学校始终与河北省改革发展保持着血脉联系和同频共振。近年来,学校确立了"更好服务河北"的工作目标,努力提升与河北省产业的契合度、服务河北的贡献度、燕赵大地的显示度,取得了显著成效。未来,学校将在加快推进经济强省、美丽河北的进程中,担起更大责任、彰显更大作为、作出更大贡献。

河北工业大学党委副书记贺立军发布《河北工业大学服务"经济强省 美丽河北"行动计划(2023-2027)》,介绍了这一行动计划的指导思想、总体目标、主要任务与举措和保障措施。行动计划以服务加快建设"经济强省、美丽河北"为目标,以提升河北省产业发展动力和企业创新能力为重点,以解决共性关键技术问题和促进县域特色产业集群提质升级为核心,以引育企业、产业发展急需人才为关键,主动融入经济建设主战场,构建新时代产学研合作新模式,激发全要素服务河北新动能,为全省经济建设与社会发展提供强力、持续、高效的人才支持和科技支撑。

根据行动计划,未来五年,学校将一如既往地发扬"兴工报国"优良传统,彰显"工学并举"办学特色,整合校内外资源,主动服务构建中国式现代化河北场景,对接八大产业,促进百县发展,走进千家企业,引智万名人才。

记者耿建扩、陈元秋(《光明日报》,2023 年 3 月 17 日)
(该项活动在新华社、人民网、中国教育报、河北日报等
十几家新闻媒体进行了报道)

河北工业大学
《服务"经济强省　美丽河北"行动计划》发布

3月17日,河北工业大学《服务"经济强省　美丽河北"行动计划》发布。根据行动计划,未来五年,河北工业大学将积极整合校内外资源,对接八大产业,促进百县发展,走进千家企业,引智万名人才,主动服务构建中国式现代化河北场景。

"今年是我校建校120周年。120年来,学校始终与河北改革发展同频共振。"河北工业大学党委书记韩旭说,近年来,学校确立了"更好服务河北"的工作目标,努力提升与河北产业的契合度、服务河北的贡献度、燕赵大地的显示度,取得了显著成效。站在新时代新征程的起点上,学校提出了《服务"经济强省　美丽河北"行动计划(2023-2027)》,助力中国式现代化在河北展现美好图景。

该行动计划提出,到2023年底,河北工业大学将完成河北主导产业和百县特色产业集群、头部企业及专精特新"小巨人"企业需求调研,制定全口径服务方案,在部分产业、企业和地方开展试点并取得初步成果;到2025年底,基本构建起适应河北经济社会发展需要的学科专业体系和产学研合作新模式,解决一批行业、产业发展的共性关键技术问题,产生一批重大原创性科研成果,实现一批重大成果转化,助力传统产业高端化、智能化、绿色化发展,助力战略性新兴产业提升创新能力,助力县域特色产业集群提升技术研发水平,助力乡村振兴和燕赵文化传承创新取得新成果;到2027年底,构建起信息化背景下产学研合作新模式和高校服务地方经济建设新生态,在人才培养培训、高能级科研及转化平台建设、原创性重大成果、助力头部企业发展等方面完成既定目标任务,用创新成果驱动中国式现代化河北场景落地见效,为加快建设"经济强省、美丽河北"贡献智慧和力量。

"为了实现这一目标,行动计划中制定了详细的措施。"河北工业大学党委副书记贺立军在发布会中介绍说,河北工业大学将通过助力京津冀协同发展、雄安新区规划建设、后奥运经济发展和乡村振兴战略,实施服务国家战略行动,助力国家战略在河北落地落实;通过服务钢铁产业、绿色化工产业、高端装备产业、新材料产业、新一代信息技术、生物医药产业、新能源产业、绿色住建产业,实施"八大产业服务行动",助力产业高质量发展;通过搭建县域经济服务网络、推进重点产业提质升级、为"领跑者"企业加力助跑,将 107 个重点县域特色产业集群中的 80 余个产业集群作为学校服务县域经济的主攻阵地,实施"百县千企助跑行动",助力县域特色产业提质增效;通过依托技术服务吸引学生在省就业、借力京津优势吸纳河北急需人才、聚焦发展需求开展人才培训,实施"万名人才扎根河北行动",厚植人才第一资源;通过优化创新策源机制、畅通创新策源路径、打造创新策源平台,实施"产学研合作创新行动",培育创新驱动新势能。

(人民网,2023 年 3 月 17 日)

我们是河北的大学,始终与河北血脉相连

"河北工业大学是河北的大学,学校始终与河北改革发展血脉相连、同频共振,我们的目标就是服务河北。"

3月17日上午,《河北工业大学服务"经济强省 美丽河北"行动计划(2023-2027)》在石家庄发布。发布会后,长城新媒体专访了河北工业大学党委书记韩旭。

多年来,河北工业大学坚持"落地冲高"。"落地"就是面向实际需要,"冲高"就是在这个基础上体现出学校的价值、学校的水平。

"高校培养的是高等专门人才,在专业化知识水平上,学校应当起到引领作用。河北工业大学的办学特色就是'工学并举',所以学校在教育过程中,希望所有本科生的毕业课题都能做'真题实题',贴近实际。"韩旭说。

在今年的全国两会上,韩旭提出了关于政产学研用如何融为一体,促进高质量发展方面的建议。

在这方面,河北工业大学也做了有益的尝试。去年河北工业大学主办了第七届中国创新挑战赛,整场活动共征集152项企业技术需求,吸引国内高校、科研院所提交解决方案161项,参与对接专家254人次,签订技术合同47项,合同金额超6000万元,签订技术合同数量与合同金额再创新高。

韩旭还与记者分享了一个好消息。近年来,河北工业大学毕业生到河北就业的越来越多,"这是一个非常大的进步,而且我们招收的学生70%都是咱河北的,这个也是河北工大努力服务河北的一个重要方面。我就是河北人,老家在张家口,谁不希望家乡好呢。"韩旭说。

通过长城新媒体,韩旭向全国发出邀请:"希望大家多来河北工业大学走走看看。"

(河北新闻网,2023年3月17日)

河北工业大学组建 100 支以上
科技特派团支持企业创新发展

河北工业大学实施五大专项行动服务经济强省美丽河北建设,组建 100 支以上科技特派团支持企业创新发展。

河北新闻网讯 3 月 17 日,记者从河北工业大学在石家庄举行的《服务"经济强省 美丽河北"行动计划》发布会上获悉,未来五年,该校将整合校内外资源,主动服务构建中国式现代化河北场景,对接八大产业,促进百县发展,走进千家企业,引智万名人才。

紧紧围绕河北省经济社会发展现实需求,行动计划提出,到 2023 年底,完成河北省主导产业和百县特色产业集群、头部企业及专精特新"小巨人"企业需求调研,制定全口径服务方案,在部分产业、企业和地方开展试点并取得初步成果;到 2025 年底,基本构建起适应河北省经济社会发展需要的学科专业体系和产学研合作新模式;到 2027 年底,构建起信息化背景下产学研合作新模式和高校服务地方经济建设新生态,用创新成果助推中国式现代化河北场景落地见效。

强化人才支撑。优化调整学科专业结构,工科专业设置与河北省工业经济发展需要适配度达到 100%;组建 100 支以上科技特派团,带领 10000 名学生为企业发展提供技术支持;依托学校优势办学资源,为企业和地方培训党政干部、企业管理人才、创新工程师和职业教育师资等各类人才累计达 20000 人次以上。

推动科技创新。加强校企合作、产教融合、创新驱动,构建产学研用新模式,与河北省企业或地方联合创建高能级实验室、技术创新中心、产业技术研究院、工程研究中心等创新平台 50 个以上,指导企业获批专利 300 件以上,联合企业获得国家级、省(部)级科技奖励 50 项以上,持续提升企业科技创新能力。

促进成果转化。围绕县域经济提质发展需要,在河北省所有县(市)设立技术转移分中心或成果超市,举办技术服务推介活动 100 场以上,实现百万元以上成果转化 100 项、千万元成果转化 10 项以上;依托学校技术培育新增科技型中小企业 50 家以上,直接服务企业 1000 家以上,助力企业新增产值 2000 亿元以上,并助推若干家企业实现上市。

提供智力支持。聚焦经济社会发展前沿热点问题,组织 1000 支以上校级社会实践重点队,开展覆盖河北省所有县(市)的"调研河北"专项活动,为省、市提供政策研究和决策咨询报告 100 篇以上,面向乡村和基层社区大量开展理论宣讲、科普教育、志愿服务、文化传播等活动,对 100 所以上学校开展支教帮扶,惠及学生 5000 人以上。

为实现以上目标,该校将通过五大专项行动为河北省经济建设与社会发展提供强力、持续、高效的人才支持和科技支撑。实施服务国家战略行动,助力国家战略在河北省落地落实;实施"八大产业服务行动",助力产业高质量发展;实施"百县千企助跑行动",助力县域特色产业提质增效;实施"万名人才扎根河北行动",厚植人才第一资源;实施"产学研合作创新行动",培育创新驱动新势能。

河北日报记者崔丛丛(河北新闻网,2023 年 3 月 18 月)

弦歌百廿　整装再发！

——河北工业大学 120 周年校庆活动正式启动

3月19日，"奋进新征程　建功新时代"河北工业大学 120 周年校庆启动仪式在北辰校区举行。全体校领导、校友代表、离退休干部教师代表、教师代表、学生代表、媒体记者等齐聚一堂，共同见证这一重要历史时刻。

弦歌不辍，芳华待灼。作为国家"双一流"建设高校，河北工业大学自 1903 年创办以来，始终坚持与时代同呼吸，与民族共命运，培养了 30 余万校友，在祖国各地勤耕不辍、贡献力量，铸就了荣光，也辉映着新时代前进的步伐。

学校党委书记韩旭在致辞中指出，河北工业大学的办学历程是一部与近现代民族工业发展息息相关、与国家高等工程教育紧密相连的发展史。过去的百余年里，学校以"勤慎公忠"为校训精神，彰显"工学并举"的办学特色，用真抓实干、砥砺奋进书写了波澜壮阔的光辉篇章。

"我相信在每位河北工大人的心底，都珍藏着一段珍贵记忆。那是一生中的黄金时段，青春、汗水、热血、梦想……承载这一切的，是我们共同的河北工业大学。"韩旭现场表示，真诚希望广大校友能多关注母校发展建设，献计献策、尽心出力、增光添彩。

随后，河北工业大学 120 周年校庆标识和吉祥物揭晓。校庆标识将"河、北、工、大"的四个汉字草书书法字体变形，融合成数字"120"，简洁明快，寓意深远。吉祥物名为"小工""小学"，体现了学校"工学并举"的办学特色。

桃李不言，下自成蹊。河北工业大学校友代表上台致辞，表达了对母校培养的感激之情，代表广大校友向河北工大 120 周年校庆活动的启动表示热烈祝贺，并表示将继续支持母校各项事业发展，为母校的建设发展贡献智慧和力量。

启动仪式上，还发布了校庆活动总体方案、校庆公募资金等，并向为校庆慷慨捐赠的广大校友和各界人士代表颁奖。

"5、4、3、2、1……"伴随着倒计时声,校党委书记韩旭、60届校友刘文藩、82级校友马宏志、离退休教师代表王云峰、在职教师代表方静、学生代表魏振伟上台,共同启动河北工业大学120周年校庆。

启动仪式在优美激昂的校歌旋律中圆满完成。下午校园内将举办"百廿新征程　青春向未来"319学生节、教职工健步走(跑)、教育思想观念大讨论动员会等系列活动。据悉,校庆期间,河北工大还将开展校史园揭幕仪式、科技成果展开幕式、校企协同育人高端论坛、中外大学校长论坛、校友返校游园等丰富多彩的校庆系列活动。其中,教育思想观念大讨论、服务经济强省美丽河北行动两项校庆重点活动将贯穿全年。

记者赵娇莹、路钦淋(长城网,2023年3月19日)

河北工业大学实施五大专项行动

——服务"经济强省 美丽河北"建设

3月17日,河北工业大学《服务"经济强省 美丽河北"行动计划》发布会在石家庄市举行。根据行动计划,未来五年,该校将整合校内外资源,主动服务构建中国式现代化河北场景,对接八大产业,促进百县发展,走进千家企业,引智万名人才。

该行动计划紧紧围绕河北省经济社会发展现实需求,到2023年底,完成河北省主导产业和百县特色产业集群、头部企业及专精特新"小巨人"企业需求调研,制定全口径服务方案,在部分产业、企业和地方开展试点并取得初步成果;到2025年底,基本构建起适应河北省经济社会发展需要的学科专业体系和产学研合作新模式;到2027年底,构建起信息化背景下产学研合作新模式和高校服务地方经济建设新生态,用创新成果驱动中国式现代化河北场景落地见效,为加快建设经济强省、美丽河北贡献智慧和力量。

强化人才支撑。优化调整学科专业结构,工科专业设置与我省工业经济发展需要适配度达到100%;组建100支以上科技特派团,带领10000名学生为企业发展提供技术支持;依托学校优势办学资源,为企业和地方培训党政干部、企业管理人才、创新工程师和职业教育师资等各类人才累计达20000人次以上。

推动科技创新。加强校企合作、产教融合、创新驱动,构建产学研用新模式,与河北省企业或地方联合创建高能级实验室、技术创新中心、产业技术研究院、工程研究中心等创新平台50个以上,指导企业获批专利300件以上,联合企业获得国家级、省(部)级科技奖励50项以上,持续提升企业科技创新能力。

促进成果转化。围绕县域经济提质发展需要,在河北省所有县(市)设立技术转移分中心或成果超市,举办技术服务推介活动100场以上,实现百万元以上成果转化100项、千万元成果转化10项以上;依托河北工业大学技术培育新增科技型中小企业 50 家以上,直接服务企业 1000 家以上,助力企业新增产值 2000 亿元以上,并助推若干家企业实现上市。

提供智力支持。聚焦经济社会发展前沿热点问题,组织 1000 支以上校级社会实践重点队,开展覆盖河北省所有县(市)的"调研河北"专项活动,为省、市提供政策研究和决策咨询报告 100 篇以上,面向乡村和基层社区大量开展理论宣讲、科普教育、志愿服务、文化传播等活动,对 100 所以上学校开展支教帮扶,惠及学生 5000 人以上。

为实现以上目标,该校将通过五大专项行动为河北省经济建设与社会发展提供强力、持续、高效的人才支持和科技支撑。通过助力京津冀协同发展、雄安新区规划建设、后奥运经济发展和乡村振兴战略,实施服务国家战略行动,助力国家战略在我省落地落实;通过服务钢铁产业、绿色化工产业、高端装备产业、新材料产业、新一代信息技术、生物医药产业、新能源产业、绿色住建产业,实施"八大产业服务行动",助力产业高质量发展;通过搭建县域经济服务网络、推进重点产业提质升级、为"领跑者"企业加力助跑,将 107 个重点县域特色产业集群中的 80 余个产业集群作为该校服务县域经济的主攻阵地,实施"百县千企助跑行动",助力县域特色产业提质增效;通过依托技术服务吸引学生在省就业、借力京津优势吸纳河北省急需人才、聚焦发展需求开展人才培训,实施"万名人才扎根河北行动",厚植人才第一资源;通过优化创新策源机制、畅通创新策源路径、打造创新策源平台,实施"产学研合作创新行动",培育创新驱动新势能。

今年是河北工业大学建校 120 周年。近年来,在人才培养和人才队伍建设方面,该校自主培养和全职引进包括国家长江学者、杰出青年基金获得者和外籍院士等一流科技领军人才 30 余人,"元光学者"高水平人才近 500 人,并形成了智能机器人国家级创新团队等 30 余支省(市、部)级以上创新团队;在科技创新方面,聚焦河北省高端装备制造等主导产业,发挥学校"先进装备工程与技术"世界一流学科及国家重点实验室等 60 余个国家和省部级科技创新与成果转化平台的引领示范作用,取得大批重要原创性成果,制定发布多项国家标准,获得国家和省(市、部)级科技奖励 145 项;在社会服务方面,学校不断探索和深化政产学研用合作,加强产教融合、协同创新,与河北省 11 个地市签订了全面战略合作协议,并在雄安新区、石家庄、张家口、唐山等地共建智能装备、电子信息、数字经济等 10 余个地方产业研究院,打造高端协同创新与成果转化平台,太阳能电池材料先进制备技术、立体传质塔板技术、智慧供能技术以及技术创新方法等多项重大科研成果在我省行业、企业成功转化或应用,创造了显著的经济效益和社会效益,在我省经济社会发展中发挥了重要作用。

会上,河北工业大学与7家省内企业签署校企战略合作协议,服务河北省企业高质量发展;与11个地方政府依次签订设立"河北工业大学技术转移中心各地分中心"合作协议,各地分中心将充分发挥河北工业大学科研和人才综合优势,服务各地方政府产业升级和经济建设。

(新华网,2023年3月20日)

河北工大与唐山共建产业研究院

——推进机器人特色产业做大做强

中国经济新闻网讯　日前,河北工业大学与唐山市人民政府签署合作协议,共建河北机器人产业研究院(唐山),推进唐山市机器人战略性新兴产业做大做强。

河北工业大学副校长胡宁和唐山市一级巡视员庞秋原作为双方代表签订合作协议。未来,河北机器人产业研究院(唐山)将通过整合资源,促进双方在关键共性技术攻关、创新成果转化孵化、创新创业人才引育、创新实验平台搭建和校友经济服务平台建设等方面实现更深入的合作共赢。

在关键共性技术攻关方面,依托高校的创新资源优势,采用自主研发、联合开发、国际合作等方式加强技术攻关,搭建创新链、服务链、产业链相互衔接的机器人产学研一体化创新模式。围绕机器人关键核心技术以及行业共性技术攻关和科技成果转化,校企联合成立创新研究团队,开展技术需求精准对接,解决产业发展中的"卡脖子"关键技术攻关和成果转化。

在创新成果转化孵化方面,依托双方产业和学科优势,建立机器人产业技术创新联盟,引进国内外机器人高端产业技术与人才、投资资金和创新企业,依托研究院与高校产学研项目,实现科技创新产品孵化功能和成果转化落地功能。整合学校及国内外技术、专利等各类科技资源,通过路演、项目对接会、成果交易会等多种方式寻找与政府、企业、资本等方面的合作,推动科技成果转移转化的实施。

在创新创业人才引育方面,建立柔性引才引智机制,打造开放人才生态圈,建设开放融合共享的国际化创新平台,吸纳、集聚、培养高水平领军人才与创新团队。实施校地、校企双向挂职交流,为企业发展出谋划策,帮助企业攻克技术难题、搭建科技创新平台、培养创新人才团队。实行校内外双导师制,高标准遴选企业合作导师、创业导师、兼职客座教授等,构建适应发展需求的校企合作、协同高效育人机制。通过政府、高校、研究院、企业四方联合培养本科生、研究生,为学生实习、毕业设计、企业就业见习等提供保障,实现校地优势互补、资源共享、协同创新,为专业人才留唐山创新创业提供优惠条件。

在创新实验平台搭建方面,以打造唐山机器人产业集群为契机,加强实习实践、科创研发等方面的校企合作,帮助企业攻克重点领域技术难题,加速高校技术成果转化落地,实现互利共赢。联合申报国家、省级科研项目资助,共建各类国家级科研平台,建立博士后工作站,服务唐山机器人企业创新发展。结合唐山产业特点,坚持"四个面向"加快科技创新,实现资源共享、优势互补和产学研用深度融合。

在校友经济服务平台方面,将"校友经济"作为唐山以才引才、项目引才、招商引资和招才引智的创新载体。通过产业人才论坛、产业对接会议、协同创新沙龙、创新人才培训等系列活动,吸引各大知名校友会、投资机构、校友企业入驻研究院,推动唐山市人才引进、创新创业孵化和经济社会发展。

河北省委常委、唐山市委书记武卫东表示,唐山的发展路径是兴工业、大港口、高科技,需要与高校深度协同、融合发展。未来,唐山将以研究院的成立为契机共同开启校地合作的新开端,全面实施河北工业大学唐山计划,积极建设产学研融合标杆示范基地,加快建设环渤海新型经济基地。希望产业研究院把握好发展趋势和技术迭代升级趋势,积极开展龙头企业带动、科技创新赋能、产业生态优化等专项行动,不断推进机器人产业长期有效发展,力争实施一批重大攻关项目,孵化一批高新技术企业,培育一批骨干关联企业,聚集一批产业高端人才,使研究院成为服务唐山机器人产业的战略中心,为加快建设经济强省、美丽河北贡献力量。

河北工业大学党委书记韩旭表示,此次双方共建产业研究院,将遵循机器人产业发展规律,以打造唐山机器人战略性新兴产业为核心,充分融合当地政策、资源、区位、产业基础优势和河北工业大学学科、人才、研发、成果优势,积极构建"智库支撑、科技创新、成果转化、人才引培、国际合作"五位一体的新型研发机构,努力打通从基础研究到工程示范转化的科技创新链条,将研究院建设成为科技创新策源基地、创新人才汇聚基地和机器人产业重要支撑基地。

刘菲菲(中国经济新闻网、《河北日报》,2023 年 4 月 3 日)

首届全国高校教师工程创客教学能力大赛
在河北工大举办

——打造"金课"12所高校斩获特等奖

本报讯 4月8日至9日,由教育部工程训练教学指导委员会指导、教育部工程创客教育虚拟教研室主办的首届全国高等学校教师工程创客教学能力大赛决赛暨教学研究项目终评会在河北工业大学举办,全国137支参赛队伍同场竞技。

经过层层选拔和激烈角逐,同济大学、河北工业大学等12所高校斩获特等奖,打造更多工程创客教育课程的"金课",助力创新型卓越工程人才培养。此次大赛分为"匠心与创新"和"劳动新形态"两个赛项。

记者姜凝(《天津日报》,2023年4月10日)

河北工业大学联合承办第七届世界智能大会
"推动高校科技成果转化促进科技经济融合发展"
高端论坛

为全面贯彻党的二十大精神,认真落实市委经济工作会议要求,深化教育与产业紧密对接、科技与经济深度融合、人才与发展有效匹配、高校与园区强化联系的新趋势,第七届世界智能大会"推动高校科技成果转化促进科技经济融合发展"高端论坛于 2023 年 5 月 17 日在天津隆重召开。本次论坛由河北工业大学、西青区人民政府及天津市高校校友会科技经济融合研究会共同承办,中国科学院院士、南开大学副校长陈军院士担任论坛主席。

会上,天津市政协副主席、市教育科学研究院副院长李剑萍、南开大学党委常委陈军院士、中国发明协会党委书记、常务副理事长兼秘书长余华荣分别致欢迎辞,河北工业大学校友、中国工程院院士、重庆大学校长王树新发来祝贺视频。

河北工业大学马国伟副校长作了题为"加强有组织科研,以高水平科技创新推进'双一流'高校建设"的主旨演讲,通过"稳基础""强转化""重孵化"三个方面,介绍了河北工业大学有组织科研推进思路。他指出,加强有组织科研,加快推进"河北工业大学加强有组织科研十项行动计划"落地,是河北工业大学科技创新工作的重中之重,对于河北工业大学"双一流"高校建设具有重要意义。该演讲成功将河北工业大学科研情况向大会进行了推介,引起广泛反响,对河北工业大学在人工智能交叉学科建设、多元化人才培养模式及校企合作等方面起到了积极推进作用。

此外,包括王树新院士在内,西安交通大学王树国院士、哈尔滨工业大学冷劲松院士、浙江大学谭建荣院士、天津大学王天友副校长、中国民航大学丁水汀校长、移动电影院董事长高群耀等国内高校和企业的专家学者,围绕人工智能教育与产教融合、高校科技成果转化等主题做了精彩的主旨演讲,分享了在当前社会背景下人工智能的相关教育、科研、产业的发展动态、成果与经验,探讨了人工智能教育如何更好地服务于社会发展和国家战略,为人工智能未来的发展方向指明了方向。同时,针对国家重大需求和社会主战场,从顶层设计、简化程序、建设完善科技成果转化机制,鼓励人才进行学科交叉研究,为推进产教融合、科技成果顺利转化探索新思路。

圆桌论坛环节20位校长及行业精英围绕"产教融合 科教融汇赋能'双碳'目标""信创产业产教融合创新——平台与生态建设""职普融通、产教融合、科教融汇"和"服务发展新格局,打造产教融合科教融汇新优势"四个主题带来了精彩的报告,共同探讨人工智能教育如何更好地服务于社会发展和国家战略。

本次论坛报告形式多样、内容丰富,契合人工智能发展背景下产教融合切实需要的同时,为国内70余家高校、科研院所及企事业单位等搭建了分享与交流的平台,使与会代表有机会探讨产、学、研全面融合与拓展。

天津市科协党组成员、副主席罗进飞;天津市科协党组成员、一级巡视员卢双盈;市工商联党组副书记、专职副主席、市总商会副会长苑庆彬;西青区副区长柴树芳出席了会议。

（津云,2023 年 5 月 19 日）

河北工业大学与河北工信厅签约共建
"工业大数据产业研究院

　　本网讯　5月19日,河北省工信厅副厅长王建分一行到河北工业大学参观调研,并与校党委副书记贺立军签订战略合作框架协议,为"河北工业大学工业大数据产业研究院"揭牌,共同探索建立政府部门与高校院所产学研协同创新发展的新机制,加强人才链、产业链、创新链、价值链有机衔接,助力河北制造业提质增效,打造立县兴县特色产业集群,加快现代化经济强省和美丽河北建设。

　　校党委副书记贺立军代表学校对王建分一行到来表示热烈欢迎,对工信厅及各地方单位对学校的发展支持表示感谢。他表示,今年是河北工业大学建校120周年,3月17日,学校在石家庄发布了服务"经济强省　美丽河北"行动计划,这次发布会既是学校对服务河北、成果转化的工作总结,更是河北工大对未来想要做好服务河北的宣言。近期,学校各单位在前期工作的基础上,深入各地市、企业开展主题教育专题调研,主动对接产业、企业、人才及社会各项事业需求,服务区域经济发展。

　　他表示,未来学校将继续充分发挥自身学科、科研、人才、技术、平台优势,加大新技术、新装备、新材料等科技创新成果转化和产业化力度,为河北经济转型升级、产业结构调整、科研创新发展、人才队伍建设等提供智力支撑,服务京津冀协同发展,助力中国式现代化河北篇章的谱写。

　　王建分表示,河北工业大学是一座历史悠久、底蕴厚重的高校,也是河北唯一的"双一流"建设高校,虽然坐落在天津,但为河北培养了大量人才,为经济强省作出了巨大贡献。近年来,河北工业大学坚持走访百县,深入地方了解县域特色产业发展及企业需求,并在各个地市建立产业研究院,支持帮助地方发展。这种深入,让河北的老百姓看到了河北工大的赤子之心和对河北经济社会发展所作出的努力与贡献。今天,各个地市的负责人一起走进工大,在走访调研中更加深入地了解工大,为双方未来的发展奠定了坚实基础。

他表示，未来工信厅将不断支持学校提升科技创新能力，提升原创性科技成果培育和产学研用结合水平，支持学校围绕河北12个主导产业、县域特色产业集群和未来产业创新发展，会同省内重点企业开展重大项目研究、重要成果转化、重点平台建设，支持学校开展校地校企对接、建设区域工业经济助推服务平台、发挥产业行业引领作用、推介工业类人才高质量就业。

座谈会上，王建分与贺立军签订了战略合作框架协议，并共同为"河北工业大学工业大数据产业研究院"揭牌。

未来，双方将以习近平新时代中国特色社会主义思想为指导，深入贯彻党的二十大精神，紧紧把握中国式现代化战略部署，完整、准确、全面贯彻新发展理念，主动服务和融入新发展格局，结合河北省传统优势产业转型升级、战略性新兴产业发展壮大、高潜未来产业培育发展等需求，充分发挥双方各自优势，深化交流、融合共进，围绕高端装备制造、新一代电子信息、绿色双碳、生物医药等产业集群，面向河北省县域特色产业，共同建设河北工业大学工业大数据产业研究院，加快培育新动能，助力新旧动能转换，促进我省大数据产业健康快速发展，服务传统工业企业数字化转型升级；建立河北省工业企业家培训交流机制，建设制造业高精尖人才培养基地；建立海内外校友资源开放对接平台及高水平行业特色大学协同创新平台；共同开展各种类型产学研合作活动，打造校地高水平合作交流、高质量协同创新平台，为河北"制造强省""数字河北"建设赋能增力。

座谈会前，王建分一行参观调研了国家大学科技园，相继参观科技成果超市、先进装备研究院和双碳研究院、先进激光研究中心、省部共建国家重点实验室、先进材料测试与分析中心。

河北省工信厅、河北省工业和信息化发展研究院、河北省软件集成电路信息服务协会、沧州市工信局、承德市工信局、石家庄市工信局、唐山市工信局相关负责人，学校办公室、校友与社会服务中心、国家大学科技园管理中心、电子信息工程学院、电气学院等相关单位负责人参与调研座谈。

通讯员屠琼芳（河北教育网，2023年5月22日）

河北机器人产业研究院(唐山)揭牌成立

　　河北日报讯　5月25日,河北机器人产业研究院(唐山)揭牌暨机器人产业专场推介活动在唐山高新区举行,标志着唐山市校地产业合作进入全面落地的新阶段。据悉,河北机器人产业研究院(唐山)将依托河北工业大学优势资源,以打造我省机器人战略性新兴产业为核心,深入开展机器人系统集成与应用、柔性控制与人机协调等技术研究,开展技术需求精准对接,解决产业发展中的"卡脖子"关键技术难题,打造创新链、服务链和产业链相互融合的机器人产学研一体化模式,着力构建"智库支撑、科技创新、成果转化、人才引培、国际合作"五位一体的新型研发机构。

　　活动现场,河北工业大学分别与中信重工开诚智能装备有限公司、唐山百川智能机器股份有限公司等5家机器人相关企业签约,将围绕河北工业大学开诚智能装备研究院建设、城市轨道交通机器人关键技术研发等方面开展深度合作。

　　据了解,唐山目前已形成了以工业机器人为支撑、特种机器人为特色的机器人产业生态,政策和产业优势明显。河北工业大学和唐山市将发挥各自优势,开展"机器人+"专项行动,围绕唐山市既有机器人产业链上下游抓创新、抓项目,对38个应用场景实施就地采购,推动更多研发成果在唐山转化落地,持续扩大产业链集群效应,推动唐山机器人产业能级跃升。

　　　　记者师源　通讯员韩伟(《河北日报》,2023年5月26日)

全链条服务释放"青年+创新创业"活力

虚拟主播孵化项目、"暮春"养老平台、智慧老友 APP、民族印象……近日,河北工业大学廊坊校区举行第五届创新创业大赛,参赛选手就项目背景、产品简介、创新特色、市场前景等内容进行全面介绍,场上涌动着青年创新创业的热潮。

近年来,廊坊紧紧抓住青年人才成长关键环节,在制度建设、平台搭建、服务保障等方面持续发力,为创新创业青年提供更为贴心的服务保障,搭建更为广阔的成长舞台。

河北工业大学廊坊校区中新物联网工程专业学生苏天纵和团队的参赛项目是"遗·SHOW"。"我们的项目是非遗传习云平台。"苏天纵说,作为中外合作专业的学生,他和团队有义务传承弘扬中华优秀传统文化,通过云平台讲好中国故事,让外国人了解中国习俗、中国人物、中国艺术。

据了解,河北工业大学廊坊校区连续多年举办创新创业大赛,一批有理想、有本领的新青年在历练中增长智慧,不少创新产品实现落地转化。"我们想通过这样的活动引导在校大学生树立创新意识、拓展创新思维、广泛开展创新活动,助推科研成果转化和应用,主动服务国家创新发展。"该校大学生创新创业中心主任徐晓涵说,他们将通过创新创业大赛和项目遴选,挖掘和培育一批特色学科项目。

以服务青年创新创业为主线,廊坊整合创新资源、夯实创新创业平台、推进"产学研用"深度融合,加快培育创新主体。今年,廊坊将加快与京津共建创新协作平台,联合建设一批实验室、技术创新中心、产业技术研究院等高能级技术创新平台,力争新增科技研发机构 20 家以上。同时,推动京津科技资源与域内企业需求精准对接,力争全年技术合同成交额增长 10% 以上,吸纳京津科技成果 100 项以上。

记者王满凤(《河北日报》,2023 年 5 月 24 日)

沧州市人民政府与河北工业大学签署合作共建
河北省绿色化工实验室协议

5月30日,沧州市人民政府与河北工业大学签署合作共建河北省绿色化工实验室协议。市委书记康彦民,市委副书记、市长向辉,河北工业大学党委书记韩旭出席签约仪式。

签约仪式前,康彦民、向辉与韩旭一行举行工作座谈。康彦民表示,河北工业大学是国家首批"211"大学和"双一流"建设高校,历史传承悠久,科研力量雄厚。沧州是国务院确定的沿海开放城市,是环渤海经济区和京津冀都市圈重要组成部分,绿色化工产业基础雄厚,双方合作拥有坚实基础和广阔空间。当前,沧州全市上下正深入学习贯彻习近平总书记视察河北重要讲话精神,落实省委十届四次全会部署,大力实施创新驱动发展战略,发展壮大临港产业,建设现代化产业体系,力争绿色化工等主导产业在全国实现领跑或者并跑。希望双方深化务实合作,推动创新链、产业链、资金链、人才链深度融合,加快集聚高层次创新人才、培育高新技术成果。沧州将持续优化营商环境,全力做好服务保障,为河北工业大学在沧发展创造良好环境。

韩旭感谢沧州市委、市政府对河北工业大学在沧发展的有力支持。韩旭表示,沧州区位条件优越,产业发展有基础、有前景,河北工业大学高度重视与沧州的合作,近年来围绕科研创新、技术攻关、成果转化等方面,已取得初步成效。下一步,将充分发挥人才培养、学科建设、科技研发、国际合作等优势,加快实验室建设,深化产学研合作,推动科技成果转化,增强协同创新能力,为沧州建设沿海经济强市作出新的更大贡献。

河北省绿色化工实验室将瞄准国际前沿,聚焦石油化工、煤化工、海洋化工等领域,重点开展绿色化工与本质安全、化工节能过程集成与资源利用、精细化学品开发、海水资源综合利用、化工新材料制造等方向研究与成果转化,打造国家绿色化工领域高层次、全链条科研创新基地。

市委常委、市政府党组副书记刘勇,河北工业大学副校长马国伟代表双方签署协议。

(《沧州日报》,2023 年 5 月 30 日)

后　记

欲知大道,必先为史。

河北工业大学发展至今已有 120 年的历史。

这 120 年,有筚路蓝缕,有风雨沧桑,有工学并举,有家国担当。

这 120 年,河北工业大学在兴工报国的道路上始终与祖国发展同向同行。

近年来,学校党委高度重视学校历史的挖掘与整理和学校文化的传承与创新。学校以 120 周年校庆为重要契机,开启"河北工业大学校史丛书"的编纂工程,并于 2022 年初成立校史丛书编纂小组。本书《报刊中的河北工大》即为校史丛书中的重要组成部分。

历史研究离不开史料的支撑。《报刊中的河北工大》一书旨在通过搜集整理自 1903 年至 2023 年各级各类报刊中有关河北工业大学的报道,从更为独特的视角去展现河北工业大学 120 年来从创建到发展再到壮大的历程,也为后人留下研究、传承、弘扬河北工业大学历史文化精神的宝贵资料。本书按时间划分为上中下三册,收录文章按照发表日期排序编辑。

上册覆盖时间段为 1903 年至 1948 年,主要借助天津社会科学院出版社、天津市档案馆及其他相关数据资源库,从《大公报》《益世报》《申报》等大量晚清、民国报刊中按照校史相关关键字进行搜索、查询、录入、整理,经过反复梳理、筛选、校对,收录报刊文章数量为 140 篇。

中册覆盖时间段为 1949 年至 2003 年,主要借助天津图书馆、天津市档案馆、学校图书馆、学校档案馆等单位和部门的相关数据资源,通过对《人民日报》《天津日报》《河北日报》等报刊进行查询、检索、整理,收录报刊文章数量为 236 篇。

下册覆盖时间段为 2004 年至 2023 年 5 月,主要借助相关单位数据资源及各大媒体报刊网络平台进行查询、检索、整理,收录报刊文章数量为 308 篇。

本书由贺立军担任主编,林艳书、曹旭冉、杨洋担任副主编,上册由戴景新、曹旭冉、杨洋协同天津社会科学院出版社负责编审工作;中、下册由林艳书、陈德第和屈振光负责编审工作;由天津社会科学院出版社出版发行。

本书能够总其成并最终梓行于世,是所有人通力合作的结果。本书的编纂与出版自 2022 年 1 月始至 2023 年 9 月止,编者在学校党委宣传部、图书馆、档案馆、离退休工作处及文法学院老师们的大力协助下,利用各种珍贵报刊数据资源库,通过报社、网络、图书馆等单位和渠道搜集报刊文章,经过甄选、整理、核校终成现在之规模。这期间得到了天津社会科学院出版社、河北日报报业集团、天津图书馆等单位的大力支持。特别因本书上册收录文章年代久远,文字晦涩且部分内容已无法辨别,文法学院中文系孙伟龙、黄娜、钱寅及李军老师对文字甄别和文章句读进行了精心校对,在此一并感谢。

本书收录文章时间跨度较大,部分文章存在年代久远、难以查找、信息保存不完整等问题,编者受能力所限在编纂过程中难免有疏漏与偏差,希望各位读者对本书的错误和不足提出宝贵意见,以供今后修订时参考。

《报刊中的河北工大》编纂组

2023 年 9 月